中国刑法学研究会

全国刑法学术年会文集（2019年度）
The Collected Papers of Annual Conference of China Criminal Law Society (2019)

新中国70年刑法的变迁与发展

The Vicissitude and Development of Criminal Law in the Past 70 Years of New China

（下卷）

学术顾问／高铭暄　储槐植
主　　编／赵秉志　贾　宇　张　旭
副主编／阴建峰　彭凤莲

中国人民公安大学出版社
群众出版社
·北京·

图书在版编目（CIP）数据

新中国 70 年刑法的变迁与发展/赵秉志，贾宇，张旭主编．—北京：中国人民公安大学出版社，2019.9
ISBN 978-7-5653-3771-0

Ⅰ．①新… Ⅱ．①赵…②贾…③张… Ⅲ．①刑法—中国—文集 Ⅳ．①D924.04-53

中国版本图书馆 CIP 数据核字（2019）第 202237 号

全国刑法学术年会文集（2019 年度）
新中国 70 年刑法的变迁与发展
主编　赵秉志　贾　宇　张　旭

出版发行：	中国人民公安大学出版社
地　　址：	北京市西城区木樨地南里
邮政编码：	100038
经　　销：	新华书店
印　　刷：	北京市泰锐印刷有限责任公司
版　　次：	2019 年 9 月第 1 版
印　　次：	2019 年 9 月第 1 次
印　　张：	91
开　　本：	787 毫米×1092 毫米　1/16
字　　数：	1992 千字
书　　号：	ISBN 978-7-5653-3771-0
定　　价：	310.00 元（上、下卷）
网　　址：	www.cppsup.com.cn　　www.porclub.com.cn
电子邮箱：	zbs@cppsup.com　　zbs@cppsu.edu.cn

营销中心电话：010-83903254
读者服务部电话（门市）：010-83903257
警官读者俱乐部电话（网购、邮购）：010-83903253
法律图书分社电话：010-83905745

本社图书出现印装质量问题，由本社负责退换
版权所有　侵权必究

目 录

上 卷

第一编 新中国成立70年来刑事法治和刑法理论的变迁与反思

一

新中国刑法立法的变迁与完善
　　——庆祝中华人民共和国成立70周年 ………………… 高铭暄 （ 3 ）
新中国刑法司法70年之回顾与前瞻 ………………… 赵秉志 张伟珂 （ 10 ）
迈向良法善治
　　——70年来我国刑法与刑法学的演进与省思 ………… 刘仁文 （ 21 ）
新中国成立70年来刑法学教科书的变迁与反思 …………… 王文华 （ 39 ）
新中国成立70年来刑法立法的变迁与未来走向 ……… 王鹏祥 陶旭蕾 （ 50 ）
中国当前刑法中的预防性立法：危机、症结和纠偏 … 姜 敏 张坤龙 （ 58 ）
新中国成立70年来我国刑法立法发展脉络与原则解析 …… 邢 冰 （ 66 ）
新中国成立70年来刑法立法模式的变迁与反思 …………… 姜 瀛 （ 74 ）
新中国成立70年来刑事立法的范式变迁与技术反思 ……… 李茂久 （ 82 ）
新中国成立70年来毒品犯罪刑事立法的溯源与未来走向 … 陈巧燕 （ 91 ）
新中国成立70年来恶势力概念的变迁与反思
　　——以"为非作恶，欺压百姓"为切入点 ……………… 杨新绿 （ 98 ）
新中国成立以来受贿罪刑事立法司法变迁和反思
　　——兼论违纪礼金可否累积到受贿犯罪数额问题
　　……………………………………………………… 王璇子 徐留成 （107）
新中国成立70年来贪污受贿犯罪死刑适用标准立法变迁之评析
　　…………………………………………………… 商浩文 王亚楠 （114）

新中国成立70年来贪污受贿罪量刑标准立法反思与未来展望
.... 王 刚 洪 星（122）
新中国成立70年来刑罚立法的变迁与反思：以刑罚体系为视角
.... 杨百合（131）
刑法立法40年与积极主义刑法观 .... 何荣功（138）
刑法任务相关问题的思考 .... 李光宇（147）
我国刑法立法的回顾与思考 .... 曾粤兴（156）
我国民生刑事法治的变迁与反思 .... 张 勇（164）
行政犯立法模式的反思与革新 .... 马松建 孙靖珈（171）
论刑法立法谦抑主义的消减 .... 陈 璐（178）
风险社会下积极刑法立法观的确立 .... 王殿宇（188）
定量因素在新中国刑法中的产生和发展 .... 胡同春（195）
新旧过失论之争的变迁反思与我国刑法的路径选择 ...... 胡 洋（202）
假释的实质条件及其评估保障机制研究
——基于假释立法、修正的反思 .... 董邦俊（209）
改革开放40年来死缓制度的层级嬗变、动力、走向
.... 赵 亮 杨 涵（222）
论我国刑法重罪重刑结构及其发展方向
——以新中国刑法的罪刑变迁为线索 .... 马 聪 李先先（230）
对我国刑法立法的一点反思
——论刑讯逼供罪法条的补强 .... 马长生 辜志珍（238）
恐怖主义犯罪早期化介入的正当性根据 .... 郭 虹（244）
我国反恐刑法的立法变迁 .... 李 梁 褚 雨（255）
预防性反恐刑法规范的立法研判 .... 刘雪丹（262）
拒不执行判决、裁定行为刑法规制的借鉴与反思
——以英美法为视角 .... 范 硕（268）
论《联合国打击跨国有组织犯罪公约》的价值理念
及对我国反恐刑事立法的借鉴意义 .... 戴小强（280）
检视与省思：新中国成立以来民营经济的刑法保护问题研究 ... 赵炜佳（293）

二

从统治到善治
——我国刑事政策理念之70年变迁 .... 卢建平 司冰岩（301）
新中国成立以来刑事政策发展的基本动向评介 .... 孙万怀 崔志伟（309）

刑事政策构成要件化问题研究 ……………………………… 李卫红（316）
我国刑事政策的精细化：变迁与反思
　　——以刑法修正案为视角 …………………………… 朱　贺（324）
我国刑事政策的发展与反思 ………………………………… 鲁杨莹（335）
事实与方向：新中国刑事政策观念变迁的思考 ……… 孙本雄　曾钜中（343）
我国刑事政策化反思
　　——以死刑为视角 …………………………………… 冯国燚（352）
社会转型背景下刑罚执行政策调整对恢复性司法的借鉴 …… 吴何奇（359）
新中国成立70年来毒品犯罪刑事政策的变迁与完善
　　……………………………………………………… 胡　江　于浩洋（367）
从"重受贿轻行贿"到"受贿行贿惩处并重"
　　——我国贿赂犯罪惩治刑事政策的应然选择 ………… 牙韩选（375）

三

对我国刑事被害人救助的回顾与反思 ………………… 黄华生　伍群山（385）
刑法司法解释扩张的乱象、危害及其反思
　　——来自律师实践的观察与思考 ……………………… 张志华（392）
论共同犯罪认定标准的变迁与反思 …………………… 侯　磊　陈珊珊（398）
刑民一体化视角下反思司法裁判功能的定位 ……………… 唐凤玉（406）

第二编　生物科技暨人工智能领域发展的刑法规制问题

一

主体抑或是对象：人工智能体被害性的教义学考察 …… 莫洪宪　王肃之（415）
人工智能时代的控制能力与预防型刑法应对 ………… 张远煌　刘　昊（423）
人工智能时代刑法的挑战与应对
　　——以人工智能创作为例 …………………………… 徐　岱　李方超（441）
论人工智能的刑法属性 ………………………………… 皮　勇　陈奕屹（449）
医疗人工智能应用对知情同意原则的影响 …………… 皮　勇　吴　勃（457）
论机器人法律地位及其犯罪防控
　　——基于科技、伦理与刑法的预测 ………………… 于世忠　王　熠（464）
人工智能的刑法规制 ………………………………………… 彭文华（473）
人工智能安全风险的刑事规制和防范 ………………… 傅跃建　朱剑冰（494）
人工智能领域的刑事责任主体与综合归责路径 ……… 周振杰　赖祎婧（500）

人工智能刑事责任主体认定的反拨与正源 ………… 张　建　俞小海（507）
智能机器人的刑事责任主体地位之浅析 ………… 毕　成　陈文露（514）
人工智能刑事归责面临的挑战及路径选择 ………… 彭新林　王天保（521）
论人工智能刑事责任的本质：科技社会防卫论 ………… 黄云波（531）
人工智能独立人格之否定
　　——对从责任论与刑罚论倒推主体否定之商榷与行为论之提倡
　　…………………………………………………… 张亚军　郎正午（542）
文化反思：对人工智能刑事主体资格的重新审视 ………… 刘三洋（553）
论智能机器人的犯罪主体资格 ………………………………… 张　拓（560）
人工智能体刑事法律主体地位研究 …………………………… 成云卿（565）
前提与标准：人工智能体刑法主体地位证成 ………………… 史文平（572）
人工智能对刑法的挑战及应对 ………………………………… 伊力其（580）
从机器规制向算法规制：人工智能的刑法评价进路与模式选择
　　…………………………………………………………………… 于　冲（586）
人脸识别技术滥用的刑事法律风险及应对 ………… 刘春花　吴　杰（594）
人工智能时代的刑法基本价值研究 …………………………… 曹　化（602）
强人工智能体刑事主体地位的双层次展开 …………………… 张成东（609）
敌人刑法：抗制强人工智能犯罪的新视角 …………………… 余　丽（616）
手术机器人医疗事故中刑事责任的三重检视 ………………… 黄陈辰（623）
大数据时代网络犯罪的刑法应对
　　——兼论人工智能犯罪的规制 …………………… 庞云霞　张有林（630）
人工智能时代网络侵财犯罪的类型化规制研究 …… 赵香如　潘　雨（638）
人工智能领域侵财犯罪的刑法适用问题研究 ……… 李存海　高小艳（646）
人工智能时代远程视频取证模式的构建 …………… 张启飞　虞纯纯（652）
人工智能时代刑事法律保护企业知识产权的新挑战与新思路
　　——以公民个人信息数据的权属界定为视角 ……………… 李业青（658）
机遇与挑战：人工智能刑事量刑辅助系统的风险防控
　　…………………………………………………… 崔仕绣　张博闻（666）
自动驾驶汽车交通肇事的刑法规制 ………………… 陈京春　李　斐（673）
腐败犯罪境外追逃追赃的智能化探究 ………………………… 唐　玲（680）
"机器可以被诈骗"的认识误区及其匡正 ……………………… 郑　洋（687）
人工智能领域在刑法研究中的误区分析 ……………………… 焦　阳（696）

二

论基因编辑技术的刑法规制 ………………………… 彭凤莲　贺艳梅（703）

刑法应对生物技术发展的应然态度 ……………… 魏汉涛　张　如（710）
生命科技的刑法边界
　　——以基因编辑婴儿事件为切入点的思考 ……… 郭理蓉　赵丽荣（717）
对人类基因编辑技术刑法规制的初步构想 ………………… 曾明生（724）
基因技术的刑法规制 ……………………………… 亓　瑞　张爱艳（733）

下　卷

第三编　正当防卫制度的适用与完善

一

正当防卫若干理论问题 ……………………………………… 林亚刚（745）
论正当防卫的体系性地位 ………………………… 王政勋　高　琳（755）
论正当防卫的异化 ………………………………… 张智辉　曾　昌（762）
正当防卫若干问题探讨 ……………………………………… 赵新河（770）
正当防卫勘误 ………………………………………………… 金翼翔（776）
论特殊防卫的性质 …………………………………………… 简筱昊（784）
正当防卫适用之限制 ……………………………… 唐大森　李　婕（791）
轻微违法案件中的正当防卫问题 …………………………… 熊永明（796）
我国正当防卫制度的理论和实务偏差 ……………………… 陈志军（803）
防卫权初探
　　——由防卫权与刑法权关系视角 …………………… 黄爱华（811）
论我国犯罪构成理论与正当防卫的对抗性关系 … 田　旭　敦　宁（818）
正当防卫正当化的依据的重新划定 ………………………… 陈文培（825）

二

论防卫限度的判定 ………………………………… 徐　岱　韩卓瑞（832）
理论和实务双重视角下的正当防卫限度条件问题研究
　　　　　　　　　　　　　　　　　　　　　　 郑丽萍　吴　静（841）
刑法中应建立防卫过当的合理认定和宽恕机制 … 童德华　王一冰（849）
正当防卫中限度条件的分析与认定 ……………… 冉　巨　王小青（856）
特定语境下的正当防卫限度研究 ………………… 凌萍萍　焦孟頔（864）
对见义勇为型正当防卫案件中"必要限度"的法理分析 …… 杨　俊（871）

从"反杀型"案件看正当防卫的必要限度 …………… 贺 卫 王振华 （883）
论防卫过当的司法认定 …………………………… 刘德法 刘德华 （891）
防卫过当的罪过形式及实践判断 …………………………… 张亚平 （898）
无限防卫实质条件的立法审视
　　——不法侵害的范围与性质 …………………… 宋 玲 易智星 （907）
防卫过当判断标准之再认识 ………………………… 莫晓宇 韩雨江 （914）
防卫过当判断标准的刑法教义学分析 ……………………… 闫 雨 （922）
防卫过当判断的"行为限度单独标准"之构建
　　——基于刑法与刑事诉讼法的交叉解释 ……… 储陈城 胡子昕 （929）
刑民一体化视角下的防卫过当 ……………………………… 王 红 （949）

三

正当防卫"权利本位"司法观之形塑 ……………… 阴建峰 李娜娜 （958）
论正当防卫制度司法适用的纠偏 …………………………… 王志祥 （970）
正当防卫适用的困境及其出路 ……………………… 王鹏祥 黄春雨 （978）
正当防卫的司法适用及其认定困境 ………………… 兰跃军 熊剑锋 （985）
正当防卫司法认定中的典型问题研究 ……………… 付小容 宗 耀 （992）
正当防卫司法认定应作价值考量 …………………………… 雍自元 （1002）
我国司法实践中正当防卫认定逻辑形式的审视与重构 …… 汪千力 （1009）
正当防卫的认定难题与证明责任分配 ……………………… 李会彬 （1015）
正当防卫认定之困境与解决 ………………………………… 单奕铭 （1022）
正当防卫司法适用的理性思考 ……………………………… 张鹏成 （1029）

四

从于欢案谈防卫的正当性 …………………………………… 赖早兴 （1036）
中日正当防卫制度之比较
　　——以于欢案为视角 …………………………………… 陈家林 （1043）
论防卫过当的定罪问题
　　——兼评于欢防卫过当案 ……………………… 郭 洁 张若琪 （1050）
昆山"于海明案""正当防卫"的法理分析 ………… 李晓明 韩 冰 （1057）
见义勇为类型正当防卫的法理评析
　　——以"赵宇案"为切入点 …………………… 朴宗根 吕江鸿 （1065）
论正当防卫中"不法侵害尚未结束"
　　——以"于海明正当防卫案"为视角 ………… 杜发全 姚雯娜 （1074）

孙某伤害致人死亡案的刑法分析	谢治东 杨高波	（1080）
互殴与防卫的区分		
——以武汉"摸狗命案"为例	杨彩霞 张立波	（1089）
正当防卫相关问题的认定思路		
——以6起涉正当防卫案为视域	司伟攀	（1097）

五

针对非法限制人身自由行为的正当防卫之探析	夏 勇	（1105）
防卫行为的结果伤及第三人的刑法评价	钱叶六	（1117）
正当防卫中不法侵害之紧迫性判定的反思性审视	叶良芳 张 琦	（1128）
正当防卫紧迫性要件否定论	袁 彬 张馨文	（1139）
论防卫紧迫性要件的独立性	赵天红 杨建民	（1155）
对民法上合法行为的正当防卫研究初探	吕 瑶 张理恒	（1164）
论正当防卫的"先害行为"	金泽刚 孙 鉴	（1170）
躲避义务在我国正当防卫制度中的展开		
——以其适用情形为视角	李 荣 宗惜惜	（1178）
互殴与正当防卫的刑事司法判定研究		
——以轻伤害案件为视角	王立德 龙冰沁	（1184）
正当防卫不法侵害始点问题研究	周光营	（1189）
正当防卫中"不法侵害"的范围探析	马路瑶	（1195）
家庭暴力中受虐妇女"以暴制暴"行为的正当防卫抗辩		
——以"受虐妇女综合症"为主要视角	杨 阳 刘 科	（1203）
遭受家庭暴力妇女"以暴制暴"行为的正当防卫适用分析	张蓓蓓	（1212）

第四编　金融领域腐败犯罪的惩治与防范

论刑事"从业禁止"在治理金融领域腐败犯罪中的适用		
	李晓明 李文吉	（1223）
混合所有制公司、企业管理层职务犯罪研究		
——以王某贪污、私分国有资产案为例	陈结淼 龚傲霜	（1232）
内外勾结型金融诈骗行为之定性探析	王志远 陈 昊 张笑天	（1239）
宽严相济刑事政策下金融领域腐败犯罪治理问题研究		
	高劲松 宋 鹏	（1247）
腐败犯罪控制的经济分析	王利宾 付传军	（1253）

民间融资借贷、高利贷与我国刑法金融犯罪规制及其立法完善
.... 王昌学（1261）
金融腐败犯罪的刑事法防治 .... 郭泽强　张鑫希（1271）
论金融腐败犯罪的惩治与预防 .... 王晓雪（1283）
金融领域腐败犯罪的刑事立法防治对策 …… 徐　宏　赵　越　周　晨（1290）
浅论金融领域腐败犯罪的立法防控与完善 ………… 蔡唯佳　卫　美（1298）
论惩治与防控金融领域职务犯罪的司法完善 ……… 高珊琦　贺　萍（1306）
金融领域腐败犯罪的司法防治对策研究 …… 于　涛　汪金亚　李雄彬（1313）
金融领域腐败犯罪的司法防治对策研究 …………………… 刘丽云（1320）
金融领域腐败犯罪的司法防治对策 …………………… 卢　畅　郝艳兵（1325）
银行贷款调查人员渎职行为的刑法分析 …………………… 张利峰（1332）
论金融腐败犯罪的司法完善 …………………… 刘　静　徐剑锋（1340）
论洗钱罪的完善
　　——以腐败犯罪的资金追缴为视角 ……… 郭　洁　李苗瑜（1347）
金融领域腐败资产特别没收"刑事独立后果说"之提倡 ……… 卫　磊（1355）
我国对离岸金融市场的法律监管与国际合作问题研究 ………… 杨　超（1362）
套路贷案件民刑衔接中法院裁量权的制约因素 ……… 肖　晶　朱　冬（1369）
银行信贷人员渎职犯罪中的过失认定
　　——以注意义务标准判断为视角 ……… 田向红　柴建桢（1373）
浅谈金融犯罪的演变及刑法规制调整 ……………… 谭　婷　周姿璇（1379）
新型非法集资类金融犯罪的刑法认定问题研究
　　——以区块链技术的应用为切入 ………………… 融　昊（1387）
企业债券融资中腐败问题研究 …………………………… 赵睿英（1397）
单位犯罪刑事治理的检视与完善
　　——以刑事合规为视角的反思 ………………… 邹玉祥（1402）
加强跨境反洗钱协作　助力反腐败追逃追赃
　　——以内地和我国香港地区反洗钱协作为视角 …… 范雪珂（1409）
第三方支付平台的刑事法律风险及其控制 … 董文辉　金　嬿　朱冠琳（1415）

下　卷

第三编　正当防卫制度的适用与完善

第四编　金融领域腐败犯罪的惩治与防范

第三编　正当防卫制度的适用与完善

正当防卫若干理论问题

林亚刚[*]

近年来，连续发生的几起防卫案件，在国内引起不小的波澜，如湖北恩施邓玉娇案、江苏昆山于海明案、福建省福州市赵宇案等，有区别的是在较早的邓玉娇案（2009年）中，法院是以邓玉娇犯故意伤害罪不予以刑事处罚结案[①]，而较后的江苏昆山于海明案（2018年）、福建省福州市赵宇案（2018年），则是以符合正当防卫，不负刑事责任结案。但在赵宇案中，福州市晋安区检察院最初认定赵宇是防卫过当作出相对不起诉决定。该结论引起社会舆论高度关注后，在最高人民检察院指导下，福建省检察院指令福州市检察院对该案进行了审查。福州市检察院经审查认为，原不起诉决定存在适用法律错误，遂指令晋安区检察院撤销原不起诉决定，于2019年3月1日以正当防卫对赵宇作出无罪的不起诉决定[②]。只有江苏昆山于海明案，是公安机关经过缜密侦查，并商请检察机关提前介入，根据侦查查明的事实，并听取检察机关意见和建议，依据《刑法》第20条第3款的规定，认定于海明的行为属于正当防卫，不负刑事责任[③]。虽然各案案情并不相同，但相同的是，案件都是经过在网络上引起巨大社会反响后，面对如潮的社会舆情，司法机关有"不得不为之"的压力。这也反映出司法机关对刑法规定的正当防卫理论重视不够，也轻易不愿适用。本文仅就正当防卫的几个理论问题求教大方。

一、正当防卫免责的法律属性

比较经典的正当防卫定义，是为了避免本人和他人利益遭受现实不法侵害而采取的必要的反击（防卫）行为。然而，在正当防卫正当化的根据上，虽有不同的理论认识，但都是基于自罗马法以来防卫权是人与生俱来的权利。以保卫个人生命、健康为最高法益的原则出发的"自卫权"是个人权利，已经得到普遍认可。但防卫权的限制行使，使这一权利褪去了"私刑权""报复权"的实质，当国家负有保护国民生命、健康、财产安全的义务后，防卫权是与国家刑罚权紧密联系在一起的，从防卫者对不法侵害危险性判断的个人责任，向依据司法审查的"法益权衡"一般正当化的立场发生了转移。然而，当国民的权利遭受现实侵害而缺失公权力及时保护时，法律必须允许国民行使自卫权。在我国理论和实践中，正当防卫是典型的违法阻却的事由，即便只是将正当防卫作为"不具有犯罪性"研究学者[④]，也多少在

---

[*] 武汉大学法学院教授，博士生导师，中国刑法学研究会学术委员。
[①] http://www.360doc.com/content/16/0403/11/99504_547495604.shtml。
[②] https://www.sohu.com/a/298539135_267106。
[③] http://legal.people.com.cn/n1/2018/0903/c42510-30266961.html。
[④] 参见黎宏：《刑法学总论》（第2版），法律出版社2016年版，第126页以下。

论述中将不具有违法性作为不具有"犯罪性"的论据之一。就防卫权是人与生俱来的权利而言，则意味着面对侵害，任何人都不可能理智地不使用暴力予以反击来维护自己的权益，法律当然更不能无原则地要求他人放弃自己的利益。但正因为防卫也是一种暴力，减少损害要求如可以其他方法和平解决，则没有必要使用暴力。我国刑法规定的正当防卫，并无有的国家刑法（如日本刑法）要求"不得已"为之的条件①，这就在制度层面上"表明"，即便在有其他方法防止不法侵害时，不放弃防卫权而实施防卫，也是法律允许进行正当防卫。这一点与规定有正当防卫只有在"不得已"的情况下才能实施有较大的区别。我国正当防卫可以主动实施，在有正当事由的情况下，以阻却违法性为当然解释。但无论从哪层意义上说，正当防卫都是针对人身的一种暴力攻击，并会发生一定的人身损害，理应有所克制。只是基于我国刑法规定，可以主动实施正当防卫，不以"不得已"为条件。然而，在大陆法系刑法理论中，正当防卫尽管保护了重要法益，但是因其本身是"以暴制暴"，也是一种"恶"，需要限制在"不得已""合理""必要"为之的范围内。故而其理论上，也有将正当防卫分为"阻却违法性"和"责任宽宥"两种类型的学说。我国学者，在正当防卫条件的研究中，对未达到刑事责任年龄、不具有刑事责任能力人的不法侵害，能否实施正当防卫的问题颇有争论，而多数说主张在不知侵害者身份或虽然知道但"不得已"的情况下，是可以实施防卫的也有学者明确指出此种情形下能采取回避措施并不存在特别负担时，不宜防卫，基本防卫时也应该对防卫行为有所限制，尽量限制在必要的场合②。在该问题的论证上，虽然并不符合我国刑法正当防卫未设定"不得已"为之的条件，但却符合"道义""人性化"理念，不过针对该种情形下的防卫，评价上说完全阻却违法性，显然不当，而通过"期待可能性"在解释论上以排除主观上的责任事由，责任上可以"宽宥"更为妥当，所以正当防卫视为免责理由可以成立。

二、针对特殊"不法侵害"防卫的认识

1. 过失不法侵害。对故意的不法侵害行为实施防卫是没有疑问的，但对过失行为能否实行防卫，理论上存有争议。折中的观点认为，对具有暴力性、攻击性的过失行为可以实施，如过失致人死亡、过失伤害行为，而其他的过失犯罪行为，不能实行正当防卫。③ 张明楷教授认为，之所以对过失行为可以实施正当防卫，是因为过失犯罪也是有实行行为的，而有过失的实行行为与结果发生之间会有时间上的间隔，对过失行为在客观上包含造成结果的极大可能性甚至必然性的，没有理由禁止正当防卫。④ 姜伟博士则认为，对过失行为不能实行正当防卫，在过失行为可能

---

① 不少国家在对"何种情形下"可以实施正当防卫一般不作特别说明，但有与"不得已"相似的"合理性""必要性"的要求。

② 参见张明楷：《刑法学（上）》，法律出版社 2016 年版，第 199 页。

③ 参见姚辉：《试论正当防卫中的不法侵害》，载《法学杂志》1985 年第 1 期；周国钧、刘根菊：《正当防卫的理论与实践》，中国政法大学出版社 1988 年版，第 41—42 页。

④ 参见张明楷：《刑法学（上）》，法律出版社 2016 年版，第 199 页及页下注释。

引起结果发生时，可以通过很多方法提醒、帮助他避免结果发生，而且在已经造成损害时，实施所谓防卫已经没有任何意义。① 笔者赞同否定的认识。

的确，在过失行为具有造成法益侵害现实危险的紧迫情形下，不是不产生防卫紧迫感和防卫权的问题，而是通过防卫是否能够避免法益被侵害的问题。正当防卫的真义，是以对不法侵害者人身施以暴力而制止不法侵害，因此，能否以造成不法侵害者人身法益损害的方法，制止其不法侵害，消除威胁法益的危险，这才是对之是否能够实行正当防卫的理由。如有驾驶者技术不良，有发生交通事故的可能（或者在交通事故发生后），驾驶者在慌乱中仍然驾驶汽车的，当然对行人、其他车辆构成现实的、紧迫的，能够产生防卫紧迫感的危险，那么，此时将驾驶者击伤，是能实现阻止危险进一步扩大，还是能迫使其停止可能的侵害行为？别说车外的人无法采取防卫措施，就是车内的乘员是否有可能通过正当防卫制止？也就不难想象，在车辆行驶中实行所谓的防卫将驾驶者击伤②，是扩大了危险还是能防止危险发生。更不要说过失致人死亡、过失致人重伤，在死亡、重伤结果已经发生后，还能认为使用暴力方式将其致死、致伤是正当防卫。这与私刑报复没有本质上的区别。

张明楷教授③还列举聋哑人甲在狩猎时，误将前方的 A 当作野兽正在瞄准即将射击；与甲一同狩猎、处在甲身后较远处的乙发现了甲的行为，于是向甲开枪，打伤其胳膊，保护了 A 的生命。对乙的行为应评价为正当防卫。同时还认为，对假想防卫的，也可以实施正当防卫④。主观上过失地"误将人当作野兽要猎取时"，被身后同伴开枪击伤制止的例子，的确是通过对人身的加害制止了可能发生的严重结果，符合正当防卫的要求，问题在于乙没有开枪射击之前，何以就认为聋哑人甲主观上就是过失而不是蓄意杀人？刑法上的犯罪过失是依据结果而存在的，是否过失是依据事后行为人对所造成的严重后果的心态，结合其行为以及环境等多种条件认定的，故意杀人与过失致人死亡，如果除却客观条件，就行为表现而言，不会有特质上明显可供区别之处，这显然与相当一部分故意犯罪不同，从实施的行为上就可以判断是故意而不是过失。乙依据什么可以判断甲只是误认而不是想故意杀人？换言之，该案要作为正当防卫认定，是司法上的认定，至于"误将人当作野兽要猎取"，这只是要防卫者自己主观上的判断，至于要开枪射击他人的聋哑甲在主观上是故意还是过失，对认定乙是否成立正当防卫并没有实质意义。

包括第三者对"假想防卫"者所实施的防卫在内，也存在同样道理。"假想防

---

① 参见姜伟：《正当防卫》，法律出版社 1988 年版，第 65 页。

② 防卫是通过对不法侵害者的人身侵害，达到制止不法侵害效果的，即要制止的是不法侵害人的侵害行为能力，所以只有对其实施人身加害才得以实现，如果制止的行为并没有造成不法侵害者人身的任何损害，制止行为根本不用以正当防卫的规定来认识。

③ 张明楷教授是基于客观违法论、纯粹的结果无价值立场提出问题的，而认为主张行为无价值理论如果认可防卫对象的不法侵害不必具有故意、过失的，则与行为无价值理论立场相矛盾（参见张明楷：《刑法学（上）》，法律出版社 2016 年版，第 200 页）。但显然，如果基于结果无价值立场，似乎也存在没有必要对"不法侵害"设定如"故意""过失""无过失"等是否能够实施正当防卫的条件，因为只要防卫者判断是不法侵害就可以实施防卫，设定条件讨论是否也是多此一举？

④ 参见张明楷：《刑法学（上）》，法律出版社 2016 年版，第 199 页注释。

卫"者 A，成立"假想防卫"①还是故意犯罪②，是事后司法上对其"防卫行为"的评价，并不需要通过第三者 B 对在实施"假想防卫"者 A 行为是否属于"假想防卫"的判断来认定。B 何以认定 A 的行为是否属于"假想防卫"？B 要制止的就是其主观上所判断的客观上现实紧迫的 A 在实施"不法侵害"，B 的防卫行为与"假想防卫"者 A 最终是否成立假想防卫没有任何关系，B 是否成立正当防卫，并不由 A 的行为是否是"假想防卫"来决定。如认为 B 对"假想防卫"者 A 实施防卫成立正当防卫，那么 B 针对"假想防卫"者 A 的客观行为，只是自己主观上判断对方的行为是不法侵害而已，欲通过防卫要制止其行为，而"假想防卫"者 A 实际上实施的并非不法侵害，而是防卫行为，只是 A 针对的防卫对象不是适格的不法侵害者而已。由此，作为防卫者的 B 也存在是在实施"假想防卫"，也只能按照"假想防卫"的原则处理，当然存在完全不成立假想防卫而构成故意犯罪的可能性，何以认为一定可以成立正当防卫？

应当说，过失行为性质上虽属于不法侵害，也能形成防卫紧迫感，但过失（行为）犯罪成立之时，也是过失（行为）犯罪结束之时，由于结果已发生，已不可能通过防卫来消除危害结果。即对过失（行为）犯罪不可能通过正当防卫解决任何问题。

2. 不作为不法侵害。对不作为是否可以实行正当防卫，学界有不同看法。否定观点认为，对不作为行为不能实行正当防卫，因为不作为行为不具有侵害的紧迫性，而且防卫也不能制止危害结果的发生。③ 对不作为形式的侵害，只能以提醒、劝说、警告等方法制止，但这样的手段不属于正当防卫。④ 姜伟博士认为，对不作为行为能否实行正当防卫，取决于不作为能否形成紧迫的危害，能够形成紧迫危害的，无论是对纯正不作为还是对不纯正不作为，均可以实行正当防卫。⑤

就刑法规定而言，并没有限制不法侵害的形式，当然它既包括作为行为，也包括不作为行为。张明楷教授列举的非法侵入住宅，要求其退出而拒不退出，强力将之推出而致伤；父亲不救落水的女儿被他人以暴力、胁迫手段强制其救助；发生交通事故后以暴力、胁迫手段强制企图逃匿的司机将被害人送医，都是针对不作为的正当防卫。⑥ 由此例可以说明，对法益侵害的紧迫性，并非是否可对不作为行为实行正当防卫的合理理由。从现实来说，即使不作为行为，也未必不能形成法益侵害的紧迫性，如锅炉工不给锅炉加水，企图使之爆炸；母亲不给婴儿哺乳，孩子行将饿死，就不能说不作为行为对法益的侵害不紧迫。然而，正当防卫是以暴力造成不法侵害者人身伤亡为评价基础的，使用暴力、胁迫强制他人履行义务，需要如此激烈的暴力吗？更何况对之实行防卫的意图是什么？如果是为了消除危险，制止对法

---

① "假想防卫"要么是过失要么是无罪过，这是我国实践和理论所共识的。
② 不成立"假想防卫"，主观上就是故意罪过。
③ 参见高铭暄主编：《新编中国刑法学（上）》，中国人民大学出版社 1998 年版，第 277 页。
④ 参见甘雨沛主编：《刑法学专论》，北京大学出版社 1989 年版，第 143 页。
⑤ 参见姜伟：《正当防卫》，法律出版社 1988 年版，第 64 页。
⑥ 参见张明楷：《刑法学（上）》法律出版社 2016 年版，第 200 页。

益的侵害，那么显然将不法侵害人打死也好，击伤也好①，并不能使锅炉不爆炸、婴儿不死亡、落水之女不溺亡、事故伤者不再有危险。与其打死、打伤，不如断电、断油关闭锅炉，送孩子、伤者去医院抢救更有效。如果不是这样的意图，那么防卫存在演变为报复的可能性，而不是正当防卫。

无论是纯正不作为还是不纯正不作为，都是违反特定作为义务，能防止而不防止特定危害结果发生的行为，如允许通过强制手段使其履行特定义务来防止结果发生，防卫人是在充当"法律"执行者的角色，何以认为是正当防卫行为？如人人都充当法律的执行者，这是违背了正当防卫的精神的。而通过实施对不法侵害者人身法益的加害而制止其不法侵害，才是设置正当防卫法秩序的真义。因此，能否以造成不法侵害者人身法益损害的方法，制止其不作为的不法侵害，消除危险对法益的威胁，才是对不作为是否能够实行正当防卫的理由。笔者认为，除了个别的特例外，绝大多数的不作为侵害行为，是不可能通过防卫来消除危险状态并防止危害结果的发生的。例如，对恶犬突然扑咬行人（无论是犬主动攻击还是被唆使攻击），而饲养者并不制止恶犬进行救助而是观望，当然可以对饲养者展开暴力攻击，可以此来解除恶犬对他人持续侵害的危险，达到防卫的目的。如果笼统地说"无论以作为形式还是以不作为方式实施的，都可以反击"②，实行正当防卫，则过于绝对化。除非在法律上可以认可"人人都可以作为法律执行者是正确的"。

3. 对公法益的不法侵害。在不法侵害没有直接体现出侵害具体个人法益时，对侵害国家法益、社会法益的实行正当防卫是否应该有一定的限制，在国外的刑法理论中也存在争议。③ 张明楷教授认为，在国家机关能够及时有效保护公法益的情况下，公民没有必要也不应当进行防卫，否则，反而不利于保护法益。④ 根据《刑法》第 20 条的规定，正当防卫所保护的法益，包括"国家、公共利益"，如就法秩序的整体而言，似每一个公民的利益都包括在其中，从这一点，就是对单纯侵害了国家法益、社会法益的不法侵害，法律也允许公民实行正当防卫。但是，这样一来，人人都可以通过所谓的防卫，成为执法者，这从根本上会破坏法治的统一性。因此，有必要对侵害国家法益、社会法益而并未直接危害到"本人或者他人的人身、财产和其他权利"的不法侵害实行防卫作出一定限制。

原则上说，只要并未直接危害到"本人或者他人的人身、财产和其他权利"，就不应去实行本应由国家专门的司法机构、行政机构行使的，专属执法权范围内的防卫行为。例如，任何人都不得以保护国（边）境安全而私自关押、逮捕或者杀害、伤害非法越境者；不得以维护公序良俗而查扣、销毁售卖淫秽光盘者的淫秽光盘；不得以有国家禁毒命令而查扣、销毁贩毒者的毒品，私自逮捕或者杀害、伤害贩毒者；不得以为民除害、大义灭亲而杀害、伤害为非作恶的亲属；不得以维护食品安全扣押、没收他人的问题食品；不得以保护环境为名上街查扣尾气排放未达到

---

① 正当防卫的本意就是通过对不法侵害者人身的攻击，制止不法侵害。
② 黎宏：《刑法学》，法律出版社 2016 年版，第 129 页。
③ 参见张明楷：《外国刑法学纲要》，清华大学出版社 2007 年版，第 162 页。
④ 参见张明楷：《刑法学（上）》法律出版社 2016 年版，第 200 页。

标准的机动车；不得以维护交通安全查扣无证驾驶机动车等。

虽然对单纯侵害国家法益、社会法益的不法侵害，不宜提倡公民去实行正当防卫，但是，当不法侵害的国家、公共法益同时包含个人法益时，应该允许实行正当防卫。例如，对盗窃国家财产的行为，财产的主体虽然是国家，但同时侵害到国民个人权益时，因为国家财产由国民缴纳的税款而构成，应该允许公民实行正当防卫；当侵害社会法益附随个人法益时，也应该允许实行正当防卫，如对住宅实施放火、爆炸的行为，应允许实行正当防卫；对已经醉酒还要强行驾驶机动车，给公共安全、他人人身安全构成威胁的，可以武力阻止其驾驶机动车。

所以，问题是对保护单纯的国家法益、社会法益是否允许实行正当防卫。黎宏教授认为，只有在国家利益面临重大危险而国家机关来不及保护时，个人可以为保护国家利益实行正当防卫。[①] 笔者赞同这一认识。侵害的是国家法益、社会公共重大利益，但专门司法、行政机构尚不能及时介入保护时，应该允许公民个人行使正当防卫权。前者如口头制止向未成年人兜售淫秽光盘、毒品未果，反而引起对方"反击"时；后者如对实施放火、爆炸行为的防卫在警察不能及时赶到时。

三、防卫意识

依据《刑法》第 20 条第 1 款规定，只有在防卫人具有正当防卫意识的情况下，才能成立正当防卫。多数说认为，这是对正当防卫成立主观目的性的要求，防卫意志对于正当防卫的成立具有重要的意义，是正当防卫之所以被排除犯罪属性，不承担刑事责任的重要根据之一。

张明楷教授认为，在防卫意识中对防卫的认识具有重要意义，但只要认识到是与正在进行的不法侵害相对抗，就应该视为具有防卫意识。这有利于将基于兴奋、愤怒等进行的防卫纳入正当防卫之中，将防卫意识作为正当防卫的条件，但也只能说不具有防卫意识的不成立正当防卫，而不能直接得出就是犯罪的结论。所谓"主客观相统一"的认定犯罪的标准，并不适用于不是犯罪的行为。第 20 条"为了使……"的表述，完全可以理解为对客观原因的表述。[②]

黎宏教授也表达了相似的观点，即对防卫意识要求如果过多，则违背设立正当防卫制度的本意。因为正当防卫是源于人的自我防卫、自我保护本能，在面临不法侵害的紧急状态下，人会因吃惊、紧张、激愤、恐惧而陷入无意识状态，会出于本能反击，难有基于冷静判断而实施具有防卫意图（意志）的行为。因此，客观上对正在进行的紧急不法侵害实施反击，都是防卫人自我防卫、自我保护本能的体现，不能否认其正当防卫的性质。而且，在实务中，防卫与加害意思并存的情况是现实存在的，如预测到将遭受侵害而事先做了准备，在不法侵害发生时，利用准备的装备进行反击的，其意识中就同时具有防卫与加害的内容，不能说具有纯粹的防卫意识，但不能因为防卫人事先有准备，在不法侵害发生时有反击对方的动机而否定其

---

① 参见黎宏：《刑法学》，法律出版社 2016 年版，第 130 页。
② 参见张明楷：《刑法学（上）》，法律出版社 2016 年版，第 204-205 页。

正当防卫的权利。但是，基于现行刑法的规定，在防卫意识的要求条件上可以适当放宽，即在防卫当时，认识到面临紧急不法侵害，基于理性防卫目的的自不待言，即使对毫无思想准备而突然面临不法侵害时，防卫人只要认识到是与正在进行的不法侵害相对抗，就应该视为具有防卫意识。哪怕防卫人意识中夹杂有加害意识的场合，也应承认有防卫意识。①

笔者赞同上述看法。事实上，正确认识到这一点，对纠正"面对不法侵害只能临时找防卫工具，或者事先有准备不能成立正当防卫"这种很狭隘的防卫观念非常重要。

对于防卫意识，有必要讨论"防卫挑拨"与"相互斗殴"。二者在表象上都是相互攻击行为，事实上也存在相互斗殴是由防卫挑拨发展而来的，甚至在实务中无法辨别二者的情况。按照多数说，不否定二者可存在防卫权产生的根据，即"被挑拨"的反击者在特别情形下是正当防卫②；斗殴者一方放弃或逃避，对方仍然继续加害，再反击的行为是"正当防卫"等③。现实中，无论是防卫挑拨者的反击，还是斗殴者的相互攻击，特别是防卫挑拨者的反击，表现形式上与"斗殴"很难区别开来，如果反击挑拨者的防卫者有过错在先，则更难以与相互斗殴区别开来。因为并不是说由哪一方引起事端，其就是挑拨者，并不排除事端的被动方会采取挑拨；也不是哪一方言语更恶毒，其就是挑拨者，不恶毒的一方也可能是挑拨的一方。因此，能否确定哪一方是有备而来才是关键。

张明楷教授说，相互斗殴之所以不能成立正当防卫，一是因为双方的殴打是基于承诺的行为，是相互同意他人的殴打，所以不具有侵害对方人身法益的违法性；二是因为双方的行为在客观上都不是为制止不法侵害、保护法益而为之，故不成立正当防卫，并非因为双方缺乏防卫意识。④

笔者不大赞同这一观点。如果说因为基于承诺而不具有侵害对方人身法益的违法性，则意味着斗殴是阻却了违法性，反过来说斗殴就是不违法行为，至少在承诺的意义上也可以说法律不禁止，但斗殴不违法吗？相互斗殴中也不存在"我愿意你给我造成何种伤害，你也应该愿意我给你造成何种伤害"之意，斗殴者都是在极力避免对方伤害自己而意图加害于对方，这才是认识相互斗殴行为都属于不法行为的根据所在，何以能认为不具有侵害人身法益的违法性？极端点说，如双方签了"生死状"的斗殴，也能被认为基于承诺而不具有侵害人身法益的违法性吗？用基于"承诺"的法理解释相互斗殴不成立正当防卫，是多余的。他还认为，在斗殴中一方不承诺对自己生命和身体可以进行重大侵害时，对方的行为应属于不法侵害，可以实施正当防卫⑤。这是否将相对复杂的斗殴案件理想化为事先约定的"一般伤害"为止？

---

① 参见黎宏：《刑法学》，法律出版社 2016 年版，第 133—134 页。
② 参见黎宏：《刑法学》，法律出版社 2016 年版，第 137 页。
③ 参见张明楷：《刑法学（上）》，法律出版社 2016 年版，第 204 页。
④ 参见张明楷：《刑法学（上）》，法律出版社 2016 年版，第 206 页。
⑤ 参见张明楷：《刑法学（上）》，法律出版社 2016 年版，第 206 页。

四、特殊防卫

对《刑法》第 20 条第 3 款的规定,理论界和实务界持肯定观点的占多数,但对内容以及其理解有争议。

(1)"行凶"。"行凶"一词并不是规范的刑法用语,它更多的是在犯罪学上对具有暴力、侵袭、破坏性特征的一类违法犯罪行为的概括。对此的争议,主要有两种截然不同的观点,一种是应然意义上完全否定立法"行凶"的表述,认为将"行凶"与杀人、抢劫、强奸、绑架犯罪并列在一起,逻辑上是混乱的,因为它既不是一个法律术语,也不是一个罪名,无论是从立法用语还是从第 3 款的适用来看,都是一种立法缺憾。因此,立法修订应该删除这一不严谨的规定①。另一种是从实然的角度,意图从规范上对"行凶"作出解释。黎宏教授认为它是"严重的故意伤害"的行为②,张明楷教授认为它是"有很大可能造成他人严重的重伤(重大伤害)或者死亡的行为"③。由此可见,意图从规范上予以解释的,学界意见也并不一致。

无论对"行凶"作出何种限制性解释,要求"行凶"的严重程度④,都与该款规定的"杀人、抢劫、强奸、绑架犯罪"在逻辑上是混乱的。因为解释虽然略有不同,但在结论上,仍然没有脱离行凶所涉及的罪名(罪行)可以包括故意杀人。这样一来,也就是说对"行凶"的故意杀人有要求严重程度的条件,而随之规定的"杀人"又似意味着没有在严重程度上有限制要求,只要是杀人即可行使特殊防卫来认定,这就是矛盾之处。因此,应然的批评是正确的。

"行凶"一词虽然并不是刑法的专门用语,但在立法尚未修订之前,不能否定现行刑法中的确成了刑法上的用语。因此,作为规范刑法学,就必须从实然解释的意义上对"行凶"作出合理解释。就此而言,如果从"行凶"之后随之规定有"杀人",因此将"行凶"限制为严重的故意伤害,可以缩小与"杀人"之间在逻辑上的矛盾。

(2)"杀人、抢劫、强奸、绑架"。一是,这里规定的是指"罪名"还是指"罪行"?有人认为既可以是指具体罪名,也可以是指四种形式的犯罪手段,是罪名与犯罪手段相结合的立法形式⑤。也有人认为是具体罪名,至于四种罪名之外的犯罪,可以归于"其他严重危及人身安全的暴力犯罪"中⑥。应该说,"罪名说"是比较合理的解释,第一,可以避免与"其他严重危及人身安全的暴力犯罪"在解释

---

① 参见周加海、左坚卫:《正当防卫新型疑难问题探讨》,载《山东公安专科学校学报》2001 年第 4 期;田宏杰:《刑法中的正当化行为》,中国检察出版社 2004 年版,第 257 页以下。
② 参见黎宏:《刑法学》,法律出版社 2016 年版,第 143 页。
③ 参见张明楷:《刑法学(上)》,法律出版社 2016 年版,第 205 页。
④ 从这一角度的解释虽然有所不同,但是仍然没有脱离行凶是"严重的故意伤害,严重危及生命、重大身体安全"。参见张明楷:《刑法学》(第 4 版),法律出版社 2011 年版,第 204-205 页;黎宏:《刑法学》,法律出版社 2012 年版,第 144 页。
⑤ 参见王作富、阮方民:《关于新刑法中特别防卫权规定的研究》,载《中国法学》1998 年第 5 期。
⑥ 参见高铭暄主编:《刑法学专论》(第 2 版),高等教育出版社 2006 年版,第 485 页。

上的重复以及逻辑上的矛盾；第二，可以避免将"抢劫、强奸、绑架"解释为其他暴力犯罪手段而造成的规范解释上的混乱。①

二是，"杀人、抢劫、强奸、绑架"是否限于以暴力手段实施？有观点认为，无论是否以暴力实施，都不影响特殊防卫权的行使。② 也有观点认为，应具体分析具体的犯罪，对杀人、绑架、强奸犯罪，任何情况下都应允许特殊防卫，但对抢劫犯罪，限于使用暴力手段的才可行使特殊防卫权。③ 还有观点认为，对"抢劫、强奸、绑架"犯罪限于暴力手段，但对杀人的是否限制在暴力手段，没有做出说明。④ 如果从"罪名说"的立场来看，对上述犯罪做限于"暴力"的限制，似有不当，但是，从第3款已经放宽了防卫限度的实际情况来看，如果没有必要限制，滥用特殊防卫并非不可想象，因此，针对具体犯罪进行必要限制的解释，是比较合理的。第二种观点以及除强奸罪外，"杀人、抢劫、绑架"犯罪，暴力的程度应该达到严重危及人身安全程度的，才能行使特殊防卫的认识较为合理。

（3）"其他严重危及人身安全的暴力犯罪"。有观点认为，应从暴力犯罪的范围和犯罪的程度上来理解。暴力犯罪的范围，是以刑法明文规定的暴力或隐含着以暴力为手段的犯罪；暴力的程度，则要求具有严重危及人身安全性质时，才可以适用特殊防卫。具体考察暴力程度，一是从具体罪名上来确定，二是从具体案件上是否具有"严重危及人身安全的"威胁来确定；三是从法定刑上，对法定刑轻的，即使属于暴力犯罪，任何时候都不得实施特殊防卫。⑤ 正因为"暴力犯罪"同"行凶"一词一样，并不是一个规范上的刑法术语，而是犯罪学的术语，而从犯罪学的角度来看，暴力犯罪"是指伴随行使暴力的犯罪，典型的如强盗、暴行、伤害等。所谓暴力，包含暴行以及威胁行使暴行"⑥。所以，犯罪学上的暴力犯罪，是泛指以暴力、威胁为犯罪手段的犯罪行为。如从刑法规范上解释"暴力犯罪"，是否包括以威胁、胁迫为手段而实施的犯罪？

首先，我国刑法分则规定以暴力为手段的犯罪，除极个别犯罪外，绝大多数是将暴力和胁迫或威胁同时规定为客观方面的构成要件，还规定有些罪可由其他方法、手段构成。胁迫的内容，从规范上解释，可以是暴力，如杀人、伤害、殴打等，也可以是毁坏财产、非暴力的破坏名誉、揭发隐私，或者以对被害人不利，但内容是合法地进行胁迫，如以揭发其违法乱纪、犯罪行为进行威胁。对这样的犯罪，法律虽然明文规定了暴力是其构成要件，但如果威胁、胁迫的内容不是将要实施暴力，而是以毁坏名誉、揭发隐私等为内容，或者以其他方法、手段实施，使被害人不知反抗或丧失反抗能力的方法、手段。如用酒灌醉、用麻药麻醉等。这样非

---

① "杀人"可以解释为其他暴力犯罪的手段行为，如杀人可以是抢劫罪的手段行为，但是"抢劫、强奸、绑架"在规范上，不好理解为可以是其他犯罪的手段。
② 参见姜振丰：《关于正当防卫的几个问题研究》，载刘守芬、黄丁全主编：《刑事法律专题研究》，群众出版社1998年版，第252-256页。
③ 参见王作富、阮方民：《关于新刑法中特别防卫权规定的研究》，载《中国法学》1998年第5期。
④ 参见高铭暄主编：《新编中国刑法学（上）》，中国人民大学出版社1999年版，第284页。
⑤ 参见王作富、阮方民：《关于新刑法中特别防卫权规定的研究》，载《中国法学》1998年第5期。
⑥ 日本犯罪学研究会编：《犯罪学辞典》，成文堂1982年版，第497页。

以将实施暴力为胁迫手段或者以其他方法、手段实施犯罪的，视为可实施特殊防卫的暴力犯罪显然不够妥当。

　　其次，从实践来看，犯罪人在实施暴力犯罪时，暴力手段和以将要实施暴力进行威胁的胁迫手段通常是交错使用的，威胁行为传输给被害人的信息是：若有必要，就决定使用公开的暴力。也就是说，刑法中的有些犯罪所使用的胁迫手段是以暴力为后盾的，因而，以暴力为威胁内容的胁迫手段，同样具有暴力犯罪的本质，将其排除在暴力犯罪之外显然不妥。那规范上对暴力犯罪如何界定呢？特殊正当防卫意义上，重要的并不在于刑法分则条文本身是否明文规定以暴力或隐含暴力为犯罪构成要件，而在于行为人在实施犯罪时所采取的是否为暴力或者暴力相威胁的行为。当行为人事实上是以暴力行为实施犯罪的，才可能归入暴力犯罪的范畴或者称其为暴力犯罪。据此，将"暴力犯罪"限定在使用了暴力或者以暴力相胁迫而实施的犯罪上是比较合理的。但是，即使能够明确"暴力犯罪"的界定，特殊防卫的问题仍然没有解决，即对使用胁迫或威胁使用"暴力"，但实际上没有真正使用现实"暴力"的犯罪，也能使用特殊防卫吗？结论应该是否定的，因一般很难界定是"严重危及人身安全的"犯罪，应该不允许对这样的不法侵害实施特殊防卫。当然，案件中暴力和胁迫、威胁通常存在混合或交替使用，一般来说，对人身的侵害，也可以认为尚未达到严重危及人身安全的程度（强奸行为除外），也应不允许特殊防卫。如此，对"其他严重危及人身安全的暴力犯罪"，应采取限缩解释，不包括单纯使用威胁、胁迫手段，只限于单纯以暴力手段或者交叉有胁迫手段但最终以暴力手段实施严重危及人身安全的犯罪比较合理。

论正当防卫的体系性地位

王政勋* 高 琳**

我国传统的犯罪构成理论认为，正当防卫是排除社会危害性的行为。在大陆法系三阶层理论中，正当防卫是相当于犯罪构成要件但不违法的违法阻却事由。这两种观点都需要进一步反思。

一、形式判断与实质判断

在四要件理论中，排除社会危害性的行为被认为"外表是犯罪，而实质并不具有社会危害性，不具有犯罪构成的要件，并且对国家和人民有益的行为"①。这种观点在后来的权威论著中不断得到强化，实务界均接受了这种观点，即正当防卫不符合犯罪构成，符合犯罪构成的行为不可能是正当防卫。

笔者多年前就对这种观点提出过质疑。② 三阶层理论引入我国之后，正当防卫等违法阻却事由是该当于构成要件但不违法的行为，已经成为刑法学界的共识，但是，实务部门拥有话语权的法官、检察官多毕业于数十年前，他们在其刑法启蒙时期习得的知识、观念影响着他们的职业生涯，因而仍然有相当一部分人固执地认为正当防卫不符合犯罪构成，符合犯罪构成的行为就不可能是正当防卫。以孙明亮案为例，该案一审判决后，关于案件定罪，甘肃省平凉地区检察分院的抗诉理由认为：③ 孙明亮在打架斗殴中，对用刀刺人会造成被刺人死亡或者受伤的后果是清楚的，但在其主观上对两种后果的发生，均持放任的态度。在这种情况下，是定（间接）故意伤害罪还是（间接）故意杀人罪，应以实际造成的后果来确定。鉴于郭鹏祥已死亡，应定（间接）故意杀人罪。

该抗诉理由的表述几乎是教科书上关于间接故意的论述的原话。抗诉意见以四要件理论进行论证，得出了孙明亮的行为构成故意杀人罪的结论。确实，如果根据犯罪构成理论考察该案，孙明亮的行为确实全部符合四个要件。

甘肃省高级人民法院后来的判决理由则认为：孙明亮及其友蒋小平路遇郭鹏祥等在公共场所对少女实施流氓行为时，予以制止，虽与郭鹏祥等发生争执，蒋小平动手打了郭鹏祥一拳，但并非流氓分子之间的打架斗殴，而是公民积极同违法犯罪行为作斗争的正义行为，应予以肯定和支持……孙明亮在自己和蒋小平已无退路的情况下，为了免遭正在进行的不法侵害，持刀进行还击，其行为属正当防卫，是合

---

* 西北政法大学教授、博士生导师，中国刑法学研究会常务理事。
** 西北政法大学博士研究生，陕西省人民检察院检察官。
① 高铭暄主编：《刑法学》，法律出版社1984年版，第162页。
② 参见王政勋：《正当行为论》，法律出版社2000年版，第8页以下。
③ 《最高人民法院公报》1985年第2期。

法的。但是，其正当防卫行为超过必要的限度，造成不应有的危害后果，属于防卫过当，构成故意伤害罪。

高院的裁判理由完全离开犯罪构成理论，首先进行价值判断、实质判断，肯定孙明亮的行为"是公民积极同违法犯罪行为作斗争的正义行为，应予以肯定和支持"，只根据刑法关于正当防卫的规定来分析此案，最终得出了正确的结论。

由此可见，四要件理论未能正确处理犯罪构成和正当防卫的关系。其原因在于四要件理论认为犯罪构成是形式和实质的结合，试图在犯罪构成中一次性完成形式判断和实质判断，即行为既在形式上符合犯罪构成，又在实质上具有社会危害性。但这样做的结果，或是像抗诉理由那样只进行形式判断而罔顾实质判断，或是像高院裁判理由那样只进行实质判断，直接认定孙明亮的行为是正义的。

与形式判断和实质判断密切联系的另一对概念是事实判断和价值判断。形式判断和事实判断的意义基本相同，实质判断和价值判断则具有同一性。事实判断是"是不是"的判断，是一种纯客观的、价值无涉的判断，进行事实判断时应当根据一定的标准和条件，该标准具有特定的表现形式，因此事实判断也就是形式判断。由于形式的判断标准的存在，人们对事实的判断相对而言较容易达成共识。价值判断是"好不好"的判断，在进行价值判断时需要对事物进行全面的、综合的分析和考量，需要借助各种观察角度、分析视角和理论资源。由于没有形式化的、公认的客观标准作为依据，只能根据相应的价值观来对全部情状做实质判断，在进行价值判断时必然会发生不同价值、不同利益之间的冲突和选择，因此容易出现"公说公有理，婆说婆有理"的情形。在社会生活中，"是不是"的判断必然先于"好不好"的判断。

在三阶层体系中，构成要件该当性的判断是形式判断、事实判断，即从形式上考察当下案件是否符合刑法分则规定的构成要件，是"是不是"的判断；违法性判断是实质判断、价值判断，是"好不好"的判断。

区分形式判断和实质判断、事实判断和价值判断，有利于正确认定正当防卫的性质和意义，它提醒人们：形式上该当于构成要件的行为未必构成犯罪，还需要进一步考察其实质上是否具有违法性。试图一次性完成形式判断和实质判断的四要件理论所导致的结果，或是以形式判断取代实质判断、导致实质判断的缺位，这样将否定行为的防卫性质，或者将导致只进行单纯的实质判断，这样对于涉及正当防卫的案件虽然能够得出正确结论，却使刑法分则的意义大打折扣。

所以，对于涉及正当防卫的案件，应当在形式判断、事实判断之后，进一步进行实质判断、价值判断，从全体法秩序的立场上考察该行为法益侵害、规范违反的有无与程度。

二、正当防卫正当性的实质根据

对正当防卫进行实质判断、价值判断时，基于结果无价值立场的学者往往运用法益衡量原理，以优越的利益保护论证正当防卫的正当化根据；兼顾行为无价值的学者则多采用社会相当性说。德国通说采用个人保护原则和法保护原则（法确证原则）来说明正当防卫的根据，日本也有学者持该种观点。在我国，张明楷持法益衡量说，认为"不法侵害者所要获得的利益是不正当的，而正当防卫所要保护的利益是正当的。与不正当利益相比，正当利益当然具有本质的优越性。概言之，防卫人针对不法侵害者行使权利的行为，使其处于本质的优越地位"①。劳东燕肯定保护原则与法确证原则，认为以此出发可合理解释正当防卫成立要件中的一系列疑问，认为优越利益原理无法成为正当防卫正当化的全部根据。② 梁根林试图结合两种观点，认为"在我国，应当立足于法益保护与法秩序确证和不法侵害人丧失法益的需保护性的二元论正当化根据，以优越的利益保护原理在结论上亦不反对的'社会伦理许可的必需说'为标准，进行防卫过当不法的判断"③。

由于我们采取以结果无价值为基础、兼顾行为无价值的二元论立场，所以同意梁根林教授的见解，正当防卫的正当性根据实际上是个人保护原则、法确证原则和优越利益保护原则的结合。笔者论述过正当防卫的合法化根据，认为其哲学根据是权利与权力的对立统一，法学根据是报应与预防的对立统一，道义根据是正义和秩序的对立统一。④ 这种表述虽然采用了当时的流行话语模式，但结论仍然为我们所坚持。我们认为，对正当防卫正当性根据的理解，应当从事前（本质）和事后（效用）两个角度来考查。

事前的本质判断既包括实质上的考量，也包括价值上的抉择。具体包括三个维度：（1）防卫人。如果防卫人是被侵害人，其合法权益应当受到保护，当他面临不法侵害时本来应当求得国家权力的保护，但在紧急情况下国家保护缺位，防卫人即使出于自我保护的本能，也有权利通过对不法侵害者的反击来制止不法侵害，保护合法权益。这种本能其实是动物的一种天性，把狗踹一脚狗会咬你，捅了马蜂窝马蜂会蜇你，侵犯他人时对方当然也会对你进行抵抗、反击。这就是个人保护原则。（2）不法侵害人。不法侵害人本来也应该受到法律保护，但当他实施不法侵害时，由于对方有权反击，此时对方的反击权就高于他的受保护权，因而他应当承受正当防卫所造成的侵害——恶有恶报，这是他应得的报应。这就是法益优位原则，是典型的价值抉择。（3）国家。国家以实现社会正义、维持社会秩序为己任，正义和秩序是法律所追求的最重要的价值。正义包括积极正义和消极正义，前者是指等利交换即善有善报，后者是指等害交换即恶有恶报，等害交换意味着一个人损害社会和别人，他也会受到同样的损害，因而等害交换能够避免人们相互损害，有利于社会发展和人际交往，是一种重要的道德善。⑤ 被侵害人有权进行正当防卫，侵害者应当忍受正当防卫对其造成的损害，这是消极正义的要求，国家要维护正义，当然应当肯定其合法性；而通过对正当防卫的肯定和鼓励，既能警示潜在的不法侵害人，也能使实际的不法侵害人得到报应，从而避免人们互害，实际上即在确证法秩序。

---

① 张明楷：《正当防卫的原理及其运用》，载《环球法律评论》2018年第2期。
② 劳东燕：《防卫过当的认定与结果无价值论的不足》，载《中外法学》2015年第5期。
③ 梁根林：《防卫过当不法判断的立场、标准与逻辑》，载《法学》2019年第2期。
④ 王政勋：《正当行为论》，法律出版社2000年版，第109页以下。
⑤ 参见王海明：《伦理学原理》，北京大学出版社2013年版，第208页。

不仅如此,我国还允许为了保护他人的利益以及为了保护国家、社会的利益实行正当防卫,"对于公民自觉地与违法犯罪行为作斗争,应当予以支持和保护","做到既惩罚犯罪,又支持正义行为",① 以此来鼓励公民同违法犯罪行为作斗争,防止不法侵害行为的发生,建立社会秩序。

从事后的效用判断来看,对正当防卫的鼓励能够实现消极的一般预防和积极的一般预防。正当防卫制度的设立、宣告正当防卫人无罪的判决,既鼓励公民在面对不法侵害时进行反击、抵抗,"正义不能向非正义低头",又鼓励见义勇为的公民"该出手时就出手",从而构筑了遏制不法侵害的两道防线:事中的正当防卫和事后的刑罚制裁。两道防线共同作用,遏制那些企图实施不法侵害的潜在人员,使其经过利弊权衡、成本和收益的计算后放弃不法侵害意图,实现消极的一般预防;这两道防线也教育着一般公民,使其进一步明确了正义和非正义的界限,强化了公民对规范的正当性、有效性的认同,培养了公民对法律的忠诚,实现积极的一般预防。

三、防卫行为与责任阻却

根据我国法律,防卫行为包括三种情形:(1)防卫行为没有超过必要限度造成不应有损害。这种情形完全是正当合法的。(2)正当防卫超过了必要限度,但没有明显超过必要限度,造成了不应有损害,但没有造成重大损害。这种情形根据1979年《刑法》属于防卫过当,根据1997年《刑法》属于正当防卫。根据《侵权责任法》第30条"因正当防卫造成损害的,不承担责任。正当防卫超过必要的限度,造成不应有的损害的,正当防卫人应当承担适当的责任"的规定,行为人对该种情形应承担民事责任。(3)正当防卫明显超过必要限度造成重大损害。这种情形在刑法上、民法上均属防卫过当,应当承担刑事责任和民事责任。

对于第一种情形即正当防卫的正当性,用前述理论完全可以得到说明。第二种情形(民法上的防卫过当)虽然受到个别学者的质疑,② 但根据缓和的一元违法论,刑事上的不法在民法、行政法上必然属于不法,民法、行政法上的不法却未必构成刑事不法,第二种情形正属于不是刑事不法却成立民事不法的情形。如果仅根据法益权衡的原则来考察,该种行为客观上有法益侵害性,由于违反了《侵权责任法》的规定,也具有规范违反性;主观上,防卫人对此存在过失,其对此应当预见却没有预见,或者已经预见但轻信能够避免。未能彻底阻却违法的行为何以不构成犯罪,只能从别的角度来解释。

第三种情形是刑法上的防卫过当,对防卫过当"应当减轻或者免除处罚"。从违法的角度来看,防卫过当是一种"正而不当"的行为,违法程度较轻。但是,既然已经"明显""重大"了,说明行为人对此是有认识的,主观上应属间接故意,但刑法没有把间接故意作为一种从宽情节。对此,如果规定为"应当从轻或者减轻处罚"还可以理解,但刑法规定为"应当减轻或者免除处罚",是否违背了罪责刑

---

① 最高人民法院审判委员会总结孙明亮案的审判经验时所提观点。参见《最高人民法院公报》1985年第2期。

② 参见陈航:《"民刑法防卫过当二元论"质疑》,载《法学家》2016年第3期。

相当原则？其实并非法律规定不当，而是不能仅从违法性的角度来解释防卫过当的减免根据，还需要增加其他的视角。

这个视角就是责任：前述第二种情形即民法上防卫过当的违法性减轻、责任阻却，第三种情形即刑法上的防卫过当违法性、责任均有所减轻。

一些国家的刑法典在规定防卫行为不罚时引进了责任的内容。德国《刑法》在第32条规定了正当防卫后，又在第33条规定："如果行为人出于慌乱、恐惧或惊吓而逾越正当防卫之界限，不罚。"德国刑法学认为该条规定属于免除罪责的事由。① 奥地利《刑法》第3条第2款、韩国《刑法》第21条第3款、泰国《刑法》第69条、我国澳门地区刑法中都有类似规定。这些规定显然都是从责任的角度来规定防卫行为的法律后果的。

在我国涉及防卫行为的权威判例中都有对责任因素的描述。如吴金艳故意伤害案中，事实认定部分有"吴金艳见李光辉倒地，惊悚片刻后，跑出宿舍给饭店经理拨打电话"的表述，这里的"惊悚片刻"显然是从责任的角度来认定案件事实；在裁判理由部分，法院认为"孙金刚等人在凌晨3时左右闯入女工宿舍后，动手殴打女服务员、撕扯女服务员的衣衫，这种行为足以使宿舍内的三名女服务员因感到孤立无援而产生极大的心理恐慌"，② 显然也是在论述吴金艳的责任问题。吴金艳杀死李光辉的行为被认定为正当防卫。在于欢故意伤害案中，法院认为，被害人（不法侵害人）"对于欢、苏某实施非法限制人身自由、侮辱及对于欢间有推搡、拍打、卡颈部等行为，于欢及其母亲苏某连日来多次遭受催逼、骚扰、侮辱，导致于欢实施防卫行为时难免带有恐惧、愤怒等因素。尤其是杜某2裸露下体侮辱苏某对引发本案有重大过错"③。这里的恐惧、愤怒都是影响责任程度的因素。于欢的行为被认定为防卫过当。

学者也注意到了防卫中的责任因素。陈兴良教授④、张明楷教授⑤、梁根林教授⑥都对此进行过论述。

责任是指行为的可谴责性、可非难性。根据道义责任论，人具有相对的意志自由，能够在特定情况下选择实施合法行为、不为违法行为，如果行为人出于自由意志的选择而实施了反社会行为，就应该受到谴责和非难；如果并非其自由意志的选择，或者虽然有选择可能性但其意志自由受各种因素的影响而有所减弱，那么就阻却责任或者减免责任。在涉及防卫行为的案件中，防卫人面临不法侵害特别是猝不及防的严重不法侵害时，难免会产生恐惧、慌乱、惊吓的心理，导致其意志自由受到影响、认识能力有所减弱，如吴金艳；一些不法侵害行为由于其强烈的反社

---

① 参见［德］克劳斯·罗克辛：《德国刑法学总论》，王世洲译，法律出版社2005年版，第656页以下。
② 《吴金艳故意伤害案》，《最高人民法院公报》2004年第11期。
③ 最高人民法院指导案例93号"于欢故意伤害案"。
④ 陈兴良：《正当防卫如何才能避免沦为僵尸条款》，载《法学家》2017年第5期。
⑤ 张明楷：《防卫过当：判断标准与过当类型》，载《法学》2019年第1期。
⑥ 梁根林：《防卫过当不法判断的立场、标准与逻辑》，载《法学》2019年第2期。

性、反道德性，更会使防卫人产生不可遏制的冲动，怒从心头起，恶向胆边生，意志自由因而大幅度减弱，控制能力因而受到影响，如于欢。在这两种情形下，或者不能期待其实施合法行为，或者其实施合法行为的期待可能性大幅度降低，从而影响到责任的有无与程度高低。

所以，不法侵害的存在、防卫行为的实施，既与违法性有关，也和责任相关，不能笼统地认为正当防卫是违法阻却事由。

具体地说，前述第一种情形的正当防卫仅从违法的角度就可以对其做出全面的说明、予以正确的处理，责任判断的意义不大，因此是违法阻却事由。对于民法上的防卫过当，由于防卫人在猝不及防的情况下遭遇不法侵害，认识能力、控制能力均受到严重影响，防卫时存在过失。这种过失是构成要件过失，不可归责于防卫人，因此是阻却责任。对于刑法上的防卫过当，从违法的角度来看，防卫过当的整体损害中包含法律允许的损害和过当损害；从责任的角度来看，防卫人基于慌乱、惊恐等因素使其意志自由受到影响，但由于过当损害已经达到"明显"的程度，防卫人对此有认知，所以不能阻却责任，而只是导致了责任的减轻。

对正当防卫的判断包括防卫必要性的判断和防卫适当性的判断。前者可仅从违法性的角度进行，即根据案发当时的客观情状考察行为人是否有必要防卫，该判断决定着正当防卫"正"的性质。后者应该分两步进行：先进行违法性的客观判断，如果认定其没有超过必要限度造成不应有损害，直接宣告无罪；如果认定其属于民法上的防卫过当，那么应当通过对不法侵害和防卫行为各方面情节的比较权衡，如果得出结论认为其客观上不符合防卫行为的限度要求，则应当进一步考察防卫人的意志自由是否受影响，如果在当时的情状下不可能期待行为人不过当，或者其意志自由受到大幅度限制但客观上超过限度要求的幅度并不大，仍然应该从责任的角度认定其属于正当防卫。对于经过层层排除后最终被认定为防卫过当的行为，既要从客观上考察其超过限度条件的程度，又要考察其意志自由受限的程度，从而决定是减轻处罚还是免除处罚，以及减轻处罚的幅度大小。

四、防卫行为与构成要件

根据三阶层理论，防卫行为是该当于构成要件的行为，因此在构成要件层次无法将正当防卫出罪。但新近有观点认为，"根据被害人自我答责的原理，若被害人在完全认识到自己的行为会给其法益造成损害的情况下，仍经自由决定实施了危险行为，则由此产生的危险和后果均应由被害人自行承担；第三人对被害人自设危险予以协助和促进的行为，由于并未创造出法所不容许的风险，故根本不属于符合构成要件的行为"[①]。根据该种观点，由于防卫行为并未制造或者提高风险，不该当于构成要件，所以无罪。

通常情况下，出罪时间越早对防卫人越有利，为了更有效地保护防卫人，应当想办法对其尽早出罪。从这个角度来看，将正当防卫认定为不该当于构成要件的出

---

① 陈璇：《正当防卫、维稳优先与结果导向》，载《法律科学》2018年第3期。

罪事由，要比认定其属于该当于构成要件但不违法的违法阻却事由更有利于实现正当防卫的价值和立法者的意图。

但是，这种想法在目前的中国可能很难实现。

客观归责理论、被害人自我答责的法理目前在学界尚未取得通说地位，绝大多数法官、检察官对其都较为陌生。社会大众对这两个概念更为隔膜，在当今中国，不法侵害必然会受到正当防卫的迎头痛击、不法侵害人必然会受到防卫人的损害，既不是活生生的生活现实，也不是共同的大众期待，"忍一时风平浪静，退一步海阔天空""忍得一时之气，免得百日之忧"之类的世俗格言深入中国人的骨髓，面临不法侵害时宁愿忍气吞声、东躲西藏，也少有行侠仗义者拔刀相助。认为正当防卫不该当于构成要件，相当于说"正当防卫打死人"和"打死一只苍蝇"具有相同的法律意义，这恐怕难以被大众接受，更难以被本为不法侵害者的受害人的亲属认可。如果被害人不依不饶，那么仍然需要由权威机关对行为性质做出认定，这样防卫人仍然会进入刑事诉讼程序，原来设想的"出罪越早对防卫人越有利"的意图将难以实现。

客观归责理论更倾向于对构成要件的实质解释。在法治发展已经通过了形式法治阶段、形式理性已经深入人心的情况下，实质解释也许不会对形式理性造成损害，但由于中国原来的刑事法律实践过于偏重实质理性而使实质解释应当成为矫正对象、形式法治仍然是我们的追求目标，对于正当防卫等正当行为通过对构成要件的解释出罪固然可以保障人权，但实质解释的泛滥更可能损害罪刑法定原则所倡导的形式正义。构成要件该当性的判断是形式判断，违法性的判断是实质判断，应该是刑法学研究所恪守的信条。

两利相权，在构成要件阶段出罪和在违法性阶段出罪，在实践中并无实质差别；两害相权，对实质解释的倡导可能会造成另一方面的困扰。所以，将正当防卫确定为违法阻却事由，更符合目前中国法学界、法律界的共识和社会大众的心理预期。

当然，客观归责理论和被害人自我答责的法理对于正当防卫仍然具有解释意义。前文已经指出，正当防卫的出罪根据包括从不法侵害人视角进行的考察，报应观念、法益优位原则是正当防卫合法化的根据。完全可以根据客观归责理论和被害人自我答责的法理对报应、法益优位原则进行补充，由于不法侵害人自陷风险，他的权利不再受法律保护，防卫人的权利因而更具优越性；不法侵害人自陷风险的侵害行为是一种恶，恶当有恶报，防卫行为就是对不法侵害的报应。

论正当防卫的异化

张智辉* 曾 昌**

我国刑法学界对正当防卫理论的探讨经久不衰,近期"于欢案""昆山案""赵宇案"的接连发生更是引起了社会各界长期关注。虽然长期以来,我国学者基于教义学角度对正当防卫的体系解释、防卫限度以及刑事司法实务的认定思路等方面展开探讨与反思,致力于构建完备的正当防卫体系,但是我国司法实务对于正当防卫的认定基本采取否定成立的论证模式,陷入唯结果论境地,"异化"现象严重。[①] 我国正当防卫认定率仅为0.13%[②],正当防卫制度已然陷入了实然困境。这种实然困境衍生于正当防卫制度的回溯与解析,两者所带来的整体感能够生成理解当下的应然视角,这种应然视角是解析实然困境的最好方法。[③] 因此,我国正当防卫制度的应然探寻,离不开对我国正当防卫制度的异化现状、认定标准的解析,并由此展开有针对性的拨正。

一、正当防卫异化的现状

在"法条宜粗不宜细"指导思想的影响下,1979年刑法典对正当防卫规定得过于笼统,导致司法实践一直严格适用防卫过当条款,甚至完全否定防卫之正当性。因此,恰逢1997年刑法大修之际,我国正当防卫制度基本重构:一是扩展了权益保护范围,明确了对财产权益以及国家权益的保护。二是完善防卫过当规定,经过历次修改稿对于防卫限度条件的不断明确:增加"显然"——修改为"明显","重大损害"——删除"不应有",最终明确防卫限度条件为"明显超过必要限度,造成重大损害",确立防卫过当应当减刑原则。三是增设无限防卫之规定,暴力犯罪之猖獗性、严重社会危害性,以特殊防卫权之设立,鼓励防卫人实行无限

---

* 湖南大学法学院教授、博士生导师,中国刑法学研究会学术委员会副主任。
** 湖南大学法学院刑法学博士生。
① 多数学者持正当防卫制度"僵尸条款""异化"之观点,参见王芳:《中国防卫权刑事审判共识度实证研究》,载《政法论坛》2018年第6期;肖中华、朱璨:《论正当防卫中必要限度条件的激活》,载《法学杂志》2019年第4期;周光权:《正当防卫的司法异化与纠偏思路》,载《法学评论》2017年第5期;劳东燕:《正当防卫的异化与刑法系统的功能》,载《法学家》2018年第5期;陈兴良:《正当防卫如何才能避免沦为僵尸条款》,载《法学家》2017年第5期;梁根林:《防卫过当不法判断的立场、标准与逻辑》,载《法学》2019年第2期。也有学者基于侦查阶段分流了大量防卫案件,认为不应当将其视为"僵尸条款",参见曲新久:《正当防卫制度适用的现状与困境》,载《中国检察官》2018年第18期。
② 在"无讼案例"收录的433万份刑事裁判文书中,采取"正当防卫"辩护策略的有12346篇。最终,法院认定正当防卫的有16例,正当防卫辩护的成功率仅为0.13%(万分之十三)。参见王禄生:《让法院判定正当防卫究竟有多难》,载财新网,http://opinion.caixin.com/2017-03-29/101071839.html,2019年5月14日访问。
③ 李晓辉:《法的历史比较方法及其反思:以梅因为中心的考察》,载《清华法治论衡》2018年第3期。

防卫，抑制此类案件之发生，从而有效保护合法权益。① 1997 年刑法典之修正，不外乎扭转司法实务将正当防卫条款束之高阁之困境，放宽正当防卫成立之标准，强化对防卫人权利之保护。

但是，1997 年刑法典的修正意图并未实现，我国正当防卫适用惯性反而陷入了路径依赖②的窠臼之中，甚至部分学者一针见血地指出我国正当防卫制度已然沦为僵尸条款。如果 1997 年刑法典修正之前正当防卫适用之困境可以归责于法条之不完备，那么 1997 年刑法典修正后，为何我国正当防卫司法适用现状依旧未得到改善？2017 年于欢案重新聚焦了社会各界对正当防卫制度的关注，其后"昆山案"更是掀起了对正当防卫适用的全面质疑，2018 年"赵宇案"则揭露了司法实务中对防卫人保护之困境……至此，我国正当防卫制度革故鼎新之初衷流于形式。虽然学术界一直致力于正当防卫教义学之重构，追寻正当化之依据，界定防卫限度之标准，但是刑事司法实务界依旧坚持结果论立场，对正当防卫持严格谨慎态度。因此，欲解析正当防卫之异化，就应当立足于我国司法实务之情境，归纳正当防卫异化之类型。从司法实践中看，正当防卫的异化主要有四种类型：

1. 严苛法益衡量型。我国防卫限度之要求为"明显超过必要限度造成重大损害"，而在司法实务中，只要出现不法侵害人人身法益受损的情形，无论防卫人防卫情形如何、所受法益侵害如何，就否定防卫行为正当性，甚至否认其防卫性质。如在"马礼坤故意伤害案"③中，一方面法院全面否认两辩护人关于正当防卫、防卫过当的辩护意见，另一方面又认可"马礼坤在受到郭某一方多人围攻殴打，误认为自己生命处于危险之中，拿起身边的斧头砍向被害人郭某，造成郭某死亡的严重后果，本案因邻里纠纷民间矛盾激化引发，被害人郭某对犯罪发生有严重过错，应对被告人马礼坤从轻或者减轻处罚"的辩护意见。我们不难看出，马礼坤处于多人围殴被打倒在地的场合，其身体健康权已然受到侵害，其于房屋工地的场合慌乱中拾起斧头砍伤被害人腿部的行为必然是正当防卫。而法院却忽视了马礼坤防卫场合的混乱性，简单地将防卫人马礼坤生命可能受损害的法益与不法侵害人郭某的死亡法益结果进行对比，并对"明显超过防卫限度"作形式片面的理解，遵循严苛的法益侵害标准，否定其成立正当防卫。

2. 互殴阻断型。只要双方在防卫情形发生前，存在一定纠纷，不论纠纷性质直接认为互殴，并将互殴作为阻碍防卫的理由，否定防卫性质。如在"陈某某、陈某1故意伤害案"④中，陈某某因参与其朋友陈某3与陈某4劝架被陈某4用菜刀割伤后，去小卖部购买创可贴。在小卖部门前遇到陈某1等三人，陈某1先用拳头殴打陈某某，其后陈某某遭到其三人围攻殴打，陈某某随后拿出水果刀自卫，致使一人重伤、一人轻伤。法院认定，陈某某与陈某1之间的互殴行为同属于不法侵害行

---

① 高铭暄：《中华人民共和国刑法的孕育诞生和发展完善》，北京大学出版社 2015 年版，第 195-201 页。
② 张卓元：《政治经济学大辞典》，经济科学出版社 1998 年版，第 188-190 页。
③ (2013) 射洪刑初字第 220 号。
④ (2018) 桂 05 刑终 53 号。

为，不具有正当防卫的性质，依法不应认定为防卫过当。在本案中，陈某某在劝架场合曾手持水果刀威吓陈某1等人，但并未实施侵害行为，在面对陈某1等三人不法侵害时，才实施防卫行为，虽然致使一人重伤、一人轻伤的防卫结果出现，起码可以认定其成立防卫过当。但是，审理法院因陈某某与陈某1之间存在互殴行为，直接否定其行为的防卫性质，防卫过当更无从谈起。

3. 持械阻断型。只要防卫人事先准备了防卫器械，无论面临何种不法侵害、所处防卫情境如何，直接否定其防卫意图，从而全面否定正当防卫成立之可能性。这在"崔某故意伤害案"①中表现尤为突出：王某因与崔某存在情感纠纷，遂纠集张某、尚某、任某某等意欲教训崔某现女友袁某某，强行进入崔某与袁某某所在的悦来宾馆房间，王某、任某某与袁某某发生争执继而厮打，崔某上前阻拦被张某、尚某挡住，三人发生厮打。厮打过程中，崔某持刀防卫致使张某死亡、尚某重伤。即使法院认定被害人成立非法入侵住宅罪，但是也否定了崔某的防卫意图，认定其具有持刀伤人之故意，构成故意伤害罪。在多人非法入侵住宅的情形下，被告人崔某为保护他人（其女友）和自身安全而持械防卫，持械防卫与多人侵害的武力对比较为恰当，虽然造成了张某死亡、尚某重伤的防卫结果，但是被害人多处刀伤并不能证明被害人停止实施了不法侵害，所以崔某防卫意图明确、防卫适时，虽然其防卫行为可能超过必要限度，但是防卫过当的成立毋庸置疑。

4. 节点阻断型。对于不法侵害正在进行的场合，刑事实务中往往片面、机械地认为不法侵害已经结束，这种节点式、分段式行为判断，割裂了行为的过程性，甚至将"紧迫性"判断悬置于时间判断外直接否定防卫性质的成立。"石飞故意伤害案"②、"韩霖故意伤害案"③就是其中的典型代表。

在"韩霖故意伤害案"中，王某因韩霖与自己女友一起上网，遂纠集宋某等四人意图教训韩霖。在网吧抓住韩霖，王某踢了一脚后，被韩霖逃脱，其后王某一方追赶韩霖。韩霖见王某快要追上，遂持匕首自卫挥舞，其后在与三人的厮打中，刺死了王某。一审法院依据追赶韩霖的王某一方并未持械且并未再次殴打韩霖，韩霖防卫不适时，直接否定其防卫行为。这种将防卫行为完全分割的判断直接否定了防卫行为的防卫可能性，将韩霖的防卫行为直接认定为故意伤害，割裂了不法侵害的延续性，从而否定不法侵害正在进行，认定其防卫行为不适时，属于典型的方法论错误。

二、正当防卫的认定标准解析

我国刑事司法实务中判断正当防卫是否成立，一般遵循通说五要件之标准：存在不法侵害行为，不法侵害正在进行，存在防卫意思，只能针对不法侵害本人，没有明显超过必要限度造成重大损害。按照刑法之规定，这些标准无疑是正确的。但由于司法实践中长期存在的对正当防卫之进行形式判断和严苛要求的传统，只要防

---

① （2013）西刑一初字第274号。
② （2011）武刑初字第12号。
③ （2003）威刑一初字第40号。

卫人在某一要件中存在瑕疵，就直接否定防卫之正当性，甚至否定行为之防卫性，忽视了正当防卫出罪之本质。以下将对刑事司法实务中正当防卫认定标准进行归纳追溯，以解析异化的原因。

（一）侵害人首位标准

侵害人首位标准，是指在防卫性质案件中，司法人员立足于侵害人角度，注重判断防卫行为是否造成不法侵害人重伤甚至死亡的损害结果，通过这种方式，正当防卫成立之可能性被全面否定。这一种认定标准完全背离了防卫人视角，以不法侵害人视角，以防卫结果为判断基准，直接从损害结果的角度出发进行倒塑性评价。① 严苛法益衡量型就是这类认定标准的直接体现，这种单纯以防卫行为造成不法侵害人伤亡之事实就直接认定防卫过当的判断标准，在 722 份防卫过当判决中有 601 份判决采用，占 83.24%。②

侵害人首位标准基于我国维稳实用观念以及"死者为大"生死观潜移默化而形成。一方面，我国传统文化中经世致用、实业救国等务实实用主义观念确实引导了我国经济社会的健康发展，但是这种实用主义往往会衍生另一观念——以结果论英雄，即立足于结果判断事件的成功与否。这种观念引申至刑事裁判领域，就直接导致司法裁判人员注重案件损害结果的倾向性判断，并在此基础上权衡诉讼各方的实用利益，甚至不惜损害相关人员的合法权益，忽视了审判的合法性、合理性，在一定程度上保障了个案稳定性，但对于整个裁判体系却是无声的破坏，直接导致司法正义的失衡。另一方面，我国自古以来特殊的生死观直接影响了司法裁判角度的选择。"死者为大"生死观在司法裁判领域直接体现为，无论先前纠纷、事件情况中被害人过错如何严重，只要出现被害人死亡结果，司法裁判者就会倾向于安抚被害人方。具体到防卫性质案件，就会导致裁判人员立足于侵害人角度，对比侵害人伤亡的防卫结果与侵害人不法侵害可能造成的法益损害结果，只要双方呈现一定程度的偏差，甚至有时候这种偏差是轻伤一、二级之间的偏差，就直接否定防卫人的防卫正当性，认定其防卫过当。③

（二）完全理性人标准

所谓完全理性人标准，是指对于保护自身权益抑或见义勇为的防卫人，刑事司法实务往往认为其应当是处于完全理性人角度，对不法侵害情形进行纯理性分析，防卫时采取最佳防卫手段，适时适度阻止不法侵害的发生。完全理性人标准长期左右着正当防卫案件的司法裁判进程，防卫人对于防卫意图的判断，一旦夹杂了故意或者其他动机，就可以否定其防卫意图的成立；对于防卫限度的判断，一旦案发情境存在更合理的防卫手段，防卫人就应当在混乱情境中选择更合理的防卫手段，这种手段的合理判断往往以最小侵害为标准。

---

① 杨兴培：《刺杀辱母者案的刑法理论分析与技术操作》，载《东方法学》2017 年第 3 期。
② 尹子文：《防卫过当的实务认定与反思——基于 722 份刑事判决的分析》，载《现代法学》2018 年第 1 期。
③ 陈璇：《正当防卫、维稳优先与结果导向——以"于欢故意伤害案"为契机展开的法理思考》，载《法律科学》2018 年第 3 期。

完全理性人标准是一般理性人标准的不当延伸,虽然对于防卫因素的判断角度应当立足于一般理性人判断基准,但是刑事司法实务中却将一般理性人标准拔高到完全理性人标准,无视防卫人在面对紧迫不法侵害时慌乱、紧张、愤怒的情绪,要求其在有限的不法侵害时机,基于上帝视角统揽全局,安全有效地控制不法侵害的发生。这种完全理性人标准直接限缩防卫人防卫正当成立范围,一味苛责于防卫人,甚至要求防卫行为不得致使不法侵害人轻伤的防卫结果发生,否则将认定为防卫过当①,这也是我国正当防卫认定率仅为0.13%的重要原因。更令人触目惊心的是,这种完全理性人标准还夹杂着一定的道德瑕疵,只要防卫人事先存在一定过错就可以否定其防卫正当性,存在广泛限制正当防卫主体资格条件适用之倾向。②

(三) 形式对等标准

司法裁判者在判断防卫人采取何种防卫手段之时,往往形式、机械地进行防卫人与不法侵害人是否持械的因素判断,即使是防卫人独自面对人数众多的不法侵害人持续、混乱的侵害时,一旦防卫人持械反击,就否认防卫正当性,直接认定为防卫过当。这就是形式对等武力标准,持械阻断型就是这一类认定标准的典型表现,司法裁判者甚至无视多数人不法侵害的紧迫性,要求防卫人以"双拳敌四手"的方式去进行防卫,将自身的正当权益完全托付于侵害人手中。这是对适当防卫手段完全片面的理解,甚至在司法实务中部分判决将不法侵害人未持械作为认定防卫过当的重要考量因素。③

形式对等武力标准曾经不同程度地存在于各国正当防卫案件的刑事立法与司法裁判中。④ 这种司法常态在日本也曾出现,其具体体现为武器对等原则,通过形式性地适用武器对等原则从而否定成立正当防卫,最高裁判所于1989年11月13日判决中对这一形式武器对等原则进行了撤销。⑤ 这一形式武器对等原则从侵害人与防卫人的武器是否对等出发,否定防卫手段的相当性,从而否定防卫正当性。我国刑事司法裁判也是如此,对于正当防卫案件,不论不法侵害人人数多少、防卫人身处何种防卫环境,只要防卫人持械往往就可以认定为防卫过当,虽然此时也受到不法侵害人伤亡结果的影响,但是在司法裁判推理过程中无形地将"是否持械"作为判断防卫是否过当的重要因素。这种形式对等武力标准,完全忽视了防卫人身处何种防卫情境,对于防卫人的防卫能力与不法侵害人的侵害能力没有进行实质判断,

---

① 尹子文:《防卫过当的实务认定与反思——基于722份刑事判决的分析》,载《现代法学》2018年第1期。
② 陈璇:《克服正当防卫判断中的"道德洁癖"》,载《清华法学》2016年第2期。
③ 722例防卫过当判决中,35例判决特别指出防卫人持械造成严重后果,属于防卫过当,将不法侵害人未持械进行不法侵害作为认定防卫过当的重要考量因素。详见尹子文:《防卫过当的实务认定与反思——基于722份刑事判决的分析》,载《现代法学》2018年第1期。
④ 梁根林:《防卫过当不法判断的立场、标准与逻辑》,载《法学》2019年第2期。
⑤ [日]山口厚、王昭武:《正当防卫论》,载《法学》2015年第11期。

反而落于是否持械的形式判断。防卫人要想完全制止不法侵害，武力值①必然要高于不法侵害人，以达到压迫不法侵害的程度。这种防卫压迫性不仅仅体现于防卫人的年龄、是否受过特殊训练等因素，而且在一般防卫场合更多地体现为是否持有防卫武器以达到武力值压迫的程度，这才是对我国防卫手段规范的实质解释。

（四）片面节点标准

片面节点标准，是指防卫人进行防卫时，一旦犯罪行为已然着手，防卫人就不得进行防卫，否则往往被认定为防卫不适时，至于不法侵害是否持续、法益侵害状态是否存续，司法裁判者在所不论。此时，司法裁判人员将不法侵害行为作为特定时间点上侵犯法益的孤立的身体动作来理解。事实上，不法侵害结果的产生并不意味着不法侵害已然结束，防卫人无法知晓社会侵害性是否排除。这种片面的行为分割，打破了侵害行为的延续性，否定了防卫行为的合法性，从而完全否定了防卫的适时性。

我国刑法规范强调不法侵害正在进行，并不是单纯指向不法侵害行为某个节点的完成时刻。不法侵害已经实施完毕，一方面，意味着危害结果已经发生，实施防卫行为也无法挽回已经被侵害的法益；另一方面，就算不实施正当防卫，被侵害法益也不会扩大抑或处于持续侵害场合。防卫行为是否适时，取决于不法侵害是否已然结束，此时这一结束判定标准应当以不法侵害是否依旧持续、是否妥善排除为标准。② 这一判断应当是一个过程性判断，而不是一个节点性判断，不能"机械地割裂作为整体的防卫行为"。③

三、正当防卫异化之拨正

事实上，我国正当防卫体系完善已经纳入法治五年规划，最高人民法院颁布了《关于在司法解释中全面贯彻社会主义核心价值观的工作规划（2018—2023）》，文件指出："要适时出台防卫过当认定标准、处罚原则……法律适用标准。"④ 我国刑事司法审判，关于正当防卫认定异化主要体现在认定角度、防卫意识、防卫限度等问题上，其中以防卫限度问题以及不法侵害认定问题为核心问题。鉴于我国正当防卫异化现状，以及对刑事司法裁判中认定标准的解析，我国正当防卫体系完善应当从以下几点入手：

（一）转化认定模式，遵循规范判断

我国正当防卫成立五要件实务判断，往往采取了基本否定的认定模式，只要防卫人在某一成立要件上存在一定瑕疵，就直接否定防卫之正当性。在这一认定模式

---

① 司法裁判者在判断防卫人采取何种防卫手段之时，必然要对其与不法侵害人的持械、武力等关于身体对抗因素进行大小程度判断，此时这种综合因素判断可以统称为武力值。武力值主要是对于防卫方与侵害方的手段行为方式、强度、人数对比等涉及力量因素的综合评估。
② 马克昌：《犯罪通论》，武汉大学出版社 1996 年版，第 732-734 页。
③ 胡东飞：《论防卫过当的罪过形式》，载《法学评论》2008 年第 6 期。
④ 具体内容详见《关于在司法解释中全面贯彻社会主义核心价值观的工作规划（2018—2023）》。

下，我国正当防卫的司法裁判已然逐步脱离人民认同[①]，与社会群体防卫权共识度明显偏离，司法公信力面临巨大挑战[②]。这种片面认定模式，忽视了正当防卫制度的出罪性质，阻碍了公民针对不法侵害进行斗争的热情和信心，即使在正当防卫指导案例颁布后，最后被认定"见义勇为"的赵宇也面临了 14 天的刑事拘留，直面了见义勇为之代价。司法机关应当全面转化防卫权认定模式，对于正当防卫要件判断要直面其出罪性质，遵循"疑罪从无"之判定，只要防卫行为不明显违背要件成立之标准，就应当认定其符合正当防卫之成立要件。

这一认定模式的转化，根本目的在于扭转我国防卫权认定的表面实然判断倾向，回归正当防卫的规范认定。1997 年刑法典修正旨在放宽正当防卫成立要件，但是却忽视了实务认定中基本否定认定模式路径依赖之延续。[③] 彻底解决我国正当防卫异化之困境，不仅仅在于体系构建之完善，更为重要的是转变我国正当防卫的认定模式，厘清我国正当防卫的出罪性质，注重疑罪从无认定原则的适用，重新回归于对防卫行为的规范判断。

（二）区分防卫类型，完善防卫体系

我国刑法规范中关于正当防卫之规定，只有寥寥数语。虽然对于正当防卫保护之法益种类做了明确列举，但是不同法益之间的保护程度、保护条件自然不同，在保护人身法益与保护财产法益方面，保护人身法益应当更为迫切。作为出罪保障机制重要组成部分的我国正当防卫制度明显在体系构建上呈现了混合粗放式，即使是与之关联密切的故意伤害罪也有《人体损害程度鉴定标准》与之相对应，而我国正当防卫制度却无相应的防卫类型标准。刑事司法实务中仅仅凭借默认规则对正当防卫情境进行判断，此时必然又面临我国司法维稳观念的冲击，司法裁判者的裁量区间有所扩张。

因此，完善我国正当防卫制度，构建中国特色正当防卫体系，就应当从混合粗放式转向精密类型式。应当在我国正当防卫规范下，出台正当防卫类型化司法解释。依据防卫对象、保护法益的不同进行类型化区分，以此来构建适合我国国情的防卫体系。在司法认定中，可以参照美国刑法立法模式，依据防卫保护对象的不同，将正当防卫行为类型化为人身防卫、财产防卫以及其他相关类型，由此规范刑事司法实务中的正当防卫认定，限缩司法裁判者的自由裁量区间，将现有的防卫权裁判规则上升至类型规范，以实现正当防卫之立法初衷。在对防卫行为类型化之后，针对各防卫类型的不同，再对防卫情境、防卫限度等问题进行具体认定。

（三）回归防卫人标准，规范防卫情境

即使是对我国正当防卫制度进行精细类型化规划后，也应当注重对具体判断角度的转化。由于我国维稳观念以及特殊生死观导致正当防卫认定角度偏离了正当防卫立法旨意，我们应当完全摒弃"侵害人首位标准"，重新回归于防卫人认定标准。

[①] 储陈城：《正当防卫回归公众认同的路径——"混合主观"的肯认和"独立双重过当"的提倡》，载《政治与法律》2015 年第 9 期。

[②] 王芳：《中国防卫权刑事审判共识度实证研究》，载《政法论坛》2018 年第 6 期。

[③] 王群：《社会转型中的正当防卫界限》，载《河南科技大学学报（社会科学版）》2016 年第 3 期。

虽然我国一直存在一般理性人标准，但是在具体适用过程中却被完全扭曲为"完全理性人标准"，甚至以"事后诸葛论"[1]标准苛求防卫人以上帝视角解析防卫情境，选择侵害最小的防卫手段进行防卫。这种判断标准完全曲解了我国正当防卫制度放宽正当防卫成立要件之意图，也是我国正当防卫认定不足千分之二的重要原因。

因此，具体防卫情境下，苛求慌乱、紧张的防卫人以一般理性人视角去进行正当防卫，保护法益之初衷根本无法实现，实际上是对正当性成立标准的变相拔高。在防卫时间、防卫手段、防卫意识等防卫因素判断上，应该以防卫人合理相信为标准，这是我国正当防卫立法"防卫者权利本位"价值取向[2]的必然要求。具体而言，在防卫紧迫性、防卫意识、防卫手段等因素判断情形上，应当以防卫人角度，立足于主客观相结合的立场，判断其选择防卫时间、手段等防卫行为是否合理，此时这种合理相信建立在防卫人面对不法侵害进行时的防卫情境下，着重摒弃上帝视角、事后判断标准。只有当确有证据证明防卫人由于明显疏忽或者故意，导致其防卫不符合客观情境时，才能对防卫人的合理确信进行否定，否则依旧视为正当防卫。

（四）立足综合评价，合理要件判断

刑事司法实务中，防卫情境具有突然性、混乱性，单纯以形式对等标准、片面节点标准判断防卫正当性，只能是对正当防卫的全面否定。即使确立了防卫人合理确信之立场也难免陷入正当防卫异化之沼泽。因此，对于防卫情境具体判断应当依据综合评价标准进行。综合评价标准，是指在防卫人合理确信立场下，对于具体防卫时间、防卫手段等要件判断，应当根据防卫人实施防卫行为时能够认知到的情境进行判断，以辨别其防卫合理性。

此时，对于防卫时间的判断应当在细化正当防卫类型的基础上，针对防卫对象的不同，摆脱片面机械节点判断标准，对独立存在而又持续进行的行为进行实质判断；对于防卫手段的选择，应当警惕简单的武装对等抑或持械对等标准之侵蚀，防卫行为要想制止不法侵害行为必然要形成一定的武力压制，在一般情况下武力压制基本难以实现，只能通过持械等附加工具的形式以形成武力压制，否则就是身体素质、特殊训练等武力因素影响防卫手段之选择。而防卫限度之判断则应当根据各防卫类型的保护法益之不同，设立类型化的层级限度判断，即适用层级说[3]，依据《人体损害程度鉴定标准》中的具体规定，对轻伤、重伤和死亡进行层级划分，明显超过必要限度即意味着防卫结果应当超过不法侵害可能造成损害上级层级之中线，否则不应当视为明显超过。在认定不法侵害可能造成的结果时，要立足于防卫人根据不法侵害对象类型以及不法侵害的手段、针对之部位进行综合判断。

---

[1] 梁根林：《防卫过当不法判断的立场、标准与逻辑》，载《法学》2019年第2期。
[2] 姜敏：《正当防卫制度中的"城堡法"：渊源、发展与启示》，载《法学评论》2018年第5期。
[3] 彭文华：《无限防卫权的适用——以对"暴力"的教义学解读为切入》，载《政治与法律》2015年第9期。

正当防卫若干问题探讨

赵新河[*]

近年来，发生在各地的多个涉及正当防卫的刑事案件的审理引起社会各界广泛关注，也引发刑法学界对我国正当防卫制度的讨论与反思，本文对正当防卫认定中颇有争议的几个问题略陈管见。

一、正当防卫是否应以不法侵害有"紧迫性"为前提

我国《刑法》第 20 条规定，为了使国家、公共利益、本人或者他人的人身、财产和其他权利免受正在进行的不法侵害，而采取的制止不法侵害的行为，对不法侵害人造成损害的，属于正当防卫，不负刑事责任。刑法理论的通说认为，成立正当防卫应当同时符合五个方面的要件，一是有实际的不法侵害存在，此为前提条件；二是不法侵害正在进行，此为时机条件；三是防卫行为必须针对不法侵害人进行，此为对象条件；四是必须是为了使国家、公共利益，本人或他人的人身、财产和其他权利免受不法侵害，此为主观要件；五是防卫行为没有明显超过必要限度和造成重大损害，此为结果限度要件。其中，对正当防卫的时机条件之"不法侵害正在进行"是否应当解读为"紧迫性要件"存在争议。有的论著认为，不法侵害正在进行，一般是指不法侵害人已经着手实施侵害行为且侵害行为尚未结束。不法侵害行为开始和存续的时间，就是实施正当防卫的时间。[①] 这里并没有把不法侵害正在进行解读为"紧迫性要件"。有的著述认为，不法侵害正在进行时，才使法益处于紧迫的危险之中，才使防卫行为成为保护法益的必要手段，不法侵害正在进行即存在紧迫性。[②] 正当防卫应当满足紧迫性的要件，这是刑法理论和司法实践中盛行的观点。[③]

本文认为，对这一问题的解决，至少应当从以下几个视角全面慎重考虑。

其一，刑法设立正当防卫制度的初衷和本意。设立正当防卫制度的宗旨是，赋予正在遭受不法侵害的公民以私力救济的防卫权利，刑法把正当防卫与紧急避险一并列为违法阻却事由，旨在向公民宣告：进行正当防卫与紧急避险是合法的权利。因此，应当从鼓励防卫而不是限制防卫的价值取向解读行使防卫权的时机条件。正当防卫既然是法律赋予防卫人的一种合法的行为选择，防卫人在面对正在进行的不法侵害时，就有权在承受侵害、避让、当场反击、事后诉诸法律等各种选项之间理

---

[*] 河南省社会科学院法学研究所副研究员。
[①] 王作富、黄京平主编：《刑法学》，中国人民大学出版社 2011 年版，第 96 页。
[②] 张明楷：《刑法学》（第 4 版），法律出版社 2011 年版，第 195 页。
[③] 陈璇、谢望原、冯军、刘明祥、时延安等：《于欢案的法理分析》，人大刑事法律科学研究中心研讨会，载 http://www.criminallaw.com.cn/article/default.asp? id=16282，2019 年 5 月 20 日访问。

直气壮地实施防卫与还击,如果认为只有具备紧迫性要件才能防卫,将会出现与立法本意相背离的两种情形:一是人们会认为只有被迫无奈时才能防卫,或在仅有防卫是唯一出路时才能防卫,因而失去即刻制止不法侵害、保护被侵害法益的最佳时机,导致正当防卫成为"僵尸条款",不利于唤醒人们沉睡的防卫意识。面对不法侵害,任何公民都有权予以合法反击以保护国家利益、公共利益、本人或者他人的合法权益,而冷漠、利己、自私必然对全面实施依法治国方略产生消极影响。因此,应当鼓励、引导正当防卫和见义勇为,增强正当防卫者的底气,以法律正义助推社会正义,推动社会正能量的生成。有一种观点认为,只有在无暇寻求公权力的救济时,才可寻求私权利救济。这一观点不仅缺乏法律依据,也与立法本意相悖。二是添加"紧迫性"要件,相当于给防卫人以防卫权和出路后,又以"没有紧迫性"为由,在该出路的尽头宣告"此路不通",导致防卫不成立的可能性明显扩大,防卫过当甚至构成故意犯罪的可能性陡增,从而限制正当防卫的范围,束缚防卫权的行使。

其二,根据《刑法》第20条的规定,正当防卫的时机条件是"不法侵害正在进行",其中并没有包括"紧迫性"的要求,没有要求只有在紧迫的情况下才可实施防卫。把"不法侵害正在进行"设定为防卫的时机条件,意在排除事先加害、事后加害两类防卫不适时的情况。没有理由认为,只有在该可以防卫的时段内的某一"紧迫时刻"才可以防卫。同时,在不法侵害持续存在的情况下,该不法侵害持续存在的事实本身就证明在不法侵害持续的时段内被侵害者别无其他终止、制止该侵害的路径,不反击就只能继续承受侵害,而添加"紧迫性要件"就可能因"没有紧迫性"而否定对持续的、轻缓的不法侵害的防卫权,如面对非法拘禁这一持续的不法侵害,防卫人伺机打击看守人而逃脱,就不能以没有紧迫性为由否定被拘禁人的防卫权。总之,有紧迫性固然有防卫权,但不能认为存在"没有紧迫性的正在进行的不法侵害",不宜把"正在进行的"不法侵害限缩为"具有防卫紧迫性的"不法侵害。

其三,认为正当防卫必须以紧迫性为要件,缺乏可行性,徒增认定正当防卫的困难。有学者经过对涉及紧迫性要件的300多个判例的梳理后发现,各地法院对于紧迫性的理解混乱异常,存在下述多种理解:不法侵害正在进行,就是存在紧迫性;防卫人没有防备地被动应战,才有紧迫性,如果防卫人事先预见对方可能进行不法侵害而做了应战准备的,倾向于没有紧迫性;单纯的轻微殴打或针对财产法益的侵害不具有紧迫性;不法侵害必须达到足够严重的程度,才有紧迫性;缺少寻求其他在场人员或者警察救助可能的,才有紧迫性;缺少寻求事后公益救济可能的,才有防卫的紧迫性。① 由此可见,紧迫性的认定更为复杂,导致司法裁量标准的混乱,而刑法条文设定的"不法侵害正在进行"则显得更为明确,利于统一司法裁量尺度和维护刑法的权威。

---

① 陈璇、谢望原、冯军、刘明祥、时延安等:《于欢案的法理分析》,人大刑事法律科学研究中心研讨会,载http://www.criminallaw.com.cn/article/default.asp?id=16282,2019年5月20日访问。

二、认定防卫过当的两个问题

我国《刑法》第 20 条第 2 款规定,正当防卫明显超过必要限度造成重大损害的,应当负刑事责任。由此可见,正当防卫明显超过必要限度,且造成重大损害的,才能认为属于防卫过当。这里着重研讨必要限度的掌握以及对防卫过当之"明显超过必要限度"与"造成重大损害"二者关系的认识。

(一)正当防卫必要限度的掌握

对正当防卫的必要限度的理解,存在多种见解。基本适应说认为,正当防卫的限度是由不法侵害的方式、强度、后果(包括可能的后果)等决定的。客观需要说认为,应以制止不法侵害所必需的强度为必要限度。折中说把基本适应说、客观需要说统一起来,是理论界的通说。①

本文认为,刑法允许为制止正在发生的不法侵害以打击不法侵害人的方式实施防卫,根本目的是通过制止不法侵害来保护被侵害的法益,不能制止、抗制非法侵害,就不足以保护正在被侵害的法益和实现防卫目的,因此,必要限度应当以制止、抗制非法侵害的实际需要为准。客观需要说契合防卫的目的,较为可取。基本适应说过于强调防卫行为与侵害行为在行为方式、强度、可能的后果之间的对应或对等,似乎偏离了防卫的宗旨。在客观需要说的基础上加入对侵害法益与防卫法益性质的比对和考量,在二者基本适应时方为必要,可能是比较适当的。是否实际需要或客观需要,当结合当时的情景作综合判断,要设身处地地站在防卫人的角度考虑,不能以事后旁观者的角色去观察和评判。只要防卫人认为是必要的,且其当时作出该必要性判断确实具有一定的依据,就应认为在必要限度内。有专家指出,必要限度,应以制止不法侵害、保护法益的合理需要为标准,只要是制止不法侵害、保护法益所必需的,就是必要限度以内的行为。② 该观点较之实际需要、客观需要可能更为贴近正当防卫的宗旨。当然,防卫行为是否超过必要限度的判断是十分复杂的,应当结合具体案情,进行客观全面的分析。

还有一种观点认为,必要限度是指为"有效制止"不法侵害所必需的防卫强度。这种观点强调了防卫的目的是制止侵害而不是侵害、伤害被防卫人和对后者形成不必要的伤害,要求防卫者适当约束其防卫行为,这一点值得肯定,但是,防卫往往是瞬间实施的,其程度、力度等难以精确把控,要求防卫时把握住"有效即可"这一限度,未免过于严苛。1997 年《刑法》规定,只有"明显超过必要限度"才属于防卫过当,相较于 1979 年《刑法》之"正当防卫超过必要限度造成不应有的危害的,应当负刑事责任"的规定,1997 年《刑法》的规定更为合理,这也可以认为对"有效制止说"的某种否定。

(二)对防卫过当之"明显超过必要限度"与"造成重大损害"的认识

正当防卫明显超过必要限度造成重大损害的,属于防卫过当。本文认为,防卫

---

① 高铭暄主编:《刑法专论(上)》,高等教育出版社 2002 年版,第 442-443 页。
② 张明楷:《刑法学》(第 4 版),法律出版社 2011 年版,第 201 页。

是因不法侵害引起并针对不法侵害、制止不法侵害而实施的，刑法在容许防卫的同时又将防卫限制于一定的必要限度，必要限度强调的是防卫与侵害之间的对应性与相对性，二者之间不能过于失衡；而"重大损害"强调的是损害结果的绝对性要达到一定程度，要与追诉防卫过当刑事责任的需要相呼应，因此，本文主张从这两个方面整体衡量是否属于防卫过当。

第一，没有比较就无法查明其差距是否属于"明显超过"。"明显超过"本身实际上是在提示要注意防卫行为与侵害行为在行为方式、力度、打击部位、可能造成的损害结果等方面的相对性、对应性，其间不能有明显差距。同时，从对防卫造成的损害结果的规制上看，最终归结为防卫造成的损害当与不法侵害可能形成的损害结果相比对时，显得明显超过必要限度，显著失衡。至于"明显超过必要限度"当指防卫的实施显著超越了制止不法侵害的合理需要与程度，需要全面考量不法侵害的严重程度、可能侵犯的正当权益的性质、防卫的紧迫程度、双方的力量对比等主客观因素，并与防卫造成的对侵害人的损伤结果进行比对，判断是否明显超过必要限度。例如，不法侵害人仅仅是赤手空拳打击一下，防卫人却持刀捅死对方，属于防卫过当。本文认为，"明显超过必要限度"提示从相对性的比较视角判断是否属于防卫过当。

第二，对于重大损害，究竟是死亡、重伤、轻伤还是其他，刑法没有明确规定。从防卫造成的具体损害结果、绝对损害结果来看，防卫过当要求达到"重大损害"，且符合以防卫过当追究防卫人刑事责任对结果要件的要求，即界定"重大损害"要与对防卫过当的定罪要求相适应，达不到这一损害程度，在刑法意义上再去讨论防卫过当就没有实际意义（民事侵权意义上的防卫过当另当别论）。因此，如果防卫过当属于故意犯罪（一般属于间接故意），重大损害是指轻伤以上的损害结果；如果防卫过当属于过失犯罪（多数情况），重大损害则指重伤以上的损害结果。因此，"重大损害"当指造成不法侵害人轻伤以上的人身损害结果。

对于明显超过必要限度与造成重大损害二者关系的理解，学界有不同认识。有专家指出，对于以上两个方面，在刑法理论上归纳为行为过当和结果过当，并且只有在两者同时具备的情况下，才能认定为防卫过当。[1] 该观点认为只有在两者同时具备的情况下，才能认定为防卫过当，这无疑是正确的，但如果认为明显超过必要限度仅仅是指行为过当恐不够全面，因为明显超过必要限度也应当包含对结果因素的考量。另一种有代表性的观点是，明显超过了必要限度是对防卫手段的要求，而造成重大损害是对防卫结果的要求。[2] 该观点认为"明显超过了必要限度是对防卫手段的要求"有一定的合理性，因为结果由手段决定，不控制行为手段就难以控制损害结果，但将必要限度局限于防卫手段而不包括防卫结果，也不利于对防卫过当的准确认定。

判断防卫行为是否"明显超过必要限度造成重大损害"，需从损害结果出发进

---

[1] 陈兴良：《赵宇正当防卫案的法理评析》，载《检察日报》2019年3月2日第3版。
[2] 陈璇、谢望原、冯军、刘明祥、时延安等：《于欢案的法理分析》，人大刑事法律科学研究中心研讨会，载http：//www.criminallaw.com.cn/article/default.asp？id=16282，2019年5月20日访问。

行回溯评价。① 本文认为，区分正当防卫与防卫过当的首要标志或有形标志是造成重大损害，而这一重大损害由防卫行为明显超过必要限度所引起。即使防卫造成重大损害（轻伤以上）但没有明显超过必要限度的，不属于防卫过当，而属于正当防卫。比如，2018年12月26日发生在福州市晋安区的赵宇正当防卫案中，虽然赵宇的防卫行为造成不法侵害人李华重伤二级（横结肠破裂），但属于正当防卫。因此，明显超过必要限度和造成重大损害两个要求必须同时具备才能构成防卫过当。同时，即使防卫行为与手段明显超过限度，但没有造成重大损害（轻伤以上）的，也不属于防卫过当。

三、特殊正当防卫是否应有防卫限度

《刑法》第20条第3款规定：对正在进行行凶、杀人、抢劫、强奸、绑架以及其他严重危及人身安全的暴力犯罪，采取防卫行为，造成不法侵害人伤亡的，不属于防卫过当，不负刑事责任。该规定被称为特殊正当防卫，也有人称之为"无限防卫权"。由于对正当防卫超过必要限度的规定太笼统，在实际执行中随意性较大，出现了不少问题。② 其中，特殊正当防卫是否应有防卫限度，是一个非常重要的问题，《刑法》第20条第3款的抽象性规定，引起司法实践中的分歧，更会造成公众行使特殊防卫权的困惑。

严重危及人身安全的暴力犯罪一旦实施就会形成严重的无法补救或难以估量的人身损害结果（不同于财产损失可事后通过赔偿、修复等措施补救），故当即反击、制止非常有必要，刑法允许公民个人行使特殊正当防卫权，以特殊的私力救济的方式有效维护自身人身权利。由于防卫人面临迫在眉睫的正在进行的严重的暴力侵害时，难以立即、准确判定不法侵害的强度、方式和可能造成的损害结果，也不可能准确、理性选择防卫行为的手段与强度，故这种特定情形下法律对防卫手段与结果持特别宽容的态度，允许防卫造成伤害和死亡的结果，但是，正当防卫制度是国家对个人自救权的确认，同时也兼顾不法侵害人与防卫人之间的权利平衡。在现代法治国家，绝对不允许随意以暴制暴和同态复仇。特殊正当防卫既然属于防卫之一种，就应当同时接受刑法的相应规制，就要满足不能明显超过必要限度造成重大损害这一条件。

鉴于《刑法》第20条第3款并未就特别防卫的限度作出规定，对特殊防卫是否应当有限度的问题，学界从《刑法》第20条第3款与该条前两款规定的关系之角度讨论这一问题。一种观点认为，《刑法》第20条第3款规定的正当防卫，只是对正当防卫限度条件有条件地放宽，而不是授权防卫人为所欲为。③ 该观点没有回答是在本条第2款基础上的再次放宽，还是仅仅对损害结果的放宽。如果第2款的"正当防卫明显超过必要限度造成重大损害"是适当的，是适用于所有防卫行为的，

---

① 孙文海：《致毙"辱母"者正当防卫之证立》，载《青海社会科学》2018年第6期。
② 赵秉志、田宏杰：《特殊防卫权问题研究》，载《法制与社会发展》1999年第6期。
③ 王作富主编：《刑法学》，中国人民出版社2004年版，第107页。

那么有无必要再次放宽。随意的放宽条件无异于纵容防卫人造成不法侵害人伤亡，故此观点值得商榷，也没有解决特殊防卫的限度问题。另一种观点认为，《刑法》第 20 条第 3 款是对本条第 1 款、第 2 款的进一步阐释和特别说明，属于提示性规定。① 本文认为该观点可取。《刑法》第 20 条第 3 款在第 1 款之外作出另行规定，意在强调，对正在进行行凶、杀人、抢劫、强奸、绑架以及其他严重危及人身安全的暴力犯罪，采取防卫行为，造成不法侵害人伤亡的，同样属于第 1 款规定的正当防卫。目前，在我国司法实践中，存在只看结果、不分是非的唯结果论，因而导致对案件处理失当的情况。② 可以认为，《刑法》第 20 条第 3 款也有助于克服唯结果论。本文在此提出一种想法：如果把《刑法》第 20 条第 3 款置于第 1 款之后，是否更为合乎逻辑，更有利于对《刑法》第 20 条第 3 款规定的理解？

此外，还应当明确，作为特殊防卫对象的"严重危害人身安全的暴力犯罪"，不包括危害财产权等权益的犯罪。另外，前文表述的"并非只有紧迫性才能防卫"的观点不适于特殊正当防卫，即特殊正当防卫权只能针对具有紧急制止、反击的必要性与紧迫性的严重暴力犯罪行使。

---

① 周光权：《刑法总论》，中国人民大学出版社 2007 年版，第 216—217 页。
② 陈兴良：《赵宇正当防卫案的法理评析》，载《检察日报》2019 年 3 月 2 日第 3 版。

正当防卫勘误*

金翼翔**

引言

近年来,有关正当防卫的案件层出不穷,引起了理论界、实务界以及社会公众的广泛讨论。而在这场讨论中,有关正当防卫基本法理的诸多问题也被暴露出来。因此,笔者认为这是对正当防卫理论进行正本清源的大好时机。

一、勘误之一:正当防卫概念的两大层次

本文名为正当防卫勘误,勘误之前要先对正当防卫进行基本定位,这样才能在后续的对比中逐步发现现有正当防卫理论学说和裁判规则中存在的谬误,并使其得到逐一廓清。

正当防卫的基本原理首先需要明确的问题就是正当防卫的概念具有两个层次。这两个层次,一个可以称正当防卫原理,另一个可以称正当防卫制度。前者是抽象的,后者是具体的;前者是广义的,后者是狭义的;前者是上位的,后者是下位的;前者是形而上的,后者是形而下的;前者是自然法,后者是人定法;前者是基本原理,后者是具体条文。《刑法》第 20 条、《侵权责任法》第 30 条都是具体条文,都属于后者,都只体现了自然法上正当防卫的一部分。[①] 事实上《刑法》第 20 条的条文表述是相当科学的,该条没有采用"正当防卫是……"或者"……是正当防卫"的表述,而是采用了"……属于正当防卫",这一措辞恰恰表明该事项属于下位事项,其上位还有更高位阶的正当防卫基本原理。几乎所有关于正当防卫理论的误读都是因为没有对正当防卫概念的两个层次进行区分而导致的。

---

* 本文最初题为《正当防卫的基本法理和裁判规则》(2000 字)发表于《博和刑事》微信公众号,后标题更改为《正当防卫勘误》(20000 字)作为学术论文投稿(尚未发表)。本稿件约 8000 字,为参会需要按照会议要求删减修改而成,内容有较多篇幅予以省略,论证缩略部分烦请读者谅解。

** 上海政法学院刑事司法学院助理教授。

① 理论上行政法中也存在正当防卫,对具体行政行为也可以正当防卫,当然这个问题存在争议。

二、勘误之二：正当防卫裁判的结果逻辑

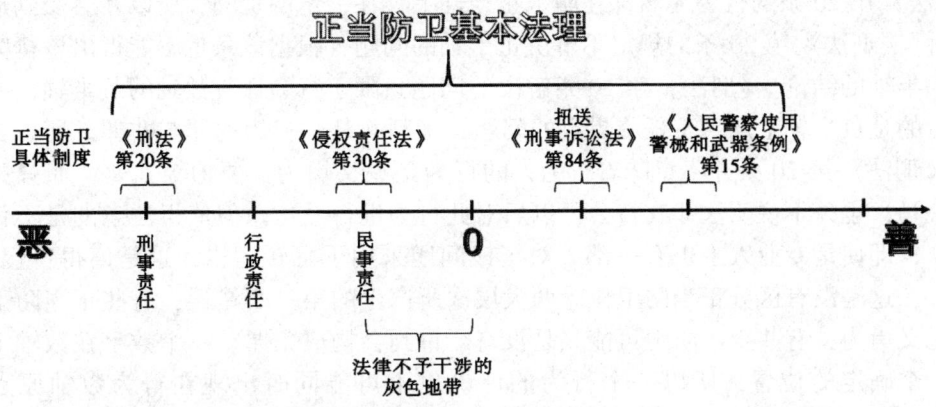

（一）正当防卫裁判的评价参照坐标

上图的数轴是关于行为善恶评价的，零点就是既不善良也不邪恶，往右是正半轴，距离零点越远则善良的值越大；往左是负半轴，距离零点越远则恶的值越大。很多行为评价界线同时涵盖数轴的正轴和负轴。

注意两点：（1）犯罪都在负轴。（2）犯罪距离零点很远。刑法规制的起点就是罪与非罪的界限，这个临界点距离零点也还有很长距离，如果说这个点往左是刑事责任，那么这个点和零点之间还隔着行政责任、民事责任，即使是在民事责任和零点之间也还有一大片法律不予干涉的灰色地带。这片灰色地带虽然法律不予干预但是道德可以进行谴责。需要说明的是，刑事责任、行政责任、民事责任在现实中并不如上图所示那么简单，其间可能存在重叠交叉竞合，而不是简单的线性连续集合，上图旨在简明扼要表达三者在价值判断上的基本位阶。

从目前对于正当防卫在刑事诉讼中的裁判结果来看，现在的理解通常有两种逻辑，一种可以称为翻转逻辑，另一种可以称为清零逻辑。

（二）正当防卫裁判结果的翻转逻辑及其批判

以数学中的负号"－"为例，一个数字加上负号之后，它的绝对值不变（距离0点的远近不变），在数轴上的位置发生翻转。如果原来在负轴，那么翻转后就会跑到正轴。更严重的是，数的绝对值是不变的，它与原点之间的距离是不变的，这样如果原来的行为越邪恶则翻转之后就越善良，所以一旦翻转天差地别，整个案件就会出现剧情反转。负轴的行为是恶的，是要受谴责的；而正轴的行为是善的，是要褒扬的。这就是人们普遍对于正当防卫制度感到纠结的地方：原本是犯罪，是负数，要谴责，结果加一个负号，负负得正就变成正数，而正数就是对行为的积极正向的评价了。这种反差会让人对司法裁判结果产生极大的不安全感。这也是很多人认为于欢案不能构成正当防卫的原因，因为感觉成立正当防卫就认可了于欢的行为，更严重的是会让社会公众都以为这么做是对的，相当于鼓励公民都这么做。

所幸这种逻辑是错误的。翻转逻辑错就错在它混淆了正当防卫的两个层次，上位的正当防卫是涵盖行为评价数轴的正负半轴的，其中包含完全正当的见义勇为，

也包含不那么正当的防卫行为。但是，每一个具体行为在数轴上的位置都只有一个。一个行为不可能既是见义勇为，又构成犯罪，见义勇为当然不构成犯罪。涉嫌《刑法》第20条的行为显然都在防卫正当性上存在一定的疑问，所以才会受到刑事追诉。《刑法》第20条的规定不解决正半轴的问题，根据该条也不能得出该行为位于正半轴的结论。《刑法》第20条解决的问题只限于行为评价数轴的负半轴，主要针对的是负半轴上刑事责任临界点的问题，来判断某一行为的罪与非罪。所以，适用《刑法》第20条并不意味着行为人的行为是见义勇为，要通令嘉奖，而只是放他一马，也并不说明法律支持公民以后对此行为进行效仿。但值得注意的是不仅是大众，即使是专业人士也有一部分对于该问题采用了翻转逻辑，这是值得警惕的。所以，这是没有区分正当防卫概念两大层次所产生的第一个错误，有些正当防卫就是见义勇为，有些正当防卫可能只是没有严重到会构成犯罪。一个数字在数轴上只有一个确定的位置，所以一个行为的评价也不可能同时出现在行为数轴原点的两侧。

（三）正当防卫裁判结果的清零逻辑及其提倡

清零逻辑就相当于数学上乘以0，一个数乘以0得0。所以，不管前面的责任累积叠加到什么程度，但其所得最终结果如果乘以0，那么其结果也就归零。这种类比并不十分恰当，但最起码能够说明正当防卫在刑事诉讼上裁判结果的内在逻辑——责任清零。刑事诉讼的基本逻辑就是要往数轴的负轴上推进，只要论证结果超过罪与非罪的临界点，就构成犯罪。[①] 而正当防卫就是将这一负向推进过程清零，让其回到原点即可。

为什么说清零逻辑的类比并不十分恰当呢？因为刑法中的正当防卫不需要回到原点，它与原点之间还有很长距离，中间还隔着行政责任、民事责任，它只要回到罪与非罪的临界点就可以了。所以，即使根据《刑法》第20条第1款正当防卫判决无罪，也并不意味着我们要给于欢发个奖状。只看判决书，于欢做的过分吗？可能有点过分。所以，他的行为评价不在正半轴，而在负半轴，关键只是在于他的行为到底是在罪与非罪临界点之左还是之右。我们只是觉得给他判刑不应该。这才是正当防卫在刑事诉讼中对于裁判结果的内在逻辑（事实上民众普遍觉得并不过分，有网帖指出不仅是正当防卫更是见义勇为，这种观点未必完全正确，但它的合理之处在于它采用了正确的清零逻辑，第一步把于欢案推过罪与非罪的界限，第二步推过零点）。

三、勘误之三：正当防卫裁判的规则逻辑

近年来发生的案件给人一种感觉，要论证这些案件中的行为构成正当防卫很费

[①] 需要说明的是，这一类比也具有一定的局限性，但并不影响该比喻在本文中的合理性。该比喻并不完全符合犯罪构成的原理，因为根据犯罪构成的原理，行为应当只存在此罪与彼罪，如果既不构成此罪，又不构成彼罪，那么就是无罪。所以，传统教科书上所称罪与非罪、此罪与彼罪的说法是不对的，只有此罪与彼罪，没有罪与非罪。因为如果先判断罪与非罪，再判断此罪与彼罪，那么显然即使先定有罪后定罪名的做法，违背了罪刑法定和无罪推定的要求，此前很多学者批判社会危害性理论就是以此为出发点的。

劲，越是专业人士论证越费劲。为什么？

(一) 正当防卫裁判规则的理论误区

1. 正当防卫裁判规则的理论误区表现

一个普遍的共识是我国正当防卫的成立标准太高了，但是并没有学者意识到这个标准为什么这么高。要回答这一问题，首先要反思现有的正当防卫的裁判规则即正当防卫的构成要件。正当防卫的通说理论认为构成正当防卫应当满足防卫对象、防卫意图、防卫时间、防卫限度，问题就出在这里。

2. 正当防卫裁判规则的理论误区逻辑

犯罪构成认为犯罪需要具备一系列的条件，都要有主体、行为、结果等，所以犯罪构成的行为分析方法的基本特点就是需要进行"逐条核对"。成立犯罪必须具备这些条件，所以这些条件是构成犯罪的必要条件，简称要件。而通常情况会更多，既是必要条件，则缺一不可，缺一则不构成犯罪。所以，认定犯罪的方法是逐条核对，认定犯罪的标准是缺一不可。

如果说四要件犯罪构成体系在这一问题上并不明显，主张三阶层理论的学者如果也持这一观点则显得匪夷所思。因为在第一阶层构成要件符合性的时候已经对客观要件进行了评价，而在进入第二阶层违法性排除的时候遇到正当防卫，又要用正当防卫的构成要件符合性重新"逐条核对"一遍，所以同一行为要被评价两次，这种思路的结果是正当防卫的成立要比普通犯罪的成立更难，而这一切都是违反刑法基本原理的。

犯罪构成逐条核对的严格要求对应的是刑法谦抑性。犯罪构成在司法实践中的作用是认定犯罪。认定犯罪之后要判处刑罚。而刑罚是国家对公民进行制裁的最为严厉的措施，国之重器不可擅动，所以在进行制裁之前要保证该制裁是必要、正当的，与此相对应就需要对制裁对象进行严格筛选，而这一严格筛选的方法就是犯罪构成。因为刑罚具有严厉性，所以刑法需要谦抑性。相比之下，正当防卫的裁判逻辑恰恰相反：犯罪构成的裁判结果是认定被告人有罪，而正当防卫的裁判结果是认定被告人无罪；前者的认定是要判刑，后者的认定是要放人，而把这一套用到防卫者身上就本末倒置了。这就是正当防卫裁判规则的误区，用判断犯罪的方法来判断防卫，就是用判断"错"的方法来判断"对"，用准备关人的标准来评价准备放的人。

犯罪构成逐条核对的严格要求对应的是无罪推定原则。即在行为被证明构成犯罪之前，推定该行为不是犯罪，推定该行为人无罪。所以，这是一个逆水行舟的过程，在无法满足的情况下，则默认推定为不成立。而现在我们把这一行为分析方法也用到了防卫行为上，要求正当防卫的要件也要逐条核对，如果不满足则不成立正当防卫。但问题是正当防卫的裁判结论是不构成犯罪，不承担刑事责任。如果不满足条件，那么推定不成立正当防卫，推定构成犯罪，推定承担刑事责任，那这个思路不是有罪推定吗？

证据规则可以从侧面说明这一问题。犯罪构成严格对被告人而言有利还是有弊？有利。因为犯罪构成越严格，入罪的门槛就越高，检方的举证责任就越重。正当防卫严格对于被告人有利还是有弊？有弊。因为成立正当防卫的门槛高了，检方举证责任轻了，而被告人自证无罪的责任就重了。所以，对正当防卫采用犯罪构成逐条核对的认定方法从证据规则上说违背了刑事诉讼法检方举证的基本原理，违背了反对自证其罪的要求。因此，现有正当防卫裁判规则导致了非常离谱的结果：对潜在坏人适用无罪推定，要求更宽；而对潜在好人适用有罪推定，要求更严，这难道不是本末倒置吗？我们对于潜在的坏人推定其为好人，对于潜在的好人推定其为坏人，逻辑其谬矣！

（二）正当防卫裁判规则的理论重构

1. 理论重构之破旧——风险分配原则的明确

法律是风险分配的规则。正当防卫裁判规则的风险分配应当体现有利于防卫人。学术研究和现实案例中经常出现很多风险分配不当的观点，其结果都是苛责防卫人，导致正当防卫难以成立。而从逻辑上看，学理阐述每增加一个要点，正当防卫的司法认定都增加一个要件。正如上文所言，要件越多，成立越难，而这些都是违背正当防卫的基本法理的。因此，正确构建正当防卫制度必须对风险分配问题进行纠正。总体而言，在正当防卫中风险分配应当贯彻以下几个观点：（1）侵害人法益降格；（2）不要求先行躲避；（3）不要求使用武力递进；（4）不要求防卫行为最优化。

（1）侵害人法益降格。在正当防卫的案例讨论中经常会出现这样的争论，就是防卫人的权益应当受到保护，那侵害人、加害人的法益就不受到保护了吗？是的，就是不受保护。或者说，先保护防卫人。在侵害人和防卫人之间，优先保护防卫人。

用黑社会来打个简单的比方。黑社会赚取的是不义之财，利润很高，自然风险也很大。黑社会的人要债为什么不去发律师函？为什么不去起诉？为什么不去申请财产保全？因为他知道自己是没道理的，国家不会支持他的诉讼请求，合法途径不会保护他的非法利益。所以，黑社会讨债采取的是另一套方法，即对债务人采取威逼利诱、辱骂殴打等手段来对债务人施加心理压力。那么，这些讨债方法的风险成本是什么？就是公民反抗。

（2）不要求先行躲避。正当防卫不要求先行躲避，也不要求现场排除其他躲避可能。不躲避导致冲突的风险由违法者承担，由侵害者承担。归根结底就是一句话，我是守法者，我为什么要躲？

这也是美国正当防卫的司法裁判由最初的"无法躲避"（retreat possibility）规则转向"坚守立场"（stand your ground）规则的重要原因。[①] 美国有关正当防卫的

[①] See State v. Anderson, 631 A. 2d 1149, 1154 (Conn. 1993); Wayne R. LaFave, Criminal Law 547 (4th ed. 2003); State v. Gardner, 104 N. W. 971, 975 (Minn. 1905) ("Self-defense has not, by statute nor by judicial opinion, been distorted, by an unreasonable requirement of the duty to retreat, into self-destruction"); State v. Anderson, 631 A. 2d 1149, 1155 (Conn. 1993) (holding that a judge's "retreat" instruction to the jury was erroneous because it failed to include the word "complete"; "the term 'complete safety' connotes a standard that is more absolute than mere 'safety'"); State v. Abbott, 174 A. 2d 881, 884-886 (N. J. 1961).

裁判最初遵循无法躲避规则，即防卫人必须是在无法躲避的情况下进行还击才可以构成正当防卫。但问题来了——我是守法者，我为什么要躲避？这不是"长坏人志气，灭好人威风"吗？从风险分配的角度来看，这种裁判规则大大提高了防卫人承担风险的比例，对于侵害人反而过于轻纵，在风险分配上不利于守法者。我国学者陈璇指出"应当克服正当防卫判断中的道德洁癖"[①]。法律不能给守法者制造困境，守法者需要躲避乃是法律的耻辱，法律要给守法者一条出路。守法者不需要躲避，不需要撤退，守法者有权坚守他自己有权所处的位置！

（3）不要求使用武力递进。可能有论者提出，根据比例原则，防卫人在使用武力方面应该逐步升级才能够证明其行为是正当的。但是，这一观点是错误的，而且十分危险。这一观点乃是使用武力的递进原则，在使用武力时采用了递进原则是证明使用武力正当性的重要证据，但是使用武力的递进原则适用的不是普通公民，而是执法人员，这个规则是用来要求警察的，而不是用来要求老百姓的。所以，对普通公民适用使用武力递进原则的错误就在于用专业标准要求业余人士，显然标准过高了。公民正当防卫不需要递进。文章到此，我们必须明白，我们每次给正当防卫设置一个要件，就砍掉了现实中一大批正当防卫案件。所以，普通民众正当防卫过程中存在使用武力递进的可以更加证明其正当性，但是这并不是正当防卫需要满足的要件。可以反过来理解，如果使用武力递进，证明防卫行为更加正当，但要正当防卫的成立不需要符合使用武力的递进原则。不需要！

（4）不要求防卫行为最优化。与此相类似的是行为最优化原则。即要求防卫人的防卫行为、防卫限度必须达到最优。尽管很少有学者明确提出这一观点，但很多人在进行学理阐述时会不自觉地倒向这一观点。行为最优化原则比使用武力递进原则的要求更高，所以其谬误会更加明显。即使是警察使用武力的场合，一般情况下也只需要满足使用武力递进原则，但未必会要求行为最优化原则。因为紧急状况下的反应很难在当时对所有可能的行为反应进行罗列然后进行排序，最优化原则是强人所难的。即使警察使用武力，如果能够达到最优化原则理论上应当立功嘉奖，而即使因为正当性受到质疑而被调查，一般认为其行为只要达到非最差标准也就够了。而对普通民众而言，则完全不必做这样的要求。

无论是使用武力递进原则还是防卫行为最优化原则，都是专业标准，不是普通标准。不能用专业标准来要求普通民众，甚至不能要求这一标准是事后的，所谓其他一般理性人在相同情况下是否存在其他更为合理的行为选择都是站着说话不腰疼。

2. 理论重构之立新——正当防卫的认定条件

（1）正当防卫的刑法本质含义。从判断逻辑来看，三大犯罪构成理论对于正当防卫的定位都是错误的。通过上文数轴的比喻我们就能发现这一谬误的原因所在。无论是我国犯罪构成中形式违法实质合法的定位，还是大陆法系构成要件理论的阻却违法的定位，都得出一个结论即正当防卫并不违法。这是不对的。这一观点恰恰

---

① 陈璇：《克服正当防卫判断中的道德洁癖》，载《清华法学》2016年第2期。

混淆了位于行为正轴上的正当防卫和行为负轴上的正当防卫。刑法所规制的行为都是位于行为负轴上的，这些行为都是受到否定评价的，关键只是在于是否承担刑事责任。所以，刑法上的正当防卫应当是阻却责任。虽然这种说法看起来推迟了正当防卫出罪的逻辑进程，弱化了正当防卫，但这只是一种错觉，因为这只是正当防卫裁判的结果逻辑，也就是说，对正当防卫裁判结果应当这么来理解，但是认定正当防卫则不应该按照这一顺序来认定，而应当按照下文的规则来进行认定。

（2）正当防卫的裁判认定规则。①存在不法侵害推定成立防卫，防卫行为推定为正当。正当防卫无论采取哪一种犯罪构成理论，其形式要件的认定只需要满足一个要件——存在不法侵害。只要存在不法侵害就可以认定防卫，该防卫行为就可推定为正当。该推定不要求不法侵害一定是犯罪行为，不要求防卫行为要与不法侵害成比例，不要求防卫行为符合使用武力递进原则，不要求防卫行为达到最优化标准。除非检方能够证明存在过当，即"明显超过必要限度造成重大损害"，否则默认正当防卫成立。②防卫行为推定正当的限制。推定防卫行为正当并不代表防卫行为不受规制。防卫行为受到《刑法》第20条第2款防卫过当的限制，但这种限制是事后的，是逻辑次位的。不是防卫行为要接受正当防卫成立要件的预先审查，而是推定为正当的防卫要接受防卫过当条款的事后审查。

（3）防卫正当和防卫过当的逻辑关系。《刑法》第20条第2款对防卫过当进行了规定："正当防卫明显超过必要限度造成重大损害的，应当负刑事责任，但是应当减轻或者免除处罚。"该款从字面来看乃是要求非常严格的标准，但是由于我们没有贯彻无罪推定、检方举证原则，所以对于这一款的认定反而特别简易。

由于《刑法》第20条第2款防卫过当的裁判结果是承担刑事责任，因此适用该款则构成犯罪，需要适用犯罪构成的基本原理，于是"明显超过必要限度造成重大损害"就必须满足犯罪构成：①要论证什么是"必要限度"；②要论证"明显超过"必要限度；③要论证造成重大损害，不仅要有损害，而且损害有程度要求，要达到重大标准；④"明显超过必要限度"和"重大损害"之间具有因果关系，这是极其容易被忽略的一点；⑤防卫人对于"明显超过必要限度"和"造成重大损害"具有主观罪过。按照上述五个要件的举证责任，检方要证明行为构成防卫过当似比登天。

所以，构成正当防卫只需要一个要件——不法侵害，而构成防卫过当需要五个要件，成立防卫过当的难度大于而且应当大于正当防卫。如果真的按照这个标准来，现有的很多防卫过当都会因为无法证明确实属于防卫过当而退回正当防卫的范畴中去。而现实恰恰相反，现在的司法实践恰恰将正当防卫和防卫过当的关系弄颠倒了，对正当防卫采用推定不成立，而对防卫过当采用推定成立，这就违反了无罪推定而采用了有罪推定的原则，也正因如此才造成了正当防卫的案件很轻松就滑入了防卫过当规制的区间。

很多时候并非一个行为非常典型地构成正当防卫所以才判决正当防卫，因为如果真的很典型，警方不会逮捕，检方不会起诉。更多时候恰是行为很难证明构成防卫过当，所以才判决正当防卫。受到指控的防卫行为不可能是完全恰当的，但是按照犯罪构成的严格要求无法充分证明防卫行为过当，所以无罪推定、疑罪从无，应当判处正当防卫。不是正当防卫不典型就判防卫过当，而是防卫过当不典型就判正当防卫。还是要注意，这里应当采用清零逻辑而非翻转逻辑，判了正当防卫并不代表该行为就是完全正当的，也并不代表法律对行为的评价是积极的，只是说明该行为不需承担刑事责任。

从证据规则来看，二者的逻辑关系会更加明确。因为正当防卫不构成犯罪，所以举证责任并不在被告人，而防卫过当构成犯罪，所以举证责任在检方。如此，正当防卫的裁判规则才符合刑事实体法的犯罪构成基本原理以及刑事程序法无罪推定、检方举证的基本原理。

小结

正当防卫有广义和狭义之分，广义的正当防卫在刑法、民法之上，是一种基本法理，具有自然法的意义。这种自然权利在法律体系中得到证实，便成为一项法定权利，民事法、行政法、刑事法中都有存在，因此正当防卫是一项基本而普遍的法律制度。正当防卫制度的目的在于为行为提供正当化的理由。民事诉讼中引用正当防卫是为了证明行为不是侵权，刑事诉讼中引用正当防卫是为了证明行为不是犯罪。①

刑法正当防卫制度的裁判应当遵循以下规则：（1）存在不法侵害推定成立防卫，防卫行为推定正当。不要求不法侵害是犯罪行为，不要求防卫行为与不法侵害成比例，不要求防卫行为符合使用武力递进原则，不要求防卫行为达到最优化标准。（2）防卫过当必须满足犯罪构成的证明要求，必须证明"明显""超过必要限度""造成不必要的损害"。

---

① 金翼翔：《正当防卫的法理分析》，载《刑法评论》2013年第3卷。

论特殊防卫的性质

简筱昊*

一、问题缘起与研究回溯

聊城"于欢案"和昆山"反杀案"激起了学术界对正当防卫相关理论,尤其是防卫限度问题的新一轮反思。各大专业期刊均或多或少刊登了研究正当防卫问题的文章,有些期刊甚至开辟专栏予以探讨。与此种热度形成鲜明对比的是,特殊防卫问题似乎并没有引起学者们的关注,或者即便有所关注亦是关注不足,仅仅在相关论著中一笔带过或是只字不提。特殊防卫作为正当防卫制度的特别规定,对其价值取向、适用条件以及《刑法》第20条第3款与前两款之间关系的研究均有理论必要性和现实迫切性。笔者拟从特殊防卫的性质角度对特殊防卫的基本问题展开论述,以期对特殊防卫的司法适用有所裨益。

特殊防卫问题的研究主要集中于1997年《刑法》新增加第20条第3款规定[①]前后十年。受研究范式的影响,此时的研究虽然也有从解释论的角度对特殊防卫的称谓、立法背景、价值取向、适用条件等的研究,但更多的是从立法论的角度对特殊防卫制度展开批评,认为其违背了公正价值、不利于人权保障、转移了国家保护责任,进而主张废除或者修改第3款的规定。[②] 根据原人大常委会副委员长王汉斌同志的说明,特殊防卫制度设立的初衷是克服司法实践对正当防卫的从严把握问题,鼓励民众积极保卫自己的合法权益和见义勇为。[③] 并且经过二十多年的实践检验,特殊防卫制度有其存在的现实土壤。所以,片面否定特殊防卫制度的论断已经为历史所淘汰。但是,这并不意味着特殊防卫制度的研究和适用迎来了春天,相反有学者通过对98份裁判文书的实证分析发现,特殊防卫的司法适用率极低,司法工作者对特殊防卫制度的适用要件或是把握不清或是限制过严。[④] 因此,有必要对特殊防卫的性质进行一次理论上的厘清。

二、特殊防卫:称谓确证

从第20条第3款设立伊始,称谓问题就一直困扰着理论界。概括来说,主要

---

* 中南财经政法大学刑事司法学院刑法学博士研究生。
 ① 1997年《刑法》第20条第3款规定:对正在进行行凶、杀人、抢劫、强奸、绑架以及其他严重危及人身安全的暴力犯罪,采取防卫行为,造成不法侵害人伤亡的,不属于防卫过当,不负刑事责任。
 ② 参见黄明儒、吕宗慧:《论我国新刑法中的无限防卫权》,载《法商研究(中南政法学院学报)》1998年第1期;卢勤忠:《无限防卫权与刑事立法思想的误区》,载《法学评论》1998年第4期;赵秉志、田宏杰:《特殊防卫权问题研究》,载《法制与社会发展》1999年第6期。
 ③ 参见王汉斌:《关于中华人民共和国刑法(修订草案)的说明》。
 ④ 参见陈家林、汪雪城:《特殊防卫的司法现状及其刑法学分析——以98份裁判文书为样本》,载《刑法论丛》2017年第1期。

存在以下几种称谓：无限防卫（权）、特殊防卫（权）、无过当之防卫、预防性正当防卫。① 当前理论界较为赞同的称谓是"特殊防卫"，如高铭暄、马克昌教授就认为将第 3 款称为特殊防卫是妥当的。② 但是，也有一些学者基于对第 3 款法律后果的特殊性的把握坚持将其称为"无过当之防卫"。③ 新近有学者研究认为，将第 3 款称为特殊防卫是不妥当的，作为第 1 款的提示性规定，其并无特殊之处，依然要受到前两款规定的限制，将其称为"正当防卫"才是适当的。④ 笔者认为，将第 3 款予以特别提示规定本身就征表了其特殊性，所以"特殊防卫"的称谓是合适的。

首先，从认识论的角度来说，一个事物的称谓本身并不重要，只要其能够准确地指明所指称的事物，准确界定事物的本质特征即可。例如，同样是馒头，有些地区称之为"馒头"，有些地区则称之为"馍"，但是它们所指称的对象都是同一面食。从此意义上说，究竟是何称谓对第 3 款的定性并不重要。笔者经过梳理发现，饱受学者们批评的"无限防卫"之称谓本身，并没有将第 3 款的范围扩展至不适时防卫和假想防卫等情形，而是着眼于第 3 款限度的放宽要求，并以此作为称呼第 3 款的关键要素。"无限防卫"与"特殊防卫"所界定的内涵或性质并无明显区别。但是，从概念逻辑的角度来说，法律概念是理论认识和司法实践的智慧结晶，其本身已经融入了使用者的价值评价和对事物性质的判断。⑤ 而且，"馒头""馍"这种地方性知识往往只能适用于地方的社区，要想实现跨地区交流，就必须打破地方性建立统一语境（依旧是一种地方性知识）。"无限防卫"作为一个历史性概念，本身已经承载了不适时防卫和假想防卫等内容，为了避免概念使用的混乱，所以笔者舍弃了"无限防卫"的称呼。"预防性正当防卫"的症结是误解了第 3 款的本质特征，将不适时防卫纳入评价范围。"无过当防卫"的称呼则在于没有准确界定此种无过当是一种事实无过当还是推定无过当，而且正如笔者下文所述的，没有明确地体现第 3 款与第 1 款、第 2 款之间的普通与特殊关系，所以"无过当防卫"的称谓也不合适。

其次，张明楷教授认为不应当将第 3 款称为"特殊防卫"的原因是，特殊防卫有其特定内涵，仅指与注意规定相对应的法律拟制。即特别规定就是法律拟制，是与注意规定相区别的立法技术。但是，这样的理解本身就存在问题，理由如下：一是从语言逻辑和哲学关系的角度来说，"一般"或者"普通"与"特别"是一组对应概念，将第 1 款理解为正当防卫的一般规定，第 3 款理解为特殊规定，符合语言逻辑关系要求；二是"特别规定"并非经过刑法理论凝练出特别含义的专业术语，目前学界仍在通常意义上使用该术语；三是我国某些规范性文件中也有使用"特别规定"这一术语，如交通运输部于 2017 年 11 月 15 日发布的《长江干线水上交通

---

① 参见郭泽强、蒋娜：《〈刑法〉第 20 条第 3 款与第 1 款的关系研究——兼论第 20 条第 3 款的意义》，载《法学家》2002 年第 6 期。
② 参见高铭暄、马克昌：《刑法学》，北京大学出版社、高等教育出版社 2017 年版，第 135 页。
③ 参见陈兴良：《规范刑法学》，中国人民大学出版社 2017 年版，第 150 页。
④ 参见张明楷：《防卫过当：判断标准与过当类型》，载《法学》2019 年第 1 期。
⑤ 参见［美］博登海默：《法理学——法哲学及其方法》，邓正来译，华夏出版社 1987 年版，第 11 页。

安全管理特别规定》，因为所调整交通关系的范围和事项有其特殊性，所以将其称为"特别规定"，而不是在《道路交通安全法》的基础上作出拟制规定。因此，将特别规定等同于法律拟制，是张明楷教授自己预设的虚假前提。从第 3 款规定的前提条件——特定的暴力犯罪，防卫对象——暴力犯罪分子，防卫目的——为了人身权益以及防卫限度与第 1 款规定的显著区别来看，称其为"特殊防卫"是合适的。

三、"防卫"性质：第 3 款与第 1 款、第 2 款的关系

从文意解释和语言逻辑的角度来看，将第 3 款解释为特殊防卫并不存在问题。但是，此种特别规定究竟是注意规定还是法律拟制，需要在此作进一步论证。注意规定是指特殊防卫受正当防卫要件的约束，第 3 款是对第 1 款、第 2 款的进一步阐释。如有学者认为，"第 20 条第 3 款是对第 1 款、第 2 款的进一步阐释和特别说明，属于提示性规定"[①]。法律拟制是指特殊防卫不符合正当防卫的要件，立法者将不属于正当防卫的情形拟制为正当防卫。如有学者认为新刑法所规定的特殊防卫单纯地以客观条件为前提，不要求以特定的防卫主观心理状态作为前提。[②] 也有学者认为，特殊防卫对严重侵害人身安全的暴力犯罪没有手段和损害结果的限制，即特殊防卫是没有防卫限度要求的制度。[③] 还有学者认为，特殊防卫虽然也有防卫限度的要求，但是第 3 款规定的限度明显宽于第 2 款所要求的限度，所以第 3 款事实上也是将超越第 2 款所要求限度的过当行为拟制为正当防卫。[④] 根据上述观点，第 3 款是注意规定还是法律拟制的关键就在于第 3 款是否要求行为人主观上具有防卫目的和客观上满足必要限度要求，如果第 3 款要求防卫目的和必要限度就是注意规定，如果不要求就是法律拟制。

（一）实质层面：受防卫限度的约束

首先，关于防卫目的的要求，对正当防卫的正当化根据持不同观点的学者持不同的意见。有学者认为，正当防卫的正当化根据是法益衡量。违法是客观的，责任是主观的，作为违法阻却事由的正当防卫只能从客观层面的保护法益角度寻求正当化根据。而且将《刑法》第 20 条第 1 款 "为了保护……" 的表述理解为表示客观原因的表述完全符合文意解释的要求。所以，正当防卫的成立并不要求防卫目的，是否具备防卫目的也不是区分第 3 款是注意规定或法律拟制的关键要素。[⑤] 另有学者则认为不法不是纯粹客观的，违法阻却事由也不是纯粹客观的，需要主观的违法阻却要素，不是基于防卫意思所实施的反击行为，具备行为无价值，应当成立犯罪。所以，防卫目的是区分注意规定和法律拟制的关键因素。[⑥] 笔者认为，两种观点背后征表着两种截然不同的刑法观，前者体现的是自由主义刑法观，刑法的首要

[①] 周光权：《刑法总论》，中国人民大学出版社 2007 年版，第 216-217 页。
[②] 参见王作富、阮方民：《关于新刑法中特别防卫权规定的研究》，载《中国法学》1998 年第 5 期。
[③] 参见魏建文：《对〈刑法〉第 20 条第 3 款的质疑》，载《法治研究》2008 年第 5 期。
[④] 参见王作富：《刑法学》，中国人民大学出版社 2004 年版，第 107 页。
[⑤] 参见张明楷：《刑法学》，法律出版社 2016 年版，第 197-207 页。
[⑥] 参见周光权：《行为无价值论的中国展开》，法律出版社 2015 年版，第 251-253 页。

机能是保障人权，限制国家刑罚权的发动；后者则体现的是秩序主义刑法观，刑法的优先目的在于为民众树立行为规范，引导良好社会秩序的建立。自由主义刑法观的贡献在于可以最大限度地保障民众的自由，而秩序主义刑法观则在于建立良好的社会秩序。所以，在我国良好社会秩序已经基本建立的情况下，如何最大限度地实现刑法的自由保障机能才是当务之急。笔者基本上赞同自由主义刑法观，并认为正当防卫不以防卫目的的存在为成立要件。

其次，第3款之规定是否受必要限度的限制？换言之，第3款规定的"不属于防卫过当"是否本来就在必要限度的范围内，而不是被拟制为正当防卫的超过必要限度的行为？笔者认为，第3款规定的特殊防卫原本就是必要限度范围内的防卫行为。对于行凶、杀人、抢劫、强奸、绑架等严重危及人身安全的暴力犯罪，从法益衡量的角度来说，造成不法侵害者人身伤亡的，依旧处于相对均衡的范围之内。考虑到不法侵害的紧迫性，即便防卫者所造成的侵害略重于不法侵害者意欲造成的损害，由于防卫过程中斗争可能激化、防卫者的防卫本能及其紧张情绪，依旧可以肯定其法益侵害的均衡性。即从侵害的严重程度、手段的残忍程度，防卫人所处的环境、面临的危险程度、采取的制止暴力的手段、造成的损害等进行综合判断，可以肯定特殊防卫中造成不法侵害者人身伤亡的，没有"明显超过必要限度"。所以，第3款的规定，完全充足正当防卫的前提要件、时间要件、对象要件和限度要件。然而，有学者却认为，第3款所规定之情形事实上可能过当。该论者对第3款分情形予以讨论，认为如果是对严重危及人身安全的暴力犯罪的见义勇为行为，明显超过必要限度造成重大损害的是防卫过当；如果是自我防卫，就不存在过当可能。①但是，一方面，对自我防卫和他人防卫进行必要限度要件的区分适用依据何在？至少从规范文本字面含义无法看出此种含义。而且对正当化事由的不当限缩与扩张适用构成要件的效果是一样的，即侵犯人权和违反罪刑法定原则。另一方面，认为第3款事实上可能防卫过当，论者只需列举一个反例就可击溃"第3款不存在过当情形"的全称命题，但是几乎不存在这样的反例，论者也只能一笔带过。

（二）形式层面：符合语言逻辑的规范

此外，从第3款与第1款、第2款的逻辑关系来看，"……不属于防卫过当"，言下之意即"属于正当防卫"。因为第1款规定的是正当防卫，第2款规定的是防卫过当，不属于第2款的情形，自然属于第1款的情形。所以，第3款是关于正当防卫的特别提示性规定。将第3款理解为特别的注意规定，具有司法理念引导的作用。一方面，新刑法增加第3款的初衷之一就是纠正以往对正当防卫从严把握的倾向，对"特殊防卫"的上述界定有利于坚持此种导向；另一方面，第3款的规定是司法经验的规范化，司法经验总结出第3款情形下不存在过当的可能，为了防止司法工作者把握不准确和不统一，以立法的方式予以明确。笔者认为，特殊防卫最重要的实践意义就是，在判断特殊防卫的成立时不需要进行防卫限度的判断，之所以

---

① 参见谭德凡：《"防卫过当"与"无过当防卫"的构成》，载《武汉大学学报（社会科学版）》2001年第3期。

不需要特别判断是因为法律已经进行了立法上的推定。学术界目前对于正当防卫讨论最为激烈的议题就是"防卫限度"的问题。而且作为一种经验性的判断,"防卫限度"的判断也很难获得学界较为一致的意见。特殊防卫的此种立法模式则可以在相当程度上降低重大案件中正当防卫认定的难度。综上所述,将第3款界定为特别规定中的注意规定不仅符合理论的自洽性而且具有实践的功用性。

四、"权利"性质:特殊防卫"权"之反思

(一) 自由主义、权威主义对防卫"权利"性质的影响

特殊防卫的"权利"性质问题是指特殊防卫究竟是一项制度还是一项权利。目前,学界对正当防卫(特殊防卫)是一项制度还是一项权利的研究较少,或者说尚未展开充分论证。在上文特殊防卫称谓确证部分,学界还经常将特殊防卫称为"特殊防卫权",将正当防卫称为"正当防卫权"。学者们并未对特殊防卫是不是一项"权利"给予足够的重视。当然也存在一些零星的论述,如有学者认为,"捍卫自身法益免受不法侵害无疑是公民的一项基本权利,如果连这项权利的行使都得不到国家的支持,那么公民就难以树立起对规范的信赖、认同和尊重"。[①] 论者站在权利本位的立场,认为自我防卫(特殊防卫)是公民与生俱来的一种保存自我的权利,是先验的、不证自明的。这种观点在信奉自由主义和权利主义的西方世界具有广阔市场,冈特·施特拉腾韦特、洛塔尔·库伦、汉斯·海因里希·耶塞克、托马斯·魏根特以及乌尔斯·金德霍伊泽尔教授等均在其教科书中表达了类似的观点,认为"允许对不法行为进行防卫是公民的基本权利……是不需要其他根据的人的原始权利"[②]。而且正当防卫的正当化根据也主要在于自我保护的权利和权利证明的思想。

然而,在国家主义或者权威主义较为强盛的国家,特殊防卫的"权利"性质被弱化,正当防卫的正当化根据也主要从作为权利对象的利益的衡量角度展开论证。例如,在日本,正当防卫主要是"调整、调和攻击人和防卫人在法律上值得保护的利益"的制度,防卫行为只能在不得已的情况下实施。[③] 所以,正当防卫是否是一项"权利",是什么性质的"权利",必须结合国家所信奉的基本理念来分析。

(二) 弱的权威主义和法律家长主义在我国的确立

从决策过程的角度出发,有学者将我国的国家治理体系概括为"碎片化权威主义",即在"中国改革开放后看似集权的政治体系下,权力实际上分散在各个平级的部门之间,互相无法命令,只能相互制衡、讨价还价,一旦无法达成协议,将会

---

① 陈璇:《正当防卫、维稳优先与结果导向——以"于欢案故意伤害案"为契机展开的法理思考》,载《法律科学(西北政法大学学报)》2018年第3期。
② [德] 汉斯·海因里希·耶塞克、托马斯·魏根特:《德国刑法教科书》,徐久生译,中国法制出版社2017年版,第449页。
③ 参见 [日] 前田雅英:《刑法总论讲义》,曾文科译,北京大学出版社2017年版,第221-223页。

造成议程的搁浅和决策的停顿"。① 它包含两个维度的内容，一个是政府内部各部门之间权力分割，彼此之间形成制约；另一个是政府与社会之间，信奉的是，权威主义的基本理念。需要明确的是权威主义并非集权主义，我国遵从的是人民民主专政下的民主集中制的组织原则，在决策过程中会最大限度地发挥民主的力量，但是为了提高决策的效率和集中力量办大事需要民主下的集中，权威主义就是对"集中制"的最好诠释。但是，由于我国的宪法是民主宪法，刑法是自由主义刑法，权威主义又是弱化的，所以，将其称为弱的权威主义是合适的。

此外，法律家长主义也为我国理论界和实务界所关注、接受乃至运用。法律家长主义认为个人不管理性与否，在对自己的行为做出选择时，如果从国家的角度认为其选择损害了国家、社会、集体或者个人（包括自己）的合法权益，法律就会积极干预个人的选择。即便个人的选择具有一定程度的道德正当性，符合一定的道德原则，但是国家拥有更强的道德优势，会以更高的道义姿态出现。② 近年来，刑法领域积极主义刑法观的出现就彰显了法律家长主义的存在。积极主义刑法观要求刑法以更为积极的姿态介入社会生活的各个方面，将一些以前无须使用刑法调整的社会关系纳入刑法的规制范围，编织一张严密的刑事法网。③ 弱的权威主义和法律家长主义与自由主义和权利本位之间存在天然的对立，注定了正当防卫的"权利"性质在我国得不到充分的坚持和贯彻，法律总是会在特定的情形下对正当防卫"权利"的行使进行不同程度的干涉。

（三）权利义务双重属性的证立

首先，根据维基百科的界定，制度是指大家共同遵守的知识或者行动章程，也指在一定历史条件下形成的法令、礼俗等规范或一定的规格。正当防卫作为一项具有历史传统的自我保护意义的手段，已经成为大家共同遵守的知识和行动章程。在此意义上，认为正当防卫是一项制度，不存在任何困难。其次，根据学者的梳理，权利的本质至少包括"资格说""主张说""自由说""利益说""法力说""可能说""规范说""选择说"八种理解，④ 但是不管何种理解，均表达了权利主体在一定社会关系中享有的行动自由与行为控制。权利至少包括了两个向度的内容，即可以主张，可以放弃。然而，正当防卫所保护法益的种类的不同，决定了防卫人并非在任何情况下均可以自由做出主张或放弃的选择。

一方面，如果认为正当防卫制度可以适用于人民警察等履行公共职权的主体，当这些公权主体面对不法侵害行为时，就不享有任意做出主张或放弃的选择权利，而有义务保护合法权益不受侵害。所以，在此种情形下正当防卫还不是一种纯粹的"权利"。另一方面，在个人生命法益遭受侵害时，防卫人是否可以自由做出放弃的选择，也存在疑问。当生命遭受不法侵害而选择放弃防卫时，与自我终结生命并无

---

① 裴俊巍、陈慧荣：《碎片化权威主义下协同治理的司法路径——以"中国政府采购第一案"为例》，载《经济社会体制比较》2018 年第 5 期。
② 参见张帆：《法律家长主义的两个谬误》，载《法律科学（西北政法大学学报）》2017 年第 4 期。
③ 参见付立庆：《论积极主义刑法观》，载《政法论坛》2019 年第 1 期。
④ 参见张文显：《法理学》，高等教育出版社、北京大学出版社 2012 年版。

实质差别，只是前者是被动，后者是主动。关于放弃生命法益的性质问题，目前学界存在合法说、法外空间说和违法说的争论。[①] 合法说以尊重自己的决定权为理论基础，认为放弃生命是个人尊严的一部分，被害人自主就是被害人最大的利益。但是，这种观点与刑法保护人的存在这种终极意义相违背。法外空间说认为，法律不评价自杀行为。但是，"法无禁止即自由"，一项行为不是"禁止"即"自由"，不存在第三种状态。所以，从法律家长主义以及个人与国家、集体之间关联的角度，可以认为放弃生命是对国家、集体契约的一种违背，是违法的。

综上所述，在特定情形下实施防卫行为以及对生命法益的保全并非可为防卫人或者被害人任意处分。换言之，正当防卫在特定情形下是法律赋予防卫人或者被害人的一项义务。只是当防卫人或被害人违背该项义务是否有处罚的必要性需另当别论。所以，正当防卫既有权利属性，又有义务属性。这种同一事物具有双重属性的特征在我国的权利义务体系中并不罕见，如接受教育和参加劳动既是公民的权利，又是公民的义务。权利受到侵害时可以寻求救济，义务被违反时则要承担责任。

五、小结

第20条第3款的众多称谓中，唯有特殊防卫符合规范文本的体系逻辑和第3款与第1款、第2款的特别关系。特殊防卫是正当防卫的特别提示性的注意规定，具有引导司法理念和推定"防卫限度"的实践功效。特殊防卫的"权利"性质受国家的自由主义和权威主义观念影响，在我国弱的权威主义和法律家长主义观念的影响下，特定情形下的正当防卫和对生命法益的保全注定带有"义务"性质，正当防卫是具有权利义务双重属性的一项制度。

---

① 参见钱叶六：《参与自杀的可罚性研究》，载《中国法学》2012年第4期。

正当防卫适用之限制

唐大森** 李 婕***

正当防卫自古以来就是个人的基本权利。在法益面临急迫危害、国家机关未能及时进行法益保护时，如果不允许个人自力救济排除侵害，个人权益与法秩序都会遭受损害。我国《刑法》第 20 条规定了正当防卫制度，但长久以来，这一制度在司法实践中几乎沦为"稻草人条款"——邓玉娇案、于欢案中被害人奋起反击的行为都被认定为防卫过当。而司法机关在昆山反杀案中激活了尘封已久的正当防卫制度，是对我国正当防卫制度进行反思的契机。我国刑法理论界主要从正当防卫的司法认定①、被害人过错对正当防卫的影响②、防卫过当③等问题进行讨论，尚未关注正当防卫成立的正当化根据与限制条件问题。在建设社会主义法治国家的进程中，正当防卫制度如何焕发活力、实现以正制邪，既是理论突破，也是实践所需。

一、法条固化：正当防卫适用困难之诘问

我国《刑法》第 20 条规定："为了使国家、公共利益、本人或者他人的人身、财产和其他权利免受正在进行的不法侵害，而采取的制止不法侵害的行为，对不法侵害人造成损害的，属于正当防卫，不负刑事责任。"正当防卫的初衷是维护社会公平正义，但这一满载正义热情的制度在司法实践中却很少被适用，其背后的理由为何？非常值得思考。

（一）人权保障与社会保护之取舍

防卫人如何在保护合法权益的时候避免对侵害人造成过度伤害？从法哲学的角度来分析，正当防卫制度鼓励见义勇为，保护防卫人的合法权益，体现了刑法保护社会的机能。④ 与此同时，正当防卫制度具有严格的适用要件，以避免对侵害人造成不当侵害，从而体现刑法的人权保障机能。正当防卫是人权保障与社会保护价值

---

* 本文是国家社科基金青年项目《治安违法行为犯罪化问题研究》（编号：16CFX029）的阶段性成果。
** 安徽大学法学院教授。
*** 安徽大学法学院副教授。
① 陈兴良：《互殴与防卫的界限》，载《法学》2015 年第 6 期；沈德咏：《我们应当如何适用正当防卫制度》，载《人民法院报》2017 年 6 月 26 日第 2 版；彭文华：《论正当防卫限度的重大损害标准》，载《江汉论坛》2015 年第 7 期等。
② 陈璇：《侵害人视角下的正当防卫论》，载《法学研究》2015 年第 3 期；王新：《受虐妇女杀夫案的正当防卫问题》，载《法学杂志》2015 年第 7 期；陈飞、杨冬：《家暴案中受虐妇女"以暴制暴"行为的正当防卫适用》，载《云南大学学报（法学版）》2016 年第 5 期等。
③ 黎宏：《论假想防卫过当》，载《中国法学》2014 年第 2 期；胡东飞：《论防卫过当的罪过形式》，载《法学评论》2008 年第 6 期；劳东燕：《防卫过当的认定与结果无价值论的不足》，载《中外法学》2015 年第 5 期等。
④ 郭泽强：《正当防卫制度研究的新视野》，中国社会科学文献出版社 2010 年版，第 90 页。

的矛盾的统一体,刑法在赋予公民正当防卫权利的同时明确其适用条件,旨在避免公民滥用权利,也防止法官作出违背公平、正义的裁判。如果司法机关对正当防卫要件的适用过于宽松,正当防卫可能会成为违法犯罪的挡箭牌,侵害人的合法权益难以保障;如果司法机关对正当防卫要件的认定过于严格,则正当防卫难以实现社会保护的机能,同样不利于法治建设。由于长期以来我国司法裁判缺乏能动性,刑法中正当防卫制度的适用侧重侵害人的人权保障,对防卫人的权益保护不足,难以在人权保障与社会保护之间恰当取舍,邓玉娇案、于欢案中民众"义愤填膺"地认为防卫人无罪即为例证。

(二) 刑法正义性与功利性之碰撞

刑法如何在赋予公民正当防卫权的同时防止以暴制暴?社会主义国家的刑法是阶级统治的工具,这是刑法的功利性特点;刑法同时必须实现打击犯罪、保护人民的目标,这是刑法追求正义的宗旨。但是,被害者完成向防卫者的角色转化后,极易出现过度防卫的情形;此时必须对防卫者的行为进行限制,以避免防卫过当。如果任由防卫者不受限度地处置侵害人,不仅会削弱刑法打击犯罪的权威,而且将扰乱依法治暴的刑法秩序。[①] 而刑法在适用过程中,如果严格限制公民的正当防卫权利,一律由刑法典对侵害人进行惩罚,虽然实现了刑法的功利性,却牺牲了被害人的个人权利——事后惩罚无法挽回被害人权利已受侵害的后果。[②] 因此,厘清正当防卫的正当化根据,使公民既能通过正当防卫进行自力救济,又能发挥刑法惩罚犯罪的机能,是理论研究必须解决的问题。

二、正当防卫适用的必要性限制

正当防卫对于不法侵害,是"正对不正"的关系,依据"正无须对不正让步"的法理,鼓励公民积极行使正当防卫权。刑法理论一般认为,正当防卫的适用需符合防卫意图、防卫起因、防卫对象、防卫时间和防卫限度[③]的要求,但在社会相当性理论这一正当化根据下,正当防卫的适用必须受到限制,避免防卫过当及权利滥用。那么,在法律无暇顾及被害人权利的紧急情况下,正当防卫的适用要受到哪些限制?

正当防卫的必要性限制来源于其补充性特征,以避免权利滥用。从历史沿革来看,正当防卫一直被当作对公力救助的补充。根据黑格尔学派的思想,正当防卫的作用在于使不法行为失效(不产生作用)。[④] 德国刑法学说认为,正当防卫的补充性包括"对个人紧急救助的补充性"与"对公力救济的补充性"。那么,被害人有

[①] [美] 乔尔·范伯格:《刑法的道德界限:对他人的伤害》,方泉译,商务印书馆2013年版,第13页。

[②] 伍德志:《论破窗效应及其在犯罪治理中的应用》,载《安徽大学学报(哲学社会科学版)》2015年第2期。

[③] 高铭暄、马克昌主编:《刑法学》(第8版),高等教育出版社、北京大学出版社,第131-133页。

[④] 参见陈金林:《从等价报应到积极的一般预防——黑格尔刑罚理论的新解读及其启示》,载《清华法学》2014年第5期。

能力进行自我防卫时,第三人是否仍需见义勇为?国家机关已到达犯罪现场但尚未控制局面时,第三人能否实施正当防卫?

必要性是对防卫行为"手段—目的"的要求,防卫手段必须能够直接阻止危险,至少在时间上延缓或在范围上减轻损害程度。具体而言,必要性是指在数个同样有效的防卫手段当中,防卫人应选择最为温和、造成最小损害的手段,这是因为虽然正当防卫是对不法攻击的反击,但是不代表防卫人可以对侵害人造成多余的损害。正当防卫"逾越必要性"是指在不法侵害中,受害人在多数有效的防卫手段中,未选择对侵害人损害最小的手段,属强度上防卫不必要。强度上逾越必要性的标准可从两个方面进行考虑,一是将防卫行为攻击的法益与侵害行为损害的法益进行权衡,两者之间必须保持平衡;二是以客观上有无必要判断防卫人是否除此防卫手段之外别无选择。

关于正当防卫适用是否逾越必要性,应根据规范的保护法益,从危险的方式、来源、强度、紧迫性、防卫机会等方面综合考虑,具体案件具体分析。首先,公权力提供及时有效的救助时,受不法侵害者不可自己防卫——这样的场合受害人并无防卫该侵害的"必要性",而维护规范完整不受侵害是国家机关的义务。其次,公权力已经干预但并未提供及时有效的救助,当侵害危险升高时,侵害人或第三人可自行进行正当防卫。于欢案中,于欢和其母苏某遭遇杜某等人暴力讨债报警后,三名民警到现场警告双方不能打架,然后带领辅警到院内寻找报警人,并给值班民警徐某打电话通报警情①,随后杜某卡于欢颈部,将于欢推拉至接待室东南角,并出言挑衅,此行为升高了侵害危险。此时公权力虽进行干预,但并未提供有效救助,故于欢正当防卫具有必要性。

三、正当防卫适用的适当性限制

对正当防卫与防卫过当的界限,必须进行适当性判断。正当防卫之所以阻却违法,根源于不法侵害者以其侵害行为破坏了法秩序中人与人之间对等的尊重义务。侵害者实施侵害行为时其部分法益悬置,侵害行为的不法性越高,其须退让、悬置法益范围也应随之扩增,最后结果就是:防卫者反击行为的侵害范围,须根据侵害行为的不法程度决定,防卫手段侵害的法益与防卫行为保护的法益之间,须具备合比例关系。

正当防卫适用的合比例性,是根据侵害行为法益悬置的范围,确定防卫手段的不法程度,并评估防卫行为可能导致的风险——如果侵害行为严重地不法侵害他人的人身安全,则侵害人没有理由要求自己的生命法益不得悬置!② 侵害者实施越强的不法侵害行为,应悬置更多法益,悬置法益的范围应与不法侵害强度符合"正比关系"。因此,在正当防卫手段的合比例判断上,应该具体地依据不法侵害程度强弱,决定悬置法益的范围进而确定防卫手段的界限。当侵害的法益足够重要(侵害

---

① (2017)鲁刑终151号。
② 彭文华:《论正当防卫限度的重大损害标准》,载《江汉论坛》2015年第7期。

行为强度高）时，侵害人被悬置的法益范围才较大，防卫手段才能随之提高强度。反之，如果侵害法益与保护法益过度悬殊，防卫者就不得实施过度防卫手段。常磊故意伤害案中，常磊的父亲常新春辱骂、殴打常磊母子，扬言要杀死全家并到厨房取来菜刀。常磊抢先去拿菜刀，看到常新春按住其妻子郑玲头部继续殴打，义愤之下，持菜刀砍伤常新春头、颈、肩部等处，后常新春失血性休克死亡。这个案件中，被告人手持菜刀实施的防卫手段和防卫结果都超出了赤手空拳的常新春攻击行为的强度，明显防卫过当，构成故意伤害罪。所以，侵害者悬置法益的界限，取决于其不法攻击对法益的侵害强度。如果不法侵害已经达到极度强烈的临界值时——如侵害者持电锯、自动步枪、火箭炮等高危险性的武器攻击他人，侵害者被悬置法益当然包括自己的生命，防卫者自可实施致人死亡的防卫手段。当防卫行为保护的利益与防卫行为造成的损害之间明显不成比例时，就会构成防卫过当，应当追究防卫者的刑事责任。

需要注意的是，侵害者攻击行为的危害程度是一种动态的进展效果，不能仅从侵害行为的起点即判断其违法性程度。例如，昆山反杀案中，龙哥手持砍刀朝于某身上砍虽未导致直接、明显的人身损害，但从已实施的侵害行为中足以认定手段恶劣，严重地干扰了相对人的行动自由与身体法益，可预期其行为将剥夺于某的生命法益，此时于某可实施侵害对方生命法益的手段进行防卫，故于某的防卫手段符合比例关系，进而阻却违法。反之，如果侵害行为仅干扰对方的身体或财产利益时，该不法侵害程度完全不足以对应生命法益的反击效果，防卫者不得实施杀人的正当防卫手段。例如，侵害者正在偷一个苹果，远处的持枪防卫者除开枪外别无保护财产的他法时，由于既有不法侵害远低于防卫手段侵害法益的程度，防卫者不得以开枪的方法保护自己的财产法益，必须忍受此轻微不法侵害。事后可通过民事或行政方式寻求法律救济，而不是以开枪打击的方法保护自己价值有限的法益。

四、正当防卫适用的伦理限制

正当防卫的适用除了必要性限制和适当性限制以外，还必须受到社会伦理限制。必要性限制和适当性限制提供了正当防卫事实上的界限，立足于实际个案情况及侵害行为的危害程度进行防卫与否的判断；社会伦理限制则出于规范应然性的考虑，属于规范及公序良俗层面的衡量，三者从不同角度划定正当防卫的界限。

正当防卫的社会伦理限制，是指基于社会伦理的法感情，防卫人具有回避侵害的义务时，不宜直接对侵害人实施正当防卫行为。刑法学理论一般认为，有四类案件适用正当防卫时应考虑社会伦理限制：一是未成年人侵害行为；二是夫妻之间争吵打斗；三是挑唆防卫现象；四是轻微不法侵害案件。

从犯罪构成理论分析，防卫行为即使符合必要性和适当性的要求，上述四类案件中由于侵害人身份特殊，或防卫人主观上防卫意图不符合正当防卫的要求而影响正当防卫的认定。根据《未成年人保护法》《婚姻法》以及社会主义核心价值观的要求，夫妻之间有相互扶助的义务，社会对未成年人、精神病人等弱势群体应关心爱护，故未成年人受到侵害、夫妻之间打斗应首先采取回避的策略，正当防卫乃万不得已的选择。在这种情况下，防卫者必须尽可能选用影响较轻微的保护式防卫措施：首先，在正当防卫的手段选项上，防卫手段对无责任能力侵害者的影响，原则上不得大于其所实施的不法侵害程度。其次，在特殊人际关系之间的防卫问题中，由于防卫者与侵害者生活关系极度密切，或有救助的作为义务，防卫者不得优先采用防卫手段保护其法益，原则上负有一定程度的退避义务，即使无法退避，防卫者也只能采用较为轻微、温和的防卫手段。再次，在挑唆防卫中，防卫者曾以言语或行动挑唆他人攻击，他人因而对防卫者施加不法侵害，随后防卫者以正当防卫为由攻击对方。由于防卫者事前就有以正当防卫之名掩盖自己伤害他人的意图，其防卫行为因不符合正当防卫的主观要件而不构成正当防卫，视防卫行为的情形构成故意伤害罪或其他犯罪。最后，在不法侵害干扰法益程度极其轻微的案件中，受害人不得优先采用防卫手段保护自己的轻微法益——即使该防卫手段满足必要性的要求——因为不论是法益优越说还是社会相当性原则，都要求法秩序对个人轻微利益的极大化保护，不符合法益保护的社会意义，此时防卫者绝对不能采取侵害他人生命、身体或重大自由的防卫手段，而是应考虑侵害行为的轻微程度而采取低度保护方法，甚至容忍他人实施轻微的不法侵害行为。总而言之，这类案件中防卫行为的法益侵害判断将受到公序良俗、刑事政策等因素影响，防卫行为是否具有"社会相当性"，进而阻却刑事违法性大有讨论空间。故上述情况下正当防卫的适用需受到伦理限制。

五、结论

正当防卫不应仅是一项看上去很美的权利，而应该在中国社会普遍适用、以正制邪。我国正当防卫司法适用极低的实务原因在于司法机关偏重犯罪打击，轻视人权保障，判决书并未详细说明判决理由导致民众质疑，导致正当防卫案件"防卫人被定罪""民众不理解"的不公正表象。正当防卫制度要真正发挥其效力，必须尽量与民众的正义情感保持一致——"立法者应当像哲学家一样思考，但像农夫般说话"①，故正当防卫的行使必须受到社会伦理限制。在全面建设社会主义现代化强国的征程中，正当防卫制度的适用应注重人们日益增长的法治情感需要，与时俱进地进行"社会相当性"认定，使其在中国法治建设中焕发生机活力，走向邪不压正的新时代！

---

① ［德］亚图·考夫曼：《法律哲学》，刘幸义等译，台湾五南图书出版有限公司2000年版，第110-111页。

轻微违法案件中的正当防卫问题

熊永明[*]

正当防卫是法律赋予的一项权利,即当公权力无法及时有效保障公民权益时运行私力直接进行救济。一般认为,面对较为严重的违法犯罪行为公民可以实施正当防卫。但是,在轻微违法案件中是否存在适用正当防卫的时空和可能,学界对此的论述和研究并不多,因而探究正当防卫在轻微违法案件中适用的情况就具有理论价值和实践意义。

一、正当防卫视角下轻微违法案件与刑事案件的区分

在明确正当防卫理论在轻微违法案件的适用问题上,应当厘清轻微违法案件与刑事案件的界限。

首先需要了解刑事不法和行政不法之间的差异,围绕行政犯罪与行政违法行为的界分主要提出了"质的区别说""量的区别说"和"质量区别说"三种理论。[①] 从实务视角来看,两者之间存在三个问题需要进行判定:一是从法益保护的角度出发,明确两者之间所保护法益的区别;二是刑法与行政法均属于公法范畴,进行保护的法益为公法益,公法益最后可否落实到个人法益;三是对所造成法益侵害结果的行为人科处刑法是否具有必要性,行政法可以进行规制的问题基于某些原因而在刑法的范围内已经处罚是否合适。[②]

从近些年公开的有关正当防卫刑事判决书来看,对于立案标准以及对于防卫结果(伤情鉴定)通常会有一句标准:达到轻伤标准以上。[③] 司法判例中通常以伤情鉴定结果作为轻微违法案件与刑事案件的区分标准。即司法判定认为,在刑事判决书中所列明遭受的危害为轻伤级别以及以上,不存在构成轻微危害而进入刑事审判领域的案件。在裁判文书网上搜索中所出现的"轻微""轻微伤"等具有程度性的词语。刑事判决均是在构成轻伤之上而立案,其中并未存在因为造成轻伤以下情形而处以刑事判决。

从正当防卫视角来看,轻微违法案件与刑事案件之间的界限在更大程度上倾向

---

[*] 南昌大学法学院教授、博士生导师。

[①] 参见林山田:《论刑事不法与行政不法》,载林山田:《刑事法论丛(二)》,1997年个人出版,第34—35页。

[②] 参见张明楷:《避免将行政违法认定为刑事犯罪:理念、方法与路径》,载《中国法学》2017年第4期。

[③] 参见(2013)宣刑初字第00294号判决书。判决书中写道:"经宣城市公安局物证鉴定中心鉴定,被害人刘某某因外伤所致右肩关节脱位伴大结节骨折,目前肩关节活动功能轻度受限;双侧肋骨多发性骨折,病程中无呼吸困难的症状和体征,其损伤程度为轻伤。"

于量的不同，即以量的差异作为区分的节点而分别规制。第一，保护法益的相同性。以故意伤害罪为例，我国《治安管理处罚法》第43条规定，殴打他人的，或者故意伤害他人身体的行为，将被进行行政拘留或罚款等。本条的法益保护为公民个人身体健康；依据我国《刑法》第234条的规定，故意伤害他人身体的，处三年以下有期徒刑、拘役或者管制。该法条也是旨在防止他人对自身健康法益造成侵害，其保护法益也是公民个人身体健康。对比这两条款，其所保护的法益具有相同性。同理，寻衅滋事行为与寻衅滋事罪等也具有相同的保护法益，相关刑事条款与《治安管理处罚法》中的相应条款可以一一对应。第二，立案标准的法定性。就刑法的立案标准而言，对于人身权益的伤害应当达到轻伤级别以上，公安机关才可能将其作为刑事案件进行处理。从量的角度出发，在进行区分轻微违法案件与刑事案件上，存在鲜明的区别，即以侵害结果为标准。在被告人的防卫行为造成了被害人轻伤以上的防卫结果时，应当认定其为刑事案件，而当被告人的防卫行为所造成的结果在轻伤标准以下时，则认定为轻微违法案件，仅需要《治安管理处罚法》进行相应的规制。第三，科处刑罚的必要性。刑法具有罪刑法定原则，对于应当由刑法进行规制的行为均已进行规定，尽管在行政法与刑法的规制中具有内容的重合性，但其进行规制的具体情节范围与程度均具有较大的差异性。只有当超过行政法规所规制的内容，才需要刑法进行进一步的规制，达到立案标准以上的案件，即刑法已经进行规定需要受到刑罚的案件，具有科处刑法的必要性。第四，在某种情形下，两者之间可以进行相互转换。当轻微违法案件未达到刑事立法标准时，除了可以对被告人进行治安管理处罚，同时被害人可以提起自诉，从而使被告人受到刑法规制。从故意伤害罪的角度来说，两者之间在除时间以及继续侵害的行为可以进行递进式转换外，还可以通过程序方式进行转换。

二、正当防卫在轻微违法案件中具有适用性

正当防卫的目的在于保护正在遭受侵害的公民的合法权益。《刑法》第20条规定的正当防卫理论，可否在轻微违法案件中作为免责或免罚的依据存在？正当防卫制度在轻微违法案件中具有适用性。第一，轻微违法案件是刑法进行规制的案件的前置性案件。从进行轻微违法性伤害的那一刻开始，只要违法性侵害没有停止，轻微的违法性案件就有升级为需要刑法进行规制案件的可能性。第二，正当防卫中的不法侵害包括轻微违法行为。在正当防卫中进行防卫不以危害程度为必要条件，对于轻微的危害同样具有防卫的正当性，同样适用正当防卫制度。

（一）轻微违法案件的前置性

轻微违法案件属于行政法规制的内容，在是否可以适用正当防卫的理论问题上，涉及刑法与行政法的交叉问题。从裁判文书网上相关判决书情况来看，以"正当防卫""轻微伤"为关键词进行检索，发现此类判决书几乎都存在于行政判决范畴。在这些案例中，一般以正当防卫理论作为申辩依据或上诉依据，相关部门对其进行认定时，同样采取了正当防卫的认定形式进行阐释。

以聂三清与云梦县公安局等处罚上诉案为例,① 在行政判决中,已然开始适用正当防卫理论。在本案中,聂三清与聂德华因一块土地承包经营权发生争执。聂德华直接准备在具有争议性的土地上进行施工,聂三清对施工行为进行阻止,从而两人发生争执并且打斗,直到警察到场后才停止。聂三清经鉴定为轻微伤。本案是由于聂三清对于云梦县公安局的处分行为不服而提出的行政诉讼。聂三清及其代理人在起诉状中表示:聂德华施工行为属侵权行为,其阻止行为是维护自己权益的正当防卫行为。而对此法院并未就是否可以适用正当防卫理论进行明晰,但其在进行判定时认为:因双方对土地经营权的争议并未解决,权属尚未确定,不能将聂德华的行为定性为侵权,所以聂德华的行为不属于不法侵害行为。以行为并非不法侵害的理由来对其进行处罚,从实质上说是对代理人所提出的正当防卫理论进行的否认。在司法实践中,对于正当防卫理论的提出与判定在轻微违法案件中已然习以为常。

轻微违法案件中,可以适用正当防卫的理论。第一,轻微违法案件与刑法案件在发生时难以把控。轻微违法案件的实施开始是轻微、无足轻重的情形,如利用红薯杆等可以造成轻微伤害的工具进行侵害行为,② 本不会造成过于严重的伤害。当被告人不对其采取任何措施时,将这样的轻微危害性行为进行不断的重复,所造成的伤害也会不断叠加,在进行到一定程度的情况下,被害人所遭受的危害程度将突破轻微伤从而达到刑事案件的立案标准,两者之间只是一线之差。然而,并非人人都是专业的医生与司法鉴定中心的工作人员,并不能十分清楚地知道这两者之间的差别,一个属于《治安管理处罚法》所规制的内容,另一个属于《刑法》所规制的内容。若在司法实务中对其进行明文规定,只能在用《刑法》规制的案件中进行正当防卫,以这样一个定量标准进行判定,正当防卫案件将会被轻微属性互殴、斗殴等案件全面替代,所提倡的现实性法益保护将不复存在。第二,轻微违法案件是刑法案件的前置性行为。根据犯罪的二次违法性原理,③ 行政法进行了第一次违法规制后,在无法含括的情形下才进行刑法规制。这是相较于刑法而言,行政法前置性的具体体现。轻微违法案件与刑事案件的界限以侵害结果为限,而就影响侵害结果而言具有多样性,在各种因素的作用下或是仅仅一个因素的促进下,行政法规制的内容将不断扩大其危险性与法益侵害性,进而达到刑法规制的内容。正当防卫理论属于刑法中明文规定的内容,犯罪的二次性原理明晰刑法作为第二道防线可能出现违法阻却事由的情形,而作为前置性的行政法,对于违法阻却事由应当更加积极适用。第三,《治安管理处罚法》的相关解释从侧面已然体现正当防卫理论。《公安机关执行〈中华人民共和国治安管理处罚法〉有关问题的解释(二)》第1条规定,为了免受正在进行的违反治安管理行为的侵害而采取的制止违法侵害行为,不属于违反治安管理行为。尽管此条并未囊括正当防卫中的相关规定,也未进行明晰,仅对不法侵害的行为进行认定而未对如何判定等情形进行相应规定。但从公安部颁布这条规定来看,这条属于对刑法中正当防卫理论的相关使用转换。从侧面表

---

① 参见 (2016) 鄂 0923 行初字第 5 号判决书。
② 参见 (2013) 平刑初字第 33 号判决书。
③ 参见江奥立、杨兴培:《犯罪二次性违法特征的理论与实践再探讨》,载《江汉学术》2016 年第 5 期。

示，在轻微违法案件中适用正当防卫理论属于有据可依。

综上，轻微违法案件的前置性决定了其与刑法规制的案件一脉相承，仅仅是提高了将时间与程度进行界限随时突破的可能性。在没有明确的量化标准出台之前，要求普通大众也需要鉴定轻伤与轻微伤的划分实为强人所难。法律并不强人所难，在轻微违法案件中无法适用正当防卫制度的说法是没有实质支持的。

（二）不法侵害包括轻微违法行为

不法侵害行为是指侵害人所实施的损害被侵害人正当法益的一种行为，那么对于不法侵害人认定，应当如何进行判定呢？有判决认为事后看来显而易见为轻微不法侵害的内容不具有防卫必要性而不属于不法侵害，① 其中在认定环节具有争议性。不法侵害因为轻微而不具有防卫性是否可以理解为"恶小而可为"？在对不法侵害的认定上是否应当以被侵害人的认识以及现场客观情况加以判定，具体认定方式有待研究，但此种判定方法存在不合理性是毋庸置疑的。

对轻微性的不法侵害案件而言，朱凤山故意伤害（防卫过当）案具有典型代表性，② 其受到的不法侵害被判定为明显性的轻微不法侵害。朱凤山与齐某原系岳婿关系，齐某因与朱凤山之女朱某离婚诉讼一事耿耿于怀。齐某于4月4日在朱凤山家吵闹并损害其门窗以及汽车玻璃之后，于5月8日22时再次准备至朱凤山家进行吵闹，被劝走一个小时后又返回，准备强行进入朱凤山家。朱凤山报警后持刀防备，齐某跳入房屋后与朱凤山撕扯而造成大出血死亡。

一审法院认为，齐某的违法行为尚未达到朱凤山必须通过持刀刺扎进行防卫制止的程度，朱凤山的行为不具有防卫性质，不属于防卫过当。二审法院认为，朱凤山的行为属于防卫过当，应当负刑事责任，但是应当减轻或者免除处罚。即在程度上已经明确了朱凤山行为的正当性与明确性。

最高检在指导案件的分析中指出，齐某的行为属于正在进行的不法侵害。齐某与朱某已经分居，齐某当晚的行为在时间、方式上也显然不属于探视子女，故在朱凤山拒绝其进院后，其摇晃、攀爬大门并跳入院内，属于非法侵入住宅。齐某先用瓦片掷砸随后进行撕扯，侵犯了朱凤山的人身权利。齐某的这些行为，均属于正在进行的不法侵害。齐某的行为从吵闹到侵入住宅、侵犯人身，呈升级趋势，具有一定的危险性。齐某经人劝离后再次返回，执意在深夜时段实施侵害，不法行为具有一定的紧迫性。朱凤山先是找人规劝，继而报警求助，始终没有与齐某斗殴的故意，提前准备工具也是出于防卫的目的，因此其反击行为具有防卫的正当性。

这里涉及不法侵害的范围问题，不法侵害是否可以是轻微违法行为。我国《刑法》在正当防卫的条文规定中并未对正当防卫的不法侵害程度进行界定，同样，也未对不法侵害是否具有必要性进行相应的规定。从正当防卫的构成要件出发，必要性并非其构成要件。但在司法实践中，却经常会将必要性、紧迫性等词作为正当防卫的第六个要件，这当然是不对的。在被告人受到不法侵害时，被告人作为当事人

---

① 《轻微不法行为属于正当防卫起因条件中的"不法侵害"》，载http://www.sohu.com/a/286319584_100013185，2019年5月12日访问。

② 参见《最高人民检察院关于印发最高人民检察院第十二批指导性案例的通知》，检例第46号。

应当是最明确对被害人进行打击后自身现状的行为人。在对自身状况能够清晰掌握的情形下,是否可以将进一步的不法侵害行为作为防卫行为的前置性思考?依据《刑法》第20条的规定,进行的防卫行为是正当防卫的目的所在,也是在遭受不法侵害后的正当行为。尽管有些侵害行为在普通民众或被害人看来属于轻微性违法行为,但对被告人而言可能会遭到再次的打击。

尽管轻微违法行为受行政法规规制,但其存在的某种危险性可能成为现实从而有可能进入刑法规制的范围。从正当防卫的本质来看,其目的是保护合法法益。为了使法益的完整性不被破坏,同时也是避免行政法律、法规的外延扩大,将不法侵害的范围扩大延伸包括轻微违法行为是最为妥当的。正当防卫在轻微违法案件中具有适用性。

三、正当防卫在轻微违法案件中的适用路径

在轻微违法案件中,正当防卫制度具有适用性。而在具体适用过程中,正当防卫的认定基于范围等的原因而无法得到具体的落实。在具体的司法实践过程中,应当采取以下两个基本途径加以贯彻。

(一) 应该确立"对轻微违法行为防卫具有正当性"的司法观念

在司法实践的过程中,通常情形下,轻微违法行为并不被认定为不法侵害。对于已经被不法侵害包括于内的轻微性违法行为进行的防卫行为,应当进行确认。

案例:刘某某到孙某某的五金店内与其协商要求将其堆放在后门院子里的货物搬走,店内员工钟甲与刘某某发生了肢体冲突,后员工钟乙赶到将刘某某打倒在地,接着对刘某某拳打脚踢,殴打过程中钟甲还用钉锤对着刘某某的头部砸了两下。之后,刘某某被送往卫生院治疗,最终鉴定为十级伤残。① 法院在判决书中写到,不法侵害,是指违反法律并具有社会危害性的行为,既包括构成犯罪的严重不法行为,也包括尚未构成犯罪的违反《治安管理处罚法》之类的不法行为。在本案中,被害人事先对被告人所进行的行为属于被害人过错行为,具有主观互殴、伤害故意,是轻微违法行为,而被告人进行的反击行为则属于具有防卫性质的行为。在本案中,具有可借鉴性的并非案件本身,而是判决书中对于不法侵害认定的解释。刑法上的正当防卫是指为了使国家、公共利益、本人或者他人的人身、财产和其他权利免受正在进行的不法侵害,而采取的制止不法侵害的行为,对不法侵害人造成损害的,属于正当防卫,不负刑事责任。不法侵害,是指违反法律并具有社会危害性的行为,既包括构成犯罪的严重不法行为,也包括尚未构成犯罪的违反《治安管理处罚法》之类的不法行为。对于这种观点应当进行确认,在进行不法侵害认定时,不可忽视行为对于被告人所产生的具体侵害,刑法所提倡的现实法益保护是正当防卫,将处于前置性萌芽状态的轻微违法行为进行防卫而避免危险性的扩大化,应当属于正当防卫。在对轻微违法案件适用正当防卫制度时,应当确定其确实具有不法侵害性,从而明确其正当性。但正当防卫在轻微违法案件中并非可以进行全然

---

① 参见(2013)宣刑初字第00294号判决书。

适用。对轻微违法的正当防卫行为应当进行限制。

按照利益衡量原理，在不法侵害轻微的场合，法确证的利益比通常的场合减少，但减少的方式没有达到上述两种情形，不能要求被攻击者有退避义务或者向第三者救助的义务。但是，不能采取对生命有危险的手段。即使有必要对轻微的不法侵害进行防卫，但杀害侵害者的行为不可能成立正当防卫正当化。然而，如果防卫行为所保护的法益与所针对的法益之间关系明显失当，也不允许进行正当防卫。比如，小偷仅仅因为偷了一个装有100元的钱包后逃跑而被杀死，是不允许的。"在正当防卫的场合，被攻击的法益和防卫行为所侵害的法益之间的价值关系并不重要，因为相关法益的价值关系与自我保全的利益以及法确证之间没有关系。但是，在防卫仅仅涉及非常低的价值的场合，在与侵害者的危险化的关系上，自我保全的利益就可能显著减少。在这样的案件中，法确证的利益也必须被否定。因为如果允许为了较小价值的法益进行的防卫或者针对轻微的侵害进行的防卫，给侵害人造成显著损害，违反法秩序的旨趣。因此，在受攻击的法益与侵害者的侵害或者危险之间存在难以忍受的不均衡时，是不允许进行正当防卫的。"[1] 正当防卫行为在轻微违法案件中并不可以一味地直接使用，当其向受害方先前受到侵害的法益与正当防卫时侵害的法益相差悬殊时，不可以正当防卫作为其违法阻却事由。

（二）轻微危害行为的防卫追责应当适当

轻微危害行为，包括轻微违法案件中的危害行为和刑事案件中轻微的危害行为。二者具有结果轻微的共同性，在进行追责时具有相似的路径。在司法实践中，对于轻微危害行为案件的处罚，一般以故意伤害罪进行定罪，而后根据其是否存在自首、立功等情节进行量刑。在造成轻微危害结果的案件中，有近1/5的案件在量刑时获缓刑或免除刑事处罚。在行政法中，对轻微违法案件一般以拘留或罚款的形式进行处罚，本身所存在的社会危险性较少。在对轻微危害行为的防卫行为所造成的后果进行追责时，应当充分考虑被告人行为的正当性，在量刑方面要更加慎重。

以李某某、牛某某故意伤害案为例。技术员被告人李某某骑摩托车捎带被告人牛某某，撞上了前面何某某夫妇赶的驴车，何某某因自家玉米受损迁怒技术员，就不指名地骂技术员，李某某刚接话询问时，何某某就从驴车里取下一根木棒在牛某某的左手掌和左肘部各打了一棒，牛某某就跳下摩托车跑开了，何某某又用木棒在李某某的右肘部、左肩部各打了一棒，李某某就扔下摩托车抓住何某某的木棒，牛某某也到跟前抓住木棒，三人在争夺木棒时，何某某仰面倒地，头部着地，二被告人抓住木棒压在了何某某的胸部，被告人李某某在何某某的胸腹部打了几拳，致何某某头皮裂伤，右侧5、6肋骨骨折，经临泽县公安司法鉴定中心鉴定为轻伤。[2]

法院认为，被告人李某某、牛某某在受到被害人何某某的木棒攻击后，抓住木棒并争夺木棒，以二人之力应当可以阻止何某某正在进行的不法侵害，但在争夺木棒过程中，李某某又拳击了被害人胸部，在被害人仰面倒地后，二被告人又施行了

---

[1] 参见张明楷：《正当防卫的原理及其运用——对二元论的批判性考察》，载《环球法律评论》2018年第2期。

[2] 参见（2014）临刑初字第15号判决书。

用木棒压被害人胸部的行为，主观上有伤害的故意，客观上造成了被害人轻伤的后果，明显超过必要限度给被害人造成了损失，二被告人的行为已触犯《刑法》第234条第1款之规定，构成故意伤害罪，公诉机关指控的罪名成立。二被告人正当防卫明显超过必要限度造成重大损害，应当负刑事责任，但是应当减轻或者免除处罚。

在本案中，法院充分考虑到可能出现的各种情形，且对不法侵害的行为进行认定，确认其具有正当防卫属性。也正因如此，从而使得被告人免除刑事处罚。在对于正当防卫制度进行确实可行的适用性分析后，应当对追责行为方式进行统一。对公众而言，其最关心的便是追责的形式。对于刑法中的轻微危害行为，应当对案件的缘由进行梳理，厘清双方的责任，明确是否具有减刑或免责事由等，坚持刑事个别化原则与罪刑法定原则。而在轻微违法案件中，更多的是应当对案件双方当事人进行调解。行政法相较于刑法具有一定的灵活性，在进行追责时，明确是否具有正当防卫性，是否已经取得谅解等。尽管在《治安管理处罚法》中所进行追责的方式已经较轻，但减责的正当防卫行为应当予以明确，最终使得轻微违法案件中正当防卫的行为与责任适当。

四、结论

在轻微违法案件中，除了明确轻微违法案件与刑事案件之间的区别之外，对于正当防卫在轻微违法案件中的适用与否应当规范其适用，还需要明晰正当防卫理论在轻微违法案件中的适用范围。对于适用范围，应当明确其标准：（1）针对轻微违法行为所造成的侵害进行的反击行为可以认定为具有正当防卫性质的行为；（2）针对轻微违法行为进行正当防卫的行为结果与轻微违法行为所造成的法益相差较大的情形，不可认定为具有正当防卫的正当性。

我国正当防卫制度的理论和实务偏差

陈志军*

法谚"无救济即无权利",基于矫正正义说明权利救济方式在某种意义上比权利本身更为重要。私力救济和公力救济是权利救济方式的基本类型。在国家出现之前,只有私力救济。因为私力救济者通常就是被侵害人或者与被侵害者有重大利害关系的人,在愤怒等情绪的支配下的反击具有复仇色彩,容易超出合理限度,即存在易被滥用的危险基因。而超出合理限度的反击,又容易引起侵害方的复仇,从而让社会陷入冤冤相报的恶性循环中。在国家出现以后,公力救济方式基于其公正理性(因为救济者与冲突双方没有利害关系,其采取救济措施不带私人情绪)的优点,在整个权利救济方式体系中不断扩大其领地,私力救济方式的领地不断萎缩,在人类进入法治社会之后更是如此。但因为公力救济方式具有滞后性(通常都是事后救济)的缺点,在紧急情况下通常无法及时地提供权利救济,导致无法逆转的权利损害后果。而私力救济恰好具有及时性优点,能弥补公力救济的滞后性缺陷,因而仍然得以在法治社会的权利救济方式体系中保有一席之地。防卫就是一种私力救济方式,兼具及时性优点和易被滥用缺点。如何既充分发挥其优点又尽量避免其缺点,就成为刑法正当防卫制度的核心命题。在我国正当防卫制度的理论阐释和司法适用中,都出现了一些背离正当防卫制度本质的不利于发挥其优点的偏差,应当予以矫正。这些偏差主要表现在以下四个方面。

一、前提条件之偏差

我国刑法立法上的正当防卫分为普通防卫(《刑法》第 20 条第 1 款和第 2 款)和特别防卫(《刑法》第 20 条第 3 款)。我国刑法理论的通说认为,普通防卫的前提条件是存在不法侵害,特别防卫的前提条件是存在行凶、杀人、抢劫、强奸、绑架以及其他严重危及人身安全的暴力犯罪侵害。[①] 正当防卫前提条件上的理论阐释和司法适用上存在不合理限制"不法侵害"范围的问题。我国刑法学界有学者主张,不宜对一切不法侵害都允许实行正当防卫,只有对那些在紧急情况下将给特别重要的合法权益带来不可挽回的损害的不法侵害,即具有紧迫性的不法侵害,才能

---

* 中国人民公安大学法学院教授、博士生导师。

① 我国刑法理论上的通说认为,《刑法》第 20 条第 3 款的规定不宜称作容易误解为没有任何限制条件的"无限防卫",应当称"特别防卫"或者"特殊防卫",也需要符合起因、对象、时间和主观等成立条件。参见马克昌主编:《犯罪通论》,武汉大学出版社 1999 年版,第 716 页、第 764 页;高铭暄、马克昌主编:《刑法学》,北京大学出版社、高等教育出版社 2010 年版,第 141 页、第 145 页;张明楷:《刑法学》(下册),法律出版社 2016 年版,第 198 页、第 215 页。

实行正当防卫。侵害的紧迫性是正当防卫起因的量的特征。① 基于将紧迫性视为正当防卫起因条件构成要素之一的认识，不少论者建议对可实行正当防卫的不法侵害的范围予以各种限制：有人认为诈骗、侮辱等不法侵害可以采用其他方法制止，不具有紧迫性，不能对之实行正当防卫。② 有论者认为，不作为犯罪不具有侵害的紧迫性，不能实行正当防卫。③ 也有论者认为，在过失行为人实施可能引起危害社会结果的行为时，可以通过很多方法提醒、帮助他避免结果的发生，因而不宜对过失犯罪实行正当防卫。④ 还有论者认为，对伪证罪、诬告陷害罪等虽然危害社会却不会带来物质危害后果的不法侵害，不能实行正当防卫。⑤ 笔者认为，将"紧迫性"视为正当防卫起因条件构成要素的主张值得商榷，因为其不合理地限制了"不法侵害"的范围。

（一）对不法侵害"紧迫性"含义的正本清源

前述主张将"紧迫性"视为正当防卫起因条件构成要素的我国学者显然是将"紧迫性（急迫性）"理解成"不得已"，即情况紧急、别无他法。其存在两大缺陷：一是对日本刑法中正当防卫的不正当侵害"急迫性"的通常含义存在重大误读。1907年《日本刑法典》第36条第1款规定："为了防卫自己或者他人的权利，对于急迫的不正当侵害不得已所实施的行为，不处罚。"⑥ 由此可见，《日本刑法典》将正当防卫所指向的侵害限定于"急迫的不正当侵害"。我国刑法学界将"紧迫性"视为正当防卫起因条件构成要素的上述主张，显然受到了《日本刑法典》上述立法的影响，只不过将"急迫"换成了"紧迫"而已。⑦ 日本刑法理论认为，"急迫的不正当侵害"中的"急迫"是指法益侵害是现在存在的，或者非常接近的情况。对于已经过去的侵害或者将来的侵害不承认其急迫性，因而不允许实行正当防卫。⑧ 由此可见，《日本刑法典》第36条中的"急迫的不正当侵害"基本相当于中国刑法典第20条中的"正在进行的不法侵害"，具体而言，日本刑法中的"急迫的"相当于中国刑法中的"正在进行的"。由此可见，《日本刑法典》第36条中的"急迫的不正当侵害"之"急迫"并非对正当防卫起因条件的限定，而其实是对正当防卫时间条件的规定。二是忽略了中日刑法是否将"不得已"规定为正当防卫成立条件的重大差异。在日本刑法学界，确实也有部分学者将"不得已"解释为

---

① 高铭暄主编：《刑法学原理》（第1卷），中国人民大学出版社1993年版，第208页；陈兴良主编：《刑法适用总论》（上卷），法律出版社1999年版，第328页。
② 高铭暄主编：《刑法学原理》（第1卷），中国人民大学出版社1993年版，第208页。
③ 甘雨沛主编：《刑法学专论》，北京大学出版社1989年版，第143页；陈兴良主编：《刑法适用总论》（上卷），法律出版社1999年版，第330-331页。
④ 姜伟：《正当防卫》，法律出版社1988年版，第65页。
⑤ 马克昌主编：《犯罪通论》，武汉大学出版社1999年版，第719页。
⑥ 《日本刑法典》，张明楷译，法律出版社1998年版，第19页。
⑦ 张明楷教授在介绍日本刑法中的正当防卫的要件时，直接用"紧迫"代替立法中的"急迫"，显然是将二者视为含义相同的概念。张明楷编：《外国刑法纲要》，清华大学出版社1999年版，第156-157页。
⑧ [日]野村稔：《刑法总论》，全理其、何力译，法律出版社2000年版，第225页；[日]大塚仁：《刑法概说（总论）》（第3版），冯军译，中国人民大学出版社2003年版，第323页。

"急迫性"的含义之一。① 例如，西田典之认为，如果"存在其他法律救济手段"，一般就不能认为侵害具备"急迫性"，一般不允许进行防卫；② 山口厚也将"没有时间/空间的余裕去寻求公权力机关的保护"，视为"急迫性"含义的组成部分。③《日本刑法典》第 36 条将"不得已"规定为正当防卫的成立条件之一，而我国刑法未将"不得已"规定为正当防卫的成立条件，这是中日两国刑法立法在正当防卫成立条件规定上的重大差异。无视这种差异，机械照搬这两位学者的主张显然与我国的立法规定无法兼容。

（二）对不合理限制"不法侵害"范围主张的具体分析

将不作为犯罪、过失犯罪、可以采用其他方法制止的不法侵害等排除在起因条件之外是不合理的。第一，德国、日本刑法理论都认为，正当防卫中的"侵害"虽然通常被理解为一种故意或者积极的作为，但过失甚至完全无责的行为、不作为完全也可以在法律上成为"侵害"。④ 第二，将"可以采用其他方法制止的不法侵害"排除在起因条件之外的主张没有立法根据。世界各国和地区的刑法在是否将"先行躲避"规定为正当防卫的成立条件的问题上存在肯定说、否定说和折中说的分歧。⑤ 我国刑法立法并未将"不得已"规定为正当防卫的成立条件，⑥ 在可以逃跑等方式避免不法侵害的情况下，可以直接进行防卫。第三，将"不会带来物质危害后果"的不法侵害排除在起因条件之外的主张没有立法根据。德国刑法理论和实务认为，对被害人所有处于法律保护之下的利益侵害，包括名誉、肖像权、居住权、隐私等，均可以进行正当防卫。⑦ 我国《刑法》第 20 条也规定对"人身、财产和其他权利"的各种不法侵害均可进行防卫。笔者认为，新中国的刑法典放弃草案中的"犯罪侵害"最终使用"不法侵害"一词，已经表明不能严格限制正当防卫起因条件的立法意图。

二、时间条件之偏差

我国刑法规定的正当防卫的时间条件是"不法侵害正在进行"，具体而言，不法侵害已经开始尚未结束。准确了解我国刑法和日本刑法典对正当防卫时间条件规定的异同，有助于我国刑法中正当防卫时间条件的准确认定。我国近代刑法立法的开端是 1911 年 1 月颁布的《大清新刑律》，虽然该部法典是在日本刑法学者冈田朝

---

① 笔者认为，从《日本刑法典》第 36 条的规定来看，"急迫"和"不得已"是正当防卫两个并列的成立条件，将"不得已"解释到"急迫"之中毫无必要。
② [日] 西田典之：《日本刑法总论》，刘明祥、王昭武译，中国人民大学出版社 2007 年版，第 132 页。
③ [日] 山口厚：《刑法总论》（第 2 版），付立庆译，中国人民大学出版社 2011 年版，第 118-119 页。
④ [德] 汉斯·海因里希·耶赛克、托马斯·魏根特：《德国刑法教科书（总论）》，徐久生译，中国法制出版社 2001 年版，第 404-405 页；[日] 大塚仁：《刑法概说（总论）》（第 3 版），冯军译，中国人民大学出版社 2003 年版，第 323 页。
⑤ 赵秉志、陈志军：《英美法系刑法中正当防卫构成条件之比较研究》，载《法商研究》2003 年第 5 期。
⑥ 沈德咏：《我们应当如何适用正当防卫制度》，载《中国检察官》2018 年第 18 期。
⑦ [德] 汉斯·海因里希·耶赛克、托马斯·魏根特：《德国刑法教科书（总论）》，徐久生译，中国法制出版社 2001 年版，第 405-406 页。

太郎的参与下制定的，但在正当防卫时间条件的规定方式上并未照搬1907年《日本刑法典》的规定，未使用"急迫的不正当侵害"，而是使用"现在不正之侵害"，①虽然二者含义相同，但后者更能准确表达其在汉语中的意思。民国时期的刑法典也沿用了"现在之不法侵害"的表述，②新中国的两部刑法典虽然改用"正在进行的不法侵害"的表述，但实际含义显然没有变化。在我国正当防卫时间条件的理论研究和司法实务中，应当纠正以下偏差。

（一）将时间起点"不法侵害着手"修正为"不法侵害迫在眉睫"

我国刑法学界的通说认为，正当防卫时间条件通常的起点是不法侵害的着手。③但多数学者也认识到正当防卫时间起点以"着手""一刀切"可能过于机械，甚至可能使防卫人丧失防卫机会，因而提出了一些特殊情况下将开始时间点适度提前的主张，如有论者主张，对某些危险的犯罪行为，虽然还未曾着手，但依照当时的全部情况，现实的对合法权益的威胁已迫在眉睫，即预备行为临近转入着手实施的时刻，就应认为是不法侵害的开始。④也有论者认为，一般应以不法侵害着手为不法侵害的开始，但在不法侵害的现实威胁已十分明显，不实行正当防卫就会立即发生危害社会的结果时，也应认为不法侵害已经开始。⑤由此可见，中国刑法理论界通说在正当防卫起点认定标准上奉行摇摆不定的立场，即"以着手为原则，特殊情况下可适度提前"。着手的判断标准在刑法理论上本来就争议颇多，再加上采取上述摇摆立场，势必造成防卫人在防卫时难以把握从而不敢及时防卫的消极效果。立足于中国刑法理论和司法实务的现状，考察德国刑法的状况，应当将正当防卫的时间起点界定为"侵害迫在眉睫"。《德国刑法典》对正当防卫时间条件的规定是侵害"正在发生"，相较于《日本刑法典》而言，与我国《刑法》第20条的规定更为接近。德国刑法理论认为"正在发生"包括迫在眉睫的、正在进行的或者仍然在继续进行的，对被保护的利益产生迫在眉睫的直接侵害危险，正当防卫状况即已经开始。⑥这与德国的审判实践的认定着手标志相对较早的立场是一致的。⑦笔者认为，因为着手在刑事司法上具有不同的意义，⑧中国刑法在犯罪停止形态理论中，没有

---

① 《大清新刑律》第15条规定："对现在不正之侵害而出于防卫自己或他人权利之行为，不为罪。"赵秉志、陈志军编：《中国近代刑法立法文献汇编》，法律出版社2016年版，第216页。
② 1935年《中华民国刑法》第23条规定："对于现在不法之侵害，而出于防卫自己或他人权利之行为，不罚。"赵秉志、陈志军编：《中国近代刑法立法文献汇编》，法律出版社2016年版，第695页。
③ 姜伟：《正当防卫》，法律出版社1988年版，第70页；周国均、刘根菊：《正当防卫的理论与实践》，中国政法大学出版社1988年版，第53页；高铭暄主编：《新编中国刑法学》（上），中国人民大学出版社1998年版，第279页；马克昌主编：《犯罪通论》，武汉大学出版社1999年版，第725-726页。
④ 马克昌主编：《犯罪通论》，武汉大学出版社1999年版，第730页。
⑤ 高铭暄主编：《新编中国刑法学》（上），中国人民大学出版社1998年版，第279页。
⑥ ［德］汉斯·海因里希·耶赛克、托马斯·魏根特：《德国刑法教科书（总论）》，徐久生译，中国法制出版社2001年版，第409页。
⑦ 张明楷编：《外国刑法纲要》，清华大学出版社1999年版，第260-262页。
⑧ 与我国不同的是，德国刑法原则上不处罚预备行为（着手之前的准备行为）。因而，着手在中德两国具有不同的刑事司法意义：在中国刑法上，着手不具有罪与非罪区分功能，只是区分犯罪预备与犯罪未遂、预备阶段中止与实行未了中止的标志；在德国刑法上，着手却具有罪与非罪界限区分功能。

必要借鉴德国刑事审判实务在着手问题上的主观说立场，但在正当防卫时间条件起点的认定上却有必要借鉴其将正当防卫的时间起点界定为"侵害迫在眉睫"的做法，而不必纠结于侵害是否已经着手。虽然通常情况下着手后侵害才能称迫在眉睫，但也不排除侵害虽然尚未着手但已经迫在眉睫的情况存在，如开枪杀人、引爆炸药杀人等一旦着手危害结果将会在瞬间发生的犯罪就是如此。

(二) 时间终点"不法侵害尚未结束"的认定出现机械化倾向

在正当防卫时间终点的司法认定中，出现了以下过于机械化的倾向：

1. 将不法侵害间歇期一律视为不法侵害已经结束。因为《刑法》第 20 条将正当防卫的时间条件规定为"不法侵害正在进行"，因此有观点认为"只要侵害行为停止下来，侵害就已终止"，就不能再进行防卫。① 这种主张对持续进行的不法侵害而言通常不会产生偏差，因为其停止往往意味着不法侵害的彻底结束。但不法侵害并不一定都是持续不断进行的，存在间歇期的不法侵害并不少见，实践中对存在间歇期的不法侵害之防卫时间终点条件的认定存在偏差。例如，甲将乙的腿打折后，出于慢慢折磨的目的，以残忍的方式鞭打乙，每抽五鞭休息五分钟，然后再抽。对于这种存在间歇期的不法侵害，不能一律将间歇期视为不法侵害已经停止，而否认防卫人的防卫符合正当防卫的时间条件。如果这种间歇较为短暂，从当时的客观情况判断，间歇过后侵害立马会继续，或者虽然间隔较长，但被侵害人仍然处于侵害人的支配之下，无法寻求公力救济，间歇期过后不法侵害仍会继续的，都应当视为"不法侵害尚未结束"。

2. 将已经造成无法挽回的侵害后果一律视为不法侵害已经结束。有论者认为，"危害结果已经发生，无法挽回"，应当认定为"不法侵害已经结束"。② 设立正当防卫制度的宗旨，是在紧急情况下允许以私力方式救济正在遭受侵害的法益。如果法益侵害的后果已经发生，只能通过司法等其他方式进行救济，不再允许以"防卫"之名行事后"报复"之实。笔者认为，在实践中应当避免将已经造成无法挽回的侵害结果一律视为不法侵害已经结束的机械做法。如果已经造成部分侵害结果，但侵害人存在继续扩大侵害结果的可能的，不应当视为不法侵害已经结束。例如，甲曾在某大楼放火，在当时条件下大火已经无法扑灭，但其有继续到其他楼层放火的可能时，仍然可以对之进行防卫。

3. 将不法侵害人在双方对抗中丢失凶器一律视为不法侵害结束。不法侵害人常常使用刀具、枪支等凶器实施侵害，侵害的危险来源有时主要就是其所使用的凶器。在与防卫人的对抗中，基于防卫人的有效反抗等各种原因，侵害人可能失去对凶器的控制（如自行掉落，甚至被防卫人掌控）。对这种情况，实践中存在将其一律视为不法侵害结束的机械做法。笔者认为，如果侵害人失去凶器立即意味着不法侵害的危险彻底消除，或者不法侵害人已经以言行表明放弃侵害意图的，自然应当视为不法侵害已经结束。但如果不法侵害人仍然存在以其他工具继续实施侵害尤其

---

① 参见高格：《正当防卫与紧急避险》，福建人民出版社 1985 年版，第 29 页。
② 马克昌主编：《犯罪通论》，武汉大学出版社 1999 年版，第 733 页。

是试图夺回凶器继续实施侵害的现实危险的,不能视为不法侵害已经结束。

4. 将不法侵害人的退却一律视为不法侵害结束。不法侵害人的退却确实可能是其放弃不法侵害的客观表现,此时自然应当认定为不法侵害已经结束。但实践中存在将不法侵害人的退却一律视为不法侵害结束的机械做法。不法侵害实施的具体情况极为复杂,既有以不断积极进攻方式实施的侵害,也有不利时暂时退却而伺机有利时积极进攻的侵害。因此,不可将不法侵害人的战术性后退、反身脱离结束去寻找其他凶器等情况都视为不法侵害已经结束。昆山砍杀案中,不法侵害人刘某某受伤后转身跑向宝马轿车,防卫人于海明继续追砍2刀。对于于海明追砍两刀的行为是否符合正当防卫的时间条件曾经有人提出质疑。[①] 笔者认为,刘某某受伤后转身跑向宝马轿车的行为不能视为不法侵害已经结束。因为事件中刘某某有两次转身跑向宝马轿车的举动,第一次是从车内拿出对于海明人身安全构成重大威胁的砍刀,可以合理地认为第二次其存在从车内(包括后备厢)拿出其他凶器折返继续实施侵害的可能性。

三、主观条件之偏差

正当防卫的主观条件是为了使合法权利免受不法侵害。在主观条件的司法适用上存在以下需要纠正的偏差。

(一)将"打斗"不加区分地视为"斗殴"

根据《现代汉语词典》的解释,"斗殴"是指"争斗殴打"。[②] 我国的刑法教科书一般都将"相互斗殴"明确列为不符合正当防卫主观条件的典型情况。[③] 我国《刑法》第292条规定了聚众斗殴罪。由此可见,在我国刑法理论和立法上,"斗殴"一词具有贬义,带有否定评价的性质。在其他法律法规中,也有将"打架""斗殴"视为具有相同含义而连用的情形,如《治安管理处罚法》第9条规定"对于因民间纠纷引起的打架斗殴……公安机关可以调解处理";《预防未成年人犯罪法》第14条将"打架斗殴"规定为未成年不良行为之一。正当防卫作为一种私力救济方式,以合法暴力(防卫)对抗非法暴力(不法侵害)是其最为典型和常见的表现形式。一次反击就实现防卫目的的情况毕竟较为少见,往往都会有一个防卫人和不法侵害人相互缠斗的过程。这种防卫过程中的缠斗与斗殴在外观上极为相似,极易发生混淆。在实践中,有的司法机关基于"一个巴掌拍不响,发生打架肯定双方都有责任"的日常生活经验,不仔细查明事件的来龙去脉,因此把不少正当防卫过程中的打斗都视为"斗殴"。这种机械化、简单化的做法,极大地挤压了正

---

① 肖佑良:《且看于海明案是如何突破法律的》,载 http://www.dffyw.com/faxuejieti/xs/201809/44714.html, 2019年5月2日访问。

② 中国社会科学院语言研究所词典编辑室编:《现代汉语词典》(第7版),商务印书馆2016年版,第317页。

③ 高铭暄主编:《新编中国刑法学》(上册),中国人民大学出版社1998年版,第282页;马克昌主编:《刑法学》,高等教育出版社2003年版,第127页;刘宪权主编:《刑法学(上)》,上海人民出版社2016年版,第176页;周光权:《刑法总论》(第2版),中国人民大学出版社2011年版,第147-148页;冯军、肖中华主编:《刑法总论》,中国人民大学出版社2008年版,第307页。

当防卫的成立空间。

(二) 将用事先有备的武器防卫不加区分地视为"斗殴"

在实践中，有的被侵害人基于对将来可能面临的不法侵害的一种概括的不安感，而事先准备一定的武器，在对方开始实施侵害时使用提前预备的武器进行反击。对于这种反击行为是否符合正当防卫的主观条件，在实践中有不同的看法。有的司法机关认为，防卫人"主观上存在斗殴的故意，客观上有斗殴的准备"，属于"斗殴"，不能认定为正当防卫。[①] 笔者认为，应当具体分为两种情况：如果双方事先有斗殴的约定（约架最为典型），一方提前预备武器，在对方开始侵害时使用武器反击的，应当认定为"斗殴"；如果双方没有约定，被动反击一方因为担心将来被侵害而提前准备武器防身，在所预见的侵害开始时，使用所准备的武器反击的，应当认定为正当防卫。最高人民检察院发布的指导案例明确指出：防卫人携带了可用于自卫的工具（无论是日常携带还是事先有所防备），不影响正当防卫的认定。[②] 对于后一种情况，还应当注意避免从两个方面否认其构成正当防卫的可能性：一是虽然属于预见到侵害为防卫而进行准备的行为，但其效果在预见的侵害现实化时才实际发挥作用，不属于事前防卫。二是不能以"可以报警等方式寻求公力救济"为由认为其不构成正当防卫。与日本刑法不同，我国刑法并未将"不得已"规定为正当防卫的成立条件。对于这种情况，报警往往也只能使被害人得以暂时免予被侵害，并不能彻底消除其被侵害的危险性，因而没有期待其不提前准备防身武器的可能性。

四、限度条件之偏差

普通防卫的限度条件是没有明显超过必要限度造成不应有的重大损害。判断是否符合限度条件主要考虑两个因素：一是手段的相当性。即防卫的手段和侵害的手段大致相当，没有使用明显超出必要的防卫手段。二是结果的相当性。即防卫已经造成的损害结果和侵害可能造成的损害结果大致相当，防卫结果没有明显超过必要限度造成不应有的重大损害。在限度条件的司法认定中出现了以下偏差。

(一) 对等武装论

对等武装论是在限度条件的判断上出现的一种片面性认识，过于强调上述的"手段的相当性"。这种主张将防卫人所使用的防卫武器和侵害人所使用的侵害武器的情况作为判断是否属于防卫过当的主要依据。在下列情况下往往判定构成防卫过当：一是侵害人赤手空拳而防卫人使用了匕首等武器；二是侵害人使用了棍棒等普通钝器而防卫人使用了长柄刀具等锐器；三是侵害人使用了冷兵器而防卫人使用了热兵器。不法侵害人的武器使用情况，确实是判断不法侵害程度以及正当防卫限度的重要依据，但并非唯一根据。除此之外，还应当考虑双方的人数、身体力量对比等情况，才能准确认定是否符合限度条件。即使用匕首刺死赤手空拳的不放弃侵害

[①] 最高人民法院刑一庭：《叶永朝故意杀人案——刑法第 20 条第 3 款应如何理解与适用》，载《法律适用》2000 年第 3 期。

[②] 最高人民检察院第十二批指导性案例："陈某正当防卫案（检例第 45 号）"。

者、使用枪支击毙手持菜刀的不法侵害者,都有可能构成正当防卫。

(二) 唯侵害已经造成损害结果论

在前述判断正当防卫限度条件的两个因素中,"手段的相当性"其实只是辅助因素,"结果的相当性"才是决定性因素。在结果相当性的具体判断中,需要衡量"防卫已经造成的损害结果"和"侵害可能造成的损害结果"。在具体个案中,"防卫已经造成的损害结果"无疑具有客观性,不难认定;疑难之处在于"侵害可能造成的损害结果"往往难以准确判断。在司法实践中也出现了"唯侵害已经造成损害结果论"的片面性认识,有些司法人员以"对方打了你,但并没有打伤你,你却把他打伤了""你都把人打成这样了还是正当防卫"为由,认定防卫人的行为构成防卫过当。① 这种"唯侵害已经造成损害结果论"突出结果在正当防卫限度条件认定中的地位之初衷是正确的,其缺陷在于将"侵害可能造成的损害结果"片面地理解为"侵害已经造成的损害结果",忽略了对"侵害原本可能但尚未实际造成的损害结果"的考量。"侵害可能造成的损害结果"既包括已经造成的损害结果,也包括原本可能但尚未实际造成的损害结果,如果忽略后者势必将极大地压缩正当防卫的成立空间。在绝大多数个案中"防卫已经造成的损害结果"都会超出"侵害已经造成的损害结果","及时制止不法侵害"(阻止不法侵害可能后果的发生或者继续扩大)正是正当防卫制度的宗旨所在。司法人员必须从具体案情出发,全面准确地判断"侵害可能造成的损害结果",对是否符合正当防卫的限度条件作出准确判断。在因此对防卫过当与正当防卫认定存在争议时,应当尊重防卫人当时的真实感受,作适当有利于防卫人的认定。

---

① 沈德咏:《我们应当如何适用正当防卫制度》,载《中国检察官》2018 年第 18 期。

防卫权初探

——由防卫权与刑法权关系视角

黄爱华*

1997年我国修订后的刑法典第20条规定了正当防卫、防卫过当和特殊防卫的相关问题,这就构成了我国刑法典中的正当防卫制度。然而与正当防卫制度紧密相关的防卫权问题,刑法典没有规定,也不便于在刑法典中规定,这就为刑法理论中正当防卫制度提供了研究空间。

一、防卫权的嬗变

人类的发展史告诉我们,人类由动物进化而来,因而人也就具有了动物的某些本能。由于人类经过劳动脱离动物界而与动物界其他生物有质的区别。就防御或反击本能而言,人要受大脑与理性的支配,动物则不受任何理性的约束而成为一种纯自然的冲动。随着人类社会的形成与发展,人类的这种本能逐渐具有了社会属性,此时,它不仅需要理性的支配,同时还要受法律的约束。当人的这种行为对社会有利时,统治者就赋予其法律上的合法地位,个人的防卫权就为法律所承认和保护。自然复仇是人类防卫的原始形态,自从人类社会产生了国家,便就结束了以复仇作为防卫的历史。正如学者瞿同祖所述:"法律机构发达以后,生杀予夺之权被国家收回,私人便不再有擅自杀人的权利,杀人便成为犯罪行为,需受国法制裁。这种情形下,复仇与国法不容,而逐渐被禁止了。"[1]

防卫权是由人类防卫本能逐步发展而来的一种法律上的权利。它的发展经历了一个漫长的分散型的个人防卫本能向具有社会整体认同意识的法律权利进行转化的过程,实现了从一种原始复仇状态的无节制行为朝着合乎人类理性和社会需要的法律行为的转变。这种转变与不同时期统治阶级所保护的侧重点不同有关。这一点,我们可以从古今中外的刑事立法中关于防卫制度规定的演变轨迹得到印证。

防卫权作为法律赋予公民的一项特殊的权利,最初是为了保护财产不受侵犯而设置的,譬如,古巴比伦制定的《汉穆拉比法典》第21条规定,侵犯他人居住者,应在"侵犯处处死并掩埋之",第25条规定,如果某人房屋失火,而前去救火的人见财起意,将房主的财产据为己有,则应把此人"投入该火中"[2]。古罗马制定的《十二铜表法》12条规定,"如果夜间行窃,就地被杀,则杀死他的人应认为合

---

* 广东合邦律师事务所高级合伙人、执行主任。
  [1] 瞿同祖:《中国法律与中国社会》,中华书局1981年版,第70页。
  [2] 转引自姜伟:《正当防卫》,法律出版社1988年版,第2页。

法"①。中国古代《周礼·秋官司寇·士师/朝士》称:"凡盗贼居乡邑,及家人,杀之无罪"。《义疏原案》解释说:"军中级邑有盗贼来劫,劫其财物及家人者,当时杀之则无罪也"。②《唐律疏议·盗贼》规定:"诸夜无故入人家,笞四十。主人登时杀者,勿论。"

中世纪以后,随着欧洲城市工商业的发展、人文主义思潮的影响、社会观念的变迁,刑法学中防卫制度所保护的法益也由最初的财产权保护逐渐转向对人身权的保护。譬如 1532 年制定的《卡罗林纳刑法典》规定:"为了防止生命、身体、名誉,贞操等不受侵犯,可以实施正当防卫,直至把人杀死"。③

近现代意义上的防卫权思想,主要源于 17、18 世纪启蒙思想家们鼓吹的"天赋人权"论。譬如,洛克指出:"当为了我而制定的法律不能对当时的强力加以干预以保障我的生命,而生命一经丧失就无法补救时,我就可以进行自卫并享有战争的权利,即杀死侵犯者的自由。因为侵犯者不容许我有时间诉诸我们共同的裁判者或法律的判决来救助一个无可补救的损害。"④ 又如,孟德斯鸠指出:"在公民与公民之间,自卫是不需要攻击的。他们不必攻击,只要向法院申诉就可以了。只有在情况紧急下,如果等待法律救助,就难免丧失生命,他们才可以行使这种带有攻击性的自卫权利。"⑤ 这些启蒙思想家的"天赋人权"思想对 1791 年的法国刑法典产生了巨大影响,如该法典的第 6 条规定:"防卫他人侵犯自己或他人的生命而杀人时,不为罪"。⑥

19 世纪后,随着"私有财产不可侵犯"的观点进一步深入人心,对财产的保护再一次纳入防卫权的范畴。譬如,1810 年法国刑法典 329 条规定:"下列两种行为视为迫切需要防卫:(1)在夜间因抗拒他人攀越或破坏住宅、家室或附属物的围墙、墙壁或门户而杀人伤害或殴击者;(2)因防御以暴行实施犯罪的盗窃犯或掠夺而杀人伤害或殴击者。"⑦ 又如,费尔巴哈在其 1801 年出版的《刑法论》中提出了为保护一切合法权益均可实行正当防卫的观点。李斯特也指出:"根据当时的情况,如果用别的手段不能击退侵害者,那么,即使是微不足道的合法财产,也可以用杀死侵害者的手段来保护。"⑧

20 世纪以来,在自由资本主义向垄断资本主义过渡的过程中,刑事社会学派取代刑事古典学派占据了刑法理论的统治地位,在正当防卫的理论上,也由过去以个人权利为基础阐述正当防卫的本质,发展到以社会利益为出发点来阐述正当防卫的本质。在"社会利益说"思想的指导下,西方国家的刑法学者改变了对无限防卫的认识,转而走上了有限防卫的道路。这些在立法上的反映是,提出了防卫过当的概

---

① 转引自姜伟:《正当防卫》,法律出版社 1988 年版,第 2 页。
② 转引自姜伟:《正当防卫》,法律出版社 1988 年版,第 2 页。
③ 转引自姜伟:《正当防卫》,法律出版社 1988 年版,第 2 页。
④ [英] 洛克:《政府论》(下篇),商务印书馆 1964 年版,第 14 页。
⑤ [法] 孟德斯鸠:《论法的精神》,商务印书馆 1961 年版,第 137 页。
⑥ 陈兴良:《正当防卫论》,中国人民大学出版社 1987 年版,第 20 页。
⑦ 陈兴良:《正当防卫论》,中国人民大学出版社 1987 年版,第 20 页。
⑧ 高西江:《中华人民共和国刑法修订与适用》,中国方正出版社 1997 年版,第 111 页。

念，并作出了将防卫过当减轻或免除处罚的规定。譬如，1908年《日本刑法》第36条规定："（1）为防卫自己或他人的权利，对于急迫的不正当侵害而采取的出于不得已的行为，不处罚。（2）超过防卫限度的行为，根据情节，可以减轻或免除其刑罚。"①

从当今世界各国的刑事立法来看，虽然完全采用传统的无限防卫的方式来规定正当防卫的情况几乎绝迹，一般均采用有限防卫的规定方式，但考虑到防卫人和防卫行为的正义性，一些国家的刑事立法在对一般防卫作出限制的同时，对某些情况下发生的防卫行为，赋予行为人以特殊防卫权，如《印度刑法典》、《加拿大刑法典》、《美国模范刑法典》及我国1997年修订后的《中华人民共和国刑法典》的相关规定。

综上所述，我们发现，防卫权的立法规定经历了从野蛮到文明，从感性到理性，从绝对到相对，从粗糙到精细，从不够规范到规范，从非科学到科学的演变。从远古的呼唤，中世纪的黑暗，近代的启蒙，当代的凝思中，我们不难发现，防卫权的这种演变并非是一种简单的历史轮回，这里面有血与火的洗礼，灵与肉的搏斗，是正义的力量促使人们拿起防卫的武器来捍卫自己的权利，是理性的力量促使人们在同不法侵害行为做斗争时又提出了各种条件的限制，是邪恶的力量迫使人们在对有限防卫的利弊进行反思后又再次作出特殊防卫的价值评判。

二、刑法权是防卫权的保障

正当防卫起源于人类的防卫本能，是法律赋予公民享有的正当权利。它既表征着秩序的理性，又闪耀着人性的光芒。当公民面对不法侵害进行自我防卫或者见义勇为，即使对不法侵害人造成一定损害，未明显超过必要限度造成重大损害时，法律亦不能强加苛责，但如何保障公民行使合理的防卫权，有赖于国家强制力作为后盾。

（一）赋予公民公权力救济

刑法权是指国家通过垄断个体审判和惩罚罪犯的权力，是最为主要的解决犯罪冲突的法律途径。刑法权强化统一司法权，并严格遵守程序法定原则，以保障公民的合法财产、人身权益不受侵害，为权利受到侵犯的受害人提供及时的救济，它具有强制性、统一性和主动性。刑法权赋予受害人的救济方式是权利救济法律体系中的主导型方式，当受害人的权利受到侵害时，有权请求国家机关用国家权利来救济私权利。出于对国家利益和社会利益的保护，当受害人受到犯罪侵害时通过举报等方式向国家司法机关寻求帮助时，由有关国家机关人员代表国家行使这些权力也就成为一种必然的选择。如果说，确立对犯罪的国家追诉是国家实现刑法权的需要，那么，国家刑法权逐步分立为制刑权、求刑权、量刑权和行刑权，并分别由不同的国家机关行使，则反映了现代法治国家权力制衡的要求。

（二）刑法权对犯罪的处理更具节制性、公正性和保障性

犯罪分子实施犯罪后，对犯罪分子作出的有罪判决是经过证据采信、事实认

---

① 陈兴良：《正当防卫论》，中国人民大学出版社1987年版，第22页。

定、被告人陈述后最终作出的,对犯罪分子的量刑要遵循罪责刑相适应的原则,不是为了满足或补偿因犯罪承受损失或伤害的任何人而施加,而是为了实施法律与维护法律秩序而施加。刑法权作为国家权力,在刑事诉讼中具体体现为对被告人、被害人及其他诉讼参与人权利的限制与剥夺,但这恰恰体现了刑法权处理犯罪的公正性,因此,刑法权对犯罪的处理更具节制性、公正性和保障性,而这正好是对防卫权最强有力的保障。

三、防卫权是刑法权的补充

(一) 防卫权的正当性分析

在现代法治社会,刑法权由国家行使,原则上不允许个人以私力来处置违法犯罪者,但在情况紧急的情况下,国家法律又允许其存在例外。这种例外通常被称为正当防卫权,世界各国对此几乎都有规定。但为何允许这种例外的存在而不负刑事责任?对此,有以下几种学说:(1)自卫本能说。该说认为,对紧迫的不法侵害,立即反击是人的防卫本能。(2)丧失意志说。该说认为,防卫人受到不法侵害时,心里受到刺激而丧失意志自由,进而实施了无意志因素的防卫行为。(3)正当目的说。该说认为,正当防卫是为了保护合法权益而采取的防卫行为,没有侵害他人的主观罪过,因此不负刑事责任。(4)放任行为说。该说认为,正当防卫是两种法益之间的选择,即正当防卫的权益与侵害行为方面的法益不能两立,防卫人在没有时间请求国家权力予以保护时,只能自立相救,而国家只能放任被害人和其他人这种防卫行为,因而不负刑事责任。(5)社会利益说。该说认为,制止正在发生的不法侵害的正当防卫行为可以产生有益于社会的后果,因而没有社会危害性,故不负刑事责任。(6)权利行为说。该说认为,公民基于法律的授权而获得的正当防卫权利,非但不负刑事责任,而且值得提倡和保护。上述这些学说分别从不同的角度探讨了正当防卫合理且不负刑事责任的依据,各有其相对合理之处,但客观地讲,又不乏片面之处。

笔者认为,认识防卫权的依据应从以下两个方面着手:

1. 防卫权是一种道德上的义务

如笔者前文所述,中国古代关于正当防卫的公众意识,实质上是其赖以存在的社会道义基础,西方国家同样存在。"以眼还眼,以牙还牙"也正是这种社会道义基础的体现。"在正当防卫未上升为法律规定之前,实质是公民的一项社会道德义务,只不过西方社会侧重于个人利益的保护,他人权益、国家和公众权益次之。社会主义国家把着眼点放在保卫国家或公众权益方面,其次才是个人权益和他人权益。"① 这种东西方文化的差异体现了个人本位和社会本位的不同价值目标。"从根本上讲,个人价值是服从于社会本位价值的。因此,对国家利益、公共利益的不法侵害,不可能不触及到个人利益,侵害公民法益也必然涉及到私法益,只是联系上

---

① 甘雨沛:《比较刑法学大全》,北京大学出版社1997年版,第1128页。

有直接与间接之分。"① 由此可以认为防卫权首先是一项社会道德义务，其次才成为法律上的需求。

2. 防卫权是法律的要求

国家作为社会组织是一个无生命体，对正在进行的不法侵害的反应是滞后的或者说是迟缓的。尽管其可以采取各种措施预防未然之犯罪，运用刑罚方法惩治已然之犯罪，惟独其对既然之犯罪并非有效之法。预防犯罪、制止犯罪、惩罚犯罪三点一线，国家权力在制止犯罪方面出现了鞭长莫及之漏。为了保护国家利益、公共利益和个人合法利益，弥补国家在处理既然之犯罪方面的不足，法律只得规定公民同既然之犯罪作斗争。一国之内既有预防未然之犯罪的对策体系，又有惩罚已然之犯罪的刑法体系，还有制止不法侵害的正当防卫。从理论上而言，这三点一线的防、制、治犯罪体系无懈可击，对犯罪行为形成围追堵截之势。由于正当防卫在时间上对制止不法侵害是相对有效的，因而世界各国无不重视正当防卫制度。正如甘雨沛先生所言："正当防卫，当今世界无论东西，几乎所有的国家刑法都有明文规定。在理论和实践领域都占有较为显要的地位。"

（二）防卫权的现实需求

河北邢台正当防卫案当事人董民刚（化名）为河北省邢台市一村民，2018 年 5 月 20 日夜，被刁某（与董妻李某长期存在不正当男女关系）殴打、辱骂、威胁、逼迫写离婚协议书时，奋起自卫致刁某死亡。2018 年 8 月，该案以涉嫌故意杀人罪移送邢台市检察院审查起诉，经两次退回公安机关补充侦查，公安机关补查后认为董民刚的行为明显超过必要限度，属于防卫过当，以故意杀人罪移送邢台市人民检察院，邢台市人民检察院认定董民刚的行为属正当防卫，不负刑事责任。2019 年 5 月 21 日，河北省人民检察院对刁某的父亲提出的申诉作出复查决定，维持邢台市人民检察院的不起诉决定。经办案检察官介绍，案发当晚的情况足以证明董民刚的人身安全受到暴力威胁，处于现实的、紧迫的危险之下，董民刚的行为是为了保护自己及家人的人身权利免受正在进行的不法侵害的必然反应。刁某深夜强行非法侵入到董民刚家中，对董及其妻子实施撕扯、殴打、辱骂等行为，董民刚及其家人的合法权利受到侵害，董民刚为了保护自己的生命健康权，实施了制止不法侵害的行为，若刑法没有赋予公民一定的防卫权，该案的结果定将改写。

不难看出昆山反杀案、于欢辱母案、河北邢台正当防卫案等案件承载了公众的诸多焦虑，与其说它们是法律层面的案件，更不如说它们是具有导向意义的公共事件。这些案件之所以引发了公众广泛关注，其主要原因在于公众代入感强烈，公众对自身安全产生了极大焦虑。我国《刑法》赋予公民以正当防卫权和特殊防卫权，明确"为了使国家公共利益、本人或者他人的人身、财产和其他权利免受正在进行的不法侵害，而采取的制止不法侵害的行为，对不法侵害人造成损害的，属于正当防卫，不负刑事责任。对正在进行行凶、杀人、抢劫、强奸、绑架以及其他严重危及人身安全的暴力犯罪。采取防卫行为，造成不法侵害人伤亡的，不属于防卫过

---

① 杨春洗、苗生明：《论刑法法益》，载《北京大学学报》1996 年第 6 期。

当，不负刑事责任。"由于不法侵害通常是突然发生，防卫人往往毫无心理准备，心理产生惊吓、害怕、恐慌是正常的，若不对被害人赋予防卫权，其身体健康、生命安全将受到侵害。防卫权明显具有较强的现实意义。

四、防卫权与刑法权相互平衡

贝卡利亚认为："刑罚权来自公民个人自由的转让。统治阶级的意志迫使人民割让自己的一份自由，而且无疑每个人都希望交给公共保存的那份自由尽量少些，只要足以让别人保护自己就行了。这一份最少量的自由的结晶形成了刑法权。"①国家行使刑罚权，排除了个人对犯罪行为的惩罚权，私刑绝对禁止，只有在急迫情况下才具有防卫权。由此可以看出，防卫权只是刑法权的例外，它具有不同于国家刑罚权的特征。防卫权如果滥用，刑罚权就会蜕变为私刑权，就会破坏法制的有序性。国家的刑罚权，其实质就是一种"公力救济"的强制手段，禁止公民擅用私力。由于"公力救济"并非永远是最为有效的，表现在时间上的滞后性和结果上的不完整性。为了弥补"公力救济"的不足，达到全面维护合法权益的目标，各国又以立法形式确定了特殊条件下的"私力救济"行为的合法地位，允许公民在来不及请求司法机关予以保护而其合法权益又面临紧迫侵害时，可以有节制的予以反击，以阻止损害结果的实际发生或将可能造成的损失降低到最小程度。即是说，"私力救济"相对于现代法治社会的"公力救济"而言，是其必不可少的补充，这种补充救济就是刑法上的防卫权，其价值就在于给国家刑罚权的真空地带所造成的法益损害进行或多或少的弥补。

国家权力如同一把双刃刀，适度并以适当的方式介入对犯罪的处理具有打击犯罪与保障人权的双重功效，而过度或以不适当的方式介入则可能侵犯人权，甚至动摇秩序。而防卫权不是一个可以扩大的权利，它是一个必须严格限制的权利，防卫其实是一种私人暴力的行使，不能以不断地扩大来唤醒我们的正当防卫制度，在我们国家，正当防卫制度从来都没有沉睡过。"在国家机关能够提供有效保护的情况下不能够进行防卫"的观点，也应当区分不同的情况，当公权力机关虽然在场，但在诸如生命受到威胁的紧急情况下，是否还应限制被侵害人的防卫权利，仍有待厘清。

由儿子强奸母亲后被母亲毙命案看防卫权与刑法权的平衡关系。甲女50岁，乙男30岁，两人是母子关系，乙男有强奸罪的前科。乙男曾多次提出欲与其母甲女发生性关系，均遭到甲女的拒绝，未能强奸。又一晚，乙男喝了酒，又提出与母亲甲女发生性关系，甲女反抗，乙男威胁甲女说，你要是不同意我就把你掐死，后来强奸成功。母亲甲女脖子上有掐痕（后验到轻微伤），儿子强奸完母亲后，躺床上睡觉，母亲起床去洗了下身，然后回到床边，拿起旁边的水果刀，捅了儿子几刀，儿子不治身亡。

甲女构不构成正当防卫？

---

① ［意］贝卡利亚：《论犯罪与刑罚》，黄风译，中国大百科全书出版社1993年版，第9页。

就该案的问题结论，笔者向 50 名以上的知名刑辩律师和 10 位以上的刑法学教授求证结论，80%以上的受访人员认为"不构成正当防卫"，不到 20%的受访人员认为"构成正当防卫"。对此，笔者赞成少数人的意见。

笔者认为：不法侵害正在进行，就是已经开始尚未结束，现实的紧迫危险一定是处于开始但尚未结束之中。本案中，嫌疑犯可能随时再次实施强奸行为，很难说不法侵害已经结束。所以不能武断地说不法侵害已经结束，而要综合证据材料认定。另外，政治效果、社会效果、法律效果是当今司法实践中刑事法律保护秩序的现实排序，如果只考虑法律效果，则判决结果应该不接地气，社会效果和政治效果会有误差。

笔者同时认为：本案中，母亲甲女与儿子乙男同居一室，甲女被乙男强奸后的状态，属于一种正在发生的持续性的侵害行为。甲女根本处于绝对弱势的范围，不能反抗，不敢反抗，或者羞于反抗的境地。近亲相奸，本是违背人伦的行为；母被子强奸更是天理难容！因此，当甲女沦为性奴役时，应当赋于无限的防卫权。

上述案件折射出如何保证刑法权与防卫权正常运行，如何平衡二者的关系的问题。笔者认为，可以参照几个标准：一是严格公正办案。绝不能因上访、闹访、舆论炒作等干扰和压力就作出违反法律规定和立法精神的裁判。二是不能强人所难。要充分考虑行为人面对不法侵害时的紧迫情境和紧张心理，根据整体案情，结合社会公众的一般认知，依法准确认定。三是坚持法理情统一。要注重查明前因后果，分清是非曲直，确保案件定性处理于法有据、于理应当、于情相容，符合人民群众的公平正义观念。四是防止权利滥用。防卫权是"私力救济"，对符合正当防卫的应当依法认定，对防卫过当的应当依法减免刑罚，但要避免产生鼓励"以暴制暴"的错误导向和不良后果。①

五、结语

防卫权是由人类防卫本能逐步发展而来的一种法律上的权利，我国刑法对正当防卫的立场非常明显，但我国的司法实践并未实现立法所涉及的价值立场，从而出现了正当防卫的异化。因此，应当充分认识防卫权与刑法权的关系，消除我国学界与实务之间的严重隔阂，达成更多的理论共识，从而使刑法学说为司法实践提供有效的供给。

---

① 《中、德、英正当防卫的理论与实践研讨会综述》，载《中国法律评论》2019 年 5 月 24 日。

论我国犯罪构成理论与正当防卫的对抗性关系

田 旭* 敦 宁**

近年来，在德日刑法学中的阶层式犯罪论体系引介入我国后，许多刑法学者对我国传统犯罪构成理论的合理性提出了质疑，并主张对其进行重构或改良。其中，正当化事由独立于犯罪构成的位置安排，被认为四要件犯罪构成理论需要革新的重要依据。① 与之相对应，能否在我国犯罪成立理论框架内对二者的关系作出合理解释与安排，成为判断我国犯罪论体系是否科学的核心标准。本文尝试界定犯罪构成与正当化事由②的法律视域、确定二者的逻辑关系，从事实层面与规范层面探寻二者应在位置上独立并列、在功能上相互作用的缘由，并对司法实践中防卫行为认定存在的问题进行解答。

一、我国犯罪构成的基本功能——可罚性认定

我国刑法语境下"犯罪构成（体系）"与"犯罪成立体系"在内涵和外延方面完全一致，可视不同场合之表达需要而交替互换，在中国犯罪论体系下，犯罪构成（体系）可以直接等同于犯罪成立体系。③ 而在我国刑法理论中，犯罪构成理论同样也承担着从整体上一次性解决犯罪成立问题的任务。犯罪构成直接并最终决定了犯罪的成立，一切成立犯罪的行为都是符合犯罪构成的行为，一切符合犯罪构成的行为都是成立犯罪的行为。④ 犯罪构成被概括为刑法规定的、决定一个行为的社会危害性及其程度而为该行为构成犯罪所必须具备的主客观要件的有机统一体。⑤

需要追问的是，我国犯罪构成理论能否独立承担认定"某一行为是否成立犯罪"的功能？对此，首先要考察其视域内的事实要素的法律性质，然后检验具备上述事实要素的行为是否能够无例外地被评价为犯罪。

---

* 河北大学政法学院讲师。
** 河北大学政法学院副教授。
① 陈兴良：《四要件犯罪构成的结构性缺失及其颠覆——从正当行为切入的学术史考察》，载《现代法学》2009 年第 6 期。
② 我国《刑法》明文规定了正当防卫与紧急避险两种正当化事由，本文以正当防卫制度为切入点，原因在于，虽同属正当化事由，但二者在构造上存在质的差别。正当防卫表现为"正对不正"，紧急避险则表现为"正对正"，所以当后者指向第三人合法权益时，得以正当化的条件较为苛刻，必须严守"利益衡量原则"，一旦超过必要限度造成不应有的损害的，即使不得已，也应负刑事责任，行为结果可直接否定紧急避险行为的合法性。因涵摄利益双方关系的不同导致二者的正当化根据大相径庭，前者依托于"法秩序维护（法确证）"或"个人权益保护"，后者则依托于"利益衡量"与"互助团结"，难以统一讨论。所以，本文仅以正当防卫为分析对象。
③ 冯亚东、胡东飞、邓君韬：《中国犯罪构成体系完善研究》，法律出版社 2010 年版，第 20-22 页。
④ 马克昌主编：《犯罪通论》，武汉大学出版社 2013 年版，第 71 页。
⑤ 高铭暄：《刑法专论》（第 2 版），高等教育出版社 2008 年版，第 129 页。

(一) 犯罪构成"归纳"事实要素的特征——有害性

"在社会中,存在许多实质上违法、应当归责的当罚行为,但是,国家没有将其都作为犯罪加以处罚的必要,从一定政策的见地出发,从当罚行为中选择出一些应当处罚的行为,将其类型化,并用显示其法律特征的形式,规定为犯罪类型。"① 犯罪是社会中负价值行为的典型代表,而聚拢于犯罪构成内的事实要素,表现了侵害性,所以被立法者所否定。

每个犯罪都是危害社会的,每个犯罪构成都应当具有这样的一些事实特征,它们的总和决定着危害社会的性质,这些特征的总和一定要形成危害社会主义国家的行为。② 犯罪构成是对犯罪内部事实要素的归纳,而严重的社会危害性是犯罪的本质特征,因此,进入犯罪构成视域内的事实要素必须表现行为的社会危害性。如果某一行为事实不具有任何社会危害性,不能作为否定和谴责行为人的依据,或者与危害性事实没有任何关联性,就不可能落在犯罪构成的考察圈内。

根据我国刑法学通说,以具体的构成要件为标准,可以判断哪些行为属于具有社会危害性、刑事违法性和应受刑罚惩罚的犯罪行为。③ 即犯罪构成为判断犯罪成立与否提供了具体的认定标准。那么,犯罪构成提供的,究竟是一种什么样的认定标准呢?从行为内部构成的层面来看,进入犯罪构成视野的均为有害性的事实;从行为类型化的层面来看,以有害性事实为基础结合而成的,只能是不同程度损害或者威胁合法权益的特定行为。不危害社会的行为,自然不可能形成犯罪构成。④

由此可见,犯罪构成理论只是检验是否存在法定有害性事实要素结合成的特定行为,并对该行为的危害程度进行价值评价的理论标尺。

(二) 犯罪构成的规范意义——构筑刑事不法

随之而来的疑问是:为什么只要存在符合其标准的行为类型,就都会被犯罪构成所捕捉?这涉及犯罪构成在"判断行为是否成立犯罪"这一宏观命题下所发挥的具体作用——保证不遗漏任何符合规定的有害行为。

一般认为,犯罪构成的作用表现在入罪、出罪两个方面。具体而言,当存在符合某一犯罪构成要件所描述的侵害行为时,该行为就成立犯罪,表现为犯罪构成的入罪功能;反之,犯罪不成立,表现为犯罪构成的出罪功能。实际上,刑法中的犯罪构成并不是一条简单的分割线,而是一种具体的描述,这种描述的意义在于勾勒被刑法所否定的行为事实。这种对犯罪的确定是存在状态下犯罪构成的意义,表现为一种"入罪功能"⑤。从"某物的价值或意义必须以某物的存在为前提"的角度来看,关注侵害性事实的犯罪构成,立法意义在于构筑刑事不法,司法意义在于确

---

① [日] 大谷实:《刑法讲义总论》,成文堂 2000 年版。转引自李立众:《犯罪成立理论研究——一个域外方向的尝试》,法律出版社 2006 年版,第 167 页。
② 米铁男:《特拉伊宁的犯罪论体系》,北京大学出版社 2014 年版,第 89 页。
③ 参见高铭暄主编:《新编中国刑法学》,中国人民大学出版社 1998 年版,第 89 页。
④ [苏联] A. H. 特拉伊宁:《犯罪构成的一般学说》,王作富等译,中国人民大学出版社 1958 年版,第 63 页。
⑤ 需要说明的是,本文此处所说的"入罪"并不是指终局意义上的"成立犯罪",而是指"被纳入刑事诉讼场域并进行犯罪成立与否的判断的司法过程"。

证刑事不法。

由此观之,所谓犯罪构成涵盖表明某种行为所具有的严重社会危害性从而成立犯罪所需的一切主客观条件,其中"一切主客观条件"只限于表现"严重社会危害性"的负价值事实要素。犯罪构成的体系功能,在于确定那些彰显不法的事实因素,这些因素在成立犯罪的认定中不可或缺。

二、犯罪构成与正当防卫"冲突"的根源:行为被动性与价值互斥性

犯罪构成的涵摄对象被框定于表现负价值的"侵害性事实",但仅依赖对侵害性事实的确认,可以一次性对行为是否成立犯罪作出科学判断吗?从社会生活的实际经验来看,一方面,并非任何情境下都一概不可实施被社会禁止的行为;另一方面,对社会有益的行为并非不会造成对他人权益的损害。囿于人类智识的有限性与社会生活的复杂性,规则的例外不可避免。

(一)刑法禁止行为的例外——被动实施

与主动实施危害行为不同,若行为人因外力干预"被动"实施侵害他人权益的行为,则不能因该行为本身而直接得出成立犯罪的结论。根据外力强度的不同,刑事责任的质量会发生变化。如果干预的外力较弱,可能削弱刑事责任的量;如果干预的外力较强,可能否定刑事责任的质。

在被害人对犯罪的产生负有责任时,不仅需要判断行为人的行为是否犯罪构成充足,还需要考察被害人行为的不法性,但后者却无法通过犯罪构成进行认定和评价。因为犯罪构成所考察的,是以行为人为责任主体施加于外界的有害性事实,而被害人与行为人处于对抗关系,其实施的侵害行为只能由自己独立负担,不法侵害不可归责于行为人,也就不会进入犯罪构成的视野,注定"徘徊"在犯罪构成体系外。

被害人的不法行为可以发挥"阻却、减轻"不法或者责任的法律效果,必须进入认定犯罪是否成立的规范体系。因此,刑法必须以其为基础建构独立于"积极构筑不法"的犯罪构成评价体系。即使是并无此体系冲突的德日刑法理论,也有学者指出正当化事由是否存在绝非能够通过行为的类型性得到征表[①],这也正是为何在阶层式的犯罪论体系中需要在构成要件符合性之后再进行违法性判断。实质上,不法判断并非纯粹的价值判断,第二阶层的判断对象与前一阶层考察内容的事实要素并不完全相同。违法性的肯定由犯罪构成内的事实因素承担,违法性的消解由犯罪构成之外的其他事实因素来实现。

(二)防卫行为中存在互斥性的价值冲突

犯罪构成关注有害性的行为事实,然而人类行为十分复杂多样。一般而言,人的行为总是直接作用于他人利益,具体到个人行为,并非仅表现为单纯有利、不利或中立的属性,而是具有不确定性,既可能表现为上述单向价值属性的行为事实,

---

① 蔡桂生:《构成要件论》,中国人民大学出版社 2015 年版,第 113 页。

也可能在直接损害某一法益的同时间接保护另一法益。①

对单一价值属性的行为，完全可以通过日常生活经验直观地作出价值评价。但对于多价值属性的行为事实，不能仅以是否包含有害性的行为为根据，认定整体的价值属性，而是需要比较该行为包含的有益性事实与有害性事实的质量差异。此时，获取科学的结论应分两步：一是考察不同行为事实的社会价值，二是对价值互斥的行为事实进行可接受性的比较。

在遭遇不法侵害时，行为人拥有防卫的权利，而防卫行为同时包含有害性事实（对对方权益的侵害）与有益性事实（对己方权益的保护）。当有害性行为事实的价值没有明显超过有益性行为事实的价值时，可以得出行为人所施行为整体层面价值方向为正的结论，该行为可被法律接受，不会成立犯罪。而正当防卫的成立条件，即判断防卫行为的有害性是否未明显超越合理限度的基本标准，如果"防卫强度非常明显地大于侵害强度，而这种强度显然不是制止不法侵害行为所必须的，即过分悬殊的、完全多余"②时，防卫行为就不再合理而成立犯罪。由此可见，以单一属性的行为事实为对象的评价体系，不可能全面确定行为的价值属性。

（三）防卫行为能够充足犯罪构成要件

就防卫人而言，当其希望自己的行为会侵害不法侵害人的某种权益，并现实地实施且造成损害结果时，无论是在主观层面还是在客观层面，均可能满足某一犯罪构成，这不是仅仅在"外表上""形式上"或者"客观上"③ 符合。其之所以被认为形式上和实质上不具备违法性，是因为刑法另外以明文将其规定为正当。

实质上，"构成要件该当行为的违法性阻却说明，法秩序并非仅仅由禁止性规范构成，而且能够在一定条件下允许抵消该类禁止性规范。该类允许，是以与不法构成要件相对的合法构成要件的允许规范形式出现的。当存在合法化事由时，不法构成要件中所包含的禁止性规范作为法义务不适用于具体的案件"④。正当防卫等正当化事由，是刑法对自我设定的一般禁止性规范的否定，即对符合分则条款的杀人、伤人等原本被法律禁止之行为的正当化。

正当防卫完全可以展现为强制侵害，而为了有效实现防卫目的，行为人也必然能够明确认识到自己反击行为的侵害性。对防卫行为侵害性有明确认识，进而有意识地实施该侵害行为并对不法侵害者造成损害，无论是主观心态还是客观行为，均符合故意杀人罪或故意伤害罪描述之定型行为的基本特征，这也是在理论层面认为正当防卫"外表"符合犯罪构成，司法实践中防卫行为的无罪比例过低的主要原因。

---

① 高金柱：《利益衡量与刑法之犯罪判断》，元照出版有限公司2003年版，第117页。
② 高铭暄：《刑法专论》（第2版），高等教育出版社2008年版，第428页。
③ 目的的正当性并非正当防卫与犯罪行为的本质区别，防卫过当也具有目的正当性，但仍属犯罪行为，正当目的完全可以和侵害（犯罪）故意并存。
④ [德] 汉斯·海因里希·耶塞克、托马斯·魏根特：《德国刑法教科书》，徐久生译，中国法制出版社1998年版，第387页。

三、正当防卫与犯罪构成"对抗性共存"的客观依据与实践意义

（一）肯定正当防卫判断引入新事实的司法意义

建构于不同概念、基于不同目标的理论，一般只关注符合自身定义的事实，这意味着每一个理论总会存在无法处理的内容。我国犯罪构成理论是确认侵害性行为的不法，正当防卫理论是确认侵害性行为的合法，二者虽然都涉及对侵害性行为的判断，但各自考察的素材却存在较大差异，所以判断结论大相径庭。犯罪构成理论主要关注适格行为人是否在特定心态下实施了客观上具有侵害性的行为及行为后果，正当防卫理论关注的重心则是行为人是否面对不法侵害、面对何种不法侵害而实施反击行为，以及该行为造成的后果。

在不同情境下，同种行为的价值属性也会产生争议。犯罪和防卫本质上都表现为武力，而对于"武"字源出古代何种形象，始终存在"持戈而行"的攻伐与"止戈为武"的防卫两种对立观点。① 防卫行为之所以被认定为不具有刑事违法性，根本原因在于考察的具体内容发生了变化，引入了犯罪构成理论考察范围之外的关联性（引发防卫）事实。质言之，防卫行为不法属性的消除，并非依托对犯罪构成的否定，防卫行为完全可能满足犯罪构成。即使在一定条件下被犯罪化，基于对抗他人侵害产生的正当性仍然可以在量刑层面发挥"应当减轻或者免除处罚"的法律效果。

要应对复杂现实的犯罪论体系，应当包容"从无到有"的不法建构与"从有到无"的不法消解两套事实认定与价值评价的子系统，只有在行为人无外力干预，主动侵害他人权益的情况下，犯罪构成才是认定犯罪是否成立的唯一路径。如果认为只需犯罪构成即可对行为是否成立犯罪作出绝对排他的认定，那么防卫行为一旦符合犯罪构成，法官就会直接认定犯罪的成立，但是因构成要件事实的肯定并不否定防卫事实的存在，这就减少了行为人"出罪"的路径。反之，被告人则能够在行为符合犯罪构成的情况下进行无罪辩护，相较于仅仅通过"不符合犯罪构成"否定刑事犯罪的存在，正当防卫客观上具有拓宽"出罪"路径的重大作用。

（二）特殊防卫并未完全涵盖所有致人伤亡的非过当情形

1997年刑法修订后对正当防卫增加了新的条款（《刑法》第20条第3款），对此，刑法理论界一般将我国的正当防卫分为两类，一类是一般正当防卫或普通正当防卫，另一类是特殊正当防卫或无过当（无限）防卫。因面临不法侵害的类型不同，前者存在防卫限度的判断问题，后者则不存在防卫限度的判断问题。② 有论者认为，该条款规定的防卫行为只要具有防卫相当性，即可成立正当防卫，其限制条件和第2款相比要少一个，可以认为其属于法律拟制（特别规定），而非注意规定，从而有优先适用的可能性。③

那么，如何认识该规定的法律属性？这涉及对规定中"不属于防卫过当"认定

---

① 乔玉成：《止戈为武：从象形会意到哲学意蕴》，载《搏击（武术科学）》2014年第1期。
② 张明楷：《防卫过当判断标准与过当类型》，载《法学》2019年第1期。
③ 周光权：《论持续侵害与正当防卫的关系》载《法学》2017年第4期。

条件的理解。特殊防卫"无过当",是以防卫人可能造成之结果为判断标准得出的结论。特殊防卫指向的结果可以包容对生命权的剥夺,而生命作为人生存与发展等基本权利的底座,是法律体系维护的最高价值,对个体而言,再无比生命更为重要的权利存在,即防卫人事实上不可能造成比致侵害者死亡更严重的损害后果。在限定条件的情境下,面临"生死"选择时,即使因防卫造成侵害者伤亡,也不属于明显超过必要限度造成重大损害的情形。

将其理解为注意性(提示性)规定的司法意义在于:并非凡属于第3款规定的不法侵害行为,均可造成侵害者伤亡,也并非针对其他类型的不法侵害,一旦因防卫造成侵害者伤亡,均属于防卫过当。就前者而言,对于非暴力方式严重影响人身安全的不法侵害,不宜认为其可以直接使用暴力造成侵害者伤亡,如以投毒方式行凶杀人,或者将他人关在密闭空间以劫取其留在外部空间财物的行为,此外,如果侵害者以平和方式绑架防卫人,亦无侵害目的,仅利用第三人对防卫人安危的担忧勒索财物的,防卫人不能直接以暴力造成侵害者伤亡,当然,对不知情的第三人则无此要求。就后者而言,除对一次性实施的严重威胁人身安全的暴力性犯罪可以造成侵害者伤亡外,对于长期持续地侵害一般人身权益的行为,行为人在无法获得有效的外部救助或反抗无效,也无适当逃离机会的情况下,可以通过使用暴力致侵害者伤亡的方式进行防卫,如被长期关押而受虐待或性侵,误入传销窝点后被限制自由难以逃脱。此外,在防卫人采取超过必要限度的防卫手段,但是明确向侵害者宣告,并给予其退避机会的情况下,如果对方具有理解能力而仍然执意实施不法侵害,因防卫造成其伤亡的,不能认定为防卫过当。

(三) 信息不对称状态下正当防卫限度标准的司法认定

简单来说,信息不对称是指双方对某一事件信息的了解程度不同。其中,一方对某物的某一属性或状况知晓,而对方对此不知晓,此为"客观信息不对称";一方对某物的某一属性或状况知晓并将该信息告知对方,但对方不能理解,或者理解有误,此种情形属于"主观信息不对称"。①

正当防卫的认定,其核心在于对不法侵害的性质、强度等基础信息的认定,而从事后的角度予以考察,自然能够对不法侵害作出最准确的定性。因此,司法实践中实务部门判断防卫行为是否符合限度要求,通常由法官立足裁判时立场,以事后查明的证据事实为对象加以认定。② 但事后判断的立场实际上完全忽视了信息不对称对防卫行为的巨大影响力。因防卫人与法官在信息获取与决策环境方面存在重大差异,如果以不可能为防卫人所掌握的信息为基础,对防卫行为的适当性进行规范定性,不具有合理性。因此,必须以行为时为正当防卫认定的时间节点,而且,考虑到因缺乏信任易产生主观信息不对称问题,应当以防卫人掌握并合理相信的事实为判断素材,对防卫行为进行适当与否的认定。

以非事后的立场对防卫行为进行认定,就必须考虑到不法侵害的动态性与变化

---

① 邢会强:《信息不对称的法律规制——民商法与经济法的视角》,载《法制与社会发展》2013年第2期。

② 张宝:《防卫限度司法认定的困境与出路》,载《法学杂志》2016年第10期。

性。即不法侵害的强度既可能因为遭遇防卫而降低或放弃，也可能因为遇到对抗而逐步升级。就前者而言，即使该行为发端于严重侵害人身安全的暴力性犯罪，也需要对防卫行为进行一定的限定；就后者而言，显然防卫限度认定应当随之而放宽。需要注意的是，若面临特定时间、针对特定领域的不法侵害，如夜晚的入户盗窃，应当允许防卫人一开始即可采用明显超过必要限度的方式进行防卫。当然，侵害者也可能成为信息弱势方，如其侵害行为指向的对象具有较强防卫能力，此时，只有对经受过专业训练且能够保护自己权益的防卫人，才可以限制其防卫行为，如果侵害对象是一般公众，则不应对防卫行为进行限定。需要说明的是，在防卫能力较强是基于事先准备了防卫工具的情况下，即使该工具属于违禁品，在其并未现实危及他人安全的情况下，也应以存在防卫目的而将该持有行为正当化。否则，在侵害人能够采用违法方式实施危害行为的情况下，要求防卫人只能用合法方式防卫，无异于剥夺了防卫人的有效防卫权。

（四）情绪因素对防卫行为中风险分配的影响

如果行为人在防卫中，使用了明显超过必要限度的方式，造成了重大损害后果，是否就一定要负担刑事责任？对此，除前文所述的信息不对称外，还需要考虑到人的情感因素对行为决策的影响：防卫人不可能如法官一样有充足的时间对信息加以甄别从而选择合适的反应。对正当防卫的判断，不是法官基于平和安全的庭审环境作出的判断，而是必须进入行为时这一特定情境，并考察防卫人所处的具体心理状态。

对遵守法律规范的公民而言，其在面临不法侵害的当时，很可能陷入恐惧、紧张的心理状态，而在慌乱状态下人们很容易做出过激反应。因此，《德国刑法法》第33条明确规定：如果行为人出于慌乱、恐惧或惊吓而逾越正当防卫之界限，不罚。我国刑法虽未在正当防卫制度中就情绪因素的影响作出明确规定，但因其事实上能够对防卫行为产生重要影响，有必要在司法实践中予以重点关注，对确实因处于紧张情绪导致行为明显超过必要限度的，可以认定为方式适当。反过来看，针对公共利益进行的防卫，因防卫人一般情况下并未处于上述心理状态，所以相对于保护自身或者他人权益的防卫行为，其正当性的认定可以不考虑情绪因素。

在防卫标准的认定存在争议或者无法界定清晰的标准时，应该如何处理？如果法官在事后基于更为全面的信息都无法作出准确判断，那么就不可能期待防卫人在行为当时作出适当选择。此时，不利的后果应当归属于主动破坏法律规范的侵害者。

正当防卫正当化依据的重新划定

陈文培*

一、导言

自 16 世纪罗马法首次在分则中规定了正当防卫之后，刑法学界不断探索正当防卫正当化的依据，近年来随着正当防卫再次成为刑法学界与社会公众的关注焦点，法确证利益说也成为争论的核心议题之一。然而，无论是否支持该理论，都不得不承认其无法代替个人权利保护成为正当性的基石，进而只能通过两种逻辑思路在正当性依据中展开：一是与个人保全相结合成为紧急防卫权的基础；二是作为额外加成与防卫者的法益共同构成优越的利益地位，这两种方式也正是日本学者川端博对正当化依据的类型划分[①]。这种分类方法包含了大陆法系尤其是德日两国刑法理论中的主要观点，但并没有涉及所有的相关学说，如法国刑法中的义务说[②]。因此，根据正当防卫的理论分歧，将各种学说分为"违法性阻却的一般原理"与"特殊原理"更为合适，前者指的是构成要件理论出现之后，用违法性的一般原理解释正当防卫的正当性，后者仍然在阻却违法性的范畴内讨论正当防卫，但其与违法性的一般原理无直接相关，而只是依靠独特的理由阻却违法性，紧急权说则是其中的代表。本文认为，特殊原理存在诸多缺陷，应当回归违法性的一般原理，提倡实质违法性论的二元说。

二、以紧急权说为代表的特殊原理的困境

（一）脱胎于自然权利是紧急权说的先天不足

在启蒙主义时代，正当防卫是一种自然权利，如卢梭在《社会契约论》一书中论及最初形态的社会时谈道："人类所共有的独立与自由，乃是人类自然开发发展的结果。人类的首要法则就是要维护自身的生存；人类的首要关怀就是要关注与其自身生存有关的事物。"[③] 防卫就是人类维护自身生存的手段，因此在原始社会中就出现了同态复仇，卢梭把这种氏族社会中存在的现象解释成一种自然的权利，按照他提出的社会契约的公式，正当防卫是天赋人权，在国家形成后，人们依据社会契约将这个权利让渡给国家，以便同时可以从集体中获得自己本身所让渡给它的同

---

* 中南财经政法大学博士研究生。

① 参见马克昌、卢建平主编：《外国刑法学总论（大陆法系）》，中国人民大学出版社 2016 年版，第 148 页。

② 参见［法］卡斯东·斯特法尼：《法国刑法总论精义》，罗结珍译，中国政法大学出版社 1998 年版，第 354 页。

③ 参见［法］卢梭：《社会契约论》，戴光年译，武汉出版社 2012 年版，第 6 页。

样的权利。所以，当进入国家制裁阶段以后，防卫权已被让渡给国家，只是在特殊情况下（来不及诉诸法律）才允许私人进行防卫，此时的防卫已经不只是防卫人与被防卫人之间的矛盾，而且包含了私人防卫与国家权力之间的矛盾。孟德斯鸠在《论法的精神》中认为，在公民与公民之间，实现自然的自卫权的途径是向法院申请，只有在如果等待法律的救助，就难免丧失生命的紧急状况下，公民才能够行使这种带有攻击性的自卫权利。洛克在政府论中表达了同样的观点，认为在公路上面对手持利刃的抢劫者，即使口袋里还不到十二便士，也可以合法地杀死抢劫者；而在收回交由他人保管的一百英镑受到了他人拔剑拒绝之时，则不能对保管人施以任何的伤害。在他看来，两个案件的区别就在于能否有时间诉诸法律，法律是不能起死回生的，所以面对生命威胁之时，"自然法便给我以权利来消灭那个使自己与我处于战争状态并以毁灭来威胁我的人"。因此，洛克的正当防卫论和其他启蒙思想家一样，只存在有"面对危险"与"来不及诉诸法律"两种限制，而没有包含任何涉及必要性、相当性的限度条件，洛克认为："如果有谁盗窃了私有财产，哪怕被盗的东西微不足道，依据自然法，也有把小偷置之于死地的权利。"

启蒙思想家们的正当防卫权利论的形成离不开当时的社会背景：亟须摆脱中世纪封建专制和教会权威的束缚，因此需要发现权利；亟须维护新资产阶级的经济基础——私有制，因此需要不设任何程度限制地保卫私有财产。这种背景下诞生的自然权利学说先天带有不足：一方面，体现为仅以权利说作为正当防卫正当化的依据无法包含现代正当防卫理论的限度要件，也与现代正当防卫理论防卫对象的范畴不符；另一方面，"来不及诉诸法律"这种"紧急"使得私人防卫与国家权力之间存在矛盾，不利于私人防卫的行使。

（二）发展为法律权利未能解决紧急权说的缺陷

如果说正当防卫作为一种自然权利在启蒙主义时代被发现是新兴资产阶级的发展要求，那么资本主义向帝国主义的转变则为正当防卫走向法律权利并发展提供了新的契机。随着生产力的发展极大地促进了社会变迁，机器的大发展使得失业、贫困等社会问题激增，区别于以意志自由与个人视角为基础的旧刑法，新的刑法知识开始立足于社会和国家防卫的角度，于是对法秩序的维护成了正当防卫的又一重要使命，即形成了法的自己保全（法确证的利益）说。而随着个人权利至上再次成为主流思想，法的自己保全说无法单独成为正当防卫正当性的依据，只能与自然权利（个人的自己保全说）相结合形成二元论，这也成了德国的通说。

法的自己保全的引入克服了过去自然权利的一些缺陷，如使得正当防卫的适用范围不再局限于防卫者个人的保护，也为正当防卫提供了限度条件。然而，学者们对于法的自己保全说亦产生了激烈的争论，就限度条件这一着眼点，反对论者认为法的保全具有一般预防功能，通过与同样具有一般预防功能的刑罚比较从而认为正当防卫也应该遵循责任原则与比例原则，这固然改变了个人自我保全不存在限度限制的历史，但又会过度地限制正当防卫的行使。而支持论者则认为"正当防卫的正当化依据在于通过一般预防维护法秩序,并不意味着将正当防卫认定为刑罚"①。除此之外,关于法的自我保全争议点颇多,其优劣、取舍并非本文主旨所在,正如前文指出,本文认为法的自我保全并不具备基础地位,无法单独存在而仅为正当化要素之一,并且当它与个人的自我保全结合也未能解决紧急权说的缺陷。

从紧急权中个人权利保全的发展历史来看,其从自然权利到法律权利必然包含个人防卫与国家权力的矛盾,在其发展为个人的自我保全理论时依然存在这一现象,如日本学者野村稔认为:"由于国民已经将生活利益的保护委托给刑法规范(生活利益保护的委托),因此在此意义上,原则上禁止国民以自己个人实力的行使来防卫自己的法益。但是,例外地在紧急情况下,在来不及寻求国家保护的场合,对国民个人以自己的实力之行使来保护自己的法益也予以承认。这是因为,国民在将生活利益的保护委托于刑法规范时,对于委托后不能期待获得充分的保护,或者预期的保护不能实现的场合,对于自己实行生活利益的保护是有保留的(个人保护保留条款)。对于这种基于自己保护本能的个人保护的保留条款的适用和行使,刑法规范也予以消极地(追认地)容许。"②法的保全的引入亦未能消除这一缺陷,在紧急权说的范畴内,法的自我保全说认为正当防卫是在国家机关未得预防或恢复对法的秩序侵害时,允许私人补充进行的情况,如罗克辛教授认为:"立法者在允许个人采取各种必要的防卫性保护的同时,还追求一种一般预防的目的。立法者认为值得追求的是:在本来应当处在防卫位置上的国家机关不在场时,也应当坚持由法定秩序来抗对个人法益的攻击。"③

本文认为,这种以国家机关的缺位对应正当防卫中的"紧急"是值得商榷的。首先,从防卫人自身来看,防卫人无法也不应当以此来进行紧急的判断,其在遭受侵害的时候,能够直接判断的只能是所受侵害的紧急性或自己遭受危险的紧急性,进行国家机关介入可能性的判断也会延误防卫的时机,影响防卫的效果,在某种极端情况下这种判断甚至会成为防卫人受到侵害的"帮凶"。其次,国家权力与个人权利之间,必然会出现一种模糊状态,即存在国家机关介入的可能,但国家机关无意介入或不能介入,这种状态会对防卫人造成较大的困扰:在被抢劫的现场等待路过的警车驶过才开始防卫,或者在被抢劫的现场等待介入的警察确定无法制服被防卫人时才开始防卫是极其荒谬的,而这种模糊状态也不利于司法机关作出违法阻却的判断。再次,国家机关的权力是否是刑罚权?如果认为是刑罚权,那么如何说明被防卫人依然可能以未遂承受刑罚,如何说明未经判决便产生了刑罚权?如果认为是国家保护个人的权力,那么如何说明这种权力优先于公民个人保护自己的权利?最后,随着社会的发展,国家机关的介入会越来越广泛和及时,那么个人防卫权会受到更严重的限制,不利于个人权利的保护。实际上,持该理论的学者虽然在概述中把防卫限定在国家机关缺位的场合,而在具体构成中依然从侵害者的行为去判断紧急程度,很

---

① 王钢:《法秩序维护说之思辨——兼论正当防卫的正当性依据》,载《比较法研究》2018年第6期。
② [日]野村稔:《刑法总论》,全理其、何力译,法律出版社1999年版,第223页。
③ [德]克劳斯·罗克辛:《德国刑法学总论(第1卷):犯罪原理的基础构造》,王世洲译,法律出版社2005年版,第425页。

难说这种理论可以成为正当防卫正当化的根据。根据我国《刑法》第 20 条的规定，紧迫性仅被描述为"正在进行（的不法侵害）"，也没有指出国家机关缺位的情况。

虽然最近也有学者指出，"公民的防卫权是相对于国家职权的'平行存在'"①，但其是为了说明正当防卫并非在代替国家行使职权，从而反对法的自我保全最终目的会体现集权主义国家理念，其"平行"是指防卫权与国家职权之间没有授权、取代的关系，而仍然认为"紧迫状态"是"国家力所不能及"，所以这并没有消除个人防卫与国家权力之间的矛盾。从根本逻辑上看，如果法的自我保全消除了这种矛盾而真的"平行"行使，那么会造成在犯罪开始以后的任何时刻皆可防卫，因为这些都能达到法的保全效果。

除此之外，"特殊原理"中还包括了"义务说"、紧急状态说、意思丧失说等观点，但均有缺陷，支持者也甚少。

三、违法性一般原理的回归

违法性一般原理的回归，是指正当防卫作为一般原理下的事由，并无特殊之处，适用阻却违法性的一般原理，并从根本上取决于违法观的立场。

（一）法益衡量说之批判

构成要件是违法性存在的根据，即符合构成要件，推定违法性，不存在不法阻却事由，就是违法行为。因此，从逻辑上说，阻却违法性的价值取向必须与违法性的价值取向保持一致，因为两者本身就是一个硬币的两面。正当防卫作为一种阻却违法性的事由，与违法性的学术观点相对应，也就是采取什么样的违法观，就应该有对应的违法性阻却事由，有对应的正当防卫正当化依据。而相较于行为无价值论与社会相当性来说，结果无价值论与法益衡量说获得了更多的支持。

以结果无价值论为基础的法益衡量说因为坚持违法性的本质是法益侵害的立场，所以不得不在正当防卫的正当化根据中来否定法益侵害，对于被防卫人来说，如何说明防卫行为并没有造成法益侵害存在两种方式：第一种是论证被防卫人的法益降低，包括降低到没有的情况，即被防卫人的法益阙如，这种学说在日本得到了学者平野龙一、前田雅英的支持，被称为"法益性的阙如、缩小说，通过优越的利益的原则说明正当防卫的正当化根据。即不正当侵害者的法益，因为其正在进行不正当侵害而被否定，或者其法益因为其正在进行不正当侵害而受到缩小评价，所以，防卫人的法益性常常优越于不正当侵害者的法益"②。第二种是论证防卫人的法益升高。又分为两种情形，其一是绝对的优越理论，日本学者山口厚认为："'正义无须向不法让步'，对于不法的侵害，必须承认'正当的利益'的（不是量的，而是质的）优位性。"③ 其二是通过加成形成优越，即法确证的利益论。根据法确证的利益，对于保护法益的须保护性也要加以衡量。在保护法益的须保护性优越于侵害法益的须保护性时，应当适用优越利益的原理。而这两种理论都存在一些缺陷。

---

① 王钢：《法秩序维护说之思辨——兼论正当防卫的正当性依据》，载《比较法研究》2018 年第 6 期。
② 张明楷：《外国刑法纲要》（第 2 版），清华大学出版社 2007 年版，第 156 页。
③ ［日］山口厚：《刑法总论》，付立庆译，中国人民大学出版社 2011 年版，第 114-115 页。

1. 生命法益不可衡量是法益衡量的最大桎梏

生命法益不可衡量作为当今学界的通说，在紧急避险领域也得到了很多的讨论。虽然对在不同数目的生命法益之间能否比较意见不一，但一般认为生命法益不可衡量意味着个体之间无法进行生命法益的比较，这也就对法益衡量说成为特殊防卫的正当性依据提出了尖锐的批评。为了解决这一问题，法益衡量说试图通过两种方式进行解释。第一种是对防卫人的生命法益进行加成，这种加成既有法确证的利益，也有其他个人法益（如滞留权），然而对于法确证的利益来说，其无法取代个人权益单独成为正当性依据的附属地位决定了其不能够与生命法益的重要性相提并论，这也是以人权保障为基本价值取向的现代国家与现代刑法的应有之义；而其他个人法益同样无法形成加成的效果，因为生命法益不可衡量不仅指个体之间无法进行生命法益的比较，也指其他可以进行衡量的个人法益与生命法益之间不具有可比性，这种无可比性无法使其他个人法益与个体的生命法益形成对另一个体生命法益的优越地位。第二种是对被防卫人的生命法益进行限缩，包括限缩到消失的情况，如法益悬置说。① 这种理论通过暂时消除被防卫人的生命法益来解决生命法益不可衡量的问题，但依然存在法益衡量的绝对性问题。

2. 法益衡量的绝对性是法益衡量的理论缺陷

无论采取哪一种学说，都是将法益作为一种彼时的固定状态进行绝对化的比较，这种方式是值得商榷的。结果无价值论者在论及法益变化的时候，在法益缩小、阙如说的观点中，被防卫人法益缩小与阙如是一种绝对的变化，也就是这种缩小与阙如不仅相较于防卫人而言，也相较于其他人而言，相较于共犯与同时犯而言，相较于整个法秩序而言，是一种绝对的变化。因此，即使在偶然防卫的场合，与正当防卫也并没有什么不同。这也就是学者前田雅英等为何采取防卫意思不要说。而在绝对的优越理论中，认为被侵害者没有理由甘受自己的正当利益受到侵害，使防卫人的法益得到升高，这意味着仅有防卫人存在绝对的优势，他人是不可以进行防卫的，这不仅不利于正当防卫的发展，也与我国正当防卫制度的规定不相符。

3. 结果无价值论的立场是法益衡量的根本问题

我国《刑法》第 20 条第 2 款规定："正当防卫明显超过必要限度造成重大损害的，应当负刑事责任，但是应当减轻或者免除处罚。"结果无价值论者在此款规定中将必要限度与重大损害作为同一范畴的含义，认为"制止不法侵害、保护法益所必需的，就是必要限度之内的行为"②。这种观点将行为完全依附法益侵害结果，而使其失去了独立存在的价值，有学者认为这不仅导致将作为整体的防卫行为割裂开来评价，而且造成"必要限度"的要件丧失独立的意义与地位，还进一步促成防卫过当一般构成故意犯罪的结论。③ 本文认为，从盗窃罪与故意毁坏财物罪的法定

---

① 参见魏超：《法确证利益说之否定与法益悬置说之提倡——正当防卫正当化依据的重新划定》，载《比较法研究》2018 年第 3 期。
② 张明楷：《刑法学（上）》，法律出版社 2016 年版，第 211 页。
③ 参见劳东燕：《结果无价值逻辑的实务透视：以防卫过当为视角的展开》，载《政治与法律》2015 年第 1 期。

刑比较来看，我国刑法坚持了二元论的价值取向，在构成要件范围上以二元论作为成立的立场，却在阻却违法性上单独采用结果无价值论，这会割裂构成要件、违法性与违法性阻却之间的联系而产生逻辑中的空白，单纯地以结果无价值论立场进行正当防卫正当性的判断，也会不当扩大处罚范围。从防卫人的角度来看，将限度条件等同于侵害结果也不利于其进行正当防卫的判断，不利于刑法的行为指引作用的发挥。

（二）实质违法性说二元论之提倡

如前所述，将法益作为一种彼时的固定状态进行绝对化的比较并不科学，本文认为，应当回归实质违法性说中的二元论，即结合了法益侵害说与规范违反说。大塚仁认为违法性的实质就是违反社会伦理规范的侵害法益的行为。而李斯特将形式违法性与实质违法性有机结合，认为两者有可能重叠，有可能分开，但不是对立的关系。大谷实在《刑法总论》一书中论及排除违法性的一般原理时写道："从违法性的实质是违反社会伦理规范的法益侵害的立场来看，侵害法益的行为只要具有社会相当性，就排除违法性，因此，社会相当性说基本上妥当……所谓社会相当性，是指行为属于社会伦理秩序范围内的性质。具体来说，就是包括结果的法益侵害性在内，该行为在各个日常生活的领域中，具有日常性和普遍性，为健全的社会一般观念所容允。"可以看出在大谷实的理论中，排除违法性的一般原理分为两个层次：没有引起法益侵害结果，自然排除违法性，而即使引起了法益侵害结果的时候只要符合社会相当性依然可以排除违法性。同时，大谷实在撰写该书的时候，将排除违法性事由的种类分为正当行为和紧急行为，并且明确指出正当防卫正当化的根据是《刑法》第35条的规定，也属于社会相当性的行为。回归到违法性一般原理，以社会相当性说作为正当防卫的正当性依据具有如下优势：

首先，单纯的法益侵害无法充分说明行为不法的特征，自然也不能充分说明阻却不法的特征。社会相当性说作为正当防卫的正当性依据，可以使得分析防卫行为时不仅考虑法益的侵害，同时也要考虑规范违反的程度，即考虑一定时期内的反映社会关系的法规范、行为规范，从而能够正确地指导正当防卫制度的设置与发展。以美国佛罗里达州为例，在其颁布无限防卫权相关法规的9年里，谋杀率与枪杀率都有所上升，而这两项数值在其颁布前的6年里始终处于下降的趋势。[①] 这一调查研究说明如果考虑到美国宪法中佩带武器的权利，在正当防卫中设置撤退义务似乎是更好的选择。以于欢案为例，也有学者认为如果从聊城地区尚武与孝道文化出发进行考虑，更能准确反映其行为违法性的严重程度。

其次，社会相当性说回归了违法性阻却的一般原理，打破了正当防卫作为违法阻却事由类型化的壁垒，使得防卫行为与违法性判断更好的衔接。通说认为构成要件是违法性的类型化，符合构成要件便推定有了违法性，而在违法性内部继续类型化形成违法阻却事由，又采用特殊原理，必然会导致理论之间衔接不畅，采用一般

---

① Humphreys, D. K., Gasparrini, A. & Wiebe, D. J. (2016). Evaluating the impact of Florida's "Stand Your Ground" self-defense law on homicide and homicide by firearm: an interrupted time series study. *Journal of Epidemiology & Community Health*.

原理则可以全面地考察防卫行为实质违法性，从法律评价的角度更好地保护防卫人。仍以于欢案为例，二审判决书中写明："因此，于欢面临的不法侵害并不紧迫和严重，而其却持利刃连续捅刺四人，致一人死亡、二人重伤、一人轻伤，且其中一人即郭某1系背后被捅伤，应当认定于欢的防卫行为明显超过必要限度造成重大损害。故对出庭检察员及于欢所提本案属于防卫过当的意见，本院予以采纳；对辩护人所提于欢的防卫行为未超过必要限度的意见，本院不予采纳。"如果按照防卫过当是超出限度的正当防卫的观点，于欢案既然面临的不法侵害并不紧迫和严重，便不会成立正当防卫。因此，如果正当防卫以特殊原理作为违法性阻却的类型化，当不能成立之时会对防卫人的刑法评价有着天壤之别。而如果正当防卫回归到违法性阻却的一般原理，即使在不能构成、无法完全阻却违法性的情况下也更容易衔接到违法性量的判断，从而将实质违法性、违法性量、超法规的违法性阻却事由等学说衔接，进而更好地对防卫人防卫行为的违法性进行全面判断，从刑法评价上保障防卫人的防卫行为。

最后，回归到实质违法性说中的二元论不仅采取社会相当性说，同时也会考察法益的对比，但又可以避免结果无价值论法益衡量绝对性的缺陷，也就是说，此时法益衡量时的变化是一种相对的变化，变化取决于社会伦理规范的一般观念。在防卫人与被防卫人之间，由于被防卫人的侵害行为违反了一般伦理规范，所以其法益需要保护性相对防卫人变小，防卫人的法益需保护性相对被防卫人变大，所以可以采取适当的防卫手段保护自身法益。防卫人的法益需保护性只相对于被防卫人才能变大，这也就解释了为什么无法针对第三者进行防卫。被防卫人的法益需保护性相对于一般公民减少（因为其破坏法秩序的行为不被伦理规范所接受），所以一般公民面对被防卫人也可以进行防卫，这种减少在面对有违法故意的偶然防卫者时是不能减少的（因为二者都是破坏法秩序的行为），所以偶然防卫不能成立。而在法益侵害状态结束以后，不会再有继续发生侵害的危险时，被防卫人已经从正在对法益造成危险或侵害的人转变成曾经对法益造成危险或侵害的人，此时犯罪人的法益需保护性有所提升，这种提升的理由在于被侵害人的法益保护需要通过国家机关的追诉才能得到最公正的实现，这种公正的实现前提是犯罪人法益的完整性，因此其法益相比于犯罪时应当得到恢复，但这种恢复依然无法恢复到正常保护的水平，这也就是公安机关可以采取强制措施，公民可以实施扭送的原因。

四、结语

本文以规范违反说与法益侵害说相结合，从法律评价的角度比较防卫人、被防卫人法益需保护性相对变化的范围、原因及过程，克服了权利说与结果无价值论法益衡量说的缺点，是对实质违法性二元论的一般原理在阻却违法性的一般事由理论中的延伸，也必然会受到与违法性二元论一样的批判。但基于在正当防卫制度中纳入社会相当行为的考量，以相对与动态的视角定义法益的变化，在一定程度上有利于纠正唯结果主义的倾向，更具合理性。

论防卫限度的判定

徐 岱[*] 韩卓瑞[**]

近年来，涉及正当防卫问题的热点案例，因关系民众认知、刑法理论与实践态度，得到全社会前所未有的关注。随着最高人民法院发布第十二批涉及正当防卫认定的指导性案例，理论界和实务界对正当防卫认定问题的讨论也进入新的阶段。然而，在鼓励人们面对不法侵害积极行使正当防卫权利保障权益的同时，也需要理性看待正当防卫与防卫过当之间的界限。现实中每个案件的具体情况、当事人状态等要素不可能完全一致，因此对案件性质的判断，难以统一标准。本文的基本观点是，对防卫过当的认定必须严格依照我国刑法规定，不为司法实践的惯常思维所左右。为达到平衡法秩序与利益关系的目的，须以防卫行为为判断核心，以防卫人当时状态为判断视角，特别是考虑对防卫人主观认识内容产生影响的事实。考察防卫限度条件和利益衡量皆有其发挥作用的空间，但对二者的把握，须综合具体情境中的各种要素。

一、防卫过当的情境判断

（一）"超过必要限度"的认定要素

为更具体地言明防卫限度的认定要素，本文以作为涉及正当防卫问题的指导性案例和公报案例，且就正当防卫和防卫过当界分存在争议的吴金艳案和朱凤山案为例，考察防卫限度的认定问题，首先，依照裁判文书与裁判要旨，笔者以下表作为论证辅助。[①]

	吴金艳案	朱凤山案
不法侵害人人数	3人	1人
不法侵害人性别	男	男
防卫人人数	1人	1人
防卫人性别	女	男
案发时间	深夜	深夜
是否事前认识	不认识	认识

---

[*] 吉林大学法学院副院长、教授、博士生导师，中国刑法学研究会常任理事。
[**] 吉林大学法学院刑法学硕士研究生。
[①] 限于篇幅，本文就具体案情不再赘述，具体案情及裁判要旨参见《最高人民法院公报》2004年第11期，吴金艳故意伤害（正当防卫）案；最高检指导案例第46号，朱凤山故意伤害（防卫过当）案。

第三编 正当防卫制度的适用与完善

续表

	吴金艳案	朱凤山案
起因	无其他原因	存在其他矛盾
不法侵害行为	殴打、侮辱、猥亵、伤害等	厮打、用瓦片投掷
实际损害结果	死亡	死亡
防卫是否有效	有效	有效
其他手段可能	无其他可能	有其他可能
不法侵害工具	长铁锁（近距离）	瓦片（远距离）后徒手（近距离）
防卫工具	14厘米长、2厘米宽水果刀	铁叉、宰羊刀
工具在手时点	临时	预先准备
防卫行为	划伤对方手臂，在对方挥动铁锁时捅刺	直接捅刺
反击身体部位	左胸	左胸
案发环境	封闭室内	民宅院落
报警时间	事后报警	事前报警
行为定性	正当防卫	防卫过当

吴金艳案与朱凤山案最终定性不同，是综合全部案情，结合具体情境的考虑。笔者认为，朱凤山案即为有知觉的防卫过当。二人在不法侵害开始之前就存在矛盾，且在不法侵害人进入院内后，徒手同朱凤山发生厮打，而朱凤山在认识到对方是徒手攻击的情况下，仍然先后持铁叉、宰羊刀防备，并一击直中不法侵害人身体要害部位。尽管正当防卫同紧急避险、自救行为等其他违法阻却事由相比，最大的区别就在于，不要求防卫人先履行回避义务。但在本案中，朱凤山在能够认识到不法侵害人侵害行为强度、攻击性的情况下，仍选择持刀与之厮打，而不选择如返回屋内等其他保护自身利益的方式。笔者认为，朱凤山事前报警，寻求公权力救济，并不能成为削弱防卫必要性的要素。因为除非警察近在咫尺，能够有效保障防卫人权利，否则也不能期待报警能够成为取代当时行为的备选方式。

而在另一指导性案例中，吴金艳实行了两次防卫行为，第一次是划伤撕扯其贴身衣物的不法侵害人，第二次则是在对方挥动铁锁时刺中其左胸，这种带有试探性的防卫，可以表露出防卫人对不法侵害行为的认识，并且其所采取行为的强度完全以不法侵害行为的变化为依据。在防卫时，先采取谨慎但效果不好的防卫（威胁）手段，转而采取了侵害程度更高但有效的手段。值得注意的是，不法侵害事实可能发生的变化也应当作为必要性考量的要素。因为这种变化既可能导致"超前"的防卫，也可能造成权利行使的滞后。例如，实践中多将同防卫人厮打的不法侵害人，认为仍处于"闹事"——不法侵害程度较弱的行为，那么在此种状态下，防卫人不能采取强于这一侵害人不法侵害程度的防卫行为，一旦造成不法侵害人重伤或死亡结果，防卫行为则超过防卫限度。

而真正成为问题的是,防卫人与不法侵害人事前存在矛盾,且之前不法侵害人也有侵扰住宅安宁的行为。因此,难以排除这一因素对防卫人行为方式选择偏差的影响,尽管,事前矛盾不可避免地在客观上干预了防卫人的行为选择。在朱凤山案中同时倾向于弱化不法侵害行为的强度,如不法侵害人之所以滋扰朱凤山,是因想与其妻即朱凤山之女和好,而不同于通常的报复行为。笔者认为,恰如防卫意识不会因存在不善良的动机或目的而被阻却,不法侵害行为性质也不会基于侵害原因而发生变化,在此基础上,也不宜成为压缩防卫人行为限度的理由。事实上,因为防卫认识具体内容的判断,难以在伤害、防卫、保护等复杂的主观要素中,明确应为刑法规范予以否定评价的部分。

(二)实践观点误解纠偏

作为正当化事由,个人权益的自我保护和法确证作为正当化事由背后的基本要素,在行为无价值二元论看来,正当防卫的成立需要同时考虑法益衡量和法秩序的维护。① 对于防卫行为是否过当就应分别从防卫行为以及防卫所造成的结果两个侧面切入,完全不考虑行为,只看重防卫造成的结果,只要有重的结果就是防卫过当,会限制正当防卫的成立范围。司法实践否定正当防卫的成立基本可分为两种思路:第一,依法否定正当防卫构造中某一条件的成立,如互殴案件中不存在防卫意思;第二,因"明显超过必要限度"并"造成重大损害",而属防卫过当,构成犯罪。

有学者将我国《刑法》第 20 条第 2 款中的"明显超过必要限度"拆分成对程度的判断和作为正当防卫限度条件外延的基准条件,特别是以损害程度不同档次作为"明显"的行为规范内涵。② 前述实践观点,实为单一条件说的内容,不仅容易混淆"明显超过必要限度"与"造成严重损害"的界限,对"必要限度"的判定也常陷入误区。最典型的就是利益衡量对认定防卫过当的影响,以及防卫行为模式选择的影响。③

考察我国传统理论对正当防卫性质的观点,在犯罪构成之外,再行关于正当防卫的判断,基于其固有的正当化要素,从实质上排除社会危害性,否定形式层面的"构成犯罪"。通过对我国裁判文书的分析研判,在防卫过当情形下,对行为人免除处罚的情况几乎不存在,而防卫过当行为多成立故意犯罪。而在阶层犯罪论体系中,就防卫过当刑法条文规定而言,关于防卫过当减轻或免除处罚依据的学说包括违法减轻说、责任减轻说和违法责任减轻说,作为多数说的违法责任减轻说,因不可否认防卫意识的存在,既肯定防卫过当相较于单纯法益侵害行为的防卫性质,也

---

① 参见〔德〕克劳斯·罗克辛:《刑事政策与刑法体系》,蔡桂生译,中国人民大学出版社 2011 年版,第 34 页。
② 参见邹兵建:《正当防卫中"明显超过必要限度"的法教义学研究》,载《法学》2018 年第 11 期。
③ 有学者站在结果无价值的立场,主张利益衡量说,认为严重损害结果是判断防卫超过必要限度的主要依据。参见张明楷:《正当防卫的原理及其运用——对二元论的批判性考察》,载《环球法律评论》2018 年第 2 期。亦有学者持相反态度,参见劳东燕:《结果无价值逻辑的实务透视:以防卫过当为视角的展开》,载《政治与法律》2015 年第 1 期。

需说明心理压迫状态造成的责任减少。① 回溯正当防卫之滥觞，可知其源自自我保护之思想。面对确实、即时发生的不法侵害，个人可以捍卫其拥有的法益及法律所保护的其他利益；另外，正者毋庸向不正者低头的观念，亦是对整体法秩序的捍卫，故而成立对原本违法的阻却事由。从本质上可以理解为"以正对不正"的该当构成要件之权利行使。② 防卫行为符合分则个罪的犯罪构成，系行为规范的内容。同理，超过必要限度的防卫过当行为，也属于行为规范内容。而在"唯结果论"思维的影响下，"重大损害"的出现则直接削弱，甚至取代对"明显超过必要限度"的判断。而最典型的就是，要求防卫人在面对不法侵害时，谨慎选择实施与不法侵害手段"武装对等"、保护利益"相当"且防卫起因特定的防卫行为。在此种逻辑推演下，可能导致的结果之一就在于对《刑法》第20条第3款特别防卫的侵蚀。

二、防卫过当的客观要素

（一）防卫过当认定域外经验

在日本和我国台湾地区刑法中，亦有与特别防卫权立法目的相似的条文，或者说，对特定情状下的防卫限度不设限。因此，须更加注重对防卫行为本身的判断。其中，相较于进行利益衡量，考察防卫行为造成何种结果，更加重视对防卫行为本身的精细化考量。日本刑事司法实践既承认"质的防卫过当"，又承认"量的防卫过当"，而质的防卫过当涉及最小限度损害手段，量的防卫过当则与不法侵害停止前的一系列、具有持续性的行为相关。那么，是否可以将前者理解为强度上的超越，而将后者理解为时间上的超越？

不同于日本刑法中关于防卫限度的限制性规定——"不得已"，③ 德国刑法学理论多强调防卫的紧急性，也将正当防卫称为紧急防卫。仅对"有知觉的防卫过当"，认定成立犯罪，而对无知觉的防卫过当，如《德国刑法典》第33条规定，尽管防卫行为是违法的，也因防卫人处在恐惧、惊慌等"微弱"心理状态，即便超过防卫限度，也不负刑事责任。④ 需要说明的是，此种不负刑事责任的防卫过当，不适用于复仇、激怒等强烈的情感。一旦确认这种精神状态的存在，并不意味着防卫人认识能力的完全丧失，只是在一定程度上的减弱，或者说不能再以自身权益处在紧急状态下，判断防卫行为是否有必要，是否过当来要求防卫人，因为这最终可能导致正当的权益受到侵害。假设具体情境下，正常人应对不法侵害所采取的防卫行为，如在"上衣口袋案"中，德国联邦最高法院认为，S与A素日积怨，因此有充分理由认为，对A而言，S朝他上衣口袋抓来的动作已经意味着威胁，而且可以在

---

① 参见陈子平：《刑法总论（增修版）》，中国人民大学出版社2009年版，第178页。
② 参见林钰雄：《新刑法总则》，中国人民大学出版社2009年版，第185-187页。
③ 《日本刑法典》第36条第1款规定，"不处罚对急迫不正当侵害，为防卫自己或他人权利的不得已而为之的行为"。日本学者认为是对防卫行为相当性的要求，相较于我国刑法关于正当防卫的规定，要求更为严格。
④ 参见［德］乌尔斯·金德霍伊泽尔：《刑法总论教科书》（第6版），蔡桂生译，北京大学出版社2015年版，第168页。

几秒之内转化为侵害。这意味着，在 A 眼中，他只有迅速采取防卫手段才能化解侵害，其可被视为正当防卫。① 以正常人的防卫认识为核心，直面行为时的不法侵害状态，明显区别于认定防卫过当和假想防卫的思路。与之相对，韩国大法院判例则强调客观层面的防卫行为相当性，防卫过当以行为超过相当性的程度为标准。如无理受到集团性殴打的被告人（防卫人），在无力再逃避的状况下，为防御而挥动镐头，结果使得其中一人死亡，的确是欲实施反击行为，却实施了过度的行为，故成立防卫过当。②

对大陆法系国家刑法典和我国刑法中有关防卫的立法例进行梳理比较，背后存在立法者观念的本质差异：德日刑法与中国刑法对正当防卫之规定，体现出的利益安排重点有明显差异。我国刑法从防卫指向对象（不法侵害人）的角度出发，意图使刑法规定，尽力保障防卫之正当性；而德日刑法则从防卫行为人角度出发，旨在最大限度保障防卫权有效且合理实现。对防卫过当限度标准的判断，也从一个侧面反映出个人与社会本位观的立场选择。无须容忍"向不法让步"思想的事态发生，最低限度行为除非能够被明确肯定，否则不应以此就广泛地认定防卫过当成立。③ 将防卫造成的侵害结果重大性判断纳入防卫行为的相当性判断中，④ 将使法益衡量成为导致防卫相当性概念及判断标准模糊的影响因素。

（二）底线：权利滥用原则

域外理论大多以"权利滥用原则"为依据，解释防卫行为的限度问题。在防止防卫权滥用而不当损害法益的同时，也避免将正当防卫误认为防卫过当。因此，在为保护价值极其低廉的财物，而非住宅权等重要的财产性利益，杀死侵害人的极端情形下，可以例外地根据狭义比例原则否定防卫行为的合法性，考虑防卫过当的成立。林钰雄教授认为在权利滥用这一较为抽象的原则之下，还包括具体的案件类型。所谓权利的滥用，就意味着"超乎寻常的不成比例"，诸如微财杀人案、偷摘樱桃案，防卫限度的认定，并不在于法益位阶高低。简言之，正当防卫无须在保全与破坏的两个法益间做严格的利益衡量。⑤ 对正当防卫这一权利实现的提倡，也无须以衡平原则加以限定。只要合乎规范与社会伦理权衡的适宜性，就可以认定为正当防卫。黄荣坚教授则认为权利滥用原则不应成为正当防卫成立范围的限制，就诸如对无罪责的儿童实施的防卫，不宜成为说明这一问题的例子，而应对不法侵害人提出"主动放弃侵害行为"这样更高的要求。⑥

---

① ［德］克劳斯·罗克辛：《德国最高法院判例刑法总论》，何庆仁、蔡桂生译，中国人民大学出版社 2012 年版，第 16 页。基本案情：S 和 A 素有积怨。一日，他们狭路相逢，再度发生争执。争执间，S 朝 A 放有实弹手枪的上衣口袋抓来。A 顿时联想起几日前，S 曾以一把左轮手枪威胁要枪杀自己，于是毫不犹豫地拔出手枪，对 S 扣动了扳机。

② 参见李在祥：《韩国刑法总论》，韩相敦译，中国人民大学出版社 2005 年版，第 208 页。

③ 参见［日］山口厚：《刑法总论》（第 2 版），付立庆译，中国人民大学出版社 2011 年版，第 132 页。

④ 参见［日］西田典之：《日本刑法总论》（第 2 版），王昭武、刘明祥译，法律出版社 2013 年版，第 148 页。

⑤ 参见林东茂：《刑法综览》，中国人民大学出版社 2009 年版，第 82 页。

⑥ 参见黄荣坚：《基础刑法学（上）》（第 3 版），中国人民大学出版社 2009 年版，第 159 页。

第三编 正当防卫制度的适用与完善

当然，对防卫限度的判断，为回避整体判断可能导致的偏差，可采用分阶段考察的方式。如在侵害终止后，不法侵害人明显躲避回避冲突，或者丧失抵抗能力，此时不法侵害行为已经发生转变，甚至可能不成立正当防卫。满足正当化事由的主观条件，为制止攻击，基于客观的事前判断，此时采取的攻击手段是必要的。如果攻击行为已经明显停止，此时不法侵害人针对具有攻击性的防卫行为，也可采取防卫。在没有预先警告的情况下，不应使用危及生命的手段继续防卫。

(三) 防卫行为的必要性与需要性

若以法益衡量作为标准，把握防卫行为的必要限度，在考虑到防卫行为有效性的同时，比较不法侵害造成的损害大小、内容与防卫行为意在保护的利益性质和实为损害行为的防卫程度是否相适应，则可能限制防卫权行使。而特别防卫权涉及的不法侵害行为的社会危害严重程度，相较于防卫行为可能造成的损害，基本不会"明显超越"。而我国刑法规定的特别防卫，与之类似，同样是因为这些案件多为严重危及人身健康、生命权益的不法侵害行为，且防卫人当时很有可能处于因突发事件导致的精神极度恐慌的状态，在危急时刻，如若要求防卫人缓慢反应，谨慎判断，明显不具有可期待性。这也是规范对情绪容忍度的体现，考察《刑法》第20条第3款的特别防卫立法原理，也可视作无知觉的防卫过当，不负刑事责任——这一将期待可能性明文化的认同。

相较于选择有效的防卫手段，回避冲突并不是法规范和社会大众所期待的，没有理由期待防卫者面对迫近的危险放弃权利。① 按照防卫权行使的限制大小来看，特别防卫权行使不受限度条件约束。但问题的关键在于，特别防卫权行使的先决条件在于"严重危及人身权益"的不法侵害行为是否存在，而这一先决条件的认定采取的标准为何，将直接影响案件性质的判定。例如，美国《模范刑法典》则就不法侵害行为存在的判断标准问题采取主观说，如果防卫人感知到对合法权益的威胁时，就可实施防卫行为。②

对于防卫行为必要性的判断，需结合不法侵害的强弱程度、可能导致的危险程度以及防卫具体手段加以考察，围绕"是否以追求最小损害手段为必要"这一问题展开，通说观点认为，在有多种防卫手段可供选择时，必须尽可能选择实害最小或危险较少的手段。必要性原则主要适用于防卫行为具体手段的选择，并不是要求行为人必须在紧急情况下，经过深思熟虑，理性判断，最终选择造成损害结果最小的防卫行为，而是指仅当行为人有实施较小侵害性的防卫手段的可能性，但放弃实施，行为人的防卫行为才会被评价为超过必要限度，构成防卫过当。在防卫人可以有效地采取反击手段时，即成立所谓的攻击防卫，不需要仅仅采用保护防卫或回避而保护权益。在陷入与不法侵害者的争执中时，法律不需要也不期待防卫人应当或者能够考虑到可能造成何种损害结果，哪怕是防卫人对防卫行为及预期后果没有准

---

① 参见 [德] 汉斯·海因里希·耶赛克、托马斯·魏根特：《德国刑法教科书（下册）》，徐久生译，中国法制出版社2017年版，第405页。

② 《模范刑法典》第3.04条（1）规定：行为人相信对他人或者向他人使用武力，是为防止他人在当时的情况下针对自己使用非法武力所即时必要时，对他人使用该武力具有正当性。

确认识，也不必须采用危险更小的防卫手段。①

必要性指向不法侵害在事实层面的防卫可能性，而需要性则须考虑防卫在规范层面是否适当，②或者说是否符合社会相当性的要求，防卫人应选择不脱离社会相当性的实施方法，以实现法益保护。③包括但不限于以下排除正当防卫成立的情形：显著轻微的攻击、利益严重失衡（不法侵害损害的利益价值较低）、防卫人之于不法侵害者而言居于保证人地位、防卫人对不法侵害行为的存在有过错等。

三、有认识的防卫过当

（一）防卫过当的判断视角

问题是，哪些要素适宜作为判断防卫人对行为限度主观认识内容的依据，而对这些要素进行判断的视角又是什么？依此思路，将回归到不法侵害判断时点与判断视角的问题。就防卫人判断采取何种防卫手段所依据的标准问题，存在主观说、客观说、折中说三种学说。其中，客观说强调以事后收集信息为依据，与之相对的另两种学说则以行为当时为判断时点，具体而言，主观说以防卫人在不法侵害发生当时所能确认的事实为基准，折中说则认为防卫手段的选择需要综合防卫人当时能够认识到的信息和本应认识到的信息。笔者认为，尽管防卫意识是防卫过当的先决条件，但也不能排除防卫意识，特别是行为人主观认知对客观行为选择的影响。而对"明显超过必要限度"的教义学解读与司法适用，则多从客观说的角度出发，行为人之外第三人的视角对"明显超过必要限度"进行事后判断，认定标准未免"强人所难"，但又不能过于凸显行为人个人在不法侵害正在进行时的状态，以致正当防卫的滥用。

本文基本支持对防卫人主观认识具体内容的判断标准不应采取客观说的观点，这也是德日通说；④也认同主观说可能会成为防卫人的"脱罪借口"，折中说既能保障防卫权利的合理行使，又能防止权利的滥用，有其合理之处。但折中说的内容也存在不可回避的问题，换言之，何为"防卫人本应认识的内容"？尽管折中说的支持者也强调对防卫人信息收集与判断义务履行范围的认定，须得结合具体情境，但笔者认为这种情形过于具体且样态繁多，并不能也无须设置统一标准，仍然不可避免地对防卫人认知能力有过高要求。防卫行为限度有认识可能性的局限。因此，必须综合行为人的精神状态、个人认知能力和身体素质等要素，更要考虑到客观环境对个人意志自由与行为选择的影响。

对防卫人当时选择的行为模式，是否符合必要性的要求这一判断，需要结合不

---

① 参见［德］乌尔斯·金德霍伊泽尔：《刑法总论教科书》（第6版），蔡桂生译，北京大学出版社2015年版，第167-168页。
② 参见［德］乌尔斯·金德霍伊泽尔：《刑法总论教科书》（第6版），蔡桂生译，北京大学出版社2015年版，第171页。
③ 参见陈子平：《刑法总论（增修版）》，中国人民大学出版社2009年版，第180-181页。
④ 参见［日］松原芳博：《刑法总论重要问题》，王昭武译，中国政法大学出版社2014年版，第129页。

法侵害发生的具体情状以及实际可能发生的变化。以行为当时情境为基准，统合社会一般人的理智观念和防卫人当时的主观认识。这种事后的判断，不能以完全理性、冷静的第三人视角加以考察。这是因为防卫意思这一正当防卫的主观要素中不可避免地掺杂着伤害的意思，在此主观内容的支配下，防卫行为也当然存在伤害的成分。需要法官假设其自身处于被不法侵害所威胁的被害人境地，对不法侵害发生时客观存在的情况，基于环境压迫下的紧张情绪，有可能作出何种行为选择。在可以考虑到的可能用于防卫以保障权益的行为，如作为最后手段，都难以充分发挥作用时，同时兼顾对财物价值的保护，也是被允许的。①

（二）故意的防卫过当

极端的结果无价值论者在违法性本质的判断上排除行为人主观要素，而对防卫限度过当的判断，并非单纯客观判断。不可否认的是，防卫行为是在防卫意思支配下实施的行为，一如行为的核心是行为人的主观认知，考察防卫行为的基本构造，只有在防卫意思支配下的行为，方为防卫行为。本文以防卫意思必要说为基本立场。尽管防卫意识能在一定范围内同犯罪故意兼容，但正如犯罪故意的构成要素，在防卫人对正当化事实有认识的基础上，防卫人对不法侵害的认识程度，才是司法实践中要重点把握的关键所在。只要行为人认知并不存在一个正当防卫的事实，行为人即具备犯罪故意。至于行为人的动机如何以及目的如何，并不重要。（纯粹心理因素）亦非认定违法的关键所在。而导致司法实践陷入困境的是，防卫人在对不法侵害人进行反击时，多少带有伤害意思，且基于当时情境，如行为人常处于激怒紧张不安情绪，即日本刑法理论常论及的心神不宁情状。在情境论中，很难从外在行为推知内心意思。

以是否对超过防卫限度的事实有认识为划分依据，可将防卫过当继续细化为故意的防卫过当与过失的防卫过当。相较于过失的防卫过当，故意的防卫过当仅能予以减轻处罚。那么，可以通过哪些征表判断成立"有认识的防卫过当"呢？换言之，问题的关键在于，防卫行为超过必要限度的具体情形不一而足。在防卫人认知能力所及范围内，会当然地认为，这已经是符合必要性的防卫行为了。或者说，这种超越行为当时的预知能力是很难被肯定的，因此从根本上欠缺构成犯罪所需的故意。②

我国台湾地区学者认为真正意义上的防卫过当，仅限于防卫人有意选择超过必要限度的手段对不法侵害人予以反击。例如，为教训攻击者，使用危险的武器，对体格不占优势且徒手的单个不法侵害人实施防卫。而防卫具体手段的强度与方式，则与行为必要性相关，无须达到手段对等性的标准，如在一人徒手且一人持有武器，实践中多倾向于将此种情况认定为防卫过当。而关于徒手侵害，不应一概而论，也有必要结合具体案情、当事人力量对比等要素整体判断，如强壮的男子徒手扼住女性的脖颈，女子在混乱中持刀捅刺对方的情形，也不宜认定其防卫行为超过

---

① 参见［德］约翰内斯·韦塞尔斯：《德国刑法总论》，李昌珂译，法律出版社2008年版，第187页。
② 参见黄荣坚：《基础刑法学（上）》（第3版），中国人民大学出版社2009年版，第155页。

必要限度，即形式上的"武器对等"原则并不妥当。① 如果防卫人认识到具体情况下双方的力量差距，依然选择采取不必要的防卫行为，则成立防卫过当。

结论

关于防卫过当与正当防卫的界限问题，即正当防卫的限度条件的理论研究陷入僵局，系因所涉及具体案件的情状复杂，难以把握。特别是存在防卫人处于精神紧张状态下，实施的"无意识（知觉）"防卫行为。在"必要限度"的认定过程中，期待可能性或可作为违法阻却事由的解释依据；与其设定统一的、抽象的标准，不如在个案中考量最低损害防卫行为选择是否可能，防卫起因是否在一定程度上影响防卫手段的选择。以防卫行为的基本构造，特别是防卫人主观认识为核心，整合行为人在不法侵害发生时的身体素质、精神状态，客观上所处环境等因素，进行全面考察。

作为一体两面的正当防卫与防卫过当，其界限的认定不应拘泥于客观层面的判断，从违法性论争到实践问题的解决，如何认定防卫行为的限度条件，才能既有效保护自身权益，又将损害控制在最小限度内。基于防卫意识实施的防卫行为是否超过必要限度，应当统合权利行使保障和防止权利滥用两种思想，谨慎适用法律，考虑具体情境下防卫人认识能力和不法侵害行为的演变可能，前提条件是，合法权益保护的有效性实现，当然优先于对不法侵害人损害程度的控制。

---

① 参见［日］松宫孝明：《刑法总论讲义》（第4版补正版），钱叶六译，中国人民大学出版社2013年版，第109页。

理论和实务双重视角下的正当防卫限度条件问题研究

郑丽萍[*] 吴 静[**]

正当防卫的限度条件一向是刑法理论界和司法实务中的认定难题。从前期发生的社会影响较大的"于欢辱母杀人案""昆山反杀案",到近期发生的"赵宇防卫案",理论界和实务界对于这些案件的性质均存在不同观点,有学者和实务人员认为其是正当防卫,也有学者和实务人员主张其为防卫过当。之所以会产生如此之大的争议,通常不是由于案件事实的认定问题,而是因为对防卫限度的内涵、构成和认定各自秉持不同的立场,对于《刑法》规定的"明显超过必要限度,造成重大损害"的限度条件理解不够。本文旨在通过厘清关于正当防卫限度条件的内涵与构成的不同学说,对"明显超过必要限度"的行为限度要件和"造成重大损害"的结果限度要件进行论证,并结合上述一些热点案件,提出我们自己的理解和观点。

一、正当防卫限度条件的内涵

关于正当防卫限度条件的内涵,当前学界大致有四种学说:"基本相适应说""必需说""折中说"和"必需说原则基础上的社会相当性例外说"。采取不同的学说立场,对于同一案件可能会得出不同的判断结果。

"基本相适应说"主张防卫行为的程度与侵害行为的程度应当相契合,防卫行为与侵害行为在性质、手段、强度及造成的损害等方面应大体相当。它所对应的判断标准是"法益衡量"标准,主张防卫行为所造成的法益损害结果小于、等于或稍大于不法侵害所造成的法益损害结果时,为基本相适应;反之则不相适应,不构成正当防卫。在案件的判断中,法益大小的比较衡量较之其他判断因素,分歧争议最小,可谓一种"形式判断"标准。① 由于"基本相适应说"以防卫行为与侵害行为在手段特别是结果方面基本相适应为标准,忽略了应急状态下对于防卫行为的适当放宽,缺乏下限的确保,被现代刑法学所放弃。

"必需说"主张防卫行为是否超过必要限度,应当从防卫的实际需求出发,以有效制止不法侵害的客观实际需要作为防卫的必要限度。② 只要防卫行为在客观上是必需的,其防卫行为的强度即使明显大于侵害行为的强度也无妨。其判断需要全面考察案件细节,根据案件中双方行为的性质、手段、强度、人员多少与强弱、现场所处的客观环境与形势进行全面分析,乃为"实质判断"。但由于其在一定程度

---

[*] 北京航空航天大学法学院教授、博士生导师,中国刑法学研究会理事。
[**] 北京航空航天大学法学院硕士研究生。
① 参见周详:《防卫必要限度:学说之争与逻辑辨正》,载《中外法学》2018年第6期。
② 参见肖中华、朱璨:《论正当防卫中必要限度条件的激活》,载《法学杂志》2019年第4期。

上忽略了对防卫行为的合理限制，致使防卫行为上限过高，不利于均衡保护侵害者必要的合法权益。

"折中说"则要求同时适用"必需性"标准与"法益衡量"标准，要求防卫行为不仅是制止不法侵害所必需的，且其所造成的法益损害后果与不法侵害所造成的后果基本相当。① 该学说尽管其名称中含有"折中"一词，但在司法实务中并未发挥出折中的效果。其表面上看似结合了"必需说"与"基本相适应说"的精华，扩大了正当防卫的成立范围，是科学合理的。但其主张的苛刻的双重判断标准却实际上使得正当防卫的成立空间被压缩，在几种判断标准中成立正当防卫的空间最小，而成立防卫过当的空间最大。

"必需说原则基础上的社会相当性例外说"（简称"原则与例外说"）则主张以必需性为原则，以社会相当性为例外。② 该观点认为，应以有效制止不法侵害的客观实际需要标准为原则，但对于为保护轻微合法权益而造成不法侵害人重大损害后果等不具有社会相当性、不为社会大众所容许接受的情况则是例外。该观点与"折中说"不同，其先通过适用必需性的实质判断标准，得出原则上应为正当防卫的案件；再在此基础之上，排除一些不具有社会相当性、不为社会大众所容许的例外情况。对于例外情况，其采纳的并非法益衡量标准，而是社会相当性标准。这是因为法益衡量标准会将多数法益大小差异不过于悬殊的情况也予以判断进来，压缩了正当防卫的成立空间，不利于正当防卫的司法适用。因此，必需说原则的例外判断，并不是法益衡量的问题，而是社会相当性的问题。③ 只有当防卫人实际采取的防卫行为明显超出所必需的限度，超出人们在容忍程度上的社会相当性时，才能认定该防卫行为不属于正当防卫。

较之以上几种学说，我们更赞同"原则与例外说"。这种学说在正当防卫"正对不正"关系中，以保护"正"即受侵害者一方为核心主旨和倾向，但同时也适当兼顾了侵害者应有的必要的合法权益，对"必需说"的立场予以适当的缓和，因此，在妥善平衡受害与侵害双方利益的前提下，更有利于合理和有效地改善我国正当防卫制度的适用现状。

二、正当防卫限度条件的构成

对于防卫过当的成立是采纳一体说还是二分说，即明显超过必要限度与造成重大损害之间的关系，学界主要存在以下两种观点。

一体说认为，"明显超过必要限度"与"造成重大损害"是一体的，只有防卫行为的强度明显超过了必要限度，才会造成重大损害结果，重大损害结果的发生依赖于明显超出必需强度的防卫行为，行为过当是结果过当的原因，而结果过当则是行为过当的根据。行为过当与结果过当之间是相辅相成、缺一不可的关系，不可能

---

① 参见黎宏：《刑法学总论》（第2版），法律出版社2016年版，第140页。
② 参见周详：《防卫必要限度：学说之争与逻辑辨正》，载《中外法学》2018年第6期。
③ 参见赵秉志、刘志伟：《正当防卫理论若干争议问题研究》，载《法律科学》2001年第2期。

存在"行为过当而结果不过当"或"结果过当而行为不过当"的情形。①

二分说则主张,"明显超过必要限度"与"造成重大损害"两者彼此相互独立,不存在从属关系。"明显超过必要限度"是针对防卫行为,而"造成重大损害"则是针对防卫行为所造成的结果,两者有着不同的内涵,只有同时满足两个条件,方能成立防卫过当。②

一体说和二分说的争论会直接影响防卫行为是否过当的判断,根据两者的内涵可知,在防卫过当的成立上,二分说的认定范围小于一体说的认定范围,这将导致两者在司法适用效果上的不同。在司法适用中,需要认识到受主客观条件的限制,如防卫人基于不法侵害而惊慌恐惧等因素,防卫人对于防卫行为的支配性很高,但对于防卫结果的支配性却是较低的。③因此,如果采纳一体说,认为防卫结果过当即防卫行为整体过当,将极大地压缩正当防卫的成立空间,致使"防卫人由此而身陷困境,要么忍气吞声地忍受不法侵害,要么因展开反击而面临被犯罪化的高度风险"④。

而根据《刑法》对于正当防卫的规定可知,"明显超过必要限度"与"造成重大损害"间是并列关系,只有当认为两者在内涵外延上完全相同时,才满足一体说,否则一体说无法成立。而实际上,"明显超过必要限度"与"造成重大损害"在外延上乃是交叉关系⑤,在司法实践中既存在"明显超过必要限度"但未"造成重大损害"的案件,也存在未"明显超过必要限度"但"造成重大损害"的情形。⑥

因而,基于上述两个方面,我们认为两分说更为合理,其既符合法律逻辑原理,也有利于司法实践效果。事实上,2018年12月发布的最高检指导性案例"陈某正当防卫案",也明确肯定了行为过当与结果过当相独立的二分说,否定了一体说。该指导性案例指出:"刑法规定的限度条件是'明显超过必要限度造成重大损害',具体而言,行为人的防卫措施虽明显超过必要限度但防卫结果客观上并未造成重大损害,或者防卫结果虽客观上造成重大损害但防卫措施并未明显超过必要限度,均不能认定为防卫过当。"⑦

概言之,如上论证,防卫过当需同时满足行为过当和结果过当两个条件,在具体判断时应以"必需性"为原则,以"社会相当性"为例外。以此标准来评断最

---

① 参见张明楷:《防卫过当:判断标准与过当类型》,载《法学》2019年第1期。
② 参见劳东燕:《防卫过当的认定与结果无价值论的不足》,载《中外法学》2015年第5期。
③ 参见邹兵建:《正当防卫中"明显超过必要限度"的法教义学研究》,载《法学》2018年第11期。
④ 劳东燕:《防卫过当的认定与结果无价值论的不足》,载《中外法学》2015年第5期。
⑤ 参见郭泽强主编:《正当防卫制度研究的新视界》,中国社会科学出版社2010年版,第100页。
⑥ 参见邹兵建:《正当防卫中"明显超过必要限度"的法教义学研究》,载《法学》2018年第11期。
⑦ "陈某正当防卫案(检例第45号)",最高人民检察院2018年12月19日发布。

近发生的"赵宇正当防卫案"①,显然应当认定赵宇的防卫行为并不构成防卫过当。在该案中,判断赵宇防卫行为有无过当,关键是如何看待赵宇将不法侵害人李华推倒在地并朝其腹部踩了一脚。对此,考虑到不法侵害人李华正在殴打邹某头部,且在防卫人赵宇将其推搡倒地制止无果的情况下,防卫人赵宇的二次推搡并脚踩的行为显然是"必需的"。相较于前一次推搡倒地的防卫手段,赵宇在二次防卫中除推搡外还加入了脚踩的手段,但脚踩是由于前一次推搡倒地制止行为的失败,所以应当认定其脚踩行为的加入是"必需的",只有如此才可能有效制止李华的不法侵害,且其防卫行为并没有超过社会相当性的容忍程度,不属于行为过当。根据二分说,只有同时满足防卫行为过当和防卫结果过当两个条件时,才可构成防卫过当。在"赵宇正当防卫案"中,由于赵宇的行为手段不属于行为过当,因而其防卫行为不构成防卫过当。

三、正当防卫限度条件的判断

(一)"必要限度"的判断

正当防卫制度旨在保护防卫人的权益,而防卫限度条件则旨在保护不法侵害人的相对权益,因而在具体判断正当防卫"必要限度"时,应从以下两个方面加以考虑:

其一,从保护防卫人权益的角度出发,防卫行为的强度需要达到足以制止不法侵害的程度,因为唯有这样,防卫行为才能有效达致其防卫效果。这里的不法侵害不仅包含正在进行的不法侵害,还包括行为人可能将要实施的新的不法侵害。② 在判断防卫行为需要达到何种程度才能制止不法侵害时,可以参考最高法、最高检公布的《关于依法办理家庭暴力犯罪案件的意见》第 19 条第 2 款的规定③,考虑不法侵害的严重程度、防卫人所处的环境、防卫工具、心理意志等因素进行综合判断。另结合前文论述可知,这里的必要性判断应以"必需说"为核心,因"基本相适应说"和"折中说"都会造成防卫行为过当认定过宽的困境。

以"于欢辱母杀人案"为例,在该案中,首先应当认识到于欢的防卫行为是具有"必需性"的。根据案情可知,不法侵害人有十一人之多且身体强壮,于欢在力

---

① "赵宇正当防卫案"基本案情:李华与邹某酒后一同乘车到达邹某位于福州市晋安区岳峰镇村榕城公寓 4 楼 C118 的暂住处。二人在邹某暂住处发生争吵,李华被邹某关在门外,便酒后滋事,用力踢踹邹某暂住处防盗门,强行进入房间与邹某发生肢体冲突,引来邻居围观。此时,暂住在该公寓 5 楼 C219 的赵宇,听到叫喊声,下楼查看,见李华把邹某摁在墙上并殴打其头部。为制止李华的伤害行为,赵宇从背后拉拽李华,致其摔倒在地。起身后,李华又欲殴打赵宇,并进行言语威胁,赵宇随即将李华推倒在地,并朝倒地的李华腹部踩了一脚。后赵宇拿起房间内的凳子欲砸向李华,被邹某拦下,随后赵宇被其女友劝离现场。经法医鉴定,李华腹部横结肠破裂,伤情属于重伤二级。邹某伤情属于轻微伤。参见陈兴良:《赵宇正当防卫案的法理评析》,载《检察日报》2019 年 3 月 2 日第 3 版。

② 参见邹兵建:《正当防卫中"明显超过必要限度"的法教义学研究》,载《法学》2018 第 11 期。

③ 《关于依法办理家庭暴力犯罪案件的意见》第 19 条第 2 款规定:"认定防卫行为是否'明显超过必要限度',应当以足以制止并使防卫人免受家庭暴力不法侵害的需要为标准,根据施暴人正在实施家庭暴力的严重程度、手段的残忍程度、防卫人所处的环境、面临的危险程度、采取的制止暴力的手段、造成施暴人重大损害的程度,以及既往家庭暴力的严重程度等进行综合判断。"

量对比上明显处于下风,且当时于欢方已经报警寻求帮助,但仍未能有效消除不法侵害。对一个正常公民而言,公力救济往往是最有力的,也是最后的一道保护屏障,公力救济的寻求未果必然将导致公民为保护自身合法权益转而进行私力救济。因而,于欢进行私力救济,即拿刀伤人的行为具有"必需性",此时只有进行私力救济才能有效制止不法侵害,发挥防卫效果。

其二,从保护不法侵害人的权益角度出发,当防卫人面对多个足以制止不法侵害的可供选择的防卫行为时,其应当选择较为缓和的防卫行为。原则上,如果防卫人能以较为轻微的手段有效制止不法侵害,则不能采取严重损害不法侵害人权益的方式。在司法实践中,判断防卫行为是否属于相对缓和的行为时,必须以其能够有效制止不法侵害,并可供选择为前提。正当防卫乃是"正对不正"的行为,"法无须向不法让步",因而无须对防卫人进行"迫不得已"的限制,对于防卫行为的必需限度,应当从有利于防卫人的角度出发来进行理解。防卫人无须冒着防卫失败的风险选择虽然对不法侵害人造成的损害较小,但可能无法有效制止不法侵害的防卫手段。①

在"于欢辱母杀人案"中,于欢进行私力救济的行为具有"必需性"。但对于于欢采取的私力救济的方式——拿刀伤人,有无超过必要限度、是否满足防卫限度对防卫方式"缓和性"的要求,学界有不同的声音。我们认为,于欢拿刀伤人没有超过必要限度,至少没有明显超过必要限度。在此案中,于欢和其母亲经历了长达六个小时的拘禁,并在被拘禁的过程中不仅其本人受到了殴打、侮辱,其母亲也遭受了极为恶劣的身体和精神侮辱,这种长时间的不法侵害使得其在精神方面高度紧张、心理防线极度脆弱。因此,在警察的到来仍不能消除侵害方的不法侵害时,其心理的被最后一根稻草压垮了,在其欲离开受到强力阻止时,随手拿起桌上的刀刺伤了围上来的人。在判断防卫行为有无过当时,应当充分考量防卫人在行为当时的心理状态,不能对其提出过于苛刻的要求。除非有充分的证据证明,在防卫行为当时,防卫人完全可以并能够采取其他强度较低的防卫行为进行反击,才能认定其实际防卫行为过当。② 而在本案中,显然无法要求徘徊在精神崩溃边缘的于欢冷静地想出另一种完美且有效的私力救济方案,因而其防卫行为没有超过必要限度,至少没有明显超过必要限度,不属于社会正当性原则的例外。

(二)"明显超过"的判断

根据《刑法》第20条第2款的规定,即便超过必要限度,也不必然成立防卫过当,只有明显超过必要限度时,才构成防卫过当。

对于明显超过,首先,应当认识到其是对必要限度的规定,是对防卫行为的界定。只有当防卫人实际实施的防卫行为的强度,明显超过必要限度,即明显超过行为当时可供选择的较为缓和的足以有效制止不法侵害所必需的防卫行为的限度时,才属于明显超过必要限度。对于司法实务中将防卫行为所造成的损害后果与不法侵

---

① 王钢:《正当防卫的正当性依据及其限度》,载《中外法学》2018年第6期。
② 参见陈兴良、车浩主编:《刑事法判解》,人民法院出版社第19卷,第162页。

害所造成的损害后果相比较、将防卫行为所保护的利益与防卫行为给不法侵害人造成的损害相比较等行为,应认识到其误解了明显超过的适用对象,走进了扩大防卫过当成立范围的误区。

其次,"明显"是指清晰明了地显现出防卫过当,不是一般的超过,而是显著的超过。对于"明显"的判断,可以结合前文所述的社会相当性原则进行客观分析。

最后,在当前我国司法实践中普遍对正当防卫限度条件把握过苛的现实背景下,对于防卫行为有无明显超过必要限度进行具体判断时,有必要特别关注和考虑司法人员中所谓少数派的意见。对此,张明楷教授甚至直接指出"对于防卫行为是否过当,可以采取多数服从少数的原则"。因为在真正"明显"的情况下,其是一目了然的,不会发生歧义,若发生了争议,则应采取有利于防卫人的态度,采取"多数服从少数"原则。张明楷教授进一步指出,"多数服从少数"并非想要改变检委会、审委会由多数人决定的规则,而是希望在防卫行为的判断中,多数人善于聆听少数人的意见。① 我们认为,此种观点具有相当的合理性,也较适合当前我国司法实践中对于正当防卫普遍把握过苛的状态。民主的判断与科学的判断并非等同,对于"明显"判断过程中的否定意见,应当予以审慎倾听并加以思考。

综上,有无"明显超过必要限度"是判断防卫行为是否过当的依据。而在司法实务判断中,还需注意以下两个方面:

第一,应以防卫行为人为标准进行具体判断。对于应以何人为标准进行具体判断的问题,刑法理论和实务中呈现出了"圣人标准论""常人标准论"和"行为人标准论"三种不同的观点和倾向。"圣人标准论"将防卫人想象成完美的圣人,对其提出了过高的道德要求和苛刻的注意义务,要求其面对不法侵害时必须做出冷静理智的选择。"常人标准论"以具有通常认知与反应能力的社会一般人为参照标准。"行为人标准论"则要求以防卫人的实际认知与反应能力为标准。对于判断标准的采纳,应当考虑到,面对不法侵害,防卫人毫无准备且精神高度紧张,难以非常精确地做出谨慎合理、完美无缺的反应,因此,对于防卫人不宜提出过高的要求,不应采纳"圣人标准论",否则将导致防卫过当的认定过宽,这也是我国先前司法实务的实际做法,这种做法致使正当防卫多年以来沦为事实上的"僵尸条款"。较之"常人标准论","行为人标准论"也更具合理性。这是因为,一方面,对于防卫人实际能力高于社会一般人能力的情形,"常人标准论"将放纵防卫人进行打击报复;另一方面,对于防卫人实际能力低于社会一般人能力的情形,"常人标准论"的适用将致使防卫人陷入难以有效制止不法侵害或构成防卫过当的困境。而"行为人标准论"的适用无疑更有利于对个案的具体合理判断。

第二,应以事前判断为标准。在进行防卫限度的具体判断时,是应以防卫人防卫当时的事实情况为标准进行判断,还是以事后查明的事实情况为标准进行判断,刑法理论界和实务界存在"事后判断说"和"事前判断说"两种不同的观点。"事

---

① 参见张明楷:《防卫过当:判断标准与过当类型》,载《法学》2019年第1期。

后判断说"认为应以事后查明的全部客观事实作为判断行为有无过当的依据;而"事前判断说"则主张立足于防卫人行为当时的事实情况对防卫行为有无过当进行判断。我国司法实践中,裁判者惯于站在事后理性的第三者视角,以事后查明的客观事实为依据进行判断,忽略或根本不考虑防卫当时防卫人精神紧张、时间紧迫等主客观的限制因素,对其提出了较为苛刻的要求,限制了正当防卫的成立。因此,在进行防卫限度的具体判断时,不能以事后查明的事实,站在事后理性人的角度进行判断,而应站在防卫人的角度,以防卫当时的事实情况为标准进行判断。至于在进行具体判断时,是否应将防卫人防卫当时实际尚未能认识,但显然应当能够认识到的事实也纳入判断依据,我们认为,应当将其纳入判断依据,否则等于变相鼓励防卫人怠于认知本能够被简单获取的事实,也容易造成防卫权的滥用。

概言之,应以防卫人在行为时实际获取的事实以及行为时显然能够获取的事实为依据进行判断。这种判断标准,在正当防卫"正对不正"关系中,一方面,符合了对"正"即防卫方的倾向性保护,符合正当防卫的价值意义和价值取向;另一方面,也适当兼顾了侵害者的基本利益,有利于引导防卫人在防卫过程中适当地谨慎行事。

基于以上观点,我们认为,在争议较大的"昆山反杀案"[①] 中,防卫人于海明在抢到不法侵害人刘某某的刀后,对其在 7 秒内砍击了 5 刀,该行为是否过当,应当从"行为人标准"和"事后判断"的角度进行判断。虽然在防卫人于海明抢到刘某某的砍刀后,双方在力量对比上发生了质的变化,但要认识到于海明在防卫之时精神是高度紧张且亢奋的,且其根本不可能认识到刘某某是否会寻找其他凶器再次进行暴力侵害。尽管通过事后调查可知,刘某某的轿车内除砍刀外,已无其他凶器,但我们不能以"事后判断说"对防卫人进行过于苛刻的要求。而且,在当时刘某某完全可以再次夺刀进行侵害。因此,在防卫人当时认为暴力侵害危险并无消除,也无可能认识到其消除的情况下,防卫人于海明的防卫行为属于《刑法》第 20 条第 3 款的注意规定情形,其为正当防卫。

(三)"重大损害"的判断

防卫过当除行为过当外,还要求结果过当。而有无造成"重大损害"是判断防卫结果是否过当的前提,即只有在造成"重大损害"的前提下,才可能存在防卫过当的问题,否则无所谓防卫过当问题。司法实践中,在具体理解和判断"重大损害"这一结果过当的基本前提时,我们认为应对防卫行为所造成的损害结果与被动接受可能引发的实害后果进行利益的衡量,若二者在法益衡量上显失比例、差距过

---

① "昆山反杀案"基本案情:于海明和刘某某因交通问题发生争执,刘某某从其宝马车内拿出一把砍刀(经鉴定,该刀为尖角双面开刃,全长 59 厘米,其中刀身长 43 厘米、宽 5 厘米,系管制刀具),连续用刀击打于海明颈部、腰部、腿部。击打中砍刀甩脱,于海明抢到砍刀,并在争夺中捅刺、砍击刘某某 5 刀,刺砍过程持续 7 秒。刘某某受伤后跑向宝马轿车,于海明继续追砍 2 刀均未砍中。刘某某跑向宝马轿车东北侧,于海明追赶数米被同行人员拉阻,后返回宝马轿车,将车内刘某某手机取出放入自己口袋。民警到达现场后,于海明将手机和砍刀主动交给处警民警(于海明称拿走刘某某手机是为了防止对方打电话召集人员报复)。刘某某后经送医抢救无效于当日死亡。死因为失血性休克。参见王海东:《昆山反杀案办理回顾》,载《中国检察官》2018 年第 18 期。

大,则属于"重大损害",反之则不属于"重大损害"。

所谓"重大损害",按照字面解释可知其要求防卫行为所造成的损害后果是"重大的",而非"一般的""轻微的",因而我们认为防卫行为造成不法侵害人轻伤及轻伤以下损害的,不满足"重大"的要求,不属于"重大损害",无结果过当的问题。而在防卫行为造成不法侵害人重伤、死亡的案件中,应当将防卫行为所造成的损害结果同不法侵害可能引发的实害后果进行比较,若两者在法益衡量上明显失衡,该防卫行为所引发的损害结果即为"重大损害"。

在于欢案中,不法侵害人对于欢母子实施了非法拘禁和强制侮辱行为,而于欢的防卫行为则造成了一人死亡、两人重伤以及一人轻伤的损害后果。不法侵害人侵犯了于欢母子的人身自由和人格权,而于欢的防卫行为则严重损害了不法侵害人的人身安全,包括健康权,甚至生命权,在法益的衡量上后者是高于前者的。因此,由于于欢的防卫行为所造成的损害结果与不法侵害可能引发的实害后果在法益的衡量上失衡,属于结果过当。当然,基于二分说,于欢的行为虽在结果上过当,但在行为上并未过当,仍属于正当防卫。

四、结语

综上,我们认为在正当防卫限度的内涵和构成中,"原则与例外说""两分说"既符合法律逻辑原理,也符合当前的司法实务要求,有利于转变我国当前正当防卫制度适用过窄的局面,避免正当防卫制度在事实上沦为"僵尸条款"。在具体个案的实际判断中,要秉持"行为人标准论"与"事前判断说",充分考虑防卫人防卫当时的具体认知与行为能力,不对其提出过于苛责的要求。但同时应当结合个案的主客观因素,审慎判断,不能矫枉过正,一味扩大适用,否则反而会激化社会矛盾,加重社会戾气。

刑法中应建立防卫过当的合理认定和宽恕机制

童德华* 王一冰**

当前，正当防卫是一个社会广泛关注的问题，理论上也有很多针对正当防卫的研究。可是，理论研究仅仅从法教义学的角度试图把握正当防卫与防卫过当的标准，很难为正当防卫的司法实践提供有价值的指导，原因在于：其一，大多数研究借助刑法理论，研究方法缺乏中国现实问题的导向性；其二，大多数研究采取概念思维，试图从抽象理论标准中把握正当防卫和防卫过当的界限，缺乏对现实合理性问题的关注；其三，很少有研究关注防卫过当宽恕处罚的必要性，研究结果缺乏对司法实践的指导性。为了避免这种思路，我们采取法律社会学的研究方法，针对立法不足导致的司法困境，结合有影响的案件，提出对一些棘手问题的解决思路。

一、防卫裁判的认同危机及其根源

近几年来，随着"于欢案"等案件的相继出现，正当防卫认定问题再次引起了社会的关注。在司法实践中，对于防卫行为的认定往往与社会民众关于防卫行为的正当性标准大相径庭。罪与非罪、此罪与彼罪的认定是立法和司法必须明确的问题，但当前理论的简约化、立法的不明确、司法认定的唯结果论倾向等问题导致正当防卫的认定并没有很好地做到这一点。

理论是实践的指导，当前，我国关于正当防卫的理论存在简约化问题导致防卫裁判缺乏回应复杂、疑难现实问题的能力。正当防卫的理论研究重视的是正当防卫与防卫过当之间限度标准的研究，理论界的普遍性做法是试图寻求一个"包治百病"的标准。我国学界对此存在必需（要）说、基本相适应说、需要说等多种观点。① 实践中一般采取必需说，根据这种观点，应当从防卫行为的实际需要出发全面考虑，将有效地制止不法侵害的客观实际需要作为防卫的必要限度。② 但是，由于防卫成因、防卫时机、防卫方式等问题十分复杂，没有统一样板，因此，对于哪些问题是应该为现实考量的因素，理论上往往缺乏深入具体的研究。

立法的固有缺陷是防卫裁判产生认同危机的另一个重要原因。尽管 1997 年刑法修订扩大了正当防卫的保护范围并放宽了其限度条件，同时增加了第 3 款关于特

---

* 中南财经政法大学刑事司法学院副院长、教授、博士生导师。
** 中南财经政法大学刑事司法学院刑法学研究生。本文系 2018 年国家社科基金重点项目"中国刑法立法现代化的理论基础与路径选择研究"（项目批准号：18AFX013）的阶段性成果之一。
① 参见齐文远主编：《刑法学》（第 3 版），北京大学出版社 2016 年版，第 195 页。
② 参见曾宪信等：《犯罪构成论》，武汉大学出版社 1998 年版，第 133 页；劳东燕：《结果无价值逻辑的实务透视：以防卫过当为视角的展开》，载《政治与法律》2015 年第 1 期；张明楷：《刑法学》（第 5 版），法律出版社 2016 年版，第 312 页。

殊防卫权（无限防卫权）的规定。但其对于特殊防卫的规定并不明确：一是特殊防卫的立法意义不明。有学者认为《刑法》第 20 条第 3 款是关于防卫过当情形的例外规定，因其特殊性而不存在防卫限度的问题。① 有学者则认为，第 3 款是注意性规定，事实上其也属于正当防卫的情形。② 以上分歧只能说明特殊防卫的立法目的并不明确，需要进一步予以研究确认。二是特殊防卫的条件规定不明确。其中，"行凶"一词的模糊表述影响到对本款规范的范围限定，从字面上看"行凶"是指杀害或伤害人的行为。③ 因此，"行凶"应包括故意杀害和故意伤害。由于立法者并没有使用"故意杀害"或"故意伤害"这样较为明确的表述方式，客观上导致司法实践中很多时候将伤害行为排除在行凶的评价范围之外。此外，防卫过当条款也存在从属性问题。

在司法实践方面，有学者对 722 份刑事判决进行了分析，发现其中 83.24% 的案件都仅根据防卫行为所造成的损害后果来认定防卫过当。④ 司法实践中这种做法显示了其唯结果论的评判逻辑。事实上，必要限度的认定应综合多方面的因素进行考虑和界定，在判断行为是否违法时，要从行为无价值与结果无价值两个方面进行认定。不仅要考虑行为造成的损害结果，还要考虑行为的目的、手段等其他要素。正当防卫制度的建立对于保障国家和公民的合法权益，维护良好的社会风气和有序的社会秩序具有重要的积极作用。而唯结果论的司法导向，完全忽视了防卫行为正当性标准的其他要件，也严重背离了正当防卫的立法宗旨。

二、防卫行为类型化起因评价机制的建构

一般来讲，犯罪的发生是多种因素综合作用的结果。同理，行为人实施具有防卫性质的行为，也会受到社会背景、客观环境、行为方式和防卫心理等多个因素的影响。防卫行为意味着行为主体和行为对象存在互动关系，互动的起因无疑是评价正当防卫或防卫过当的一个重要因素，它对于"不法侵害"的认定具有重要影响。首先，应区分纠纷事态中的防卫与非纠纷事态中的防卫；其次，考虑到纠纷事态中的原因复杂，所以应进一步根据不同纠纷的类型进行分析和评价。

（一）非纠纷事态中的防卫定性

非纠纷事态是防卫人和受害人之间并不存在事前纠纷，但由于受害人行为而当场产生事端。当前，有三类典型案件属于这种情况：一是针对有组织犯罪的暴力。有组织犯罪行为和普通个人的不法侵害相比，不论是危害程度还是暴力强度都更为严重，更易让防卫人恐慌。因此，对于有组织犯罪不法侵害的正当防卫应适当放宽其限度的认定标准。二是针对行政执法机关执法的暴力。行政机关在执法过程中可能会遇到暴力抗拒执法的行为，导致执法队伍的安全受到威胁，增加执法成本，助

---

① 参见陈兴良：《规范刑法学》（上册），中国人民大学出版社 2017 年版，第 150 页。
② 参见张明楷：《防卫过当：判断标准与过当类型》，载《法学》2019 年第 1 期。
③ 参见字词语辞书编研组编：《新编现代汉语词典》，湖南教育出版社 2016 年版，第 1419 页。
④ 参见尹子文：《防卫过当的实务认定与反思——基于 722 份刑事判决的分析》，载《现代法学》2018 年第 1 期。

长蔑视法律的风气。因此,对于这种情形下的对抗,不能因为行政相对人相对处于社会中的弱势地位而一味放宽正当防卫的限度标准,也不能因为行政主体和行政相对人的地位不同而有所偏颇,放纵"以暴制暴"行为的发生。三是针对犯罪对象不特定的杀人、抢劫、强奸等犯罪行为的暴力。此种情况下,防卫人在客观上通常处于不利地位,主观上通常极其恐惧,由于我国刑法已对此规定了特殊防卫权,故在此不再赘述。

(二) 纠纷事态中的防卫评价

我国正处于经济社会转型时期,社会财富呈不均衡分配的现状并没有得到彻底改观,社会矛盾日益升级。如某市 2010 年因劳资纠纷引发的故意伤害案占当年劳资纠纷刑事案件的 84.2%。① 由于纠纷事态而导致的防卫通常情况下当事人双方都有过错,因此即使否定正当防卫的成立,在量刑时也应注意导致防卫的纠纷的起因。

1. 不法原因形成的纠纷。这类纠纷事态中的"约架"案件常被作为聚众斗殴处理,一般认为行为人聚集多人攻击对方身体或者相互攻击对方身体,构成聚众斗殴罪。② 这种理解虽有助于强化社会管理,但容易产生将防御一方作为犯罪人的司法恶果。假若斗殴是由一方引起事端,另一方并不积极追求打斗,但为了保护自己的利益,而私下做了防卫准备,在被侵害时就即刻予以反击。笔者认为,对于此种自保行为应认定为防卫行为而不是作为聚众斗殴罪进行处理。

2. 业务活动中产生的纠纷。业务活动中经营者的目的在于盈利,因此通常都会全力维持与顾客间的和谐关系。若被害人借故挑事,纠集众人先动手挑衅、损毁经营者经营场地财产,为了保护个人安全和店内财产,经营者发起反击的行为应属于正当防卫。在陈炳廷故意伤害案中,对于该种情形根据被害人的死亡结果直接认定陈炳廷防卫过当构成故意伤害罪不可谓不具有唯结果论的倾向。③ 笔者认为,在此类案件中,应当考虑案件发生在业务经营地且经营者本身对纠纷无罪过,适当放宽正当防卫的限度条件。

3. 家庭生活中产生的纠纷。有学者通过对杀人案件进行分析,发现绝大多数的犯罪人与被害人之间较为熟悉且存在矛盾,因此大多数杀人罪的发生带有一些必然性和可预见性。④ 对于家庭纠纷引起的亲属间特别是父母、夫妻之间的不法侵害,对防卫强度必须结合具体案情作出更为严格的限制。因为侵害人与防卫人之间通常具有扶助义务,且彼此间较一般人具有更深的了解和感情,对于亲属之间的利益的轻度侵害,防卫人在大多数情况下应采用较为缓和的防卫手段。在朱凤山故意伤害

① 参见乐绍光、王晓霞、徐海霞:《当前劳资纠纷引发刑事案件探析》,载《人民检察》2011 年第 20 期。
② 参见张明楷:《刑法学》,法律出版社 2016 年版,第 1060 页。
③ 案例来源于中国裁判文书网,载 http://wenshu.court.gov.cn/content/content? DocID = dc0e1ae7-91a6-4034-b4d9-a90700b84018&KeyWord = %E9%99%88%E7%82%B3%E5%BB%B7,广东省广州市中级人民法院 (2016) 粤 01 刑终 621 号,2019 年 4 月 22 日访问。
④ 参见单民、蔡雅奇:《试论犯罪情景预防及其在杀人犯罪预防中的应用》,载《山东警察学院学报》2014 年第 2 期。

案中，被害人齐某到朱凤山家中吵闹、侵犯人身等行为的原因在于其不想与朱凤山的女儿朱某离婚。① 朱凤山在与齐某撕扯过程中用刀将齐某捅伤并导致其死亡明显超过必要限度造成重大损害，属于防卫过当。由于朱凤山与齐某属于在家庭生活中产生纠纷，因此对朱凤山的防卫限度应有所限制。

4. 社会生活中产生的纠纷。广义上讲，家庭生活是包含在社会生活当中的，但这里的社会生活产生的纠纷是指除家庭生活外的社会生活中所产生的纠纷。在日常生活中，因一个眼神、一句话发生口角进而上升为当事人双方肢体冲突的纠纷并不鲜见。在此类案件中，要注意案件起因，是受害人还是行为人挑起事端。一般而言，由受害人挑起事端的处罚应该比由行为人挑起事端的处罚要轻，由于受害人的过错导致互殴而致其轻伤的结果应考虑对行为人免予刑罚处罚。② 除此之外，应该尤其考虑事端出现后、事态升级前各方的举动，如果一方做出了较为诚恳的缓和举动，而另一方依旧不依不饶，司法实践就应该做出有利于前者不利于后者的评价。

三、类型化下防卫行为的手段方式分析

在认定防卫行为是否没有超过必要限度造成重大损害时，必须对防卫人反击的力度、使用的工具及反击的对象等内容进行分析。

1. 关于反击行为的力度。防卫人在面对不法侵害时，应对各方面情形进行综合分析，以确定反击行为的力度。有学者指出对于防卫行为方式的选择，要以不法侵害的强度、缓急，以及防卫行为所要保护的法益与不法侵害造成的损害的对比为根据。例如，侵害发生得越急迫，与此相对应，防卫的强度也就越大。③ 正当防卫是在依靠公权力保护法益不可能的情况下而依靠自身的力量进行的法益保护的行为，要求防卫人在面对不法侵害时容忍有违"正无须向不正让步"这样朴素的法情感。④ 由此可见在发生不法侵害时，只要其防卫行为符合法律规定的条件和其中蕴含的法精神，就应认为其反击行为的力度是合适的，成立正当防卫。

2. 关于反击的工具。在实际发生的案件中，防卫者往往会使用工具进行防卫，其种类、获取方式以及如何使用等问题都会对防卫的成立及限度的认定产生影响，因此对反击工具的分析认定也是一个极为复杂的问题。防卫人在采取防卫行为过程中，侵害人与防卫人双方使用的工具种类悬殊并不能直接认定为防卫行为超出必要限度，如一个壮汉在手无寸铁时对一个身材瘦弱的老人进行侵害时，即使该老人采取危险系数较高的刀具进行防卫，其防卫行为也是合适的，而不能据此认为超出必要限度。此外，即使防卫工具是防卫人在预见到危险后为自保自行准备的，也不能

---

① 案例来源于北大法宝，载 https://www.pkulaw.com/pfnl/a25051f3312b07f364b352953abcc77d0d59be9bd6683dd8bdfb.html，河北省高级人民法院（2017）冀刑终135号，2019年4月23日访问。
② 案例来源于中国裁判文书网，载 http://wenshu.court.gov.cn/content/content?DocID=f2d70cff-6765-40b2-bcd5-a79e016e689f&KeyWord=%E4%BA%92%E6%AE%B4，山西省晋城市城区人民法院（2016）晋0502刑初266号，2019年4月24日访问。
③ 参见林亚刚：《刑法学教义（总论）》（第2版），北京大学出版社2014年版，第281页。
④ 参见［日］山口厚：《正当防卫论》，王昭武译，载《法学》2015年第11期。

直接认为其不成立正当防卫。

3. 关于反击的对象。从社会学角度来看,研究性别和年龄相关的犯罪趋势在越轨社会学领域具有重要意义,它提供了观察不同年龄犯罪倾向的研究渠道。① 在犯罪统计中,故意杀人案件的犯罪主体多为男性,比例高达64%,女性加害人占19.7%,而女性受害人多达80.3%,② 这些数据对于防卫案件的行为主体和对象的衡量是必要的。受生理因素的影响,女性和未成年人的防卫力量通常较弱,往往更易受到侵害,在遇到不法侵害时其主观上也更为恐惧,从而不能冷静思考。因此,对于反击对象的侵害力较强而防卫人的防卫能力较弱的情形,应对防卫限度做出适当的放宽,我们在评价防卫行为时应区别加以考量。

四、防卫过当的立法完善

(一) 防卫过当的单条立法之提倡

正如上文提到的,防卫过当的认定和量刑中的问题一方面与理论研究焦点有关,另一方面与防卫过当条款的从属性有关。为了解决司法问题,我们建议刑法立法对防卫过当用单独条文进行规定,即从《刑法》第20条中分离出来作为第20条之一专门规定,理由如下:

(1) 单列条文有利于避免将正当防卫与防卫过当相混淆。在司法实践中,对于"必要限度"的防卫尺度把握往往过于严苛,通常采用唯结果论。将防卫过当单列条文,会丰富防卫过当的内容,细化防卫过当的相关规定,有利于司法人员对案件防卫限度的把握,避免混淆正当防卫与防卫过当,切实维护当事人的合法权益,落实正当防卫的立法目的。

(2) 单列条文有益于界分防卫过当的不同情形。如有学者指出,防卫过当应根据具体情形划分为两类,一类是构成犯罪的防卫过当,另一类是不构成犯罪,无须承担刑事责任的防卫过当。③ 正如前文提到的当前由于防卫过当条文从属性的特点,往往导致只从客观上造成重大损害结果而直接被认定为防卫过当,然而主观要件对于犯罪的成立是必不可少的。故意或过失是犯罪成立的必要条件,然而若行为人只具有故意或过失,由于存在特殊情状而不能做出正常的意思决定时,就不能对其科以刑罚。④ 通过对防卫过当单列条文,可以较为清晰地界分防卫过当的不同情形,从而使刑法规定更好地为司法实践服务。

(3) 单列条文有助于细化防卫过当的处罚方式。通过对防卫过当单列条文,在界分防卫过当不同情形的基础上,能够对存在可罚性的防卫过当行为规定具体的处

---

① Sampson, R. J. & Laub, J. H. Crime in the Making: Pathwways and Turning Points through Life, Cambrigde: Harvard University Press, 1997, pp.6-24.
② 参见高维俭、查国防:《故意杀人案件中加害人与被害人关系的实证分析》,载《中国人民公安大学学报》2006年第2期。
③ 参见史丹如:《无责的防卫过当探析》,载《中国人民公安大学学报(社会科学版)》2010年第2期。
④ 参见童德华:《外国刑法导论》,中国法制出版社2010年版,第191页。

罚规则,细化防卫过当的处罚方式,进一步明确减轻处罚、免除处罚的操作规则。如此一来,有助于司法人员正确全面地认识、评价防卫过当,真正做到罪责刑相适应。

(二) 正当防卫与宽恕防卫的评价体系构建之再思考

从字面上理解,日本现行刑法对于防卫过当的规定使得防卫人易被认定为防卫过当。① 但日本刑法理论界通说观点认为,"被害人面对'急迫的不正当的侵害',在恐怖、惊愕、兴奋、狼狈之余进行了过当防卫,也是人之常情……有必要减轻或免除刑罚"。② 日本刑法理论对司法实务影响巨大,在某种程度上化解了防卫过当立法严苛的问题。

在英美刑法中,一个人只有同时具备了行为和心理态度两个方面的基本要件,才能承担刑事责任。但最终刑事责任的认定,还必须排除特定的免责或者正当条件,③ 即不存在刑事辩护事由,刑事辩护事由包括正当化事由和宽恕事由。昆士兰大学乔治教授认为在大陆刑法的心理责任论中,只求对于条文形式要件的充足,而忽视不法的不同条件,所以难以寻求上述两者之间的共同点。自规范责任论之后,除了考虑心理要素之外,还要评价行为人在行为时的具体控制能力,因此,可以在此基础上认识宽恕事由和责任阻却事由的共同点。④

在我国刑法理论中,对宽恕事由的关注不够,立法中缺乏对正当事由和宽恕事由的评价规定,司法实践中缺乏对宽恕事由的评价机制,对于过当的防卫行为,往往不能进行合理评价。这导致正当防卫裁判的社会反响大,民众的评价不高。就犯罪阻却事由而言,我国刑法在立法上包括意外事件,正当防卫、紧急避险以及无责任能力。所以,在具体评价犯罪时,还是以心理责任论为理论指导,缺乏对规范责任事实的评价,刑法判决不能充分实现罪责刑相一致的要求,很有必要引用期待可能性理论。而大陆法系期待可能性理论存在具体化、类别化不足的问题,因此,司法实践中借鉴英美法系的刑事辩护事由,尤其是宽恕事由,具有明显的现实意义。

如前文所述,本文主张构建正当防卫与宽恕防卫的防卫评价体系。对于宽恕防卫的处罚等级,可分为不承担刑事责任与承担刑事责任但应当减轻、免除处罚二级。关于宽恕防卫处罚等级的评价标准,本文主张采用"行为人合理确信"标准,只要行为人本人有足够的理由在内心确信自己处于一种危急的被侵害状态,为了保护自身的法益有采取紧急措施的必要,且认为自己的防卫措施是在合理限度以内的,他的行为就成立宽恕防卫。该标准也得到了很多国家和地区的认同,如在正当防卫立法上,美国大部分州都规定了"行为人合理确信"标准,⑤ 加拿大刑法、印

---

① 日本的现行《刑法》第 36 条第 2 款规定:"超过防卫限度的行为,可以根据情节减轻或免除其刑罚。"
② 参见 [日] 泷川幸臣:《犯罪论序说》(第 1 版),王泰译,法律出版社 2005 年版,第 65 页。
③ George Mousourakis, Criminal Responsibility and Partial Excuses, Athenaeum, 1998, p. 5.
④ George Mousourakis, Criminal Responsibility and Partial Excuses, Athenaeum, 1998, pp. 21-23.
⑤ 参见姜敏:《正当防卫制度中的"城堡法":渊源、发展与启示》,载《法学评论》2018 年第 5 期。

度刑法、马来西亚刑法和我国香港特区刑法也有类似规定。①

在运用"行为人合理确信"标准时,我们则应以期待可能性理论为基础和指导,以"行为人合理确信"为标准,但这并不表示完全没有任何客观标准,单纯的主观臆测是不能被认定为合理的。宽恕防卫因其缺乏期待可能性或者期待可能性较弱而被宽恕,具体而言,在宽恕防卫的情形下,虽然行为人的防卫行为明显超过了必要限度且造成了严重后果,但基于行为人的主观特殊心态(如遭遇突然而至的死亡或伤害威胁等)而否定行为人具有期待可能性,法律容许其成为道义谴责作为惩罚的先决条件的例外,从而对行为人减轻或者免除处罚。

以"行为人合理确信"为标准,在具体的操作上,我们分为以下两个步骤:首先,根据行为人主观的内心确信来判断其是否属于宽恕防卫;其次,结合其客观行为判断其宽恕等级。上述步骤将主客观评价相结合,且在适用过程中实现了具体问题具体分析,充分考虑了防卫人案发时的心理状态,同时给予司法裁判者一定的自由裁量空间。司法人员可根据社会所接受的伦理标准和共同认识来评价防卫行为,判断是否成立宽恕防卫。在不法侵害发生时,防卫人通常没有时间也不能够完全理智地判断不法侵害的程度,更不可能对自己的反击行为有一个完全准确的把握。因此,应从事前的角度,灵活地认定防卫时间和强度,站在防卫人的立场上,在当时的环境下,来评估防卫的适时与否及强度大小。②

(三)防卫过当立法之具体构想

综上所述,由于理论的简约化加之防卫过当条文的从属性导致其内容的抽象性,在一定程度上导致了司法实践中的"唯结果论",不利于防卫过当不同情形的区分和刑罚适用的细化。此外,由于当前我国对于宽恕事由的关注度不够导致对构成犯罪的防卫过当行为不能给予合理的评价,民众对于此类案件的判决评价不高。因此,我们认为应对防卫过当进行单条立法规定并构建正当防卫与宽恕防卫的防卫评价体系。

基于此,将防卫过当的情形可规定为第20条之一,并进行如下规定:为了制止正在进行的不法侵害而采取的防卫行为明显超过必要限度造成重大损害的,属于宽恕防卫。对于主观上无罪过的宽恕防卫,不负刑事责任,对于主观上有罪过的宽恕防卫,应当减轻或者免除处罚。

通过上述对于防卫过当的单条立法规定,既可构建正当防卫与宽恕防卫的双重评价体系,也可有效地防止司法实践中的"唯结果论"现象的产生,更好地发挥正当防卫制度的积极意义,维护被侵害人的合法权益,从而增强公众对防卫裁判的信心和认同感。

---

① 参见赵秉志:《英美刑法学》(第2版),科学出版社2010年版,第135-136页。
② 参见冀莹:《对"正当防卫"机械化认定,是对现有法律的错误解释》,载《新京报》2018年8月30日。

正当防卫中限度条件的分析与认定

冉 犟[*] 王小青[**]

一、问题的提出

近几年发生的有关正当防卫的案件,在社会及各类网络媒体上不断引发关注。正当防卫作为防卫人对不法侵害者进行斗争的重要法律武器,在理论上较易理解。但司法实践中对限度条件的认定仍存在很多问题,这些问题直接或者间接地影响对正当防卫案件的认定。许多原本属于正当防卫的案件最终被判定为防卫过当,从而构成犯罪。这也直接导致正当防卫制度的司法适用未达到理想效果。目前,对正当防卫中限度条件的研究,仍有诸多问题亟待完善。因此,分析正当防卫中的限度条件,并对限度条件进行合理、具体的界定,从而使其更加准确地判定防卫行为是否属于正当防卫,减少因限度条件的不明确引起各种争议是有必要的。

二、国内外关于正当防卫限度条件的立法、学说及评价

(一)英美法系

第一,涉及侵犯人身方面的防卫限度。英美法系国家有"主观说"和"客观说"两种。持"主观说"的学者通常认为,防卫者面对不法侵害实施防卫行为时,只要其主观上意识到自己使用的防卫工具是必要且合理的就可以。"客观说"的学者从客观角度对限度条件进行分析与界定,用客观的判断标准对反击行为进行判定,进而判断是否属于限度范围之内,将其作为权利行使的依据。英美法系国家通常是从主观角度出发,以其作为判断依据,即采用主观说。英国是运用"主观说"的代表国家,其在处理一般案件时,通常以一个正常人的判断理解作为是否超过必要限度的标准,在此基础上,防卫人主观上认识到自己的反击行为是为了对抗非法攻击,欲达到排除危险发生的效果,其行为便会被法律所允许,无须对反击行为造成的后果承担责任。相反,防卫人不符合以上主观条件,错误地进行了反击行为,便要为此承担责任。《美国刑法》对正当防卫这样规定:"只要防卫人相信,只有立刻实施这样的防卫攻击,才能保护自身安全不受到非法暴力侵犯,这样的防卫行为便是合法的。"[①] 也就是未超过必要限度。其中,法律也明确规定:防卫人进行反击时,要认识到对方的行为是不法行为,会损害自己的合法权益;相反,面对他人的合法行为进行反击,自然不属于必要限度的范畴。对于防卫限度的认定,首先

---

[*] 西南民族大学法学院教授。
[**] 西南民族大学法学院2018级刑法学专业硕士研究生。
[①] 美国法学会:《美国模范刑法典及其评注》,刘仁文等译,法律出版社2005年版,第68页。

要明确可能造成危害后果的防卫行为和对一般性的防卫行为的区别，面对不同的不法侵害做出相对应的防卫行为，如采用导致攻击者轻微伤的反击方式便可排除危险，若使用了造成对方重伤或死亡的反击行为，必然是不在限度条件的范围之内。另外，如果防卫人在错误认识的支配下实施了自卫行为，对其自卫行为仍可以认定是合理的，但这种错误认识必须存在客观的合理性，如在审判过程中，陪审团基于代表一般正常人的认识，判断这种错误发生的概率具有合理性，即使依据法律规定不符合限度范围，但依旧可以对其反击行为做出合法性的判决。

第二，涉及侵犯财产方面的防卫限度。英美法系国家在财产犯罪的防卫限度方面，也是一直争议不断，其主要集中于针对财产犯罪，防卫人是否可以采取可能导致不法侵害人伤亡的行为。目前主要有两种观点：一是绝对禁止论，即在对一般性的私人财产进行防卫时，以未殴打或者伤害不法侵害者作为限度条件；在防卫住宅时，以未超过必要武力作为合限度性的考量范围。二是特别允许论，即只有在极其紧急情况下防卫人才可以使用可能导致不法侵害人伤亡的防卫行为，对于一般财产被侵害的，不能使用可能导致对方死亡的防卫行为，每个国家在这方面都有不同的规定。英国和美国均采取了后者即"特别允许论"。① 如美国的"不退让法"是对公民行使自卫权的一项明确规定，当公民面对不法侵害行为或者非正义行为，公权力又不能及时给公民提供帮助时，公民为保护自己的合法权益不被侵害，在当时情况下可以名正言顺地借用武力进行自卫，有客观原因认为不法威胁仍然存在，没有义务先撤退。② 与"不退让法"相提并论的是"城堡法"。城堡法是对公民在自己所属范围内的所有权利的保护，包括自己的住宅不被侵犯，并且对住宅内的所有财物具有绝对的排他权，面对攻击者的危险行为如非法入侵和暴力袭击，其相关人有权采取致命行为进行防卫以保护"城堡"。"城堡法"的使用条件是只能在自己拥有的"城堡"范围内使用致命武器，它的范围一般是指房屋、院子内和车道，有时候可以扩展到私人的车库和工作场所等。在以上规定范围内可以行使自卫权，如果不法侵害者逃离该范围，那么防卫人以保护自己权利为目的，进行的防卫行为就成了攻击行为。与前者相比，"不退让法"另有特色，其保护适用范围更广，在自己住宅以外的地方，公民面对各种暴力性攻击行为时，自然为保护自己的合法权益可以采取各种防卫措施。依据"不退让法"行使自卫权，必要条件是当事人认识到自己的权利面临威胁的可能，便可采取任何措施进行自卫。由此可以看出，美国公民行使自卫权的限制条件较少，其权利的行使有很大自由空间。

（二）大陆法系

《日本刑法典》第 36 条规定："面对紧迫的非法侵害，为了防卫自己或者他人的权利不得已实施的行为，不处罚。超过防卫限度的行为，可以按其情节减轻或者免除处罚。"可以看出，只要行为人所采取的防卫手段具有相当性，即使可能造成严重的危害后果，但防卫行为仍在合理的范畴之内，其反击行为仍然是值得肯

---

① 刘士心：《英美刑法正当防卫中的"躲避原则"及其启示》，载《中国刑事法杂志》2017 年第 5 期。
② 姜敏：《正当防卫制度中的"城堡法"：渊源、发展与启示》，载《法学评论》2018 年第 5 期。

定的。

《德国刑法典》第 32 条规定:"正当防卫不违法;为使自己或他人免受正在发生的不法侵害而实施的必要的防卫行为,是正当防卫。"

由上对比大陆法系国家关于正当防卫的相关规定,成立正当防卫中紧迫的不法侵害、防卫人的防卫意志较好判定,复杂的是对其必要程度和相当程度该如何作出权衡,其类似于我国对限度条件和范围的界定与划分。对于必要程度的如何判定,日本和德国法律,分别用"所采取的不得已的行为""必要的防卫行为"进行描述。① 大陆法系国家对"必要性"有不同理解,第一种观点从防卫方式的角度进行分析,防卫人面对自身合法权益受到损害或者处于危险境地时,用尽可能避免或者不发生危害后果的反击方式;第二种观点从防卫结果的角度进行分析,认为防卫行为的目的是消除紧迫、危险的状态,因此这个目的的达到或者实现就是有必要的防卫行为。无论防卫时是否具有可替代性的方式或措施,只要能达到制止不法侵害的结果便认为是必要的。还有一种相对折中的观点从防卫方式和防卫结果两个方面进行判定,认为如果采取某种措施可以制止不法侵害,防卫方式与防卫结果要相适应。即反击行为的程度低,不造成危害后果或者尽可能避免后果的发生。

(三) 我国

我国《刑法》第 20 条对限度条件作出以下规定:"正当防卫明显超过必要限度造成重大损害的,应当负刑事责任,但是应当减轻或免除处罚。"将限度性的判定条件规定在前,结果性的判断条件置于其后,关于结果性方面的分析与判定比较明确。刑法学者张明楷教授指出,"造成重大损害"要具备以下两个方面:第一,防卫行为造成的损害远大于不法侵害可能造成的损害,二者差距较大;第二,防卫行为造成了损害后果,即不法侵害人重伤或者死亡。防卫行为同时具备以上两个方面时,方可归为"造成重大损害"。② 对防卫者的反击行为做出准确判定,关键是要先对其限度进行分析,即对行为的样态与法律的规定作出对比与认定。

目前,我国对防卫限度条件的学说,主要有三种:一是基本相适应说,该学说从攻击者采取的行为方式、强度以及造成的损害后果方面来判定限度条件的成立范围。二是客观需要说,该学说从客观需求方面进行判定,防卫者可以进行反击的限度范围,以达到有效制止危害的发生或继续进行为必要。此观点学者认为两者之间可以存在一定差异。三是折中说,该学说又称综合说,也就是对前两种学说的综合,其不仅要求防卫行为的限度与不法侵害的强度不能存在太大悬殊,也要满足基本相适应说的条件。

(四) 评价

英美法系主要是判例法国家,法官根据以前所有的判决,对案件进行裁量,还受陪审团制度的影响,判例法和陪审团制度可以将僵化的法律规则加以调整适用,将社会公众的需求转化为法律。此外,受当事人主义诉讼模式的影响,在法庭上通

---

① 马克昌:《外国刑法学总论》(大陆法系),中国人民大学出版社 2009 年版,第 183-184 页。
② 张明楷:《刑法学》(第 5 版),法律出版社 2016 年版,第 212 页。

过双方辩论，可以对限度标准的认定产生影响，在人身限度方面采用主观说，即"防卫人合理认为其防卫行为必要的"，倘若出现主观认识与客观结果的偏差，只要对自己的主观性认识错误有合理对抗理由，也可以进行辩护，其合理的标准根据普通人的一般认识，由陪审团决定；对财产进行防卫时，适用特别允许论，如美国的"城堡法"允许公民可以采取致命的反击行为保护自己的住宅不受侵犯，若防卫行为造成死伤结果需承担一定的刑事责任，法官认为不属于自卫的情形，12名陪审员仍可以作出有利于被告的决定，认定防卫行为是合法必要的。另外，从《美国宪法第二修正案》作出的规定可以看出，人民有携带武器的自由，任何人无权干涉和剥夺。该规定产生了巨大的社会效果，面对各种暴力或非暴力的攻击性行为，因携带武器是自由的，自然保护性措施的选择途径也是多种多样的。虽然英美法系国家对限度条件规定得相对简单，但在实际应用过程中对其的限制性条件较少，因此认定反击行为具有合法性的比例较高。

大陆法系主要是成文法典的国家，受职权主义诉讼模式的影响，判决主要是由法官根据法典规定作出的。其在限度方面的规定也是独有特色，以德国和日本为例，防卫限度主要是从客观方面，即防卫方式和防卫结果两个方面进行判定：防卫方式与排除不法侵害所必需；反击和攻击行为可能造成的后果相适应。防卫人在面对不法侵害威胁的情况下，很难对损害后果作出衡量，进而采取相对应的行为，由此可以看出对限度条件的适用较为严格。

从我国1979年《刑法》到1997年《刑法》修改的方向可以看出，立法者对于防卫限度成立的条件进行了较大程度的改变，在之前限度方面基础上增加"明显"二字，损害后果方面将"不应有的危害"改为"重大损害"。修改的初衷是更好地把握正当防卫的限度条件，但囿于成文法规定天然的抽象性特性，在实际操作中往往会因公共舆论的压力，法官的认识不同，以及司法传统的影响而致条文虚无，最终沦为"僵尸条款"。①

三、关于防卫限度判定标准的反思及完善

（一）当前实践中防卫限度判定存在的问题

笔者在中国裁判文书网上以"正当防卫"为关键词检索近三年来案例的判决书，共计6669条，以"防卫过当"为关键词检索近三年来案例的判决书共计4441条。这些案件中多被法院认定其行为性质为故意杀人或者故意伤害。其中，以"正当防卫"为由进行无罪辩护的最多；以"防卫过当"为由进行罪轻辩护的次之；最终被法院认定行为具有正当性，宣告无罪的案件最少。

根据最高人民法院、最高人民检察院公布的指导案例，司法实践中关于防卫限度的判定，大致从以下三个方面进行：

一是工具相当。一般公民要采取较为温和的防卫手段，尽可能少地借助工具或

---

① 陈兴良：《正当防卫如何才能避免沦为僵尸条款——以于欢故意伤害案一审判决为例的刑法教义学分析》，载《法学家》2017年第5期。

者不使用工具。以"高宏胜故意伤害案"为例进行分析,① 被告人高宏胜面对不法侵害人的赤手殴打,借用单刃尖刀进行还击,造成不法侵害人死亡,被法院认为防卫过当。从该案判决来看,不法侵害人赤手攻击,高宏胜持刀防卫,持刀防卫与赤手攻击相比,法官认为工具不相当。但是,正当防卫行为通常发生在紧急情况下,当遭遇突然的不法侵害时,防卫人根本无法准确考虑借用的工具是否合适,事后强行判定防卫人工具不适当于防卫人过于严苛,不利于保护防卫人的合法权益。

二是行为强度相当。防卫人应采取与不法侵害对等的防卫强度,避免防卫人防卫行为的扩大,并且尚未造成重伤害以上的结果,更容易受到法官的认可。以"王建海故意杀人案"为例进行分析,② 乘客史某某用砖头敲打出租车司机王建海头部,逼其坐往副驾驶位置,王建海借用车里的尖刀对史某某进行反击,最终导致史某某死亡,法院认为王建海防卫行为过当。王建海面对史某某用砖头击打自己头部的行为,借用尖刀进行防卫,尖刀和砖头对人身安全的攻击性强度相当,但王建海致史某某死亡的行为,被认定属于防卫过当。"董德祥故意杀人案"中也有类似情形,③ 因婚恋关系问题,张某持斧子上门闹事,董德祥面对张某非法暴力侵入住宅,亦借用家里铁锹进行还击,行使防卫权,相互打斗过程中致使对方死亡,法院认定董德祥行为属于防卫过当。根据全案进行分析,董德祥是为了排除不法侵害,借用铁锹进行防卫,最终造成张某死亡的损害后果,被认为其防卫行为属于明显超过必要限度。王建海和董德祥面对自身合法权益受损,均采取反击行为行使自卫权,最终都造成对方死亡的法律后果。司法实践中,即使在行为强度方面无过大差距,若发生死伤后果对其判定是合理范围内行使的自卫权存在很大的困难。

三是损害后果无太大差距,如果差距过大,会被认为明显超过必要限度。以"晏红左故意伤害案"为例进行分析,④ 晏红左面对丈夫(不法侵害人)的拳打脚踢,持匕首自卫反击致其死亡,法院认为其丈夫的行为只是可能造成晏红左轻微伤,而晏红左的自卫行为造成丈夫死亡,出现轻微伤和死亡的后果差距过大,被认为防卫过当。从该案判决来看,不法侵害人的攻击可能导致轻微伤,晏红左防卫致使其死亡,被认为损害后果差距过大。在危险发生过程中,晏红左根据自己的常识,借用工具对丈夫行为加以制止,虽然造成对方死亡,但自己人身权的完整性得以维护,如果根据损害后果之间的差距判断,晏红左反击行为过当。认定防卫行为是否属于必要限度范围,要结合全案进行分析,从损害后果角度判断是站在事后人或者一个旁观者的立场进行判定的,容易形成以结果为判断标准的错误倾向,存在缺陷。

综上,以上述三个方面为判定标准会模糊对防卫限度条件的认定,可能将原本属于正当防卫的案件认定为防卫过当。对限度条件的把握在以上三个方面的基础上

---

① 黑龙江省高级人民法院(2016)黑刑终 267 号刑事附带民事判决书,载 http://171.106.48.55:28040/。
② 吉林省高级人民法院(2016)吉刑再 9 号刑事判决书,载 http://171.106.48.55:28040/。
③ 吉林省高级人民发院(2018)吉刑再 3 号刑事判决书,载 http://171.106.48.55:28040/。
④ 安徽省高级人民法院(2016)皖刑终 29 号刑事判决书,载 http://171.106.48.55:28040/。

仍需进一步完善。司法实践中，办案人员要根据案情进行具体分析，在法理与情理之间做好权衡，即司法机关公正司法，同时，也要回应公众关切。另外，对限度条件的具体把握，要从整体、全局的角度出发。同时彰显并发挥典型案例指导办案的效果：一是使法律观念深入人心，法治社会有序进行；二是使公民与司法良性互动，熟悉法律知识，推进司法进程建设；三是统一防卫限度的标准，对未来出现类似案情的处理具有启示性、指引性、示范性的作用，为以后在防卫限度条件方面的判定提供参考。

（二）防卫限度判定标准的完善

1. "明显超过"的认定

正当防卫制度中体现的是法律不允许不法侵害行为，公民自卫权的行使是值得肯定的，旨在保护无辜者的合法权益不受干涉和影响。但是，规定的防卫限度条件也没有忽视对不法侵害人利益的保护，刑法中对"不能明显超过"的规定，是站在双方当事人的角度进行的考量。但对那些达到哪种程度可归为"明显超过"，如何做出一个具体的判定标准等问题的界定是十分复杂的。在现实生活中，不法侵害的表现方式有很多，相比之下防卫人的防卫行为具有某种程度的概括性，通常表现为对攻击者的人身方面造成损害。

关于防卫限度条件中是否属于"明显超过"的认定，应具体分析。在面对不法侵害的攻击时，防卫人当时有恐惧、慌恐、暴躁、愤怒、惊吓等各种情绪，处于当时紧迫危险的情形下，防卫人自然无法进行冷静的思考，更无法对其采取哪种行为可以造成最小损害后果进行方式选择。最终防卫人处于当时情境下，可能致使对方轻伤、重伤、死亡三种结果。当造成不法侵害人轻伤后果时，不需要承担责任，可以排除考虑。当造成重伤或死亡结果时，则要根据案情判断其防卫强度与损害结果间是否差距悬殊。若面对不法侵害，防卫人为保护自己合法权益采取防卫措施，虽然造成对方死伤结果，但当时若不采取此种措施对不法侵害人加以制止，重伤死亡的结果就可能出现在自己身上，那么即使造成死伤结果仍应认定为未明显超过必要限度。侵害行为的暴力性、攻击性越强，供反击者行使防卫权的适用空间就越宽松，两者之间是一种正相关的关系。另外，"明显超过"可以看作实施了过激的防卫行为。一般人认为，该行为确实是下手过重的行为。无须按照"武器对等原则"对其行为进行衡量。在情况紧迫的环境下，很难进行理智的思考，防卫人为保护自己的合法权益，面对客观的危险，在那种状况下会采取最有效、最可能制止或者排除不法侵害的行为，这也是人之常情。如果认为采取其他较为缓和的防卫行为不能保护自己时，若采取具有侵害性的防卫行为如使用枪支、刀具、棍棒等，也属于未明显超过的限度。若防卫行为的防御性较强，不法侵害的攻击性相对较弱，但根据防卫人当时的立场判断：其防卫权的行使仍是在合理范围内的，可以保护自身的合法权益，采取各种防卫行为均是合理的。

2. "必要限度"的认定

必要限度是指防卫权行使的范围要结合不法侵害的危险性程度进行考量。从社会正常人的立场来看，认为防卫行为的行使确实是必要的，其反击行为是自卫权的合理行使。以上从保护防卫人利益的立场分析，在对必要限度进行界定时，应当从防卫人和不法侵害者两个方面进行考虑。首先，从防卫人角度进行分析，防卫人依据自己的主观判断对其存在的危险性行为进行反击，达到危险完全排除，自己的合法权益处于安全之中，其防卫权的行使是在合理范围内，该行为是值得肯定的。对于具体采用何种反击行为、自卫权行使达到哪种程度可以排除危险，结合防卫人权益面临威胁的状况，根据双方当事人的综合实力进行衡量，如双方的身体状况、使用工具、心理素质等方面。其次，从不法侵害者角度分析，存在威胁防卫人利益时，考虑到不法侵害者的利益也需要一定的保护，如果在当时情况下，有多个可供防卫人选择的排除不法侵害方式，防卫人从这些可供选择的方式中，选择最低强度的防卫行为。[1] 若单纯使用身体动作可以进行防卫，就要尽可能避免借用具有杀伤力的工具，若造成轻伤后果便可达到防卫效果，就要避免造成对方重伤或者死亡的后果。换言之，必要限度就是最低限度地造成伤亡后果。最后，可以一般正常人的观念为参考，在司法实践中，处理"必要限度"的问题时，借鉴英国在人身方面规定的限度条件，即依据主观判断作为认定限度的标准，根据当时情况进行分析，对必要程度和相当程度作出客观认定，即使防卫过程中造成死亡的后果，仍可以迅速地作出成立正当防卫的判决。

综上，公民在行使自卫权的过程中，可根据自己主观判断采取相应行为，无须严格遵循强度相当，对可能造成的结果进行考量也因人而异。防卫人在防卫过程中，要考虑防卫行为与不法侵害者的行为强度，避免发生死伤后果，会限制防卫权的行使范围。对过当行为作出规定以尽可能限制防卫权的随意行使，但不能因避免此现象的发生而使公民权利自由的行使出现障碍。

3. "过当"行为的认定

对于防卫过当，从行为和结果的违法性两个方面进行认定。在防卫行为超出限度条件范围的情形下，首先，要对防卫行为进行考量，然后对损害后果进行检验，若行为确实超出限度条件范围，并有重伤或者死亡的后果，进而便可确定其属于防卫过当。因此，对于成立防卫过当的认定，要对行为和结果进行双重考察，判定其是否是过当的行为。其次，对不属于过当的情形，只要以上两个要件即行为要件、结果要件其中一个不存在就可以，避免侧重于对结果的衡量和判断。实践中，习惯于对发生死伤后果进行片面化的考量与评价，这种观点其实是把法益作为权利合理行使的判断依据，一般习惯于在事后做出判定行为，容易形成"唯结果论"的倾向，我国理论界以及司法实践中大多数认为防卫过当的现象，也根源于此。[2] 相反，实践中如果甲为了让抢劫犯消除犯意，用随身携带的尖刀刺向不法侵害者，仅致其轻伤后果的，便不属于防卫过当。要对过当行为作出准确的定性，防卫过程中其防卫权的行使符合行为要件，但不具备或者不完全具备结果要

---

[1] [德] 汉斯·海因里希·耶塞克、托马斯·魏根特：《德国刑法教科书（上）》，徐久生译，中国法制出版社 2017 年版，第 461 页。

[2] 劳东燕：《结果无价值逻辑的实务透视：以防卫过当为视角的展开》，载《政治与法律》2015 年第 1 期。

件，其自然属于合法行为。

结语

在对防卫限度条件进行判定的过程中，其限度条件的确定直接影响正当防卫的成立与否，本文主要对"明显超过""必要限度"两个方面进行分析，同时对过当行为进行认定。最终认定正当防卫的限度在把两者分开考虑的同时也要结合为一个整体进行考察，形成一个具有可行性的正当防卫限度的判定标准。避免根据事后判断对防卫人提出过分严格、不具有可行性的要求，综合考虑各种因素，界定正当防卫的限度标准。

特定语境下的正当防卫限度研究

凌萍萍* 焦孟頔**

正当防卫的成立条件在刑法上呈开放的态势,单纯性的立法规定并不能完全解决司法适用中的各种问题,随着近几年正当防卫案件在我国司法领域内呈现出的关键性转折①,正当防卫的限度认定成为学术界与司法界讨论的热点问题。正当防卫的限度认定并不是平面的,而是从原则到方法、从理念到条件的立体式的综合判断。传统的正当防卫理论为正当性设置了数个条件,但是司法实践中出现的各类具体现象,如防卫逆转之后的处置、武器防卫的开始设置等现象都无法通过简单的概念性标准来确定,必须从正当防卫的源头来为其寻找适用的方法与模式。确立正当防卫的限度问题看似是一个后置性判断的问题,但究其根本应当是一个前置性原则设置与后置性判断相结合的问题。所谓前置性原则的设置是指在正当防卫认定的限度问题上设置原则性限制,其作用在于为后置性判断提供模板与界限。司法实践中认定防卫的限度必须有客观标准以实现对司法公平的保障,但是正当防卫毕竟是公民个人权利的特殊体现,公民在判断是否行使防卫权、如何行使防卫权时依据的标准应当是其内心的即时性判断,或者说是在不法侵害发生时的特定状态下,由防卫人通过侵害的客观情况结合其自身的主观情况做出的综合性判断,这种判断仅仅通过事后性判断难以还原。因此,在确定正当防卫限度时应当将原则性与特殊性相结合来进行综合性考量。

一、正当防卫性质的确认——主动防御权抑或被动防守权

对于当遭受不法侵害时应当采取何种原则来进行防卫,我国刑法没有明确规定。美国的《模范刑法典》中规定了退让要求,即如果非进攻者明知可以在不使用武力的情况下保证自身安全,则行为人必须退让。但是,如果行为人身处住所中则不需要退让。② 在我国,正当防卫的原则界定一直游离于规范性认定之外,退让原则或坚守原则的确立对于正当防卫的限度确立、防卫的逆转都有着不可忽视的作用。而正当防卫的司法案例的多样性使得我国刑法无法以成文形式来确立一个明确的防卫原则,但是至少可以明确正当防卫应有的性质。

相较于紧急避险而言,正当防卫在我国刑法中的设置没有以"在不得已"的情形下才能实施为前提条件,也没有设置"公力救济求助"的前置性条件。由此可以

---

* 南京信息工程大学法政学院副教授。
** 苏州大学王健法学院刑法学研究生。
① 这种关键性转折主要体现在我国司法实务中对正当防卫的认定标准从保守的"退让原则"转变为积极的"对抗原则"或者"坚守原则"。
② 参见 [美] 约书亚·德雷斯勒:《美国刑法纲要》,姜敏译,中国法制出版社 2016 年版,第 36 页。

看出，我国正当防卫的性质不是绝对意义上的被动防守权。有学者在探讨正当防卫成立的条件时，提出防卫人的"逃避义务"① 这一概念。所谓逃避义务指的是在不法侵害被防卫人所预先知晓的情况下，被害人是否需要通过逃避或者报警这些消极方式来避免防卫行为的发生。该学者举例，知晓在平日散步的路上有埋伏的歹徒，不负有中断自己热爱的散步而跑向警察局报告或者改变散步路线的义务，如果这样等于是强迫市民向不法让步，进而限制了市民享受散步这种正当权利的行使及行动的自由。② 在进行正当防卫限度设立时，不得不考虑的问题是正当防卫的性质。正当防卫被确立为一项主动防卫权，其内涵就会丰富很多，其不仅仅是私力救济的一种方式，还应当是私力在一定范围与程度内代替公力所进行的社会救济行为。在正当防卫的场合，防卫人不应当仅仅被认定为单个自然人，其所代表的应当是社会公民这一抽象群体，尽管落实到具体案件中，防卫人往往是具体个人的表现形式，不可忽视的是，即使防卫人在特定案件中通过逃避来避免了对侵害人的伤害，侵害人的侵害可能性依然存在，防卫人的替代者或许会成为新的防卫人，抑或实质意义上的被害人。相较来看，正当防卫的价值不仅仅在于具体案件的私力救济成功，更在于避免了侵害的不确定性所可能带来的二次或者多次侵害，以及社会不稳定因素的增加和社会秩序理念的退化。显然，从我国对正当防卫的立法来看，立法者显然没有将正当防卫仅仅作为一种被动性的权力来解释，正当防卫被认为我国公民的一项权利。权利固然对于每个人都具有至上性、神圣性和永恒性，类似自由、平等、民主、财产、安全和反抗压迫等都是"人的自然的和不可动摇的权利"，一如人的自由总是"被看作一种生物学上的必然"或"为生命的保护和改良所必需"③。正当防卫是"权力""权利化"的一种表现形式。不法侵害在常态下应当由公权力加以规制，但是当公权力基于某些特殊原因缺位时，私权利在一定程度上可以代替公权力行使，这也正是刑法中正当防卫存在的基础。正如一些学者所言，"公民权利自在地包含微观权力"④。所有的公权力来源离不开私权利的集中化，脱离共同私权利的公权力是无力的，因此，所有的公权力都应当包含私权利的集合，而私权利也应当有着一定程度的微观公权力。据此，正当防卫中体现出的公民权利不仅仅是一种被动的防守，更应当被视为一种积极的，可以在一定程度上替代公权力的主动防御权。

二、正当防卫的特定语境———防卫人语境

从正当防卫的正当化依据来看，主要有三种理解，第一种是利益衡量说，从利益大小或轻重角度出发来进行利益的比较，从不同角度对利益衡量的方式、利益认

---

① ［日］松宫孝明：《刑法总论讲义》，钱叶六译，中国人民大学出版社2013年版，第144页。
② 参见［日］松宫孝明：《刑法总论讲义》，钱叶六译，中国人民大学出版社2013年版，第144页。
③ Herbert Marcuse, An Essay on Liberation. Boston, 1969, p. 28. 转引自张禹：《公民权利正当性的深层分析——当代西方政治哲学核心问题研究》，南京大学2013年博士学位论文。
④ 张禹：《公民权利与微观权力内涵关系的政治哲学诠释》，载《南京师大学报（社会科学版）》2017年第5期。

定、利益种类做出了不同侧重的阐述。除此之外，日本学者提出了法确证说①的理论，认为防卫人除了保卫自己和他人的权利之外，同时亦是捍卫了社会整体法秩序，所有保护的利益即便不大于防卫行为侵害的利益，但如果能将两者结合起来，基于优越利益的保护的违法阻却就被承认，这种维护法秩序的利益，亦称法确证的利益。② 第二种是立足于公民个人自我保护的合法权利来解释正当防卫之正当化根据的合法权利说。第三种是将合法权利说与利益衡量说中的法确证的利益说相结合的二元说。其实，从本质上看，无论是利益衡量还是合法权利，只是角度的不同而已，两者都需要注意的是防卫人和不法侵害人的利益比较。权利是保护利益的一种方式，但是无论是权利还是利益都是一种限制下的内容，因为不法侵害人与防卫人是对等的主体，双方在常态情形下都具有平等的权利与利益，尽管不法侵害行为会导致侵害人利益的适度缩小，但是缩小限度在特定状态下是需要进一步判断的。

（一）防卫人的身份逆转

例如，在 A 与 B 的防卫对抗案例中，A 对 B 进行了不法侵害，但是这种不法侵害尚没有达到致命性标准，而 B 的反击性行为超出一定的限度，则 A 是否可以进行反击的情况。针对此种情况，美国刑法中明确 A 此时可以脱离"攻击者"身份，但是美国法院对 A 如何重新获得使用致命武器之权利的问题有不同看法。针对非致命性攻击，其中多数原则认为，一旦 B 使用过度的武力威胁，A 就立刻重获正当防卫的权利；而少数原则则认为，即使 B 用致命武器威胁回击 A 的非致命攻击，A 也不能使用致命的武力进行自卫，除非 A 首先退让而 B 持续以致命武器威胁 A。但是，如果不存在退让的可能，则 A 可以立即使用致命武器还击。而针对致命的攻击者，除非致命攻击者 A 放弃其致命攻击并将此事实告知 B，否则 A 在致命冲突下不能重获正当防卫的权利。③ 此案中存在的关键性问题在于防卫出现逆转时，原不法侵害人是否可以获得防卫权。

我国刑法对此问题并没有进行明确的设定，但需要注意的是，我国刑法承认防卫过当行为的入罪，入罪意味着对防卫过当行为的刑法否定，此时的防卫行为被认定为侵害了合法利益，而这一合法利益的拥有者是之前的侵害者。此时的刑法否定带来的另一个效果就是防卫者与侵害者身份的交换。当不法侵害被遏制时，防卫的正当性终结，当其出现额外的防卫行为时，无论此种行为的主观恶性如何，都具有刑法上的可罚性。

---

① 参见［日］大谷实：《刑法讲义总论》（新版第 2 版），黎宏译，中国人民大学出版社 2008 年版，第 253—254 页。
② 参见［日］松宫孝明：《刑法总论讲义》，钱叶六译，中国人民大学出版社 2013 年版，第 144 页。
③ 参见［美］约书亚·德雷斯勒：《美国刑法纲要》，姜敏译，中国法制出版社 2016 年版，第 34 页。

（二）防卫人有前期过错①

这种情况和防卫挑拨有着一定的区别。正当防卫中认定的防卫挑拨是指出于加害对方的故意，故意挑逗对方向自己实施某种不法侵害行为，然后以正当防卫为借口对对方加以侵害的行为。防卫人的前期过错是指在不法侵害之前，防卫人对不法侵害行为的发生有着一定的促进作用。例如，德国刑法中的芬兰刀案（Finnendolch-Fall）：被告人想从停车场将一辆他之前偷来的汽车开走，但刮到了停在旁边的汽车，并和一辆从他旁边开过的汽车撞到了一起。为了避免别人记下他的详细资料，他继续朝前开。而他损坏的第二辆车的司机R对他紧追不舍。当被告人受阻于一辆因红灯而停在跟前的汽车而下车拔腿逃走时，R依然继续追赶，被告人根本不理会R，R就向他大喊，他要杀掉他。当R最终追上被告人时，R赤手空拳打了他几拳头。被告人则掏出一把芬兰刀捅向R，并致其死亡。②在此案例中，防卫人对不法侵害的产生有着最先促进的作用，其在进行防卫时需要对限度有着严格的要求，因为在这种场合下，防卫人对不法侵害的发生有着一定程度的基本判断，能够对侵害可能出现的强度、方式有可能的预判，以此来区别于没有任何准备的防卫行为。也就是说，在这种防卫的场合，即使是致命性侵害，防卫人在手段与强度的选择上也应当以抑制不法侵害的"必须"为限，而不能以实现绝对意义上的"完全制服性"限度。这是由于其前期的过错行为使得其"社会防卫义务"增加，其在防卫时既要保证自身权利的安全性，也要尽量消除其由于过错行为引发社会秩序所导致的受损后果。在此种情形下，防卫人的防卫应当是保守的。

（三）防卫人有着特定的体力优势

正当防卫的刑法规定并没有对防卫人做出特定的职业限制。具有某些职业特征或者有着明显体力优势的人在不法侵害的场合，需要对其防卫行为进行一定的限制性设置。例如，甲为受过专业训练的拳击手，某日甲在路上行走，受到乙的攻击，甲试图躲避，但乙依然对甲进行多次拳打脚踢，甲在制止无效的情况下对乙面部进行打击，导致乙由于伤势过重而死亡。在这种特定案件中，由于防卫人具有非常态的身体状态，相较于一般社会人而言，其攻击行为可能会导致超过不法侵害人预期的后果。因此，防卫人应当按照防守的标准来进行适当的避让，只有当其有明显退让行为仍无法阻止不法侵害时，才可以采取积极的防御，而且其积极防御行为应当

---

① 有些国家将这种情况不作为正当防卫的情形来考虑，如《加拿大刑法》中规定，"任何人在未挑起攻击而遭受非法攻击时，如使用武器系自卫所必要，并且并非意图导致死亡或者严重人身伤害，其以武力抵抗武力，应视为正当"。参见《加拿大刑事法典》，罗文波、冯凡英译，北京大学出版社2008年版，第35页。但我们认为正当防卫强调两个内容：一方面是社会秩序的恢复；另一方面则是公民人身权利的保护，无论是何种原因引发的不法侵害，即使防卫人对此有过错，但是过错并不必然导致不法侵害的产生，非挑拨性的过错仍然具有一定的防卫价值。

② ［德］《联邦最高法院刑事判例集》，第24卷，第356-360页。转引自［德］克劳斯·罗克辛：《德国最高法院判例刑法总论》，何庆仁、蔡桂生译，中国人民大学出版社2012年版，第41页。

具有一定的适当性，这种适当性应当由防卫人结合自己的身体力量来进行评估之后做出。①

三、正当防卫的特定语境二——武器②语境

很多国家刑法对在武器语境下的防卫行为都有着特殊性的规定，无论是不法侵害者持有武器还是防卫人利用武器进行还击，在正当防卫领域内讨论都有着其独特的意义。在持有武器的不法侵害语境下，不法侵害应当区别于其他的侵害行为进行独立判断。原因在于武器侵害的直接性与致命性。相对于一般性的不法侵害，持有武器显然比没有武器更具威胁生命的可能性，而且持有武器往往是判断特殊防卫的关键性条件。从防卫人的角度来看，持有武器的侵害具有明显的侵害重大身体权利的倾向性，武器对社会一般人而言都是非常态下出现的攻击性器具。当具有一定杀伤力的武器出现在任何侵害行为中时，无论是不法侵害人的恶意还是攻击程度，相对于没有武器的场合无疑要高出很多，防卫人因此产生的恐慌心理也会有所加剧。当然，这里的武器必须以显露作为必要条件。对于不法侵害人仅仅携带但是并未以显示的方式来让防卫人知晓的情形，则不应当将其设置在武器防卫的语境之下。因此，当不法侵害人显露出武器，且明确该武器即将针对防卫人所使用，防卫人就可以进行特殊防卫。这里需要例外考察的有两个内容。

（一）在持有武器的不法侵害中，接近性防卫是否可以存在

所谓接近性防卫是指不法侵害尚未完全显露，但是防卫人有合理理由认定不法侵害即将开始，且不法侵害一旦开始，具有一定的瞬时性与失控性，防卫行为必须先于不法侵害的真正实施之前进行，才能保证防卫有效性的情形。一般意义上的正当防卫要求防卫必须发生在不法侵害已经开始，尚未结束期间。关于不法侵害的开始，我国刑法理论界的观点包括着手说③、进入现场说④、犯意确证说⑤。其中，犯意确证说占据了较为主流的地位，其将正当防卫的开始时间设定为当预备行为能明显反映出不法侵害的意图，行为人实施不法侵害的心理可以从这一行为得到确证，该预备行为除表明不法侵害外不能做出其他合理解释时，才能认为不法侵害已经开始。⑥需要考虑的是这样一种情况：如果甲多次持枪威胁过乙，告诉乙会找机会枪杀乙，而乙明知每次甲都将枪放在固定的上衣口袋中，在一次甲与乙见面时，双方发生争执，甲伸手摸上衣口袋但没有拔出枪时，乙为了避免被杀害，抢先一步杀掉了甲。在此案中，乙的行为是否可以认定为正当防卫是一个需要进一步探讨的问

---

① 就进行过专业训练的特殊职业群体而言，其攻击能力远远超过一般的社会公众，且对攻击的防御能力较强，相对于社会一般人，其控制攻击风险的能力有着显著的不同，其遇到攻击时的力量判断会相对比较准确和稳定，因此，要求其在被侵害时做出评估具有可行性。
② 这里的武器指的是具有一定攻击性与杀伤性的工具，在正当防卫语境下所探讨的武器是指能对防卫人产生较大的精神恐慌，能够较为直接产生重大伤亡的工具，一般来说包括管制刀具、枪支、爆炸物等。
③ 周国均、刘根菊：《正当防卫的理论与实践》，中国政法大学出版社1988年版，第53页。
④ 马克昌主编：《犯罪通论》，武汉大学出版社1995年版，第702页。
⑤ 参见陈兴良主编：《刑法总论精释（上）》，人民法院出版社2016年版，第255-256页。
⑥ 陈兴良主编：《刑法总论精释（上）》，人民法院出版社2016年版，第256页。

题，本案中采用的侵害手段为枪支，枪支可以在瞬时导致侵害结果的发生，如果要求防卫人必须明确不法侵害人的行为是排除其他任何可能之后的掏枪射击行为，防卫行为很有可能会滞后甚至无效。因此，在此时不应当对防卫人的等待确认行为作出更多的期待，而应当将其防卫行为的适时性予以提前，在此种情形下为了防卫的有效性，应当允许接近性防卫的存在。

（二）武器转向情形的认定

这里主要是针对防卫人通过防卫行为从不法侵害人手中夺取武器的情形。当出现武器转向的情形时，一般来说预示着两种可能性：一是不法侵害的紧迫性已经有所缓和，当武器在不法侵害中消失时，意味着不法侵害行为欠缺了最具有攻击性的力量，至少可以认为致命性伤害的可能性有所降低；二是双方力量比较有了初步的判断。防卫人可以通过自身的行为将不法侵害人的武器予以夺取，说明防卫人具有一定的防卫能力，防卫成功的概率有了很大的可能性。基于以上两点，可以看出，防卫与不法侵害之间已经有了较为明显的权衡，但是正当防卫并不要求绝对意义上的"必须"，也不需要在力量对比上对防卫人做出过于苛刻的限制，毕竟防卫人在受到不法侵害时陷入非理性的精神状态之中，如果要求其必须进行力量与利益上的衡量，在这种特定的状态下显得勉为其难了。因此，即使出现武器转向的情形，除非能证明防卫人有着明显的恶意伤害故意，否则，都不应当对其后续行为做出否定性评价。

在防卫过程中，防卫人无论是基于自我保护的必要性的错误性考虑还是由于受到侵害后出现的报复性恶意的情况都是存在的，因此在武器防卫过程中，应当将存在恶意的防卫行为排除在正当防卫之外。在很多情况下存在防卫行为的致命性未必是防卫的最佳选择，最佳与最合理之间的差异判断主要在于防卫人当时所处的综合状态，一般认为"受违法攻击者可以选择那些足以迅速、终局地清除危险的防卫手段。从原则上讲，如果防卫效果堪忧的话，他并没有必要采用更小的防卫手段"①。

四、正当防卫的特定语境三——住宅防卫语境

从世界各国刑法的规定来看，多个国家对住宅防卫作出了特殊性规定。例如，《斯洛伐克刑法典》规定："在其住所内，为保护生命、健康或财产，针对强行进入或者非法停留住所的他人使用武器的，即使不构成正当防卫，也可以依法使用武器。"②《美国模范刑法典》也规定："若 D 认为 V：试图在室内实施纵火、入室盗窃、抢劫或者残暴重罪并且 V 当场'适用致命武力或者以致命武力进行威胁'，或者使用非致命武力组织犯罪行为不足以保护 D 或者第三人免受严重的身体伤害，则 D 可以使用致命武力对抗 V。"③ 从住宅的特殊性来看，住宅具有私密性、安全性与排他性的典型特征，住宅的安全对于人类对安全的需要产生至关重要的作用，因

---

① ［德］联邦最高法院：《戈尔特达默刑法档案》，1968 年，第 182 页。转引自 ［德］克劳斯·罗克辛：《德国最高法院判例刑法总论》，何庆仁、蔡桂生译，中国人民大学出版社 2012 年版，第 41 页。
② 《斯洛伐克刑法典》，陈志军译，中国人民公安出版社 2011 年版，第 10 页。
③ ［美］约书亚·德雷斯勒：《美国刑法纲要》，姜敏译，中国法制出版社 2016 年版，第 192 页。

此，在公民住宅之内发生的不法侵害在一定程度上不仅侵犯公民单纯性权利，而且同时侵犯财产权、人身权以及公民住宅安宁权等复合性权利。我国刑法虽然未对住宅防卫问题进行相应的规定，但是我国刑法对于入室抢劫、入室盗窃等行为都规定了较一般性同质行为更重的法定刑，从另一个角度也承认了入室侵害行为的加重特性。因此，住宅防卫相较于一般防卫有着更为宽松的标准，或者认为在住宅防卫中，只要侵害人显示出其具有武力侵害的意图，防卫人就可以对其进行"完全制伏性"防卫。不需要严格限制防卫的"必须性限度"。

综上，正当防卫的限度是一个无法用绝对标准设置的界限，无论对其限度如何限制，都需要明确的是，正当防卫并不是对单纯个人利益的防卫，而是公力救济替代下的符合利益的防卫。正当防卫的限度适用标准不能一言概之，期待通过更多司法案例对该问题进行更为深入的研究。

对见义勇为型正当防卫案件中
"必要限度"的法理分析

杨 俊[*]

一、典型案例介绍

（一）赵宇正当防卫案

1. 基本案情

2018年12月26日，李华与邹某酒后一同到达邹某位于福州市一公寓住所。二人在邹某住处发生口角，李华被邹某关在门外，其踢踹邹某住处的防盗门，后强行进入邹某房间内，并与邹某发生肢体上的冲突，导致邻居围观。此时，楼上正准备休息的赵宇听到呼救声，下楼看见李华正在殴打邹某的头部，便上前制止拉拽李华，赵宇和李华一同倒地。两人起身后，李华打了赵宇两拳，而后赵宇将李华推倒，接着上前打了李华两拳，并朝其腹部踹了一脚。法医鉴定结果为，邹某伤情属于轻微伤；李华由于腹部横结肠破裂，伤情为重伤二级。

2. 审理结果

2019年2月20日，福州市公安局晋安分局以赵宇涉嫌过失致人重伤罪向福州市晋安区人民检察院移送起诉。福州市晋安区人民检察院以防卫过当为理由，依据《刑事诉讼法》第171条第2款规定，对赵宇作出相对不起诉决定，引发了社会舆论的高度关注。后在最高人民检察院指示下，福建省人民检察院指令福州市人民检察院对该案进行重新审查。

经审查认为，赵宇属于正当防卫行为，不应当追究其刑事责任，原判定为赵宇防卫过当的不起诉决定书属适用法律错误，依法决定予以撤销。依据《刑事诉讼法》第177条第1款规定，并参照2018年12月最高人民检察院印发的第十二批指导性案例，认定赵宇无罪，对其作出不起诉决定。

3. 争议焦点

从赵宇正当防卫案的上述处理来看，福州市晋安区公安局和人民检察院先后对赵宇行为的判定皆存在问题，公安机关将该案视作普通犯罪案件来处理，将赵宇以故意伤害罪进行刑事拘留，并没有将此案认定具有正当防卫性质；人民检察院虽然认定本案具有防卫性质，但超过必要限度，造成了李华重伤的后果，作出了相对不起诉决定，即认定该行为属防卫过当。

根据防卫目的的不同，《刑法》第20条所规定的正当防卫，既可以是保护自身

---

[*] 苏州大学王健法学院副教授。

的正当防卫,也可以是保护其他人脱离不法侵害的正当防卫。根据对正当防卫历年案件的归纳总结,大部分都属于保护本人的正当防卫,但也存在少数保护他人的正当防卫案件。在保护他人的正当防卫中又可分为保护近亲属和朋友的正当防卫以及保护素不相识陌生人的具有见义勇为性质的正当防卫。因此,公检法机关在处理这种见义勇为的正当防卫案件时,应当充分考虑案件的特殊性以及对社会的影响,争取达成法律效应与社会效应的统一。

（二）叶九文故意伤害罪案

1. 基本案情

李某、叶某夫妇租住在东莞市一公寓的504房,陈某租住在该公寓505房。2015年12月8日17时许,陈某去开504房门,在504房内的李某夫妇认为陈某在实施盗窃,双方因此发生争执,李某踢了陈某。后李某致电被告人叶九文（系同事）称抓到了小偷,请叶九文前来帮忙,陈某则联系同住宏盛公寓505房的高某来帮忙。高某即与被害人张某（男,殁年18岁,贵州省黔西县人）等回到宏盛公寓,与李某、叶某争吵,并殴打李某且以李某踢了陈某一脚为由向李某索要5000元人民币。随后高某、张某等拉李某下楼,到宏盛公寓楼下继续索要,继而陈某、高某、张某等六人再次殴打李某。当日18时20分许,叶九文来到现场看到李某被围殴,当即上前参与打斗,并持折叠刀捅刺张某眉间和左锁骨下部,张某受伤后跑走,行至高埗镇冼沙村2区118号出租屋南侧小巷倒地。当日18时30分许,张某被人发现,19时20分许,医护人员到场后确认张某已经死亡。

2. 审理结果

法院认定,被上诉人叶九文见到同事被多人围殴而见义勇为,冲上前去,是为了解救同事李某,使李某能够脱离对方正在进行的不法侵害,因此叶九文上前实施的是防卫行为,但其持折叠刀捅刺张某并造成其死亡的严重后果,明显超过了防卫的必要限度,叶九文的行为已构成故意伤害罪,应负刑事责任,但系防卫过当,依法应减轻处罚,判处有期徒刑七年。

3. 争议焦点

被多人围殴的同事所处的状态,应当被认定为正处于现实紧迫而直接的危险,叶九文对同事的"解救"虽然被认可了具有防卫性质,但仍被判定为防卫过当,被判处了有期徒刑七年,是否刑罚过严？而且从案件的前因后果来看,不能将其界定为简单的互殴案件,在司法实践中,经常会出现这样的情况：当一方在遭受侵害之后进行反击,这时该行为可能仍具有防卫性质,但如若对方仍是继续攻击,并未因为该行为而选择休战停手,双方很容易会因此陷入缠斗的胶着状态,这在司法中被定义为"互殴",出现该种情形时,法院极易将其排除成立正当防卫及防卫过当的可能性。这样的刑事裁判惯性思维显然不利于正当防卫的判定。

二、关于防卫过当的判断

(一)《刑法》第 20 条第 3 款的性质

1997 年《刑法》第 20 条对 1979 年《刑法》第 17 条规定进行了修订,① 尤其增加了第 3 款的规定②。但在立法修正后,围绕《刑法》第 20 条中所列三款规定之间究竟属于何种关系,以及如何适用,可谓争议不断。

陈兴良教授认为,这三款规定之间的关系应当理解为第 2 款以第 1 款作为基础和前提,第 3 款则是第 2 款的一种例外情形。超出必要限度的正当防卫在一般情况下,构成防卫过当,应当追究其刑事责任。但如果符合第 3 款的规定,就不存在防卫过当的情况,也就是说,只有当不法侵害严重危害人身安全,且具有相关暴力犯罪性质时才能适用。因此,第 3 款也可称无过当之防卫,是对防卫过当的一种例外规定。作为一种特殊的防卫,无过当之防卫的特殊性分别表现为防卫客体与法律后果的特殊性。③

张明楷教授提出,应当将《刑法》第 20 条第 3 款理解为注意规定,而非特殊规定。即第 20 条第 1 款关于什么是正当防卫,第 2 款是关于构成防卫过当的判断的一般标准与处罚原则,第 3 款提示性地规定了什么样的防卫行为不构成过当,于是,可以将第 3 款视为提示性规定,并以此来理解第 2 款关于防卫过当的一般判断标准。④

笔者较为赞同张明楷教授的观点,即不应将第 20 条第 3 款视作特殊规定,其规定的也不是所谓的特殊正当防卫。这是因为,在面对不法侵害时,无论是普通的犯罪还是严重暴力的犯罪,相较于不法侵害人的利益而言,被侵害人的利益都具有质的优越性。而不应当认为,被侵害人只有在处于严重犯罪情形下,其利益才具有质的优越性,而被侵害人在被实施普通犯罪时,其利益仅具有量的优越性。相反,质的优越性应当在普通犯罪或是严重暴力犯罪中同样适用,且根据个人保全原理,人们不论被何种程度的犯罪所侵害,在被犯罪分子攻击时,每个公民都有权利去采取必要的手段来捍卫并保全自己与相关的权益。同时,一般正当防卫与所谓特殊正当防卫具有相同的正当化根据、相同类型的犯罪阻却事由,二者在防卫限度上也就不应该存在不同标准。

同时,若将其理解为特殊规定,其逻辑结论必然是,第 3 款的防卫行为原本就应被判定为防卫过当,但由于其防卫对象的特殊性,现在不按防卫过当处理,并在防卫限度上作出特别规定,特别"豁免"了该防卫过当的行为,因而不负刑事责

---

① 1979 年《刑法》第 17 条规定:"为了使公共利益、本人或者他人的人身和其他权利免受正在进行的不法侵害,而采取的正当防卫行为,不负刑事责任。正当防卫超过必要限度造成不应有的危害的,应当负刑事责任;但是应当酌情减轻或者免除处罚。"
② 《刑法》第 20 条第 3 款规定:"对正在进行行凶、杀人、抢劫、强奸、绑架以及其他严重危及人身安全的暴力犯罪,采取防卫行为,造成不法侵害人伤亡的,不属于防卫过当,不负刑事责任。"
③ 陈兴良:《规范刑法学》(上册),中国人民大学出版社 2017 年版,第 150 页。
④ 张明楷:《防卫过当:判断标准与过当类型》,载《法学》2019 年第 1 期。

任,这样的逻辑明显存在漏洞。因而,我们应将《刑法》第 20 条第 3 款理解为对以往司法实践中错误做法的纠正,而不是对防卫过当的特殊规定。

(二)"明显超过必要限度"的规范内涵

1979 年《刑法》第 17 条第 2 款规定:"正当防卫超过必要限度造成不应有的危害的,应当负刑事责任;但是应当酌情减轻或者免除处罚。"

1997 年《刑法》第 20 条第 2 款则将上述内容修改为:"正当防卫明显超过必要限度造成重大损害的,应当负刑事责任,但是应当减轻或者免除处罚。"由此可以看出,国家修改立法的目的很明显,就是放宽认定正当防卫的成立标准,以纠正一直以来司法实践中普遍存在的对防卫限度的把握过严的判定。由此,防卫过当的成立条件转变为"明显超过必要限度造成重大损害"。

现行刑法将 1979 年《刑法》中的"超过必要限度"更改为"明显超过必要限度",防卫行为的限度要求因为新增的"明显"两字,产生了根本性的变化。如果说,1979 年《刑法》对防卫行为的限度要求是一条线,即"必要限度"所在的那条线,这条线可被视作防卫行为强度的最高线,即若高于这个强度,防卫行为便可能沦为防卫过当,那么在现行刑法的规定中,防卫行为的限度要求不再是一条线,而是由上下两条线所组成的一个区间——这个区间的底线是"必要限度"所在的那条线,顶线是"明显超过必要限度"的临界点所处的那条线。判断防卫行为是否过当的直接依据是这个幅度的顶线而非底线,但也只有在理解这个幅度的底线——"必要限度"的内涵规范的前提下,才能准确理解这个幅度的顶线——"明显超过必要限度"的内涵规范。①

1. "必要限度"的规范内涵

目前,刑法理论界关于必要限度的内涵存在三种不同的观点:

一是基本相适应说,即认为正当防卫的必要限度需要防卫行为必须与不法侵害行为及其性质、手段方法、力度强度等相适应,认为防卫行为的强度应始终被不法侵害的强度约束,从而不超过不法侵害的强度。

二是必需说,即认为防卫行为是否超出必要限度,须以防卫的实际需要为出发点,来进行综合而全面的考量。因为正当防卫的根本目的是同犯罪分子做斗争,制止不法侵害,以此来保护自己或他人的合法权益(包括公共利益)。出于这种目的,不应当以防卫人被不法侵害的强度为标准去限制和比照防卫行为所实施的强度。只要防卫人在客观情况下有采取防卫行为的需要,防卫强度就可以大于、小于或相当于不法侵害的强度。同时,我们应该认识到,必需说并不是主张对任何程度、方式下的防卫手段都不加以限制,而是主张能够"有效地制止不法侵害所必需",以此来限制防卫行为的必要限度。本文支持必需说的观点,以此为指导对是否超过必要限度进行界定和考量,将更公正合理地解决涉及正当防卫类的案件。

三是相当说或折中说,该学说综合了以上学说的合理之处,主要以基本相适应说为基础,认为正当防卫的必要限度应当以防卫行为是否能够制止住正在进行的不

---

① 邹兵建:《正当防卫中"明显超过必要限度"的法教义学研究》,载《法学》2018 年第 11 期。

法侵害为标准，同时把防卫人所保护的利益的性质，即是否为正当合法的利益，以及不法分子因防卫行为可能遭受的损害程度都纳入考量范畴，要求防卫人同不法侵害者造成损害的程度大体相适应。我国当下对正当防卫的认定较难的一大原因，就是以折中说为基准，对防卫行为各项要件的把控过于严苛，防卫人需要为本属于正当性质的防卫行为承担过多的风险。

2. 超过必要限度与造成重大损害的关系

对于超过必要限度与造成重大损害的关系，我国刑法理论上存在两种不同观点。

一种观点为一体说①，也就是说，防卫行为之过当，就是表现为造成了不应发生的危害结果，可以说，防卫行为之过当是造成重大损害的原因，而重大损害则是认定防卫过当的根据。

但是，我国刑法修正的目的和本意是扩大正当防卫的适用范围，以扭转司法中对防卫限度的认定过于严苛的现况，因此，应当将这两个要件理解为并列关系，而非同一关系或从属关系，即要成立防卫过当，必须同时满足这两个要件，且两个要件相互独立。若以一体说为指导，来处理正当防卫案件，可能仍难以纠正对其判定过严的做法。

另一种观点为二分说②，笔者赞同此观点，在正当防卫过程中，由于情形紧迫，防卫人很难理智地对防卫行为可能造成的结果进行准确的预见和分析，像一体说主张的，将是否超过"必要限度"的判断标准由实际造成的损害结果来决定，必然会导致对防卫行为必要限度的判断丧失其应有的独立性；另外，在"必要限度"的问题上，一味关注结果，采取行为后的判断标准，而不是以防卫人做出行为时所能认识到的和面临的紧急事实为基础，仅以事后查明的客观事实和事后的结果作为全部信息，来判断行为是否"明显超过必要限度"，这显然不利于正当防卫行为的判定。

三、见义勇为型正当防卫面临的法律风险

（一）界定"必要限度"时采取了行为后标准

在学理上和司法实务中，由于受到结果行为思路的影响，都会更多地依据最终发生的严重损害结果，来判断防卫是否明显超过必要限度。就结果无价值论者而言，他们没有将刑法有关正当防卫制度视为行为规范或者决定规范，而是视为裁判

---

① 一体说认为只有当防卫行为超过了"必要"的限度，才会造成重大的危害结果，防卫行为之所以会造成的重大损害，就是因为其超出了必要的强度，二者相辅相成、不可分割、缺一不可，也不可能存在"行为过当而结果不过当"或"结果过当而行为不过当"的情形。参见张明楷：《正当防卫与防卫过当的司法认定》，载《法律适用（司法案例）》2018年第20期。

② 二分说主张将正当防卫的限度条件划分为行为限度和结果限度条件。在行为限度条件中，若明显超过必要限度则成立防卫行为过当，其主要以必要限度为衡量标准；在结果限度条件中，以是否造成可量化操作的重大损害后果为判断基准，结果过当只有在造成不法侵害人重伤或死亡的重大损害后果的情况下才成立。这样防卫过当就包括了行为过当与结果过当两个条件，需要满足两个条件才能成立防卫过当，严重的结果不是定为防卫过当的唯一标准，仅有行为过当也并不必然导致防卫过当。参见劳东燕：《结果无价值逻辑的实务透视：以防卫过当为视角的展开》，载《政治与法律》2015年第1期。

规范;从司法实务中的"唯结果论"者的视角来看,这则是一味追求认定和操作过程简单的司法上判断标准的产物。他们的共同之处是,对防卫过当两个构成要件——"明显超过必要限度"与"造成重大损害"进行分析和解读时,都片面地将严重损害的出现与否当作防卫过当的核心条件,而忽视、消解了前一要件,使得有无造成重大损害的判断成为是否明显超过必要限度的判断的前提。

例如,若不考虑赵宇案的前因,在防卫过程中,赵宇在李华倒地之后踢踹李华腹部,这种过失行为确实造成了李华的重伤后果,如果归类为一般刑事案件,应当判定为犯罪,但很明显,这一结论的得出完全没有考虑到赵宇的这一行为具有见义勇为性质,因此对事件中无计可施,最后只能在微博上寻求关注和帮助的赵宇而言,明显是不公正的,对社会风气和舆论也会产生消极作用和负面影响。进一步分析,这种司法判断的背后,反映的就是由"唯结果论"主导的思维,是只有入罪而没有出罪的片面定罪思维。

对于从结果推导行为这一观点的弊端,日本学者山口厚清晰地指出,将对结果的重大性判断纳入防卫行为的相当性的判断中,不但会加剧防卫行为的相当性这一概念及其判断基准的不明确,而且会导致广泛地认定防卫过当,过于限定正当防卫的成立。[1]

从结果推导行为的思路,总是会人为主观地将防卫行为拆分为两个部分,机械地割裂了防卫行为从一而终的整体性,脱离了防卫过当的全部构成要件,对防卫行为展开不法的评价,这样的方法论存在严重的不足。能够有效地制止不法侵害所必需的部分,能成立违法阻却性事由,其余超出制止不法侵害所需的部分,无法成立违法阻却性事由,则判定为具有违法性。在这样的思路指导下开展防卫行为是否过当以及是否具有违法性的论证,明显破坏了防卫行为的统一性,不利于正当的防卫行为被承认。

由于防卫人往往是在紧迫的现实情形与紧张高压的精神状态下做出相应的防卫行为,而且往往没有充分的时间权衡和考虑多个方面,防卫行为是在非常短暂的时间内完成的,同时,对见义勇为的防卫人而言,更多情况下面对的是素不相识的不法侵害者,很难想象在这种情况下,防卫人起初的正当防卫意识会突然地、瞬间地转变为主观上犯罪的故意。由此可见,一个整体的防卫行为被分成两半:一半属于正当防卫,另一半属于防卫过当,机械地、人为地将其割裂,这样的思路并不符合实际,也不具备任何价值意义。即便将防卫行为分成两个部分来解读,把前一半的行为认定为正当防卫,但却可以将后一部分行为认定为防卫不适时,而不是防卫过当,这样可以更好地兼顾法理与人情。

另外,结果到行为的思路,非常容易导致由结果反推故意的做法,会使得实务中在"必要限度"的判断上采取行为后标准。奉行结果到行为思路,会在对"必要限度"进行界定时,在很大程度上只考虑防卫所造成的损害后果,并与防卫行为当时所保护的法益相比较,这样会使认定正当防卫的条件更加严苛,更加难以得出

---

[1] [日]山口厚:《刑法总论》,付立庆译,中国人民大学出版社2011年版,第131-132页。

正当防卫的结论。

正当防卫是存在于法与不法之间，正义与非正义之间的冲突之中的，因此，对于防卫人与不法侵害人之间的权利和利益冲突，实务中将防卫人的法益置于优先地位，以有利于被侵害人的方式处理。现行刑法对于由防卫引起的相关风险的分配问题，做出的也是不利于不法侵害人的分配。不法侵害人作为积极侵犯他人自由领域和正当权益的一方，理应承担由此引发的不利后果的风险。这样的风险分配具有充分的合理性，它既给作为无辜的被侵害人即实施正当防卫的防卫人提供了必要的保护，也有助于更好地对潜在的不法侵害人起到威慑作用。

然而，结果到行为的思路却违背了这样的风险分配格局，从结果推导行为基本上要求防卫人与不法侵害人平均分担防卫所带来的风险，这样对防卫人既不公平也不合理，违背了刑法立法的目的和初衷。一方面，在我国公力救济资源不足无法及时到位，且社会保障机制仍需完善的现状下，没有理由让无辜的公民在自身或他人的合法利益被侵害时消极应对、忍气吞声。另一方面，在"唯结果论'的认定思路影响下，会降低不法分子违法的成本，隐形地助长不法侵害人的嚣张气焰，也严重挫伤了人们抗击不法侵害的积极性和见义勇为的勇气。就当前我国的现状来看，需要更多担忧的是对正当防卫限定过严所带来的后遗症，而不是防卫权的滥用。

（二）定性差错，以违背量刑为代价进行补救

在现实中，有些见义勇为者因为掌握不好对抗不法侵害行为的程度，或者采取的手段方式不当而造成防卫过当，以赵宇案为例，若直接以犯罪行为对其进行定义与解析，会曲解立法时对防卫过当这一规定应起到的功能。

司法实践中，普遍都是按照故意伤害罪来对防卫过当定罪，许多学者认为应当将防卫过当认定为防卫人的直接故意或者间接故意，但事实是，将防卫过当广泛以故意犯罪来处理确有缺憾和不足，其主要原因是没有注意防卫人主观上防卫意识的"有意性"与刑法中关于犯罪故意在定义上的区分。防卫过当行为是在当事人清楚地了解到自己处于现实紧迫的状态下，且不法侵害正在发生，为了及时阻止违法犯罪，但是因为方式、手段等选择不当，或者力度强度控制不当才导致的，这与《刑法》第 14 条中有关犯罪故意的定义并不一样。①

将防卫过当认定为故意伤害罪，将防卫的有意性等同于犯罪故意，严重混淆了两者的性质，以刑法评价的角度来看，由于见义勇为者所做的有意识的伤害行为是以正当防卫为前提的合法的举动，因此该行为本身并不是刑法予以处罚和否定的对象，并不成立故意伤害罪，也不存在故意犯罪的可能；刑法的处罚对象，是防卫行为超过了必要限度所造成的严重结果，也就是说，只有防卫人对犯罪分子实施的伤害行为所导致的加重部分，即造成了过失致人死亡或者重伤的事实，才成立犯罪。

防卫行为的目的和动机的本身不是出于伤害不法侵害者，而是保护自己或受害者，是为了及时有效地阻止正在发生的不法行为，基于此，应当在各种层面上都认

---

① 《刑法》第 14 条："明知自己的行为会发生危害社会的结果，并且希望或者放任这种结果发生，因而构成犯罪的，是故意犯罪。故意犯罪，应当负刑事责任。"

定正当防卫客观上阻却了犯罪故意这一推定的成立。在认定防卫过当是过失犯罪后，只需要确定该防卫过当成立的是过失致人重伤罪抑或过失致人死亡罪。

另外，司法实践中按照故意伤害罪来判处防卫过当行为的，往往适用《刑法》第20条第2款来进一步"减轻处罚"，最后的量刑都低于七年有期徒刑。但在一定程度上，这样的做法与量刑的基本原则并不相配。在一般的情况下，减轻处罚只被允许在法定刑的基础上降低一格来量刑，而不能直接降低多格。举例来说，故意伤害致人死亡罪的法定刑为十年以上的有期徒刑、无期徒刑或死刑，如果按照第20条第2款减轻处罚原则来处理，应当在十年以下、七年以上的幅度区间内对防卫人判处有期徒刑。这也就导致如果以故意伤害罪来判处致人死亡的防卫过当，法院可选择的刑期从有期徒刑至死刑，可以适用的刑期范围过于宽泛，缺乏基准，而对案件作出裁决的自由裁量权利又掌握在不同的法庭及法官手中，此类判决容易出现在量刑上忽高忽低的现象，更加不利于全国范围内对正当防卫的科学平等适用。

（三）没有充分考虑防卫人的防卫背景、社会影响

从很多司法判例中能够看出，法院对于见义勇为会予以认定，在量刑中也会纳入考虑，如见义勇为型的防卫过当相比于造成其他同等结果的处罚会较轻，法院也在尽可能地给予见义勇为者更多的保障，这是值得肯定的。不过，对普通群众而言，在目击他人遭受不法侵害的时候，仅仅选择一旁围观或者默默离开，事件并不会波及自己，自己的权益并不会受损，可能只是背负道德上的压力，但如果选择出手相助、见义勇为，没有掌握好分寸，反而很可能入罪，身份上从见义勇为者变成了犯罪分子，由此可见，有时路见不平、拔刀相助需要承担的相应的风险与其获得的法律和社会层面的保障和救助并不完全相当。

刑法中大部分是禁止性的条款，目的是保障公民正当合法权益，对违法犯罪行为进行惩治与威慑。而《刑法》第20条正当防卫的有关条款是罕有的具有权利性的条款，因为防卫人和不法侵害人双方都具有权利，在司法的实际处理上，往往会因此而影响到或触及原本是正义、善意一方的利益。见义勇为在更多时候并不容易预见情势、掌控过程，情势也更为复杂，经常会出现防卫人本意是想阻止犯罪，最后却因为该防卫行为被入罪定刑的情况。这局限了人们实施见义勇为，以协助国家机关震慑和打击暴力犯罪的作用。因此，应当充分考虑见义勇为者行为时具体的环境和心理，将合情合理的见义勇为行为纳入现代化法治，使得防卫过当的认定更为严谨。

四、加强对见义勇为型正当防卫保障力度的建议

（一）应当充分认识正当防卫立法的本意

法律规定正当防卫制度，赋予了人们在国家机关无法及时到达和援助，独自面对违法犯罪分子威胁时，能够第一时间自己去维护法益的一份底气，而对于见义勇为、帮助他人的行为来说，也是为能够挺身而出制止危害的社会责任感与勇敢给予了一份法律层面的支持和保障。我们应该认识到，正当防卫并非让自然人代替去行使国家机关的职权，不是将惩治犯罪分子和犯罪行为的公检法的国家公权力转移给

了个人，而是赋予了自然人保护自己、保护他人的权利与其合法性。

纵观我国正当防卫制度的修改方向，不难看出立法者的用意，由于当下的实践中对于正当防卫的控制偏严，没能发挥理想中应有的效果，需要更加准确地理解正当防卫制度设置的立法本意，进一步明确该制度的内涵，以求不仅在立法和学理层面，而且在司法实务层面也能更多地作出有利于防卫人一方的认定和判决，以此来支持和鼓励公民在遇到不法侵害时保护合法权益而不必过分地惧怕担忧或怀有过多顾虑，也鼓励更多的人敢于挺身而出，在危难中积极捍卫和保护自己或他人的合法权益。因此，正当防卫并不仅仅是指相对于自然人而言的出于本能的"自卫"，其潜在地蕴含着法律的自我保全，即在公检法等国家机关不能到达解围并及时制止不法侵害时，允许并保障公民有权采取私力救济，蕴含着法律对这一部分进行的补充情况。

（二）明确正当防卫的各项构成要件，给予见义勇为更加清晰的导向

在探讨具有提示性规定的防卫时，学术界和司法实践中对于行凶这一犯罪行为的界定和分类还不是很明确，因而对于什么样的"行凶"行为可以适用第 20 条第 3 款的规定，并没有明确一致的答案。刑法对于在防卫人遇到不同的不法侵害时，对防卫人采取何种方式和程度的防卫和制止行为的必要限度，并没有明确列举。刑法对于第 3 款提示性规定中的抢劫、强奸、绑架等可以适用的不法侵害行为，规定得都比较清晰明确，但是对于很多刑事案件中都会出现的多人围殴，也称作互殴行为，见义勇为者实施怎样的防卫行为才视为正当且合适，有时仍缺乏具体的指引，也没有相关的司法解释。

在叶九文案件中，叶九文在救助友人的过程中被对方多人殴打，在当时友人面临殴打，叶九文的头部和眼睛也都遭遇了攻击，由于人体终究比较脆弱，互殴过程中的打斗行为既有可能只是造成轻伤，也有可能局势失控，限于缠斗的胶着状态，而直接造成被击打的人重伤或者死亡。像叶九文案中陈某、张某等对李某的殴打，以及叶九文加入打斗时面部、头部等较为脆弱的部位所受到的攻击，也很有可能造成李某和叶九文本人的重伤。如果当时叶九文没有采取防卫措施——拿出折叠刀刺向张某，之后究竟会出现怎样的结果是不可预见的，具有相当的不确定性。因此，多人围殴、互殴是否属于"行凶"？又应当将这类场面较为混乱的打斗界定为何种程度的侵害？防卫人又该采用何种程度的防卫给予还击才不构成防卫过当？笔者认为可以出台具体的司法解释来对相关的案件认定进行导向和指引。

（三）充分肯定防卫行为的正当性，防卫过当优先考虑成立过失

1. 认定为过失犯罪更容易被防卫过当者和其他群众接受

应该认识到，正当防卫制度给予防卫人的防卫权是为了保障受害者能够不受侵害，是一项具有保障性的权利，而不是像刑法中其他犯罪一样是对犯罪分子处以刑罚，不是惩罚性的权利。[①] 在很多案件的司法文书中，都会提到某人的行为是见义勇为，是阻止了犯罪行为进一步扩大的正义行为，从古至今，见义勇为者在道德层

---

① 邵嘉澍：《正当防卫理论下见义勇为行为的探讨》，新疆大学 2018 年硕士学位论文，第 8 页。

面上，都是居于高尚、正义的一方而不能等同于站在公民的对立面上的违法犯罪的罪犯。若是法院将防卫过当的见义勇为行为裁判为故意犯罪，是否会不利于对公共舆论和社会风气的影响，既使得行为人和公众在情感上难以接受，也使得公民在保护自己或者他人，或见义勇为时被捆绑束缚住手脚？当下，越来越多事不关己的"吃瓜群众"，在他人面对侵害时由于担心自己会惹"罪"上身，而置身事外，这样的趋势明显会使得人心愈加冷漠，不但不能发挥正当防卫制度的作用，更好地保护受害者的权益，起到威慑和阻止犯罪行为的作用，反而可能会使违法犯罪分子更加猖獗而肆无忌惮。因此，以过失犯罪来处理具有见义勇为性质的防卫过当，既充分考虑到了见义勇为者出于正义，保护他人的主观想法，有利于减轻见义勇为者的心理压力，也避免造成不当的社会影响，即在刑罚上与见义勇为的良性本质相适应，彰显着法律对于见义勇为行为的承认和一定程度的保障。

2. 认定为过失犯罪能够促进量刑统一

不法侵害者的重伤或者死亡往往是由防卫过当所导致的严重损害结果，如果按照故意犯罪论处，而为了达成轻刑化，似乎需要降低两格刑罚幅度才能做到，但以过失犯罪来处理，既可以表现出刑法对于见义勇为者防卫行为的肯定，也避免了量刑方面的不稳定性，有利于我国刑法对于量刑制度的统一。司法中需要视案件具体情形而定，但可以将见义勇为型防卫过当按照过失犯罪处理这一建议纳入考量，这也有利于鼓励人们见义勇为，形成更为和谐的社会氛围。

3. 按照过失犯罪处理，有助于与假想防卫在法律评价上保持平衡

在实务中，一旦认定防卫超过规定的限度，防卫人便往往直接被认定构成犯罪，且成立故意犯罪。实务界这种将防卫过当一般按故意犯罪处理的做法，与学界的主流观点不同。学界在防卫过当的罪过形式上，一直认为防卫过当的罪过形式限于过失与间接故意，近来有力的学说则主张也包括直接故意；同时，学界认为，防卫过当的情形一般成立过失，特殊情况下才构成故意。但是，在假想防卫的罪过问题上，实务界与学界的主流看法并无差异，都认为假想防卫成立过失或构成意外事件。因而，认为防卫过当构成故意犯罪，而假想防卫至多成立过失犯罪的实务立场，导致诸多的疑问。

首先，为什么在防卫人误以为存在不法侵害，但其客观上根本不存在的情况下，防卫人主观上的防卫意识被认为能阻却故意的成立；反之，当客观上不法侵害的确存在，防卫人主观上的防卫意识反而却无法阻却故意的成立？主观上，假想防卫与防卫过当的行为人都具备防卫意识，客观上，假想防卫造成的结果是无辜之人的重伤或死亡，防卫人站在"不正"的一面，而防卫过当则是导致不法侵害人的重伤或死亡，本意属于"正"的一面，就不法程度而言，前者理应高于后者，但为什么前者仅构成过失犯罪，而后者却构成性质更为严重的故意伤害罪？对防卫过当与假想防卫在不法评价上的轻重倒置，缺乏起码的合理性。但即使存在明显的逻辑漏洞，实物中按照故意伤害罪处理防卫过当的做法却并未受到应有的质疑。①

---

① 劳东燕：《防卫过当的认定与结果无价值论的不足》，载《中外法学》2015年第5期。

其次，在司法实践中，假想防卫最多被判定为过失犯罪，但是，在现实中，假想防卫并没有发生实际的不法侵害，假想防卫人本身并未站在"正"的一面。但在防卫过当中，不法侵害是真实且紧迫存在的，防卫行为也是基于保护合法利益不受损害的原因才实施的，本质上是站在"正"的一面的。而且，故意犯罪的处罚与过失致人重伤或死亡的罪名相比，要严重得多，故意犯罪本身也易使人觉得当事人的犯罪意图很明显，其所做的防卫行为是错误的、过分的行为，这与见义勇为理应具备的感情色彩不是很融洽，由此可见将防卫过当按照过失犯罪来处理可能会使法理与人情更好的相融。

（四）细察防卫背景、增设防卫过当核准制度

1. 将防卫人防卫过程中的心理纳入考量

正当防卫设立的目的和作用，正是保障公民个人在公权力无法到达时，实行私力救济的权益及赋予该防卫行为以合法性，对正当防卫的多个构成要件的设置，更是为了避免以防卫为借口故意伤害对方的行为发生。

1979年《刑法》设立了正当防卫制度之后，并未能在司法实践中发挥理想的作用，因此在现行刑法中，立法者在防卫过当的必要限度的构成要件中又增加了"明显"二字，可以说体现了立法者对在强大的国家规范面前喘息不已的国民脆弱人性所倾注的刑法的同情之泪。本文的观点是，在案件认定过程中可以深入分析防卫人的心理，在对防卫过当的必要限度的认定上尽可能地放宽要求，即通过刻画和辨认防卫人实施防卫行为时的心理，来区别正当防卫行为和假借防卫之名实则蓄意实施犯罪的行为。这样一方面可以进一步鼓励和促进社会上的见义勇为风气，另一方面能避免别有用心的人对防卫权利的滥用，破坏法治的公平有序。

当下，我国的正当防卫制度只有对"必要限度"的相关规定，没有明确统一的对防卫人的防卫心理、不法侵害发生时防卫人所处的防卫环境和背景的有关规定。我国可以适当分析其他国家和地区对此的规定，进行参考和借鉴学习。比如，《德国刑法典》第33条规定，"防卫人由于惶恐、害怕、惊吓而防卫过当的，不负刑事责任"。又如，《澳门刑法典》第31条规定："……因不可谴责于行为人之精神紊乱、恐惧或惊吓而导致过当者，行为人不处罚。"增加对于行为人主观上心理活动的考察，对还原和理解案发的具体情形都有帮助，也避免了对法律刻板生硬的套用。

2. 增设防卫过当核准制度

随着我国法治的不断健全，知法懂法已经成为对每个公民的基本要求，法律在公民的生活中也发挥着越来越重要的导向和示范作用，在做事情之前，人们都会关心和考虑可能引起的法律后果，也有很多人会因为担心正当防卫的认定较困难，而在他人需要救助的关键时刻犹豫或畏缩不前，不敢积极有效地反击违法犯罪行为，因此错过了保护权益的最佳时机。为了在法律层面对见义勇为的行为予以保护，有学者提出，可以在《刑法》第20条第2款中增加规定：认定防卫过当的，需要经过最高人民法院核准。① 经过最高人民法院的相关审查和认定，最大程度地保证防卫过当的认定不会出现偏差，量刑侧面更加客观公正，也避免不适当的审判结果的公布，让实施见义勇为的人深陷负面舆论的沼泽，从而担负原本不必要的心理压力的可能性。

　　同时，国家应当建立起一套完善的对见义勇为行为的奖励制度，在精神与物质上都给予嘉奖，这也是当前最为积极、有效的鼓励措施。见义勇为时常会造成见义勇为者伤亡的结果，社会上落得残疾的见义勇为者由于得不到及时的奖励和补偿而生活困难，每况愈下，此类"好心无好报"的例子并不少见，这也是制约见义勇为风气形成的重要因素之一。不论是政府层面，还是媒体、公众的社会层面，都应该对见义勇为者工作和生活上的具体困难等，予以更多的关注。

---

① 卢勤忠：《无限防卫权与刑事立法思想的误区》，载《法学评论》1998 年第 4 期。

从"反杀型"案件看正当防卫的必要限度

贺 卫[*] 王振华[**]

一、问题的提出

作为一项古老的权利,紧急状态下的自我保护权,在我国最早可追溯到《尚书·舜典》中的"眚灾肆赦"一语,新中国成立以后,先后颁行的两部刑法典都对正当防卫作出了明文规定,我国刑法学界也围绕正当防卫展开了一系列的讨论。但不得不承认的是,虽然理论界和司法实务界都在努力为正当防卫制定一套行之有效的认定标准,但"几乎每一个正当防卫案件都存在争议"[①]。尤其是近年来,随着于欢案、昆山案、河北涞源案等一系列"反杀型"社会热点案件的出现,正当防卫再次走到了舆论的旋涡之中。司法裁判结果必须具有厚实的社会基础才有生命力和执行力,尤其是类似于正当防卫这种涉及个人权利和国家公权力相互博弈的案件,更应该考虑司法判决的民众可接受程度。因此,下文将先对刑法理论中既有的、关于正当防卫必要限度判断标准的学说观点进行评价,并提出本文认为合理的观点,之后再依据这一标准对以往的"反杀型"判例进行审视,试图找到阻碍正当防卫制度在我国落地生根的症结所在。

二、正当防卫必要限度判断标准的学说评价

毋庸置疑,分析"反杀型"案件是否属防卫过当,必须准确把握正当防卫必要限度的判断标准。从既有的学说观点来看,关于这一问题,目前我国刑法学中主要存在以下三种观点[②]:

一是"必需说",认为只要防卫措施是制止不法侵害所必需的,即使防卫行为在强度、后果等方面超过不法侵害可能造成的损害,也不能认为超过了必要限度;二是"基本相适应说",认为判断正当防卫是否超过必要限度,应将防卫行为与不法侵害行为在方式、强度和后果等方面加以比较,分析判断彼此是否相适应;三是"相当说",认为必要限度原则上应该以制止不法侵害所必需为标准,同时要求防卫行为与不法侵害行为在手段、强度、后果等方面不存在过于悬殊的差异。

显而易见,"相当说"是"必需说"和"基本相适应说"的折中观点,不仅要

---

[*] 同济大学法学院博士研究生,上海市黄浦区人民检察院检察长。
[**] 同济大学马克思主义学院博士研究生。
[①] 陈兴良:《正当防卫论》(第3版),中国人民大学出版社2017年版,前言。
[②] 参见高铭暄、马克昌主编:《刑法学》(第8版),北京大学出版社、高等教育出版社2017年版,第134-135页;苏惠渔主编:《刑法学》(第6版),中国政法大学出版社2016年版,第110页;刘艳红主编:《刑法学(上)》(第2版),北京大学出版社2016年版,第200-203页。

求防卫行为的必需性，也要求防卫结果的适应性。也许是由于中国自古以来的中庸思想，"相当说"历来为我国大部分学者所赞同，认为这是辩证法政治哲学在刑法领域适用的必然结论，避免了非此即彼式的逻辑思维，折中说天生就是恰当之说。① 但是，由于辩证法本身伴随的理论疑难②以及将其适用于正当防卫必要限度的判断时，"不仅在逻辑上导致各种模糊而混乱的说法，而且适用的社会效果也最差，并不像很多赞同者口中所认为的那样：折中说是科学的、恰当的"③ 等种种不理想现象，本文认为这种动辄折中的思路并不可取，不仅在客观上不具有可行性，④ 而且与刑法学精细化的发展趋势相违背，"既要……又要……""既能……又能……"的思考路径亟须转变。因此，目前关于正当防卫必要限度认定标准的争论主要集中于"必需说"和"基本相适应说"之间的分野。

我国《刑法》第20条第2款规定："正当防卫明显超过必要限度造成重大损害的，应当负刑事责任，但是应当减轻或者免除处罚。"由此可见，只有在防卫行为"明显超过必要限度造成重大损害"时，防卫人才需要对（过当的）防卫结果承担刑事责任。但该如何理解"明显超过必要限度造成重大损害"的法条表述，在我国形成了鲜明的观点对立。⑤ 而且，对于这一问题的回答，又往往关涉正当防卫的正当性依据。因此，下文拟从正当防卫正当性依据的理论辨证入手，在对"明显超过必要限度造成重大损害"的不同理解进行阐述和分析的基础上，提出本文认为合理的解释路径，以便为正当防卫必要限度判断标准的确立奠定基础（"必需说"和"基本相适应说"之间的合理性辨析）。

作为一项违法阻却事由，世界上多数国家都赋予了公民紧急状态下通过私力维护自身合法权益的权利。不过，与同样作为违法阻却事由的紧急避险相比，法律对正当防卫成立条件和范围的要求可谓"非常宽松"，如果情况紧急且必要，通过杀

---

① 对"相当说"的鼓吹观点可参见王政勋、贾宇：《论正当防卫限度条件及防卫过当的主观罪过形式》，载《法律科学》1999年第2期；马克昌主编：《犯罪通论》，武汉大学出版社1999年版，第757-758页。

② 如德国学者汉斯·波塞尔就指出，以黑格尔为代表的辩证法思想的性质，与不可证伪的神学一脉相承，与可证伪的科学相背离——辩证法由于其"模糊而灵活"，足以解释任何情况，不管事情怎么发展都合乎辩证法的图式，辩证法家永远不必担心未来经验的反驳。参见［德］汉斯·波塞尔：《科学：什么是科学》，李文潮译，上海三联书店2002年版，第208-209页。

③ 周详：《防卫必要限度：学说之争与逻辑辨正》，载《中外法学》2018年第6期。

④ 如一起广泛引用的教学案例所展示的那样，某苹果果园的园主是一位年龄80岁、体力微弱、腿脚不便、坐着轮椅的老人，某日他看见一个年轻力壮的小伙子在偷吃果园里的苹果，老人就从屋里拿出一把猎枪，要求年轻人放下苹果并退出果园。但年轻人非但不理会老人，反而还戏弄老人，老人鸣枪警告，年轻人依旧不予理会，老人于是朝着年轻人开了一枪，致其死亡。这种情形下，如果从防卫行为"必需说"的角度来看，开枪击打年轻人无疑是老人维护自身合法权益所必需的，具有正当性；如果从防卫行为"基本相适应说"的角度来看，为了保卫几个苹果而开枪杀人，防卫行为与不法侵害行为明显差异悬殊，老人的行为不能被正当化。由此可见，在很多情形下，"必需说"与"基本相适应说"根本不存在折中的可能，既要防卫行为是制止不法侵害所必需，又要防卫结果控制在合理的范围之内，很多时候往往只是论者的美好愿望而已。

⑤ 有观点认为对《刑法》第20条第2款理解上的差异，背后蕴藏着行为无价值论和结果无价值论的对立。但是，鉴于行为无价值论与结果无价值论之辨证的复杂性，本文并不对此进行专门展开，只在学说介绍和评析过程中进行一体性讨论。

死侵害人来维护自身的合法权益也能得到法律的认可。那么，法律赋予公民如此宽泛且"凌厉"的正当防卫权之依据何在？这就涉及正当防卫的正当性依据问题。从大陆法系国家的相关论著来看，关于这一问题，主要存在"优越的利益保护原理"与"二元论"之间的对立。

1. 如众周知，虽然近代法律原则上禁止自力救济，但在危险相当紧迫，来不及请求公权力保护之时，并不能对此禁止个人的自我防卫行为。因此，将正当防卫可以理解为一种权利行为，是行使已赋予个人的普遍性的自己防卫权，这集中体现于"法不必向不正让步"这一法律格言。换言之，"优越的利益保护原理"从紧急情况下个人具有保卫自我的天然权利出发，立足于法益衡量的基本立场，通过对防卫人的利益"作加法"、对侵害人的利益"作减法"，以突出防卫人之于侵害人在利益上的优越性，从而为正当防卫行为奠定正当性基础。根据这一观点，正当防卫合理限度的判断更多地要从法益衡量的角度出发，只要防卫行为给先害人造成的利益损害与防卫行为所保护的法益之间不存在过于悬殊的差距，就可以肯定其正当性。如果对应到我国既有的、判断正当防卫合理限度的标准上，那就是"基本相适应说"。

2. 与上述"优越的利益保护原理"相对的一种观点则认为，在正当防卫的场合，不法侵害不仅直接威胁到了被侵害者个人的具体法益，同时也危及了法秩序的有效性。因此，防卫人对不法侵害人进行的反击行为，在维护自身合法权益的同时，也维护了法秩序的有效性和权威性，正当防卫的正当性也就在这一过程中产生。而所谓法秩序的有效性和权威性，又可以称"法确证的利益"，是指承认对不正当的攻击进行反击，正当权利的不可侵犯性由此得到公示这样的利益，针对法的侵害所进行的反击行为，保护、实证了法本身。① 近年来，也有越来越多的中国学者对法确证原理的合理性予以了支持和认可。由于法规范的有效性一般与行为无价值论相关联，在涉及正当防卫的案件中，在衡量法益之前更加关注对防卫行为的价值判断，因此这种立场的典型的表述为，"认为防卫过当在客观上由行为过当和结果过当两部分组成，'仅有行为过当或仅有结果过当均不能构成防卫过当'的观点是正确的"②。

3. 从结论上看，无论是从 1997 年立法者修改刑法规定，将防卫过当的成立条件由 1979 年《刑法》中的"正当防卫超过必要限度造成不应有的危害的"修改为现行《刑法》中的"正当防卫明显超过必要限度造成重大损害的"，具有明显限缩防卫过当成立范围意图的立法现实来看，还是从"法律应该严格解释之"的教义学态度出发，都可以认为现行《刑法》第 20 条第 2 款对防卫过当规定了两个要件：一是"明显超过必要限度"，二是"造成重大损害"。这意味着，要成立防卫过当，必须满足防卫行为无价值和防卫结果无价值两个条件，而且这两个条件之间是并列关系。与这一结论相对应，正当防卫的正当性依据应该是紧急状态下个人的自我保

---

① ［日］大塚仁：《刑法概说（总论）》（第 3 版），冯军译，中国人民大学出版社 2003 年版，第 322 页。

② 冯军：《防卫过当：性质、成立要件与考察方法》，载《法学》2019 年第 1 期。

护权和法确证原理。对于前者，学者们基本不存在分歧，但正当防卫是否具有法确证之功能，则成为不同学说的激烈聚讼之地。因此，下文将主要围绕对法确证原理质疑观点的回应进行展开。

首先，关于法确证原理是什么的问题。张明楷教授质疑，"如果说法确证的利益加上被侵害者的利益优越于侵害者的利益时，就必须要说明法确证的利益究竟是什么程度的利益"①。毫无疑问，要将法确证原理作为正当防卫的正当性依据之一，就必须说明什么是法确证，而法确证概念的说明，又寸步离不开规范——广义而言，规范是一种要求，是人们共同的、底线的价值体系。规范的存在，一方面，要为个人提供保障，防止公权力无端侵入私权领域，以确保法治以及个人自由。另一方面，规范也对个人行为进行拘束，使之履行法律义务，形成符合规范要求的举止方式和生活态度（如不得非法占有他人财物、不得伤害他人、不得杀害他人等），达到规范的"当为"要求。鉴于此，规范当然要具有禁止性的内容，通过约束特定类型的行为来保障社会多数人的利益；从狭义来看，规范是从某个具体的、历史性的现实国家秩序中总结、提炼出来的特定社会的存在方式。因此，对于规范的内容必须放在特定的社会生活中来理解。②随着地域、氏族等对个人行为约束强度的降低，现代社会的存续往往只能依赖于"底线思维"——事先制定好最低限度的行为边界，在边界范围之内，个人可以自由活动，而一旦具体的行为与边界相抵触，就为社会存续目的所否定，就会受到相应的处罚。而无数的历史证明，这种最低限度的行为边界只有由事先制定好的法律规范来划定才最为稳妥，而且，规范还必须能够适应社会的变化，以保持社会的同一性。规范是否有效、是否能够得到遵守，成为社会能否存续的决定性要素。但规范的这种有效性，并不是说其是否具有真正的法律效力、是否与上位法律之间存在价值冲突，而是说在所有的社会公众眼中，规范是不是必须被遵守，即"规范的经验有效性"。在正当防卫场合，先害人以暴力等方式公开宣称自己将不再遵守法规范这种行为底线，破坏和动摇了规范的有效性（被普遍遵守性）、危及了社会存续的根基。而正当防卫人在公权力来不及对此进行制止和修复的情况下，通过对先害人进行反击，向包括先害人在内的所有社会公众彰显了法规范的有效性和不可侵犯性，强化了其他社会公众对法秩序的信赖，起到了法确证的积极效果。

其次，有论者认为，与同样作为违法阻却事由的紧急避险相比，正当防卫的成立不需要满足"补充性"要件的最主要原因就在于正当防卫在保全了自我利益的基础上，还附加了法确证的利益。但是，这种法确证利益的附加能在多大程度上说明正当防卫不要求"补充性要件"？在法确证的利益说看来，法确证的利益只有通过该当构成要件的防卫行为才能得到维护，在这个意义上，恐怕必须理解为通常就满足了"补充性要件"。而且，从最初犯罪的处罚就是为了实现法益保护目的这一点可以明显看出，此等法确证的利益的维护，通过对于不法侵害人事后的处罚亦可达

---

① 张明楷：《正当防卫的原理以及运用——对二元论的批判性考察》，载《环球法律评论》2018年第2期。

② 参见周光权：《行为无价值论的中国展开》，法律出版社2015年版，第92-93页。

成。为此，由于通过事后处罚无法维护法确证的利益，而只能通过针对侵害的防卫来维护，就只是那些虽然实施了侵害行为，但该行为因不具有构成要件该当性或者有责性而无法予以处罚的情形。① 在本文看来，这两个方面的质疑都不能够成立。一方面，虽然刑罚具有一般预防功能，但是不能认为只要起到了一般预防效果的就是刑罚。同理，承认正当防卫能够强化社会公众对法秩序的信赖，起到一般预防的效果，也并不意味着将其作为了一种刑罚处罚措施。另一方面，不可否认，通过事后对不法侵害人进行刑罚处罚，也可以恢复法秩序的稳定性和权威性。但是，相比于经过漫长的刑事诉讼程序才能确定的刑罚处罚，紧急状态下个人对先害人的反击更加直接和有效，并且由于这种反击是当场实施的，定然不会出现事后因证据不足等原因导致的刑罚落空和刑罚错位。总体来看，相比于更加注重程序正义的刑罚处罚，正当防卫对法秩序的维护更加直接、准确和有效。

最后，法确证与个人保护相结合的二元论能够有效避免单纯利益衡量所带来的危机。支持优越的利益保护原理的观点普遍认为，正当防卫的正当化根据是法益衡量说，通过对正当防卫情形下先害人应受法律保护之法益"作减法"，来使防卫人的利益优越于先害人的利益。由此得出的必然结论是，如果在对先害人的利益"作减法"后，防卫行为所造成的损害仍远远超出不法侵害行为可能造成的损害，防卫行为就超出了必要的限度——防卫行为所造成的损害与不法侵害行为可能造成的损害之间的法益对比（衡量）成为判断防卫是否过当的普遍方法。这种观点主张要将防卫行为对法秩序的维护这一判断因素纳入决定防卫限度的整体利益的权衡之中，防卫行为本身的价值判断被忽略。这反映出我国司法机关在认定正当防卫时普遍存在的"结果→行为"判断思路，特别强调防卫结果之于正当防卫的决定性意义，只要防卫行为造成的损害大于不法侵害行为可能造成的损害，绝大多数情形会肯定结果之于防卫人的可归责性。然而，这种"结果→行为"的判断思路潜藏着重大的法治危机——一个最主要的表现是，针对防卫行为是否超出必要限度的判断，时常取决于事后出现的损害结果，进而不可避免地产生由结果反推故意的问题，导致故意的成立与否不是依据行为之前防卫人的主观意图和行为时的具体情境来决定，而是由案件最后的结果来反推，这就对防卫人提出了极为苛刻的条件。这也就可以解释为什么我国大量的"反杀型"防卫案件最终都被按照故意（伤害）犯罪来处理。

总而言之，与优越的利益保护原理相比，结合了个人利益保护和法确证原理的二元论能更加有效地说明正当防卫的正当性依据。其中，个人利益保护原则论证了当国家在特定的情形下不能履行保护公民自由免受他人侵犯的任务时，作为人的自我防卫"原权利"必须为公民所保留；法确证原理证实了防卫人在保护自身或者国家、他人利益的同时，也在客观上维护了法秩序的权威性。② 基于这种二元论立场，正当防卫合理限度的判断，应该同时关注防卫行为和防卫结果，单独具有行为不法或者结果不法都不可以否定防卫行为的正当性。这一结论也符合我国《刑法》第

---

① 参见［日］山口厚：《刑法总论》（第3版），付立庆译，中国人民大学出版社2018年版，第115页。
② 参见劳东燕：《防卫过当的认定与结果无价值论的不足》，载《中外法学》2015年第5期。

20 条第 2 款的规定，具有教义学上的合理性。

三、防卫过当不法判断的标准与方法

一般认为，正当防卫的正当性依据与防卫过当的判断标准之间存在内在关联：采纳个人保全与法确证原理的德国、日本学说和判例及认同个人权利保全与法确证的中国学者往往倾向于采纳"社会伦理许可的必需说"，认为反击行为及其对先害人造成的损害，只要没有超过有效制止不法侵害、保全个人权利（法益）、确证法秩序所必要的限度，都是正当防卫（但要求尽可能使用轻微的防卫手段），超过必须限度的防卫行为是防卫过当；而结果无价值的不法论以及法益衡量为基础的阻却事由正当化理论包括优越的利益保护原理，在理论逻辑上往往倾向于主张"防卫损害与不法侵害基本相当说"[1]。前者的典型表述为，"紧迫性"的功能在于对国家与个人之间的武力使用进行合理分配，如果个人在不具有"紧迫性"时对将来可能的侵害者进行先发制人的打击，那么就超出了其权限。只有当侵害具有"紧迫性"，没有时间请求国家保护，个人才被允许未经实现授权而使用武力[2]。后者的典型表述为，"正当防卫行为之过当，就是表现在造成了不应有的危害结果。防卫过当行为和其所造成的重大损害是统一的，两者不可分割"[3]。既然本文将正当防卫的正当性依据定位于个人利益保护与法确证原理相结合的二元论，那么在防卫过当不法判断的标准上采"社会伦理许可的必需说"也就成为必然结论——只要防卫行为是制止不法侵害行为所必需的，那么即便造成了先害人重伤或者死亡的结果，也没有超出合理的边界。换言之，防卫行为必须同时满足"明显超出必要限度"和"造成重大损害"两个条件，才能成立防卫过当。从这种立场出发，防卫行为没有明显超出必要限度且没有造成重大损害的，当然成立正当防卫；防卫行为没有明显超出必要限度但造成重大损害的（如造成不法侵害人重伤或者死亡的），不成立防卫过当；防卫行为明显超出必要限度但没有造成重大损害的，不成立防卫过当；防卫行为明显超出必要限度且造成重大损害的，成立防卫过当。

从判断的方法上看，"社会伦理许可的必需说"认为防卫行为的危险性应该与不法侵害行为的危险性大致相当，它的判断与"防卫手段的必要最小限度性"的判断基本重合。起初，对于徒手的进攻以日本刀进行反击、对于使用木棍的攻击以猎枪反击，"社会伦理许可的必需说"认为其是不具有防卫行为的相当性的。不过，"社会伦理许可的必需说"现在越来越重视根据具体案件的实际情况，从实质上判断防卫行为的相当性。因此，在"社会伦理许可的必需说"看来，只要防卫的方式与程度是有效制止不法侵害所必需的，就是正当防卫所允许的，就没有超过必要的限度。同时，防卫行为是否适当与适度，还应该就不法侵害或攻击行为的方式、轻重缓急与危险性、保全法益与侵害法益等因素，并考虑防卫人可以运用的防卫措施

---

[1] 参见梁根林：《防卫过当不法判断的立场、标准与逻辑》，载《法学》2019 年第 2 期。

[2] 潘星丞：《正当防卫中的"紧迫性"判断——激活我国正当防卫制度使用的教义学思考》，载《法商研究》2019 年第 2 期。

[3] 陈兴良：《刑法适用总论（上卷）》，中国人民大学出版社 2017 年版，第 310 页。

等客观情况进行综合判断①；从判断的标准来看，应该将具体情形下的防卫人当作一个有血有肉、有感情的普通人来看待。以往司法实践中"圣人标准论"的存在以及对"无道德瑕疵"防卫人的奢望，成为让我国《刑法》第20条沦为"僵尸条款"的重要推手，正当防卫司法适用不利局面的改善，有必要加速从"圣人标准论"向"常人标准论"的转变——司法者必须结合案件的具体情境，将心比心，设身处地，换位思考，以社会一般人在此情境下可能做出的合理反应（包括本能反应）为基准，具体判断防卫人的行为是否过当②；就判断的时间点而言，也成为判断防卫行为是否超出必要限度的重要影响因素。因为如果在防卫行为所造成的结果已经尘埃落定之后，再去事后地判断防卫行为的相当性，就必然舍弃在实施防卫行为的当时，可能会给防卫人的认识和行动能力带来制约的各种因素，从而以"事后诸葛亮"的姿态对防卫行为作出较为严苛的评判，由此风险就更多地由防卫人一方承担。③因此，对于防卫行为的相当性，司法者应该以社会一般人的立场，基于案件发生当时的主客观环境进行设身处地的判断，尤其要关注防卫人面对突如其来的不法侵害时内心的紧张、慌乱和愤懑情绪。

四、结语

依据法律规定，防卫行为只有在"明显超过必要限度"的前提下，才有防卫过当成立的可能。但这也仅仅是问题的一个方面，因为我国《刑法》第20条第2款还同时规定，防卫过当还要求必须造成重大损害。目前，已经基本取得学界共识的一种说法是，防卫行为如果只造成不法侵害者轻伤及以下损害的，没有成立防卫过当的空间。因此，《刑法》第20条第2款所要求的重大损害，多数是指防卫行为造成先害人重伤或者死亡的情形，而这二者中又以后者最为典型——在造成先害人死亡的案件中，如何来判断防卫行为的正当性？依据本文所赞同的"社会伦理许可的必需说"，防卫行为只有在制止不法侵害所必须采用的手段时才具有正当性。那么，在出现了先害人死亡的情况下，要肯定防卫行为的正当性，就意味着根据案发当时的主客观环境，将先害人杀死是制止不法侵害的唯一选择。这也说明防卫结果重不重大的判断其实具有相对性，死亡的结果相对于重伤的结果并不一定就更为重大，这需要结合具体的案情进行整体判断，④也许在某一案件中，防卫行为致先害人重伤就超出了必要的限度，而在另一起案件中，防卫行为致先害人死亡的结果却仍具有相当性。因此，"反杀型"案件中防卫行为的正当性，需要结合具体的案件事实进行规范判断，不能认为只要出现了先害人"被反杀""被重伤"的结果，防卫行

---

① 参见周光权：《刑法总论》（第3版），中国人民大学出版社2016年版，第209页。
② 梁根林：《防卫过当不法判断的立场、标准与逻辑》，载《法学》2019年第2期。
③ 陈璇：《侵害人视角下的正当防卫论》，载《法学研究》2015年第3期。
④ 我国有学者曾提出判断防卫行为正当性的"情境判断法"，主张正当防卫的所有条件是否具备，在很多时候，都需要评价者站在中立的立场，结合防卫当时的具体"情境"，做整体的、假定的判断，而不是进行事后的、"马后炮"式的判断。应该说，这种判断防卫行为正当性的方法与本文的主张不谋而合。参见周光权：《正当防卫成立条件的"情境"判断》，载《法学》2006年第12期。

为就一定明显超出了必要限度、造成了重大损害。

以河北涞源反杀案为例，该案中，涞源县公安局之所以在案件发生之初始终不愿承认王磊母亲赵印芝和父亲王新元行为的防卫性质，一个最重要的原因在于，在不法侵害人王磊受伤倒地后，赵印芝在未确认王磊是否死亡的情况下，持菜刀连续砍击王磊颈部，主观上对自己伤害他人身体的行为持放任态度，具有伤害的故意。但是，从该案后来的通报来看，当时的真实情况是，不法侵害人王磊身材高大，年轻力壮，所持凶器足以严重危及人身安全，王磊虽然被打倒在地，但还两次试图起身，王新元、赵印芝当时不能确定王磊是否已被制伏，担心其再次实施不法侵害行为，加之案发时已是深夜，院内无灯光，王磊突然持凶器翻墙入宅实施暴力侵害，王新元、赵印芝受到惊吓，精神高度紧张，心理极度恐惧，这主客观两个方面的原因共同导致在王磊倒地后，赵印芝又继续用菜刀、木棍击打王磊。由此可见，在涉及正当防卫的案件中，不能从抽象的角度来看待防卫行为，而应该把行为放在案发当时具体的主客观环境中来分析。换言之，不能简单地认为，王磊倒地后赵印芝继续反击，因此构成防卫过当乃至故意犯罪。而应该将案件事实还原，重点讨论王磊倒地后，有没有起身继续行凶的可能？案发当时赵印芝有没有看到王磊倒地后身体状况的客观可能性？赵印芝在极端恐惧和紧张的精神状态下，要求其准确控制防卫行为的强度有没有期待可能性？因此，一般的犯罪认定过程，是从大量的自然行为中挑选出具有刑法评价意义的构成要件行为。与之相对，在正当防卫场合，应该将该当性构成要件的防卫行为尽可能地还原到案件过程当中，结合其他自然行为来判断是否超出了必要的限度。

论防卫过当的司法认定

刘德法[*] 刘德华[**]

一、问题的提出

从 2016 年 4 月 14 日发生的于欢故意伤害案到 2018 年 8 月 27 日发生的昆山持刀砍人案，各界对正当防卫制度的关注度达到了新的高潮，在这股浪潮的助力下，在最高人民法院发布的《关于在司法解释中全面贯彻社会主义核心价值观的工作规划（2018—2023）》的文件中，出台防卫过当的认定标准这一事项也被提上了日程。防卫过当最早被规定在我国 1979 年《刑法》的第 17 条第 2 款，根据该部刑法典中的规定，防卫过当是指"正当防卫超过必要限度造成不应有的危害"的行为。经过 1997 年的修订，新的刑法典在第 20 条第 2 款将防卫过当重新表述为"正当防卫明显超过必要限度造成重大损害"的行为，这一改动旨在放宽正当防卫的条件，鼓励公民在面对不法侵害时，能无所顾忌地使用刑法中的防卫权同违法犯罪行为做斗争。然而，事与愿违，此后的事实表明，从 1997 年至今，司法实务活动中限制适用正当防卫的倾向仍未得到预期中的改观。一个防卫行为动辄被认定为防卫过当，甚至被完全否认掉防卫性质，进而被评价为一般的故意犯罪行为。换言之，在防卫过当的司法实务认定过程中，司法机关存在严重的唯结果论倾向。我国有学者通过梳理 722 例判决，发现司法实务部门对于防卫行为"明显超过必要限度造成重大损害"的认定主要有两种情形：情形一，仅根据防卫行为所造成的损害后果来认定防卫过当，即法院在描述完防卫行为造成不法侵害人伤亡的事实后，便直接指出防卫行为明显超过必要限度造成重大损害，属于防卫过当。这类案件有 601 例，占所有案件的 83.24%。情形二，通过对多种因素的考量，认定防卫行为明显超过必要限度造成重大损害，属于防卫过当。这类案件有 121 例，占所有案件的 16.76%。[①] 这些数据显示，防卫过当在司法实务中的判断模式僵化，形成了由结果到行为的，甚至只注重结果，忽视防卫行为的思维模式。

立法者旨在放宽正当防卫的成立标准，司法者却无法与之意会神合，那么问题出在哪里呢？笔者认为问题主要出在司法者身上。在我国的法律体系中，立法与司法并不是绝对的平等关系。立法是神，司法是形，神传而形钝，自然导致刑法实施起来的效果大打折扣。"形钝"具体表现在两个方面：首先，体现为司法领导者未

---

[*] 中国刑法学研究会理事，郑州大学法学院教授。
[**] 郑州大学法学院研究生。
[①] 尹子文：《防卫过当的实务认定与反思——基于 722 份刑事判决的分析》，载《现代法学》2018 年第 1 期。

能出台相关司法解释。现行刑法中有关防卫过当条款的规定过于简单,在从1997年到现在的司法实践过程中,最高司法机关始终没有出台相关的司法解释,这样就导致了在司法实务中,区分正当防卫与防卫过当的重担落在了一线的司法人员的肩上。其次,体现为司法人员的步调混乱。在具体的司法实务操作过程中,涉及防卫行为的案件较一般同类案件来说,更加错综复杂一些,再加上缺乏司法解释厘定,不同的司法人员对防卫行为是否过当的理解与把握程度本就不一,一旦某种判决方式便于工作,司法人员出于稳定当事人的情绪或是其他因素,做出与立法之旨意背道而驰的判决,也无从责难。久而久之,司法人员整体上的步伐与立法者的脚步变得越发偏离。笔者旨在借鉴学界各派可操作性较强的方法论,以侵害行为和防卫行为为视角,结合自身对防卫制度的理解和研究,对防卫过当的司法认定标准进行一些探讨。

二、防卫过当的理论纷争

关于防卫过当,虽然学界仍存在理论上的纷争,但是纷争的焦点主要围绕法教义学展开,整体上与立法者放宽正当防卫成立标准之旨意是相通的。刑法的法教义学,主要研究的是现行刑法的理论基础。我国刑法的理论基础逐渐吸收了德日刑法理论中的犯罪阶层理论,按照犯罪阶层理论,正当防卫属于违法阻却事由,而防卫过当缺乏违法阻却事由,仍具有违法性,具体的判断标准是《刑法》第20条第2款的规定,即"正当防卫明显超过必要限度造成重大损害"。从字面上看,"明显超过必要限度"与"造成重大损害"缺少逻辑连词,因此对于两者之间的逻辑关系,运用法律解释的方法处理,会出现两种情况,一种将"明显超过必要限度"与"造成重大损害"之间的逻辑关系视为并列关系,另一种将"明显超过必要限度"与"造成重大损害"的逻辑关系视为递进关系。由此,学界在理论上也就出现了一定的分歧。

主张两者之间是并列关系的,被称为二分说,主要以周光权、劳东燕教授等为代表。二分说认为"'明显超过必要限度'与'造成重大损害'势必成为两个独立的要件,二者之间不存在从属关系:'明显超过必要限度'应理解为就防卫行为本身而言,'造成重大损害'则针对的是防卫造成的结果,只有二者同时具备,才能构成防卫过当"①。

主张两者之间是递进关系的,被称为一体说,以张明楷、陈兴良教授等为代表。一体说认为"正当防卫行为之过当,就是表现在造成了不应有的危害结果。防卫过当行为和其所造成的重大损害是统一的,两者不可分割。防卫过当行为是造成重大损害的原因,而重大损害是确定防卫过当的根据"②。

笔者认为,"明显超过必要限度"与"造成重大损害"应置于同等的位置,分别予以考虑。刑法学中研究犯罪行为时,危害行为与危害结果是两个重点关注对

---

① 劳东燕:《防卫过当的认定与结果无价值论的不足》,载《中外法学》2015年第5期。
② 陈兴良主编:《刑法适用总论(上卷)》,中国人民大学出版社2017年版,第310页。

象。同样的研究思路运用到防卫过当之中,防卫行为与防卫结果也应当得到同样的关注。危害行为与危害结果之间的因果关系影响着犯罪的成立与否,同样地,防卫行为与防卫结果之间也应具备相似的因果关系才能被评价为防卫过当。此外,由于防卫过当与正当防卫之间的密切联系,对防卫行为与防卫结果的研究还应更加细致,不宜先入为主地将"明显超过必要限度"(行为条件)和"造成损害结果"(结果条件)预先设定为某种逻辑关系。

三、防卫过当的认定方法

在认定防卫过当的过程中,侵害行为、侵害结果、防卫行为和防卫结果是四个重要的研究因素,现阶段侧重于对防卫行为与防卫结果的研究。笔者认为在研究防卫行为与防卫结果的同时,对侵害行为与侵害结果进行透彻分析,会对防卫过当的认定大有裨益。

笔者的想法是,认定一个防卫行为是否过当,不妨设定一个推演公式。这个公式是一个分式,分子是防卫行为乘以防卫结果,分母是侵害行为乘以侵害结果。将公式得出的结果与一个定值进行比较,从而判断出来的对比结果是正当防卫或是防卫过当。在防卫行为刚好没有明显超过必要限度也没有造成重大损害的情况下,推演公式的结果与定值相等,即此定值代表着正当防卫行为与防卫过当的临界点;推演结果小于或是等于定值的情况下,属于正当防卫的范畴。在公式得出的结果大于定值时,便属于防卫过当。在这个公式中,防卫行为、防卫结果是已知量,而侵害行为和侵害结果都需要进一步精确。这个公式既考虑了侵害行为与防卫行为带来的影响,也充分考虑了侵害结果与防卫结果所起的作用。在运用公式的过程中,行为无价值与结果无价值理论先后起作用,因此,也使两种理论中的方法论之间的借鉴配合成为可能。

在这种推演方法下,以下两组关系值得注意:

首先是侵害行为与防卫行为的关系。在行为的整体性质上,侵害行为一般是有预谋且周密的,而防卫行为往往是突发且仓促的。犯罪行为是被社会否定评价的行为,不法侵害人作为社会成员之一,很难想象其会堂而皇之、若无其事地实施犯罪行为,就算是惯犯和心理素质极强的犯罪分子,也会事先做一定的准备,而被害人只能寄希望于急中生智、雪中送炭;在行为的对象上,不法侵害人一般会优先选取社会中的弱势群体,如妇女、老人、儿童,或是弱于自己的对象,如若不是出于愤恨、激情或者携带凶器,很难想象不法侵害人会选择对明显比自己强壮的人下手,而被害人只能就特定的不法侵害人实施防卫行为。此外,在行为的工具、行为的地点和行为的时间点上,不法侵害人较之被害人都处于或大或小的优势地位。这种侵害人的优势地位或者说被害人的劣势地位,应当考虑在公式中加以适当的平衡。张明楷教授指出,"只要有防卫过当,就必然要进行利益衡量。但是,在进行利益衡量时,必须时刻铭记被侵害人的利益具有质的优越性"[①]。周光权教授也认为,"利

---

① 张明楷:《防卫过当:判断标准与过当类型》,载《法学》2019年第1期。

益衡量原理强调的是实质的利益权衡、比较，不过无论哪一派刑法理论也都允许侵害利益和保护利益之间在一定范围内的失衡，我国刑法第 20 条第 2 款所反对的仅仅是重大失衡，即防卫行为造成'重大损害'的情形，因此，防卫人对不法侵害人所造成的侵害超过所保护的法益的，也可以正当化"①。由此可见，无论采取何种方式，这种防卫人和侵害人地位上的失衡都是需要进行弥补的。此外，在进行利益平衡时，还应当注意计算的方法。按张明楷教授的观点，"不法侵害者的法益虽然没有被完全否定，但其利益的保护价值在防卫的必要限度内被否认，因为在正与不正的冲突中只能通过损害不法侵害者的利益来解决冲突，于是，应受保护的法益优越于不法侵害者的利益（也可以认为，不法侵害者的利益实质上受到了缩小评价）"②。无论是将被侵害者的利益置于优越地位，还是将不法侵害者的利益进行缩小评价，都应当注意，不能重复评价。即不能在将被侵害者的利益置于优越地位的同时将不法侵害者的利益进行缩小评价，否则将会形成另一种失衡的境况。

其次是侵害结果与防卫结果的关系。无论是侵害结果还是防卫结果，都是对法益造成的损害。根据《刑法》第 20 条第 1 款的规定可得知，不法侵害人所造成的侵害结果可以是对他人的人身、财产和其他权利的损害，或是对国家、公共利益的损害，而防卫人一般只能通过伤害不法侵害人的人身权利，使其丧失继续实施不法侵害行为的能力。对涉及人身权利之间的损害进行比较是较为直观的，但在将财产权利与人身权利进行比较、公法益与私法益进行比较的时候，以什么样的标准来进行，值得商榷。笔者认为，可以以刑法典中具体犯罪的法定刑为切入点，沿着罪责刑相适应原则的脉络逆向而行，即沿着"刑罚—责任—罪名"的思路，构建出刑法典不同章节下的罪名的比较标准，从而实现不同性质犯罪之间的法益侵害程度比较的可能性。诚然，这种做法对刑法典贯彻罪责刑相适应原则的程度要求极高，但笔者相信，我国如今的刑法体系已足够支撑起来这一想法的实现，至少在正当防卫制度这一领域。从另一个角度来看，这一想法也恰恰是对刑法典中罪责刑相适应原则贯彻程度的检验。例如，防卫行为属于故意伤害致人重伤的行为，而不法侵害属于正在进行的"数额巨大"的盗窃罪，两项罪名的量刑区间都是三年以上十年以下有期徒刑，因此得出判断，两种犯罪行为在对不同法益的侵害程度上是相当的。

但是，这种推演的想法存在两个值得精确的地方：

第一，侵害行为有升级的可能性，侵害结果难以精确。通过现有的侦查技术手段，对防卫行为、防卫结果的还原基本上是能办得到的，而对侵害行为和侵害结果的认定和判断则不易把控。防卫行为、防卫结果都是实际发生的，而侵害行为是被防卫行为及时遏制或是被破坏的。所以，侵害行为和侵害结果呈现的是中断的状态，下一步的发展情形和结果尚未完全呈现。防卫人只能根据不法侵害行为已经造成的损害进行防卫，而不法侵害行为已经造成的损害只是片段性的，无法呈现出侵害结果的全貌。因此，不法侵害行为进一步升级的潜在危险，也是分析侵害行为和

---

① 周光权：《正当防卫的司法异化与纠偏思路》，载《法学评论》2017 年第 5 期。
② 张明楷：《刑法学》，法律出版社 2011 年版，第 190 页。

侵害结果时应当考虑的因素。例如，对盗窃犯进行防卫，盗窃行为可能转化升级为抢劫犯罪；对手持凶器实施一般故意伤害的不法侵害行为进行防卫，不能完全排除侵害行为有造成伤亡的可能性。至于如何考虑，可以就侵害结果进行适当扩增，也可以适当放宽防卫行为的限度（起到的效果是降低防卫行为的社会危害性），但同样应当避免重复评价。

第二，定值的设定上无法精确、稳定。在笔者看来，这个定值的设定，应当从刑法的条文规定出发，结合正当防卫权的社会适用效果，来作一个圈定。依据我国刑法典第20条第2款和第3款的规定，我们只能得出这个定值可以大于1但不能超过2的结论。学界的观点也普遍介于这个范围之间，只是得出结论的方式不同而已。笔者认为这个值宜大不宜小，毫无疑问，定值越大，正当防卫的标准越宽松，越有利于鼓励公民行使正当防卫权。定值越小，认定为防卫过当进而入罪的可能性就越大。在当下，正当防卫权的行使效果之所以不够理想，原因就在于这一标准过于紧缩。而假如真的出现正当防卫权被滥用，也未必是件坏事，说明正当防卫制度已经深入人心，接下来要做的就是适时地调整定值以适应新的社会状况。

在运用推演公式的过程中，对防卫行为与侵害行为的形式可以在客观上予以判断比较。对于防卫行为，应当这样来考虑："防卫行为是否有必要，是否正当，需要将具有一般理解力、行动力的'社会一般人'放到事件发生当时的境地进行客观的观察，即假设有一个处于与防卫人情状相同的、有通常理解能力、冷静且理智的第三人，在行为当时的特殊'情境'下，按照防卫人所处的实际地位，究竟会有何种反应？"① 同时，对于防卫措施也应当作出一定的限制："一是在制止不法侵害的有效性方面，它必须能够达到与现实案件中防卫行为相同的水平；二是防卫人即使选择这种防卫措施，也不会使自己处于更为危险的境地。"② 一旦侵害行为着手而防卫行为完成，侵害行为在主观上一定为故意，防卫行为在主观上可能为过失。在防卫行为主观上为过失的场合下，一并考虑防卫结果，才能得出客观全面的判断。在比较防卫结果和侵害结果时，防卫结果较为直观，但也应当考虑防卫行为与防卫结果的因果关系，结合责任阻却或减少的可能性进行分析。比如，防卫结果中因防卫人无法预知的意外事件导致了不法侵害人的死亡，阻却了其有责性，而防卫结果中出于过失的部分，减少了其有责性。体现在推演公式中，就是对防卫结果进行适当的缩小。在侵害结果的认定上，行为主观上缺乏存在过失的可能性，对意外事件原则上也不应作考虑。

具体运用公式的思路是：首先，对防卫行为和侵害行为进行评价。通常情况下，涉及正当防卫有争议的案件，防卫行为的强度在直观上一般是大于侵害行为的。因此，可以考虑先将有利于防卫人的情节归入防卫行为以达到与侵害行为的平衡，从而将两个行为项约分化简，这样一来，比较的重心就落到了结果之上。除此之外，将有利于防卫人的情节归入防卫行为后还有可能出现两种情况，即防卫行为

---

① 周光权：《正当防卫成立条件的"情境"判断》，载《法学》2006年第12期。
② 陈璇：《正当防卫中风险分担原则之提倡》，载《法学评论》2009年第1期。

已与侵害行为达到平衡仍存在部分有利于防卫人的情节，或者防卫行为的性质依旧大于侵害行为。在第一种情况下，可以将这些情节放到结果的比较中加以考虑；在第二种情况下，可以将防卫行为超出的部分视作对侵害人有利的情节放到结果中加以考虑。

其次，对防卫结果和侵害结果进行比较。在比较之前，应当确认是否还剩余未被利用的有利于防卫人的情节或是上述第二种情况下的有利于侵害人的情节。由于公式的结果需要一个数值，此时可以根据综合评价结果确定一个相对具体的刑罚区间，以此来进行计算。

例如，在轰动一时的"昆山反杀案"中，就侵害行为和防卫行为而言，双方同样手持砍刀，在行为性质上相似，但于海明在侵害人丧失侵害能力后又追着侵害人砍了两刀，综合考虑当时的客观形势，事发仓促，且防卫人在不法侵害发生时手无寸铁，劣势地位明显，两相抵消，在公式中可以对两种行为作约分处理。接下来对侵害结果和防卫结果进行比较，防卫结果造成了侵害人的死亡，但防卫人不具备杀人的故意，整体上适合评价为故意伤害致人死亡。至于侵害结果，结合侵害行为的性质，侵害人手持砍刀意欲对防卫人进行伤害，同时不排除被侵害人伤亡的可能，综合分析评价为故意伤害致人重伤较为适当。再对这两种结果进行一个量刑上的判断，防卫结果虽然造成了侵害人的死亡，但不是防卫人客观追求的结果，属于疏忽大意的过失，应当作为对防卫人有利的情节加以考虑，所以刑罚应当在有期徒刑十年到十五年进行选择，以十年为宜。假设侵害人刀未掉落，故意伤害行为完整发生，对应的刑罚应当在三年到十年的量刑区间进行选择，以中间刑为宜。通过计算可知，公式的推演结果小于2，将防卫行为评价为正当防卫具备合理性。

四、防卫过当的类型

在不被评价为正当防卫的防卫行为中，假想防卫①、偶然防卫②与防卫过当相似，但有着截然不同的处理原则和方式。在此，仅针对防卫过当作讨论。

为了保护正在受不法侵害的法益，允许防卫人采取必要的防卫行为对不法侵害者造成一定的损害。一旦防卫者在制止不法侵害的过程中超过一定的界限，即丧失阻却违法性的可能，这种防卫过当的形式属于质的防卫过当。防卫人对尚未发生的攻击，或者已经经过的攻击进行防卫的，属于量的防卫过当。在前一种情形下行为人超越了防卫的程度，在后一种情形下行为人超越了防卫的时间的界限。③ 在量的防卫过当中，对尚未发生的不法侵害进行防卫，属于事先防卫，对已经发生过的不法侵害进行防卫，属于事后防卫。此为德日刑法理论通说。

在我国，防卫过当可以作为减免刑罚的理由。质的防卫过当与《刑法》第20

---

① 所谓假想防卫，是指不存在正在进行的不法侵害，但行为人误以为（假想）存在，并对该假想侵害实施明显超过必要限度的反击，造成重大损害的行为。
② 偶然防卫是指行为人客观上针对正在进行的不法侵害实施了防卫行为，但主观上没有防卫意识。
③ [德] 耶赛克、魏根特主编：《德国刑法教科书（总论）》，徐久生译，中国法制出版社 2001 年版，第 587-588 页。

条第 2 款的契合度极高，可以作为减免刑罚的理由已无争议。问题是量的防卫过当是否应当被归入我国刑法中防卫过当的范畴。笔者认为，对于事后防卫可以评价为防卫过当，对于事先防卫不适用防卫过当的规定。

在"于欢刺死辱母者"一案中，杜某一行人非法拘禁于欢及其母亲的不法侵害处于持续进行的状态，于欢在此期间刺死一人、刺伤三人的行为带有明显的质的防卫过当的痕迹。但是，笔者在判决书中发现这样一段文字，即"案发当日被害人杜某 2 曾当着于欢之面公然以裸露下体的方式侮辱其母亲苏某，虽然距于欢实施防卫行为已间隔约二十分钟，但于欢捅刺杜某 2 等人时难免不带有报复杜某 2 辱母的情绪，在刑罚裁量上应当作为对于欢有利的情节重点考虑"①，这段文字中主审法官将已发生过的辱母行为与于欢的防卫行为联系起来，承认了事后防卫一定的合理性。笔者认为，"辱母行为"可直接作为于欢防卫行为的所针对不法侵害之一来考虑。

事实上，事后的防卫行为与已经完成的不法侵害之间存在时空上的某种密切联系。在事后防卫中，不法侵害的完成与防卫行为的开始在时间上的间隔很接近，因为如果间隔太久，防卫行为便丧失了实施的可能性。在空间上，若事后的防卫行为能够完成，那么防卫行为发生的地点与不法侵害发生的地点必然很接近。即便是追赶着不法侵害人到了另一个地点完成了防卫行为，在追赶之初也具备这种空间上的关系。因此，可以将事后防卫视作防卫过当的一种形式。对于事先防卫，由于不法侵害尚未发生，则不具备正当防卫或是防卫过当的前提条件，因此也就不可能被评价为防卫过当。

五、结语

当一个不法侵害行为正在发生，我们设立正当防卫制度的初衷是如何及时有效地制止该不法侵害行为，而不是要使不法侵害人遭受多大的损害。但是，过于严格地限制防卫行为的方式同样不可取，因为这种做法容易使被侵害人陷入绝望、疯狂的境地，也会造成其他人在自身以外的私法益和公法益受到不法侵害时，选择袖手旁观，逃避躲避。如果将正当防卫中的防卫限度放宽，反而会使被侵害人、其他人在面对不法侵害行为时保持理智的期待可能性增加。综上，笔者建议，在出台相关的司法解释时，对防卫过当的司法认定标准宜保持紧缩样态，收紧入罪的防卫过当范围，为破除当前认定正当防卫趋于保守的惯性留有足够的空间。

---

① 参见（2017）鲁刑终 151 号。

防卫过当的罪过形式及其实践判断

张亚平*

一、防卫过当罪过形式之观点分歧

我国学者关于防卫过当的罪过形式素有争议。较早时期,有不少学者认为,防卫过当只能是过失①,甚至只能是疏忽大意的过失②;但也有学者认为防卫过当的罪过形式不限于过失,如姜伟教授明确指出,"防卫过当不应一概定为过失犯罪",其罪过形式除过失外,还可以是故意,包括直接故意和间接故意。③ 马克昌教授也认为,防卫过当的罪过形式可以是直接故意、间接故意、疏忽大意的过失,过于自信的过失。④ 当前,依然有不少学者认为防卫过当罪过形式主要是过失,甚至只能是过失。如张明楷教授认为,一般情况下,防卫人确实具有防卫意识,其行为又明显超过了必要限度造成了重大损害时,一般宜认定为过失,特殊情况下认定为故意。⑤ 周光权教授认为,在防卫过程中存在的心态,不外乎两种,即疏忽大意的过失和过于自信的过失。⑥ 不过也有个别学者认为,防卫过当的罪过形式只能是故意,如王政勋教授认为,防卫过当都是(间接)故意犯罪,因为防卫人是故意造成损害的。⑦ 黎宏教授认为,防卫过当只能是故意犯罪,过失犯与防卫过当难以并存。⑧

但是,司法实践判决似乎与学术观点并不一致,实践中极少有过失防卫过当的判决,而绝大多数的防卫过当是故意。姜伟教授早就注意到"实践中大都将防卫过当的案件按故意定罪"⑨,当前司法现状依然如此,"防卫过当几乎都是按故意犯罪来处理"⑩。近年来,有学者进行了更加详细的梳理,据统计,798 名犯罪人共涉及 4 个罪名:构成故意杀人罪的有 15 人,占 1.88%;构成故意伤害罪的有 773 人,占 96.87%,其中构成轻伤的有 101 人,占 12.66%,致人重伤的有 427 人,占 53.51%,致人死亡的有 245 人,占 30.70%;构成过失致人死亡罪的有 3 人,占

---

* 宁波大学法学院教授。
① 参见郑德豹:《也论正当防卫与防卫过当的界限——兼于金凯同志商榷》,载《法学研究》1981 年第 6 期;刁喜忱:《防卫过当只能构成过失犯罪》,载《现代法学》1984 年第 3 期;施滨海:《防卫过当只能是过失犯罪》,载《法学》1985 年第 4 期。
② 参见利子平:《防卫过当罪过形式探讨》,载《法学评论》1984 年第 2 期。
③ 姜伟:《防卫过当不应一概定为过失犯罪》,载《现代法学》1984 年第 3 期。
④ 马克昌:《论正当防卫和防卫过当》,载《当代法学》1987 年第 6 期。
⑤ 张明楷:《刑法学(上)》(第 5 版),法律出版社 2016 年版,第 213 页。
⑥ 周光权:《刑法总论》(第 3 版),中国人民大学出版社 2016 年版,第 210 页。
⑦ 王政勋:《正当行为论》,法律出版社 2000 年版,第 196 页。
⑧ 黎宏:《论防卫过当的罪过形式》,载《法学》2019 年第 2 期。
⑨ 姜伟:《防卫过当不应一概定为过失犯罪》,载《现代法学》1984 年第 3 期。
⑩ 劳东燕:《防卫过当的认定与结果无价值论的不足》,载《中外法学》2015 年第 5 期。

0.38%；构成过失致人重伤罪的有 7 人，占 0.88%。① 由此可见，司法实践中防卫过当绝大多数都被认定为故意伤害罪，其次为故意杀人罪，被认定为过失犯罪的极少。

本文基于扩大防卫限度的考量，认为防卫过当的罪过形式应限于故意，防卫行为过失造成重大损害的，不构成防卫过当。

二、防卫过程中过失造成重大损害的案件类型分析

所谓过失，是指行为人应当预见自己的行为可能发生危害社会的结果，因为疏忽大意而没有预见，或者已经预见但轻信能够避免的心理态度。具体到防卫过当中的过失，是指防卫人在进行防卫的过程中，应当预见自己的防卫行为可能造成重大损害，因为疏忽大意而没有预见，或者已经预见而轻信能够避免的心理态度。在防卫过当的情况下，过失造成重大损害，一般表现为以下几种情形，但不论在下列何种情形下，因过失造成重大损失的，都不应当认为防卫过当。

第一种情形：防卫人对防卫工具缺乏认识，慌乱中拿起工具胡乱捅刺，以为是棍棒或其他普通物品，但实际上是刀具或其他容易致人死伤的工具。例如，央宗过失致人死亡案：被告人央宗与被害人普某某系夫妻。某日晚，被害人普某某酒后无故突然扑向被告人央宗，普某某用膝盖顶住央宗的腹部，并用双手掐住央宗的脖子，央宗挣扎无效后，右手伸向身旁找东西，从窗台上摸到一根类似于木棍的东西，向普某某打去，打到普某某的背部，普某某松开央宗并倒下，央宗这才发现自己手上拿的是一把刀子。②

第二种情形：防卫人在实施防卫行为时，虽手中拿有刀子等凶器，但并非有意使用凶器，只是混乱中手中的凶器导致对方死亡或重伤。例如，陈大忠故意伤害案：被告人陈大忠因琐事与骆某发生纠纷，被别人劝开。陈大忠一边用剪刀修剪指甲，一边与别人聊天。骆某以为陈大忠在骂他，便拿起木棍朝陈大忠打去，陈大忠情急之下用持剪刀的右手由下往上挡开，导致骆某手中的木棍偏离了方向打中了在旁劝架的胡某大腿。同时，陈大忠手持的剪刀刺中骆某的左胸心脏部位。③

第三种情形：防卫人在面对不法侵害时，胡乱划刺，结果致人死伤。实践中这类案件比较多，但定性有争议，认定为故意伤害的更多，如邓玉娇案。再如，冉启伟故意伤害案：被告人冉启伟与曾某某系工程合伙人，因工人工资分配发生分歧。曾某某邀约董某某等约 20 人到场为其帮忙助威。事发当日，曾某某与冉启伟在办公室发生争吵，曾某某上前殴打冉启伟，在外等候的董某某等随即冲进办公室，有人对冉启伟拳打脚踢，有人用钢筋殴打冉启伟，冉启伟用刀胡乱捅刺（事后冉启伟回忆，他自己也不知道从哪儿弄到的刀，他自己事前没有准备刀），致使多人受轻

---

① 尹子文：《防卫过当的实务认定与反思——基于 722 份刑事判决的分析》，载《现代法学》2018 年第 1 期。
② 西藏自治区康马县人民法院刑事判决书【（2016）藏 0230 刑初 1 号】。
③ 江西省高级人民法院刑事判决书【（2017）赣刑终 53 号】。

伤或重伤,其中袁某某重伤致死。①

第四种情形:为压制不法侵害人反抗而过失致其死亡。例如,何晓东等过失致人死亡案:被害人佘德和因对气象局建房影响自己房屋采光一事不满,将自己的母亲许某送往社区办公室,称不解决就不赡养,然后离开。村干部何晓东等到佘德和家对其劝说做工作,发生纠纷。佘德和到其房里拿出斧头追赶何晓东等,后被何晓东等按倒在地,并抢下斧头。因佘德和挣扎并语言威胁,何晓东等继续分别按住佘德和肩膀、腰臀部、腿部约10分钟,致佘德和受压导致挤压性窒息死亡。法院判决何晓东等构成(防卫过当)过失致人死亡罪。②

以上四种情形,其共同点在于,行为人有意识实施防卫行为,但基于不同原因过失地导致严重损害结果的发生。第一种情形中,行为人没有认识到自己的防卫工具会发生严重损害结果,对结果的发生应当属过失心理;第二种情形中,防卫人无意使用凶器,但却疏忽大意,没有控制自己的防卫手段,以至于发生严重损害,对损害结果应属过失心理;第三种情形中,行为人面对多人的围殴,本能地进行防卫,无法把控防卫的强度,以至于发生严重危害结果,对此结果,应当是过失心理;第四种情形中,防卫人为压制反抗,过失地导致不法侵害人死亡。

三、防卫中过失造成重大损害不构成防卫过当

防卫行为因过失而导致重大损害,不论何种情形,均不应当认定为过当,而应当认为在防卫的限度范围之内,属正当防卫。认为防卫行为过失造成重大损害属防卫过当,是结果无价值论基础上的优越利益说的不当结论。

基于结果无价值论,正当行为正当化的根据主要有法益衡量说和优越利益说。法益衡量说认为,违法性的本质是侵害法益,行为是否具有违法性,也应以法益价值的衡量作为判断标准。如果防卫行为保护的法益大于不法行为所侵害的法益,防卫行为就是正当的;反之,以牺牲较高法益,保护的却是较低的法益,行为就失去其正当性基础。显然,法益衡量说对于正当防卫正当化根据的解释,并不能为正当防卫成立条件的判断提供足以接受的标准,彻底贯彻法益衡量说,会使得几乎所有的防卫行为都不是正当的。实际上,防卫者也不可能首先进行精确的法益衡量,然后再决定是否采取防卫措施。现实中几乎无例外地承认,防卫行为即使造成较大的法益损害,也并不绝对否定其正当性。即使在结果无价值论者看来,法益衡量说也不具有妥当性,如曾根威彦教授就认为:"仅仅根据法益衡量来决定是否排除违法性,是过于功利主义的见解,最终会承认'强者的权利',而且,在所有场合,都比较衡量法益的大小,这可能吗?"③ 正是基于法益衡量说的缺陷,有学者提出了优越利益说,优越利益说实际上是法益衡量说的适当修正,但其仍以法益衡量说为基础。其修正之处在于,在法益衡量之外,在具体场合还必须对整体事态进行考

---

① 四川省高级人民法院刑事判决书【(2015)川刑终字第243号】。
② 江苏省如皋市人民法院刑事附带民事判决书【(2017)苏0682刑初159号】。
③ [日]曾根威彦:《刑法学基础》,黎宏译,法律出版社2005年版,第96页。

量。优越利益说超越了纯粹的法益衡量，兼而考虑行为的方法、形态所具有的侵害法益的一般危险性，① 但其仍以法益衡量为基础，无法摆脱法益衡量基调，因而在很多问题上无法得出合理解释。劳东燕教授对法益衡量说提出了若干诘问：为什么不能对单纯的公法益进行防卫？为什么防卫人一般没有退避义务？为什么不要求所保护的法益与损害法益之间保持均衡或基本的相当？为什么防卫人享有比国家更大的"惩罚"权利？为什么防卫的成立要求防卫人至少具有防卫认识？为什么在不法侵害系由无责任能力人或责任能力减轻者所实施的场合，防卫人便负有退避的义务，且必须严格控制防卫的限度？为什么对故意的不法侵害与过失的不法侵害，以及对因家庭成员的矛盾引起的正当防卫与非家庭成员之间的正当防卫，在防卫的要求上会有所区别？② 这些问题对于优越利益说而言有如天问，其无法给出合乎逻辑的解释。

基于保护原则与法确证原则，正当防卫正当化的基础在于公民个人在紧急情况下的自我保护，以及对法秩序的确证与保全。个人保护原则认为，保护个人利益免受不法侵害是每个人的本能，也是天赋权利，正常情况下，个人将对自己权利的保护权交给了国家，由国家统一行使，但是在特殊的紧急情况下，国家不能及时有效保护权利，此时就应当容许个人进行自我保护。法确证说认为，正当防卫是由国家授予个人的权利，法与不法是一对矛盾，不法是对法的否定，而法必须通过对不法的否定来获得自身的肯定。个人保护与法确证分别从个人权利保护与国家法秩序的保全的角度，为正当行为的正当化提供注解，二者相辅相成，相互补充，共同作用。基于保护原则与法确证原则，个人只要是在紧急情况下为了保护个人利益，确证法的秩序与规范效力，就可以积极主动采取防卫行为，"法不需向不法让步"，只要手段正当，原则上就不存在防卫过当。"从禁止权利滥用的指导思想出发，防卫过当的考察重心不在结果环节，而在行为环节，行为才是思考的起点与核心所在。"③

根据《刑法》第20条第2款的规定，防卫过当需要两个方面的条件，即"明显超过必要限度"和"造成重大损害"。其中，"造成重大损害"是结果条件，"明显超过必要限度"则是行为条件。对防卫过当的判断应当遵循"行为—结果"的路径，首先判断行为是否正当，然后再考察结果是否过当。如果行为正当，就无须考察结果是否过当；换言之，如果防卫行为造成了重大损害，但防卫行为正当，也不应当认定为防卫过当。

防卫行为是否明显超过必要限度不能仅从客观上以"基本相适应说"进行判断。从防卫行为来看，基本相适应说仅仅对防卫的方法、工具等与不法侵害的方法、工具等进行简单比较，只有两者基本相适应时，防卫行为才没有明显超过必要限度，否则就是明显超过必要限度。这种判断规则大大限缩了防卫行为的正当性的范围。正当防卫时法所鼓励的行为，是为确证法的效力、保护个人权利的合法行

---

① 王剑波：《正当防卫正当化的根据及其展开》，对外经济贸易大学出版社2010年版，第56页。
② 劳东燕：《防卫过当的认定与结果无价值的不足》，载《中外法学》2015年第5期。
③ 劳东燕：《防卫过当的认定与结果无价值的不足》，载《中外法学》2015年第5期。

为,"法不需向不法让步""正当防卫是抗击侵略,不是拳击比赛",① 正当防卫只有压制不法侵害,才能有效保护正当合法权益。为了压制不法侵害而采取的防卫行为,不可能限制于与不法侵害基本相适应,如不法侵害的手段是普通的拳脚暴力,防卫行为也以拳脚反击,就不能有效压制不法侵害;尤其在双方身体力量不均衡的情况下,在双方是精心计划还是猝不及防的心理下,以基本相适应作为防卫行为的正当性标准,对行为正当性的判断极为不利。因此,防卫行为只要是必需的,就不应当认为是过当的。不法侵害人以拳脚加害,防卫人即使以棍棒甚至刀具反击,只要棍棒或刀具作为防卫工具,是防卫行为所必需的,就不应当认定为过当。当然,防卫行为过当与否,绝不是仅对防卫工具、方法的简单比较,但至少不因工具、方法不相当,就认为防卫过当。

防卫行为是否明显超过必要限度还必须从主观上进行判断,即防卫人是不是有意选择较为激烈的防卫手段。面临紧迫的不法侵害时,防卫人因恐惧、紧张、害怕而惊慌失措,无法合理判断不法侵害的强度,也就不可能对自己防卫行为的强度及其可能造成的结果作出明确的判断。换言之,在这种情况下,不可能期待防卫人客观理性地选择恰到好处的防卫行为。既然如此,防卫人不是有意选择较为激烈的防卫手段,就不能认为其防卫行为"明显超过必要限度"。既然司法者在判断防卫行为是否"明显超过必要限度"时,是在客观冷静的条件下作出的判断,那么也应当认为,防卫人在客观冷静的情况下选择的"明显超过必要限度"的防卫行为才是过当行为。

从刑事责任的程度来看,过失是比故意可谴责性轻的罪过形式,故刑法原则上不处罚过失,只是例外地当有明确规定时,才处罚过失。刑法例外地处罚过失,还是因为预防效果较小,也就是说,在多数情况下,刑法处罚过失行为,并不能起到预防类似过失的效果。正因如此,对防卫行为过失造成严重危害结果以防卫过当进行处罚,就是缺乏正当性的:不能期望对防卫行为过失造成危害结果进行处罚,就期望将来在类似的情况下,防卫人就能够理性地判断不法侵害的强度及可能造成的危害程度,并理性而恰当地判断自己应当采取何种强度的防卫行为,并在防卫过程中小心翼翼地避免防卫行为造成重大危害结果。这样的期望不可能得到实现,也是不可思议的。

以上防卫行为过失造成严重危害结果的四种情形,不是"明显超过必要限度"的防卫行为,因此从"行为—结果"的判断进路来看,就可以直接否定防卫过当。具体而言,第一种情形,防卫人误将易致人死伤的凶器当成普通工具使用,而进行防卫,不能期待行为人在紧急情况下冷静理性地选择防卫的工具,即使从客观上看,行为人使用的工具与不法侵害的工具不相当,但是防卫人并非积极主动选择"明显超过必要限度"的防卫行为,不能认为过当行为。从处罚的必要性来看,也不能期望将来在类似情况下,防卫人能小心选择防卫工具,仔细辨别防卫手段,谨

---

① 车浩:《正当防卫是抗击侵略,不是拳击比赛》,载中国法律评论微信公众号;另载《中国检察官》2018年第9期。

慎控制防卫强度。第二种情形，防卫人也并非有意使用武器进行防卫，因而造成的严重危害后果，也是在紧张、恐惧的情况下的无意之举，其防卫行为不应当认为是过当的。

以上第三种情形和第四种情形可能会有争议，如冉启伟案被判定为故意伤害，而何晓东等则被认定为过失致人死亡。笔者认为，上述两种情形中，防卫人对不法侵害人的死伤都应被认定为过失，进而被认为防卫行为不过当。冉启伟案中，冉启伟在面对多人的殴打时，为保护自己的正当权益而进行防卫，只能胡乱捅刺，从行为本身来看并无不当；在当时场合，防卫人不可能理性选择防卫手段，恰到好处地把控防卫强度。何晓东等案的认定，关键在于不法侵害是否结束，防卫时间条件是否还具备。表面来看，佘德和的不法侵害已经得到控制，防卫时间条件已经丧失，但是佘德和本人并没有彻底放弃犯罪，而是"挣扎并语言威胁"，何晓东等完全有理由认为佘德和一旦摆脱控制，仍会继续实施不法侵害行为。因此，可以认为，佘德和不法侵害的危险尚未完全解除，何晓东等的行为仍属防卫性质。既然如此，何晓东等仅仅采取按压的行为，压制反抗，从行为本身来看并无不当。总体来看，应当认为何晓东等的行为构成正当防卫，不过当。

四、防卫过当的罪过形式只能是故意

（一）防卫行为造成重大损害存在故意心理

防卫行为过失造成重大损害的，不构成防卫过当，换言之，防卫过当不存在过失，只能是故意。防卫过当的故意具体表现为防卫人明知自己的行为是制止不法侵害，保护自己或他人合法权益的防卫行为，且明知自己的防卫行为可能过当，会造成不法侵害人重大损害，而希望或放任这种损害结果发生的心态。

理论上有不少学者否认防卫过当可以成立故意犯罪，认为防卫过当只能是过失，持此观点者认为，故意说混淆了防卫意思和犯罪的故意，在同一个防卫行为中，不可能既存在防卫意思，同时还存在犯罪故意。《刑法》上的故意与一般生活中的"故意"不同，正当防卫的"故意"不是《刑法》上的故意，不能认为防卫过当都是故意犯罪。①"既然防卫过当行为发生在正当防卫过程中，防卫人行为之初的行为正当性是毋庸置疑的，这样，理论上认为犯罪的故意和防卫的意思同时存在，就难以自圆其说，因为即便是间接故意，也毕竟是一种犯罪故意。"② 这是否定防卫过当的故意罪过的最重要的支撑理由，但其错误也非常明显，即混淆了防卫意思和防卫过当的故意。

防卫意思是指防卫人对防卫行为的认识和意志，即防卫人认识到不法侵害正在发生，自己实施的是制止不法侵害的行为，并有意为之。现实中，所有的防卫行为都具有防卫意思，我国刑法也采取防卫意思必要说，无防卫意思的防卫挑拨和相互

---

① 张明楷：《刑法学（上）》（第5版），法律出版社2016年版，第213页；胡东飞：《论防卫过当的罪过形式》，载《法学评论》2008年第4期。
② 周光权：《刑法总论》（第3版），中国人民大学出版社2016年版，第210页。

斗殴不是正当防卫。① 实践中，并不能要求防卫人对自己行为的防卫性质有清晰的认识，只要有概然的认识，就可以认为具有防卫意思。

防卫过当的故意则是指防卫人明知自己的防卫行为会造成不法侵害人伤亡的后果，而希望或放任这种结果发生的心理态度。防卫过当的故意针对的是对过当结果的认识和放任，与防卫行为的认识和意志既不重合，更不矛盾，二者相互独立存在。"防卫人完全可能在追求或容忍处于不法侵害威胁下的法益获得拯救这一结果的同时，对行为可能给不法侵害人之利益造成过当损害的结果持希望或放任的态度。"②

防卫意思决定行为的防卫性质，防卫过当的故意决定防卫过当的性质，二者承担不同的功能。防卫过当以行为具有防卫性质为前提，这就要求防卫人必须具有防卫意思；但同时，防卫过当在防卫性行为的基础上，又给不法侵害人造成了重大损害，对此损害后果，防卫人也应当具有故意或过失（当然，也不排除意外事件的可能）。"防卫"与"过当"的双重性，决定防卫过当也可同时存在两种主观心态。这也正如有学者所指出的，正当防卫所针对的对象其实有两个，一是保护对象，即正受到不法侵害威胁的合法权益；二是防卫对象，即不法侵害人的利益。③ 对保护对象而言，防卫人的认识和意志因素是防卫意思；对防卫对象而言，防卫人的认识和意志因素是对过当结果的故意或过失。

有学者认为，故意犯罪是"行为犯"，只要实施行为，即使没有造成危害结果，也构成犯罪（未遂），而过失犯罪必须造成实际危害结果方可成立，而防卫行为即使故意追求过当结果，但如果结果没有发生，也难以成立防卫过当的犯罪，因此防卫过当不可能构成故意犯罪，只能是过失犯罪。④ 笔者认为，以此来对防卫过当可以构成故意犯罪进行否定，也难以立足。防卫行为故意造成严重结果，但结果没有发生，当然不构成防卫过当，但这并不否定防卫人对可能造成的过当结果的故意心态。防卫人在防卫过程中意欲造成严重后果，但结果没有发生，并不成立防卫过当，因为防卫过当的成立必须具备两个方面的条件，即"明显超过必要限度"及"造成严重后果"，仅行为"明显超过必要限度"尚不能决定防卫行为过当。所以，对于没有严重后果的防卫行为，根本不存在过当的问题，也就无从讨论过当结果是故意还是过失。

以假想防卫的罪过形式来否定防卫过当可以构成故意犯罪，也不足为据。理论通说认为，假想防卫不是正当防卫，符合过失成立条件的，以过失犯罪处理；如果没有过失，则按意外事件处理。很明显，假想防卫构成过失犯罪，是对"防卫"本身而言，即如果不法侵害真实存在，那么防卫就是正当的，但实际上不法侵害并不存在，"防卫人"因疏忽大意误以为存在不法侵害，而基于防卫意思实施防卫行为，

---

① 理论上可以认为，防卫挑拨和相互斗殴因不具备防卫意思而不成立正当防卫，但实践中，虽有挑拨行为，但并不绝对否定正当防卫；同样，相互斗殴与正当防卫的界限也并非泾渭分明。
② 陈璇：《论防卫过当与犯罪故意的兼容》，载《法学》2011年第1期。
③ 陈璇：《论防卫过当与犯罪故意的兼容》，载《法学》2011年第1期。
④ 胡东飞：《论防卫过当的罪过形式》，载《法学评论》2008年第4期。

给假想防卫对象造成损害。防卫人对假想防卫造成的损害只能是过失心理或意外事件。但是，当假想防卫人基于防卫意思，不仅实施防卫行为，而且造成过当结果的，其对过当结果的心理态度应另外单独评价，而不应与假想防卫本身相混淆。不论是假想防卫还是针对真实不法侵害的防卫，当造成过当结果时，防卫人对过当结果的心理态度是相同的，既可以是过失，也可以是故意。是故意还是过失，取决于防卫人对过当结果的心理态度。如果其明知自己的"防卫"行为过当，仍希望或放任过当结果，即构成故意犯罪；反之，如其没有预见自己的"防卫"行为可能造成过当结果，或者虽然已经预见，而轻信能够避免，则对过当结果存在过失，不应当认定为假想防卫过当，或者说假想防卫不过当，仅认定为一般的假想防卫，构成过失犯罪。

总之，防卫行为造成重大损害，可以基于故意心理；防卫过当可以是故意犯罪。

（二）防卫过当故意犯罪的判断

防卫行为只有故意造成重大损害才能是防卫过当。所谓防卫过当的故意，是指防卫人基于防卫意思，在防卫过程中，明知自己的防卫行为可能造成不法侵害人重大损害的结果，而希望或放任这种结果发生的心理态度。在具体判断时，不仅要看防卫的方法、手段是否明显超过压制不法侵害行为所必需的范围，还要看防卫人是否故意采取此明显超过必要限度的防卫行为，并对因此造成的重大损害持希望放任的态度。基于此，以下几种情况可以认为防卫过当。

第一，行为人在防卫时，有充足的时间和机会选择轻缓的防卫方法，却有意选择较为激烈的防卫方法，因而造成重大损害的，一般是防卫过当的故意犯罪。一般情况下，事前有准备的防卫可能构成防卫过当的故意犯罪。防卫人意识到不法侵害可能发生，因而提前做好准备，在不法侵害迫近或实际发生时，就可以相对从容应对，从而也就更可能掌控局势。这种情况下利用防卫的机会，防卫的方法、手段明显超过不法侵害的手段、方法，故意造成不法侵害人重伤或死亡结果发生的，一般可以认定为防卫过当的故意犯罪。

第二，防卫人的力量相对于不法侵害人的力量占据优势地位，实力相差悬殊，防卫人能绝对把控局势，能自由选择防卫手段，这种情况下防卫人利用防卫机会，以较为激烈的方法、手段，故意造成不法侵害人重伤或死亡的，可认为构成防卫过当。例如，成年人针对未成年人的不法侵害，可以采取防卫措施，但是防卫人未能尽量保持克制，利用防卫机会，给未成年不法侵害人造成重伤或死亡结果的，可以构成防卫过当的故意犯罪。

第三，不法侵害行为已基本结束，防卫人已经掌控局势，但不法侵害的威胁尚未完全解除，防卫人依然有防卫的时机条件，这种情况下，防卫人利用防卫机会，故意采取强烈的防卫手段，造成不法侵害人重伤或死亡的，可以认为构成防卫过当的故意犯罪（量的防卫过当）。例如，袁博宇故意伤害致人死亡案：被害人梁某纠集多人，以协商退还毒品交易款为由，强行让袁博宇进入汽车后座，在车上，梁某又拿出匕首对袁博宇进行威胁，袁博宇夺过匕首，并朝梁某腿部、胸部连刺数刀，梁某倒在车外地面上，经抢救无效死亡。① 这类案件中，防卫行为是否过当，不能仅从表面上看形势是否发生反转，如防卫人是否抢过不法侵害人的凶器，不法侵害人是否已经受伤，关键还要看防卫人是否已经掌控局势，是否能客观理性地选择轻缓的防卫手段。

第四，不法侵害虽然正在发生，但并非直接威胁生命健康安全，仅对被害人自由或财产造成侵害，这种情况下，防卫人虽然有权进行防卫，但相对来说，可以采取较为轻缓的防卫措施，若直接采取强烈的防卫措施，从而造成重大损害后果的，可以认为防卫过当的故意犯罪。例如，2012年3月5日7时许，被告人吴建斌到温州市某休闲会所消费，因无足够资金支付消费金额，被扣留在会所监控室中。吴建斌通知其亲友代付消费款、以轿车抵扣、打110报警等均未果。第二天10时许，吴建斌欲离开监控室时，被看守保安即被害人李某拦下，双方发生冲突。吴建斌拿起监控室里的一把刀威胁李某让其离开，李某则拉扯被告人吴建斌的衣服。双方拉扯到监控室旁楼梯间，被告人吴建斌用刀砍刺被害人李某手臂、背部后离开。李某因大失血死亡。②

结语

本文基于法确证原则与保护原则，主张防卫行为过失造成重大损害的，不应认定为防卫过当，而应认定为正当防卫不过当，只有当防卫人在能够清醒判断不法侵害强度，能够理性客观选择防卫手段、方法的情况下，利用防卫机会，以明显超过必要限度的防卫行为进行防卫，希望或者放任不法侵害人重伤或死亡结果发生的，才应认定为防卫过当。理论上多数学者主张防卫过当主要是过失，目的在于尽量降低防卫过当的处罚力度，但这一方面使得理论与司法实践相脱离，另一方面也不利于限制防卫过当的成立范围，使得防卫权的行使过于受到限缩。或许有人认为，主张防卫过当只存在故意的罪过形式，会导致对防卫过当的惩罚过于严厉。但是，防卫过当本身就是犯罪，理应受到惩罚；而且，刑法规定，防卫过当，应当减轻或免除处罚，因此，即使对防卫过当以故意犯罪惩罚，也不至于惩罚得过于严厉，不会违背罪责刑相适应原则。

---

① 四川省高级人民法院刑事判决书【（2018）川刑终341号】。
② 浙江省高级人民法院刑事判决书【（2013）浙刑三终字第3号】。

第三编　正当防卫制度的适用与完善

无限防卫实质条件的立法审视
——不法侵害的范围与性质

宋　玲[*]　易智星[**]

我国《刑法》第20条第3款规定："对正在进行行凶、杀人、抢劫、强奸、绑架以及其他严重危及人身安全的暴力犯罪，采取防卫行为，造成不法侵害人伤亡的，不属于防卫过当，不负刑事责任。"这一规定重在强调，为了制止那些严重危及人身安全的暴力犯罪，即使致使不法侵害人重伤或者死亡，也不存在防卫过当的问题。也就是说，对此类犯罪的正当防卫，在防卫手段和造成的损害上，没有任何限制，因而我们把它称作无限防卫[①]。无限防卫权同其他权利一样，并非绝对的，而是一种相对意义上的权利，除没有限制防卫手段和造成的损害外，其适用前提即不法侵害的范围和性质，是非常有限的。由于刑法对此规定欠清晰，致使理论界和实务界难以把握，因此出现司法不公现象。鉴于以上原因，笔者从立法本意出发，明确界定无限防卫权中不法侵害的范围和性质，以期促进司法统一和司法公正。

一、不法侵害范围的有限性

从《刑法》第20条第3款的规定可以得知，对适用无限防卫前提条件的不法侵害行为，只能是犯罪行为，而且是非常明显的、严重危及人身安全的暴力犯罪行为。对这种犯罪行为，我们应从两个方面来理解。

（一）如何理解"行凶、杀人、抢劫、强奸、绑架"

《刑法》第20条第3款列举了"行凶、杀人、抢劫、强奸、绑架"五种严重危及人身安全的暴力犯罪行为，但是立法对这五种行为，特别是"行凶"一词的含义规定得很不明确。词义不明确，在实践中必然遇到许多难以解决的问题，因此，正确理解词义才能充分认识不法侵害的范围。

1. 如何理解"行凶"的含义

对于无限防卫中"行凶"含义的理解，仁者见仁，智者见智。目前，存在多种见解，第一种为凶器行凶说，认为应当对行凶一词加以限制解释，限于使用凶器的暴力行凶[②]。第二种为人身侵害说，认为行凶是指故意实施的危及他人生命、健康

---

[*] 长沙学院法学院副教授、副院长。
[**] 湖南五湖律师事务所刑事部副主任。
[①] 张明楷：《刑法学》（第5版），法律出版社2016年版，第215页。
[②] 陈兴良：《论无过当之防卫》，载《刑事法学》1998年第8期。

的暴力犯罪行为①。第三种为故意伤害说，认为行凶是指故意伤害犯罪②。第四种为重伤害兼不明确的杀人说，认为行凶是指使用暴力手段，危及他人重伤的行为，此外对不明确的杀人行为，也视为行凶③，等等。刑法规定中"行凶"一词的含义，并非具体罪名，难以把握，确属立法上明显存在的缺陷。但在对此进行修订之前，我们必须从立法本意出发作出解释，这样，才能正确司法。对于第一种观点，笔者认为把"行凶"一词的含义限定过窄，不尽合理。根据刑法规定，只要行凶行为已属于严重危及人身安全的暴力犯罪行为，即可以对之进行无限防卫；而某些未使用凶器的行凶行为，如在侵害者人多势众而防卫者人单力薄情况下的行凶行为，同样也严重危及人身安全，对之自然可以进行无限防卫，否则，不利于保护被侵害人的合法权益。对于第二种观点，则解释太宽，因为故意侵害他人生命、健康的暴力犯罪行为，不但包括轻伤害行为，而且包括重伤害行为，当然对重伤害行为实行无限防卫处于情理之中，但如对轻伤害行为也允许进行无限防卫，这恐怕与无限防卫的主旨相违背，而现实生活中，轻伤害的行为非常普遍，每天因无限防卫而致死或重伤的人就不计其数了。对于第三种观点，存在两个方面的不足：第一，对行凶含义解释过于宽泛，上文已述；第二，缺乏暴力手段因素，对非使用暴力手段的故意伤害行为，不能进行无限防卫。对第四种观点，笔者持肯定意见。首先，"行凶"一词，本身具有杀人或伤人之义④，为避免与后列"杀人"之重复，此处"行凶"只能限制为"伤人"，但伤人包括重伤害人的行为和轻伤害人的行为。为了与后列的"杀人""抢劫""强奸""绑架"以及其他严重危及人身安全的暴力犯罪行为保持质和量的平衡，得进一步把"行凶"限制为"重伤害人的行为"。其次，行凶的方式应该为暴力手段。最后，对不明确的杀人行为，即防卫人对不法侵害行为到底为伤人还是杀人行为，难以确定时，也视为行凶，笔者赞同此观点，虽然在某种程度上扩充了此处"行凶"的含义，缩小了杀人的范围，但是笔者认为关键不是平衡两者的范围，而是确定对何种行凶可以实施无限防卫。

2. 如何理解"杀人、抢劫、强奸、绑架"的含义

对于"杀人、抢劫、强奸、绑架"的含义，目前主要有两种意见，一种认为是以暴力手段实施的故意杀人罪、抢劫罪、强奸罪、绑架罪⑤。另一种认为既是指具体罪名，也可以是四种形式的犯罪手段⑥。不难看出，上述两种理解在实际运用效果上实质是一致的。但笔者认为，这两种观点都有不足之处，"杀人、抢劫、强奸、绑架"应包含三层含义：其一是以暴力手段实施的故意杀人罪、抢劫罪、强奸罪、绑架罪，其二为它们中的部分转化犯，如使用暴力非法拘禁致人死亡而构成的故

---

① 王作富、阮方民：《关于新刑法中特别防卫权规定的研究》，载《刑事法学》1998年第12期。
② 彭文华：《无限防卫权的适用——以对"暴力"的教义学解读为切入》，载《政治与法律》2015年第9期。
③ 参见《中国刑法学荟萃》，机械工业出版社2001年版。
④ 参见《四角号码新词典》，商务印书馆2004年版。
⑤ 陈兴良：《论无过当之防卫》，载《刑事法学》1998年第8期。
⑥ 陈兴良：《论无过当之防卫》，载《刑事法学》1998年第8期。

意杀人罪，使用暴力奸淫收买被拐卖的妇女而构成的强奸罪，《刑法》第269条规定的准抢劫罪（须使用暴力）等。但是，有些转化犯罪因没有使用暴力而不宜使用无限防卫，如携带凶器抢夺而构成的抢劫罪，胁迫奸淫收买被拐卖的妇女而构成的强奸罪等。其三为在其他犯罪中伴有暴力性杀人、抢劫、强奸、绑架等危害行为而没有转化的犯罪，如使用暴力绑架被拐卖的妇女、儿童而构成的拐卖妇女、儿童罪，使用凶器、器械杀人的武装暴乱罪等。

（二）如何理解"其他严重危及人身安全的暴力犯罪"

《刑法》第20条第3款在列举了行凶、杀人、抢劫、强奸、绑架五种严重的暴力犯罪之后，担心还会有遗漏，于是又用"以及其他严重危及人身安全的暴力犯罪"结尾。那么，这里的"其他"究竟指哪些犯罪呢？笔者认为这里的"其他"犯罪必须符合以下几个条件：第一，必须是危及人身安全方面的犯罪，如果仅仅是危及个人的财产安全，则不能适用无限防卫，否则就是防卫过当，应承担相应的刑事责任；第二，必须为行凶、杀人、抢劫、强奸、绑架以外的暴力性犯罪行为，诸如决水行为，如果不是使用暴力，如诈骗，则不能行使无限防卫权；第三，该行为必须具有相当严重性，即该行为的性质应与前列行凶、杀人、抢劫、强奸、绑架行为严重性相当，否则只能实行一般的正当防卫；第四，还应具备正当防卫的一般条件，如对于不法侵害的预备行为或者已经终止的行为，不应视为正在发生的危及人身安全的暴力性犯罪行为。综观新刑法的规定，还有许多严重危及人身安全的暴力犯罪，可适用无限防卫权。诸如爆炸罪、劫持航空器罪、暴力危及飞行安全罪。

二、不法侵害行为性质的有限性

不法侵害行为作为无限防卫的前提条件，本身已具有社会危害性，这是不言自明的，但具有社会危害性的行为并不都可以对其实行无限防卫，只有对具备某种相关性质的不法侵害行为，才能实行无限防卫，在此，笔者认为无限防卫中的不法侵害行为应具备以下性质：

（一）不法侵害行为具有危及人身安全性

构成无限防卫权前提的不法侵害行为，必须是针对人身安全的，对人身之外的财产权利、民主权利等其他合法权利，只能适用一般防卫的规定，关键是要准确、合理地界定"人身安全"的范围。对于这里的"人身安全"，目前理论界和实务界的分歧较大，有的认为，人身安全包括生命、健康、行动自由、性、名誉等的安全；有的则认为，人身安全应指生命、健康、行动自由和性的安全；还有的认为，人身安全仅指生命、健康安全[①]。笔者认为，人身安全应该包括生命、健康安全，性自由和人身自由权。具体而言，行凶为侵犯公民健康权的行为；杀人为侵犯公民生命权的行为；强奸为侵犯妇女性自由的行为，同时伴有危及人身生命和健康权的行为；抢劫为严重侵犯公民生命和健康权的行为；绑架为侵犯公民人身自由权的行为，同时也可能伴有危及生命和健康权的行为。至于其他严重危及人身安全的，应

---

① 樊凤林：《论特殊防卫权》，载《湖南省政法管理干部学院学报》2004年第4期。

参照上述规定。

(二) 不法侵害行为的暴力性

根据《刑法》第20条第3款规定可知，对严重危及人身安全的不法侵害行为，只有在具备暴力性的条件下，方可实行无限防卫。譬如使用屠刀杀人和投毒杀人，前种行为具有暴力性，可以实行无限防卫，而后种行为属于非暴力性犯罪行为，不能实行无限防卫。那么，如何理解这里的"暴力"呢？目前，也存在不同见解，有的认为使用暴力是暴力犯罪最本质的特征，暴力手段既可以是使用器械、武器、爆炸物品等，也可以借助于犯罪人自身的体力①。有的认为暴力犯罪，主要是指采用武力手段对被害人进行威胁、恫吓、殴打、捆绑，以造成被害人精神恐惧及人身危险，从而达到犯罪目的的行为。犯罪学意义上的"暴力"，或可理解为还包括以暴力相威胁的行为②等。笔者赞同第一种观点，暴力中包括"暴力胁迫"的观点值得商榷，因为暴力胁迫不会对被侵害人造成实质危害，如果也允许对其实行无限防卫，对于侵害人来说，有失公平。

认定某一不法侵害行为是否属于暴力犯罪，关键要看该侵害行为本身是否以暴力手段实施，因此我们必须具体问题具体对待。例如，就行凶、杀人来说，暴力性主要体现为犯罪过程中使用刀砍、斧劈、拳击、枪杀、刺杀、爆炸等作为手段，在强奸案中，暴力手段通常表现为对妇女进行殴打、捆绑、堵嘴、卡脖子、按倒等危害人身安全或人身自由，使妇女不能反抗的手段③；抢劫罪中的暴力，是指犯罪分子对被害人的身体进行打击或强制，如殴打、伤害、捆绑、禁闭等，致使被害人不能抗拒。这种暴力是犯罪分子有意用来排除被害人抵抗从而劫取财物的手段。④绑架罪中的暴力是指对他人身体实施捆绑、殴打、强拉硬拖等行为⑤。鉴于有关学者指出，强奸罪并不一定要具备暴力条件的观点，笔者有异议。从《刑法》第20条第3款的规定可知，"强奸"与后列的几种犯罪处于并列结构上，共同作为"暴力犯罪"的定语，因而，此处的强奸罪应为暴力犯罪。对非暴力的强奸犯罪，其社会危害性不足以采取无限防卫，否则，应为过当行为。

总之，只有使用暴力手段进行的犯罪，才是暴力犯罪，也只有当严重危及人身安全的暴力犯罪行为发生时，才能进行无限防卫。

(三) 不法侵害行为具有产生严重结果的紧迫性

无限防卫必须针对正在进行中的不法侵害行为才能实施的这一条件，意味着不法侵害行为具有产生严重结果的紧迫性是衡量这一不法侵害行为能否引起无限防卫的重要依据。无限防卫只能针对正在进行并且实际存在的严重危及人身安全的暴力犯罪。只有在这种情况下，无限防卫权才能由期待性的、可能的权利变成现实的权利。诸如对正在用刀杀人的杀人犯，可以直接实施加害犯罪人的方法予以反击。对

---

① 参见宋浩波：《犯罪学原理》，中国人民公安大学出版社2000年版，第76页。
② 参见周密：《论证犯罪学》，北京大学出版社2005年版，第98页。
③ 高铭暄、马克昌：《刑法学》，北京大学出版社2017年版，第135页。
④ 参见周密：《论证犯罪学》，北京大学出版社2005年版。
⑤ 参见王作富：《刑法分则实务研究》，中国方正出版社2002年版，第69页。

于尚未实行的暴力犯罪及已经结束的暴力犯罪,不能实行无限防卫,否则就是报复,应以一般犯罪论处。因此,必须对使用无限防卫的不法侵害行为作紧迫性的限制。

(四) 不法侵害行为的严重性

进行无限防卫,要求不法侵害行为必须达到一定的严重程度,即这种严重程度可能造成人身严重伤害,甚至危及生命安全。对一些尤其是只能造成轻微的暴力侵害,则不能适用无限防卫。那么,何为严重程度呢?笔者认为不能仅从犯罪行为本身的严重性来看,而应该具体问题具体对待,如一个年轻人使用等量的暴力对一个武士和一位行将就木的老人行凶,显然,那种暴力对武士不构成什么威胁,但是对于老人来说,恐怕就严重危及他的生命安全。因此,把握此处的严重程度,我们得从两个方面来考察:一方面,应从正在进行犯罪的不法侵害人方面来考察,首先,在主观上,必须是故意犯罪行为,对于过失犯罪行为,笔者认为不能实行无限防卫;其次,犯罪行为的方式应该是作为,并且使用暴力,具有紧迫性、进攻性特点;最后,犯罪行为本身具有相当严重程度,行为发生的后果或可能发生的后果非常严重,危及人身安全。另一方面,应从防卫人角度来考察,在实行无限防卫情形下,防卫人一般处于被动、孤立无援、极其危险的境地,或者无反抗能力又不能进行紧急避险,实行无限防卫是唯一方法。当一种行为同时具备上述情形时,那么实行无限防卫就已在情理之中,否则,与刑法规定的无限防卫精神不相符合。其实,这也是对适用无限防卫的不法侵害行为的危害程度作出限制,以防止无限防卫可能造成结果的扩大化。

三、对不法侵害行为主体是否要求有责的界定

对适用无限防卫权的不法侵害行为是否要求主体具备刑事责任能力,存在两种见解。客观的违法论者认为,只要侵害客观是违法的,就可以进行防卫,而不问侵害人是否有责,故对精神病人、幼儿的侵害行为也可以进行防卫。主观的违法论者则认为,只有当侵害行为是由有责任能力的人故意或过失地实施的时候,才允许进行防卫。① 从我国当前刑法的规定来看,笔者认为上述两种观点都有缺陷。客观的违法论者对违法行为无须具备刑事主体条件,有悖于我国刑法的现行规定。从我国刑法规定来看,只能对特定犯罪行为进行无限防卫,所以不满14周岁的人和精神病人即使杀人,因不认为是犯罪而不能适用无限防卫。主观的违法论者要求违法主体具备刑事主体条件,此观点不利于保护被侵害人的合法权益,不符合我国设立无限防卫权的目的。比如,一个持匕首的男孩子对甲进行行凶,而甲明知他只有13岁。在此,如果依主观违法论者的观点,则不能进行防卫(当然包括无限防卫),这样一来,显然会造成甲伤亡的结果。如此,合法权益就没有保障了,反而助长了未成年人的暴力侵害性。

我国设立无限防卫权的目的是保护公民的合法权益,最大限度地同暴力犯罪行

---

① 参见张明楷:《外国刑法纲要》(第二版),清华大学出版社2007年版,第39页。

为做斗争。权衡上述两种观点的利与弊，笔者认为有必要折中上述两种观点，采用有限客观说，即在一般情况下采用客观说，但在明知不法侵害人不具备刑事责任能力的情况下，应尽量采取紧急避险，以减少损害的发生。现从两个方面来阐述，首先，在一般情况下采用客观说，原因为：其一，被侵害者在暴力犯罪面前几乎没有时间来考虑对方是否具备刑事责任能力，否则，合法权益归于消灭；其二，在暴力犯罪行为发生时，我们不能苛求防卫人的主观判断，美国著名大法官霍姆斯于1921年在布朗上诉案的决定中有句名言常被用来证明对防卫人的主观判断不能苛求："在面对举刀的情况下，不能要求作出分寸恰当的反应"[①]；其三，如果面对未成年人或精神病人的暴力侵害，在不能采取紧急避险的情况下，允许实行防卫（包括无限防卫），否则，被侵害人的合法权益无从保护。其次，在明知不法侵害人不具备刑事责任能力的情况下，应尽量采取紧急避险，以减少损害的发生。只有在不能采取紧急避险的情况下，才允许进行防卫，这是基于被侵害人权益与侵害人权益发生冲突情况下，被侵害人权益应优先得到保护的规定。而且，这里的防卫，应为一般的正当防卫，也就是采取必要的防卫手段能制止不法侵害人的不法侵害行为就可以了。

四、予以特别防卫的侵害行为的判断主体与时机问题

根据《刑法》第20条第3款的规定，可予以特别防卫的犯罪侵害行为限于行凶、杀人、抢劫、强奸、绑架等严重危及人身安全的犯罪。这里存在一个问题，即应当由谁来判断一个侵害行为是否属于上述犯罪行为。与之相关的一个问题是应当在何时进行判断，即是在侵害当时还是在事后判断。严重暴力犯罪的一个共同特点就是给被害人以直接、强烈之紧迫侵害，而且在外观上具有很大的相似性，因此要求被害人在侵害当场清楚地判断侵害人的侵害行为属于哪类犯罪、属于哪种情形并决定是予以一般防卫还是特别防卫显然是不可能的。因此，我们主张对上述事实的认定应当是审判机关根据事后之客观事实加以认定。如果防卫人在当时认识到自己受到了《刑法》第20条第3款所列犯罪之紧迫侵害，并基于此判断而采取了防卫行为，应当如何处理呢？笔者主张应由审判机关依据事后的资料判断侵害人的行为的性质，如果属于上述特别防卫的对象范围，则应作出防卫人成立特别防卫的结论。如果审判机关依照事后的资料发现侵害人的行为不属于严重危及人身安全的暴力犯罪的，则应考虑防卫人是否在对侵害事实的认识上发生了错误。如果肯定了防卫人存在认识错误，应区别该认识错误是否属于可以避免的错误，如果属于无法避免的错误，则应以意外事件论，不能追究行为人防卫过当的责任；如果属于可以避免的错误，则应进一步依照一般防卫的要件判断行为人是否属于防卫过当，以作出正当防卫或防卫过当的结论。比如，侵害人的侵害行为虽然事实上不是上述严重危及人身安全的暴力犯罪，但是其外观特征足以使人误以为属于上述暴力犯罪，因而实施了防卫行为的，应以意外事件论。再如，侵害人的行为不属于上述严重危及人

---

① 参见储槐植：《美国刑法》（第3版），北京大学出版社2006年版，第56页。

身安全的暴力犯罪，而且在当时情况下一般人不应当对其行为的性质发生误认而防卫人发生误认的，则应进一步考察防卫行为是否明显超过必要限度，造成了重大损害，并进而认定其是否成立正当防卫或者属于防卫过当。当然，上述讨论是以防卫人对侵害行为是否属于《刑法》第20条第3款所列犯罪行为发生认识错误并基于该认识而采取相应防卫行为为前提的，如果防卫人在防卫当时并没有对侵害行为的性质发生认识错误或者根本就无暇考虑，则应直接按照一般正当防卫的规定进行判断。行为人是否发生了认识错误应当由审判机关根据具体案件事实分析认定。

防卫过当判断标准之再认识

莫晓宇* 韩雨江**

一、问题的提出

我国刑法将正当防卫作为法定的违法阻却事由，由此可见对正当防卫制度的正面引导。尽管如此，司法实践中对于正当防卫的认证却使得正当防卫制度遇到了诸多阻力。

于欢案[①]二审肯定了于欢捅刺行为的防卫性质，但其不符合《刑法》第20条第3款"特殊防卫"的规定，却又造成"不法侵害人伤亡"，因此，于欢的捅刺行为属于防卫过当。

而反观多年以前的邓玉娇故意伤害案[②]，邓玉娇在面临"无理纠缠、拉扯推搡、言行侮辱"等不法侵害的情况下，实施的"故意伤害他人"的反击行为具有防卫性质，但结果却是"致人死亡"，因此，其行为明显超过了必要限度，最终被认定为防卫过当。

由此观之，正当防卫制度司法适用的主要问题，是出于"唯结果论"的倾向，不当扩大防卫过当的范围。

司法实务出于"唯结果论"的倾向，在防卫限度上下功夫，使得大量的正当防卫在认定的时候落入防卫过当甚至一般犯罪的泥淖。究其原因，刑事政策和民意导向固然是一方面，但更为根本的是对防卫过当的理解存在偏差。

二、"明显超过必要限度"与"造成重大损害"二者关系之再解读

我国《刑法》第20条第2款明文规定："正当防卫明显超过必要限度造成重大损害的，应当负刑事责任，但是应当减轻或者免除处罚。"依据此处的表述，防卫过当的成立条件有二，一是"明显超过必要限度"，二是"造成重大损害"。

这样规定是为了保护公民的正当防卫权，纠正司法实践中对防卫过当认定范围过宽以至于压缩正当防卫存在空间的现状。现行理论及实践对于这些表述或有不当理解，这些理解上的偏差为司法实践中对于正当防卫的认定存在唯结果论起到了推波助澜的作用。

第一是对"造成重大损害"的理解。从立法者鼓励正当防卫的初衷来看，其理

---

* 四川大学法学院副教授，硕士研究生导师。
** 四川大学法学院刑法学硕士研究生。
① 山东省高级人民法院刑事判决书【（2017）鲁刑终151号】。
② 巴东县人民法院刑事判决书【（2009）巴刑初字第82号】。

解应当是"即使造成了不应有的损害,但是该损害并不重大,仍然不能被认为是符合防卫过当的结果限度条件"。但司法实践中存在的倾向却是"一旦有了重大损害,且防卫人面临的不法侵害不属于第 20 条第 3 款,即使该损害是正当防卫所应有的结果,仍然应当被认定为符合防卫过当的结果限度条件"。

第二是对第 3 款表述的理解。不少学者把该款认为是法律拟制,是正当防卫的例外规定。陈兴良教授指出这样的拟制是"为了彻底解除防卫人的后顾之忧"①,张明楷教授则直接根据防卫行为所面临的不法侵害的不同而将正当防卫直接分为"一般正当防卫(第 1 款)和特殊正当防卫(第 3 款)"②。由此,通过反对解释得出"一旦不法侵害不属于严重危及人身安全的暴力侵害,则不允许防卫人造成侵害人重伤死亡"③。即"一旦不法侵害不属于严重危及人身安全的暴力侵害,即使行为没有明显超过必要限度,仍然不允许防卫人造成侵害人重伤死亡",这就把"没有明显超过必要限度"这一行为的限度条件实质上架空了,是否"造成重大损害"成了判断防卫过当的唯一条件。然而,这样的反对解释并不符合刑法解释学中反对解释的规则。况且,作为推论前提将一般防卫和所谓特殊防卫区分开的做法也并不合理。因为"一般防卫"和"特殊防卫"的正当化根据,无论对优越利益说、个人保全说、法的确证原理或者二元说而言,都没有什么不同。而且,这样的区分必然导致一般正当防卫的必要限度被不合理地限缩。此外,在实务中,由于第 3 款有"其他严重危及人身安全的暴力犯罪"的兜底规定,使得对二者的区分并不容易。④因此,,第 20 条第 3 款存在的意义不是为第 2 款制造例外,而是提醒司法人员注意。因为对于严重危害人身安全的暴力犯罪,即使防卫人的防卫行为造成了不法侵害人的重伤或者死亡的结果,这样的结果仍然没有"明显超过必要限度"。这样的规定只不过把"判断是否明显超过必要限度"的权限前置到了立法者手中。因此判断防卫过当的标准是统一的,不论防卫对象是否是"严重危害人身安全的暴力犯罪",都应当以第 20 条第 2 款"明显超过必要限度造成重大损害"为判断标准。

为了肃清不当的唯结果论倾向,纠正司法实践对防卫过当认定的异化,刑法学界对"明显超过必要限度"与"造成重大损害"二者关系重新做出了深入解读,对于防卫过当的成立条件有了更清晰的阐释,为司法实践中的正当防卫的认定提供了全新的思路和启示。

一种观点认为,二者的关系是一体两面、不可分割的。因为"防卫过当行为是造成重大损害的原因,而重大损害是确定防卫过当的根据"⑤。在这样的"一体说"逻辑下,"只有防卫行为的强度超过了'必需'的限度,才会造成重大的危害结

---

① 陈兴良:《刑法教义学的逻辑方法:形式逻辑与实体逻辑》,载《政法论坛》2017 年第 5 期。
② 张明楷:《刑法学》,法律出版社 2016 年版,第 197 页。
③ 陈璇:《正当防卫、维稳优先与结果导向——以"于欢故意伤害案"为契机展开的法理思考》,载《法律科学》2018 年第 3 期。
④ 参见张明楷:《防卫过当:判断标准与过当类型》,载《法学》2019 年第 1 期。
⑤ 陈兴良:《刑法适用总论》(上卷),中国人民大学出版社 2017 年版,第 310 页。

果"①，且"只是在造成重大损害的情况下，才存在明显超过必要限度的问题"②。按照这样的逻辑，"明显超过必要限度"和"造成重大损害"二者是"有A才有B"和"有B才有A"的关系，二者互为充分必要条件。二者是不可能离开对方而独自存在的。③ 也印证了主张一体说的学者认为二者互为充分必要条件。"互为充分必要条件"的另一种说法就是：A即是B，即"明显超过必要限度"等于"造成重大损害"，这是针对一体说进行逻辑推论所得出的必然结论。这样的结论，不但无法抑制司法实践对防卫过当认定的"唯结果论"倾向，甚至还助长了单纯的结果导向——既然"明显超过必要限度"等于"造成重大损害"，而行为又无法量化，那么唯从更容易量化评价的结果入手就成了司法实践最好的选择，长此以往，导致的结果必然是"造成重大损害"成了判定防卫过当的唯一标准。

诚然，一个行为是否应当受到刑法的无价值评价，就是看这个行为是否通常地、类型化地产生刑法不允许的特定结果。但这只能说明"过当行为"与"不应有的危害结果"是一体两面的关系，而"不应有的危害结果"并不能与"重大损害"画等号——"重大损害"也可能是制止不法侵害所必需的，它不是"不应有的危害结果"，即没有逾越正当防卫的必要限度。正如《刑法》第20条第3款是注意规定而不是法律拟制，造成不法侵害人死伤之所以不是防卫过当，并不是因为在这种场景下防卫人的防卫权有所扩张，"而是因为防卫行为不论给侵害人造成怎样的损害都不可能明显逾越必要限度"④。此外，现行刑法将1979年《刑法》第17条第2款规定的"正当防卫超过必要限度造成不应有的危害的"修正成为"正当防卫明显超过必要限度造成重大损害的"，也从侧面印证立法者认为行为上"超过必要限度"即包括了结果上的"不应有的危害"，二者是一体两面的。因此，在法条表达的时候，前者将后者吸收；而鉴于司法实践中对正当防卫的不当压缩、防卫过当的不当扩张，出于鼓励正当防卫的立法目的，必然要从立法上对防卫过当的成立范围做出一定的限制，并缩小法官的自由裁量权，因此加入了"造成重大损害"这一限制条件——即使防卫行为明显超过必要限度造成不应有的危害结果，但这个危害结果也可能并不重大，并不值得刑法评价（如甲盗窃乙的一枚戒指，乙为制止其盗窃行为而造成甲轻伤）。

另一种观点主张将二者分开。这种观点"将正当防卫的限度条件细化为行为限度条件与结果限度条件"⑤，在同时满足或是同时不满足行为过当和结果过当两个条件时，得出的结论往往是合理的，也与一些学者推崇的"一体说"并无出入。争议在于以下两种场景：一是行为"明显超过必要限度"但没有"造成重大损害"；

---

① 马克昌主编：《犯罪通论》，武汉大学出版社1999年版，第754页。
② 张明楷：《刑法学》，法律出版社2016年版，第212页。
③ 参见马克昌主编：《犯罪通论》，武汉大学出版社1999年版，第755页。
④ 陈璇：《正当防卫、维稳优先与结果导向——以"于欢故意伤害案"为契机展开的法理思考》，载《法律科学》2018年第3期。
⑤ 周光权：《正当防卫的司法异化与纠偏思路》，载《法学评论》2017年第5期。

二是行为没有"明显超过必要限度"但是"造成重大损害"①。

在行为"明显超过必要限度"但没有"造成重大损害"时,"二分说"阵营内有观点一认为,当然成立正当防卫。② 张明楷教授认为其失之偏颇。他指出,"……即行为不过当与结果不过当,那么,当其中任何一个要件不具备时,就不是正当防卫"③。笔者认为,此处张明楷教授的评价十分中肯。"二分说"阵营内有观点二认为,此种情况应当认定为未遂的防卫过当,然后拟制成正当防卫。④ 然而,"未遂的防卫过当被视为正当防卫"仍然缺乏有效的论证。另外,关于防卫过当的主观心态,尚没有十分统一的结论,但理论界一致认同,防卫过当的主观心态并不是只有故意⑤,而未遂作为一种犯罪的未完成形态,以对犯罪结果的追求为基础,是不可能存在于过失犯罪的。那么,在以过当行为对应的主观心态为过失的场合,"未遂的防卫过当"这一说法显然脱离了实际。

在行为没有"明显超过必要限度"但"造成重大损害"时,二分说认为,因为"不符合行为过当要件,所以不是防卫过当,而是正当防卫"⑥。笔者认为,这样的说法尽管结果正确,但是缺乏有效的论证。

根据上述比较,笔者认为,二分说更具合理性,但应当进行一定程度的修正。一定的行为与一定的结果呈现一一对应关系,一定的结果与一定的行为有相当因果关系,"根据一般社会经验,在通常情况下某种行为产生某种结果被认为是相当的场合,行为与结果之间就具有因果关系"⑦。"明显超过必要限度"通常造成"明显不必要的损害",而"重大危害行为"类型化的结果是"重大损害"。这两组对应关系并不矛盾,只是它们的分类标准不同。因此,笔者认为对《刑法》第20条第2款之"明显超过必要限度造成重大损害"当作如下解读:1. 行为明显超过必要限度,造成明显超过必要限度的结果,并且二者之间存在类型化的因果关系;2. 行为是重大危害行为,造成了重大危害结果,并且二者之间存在类型化的因果关系。只有同时满足这两点,才构成完全意义上的防卫过当。

当行为没有明显超过必要限度,它所造成的类型化结果就不可能是明显超过必要限度的结果,无论它是否是重大危害行为、是否造成重大危害结果,它都是制止犯罪所必需的,都不是防卫过当。例如,在赵宇见义勇为事件⑧中,防卫人赵宇在拉拽制止无果后,在防卫过程中致使不法侵害人李某重伤,但这样的防卫行为是制

---

① 张明楷:《防卫过当:判断标准与过当类型》,载《法学》2019年第1期。
② 参见劳东燕:《正当防卫的异化与刑法系统的功能》,载《法学家》2018年第5期。
③ 张明楷:《防卫过当:判断标准与过当类型》,载《法学》2019年第1期。
④ 陈璇:《正当防卫、维稳优先与结果导向——以"于欢故意伤害案"为契机展开的法理思考》,载《法律科学》2018年第3期。
⑤ 参见王政勋、贾宇:《论正当防卫的限度条件及防卫过当的主观罪过形式》,载《法律科学》1999年第2期。
⑥ 张明楷:《防卫过当:判断标准与过当类型》,载《法学》2019年第1期。
⑦ 张明楷:《刑法学(上)》,法律出版社2016年版,第177页。
⑧ 2018年12月26日晚,赵宇见李某正在殴打邹某,便上前制止拉拽李某,两人一同倒地。随后李某打了赵宇两拳,两人在拉扯过程中赵宇踢中李某腹部,造成其重伤二级。随后,检方认为其是正当防卫,做出不起诉决定。

止不法侵害所必需的，没有"明显超过必要限度"。

当行为不是重大危害行为，它所造成的类型化结果就不可能是重大危害结果，无论它是否明显超过必要限度、是否造成明显超过必要限度的结果，它都不值得刑法评价，更不是防卫过当。例如，在张德军故意伤害案①中，被告张德军为追回被抢财物，驾驶小轿车追击不法侵害人，并试图以与其并列行驶的方式逼停对方，结果不法侵害人之摩托与右侧立交桥护栏及张德军的轿车相撞并发生后侧翻，致使两名不法侵害人一人死亡、一人重伤。判决中指出："被告人张德军为了阻止犯罪嫌疑人逃逸而采取的高速追赶行为与本案损害结果的发生没有因果关系……"很明显，防卫人张德军的追赶行为不属于重大危害行为，其产生的通常的结果也不是重大危害结果。此案中的结果是偶然所致，不应当由防卫人张德军负责。

当行为既是明显超过必要限度的行为，又是重大危害行为，但出于偶然的因果关系，而没有造成本应造成的类型化结果，这样的行为在性质上是成立防卫过当的，至于具体应当如何处理，则应当结合防卫人的主观心态来考量。倘若防卫人主观上持故意心态，那么则构成相应的犯罪未遂，与此同时，也是防卫过当。在处理时，首先要结合防卫过当"应当减轻或者免除处罚"。再在此基础上援引未遂犯"可以比照既遂犯从轻或者减轻处罚"。倘若防卫人持过失心态，过失犯罪不处罚未遂犯，因此也就不必处罚。另外，由于此类行为没有造成可量化的"重大损害结果"，故一般而言难以进入司法审判的视野。尽管此类行为不受处罚或是受到很轻的处罚，抑或根本无法进入司法审判的视野，但这类行为仍然受到刑法的无价值评价，而正当防卫却是被刑法所鼓励的。因此，对于此类行为是可以进行正当防卫的。

三、防卫过当标准之详解

笔者对《刑法》第20条第2款之"明显超过必要限度造成重大损害"做了初步解读。然而，这样的解读还不足以判断防卫过当——还需要对"明显超过必要限度"和"重大损害"两个价值判断分别进行解释。

（一）"明显超过必要限度"之理解

防卫行为的必要限度，"应以制止不法侵害、保护法益的合理需要为标准"②。由此可见，"必要限度"的要求有二。当防卫人有多种手段可以制止不法侵害时，他应当采用损害最小的防卫手段；防卫人的防卫行为造成的法益侵害结果不能与不法侵害可能造成的法益侵害结果差距过于悬殊，如小偷盗窃苹果，即使非此不能制止不法侵害，防卫人也不能采取用枪将其击毙的防卫手段。

正当防卫若是与不法侵害行为势均力敌，往往无法有效制止不法侵害，而且防卫人所面临的不法侵害往往事发突然，防卫人难免惊慌失措，于此情境，防卫人的认识能力和控制能力难免减弱，此时要求防卫人谨守防卫必要性边界，并不具有十

---

① 成都市中级人民法院刑事判决书【（2006）成刑终字第89号】。
② 张明楷：《刑法学（上）》，法律出版社2016年版，第211页。

分的期待可能性。因此，只有在防卫行为"明显"超过必要限度时，才可能成立防卫过当。

一种观点认为，"明显"指的是超出很多；另一种观点认为，"明显"指的是社会上一般人皆可感知。① 笔者认为，这样的争论意义不大，两种理解实质上是一体的。"明显"应当与"超过"联系起来理解，能让一般人感知到，就意味着超出限度的部分是十分可观的。张明楷教授对于"明显超过必要限度"提出了以下可操作的具体标准，笔者深以为然："1. 如果不法侵害属于严重危及人身安全的暴力犯罪，法定最高刑为十年有期徒刑的，即使防卫人造成不法侵害人死亡，也不属于防卫过当，而是正当防卫。"② "2. 不法侵害属于其他普通犯罪，即使法定刑为三年以下有期徒刑，或者对于单纯侵犯财产的犯罪（如盗窃、诈骗罪等）进行防卫，造成不法侵害人重伤的，一般不属于防卫过当。"③ "3. 防卫行为对违反治安管理处罚法的不法侵害人造成轻伤，不可能属于防卫过当。"④

在曾凡云故意伤害案⑤中，被害人符某甲和符某乙到曾凡云经营的理发按摩店里打砸闹事后离开；曾凡云赶回理发按摩店内，用手机打电话准备报警，被再次返回的符某甲和符某乙看到，二人打掉曾凡云的手机，并用拳头殴打曾凡云的眼部、脸部致曾凡云受伤，曾凡云在表明持有匕首要求该二人停止殴打行为后，符某甲仍持续殴打的情况下，取出携带的一把折叠弹簧刀，捅伤符某甲，造成符某甲重伤。二审判决表明，曾凡云持刀并致一人重伤属于"明显超过必要限度造成重大损害"行为。然而，防卫人即使面对的不法侵害是普通犯罪，致使不法侵害人重伤的结果仍然不属于"明显超过必要限度"的行为，故该判决不甚妥当。

（二）造成重大损害之释义

"明显超过必要限度"是从被侵害人利益优于侵害人利益来说的，是一个相对的量，体现了利益衡量原则。而"造成重大损害"是从防卫行为所侵害的侵害者的利益单独来说的，它与"明显超过必要限度"相比，体现出更强的绝对性——损害是否重大。

首先，"重大损害"对应的是较重的法定刑。防卫过当应当负刑事责任，但并不是因为它是一个独立罪名，而是因为它在成立防卫过当的基础上，其行为特征符合某种犯罪构成。"因为犯罪构成是刑事责任的唯一根据。"⑥ 造成重大损害结果的行为，在实质上体现出严重的反社会性或是社会侵害性，在形式上则被定义成重罪，并被判处更重的法定刑。我国刑法通说认为，"三年有期徒刑"这一法定刑是区分重罪与轻罪的标准。因此，"造成重大损害"的防卫行为往往就是法定刑为三年以上的犯罪行为。

---

① 参见李怀胜：《正当行为制度适用》，中国人民公安大学出版社2012年版，第91页。
② 张明楷：《防卫过当：判断标准与过当类型》，载《法学》2019年第1期。
③ 张明楷：《防卫过当：判断标准与过当类型》，载《法学》2019年第1期。
④ 张明楷：《防卫过当：判断标准与过当类型》，载《法学》2019年第1期。
⑤ 海口市中级人民法院刑事判决书【（2016）琼刑终230号】。
⑥ 陈兴良：《正当防卫论》，中国人民大学出版社2017年版，第164页。

其次,"重大损害"对应的主观心态既可以是故意也可以是过失。关于防卫过当的主观心态,尚没有十分统一的结论,然而,理论界一致认同,防卫过当的主观心态并不是只有故意。[①]

最后,造成"重大损害"的行为侵害的是不法侵害人个人的法益。正当防卫的对象与紧急避险的对象不同,正当防卫的对象只能是不法侵害人,这就意味着防卫行为所侵害的法益只能是不法侵害人的个人法益,从而将公共法益和其他人的个人法益排除在外。

根据以上条件,对《刑法》第四章和第五章两类侵犯个人法益的罪名进行整理,唯有致人死亡和重伤两个结果符合上述条件,即造成"重大损害"指的是不法侵害人重伤或死亡的结果。另外,《刑法》第 20 条第 3 款中强调的 "造成不法侵害人伤亡的"也从侧面印证了唯有造成不法侵害人死亡或重伤才属于"重大损害"。

在彭从政故意伤害案[②]中,彭从政在遭受唐某 1 先后使用木刀柄、锄头对其驾驶的车辆驾驶室玻璃和车门进行击打时,遂从车上拿出一把不锈钢菜刀打开车门下车,右手持刀砍了唐某 1 头部一下,致唐某 1 受伤倒地,经鉴定为轻伤二级。二审判决认为其属于防卫过当。防卫人彭从政致使被害人唐某 1 的损伤程度为轻伤二级,明显不符合致人重伤、死亡的"重大损害",不应被认定为防卫过当。

(三) 防卫过当认定之具体标准构建

根据《关于依法办理家庭暴力犯罪案件的意见》第 19 条第 2 款规定,具体判断行为是否明显超过必要限度,应当"根据施暴人正在实施家庭暴力的严重程度、手段的残忍程度、防卫人所处的环境、面临的危险程度、采取的制止暴力的手段、造成施暴人重大损害的程度,以及既往家庭暴力的严重程度等进行综合判断"[③]。这样的规定,不仅适用于对家庭暴力进行正当防卫的场景,也为司法实践对于构建防卫过当认定的具体标准提供了有益的方向。

1. 不法侵害可能损害的法益和防卫行为损害的法益之对比。并不是要求后者不能大于前者,只是要求二者的差别不能过于悬殊。例如,冯滨与冯望故意伤害案[④]中,冯滨于 2016 年 8 月 27 日凌晨 4 时许在自家的庭院中,持刀刺中蒙面潜入行窃的被害人符某 3 并致符某 3 死亡。其中,不法侵害可能损害的法益是防卫人的财产权,而防卫行为损害的法益是不法侵害人的生命权,二者差异十分悬殊,防卫行为明显超过必要限度造成重大损害,成立防卫过当。

2. 双方力量对比。不法侵害人和防卫人的年龄、性别、体力、人数等条件都会影响双方力量的对比,使得制止不法侵害的难度有所变化。当防卫人力量明显小于不法侵害人时,其"必要限度"理应相对提高,而当防卫人力量明显大于不法侵害

[①] 参见王政勋、贾宇:《论正当防卫的限度条件及防卫过当的主观罪过形式》,载《法律科学》1999 年第 2 期。
[②] 安庆市中级人民法院刑事判决书【(2018)皖 08 刑终 11 号】。
[③] 最高人民法院、最高人民检察院、公安部、司法部于 2015 年 3 月 2 日公布。
[④] 海南省高级人民法院刑事判决书【(2017)琼刑终 181 号】。

人时，则应做相反处理。例如，游世辉故意伤害案①中，被告人游世辉与李某1因琐事发生矛盾，次日，遭到李某1和李某2共同殴打，游世辉在反抗时用刀砍伤李某2。二审法院认为，游世辉使用刀具反抗单纯"殴打"的行为明显超过必要限度，构成防卫过当。然而，此时，尽管涉案人员年龄差别不大，但防卫人以一敌二，在被殴打的情况下，明显占尽下风，即使使用刀具进行防卫，仍未超过必要限度。

3. 双方力量消长。在防卫行为和不法侵害的相互对抗中，双方的力量对比往往会产生变化，制止不法侵害的难度也会有所变化，变化前与变化后应当根据上一条分别处理。例如，童利城故意伤害案②中，龚某因琐事伸手掐住童利城颈部，扇了童利城两耳光，童利城便用菜刀，砍向龚某左手臂，龚某拿起饭店的椅子与童利城对打并退出饭店，童利城持刀继续追砍龚某，最终造成龚某受伤。童利城在不法侵害人龚某由优势转为弱势地位（退出饭店）后，仍然拿刀继续追砍，是为防卫过当。

4. 危险紧迫程度。正当防卫成立的条件之一是防卫人所面临的不法侵害带来的危险是紧迫的，但不同的不法侵害所带来的危险的紧迫程度不同，这也会对具体的必要限度产生影响。例如，针对非法拘禁进行的防卫和针对强奸的防卫，由于前者的紧迫性小于后者，其所对应的防卫过当成立的范围也应当更大。吴建斌故意伤害案③中，吴建斌因无足够资金支付消费金额被扣留在会所监控室中，其意图离开，被保安制止。后双方撕扯中，吴建斌持监控室里的刀砍杀保安，致其失血死亡。本案中，吴建斌人生自由受限，但此种侵害的危险的紧迫性并不需要用"砍杀致其失血而亡"来应对，故吴建斌的行为属于防卫过当。

5. 不法侵害发生的时间与空间。即使是针对同样的不法侵害，其时空条件是荒郊野岭、夜深人静还是繁华闹市、光天化日，显然对防卫过当的成立有所影响。例如，周凯华故意伤害案中，凌晨3时许，被告人周凯华同被害人林某1走到井岗大安村某号名仕发廊门口时，被害人林某1突然挥拳追打被告人周凯华。周凯华逃到摩托车旁准备驾车离开，被害人林某1又追至，周凯华遂从其摩托车尾厢取出一把水果刀刺向被害人林某1，致被害人重伤。和繁华闹市、光天化日相比，本案在乡村、夜深人静，防卫人遭遇不法侵害，更加慌张、恐惧，认识能力和控制能力会更加受限，且其求助于他人的可能性也十分渺茫，因此，其防卫过当的成立范围应当相对缩小。据此，笔者认为本案不是防卫过当。

---

① 娄底市中级人民法院刑事判决书【（2017）湘13刑终195号】。
② 上饶市中级人民法院判决书【（2019）赣11刑终24号】。
③ 浙江省高级人民法院判决书【（2013）浙刑三终字第3号】。

防卫过当判断标准的刑法教义学分析

闫 雨

正当防卫自古以来就一直得到社会舆论的支持和各国立法的保障。我国 1979 年《刑法》和 1997 年《刑法》均赋予了公民正当防卫的合法权利，但是立法考虑到正当防卫毕竟是在公权力无法及时救济的紧急情况下针对不法侵害的私力救济，所以在赋予公民正当防卫权利的同时，对正当防卫权利的行使规定了必要的限度条件。1979 年《刑法》第 17 条第 2 款设置的限度条件是"正当防卫超过必要限度造成不应有的危害"，1997 年《刑法》较之 1979 年《刑法》放宽了防卫过当的成立条件，即"正当防卫超过明显必要限度造成不应有的危害"，并且在第 20 条第 3 款赋予了公民针对行凶、杀人、抢劫、绑架、强奸等严重危及人身安全的暴力犯罪的无限防卫权。从立法层面来分析，我国刑法对于公民行使正当防卫权利持鼓励态度。但是，反观司法实践，对于正当防卫的认定还是持保守的态度，从"于欢案"到"昆明反杀案"几乎每一个涉及正当防卫的案件都会引发巨大争议。本文拟从防卫过当的基本立场出发，通过对司法实践中防卫过当认定标准的评析，在此基础上对防卫过当的判断标准进行教义学的反思与重构，以期推动正当防卫案件的公正裁判。

一、理论上认定防卫过当的基本立场

理论上关于防卫过当的判断基本立场直接受制于刑法理论中关于正当防卫正当化根据的理论设定，但是对此问题目前刑法教义学并没有达成一致结论，这也是导致司法实践中对于正当防卫认定存在巨大争议的根本原因。目前，关于正当防卫正当化的根据主要存在一元论和二元论两种学说。德国刑法通说与判例采取了个人保全原理与法确证原理相结合的二元论作为正当防卫正当化的根据，[1] 而日本刑法通说则采取基于结果无价值的一元论，倡导以优越的利益保护作为正当防卫正当性的依据。[2]

（一）个人保全原理评析

源于社会契约论的个人保全原理，是指被害人在受到不法侵害时可以采取必要的手段来保全自己不受侵害。正如霍布斯所言，在国家来不及或者无法保护市民的

---

* 基金项目：广州市哲学社会科学发展"十三五"规划项目（2019GZGJ71），四川省教育厅犯罪防控研究中心项目（FZFK19-07）阶段性成果。

** 广东工业大学政法学院副教授，硕士生导师。

[1] 参见张明楷：《正当防卫的原理及其运用——对二元论的批判性考察》，载《环球法律评论》2018 年第 2 期。

[2] 参见［日］山口厚：《刑法总论》，付立庆译，中国人民大学出版社 2018 年版，第 154 页。

利益的情况下，市民能够通过行使天赋自卫权来自行保护，对于这个天赋的权利，任何契约只能赋予此项权利，而不能要求市民放弃。① 个人保全原理确实有一定的合理性，但其无法对各国刑法普遍规定的"为了他人的利益实施正当防卫"的行为作出合理解释，并且按照个人保全原理的逻辑，既然正当防卫是天赋的权利，不能要求市民放弃，这种情况下当然也就不存在防卫过当的问题，但是这种结论显然并不符合各国刑法关于防卫过当的规定。在我国，个人保全原理更加无法解释正当防卫的正当化依据，按照该学说，对于公共利益和国家利益并不能进行正当防卫，显然与我国刑法关于正当防卫的规定严重不符。

（二）法确证原理评析

法确证原理是指在法秩序受到侵害的情况下，不能退缩，而是要以严肃地显示其存在的方式来实现对法秩序的维护。② 按照法确证原理的逻辑，正当防卫之所以被允许和提倡，是因为不法侵害者的行为除了对被侵害人个人法益侵害之外，也侵害了法的理念，侵害了法的基本的秩序，所以对于正当防卫不需要进行任何利益的衡量，防卫人没有退避义务。但是，法确证原理的内容在学界却没有达成共识，由于其内容的宽泛性，其可以被赋予各种含义。按照法确证的原理，扩张防卫权的理论和限缩防卫权的理论都能够被解释进法确证的原理。③ 鉴于此，法确证的原理显然也无法为正当防卫正当化依据提供合理解释。

（三）二元论理论评析

由于上述两种学说在理论上均难自洽，所以目前德国的多数说主张通过个人保全原理与法确证原理的二元论来证成正当防卫。在我国亦有学者持此观点，认为正当防卫正当化的依据为上述两种学说结合的二元论。④ 但在笔者看来，个人保全原理与法确证原理之间的关系并不明确，两者在二元论中是平等运用还是相互补充，抑或有主次之分，都没有很明确的回答。即使是把二元论作为通说的德国，其刑法关于正当防卫的规定也仅限于保护个人法益，但是为什么只有在保护个人法益的情况下才是对法秩序的确证？保护公共法益为何不是对法秩序的确证？显然，在二元论的理论框架下无法给出合理的解释。可能我国会有学者认为由于我国刑法规定了对于公共利益、国家利益同样适用正当防卫，那么用二元论作为我国正当防卫的依据不会出现上述德国刑法理论上出现的问题。但是，如果采取二元论，既然正当防卫行为已然达到了法秩序保护的效果，那么正当防卫行为实施之后，公安、司法机关实施的对于不法侵害者的追究行为也是对于法秩序的确认，既然如此，为何还要正当防卫人在此之前确证法的秩序，这显然无法解释正当防卫中被侵害人没有退避义务，反之亦然。鉴于此，法的确证只是保护个人利益间接产生的附随结果，并不能作为正当防卫正当化的依据。

---

① 参见［英］霍布斯：《利维坦》，黎思复、黎廷弼译，商务印书馆 2016 年版，第 172 页。
② 参见［日］桥爪隆：《正当防卫的基础》，有斐阁 2007 年版，第 37 页。
③ 参见［德］约翰内斯·卡斯帕：《德国正当防卫权德"法维护"原则》，陈璇译，载《人民检察》2016 年第 10 期。
④ 参见劳东燕：《防卫过当的认定与结果无价值的不足》，载《中外法学》2015 年第 5 期。

(四) 一元论理论

鉴于上述二元论存在的一系列问题,很多学者开始倡导基于结果无价值的一元论,即运用法益衡量的原理,主张以优越的利益保护原理作为正当防卫正当化的根据。如前所述,该一元论是日本刑法学界的通说,我国亦不缺乏支持者。如张明楷教授就指出:"违法阻却事由的成立,是对受法所保护的对应利益进行权衡的结果。在违法阻却事由的状态中,所尊崇的标准就是受到较高评价的利益优于受到较低评价的利益。在正当防卫的场合,与不正当行为相比,正当防卫行为所保护的利益天然具有本质的优越性,所以防卫人没有退避的义务,即使防卫行为造成的损害明显大于不法侵害者造成的损害,也由于防卫人所处的本质的优越地位,而不成立防卫过当。"① 也有学者指出,"不法侵害人的利益,在防卫的必要限度之内,丧失了法益性或者被保护的价值"②。由此可见,一元论中除优越的利益保护原理外,也有学者倡导以法益值得保护性的降低和丧失作为正当防卫正当化的依据。但在笔者看来,法益衡量的原理并不能作为正当防卫正当化的依据。以优越的利益保护原理为例,"立足于优越的利益保护原理阻却违法性,对立利益之间的二律背反性的存在是其绝对的前提"③。那在对立的利益发生冲突的情况下,如果通过不牺牲另外一种利益就可以保护利益,就不存在优越利益适用的余地。那么,在正当防卫的场合,防卫人可以通过主动离场等和平方式,化解与加害人之间的法益冲突的情况下,就不存在实施正当防卫的余地,显然这种结论欠缺合理性。但是,在紧急避险的场合,由于紧急避险是典型的基于功利主义考虑规定的违法阻却事由,完全可以适用法益衡量的原理解释其合理性。

(五)"正"与"不正"综合考量的二元论

综上,无论是一元论还是二元论在解决正当防卫正当化依据方面均难自洽。其实,从立法的本意可以得出正当防卫是指紧急情况下,防卫人对不法侵害人不法侵害行为的正当反击,其本质是以正打击不正,其公理就是正不必向不正低头,由此可见正当防卫的正当性只能在防卫行为与不法侵害行为之间的对抗中得以证成,并且制度设计和适用都应该向防卫人倾斜,而并非司法实践中适用正当防卫条款时往往不自觉地向犯罪人倾斜。④ 那么,关于正当防卫正当化的根据就应当从正与不正两个维度展开,但是遗憾的是,无论是一元论还是二元论都只偏重了"正"或"不正"的某一方面,没有全面评价正当防卫正当化的根据,也就无法进一步确定防卫过当判断的基本立场。从刑法教义学的视角来看,正当防卫行为维度的法益保护与法秩序确证作为正当防卫正当化的基本根据,并不排斥同时运用不法侵害行为维度的不法侵害人丧失法益需保护性原理,进一步证成并强化正当防卫行为的正当

---

① 参见张明楷:《正当防卫的原理及其运用——对二元论的批判性考察》,载《环球法律评论》2018 年第 2 期。
② [日] 松原芳博:《刑法总论重要问题》,王昭武译,中国政法大学出版社 2014 年版,第 116 页,转引自梁根林:《防卫过当不法判断的立场、标准与逻辑》,载《法学》2019 年第 2 期。
③ 参见 [日] 桥爪隆:《正当防卫的基础》,有斐阁 2007 年版,第 26 页。
④ 参见梁根林:《防卫过当不法判断的立场、标准与逻辑》,载《法学》2019 年第 2 期。

性。正当防卫行为中，只要是防卫行为在有效制止不法侵害必要的限度内，就意味着不法侵害人丧失了法益保护性，理由是该正当防卫的损害结果完全应该归因于不法侵害人实施不法侵害行为，国家法律对于公民在合理限度内实施的有效防卫行为提供法律保护，同时意味着侵害人必须承受由其不法侵害这一风险创设行为所引起的正当防卫行为出现的损害结果。这既是作为法秩序基础的自然正义法则的必然结果，也是法治国家公民权利义务一致的具体体现。

诚然，司法实践中，确实需要对利益进行衡量，以作出正当防卫或者防卫过当的判断，但是对利益进行衡量与将利益衡量作为正当防卫正当化的根据是不同层面的不同问题，不能加以混淆。从刑法教义学的角度来分析，我国现行刑法关于防卫过当的规定采用了"明显超过必要限度造成重大损害"的表述明显已经超越了法益衡量的桎梏，对于正当防卫的认定并非简单对"正"与"不正"之间损害结果的简单比较。根据刑法规定，只要能够确定防卫人的行为在正当防卫所需的必要限度内，即"正"的范围内，就应该彻底否定不法侵害人法益保护的需要。但遗憾的是，司法实践中在涉及是否构成防卫过当的案件中，司法工作人员往往不考虑"正"的范围，只是将防卫人的利益与不法侵害人的利益进行简单的比较，从而得出失之偏颇甚至错误的结论。就"于欢案"而言，一审作出无期徒刑的判决就是基于这样简单比较得出的结论，完全忽视了多名讨债者对于欢母子长时间的人身自由的限制、凌辱和在警察离去后的绝望情绪。二审认为于欢的行为具有正当防卫的性质，但是防卫过当行为定性并非不存在商榷的空间，该案的判决是长期以来刑法理论优越的利益保护原理和司法实践秉承该原理忽视正当防卫"正"的范围，简单进行法益等量评价的缩影。

二、司法实践认定防卫过当的标准

我国刑事司法实践中认定防卫是否过当的标准主要有武器对等论和结果均衡论。

（一）武器对等论与结果均衡论评析

所谓武器对等论，是指司法实践中裁判者只是从形式上判断双方武器、强度是否对等，而忽略其他现场环境以及侵害人强弱等因素。在司法实践中，依据武器对等论判处的案件并不在少数。"于欢案"的一审判决结果对于武器对等论的适用尤为明显。其裁判逻辑是基于于欢手中持有尖刀，而讨债人手里并没有持有器械，在派出所民警已然赶到现场的情况下，正当防卫的紧迫性也随之消失，所以认定于欢的行为构成故意伤害罪，直接否认成立正当防卫。① 这是完全没有考虑当时现场情况以及双方强弱对比下作出的判决，司法者一味苛求防卫人打击方式、打击部位、打击强度等与侵害人的对等性，忽视了防卫人与不法侵害人之间错综复杂的关系状态，是否持械不应成为判断构成防卫过当的基本依据。

结果均衡论，是指要求防卫人所要保护的法益与防卫行为对不法侵害人造成的

---

① 参见山东省聊城市中级人民法院（2016）鲁15刑初33号刑事判决书。

损害结果之间要达到均衡的状态。对于"于欢案",二审判决就是基于结果均衡论的考虑作出的。二审判决认为"于欢面临的不法侵害并不紧迫和严重,而其却持利刃连续捅刺,造成一死、两重伤、一轻伤的结果,所以于欢的行为明显超过正当防卫的必要限度,造成重大损害"①对于该案,最高人检察院公诉厅的负责人曾表示:"于欢这个案件中防卫行为所要保护的法益是人身自由与人格尊严,但是其以造成生命健康法益重大损害保护人身自由与人格尊严,两种法益并不相适应。"②这样的结论是出于结果均衡论考量的必然结果。

其实,不论是武器对等论还是结果均衡论,其背后都隐含法益均衡规则。通过对 722 份判决进行分析发现,目前司法实务部门根据防卫行为所造成的损害结果直接认定防卫过当的案件为 601 例,占比高达 83.24%。③ 由此可见,法益均衡标准仍然在我国司法裁判中占据主导地位。

(二) 制度目的论之提倡

法益均衡规则作为构成正当防卫判断标准显然有违正当防卫的立法规定。正当防卫的本质是法律允许的在国家公权力无法及时提供保护的情况下,公民对于具有紧迫性的不法侵害行为进行的私力救济措施。根据正当防卫的本质,防卫过当的判断就应当根据防卫行为是否出于有效制止不法侵害、保护合法法益所必需的并且被社会伦理所允许的标准进行裁量,而不是以防卫行为造成的法益侵害结果与不法侵害人意图或已经造成的法益侵害结果作简单的对比,更不能只看防卫人最终造成重伤、死亡的结果就一律认定为防卫过当,这种司法实践的惯性思维更加符合 1979 年《刑法》关于正当防卫的规定,即"正当防卫超过必要限度"。在立法已然鼓励和扩大正当防卫成立范围的当下,防卫行为本位论更加符合现行刑法的规定和正当防卫行为的本质。

三、教义学视野下防卫过当的判断标准

正当防卫的正当化根据、防卫过当不法判断立场与防卫过当不法判断标准具有内在的联系。如前所述,在刑法教义学的范畴,在正当防卫正当化根据的问题上主要存在个人保全原理与法确证原理的二元论与优越的法益衡量原理的一元论立场的对立,由此延伸到防卫过当不法判断标准这一问题,在刑法教义学的立场主要存在"社会伦理许可必需说"与"防卫损害与不法侵害基本相当说"两种观点。

源于德国的"社会伦理许可必需说"是采纳个人保全与法秩序确证原理所得出的必然结论。德国、日本的学说与判例往往倾向于采纳"社会伦理许可的必需

---

① 参见山东省高级人民法院 (2017) 鲁刑终 151 号刑事判决书。
② 《最高人民检察院公诉厅负责人就于欢故意伤害案有关问题答记者问》,载 http://www.spp.gov.cn/xwfbh/wsfbt/201705/t20170528_191722.shtml,2019 年 5 月 13 日访问。
③ 参见尹子文:《防卫过当的实务认定与反思——基于 722 份刑事裁判的分析》,载《现代法学》2018 年第 1 期。

说"①，在我国对正当防卫正当化根据采取二元论的学者亦认同此观点。所谓"社会伦理许可必需说"，是指正当防卫的反击行为在造成不法侵害人损害的情况下，只要该行为的损害结果在有效制止不法侵害、保护个人权利、确证法秩序的范围内，即使造成不法侵害人死亡，也成立正当防卫，当然如果超过这个限度范围则成立防卫过当。与上述观点不同，倡导以结果无价值的不法论以及以法益衡量作为基础的正当防卫正当化根据的德国学者，对于防卫过当的标准多赞同"防卫损害与不法侵害基本相当说"。在我国，"防卫损害与不法侵害基本相当说"也是作为通说存在于理论界的，由于简单地对两种法益进行比较易于司法实践操作，所以司法实践中也比较多地采取该学说，认为正当防卫的强度应该与不法侵害强度基本相当，如果超过这一限度，当然构成防卫过当。

笔者认为，从正当防卫正当性的依据出发，我国在防卫过当的标准方面宜采取整合的二元论。即在法益保护与法秩序确证的同时结合不法侵害人丧失法益保护性来综合判断，综合优越的利益保护原理，并同时结合"社会伦理许可必需说"来对防卫过当进行综合判断。从我国刑法关于正当防卫的规定来看，我国在规定正当防卫的同时，又对特定的行为规定了无限制的防卫权，对防卫过当采取了"明显超过必要限度造成重大损害"的规定，可以肯定的是我国刑法关于防卫过当的标准，倾向于"社会伦理许可必需说"，那么以体系化解释为规训的刑法教义学当然亦提倡"社会伦理许可必需说"。②

那么，对于《刑法》中第20条第2款"明显超过必要限度"与"造成重大损害"之间到底应作一元化的理解还是二元化的理解就成为确定防卫过当标准之后必须解决的问题。对此，有学者认为，"不存在所谓明显超过必要限度但没有造成重大损害的情况，换言之，只是在造成重大损害的情况下，才存在明显超过必要限度的问题。不存在所谓'手段过当'而'结果不过当'或者相反的现象。'明显超过必要限度造成重大损害的'，才是防卫过当"③。这显然是一元化的理解，该学者在此问题上采取了结果无价值的立场。也有学者对此持不同观点，提出"明显超过必要限度"与"造成重大损害"是两个独立的条件，只有同时满足这两个条件，才能构成防卫过当。④ 与一元论相比，该学者的观点立足于二元论的行为无价值与结果无价值。这两种截然不同的观点直接影响正当防卫成立的范围，因此正确理解该规定成为关键。笔者赞同二元论的观点，因为根据一元论的观点，"明显超过必要限度"附属于"造成重大损害"没有独立的意义，那么就会造成司法实践中对于案件是否成立正当防卫采取反向思维，即根据结果来简单反推行为的性质，极易得出防卫过当的结论，压缩正当防卫成立的范围，从刑法教义学的角度分析，一元论

---

① 参见［德］克劳斯·罗克辛:《德国刑法学总论》(第1卷)，王世洲译，法制出版社2005年版，第438页。
② 参见梁根林:《防卫过当不法判断的立场、标准与逻辑》，载《法学》2019年第2期。
③ 参见张明楷:《正当防卫的原理及其运用——对二元论的批判性考察》，载《环球法律评论》2018年第2期。
④ 参见陈兴良:《规范刑法学(上)》(第3版)，中国人民大学出版社2013年版，第149页。

也不符合现行刑法关于正当防卫的规定。

相比于一元论的简单反推,二元论从行为出发,在防卫行为符合行为无价值的基础上,才能进一步考察过当的防卫行为是否引起结果过当、满足结果无价值的要求。在不存在行为过当的情况下,自然不必再考虑是否存在结果过当。只有在防卫行为同时满足行为过当与结果过当双重条件时,才能将行为认定为正当防卫。从刑法规定的角度出发,行为过当是指防卫行为明显超过了制止不法行为所需的行为程度,是否"明显超过必要限度"的判断应基于"常人理论",即社会一般人的标准加以判断,而不能采取"圣人标准"要求防卫人。所谓结果过当则是指防卫行为"造成重大损害"。所谓"造成重大损害",通过整理近年来的指导案例可知,是指造成不法侵害人重伤、死亡等重大人身损害结果,而不包括防卫行为造成不法侵害人轻伤和造成不法侵害人重大财产损失的情况(见下表)①。

类型一		类型二		类型三	
现实损害结果	合理损害结果	现实损害结果	合理损害结果	现实损害结果	合理损害结果
死亡结果	不造成损害	重伤致残	不造成损害	重伤	不造成损害
死亡结果	轻微伤	重伤致残	轻微伤	重伤	轻微伤
死亡结果	轻伤	重伤致残	轻伤	重伤	轻伤
死亡结果	重伤	重伤致残	重伤	重伤	重伤
死亡结果	重伤致死	重伤致残	重伤致死	重伤	重伤致死
死亡结果	死亡结果	重伤致残	死亡结果	重伤	死亡结果

综上,对于防卫过当的判断采取不同的标准,对是否成立正当防卫的判断会产生实质性的影响。以"于欢案"为例,如果司法机关采取"社会伦理许可必需说"则会趋向于于欢的行为虽然造成一死三伤的重大损害结果,但是从社会伦理的角度出发,其行为是社会伦理所允许的行为,成立正当防卫。采取笔者提倡的二元论的判断标准同样会得出正当防卫的结论。但从最后的判决结果可知,司法机关采纳一元论的观点,以结果反推行为,认为于欢的行为具有正当防卫性质但是构成防卫过当,最终判处于欢有期徒刑五年,这一判决存在商榷之处。而对发生在"于欢案"之后的"昆山反杀案",司法机关显然没有采取一元论的观点,而是采取了二元论和"社会伦理许可必需说",对于明海的行为作出了正当防卫的判决,该案的裁判逻辑明显与"于欢案"存在不同,对于"昆山反杀案",公安机关的判断逻辑显然是:于明海实施防卫行为出现的防卫结果虽客观上造成了侵害人死亡的重大损害,但是于明海反杀的防卫措施并未明显超过必要限度,并且这一反杀行为显然是被社会伦理所许可的,这一判决结果无疑更加符合刑法教义学立场下的正当防卫正当化的根据。

---

① 参见吴允锋:《正当防卫限度的判断规则》,载《政治与法律》2018年第6期。

防卫过当判断的"行为限度单独标准"之构建
——基于刑法与刑事诉讼法的交叉解释

储陈城[*] 胡子昕[**]

引言

正当防卫之所以会沦为"僵尸条款",主要原因之一在于防卫限度判断的失范。[①] 因实务界偏爱"唯结果论",导致一旦出现侵害人死亡乃至重伤的结果,对待正当防卫的成立就极为谨慎。然而,"唯结果论"的武断性早已招致极大批判,使得"双重标准论"及其衍生形式的"一体论"成为学术界主推的防卫限度的判断依据。然而,只要有防卫结果判断要素的存在,就会使得防卫限度再次陷入"唯结果论"判断的陷阱。本文正是在批判这些标准的基础上,提出防卫过当判断的行为限度单独标准,并从实体法和程序法两个维度构建具体的判断规则。

一、实务现状:形式与实质的"唯结果论"

一直以来,关于某一行为是否构成正当防卫而得以阻却违法性,乃至某一行为是否构成防卫过当进而追究行为人刑事责任,是我国刑法学理论界和实务界所共同困扰的问题。在我国以往的司法实践中,对于正当防卫的认定往往采取较为限缩的态度,而过度地扩张了防卫过当的范围。如图1所示,从数据来看,在2009年到2018年十年中,在涉及正当防卫的案件数量大幅增长的情况下,无罪判决人数总体却始终保持着较低的水平。尤其是2013—2014年和2014—2015年更是出现了相反的变化趋势。而涉及防卫过当的案件则和涉及正当防卫的案件保持同步增长并占有较高的比例。这不禁让人怀疑防卫过当的范围被不当地扩大,从而导致大量涉及正当防卫的案件被认定为防卫过当,因而对无罪判决的总量并没有产生应有的影响。[②]

---

[*] 安徽大学法学院副教授、硕士生导师。
[**] 安徽大学安徽法治与社会安全研究中心助理研究员。
[①] 参见陈兴良:《正当防卫如何才能避免沦为僵尸条款——以于欢故意伤害案一审判决为例的刑法教义学分析》,载《法学家》2017年第5期。
[②] 图中涉及正当防卫或涉及防卫过当的案件数据来源于以"正当防卫"为关键词和以"防卫过当"为关键词在中国裁判文书网上进行检索所得历年数据,无罪判决人数来自《最高人民法院工作报告》和《中国法律年鉴》。

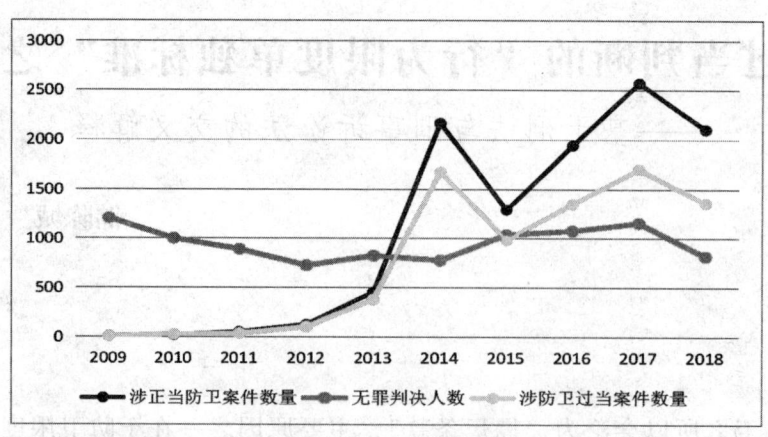

图 1 2009—2018 年正当防卫案件总体趋势图

从个案角度来看,尤其在某些防卫行为导致被害人即不法侵害人死亡的重大案件中,如"于欢案""赵宇案"等,公安、司法机关往往会因为造成了严重的后果,即认定防卫人行为构成防卫过当,进而成立故意伤害罪或过失致人死亡罪。其结论往往与社会民众朴素的法感情相悖,产生一些社会负面情绪。刑法学界普遍认为,这是由于司法机关在防卫过当的认定过程中采取了"唯结果论"的标准。① 所谓"唯结果论",是指司法者在裁判正当防卫案件时,将防卫行为对不法侵害人造成的损害结果特别是重伤、死亡结果,作为认定防卫行为过当的主要甚至唯一标准。② 有学者通过对大量裁判文书的梳理印证了这一现象,"在大多数案件中,司法机关都是根据防卫人最后造成了值得处罚的损害后果来认定其构成防卫过当"③。

虽然"唯结果论"的防卫过当认定标准,不当地限缩了正当防卫的成立范围已经成为理论界的共识,但对于"唯结果论"的内涵和其在司法实践中的具体表现形式,仍然具有进一步探讨的必要。只有明确了这点,才有利于真正在司法实践中排除"唯结果论"的适用,进而更好地厘清防卫过当的认定标准。

应当注意的是,虽然很大一部分裁判文书表面上存在重大损害结果——防卫过当这种"唯结果论"对应关系。但进一步深入研究就会发现,其在内部的认定标准和逻辑路径上实际分为形式的"唯结果论"和实质的"唯结果论"两种形态。形式的"唯结果论"是指将"重大损害"的结果作为认定防卫过当的唯一标准,在条文解释上,将"明显超过必要限度"认定为"造成重大损害"的修饰成分,其共同指向的是防卫行为所造成的结果。例如,林某某过失致人重伤案一审判决书中指出:"被告人林某某持锐器物制止正在进行的不法侵害,其行为具有防卫的性质,

---

① 参见劳东燕:《防卫过当的认定与结果无价值论的不足》,载《中外法学》2015 年第 5 期;储陈城:《正当防卫回归公众认同的路径——"混合主观"的肯认和"独立双重过当"的提倡》,载《政治与法律》2015 年第 9 期。

② 参见梁根林:《防卫过当不法判断的立场、标准与逻辑》,载《法学》2019 年第 2 期。

③ 参见尹子文:《防卫过当的实务认定与反思——基于 722 份刑事判决的分析》,载《现代法学》2018 年第 1 期。

但其防卫行为造成他人重伤的结果,明显超过必要限度造成重大损害,其行为构成过失致人重伤罪,依法应负刑事责任。"[1] 再如,余华祥故意伤害一审判决书中指出:"……被告人余华祥为制止后果的发生,对尹某采取强制手段抢夺刀具,系防卫行为,但该防卫行为造成重大损害的后果明显超过了必要限度,系防卫过当,应当承担刑事责任。"[2]

而实质的"唯结果论"则是指,虽然对防卫过当的认定在表面上采取行为过限与结果过限的双重标准,在条文解释上将"明显超过必要限度"与"造成重大损害"理解为互相独立的成分,前者指向行为而后者指向结果。但在对"行为明显超过必要限度"的认定上,将重大损害结果作为认定防卫行为明显超过必要限度的唯一标准和根据。在逻辑上表现为,因为"结果造成重大损害"所以"防卫行为明显超过必要限度"进而"成立防卫过当"。在裁判文书上往往表述为:"造成了被害人重伤(死亡)的结果,防卫行为明显超过必要限度,构成防卫过当。"例如,杨武利故意伤害案二审刑事附带民事裁定书中指出:"本院认为,上诉人杨武利在石某某、杨某甲、胡某甲对其围殴的情况下,持刀捅刺对方进行防卫,造成二人死亡、一人重伤,该防卫行为明显超过必要限度造成重大损害,其行为已构成故意伤害罪。"[3] 又如,付文国故意伤害一审判决书中指出:"被告人付文国的防卫行为造成被害人死亡的重大损害,防卫明显超过必要限度,应认定其行为属防卫过当。"[4]

综上可以看出,所谓"唯结果论"在司法实践中实际上存在两种不同的表现形式。而其根源在于对防卫过当的标准和防卫行为明显超过必要限度标准存在错误的理解。

首先要明确的是,防卫过当的标准和防卫行为明显超过必要限度的标准,在当下并非一个层次上的概念。防卫过当的标准问题,或称正当防卫的必要限度问题,实际上指向的是防卫过当整体的构成要件,内涵是防卫过当究竟是以结果过当为单独标准还是以行为过当和结果过当为共同标准或者采取其他标准。而防卫行为明显超过必要限度的标准则是防卫过当整体标准下的子标准,是指如果将行为过当作为防卫过当的标准之一,那么所谓"行为明显超过必要限度"应当如何确定的问题。

在明确了防卫过当的标准和防卫行为明显超过必要限度的标准属于两个概念的问题后,可以发现形式的"唯结果论"和实质的"唯结果论",恰恰是针对这两个不同层面的问题产生错误理解而导致的后果:正是由于不能正确地把握防卫过当整体标准,产生了形式的"唯结果论"。正是由于不能明确行为明显超过必要限度的标准,产生了实质的"唯结果论"。因此,要想纠偏司法实践过程中防卫过当适用的失范,必须分别从防卫过当的标准和防卫行为明显超过必要限度的标准两个方面进行分析,进而分别对形式的"唯结果论"和实质的"唯结果论"进行批判,如此才能准确把握防卫过当的标准,防止对正当防卫范围不当限缩。

---

[1] 参见广东省揭西县人民法院(2017)粤5222刑初71号判决书。
[2] 参见宣城市宣州区人民法院(2018)皖1802刑初100号判决书。
[3] 参见陕西省高级人民法院(2018)陕刑终62号裁定书。
[4] 参见威海市环翠区人民法院(2017)鲁1002刑初379号判决书。

二、形式"唯结果论"的退场与"双重标准论"的困局

(一)形式的"唯结果论"向"双重标准论"的转变

正如前所述,防卫过当中的两个主要问题就是防卫过当标准的问题和防卫行为过当(防卫行为明显超过必要限度)标准的问题。而在这两个问题之中,首先要解决的就是防卫过当的整体标准问题,只有在批判形式"唯结果论"的立场上,明确防卫过当的整体标准,才有必要并且可能进一步讨论防卫行为过当的标准。

实际上,无论是在司法实践中还是在理论上,对于更为表层的形式的"唯结果论"已经存在不少批判的观点。从形式的"唯结果论"转向行为与结果共同为标准的"双重标准论"(也称二分论),已经成为目前刑法学界的主流观点和司法实践中的通常做法。提倡"双重标准论"的学者认为:"明显超过必要限度"与"造成重大损害"是两个独立的条件,只有同时满足这两个条件,才会构成防卫过当。① "正当防卫的限度要件包括行为限度要件与结果限度要件,只有二者兼具,才可能成立防卫过当。"② 换言之,行为没有明显超过必要的限度,但是造成了重大损害结果的以及防卫行为虽然明显超过必要的限度,但是没有造成重大损害结果的,都应当认定为正当防卫而非防卫过当。③

"双重标准论"将"结果"与"行为"共同作为防卫过当的要件,二者缺一不可,在一定程度上宽缓了正当防卫的适用范围,随着如"于欢案""于海明反杀案""赵宇见义勇为案"等系列焦点案件的出现,在趋向扩张正当防卫适用的背景下,"双重标准论"具有较强的说服力。这也体现在相应的司法实践当中,如在最高检发布的检察指导例第45号"陈某正当防卫案"中,陈某在遭受多人围殴的过程中,使用随身携带的水果刀乱挥乱刺后逃脱,造成3人重伤,对此检方指出:"陈某的防卫措施没有明显超过必要限度,不属于防卫过当。陈某的防卫行为致实施不法侵害的3人重伤,客观上造成了重大损害,但防卫措施并没有明显超过必要限度。""综合来看,陈某的防卫行为虽有致多人重伤的客观后果,但防卫措施没有明显超过必要限度,依法不属于防卫过当。"④ 据此做出不起诉的决定。

(二)"双重标准论"的理论不足与适用困境

然而,虽然"双重标准论"扩张了正当防卫的成立范围,在一定程度上弥补了形式的"唯结果论"之不足,具有一定的合理性。但深入分析就会发现,"双重标准论"具有其固有的缺陷之处,这种理论上的缺憾一方面使得"双重标准论"在某些情况下无法给出合理的解释;另一方面在司法实践中难以准确适用,进而陷入实质的"唯结果论"的循环,具体表现如下:

---

① 参见邹兵建:《正当防卫中"明显超过必要限度"的法教义学研究》,载《法学》2018年第11期。
② 参见劳东燕:《正当防卫的异化与刑法系统的功能》,载《法学家》2018年第5期。
③ 参见储陈城:《正当防卫回归公众认同的路径——"混合主观"的肯认和"独立双重过当"的提倡》,载《政治与法律》2015年第9期。
④ 最高检指导案例陈某正当防卫案(检例第45号)。

1. 不当地扩张出罪："双重标准论"缺乏正当化理据

"双重标准论"无法提供行为人故意实施明显超过必要限度的行为,但基于其他原因未能造成实际重大损害的行为的正当化依据。譬如,防卫人甲遭到盗窃,为了保护轻微的财产法益,而选择向正在进行盗窃的不法侵害人乙开枪射击,但由于甲本身射术不精而未能射中。这种情况下,一般没有疑问的是,甲在具有采取其他较为温和的防卫行为的可能下,采取举枪射击这一侵害不法侵害人生命法益的行为显然属于明显超过必要限度的防卫行为。根据"双重标准论",甲的行为虽然明显超过了必要限度,但由于客观上并未造成不法侵害人重伤、死亡的重大损害结果,不能以防卫过当论处。①

然而,正如部分学者所批判的那样,在行为过当的情况下,仍然说其符合正当防卫的要件,不无疑问。② 想要将行为过当而结果不过当的防卫行为排除出防卫过当的范畴进而成立正当防卫,必须从正当防卫的正当化依据中寻找理论根基。

虽然支持"双重标准论"的学者认为,正当防卫的法理依据呈一种开放多元的形态,包含了多种可能性。③ 但就目前来说,"双重标准论"所采取的正当防卫的正当化依据,无外乎是由个人保全原理和法确证利益原理相结合而成的二元论或由个人保全原理单独构成。④

但是,个人保全原理和法确证原理是否真的能够为行为过当而结果不过当的行为提供正当化依据,是值得怀疑的。在法确证原理上,其所面临的质疑主要有两点:第一,法确证原理究竟能否作为正当防卫独立的正当化依据之一;第二,即使法确证原理能够作为独立的正当化依据,其是否必然能够导出上述的结论。对于前者,有学者指出,法确证的利益完全依附于防卫人的个人法益,只是保护个人利益间接产生的附随效果,而不能作为正当防卫的根据。⑤ 同时,法确证利益也可以通过司法机关事后的法秩序维护行为得到实现,因此无法解释正当防卫行为不需要"补充性"要件。⑥ 事实上,即使是国家机关为了维护法秩序而进行的司法活动,最终目的指向的也必然是维护社会中每一个公民的具体法益。换言之,只有当某种公法益与个人法益具有同质性,能够分解成或者还原成个人法益,才是值得刑法保护的法益。⑦ 在这个角度上,法确证利益本身无法独立作为正当防卫的依据。对于后者,即使将法确证利益作为正当防卫的正当化依据之一,法确证利益也无法当然地将行为明显超过必要限度的防卫行为认定为正当防卫。即使是作为国家公权力的司法机关,在依据刑法通过刑事诉讼维护法秩序的过程中,也应当遵守基本的罪责

---

① 周光权:《正当防卫的司法异化与纠偏思路》,载《法学评论》2017 年第 5 期。
② 参见张明楷:《防卫过当:判断标准与过当类型》,载《法学》2019 年第 1 期。
③ 邹兵建:《正当防卫中"明显超过必要限度"的法教义学研究》,载《法学》2018 年第 11 期。
④ 王钢:《正当防卫的正当性依据及其限度》,载《中外法学》2018 年第 6 期;劳东燕:《防卫过当的认定与结果无价值论的不足》,载《中外法学》2015 年第 5 期。
⑤ 参见魏超:《法确证利益说之否定与法益悬置说之提倡——正当防卫正当化依据的重新划定》,载《比较法研究》2018 年第 3 期。
⑥ [日]山口厚:《正当防卫论》,王昭武译,载《法学》2015 年第 11 期。
⑦ 张明楷:《避免将行政违法认定为刑事犯罪:理念、方法与路径》,载《中国法学》2017 年第 4 期。

刑相一致原则和法定程序原则，换言之，侵害人所遭受到的不利后果应当与其实施的不法侵害行为相称，司法机关应当在合理限度内进行维护法秩序的行为。在这种情况下，同样基于法确证原理，却认可防卫人实施的明显超过必要限度的防卫行为，显然是自相矛盾的。

而在个人保全原理上，其也面临同样的问题。首先，在正当化依据上，个人保全原理实则来源于天赋权利与社会契约的观点，"每个人都有权保护自己的生命、自由和财产不受他人的侵害"①。其作为受害人对侵害人实施正当防卫的正当化依据具有一定的合理性。但进一步深入会发现，个人保全原理强调的是对自我法益的私力救济，在我国明确规定了可以为他人利益和公共利益进行防卫的背景下，个人保全原理恐怕难以作为他人对侵害人实施防卫行为的正当化依据。其次，个人保全原理也无法将行为明显超过必要限度的防卫行为正当化。如果认为只要基于保卫自身权益的自然权利就得以实施超越必要限度的防卫行为，那么不必说行为明显超过必要限度而未能造成重大损害的防卫行为，就连实际上造成重大损害的防卫行为也应当是正当防卫。换言之，防卫人"有权自卫，甚至动用战争状态的法则，即杀死侵略者"②。然而，即使是"双重标准论"的支持者，也同样认为满足行为结果双重过当的标准显然应当属于防卫过当，反而与个人保全原理自相矛盾。其原因正如著名的法谚："人生而自由，但无处不在枷锁之中。"为了完成自然状态向社会状态的飞跃，虽然任何契约都不能使公民放弃自卫的权利，但基于避免自然状态下每个人对每个人的战争的可怖情形，③公民缔结之契约虽然不能完全剥夺私力防卫的天赋权利，但必然在限度上对其进行限制以交由国家行使。起源于自我防卫，作为私力救济最后手段的复仇，也恰恰经历了从任意复仇到国家统一行使刑罚权的演变，这正是法律进化的体现。④此外，在同样为了保全个人利益的紧急避险中，比例原则或者法益衡量原则反而是其核心内容，即便是为了保全自我生命，也不得通过紧急避险来牺牲他人生命。因此，以个人保全原理来论述超比例原则的合理性，进而将行为明显超过必要限度的防卫行为正当化，恐怕是难以实现的。即使是支持二元论的学者也指出，当代的个人保全原理实际上不同于纯粹个人主义原则，前者只有在紧急情况下才能够行使，且其行使同样受到比例原则的制约。⑤

2. 倒退到结果判断：双层检验机制的失灵

"双重标准论"在实践中难以具有可操作性，反而容易导向实质的"唯结果论"的陷阱。"双重标准论"为了避免行为与结果之间的循环论证，要求对行为是否超过必要限度进行独立判断，而不能通过结果过当来定义行为过当。⑥提出要赋

---

① 参见［英］洛克：《政府论》，叶启芳、瞿菊农译，商务印书馆2008年版，第96页。
② 参见［英］洛克：《政府论》，叶启芳、瞿菊农译，商务印书馆2008年版，第66页。
③ 参见［英］霍布斯：《利维坦》，黎思复、黎廷弼译，商务印书馆2019年版，第95页。
④ 参见［日］穗积陈重：《复仇与法律》，曾玉婷译，中国法制出版社2013年版，第1页。
⑤ 欧阳本祺：《正当防卫认定标准的困境与出路》，载《法商研究》2013年第5期。
⑥ 储陈城：《正当防卫回归公众认同的路径——"混合主观"的肯认和"独立双重过当"的提倡》，载《政治与法律》2015年第9期。

予行为过当优先于结果过当的判断地位,即先行单独判断防卫行为是否适当,如果认定防卫行为明显超过必要限度,再去判断是否存在重大损害结果。换言之,是否造成重大损害只有在满足行为明显超过必要限度的时候,才能成为防卫过当的认定要件之一。①

从表面上看,这种双层检验机制似乎能够防止"双重标准论"落入实质的"唯结果论"立场,但在司法实践中是否具有可操作性尚存在疑问。换言之,纯粹地不考虑重大损害结果而独立地进行行为是否明显超过必要限度的判断是不切实际的。一方面,无论"双重标准论"将结果造成重大损害置于怎样的判断地位,只要其仍然作为防卫过当的成立条件之一,损害结果就必然会渗透到行为是否超过必要限度判断的过程之中。原因在于,双层的检验机制虽然要求先进行行为过当的判断,再根据行为过当进行结果过当的判断,进而判断是否属于防卫过当。但另一方面,以认定某一案件不属于防卫过当为目标,先进行行为判断和先进行结果判断二者是具有同等效力的。因为在"双重标准论"下,只要行为与结果二者其一不过当,就当然地不成立防卫过当,在这种情况下,法官必然会选择相较于行为限度更加直观和清楚的结果限度进行先行判断。这是因为是否存在重大损害往往属于案件的客观事实,而行为是否明显超过必要限度则涉及限度标准的判断。如果存在重大损害的结果,法官在进行行为判断的过程中就必然会或多或少地受到结果因素的影响,甚至产生"既然都出现了重伤(死亡)的结果,行为怎么可能还是不过当的呢"的心证,进而可能陷入表面的"双重标准论"和实质的"唯结果论"的陷阱中去。

因此,要求先进行行为判断的双层检验机制是不具有现实可行性的。即使是在前述最高检指导案例第 45 号中,检察院也是先指出:"陈某的防卫行为虽有致多人重伤的客观后果,"随后再论述到"但防卫措施没有明显超过必要限度,依法不属于防卫过当。"虽然在本案中致多人重伤的客观后果没有导致直接认定防卫措施明显超过必要限度,但是不能通过合理明确的认定机制将结果因素排除出行为过当的判断过程,而只是一味地要求独立进行行为判断,期望在不同个案中的司法人员完全不受先见因素的影响,恐怕是难以实现的。在某种程度上,也正是出于对结果因素可能影响到行为是否超过必要限度的判断过程,才提出了所谓双层检验机制。②

综上,只要将结果过当作为防卫过当的认定标准之一,法官就不可能先进行行为是否过当的判断,这是由在认定防卫不过当时,结果不过当和行为不过当效果的同一性,以及结果的判断总是比行为判断更为容易决定的。而只要先进行结果的判断,结果因素就必然会渗透到行为是否过当的判断过程中去,这也正是"双重标准论"总是要求先判断行为是否过当的原因。

---

① 陈璇:《正当防卫、维稳优先与结果导向——以"于欢故意伤害案"为契机展开的法理思考》,载《法律科学》2018 年第 3 期。
② 陈璇:《正当防卫、维稳优先与结果导向——以"于欢故意伤害案"为契机展开的法理思考》,载《法律科学》2018 年第 3 期。

三、"一体论"的提出与不足

基于上述"双重标准论"所存在的诸多不足，我国有学者提出"一体说"的观点。"一体说"认为，只有在造成重大损害的情况下，才存在明显超过必要限度的问题，"行为明显超过必要限度"和"造成重大损害"在外延上完全一致，不存在所谓的"行为过当而结果不过当"或"结果过当而行为不过当"的情况。① 正当防卫行为之所以过当，就是因为出现了不应有的重大损害。防卫过当的行为和其造成的重大损害结果是统一的，防卫过当行为是造成重大损害的原因，而结果是确定防卫过当的根据。② 因此，"一体说"要求，在认定防卫过当的过程中，要整体考虑行为和结果，进行综合判断。然而，"一体说"也存在诸多的缺陷与不足。

首先，"一体说"在事实基础上认为，不存在所谓的"行为过当而结果不过当"和"结果过当而行为不过当"的情形。但在司法实践中，以上两种情形却是广泛存在的。例如，彭从政故意伤害罪一案中被告人为了制止唐某1对其汽车车窗与玻璃的击打行为，遂持刀砍了唐某1头部一下，致唐某1受伤倒地，后鉴定为轻伤。本案中被告人为了保护自身的财产法益，选择持刀击砍受害人头部的防卫措施，其防卫手段已经明显超过了必要限度，但最终只导致了受害人轻伤的后果。③ 这属于典型的"行为过当而结果不过当"的案例。而前述的最高检指导案例第45号则是典型的"结果过当而行为不过当"的案例。这两种情形客观存在的原因在于：前者是"明显超过必要限度"的防卫行为所包含的风险并不是每一次都能实现的。后者是防卫行为有时并不能如防卫人所预想的一般实现。④ 也有学者指出：虽然就防卫过当的认定标准而言，当然不存在行为过当而结果不过当或者相反的现象，但是，就防卫过当的认定过程而言，是完全可能存在行为过当而结果不过当或者相反的现象。这实质上也是承认了在实践中存在行为过当但结果不过当或者相反的情形。⑤ 因此，"一体论"忽视了在司法实践中现实存在的事实基础，仅因为偶然的因素使得风险未能实现便否认行为明显超过了必要限度或结果造成重大损害，其理论根基是否存在是值得商榷的。

其次，虽然"一体说"认为，试图将防卫过当的判断简单化、格式化是没有意义的，但是其本身实际上并未能提出合理的、具有可操作性的防卫过当的判断标准。因此，为了尽可能地明确认定标准，其提出三种判断类型："（1）不法侵害是严重危及人身安全的暴力犯罪，法定最高刑为10年有期徒刑的，造成不法侵害人死亡的防卫行为没有过当。（2）不法侵害属于其他普通犯罪行为，即使法定刑为3年以下有期徒刑，防卫行为造成不法侵害人重伤的，一般也不属于防卫过当。（3）

---

① 张明楷：《刑法学》（第4版），法律出版社2016年版，第212页。
② 参见陈兴良：《刑法适用总论（上卷）》，中国人民大学出版社2017年版，第310页。
③ 参见安庆市中级人民法院（2018）皖08刑终11号判决书。
④ 参见邹兵建：《正当防卫中"明显超过必要限度"的法教义学研究》，载《法学》2018年第11期。
⑤ 参见冯军：《防卫过当：性质、成立要件与考察方法》，载《法学》2019年第1期。

防卫行为对违反治安管理处罚法的不法侵害人造成轻伤的,不可能属于防卫过当。"① 虽然其指出这只是大体上的结论,但这种仅以不法侵害强度与造成死亡、重伤、轻伤结果相比较作为认定标准的判断方法仍然可能将防卫过当认定的司法实践导向实质的"唯结果论"之歧途。换言之,倘若按照上述的判断标准,不禁会给人这样的暗示和导向:"不法侵害的法定最高刑在10年以下有期徒刑,防卫行为造成不法侵害人死亡的就很有可能被认定为防卫过当。"同时,仅仅依靠最高法定刑的刑期幅度来确定不法侵害的危险程度,在法定最高刑之间幅度跨越较大的背景下,也难以合理全面地评价不法侵害行为。如故意伤害致人重伤的,处三年以上十年以下有期徒刑,而虐待致使被害人重伤死亡的,却仅处二年以上七年以下有期徒刑,但二者表现在行为上的不法侵害紧迫程度和危险程度却很难说何者更高。因此,一方面,苛求司法机关在防卫过当的认定中综合考量不法侵害的全部因素;另一方面,提出以是否造成死亡、重伤、轻伤的结果作为衡量防卫过当的重要标准,在"唯结果论"盛行的当下,"一体说"对合理地限缩防卫过当的成立范围可能反而会产生不利的影响。

最后,由于具体标准难以明确,司法机关需要在个案中把握防卫过当的限度,更可能使得刑事政策不当地渗透到刑法体系中去,如支持"一体说"的学者认为:"司法机关对正当防卫的限度掌握得过于严格,适当放宽防卫限度既是必要的,也是可行的。如果将来一般人敢正当防卫,而且防卫大多造成重大损害,再紧缩防卫限度也不迟。"② 然而,以刑事政策为导向,动辄变更防卫过当的限度标准的做法,也有破坏法的安定性和国民对刑法的预测可能性的可能。③

四、"行为限度单独标准说"的提倡

如前所述,既然"双重标准论"和"一体论"都具有其固有的缺陷,那么究竟应当如何确定防卫过当的标准呢?基于对"双重标准论"和"一体论"的检讨与反思,为了防止"唯结果论"的死灰复燃,应当构建以"行为限度单独标准"作为判断防卫过当的唯一标尺。

(一)"行为限度单独标准"的理论依据

在理论依据上,"行为限度单独标准说"或许可以从二元行为无价值论中寻找到其自身存在的根基。二元行为无价值论认为,确认行为违法要求行为无价值与结果无价值同时存在,缺一不可。阻却违法是行为无价值和结果无价值同时不存在,④而作为典型的违法阻却事由的正当防卫也当然适用这一点。换言之,正当防卫同时要求行为无价值与结果无价值不存在,而防卫过当同时要求行为无价值与结果无价值。对于行为无价值和结果无价值与防卫过当的构成要件,即(行为)明显超过必要限度与(结果)造成重大损害之间的对应关系,有学者认为,所谓行为无价值就

---

① 参见张明楷:《防卫过当:判断标准与过当类型》,载《法学》2019年第1期。
② 参见张明楷:《防卫过当:判断标准与过当类型》,载《法学》2019年第1期。
③ 参见劳东燕:《功能主义刑法解释论的方法与立场》,载《政法论坛》2018年第2期。
④ 参见周光权:《新行为无价值论的中国展开》,载《中国法学》2012年第1期。

是指行为明显超过必要限度，而结果无价值就是造成严重损害，进而得出防卫过当要求同时满足行为过当和结果过当的"双重标准论"。① 基于此，认为即使行为明显超过了必要限度，但只要没有产生重大损害结果，仍然不属于防卫过当。

然而，这一观点实际上错误地理解了结果无价值和重大损害结果之间的关系。换言之，结果无价值并不等于实际危害结果的发生，特别是在未遂犯的场合，虽然实际上未能出现具体的法益侵害结果，但由于行为具有危险性，即使其没有侵害当下具体的法益，但具有指向未来的危险性，同样具有结果无价值。② 而这种结果无价值恰恰是由行为本身的不法性质所决定的。换言之，在防卫过当的成立标准中，是否发生了重大损害结果并不具有决定防卫过当是否成立的标准效力，即使没有造成重大损害结果，只要防卫行为明显超过必要限度，进而产生侵害法益的危险，对于防卫行为本身就可直接评价为行为无价值和结果无价值同时存在，进而成立不法（防卫过当），是否存在防卫结果只决定防卫过当的既遂与未遂的问题。即使防卫行为造成了重大损害的结果，但行为本身没有明显超过必要限度，由于不存在行为无价值，自然也不能成立防卫过当。

在这里应当注意到的一点是，防卫行为是否具有造成重大法益侵害的危险化的这种结果无价值（相对于结果犯的结果无价值1，这种危险化的结果无价值姑且称之为结果无价值2），虽然并不是与防卫行为本身是否具有行为无价值（是否明显超过必要限度）所完全对应的，但二者之间存在单向逻辑关系，即如果防卫行为在规范违反的意义上具有行为无价值，即明显超过必要限度，那么必然存在结果无价值2，但相反，即使存在结果无价值2，也并不意味着必然存在行为无价值。这是因为，一方面，行为之所以明显超过必要限度，正是由于其体现了严重的法益侵害的危险；另一方面，只要在明显超过必要限度这一法定条件下，即使防卫行为确实存在一定的法益侵害的危险，防卫行为也因为确实地遵守了规范而不具有行为无价值。因此，防卫行为是否明显超过必要限度才是判断是否构成防卫过当的唯一标准。

也有学者站在批判所谓二元行为无价值论的立场上，指出二元论要求未遂犯具有行为无价值而缺乏结果无价值，与其要求成立不法需要行为无价值和结果无价值同在的观点相矛盾。③ 其与二元论的实质分歧在于是否将法益侵害的危险视为结果无价值之一。但应当注意到的是，在这一点上的分歧并不会对"行为限度单独标准说"产生实质上的影响。即使认为结果无价值不包含该法益侵害的危险，但在实际上具有法益侵害危险的情况下，在一元的结果无价值论中，也当然地认可其未遂犯的可罚性。④ 正如山口厚教授指出"意图引起过剩结果，但因意外引起了正当防卫限度内的结果，也是偶然防卫的一种，对此具有成立未遂犯的余地"⑤。换言之，

---

① 参见周光权：《正当防卫的司法异化和纠偏思路》，载《法学评论》2017年第5期。
② 参见周光权：《行为无价值二元论与未遂犯》，载《政法论坛》2015年第2期。
③ 张明楷：《论偶然防卫》，载《清华法学》2012年第1期。
④ 梁根林：《未遂犯处罚根据论：嬗变、选择与检验》，载《法律科学》2015年第2期。
⑤ [日] 山口厚：《刑法总论》（第2版），有斐阁2013年版，第125页。

即便将法益侵害的危险排除出结果无价值,根据结果无价值论的观点,只要防卫行为明显超过必要限度,具有侵害重大法益的危险,就算不存在重大损害的结果,也可以成立犯罪未遂。同时,即使是在将法益侵害的危险排除出结果无价值的基础上,也有支持二元论的学者从侧重于行为无价值的不法判断核心出发,指出:"在没有实现侵害犯的结果价值,存在行为无价值的场合,成立未遂犯;反之,存在侵害犯的结果无价值,但不能确定行为无价值时,欠缺不法,因而不可罚。"① 换言之,行为明显超过必要限度(行为无价值)的,至少成立未遂犯而不能成立防卫过当,而行为没有超过明显必要限度的,无论结果是否过当,都成立正当防卫,更是直接为行为限度单独标准提供了理论依据。总而言之,无论采取何种解释方法,都应当承认在防卫过当的认定过程中以行为过当为唯一标准是有一定的合理性。

(二)"行为限度单独标准说"的规范基础

除理论根基之外,在刑法规范上,"行为限度单独标准说"也同样具有解释的空间。我国《刑法》第 20 条第 2 款规定,防卫过当是指"正当防卫明显超过必要限度造成重大损害的"行为。本款采用了"造成重大损害"而非"造成重大损害结果的"的表述,为在规范上合理地解释"行为限度单独标准说"留下了余地。在刑法条文中,所谓"损害"一词,一方面具有作为动词的用法,指向行为的用法,如第 221 条损害商业信誉、商品声誉罪中的"损害他人的商业信誉、商品声誉,给他人造成重大损失或者有其他严重情节的",明确了损害作为动词具有的与损失结果不同的含义。另一方面其也具有作为名词的用法,在这个层面上,具体又有"损害"和"损害结果"两种不同的表达方式。前者正如防卫过当中的"造成重大损害"。而后者则如《刑法》第 383 条贪污罪的处罚规定中的"犯第一款罪,在提起公诉前如实供述自己罪行、真诚悔罪、积极退赃,避免、减少损害结果的发生,有第一项规定情形的,可以从轻、减轻或者免除处罚";《刑法》第 16 条不可抗力和意外事件中规定:"行为在客观上虽然造成了损害结果,但是不是出于故意或者过失,而是由于不能抗拒或者不能预见的原因所引起的,不是犯罪。"

因此,应当认识到的是,在规范表述的层面上,既然刑法体系中明确采取了"损害"和"损害结果"两种不同的表述方式,二者的具体含义理应也是不同的。实际上,"损害"应当理解为"损害结果"的上层概念,其既包含了实质的损害结果,也包括抽象的损害危险。换言之,在防卫过当的条文中所谓"造成重大损害"并非局限于造成不法侵害人重伤、死亡这种"造成重大损害结果"的情形。即使没有造成重伤、死亡的实害结果,在行为明显超过必要限度因而具有高度的法益侵害性的情况下,也可以认定为属于"造成重大损害"。

此外,如前所述,明显超过必要限度的防卫行为并不能因为法确证利益而正当化,换言之,明显超过必要限度的行为反而危害了法秩序的稳定。其对法秩序的侵害或对法的稳定产生的混乱,本身也是在对不法侵害人造成重伤或死亡这种具体损害结果之外的抽象损害结果。在德国作为未遂犯处罚根据通说的"印象说",正是

---

① 参见张明楷:《防卫过当:判断标准与过当类型》,载《法学》2019 年第 1 期。

基于该抽象的损害结果动摇了法的印象，从而肯定未遂犯的可罚性。① 因此，在这个层面上，即使不存在具体的损害结果，该抽象的损害结果自然也能够被理解为"造成重大损害"。

而在"明显超过必要限度"与"造成重大损害"之间的关系上，应当理解为，"明显超过必要限度"与"造成重大损害"共同指向的是防卫行为，且只有"（行为）明显超过必要限度"具有独立的判断价值，而由于行为一旦超过必要限度，必然造成重大损害，无论该损害是损害结果还是损害危险，是具体损害结果还是抽象损害结果，因此"（行为）造成重大损害"完全依附于"明显超过必要限度"之下，不具有独立的含义。

五、"行为限度单独标准"的具体规则构建

既然明确了以"行为限度单独标准说"作为防卫过当整体的认定标准的合理性与合法性，那么接下来所要面对的就是在防卫过当的认定过程中最为核心也最为关键的问题，即"行为明显超过必要限度"的认定标准的确定问题。对于"行为限度单独标准"内容的确定，需要回归规范本身。笔者认为在刑事实体法上以"比例原则"为基础，在刑事诉讼法领域，采纳"存疑时有利于被告人原则"，可以构建相对合理的具体认定标准。

（一）以"比例原则"建构实体法标准

"比例原则"作为现代法治国家中一项重要的法律原则，通说的"三阶理论"认为，比例原则内容分为三个子原则，即妥当性（合目的性）原则、必要性（最小伤害）原则以及狭义比例（法益相称性）原则。② 在现代宪政国家中，其已成为超越行政法之上，渗入公法的各个领域并演绎成整个法律体系普遍适用的一项宪法性原则。③ 在我国，已经有不少学者尝试运用比例原则解决其他部门法，尤其是刑法中的相关问题。④ 而将比例原则引入防卫过当的刑法教义学解释中，其必然要面对以下两个问题：将比例原则引入防卫过当判断的正当性依据何在；比例原则在行为明显超过必要限度的认定中如何具体展开。

1. 比例原则引入正当防卫的正当性

首先，比例原则作为宪法性原则具有当然的适用基础。如前所述，在"二战"以后，比例原则逐渐作为一项宪法性原则而被世界诸国所采纳。⑤ 而在我国宪法条文中，并没有明文规定比例原则，因此有学者提出，比例原则不应当作为宪法性原

---

① Vgl. Kindhäuser, Strafrecht, AT, 6. Aufl., 2015, §30 Rn 9; R. Rengier, Strafrecht, AT, 6. Aufl., 2014, §33 Rn 4. 转引自张梓弦：《不能犯论的日本路径及其借鉴意义》，载《比较法研究》2019 年第 1 期。
② 余凌云：《论行政法上的比例原则》，载《法学家》2002 年第 2 期。
③ 参见郝银钟、席作立：《宪政视角下的比例原则》，载《法商研究》2004 年第 6 期。
④ 参见郑晓剑：《比例原则在民法上的适用及展开》，载《中国法学》2016 年第 2 期；占善刚、张博：《比例原则在民事诉讼中的适用与展开》，载《学习与实践》2019 年第 1 期；于改之、吕小红：《比例原则的刑法适用及其展开》，载《现代法学》2018 年第 4 期。
⑤ 范进学：《论宪法比例原则》，载《比较法研究》2018 年第 5 期。

则。① 但这一观点是值得商榷的，即便是在率先确立比例原则作为宪法性原则的德国，其基本法中也并没有明确规定比例原则，只是通过对《基本法》第1条和第20条的解读导出比例原则作为宪法性原则的要求。换言之，比例原则是否属于宪法性原则并不取决于宪法的明文规定，而是取决于其是否属于现代法治国的必然要求。而我国1997年《刑法》第51条规定："中华人民共和国公民在行使自由和权利的时候，不得损害国家的、社会的、集体的利益和其他公民的合法的自由和权利。"这正体现了比例原则的精神。② 而宪法作为国家的根本大法，其中的宪法原则当然地被各部门法所遵循。

其次，正当防卫的特殊性为比例原则的适用提供了基础。正当防卫的特殊性在于其实质上是通过损害不法侵害人法益的方式保卫防卫人的法益，而这一行为又得以作为违法阻却事由而被国家所认可。一方面，在被防卫人—不法侵害人的视角下，任何有损公民基本权利的行为欲获得合法性，就必须具备正当化的根据，也必须严守一定的边界和限度。由于不法侵害人也同样属于公民，那么防卫人因行使合法的防卫权保卫自身利益乃至法秩序，进而侵害其他公民法益的行为，自然也应当受到比例原则的约束。③ 另一方面，在防卫人—国家—被侵害人的层面上，由于任何基本权利的冲突都涉及国家公权力的介入，正当防卫作为违法阻却事由而得以出罪化，实际上是国家通过对防卫人行为的正面评价而限制了不法侵害人的权益。因此，其也必然要受到比例原则的制约。

2. 比例原则在行为限度标准中的具体展开

如前所述，比例原则的具体内容包括：（1）妥当性原则；（2）必要性原则；（3）狭义比例原则，而在行为是否明显超过必要限度的标准判断中，其应当按照这一顺序进行展开。其中，必要性原则是核心，而妥当性原则不具有独立的判断价值和意义。

妥当性原则，又称合目的性原则，其要求所采取的手段能够达到所追求的目的，而在正当防卫中则是要求行为人所采取的行为能够制止不法侵害。但应当认识到的是，在防卫行为是否明显超过必要限度的判断过程中，妥当性原则不具有独立判断的价值和意义。究其原因，妥当性原则实际上是对行为的指向方向的限制，这一限制是在行为是否具有防卫性质的判断中进行的。而对于行为是否属于防卫过当是在行为是否具有防卫性质之后进行判断的。换言之，一旦认定行为具有防卫性质，转而进入行为过当标准的判断过程中，那么无论防卫行为是否超过必要限度，其都能够达到阻止不法侵害行为的目的。相反，如果一个行为根本就不能达到制止不法侵害的目的，在性质判断的阶段就得以直接排除出防卫行为的范畴，根本无须进行限度判断。如偶然防卫和事后防卫等问题，实际上并不涉及防卫行为的限度问题。④

---

① 许玉镇：《试论比例原则在我国法律体系中的定位》，载《法制与社会发展》2003年第1期。
② 陈璇：《正当防卫与比例原则——刑法条文合宪性解释的尝试》，载《环球法律评论》2016年第6期。
③ 参见张翔：《基本权利冲突的规范结构与解决模式》，载《法商研究》2006年第4期。
④ 参见于改之、吕小红：《比例原则的刑法适用及其展开》，载《现代法学》2018年第4期。

也有学者指出，所谓手段与目的不妥当，也包括防卫行为超过了防卫目的即制止不法侵害的情形。但应注意的是，这一情形的判断恰恰是归于必要性原则的判断之中的。因此，也有学者指出："妥当性原则已经包含于必要手段考量中，因此，仅须就必要性原则和狭义比例原则之划分即可。"①

必要性原则或最小伤害原则是指，防卫行为必须是多种可保护法益的行为中对不法侵害人的伤害最小的一种。由于必要性原则直接指向了防卫行为的限度标准，因此其也是防卫过当中比例原则适用的核心。而在必要性原则的具体适用中，不能机械地理解其含义：第一，必要性原则并不意味着无限制的最小伤害；第二，必要性原则并不能意味着唯武器对等原则；第三，必要性原则应当受到"明显"性的外部制约。

首先，必要性原则并不意味着无限制的最小伤害，而是指在与不法侵害行为危险性相称的下限基础上，应当采取侵害最小的防卫行为。如果机械地认为必要性原则要求行为人采取无限制的最小伤害行为，那么可能会得出这样的结论：虽然不法侵害行为具有一定的危险，但倘若防卫人在不造成不法侵害人伤害的情况下就能够制止不法侵害，那么其他任何造成伤害的防卫行为都不是最小伤害行为，从而违反必要性原则，而这一结论显然违反了正当防卫的立法目的，不具有妥当性。"最温和手段的原则，由被攻击者没有必要遭受危险而相对化。"② 因此，最小伤害的下限由不法侵害的危险限定。换言之，必要性原则是指至少在与不法侵害危险性相称的基础上，应当采取损害最小的防卫行为，如不法侵害人使用木棒殴打防卫人，即使防卫人徒手就可制止不法侵害，但其同样采取了木棒进行反击的行为，不能认定为超过必要性的防卫行为，而采用枪击的行为则由于不是最小伤害行为而违反了必要性。

其次，必要性原则并不意味着唯武器对等原则，在判断防卫行为是否有必要时，应当综合武器、人数、环境、紧迫程度等因素，全方位地判断不法侵害的强度。③ 而在司法实践中，往往简单地根据双方采用的武器对比来认定防卫过当，如吴玉章故意伤害案一审判决书中认定："……其目的在于阻断包某2成一方继续对自己实施加害。但其选择的阻断工具相对于包某2成一方使用的加害工具而言更加具有攻击性，阻断方法也明显超过了必要限度，造成死亡一人的严重后果。"④ 据此认定防卫人构成防卫过当。应当注意的是，虽然双方采用的武器在很大程度上反映了不法侵害的强度和防卫行为的危险性。但武器并不是决定侵害强度的唯一因素。即使防卫行为所采用的武器较加害工具更具攻击性，但如果侵害人一方在人

---

① 参见余凌云：《论行政法上的比例原则》，载《法学家》2002年第2期。
② 参见张明楷：《正当防卫的原理及其运用——对二元论的批判性考察》，载《环球法律评论》2018年第2期。
③ 参见吴允锋：《正当防卫限度的判断规则》，载《政治与法律》2018年第6期。
④ 参见凯里市人民法院（2018）黔2601刑初50号判决书。

数、环境等因素上占据明显优势，也应当认为防卫行为符合必要性原则。① 而武器因素则应当是在不具有其他优势情形下据以认定的因素。

最后，必要性原则应当受到"明显"要素的外部制约。根据我国《刑法》第20条第2款规定，只有"明显"超过必要限度造成严重损害的，才成立防卫过当。换言之，即使行为不符合必要性原则，只要其不属于明显超过必要性原则的，都不应当认定为防卫过当。这一明显性的认定应当以一般理性人的视角进行判断，通过对应然防卫行为和实然行为可能造成的法益侵害危险进行比较确定，只有在存在跨越性差异的情况下，才能认定为具有明显性。例如，应然防卫行为可能造成的法益侵害危险为重伤，而实际行为的危险行为为死亡的，不应当认定为明显超过必要限度。

狭义比例原则在防卫过当的标准判断中要求衡量防卫行为所保护的法益和侵害的法益。如果所侵害的法益远高于所保护的法益，则行为不具有正当性。然而，由于狭义比例原则强调利益衡量，往往会导向唯结果论的结论，因此有学者认为在正当防卫的适用中，不应当考虑狭义比例原则。② 这样的观点是值得商榷的。首先，在行为限度标准判断中的狭义比例原则并非单纯地衡量实际发生的法益侵害结果，而是要衡量防卫行为与不法侵害行为可能造成的法益侵害危险，在行为具有多种法益侵害的可能的情况下，应当选择具有相当性的法益侵害危险进行衡量。这一衡量是基于行为评价的基础上，并不会当然地导致唯结果论。其次，比例原则的特点就在于法益均衡的考量，如果放弃狭义比例原则的适用，那么传统的必需说的观点就足以解决问题，而不具有引入比例原则的必要性。最后，有学者认为，如果考虑狭义比例原则的法益衡量，那么在遵守了必要性原则但违背了狭义比例原则的情况下，就会使得防卫人产生实际上的回避义务，即防卫人或者放任自己的财产遭受损失，或者实施反击却成立防卫过当，进而接受刑法的制裁，而这恰恰与正当防卫所主张的"法无须向不法让步"相悖，也不能实现正当防卫的"制止不法侵害"的目的。③ 因此，要求排除利益衡量的要素。

然而，这样的观点恐怕是值得商榷的，即使认为行为人构成防卫过当，而在不法层面上不能成为违法性阻却事由。但在责任层面上，在前述的行为人为了制止不法侵害而不得已实施唯一的或者已经是最小伤害的防卫行为的情形下，即便法益或法益侵害危险相差悬殊，行为人也并不具有期待可能性。期待可能性理论作为超法规的责任阻却事由，同样得以完成行为出罪化的任务，使得防卫人免受刑法的制裁，从而保证其合法的权益。通过比例原则之外的期待可能性原则的适用，即将法益损害悬殊的防卫行为评价为不法行为从而防止防卫权的滥用，又在不具有期待可

---

① 陈兴良：《正当防卫如何才能避免沦为僵尸条款——以于欢故意伤害案一审判决为例的刑法教义学分析》，载《法学家》2017年第5期。

② 参见于改之、吕小红：《比例原则的刑法适用及其展开》，载《现代法学》2018年第4期；陈璇：《正当防卫与比例原则——刑法条文合宪性解释的尝试》，载《环球法律评论》2016年第6期；劳东燕：《结果无价值逻辑的实务透视：以防卫过当为视角的展开》，载《政治与法律》2015年第1期。

③ 参见冯军：《防卫过当：性质、成立要件与考察方法》，载《法学》2019年第1期。

能性的情形下否定行为人的责任进而实现刑法的宽宥。既发挥了刑法的行为规制机能，也从裁判规范上实现了正义，更能实现情、理、法的统一。① 因此，基于目的性解释放弃狭义比例原则的适用，恐怕是不具有合理性的。

（二）以"存疑有利于被告人原则"建构程序法标准

存疑有利于被告人这一古老法谚，在现代法制当中是"无罪推定"法理的具体体现。这一法谚促使刑事诉讼中产生了独有的举证责任制度，即负担举证责任的人，原则上是检察官，被告人只就例外的特殊事实承担举证责任。因此，不管是应该构罪的事实，还是法律上阻却犯罪成立的事实的不存在等，原则上都应该由检察官负责举证。在正当防卫语境下，在判断是否构成防卫过当的司法裁判中，往往对侵害人的侵害行为程度无法做出准确的认定，在举证责任分配上，检察官需要提出确实充分的证明，证实侵害人的侵害行为不可能为"行凶、杀人、抢劫、强奸、绑架以及其他严重危及人身安全的暴力犯罪"。一旦这一事实的认定存在疑问，则"存疑有利于被告人原则"就会具有独立意义予以登场。这一原则要求在事实并不明确的场合，做有利于被告人解释的判决。对此，需要回答三个问题：第一，"存疑有利于被告人原则"存在的依据是什么？第二，"存疑有利于被告人原则"在防卫过当的判断中是否有先例？第三，"存疑有利于被告人原则"在防卫过当的判断中如何适用？

1. "存疑有利于被告人原则"的适用依据

实际上，在刑事诉讼法的原则中，"存疑有利于被告人原则"，并非被普遍认为具有正当性的原则，而且与此同时，在个别的讨论中甚至有人认为这不是一个原则。② 在德国，早已就该原则的妥当性根基进行过广泛的讨论，其根基从诉讼程序的演绎、推论的尝试开始，甚至上升到了宪法规定、人身保护法等实体法规定中。而且，更大的问题是，关于这一原则的有效范围，即这一原则只是程序法上的原则，还是可以超越程序法，在实体法规定上也可予以适用，一直也在争议中。③ 那么，就有必要就"存疑有利于被告人原则"在我国刑事裁判中的适用可能性，进行证成。

关于本原则的根据，就要谈及两个阶段。第一个是规范上的根据，即刑事裁判所负有应该遵从该原则的义务之根据。第二个则是实质的根据，即该原则存在必要性的理由。

首先，"存疑有利于被告人原则"具有宪法性根基。"存疑有利于被告人原则"

---

① 参见姜涛：《行为不法与责任阻却："于欢案"的刑法教义学解答》，载《法律科学》2019年第1期。

② Wolfgang Frisch, Zum Wesen des Grundsatzes "In dubio pro reo", Grndfragen der gesamten strafrechtswissenschaft, Festschrift fur Heirich Henkel zum 70. Geburstag am 12. September 1973, Walter de gruyter 1974, S. 273ff.

③ Vgl. Andreas Michael, Der Grundsatz in dubio pro reo im Straferfahrensrecht, Frankfurter criminalwissenschaftliche Studien 7, 1981, Verlag Peter Lang. S. 17ff. 参见朝仓京一：《关于存疑有利于被告人原则的实体刑法的本能》，载《专修大学法学研究所纪要》（1983年卷），第1页；赵运锋：《存疑有利于被告的反思与深化》，载《江苏警官学院学报》2013年第1期；袁国何：《刑法解释中有利于被告人原则之证否》，载《政治与法律》2017年第6期；载冀洋：《"存疑有利于被告人"的刑法解释规则之提倡》，载《法制与社会发展》2018年第4期。

的根本功能在于刑事诉讼过程中，保障被告人的基本权利。而刑事诉讼是建构在正当程序的基础上的，以实现证据收集的合法性，保证事实认定的准确性，进而促使被告人权利保障。因此，归根结底，"存疑有利于被告人原则"作为一种裁判时应遵守的规则，是正当程序的应有之义。换言之，刑事诉讼程序必须是"法律规定的正当程序"，"存疑有利于被告人原则"，被认为这种"正当程序"的重要部分。①而我国宪法中所规定的"国家尊重和保障人权"作为总括性的法治宣誓，是"存疑有利于被告人原则"的根本性支撑。另外，作为正当程序的宪法规范的表征，在我国宪法中主要表现为第 37 条和第 39 条。虽然这两条规范字面内涵似乎局限为侦查程序，但是宪法的解释具有强大的生命力。作为法治国家的基础之一的正当程序原则，已经通过明示或默示的方式在各国宪法中予以确立。②我国宪法亦可以结合"'国家尊重和保障人权'的概括性条款，衍生解释出宪法中的正当程序原则"③。

其次，"存疑有利于被告人原则"也具有刑事诉讼法根基。在我国刑事诉讼法中，并没有明确规定在审判中要遵循"存疑有利于被告人原则"的条文。在这一意义下，该原则与其说直接来源于刑事诉讼法条文，倒不如说是从刑事诉讼法解释中推导出来的。能够推导出该原则的基本规范是《刑事诉讼法》第 200 条第 3 项，"证据不足，不能认定被告人有罪的，应当作出证据不足、指控的犯罪不能成立的无罪判决"。这是规定检察官有负"犯罪证明"的责任，即应遵循"存疑有利于被告人原则"。对于本条所反映的"存疑有利于被告人原则"的理解，应做实质性解读，一方面，作为证明被告人犯罪的整体证据体系，在构建事实上存在疑问的时候，应当做有利于被告人的处理——无罪判决；另一方面，作为证明被告人犯罪的部分证据体系，在构建部分事实上存在多种可能的时候，也应当将该事实做有利于被告人的认定。

最后，从实质根据的角度来看，在当事人主义中，从追诉方（检察官）和被告人方的实质平等化，"存疑有利于被告人原则"具有必要性。④ 检察官和被告人作为对等的刑事诉讼主体进行对抗，裁判所作为第三者来进行裁判，这是现代当事人主义的基本框架。但是，在现实中，以国家为背景的检察官和独立个人的被告人在收集证据的能力上存在很大的差异。因此，为了调整力量上的差别，就将所有的举证责任让检察官来负担。检察官一方和被告人一方，在举证能力上确实存在差异。但是，在采纳法院通过职权来查明事实的职权主义的德国，"存疑有利于被告人原则"也是自古有之。换言之，该原则并不是当事人主义所固有的原则。另外，即便是刑事案件，很多国家也承认通过私人追诉的制度（自诉案件），自诉人在没有警

---

① 参见［日］田宫裕：《刑事诉讼法（新版）》，有斐阁 1996 年版，第 301 页。
② 参见蒋慧：《正当程序条款的不同命运——美国宪法和印度制宪会议旧事》，载《华东政法大学学报》2016 年第 3 期；刘东亮：《论实体性正当程序》，载《法治研究》2017 年第 2 期。
③ 郭殊：《我国正当程序原则的规范诠释与体系构造——以宪法上的"禁止非法搜查"为中心》，载《浙江学刊》2017 年第 3 期。
④ 参见［日］井户田侃：《无罪推定的法理——刑事诉讼的现实和课题》，载《近代刑事法的理念和现实——柏木千秋先生喜寿纪念论文集》，立花书房 1991 年版，第 329-330 页。

察和检察官的特别帮助下，追诉人与被追诉人就处在实质平等的地位上，但是，即便是私人追诉制度，"存疑有利于被告人原则"也是不能被否定的。因此，在域外司法实践中，如最高裁判所就通过判例确认"存疑有利于被告人原则"是"刑事裁判中的铁律"。① 这一原则对于日本的裁判所无疑是具有拘束力的。

2. 正当防卫中"存疑有利于被告人原则"的适用情形

在刑事诉讼中，举证责任不做分配，除了犯罪构成要件该当性事实，作为处罚条件的事实、作为法律上刑罚加重利用的事实；还有作为违法阻却事由、责任阻却事由、处罚阻却事由、法律上减免理由的事实不存在，都应由检察官来负担举证责任。比如，从被告人方面来看，产生可能成立正当防卫的疑问，有足够的证据提出，检察官必须提出证据证明不存在。具体而言，刑法所规定的正当防卫在要件满足的情况下，即便存在杀人的行为也被认为是合法的，会做无罪的认定。被告人虽然主张正当防卫，但是否真的有来自相对方的侵害之事实并不明确。在这一场合中，根据"存疑有利于被告人原则"，应做正当防卫的认定，即通说认为此事应该视为无罪。②

在正当防卫的认定中，适用"存疑有利于被告人原则"，在域内外的审判实践中都有先例。

在日本的一起判例中，被告人因被知道其男友和被害人一直一起出门上班，认为二人正在交往，故跟踪被害人找到其住址。其后，被告人于某日早晨来到被害人住处，在被害人室内，用刀刃类的凶器对被害人的左胸部、右乳房部、右侧胸部等部位扎刺（以下简称第一行为）；而后，用浴巾拧住被害人颈部（以下简称第二行为），致被害人颈部受压迫窒息死亡。③

关于第一行为是否成立过剩防卫，原判决认为，"只有被害人的左胸部、右乳房部的开放性伤口和被告人右下腿部的刺伤产生的顺序，在证据上存在不明之处，考虑到对被告人有利的情形，被告人在扎刺被害人左胸部之前，被害人有可能扎刺了被告人的右下腿部，在证据上，这种可能性无法完全否定。这种情况下，被害人空手对被告人，不得不用菜刀进行攻击，检察官无法对此予以合理地否定。因此，被告人在扎刺被害人左胸部等部位的时候，不得不说存在急迫不正的侵害"。在这一前提下，"被告人扎刺被害人左胸部等的行为，可以说是对急迫不正侵害的防卫行为，被害人的侵害行为，只是扎刺右下腿部，不会导致生命危险，对此被告人朝被害人的胸部数次扎刺，所以被告人的行为在防卫手段上脱离了相当性，成立过剩防卫"。这一认定，可以说是检察官无法证明在第一行为之前，被害人的侵害行为不存在，因而使用"存疑有利于被告人原则"的体现。④

我国在司法实践中，也存在适用"存疑有利于被告人原则"的先例，最为典型

---

① 参见最决昭和 50.5.20 刑集 29 卷 5 号 177 页。
② [日] 后藤昭：《存疑有利于被告人》，载《一桥论丛》1997 年第 4 号，第 573-591 页。
③ 京都地判平 25.5.31LEX/DB 文献番号 25504333。
④ [日] 井上宜裕：《防卫过当成立与否和存疑有利于被告人原则》，载《新·判例解说 watch：速报判例解说》2015 年第 16 号，第 175-178 页。

的是于海明正当防卫一案。在该案中，检察官意见认为"刘某攻击行为凶狠，所持凶器可轻易致人死伤，随着事态发展，接下来会造成什么样的损害后果难以预料，于海明的人身安全处于现实的、急迫的和严重的危险之下。刘某具有抱持杀人的故意还是伤害的故意不确定，正是许多行凶行为的特征，而不是认定的障碍"（以下简称第一次防卫行为）。"刘某受伤后又立刻跑向之前藏匿砍刀的汽车，于海明此时做不间断的追击也符合防卫的需要"（以下简称第二次防卫行为）。[①]

通过本起检察院指导性案例，可以发现"存疑有利于被告人原则"可以作为规范的分析工具。在于海明实施第一次防卫行为时，刘某是"用刀面击打于海明颈部、腰部、腿部"，那么其行为到底是伤害、杀害，还是只是恐吓、威慑？这一事实的认定存在疑问，"难以预料"，基于"存疑有利于被告人原则"，检察院对该事实做了有利于于海明的认定，即认定刘某的行为会对于海明的身体、生命权法益产生严重侵害。在于海明实施第二次防卫行为时，刘某向之前藏匿砍刀的汽车处跑去。那么，在紧急之下，刘某的行为到底是寻找武器实施攻击，还是逃到车内躲避？这一事实的认定也存在疑问，同样基于"存疑有利于被告人原则"，检察院的意见认为于海明的行为"符合防卫的需要"。

3. 正当防卫中"存疑有利于被告人原则"的适用规则

"存疑有利于被告人原则"在防卫行为是否过当的判断中的适用，主要是针对《刑法》第20条第3款所规定的"无限防卫权"。"无限防卫权"的解冻对于防止正当防卫陷入"僵尸条款"具有极为重要的意义。在正当防卫的案件中，之所以会出现防卫过当认定比率居高，多是因为对于侵害人实施的侵害能否被认定为"行凶、杀人、抢劫、强奸、绑架以及其他严重危及人身安全的暴力犯罪"（以下简称暴力犯罪）存在争议，在这种情况下，防卫人实施防卫行为导致侵害人死亡就很容易被认定为防卫过当。因为司法机关的认定逻辑是：不能100%地认定侵害人实施的侵害行为是"暴力犯罪"，所以侵害人实施的行为不是"暴力犯罪"，则防卫人的防卫致侵害人死亡就属于防卫过当。

因为侵害人实施的侵害行为到底属于何种类型，是建立在事实判断基础上的规范判断，本质上是事实判断。当无法准确地判断出侵害人实施的侵害是属于"暴力犯罪"还是非"暴力犯罪"时，则属于事实存在疑问，那么此时应当做有利于被告人（防卫人）的解释，宜认定侵害行为属于"暴力犯罪"，防卫人可以行使无限防卫权。按照司法机关的认定逻辑，则采取的是"存疑不利于被告人原则"，显然不尽合理。

当然，存疑有利于被告人主要适用于《刑法》第20条第3款，并不意味着对于一般防卫行为就没有适用的余地。正如前文所述，在判断不法侵害和防卫行为的强度时，应当衡量二者的法益侵害危险，在一个行为具有多种法益侵害可能的情况下，应当选择具有相当性的法益侵害危险进行衡量。但在不能明确哪一个法益侵害危险更具相当性的情况下，应当根据"存疑有利于被告人原则"，对不法侵害，选

[①] 参见于海明正当防卫案（检例第47号）。

择更重的法益侵害危险，而对防卫行为选择更轻的法益侵害危险，从而将防卫行为纳入限度之内。例如，不法侵害行为既可能造成轻伤，也可能造成重伤的，二者不能确定何者更具相当性时，应当认定具有造成重伤的法益侵害危险，而对防卫行为应当认定具有造成轻伤的法益侵害危险。

最后，为了避免滥用"存疑有利于被告人原则"，防止防卫过当判断标准缺乏正当性，需要明确界定"存疑有利于被告人原则"中，"存疑"的程度问题。换言之，对于侵害人的侵害行为属于何种类型，会侵害何种法益，达到什么样的"存疑"程度时，可以做有利于被告人的解释呢？"怀疑本身极不稳定，怀疑之中究竟包含多大的'疑'通常无法测量分析。"① 根据体系解释的方法，在《刑事诉讼法》当中，"疑"的概念还存在于"排除合理怀疑"这一表述之中。因此，"存疑有利于被告人原则"中"疑"的程度应当与"排除合理怀疑"中"疑"的程度等同。

六、结语

在"唯结果论"盛行的司法实践大背景下，要求给正当防卫制度松绑的呼声越发高涨。理论界所给出的方案，无论是"双重标准论"还是"一体论"，虽然在指导性案例的烘托下，似乎具有很强的理论指导性效应。但是，由于它们仍然保留了结果判断要素，当社会关注正当防卫的热度退却之后，恐怕司法实践还有倒退到"唯结果论"的风险。或许建立"行为限度单独标准"，彻底摒弃结果判断要素，并通过"比例原则"和"存疑有利于被告人原则"，站在实体法和程序法角度，构建"行为超过必要限度"判断的双重保险，才能更好地让正当防卫制度不再成为"僵尸条款"。

---

① 栗峥：《合理怀疑的本土类型与法理建构》，载《中国社会科学》2019年第4期。

刑民一体化视角下的防卫过当

王 红[*]

一、防卫过当的刑、民立法与司法

（一）防卫过当的刑、民立法演变

我国刑法对防卫过当的立法经历了一次重大修改。1979年《刑法》第17条第2款规定："正当防卫超过必要限度造成不应有的危害的，应当负刑事责任；但是应当酌情减轻或者免除处罚。"因为受"法条宜粗不宜细"的指导思想的影响，以及出于避免正当防卫权利被滥用等原因的考虑，1979年刑法典对正当防卫限度的规定过于原则和笼统，以至于实践中对正当防卫掌握过严，对防卫过当掌握过宽，致使受害人不仅得不到保护，反而会被以防卫过当追究刑事责任，伤害了人民群众见义勇为的积极性。[①] 因此，在1997年刑法典修订的过程中，立法机关将正当防卫的限度条件进一步放宽为"明显超过必要限度造成重大损害的"，旨在力求划清正当防卫与防卫过当的界限，鼓励公民积极行使正当防卫权利。另外，立法机关为了统一实践中对防卫过当的处罚标准，删除了"酌情"这一可能导致司法随意性的表述。据此，1997年《刑法》第20条第2款修订为："正当防卫明显超过必要限度造成重大损害的，应当负刑事责任，但是应当减轻或者免除处罚。"

我国民法对防卫过当的立法集中体现在《民法通则》第128条、《侵权责任法》第30条和《民法总则》第181条。与世界上绝大多数国家和地区所采取的"刑民防卫过当一元化"的立法模式[②]相同，我国《民法通则》第128条对防卫过当的立法规定基本援用了1979年刑法典的相关表述，即"正当防卫超过必要的限度，造成不应有的损害的，应当承担适当的民事责任"。应当说，在此后至1997年《刑法》修订前的十年间，我国刑、民法关于防卫过当的立法内容基本相同。因此，行为人的防卫行为如果超过必要限度造成不应有的危（损）害，可能同时具有犯罪和侵权的性质和后果，不仅应当承担刑事责任，还应当承担适当的民事责任。然

---

[*] 北京师范大学刑事法律科学研究院2017级刑法学博士研究生。

[①] 高铭暄：《中华人民共和国刑法的孕育诞生和发展完善》，北京大学出版社2015年版，第197页。

[②] 杨秀朝副教授从学理上提炼出各国刑、民法对正当防卫限度条件的两种立法模式：第一种是"刑民一元化"模式，即民法上对正当防卫的立法与刑法上的规定完全相同或实质相同。这又分为三种情形，其一，有的国家在民法上不作任何规定，直接援用刑法中有关正当防卫的规定，如法国、荷兰、西班牙；其二，有的国家在民法上仅作简单的宣示性规定，有关正当防卫的概念及构成要件均援用刑法中的相关规定，如意大利、奥地利、瑞士；其三，还有的国家和地区在民法中规定了正当防卫的概念及适用条件，但与刑法的规定基本相同，如德国、日本、我国台湾地区。第二种是"刑民二元化"模式，即民法上对正当防卫的立法与刑法上的规定有所不同，如俄罗斯以及1997年刑法修订后的我国。参见杨秀朝：《民法上正当防卫限度条件的立法与适用》，载《求索》2010年第9期。

而,在1997年《刑法》将防卫过当的认定标准从"超过必要限度造成不应有的危害"放宽为"明显超过必要限度造成重大损害"这一重大修法背景下,2009年颁布的《侵权责任法》第30条对防卫过当的立法依然基本沿用了《民法通则》第128条的表述,即"正当防卫超过必要的限度,造成不应有的损害的,正当防卫人应当承担适当的责任"。无独有偶,2017年颁行的《民法总则》第181条对防卫过当的规定亦选择与《民法通则》《侵权责任法》保持一致,即"正当防卫超过必要的限度,造成不应有的损害的,正当防卫人应当承担适当的民事责任"。由此,刑法上应当承担刑事责任的防卫过当与民法中应当承担民事侵权责任的防卫过当在认定标准上出现了"裂痕"。目前,我国刑、民法在防卫过当立法内容上的规范表述差异,是否为立法者高瞻远瞩、统揽全局的考虑安排①,我们不得而知,但是,可以肯定的是,我国防卫过当之立法模式在客观表现形式上的确经历了从"刑民一元化"到"刑民二元化"的转变②。

(二)防卫过当的刑、民司法实务暨问题的提出

正当防卫制度在刑事司法实践中的实际运行状况在2017年"于欢故意伤害案"发生后被刑法学者越来越尖锐、全面、深刻地揭露。正当防卫权本是法律赋予公民在公权力难以及时介入的紧急情况下的私人救济权,但长期以来,我国刑事司法实务对正当防卫的认定,特别是对不法侵害和防卫限度的把握,一直存在限制过严的倾向,以至于正当防卫在相当程度上已经沦为"僵尸条款"。③ 我们知道,在涉及正当防卫的案件中常常出现非死即伤的严重后果,然而,受制于司法裁判"纠纷解决"的功能定位、国家治理"维稳优先"的秩序选择以及传统文化"死者为大"

---

① "民、刑法上对正当防卫的限度条件规定的不统一,究竟是立法的疏忽,还是另有原因?笔者认为,站在立法的角度,立法者不仅具有专业的法律知识,还具有丰富的立法经验和高超的立法技巧,对法律的立、改、废等重大事宜均会作出高瞻远瞩、统揽全局的考虑安排,不可能对正当防卫在民、刑法的协调上犯如此低级的错误。唯一的合理解释是,民、刑法上正当防卫的规定本应不同,所以民法不必随着刑法的修改而修改。或者说,正是由于刑法对正当防卫的限度条件作了修改,而民法依然保留原有的必要限度标准,才将民、刑法上的正当防卫由过去的混淆状态真正区别开来。"参见王洪芳:《正当防卫在民、刑法上的构成条件比较》,载《乐山师范学院学报》2003年第9期。

② 对防卫过当的刑、民立法是否containing有一元模式与二元模式之分,陈航教授曾提出了质疑:"从理论上讲,由法秩序的统一性原理和违法性的一元论所决定,刑、民法对防卫过当的判断只能是同向性、非互逆的判断,即'一元论'的判断,过度解读刑、民法上关于防卫过当的立法差异应予否定。从实践中看,并不存在同一防卫行为既被定性为刑法中的正当防卫又被认为民法上的防卫过当的案件。因此,尽管1997年刑法修订后客观上造成刑、民法对防卫过当的规范表述不同,但无论在刑法还是民法上,防卫过当都应当被统一解释为'一般无可争议地认为,该防卫行为已超过了制止不法侵害所必要的限度,并因此造成了重大损害。'"参见陈航:《"民刑法防卫过当二元论"质疑》,载《法学家》2016年第3期。应当说,陈航教授从实质层面对民、刑法防卫过当二元的判断标准提出了批判,值得肯定。但是,本文仍基本采用我国防卫过当刑民二元化的立法模式之谓,因为从立法的表现形式上看,刑法上"明显超过必要限度造成重大损害"与民法中"超过必要限度造成不应有的损害"确实存在文字表述上的显著差异。

③ 参见梁根林:《防卫过当不法判断的立场、标准与逻辑》,载《法学》2019年第2期;陈兴良:《正当防卫如何才能避免沦为僵尸条款——以于欢故意伤害案一审判决为例的法教义学分析》,载《法学家》2017年第5期。

的观念桎梏，① 法院的判决深陷"唯结果论"的思维惯性，具体、突出的表现为：第一，片面、机械地理解正当防卫的前提，将"正在进行的"不法侵害限定为"严重的、紧迫的"不法侵害。法官在造成死伤结果的案件中，总是倾向否定行为的防卫性质，而直接以故意犯罪论处，特别是在非法侵入住宅、非法拘禁、一般挑衅、生活纠纷等场合。第二，在防卫主观上单纯追求防卫意图的纯正性，完全排除攻击、加害意思等因素，特别是在预见侵害事先准备了工具、自我招致侵害、可能退避或者求助第三方等场合，导致大量原本具有防卫性质的案件被错误地认定为互相斗殴，进而按照故意犯罪定罪。第三，仅根据防卫行为所造成的损害结果来简单判断防卫行为是否"明显超过必要限度造成重大损害"，这种混同防卫行为必要性和防卫结果相当性且强调防卫结果优先的裁判逻辑使得司法实践中成立防卫过当的情形相当普遍，而成立正当防卫的空间几乎被压缩为零。②

上述被刑法学者所揭示的正当防卫制度在刑事司法实践中出现的严重异化现象，均是从刑法定罪量刑的层面进行考察与反思的发现。然而，我们知道，正当防卫除了是刑法上的正当化事由、违法阻却事由，还是民法中的责任免除事由③，防卫过当不仅要承担刑事责任，还要承担适当的民事侵权责任。因此，在刑法层面不当的否定行为的防卫性质、错误地将正当防卫认定为防卫过当甚至故意犯罪，不仅会直接影响行为人的定罪量刑，还将进一步影响行为人的民事责任承担（主要影响法院对双方过错的认定以及责任的分摊）。事实上，由于实务中刑法上扩张认定防卫过当，当事人通过刑事附带民事诉讼解决损害赔偿居多，而单纯民法上的防卫过当损害责任纠纷数量极少。④ 令问题更为复杂的是，刑、民法上对正当防卫限度条件的规范表述存在明显的不一致，"明显超过必要限度造成重大损害"与"超过必要限度造成不应有的损害"究竟应理解为两个不同的判断标准，还是仅因刑法单方修法造成形式差异但实质相同的同一标准？是否存在刑法上被认定为正当防卫、阻却犯罪，但在民法上又被认定为防卫过当、应当承担适当民事责任的情形？这不仅是目前刑法学者在法教义学上重新理解正当防卫限度条件的规范内涵所遗漏和忽视的地方，更是防卫人和不法侵害人对防卫行为所造成的人身损害应否承担以及承担多少民事责任的共同关切。

---

① 参见劳东燕：《正当防卫的异化与刑法系统的功能》，载《法学家》2018年第5期；陈璇：《正当防卫、维稳优先与结果导向——以"于欢故意伤害案"为契机展开的法理思考》，载《法律科学（西北政法大学学报）》2018年第3期。

② 参见劳东燕：《正当防卫的异化与刑法系统的功能》，载《法学家》2018年第5期；周光权：《正当防卫的司法异化与纠偏思路》，载《法学评论》2017年第5期；陈璇：《克服正当防卫判断中的"道德洁癖"》，载《清华法学》2016年第2期。

③ 在民法中，基本不用"正当化事由"或"阻却违法事由"的称谓。多数学者认为，违法阻却事由实际上是一个免责问题，对免责事由的解释和确定，只须依赖于法律的单独规定，而无须经由违法确定为侵权行为构成要件的解释途径。参见王骏：《正当化事由的刑民关系初探》，载《法治研究》2013年第11期。

④ 参见谢文哲：《防卫过当损害责任纠纷诉讼研究》，华东政法大学2018年硕士学位论文，第5-6页。

二、防卫过当的类型

随着当前刑法学界对防卫过当判断标准的整体反思,特别是对"明显超过必要限度"与"造成重大损害"之间关系的重新思考,将不法层面的防卫过当与不法且有责层面的防卫过当区分开来,成为限缩防卫过当成立范围的新路径。对于不法且有责层面的防卫过当,防卫人应当承担刑事责任,毋庸置疑,但是对于不法层面的防卫过当,防卫人虽不需要承担刑事责任,但对防卫行为所造成的损害结果,应当承担民事责任吗?本文结合刑法理论对防卫过当判断标准的新进展,拟将刑法上成罪的防卫过当与民法上不成罪的防卫过当区分、衔接起来,在刑民一体化的视角下构建防卫过当的类型。

(一)刑法上成罪的防卫过当

在刑法上,防卫行为如果明显超过必要限度造成重大损害,则具有犯罪的性质,防卫人应当承担刑事责任。因此,从某种程度上可以说,防卫行为符合《刑法》第 20 条第 2 款规定的,均是成罪的防卫过当,或是不法且有责的防卫过当。

具体地,我们知道,"明显超过必要限度造成重大损害"是防卫过当的唯一判断标准,如何理解"明显超过必要限度"与"造成重大损害"的关系在很大程度上影响了对防卫过当是否成罪的判断。"一体说"(或"一元论""单一条件说")将防卫行为与防卫结果视为一个有机联系的整体,只有防卫行为的强度明显超过了必要的限度,才会造成重大的危害结果,反之,只是在造成重大损害的情况下,才存在明显超过必要限度的问题,不存在行为过当而结果不过当或者结果过当而行为不过当的情形。[①] 该说在 1997 年刑法修订前是有较强影响力的理论。但是,与结果无价值论、法益衡量说一脉相承的"一体说"在司法实践效果上却常常不当地限缩了正当防卫的成立空间,而扩张了防卫过当的成立范围。因此,"二分说"(或"二元论""双重独立条件说")逐渐跃升为学界当前的通说。该观点认为,"明显超过必要限度"与"造成重大损害"是两个独立的条件,前者是就防卫行为本身而言的,后者则是针对防卫造成的结果,只有同时满足这两个条件,才能构成防卫过当。[②] 并且,防卫手段是否"明显超过必要限度"是判断防卫过当的主要、决定性的条件,防卫后果是否"造成重大损害"是次要的、辅助性的条件。[③] 最高检在已发布的指导性案例中亦明确采用了此观点,即"刑法规定的限度条件是'明显超过必要限度造成重大损害',具体而言,行为人的防卫措施虽明显超过必要限度但防卫结果客观上并未造成重大损害,或者防卫结果虽然客观上造成重大损害但防

---

① 参见姜伟:《行为过当与结果过当关系质疑》,载《中国社会科学》1984 年第 5 期;马克昌主编:《犯罪通论》,武汉大学出版社 1999 年版,第 754-755 页;张明楷:《刑法学(上)》(第 5 版),法律出版社 2016 年版,第 212 页。

② 参见陈兴良:《规范刑法学(上)》(第 3 版),中国人民大学出版社 2013 年版,第 149 页;劳东燕:《防卫过当的认定与结果无价值论的不足》,载《中外法学》2015 年第 5 期。

③ 参见周光权:《正当防卫的司法异化与纠偏思路》,载《法学评论》2017 年第 5 期;邹兵建:《正当防卫中"明显超过必要限度"的法教义学研究》,载《法学》2018 年第 11 期。

措施并未明显超过必要限度,均不能认定为防卫过当"①。

据以上刑法理论与司法实务在防卫过当的判断标准上最新达成的基本共识,本文认为,在刑法上成罪的防卫过当仅指防卫行为明显超过必要限度,且造成重大损害这一种情形,即成罪的防卫过当=行为过当+结果过当。对于防卫行为虽明显超过必要限度但没有造成重大损害(行为过当但结果不过当)和防卫行为未明显超过必要限度却造成重大损害(行为不过当但结果过当),均不能认定为成罪的防卫过当,不承担刑事责任。

(二) 民法上不成罪的防卫过当

承上所述,防卫行为明显超过必要限度但没有造成重大损害和防卫行为未明显超过必要限度但造成重大损害的情形均不能认定为刑法上成罪的防卫过当,不承担刑事责任,那么,在该种情形下,防卫人对防卫行为所造成的损害结果,特别是对不法侵害人身体健康所造成的侵害,应否承担适当的民事责任?对此学理上可能存在一些不同的意见:第一种观点认为,刑法上的防卫过当是行为过当与结果过当的统一,因此以下三种情形,包括明显超过必要限度但没有造成重大损害,虽造成重大损害但没有明显超过必要限度,虽既造成重大损害又超过必要限度但超过的程度未达到"明显"的要求,均不构成防卫过当,而应成立正当防卫。② 正当防卫是"正"的行为,即合法的行为。由法秩序的统一性原理和违法的一元论所决定,在刑法上合法的行为,在民法上也必然是合法的行为。故,对上述两种情形,既不能认定为刑法上的防卫过当,也不能认定为民法上的防卫过当,因而无须承担民事责任。第二种观点认为,违法性应当分两个层面进行理解,从根本上讲,违法性是对法秩序的违反,在此基础上,违法性在不同法领域的表现形式存在不同的种类和轻重阶段,要求的"量"和"质"也存在不同。③ 我国的刑法采取既定性又定量的立法模式,具有二次规范性,因而"犯罪必须违法,但违法未必犯罪"。④ 因此,在刑法上构成正当防卫的;在民法上未必亦构成正当防卫,在民法上构成防卫过当的,在刑法上未必亦构成防卫过当。并且,民法中的损害赔偿是对损害的填补,民事责任仅以损害的有无为基础,故,对上述两种情形,虽不再认定为刑法上成罪的防卫过当,但仍可以认定为民法上的防卫过当。

本文认为,刑法上成罪的防卫过当是行为过当和结果过当的统一,对明显超过必要限度但并未造成重大损害,或者未明显超过必要限度但造成重大损害的防卫行为,虽不再认定为刑法上成罪的防卫过当,但是,对这两种情形,是否成立刑法上的正当防卫?实际上,最高检仅指明不能认定为防卫过当,并未明确该种情形就一

---

① 参见最高人民检察院2018年12月19日发布第十二批指导性案例中的"陈某正当防卫案(检例第45号)"。

② 参见冯军:《防卫过当:性质、成立要件与考察方法》,载《法学》2019年第1期;劳东燕:《正当防卫的异化与刑法系统的功能》,载《法学家》2018年第5期。

③ 参见[日]团藤重光:《刑法纲要总论》,创文社1990年版,第192页;[日]佐伯千仞:《关于刑法违法性的理论》,有斐阁1974年版,第392页。转引自陈少青:《法秩序的统一性与违法判断的相对性》,载《法学家》2016年第3期。

④ 参见田宏杰:《行政犯的法律属性及其责任——兼及定罪机制的重构》,载《法学家》2013年第3期。

定成立正当防卫。本文亦对此持否定态度。因此，即便是在严格的违法一元论下，对于上述两种情形，仍有成立民法上的防卫过当的空间。综上，在刑法上不成罪，但在民法上成立防卫过当的，应当承担的民事责任包括：（1）防卫行为明显超过必要限度，但没有造成重大损害。理由：防卫手段明显超过必要限度，即便没有造成重大损害，但客观造成的损害也是不应有的。（2）防卫行为未明显超过必要限度，但造成重大损害。理由：防卫行为只是未明显超过必要限度，但已超过必要限度，应当认定为该重大损害是由于防卫手段过限而不应有的。（3）防卫行为超过必要限度但没有明显超过，未造成重大损害，但造成了其他不应有的损害，包括轻伤、轻微伤等。

三、防卫过当判断标准的刑民衔接

"明显超过必要限度造成重大损害"是刑法上判断防卫行为是否过当的标准，"超过必要限度造成不应有的损害"是民法上判断防卫行为是否过当的标准。虽然二者之间的立法表述差异是因 1997 年《刑法》单方修法所客观形成的，但是，基于当前刑法学界对防卫过当判断标准的法教义学的反思与重构，特别是对"明显超过必要限度造成重大损害"规范内涵的重新理解，结合 2017 年颁行的《民法总则》第 181 条对防卫过当的继承性规定，本文认为，有必要在刑民一体化的视角下，合理地区分理解"明显超过必要限度造成重大损害"与"超过必要限度造成不应有的损害"，以期实现两个判断标准的刑民衔接。

（一）"明显超过必要限度造成重大损害"

有学者通过对 722 例判决的实证考察发现，实务部门对防卫限度"明显超过必要限度造成重大损害"的认定主要是根据防卫行为所造成的损害结果，即法官在描述完防卫行为造成不法侵害人伤亡的事实后，便直接指出防卫行为明显超过必要限度造成重大损害，属于防卫过当，这类案件占比 83.24%。[①] 有鉴于司法实务中这种"唯结果论"的做法，刑法学界进一步探讨明确了"明显超过必要限度造成重大损害"的规范内涵。

第一，"明显超过必要限度"。1997 年《刑法》将正当防卫的限度条件由"超过必要限度"修改为"明显超过必要限度"，"明显"二字的增加意味着现行刑法对防卫行为的限度要求不再是一条线，而是由上下两条线所组成的一个幅度——这个幅度的底线是"必要限度"所在的那条线，顶线是"明显超过必要限度"的临界点所在的那条线。[②] 因此，当前准确地判断防卫行为是否过当必须从"必要限度"和"明显超过"两处着眼。但由于"必要限度"这一要件为刑、民法的共性规定，因此本文在此不重点讨论，而是着重阐明刑法在判断防卫过当上显著区别于民法——"明显"一词的规范内涵。

[①] 参见尹子文：《防卫过当的实务认定与反思——基于 722 份刑事判决的分析》，载《现代法学》2018 年第 1 期。

[②] 参见邹兵建：《正当防卫中"明显超过必要限度"的法教义学研究》，载《法学》2018 年第 11 期。

从文意、常识来看，所谓"明显"超过就是超过的幅度比较大，容易被一般人所觉察。然而，如何为这一主观感受找到一个合适的客观标准来衡量判断？有学者提出，"防卫行为的强度可以通过该防卫行为给不法侵害人的人身安全所造成的危险程度表现出来，而这种危险程度又会与具体的实害结果呈现出对应关系。人身安全受到损害的结果可以分为轻伤、重伤、死亡三类，相应地，防卫行为给不法侵害人的人身安全造成的危险可以分为足以致人轻伤的危险、足以致人重伤的危险、足以致人死亡的危险三类。因此，防卫行为'明显超过'必要限度就是指，实际的防卫行为给不法侵害人的人身安全所造成的危险（'实际危险'），比必要限度所允许的危险即最低强度的有效防卫行为给不法侵害人的人身安全所造成的危险（'标准危险'），至少高出一个档次"①。但该做法的问题在于，如果不法侵害是足以致人重伤或者死亡的危险（实践中的大多数情况），按照上述逻辑推理，只有在不法侵害人实施足以致人重伤的侵害而防卫人实施足以致人死亡的防卫这一情形下，才有可能"明显"超过必要限度，而在其他情形下，无论防卫行为给不法侵害人的人身安全造成何种程度的危险，基本都不会"明显"超过必要限度，从而极大地压缩了防卫过当的成立空间，走向另一极端。张明楷教授则在实践中摸索出一条"多数服从少数"的判断方法，即在判断防卫行为是否过当时，审委会或检委会中的多数人要善于倾听少数人的意见，如果有少数人主张防卫不过当，那么可以说防卫行为并不"明显"超过必要限度，因为如果明显，为什么仍有少数人认为不过当？② 本文基本认同"多数服从少数原则"在判断防卫行为是否"明显"超过必要限度上的技术性运用，但归根结底，承办涉防卫案件的法官必须不断倾听来自各方的意见，包括其他法官、检察官、律师、一般人等，在不同意见之间反复检验自己的结论，方是判断是否"明显"的审慎之态度。

第二，"造成重大损害"。"造成重大损害"一方面意味着防卫行为所造成的损害与不法侵害可能造成的损害悬殊、明显失衡；另一方面也意味着造成一般损害的不成立防卫过当，只是造成不法侵害人死亡、重伤的，才可能属于防卫过当。③ 然而，"在前述统计的 798 名犯罪人中，有 101 人因防卫过当造成不法侵害人轻伤而被认定为故意伤害罪，占比 12.66%"④。司法实务中将防卫行为给不法侵害人造成轻伤的情形也认定为"造成重大损害"，实际上只是在相对意义上理解了"造成重大损害"的含义，而忽视了"重大损害"在绝对意义上的限制，即重大损害应仅指重伤或者死亡的损害结果。从《刑法》第 20 条第 1 款、第 2 款、第 3 款的相互关系来看，第 20 条第 1 款正当防卫行为对不法侵害人造成的"损害"与第 20 条第 2 款防卫过当对不法侵害人造成的"重大损害"在损害程度上存在明显的递进关系，如果"重大损害"包含轻伤的损害结果，那么第 1 款正当防卫行为对不法侵害

---

① 参见邹兵建：《正当防卫中"明显超过必要限度"的法教义学研究》，载《法学》2018 年第 11 期。
② 张明楷：《防卫过当：判断标准与过当类型》，载《法学》2019 年第 1 期。
③ 张明楷：《刑法学（上）》（第 5 版），法律出版社 2016 年版，第 212 页。
④ 参见尹子文：《防卫过当的实务认定与反思——基于 722 份刑事判决的分析》，载《现代法学》2018 年第 1 期。

人造成的"损害"则只能是轻微伤以上的结果。我们又知道，伤害行为致人轻微伤本就不属于犯罪，如此一来，不仅显得立法多余，而且不利于鼓励公民积极同不法侵害做斗争，保护公民正当防卫的权利。因此，只有将"重大损害"解释为重伤及以上的结果才能体现出正当防卫与防卫过当在损害后果上的差别。另外，《刑法》第20条第3款在法律性质上是注意规定而非法律拟制，将第2款的"重大损害"解释为重伤及以上的结果也能与第3款所规定的"伤亡"之意暗相契合。在最高法发布的指导性案例"赵泉华故意伤害案"中，判决指出"所谓重大损害，就单个人而言一般应指造成重伤以上。本案被告人赵泉华采取的防卫措施，虽较激烈，但还说不上明显超过必要限度，且防卫结果仅造成一人轻伤一人轻微伤，也没有造成重大损害，因此，赵泉华的防卫行为完全符合正当防卫的规定，依法不应对王企儿的轻伤后果承担刑事责任"。

（二）"超过必要限度造成不应有的损害"

"超过必要限度造成不应有的损害"是民法上判断防卫行为是否过当、应否承担民事责任的重要依据。它与刑法上判断防卫过当的标准主要存在三点差异：第一，"超过必要限度"与"造成不应有的损害"之间的关系。我们知道，刑法早前是一体化理解"明显超过必要限度"与"造成重大损害"之间关系的，即将"明显超过必要限度"与"造成重大损害"视为一个有机的整体，导致在实践中判断防卫是否过当，只看防卫结果是否"造成重大损害"。但当前，越来越多的学者认为，"明显超过必要限度"与"造成重大损害"是两个相互独立的条件，只有同时满足这两个条件，才能成立刑法上成罪的防卫过当。然而，与刑法当前的通说观点不同，民法上"超过必要限度"与"造成不应有的损害"的关系，本文认为，仍宜作一体化理解，这既有历史的原因，也有现实的原因。首先，民法上对防卫过当的立法规定与1979年《刑法》素有渊源，在1979年《刑法》颁行后至1997年《刑法》修订前的十年间，当时刑法理论界与实务界对二者之间的关系倾向于一体说；其次，"不应有"的规范内涵完全不同于"重大损害"，所谓"重大"侧重描述的是损害程度的严重性，而"不应有"与防卫行为是否超过必要限度休戚相关。具体而言，如果防卫行为超过必要限度，那么，所造成的损害结果基本上就可以认定为是不应有的，民法上防卫行为"超过必要限度"与"造成不应有的损害"是相互依存、密不可分的。第二，"超过必要限度"与"明显超过必要限度"之关系。二者的显著区别在于"明显"二字，至于如何判断防卫行为是否"明显"超过必要限度，我们在上面已经重点讨论过，在此不再赘述。第三，"不应有的损害"与"重大损害"之关系。"重大损害"是指重伤以上的损害结果，"不应有的损害"虽然与损害的严重程度没有直接的关联，但是造成重伤以上的损害结果，在刑法上有很大概率构成防卫过当，因而当然也能称得上是不应有的损害。除此之外，不应有的损害还包括防卫行为明显超过必要限度所造成的损害，以及防卫行为虽未明显超过但超过必要限度所造成的损害。

四、初步的结论

	刑法上成罪的防卫过当	民法上不成罪的防卫过当
立法规定	1979年《刑法》：正当防卫超过必要限度造成不应有的危害的，应当负刑事责任；但是应当酌情减轻或者免除处罚 1997年《刑法》：正当防卫明显超过必要限度造成重大损害的，应当负刑事责任；但是应当减轻或者免除处罚	1986年《民法通则》：正当防卫超过必要的限度，造成不应有的损害的，应当承担适当的民事责任 2009年《侵权责任法》：正当防卫超过必要的限度，造成不应有的损害的，正当防卫人应当承担适当的责任 2017年《民法总则》：正当防卫超过必要的限度，造成不应有的损害的，正当防卫人应当承担适当的民事责任
判断标准	"明显超过必要限度造成重大损害"	"超过必要限度造成不应有的损害"
具体情形	防卫行为明显超过必要限度，且造成重伤以上的损害结果	防卫行为明显超过必要限度，未造成重大损害 防卫行为超过但未明显超过必要限度，造成重大损害 防卫行为超过必要限度，未造成重大损害，但造成不应有的损害
责任承担	应承担刑事责任，且应承担民事责任	不承担刑事责任，但应承担民事责任

正当防卫"权利本位"司法观之形塑

阴建峰[*] 李娜娜[**]

一、前言

正当防卫具有与生俱来的道德伦理色彩，被天然地贴上了"惩恶扬善""见义勇为"之标签，是直接彰显正义的法律制度。正当防卫案件向来受到广泛关注，也最易引致专家与民众观念的抵触与冲突，已成为公众用以判断法律合理性与公正性的试金石。基于司法实践中对正当防卫制度尺度把握过严之现状，1997年《刑法》第20条对1979年《刑法》第17条进行了较大幅度的修改，旨在通过放宽正当防卫的成立条件，强化公民的正当防卫权利，鼓励公民进行正当防卫。不过，实践中司法机关认定正当防卫的案件数量仍少之又少，正当防卫的刑事判决率始终在低位徘徊，使立法上的鼓励几近沦为空谈。而从域外关于正当防卫的规定来看，尽管亦有限缩适用范围之倾向，且多通过侵害紧迫性、防卫必要性、手段相当性、目的正当性以及防卫适度性来实现，但实践中正当防卫的适用率却远高于我国。之所以如此，是因为背后隐藏的不同社会制度下"权力本位"（国家本位）与"权利本位"（个人本位）理念的根本差异，影响了人们对公民权利、国家职责、犯罪本质等实体性问题的认识。鉴于此，本文拟通过对中外正当防卫制度中两种理念的对比，剖析我国司法实践中占据主导地位的"权力本位"观，揭示其与以英美法系为代表的法治发达国家在司法观念上的差异性，并就"权利本位"司法观的借鉴与构建略陈管见。

二、正当防卫的相关理论争议及其观念展开

（一）正当防卫适用中的争点梳理

1. 关于不法侵害的界定

所谓不法侵害之"不法"，我国刑法学界通常认为，既包括犯罪，也包括违法行为，[①] 这与英美法系国家是一致的。但是，对于不法侵害存在的判断，我国采取主客观相统一说[②]，即不法侵害必须客观存在，且防卫人对正在进行的不法侵害有明确的认识，若客观上不存在不法侵害，即使行为人主观上认为存在，也不具备正当防卫的前提条件，而只构成假想防卫。在假想防卫中，需要判断行为人的主观状

---

[*] 北京师范大学刑事法律科学研究院教授、博士生导师。
[**] 北京师范大学刑事法律科学研究院法律硕士。
[①] 张明楷：《刑法学》（第4版），法律出版社2011年版，第192页。
[②] 高铭暄主编：《新编中国刑法学（上）》，中国人民大学出版社1998年版，第281页。

态，如果是过失，按照过失犯罪处理；如果主观上无过错则为意外事件。这和英美法系中"真诚相信"的纯主观标准一样产生出罪的效果。不过，英美法系只是直观地对不法侵害存在与否采取主观说，即以行为人主观认识为判断标准，只要在行为当时真诚地认为自己或他人的合法权益面临不法侵害的威胁，即使在客观上没有不法侵害，也应当认定为具备了正当防卫的起因条件。① 我国香港特别行政区也采用主观标准，即正当防卫辩护中侵害行为的性质应依被告人确信的事实来判断，而不管该确信有无客观的、合理的根据，只要是基于确信而实施防卫行为，就可成立正当防卫。②

从我国司法实践来看，很多学者对于"不法"的界定仍持主流观点。例如，在于欢案的讨论中，很多学者认为于欢当时正面临非法拘禁、侮辱、殴打等不法侵害，存在防卫前提，可以进行正当防卫。但是，学者们针对不法侵害是否存在的判断似乎均采取客观的认定标准，并无人深究于欢主观上是否"合理相信"存在不法侵害，并以此作为判断不法侵害存在的依据。这充分说明，我国刑法理论与实务界并未突破认定不法侵害存在的客观藩篱，未能像英美法系那样采取主观的判断标准，更关注特定个人在具体情境下所面临的现实状况。

2. 关于时间要件的界定

我国正当防卫的时间条件是"不法侵害正在进行"，即不法侵害已经开始且尚未结束。关于不法侵害开始时间的确定标准，学界存在"着手说""进入侵害现场说""综合说"等观点，其中"综合说"为通说③；至于不法侵害之结束时间，又有"危害结果形成说""离开现场说""危害制止说"和"折中说"④，而通说则采"折中说"⑤。

相较而言，英美法系国家虽然也要求正当防卫之不法侵害正在实施，但由于对不法侵害是否存在采取的是纯主观的判断标准，故对正当防卫的时间限制较为宽松，在很多情况下侵害行为尚未实施，就可以进行正当防卫。⑥ 以美国为例，一般认为防卫的时间条件起于侵害即将开始，终于侵害行为的结束，但对侵害开始和结束的时间没有严格、统一的标准，而是采用比较灵活的办法，根据具体的情况去确定。事实上，美国多数州刑法均规定，只要对即时性要件存在与否的判断具有合理性，行为人的防卫行为即具备即时性要件。进言之，防卫开始的时间可以提前到不法侵害行为实施之前，即便不法侵害行为结束之后，很多情况下也可以进行正当防卫，甚至可以持续到获得有权机关的帮助之前。⑦ 这是更加关注具体情境下特定个人所采取的主观标准在防卫时间上的必然体现。

---

① 赵秉志主编：《英美刑法学》，中国人民大学出版社 2004 年版，第 172 页。
② 赵秉志主编：《香港刑法》（中文版），北京大学出版社 1996 年版，第 45 页。
③ 陈兴良：《正当防卫论》（第 2 版），中国人民大学出版社 2006 年版，第 98 页。
④ 田宏杰：《刑法中的正当化行为》，中国检察出版社 2004 年版，第 230-231 页。
⑤ 高铭暄、马克昌：《刑法学》（上编），中国法制出版社 1999 年版，第 236-237 页。
⑥ 欧阳涛：《英美刑法刑事诉讼法概论》，中国社会科学出版社 1984 年版，第 61-66 页。
⑦ 张淑芳：《美国刑法正当防卫研究》，中国青年政治学院 2009 年硕士学位论文。

我国司法实践中针对正当防卫的整体时间限定,也有论者主张按照"综合说"或"折中说"来判断不法侵害是否正在进行,其中融合了防卫人当时所处的具体情境。① 不过,我们认为,由于我国的通说主张不法侵害必须客观存在,所以防卫时间性的界定必然受制于客观现实而无法突破,即便根据防卫人具体的合理判断来认定不法侵害正在进行,也不可能如英美国家那样灵活。同时,在我国的司法实践中更多的是针对不法侵害的类型,分开判断每一不法侵害是否正在进行,并在此过程中呈现机械、断点式分析问题之现象,仅将视野定格于防卫人防卫之一刻,忽视了整个事件当时的具体情境以及事态的综合发展状况。这样的认定脱离了当时的具体情境,显然不利于对防卫人合法权益的有效保障。

3. 关于侵害紧迫性之界定

侵害的紧迫与否是正当防卫的成立要件,也是我国刑法学界争论的焦点问题。事实上,以往学界通常将侵害紧迫性问题与"不法侵害正在进行"联系在一起加以考虑,并且认为作为正当防卫前提条件之不法侵害应同时具备社会危害性和侵害紧迫性。② 具体到司法实践来说,由于传统的"权力本位"观念作祟,始终强调整个社会秩序的平稳,故而主张面对矛盾要寻求公权力机关的帮助,进而遏制私力救济,以致更多地把侵害行为的紧迫性作为成立正当防卫的一个重要判断依据,并认为公民个人为了制止犯罪而实施的防卫是一种"以暴制暴"的手段,如果实施不当反而可能会引起矛盾,造成更大的损失,而要求公民"先躲避后自卫"则可以更好地发挥国家刑罚的作用,降低公民自身的危险,有利于社会的安定。③ 而且,实践中对侵害行为紧迫性要件的认定往往过于苛刻、死板、机械,要求公民必须等待侵害人拿起武器进攻,即将造成侵害时才能反抗。

在我们看来,"紧迫性"和域外所谓"撤退义务"具有某种程度的等同性。美国很多州的刑事法律在防卫条件中对防卫者是否要负撤退义务的规定并不统一。不过,随着社会的不断发展,美国大多数州已开始突破"能撤退就不自卫"之规则束缚,转而采取即使能撤退也可自卫的立场,因为人们逐渐认为,为侵害而撤退无异于鼓励犯罪,是不光彩的丢脸的做法,即便能够撤退也允许自卫,这样才能有效维护自身的合法权益。④

近年来,我国部分学者亦开始认为正当防卫的成立不以不法侵害的"紧迫性"为必要。⑤ 这与美国当下很多州突破"能撤退就不自卫"之规则的束缚有异曲同工之处。但是,双方的出发点则有所不同。我国学者的出发点在于,正当防卫不仅是国家赋予公民的一项权利,对于某些特殊身份者如警察来说,它还是一项法定义

---

① 罗世龙:《于欢无罪:正当防卫之肯定》,载http://www.010lm.com/roll/2017/0328/5259651.html,2017年6月25日访问。
② 高铭暄、马克昌:《刑法学》,北京大学出版社、高等教育出版社2007年版,第145页、第541页。
③ 何晓鹏:《我国与英美法系之正当防卫制度的比较》,载《湖北经济学院学报(人文社会科学版)》2011年第7期。
④ 储槐植:《美国刑法》,北京大学出版社1987年版,第162页。
⑤ 刘志伟:《细节与价值取向——于欢案应注意的两个方面》,载http://blog.sina.com.cn/s/blog_6f34c4e20102ww04.html,2018年6月28日访问。

务。为了鼓励公民与犯罪分子作斗争，不再主张"能撤退就不自卫"，主要是基于共同维护社会秩序之考量。而美国的"能撤退也可自卫"之规则，则是以防卫人能有效维护自身合法权益为出发点，将正当防卫认定为伸张正义之举，如果能撤退而不允许防卫则意味着向邪恶势力低头，会助长邪恶势力的嚣张气焰，引发更多的不法侵害事件。

4. 关于防卫必要限度的界定

在刑法理论上，关于正当防卫的必要限度主要有基本相适应说、必要说、折中说三种不同的观点，其中通说采"折中说"。① 从表面上看，"折中说"貌似兼采了"基本相适应说"和"必要说"的优点，但它也集合了两者的缺点，基本相适应说实际上起到一票否决的决定性作用，可谓与基本相适应说别无二致。因为即便防卫行为被认定为制止不法侵害所必需，还不能得出防卫行为没有明显超过必要限度的结论，只要防卫行为和不法侵害行为在手段强度等方面不相适应，结果还是成立防卫过当。由此可见，"折中说"并不能体现《刑法》第20条明确规定的"明显"二字，不能给出判断"明显"的标准，而是固守成见对立法重大修改置若罔闻，只要基本不相适应，就属于超过必要限度，进而成立防卫过当。"折中说"并没有为实务操作带来多少有价值的指导作用，司法实践中往往仍采用"基本相适应说"。②

相形之下，英美法系刑法中对正当防卫的分类则较为具体，似乎并无太多的理论纷争。例如，在英国刑法中，正当防卫被区分为私人防卫和制止犯罪、逮捕犯人过程中的正当防卫两大类，私人防卫又可以分为保卫人身权利的防卫和保卫财产权利的防卫。③ 在美国刑法中，正当防卫被细分为自我防卫、防卫他人、防卫财产与住宅、执法防卫，立法上详细地规定了每一种防卫的具体适用情形，并且针对不同类型的防卫的暴力手段的合理性，有不同的判断标准。如在美国的司法实践中，按照暴力的程度把暴力分为致命暴力和非致命暴力，如果侵害的暴力属于致命性暴力，那么防卫暴力也可以是致命性的；如果侵害的暴力属于非致命性的暴力，那么防卫的暴力也应当是非致命性的。④ 这与我国刑法理论中的"基本相适应说"颇为类似。但是，英美法系国家对于侵害者使用何种暴力程度对防卫者进行侵害的司法认定却较为主观，主要依靠的是防卫者自身对于侵害强度的认识，而非对客观实际的准确把握。行为人若对侵害暴力的程度产生认识错误，只要系真诚、合理地相信其使用的暴力对于反击威胁性暴力是必要的，即使客观上超过必要限度，防卫人仍可以正当防卫进行辩护。⑤ 不过，这里的"合理于相信"不同于判断不法侵害是否存在之"真诚于相信"，它不是纯粹的、主观的东西，而是以普通人的一般认识作为客观标准的，故英美法系几无认定假想防卫的空间。

---

① 高铭暄主编：《中国刑法学》，中国人民大学出版社1989年版，第152页。
② 杨宗辉、郭泽强：《正当防卫制度的再思考——从刑法第20条第3款切入》，载《法学评论》2001年第4期。
③ ［英］J. C. 史密斯·B. 霍根：《英国刑法》，李贵芳等译，法律出版社2000年版，第184页。
④ 储槐植：《美国刑法》，北京大学出版社1996年版，第119页。
⑤ Joshua Dressler. *Understanding Criminal Law* [M]. NY: LEXIS Publishing, 2001, pp. 227, 542, 244.

反观我国的司法实践，对于防卫行为是否必要的认定虽然是以客观为依据的，但往往过于僵硬，主要考察防卫与侵害双方的条件（如生理、人数、武器等）、攻击部位及强度、伤亡结果等因素，并进行各种因素的僵化对比，不仅漠视整个过程的动态性、情境性，也会忽视防卫人的具体状态，更多的是切割要素对防卫与侵害双方的状况进行孤立、机械的对比，以致受伤较重的侵害人反而成了被害人，而受伤较轻的防卫人只能沦为被告人。而且，有些审判机关甚至抱持"唯后果论"，只要出现重伤、死亡的结果，就直接认定被告人构成犯罪，而不考虑成立正当防卫之可能。其实，防卫行为客观上造成了损害结果，且超过了必要限度，但并不必然构成防卫过当。究竟是正当防卫还是防卫过当，取决于两个判断标准：一是防卫行为是否明显超过必要限度。如果只是稍稍逾越，未达明显程度，则不是防卫过当。二是超过必要限度造成的过量损害结果是否达到重大程度。此处的重大损害结果，应该是指超过必要限度的过当结果，而并非防卫行为在客观上造成的全部损害结果。至于何谓明显程度，过当损害结果是否重大，则需要结合案件的具体动态情境和防卫人的状态综合判定。

5. 关于防卫过当的主观罪责

由于刑法对故意犯罪和过失犯罪处罚的严厉性相差甚大，因此，需要准确界定防卫过当的罪过形式，充分保护防卫人的合法权益。就此问题，刑法理论界争议颇大。有学者指出，防卫过当在主观方面只能是间接故意。① 有学者主张，防卫过当只能是过失，且主要是疏忽大意的过失，但是不包括故意。② 还有学者认为，防卫过当既可以是疏忽大意的过失或过于自信的过失，也可以出于直接故意或间接故意。③ 不过，学界的通说认为，防卫过当既可以是过失，也可以是间接故意，但不可能是直接故意。④ 在司法实践中，防卫过当则大多被认定为（间接）故意犯罪，只是在处罚时适当从宽。

而在英美法系国家，正当防卫是非常重要的辩护事由。比如，在美国，被告人在对侵害暴力的程度发生合理的认识错误的情况下，仍可以正当防卫对其客观上超过必要限度的防卫暴力进行辩护。这种对暴力程度合理的认识错误，包含防卫人在防卫中基于恐惧、慌张等做出的过限防卫。对于那些不合理地使用致命暴力，造成过当结果的，美国刑法谓之"不完美的自我防卫"。⑤ 行为人在主观心态上包含故意和过失，需要根据当时的具体情境来判断。

我们认为，防卫过当的主观罪过和防卫意识紧密相联。防卫行为当然是"故意"或者"有意"而为，但从刑法意义上讲，这种故意显然有别于犯罪的故意，故不能因为防卫行为是出于防卫故意而为，就认为防卫过当亦是出于犯罪故意。事实上，防卫行为通常是防卫人在非常短暂的时间内基于高度紧张的精神状态所实施

---

① 王政勋、贾宇：《论正当防卫限度条件及防卫过当的主观罪过形式》，载《法律科学》1999年第2期。
② 张明楷：《刑法学》，法律出版社2003年版，第269页。
③ 彭卫东：《正当防卫论》，武汉大学出版社2001年版，第107页。
④ 陈兴良：《正当防卫论》（第2版），中国人民大学出版社2006年版，第177页。
⑤ 张淑芳：《美国刑法正当防卫研究》，中国青年政治学院2009年硕士学位论文。

的，行为人瞬间内是否已由防卫的故意转化为犯罪的故意往往并无充分的证据来证明。但司法实践中却常常人为地将一个完整的防卫行为机械地割裂开来，并在肯定行为防卫性质的同时，基于严重的客观危害结果而认定其构成防卫过当。至于这样的危害结果是否"明显"超过必要限度而造成"重大"损害，却并无太多的论证。其实，防卫过当的主观方面应当表现为防卫人对于防卫过当行为及其过当结果的心理态度。申言之，防卫过当的主观心态针对的应当是明显超过必要限度的过量损害结果部分，且达到重大损害程度。具体表现为防卫人明知自己的防卫行为明显超过必要限度，可能造成重大过量损害结果，仍放任这种结果发生，或者已经预见此过量损害结果发生，但轻信能够避免，或者应当预见而没有预见，以致发生该过量重大损害结果。我们认为，基于防卫意图与防卫目的之正当性，其与犯罪目的显然无法相容，故防卫过当不可能出于直接故意。而且，在并无确凿证据证明防卫对于重大过量损害结果出于间接故意的情形下，秉持存疑有利于被告人之原则，一般应将防卫过当认定为过失。然而，司法实践中不仅对防卫必要限度的判断标准过高，对于防卫过量损害结果的主观认识也要求得过高，以致忽视了情境化的判断，有违存疑有利被告人之原则。

6. 关于正当防卫合法权益保护范围的界定

根据我国现行《刑法》第 20 条第 1 款之规定，不法侵害的对象既包括国家、公共利益，也包括公民个人的人身权利、财产权利和其他合法权益，范围较为宽泛。而且，国家、公共利益被置于本人利益之前，这意味着当面对国家、公共利益和本人利益的冲突时，应优先保护国家和公共利益，可以说凸显了一种以维护社会秩序为核心的权力本位思想；同时，在对个人权利的保护上往往条件比较严苛。

不过，在英美法系，国家利益、公共利益却不具有可防卫性，如在美国防卫对象一般限于个人的人身权利和财产权利，其通说认为防卫权系基于保护个体权利需要而设立。① 当国家利益、公共利益遭到非法侵害时，个人不能进行正当防卫，而只能由国家公权机关通过执法防卫加以维护，除非同时涉及个人利益也直接受到侵害时，才可以进行防卫，② 体现了浓厚的个人主义思想。在"小政府、大社会"的观念下，他们更加关注对个人利益的保护。虽然我国也有不少学者提出，对于纯粹的国家法益、社会法益、公共利益的侵害原则上不能进行防卫，因为此时的防卫权只属于国家及其相应机关，③ 但在司法实践中，国家法益、社会法益、公共利益仍优于个人利益。

（二）歧见背后的观念展开

事实上，中外正当防卫制度虽然在立法规定上表现出一定的相似性，但基于不同的社会制度背景与司法观念，它们在司法实践中却呈现出巨大的差异。例如，美国通过判例形成规则，对正当防卫诸方面规定得都比较细致，且对于国家利益、公

---

① 何晓鹏：《我国与英美法系之正当防卫制度的比较》，载《湖北经济学院学报（人文社会科学版）》2011 年第 7 期。
② 张明楷：《外国刑法纲要》，清华大学出版社 1999 年版，第 129 页。
③ 张明楷：《刑法学》（第 4 版），法律出版社 2011 年版，第 193 页。

共利益遭受不法侵害时，不允许个人采取正当防卫，在判断时整体上更加强调依顺人性，所以会反复推敲当事人的处境和状态，而不会拘泥于法条，在正当防卫各方面认定上多采取主观判断标准，明显体现着个人本位的价值取向。相较而言，我国是成文法国家，对正当防卫规定得比较笼统，更加注重对国家利益、公共利益的保护，在正当防卫的司法判断上更多体现着一种权力本位思想，以维护整个社会秩序为出发点，对正当防卫认定要求过于苛刻。这归根结底在于司法观念的不同，美国的正当防卫属于个体性的自卫权，而在我国权力本位观念依然盛行，强调维护国家和社会的公共利益，把高效打击犯罪、维护社会秩序作为正当防卫的观念指导，认为刑罚权只能由国家统一行使，而私力不能染指。这些深层次的未扭转的司法观念正是我国正当防卫的制度精神未能在实践中得到真正落实之根由，虽然正当防卫的立法在不断修改，但司法理念的转变却并不像理论建构那般容易。笔者此处将从三个维度展示这两种防卫观背后的理论支撑：

1. 自卫的武器抑或与犯罪作斗争的手段

在英美法系中，正当防卫主要是作为一种自卫的武器与权利理论联系在一起，是防卫人所享有的不可剥夺的自卫性权利，且这种权利存在的意义主要是针对公民个体的。依据社会契约论的逻辑，国家垄断刑罚权并负有全面保护公民合法权益之职责，个人权益的维护是国家权力产生的根源，当公民在遭受紧迫性的不法侵害，而国家的公力救济不能有效保护时，当然应允许公民进行自卫，从而切实维护自身的合法权益。所以，在司法实践中，对正当防卫的认定会反复推敲当事人的处境和状态，并在正当防卫各方面认定上多采取主观判断标准。如对不法侵害的认定，英美法系国家多采主观说，只要行为人在行为当时真诚地认为自己或他人的合法权益面临不法侵害的威胁，即使在客观上不存在也可以防卫。在对时间要件的限定上，更加关注防卫人当时所处的具体情景，采取主观、灵活的标准。在对防卫的限度上，也是站在防卫人的立场出发，以真诚、合理地相信其所采用的暴力对反击是必需的即可；同时，在强调维护的合法权益方面，强调正当防卫维护的只能是个体的法益，而国家利益与公共利益则必须由国家来保护。

与此相反，在我国的司法观念中，正当防卫虽然带有一点自卫武器的色彩，但更多强调的是与犯罪作斗争的手段。[①] 其所体现的是防卫人对国家和社会的义务，并且与控制违法犯罪行为直接相关，所以正当防卫制度的存在之于国家或社会的意义远大于对个人的意义。作为一种与犯罪作斗争的手段，正当防卫制度并不仅仅是维护合法权益的工具，更多的是为国家或社会完成控制犯罪的任务而构建。站在这一角度来考虑，我们就可以从本源上理解中外正当防卫制度在司法实践中的差异。例如，我国司法实践中对不法侵害的认定偏重于客观，往往以客观危害作为正当防卫成立的前提，而忽略了防卫人的主观认识。又如，在对防卫限度的把握上，面对同样导致危害结果的侵害行为与防卫行为，更多的是对孤立要素的对比衡量，一旦出现重伤、死亡的结果，往往便忽视案发时的具体情境，草率认定为防卫过当甚或

---

① 马克昌主编：《犯罪通论》（第3版），武汉大学出版社1999年版，第711页。

直接认定为犯罪了事；而且，既然已被认定为防卫过当，防卫人本身系犯罪人，似乎就不存在与犯罪作斗争的需要，也无须考虑其是否存在因惶惑、惊恐等主观状态了。① 易言之，在"保护整个社会主义社会的利益比保护个人的利益具有更大意义"②的思想观念下，更为侧重于对国家与社会公共利益的维护，而相对忽视对个人合法权利的维护，便是这种将正当防卫更多定位于与犯罪作斗争之手段的当然结果。

2. 侵害个人抑或侵害社会（国家）

在正当防卫制度的定位背后，还蕴含着人们对犯罪本质的不同理解。在西方社会，以启蒙主义人权思想为背景的权利侵害说认为，犯罪首先侵害的是个人的合法权利，其次才是对社会秩序的危害，国家只能处罚侵害权利从而危害社会的行为。此说的要旨在于以权利侵害概念限制国家权力的肆意，确保刑法的安定性，保障市民自由。③ 在这样的制度安排下，正当防卫更多地立足于对个人合法权利的维护，当面对不法侵害时，以有效维护合法权利为出发点，侧重考虑的是防卫行为的有效性，并根据防卫当时的具体情境及防卫人的主观状态灵活把握，即便出现损害结果，只要具有有效维护合法权利之必要，仍可认定为正当防卫。

而我国则主张犯罪的本质在于对"统治关系"或"社会关系"的侵害，违法犯罪首先是对整体的国家法秩序的破坏。国家动用刑罚权之目的更被学者们明确表述为"维护现存社会秩序"④，并基于该机能整体主义将"法益保护机能"径直称为"社会保护机能"⑤。故此，在正当防卫制度的认定上，更多的是立足于客观的社会秩序维护之立场，从结果主义的视角出发，无论是防卫人还是不法侵害人，只要其行为造成损害，往往被视为对社会统治秩序的破坏。具体到防卫人而言，如果其防卫行为造成损害结果，正当防卫制度自然亦可作为施以惩罚的立法依据。而且，"形似犯罪、实质无罪"的传统刑法观使正当防卫和犯罪如影相随，以致司法人员更是理所当然地按照犯罪构成理论来认定防卫行为。加之受传统的权力本位思想的影响，司法机关在遵循"五条件"之学界通说的同时，往往强调对法秩序的维护以及对国家刑罚权的垄断，并额外要求正当防卫的构成须具有"无可选择性"，即认为当有逃跑、报警、呼救等可能性时，不宜进行正当防卫，此一附加要求同样又会影响对"五条件"的解释，⑥ 以致"五条件"的认定更加严格，进而又加剧了认定为正当防卫的难度。

3. 个体主义、权利本位抑或整体主义、权力本位

启蒙以来的西方社会，建立在对公共领域与自治领域进行区分的基础之上，并始终受社会契约与个人本位传统的强大影响，在公共领域由政府代表国家进行治

---

① 劳东燕：《正当防卫制度的背后》，载《清华法学》2006年第1期。
② 苏联司法部全苏联法律科学研究所集体编：《苏维埃刑法总则》，中国人民大学刑法教研室译，法律出版社1955年版，第311页。
③ 张明楷：《法益初论》，中国政法大学出版社2003年版，第269页。
④ 赵廷光、莫洪宪：《犯罪的本质、起源与发生》，载《犯罪学论丛》（第1卷），中国检察出版社2003年版，第123页。
⑤ 陈兴良：《刑法的价值构造》，中国人民大学出版社1998年版，第200页。
⑥ 彭雅丽：《正当防卫制度的司法症结和解决对策》，载《法学》2010年第2期。

理,而自治领域则由公民或者社会自主决定,形成了国家与社会二元分离的治理模式。① 正因如此,英美法系国家将正当防卫定位为一种自卫的武器,并基于权利理论将之视为主要针对公民个体的权利。尤其是在美国,实践中对个人权利的维护可谓达到极致,为了保护自己的生命安全,反击甚至杀死侵害者可以得到社会的广泛认同。所以,英美法系的正当防卫制度并不是为了制止犯罪、维护社会秩序,而是一种可宽宥的个人维权之举。

在中国,传统文化倡导个人依附于家族、社会和国家,个体并非独立于国家,而只是作为国家的臣民存在,更为强调个人所应承担的任务。反映到司法观念中便是倾向于整体主义、权力本位,将司法定位为维护国家和社会秩序的工具和手段,认为司法的主要目的是惩罚犯罪,"秩序"成为法官的首要价值取向。于是,法官在断案时除了依据法律规则之外,还要考虑国家利益,强调秩序价值,而在某种程度上忽略了对公民合法权利的维护。就公民个体而言,"义务本位观"是长期灌输的理念,强调公民要"多奉献、少索取",当公民的权利与义务发生冲突时,权利往往让位于义务,凸显国家对于公民的管理职能,为保证公权力的行使可以牺牲公民的私权。因此,正当防卫制度与其说是为保障个人权益的私力救济而设立,不如说是为国家或者社会完成控制犯罪的任务而构建。在这样的司法观念下,更多考虑的是如何避免正当防卫制度被滥用,至于怎样鼓励公民积极行使防卫权利与不法侵害行为有效地作斗争则并非考虑的重点。

三、由"权力本位"向"权利本位"过渡的现实需求

(一)"权力本位"司法观念导致的现实怪圈

与西方强调个体权利的自由主义论断不同,中国传统法律文化侧重体现的是"权力本位"思想,更为强调人的社会性以及国家与公共利益,公民个体的权利在某种程度上被虚置了。具体到司法实践中,我们会发现一种奇怪的现实怪圈:就法官而言,一旦案件中出现重伤、死亡的结果,出于"死者为大"之社会通念考虑,为了息事宁人,便会以平衡、畏责的心态折中妥协处理,不将防卫人的行为认定为正当防卫,以使被防卫人的亲属得到一定的心理安慰,避免因被防卫人家属的上访、闹访给司法机关带来不必要的压力。就被防卫人家属来说,通常会认为即使被防卫人存在不法侵害,也应"报官"交由国家依法制裁,而防卫人的防卫行为造成了对不法侵害人的伤害,其必须承担责任,所以,他们才理直气壮地讨要说法,向司法机关施加压力,有的甚至形成集体闹访,危及社会稳定。② 从防卫人的角度出发,当面对不法侵害时,其往往害怕"杀人偿命"判刑入狱;有的好不容易奋起同歹徒搏斗,也是抱着"一命换一命值"的观念,在打死打伤了犯罪分子后,其"负罪感"严重,自认为"犯了法",主动去"自首";有的虽然好不容易被司法认定成立"正当防卫",予以无罪释放,反而从此背上了极大的精神压力,担心死者

---

① 劳东燕:《正当防卫制度的背后》,载《清华法学》2006年第1期。
② 沈德咏:《我们应当如何适用正当防卫制度》,载《人民法院报》2017年6月26日第2版。

家属寻仇而"更名改姓";如此等等,不一而足。这样的怪圈,反过来又会助长犯罪分子的嚣张气焰,使防卫人面对不法侵害时,越发不敢反抗,只能忍气吞声,以致造成一种虚假稳定的社会秩序,不利于自身权利的有效维护。

(二)"权利本位"司法观构建的迫切需求

我国《宪法》第2条规定,"中华人民共和国的一切权力属于人民"。公民权利是国家权力的基础,国家权力来源于公民权利,它应该平等地服务和从属于公民权利。而且,2004年的《宪法修正案》业已明确将"国家尊重和保障人权"载入宪法,突出了人权保障是"以人为本"的价值理念中最核心的价值。可以说,这也为侧重人权保障的正当防卫制度之立法化奠定了坚实的合宪性基础,从客观上对于构建与之相适应的"权利本位"司法观提出了迫切的要求,避免公民权利被虚置成为抽象的符号。同时,鉴于司法实践中对正当防卫的把控偏严,1997年《刑法》对正当防卫制度做了重大的修改,凸显了正当防卫是法律赋予公民的一项权利之立法旨趣,亦为"权利本位"正当防卫司法观的构建提供了立法支撑。

事实上,随着我国法制教育的深入以及先进法律文化的广泛传播,权利观念日益深入人心,民众法律意识不断得到提高,公民的权利意识也逐渐复苏。民众认识到自己是国家的主人,开始关注国家的政治生活,并尝试以各种方式参与国家的政治管理。近年来,在诸多热点案件以及公共事件中,普通民众的群体性反应已说明我国的公民社会正在形成。尤其是随着信息社会的到来以及互联网的发展,人类进入了一个全新的信息时代,手机、网络等新媒介作为信息沟通的主要工具,也逐步成为公民表达和参与国家管理的重要渠道。在近年来诸多热点案件中,全民参与的强劲势头和"互联网政治"的新景观,都凸显了公民权利意识和参与意识的觉醒,"表达"与"参与"逐渐成为公民社会生活方式的一部分。这为"权利本位"司法观念之构建提供了深厚的社会基础。

此外,人权观念的不断弘扬和人权全球化运动的蓬勃发展,意味着我们已处于一个"走向权利的时代",这就要求司法运作必须体现"以人为本",司法人员必须摒弃权力本位的观念,正确认识权力的派生性和公共性,放弃"惩罚型"的追诉观,树立"权利本位"的司法观,把人的尊严和价值作为终极目标。

四、正当防卫"权利本位"司法观之塑造

正所谓观念更新是制度变革的先导,若想从根本上避免正当防卫的立法规定沦为"僵尸条款",就必须首先扭转正当防卫的司法观念,而这应是充分发挥正当防卫的制度价值之关键所在。长期以来,"权力本位"抑或"国家本位"的观念在中国大行其道,渗进制度里,外化于实践中。正是在"权力本位"司法观念的影响下,正当防卫制度出现了立法和司法实践的错位,动辄成为普通民众集体吐槽的对象。而在英美法系国家,正当防卫被视为天赋人权之一,"权利本位"司法观主导着正当防卫的认定与适用,并将正当防卫定位为防卫人所享有的不可剥夺的自卫性权利,其制度价值也因此得到最大化的发挥。为此,有必要借鉴英美法系的做法,扭转我国司法实践中深藏在正当防卫制度背后的"权力本位"秩序观,构建"权

利本位"的司法观,明确正当防卫的核心和出发点在于权利保障,而非对社会秩序的维护。

首先,要摒弃传统的"权力本位"思想,以维护合法权益为出发点,从有效防卫的角度出发,对正当防卫的构成予以合理限定。司法人员要正确地认识到,权利是国家权力产生的依据,而国家权力则是维护权利的工具。法律尤其是刑法的使命当然也是为了维护合法权利,因此如何更有效地维护公民的合法权益才是刑法真正应该关心的问题。申言之,正当防卫制度应当是在公力救济无法维护合法权益时,法律赋予公民的一种私力救济权利。就此而论,防卫不再是国家强加于公民维护社会秩序的义务,而应成为公民保障合法权益的权利。在认定和适用正当防卫时,应优先考虑对合法权利有效保护的正当性,随后才能考虑正当防卫不被滥用,从而兼及对法秩序的维护。进言之,正当防卫并非制止不法侵害的最后手段,它不是一种"不得已"的应急措施,即使防卫人在有条件躲避不法侵害或者求助司法机关的情况下,仍然有权实施正当防卫。①

其次,要摆脱犯罪构成理论和传统思维的桎梏,就需明确正当防卫制度是合法权益保护的避风港,统一正当防卫制度的法律适用标准。在以往的司法实践中,往往先验地以具体犯罪的构成要件套用防卫行为,进而将正当防卫制度作为惩罚防卫人的立法依据。这种传统思维模式,显然不符合正当防卫制度"以正对不正"之实质,无法彰显"正义不向非正义低头"的价值取向。为了有效维护合法权益,有必要基于权利本位之司法观,在肯定防卫行为反击不法侵害之正当性的基础上,侧重关注防卫人在当时情境下的具体状况,据以判断该行为是否适当。尤其值得一提的是,正当防卫制度是一个情境性的判断制度,我们不能把案发时的具体情境予以切割,然后镶套在每个构成要件中;否则,难免会造成无法真实反映具体案件整个过程发展的动态因素。基于此,我们建议,对于正当防卫制度应尽快制定相关司法解释,从价值判断、政策考量、不法侵害的判断、防卫限度的把握、特殊防卫权的认定、防卫过当的处断等方面规范正当防卫制度的司法适用;同时,应着力建立专业化、专门性的正当防卫判例库,进一步强化正当防卫司法适用的案例指导制度,形成一个个具体情境下的类型化参照标准,最大程度地对司法实践起到指导和规范的作用。

最后,应以"权利本位"为核心,结合常识常情常理以及社会的普遍正义理念,全面分析案件事实,整体把握具体情节,设身处地考量防卫人当时所处的具体情境,做出妥当的认定。对于不法侵害存在与否,应立足于防卫人自身的视角,按照主客观相统一之原则予以综合判断。一般而言,对于是否存在现实的不法侵害,要以是否存在有效合法权益为前提予以客观判断。不过,也要结合防卫人当时的具体情境,适当考虑其主观的判断,不能一概排除例外的情形。即便不存在现实的合法侵害,但是有足够的理由使防卫人当时真诚地相信存在不法侵害的,也应认定具备了正当防卫的起因条件。对于不法侵害是否正在进行,应结合整个事件当时的具

---

① 沈德咏:《我们应当如何适用正当防卫制度》,载《人民法院报》2017年6月26日第2版。

体情境以及事态的发展状况，考虑防卫人对持续侵害累积危险的主观感受，辩证灵活地予以综合判断，而不能断点式地将视野定格于防卫瞬间，机械、孤立、静止地认定防卫时间条件。至于防卫的必要限度，应本着适当有利于防卫人的原则，全面分析不法侵害的强度、缓急、性质以及双方的力量对比，综合考虑防卫人案发时所处的具体境遇，做出符合常识常情常理的判断，避免陷入"对等武装论"与"唯结果论"的认识误区。①

五、结语

正当防卫是法律赋予公民的一项权利。我国现行刑法关于正当防卫制度的规定虽与英美法系国家的相关立法基本相同，但是由于受"权力本位"司法观之影响，司法实践中对正当防卫的解读却出现了很大的反差，以致刑事判决中正当防卫的认定率非常低，出现了立法与司法的错位。我们认为，基于正当防卫制度之立法初衷和立法精神，应当摒弃传统的"权力本位"司法观，代之以"权利本位"的司法观，司法实践中对正当防卫这样从宽制度的认定应当尽量从宽。尤其在是正当防卫还是防卫过当界限模糊时，更应本着这一价值取向来把握。这不是要否定对国家与社会秩序的维护，而是要侧重强调"国家尊重与保障人权"的宪法精神和"以人为本"的价值理念，从维护个人的合法权利出发，真正彰显正当防卫的制度蕴含。

---

① 沈德咏：《我们应当如何适用正当防卫制度》，载《人民法院报》2017年6月26日第2版。

论正当防卫制度司法适用的纠偏

王志祥[*]

1979年7月1日第五届全国人民代表大会第二次会议通过的《中华人民共和国刑法》（以下简称《刑法》）第17条规定："为了使公共利益、本人或者他人的人身和其他权利免受正在进行的不法侵害，而采取的正当防卫行为，不负刑事责任。""正当防卫超过必要限度造成不应有的危害的，应当负刑事责任；但是应当酌情减轻或者免除处罚。"上述关于正当防卫限度条件的规定过于原则和笼统，由此导致司法实践中对正当防卫的判定掌握得过严，而对防卫过当的判定则掌握得过宽。而且，由于其中不涉及针对暴力犯罪而实施的正当防卫的限度的内容，在对实施暴力犯罪的不法侵害人进行防卫的场合，一旦防卫人的行为造成不法侵害人重伤或者死亡的结果，在很多情况下都会以防卫过当为由追究防卫人的刑事责任。这样一来，广大人民群众实施正当防卫的积极性就受到了严重挫伤，公民实施正当防卫的权利就受到了严格限制。

为了激发广大人民群众实施正当防卫的积极性，强化公民实施正当防卫的权利，1997年3月14日第八届全国人民代表大会第五次会议修订后的《刑法》第20条规定："为了使国家、公共利益、本人或者他人的人身、财产和其他权利免受正在进行的不法侵害，而采取的制止不法侵害的行为，对不法侵害人造成损害的，属于正当防卫，不负刑事责任。""正当防卫明显超过必要限度造成重大损害的，应当负刑事责任，但是应当减轻或者免除处罚。""对正在进行行凶、杀人、抢劫、强奸、绑架以及其他严重危及人身安全的暴力犯罪，采取防卫行为，造成不法侵害人伤亡的，不属于防卫过当，不负刑事责任。"通过将1997年《刑法》第20条关于正当防卫的规定与1979年《刑法》第17条关于正当防卫的规定进行对比，可以看出，1997年《刑法》放宽了防卫限度的条件，修改了防卫过当的处罚原则，并增加了对正在进行的严重危及人身安全的暴力犯罪实施防卫行为，造成不法侵害人伤亡的，不属于防卫过当这一关于特殊防卫的规定。可以肯定的是，一旦1997年《刑法》中关于正当防卫的规定在司法实践中得以落实，必将起到鼓励广大人民群众积极、大胆地行使正当防卫权利的积极作用。

但是，从1997年《刑法》颁行后关于正当防卫制度司法适用的实践来看，1997年《刑法》第20条中关于正当防卫的规定不但没有充分起到预期的效果，反而沦为了"沉睡的规定"或"僵尸条款"。这显然是由司法实务部门对正当防卫的成立附加严格的适用条件而导致的。近年来，通过借助于"于欢案""昆山反杀案""赵宇案"等案件对正当防卫制度的司法适用进行纠偏，1997年《刑法》第

---

[*] 北京师范大学刑事法律科学研究院教授、博士生导师。

20 条中关于正当防卫的规定得以激活。但是，就这样的纠偏而言，在对以往的正当防卫制度的司法适用予以"矫枉"的同时，也应注意避免存在"过正"的嫌疑。可以说，对正当防卫制度司法适用的"过正"纠偏，目前也存在再度纠偏的必要，以避免正当防卫权利的滥用。本文的写作，即致力于阐明此观点。

一、维稳观念的盛行导致正当防卫的规定沦为"沉睡的规定"

1997 年《刑法》颁行后，实现政治效果、社会效果和法律效果的有机统一逐渐成为我国司法办案的重要经验和内在要求。就是否具有政治效果而言，一个重要的检验指标就是社会安定是否得以维护。这样，在司法办案中贯彻维稳观念就得以流行开来。就正当防卫案件的办理而言，维稳观念的贯彻突出地体现在两个方面：一方面，"作为一种个人的暴力反击举动，公民行使防卫权的行为不可避免地会在一定程度上打破社会的平和状态"①。为最大限度地维护社会的安定状态，就有必要尽力挤压正当防卫制度的适用空间，以压制公民行使防卫权，抑制公民进行正当防卫的积极性。由此，在对正当防卫的司法认定中就被人为地附加了"无路可退"的条件，即只有在无路可退时的防卫才可以成立正当防卫。根据有学者对 300 多个判例进行的梳理，不少判例提出：只有当行为人因事发突然而不及躲避时，不法侵害才具有紧迫性；反之，若行为人在对不法侵害的发生有明确预见且完全有可能离开现场的情况下，非但不逃避，反而操持凶器积极应战，则应否定不法侵害的紧迫性。② 于是，面对不法侵害时予以逃跑就成为正当防卫成立的前提条件。而在维稳观念的支配下，面对不法侵害时首选逃跑也是有利于维护社会安定有序状态的有价值的举措。实际上，就我国很多地方的公安机关迄今仍然在使用的"不要打架"的宣传口号而言，其中所暗含的逻辑就包括如下内容：如果能够通过逃跑避免遭遇他人的不法侵害，就没有必要对不法侵害予以反击。这样就一方面避免了在对不法侵害予以反击时所可能出现的发生在不法侵害者或反击者身上的伤亡后果，另一方面也避免了因对不法侵害予以反击而引发的侵犯社会有序状态的问题。正如有学者所指出的："对于行为人本可以轻易逃脱的案件，许多法院之所以倾向于禁止行为人实施防卫，或许是基于这样的考虑：行为人若选择迎头反击不法侵害，则势必面临着在搏斗过程中负伤甚至丧命的风险；反之，若行为人选择逃离是非之地，则他既能够成功使法益免遭侵害，又可以避免陷入搏斗带来的风险，两全其美，何乐而不为呢？"③ 一方面，在行为人没有选择逃跑，而是选择对不法侵害者予以反击的场合，一旦行为人的行为对不法侵害者造成伤亡结果，在维稳观念的支配下，就必须对不法侵害方"给个说法"，以安抚不法侵害方的情绪，防止因将反击不法侵害的

---

① 陈璇：《正当防卫、维稳优先与结果导向——以"于欢故意伤害案"为契机展开的法理思考》，载《法律科学》2018 年第 3 期。
② 陈璇：《正当防卫、维稳优先与结果导向——以"于欢故意伤害案"为契机展开的法理思考》，载《法律科学》2018 年第 3 期。
③ 陈璇：《正当防卫、维稳优先与结果导向——以"于欢故意伤害案"为契机展开的法理思考》，载《法律科学》2018 年第 3 期。

行为认定为正当防卫而可能引起不法侵害方闹事事件的发生。这样一来,"唯结果论"的处理方式在正当防卫案件的司法处理过程中就得以大行其道。所谓"唯结果论",就是指在行为人反击不法侵害人,出现伤亡结果的场合,在只有一方遭受损害的情况下,遭受损害的一方就属于被害人,没有遭受损害的一方就属于加害人;在两方均遭受损害的情况下,遭受损害程度较重的一方就属于被害人,遭受损害程度较轻的一方就属于加害人。实际上,我国很多地方的公安机关迄今仍然在使用的"打赢坐牢,打输住院"的宣传口号就是上述"唯结果论"处理方式的生动体现。这样的宣传口号所暗含的逻辑是:在双方打架而伤害程度有所不同的情况下,对于遭受伤害程度较重的一方需要认定为被害方,从而安抚其情绪,防止因认定对方的行为属于正当防卫而可能引发的闹事,并解决其医疗费用的支付问题;对于遭受伤害程度较轻的一方则需要认定为加害方,从而让其负担刑事责任并支付对方的医疗费用。

在1997年《刑法》颁行后,正当防卫案件的办理中维稳观念的贯彻,导致正当防卫的成立空间被大大地压缩,许多本应当认定为正当防卫的案件要么被错误地认定为根本不具备防卫因素,但被害人(不法侵害人)具有一定程度过错的故意伤害或故意杀人案件,要么被错误地认定为具备防卫因素但属于防卫过当的案件。对此,我国学者张明楷教授指出,我国司法机关将正当防卫认定为故意伤害罪的情形相当普遍,其主要表现为两种情形:第一种情形是将典型的正当防卫认定为相互斗殴,进而认定为构成故意伤害罪;第二种情形是将正当防卫认定为防卫过当,进而认定为构成故意伤害罪。① 这样一来,1997年《刑法》所确立的正当防卫制度就在很大程度上被架空了,正当防卫的规定由此沦为"沉睡的规定"或"僵尸条款"。

二、通过借助于"于欢案""昆山反杀案""赵宇案"对正当防卫制度的司法适用进行纠偏,1997年《刑法》第20条中关于正当防卫的规定得以激活

关于"于欢案",在一审审理时,于欢辩解其持尖刀捅刺多人,致一名被害人死亡、两名被害人重伤、一名被害人轻伤的行为系被控制在接待室遭到对方殴打后所为,且对方有侮辱言行。辩护人提出被告人于欢的行为系防卫过当,被害人对本案的发生具有严重过错。但检察机关只认可被害人一方对本案的发生具有过错,可以从轻处罚,并且提出了判处无期徒刑以上刑罚的量刑建议。一审法院的判决没有正确地认定防卫过当,而是简单地以检察机关建议的无期徒刑对被告人于欢判处无期徒刑,剥夺政治权利终身。全国具有重大影响力的媒体《南方周末》在2017年3月23日刊载了《刺死辱母者》一文,对于欢故意伤害案进行了较为真实的报道,由此引发全国民众的关注,同时也引起最高人民检察院和最高人民法院的关注。②

---

① 张明楷:《故意伤害罪司法现状的刑法学分析》,载《清华法学》2013年第1期。
② 陈兴良:《正当防卫如何才能避免沦为僵尸条款——以于欢故意伤害案一审判决为例的刑法教义学分析》,载《法学家》2017年第5期。

于是,"于欢案"的司法处理才得以峰回路转。一审判决将于欢所具有的防卫过当情节错误地认定为不具有防卫因素前提下的被害人过错。这显然具有贯彻维稳观念的考虑。二审判决则纠正了这种错误,在肯定于欢的行为具有防卫因素的前提下认定于欢具有防卫过当的情节。"于欢案"最终被作为第93号指导案例纳入最高人民法院发布的第18批指导性案例。

在"昆山反杀案"中,骑电动车的于海明与开宝马车的刘某某因交通摩擦问题发生争执。刘某某持长刀砍向于海明时长刀脱落,于海明捡起长刀对刘某某进行追砍。最终,刘某某经抢救无效死亡。于海明的行为是否构成正当防卫成为本案的焦点。昆山警方在对本案进行立案后认定于海明的行为属于正当防卫,不负刑事责任。在本案中,于海明在刘某某所持的长刀脱落的情况下就有逃跑的机会,其不但不逃跑反而捡起长刀对刘某某进行追砍。按照以往正当防卫的成立所需具备的"无路可退"的条件,于海明在能够逃跑的情况下不逃跑,就足以排除其行为成立正当防卫的可能性。这里显然也存在对以往的受贯彻维稳观念影响的正当防卫司法认定的处理方式进行纠偏的问题。"昆山反杀案"最终入选最高人民检察院第12批指导性案例。

在"赵宇案"中,为制止李华对邹某的伤害行为,赵宇从背后拉拽李华,致其摔倒在地。起身后,李华又要殴打赵宇,并进行言语威胁,赵宇随即将李华推倒在地,并朝倒地的李华腹部踩了一脚。后赵宇拿起房间内的凳子欲砸向李华,被邹某拦下,随后赵宇被其女友劝离现场。经法医鉴定,李华腹部横结肠破裂,伤情属于重伤二级。邹某的伤情属于轻微伤。福州市公安局晋安分局以赵宇涉嫌过失致人重伤罪向晋安区人民检察院移送起诉。晋安区人民检察院以防卫过当作出相对不起诉决定。在最高人民检察院指导下,福建省检察院指令福州市检察院对赵宇案进行了审查。福州市检察院经审查认为,原不起诉决定存在适用法律错误,遂指令晋安区检察院撤销原不起诉决定,以正当防卫对赵宇作出无罪的不起诉决定。① 在此,福州市公安局晋安分局以赵宇涉嫌过失致人重伤罪向晋安区人民检察院移送起诉,晋安区人民检察院以防卫过当作出相对不起诉决定,这显然是由于受到了维稳观念支配下的"唯结果论"的影响——李华的伤情属于重伤二级,而赵宇一方的邹某的伤情仅仅属于轻微伤,李华属于被害人,赵宇属于加害人。虽然赵宇的行为具有防卫因素,但其应当对致李华重伤的行为负担防卫过当的刑事责任。因此,福州市检察院指令晋安区检察院撤销原不起诉决定,以正当防卫对赵宇作出无罪的不起诉决定,具有对维稳观念支配下的"唯结果论"的正当防卫案件处理方式进行纠偏的性质。

应当说,近年来,司法机关对受维稳观念影响下的正当防卫案件的司法处理方式进行大力纠偏,具有重大意义。一方面,客观而言,受维稳观念影响下的正当防卫案件的司法处理方式对于减少社会冲突、维护社会安定有序的状态有其积极作用,但是,维护社会安定有序的状态仅仅属于实现政治效果、社会效果和法律效果

---

① 陈兴良:《赵宇正当防卫案的法理评析》,载《方圆》2019年第5期。

的有机统一中所涉及的政治效果的内容。而政治效果与法律效果既有统一的一面，也有矛盾的一面。要实现政治效果和法律效果的统一，就必须在法律之内寻求政治效果。就此而言，政治效果的取得就应当是以严格依法办案为前提的。在背离法律规定的前提下追求所谓的社会安定有序的政治效果，由于经不起法律的拷问，这种政治效果的取得也只能是暂时的，而不可能是得到长久维持的。因此，要保证取得良好的政治效果，前提就是对正当防卫案件的司法处理必须合乎法律的规定。就司法机关对受维稳观念影响下的正当防卫案件的司法处理方式的大力纠偏而言，由于其是在激活1997年《刑法》中正当防卫规定的前提下进行的，就不但不会对社会稳定有序的政治效果的取得产生不利影响，反而有助于维持和巩固这种效果。另一方面，司法是社会公平正义的最后一道防线。司法机关对案件的处理结果应当符合人民群众的公平正义观。正如习近平总书记所指出的："让人民群众在每一个司法案件中感受到公平正义。"而要符合人民群众的公平正义观，司法机关对案件的处理结果就必须传递出正确的是非观。就上述正当防卫案件的办理中贯彻维稳观念的两个突出体现而言，则均存在不辨是非的严重问题。就"无路可退"这一正当防卫成立的前提条件而言，其意味着正当防卫的成立需要以"退无可退"为前提。按照"退无可退"的要求，就会形成坏人猖獗、好人受气的不良社会风气。而按照广大人民群众的是非观，不法侵害者代表的是非正义的一方，防卫人则代表的是正义的一方。"正义没有必要向不正义让步"，好人没有必要怕坏人。面对不法侵害，正确的态度应该是"该出手时就出手""老鼠过街，人人喊打"的良好社会风气就可以得以形成。这样，"无路可退"就存在与广大人民群众的是非观截然相违背的问题。其实，从1997年《刑法》第20条、第21条分别关于正当防卫、紧急避险的规定①来看，"不得已"仅仅是紧急避险的成立条件，而并非正当防卫的成立条件。因此，将"无路可退"设定为正当防卫成立的前提条件，实际上是将紧急避险的成立条件错误地嫁接到正当防卫成立条件上的结果。就"唯结果论"的处理方式而言，其实质就是只问结果，不问是非。由此造成的结局就是：谁遭受损失或谁遭受的损失重，谁就是被害人，另一方就是加害人。这样，在冲突中是否属于被害人，就往往取决于力气大小，力气小的一方往往遭受损失或遭受的损失重，因而就更有可能属于被害人。也就是说，按照"唯结果论"的处理方式，力气小的一方更有可能属于占理的一方。而按照广大人民群众的是非观，"君子动口不动手"，谁先实施不法侵害，另一方就有反击的权利。由此，先动手者就属于不占理的一方，而后动手者则属于占理的一方。如此说来，"唯结果论"的处理方式也会存在与广大人民群众的是非观相冲突的问题。就司法机关对受维稳观念影响下的正当防卫案件的司法处理方式的大力纠偏而言，由于其传递的是与广大人民群众的是非观相一致的是非观，广大人民群众就可以从正当防卫案件的司法处理中充分感受到公平正义。

---

① 1997年《刑法》第21条第1款规定："为了使国家、公共利益、本人或者他人的人身、财产和其他权利免受正在发生的危险，不得已采取的紧急避险行为，造成损害的，不负刑事责任。"

三、对正当防卫制度的司法适用进行的"过正"纠偏需要进行再度纠偏

如上所述,近年来,司法机关对受维稳观念影响下的正当防卫案件的司法处理方式进行大力纠偏,具有激活正当防卫规定、维持和巩固社会安定有序的政治效果以及满足广大人民群众公平正义感的重大意义。但是,"真理向前一步,哪怕是一小步,就会成为谬误"。正如最高人民检察院的有关领导所强调的:"任何权利都不能滥用,正当防卫权更是如此。"① 因此,对正当防卫制度司法适用的纠偏应当是以保证《刑法》中正当防卫的规定得到正确适用为边界的。如果这种纠偏逾越了正当防卫的规定正确适用的边界,就存在矫枉过正的问题。倘果真如此,正当防卫规定成为"僵尸条款"的局面固然得到了纠正,但是,正当防卫条款过度适用的局面却又得以形成。这样,就迫切需要对正当防卫司法适用的"过正"纠偏进行再度纠偏。

笔者认为,从目前的情况来看,在实务和理论两个层面均存在对正当防卫司法适用的"过正"纠偏进行再度纠偏的必要。

从实务的层面来看,存在将正当防卫与事后防卫进行混同从而不适当地扩大正当防卫制度适用空间的问题。具体而言,2018年7月11日夜,河北省保定市涞源县发生了王磊持凶器翻墙闯入村民王新元家中被杀一案。此案争议的焦点在于,王磊倒地后两次欲起身,王新元、赵印芝担心其起身实施侵害,就连续先后用菜刀、木棍击打王磊,直至王磊不再动弹。在此,涉及王新元、赵印芝的行为究竟是属于不法侵害已经结束情况下的事后防卫还是属于不法侵害尚未结束情况下的正当防卫问题。检察机关经审查,认定王新元、赵印芝的行为属于正当防卫,于2019年3月3日决定对王新元、赵印芝不起诉。保定市检察机关就上述焦点问题所提出的案件处理理由是:王磊倒地后,王新元、赵印芝继续刀砍棍击的行为仍属于防卫行为。王磊身材高大,年轻力壮,所持凶器足以严重危及人身安全。王磊虽然被打倒在地,还两次试图起身,王新元、赵印芝当时不能确定王磊是否已被制伏,担心其再次实施不法侵害行为,又继续用菜刀、木棍击打王磊,与之前的防卫行为有紧密连续性,属于一体化的防卫行为。② 有学者在接受记者采访时也指出:"在本案中,王磊虽然已经倒地,但根据日常生活经验,即便侵害人倒地也仍然有可能起身反击,或者利用其他工具继续侵害。这时,赵印芝等人并不能确定王磊已经完全丧失了侵害能力,不能确定在自己停止防卫的情况下不会遭到对方的继续袭击。法律不能要求防卫人去承受自己可能继续遭受侵害人侵袭的风险。"③ 以上处理理由和有关学者的观点均表明,就对不法侵害是否已经结束的判断而言,需要考虑防卫人主

---

① 卢越:《最高检发布指导性案例明确正当防卫界限标准正当防卫不是以暴制暴,而是"以正对不正"》,载《新京报》2018年12月22日第3版。
② 《关于对"涞源反杀案"决定不起诉有关情况的通报》,载http://www.spp.gov.cn/zdgz/201903/t20190303_410071.shtml,2019年5月30日访问。
③ 赵丽、崔磊磊:《是否属于正当防卫 是否具有伤害故意 不法侵害是否停止 涞源反杀案三大焦点问题解读》,载《法制日报》2019年1月26日第4版。

观上的认识能力问题。其所传递的信息是，只要防卫人合理地认为不法侵害尚未结束，就可以为防止其自认为的不法侵害人可能继续实施的不法侵害而不停止防卫行为。由此就可能导致广大人民群众对正当防卫制度产生误解，即只要不法侵害人先动手实施不法侵害，防卫人主观上合理地认为不法侵害尚未结束，即使不法侵害客观上已经结束，法律上仍然赋予防卫人进行正当防卫的权利。但是，正如在针对具有特异体质的人实施轻微暴力行为的场合，行为人主观上未能认识到受害人具有特异体质因而未能认识到轻微暴力行为会导致受害人死亡并不能成为否定行为人的轻微暴力行为与受害人的死亡结果之间存在因果关系的理由一样，防卫人主观上合理地认为不法侵害尚未结束，也不能成为否认不法侵害客观上已经结束的理由。应当看到，与因果关系的判断属于客观判断，并不以行为人主观上是否认识到因果关系的存在为转移一样，正当防卫成立条件中不法侵害是否已经结束的判断同样属于客观判断。在不法侵害客观上已经结束的情况下，防卫人主观上合理地认为不法侵害尚未结束实际上属于事后防卫的场合，在判断行为人是否具有罪过心理以及具有何种形式的罪过心理的时候需要考量的因素。这样看来，将防卫人主观上合理地认为不法侵害尚未结束融入不法侵害是否已经结束的判断所需考量的因素，实际上是将不法侵害的结束所需进行的客观判断与防卫人的主观判断相混同的结果。这样一来，就混淆了正当防卫与事后防卫之间的界限，由此导致正当防卫制度得到了不适当的拓展适用。因此，就目前正当防卫司法适用的纠偏中所出现的将正当防卫与事后防卫相混同的现象，有必要再度予以纠偏，从而确保正当防卫制度得到正确的适用。事实上，就上述"涞源反杀案"而言，最终不将王新元、赵印芝的行为认定为正当防卫，而是认定为事后防卫，也并非就没有对其二人予以出罪的空间。在王磊虽然被打倒在地，但是还两次试图起身的情况下，如果能够确认王新元、赵印芝不可能认识到王磊已经丧失了侵害能力、不法侵害行为已经结束，就完全可以1997年《刑法》第16条所规定的意外事件[①]为由对其二人予以出罪。

从理论的层面来看，则存在将防卫过当与正当防卫进行混同从而不适当地扩大正当防卫制度适用空间的问题。具体而言，关于"于欢案"中于欢的行为究竟是属于正当防卫还是属于防卫过当的问题，二审判决指出："于欢面临的不法侵害并不紧迫和严重，而其却持利刃连续捅刺四人，致一人死亡、二人重伤、一人轻伤，且其中一人即郭彦刚系从背后捅伤，应当认定于欢的防卫行为明显超过必要限度造成重大损害。"[②] 有学者则认为，在肯定于欢的行为具备防卫因素的前提下，其防卫行为很难说是明显过当的。防卫过当的认定未能充分考量本案不法侵害的特殊性，不能不说是平衡正与不正双方利益的结果，这是令人遗憾的。[③] 但是，既然认为就

---

① 1997年《刑法》第16条规定："行为在客观上虽然造成了损害结果，但是不是出于故意或者过失，而是由于不能抗拒或者不能预见的原因所引起的，不是犯罪。"
② 陈兴良：《正当防卫如何才能避免沦为僵尸条款——以于欢故意伤害案一审判决为例的刑法教义学分析》，载《法学家》2017年第5期。
③ 陈兴良：《正当防卫如何才能避免沦为僵尸条款——以于欢故意伤害案一审判决为例的刑法教义学分析》，载《法学家》2017年第5期。

防卫过当的认定而言需要平衡正与不正的双方利益，就很难认为于欢的行为不属于防卫过当。从于欢的防卫行为所损害的法益（于欢的行为造成不法侵害人一人死亡、二人重伤、一人轻伤的结果）与保护的法益（于欢母子人身自由遭受不法限制乃至剥夺、人格权遭受言行侮辱侵犯、身体健康权遭受轻微暴力侵犯）进行对比，可以发现，二者在价值上相差悬殊。因此，从法益衡量的角度来看，很难认定于欢的行为没有明显超过必要限度。事实上，于欢案的二审判决认定于欢的行为属于防卫过当，并非受到了"唯结论论"的影响，而是在对防卫行为的性质、手段、强度及造成的损害与不法侵害行为的性质、手段、强度及可能造成的损害进行对比、权衡后综合进行评定的结果。由此，理论上将于欢的防卫过当认定为正当防卫，就存在混同防卫过当与正当防卫的界限，不适当地扩大正当防卫适用范围的问题。对此，也存在再度予以纠偏的必要。

四、结语

就正当防卫制度的司法适用而言，既要立足于鼓励广大人民群众大胆、积极地行使正当防卫权利的立场把握其属于权利的本质，同时也要为正当防卫权利的行使划定合适的边界，以防止正当防卫权利的滥用。毕竟，正当防卫制度的设置涉及防卫人与不法侵害人利益的问题。在制度运行的过程中，不可过分偏袒某一方的利益，而是要在优先保护防卫人利益的前提下注意对两方利益保护的适当平衡。就此而言，我国1997年《刑法》颁行后受维稳观念影响的正当防卫案件的司法处理方式在保护防卫人利益、虚置正当防卫的规定方面固然有饱受诟病的地方，但是，在对这种司法方式进行纠偏的过程中，矫枉过正，过分强调对防卫人利益的保护，甚至认为既然不法侵害者实施了不法侵害，其利益就不值得以法律予以保护，其就处在任（防卫）人宰割的境地①，则会造成正当防卫制度适用范围的不当扩张、正当防卫权利被滥用的局面。在避免正当防卫规定沦为"僵尸条款"、强化正当防卫制度的适用成为主流声音的当前时代背景下，本文在对正当防卫制度司法适用的纠偏予以赞同的基础上提倡对目前正当防卫的"过正"纠偏现象再度予以纠偏，这可谓主流声音之外的另类声音。在此，唯愿这一另类声音能够受到足够的重视。

---

① 对此，我国学者指出："正当防卫的本质除了法益保护，还在于侵害人因违反不得侵害他人法益的义务，主动使自己陷入法益冲突的险境，从而使自身法益的值得保护性下降。"参见陈璇：《侵害人视角下的正当防卫论》，载《法学研究》2015年第3期。

正当防卫适用的困境及其出路

王鹏祥* 黄春雨**

正当防卫制度的设立旨在让公民在国家、公共利益、本人或他人的利益受到不法侵害时可以采取积极手段对合法权益加以保护。但在司法实践中，由于理论与实践之间存在差距，使得正当防卫的适用存在一定的困难。我们不妨从以下案例入手，对正当防卫适用的困境及解决路径加以分析。

一、案情介绍

案例一：于欢刺死辱母者案。2016年4月14日，杜某某带领多名催债人对于欢的母亲苏某某进行长时间的人身自由限制和人格尊严侮辱。被害人在言语和行为上采用极端恶劣的手段，当着于欢的面污辱其母苏某某。苏某某的儿子于欢看到母亲被当众侮辱，愤怒之下拿起桌子上的一把水果刀乱刺，将杜某某及其他几名催债人捅伤。杜某某因失血过多而死亡，其他几名人员也有不同程度的受伤。一审法院认为，于欢所犯故意伤害罪后果严重，应当承担与犯罪结果相当的法律责任，判决于欢无期徒刑并剥夺政治权利终身，并判令被告人于欢赔偿被害人经济损失和损害费若干万元。① 双方当事人均不服一审判决，分别提出上诉。二审法院认定于欢属防卫过当，构成故意伤害罪，判处于欢有期徒刑5年。

案例二：昆山砍人案。2018年8月27日，于海明在非机动车道内正常骑行单车与驾驶宝马轿车的刘某某发生剐蹭，由此两人发生争执，刘某某从车中取出一把砍刀连续击打于海明。在击打过程中，刘某某的砍刀落在地上，于海明拾起砍刀对刘某某捅刺并砍击数刀，刘某某身受重伤，经抢救无效死亡。9月1日下午，昆山市人民检察院和公安局发布通报，认定于海明的行为构成正当防卫，不负刑事责任，公安机关依法作出撤销案件决定。

这两个案件是正当防卫制度在现实生活中适用的典型代表。对于"于欢"案的一审判决，在审理过程中过分地看重了损害后果，而对案件的具体情节缺乏把握，因此引发了社会的强烈质疑。公众对该案的最大分歧在于于欢在进行防卫时对方的不法侵害是否具有紧迫性，如果认定于欢的行为构成正当防卫的则其防卫行为是否超过必要限度。② 一审法院在认定该案是否存在正在进行的不法侵害时，认为于欢和其母亲在有警察到场的情况下不存在生命健康权的现实危险紧迫性，因此不存在

---

* 河南师范大学法学院院长、教授。
** 河南师范大学法学院2016级硕士研究生。
① 参见山东省聊城市中级人民法院刑事附带民事判决书【（2016）鲁15刑初33号】。
② 参见陈兴良：《正当防卫如何才能避免沦为僵尸条款——以于欢故意伤害案一审判决为例的刑法教义学分析》，载《法学家》2017年第5期。

正当防卫意义上的不法侵害。但是苏某某和于欢受到侮辱和非法拘禁是可以确定的，由于非法拘禁属于继续犯，因此只要非法拘禁状态继续，不法侵害就一直存在，在此期间进行防卫行为可以构成正当防卫。由此，二审法院对该案案情进行了深入分析，认定于欢构成故意伤害罪但属于防卫过当，依法对其减轻处罚，该判决获得了社会公众的广泛认同，为正当防卫制度在现实生活中的正确适用发挥了积极作用，为审判机关依法正确适用正当防卫制度树立了新的标杆。①

在"昆山砍人案"中，争议的焦点是于海明进行防卫的时间是否正确，以及防卫的限度是否适当。于海明抢到砍刀后向刘某砍了5刀，这种情况下显然属于对"正在进行的不法侵害"进行防卫，但是在刘某受伤之后跑回车里的过程中，于海明又继续追砍2刀，对此公安机关认为追砍的2刀尽管时间上有间隔、空间上有距离，但这是一个连续行为。结合防卫人的主观目的，仍然是保护自己的合法权利。根据主客观相统一原则，公安机关认定于海明的防卫时间是正确的。在限度问题上，刘某因为失血过多休克死亡，这也证明于海明的砍击未达到当场致命的程度，因此于海明的防卫行为损害的法益并没有"明显"超过侵害行为的必要程度，不成立防卫过当应为正当防卫。公安机关和检察机关也非常高效地对该案件的前因后果作出了严谨的分析与解剖，②认定于海明的行为为正当防卫，这对于以后正当防卫制度在司法实践中的适用作出了一个很好的典例，也进一步阐明了正当防卫制度背后的多重价值。这个案件也充分说明，防卫者在面临紧迫危险时进行的防卫行为，如果符合正当防卫的适用条件应当认定为正当防卫。司法机关也应充分考虑防卫者的情况准确适用正当防卫制度，树立良好的社会价值导向。

上述两个案件涉及法理、情理等很多方面，就处理结果而言，使我国司法实践慎重适用正当防卫的倾向有所改观，在敢于适用正当防卫上迈出了可喜的一步。但在司法实践中，认定正当防卫仍存在较多困难。

二、正当防卫认定中存在的困境

（一）我国立法缺乏明确具体的规定

正当防卫是否过当，应以防卫行为是否明显超过必要限度而造成重大损害为标准。防卫过当只对"明显超过必要限度"的重大损害结果才负刑事责任，对防卫限度内的损害结果不承担责任。因此，防卫行为是否明显超过必要限度是区分合法与非法、正当与过当的标准。但我国刑法对于何为明显超过必要限度，缺乏明确具体的规定。理论界对此更是争论纷纭，代表性的观点主要有必要说、基本相适应说和折中说。

必要说认为，正当防卫不仅是法律赋予公民的权利，也是对抗和制止犯罪的积极手段，而且要让此利器发挥作用，法律就不能把正当防卫规定为防卫人"不得已"而采取的最后措施。"明显超过必要限度"应以防卫行为是否可以制止不法侵

---

① 参见李纪睿：《"昆山杀人案"中的正当防卫限度问题研究》，载《现代商贸工业》2019年第3期。
② 参见王世洲：《"昆山案"中正当防卫的生死标准》，载《中国检察官》2018年第18期。

害作为标准。防卫行为只要在客观上制止了不法侵害,无论防卫手段是否超过不法侵害的强度,都属于正当防卫。① 必要说对于必要限度的界限过于宽泛,使得正当防卫与防卫过当界限不清。可能导致行为人为了保护一个小的法益而造成他人重大损害结果的发生。例如,防卫者为了保护自己的财产而杀死小偷小摸的不法犯罪分子;防卫人为了保护自己的人格尊严不被侮辱而将骂人者打成重伤等,不可避免地会出现防卫权滥用的结果。

基本相适应说并不要求必须完全相同,而是要求防卫行为要等于或者小于不法侵害行为,这样才能构成正当防卫。如果防卫行为超过了不法侵害行为,也就超过了必要限度,需要承担防卫过当的刑事责任。② 与必要说相比,基本相适应说在一定程度上可以避免防卫权滥用的危险。但对于防卫人的防卫手段和防卫强度,在认定过程中比较难以把握,特别是在要保护的法益与正当防卫时损害的法益性质不一致时,行为是否明显超过必要限度就很难判断。例如,财产权利与侵害人的身体健康、女性的贞操与侵害人的生命,其法益重要性的判断存在一定程度的困难。该观点侧重于对不法侵害行为的防御,对防卫人的限制条件要求较高,在一定程度上束缚了防卫人行使正当防卫权的思想和手脚,不利于防卫人同违法犯罪行为作斗争。

折中说认为,判断防卫行为是否超过必要限度,应当结合必要说和基本相适应说,具体情况具体分析。只要防卫行为是为了制止不法侵害,就不需要考虑不法侵害的具体实施情况,均构成正当防卫;但事后要全面衡量不法侵害的手段、性质、强度、后果以及实施侵害的环境等因素,防卫强度不能明显超过不法侵害的强度,防卫行为与侵害行为要基本相适应。③

整体而言,折中说相对必要说和基本相适应说具有更强的合理性,但是折中说依然不能解决如何定义必要限度的问题。而且折中说在判断防卫行为是否明显超过必要限度时,对客观上造成的结果进行了重复评价,将会不可避免地使司法人员在对案件定性时,过重强调客观上造成的损害结果,而实际上忽略了对防卫行为正当性的准确判断,不能从根本上克服基本相适应说的缺点。正当防卫案件之所以引起社会关注,在很大程度上就是因为在正当防卫必要限度问题上存在的严重分歧。

(二) 司法实践中的判断路径不合理

在司法实践中,司法人员认定被告人的防卫行为是否过当时,往往以司法人员自己的认识为标准而不是以社会一般人的认识为标准,主观性较强。这种"事后判断路径"立足于裁判时的立场,根据案件的结果来判断防卫行为是否过当,以事后查明的证据为判断对象,过分倾向于以客观的结果作为认定标准。如果防卫行为造成了重伤或者死亡的结果,司法人员就比较侧重地认为防卫的手段超过了必要限度;如果防卫行为没有造成严重结果,就不认为防卫行为超过了必要限度。④ 以"事后判断路径"判断案件的性质,没有结合被害人先前的行为在手段和性质上对

---

① 参见肖中华、朱璨:《论正当防卫中必要限度条件的激活》,载《法学杂志》2019年第4期。
② 参见杨春洗等:《刑法总论》,北京大学出版社1981年版,第100页。
③ 参见高铭暄:《刑法专论》,高等教育出版社2006年版,第427页。
④ 参见李万勤、张先中:《略论防卫权》,载《法学杂志》1998年第1期。

被告人的不利影响，没有综合考虑被告人做出如此行为的原因，这种判断路径阻碍案件真实性的情境展现，忽略了案件的整体性，容易导致判决结果与案件事实不相符合。

在于欢刺死辱母者案中，一审法院就陷入此类误区。司法人员不是立足于防卫人当时存在的客观情况，而是过分倾向于"事后判断路径"，认为在造成一人死亡两人重伤的严重情况下，于欢的行为严重不当。一审法院没有综合考虑杜某某等人先前的非法拘禁行为和言语侮辱行为对于欢母子二人人身和尊严的严重侵害，没有重视导致于欢所做出的一系列防卫行为的起因，使得人们对一审法院的判决结果缺乏社会认同。

（三）司法人员面临社会舆论的压力较大

就理论上而言，于欢案二审结果应该有不止一种可能，从专业视角来看，于欢行为的性质也存在较多争议。有多位刑法学者就认为，于欢的行为应当被视为正当防卫，而不是防卫过当，更不用说是单纯的故意伤害了。① 退一步说，即使认定其行为属于防卫过当，对其处罚也可以更轻，如五年以下有期徒刑、缓刑乃至免除处罚。不过，现在的结果也并不令人意外，其原因是多方面的，主要表现在：

当出现不法侵害人受到重伤或者死亡的时候，其家属或亲属就会向司法机关施加压力，甚至集体上访闹访，干扰司法机关对案件事实的判断。有的被害人及其家属认为凶手没有得到应有的惩罚，或者没有得到想要的判决结果，就是"正义"没有得到伸张，往往会拖家带口不断上访、扯条幅喊冤等，给司法机关施加压力。司法机关往往基于社会稳定的考虑，难以将本应认定为正当防卫的行为做出正确的判决，甚至将本应属于正当防卫的案件认定为防卫过当，对本应认定为无过当防卫而宣告无罪的案件做出有罪判决。②

社会舆论在一定程度上也影响着案件的判决结果。社会公众对案情的了解往往不是很全面，法律知识也比较欠缺，仅凭自己的朴素认识来评论案件。在评论过程中，往往会把自己的认识和情绪带入案件中，当审判结果与社会公众心中所认为的结果存在一定差距时，社会舆论就会给司法机关造成较大的压力。一些司法机关就会迫于舆论压力，在对具体个案的处理上做出不利于防卫人的判决，对防卫人给予较重的刑罚。

新闻媒体在宣传党的政策和社会舆论监督方面具有显著的优势。但有些新闻媒体为了博得人们的眼球，吸引更多的读者，有时会对一些事件做出不真实的报道，对公众的认知造成错误的影响，也会在一定程度上给司法机关造成一定的压力，使得司法机关在对案件处理时采取较为苛刻的态度。

---

① 参见《19名教授分析"于欢案"汇总》，载 http://www.scyjlaw.com/article-3383-1.html，最后访问时间：2017年7月17日。在所有意见中，持"正当防卫"意见与持"防卫过当"意见的，以及未明确表达这方面意见的，约各占1/3。但是所有意见均对一审判决持批评立场，认为需要改判。这些意见虽然都发表于二审之前，且多以非正式方式发表，但均为公开意见，可供参考。

② 陈兴良：《无过当之防卫：以指导性案例为线索的分析》，载《刑事法判解》2012年第1期。

三、认定正当防卫"必要限度"的出路

（一）以社会相当性理论完善折中说

社会相当性理论是德日刑法中的一个重要内容，是指对于某些在通常情形下对法益构成侵害或威胁的行为，如果该行为能够被一般国民的社会观念所认可，就具有规范价值上的适当性，从而可以否定该行为的违法性。

通说认为，我国犯罪构成是由刑法明确规定，在形式上确认了行为构成犯罪所必须具备的主观要件和客观要件的有机统一，在本质上同时决定着行为的社会危害性及其程度。[①] 通说主张犯罪构成既是一种实质的判断，也是一种形式判断，不仅决定着犯罪的社会危害性及其程度，还规定了诸如行为态势、有关情节、危害后果等客观类型样式与故意、过失等主观罪过内容。因而，社会相当性的解释功能与正当功能在实质与形式上都能够和我国犯罪构成相对应。

也就是说，因社会历史和生活环境所形成的社会伦理秩序而允许的通常性行为在规范上具有适当性，即使存在法益侵害或法益侵害的危险，也可以通过构成要件实质化排除行为的符合性，或者通过正当化事由阻却违法。例如，如果对医生的手术行为、竞技体育中的伤人行为、家庭内部的侮辱行为一概认为侵害了社会生活的法益而该构成要件具有违法性，既不必要也不正当。"社会相当性"的理论意义在于将实定法范畴外的社会观念、现状和习惯引入犯罪论体系之中，主张对构成要件进行实质解释，使构成要件内容的运用符合社会现实需求。

在犯罪构成和其社会危害性之间，社会相当性发挥着串联作用，在犯罪论体系中处于传递、枢纽的地位。行为虽然符合犯罪构成，也需要社会相当性过滤，才能够最终决定是否具有社会危害性。社会相当性的过滤方式，应着眼于行为是否严重脱逸于社会相当性。严重脱逸于社会相当性的行为达到了应受刑罚处罚的程度，具备了质与量上的社会危害性，应当作为犯罪来处理。[②] 有学者认为，防卫行为是否超过必要限度是一个与社会相当性紧密相关的问题，较之防卫限度的各种理论学说，通过运用社会相当性理论来指导必要限度的理解更为妥当。[③]

笔者认为，认定防卫行为是否超过必要限度，有效的途径之一就是要结合社会相当性理论来对必要限度加以判断。在具体适用时，要坚持主客观相统一的原则，考虑防卫人在做出防卫行为时的主观意图，对于防卫人的认识能力和行为能力不能过于苛刻。因为在当时的情况下，防卫人处于高度紧张、极度恐惧和愤怒的状态之下，很难要求防卫人再能够冷静理智地判断自己的行为是否超过必要限度。

按照主客观相统一的原则，客观全面地分析案件事实，不仅仅是认定正当防卫必要限度的方法问题，也是立场问题。我们应当正确理解正当防卫的性质和意义，综合考虑双方当事人的手段方式和强度等因素，才能得出比较公正合理的判决。

---

① 赵秉志主编：《刑法总论》，中国人民大学出版社2012年版，第108页。
② 于改之：《我国当前刑事立法中的犯罪化与非犯罪化——严重脱逸社会相当性理论之提倡》，载《法学家》2007年第4期。
③ 参见赵秉志、刘志伟：《正当防卫理论若干争议问题研究》，载《法律科学》2001年第2期。

(二) 立足行为时立场进行判断

司法人员在对案件审理过程中，要立足行为时的立场，全面评价案件事实，不能错误地认为"明显超过必要限度"和"造成重大损害"是一种递进关系。因为在具体案件中，即便防卫行为明显超过必要限度，也不一定就会造成重大损害后果；同样，即便造成重大损害后果，也不一定是超过必要限度造成的，有可能是意外事件、不可抗力等因素，二者之间并不是非此即彼的关系。防卫行为的实施是一个整体的过程，而事故的最终损害结果，有可能是整个防卫行为中的某一行为造成。所以，司法人员在判断过程中，要立足行为时立场，结合现实的整体防卫情境，以行为时存在的全部客观事实为对象，同时参照社会一般人的认识标准加以判断，不能片面地从造成的后果上考察防卫行为是否超过了必要限度。①

相应地，司法人员在司法过程中要"适当放宽防卫限度条件"，在认定正当防卫，特别是判断防卫的限度条件时要根据案件具体情况予以充分考虑，要设身处地为正当防卫人着想，而不能对正当防卫人过于苛求，要根据常理常情考量正当防卫制度的司法适用，甚至要适当作有利于防卫人的考量。要求防卫人在孤立无援、高度紧张的情形之下实施刚好制止不法侵害的行为，不仅明显违背常理常情，而且违背基本法理。此外，即使认定防卫过当，也应当充分运用"减轻或者免除处罚"的规定裁量处理。

对于欢刺死辱母者案的处理，一审法院认为，不法侵害不存在"紧迫性"是不合理的。因为于欢面临被害人非常极端的侮辱和虐待行为而做出的反抗行为，是能够被通常人所理解的。不能仅仅因为客观上造成了死亡和重伤的结果，就不考虑行为时发生的具体情况，而否认其构成防卫行为。对正当防卫行为的处理，我们应当按照一般人的立场去考虑问题，而不是具有理性的专家的立场来对紧迫性进行判断。在此案中，于欢的行为事先没有任何准备，而是在当时所处的环境下所实施的一种激情犯罪，具有应当从轻或减轻处罚的情节。我国刑事司法也部分承认激情犯理论，在被害人有严重过错时，对行为人可以从轻或减轻处罚。

正如陈兴良教授所言："从实际出发，设身处地，从某种意义上说，不仅是一个认定正当防卫必要限度的工作方法问题，而且是一个立场问题。如果我们对正当防卫的性质和意义有正确的认识，从有利于防卫人而不是苛求防卫人的立场考虑问题，我们就能把本人置于防卫人的环境下，认真地为防卫人着想，而不是一味地同情有过错的被害人。"②

(三) 兼顾民意和舆论的声音

随着互联网时代的到来，人们对表达自己的思想和看法有了更加方便与快捷的方式。网络民意具有尖锐性和广泛性，但同时也会具有一些非理性因素，对案件的影响力不容忽视。法院在审理案件时，要严格依法裁量，尽量不受社会舆论的干扰。但舆论监督是搭建司法与公众的重要桥梁之一，是二者得以良性互动的重要保

---

① 参见李永升：《关于正当防卫社会效果的几点思考》，载《法学杂志》1990 年第 3 期。
② 参见陈兴良：《正当防卫论》，中国人民大学出版社 1987 年版，第 45 页。

障。社会舆论在一定程度上也反映了公众对此案件的看法，也是民意的一种反映。司法权的行使不能完全脱离民众的监督，在司法过程中，要高度重视"舆论背后公众对司法的价值诉求"。因为社会公众的合法参与，也是有效实现法治的过程。当社会舆论出现争议时，司法就要以正确的态度和方法及时应对，让司法和舆论有效合理地结合起来。"昆山砍人案"中我们司法机关对该案的处理就做到了及时高效，抓住了公众比较关注的问题并且在结果中给出了比较清晰明了的说理，让社会公众对该案件的处理结果都达到了比较满意的程度。

在司法实践中，只考虑行为的社会危害性而忽视公众对案件的认知，造成社会舆论哗然的案件屡有发生。例如，天津"赵某某非法持有枪支案"①中，赵某某因为摆气球射击摊使用枪形物的行为，司法机关认为其构成非法持有枪支罪，一审判处有期徒刑3年半。赵某某对一审判决不服提出上诉，二审法院综合考虑赵某某的实际情况，对其依法予以改判，以非法持有枪支罪从轻判处赵某某有期徒刑三年，缓刑三年。再如，内蒙古"王某某非法经营玉米案"②，巴彦淖尔市临河区农民王某某因为无证收购玉米，被临河区人民法院以非法经营罪判处有期徒刑一年，缓刑两年，并处罚金人民币二万元。宣判后，被告人王某某未上诉，检察机关未抗诉，判决发生法律效力。此案引起了最高人民法院的关注。巴彦淖尔市中级人民法院根据最高人民法院的再审指令进行了再审，认为王某某在没有办理粮食收购许可证及工商营业执照的开发部下买卖玉米，其行为违反当时的国家粮食流通管理有关规定，但尚未达到严重扰乱市场秩序的危害程度，不构成非法经营罪，判决依法撤销原审判决，改判王某某无罪。又如，河南"大学生掏鸟案"③，在大社会信息背景下，由于媒体误导宣传，导致群众在不明真相的情况下产生错误的认识，发表不正确的言论，对司法的判断力造成了一定的影响。

在司法过程中，司法人员在维护法律公平正义的同时，也要关注民意，重视法律效果与社会效果的统一。在案件审理过程中，一方面要准确把握案件事实，这是处理案件的基础。同时，要倾听民众的声音，结合法律的规定，做出符合法理和民意的判决。民意的朴素正义观在司法中应有正常的容纳空间，良好的司法社会效果要以严格的依法审判为前提，以得到大众的社会认同为必要。司法人员不但要有强大的法律素养，还要有良好的心理素质，最大限度地降低舆论对案件裁判带来的消极影响，在必要时也可以及时回应社会舆论的质疑，引导广大民众敬畏法律，树立法律信仰。

---

① 参见张晓敏、赵春华：《涉枪案二审宣判》，载《人民法院报》2017年1月27日第3版。
② 参见徐日丹：《办案检察官谈内蒙古"玉米案"再审宣判无罪——遵循刑法谦抑性彰显公平正义》，载《检察日报》2017年2月18日第2版。
③ 参见鲁燕：《掏鸟16只，获刑十年半——啥鸟这么贵？燕隼，国家二级保护动物》，载《郑州晚报》2015年12月1日第10版。

正当防卫的司法适用及其认定困境

兰跃军* 熊剑锋**

我国《刑法》第 20 条第 1 款规定了正当防卫的条件，第 2 款规定了防卫过当及其刑事责任，第 3 款规定了特殊防卫。正当防卫不负刑事责任，主要意义在于保障社会公共利益和其他合法权利免受正在进行的不法侵害，鼓励公民与不法侵害作斗争，昭示"法不向不法让步"。但是，在司法实践中，为了防止出现滥用正当防卫的现象，对正当防卫的适用及其认定，一直处于消极的拘束状态，没有全面考量正当防卫对社会秩序稳定的功能。公民防卫行为构成正当防卫，必须符合严苛的条件，导致正当防卫在保护公民的生命财产安全上并未发挥应有的作用，这也是正当防卫广受诟病的重要原因。探寻正当防卫的认定困境及其破解之路，是亟待研究解决的一个重要课题。

一、正当防卫的司法适用

（一）正当防卫在于欢案中适用

于欢案发生后，聊城中院一审认定于欢构成故意伤害罪，判处无期徒刑。山东省高级人民法院认为，于欢用刀捅刺赵某四人的行为，处于赵某四人进行非法拘禁期间，属于制止正在进行的不法侵害，构成正当防卫。但该案中不法侵害行为仅包括赵某等人非法拘禁行为，对于欢母亲苏某进行人格尊严的侮辱行为，不构成刑法意义上的不法侵害，而且于欢的防卫行为造成赵某等人一死一重伤两轻伤的结果，明显超过必要的限度，属于防卫过当，应该负刑事责任。赵某等人实施的侮辱行为，可以作为对于欢减轻量刑的情节考虑。于是，二审改判于欢有期徒刑五年。①

《刑法》第 20 条第 2 款虽然对正当防卫的限度做出规定，但只是给出了模糊的判断方向，并没有产生一个明确的界定区间。在司法实践中，为了防止正当防卫的滥用，仍然严格限制正当防卫的防卫限度，采取仅仅对防卫人和被防卫人现实利益损害结果大小进行对比的方法，没有完全考虑正当防卫所具有的法律意义和社会意义。同时，该案也对司法实践机械适用正当防卫条款的现状做出了一定升级，将防卫过当中非实际伤害的情节因素加入量刑考虑中，从一定程度上说，能够给予公民更多地运用正当防卫保护自身利益的信心。

（二）正当防卫在昆山反杀案中适用

昆山反杀案发生后，昆山市公安局认为，于海明用刀追砍刘某某的行为构成刑

---

* 上海大学法学院教授。
** 上海大学法学院诉讼法与被害人学研究中心研究员。
① 山东省高级人民法院判决书【（2017）鲁刑终 151 号】。

法上的正当防卫，不负刑事责任，做撤案处理。① 本案争议焦点在于，刘某某所持长刀脱手之后，于海明捡起长刀对刘某某进行追砍的行为是否处于可以进行正当防卫的时间内，是否构成事后防卫，于海明的防卫行为是否超出防卫限度。警方查验事实后认为，刘某某在与于海明发生交通碰撞后，取出长刀击打于海明的行为属于刑法意义上可以进行正当防卫的行凶行为，且刘某某使用管制刀具对于海明进行连续击打，同时进行口头威胁，对于海明的生命安全造成了极大威胁，符合《刑法》第20条第3款规定的特殊防卫，即使造成不法侵害人死亡，也不属于防卫过当，不负刑事责任。因此，客观上刘某某所承担的利益损失虽然远远大于于海明，但于海明并未超出正当防卫的限度。在防卫时间上，刘某某所持长刀摔落在地后，继续上前与于海明进行争抢，被于海明砍中后也并未放弃继续侵害，考虑到刘某某实施行为的危险性之大以及继续进行侵害的可能性，认为刘某某的行为是一个持续性的行为，因此，于海明的防卫行为处于正当防卫的防卫时间内。

该案对防卫时间的判定较以往案件的判定方法有所不同。传统刑法理论认为，正当防卫的防卫时间应该严格限定在不法侵害行为开始后以及不法侵害行为结束前这一段时间，如此对防卫时间的严格限定，为公民进行正当防卫带来了极大困难，有的不法侵害行为可能仅仅发生在电光火石之间，而且有继续进行的可能性。该案将严重威胁的防卫时间加入不法侵害行为继续发生可能性考虑，充分结合现场事实的发展情况，是对正当防卫的防卫时间进行重新适用的一次尝试，能够更好地发挥正当防卫的社会功能。

（三）指导案例93号对正当防卫适用的规范

2018年6月27日，最高人民法院将于欢案列为指导案例93号。通过对于欢案的解读，对正当防卫的适用做出指导性规定，认定防卫行为是否符合正当防卫的防卫限度，应从案件发生时不法侵害行为的手段、强度、紧迫性等方面进行综合性的考虑，而对于人格尊严这样类似的侮辱性行为不认为具有紧迫的危险性，对其进行防卫造成严重人身伤亡的，应当认定为防卫过当。同时指导案例也对防卫过当的量刑做出指导规定。虽然人格侮辱行为不具备防卫性，但在对防卫过当案件进行量刑时，可以作为减轻量刑的情节因素进行考虑。

于欢案的特殊之处在于，于欢及其母亲在被非法拘禁的同时受到严重人格侮辱，对于非法拘禁这样没有严重危害性和紧迫性的不法侵害行为，可以进行正当防卫的限度是十分狭窄的，而严重的人格侮辱行为十分容易激发防卫人的伤害意识，造成严重的后果，但没有实际伤害的人身侮辱行为是无法进行防卫的，这样便为当事人造成了一个进退两难的困境。这要求司法工作人员必须在法律的权威性和公民的人格尊严权之间进行利弊权衡。指导案例提出的思路是，在遵循现有正当防卫的司法实践情形下，按照传统刑法理论，做出些许的法律让步。因此，指导案例的规定始终没有跳脱对正当防卫的一贯认知，始终认为防卫方与被防卫方的利益损失大

---

① 江苏省昆山市公安局"警方通报"，载"昆山微警务"微信公众号，最后访问时间：2018年9月1日。

小，是衡量是否构成正当防卫的重要标准。将不法侵害中的严重人格尊严侮辱行为，作为防卫过当案件中减轻量刑这一规定，看似在一定程度上保护了防卫人，其实只是为司法工作人员的量刑进行指导，并未实际解决正当防卫在实际生活中的运用问题。因此，公民正当防卫的界限还处于模糊之中。

二、正当防卫适用的理论观点

认定防卫行为是否构成正当防卫，关键是认定防卫行为是否超出防卫限度。关于防卫限度，《刑法》第20条第2款规定为必要限度加重大损害。这样的限度规定模糊，给予法官太大裁量空间。法官判案思路和法律水平不同，造成该条款的实际运用也不一致。对防卫限度如何认定，目前主要有一体说和二分说两种观点。

（一）一体说

以曲新久教授和张明楷教授为代表。曲新久教授认为："只有防卫行为的强度超过了'必需'的限度，才会造成重大的危害结果，而防卫行为造成重大的损害，则是由于防卫行为超过必需的强度所致，二者是相辅相成、缺一不可的。不可能存在所谓的'行为过当而结果不过当'或者'结果过当而行为不过当'的情形。"[①] 他将防卫行为过当和防卫结果过当同时作为判断是否防卫过当的判断标准，要求二者存在事实上的因果关系。笔者认为，这更适合司法实践，不以单独一项标准来判断是否构成防卫过当，实际上更有利于增强公民进行防卫的信心。因为在正当防卫案件中，防卫行为与造成的结果往往存在多种联系，适当的行为可能会造成严重的后果，超出必需限度的行为也可能没有造成严重的后果。如果只关注防卫行为或只关注造成的后果，势必会产生不完善的法律判定结果，这样无论对当事人还是对法律权威性都是一种伤害。

张明楷教授认为："只是在造成重大损害的情况下，才存在明显超过必要限度的问题。"[②] 他也主张不应该割裂防卫行为与防卫结果的关系，要充分考虑二者之间存在的因果关系。但张明楷教授的观点与曲新久教授稍有不同。曲新久教授认为，防卫行为与防卫结果不能分开看待，应该分别考量，若二者皆过当，那么防卫行为过当。也就是说，此二者可能存在任意一者不过当的情况。而张明楷教授虽然认为不应将防卫行为与防卫结果的因果关系进行割裂，但他认为行为超出必要限度是造成严重后果的前提，没有前者，自然不存在后者。也就是说，不存在任意一方不过当的情形。

（二）二分说

以周光权教授和劳东燕教授为代表。周光权教授认为："在防卫行为明显不当的情形下，不能无视防卫结果的判断价值。如果防卫行为明显超过必要限度，但结局上并未造成任何损害，或者未造成重大损害的案件，不能以防卫过当论处。"[③] 他认为防卫限度侧重点完全在于防卫结果。虽然周光权教授所假设的情况，使用一

---

① 曲新久：《刑法学》，中国政法大学出版社2017年版，第121页。
② 张明楷：《刑法学》，法律出版社2016年版，第212页。
③ 周光权：《正当防卫的司法异化与纠偏思路》，载《法学评论》2017年第5期。

体说进行分析，同样得出行为人并未防卫过当的结论，也能认为防卫人构成了正当防卫，但周光权教授认为行为人仅仅是能够不以防卫过当论处，并不能当然地得出行为人构成正当防卫的结论。

劳东燕教授也主张从行为限度和结果限度两个方面进行考虑，她指出："以下三种情形，包括明显超过必要限度但没有造成重大损害，或者虽造成重大损害但没有明显超过必要限度，或者虽然既造成重大损害又超过必要限度，但超过的程度未达到'明显'的要求，均不构成防卫过当，而成立正当防卫。"① 虽然她同样对防卫行为中的行为限度和结果限度进行分离考量，但与周光权教授不同。她认为只要行为未超出限度或者未造成严重后果，就能认为防卫未过当，构成正当防卫。而周光权教授认为，只要防卫结果未造成严重的后果，无论行为是否超出必要的限度，都能够认为防卫行为不过当，但是并不当然构成正当防卫。虽然周光权教授与劳东燕教授的观点都属于二分说，但是，劳东燕教授将防卫行为中的行为限度与结果限度分离得更加完全，基本上忽视了行为与结果之间的联系，虽然更容易对防卫行为是否构成正当防卫进行认定，提高了构成正当防卫的可能性，但这样的判定方式稍显随意，在司法实践中容易造成对正当防卫的滥用。

三、正当防卫的认定困境

（一）法律中的"休眠条款"

据统计，截至 2017 年 4 月 1 日，中国裁判文书网上共有 722 例防卫过当的刑事判决，涉及 798 名犯罪人。② 正当防卫自 1979 年刑法实施之日起已经存在，1997 年刑法又进一步完善，但在司法实践中真正能够适用该法条的案件非常少。为什么会出现这种现象，这么多年的这么多案件真的大多都是防卫过当吗？笔者认为答案是否定的。正当防卫之所以成为一条难以启动的沉睡法律条款，有社会和法律两个层面的原因。在社会层面上，经济的快速发展与社会治理结构的不协调，为司法活动的进行带来了不小的压力。在追求稳定的大社会环境下，法官对认定防卫行为为正当防卫面临各方的压力，甚至出现上级法院直接干预下级法院审判的情况。再加上公民法律素养普遍不高，可能出现在防卫案件中，明明可以构成正当防卫，但碍于被防卫者死亡或者严重受伤一方的家属蛮不讲理，撒泼打诨的情况，最终为了维持社会稳定，以一种"摆平"事情的心态，把正当防卫认定为防卫过当。在法律层面上，刑法规定的正当防卫条款过于模糊，判断标准不明确。为了追求判决结果的正确性，法官自觉或不自觉地将正当防卫的认定标准收到最紧，导致判决结果为正当防卫的案件不多。

（二）判决中的"唯结果论"

司法实践中对正当防卫的认定，基本遵循二分说，主要侧重于对防卫结果的考察。在认定防卫行为是否为正当防卫的案件中，只注重对双方损害结果的经济利益

---

① 劳东燕：《正当防卫的异化与刑法系统的功能》，载《法学家》2018 年第 5 期。
② 尹子文：《防卫过当的实务认定与反思——基于 722 份刑事判决的分析》，载《现代法学》2018 年第 1 期。

方面的对比，如果出现了特别重大的人身伤亡，法官一般都会忽略一些可能正确的辩护理由，这样将防卫行为认定为正当防卫的可能性更低。

（三）对"不法侵害"的错误理解

具有现实的、紧迫的不法侵害，是公民进行正当防卫的前提。但在司法实践中，对可以进行正当防卫的不法侵害的理解，往往存在偏差。这种理解上的偏差表现在两个方面，一是将可以进行正当防卫的不法侵害，认定为不能进行正当防卫；二是错误认定不法侵害的危险程度，导致防卫人的防卫行为构成防卫过当。在他人非法侵入住宅的情况下，司法实践通常不认为非法侵入住宅可以作为进行正当防卫的前提。若被侵害人对侵害人实施防卫行为，造成侵害人死伤的，也往往以侵害人存在过错为由，对被侵害人适当减轻量刑。在非法拘禁的情况下，司法实践通常认为，如果仅仅是非法拘禁这样的不法侵害是不能作为防卫起因的。只有在非法拘禁过程中，拘禁者对被拘禁者进行生命健康上的伤害时，被拘禁者才能够进行防卫。正当防卫的防卫起因要有现实的、紧迫的不法侵害正在发生，将一些明明是不法侵害的行为，排除在正当防卫范围之外，其实变相缩小了公民的权利范围，将公民的一部分利益放在了危险之中。还在一些情况下虽然没有将某种不法侵害排除在正当防卫的范围之外，但往往对该不法侵害的危险程度进行错误的认定，导致防卫人最终构成防卫过当。

四、正当防卫认定困境的破解

（一）法律适用困境的破解

1. 正确理解正当防卫的正当性来源。防卫是人类的一种本能，是一种无法违背的自然规律，这决定了人类与生俱来就拥有进行正当防卫的权利。正当防卫的适用必须符合人类的本能。虽然法律是人类理性发展之下出现的产物，但不可以跳脱出人类的本能之外进行适用。德国法哲学家拉德布鲁赫曾指出："法律是人的创造物，只能根据人的理念，也即这种创造的目的或价值来理解。"① 纯理性的法律适用往往可能偏离法律创设的初衷，要从本源之处对法律进行理解。另外，法律的救济往往具有一定滞后性，在保护公民生命财产安全的方式上，法律往往采取事前规制与事后评价的方式，导致当事情发生时，公民权利可能处于保护空白的状态下，需要允许公民进行正当防卫来保护自身的权益。在法律保护空白的情况下，行为人实施防卫行为保护合法权利，实际上是对公权力救济的一种补充，是天然带有正义性的。

2. 正确理解正当防卫的构成要件。第一，防卫起因。防卫起因要求具有现实的、紧迫的、正在发生的不法侵害。正确理解防卫起因的关键在于正确理解不法侵害。一方面，就司法实践来说，必须拓宽正当防卫层面上的不法侵害的解释范围，不应将个别不法侵害排除在正当防卫的大门之外。只要该不法侵害是现实的、紧迫的且正在发生的，就允许进行相应的防卫行为。不能将不法侵害强制限定为具有激

---

① 沈宗灵：《现代西方法理学》，北京大学出版社1992年版，第41页。

烈伤害的行为，或者一定是犯罪行为，只要对防卫人生命财产安全产生一定威胁，就属于可以进行正当防卫的不法侵害。另一方面，对不法侵害危险程度的认定，不能单单从结果损害大小进行认定，要结合具体案件的实际情况，设身处地考虑防卫人所处的实际环境。既要看到已经发生或者正在发生的危险，也要看到即将可能发生的危险，从多维度的角度对不法侵害的危险程度进行认定。

第二，防卫对象。防卫对象的关键要正确理解对无责任能力行为人的防卫和共同犯罪中教唆犯或间接正犯的防卫问题。对于无责任能力行为人实施的不法侵害行为，是否能够进行正当防卫，学界一直存有争论。笔者认为，站在防卫人的角度上，要真正发挥正当防卫的功能，保护公民的生命财产权利，不能因为不法侵害人是无责任能力行为人，就排除对其进行正当防卫的可能性。只能将标准统一在该行为是否是不法侵害，而不能关注该行为是由什么样身份的人所实施的。在犯罪二阶层理论中，无责任能力行为人实施犯罪行为，在客观上构成犯罪，只是因为受到了违法阻却事由的阻断，不负刑事责任。既然客观上具有犯罪行为，就能够进行正当防卫。对于共同犯罪中的教唆犯和间接正犯，因为其不真正直接实施不法侵害，因此在一些判决中，认为对其进行防卫行为不构成正当防卫。笔者认为，在教唆犯的情况下，若教唆犯对犯罪实行人起到的作用是传授犯罪方法或者引诱的作用，此时行为人尚有较大的自我抉择空间，则不能对教唆犯进行防卫；若教唆犯对实行者起到胁迫的作用，此时因为实行者能够选择的空间非常小，为了保护防卫人的自身利益，就可以对教唆犯进行正当防卫。在间接正犯的情况下，不法侵害的实行者只是作为间接正犯的犯罪工具，此时对间接正犯进行正当防卫不存在问题。

第三，防卫时间。防卫时间分为开始时间和结束时间。在司法实践中，对正当防卫的时间认定，一直存在诟病，原因在于对防卫时间的要求过于严苛，留给防卫人的反应时间太短，导致极难构成正当防卫。正确理解防卫时间，要合理考虑防卫人的反应时间，不法侵害发生之时防卫人往往处于一种慌乱的状态，而且防卫人大多没有接受过专业的法学教育，如果对时间条件把控过于严苛，防卫人实际上很难掌握好防卫时间。另外，要考虑到不法侵害人行为的持续性。在某些案件中，侵害人可能只是暂时结束了一个行为，但是其行为有持续进行的可能。在此种情况下，防卫人的生命财产安全就一直暴露于危险之中，就应该允许防卫人在该持续行为时段内进行正当防卫。

第四，防卫意图。关键是偶然防卫能否成立正当防卫。也就是说，行为人在没有正当防卫意图的情形下，出于伤害不法侵害人的目的，恰巧制止了不法侵害行为，能否构成正当防卫。该问题一直存有争论。按照行为无价值的理论，如果行为是非正义的，那么就不能认为其结果是正义的，也就不能构成正当防卫。而按照结果无价值的理论，只要结果是正义的，无论其行为出于什么样的目的，就认为该行为整体是正义的，则偶然防卫可以构成正当防卫。笔者认为，防卫意图是构成正当防卫不可或缺的一个重要因素，主观上必须认识到不法侵害正在发生，并有制止不法侵害的意图，其行为才能构成正当防卫。在认定某行为是否构成正当防卫时，要求行为人必须具有正当防卫的意图，否则不构成正当防卫，也就不存在所谓的偶然防卫。

第五，防卫限度。按照一体说，在判断防卫行为是否超出必要限度时，应从行为限度和结果限度两个方面进行考量。防卫行为没有超过必要限度，防卫结果也未超出必要限度，可以认定为正当防卫。但是，防卫行为与防卫结果也存在一个逻辑上的先后，如果行为没有超出制止不法侵害的必要限度，就不可能产生超出必要限度的防卫结果。因此，不能以简单的利益损害多少进行对比，来判断是否超出必要限度。只要防卫行为是为了制止不法侵害所必需的，是防卫人不得已而采取的防御手段，就可以认为该防卫行为符合正当防卫的防卫限度。

（二）事实认定困境的破解

1. 改变事实判断思路。对正当防卫认定事实的判断，一般倾向于单纯地对事后结果进行对比判断。如果防卫人受到的利益损害小于被防卫人受到的利益损害，就机械地判定该防卫行为超出了防卫限度，不能构成正当防卫。这样的事实认定方式有失妥当。因为案件发生时伴随着多种复杂的情况，可能受客观环境的影响，也可能受防卫人主观情绪的影响，单纯对损害结果进行对比，很可能忽略一些影响防卫人做出防卫行为的因素，从而得出不公正的结论。因此，在对事实进行认定时，必须改变现有思路，不能只凭损害结果的多少进行对比，就得出是否构成正当防卫的结论。必须综合考察案件发生时的所有事实，站在社会一般人的角度客观评价防卫人当时所处的立场。如果从社会一般人角度来看，在当时的情况下防卫人的防卫行为没有超出必要限度，即使其所遭受的损害小于不法侵害人所遭受的损害，也不能认定防卫人超出了防卫限度。这样的事实认定思路，既有利于合理连接防卫行为与防卫结果之间的逻辑关系，不会进行割裂评价，也有利于综合评价案件事实，保证评判结果更加客观公正。

2. 合理假设防卫人实际情况。在不法侵害发生时，通常有许多复杂的因素，影响防卫人做出防卫行为。对防卫人的防卫行为进行认定时，往往对防卫人做出过于严苛的要求，将防卫人假设成一个既熟悉相关法律规定，又能在面对不法侵害时完全理智与冷静，做出完全理性判断的人。这样的思想不符合正当防卫的立法精神，在一定程度上失去法律保护合法权益的正义性。这也是司法实践中但凡出现有关正当防卫认定的案件，就会遭受大量舆论诟病的一个重要原因。于欢案之所以受到了广泛的讨论，就是因为当于欢在面对长达数小时的拘禁与威胁，亲眼目睹自己母亲被人用极其恶劣的方法进行羞辱之后进行的防卫行为最终被认定为防卫过当。这在普通民众看来，完全割裂了法律与现实的关系。因此，对防卫行为是否构成正当防卫进行认定时，既不能放弃法律的基本原则，也要充分考虑防卫人面对的实际情况，从合理的角度出发，考虑防卫人做出行为的正当性，绝不能让司法成为机械运转的冰冷机器。

正当防卫司法认定中的典型问题研究

付小容* 宗 耀**

2017年，山东于欢案曾一度引起民众关注，2018年8月27日的昆山持刀杀人案再度引发对正当防卫的持续关注，使正当防卫成为近两年热议的刑事法问题。于欢案的改判，对于欢而言是法律后果的减轻，对正当防卫的司法实践而言却是一大进步，该案二审的标杆意义在于认可了非暴力侵害同样是不法侵害，有利于纠偏"不法侵害紧迫性"的司法认知；昆山持刀杀人案则通过注重对防卫人心理和行为"设身处地"地着想，践行了"法律不强人所难"之理念。这两个案件和新近的赵宇案、涞源反杀案最终结果虽符合大多数人的预期，但该结果毕竟只是司法实践中极个别也极特殊的样本，进一步梳理近年的司法裁判，一个典型现象就是尽管立法上已就正当防卫作了较为明确的规定，但司法适用中却少有判决为正当防卫的案件，一方面，是极低的出罪率；另一方面，在把大量案件认定为犯罪时普遍存在标准模糊，说理不清甚至认定错误等问题，难以保障该条款的有效适用，甚至一度让该条款变成了"僵尸条款"。

虽然学界大多将司法实务对正当防卫限制过严问题的症结，定位为对正当防卫法教义学建构存在不足。基于此，我国论者几乎无例外地将努力的方向聚焦在与正当防卫相关的法教义学问题上①。固然，通过重新认识正当防卫的正当化根据，以及解读正当防卫的成立要件，对完善正当防卫的理论建构具有重要价值。但笔者认为，要真正解决正当防卫的司法实务问题，必须立足司法实践，梳理司法裁判的通常做法，提炼典型问题，方能揭示司法实务的基本立场，找准立法与司法之偏差，进而有的放矢地解决问题。为此，我们在网上搜集了大量案件，以这些案件作为样本，展开了后续研究。

一、样本基本情况

我们在中国裁判文书网上查找到2017年3月1日到2018年12月31日，关键词为"正当防卫"的刑事案件共9393件。笔者随机筛选了北京、福建等11个省、直辖市和自治区的100个案件进行具体分析。对案件的统计主要围绕案件起因，构成正当防卫的比率，不构成正当防卫主要涉及的罪名、判罚理由以及基于各法院层级和案件发生地域的不同，是否存在判罚结论上的明显差异等问题展开。

（一）案件起因

通过对样本的分析，我们发现涉及正当防卫的案件，通常由以下四类行为引

---

* 西南大学法学院副教授。
** 西南大学法学院硕士研究生。
① 劳东燕：《正当防卫的异化与刑法系统的功能》，载《法学家》2018年第5期。

发：第一，由口角或者琐事引发的打斗，双方当事人犯意的产生多是临时性的，这类行为通常会判定为故意伤害或者故意杀人。第二，由履职行为引起的犯罪。第三，针对侵害人的犯罪行为引起的防卫行为。第四，聚众斗殴行为引发的案件。

（二）各类判决结果所占比重

通过对案件进行整体统计和对各省、市案件的具体统计后，我们发现，在司法实践中，法院认定为正当防卫或防卫过当的案例少之又少，笔者统计的100个案件中只有1起案件被认定为正当防卫，占总数的1%；13起案件被认定为防卫过当，应当减轻或者免除处罚，占13%；其余86起案件不具有防卫性质，构成犯罪，占86%。

（三）不构成正当防卫主要涉及的罪名及判罚理由

不构成正当防卫的行为，涉及的罪名主要包括故意伤害罪、故意杀人罪、过失致人死亡罪、聚众斗殴罪。判决书认定为不构成正当防卫的理由主要可归纳为不法侵害事实不存在或没有紧迫性，防卫不适时，防卫意识缺失，防卫超过必要限度。具体而言：

1. 在被认定为防卫过当的13起案件中，罪名全部为故意伤害罪；

2. 在不具有防卫性质的86起案件中，故意伤害罪所占比重最大，共70起案件，占比为81.4%，其他罪名所占比重较小且相差不大。

3. 判罚理由方面，在认定为防卫过当的13起案件中，判罚理由均为防卫超过必要限度；在其他不具有防卫性质的86起案件中，因为防卫意识缺失被认定为犯罪的比重最大，共63起案件，占比为73.26%。不法侵害事实不存在或者没有紧迫性，进而不被认定为正当防卫的案件有17起，占比为19.77%，不具备防卫时间的案件有6起，占比为6.97%。

（四）法院层级和地域差异性统计

笔者统计的100起案件中，中级法院受理的涉及正当防卫的案件最多，为61起，基层法院和高级法院处理的案件较少，分别为22起和17起；而在判罚结论中，基层法院认定为防卫过当的案件比例为13.64%，中级法院认定为防卫过当的比例为14.75%，高级法院认定为防卫过当的案件比例为11.76%，100起案件中唯一被认定为正当防卫的案件是由中级法院认定的。从所收集的100起案件来看，地域差异不明显。

客观分析上述结果，不得不承认，该结果与我们的案件来源有关，笔者搜集的案件来源于中国裁判文书网，均是已经法院审判的案件，也即是检察机关认为不构成正当防卫，进而提起诉讼的案件，对于检察机关甚至公安机关认定为正当防卫的案件不在统计范围之内。另外，之所以"关键词"涉及正当防卫的案件数量多，真正判决认定为正当防卫的案件数量少，一个不容忽视的客观事实是，在涉及人身损害的案件中，辩护律师往往把正当防卫作为无罪辩护的"万金油"，动辄搬出正当防卫，这类辩护意见最终鲜有被法院采纳。同时，在大量案件中，或许律师也自知理由不充分，所以在法庭辩论上也好，判决书中的记载也好，对正当防卫辩护意见的陈述和说理普遍显得单薄和不充分。

排除上述客观情况，正当防卫的司法裁判现状仍存在诸多典型问题，应该引起足够的重视。

二、司法裁判中的典型问题及反思

通过梳理现有案件，可以发现，司法机关在正当防卫的认定中，对防卫意识的认知，不法侵害的认定，防卫时间的判断以及防卫限度的认定存在突出问题。

（一）防卫意识的认定中过度强调防卫意志的唯一性

我们统计的 86 个不具有防卫性质的案件中，因为防卫意识缺失而被认定为犯罪的占 73.26%，是司法裁判入罪的重要依据。司法实践中的总体情况是，如果不法侵害起因于双方争执或纠纷，法院通常会基于当事人之间的纠纷而否认防卫人的主观防卫意志，进而将整个案件定性为互殴。除此之外，司法机关往往会以防卫人的防卫意识不具有唯一性来否定正当防卫的成立，如在李某故意伤害案①中，李某与张某因琐事发生争吵，后张某持菜刀前去找李某，在厮打过程中，张某持刀朝李某头顶部砍击，李某夺下刀朝张某左下肢、肩背部、头部等处砍击数刀，致张某死亡。法院的裁判意见认为李某夺下菜刀砍击张某，致张某死亡，二人主观均有伤害故意，故而认定李某的行为不符合正当防卫。另一种情况是，法院通常不会把为防卫不法侵害事先准备工具的行为认定为正当防卫，如在祁某故意伤害案②中，被告人祁某看到谢某拿着棍棒来找自己，即回家取了一把削水果用的尖刀下楼，二人见面后，祁某被谢某用棍棒打中头部受伤，祁某用尖刀刺伤谢某导致其身亡。对于本案，法院以二人互相伤害对方的故意明显，不存在正当防卫的前提，判处祁某故意伤害罪。

（二）用"紧迫性"和"严重暴力性"限定不法侵害行为

根据立法规定，正当防卫的起因条件是存在现实的不法侵害。按照字义，意指行为在性质上是不法的且现实存在的，非假想或臆造。具体来讲，可以进行三个方面的解读，首先，不法侵害的对象包括国家、社会、他人和本人；其次，从范围上看，不法侵害具体包括针对人身、财产或其他法益的侵害；最后，立法上对不法侵害只作了质的规定，并未对不法侵害的程度作具体规定。

我国刑法理论和司法实践普遍认为，不法侵害具有紧迫性是正当防卫的前提条件之一。③ 认为只有对那些具有攻击性、破坏性、紧迫性、持续性的不法侵害，在采取正当防卫可以减轻或者避免法益侵害结果的情况下，才宜进行正当防卫。④ 我们搜集的案例中通常认为只有对重大的人身法益具有紧迫和暴力攻击性的行为才是不法侵害。典型案例是于欢故意伤害案⑤，一审法院判决认为，于欢持尖刀捅刺多

---

① 参见河南省高级人民法院刑事附带民事裁定书【（2017）豫刑终 496 号】。
② 参见河南省高级人民法院刑事附带民事判决书【（2017）豫刑终 464 号】。
③ 陈璇：《正当防卫、维稳优先与结果导向——以"于欢故意伤害案"为契机展开的法理思考》，载《法律科学》2018 年第 3 期。
④ 张明楷：《刑法学》（第五版），法律出版社 2016 年版，第 198 页。
⑤ 参见山东省聊城市中级人民法院刑事附带民事判决书【（2016）鲁 15 刑初 33 号】。

名被害人腹背部，虽然当时其人身自由权利受到限制，也遭到对方辱骂和侮辱，但对方均未有人使用工具，在派出所已经出警的情况下，被告人于欢和其母亲的生命健康权利被侵犯的现实危险性较小，不存在防卫的紧迫性，所以于欢持尖刀捅刺被害人不存在正当防卫意义的不法侵害前提。在此类案件中，对紧迫性的理解，侧重于解释为重大法益面临暴力侵害或威胁。再如，在康某故意伤害案①中，被告人康某与邻居卢某因邻里占地纠纷发生争执，卢某儿子王某1赶到后看到被告人康某与自己母亲撕扯，便与被告人康某发生争执，随后双方被邻居拉开，被告人康某返回自己家中，王某1欲与被告人康某就此事理论，遂追至被告人康某家，在王某1进入被告人康某屋内的过程中，被告人康某用尖刀将王某1腹部扎伤，造成王某1左胆破裂。此案中，被害人非法闯入住宅的行为虽未对重大法益造成损害，但同样具有非法性。但法院判决认为，王某1进入被告人家时，被告人康某的人身安全并未受到威胁，其行为属"假想防卫"。司法机关的上述做法和解释，事实上不应当限缩正当防卫的使用空间。

（三）防卫时间的认定过于狭隘

根据刑法理论的一般理解，所谓"不法侵害正在进行"，是指不法侵害已经开始但尚未结束。现实情况是，不法侵害可能是一个即刻动作，也不排除是一个持续过程，进而只要不法侵害还处在已经开始并未结束的状态，即可进行正当防卫。但是，通过对现有司法案例的梳理可以发现，司法裁判中对"正在进行"的理解存在误区，通常把不法侵害限缩为一个时刻，对持续性不法侵害的认识不清，进而除非防卫人针对不法侵害即刻发动反击或在较短的时间内完成反击，否则便可能被认定为防卫不适时。例如，在崔某、张某故意伤害案②中，被告人崔某与同事被害人张某因琐事发生争吵。当日10时30分许，张某领四名男子回到单位，用卡簧刀背及拳脚对崔某进行殴打，在张某找来的四名男子停止殴打但尚未离开时，崔某用卡簧刀将张某捅伤，致张某伤二级；法院判决认为崔某的行为属于防卫不适时。

（四）防卫限度的认定过于严格

根据对《刑法》第20条第2款的理解，学界的通常理解是，成立防卫过当需要同时满足"明显超过必要限度"和"造成重大损害"两个条件。但是，司法实践的通常做法是"唯结果论"，谁伤重谁有理。在具体个案的认定中，往往根据防卫行为所造成的损害后果来认定防卫过当，只要出现受保护的法益小于受侵害的法益，特别是在出现致人重伤或死亡的情况下，防卫人的行为极易被认定为防卫过当。例如，在黄某故意伤害案③中，被告人黄某与妻子江某某2因生活琐事发生争吵、打架，江某某2将此事电话告知其哥哥江某某，江某某又告知江某某1并报警，接报后派出所民警随即到场进行调解。之后江某某1叫上其朋友韩某、李某、王某某、蓝某某等人与被告人黄某发生了激烈的争吵，在争吵过程中，江某某1、韩某等人不顾派出所民警的劝阻，冲上前对被告人黄某拳打脚踢，江某某1还拿装

---

① 参见河北省张家口市中级人民法院刑事附带民事裁定书【（2018）冀07刑终8号】。
② 参见黑龙江省齐齐哈尔市中级人民法院刑事判决书【（2017）黑02刑终193号】。
③ 参见广东省河源市中级人民法院刑事判决书【（2018）粤16刑初3号】。

有温开水的水壶砸黄某。黄某见状，随手拿起放在桌子下的水果刀乱挥，并朝韩某的胸部左侧捅了一刀，后经抢救无效死亡。对此，法院裁判意见认为，黄某在反抗过程中持水果刀刺伤徒手殴打其的韩某并致韩某死亡，该行为明显超过必要限度并造成韩某死亡的严重后果，其行为属于防卫过当。另一种情况是，把轻伤等结果认定为重大损害，如在冯某故意伤害案①中，被害人刘某与冯某因房屋装修存在矛盾，刘某与冯某曾互相辱骂，后刘某又在电话里对冯某进行言语辱骂和威胁。2017年8月29日上午8时许，冯某带工人在段某首开紫郡的房屋内装修时，刘某也应段某邀请为其房屋瓷砖的装修问题至其房屋内，刘某见到冯某即用拳头殴打冯某头部，冯某被打后用旁边的手工电锯砸刘某，刘某躲开又拿木棍打冯某未打中，冯某拿刀刺伤刘某。在互相打斗过程中，刘某头部、身上被冯某划破多处，冯某的头部也被刘某打出血。经鉴定，刘某的损伤程度为轻伤二级。法院判决认为，刘某首先拳打冯某头部的行为，属不法侵害。冯某在防卫过程中，不计后果持刀刺伤刘某，其防卫行为明显超过必要限度，且已造成重大损害，其行为属防卫过当。

（五）存在的其他问题

通过对上述案件的查阅以及判决书的阅读，我们发现，判决书中法官的判决理由往往"轻描淡写"，甚至对正当防卫与否的认定一笔带过，显示出判罚过程的"简单粗暴"。其他诸如调查中发现的由于法院层级和地域的不同，导致裁判结论在统计数据上存在的差异性，由于样本数量不够大，或许并不能有效反映现实状况，有待下一步的实证分析。

三、原因及解决思路

造成上述立法和司法差异性的原因，一方面与具体案件的多样性和千差万别的复杂性存在联系，与司法人员对法律规定的基本认知有关系。另一方面是现实原因，伴随法院系统员额制改革的推进，员额法官面对巨大的工作量，他们迫切需要提高工作效率，不能让自己陷在某个案件中无法抽身，但一旦一个案件被认定为正当防卫后，会涉及一系列问题，包括死亡或者重伤的不法侵害人及其家属如何安抚，被害人、检察院会不会提出抗诉，如何对待防卫人的先行羁押以及认定为正当防卫后还会导致公安机关和检察院错案率上升和责任追究等问题。这些问题的出现，不仅会大大降低司法效率还会加大各部门之间的冲突。

同时，通过案例统计，我们发现大多数案件中被告人都是农民、外来务工者等无固定职业者，文化程度普遍不高，一方面，他们对法律认识不清，一旦发生死亡或者重伤的结果，则防卫方通常会"矮人三分"，他们考虑的是我打死了对方，但是对方有过错，我能不能少坐几年牢，因此，即使被判有罪，只要量刑较轻，他们也往往愿意接受。另一方面，即使被判有罪，诸如防卫过当等被告人获得减轻或从轻判罚，往往刑期较短，扣除先行羁押的时间，甚至可以免于入狱，对他们的生活、工作基本不会造成实质性的影响。因而，即使作了有罪判决，他们往往也不会

---

① 参见江苏省南通市中级人民法院刑事裁定书【（2018）苏06刑终424号】。

提起上诉,这样的结果对于法官而言既安抚了被害人,也有效地降低了案件上诉率。所以,法官在案件审理中,考虑更多的可能并非如何适用法律,而是追求通过判罚实现"息事宁人"。或许真实的情况是,并非法官认知发生错误,而是在权衡各方利益后,不能或不愿认定为正当防卫而已。

面对这些现实原因,我们要做的是需要进一步从法规范层面,细致深入地理解各构成条件,以实现法律规范内容的清晰化,进而让司法机关无法回避这一法律规定,最终完成对该法条的合理激活,实现紧急状态下的法益保护以及法规范的确证和宣扬。

(一)合理划定"不法侵害"范围

于欢案二审改判释放出的信息是,非法拘禁作为侵犯人身自由的行为,属于不法侵害。由此,针对司法实践和理论认知现状,我们更需要厘清不法侵害的范围应该包含哪些?如前所述,按照语义的理解,只要性质上是不法的,不管针对本人、他人、社会还是国家,均属于不法侵害,但是对于侵害公法益的行为能够进行正当防卫,理论界存在争议,我们的观点是,对于仅对公法益构成侵害的行为,由于有专门的国家机关依职权对其事务进行管理和防卫,倘若将这一防卫任务和权利交由私人执行,则容易出现防卫权的滥用,导致过度防卫,引发法秩序的混乱,甚至不利于法益的保护。在目前的状况下,防卫起因应主要限定在对个人的不法侵害上,包含对自己的不法侵害和他人的不法侵害以及伴随对公法益侵害的同时对有损个人法益的行为。

针对公民个人法益的损害,不法性为个人发动正当防卫的合理性提供了充足的理由,只要存在客观现实的不法侵害,为避免侵害,公民都可以对不法侵害人实行防卫,而没有忍受不法侵害的义务①。因为,第一,不法侵害是对公民自由和权利的侵犯,根据《宪法》第33条的平等原则和第51条的基本内容,公民在行使自由和权利时,不得损害国家的、社会的、集体的利益和其他公民合法的自由和权利。只要不法侵害现实存在,无论不法侵害所指向的具体法益是重大还是微小,它在本质上都是对公民不受他人强制和支配之平等法律地位的挑战。② 进而,遭受侵害的公民对不法侵害不负有忍受的义务,刑法赋予了公民基本的权利,可以通过"正对不正"的对抗实现个人保全。第二,由于《刑法》第20条并未将防卫前提限定于严重的不法侵害,所以即使只是对自由的侵犯,即使认为自由只是较小法益,防卫人也可以通过防卫的方式结束这种不法侵害状态,更何况法益大小的判断,也见仁见智,"不自由毋宁死"即是较好的例证。还因为,法益大小的讨论和衡量还有防卫限度的最后把关,不法侵害的严重程度只应该影响防卫限度的认定。综上,只要是针对个人法益的不法侵害,即便侵害尚未迫切地危及人身健康和安全,即使只是较小法益的侵害,也不能否认公民的防卫权,更不能按照法益重大与否讨论发动防

---

① 陈兴良:《正当防卫如何才能避免沦为僵尸条款——以于欢故意伤害案一审判决为例的刑法教义学分析》,载《法学家》2017年第5期。

② 陈璇:《正当防卫、维稳优先与结果导向——以"于欢故意伤害案"为契机展开的法理思考》,载《法律科学》2018年第3期。

卫行为的正当与否。

（二）把"紧迫性"仅作为防卫时间条件

对于不法侵害是否具有"紧迫性"的认定，常常是阻碍正当防卫认定的重要因素，"紧迫性"作为严格正当防卫的条件之一，对于充分呈现正当防卫紧急情况下的私力救济特性，具有一定的解释力，但在司法实践中，虽然大量适用"紧迫性"作为正当防卫认定中的限制条件，在不同案件中，对"紧迫性"的具体界定和理解却存在明显区别。例如，在马某故意伤害案①中，被告人马某2因琐事与被害人胡某某发生争吵，后互相扭打，致胡某某轻伤二级。法院判决认为，防卫过当的前提要件是对正在进行的不法侵害实施的制止行为，且该不法侵害必须有紧迫性。此类情形即是把"紧迫性"作为认定不法侵害正在进行的条件之一来把握；于欢案一审判决则具体把"紧迫性"作为限制不法侵害的性质和程度予以使用，认为只有对生命健康造成侵犯的现实危险性较大时，才具备防卫的紧迫性。还有一种情况是，认为只有缺乏其他救助可能性，被动应战的才称得上具有"紧迫性"。例如，在杜某、戚某故意伤害案中②，法院最终认定，被害人对杜某的挑衅争执属于公共娱乐场所的一般侵权行为，在案发现场也有双方的朋友劝解，杜某有充足的条件进行报警，杜某在有条件采取其他合法手段制止被害人挑衅行为的情况下，持事先准备的刀具捅刺对方身体要害部位，属于积极伤害对方身体的行为，该行为不具有正当防卫的紧迫性和必要性。

由此引发的思考是，"紧迫性"应该作为不法侵害的特性之一还是用于修辞防卫时间更为恰当？如果把紧迫性作为对不法侵害的限定，强调的是对不法侵害法益性质和强度的考量，而作为防卫时间要素，强调的则是不法侵害本身的急迫性和防卫的及时性。笔者认为，应把紧迫性作为防卫时间条件来对待，首先，从语词的基本文意来看，紧迫性本身就蕴含着紧急、迫切之意。其次，用紧迫性限制防卫的时间条件可实质性地说明不法侵害使法益处在紧迫危险之中，重申或者强调了正当防卫的发动是在公力救济来不及阻止危害结果的发生或者来不及制止危害行为继续的紧急情况下开始的，进而说明防卫手段采用之必要性。最后，对于一些针对重大法益的侵害行为，如若着手已然来不及防卫或者着手的认定本身比较模糊，用"紧迫性"补充防卫的时间条件，在特殊情形下，把防卫时间提前到不法侵害虽未着手，但现实威胁十分明显和紧迫时，也能合理解决这类防卫行为的时间条件。

（三）以更宽容的态度看待防卫意识

行为无价值论者和结果无价值论者在讨论正当防卫是否需要防卫意识上存在分歧，但正如黎宏教授所言，正当防卫之所以被立法者视为排除犯罪性行为，主要是因为在客观上保护了社会利益，而且行为人在主观上具有防卫合法权益的意思。在认定正当防卫时，必须将防卫的意图作为一个重要条件予以考虑。③笔者赞成防卫意识必要说，正当防卫需要防卫人在实施防卫行为时主观具有防卫意识，但反对司

---

① 参见上海市松江区人民法院刑事判决书【（2018）沪0117刑初1063号】。
② 参见广东省高级人民法院刑事裁定书【（2017）粤刑终290号】。
③ 黎宏：《论正当防卫的主观条件》，载《法商研究》2007年第2期。

法认定中苛刻地强调防卫意识的唯一性，如学者所言，我国司法实务在防卫意识上表现出绝对的道德洁癖倾向，不仅认为斗殴意识与防卫意识完全不相容，而且根本不允许在防卫意识中掺杂任何其他因素①。因为，根据公众的一般认知，当认识到有人正在对自己或其他法益进行侵害时，自觉行为就是通过对不法侵害的还击，以正对不正的斗争方式实现对不法侵害的制止。所以，防卫人在采取防卫行为时，主观意识上通常包含"保护"和"伤害"两种意思，混合的主观意思并不一定排斥正当防卫的成立。② 在制止不法侵害的行为及其行为发起的动机上必然包含对侵害人的伤害意思，只不过防卫中的伤害是防卫人制止不法侵害的手段目的，而非最终目的。

对防卫意识保持较客观和宽容的认识，是有效避免实践中把正当防卫一概认定为互殴的重要手段。二者在客观表现上具有诸多相似之处，在肯定防卫意识中也包含伤害意思的基础上，细致分析可以发现，二者的伤害故意和伤害行为仍然存在区别，由于防卫是以制止对方的不法侵害为目的，其在行为的发动时间、行为方式、强度以及持续过程等方面均与互殴有明显的区别。突出的特征是"适可而止"，即在发动的时机和结束时间上，能够把握合理的"度"，把防卫行为只停留在不法侵害已经开始还是还没结束上，防卫的强度也控制在能有效制止不法侵害的必要限度以内。

（四）对防卫限度的认定避免"唯结果论"

相比其他四个条件，在防卫限度认定中，法官往往具有更大的自由裁量权。笔者支持采纳"独立双重过当论"，把"明显超过必要限度"和"造成重大损害"作为两个独立的成立条件，构成防卫过当需要两个条件同时具备。

具体做法是，司法上需要分开讨论防卫行为是否明显超过必要限度及损害结果是否重大。对于是否造成重大损害的认定，学界和实务界的共同观点都是，要求造成侵害人死亡或者重伤的结果方属重大损害③④，是否造成重大损害往往属于客观可见的事实，通常易于判断，故而，在防卫过当认定中虽不能"唯结果论"，仅以造成重伤或者死亡的结果认定为防卫过当，但是可以以没有造成重伤或者死亡结果否定防卫过当的成立。在过当与否的判断中，可以考虑以这样的顺序展开：第一，如果没有造成重伤或者死亡的结果，不需要进一步考察行为是否过当，因为即使行为过当，也不构成防卫过当。第二，造成重伤或者死亡的结果，再进一步判断，行为是否明显超过必要限度，如果没有明显超过必要限度，不构成防卫过当。第三，造成重伤或者死亡结果，并且防卫行为明显超过必要限度，则构成防卫过当。需要强调的是，虽然损害结果的判断先于行为是否过限的判断，但是并不意味着损害结

---

① 劳东燕：《正当防卫的异化与刑法系统的功能》，载《法学家》2018年第5期。
② 储陈城：《出罪机制规范论——以我国刑事判决实证分析为基础》，东南大学2016年博士学位论文，第120页。
③ 参见张明楷：《刑法学》（第五版），法律出版社2016年版，第212页。
④ 具体参见最高人民法院刑事审判第一庭、第二庭编：《刑事审判参考》（总第38集），法律出版社2004年版，第104页。

果的判断优于行为限度的判断,尤其不能以造成重大损害反推手段过当。恰恰相反,防卫必要性是防卫过当的决定性标准,对结果的利益衡量只能是辅助性的。①

由此,判断行为是否"明显超过必要限度"是认定防卫过当与否的重要环节。关于此,学界主要存在基本相适应说、必需说与折中说之争,基本相适应说强调防卫行为所造成的损害从轻重、大小等方面与不法侵害相适应。② 笔者主张采用必需说,在判断是否明显超过必要限度时,应重点考察防卫人当时手段的采用是否必不可少,因为无论是基本适应说还是基本适应说基础上发展而来的折中说,都强调防卫强度与不法侵害之间的相当性,突出"利益衡量",是导致实践中"唯结果论"的重要理论支撑,也不符合正当防卫之个人保全的正当根据。而客观情况是,要实现有效制止不法侵害的目的,往往需要防卫人采用比侵害人手段更重的方式,造成更大的危害才可能制止不法侵害,如侵害人猛击一拳,通常防卫人只能够回其力度更大的一拳才能制止对方,如果和他力量一样甚至更低,通常只会导致双方一直持续拳击,而达不到制止不法侵害的目的。所以基本适应说难以实现防卫的目的。

所谓"必需",意指非此即不能有效制止不法侵害,或者虽可能制止不法侵害,但会给防卫人带来人身或财产安全方面的不合理风险。③ 只要能够确认手段是当时制止不法侵害所必需且合理的,就应该符合"没有明显超过必要限度",纵然损害结果大于侵害结果。而手段是否必须,不仅要结合侵害性质、侵害程度、行为紧迫与否,双方力量对比等客观要素,还要立足那时那景,防卫人自身对不法侵害程度及紧迫性等的基本认识,以及客观能够采用何种防卫手段来具体认定。例如,事后推断,当时只需要用木棍敲打就可以实现制止不法侵害的目的,但是防卫人采用铁棍敲打制止了不法侵害,但也造成了对侵害人的重大损害,防卫人在手段的采用上确实存在不恰当的情况,但是如果当时防卫人手边只有铁棍这样一个防卫工具,奢望其放弃铁棍而四处寻求一根木棍来防卫,显然不够现实,也着实有点强人所难。

(五) 总体判断中强调采用行为时的一般人标准

正当防卫的认定是一项高难度的"司法作业",可以全方位检验司法人员的职业水准、社会责任感和担当精神、对伦理关系的认知和平衡④。一味倚重事后查明的客观事实,脱离一般人对防卫行为发生时具体情境的可能认识,必然造成动辄认定防卫过当的结果⑤。现实中,不管是司法机关最终认定行为无防卫性质还是认定为防卫限度,原因之一在于,事后的裁判者对防卫人的真实处境缺乏必要的想象与体谅,经常以一种事后诸葛亮式的"明智",要求防卫人在遭遇突发不法侵害时严格控制自己的行为及力度。

要合理判罚案件,解释者需要站在中立的立场,结合防卫当时的具体情境,做

---

① 周光权:《正当防卫的司法异化与纠偏思路》,载《法学评论》2017 年第 5 期。
② 杨春洗等:《刑法总论》,北京大学出版社 1981 年版,第 231 页。
③ 劳东燕:《防卫过当的认定与结果无价值论的不足》,载《中外法学》2015 年第 5 期。
④ 周光权:《正当防卫的司法异化与纠偏思路》,载《法学评论》2017 年第 5 期。
⑤ 劳东燕:《防卫过当的认定与结果无价值论的不足》,载《中外法学》2015 年第 5 期。

整体的、假定的判断，而不是事后的、"马后炮"式的判断①。若站在事后的时点回看防卫行为，则必然会舍弃在实施防卫行为的当时，可能会给防卫人的认识和行动能力带来制约的各种因素。② 恰当的做法是，应当采取行为时一般人标准，根据行为时所蕴含的侵害危险及行为人对行为时风险的认知与意欲来确定其是否具有防卫的必要性，采用的手段是否相当等。通常，不法侵害的发生是突如其来的，往往会造成防卫人措手不及，面对激烈的不法侵害时，防卫人的精神往往也是高度紧张的，对其行为的判断和认知能力可能也出现偏差，所以要求防卫人如事后评论人所期待那般冷静分析各种已然和未然状况，并经过权衡利弊做出理性的选择和行为，显然是缺乏"人情味"的，也不够理智。针对于此，《德国刑法典》第33条规定："防卫人由于慌乱、恐惧、惊吓而防卫过当的，不负刑事责任"③。对我国司法机关而言，正确的做法是充分考虑当时防卫人所处的境地，理性看待其主观情绪所受到的影响和客观上能采取的手段等判断防卫是否过当。

难能可贵的是，8.27昆山持刀杀人案件重视对具体情况及主观心理的分析和认定。④ 此案也彰显出，司法机关不再是机械地、僵化地考虑案情，也不再简单粗暴，而是会考虑到现实的复杂性，会"设身处地"为当事人着想，不把防卫人设想成必须是道德高尚的人，"能逃就逃"的人。近期最高人民检察院公布的一系列正当防卫指导性案例，对于进一步清晰把握正当防卫的标准和界限具有重要指导作用。我们有理由相信，伴随司法机关认知的进一步清晰和理性，司法机关也将越来越"善待"防卫人，正当防卫作为紧急状态下法益保护的有效手段，也将有更为宽广的舞台。

---

① 周光权：《正当防卫成立条件的"情境"判断》，载《法学》2006年第12期。
② 陈璇：《侵害人视角下的正当防卫论》，载《法学研究》2015年第3期。
③ 徐久生、庄敬华：《德国刑法典（2002年修订）》，中国方正出版社2004年版，第13页。
④ 江苏省昆山市检察院认定于海明行为属于正当防卫的分析意见中指出，于海明抢刀反击的行为属于情急之下的正常反应，符合特殊防卫要求。一般人很难精准判断出自己可能受到多大伤害，然后冷静换算出等值的防卫强度。进而认为，于海明面对挥舞的长刀，所做出的抢刀反击行为，属于情急下的正常反应，不能苛求他精准控制捅刺的力量和部位，虽然造成不法侵害人的死亡，但符合特殊防卫要求，依法不需要承担刑事责任。具体参见http://www.sohu.com/a/251380842_118060。

正当防卫司法认定应作价值考量

雍自元*

于欢案、于海明案、涞源反杀案,近年来发生的这些案件引发了社会广泛关注,它们也将人们的视线一次次聚焦到正当防卫认定的问题上。从目前来看,正当防卫的认定有《刑法》第20条作为依据,有最高人民法院与最高人民检察院的指导性案例作为参照,但是理论界关于正当防卫的争论仍然此起彼伏,在司法实践中,对防卫人的行为是否属于正当防卫也常常难以下定论。究其原因,正当防卫并不是一个单纯的涉法问题,不是严格地依据法律条文就可以得出令人满意的结果。笔者认为,司法机关在认定正当防卫时,遵循以事实为依据,以法律为准绳总体原则的同时,还应该从更高的层面,对防卫行为性质进行价值考量,结合自然法的价值追求、世俗法的价值取向以及正当防卫认定与否可能产生的价值导向进行综合整体性考虑,通过价值权衡与判断,合理调剂,恰当应对,使正当防卫的认定结论符合天理、国法与人情。

一、契合自然法的价值诉求

何为自然法?自然法的先驱西塞罗认为,自然法是普遍存在的一种至高无上的法则和最高的正义,以自由、平等、正义、理性等为原则。格老秀斯则将"不欲求属于他人的东西,归还属于他人的东西、赔偿因自己过错给他人造成的损失、给应惩罚的人以惩罚"等视为自然法的主要原则。马克思主义者也认为,自然法是事物的本质规律,是无处不在的价值指引。恩格斯一语道破自然法的本质,他认为,自然法是法本身的最抽象的表现,即公平。① 由此可见,自然法是蕴含于事物之中,沉淀于人思想深处的共识与情感,是人类共有的、最基本的人情事理,它体现的是对社会公共生活准则的遵守和对公平正义的价值追求。自然法尊重自由,实现公正的价值诉求是立法的基础,也是司法的依据,它指引司法人员,在适用法律时,不仅要考虑法律形式的合法性,还要以自然法为评判标准,对裁断结果进行合理性的评价。如果作出的裁决与自由、平等、公正、理性等价值背离,就应该对裁判做出调整,使其符合天理,适应人心。

在正当防卫与否的判断中,自然法原则主要表现为所得与行为是否相适应,权利与义务是否对称、责与罚是否恰当。易言之,如果不法侵害了别人,就应承担相应的不利后果;如果无辜受到了损害,理应得到救济与支持。不法侵害人往往怀着侵害别人的主观故意,率先向别人发起进攻,实施危及他人健康甚至生命的行为,

---

* 安徽师范大学法学院副教授。
① 《马克思恩格斯选集》(第3卷),人民出版社1995年版,第211页。

最终被防卫人制服甚至导致其死伤,从逻辑上看,该结果是由行为人不法侵害行为所引起的,或者说是咎由自取,罪有应得,这体现的正是自然法"得其应得"的公正本质要义。就于海明案来说,被害人刘某某有错在先,且错上加错,侵害行为恶劣程度不断升级。他先是醉酒驾驶,强行进入非机动车道,在与于海明发生争执后,非但没有赔礼道歉,反而上前推搡、踢打,追打于海明,后拿出砍刀连续击打于海明颈部、腰部、腿部。他无端伤人,且步步紧逼,气焰嚣张,目无法纪,最终被于海明反砍致死,该结果是由刘某某不法侵犯行为招致,是对其不法侵害他人的自我答责。而于海明的反击行为则是人在遭受严重危及自身安全的侵害时,作出的自然反应,是生物本能的一种自我保护,而主张自我生存是整个生物界的最高法则,因而,将于海明的行为认定为正当防卫,不负刑事责任,符合人之常情、契合社会常理。再以涞源反杀案为例,犯罪嫌疑人王某多次骚扰王某某女儿,多次携带凶器至王某某家滋扰、威逼,被公安机关多次训诫后不知悔改,王某某女儿被迫四处躲藏、学校被迫作应急预案,然而这些都无济于事,王某仍然肆无忌惮,于深夜携带匕首与甩棍闯入王某某家中,将其一家三口刺伤,并勒住王某某女儿脖子不放。任何一个人在这种情况下,都会奋起反抗,保护家人,进行自卫。法律将一个人的房屋称作他的城堡,就意味着他能在里面进行正当防卫,并拥有极高的防卫限度。① 可以说王某被反杀,是自食其果,是其为胡作非为行为应该付出的代价。司法机关将王某某一家的行为认定为正当防卫,顺乎天理,符合公平正义的精神实质。相反,如果司法机关将反抗气势汹汹、携带凶器之入侵者的行为认定为犯罪,并对其进行处罚,将会使人们在面临不法侵害时,或陷于坐以待毙,被歹徒伤害,或陷于违法犯罪,被法律追究的两难境地,这种令无辜之人纠结为难,无所适从的尴尬结果是对自然法尊重自由、保护权利、维护平等、捍卫公正等基本诉求的严重背离。它必将引发人们对自身命运的担忧、对法律的失望、对国家与社会的不满。

习近平总书记曾切中肯綮地指出,所谓公正司法就是受到侵害的权利一定会得到保护和救济,违法犯罪一定要受到制裁和惩罚。这句话暗合了自然法的精神实质,即"正义不能总是靠委曲以求全""正义不必向不义让步""善良不能向邪恶让步"。防卫行为发端于不法侵害行为的进攻,实际上是一场反抗"外来侵略"的斗争,是善对恶的抗击,是正义与不义之间的较量,而正义战胜邪恶,惩恶扬善是人类的基本共识与自然诉求。司法人员在认定防卫行为的性质时,应该从人的内心感受与自然要求出发,向张明楷教授所主张的,采用"自己刑法学"的态度,即以一个普通人的身份,以事中人的视角,将自己置于当时的情境之下,设身处地地真正体会防卫人当时的所思所想,所作所为,进而帮助自己做出符合天理也不失理性的判断。习近平总书记教导司法人员说:"法律不是冷冰冰的,司法工作也要坚持群众路线,增强群众观点。"② 学术界和司法实务界也有越来越多的人倡导司法应该有温度,司法人员对人民群众应该饱含深情,司法判决应该讲究情理法的融合,

---

① 《中德英正当防卫研讨会综述》,中国法律评论公众号,2019 年 5 月 26 日。
② 《习近平总书记系列重要讲话》,人民出版社 2016 年版,第 95 页。

要存天理、释法理、晓情理等。毋庸置疑,自然法是最本真、最至上、最先在的天理,是人同此心,心同此理,因而,也是司法人员在正当防卫认定中应该时时谨记、时时遵循的人间真理。

二、顺应正当防卫立法的价值取向

法律条文的设置不是随意的,而是代表着立法者一定的价值取向,寄托着立法者对国家与社会治理效果的期待。法律规范关于权利与义务分配、责任和法律后果的配置都体现着主流社会的价值标准。刑法是规定犯罪与刑罚的法律规范总称,它以确定罪状及其法定刑的方式宣示国家对某些行为的否定,因而禁止性规范是其主要表现。但是,与刑法整体规范的性质不同,正当防卫是一项赋权性规定。在禁止性规范的整体架构中设置正当防卫这一权利性规定,蕴含着立法者鲜明的价值取向。

(一)正当防卫是双重叠加的公民权利

在刑法规范中,正当防卫是一个例外规定。立法者赋予公民在国家、公共利益、本人或者他人的合法权利遭受到不法侵害时,直接对不法侵害人进行反击,即允许公民通过自己的力量维护合法权益,即使致人伤害、死亡,也不负刑事责任。因为刑事责任的豁免,正当防卫成为一种阻却违法的正当行为,或者说是公民的一项基本权利。但是这项权利与众不同,它只能在遭受不法侵害的情况下才能启动实施,因而它是一项捍卫权利的权利,是对权利遭受不法侵害时加以救济的权利,或是保障其他权利不受非法侵害的权利,因而正当防卫是权利的双重叠加,而这种捍卫权利的权利无论是对公民还是对社会,都是至关重要且必不可少的。德国著名刑法学家耶林甚至认为,捍卫权利人被攻击的权利,不仅仅是人对道德的自我维护的义务,而且还是人对集体的义务。一方面,这种权利使人超越动物的层面,摆脱弱肉强食的丛林法则,使人真正成为道德主体,过上道德的生活。另一方面,也只有权利人行使权利才能维护制定法,通过制定法来捍卫集体不可或缺的秩序。[①] 可见,正当防卫虽然是公民个人的权利,但受益者却不限于个人,而惠及整个社会,其价值可见一斑。正当防卫立法是正当防卫权利的制度性承载,由于刑法的规定,防卫人获得了合法损害他人的权利,相应地,受损者有义务容忍与接受自己招致的被损害结果,这是正当防卫立法的价值旨趣所在。正如高铭暄教授所言,我国正当防卫立法原意和立法精神就是为了强化防卫权,鼓励公民勇于实施正当防卫。当然,我们并不要求权利人一定要去实施防卫的权利,但是防卫人一旦行使了这项权利,我们应该通过法律豁免或者减轻防卫人的责任,为防卫权的行使提供必要的保障,从而为公民实施正当防卫行为扫除后顾之忧[②]。

在司法实践中,司法人员应当充分认识正当防卫立法的价值取向,认清其作为权利的本质属性,正确理解正当防卫权之于个人和社会的价值所在,在此基础上,

---

① [德] 耶林:《为权利而斗争》,郑永流译,商务印书馆 2016 年版,第 32 页。
② 高铭暄:《于欢案审理对正当防条款适用的指导意义》,载《人民法院报》2017 年 6 月 24 日第 2 版。

确立支持和保护正当防卫权的基本理念，摒弃限制甚至剥夺正当防卫权的态度，进而通过个案兑现正当防卫立法的价值取向。在处理具体案件时，应该把"法无须向不法让步"的立场融入正当防卫的认定当中，在认定防卫行为性质时，只要防卫人没有突破权利行使的界限，造成扩大性损害，其防卫权就应该受到法律的保护，而不能对防卫人行使权利的行为横挑鼻子竖挑眼，提出苛刻的要求，特别是在防卫行为致使不法侵害人死亡的情况之下，更要本着维护权利的立场，以权利理论为认识的依据，以权利视角为思维的出发点，进行"当"与"过当"的判断。即使在认定防卫过当的场合，也要清醒地意识到，这只是行为人在权利受到侵犯之际，在捍卫自己的权利、行使自己权利的过程中出现了偏差，与蓄谋恶意侵害他人的行为有着明显的区别，因而在刑罚裁量时也应有所不同。

（二）正当防卫是对私力救济的认可

正当防卫是公民的基本权利，但是与其他权利一样，这项权利的行使是有条件和限度的，它的启动不仅具有被动性，它的行使还要符合法定的条件，更为重要的一个隐含条件是：它只能在公权力救济缺位的情况下，由个人代替实施的一种"补位"型救济，或者说，它只是公权力救济权的暂时"让渡"，因而它的权利救济功能是以私济公的一种例外，而不是日常。

实际上，正当防卫既是一个政治性安排，也是立法者进行价值权衡后的理性选择。人类进入文明社会以后，国家垄断了刑罚权，公民遭受违法犯罪，依靠公权力救济是常态。但是，众所周知，犯罪行为无处不在，公权力救济不能总是在第一时间出现，事实上，国家无法担负起对全体公民的及时保护。如果公民没有自我防卫的权利，只能束手就擒，甚至白白牺牲，相反，不法侵害人就可以畅行无阻，轻而易举地完成犯罪行为。在这个过程中，双方权利义务明显失衡，与公平正义的价值追求背道而驰，也会产生消极的示范效应，引发更多的侵犯性行为，造成社会混乱。因此，在国家保护缺位的场合，需要鼓励公民通过私力救济的方式实现自我保护，这也符合人权的基本要求。[①] 正当防卫赋权成为必要，由公民进行正当防卫是在公权力不能及时救济时，对违法犯罪行为进行应对与惩罚"次等好"的选择。但是，为了防止私力救济可能带来的不必要的、扩大性损害，也为了防止争端绵延甚至"以暴制暴"社会风气的形成，只有在公民无法获得、无法及时获得公权力救济时，才允许其进行正当防卫，就成为正当防卫立法中无须赘言的前提。

在司法认定中，是否可以获得或者已经获得公权力的救济应该是判断正当防卫成立与否的一个重要标志。在于欢案中，于欢是在警察出警到达现场，尚未离开事发地之前对索债人实施了防卫行为，这种行为是较为典型的私力救济，但却是在公权力介入后，有机会获得公权力救济之时，实施的防卫行为。因此，虽然于欢的行为具有防卫性质，但不属于正当防卫，而是构成了故意伤害犯罪。同样，在朱某某案中，朱某某的行为被认定为防卫过当的原因之一即为，朱某某在报警之后，有可

---

① 《于欢案昆山案办案检察官与法学名家共议正当防卫》，载搜狐网，http：//www.sohu.com/a/254502678_420076，最后访问时间：2018 年 9 月 18 日。

能与对方进行周旋,等待公权力救济的情况下,却操之过急,直接实施防卫行为,因此其行为也不能被认定为正当防卫。相反,在河北涞源"反杀"案中,王某某一家多次报警,警察多次干预,但没有采取有效控制方式,歹徒依旧在深夜闯入王家行凶,此时,公权力的救济捉襟见肘,无法到位,而直接面临的不法侵害行为,使王某某一家人的反击行为具有正当防卫的必要性。在于海明案中,于海明突然遭遇刘某某的刀砍,在无法及时获得公权力救济之时,实施"反杀"行为,致刘某某于死地,这是在无法及时获得公权力救济时,进行权利自我救济的需要。如果公权力在场,私权救济的必要性就会大大降低甚至已经完全消失,因而公权力是否在场,是否能及时到场,是认定正当防卫问题不容忽视的一个考量因素。

三、传输正面的价值导向

法律具有规范人们行为的功能,但徒法不足以自行。马克思精辟地指出,如果法律可以自行运用,那么法院就是多余的了。[①] 意即,法律功能的实现需要借助司法的演绎获得实现,社会公众通过个案审理与裁决对法律形成认识。在普通人眼中,法官说什么,法律便是什么,他们对法律的信仰,并不是对静态的法律条文的信仰,而是对法律人所表达的"活的法律"的信仰。[②] 正因如此,司法绝不仅仅是依法裁判即告功成,而应担负起教育社会公众,引导其遵守社会规范,引领社会良好道德风尚的功能。就我国而言,司法是向社会传递社会主义核心价值观的重要渠道。习近平总书记深刻地指出,社会主义核心价值观其实就是一种德,既是个人的德,也是一种大德,就是国家的德、社会的德。[③] 因而,他要求立法、执法、司法都要体现社会主义道德要求,要把社会主义核心价值观贯穿其中,使社会主义法治成为良法善治。司法机关要坚持公正司法,发挥司法惩恶扬善的功能。[④] 言下之意,司法应对严重违背道德的行为予以制裁,应该弘扬真善美,贬斥假恶丑,司法要通过案件裁断宣传与弘扬社会主义核心价值观,要为公民美德的提升提供正面榜样,为营造风清气正、和谐安定的社会环境提供保障,为实现良法善治的目标加功助力。

司法机关对正当防卫与否的认定会对社会产生直接的价值导向作用,它实际上是在提醒社会成员何为合法,何为非法;何种行为是国家倡导与支持的,何种行为是国家反对与禁止的,一言以蔽之,正当防卫的认定是在为社会成员树立善恶非的标准。马克思说过,法律是普遍的,应当根据法律来确定的案件是单一的,要把单一的现象归结为普遍的现象就需要判断。[⑤] 正当防卫的判断牵涉到双方权利与义务的分配,责任与结果的承担,如何认定才能为社会增加正能量?如何裁判才能实现司法的法律效果与社会效果统一?解决这些问题的关键是要善于运用价值衡量,对

[①] 《马克思恩格斯全集》(第1卷),人民出版社1995年版,第180页。
[②] 喻中:《法学是什么》,中国法制出版社2016年版,第155页。
[③] 《习近平谈治国理政》,外文出版社2014年版,第168页。
[④] 《习近平谈治国理政》(第2卷),外文出版社2017年版,第134页。
[⑤] 《马克思恩格斯全集》(第1卷),人民出版社1956年版,第76页。

裁判结果可能产生的社会效果进行预判，权衡利弊，最终做出恰当的裁决。在这一点上，法律经济学的观点有他山之石的借鉴意义。法律经济学的创始人科斯指出，在裁判时，法官可以自问，哪一种裁决可以使社会产值最大化。美国著名法官波斯纳也认为，在面对很多官司时，法官可以自问，怎么判才能使社会财富越来越多？以此为参照，正当防卫司法认定要把坚守社会主义核心价值观，坚持向社会传递正面的、积极的价值导向作为出发点。具体而言，要通过适用正当防卫有关条款提升社会成员的精神境界和道德品质，促进社会长远利益和社会精神文明建设，助力全社会形成维护正义、弘扬正气、保护善良的风气，推动社会向着稳定、和谐、文明、美好的方向发展。

以赵宇案为例，赵宇出于救助他人的主观目的，在他人遭受不法侵害之际，不顾个人安危，对不法侵害人进行反击，最终将其推搡在地，并踩踏致其重伤，虽然赵宇的行为造成了较为严重的损害结果，但考虑到他是出于帮助他人摆脱险境的良好愿望，结果虽致人伤害，但行为契合了"友善""和谐""公正""法治"等社会主义核心价值观的基本精神，对其作出正当防卫的认定，能够激发更多的人在他人遭遇不法侵害时能见义勇为，维护社会安定，也会震慑一些潜在的违法犯罪人收敛自己的行为，预防社会犯罪的发生。于是，遵纪守法、友爱互助、和谐安宁的社会氛围才有形成的基础与可能。相反，如果将赵宇的行为认定为犯罪，对其加以刑事处罚，向社会输送出的信号是多一事不如少一事，莫管他人瓦上霜，日后有谁还会在别人遭受违法犯罪行为侵害时，挺身而出，冒着生命危险制服犯罪？！再如，在于海明案中，如果对于海明追究刑事责任，无异于向社会传递这样一个信号：一言不合即可拔刀相向、可以随意携带凶器并在光天化日之下对他人进行砍杀、对行凶作恶进行反击可能使自己成为犯罪人等。无疑，这些消极的、恶的信号，是一种负面的价值导向，会引发更多人的效仿，也会使良善之人在面对穷凶极恶歹徒不法侵犯时，畏首畏尾，行为限缩，不敢行使自己的权利。无辜者忍气吞声，甚至惨遭戕害，作恶者横行霸道，可能逍遥法外，善恶颠倒，是非错位，无疑会增加社会不稳定因素，危及社会长治久安。例如，在涞源反杀案中，王某某一家的行为被认定为正当防卫的价值，正如该案决定不起诉有关情况通报中所言，这样处理不仅有利于制止不法侵害行为，也有利于保障公民的正当权益，有利于维护公民人身权利和住宅安全。

"人的思维是至上的，同样又是不至上的，它的认识能力是无限的，同样又是有限的。"[①] 法有限而情无穷，可以断言，明确完备、涵盖所有的防卫过当标准是不可期待的，"当"与"不当"的纠结会与司法实践中正当防卫的认定始终相伴。主张正当防卫认定应做价值考量，并不是对正当防卫法定适用标准的背弃，也不是对"以法律为准绳"的否定，而是提醒司法人员，虽然正当防卫在《刑法》中已有明文规定，但正当防卫的判断不是单纯的法律标准，追求的也绝不仅仅是法律效果，其认定是一个超法规的问题。申言之，它的认定不仅涉及政治效果、法律效果

---

① 《马克思恩格斯选集》（第3卷），人民出版社1972年版，第126页。

与社会效果的分立与竞合，也受到观念、体制、环境等多方面因素的影响，因而司法人员不仅要熟知正当防卫的法律规定，更要谙熟自然法的价值本质和正当防卫立法的价值取向，注重吸纳社会主义核心价值观的基本精神，运用价值衡量作出取舍，坚持向社会传递积极的价值导向，努力促进社会正面价值的增量。以价值为导航，进行多种价值的综合考量不仅能帮助司法人员排除合理怀疑，达致内心确信，增加他们认定正当防卫的果敢与底气，也能使正当防卫条款的适用上循天理、中合国法、下顺民情。

我国司法实践中正当防卫认定
逻辑形式的审视与重构

汪千力*

一、我国正当防卫认定的现有逻辑形式

在我国司法实践中，正当防卫的相关判决极为少见。在"一方因另一方的加害行为而进行反击，造成对方人员伤亡"的案件里，除非有明显的主客观表现证明行为人构成正当防卫，只要被害人受到轻伤以上的伤害（包括超出防卫限度的防卫过当行为），即以互殴进行认定。正当防卫条款的搁置，互殴认定的广泛性，似乎成了实践中约定俗成的"潜规则"。正当防卫的成立要求行为人具有防卫意图（主要着眼于防卫目的），即制止不法侵害，保护合法权益。行为人在面对加害行为时，如果具有报复心理，能够逃跑而没有逃跑，能够求助警察等第三方力量而没有求助，（持工具）进行积极反击，并最终造成了伤害结果，其反击行为便不是为了制止不法侵害，因缺乏防卫意图而不成立正当防卫。另外，我国刑法对互殴没有一个准确的定义，通说认为互殴与正当防卫属于相互排斥的关系，互殴则无防卫。一个案件如欲成立正当防卫，则必先排除互殴。互殴是正当防卫成立的消极条件。[①] 在不构成正当防卫的场合中，行为人积极侵害对方身体的行为"合逻辑"地被定性为互殴。在互殴不构成正当防卫的结论上达成了高度一致，但是在对这个结论的解释路径上存在一定的分歧。[②]

按照传统刑法理论，正当防卫的认定应着眼于防卫意图、防卫起因、防卫对象、防卫时间以及防卫限度五个方面的要素。其中，防卫意图是区分正当防卫和故意伤害行为的关键。在防卫意图中，防卫目的又是决定是否具备防卫意图的最主要因素，凡正当的防卫意图都必须以保护合法权益、制止不法侵害为目的。[③] 双方都出于侵害对方的非法意图而发生的相互伤害行为，如互殴行为，不存在正当防卫的前提条件。[④] 如何判定侵害对方的非法意图，在实践中缺乏明确、统一的标准。

防卫目的属于主观方面的要素。对于主观目的的把握，除了基于犯罪嫌疑人、被告人的供述与辩解这一直接证据外，还可以通过被害人陈述、证人证言、物证、书证、视听资料等间接证据所指向的犯罪嫌疑人、被告人的客观行为加以判断。然

---

* 中南财经政法大学博士研究生。
① 陈兴良：《互殴与防卫的界限》，载《法学》2015年第6期。
② 邹兵建：《互殴概念的反思与重构》，载《法学评论》2018年第3期。
③ 高铭暄、马克昌著：《刑法学》（第五版），北京大学出版社、高等教育出版社2011年版，第130页。
④ 参见周光权：《正当防卫的司法异化与纠偏思路》，载《法学评论》2017年第5期。

而，犯罪嫌疑人、被告人在接受讯问时，通常会对自己的行为进行辩解，主动承认自己具有积极侵害对方身体主观目的的情形几乎难以遇见。通过客观行为来认定主观目的成了唯一可行的办法。于是，行为人在具体案情中的客观行为在一定程度上被"公式化"地概括——凡是存在"身处开放位置""能够逃离而不逃离""能够报警而不报警""双方曾多次发生矛盾""提前备好作案工具""造成对方身体伤害或死亡"的，均可以认定为不具有防卫目的，无法成立正当防卫。哪怕犯罪嫌疑人、被告人辩解自己的行为系出于防卫的目的，但在描述具体的过程时，只要出现了"怒火上头""打红了眼"等描述时，也会对正当防卫的认定造成不小的影响。

以上的逻辑过程可以被归纳为三种理论形式。第一，纯粹防卫目的论。行为人成立正当防卫，只能具有纯粹的防卫目的，其侵害行为不应夹杂"复仇""个人恩怨"等心理要素，且不计该心理产生的时间。第二，以客观表现机械确认防卫目的论。只要加害人在面对来自被害方的侵害行为时，具备客观条件，但并未采取"逃离现场""报警"等措施使自己脱离被害人的掌控范围，便认定为具有伤害的故意；如果存在"双方曾多次发生纠纷""提前准备好作案工具"等情形，便认定对突如其来的伤害行为有所预见和准备，并准备以互殴方式还击。第三，唯结果论。倾向于以被害人的权益保护为依归，忽视加害方行为的正当性。在两者危险程度类似情形下进行的反击行为被认定为伤害故意，仅在判决书中承认被害人的过错性，而不承认被害人的不法侵害性和确认加害方行为的正当性。① 以上三种理论模式可以用下图表示：

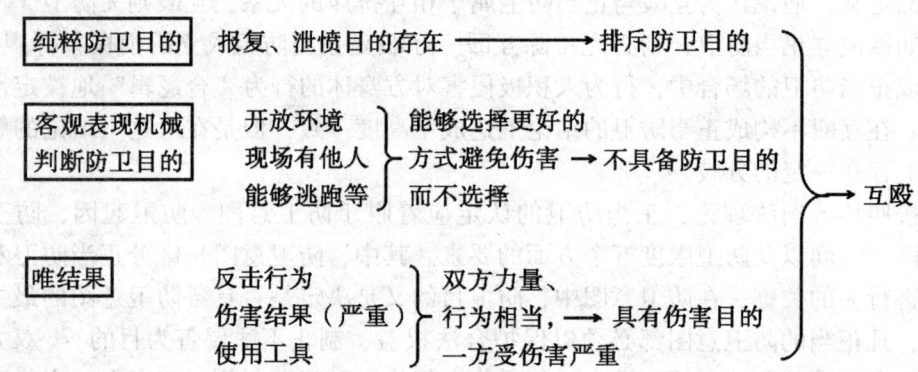

二、对正当防卫认定现有逻辑形式的审视

（一）对纯粹防卫目的论的批判

按照纯粹防卫目的论的逻辑形式，故意伤害的目的与防卫目的相互排斥，只要行为人具有故意伤害的目的，便足以否认防卫目的的存在。而只要犯罪嫌疑人、被告人在供述中承认自己的行为一部分是出于报复、泄愤等目的，就可以等价于具有

---

① 参见熊永明、赵威：《互殴与正当防卫的主观界限认定标准研究——基于2762份刑事判决书的分析》，载《西部法学评论》2019年第2期。

故意伤害的目的。在司法实践中，行为人在进行反击行为时，因对方先行行为已给自己或他人造成侵害，难免在主观上夹杂报复、泄愤等心理因素。期待行为人在"打红了眼"的情况下仍然理性分析自己反击行为的目的，难免过于苛刻。有学者认为，在进行防卫的反击行为时，可能会出现两种抑或两种以上的意思表示，即存在"防卫"与"反击伤害"的两个意思表示。① 笔者较为赞同此种观点。

以于欢案为例。面对催债人员辱骂、脱鞋捂嘴、弹烟灰到胸口、露出下体等方式侮辱其母，于欢情绪濒临崩溃。报警后，被催债人员控制的于欢看到警察欲离开现场，情绪更加失控，在一定程度上成了促使其使用刀具刺死辱母者的原因。

在本案中，于欢持刀防卫的举动必然在一定程度上受到报复、泄愤等激动情绪的驱使，难以在通过制止不法侵害保护合法权益与故意伤害他人以发泄情绪的目的之间做出一个较为明晰的界分。毕竟，对于他人的侵害行为，驱使人类做出瞬间反应的往往是本能，主观层面之第一反应通常是愤怒。基于第一性报复与第二性防卫的情形下所为之举动，虽然包含了故意伤害的目的，但不能就此排斥防卫目的的存在，二者绝不是互斥关系。在司法实践中广泛存在的"报复、泄愤——具有故意伤害的目的——不存在防卫目的"的逻辑模式，忽视了在正当防卫情形中行为人主观目的的复杂性，并且没有将报复心理产生的时间纳入考量范围。要求行为人纯粹具有防卫目的，不顾及报复心理的客观存在以及产生的时间，将会不恰当地误导正当防卫主观方面的认定。

(二) 对以客观表现机械确定防卫目的论的批判

按照以客观表现机械确定防卫目的论，行为人在能够以其他方式避免伤害时，必须选择此种方式，不得采取可能造成对方伤害的行为。因为行为人未采取寻求帮助、逃避或离开现场向公权力甚至熟人寻求救济，则认定为其具有伤害的故意。这种简单直接的唯一性认定，未综合性考虑到行为人当时的具体情形。需要明确的是，是否逃避与是否逃避成功属于不同的问题，即使发生了逃避行为，放弃了反击机会，行为人仍然被追上殴打从而进行反击是否可以被认定为正当防卫？对他人求助，而他人不予理睬的情形下进行反击是否可以认定为具有防卫目的？被告人是否有充分的时间对事件发展的趋势进行判断，这对于防卫目的的认定具有较大的影响，以客观形式的唯一性认定正当防卫具有局限性。

以湖北武汉的"摸狗案"为例。2016 年 2 月 28 日 13 时许，杨某伟、杨某平（二人系兄弟关系）在武昌区杨园街住所门前，遇彭某明遛狗路过，因杨某平摸了彭某明所牵的狗，双方发生口角，彭某明当即扬言去找人报复。双方发生口角后约 10 分钟，彭某明邀约另外三名男子，手持工地上的洋镐把，返回找杨氏兄弟报复。彭某明率先冲到杨某伟家门口，与其发生打斗，杨某伟用单刃尖刀朝彭某明胸腹部猛刺。双方打至门外的街上，彭某明邀来的三名男子也冲上来，用洋镐把对杨某伟进行围打。不远处的杨某平见弟弟被围打，便从家中取来一把双刃尖刀，朝彭某明

---

① 储陈城：《正当防卫回归公众认同的路径——"混合主观"的肯认和"独立双重过当"的提倡》，载《政治与法律》2015 年第 9 期。

的胸部猛刺。彭某明受伤后离开现场，不久因伤势过重抢救无效死亡。

本案中，如果按照以客观表现机械确定防卫目的论，杨氏兄弟与彭某明发生打斗的场所为开放区域，杨氏兄弟具有逃跑并报警的可能性，没有选择逃跑或向公权力、熟人等寻求救济，便具有伤害的故意，势必得出"不法分子都冲到家门口来了，我不能反抗，只能跑"的荒谬结论。首先，是否选择逃跑难以在短时间内作出合理判断，能否成功逃离不法分子的控制，与当时的交通状况、有无障碍物以及逃跑距离等因素密切相关，在紧急情况下难以要求行为人综合考虑以上所有因素。其次，是否选择报警应当考虑到现场或附近有无巡逻警察、附近派出所的远近以及行为人是否带有通信工具等因素，在特定情形下，选择报警意味着暂时放弃抵抗，四处寻找警察、拿起手机拨打电话，反而可能会给对方留下进一步伤害的机会。最后，选择向周围群众求助本身也具有冒险性，行为人此时难以判断求助的对象是否会实施紧急救助，况且在一般情况下，见义勇为的情形同样可遇不可求。在正当防卫与互殴案件中，绝大多数都存在相互打斗、还击的情形，仅因为行为人客观上没有选择一种可能造成最小伤害的行为，而结果又造成了对方的严重伤害，就以此否认正当防卫的存在，势必全面缩小正当防卫的适用范围。

笔者赞同二审法院的认定，即杨某伟持刀捅刺彭某明等人，属于制止正在进行的不法侵害，其行为具有防卫性质；其防卫行为是造成一人死亡、二人轻微伤的主要原因，明显超过必要限度造成重大损害，依法应负刑事责任，构成故意伤害罪，上诉人杨某平为了使他人的人身权利免受正在进行的不法侵害，而采取制止不法侵害的行为，对不法侵害人造成损害，属于正当防卫，不负刑事责任。

（三）对唯结果论的批判

在唯结果论的指引下，认定具有殴打、伤害目的的客观行为通常表现为：（1）从行为上看，采取了反击行为；（2）从结果上看，对被害人造成了身体伤害；（3）从客观条件上看，事先准备了作案工具。

若以行为人是否采取反击行为、是否对被害人造成了身体伤害来认定其是否具有故意伤害的目的，是将反击行为与伤害结果错误地界定为故意伤害的充分条件。在司法实践中，司法工作人员常以"对方又没打到你，为什么非要动手还击""你都把人打成这样了还是正当防卫"为由，认定防卫人的行为构成防卫过当。这种"简单粗暴"的逻辑模式实不可取。成立正当防卫，行为人必然采取了反击行为，而在紧急情况下，是否会造成伤害结果以及伤害结果的程度无法预见，行为人出于防卫目的作出反击行为时，造成何种结果也是无法预见的。如果因为造成了较为严重伤害的结果而否定正当防卫的存在，那么防卫过当的设置本身就没有必要。以上的分析思路实际上是陷入了"对等武装论"与"唯结果论"的认识误区。

关于行为人是否事先准备了作案工具的问题，笔者较为赞同"行为人在觉得人身安全受到威胁后可以事先准备防卫工具"的类似观点。"害人之心不可有，防人之心不可无"，虽然公民受到人身威胁时，要尽可能向单位领导或公安机关报告，通过较为缓和的手段解决矛盾，在特定情形中，事先准备防卫工具并非基于故意伤害的目的，而是为了缓解紧张、猜疑情绪，减轻心理负担。确有必要作防卫准备时，选择的防卫工具、防卫准备方式要适当，不能触犯法律的禁止性规定，如不能非法持有枪支、管制刀具防身等。是否事先准备防卫工具，以及准备什么样的防卫工具，不影响防卫目的的认定。

三、正当防卫认定的逻辑重构

虽然法治社会对私力报复行为的态度是否定的，但在公权力不能及时而有效地介入特定时空范围时，面对不法侵害，防卫行为无论在法律上和道义上都有其正当性，本质上是一种正对不正的关系。在互殴中，当事人双方都有伤害对方的故意，本质上是一种不正对不正的关系，不符合正当防卫的正对不正的要求，因而也就没有防卫意图。通过对当前司法实践中存在的三种区分正当防卫与互殴的逻辑形式进行反思，可以从以下几个方面进行改进：

第一，有一定伤害的故意存在时，并不绝对影响防卫目的的认定，二者并非相斥关系，是否成立互殴还要看伤害故意产生的时间。在对方存在言语挑衅、谩骂、侮辱等行为，存在对至亲进行加害行为，以及双方积怨由来已久等情形时，加害行为虽然可能发生突然，但激动的情绪可能在一瞬间爆发。行为人完全可能是带有报复、泄愤等最原始的情绪冲动出于本能反抗，同时也是为了制止不法侵害，保护合法权益。可以说，在绝大多数情况下，防卫目的并非都是纯粹的，情绪必定是复杂的。不能因为行为人带有报复、泄愤的目的而简单认定为其具有伤害的故意，也不能因为具有伤害的故意，便排斥防卫目的的存在。正确的做法是，仍需结合客观行为来判断行为人的主观目的，在防卫目的明显多于伤害故意，且侵害行为主要系防卫目的所驱动时，足以认定行为人主观上具有防卫目的。互殴的认定并不是根据即时产生的主观意图，而是根据事先已经具有的报复心理。①

第二，在通过客观行为认定主观目的时，应当全方位考虑行为人多种选择的合理性。法不强人所难。在具体案件中，无法苛责行为人在短时间内进行分析判断，并采用最优的解决办法，故多种防卫路径下的行为均应当认定为具有防卫目的。首先，现场有围观群众等第三人存在时，行为人不选择向其求助而采取自主反击的，应当认定为具有防卫目的；警察在场时，除非警察已采取或正准备采取必要手段制止不法侵害，且足以对不法侵害方形成必要威慑，行为人为了确保自身合法权益不受不法侵害而采取的反击行为，可以认定具有防卫目的。其次，行为人是否身处开放位置，不应当作为判断是否具有防卫目的的依据，在有机会逃跑时仍实施反击行为的，应当认定具有防卫目的。最后，案发时双方力量对比，不应当作为判断行为人是否具有防卫目的的依据，任何一方如在对峙过程中作出示弱、寻求妥协等意思表示后，即视为开始不具备伤害的目的，后续因对方实施不法侵害而作出的反击行为，应当认定具有防卫目的。

第三，行为手段、伤害结果并非判定是否构成正当防卫的充分条件。首先，正当防卫的认定仍然应当着眼于防卫意图、防卫起因、防卫对象、防卫时间以及防卫

---

① 陈兴良：《互殴与防卫的界限》，载《法学》2015年第6期。

限度五个方面的要素，行为手段、伤害结果可以作为量刑依据。无论案发时双方势力对比如何，具备正当防卫情形的，不能因反击造成了伤害后果而认定互殴。其次，除积极准备"工具"进行明确"约架"外、曾经发生持械武力冲突等，基于单纯"防身""警备"等目的而事先准备工具的行为，应当认定具有防卫目的。

正当防卫实质上是实施殴打行为人的侵害行为与被殴打者的防卫行为同时延续的行为过程。① 总而言之，在司法实践中，不法侵害发生时的突发性、整体环境、防卫行为的前因后果等因素，深刻影响着防卫人对持续侵害累积危险的切身感受，不能局部地、孤立地、静止地从卷宗所反映的证据材料来单纯看待，将防卫行为与防卫瞬间的不法侵害作简单对比，要妥当处理防卫人因恐慌、激愤而超过防卫限度的问题。在通过客观行为判断主观目的时，行为人在多种选择都存在合理性时，任何一种选择都不应当否定防卫目的。在互殴与正当防卫的认定存在争议时，应当适当作有利于防卫人的认定，即使认定防卫过当，也应当充分运用"减轻或者免除处罚"的规定裁量处理。从实践上升到理论，应当做加法，从理论回归到实践，则应当做减法。防卫理论研究的深入，不代表在实践层面能够得到有效应用。刑法理论仍需找寻司法实践中根植的土壤。应当在指导意见作出原则规定的基础上，利用典型案例指导类似案件的裁判，确立正当防卫制度法律适用"从理论到实践"的参照标准。

---

① 熊永明、赵威：《互殴与正当防卫的主观界限认定标准研究——基于2762份刑事判决书的分析》，载《西部法学评论》2019年第2期。

正当防卫的认定难题与证明责任分配

李会彬*

在司法实践中，正当防卫的认定率极低，① 甚至有学者鲜明地指出正当防卫已沦为刑法的"僵尸条款"。② 学者们在对这一司法现象进行研究时，多数从实体法角度出发寻找其认定困难的原因，很少有学者从控辩双方的证明责任分配的角度寻找其原因。实际上，正当防卫的认定困难与司法实践中正当防卫的证明责任主要由辩护方承担密切相关。以"于欢案"为例，由于法律没有明确规定正当防卫的证明责任的承担主体是谁，于是正当防卫的证明责任完全依靠辩护方承担，而辩护方在刑事案件中调查取证和收集证据的能力又十分有限，使"被告人系被控制在接待室遭到被害人殴打后所为"这一事实因没有证据证明而没有被认定，最终导致一审法院没有认定于欢的行为属于防卫行为。直到二审阶段，检察机关重新收集了证人证言、原审证人的补充证言、被害人的补充陈述以及被告人于欢的补充供述，并调取了执法记录仪和监控录像，证明被害人对于欢进行了推搡、卡颈部和挑衅等行为，才最终认定了于欢的行为属于防卫行为。③ 由该案可以看出，如果不是检察机关依职权重新调取了证据，仅凭被告人一方的力量，不可能收集足够的证据以证明防卫行为的存在。那么，在辩护方收集证据的能力极其有限的情况下，为什么还要将正当防卫的证明责任交由被告方承担呢？笔者认为，这与我国刑法和刑事诉讼法学科严格分立，刑法理论研究过分关注于大陆法系国家，刑事诉讼法理论研究过分关注于英美法系国家，导致刑法和刑事诉讼法的交叉研究不够深入，不恰当地理解了犯罪论体系与证明责任分配的关系密切相关。

一、将正当防卫的证明责任归于被告人的理论依据

证明责任分配，是指提出证据证明待证事实的义务在控辩双方之间的分配。当承担证明责任的一方无法提出证据证明待证事实，使案件事实处于真伪不明的状态时，将承担不利的法律后果。证明责任的分配对于刑事案件最终裁判结果的影响至关重要。在司法实践中，将正当防卫等正当化事由的证明责任分配给被告方承担，

---

* 北京市社会科学院副研究员。
① 据有学者统计，从 2014 年—2017 年以正当防卫为辩护理由的 9501 份判决书中（数据来源于中国裁判文书网），一审案件正当防卫的认定率仅为 0.42%，防卫过当的认定率为 4.35%。参见王芳：《中国防卫权刑事审判共识度实证研究》，载《政法论坛》2018 年第 6 期。
② 参见陈兴良：《正当防卫如何才能避免沦为僵尸条款——以于欢故意伤害案一审判决为例的刑法教义学分析》，载《法学家》2017 年第 5 期。
③ 参见王天民：《刑事案件中的积极辩护事由及其司法证明——"于欢案"的证据法视角》，载《现代法学》2018 年第 2 期。

主要源于如下三个方面的考虑：

首先，根据我国传统的四要件犯罪构成理论，正当防卫、紧急避险等正当化事由并未纳入犯罪论体系之内，而是将其作为排除犯罪性事由置于犯罪构成体系之外。因此，有一种观点认为，正当防卫不属于表明犯罪成立的构成要件。[①] 根据我国《刑事诉讼法》第 49 条的规定，公诉案件中证明被告人有罪的责任由人民检察院承担，自诉案件中被告人有罪的举证责任由自诉人承担。在审判中，只有公诉机关要向法院提供充足的证据证明其所指控的犯罪事实，并且其证明要达到法定标准，才能判定一个人有罪。[②] 由于法条规定公诉机关只对被告人"有罪"承担证明责任，对于正当防卫等正当化事由是否承担证明责任没有明确的规定。于是，一种较为普遍的观点认为，在传统的四要件犯罪构成体系中，正当防卫等正当化事由不属于犯罪的成立条件，因此正当防卫的证明责任不属于公诉机关。[③] 同时，在英美法系国家，正当防卫等正当化事由一般作为合法辩护事由由被告方承担证明责任。因此，在我国，公诉机关不承担被告人不具备"正当防卫"等正当化事由的证明责任，被告人如果提出了"正当防卫""紧急避险"等抗辩事由，就理应承担该抗辩事由的证明责任。

其次，即使采用三阶层犯罪论体系的学说，也有一种颇为有力的观点认为，构成要件符合性对违法性和有责性的推定机能，为被告人承担正当防卫等违法阻却事由的证明责任提供了理论依据。具体而言，由于三阶层犯罪论体系的构成要件符合性、违法性和有责性之间具有推定关系，那么在证明了构成要件符合性的情况下，即可推定正当防卫、紧急避险等违法阻却事由的不存在，控方没有必要一一证明被告人不存正当防卫、紧急避险等正当化事由。[④] 详言之，在控方完成了举证责任，证明犯罪构成体系中的第一要件——构成要件的充足性，并且法官对这一要件的成立得出暂时心证之后，控方的举证责任就此得以卸下。辩方如果提出存在正当防卫、紧急避险等违法阻却事由时实行抗辩的，就需要提供证据加以证明。[⑤] 当然，由于刑事证明标准并非单纯控方的证明标准，也包括辩方的证明标准，鉴于辩方收集证据能力的有限，其证明标准应低于控方的证明标准。[⑥]

最后，从证明的便宜性角度来讲，积极事实比消极事实更容易证明。只证明一个命题即可肯定积极事实的存在，如找到一个黑天鹅即可肯定"世界上有黑天鹅"这一事实的存在，但要证明消极事实却需要否认一系列命题，如只有证明每一只黑天鹅不是黑的才能否定"世界上有黑天鹅"这一事实。在刑事诉讼中，正当防卫对

[①] 参见陈兴良：《教义刑法学》（第二版），中国人民大学出版社 2010 年版，第 128 页。
[②] 参见樊崇义主编：《2012 年刑事诉讼法解读与适用》，法律出版社 2012 年版，第 94 页。
[③] 参见施陈继：《从于欢案谈我国正当防卫证明责任分配的缺失》，载《犯罪研究》2017 年第 3 期。
[④] 参见聂昭伟：《犯罪构成体系的完善：以诉讼证明为视角的思考》，载《刑事法评论》2006 年第 2 期。
[⑤] 参见杜宇：《犯罪构成与刑事诉讼之证明——犯罪构成程序机能的初步拓展》，载《环球法律评论》2012 年第 1 期。
[⑥] 参见赖早兴：《犯罪构成要件与刑事证明标准》，载《安徽师范大学学报（人文社会科学版）》2015 年第 5 期。

于公诉机关来说属于消极事实，对于被告人来讲属于积极事实，由被告人承担证明责任符合证明便宜性的要求。① 按照证明责任分配的一般原理，在一方提出了积极的主张，或者提出某种事实以改变既存的法律关系，或者提出了经验法则的例外情形，就应该承担证明责任。而仅对某一事实否认的一方不需要承担证明责任。基于这一原理，被告人既然提出了正当防卫等积极事实的抗辩事由，就应当承担证明责任。②

二、将正当防卫的证明责任归于被告人的理论反思

将正当防卫等正当化事由的证明责任分配给被告人的观点虽然提出了充足的理由，但这些理由可能建立在对犯罪构成体系与证明责任分配关系误解的基础之上，因此未必是合理的，具体原因如下：

首先，在我国，依靠犯罪论体系来划分控辩双方的证明责任没有法律依据。在大陆法系国家，刑法和刑事诉讼法虽然在司法实践中交错适用，但在立法上是相对分立的。以我国为例，我国刑法基本上只对犯罪的成立条件与法律后果进行规定，并不涉及证据法的相关内容（除少数关于刑事推定的规则外），刑事诉讼法也主要对侦查、起诉和审判的程序（包括证明规则）进行规定，基本不涉及实体法的相关内容。那么，以刑法实体法为基础而建立起来的犯罪论体系，其主要目的是在保障罪刑法定原则的前提下明确刑法的处罚范围，因此犯罪论体系主要是作为一种刑法规范的解释理论而存在的。而证明责任的分配主要体现了诉讼程序中的控辩双方的权利义务关系，从性质来看它不属于犯罪论体系的内容。概言之，犯罪构成体系主要是为了从实体法上明确刑法的处罚范围，它体现的是实体上对国家刑罚权处罚范围的制约；证明责任分配则主要是为了从程序法上明确控辩双方的权利、义务关系，它体现的是程序上对国家刑罚权运行方式的制约。基于两者功能的不同，在实体法和程序法相对分立的国家，前者必然属于实体法的内容，后者必然属于程序法的内容。因此，在我国，依靠以刑法为基础而建立起来的犯罪论体系来划分证明责任，没有立法上的支撑。当然，值得一提的是，英美法系国家的犯罪论体系确实具有证明责任分配的功能，但这与其特有的实体法和程序法不分的法律传统密切相关。以《美国模范刑法典》为例，其在第1.12条规定了"排除合理怀疑的证明、积极抗辩、犯罪要件以外的事实的证明责任、推定"等有关证明的一般原则后，又专门在第2节、第3节、第4节共34个条文中对辩护事由进行了详细的规定。③ 可见，由于在美国刑法中，证明责任的相关内容本来就是其实体法的重要组成部分，那么以刑法为基础而建立起来犯罪论体系自然要体现证明责任分配的功能。但在我国，刑法对证明责任分配的内容几乎没有作出任何规定，以刑法为基础而构建的犯罪论体系也就没有设立证明责任分功能的法律基础，在这种情况下依据犯罪论体系

---

① 参见李静：《犯罪构成体系与刑事诉讼证明责任》，载《政法论坛》2009年第4期。
② 参见陈瑞华：《刑事证据法学》（第二版），北京大学出版社2014年版，第289页。
③ 参见王祎、王勇、刘仁文、刘君、李岑岩、高长见译：《美国刑法典及其评注》，法律出版社2005年版，第21—76页。

来划定控辩双方的证明责任,也就没有任何法律依据。

其次,依靠犯罪论体系来划分控辩双方的证明责任也没有理论依据。由于大陆法系国家的犯罪论体系主要是作为一种刑法规范的解释理论而存在的,为了达到准确理解和适用刑法条文的目的,犯罪论体系构建的核心是为了设计一种合理的定罪思路。无论是传统四要件犯罪论体系将正当化事由置于犯罪论体系之外,还是三阶层犯罪论体系设定"推定"的机能,都是基于构建合理的定罪思路而设计的。例如,采用传统的四要件犯罪论体系的论者在论述正当化事由时指出,我国刑法中犯罪构成要件之认定,积极层面和消极层面的评价是合二为一的。实践中对某一行为是否符合犯罪构成的判断,是同时从肯定和否定、正面和负面两个方面进行的。只是正当防卫等排除犯罪性事由与其他否定犯罪成立的要素有所不同,因此需要集中研究,但在具体案件认定时不必独立审查,需要融合于要件之中进行审查。① 而采用三阶层犯罪论体系的论者,虽然基于对推定关系的不同理解形成了构成要件说、违法类型说、违法有责类型说等不同的犯罪论体系学说,② 但其核心思想仍然为了体现不同的定罪思路。构成要件说仅从形式上理解构成要件,不承认三阶层之间的推定关系,认为三阶层之间是独立的关系,在认定犯罪的过程中需要独立判断。③ 违法类型说从实质上、价值上理解构成要件,仅承认构成要件与违法性之间的推定关系,在构成要件的判断中必须考虑实质的违法性。④ 违法有责类型说也从实质上理解构成要件,但同时认为三阶层之间均具有推定关系,即构成要件是违法并且有道义责任的定型,是违法性和责任的认识根据。⑤ 可见,犯罪论体系设计的主要思路是,当犯罪行为出现时,结合刑法条文将其划分为几个部分,明确需要先判断什么,后判断什么,哪部分是实质判断,哪部分是形式判断,以实现案件事实与刑法条文的准确对照,从而达到准确适用刑法条文的目的。因此,犯罪论体系解决的主要问题是法律(刑法条文)适用中的定罪思路问题,而将正当化事由置于犯罪论体系之外,或者在犯罪论体系中设定推定机能,都是为了服务于各自的定罪思路而设计的。至于证明责任如何分配,当事人在证明活动中拥有怎样的权利、义务关系,并不是其解决的问题。也正因如此,在同属于大陆法系国家的日本和德国的司法实践中,均没有依靠犯罪论体系来划定控辩双方的证明责任。⑥ 综上,笔者认为,依靠犯罪论体系的结构性特点来划定控、辩双方的证明责任没有理论依据。

最后,仅从证明的便宜性角度认为正当防卫的证明责任应由被告人承担的理由并不充分。这是因为,在刑事诉讼过程中,效率固然是法律追求的价值目标之一,

---

① 参见肖中华:《犯罪构成及其关系论》,中国人民大学出版社2000年版,第230页。
② 参见张明楷:《刑法的基本立场》,中国法制出版社2002年版,第96页。
③ 参见[德]克劳斯·罗克辛著:《德国刑法总论》(第1卷),王世洲译,法律出版社2005年版,第120页、第182页。
④ 参见[日]山火正则:《构成要件的意义与机能》,载[日]阿部纯二等编:《刑法基本讲座》(第2卷),法学书院1994年版,第7页。
⑤ 参见[日]团藤重光:《刑法纲要总论》,创文社1990年版,第96页。转引自张明楷:《刑法的基本立场》,中国法制出版社2002年版,第105页。
⑥ 参见李会彬:《犯罪论体系的证明责任分配功能辨析》,载《政治与法律》2018年第9期。

但公正却是法律设立的最根本目的。如果某项法律制度虽然达到了追求效率的目标,但却违背了公正的要求,那么该项法律制度的设计则毫无意义。诚如威格摩尔所言,在证明责任的分配问题上,没有一个统一的标准,"存在的只是关于特定种类案件的特定规则,这些规则的最终基础是宽泛的理由:经验和公平。"① 而将正当防卫等正当化事由的证明责任交由被告人承担,必然会违背法律公正的价值目标。具体原因如下:一是违背刑事诉讼法"无罪推定"的公平原则。无罪推定原则是为了保护被告人的权益,防止控辩双方的力量过度失衡而设立的一项基本原则,其目旨在维护刑法适用的公正。它包括三大法则,即"公诉方承担证明责任""被告人不承担证明责任""疑罪从无"。② 根据这三大法则,公诉机关不仅要承担证明被告人有罪的责任,还要达到法定的证明标准,即"排除合理怀疑"的标准。如果经过一系列的证明活动,证明被告人有罪的案件事实仍然存在合理的疑点,那么根据"疑罪从无"的裁判原则,就应当认定被告人无罪。正当防卫等正当化事由属于否定犯罪成立条件的事由,如果其具有了成立的可能性,就会对犯罪是否成立形成疑点,根据"疑罪从无"的裁判原则就应当认定被告人无罪。实际上,以正当防卫等正当化事由作为抗辩事由发挥的作用,与针对犯罪构成要件提出的抗辩事由所发挥的作用并无二致,③ 正是基于此,大陆法系国家一般将其视为犯罪的成立条件加以对待,由公诉机关承担证明责任。例如,日本通说认为,因为违法阻却事由和责任阻却事由的不存在也属于犯罪的成立条件,如果要求被告人一方对此承担证明责任,违反《日本宪法》第 31 条的正当程序和"罪疑唯轻"原则。④ 而在德国,依照"存疑时有利于被告人"原则,被告人在正当防卫等事项上同样享受疑罪从无的待遇。⑤ 因此,要求被告人承担正当防卫的证明责任,违背"无罪推定"的公平原则。二是违背公众关于"社会公正"的一般伦理感情。根据学界通说的观点,在公诉方完成被告人有罪的证明责任之后,被告人针对公诉方证明的犯罪事实提出质疑的,是行使权利(抗辩权)的表现,并非是在承担证明责任,而且其提出的抗辩理由只要形成了合理疑点,公诉方就需要继续提出证据排除疑点的存在。与之相对,如果认为被告人对正当防卫等正当化事由提出抗辩需要承担证明责任,就会形成这样的悖论:正当防卫等正当化事由一般是有益于社会的行为,不但不构成犯罪还应当鼓励,那么在行为人只是实施了可能有益于社会的行为而否定犯罪时,需要承担一定程度的证明责任,而在行为人只是可能没有实施有害于社会的行为而否定犯罪时,反而不需要承担任何证明上的责任,这显然违背了社会的一般伦理情感。

综上三点,将正当防卫等正当化事由的证明责任交由被告方承担的观点,并不

---

① Colin Tapper. Cross & Tapper on Evidence [M]. 12th ed. London: Oxford University Press, 2010: 118.
② 参见陈瑞华:《刑事证据法学》(第二版),北京大学出版社 2014 年版,第 44 页。
③ 例如,针对控诉方提出的被告人具有作案时间的事实,被告人提出了自己没有作案时间的抗辩事由并且形成了合理的疑点,根据"疑罪从无"的原则,同样会判定被告人无罪。
④ 参见孙长永等:《刑事证明责任制度研究》,中国法制出版社 2009 年版,第 120 页。
⑤ See Hans-Heinrich Jescheck, Principles of German Criminal Procedure in Comparison with American Law, 56 Virginia L. Rev. 239-253 (1970).

具有合理性。

三、犯罪论体系与证明责任分配关系的正确界定

以前文的分析为基础，本文对犯罪论体系与证明责任之间的关系试作如下界定：

首先，在宏观上，犯罪论体系及其构成要件划定证明责任所指向的实体法事实范围。刑事诉讼活动一开始就是以构成要件为指导形象展开的。具体到刑事证明活动，它是以查明案件事实为中心展开的，但为了避免陷入漫无边际的调查中而造成诉讼资源的浪费，刑事证明活动必须始终围绕着具有法律意义的案件事实展开。而要确定具有法律意义的案件事实范围，就必须依靠犯罪论体系及其构成要件。具体而言，刑法条文是对现实中具体犯罪的高度概括和总结，因此每一个刑法条文都不是凭空建立的，都是与现实中的某一犯罪类型及其指向的事实相对应的，以刑法条文为基础建立的犯罪论体系同样如此。因此，犯罪论体系及其每一个构成要件都是与现实中的某一犯罪类型及这一犯罪类型下的具体事实相对应的，正是依靠这一对应关系，犯罪论体系及其构成要件划定了证明责任所指向的实体法事实范围。以"盗窃罪"为例，我们只需要对盗窃罪所保护法益、犯罪客观方面、犯罪主体和犯罪主观方面所分别对应的事实进行证明即可，即盗窃罪保护法益划定的事实范围为财产所有权关系，犯罪客观方面划定的事实范围为秘密窃取他人财物的行为，犯罪主体划定的事实范围是具备刑事责任能力的自然人，犯罪主观方面划定的事实范围是行为人以非法占有财物为目的的故意。而其他事实虽与案件事实有关，但如果不具有法律上的意义，如被害人被盗后的心理活动，由于与定罪量刑没有什么关系，则无须证明。可见，犯罪论体系及其构成要件具有划定证明责任所指向的实体法事实范围的功能。

其次，在微观上，不同性质的构成要件会影响证明责任中证明标准的高低，甚至在特殊情况下会影响证明责任的分配。例如，客观的构成要件事实存在于外部世界，事件的发生过程会引起外部世界的变化，留下多种痕迹，从而被物证、书证、证人证言、勘验检查、侦查实验等多种方法予以直接证明，因此应采用较高的证明标准。但主观的构成要件事实却只存在于人的内心世界，如果没有犯罪嫌疑人的供述和辩解，是无法通过直接证据证明犯罪嫌疑人的主观故意的。因此，主观要件的证明只能通过一些客观事实进行推知，其证明方法和证明难度显然与客观构成要件有所不同，其证明标准也应有所降低。再如，部分犯罪构成要件所指向的实体法事实，由于由公诉方进行证明存在极大难度，于是刑法条文便作出特殊规定，即在公诉方承担了构成要件事实的证明责任后，可推定另一构成要件事实的存在，被告方如果进行抗辩，就必须承担另一构成要件事实不存在的责任，如刑法条文中关于"刑事推定"特殊条款即是如此。例如，根据刑法关于"巨额财产来源不明罪"的规定，控方只需证明行为人是具有刑事责任能力的国家工作人员，并且其财产、支出明显超出合法收入，差额巨大，即可推定其财产来源于非法，从而追究其刑事责任。在这种情况下，即使"财产来源于非法"属于表明犯罪成立条件的构成要件事

第三编 正当防卫制度的适用与完善

实，也只有在被告人证实了其巨额财产来源于合法时，才否定本罪的成立。因此，在特殊情况下，属于表明犯罪成立条件的事实，如果证明难度极高，也可能将该事实的部分证明责任分配给被告方，但这只能限于刑法条文做出特殊规定的情况下，与三阶层犯罪论体系的推定机能没有关系。

最后，在以上两点的基础上，应明确证明责任分配问题从根本上讲是一个刑事诉讼法的问题，其首要的划分依据应当是刑事诉讼法的相关内容，如刑事诉讼法中的无罪推定原则、控辩双方的力量平衡等都是证明责任分配的最主要也是最重要的依据。将正当防卫等正当化事由的证明责任分配给被告人的观点，是错误地理解了犯罪论体系与证明责任分配之间关系的表现。因此，在明确证明责任的分配不能依靠犯罪论体系的前提下，应主要根据刑事诉讼法的相关内容，如职权主义刑事诉讼模式、控辩双方的权利制衡、无罪推定的基本原则来确定控辩双方的证明责任。基于上述原因，考虑到我国强职权主义刑事诉讼模式的特点，被告人在收集证据能力方面较弱的现实状况，以及大陆法国家普遍将正当化事由不存在的证明责任交由公诉方承担的情况，笔者认为，被告人不应承担正当防卫等正当化事由的证明责任，如果其提出了正当防卫的辩护理由，是其行使权利（辩护权）的表现，只要形成合理疑点就应由公诉方承担其不成立的证明责任，这样才能切实减轻辩护方关于正当防卫的证明负担，以助益于司法实践中正当防卫的正确认定。

正当防卫认定之困境与解决

单奕铭*

2018年8月，江苏省昆山市发生的"于海明正当防卫案"将正当防卫的认定问题上升为全民讨论的话题。在于海明被公安机关控制之后，关于其行为性质究竟属于正当防卫、防卫过当抑或故意犯罪的争论，在网络上持续发酵，热度不减。最终，公安机关作出了撤销案件的决定。① 结合近些年来发生的争议较大的涉及正当防卫的典型案例，正当防卫认定中的主要问题表现为"唯结果论"的趋向：在涉及防卫因素认定的案例中，一旦出现防卫人实施的防卫行为造成不法侵害人重大损害（重伤、死亡）的情形，司法机关即断然否定认定为正当防卫的可能性。最终导致正当防卫案件的司法裁判结果很难取得突破，而往往被作为故意犯罪处理。结合热点案件，具体分析"唯结果论"导致的正当防卫认定的困境，并以此为基础讨论"唯结果论"的解决路径，颇具必要性。

一、正当防卫"唯结果论"的困境分析

（一）困境一：从防卫行为造成的结果出发，将导致不法侵害人遭受重大损害的行为直接认定为构成故意伤害罪

我国故意伤害罪发生率高的一个重要原因，是对故意伤害的正当防卫几乎全部被认定为相互斗殴，进而被认定为构成故意伤害罪。② 在互殴的场合，在刑法评价上存在同样性质的两个行为：一是甲方实施的攻击乙方的行为，二是乙方实施的攻击甲方的行为。在这种情形下，甲、乙双方实施的行为具有相互性。由于两方的行为均涉及伤害故意和攻击行为，认定为构成互殴是没有问题的。互殴与防卫之间具有相似的外观，即两种情形下都存在双方当事人互相实施的侵害行为。区别在于，在正当防卫的场合，实际上存在两个性质不同的行为：一个是不法侵害人实施的侵害行为，另一个是防卫人遭受不法侵害之后实施的防卫行为。其中，前一个行为是攻击行为，是法律不允许的，因而具有违法性；而后一个行为则具有对抗攻击的性质，其目的在于防卫，是法律所允许的，因而具有合法性。在司法实践中，区分行为性质属于防卫行为或互殴行为，对于正当防卫的认定是至关重要的。

立足于海明正当防卫案进行事后分析，就双方当事人行为的性质而言，涉及互殴行为与防卫行为之间的明显区分问题。由此可以看出，在于海明与刘某某的朋友之间发生口角并已经被他人制止的情况下，刘某某突然下车对于海明进行殴打。

---

* 北京师范大学刑事法律科学研究院博士研究生。
① 卢志坚：《于海明的行为属于正当防卫，不负刑事责任》，载《检察日报》2018年9月2日第1版。
② 张明楷：《故意伤害罪司法现状的刑法学分析》，载《清华法学》2013年第1期。

在此，刘某某故意滋事、侵害他人人身安全的行为已昭然若揭。从理论上看，刘某某挥动拳头打向他人的时候，不法侵害行为已经开始实施。由此，正在遭受不法侵害的于海明当然可以对刘某某实施防卫行为。然而，在于海明正当防卫案之前的司法实践中，如果从刘某某一下车对于海明进行殴打之时于海明即开始予以反击，基本上都会认定二人的行为属于互殴。之所以会出现这种现象，是因为司法机关会习惯性地认为，只要双方存在事前的矛盾、争吵及事后的相互攻击，双方的行为就属于互相斗殴。由此导致他人受伤、死亡结果的，就应当构成故意犯罪。这样的认识显然是不妥的。一方面，事前双方发生争吵、存在矛盾，并不涉及正当防卫前提意义上的不法侵害问题。由此，行为人并未获得实施防卫行为的权利。而一旦一方开始实施攻击对方的行为，被攻击方才处于遭受不法侵害的紧迫危险之中，并由此获得防卫权，进而可以实施防卫行为。另一方面，即使双方先发生斗殴，也不能完全排除正当防卫成立的可能。譬如，如果在第一个环节，刘某某就使用拳脚攻击于海明，于海明也产生了斗殴的意图，并用拳脚进行还击。在双方打斗中止之后，刘某某返回车内取出砍刀或其他颇具杀伤力的武器继续攻击于海明。在这种情况下，于海明的生命安全就受到了严重威胁，当然也涉及认定于海明的行为属于正当防卫的问题。

上述关于防卫行为性质的认定问题在"于欢案"中也有所体现。依据一审法院的认定，于欢捅刺被害人的行为不具有防卫因素，构成故意伤害罪。故一审判决对于欢判处无期徒刑。而在一审判决公布之后，理论界对于欢的行为是否存在防卫因素则几乎持同一立场：于欢的行为具有防卫因素，只不过应当认定为防卫过当。[①] 在于欢就一审判决提起上诉后，二审法院认为，案发当时，讨债人员实施了限制于欢母子人身自由的行为，对于欢实施推拉、围堵，成立正当防卫所要求具备的作为前提条件的不法侵害是客观存在并正在进行的。据此，二审法院认定于欢的行为属于防卫过当，以故意伤害罪判处于欢有期徒刑五年。[②] 于欢案的裁判结果从一审到二审的转变，让人们认识到正当防卫这一制度的立法初衷在司法实务中并未能得到彻底的贯彻。在防卫行为造成不法侵害人重大损害结果的情形下，司法机关往往不愿或者不敢认定正当防卫。一审判决的逻辑错误就在于受"唯结果论"思维的影响，由此对造成重大损害结果的防卫行为在性质判断上存在偏见，将具有防卫因素的行为直接定性为故意伤害行为并排除其防卫属性。正是基于于欢实施的行为具有防卫性质的判断，二审法院才纠正了一审判决的逻辑错误。

（二）困境二：从防卫行为产生的结果出发，将造成不法侵害人重大损害的行为认定为防卫过当，进而以故意伤害罪定罪处罚

防卫行为只要是制止不法侵害所必需的，造成的损害未明显超过不法侵害已然造成或可能造成的损害，或者防卫行为造成的损害虽然超过不法侵害已然造成或可

---

① 卢建平：《于欢案量刑的几点思考》，载《人民法院报》2017年7月11日第2版。
② 参见山东省高级人民法院刑事附带民事判决书【（2017）鲁刑终151号】；山东省聊城市中级人民法院刑事附带民事判决书【（2016）鲁15刑初33号】。

能造成的损害,但是并未造成重大损害的,不能认定为防卫过当。① 而司法实务中的做法却是:在防卫人对不法侵害人实施反击行为,造成后者重伤、死亡结果的情形下,往往被认定为防卫过当,进而以故意伤害罪定罪处罚。之所以容易得出防卫过当的结论,其原因在一定程度上是源于对我国《刑法》中正当防卫制度的误解。一方面,误认为要成立正当防卫,就必须排除防卫行为对于不法侵害人造成损害的可能性。但是,实际上,我国《刑法》第 20 条第 1 款的表述是:"……采取的制止不法侵害的行为,对不法侵害人造成损害的,属于正当防卫,不负刑事责任。"也就是说,正当防卫的成立肯定涉及对不法侵害人造成损害的问题。在适用《刑法》中的正当防卫条款的场合,应当首先肯定防卫行为可以对不法侵害人造成损害。另一方面,误认为在排除特殊防卫成立可能性的情况下,只要造成不法侵害人伤亡的,就应当认定为防卫过当。但是,就《刑法》第 20 条第 1 款、第 2 款、第 3 款之间的关系而言,第 3 款的规定并未穷尽所有的可能造成不法侵害人伤亡的正当防卫行为,其仅仅意味着对于行凶、杀人、抢劫、强奸、绑架以及其他严重危及人身安全的暴力犯罪实施防卫行为,可以造成不法侵害人伤亡。据此,对于针对行凶、杀人、抢劫、强奸、绑架以及其他严重危及人身安全的暴力犯罪以外的其他不法侵害行为实施的防卫行为,要成立正当防卫,就并不能够排除仍然可以造成不法侵害人伤亡的可能性。

在仅仅基于事后的重大损害对正当防卫案件进行判断的情况下,其结论往往是荒诞不经的。在于海明正当防卫案发生以后,就有实务界人士指出,防卫人于海明的行为虽然成立正当防卫,但是属于防卫过当。② 这种判断可谓"唯结果论"的明显体现。在昆山市公安机关撤销案件后,江苏省人民检察院就于海明正当防卫案发布的相关通报对刘某某的行为是否属于刑法意义上的"行凶"进行了专门说明:本案中,刘某某先是徒手攻击,继而持刀连续击打,其行为已经严重危及于海明的人身安全,其不法侵害行为应认定为"行凶"。③ 而在于海明可以对刘某某的"行凶"行为行使特殊防卫权的情况下,就根本不存在将其行为认定为属于防卫过当的可能。而之所以出现前述认为于海明的行为构成防卫过当的解读,其原因明显是从防卫行为产生的结果出发的,即一旦出现防卫行为对不法侵害人造成重大损害,就在心理上产生认定为防卫过当的当然判断,并进而将这种判断体现在司法裁判结果上。从目前来看,这样的认识在某种程度上已成为司法机关以往将正当防卫制度束之高阁的基本理由。

二、正当防卫的司法认定打破"唯结果论"的路径

在正当防卫的场合,判断的应然逻辑是:不法侵害人实施不法侵害行为→防卫

---

① 高铭暄、马克昌主编:《刑法学》(第七版),北京大学出版社、高等教育出版社 2016 年版,第 135 页。
② 刘青、梁成栋:《宝马男持刀砍骑车男反被杀!算不算正当防卫?三位律师有话说》,载《法制日报》2018 年 8 月 30 日。
③ 《江苏警方详解"昆山砍人案":为何属正当防卫》,载《人民日报》2018 年 9 月 3 日第 23 版。

人对不法侵害人实施防卫行为→防卫行为对不法侵害人造成没有明显超过必要限度的损害→防卫人的行为属于正当防卫。受"唯结果论"思路的影响，在司法实务中进行判断的实然逻辑却是：双方存在互相攻击的行为→一方对另一方造成重大损害结果→防卫行为明显超过必要限度→认定为防卫过当或是故意犯罪。上述两种逻辑之间的关键区别在于，前者是从防卫行为出发进行的完整推理。后者则将正当防卫的认定与是否造成重大损害结果建立直接的关联，即只要造成重大损害结果，即否定正当防卫成立的可能性。对比之下，前者明显更加符合逻辑规律。但是，在司法实务中，后者则占据主导地位，这对正当防卫的认定造成了很大的干扰。对此，可行的理论方案是在司法裁判过程中确立正当防卫的产生→正当防卫的过程→防卫限度的判断→属于正当防卫这一基本逻辑，从而打破"唯结果论"的束缚，弱化防卫结果对司法裁判结论的决定性作用。

（一）正当防卫的产生：存在不法侵害

其一，正当防卫的本质是一项正当权利，实施正当防卫是公民行使正当权利的表现。不法侵害的现实存在，是防卫行为得以实施的原因，也是在法律层面评价防卫行为具有正当性的前提条件。作为正当防卫对象的不法侵害范围是非常广泛的，即不仅包括侵害人身权利的行为，也包括侵害财产权和其他方面权利的行为；不仅包括犯罪行为，还包括违法行为。《刑法》第 20 条对正当防卫制度的立法原意和立法精神是强化防卫权，鼓励公民勇于实施正当防卫。[①] 从不法侵害人实施侵害行为开始，防卫人即获得实施防卫行为的正当权利。以防卫行为的产生为出发点进行推理，符合正当防卫司法认定的基本逻辑要求。按照通说的观点，只要行为人认识到不法侵害正在进行，在客观上实施具有制止不法侵害效果的行为，即可认为是正当防卫行为的开始。

其二，确立以正当防卫的产生为出发点进行裁判的逻辑，是扭转司法实务"唯结果论"思维定势的不二法门。刑法理论的结果无价值论与实务中的"唯结果论"结合在一起，以结果作为关注的核心与起点，采取的是"结果→行为"的思考进路。以结果为核心和思考起点的做法将不可避免地导致对防卫行为的割裂式理解。[②] 这种思考进路在正当防卫案件的司法认定中占据主导地位，明显是不合理的：这种思考进路是对《刑法》第 20 条规定的曲解，降低了防卫过当认定的门槛。如前所述，评价正当防卫以防卫人对不法侵害人造成损害为前提，而对防卫过当的要求则是"明显超过必要限度+造成重大损害"。从语言逻辑上分析，"明显超过必要限度"居于"造成重大损害"之前。据此，在司法实践中，应当先认定防卫行为是否明显超过必要限度，然后才能考虑是否造成重大损害。而以结果为导向的考察，实际上会将造成损害结果的防卫行为分隔为两部分：一部分是制止不法侵害而实施的行为，具有正当性；另一部分是超出制止不法侵害限度而实施的行为，不具有正当性。这种把一个行为切割成两个行为的做法，是不符合基本常理的。

---

① 高铭暄：《于欢案审理对正当防卫条款适用的指导意义》，载《人民法院报》2017 年 6 月 24 日第 2 版。

② 劳东燕：《防卫过当的认定与结果无价值论的不足》，载《中外法学》2015 年第 5 期。

其三，确立以正当防卫的产生为出发点进行裁判的逻辑，有助于在事后裁判路径之下合理地界定防卫限度。在司法实践中，在防卫行为造成不法侵害人重伤、死亡结果的情形下，在防卫限度的认定上一贯遵循事后判断路径，即由法官立足裁判立场，以事后查明的证据事实为判断对象，依据因果关系法则判断防卫行为是否符合限度要求，在具体认定上过分倾向于以客观的结果性要素作为判断标准。这种事后判断路径存在严重的问题。① 存在现实的不法侵害，是防卫行为得以实施的原因，也是正当防卫行为属于以"正"对抗"不正"的事实依据所在。因而，应当在确定存在不法侵害的前提下，考察防卫人实施的行为是否在客观上具有防卫不法侵害的正当性，进而考察造成的结果是否明显超过必要的限度。从客观结果判断防卫人的行为是否正当的做法则从一开始就颠覆了防卫行为的正当性。在防卫行为开始实施时，即可根据不法侵害的性质、手段、防卫人可能遭受的损害结果等因素对防卫的限度进行判断，对行为性质属于一般防卫抑或特殊防卫进行甄别。

（二）正当防卫的过程：制止不法侵害

首先，正当防卫的目的在于制止不法侵害。要制止不法侵害，防卫行为必须足以排除、制止或者终结不法侵害。一般人在面临突如其来的不法侵害的袭击时，会产生恐惧、紧张、惊慌、激动等多种情绪。在这些负面情绪的干扰下，从防卫人的个体情况来看，无论其是否足够强壮、是否接受过专业的对抗训练，法律上都不具有期待其实施合理自卫措施的可能性。② 对照1997年《刑法》修订前后的给予正当防卫的规定，立法上作出的重大改动之一是对防卫限度的条件予以放宽。就防卫行为的性质是否已经由正当防卫转化为故意犯罪而言，应当结合行为是否具有"报复性"进行判定。报复行为可以划分为两种情形：一种情形是不法侵害人已经丧失继续实施侵害的能力，防卫人对其实施多余的打击行为。典型的情形如不法侵害人受到防卫人反击后昏厥，防卫人为了"出气"继续在现场实施打击行为。另一种情形是防卫人离开现场后又返回现场实施的打击行为。例如，不法侵害人在实施侵害行为过程中被他人阻拦，防卫人离开现场，或者不法侵害人受到防卫人打击后中止侵害行为并离开现场。但是，防卫人又返回现场又对不法侵害人实施打击行为。

其次，防卫行为不是行为人在某个时间点产生的反射动作，而是一个动态的持续过程。在司法实务中，需要扭转以不法侵害的停止作为防卫行为停止依据的不当做法。在于海明案中，从于海明捡起刀对刘某某实施反击行为开始，直至刘某某逃跑后倒在车旁，在于海明内心确信刘某某不能继续实施不法侵害行为时，才主动停止反击行为，随后拿走刘某某的手机，等待警察的到来。对此，应当认为，在于海明实施防卫行为的过程中，不法侵害行为始终存在，应当将其捅刺和追赶刘某某的行为视为一个整体行为。如果说最终的损害结果是由防卫行为中的部分动作产生的，如于海明连续捅刺刘某某五刀，而第二刀或者第三刀是致命的，那么，由此认为第四刀、第五刀是多余的，依据最终刘某某的死亡结果认定于海明的行为属于防

---

① 张宝：《防卫限度司法认定的困境与出路》，载《法学杂志》2016年第10期。
② 陈璇：《正当防卫、维稳优先与结果导向》，载《法律科学》2018年第3期。

卫过当，则显然是不合理的。即使是第四刀或者第五刀是致命的，连续实施的五刀也是一个完整的行为，在进行评价时不能割裂这一行为的完整性。否则，就会得出错误的认定结论。

最后，就正当防卫过程中防卫行为持续过程的认定而言，应当以制止不法侵害的实际需要为标准。在判断防卫行为的过程中，不能仅关注防卫行为对不法侵害人所造成的损害结果，而应当综合考察不法侵害人实施侵害行为的性质、手段和可能造成的损害结果，对防卫行为是否足以排除不法侵害所造成的危险进行妥当的判断。《刑法》第 20 条第 2 款明确规定了正当防卫"明显超过必要限度造成重大损害"才负刑事责任。那么，对于防卫行为未造成不法侵害人重大损害（重伤、死亡）的，在任何情形下都不应当认定为防卫过当或者是故意犯罪，从而承担刑事责任。防卫人在对不法侵害人进行防卫时，不法侵害人将会做出怎样的反应是防卫人所无法预料的。在紧急场合，防卫行为可能产生的后果本身就是不确定的，不能要求防卫人做到"精准防卫"。对于不法侵害是否终止，应当充分结合现场情况，并考虑防卫人的主观判断因素。如果说不法侵害行为的开始是实施防卫行为的前提，那么不法侵害行为的结束就并不能代表防卫行为的结束。

（三）正当防卫的限度：防卫人的利益优先

在正当防卫的场合，应当将防卫人置于优先保护的地位。正当防卫的实质在于"以正对不正"，这是正义行为对不法侵害的反击。为此，应当明确防卫者在刑法中的优先保护地位。根据我国《刑法》第 20 条关于正当防卫的规定，只要进行合理地解读，就不难发现立法上的基本利益格局安排是将防卫人放在优先保护的位置，而不是将不法侵害人与防卫人放在同等保护的位置。对此，应当坚持"合法没有必要向不法让步"的立场。在面临紧迫不法侵害所造成的损害的危险的情况下，防卫人没有退避的义务。不法侵害人的法益虽然没有被完全否定，但是，在正与不正的冲突中只能通过损害不法侵害人的利益解决冲突，故不法侵害人利益的保护价值在防卫的必要限度内被否定。由于正当防卫是通过制止不法侵害保护法益，而不是在侵害结果发生之后制止不法侵害，所以需要将正当防卫造成的实际损害与不法侵害可能造成的损害进行比较，而不能仅将不法侵害实际造成的损害与防卫行为造成的损害相比较。立法上肯定防卫行为的正当性，其逻辑基础在于不法行为在前，防卫行为在后。不法行为不被允许，防卫行为被允许，因而防卫行为具有优势地位。

防卫人的优势地位不仅包含量刑上的从轻考量，而且也体现在认定行为人是否构成犯罪时做有利于防卫人的评判。面对司法实务中正当防卫认定的状况，司法机关应具备此种认识并进行积极地调整。最高司法机关的相关人士指出：在防卫过当与正当防卫的认定存在争议时，应当适当作有利于防卫人的认定，即使认定为防卫过当，也应当充分运用"减轻或者免除处罚"的规定予以裁量处理。特别是要妥当处理防卫人因恐慌、激愤而超过防卫限度的问题。[①] 在我国刑事司法实务中，法条主义的盛行所折射出的是法官不会解释也不敢解释的境况。事实上，多数法官并非

---

① 沈德咏：《我们应当如何适用正当防卫制度》，载《人民法院报》2017 年 6 月 26 日第 2 版。

不具备解释法条的能力,而是在办案过程中严重依赖司法解释和司法机关内部的规范性文件,缺乏足够的能动性。这导致一旦遇到疑难案件,法官很难针对有争执的问题作出合理的解释。在具体案件中适用法律时,不能机械地理解法条,而应当进行实质的价值评价与利益衡量,以确保解释结论的实质合理性。

三、余论

总体而言,我国《刑法》关于正当防卫的规定是比较完备的,正当防卫的认定所面临的"唯结果论"的现实困境在很大程度上源自司法实践的适用偏差。毋庸讳言,在中国社会中普遍流传着"死者为大"的观念。这样,一旦在发生纠纷、冲突的场合出现了死亡的结果,则无论纠纷的原委如何、纠纷双方谁对谁错,司法机关往往会采取"必须有人为此负责"的立场,以平息事端。也正是基于此,司法机关出于维护社会稳定考虑而对正当防卫的司法认定趋于保守。但是,为了追求个案的"稳定"而扭曲本已确立的良好的正当防卫制度,实则是属于极大的不稳定因素。

追求实体正义,也离不开程序正义的保障。正当防卫的认定不能仅靠法官的自由心证,根本上取决于证据是否合法和充足。在具体案件中,造成裁判过程中"唯结果论"逻辑的部分原因也在于,对于不法侵害人重伤、死亡的事实,通过有效的司法鉴定即可获取,取证相对容易,证据的客观性较强。而对于防卫行为的产生、结束、防卫行为的限度等问题,则需要通过其他证据(如人证、视听资料)的辅助进行判断,取证难度较大,主观性较强。这在客观上导致侦查人员在取证过程中易被误导而产生偏差。因此,避免证据收集上的错误倾向也是值得注意的问题。只有客观、全面地收集对当事人不利和有利的证据,才能为司法人员的裁判提供充分依据,真正彰显正当防卫制度的应然价值。

正当防卫司法适用的理性思考

张鹏成*

随着社会公众对一些热点案件的高度关注，正当防卫制度的司法适用问题在学界和实务界受到热议。正当防卫制度虽然通过个别案件在一定程度上被"激活"，但是仍未形成司法适用的长效机制。究其原因，与该制度的"自身属性"和司法人员在适用过程中对其理解和把握存在的偏差都有关系。司法人员应该进一步更新理念，通过构建具体规则，使正当防卫制度在我国真正发挥应有的作用，实现该制度设立的初衷。

一、制度"缺位"的背后

（一）正当防卫司法适用的长效机制未建立

1997年修订刑法时，对正当防卫制度进行了重大的改动，旨在减少对于成立正当防卫的限制。但是，从修订后的实施情况来看，正当防卫制度在我国并未被充分"唤醒"，存在某种程度上的"缺位"。笔者当然也不能同意"正当防卫制度在我国已经成为'僵尸条款'"的论断，因为在法律规范的层面上，所有的法律规定都是价值的。在"山东于欢"案和"昆山反杀"案中，司法机关对于正当防卫制度的适用得到了社会公众的赞许，很大程度上使正当防卫制度得到了"激活"。值得我们思考的是，"于欢"案和"昆山"案的最终处理结果其实是多重因素叠加的产物，特别是社会舆论明显的倾向性也使得司法机关在处理该两起案件时，对于欢和于海明的行为肯定为防卫性质相对轻松，没有背负过大的压力。

然而我们应该意识到，正当防卫制度司法适用的长效机制目前在我国并未真正建立，从正当防卫司法适用的案例鲜有公布这一点上就可见端倪。当绝大多数案件中实施侵害的行为人没有像"于欢"案或者"昆山"案中的侵害人那样"恶贯满盈"、舆论也没有呈现出"一边倒"时，在这种情况下，司法人员还能否下定决心，不受舆论和其他因素的影响，坚决按照法律规定对正当防卫制度进行适用，或许才是会面临的真正考验。

（二）原因探究

1. 正当防卫条款具有出罪功能

正当防卫制度在我国《刑法》中被规定为违法阻却事由，即出罪条款。也就是说，根据《刑法》的规定，当司法人员考虑适用第20条时，需要其作出的是对某一行为罪与非罪的判断和认定。由于某些属于正当防卫的案件可能已经经过公安机关的处理，所以当案件一旦进入检察或者审判环节，在事实证据没有明显变化的情

---

* 天津市河西区人民检察院检察官助理，天津市检察官学院检察教官。

况下,再要求司法人员做出正当防卫的认定,就意味着可能直接改变案件的定性,否定此前诉讼环节做出的判断,压力可想而知。要知道,对于某一行为进行罪与非罪的认定,本身就属于重大疑难复杂的问题,在司法责任制背景下,司法人员定会审慎处理,况且,对于正当防卫的适用,是将表面上看构成犯罪的行为作出无罪处理,司法人员又必须考虑案件办理的法律效果、政治效果与社会效果。因此,基于正当防卫制度的出罪功能以及涉及案件的疑难复杂,其在司法实践中鲜有适用,并非毫无缘由,这实质上也反映出了司法实践与理论学者对于正当防卫适用标准上的不同理解和分歧。

2. 正当防卫司法适用的偏差

正当防卫制度在司法实践中未形成长效机制,还与司法人员的适用偏差存在一定关系。

(1) 不当理解"不法侵害"。实践中,司法人员经常不当限缩"不法侵害"的含义,对某些案件中明显存在的不法侵害行为不予认定,从而否定防卫人的防卫前提。比如,认为只有针对防卫人身体健康权的危害才能算不法侵害,而针对其他权利的侵害则不予认定。山东"于欢"案的一审判决表明法院对于侵害人针对于欢及其母亲人身自由权的剥夺、人格权的侮辱行为不认为属于正当防卫制度中的"不法侵害"行为,最多属于一种不当行为。再如,对双方事出有因的矛盾冲突通常不认定"不法侵害"。现实生活中的伤害案件,大多由双方的言语或肢体冲突引发,但司法人员总是孤立、片面看待事件过程,不对侵害行为进行整体性的评价,进而否定"不法侵害"的存在。

(2) 人为增设紧迫性要件、尺度把握不一。有裁判结果表明,司法人员常会因为不法侵害行为不具有紧迫性而对正当防卫不予认定。[1] 虽然在我国学界甚至司法判例中认为不法侵害应该具有紧迫性的观点不在少数,但是由于刑法并未对此予以明确,只是规定了不法侵害行为需正在进行,导致司法人员对紧迫性的含义存在不同理解,在一定程度上限制了正当防卫制度的适用范围。比如,有的观点认为,只有在防卫人毫无防备的对抗不法侵害的情况下才属于受到了具有紧迫性的侵害;有的观点则认为,只有防卫人在被侵害且无其他求助途径时,不法侵害才具有紧迫性;还有的观点认为,不法侵害必须达到一定的严重程度,才具有紧迫性。可见,对于正当防卫的成立,司法人员不仅在不法侵害行为之外又增设了紧迫性要件,还要求"紧迫性"也需满足一定的标准,由此使得成立正当防卫的情形不断被限缩。

(3) 认定防卫过限案件多。相关实证研究表明,绝大多数案件没有被认定为正当防卫的主要原因是司法裁判者认为防卫人的行为超过了必要限度。[2] 该份研究选取了全国各级法院公示的有关正当防卫限度案例的判决共 117 份,其中构成正当防卫的案件仅为 5 件,占比 4%;被认定为防卫过当的案件为 91 件,其中防卫结果过当 43 件、防卫手段和结果均过当 27 件,防卫手段过当 11 件,超过防卫限度案件

---

[1] 在山东于欢案中,一审法院认为侵害行为不具有紧迫性,进而认为进行正当防卫的前提不存在。
[2] 陈岩、姜丰文:《我国正当防卫必要限度的审判规律分析》,载《铁道警察学院学报》2018 年第 4 期。

合计占防卫过当案件的比例为89%。该份研究反映出当前各地、各级法院对超过防卫限度的案件认定较多，而对于认定正当防卫成立的态度过于保守。

二、基本理念的秉持

在一项制度的司法适用过程中，总会出现这样或那样的分歧，无论是在学界还是实务界抑或民众都无法达成共识的时候，很大程度上还是因为人们对于制度的理解或者在观念上存在较大的差异。法律的生命不在逻辑而在经验，也说明了在逻辑方法和形式重要性的背后，司法者不同的价值观念和取向或许才是影响法律适用的关键因素。无论是学者还是司法人员，对于正当防卫同一的法律文本之所以会做出不甚相同的解释，说到底还是秉持观念的不同，因为所有的技术性解释，包括一些教义规则的设置，其实都是解释主体在一定观念指导下的产物。① 我国《刑法》第20条共用了三款对正当防卫制度予以规定，这与世界上大多数国家相比，已经足够完整和清楚，但是仍然在司法适用中会出现这样那样的问题，也恰恰说明了，司法人员在急需确立某些共同的基本观念适用法律。诚如有学者所言：学术观点可以千差万别，但是司法实践应该尽量统一。② 这样，才能够增强法律的适用性和有效性。

（一）正当防卫是公民享有的法定权利

18世纪产生了现代意义上的正当防卫制度，在资产阶级革命的大背景下，崇尚人权天赋的洛克、孟德斯鸠等人，认为在公权力无法及时保护个体权利时，个体可以采取暴力手段伤害甚至杀死侵害人。如后来的1810年《法国刑法典》第328条明确规定，剥夺人的性命、伤害或打击，如系由于防卫自由或他人之合法必要所引起，即不得为重罪或轻罪。此后，社会化大生产以及法律规制范围的不断扩大，权利的社会性日益明显，为维护社会秩序，个人必须出让自己的部分权利，要求正当防卫制度更多体现的是社会性。1979年日本刑法典就规定，为保护自己或他人的权利，对于急迫的不当侵害而采取的出于不得已的行为，不处罚。超过防卫限度的行为，根据情节，可以减轻或免除其刑罚。可见，对正当防卫限度规定的变化其实是权利个人性与社会性不断平衡的过程，正当防卫制度是个人行为与国家公权结合的产物。

在我国，公民享有正当防卫的权利，首先渊源于《宪法》。我国《宪法》规定了国家财产、公民人身自由、住宅等不受侵犯，意味着对于公共利益、个人利益受到非法侵害的时候，公民有权实施正当防卫，因为与犯罪行为作斗争是每个公民的权利。此外，《刑法》第20条明确规定了公民享有正当防卫权，旨在赋予公民在公力救济无法及时介入时的私力救济权，是一项法定的违法阻却事由。同时，与英美刑法规定的不同，我国刑法并未规定公民在遇到不法侵害时应将躲避作为首选，故从此角度看，不宜将正当防卫权利视为公民在遭受不法侵害时不得已而救济自己的最后权利。对此予以明确，是司法人员准确把握裁判尺度、合理认定正当防卫的基

---

① 车浩：《正当防卫制度的理解与适用》，载《中国检察官》2018年第9期。
② 曲新久：《正当防卫制度适用的现状与困境》，载《中国检察官》2018年第9期。

本前提。

(二)"设身处地"地进行事后判断

司法人员在面对一起可能涉及成立正当防卫的案件时,究竟应该以何种方式和立场进行评判,特别是对于防卫人的防卫时机是否准确、防卫行为是否合理、防卫限度是否适当等情节的评价往往决定了对于防卫人罪与非罪的认定、影响着处罚的有无和轻重。

不可否认的是,司法人员对于任何一起案件进行的考虑与做出的判断都是基于其所获取的案件材料,也就是证据。而这些材料、证据无一例外都是事后才能获取的,包括案发当时的视频监控。所以从这个意义上来说,司法人员对于案件的评判一定是在事后进行的,但是这绝不意味着评判的立场是"事后"的,不能做"事后诸葛亮"。由于我们用以评判案件的材料是事后获取的,所以我们更应该设身处地的从防卫人的角度,以"事中"的态度去考虑与案件有关的事实情节。不能以一种完全冷静客观的圣人姿态去对防卫人的行为进行挑剔,苛求防卫人面对毫无防备、突如其来的不法侵害行为做出理智准确的反应,对自己的每一个防卫反击行为都进行精准的控制,对击打侵害人的部位、力量以及对侵害行为何时结束的判断都毫无偏差。要知道,一个普通人在自己的生命健康权遭到威胁时,是无法理智冷静的。司法人员应该从防卫人受到侵害的现实情境出发,结合案发时的具体情况,代入式的评价防卫人的行为,将心比心、换位思考。只有这样,才能够获得符合经验、人性和常理的结论,也才能使裁判经得起历史和实践的检验。

(三)合理关注防卫结果

防卫行为和防卫结果是评判防卫限度是否合理的重要标准。但我国的司法人员往往仅以防卫结果的轻重来评判防卫行为是否过当。在我国的刑法理论中,关于防卫限度的判断问题上,存在多种学说,如"必要说"、"基本适应说"、"相当说"以及"新版必要说"等。必要说提倡只要行为对于制止侵害行为是必要的,则基本不认定防卫过当;基本适应说与适当说本质类似,即关注防卫结果,将两方的法益予以权衡比较;新版必要说的核心在于以社会道德作为防卫限度的最终判断。当然,也有学者认为判断防卫限度应准确理解《刑法》第20条第2款之规定,即防卫结果的判断应让位于防卫必要性的判断,只有防卫行为不具有防卫必要性时才考虑防卫结果。① 然而,实践中,司法人员适用正当防卫几乎没有采取上述任何一种学说,却采取了是一种"结果说",即只要防卫行为造成了侵害人重伤或死亡的结果,则直接将其行为认定为防卫过当。

在司法实践中,肯定防卫结果对于正当防卫成立的重要性无可厚非,但是如果过于重视防卫结果,甚至仅将其当做评价正当防卫成立与否的唯一标准则是对正当防卫制度的误读。关于利益衡量的做法,结果无价值论倡导的是实质性的评价,认为对于相互对抗的利益,必须进行权衡,但是需要通过价值判断评价谁的利益更值得保护,而非单纯形式上的利益对比;行为无价值论更认为不考虑防卫行为只看重

---

① 周光权:《正当防卫的司法异化与纠偏思路》,载《法学评论》2017年第5期。

防卫结果会使正当防卫的适用范围大大受限,同时,由于行为无价值论认同法确证利益说,故认为如果防卫行为符合规范意图,则不会存在防卫过当的问题。所以,利益衡量并不代表形式化的以防卫结果作为评判标准,无论是结果无价值论抑或行为无价值论,都强调实质性的利益权衡,不要求绝对的利益对等。因为正当防卫制度追求的价值取向为法不必屈服于不法。故司法人员绝不应该仅将防卫结果作为评价正当防卫成立与否的唯一标准。

三、具体规则的构建

(一)不法侵害的认定

根据我国《刑法》第20条的规定,存在不法侵害行为是实施正当防卫的前提条件。准确把握"不法侵害"对于认定正当防卫十分关键。

1. 不法侵害的对象不应仅限于人身健康权

实践中,多数观点认为不法侵害行为主要针对的是被侵害人的人身健康权。但是笔者认为,不是仅有针对人身健康权的侵害行为才能构成正当防卫中的"不法侵害",针对人身自由权、财产权等权利的侵害行为也可以构成正当防卫中的"不法侵害"。因为我国《刑法》第20条只规定了存在不法侵害行为,但并未对不法侵害的行为对象予以限制,且明确规定了"为了使国家、公共利益、本人或者他人的人身、财产和其他权利免受正在进行的不法侵害",所以对于针对人身健康权以外权利的不法侵害行为,只要满足一定的条件,也可以进行正当防卫。

2. 对某些不具有紧迫性的不法侵害可以正当防卫

对于正当防卫的成立,司法人员除要求不法侵害正在进行外,还人为增设了紧迫性要件,使正当防卫的成立空间进一步被压缩。基于此,笔者认为不应将是否具有紧迫性,作为判断不法侵害是否存在进而认定正当防卫能否成立的唯一标准。应该在合理范围内对不法侵害行为的含义予以扩大,对于那些在形式上看不具有紧迫性,但是具有持续性或者随时有侵害可能性的行为纳入到不法侵害行为范围内,因为没有理由将不法侵害"向前发展极有可能造成重大损害"这一危险排除在外。① 比如,对于非法传销组织实施的对他人长时间的非法拘禁行为,在满足一定条件的情况下,被拘禁人出于脱逃的目的可以实施防卫行为,只要没有超过必要的限度,认定为正当防卫是具有合理性的,因为在被侵害人长时间被拘禁的情况下极有可能处于不理智的状态,所以对其在当时情形下所实施防卫行为限度的把控不宜过严。当前,一些地方的司法判例也越来越多的体现出了这种倾向。

3. 对不法侵害行为应该整体评价

所谓对不法侵害行为要进行整体性的评价,就是倡导司法人员在对不法侵害行为进行认定的时候,不应人为的对其进行割裂。以"昆山反杀"案为例,虽然刘某某击砍于海明时砍刀被甩落在地,且从后续来看,砍刀被于海明抢到,并用以攻击刘某某,但不能仅凭此就认定不法侵害行为已经结束,危险已经消除。因为从视频

---

① 周光权:《正当防卫的司法异化与纠偏思路》,载《法学评论》2017年第5期。

监控来看,刀被甩落后,刘某某意欲上前抢夺,证明其还有持刀伤人的意愿,且刘某某摔倒起身后再次跑向其驾驶的车辆也不排除其从车中拿出其他凶器的可能。故在当时的情形下,对刘某某的行为进行整体性的判断,才能够得出于海明持刀对刘某某进行攻击是具有必要性的。

(二)防卫限度的判断

我国《刑法》第20条第2款规定:"正当防卫明显超过必要限度造成重大损害的,应当负刑事责任,但是应当减轻或者免除处罚。"司法人员对于防卫限度的把握应该遵循如下规则:

1. 优先判断防卫行为必要性

根据法条的规定,当防卫行为既明显超过必要限度且同时造成重大损害的才成立防卫过当。实务中很多观点认为对于正当防卫成立的判断,防卫结果是否造成重大损害更应该被关注。但是笔者认为在防卫必要性与防卫结果之间应该优先关注防卫必要性,即当防卫行为具有必要性时即使造成严重结果,也可以排除防卫过当的成立,反之,当防卫行为不具有必要性时,才需要再对双方的利益进行衡量得出防卫行为是否过当的结论。诚如有的观点所指出:"在某些情形下需要进行利益衡量,但其是辅助性的检验标准,在逻辑判断上是第二位的。"需要注意的是,判断防卫行为是否过当既不能"唯结果论",也不应只判断防卫必要性不关注结果。

2. 防卫必要性不等于对等性

所谓防卫必要性,就是指在面对不法侵害时,防卫人所实施的防卫行为是否恰当,恰好能够有效、合理的与侵害行为抗衡。需要明确的是,从我国《刑法》第20条的规定来看,防卫行为只要没有"明显超过必要限度",就是合理和必要的。这提示司法人员在对防卫行为是否必要进行判断的时候,不必苛求防卫行为与侵害行为属于完全对等的状态。当防卫行为重于侵害行为,甚至按照通常标准来看超过了一定限度,但是如果没有"明显的超过",也不一定就绝对不具有防卫必要性。法律之所以做这样的规定,就是鼓励公民积极维护自身权益,勇敢的同不法侵害行为作斗争。

当考察了防卫行为是否具有必要性后,才有必要对防卫结果进行评判,对防卫结果是否造成重大损害,需要对防卫行为侵害的利益与不法行为侵害的利益进行实质性的比较而非简单的量的对比,应该明确的是,由于正当防卫制度的价值核心在于"正对不正",所以与侵害人的利益相比,防卫的利益应该处于优越地位。此外,根据《刑法》第20条第3款的规定,如果出现了特定情形的不法侵害行为,即使造成不法侵害人重伤或死亡,也不认定为防卫过当。

(三)谨慎认定"互殴"行为

1. "互殴"与正当防卫行为在形式上具有相似性

"互殴"是指双方以侵害对方身体为目的而实施的相互殴打行为。互殴行为通常包括两种情形,一种为"事前约定型",即行为双方事先约定时间地点等进行斗殴;另一种为"突发型",即双方因偶发性矛盾纠纷而突发相互攻击殴打。从表现形式上来说,无论是"事先约定型"还是"突发型"互殴行为,由于与正当防卫行为都表现为双方相互攻击对方，故二者具有很大的相似性，也正是因为这种相似性，加之司法人员基于社会治安管控的目的，极少考虑行为的防卫因素而将大量的正当防卫行为按照"互殴"处理。这种处理方式违背了正当防卫制度保障社会公共利益和其他合法权利免受正在进行的不法侵害，鼓励公民和正在进行的不法侵害作斗争、震慑违法犯罪分子的初衷，应该予以纠正。

2. 通过行为意图严格认定"互殴"行为

在相互斗殴的情况下，由于双方主观上均具有侵害对方的不法目的而非制止不法侵害，所以不宜认定为正当防卫，也正是基于此，司法人员对于"互殴"行为必须结合行为意图谨慎进行认定。比如，一方突然对他人实施不法侵害，他人予以反击，虽然形式上可能升级表现为双方的相互殴打，但是由于先动手者的殴打行为具有不法侵害的性质，所以不能因此否认先受到侵害方实施的反击行为的防卫性质。当然，最终能否认定为正当防卫还应结合成立正当防卫的其他条件予以综合评判，看其防卫行为是否为制止不法侵害所必需以及是否造成重大损害结果。当侵害人已经被制服毫无反抗能力时，防卫人如果仍然继续对其实施殴打行为，其后续的行为反映其意图已经从防卫转变为侵害，具有不法性，故不能再认定为正当防卫。

从于欢案谈防卫的正当性

赖早兴*

于欢案是 2017 年我国备受社会关注的刑事案件。该案经山东省高级人民法院二审判决已尘埃落定,但社会各界对该案引发的法律问题之争论并没有因此偃旗息鼓。其中争议最大的是于欢致一死两重伤一轻伤的捅刺行为是否属于防卫行为(有无正当性),是正当防卫还是防卫过当(是全面正当还是部分正当),并由此引发正当防卫适用范围是否应当扩大、防卫限度评价标准与考量因素等多方面的争议。这些争议不但在刑法学者间存在分歧,民众对此也有不同的看法,以致影响到各自对于欢案判决的评判,这不利于社会民众对正当防卫制度的正确理解。这些争议的根本点在于对防卫正当性的认识,对此认识的差异会导致结论的不同。于欢案从三个方面折射出防卫的正当性问题:

一、于欢案说明具有正当性的防卫行为为社会所期待

于欢案发生后,社会各界对杜某等人的非法逼债行为同声谴责,而对于欢的反抗行为大多加以包容、认可。许多人认为于欢面对其权益受到侵害、其母受到侮辱有反抗的权利。大多数社会民众对于欢反抗行为的支持并不是基于刑法中有正当防卫制度的规定,而是基于于欢当时面临非法侵犯而无法得到国家公力救济的危急状况,并且认为这种反抗行为符合社会整体利益的需要,因而于欢的反抗行为是正当的。这说明符合其正当性观念的防卫行为符合社会的期待。

正当性观念是一种社会民众共有的观念,这种观念存在于每个人的内心深处,总是不断被所遇之事激发。从道德的角度来看,正当能产生最大的善。从功利的角度来看,正当能对人类产生最大可能的快乐或产生普遍幸福。[①] 其实,善也好,快乐与幸福也罢,它们作为终极的价值必须与社会现实结合起来,才显得具体而且可以把握。从社会现实来看,一般认为所谓正当是指评价对象符合社会发展和公民利益。如果说防卫行为满足了社会发展的需要、符合公民利益的需求,那么这种防卫行为就具有其正当性。刑法中的正当防卫制度就是契合了这两个方面的要素,符合人们的正当性观念,该制度的建立也为社会所期待正当防卫行为的实施提供了法律保障。

---

* 对外经济贸易大学法学院教授、博士生导师。
① [英] 戴维·罗斯著:《正当与善》,林南译,上海译文出版社 2008 年版,第 53-65 页。

第三编 正当防卫制度的适用与完善

首先，正当防卫的存在符合社会发展。从社会发展史的角度来看，人类在原始社会中以血缘为基础形成的氏族保护着具有血缘关系的人，以恩格斯的话来说是"以群的联合力量和集体行动来弥补个体自卫能力的不足"①。本质上属于私力救济的血亲复仇就是"群的联合力量和集体行动"的表现。但人类从原始社会走出后，进入国家状态，在纠纷解决方式上以理性为特点的公力救济逐渐取代以感性为特征的私力救济。在此过程中，由于国家机器刚开始时并不强大，公力救济无力完全取代私力救济，而且习惯上的私力救济形式也无法全然消失，因此在相当长的时间内国家刑罚惩罚与私人复仇并行，复仇合法化，作为刑罚的补充形式。②随着社会的进步，国家机器的强大，人类文明观念的发展，公力救济不断蚕食私力救济的空间。"法律机构发达以后，生杀予夺之权被国家收回，私人便不再有擅自杀人的权利，杀人便成为犯罪的行为须受国法的制裁。在这种情况之下，复仇与国法不相容，而逐渐地被禁止了。"③但由于公力救济存在一个及时性不足的突出缺陷，有时公权力无法及时出现在公民需要保护的场合。如果这种情况下国家仍然坚持只能采用公力救济，摒弃私力救济，那么其本身存在的正当性就会受到质疑。

其次，正当防卫存在符合公民利益。在极度危急而无法得到公权力保护时，承认防卫行为的合法性能够弥补公权力的不足，实现权利的保护。正如洛克所说："当为保卫我而制定的法律不能对当时的强力加以干预以保障我的生命，而生命一经丧失就无法补偿时，我就可以进行自卫并享有战争的权利，即杀死侵犯者的自由。"④孟德斯鸠也说："在公民与公民之间，自卫是不需要攻击的。只有在紧急情况下，如果等待法律的救助，就难免丧失生命，他们才可以行使这种带有攻击性的自卫权利。"⑤两位思想家都是从生命权受到威胁而法律救助不能的紧急情况下论证自卫权的正当性。这是因为生命权是人类最重要的权利，以生命权为例的论证更有说服力，但并不意味着只有生命权受到威胁的紧急情况下自卫才有正当性。

实际上，正当防卫符合民众的正当性观念才能为社会所接受并在法律中被规定下来。当然，防卫的正当性要有相应的制度规定予以保障。为此，立法者会在刑法中对防卫正当性规定相应的条件。我国是从防卫的起因、意图、对象、时间和限度等方面规定防卫正当性的条件。只有全面符合这些条件的防卫行为才是正当防卫，也就是说该防卫行为才是完全正当的。但应当注意的是，缺少防卫正当性中的某个条件虽然不能构成正当防卫，但有时并不能完全否定防卫的正当性。例如，在不法侵害存在的情况下，权利人实施了符合意图、对象、时间条件的防卫行为，但限度不符合法律规定的条件，虽然该行为因防卫过当而不成立正当防卫，但并不能完全否定防卫的正当性。正因如此，《刑法》中规定防卫过当时应当减轻或者免除处罚。

值得一提的是，《刑法》规定正当防卫制度是一种授权性规定，即立法者授权

---

① 《马克思恩格斯选集》（第二版）（第4卷），人民出版社1995年版，第30-31页。
② 陈兴良著：《正当防卫论》（第二版），中国人民大学出版社2006年版，第3页。
③ 瞿同祖著：《中国法律与中国社会》，中华书局1981年版，第70页。
④ [英]洛克著：《政府论》（下篇），商务印书馆1961年版，第14页。
⑤ [法]孟德斯鸠著：《论法的精神》（上卷），商务印书馆1961年版，第137页。

公民在法定情况下可以实施符合法定条件的防卫行为。这一授权规定是否也是鼓励性规定，存在争议。但1997年《刑法》在完善正当防卫制度时还规定了特殊防卫，在特殊防卫权行使时只有起因、意图、对象、时间的限制，无限度条件的限制。对于这个规定，时任全国人大常委会副委员长王汉斌在作《关于1997年刑法（修订草案）的说明》时明确强调是"为了保护被害人的利益，鼓励见义勇为"而增加了特殊防卫权的规定。作出这种规定的原因在于："由于对正当防卫超过必要限度的规定太笼统，在实际执行中随意性较大，出现了不少问题。比如，受害人在受到不法侵害时把歹徒打伤了，不仅得不到保护，反而被以防卫过当追究刑事责任。"既然特殊防卫权的设定是为了鼓励见义勇为，那么一般情况下的正当防卫权之行使应当也是国家所鼓励的。

于欢案一审判决完全否定于欢防卫行为的正当性；二审判决认定其防卫行为具有部分正当性。社会各界对两份判决予以完全不同的评价：前者不被社会所接受，后者则受到了社会的普遍好评。这充分说明正当性的防卫行为符合社会的基本认知，正当防卫制度在刑法中的规定也符合社会民众的期许。

二、于欢案凸显了防卫行为正当性司法判断的三大原则

从司法实践的角度来看，防卫正当性的判断包括两部分内容：一是行为是否属于正当防卫的判断；二是在行为不属于正当防卫的情况下，是否属于防卫过当的判断。对于正当防卫的判断，又包括两种情况：一般的正当防卫和特殊防卫权行使中的正当防卫。哪些防卫行为具有正当性？司法实践中如何保障对防卫行为的正当性作出正确的判断呢？这就要求司法机关遵行相应的判断原则，根据法律的规定、结合案件事实作出判断。从于欢案的二审判决来看，审理法院在防卫行为的正当性判断中遵行了三个重要原则：

（一）适度从宽原则

立法者对正当防卫权的行使持鼓励态度，这应当也是司法者对正当防卫的态度。按照这一立法精神，在司法程序中对正当防卫的认定应当贯彻总体从宽的政策要求，确保正当防卫的合法性得到正确评价；对属于防卫过当的案件，在量刑上要切实体现从宽的政策要求。[1]

正当防卫制度在刑法中的规定非常原则、抽象，最高司法机关也没有对正当防卫作过系统性的司法解释。由于受诸多因素的影响，司法实践中对防卫行为正当的评判总体上趋紧。因而司法实践中正当防卫的成功案例并不多见，正如周光权教授所说："很多人当律师一辈子碰不到正当防卫的案子很正常，很多法官做一辈子也碰不到一件你认为可以成立正当防卫的。"[2] 这就出现了立法上积极鼓励正当防卫的行使、司法上消极对待的局面。

---

[1] 高铭暄：《于欢案审理对正当防卫条款适用的指导意义》，载《人民法院报》2017年6月24日第2版。

[2] 《从于欢案谈正当防卫（上）》，载《北大冠衡刑事法治沙龙第2期》，http://www.360doc.com/content/17/0625/19/219559_666475907.shtml，最后访问时间：2019年5月26日。

产生这种现象的原因是司法实践中对防卫正当性判断存在观念上的误区，也可能是案件处理中有一些现实困境。例如，如果放松防卫行为正当性的判断会导致私力救济大行其道，从而侵蚀国家的公力救济，不利于社会稳定；也可能是因为防卫行为造成了严重的后果（如死亡或重伤），被害方非理性向法院施压，致其否定防卫行为正当性的认定①。

从立法上看，国家是鼓励正当防卫的，如果司法实践中司法人员在判断防卫行为的正当性时过于谨慎，实际上违背了立法的初衷。因此，司法实践中对于防卫行为正当性的认定应当适度从宽。长期以来，在防卫正当性的认定中司法人员基本是预设被告人的防卫行为不具有正当性，由被告人说服其防卫行为具有正当性。适度从宽原则首先要求司法人员将观念改变为：在防卫正当性的认定中司法人员预设被告人的防卫行为具有正当性，而由控方以证据证明其行为不具有正当性。这一原则完全符合刑事证明责任的分配要求。另外，防卫行为正当性要件证明中事实模糊、两难时，应当作出有利于被告的判断。

于欢案一审判决认定于欢受到辱骂、侮辱，人身自由受到限制，但认为不存在防卫的紧迫性，否定了防卫正当性的前提条件。该案二审判决则认为于欢受到了非法拘禁，遭到侮辱、推搡拍打，于欢欲随警察离开时受到了围堵，在其持刀警告时被害人仍出言挑衅并逼近，从而承认其防卫有正当性的前提条件。于欢案的二审判决体现了对防卫正当性判断的适度从宽原则。因为通常情况下，一般的推搡拍打、围堵行为、约束行动自由的行为并不是防卫正当性的前提条件，至于侮辱行为更是在于欢捅刺行为二十多分钟前。但考虑到于欢等人被困时间久、侮辱拍打次数多、警察出警也没有使其得以解救且希望随警察走出房间又受到围堵挑衅，再加之其母受到侮辱，将这些因素综合起来，二审法院认定于欢具有实施防卫的正当性前提。

（二）全面正当与部分正当相结合原则

如果说防卫起因、意图、对象、时间和限度等方面都符合刑法的规定，防卫行为具有完整意义上的正当性，那么应当认定为正当防卫，这当然是没有任何疑义的。但这不一定是司法实践中防卫正当性判断的常态。实际上，防卫的正当性有全面正当性和部分正当性之分。前者即从起因、意图、对象、时间、限度等诸方面判断，防卫行为均完全符合正当防卫的要求；后者是指从起因、意图、对象、时间上看具有正当性，但超过了必要限度造成了重大的损害。我们最为关注的往往是防卫全面正当性的问题，似乎防卫行为超过了必要限度造成重大损害时防卫行为就完全丧失了防卫的正当性，这种观点是错误的。实际上，《刑法》规定防卫过当"应当负刑事责任，但是是应当减轻或者免除处罚"就承认了防卫过当行为部分正当性，否则既然要求防卫人承担刑事责任为什么要对其减轻或免除处罚呢？

立法上在防卫过当制度中承认防卫部分正当性的原因有两个方面：一是被害人实施不法侵害，本身具有严重的过错；二是要求防卫人在实施防卫行为时完全准确判断并控制防卫限度实际上强人所难。首先，我国刑法没有将被害人过错作为通常

---

① 沈德咏：《我们应当如何适用正当防卫制度》，载《人民法院报》2017年6月26日第2版。

的法定从宽情节，往往在司法实践中司法人员将其作为酌定情节在量刑中予以考虑。但在正当防卫制度设计中立法者实际上将被害人实施不法侵害的过错规定为法定的从宽情节。其次，防卫行为实施时防卫人处于较为紧急的情形中，面对不法侵害，防卫人要精准判断不法侵害的内容与程度、不法侵害人主观心态，并决定自己防卫的限度，这实际上非常困难。但立法者又不可能不对防卫行为加以度的限制，否则防卫权利就会被滥用。立法者处于鼓励公民行使防卫权但又要限制权利滥用的两难中；公民既处于要保护自身权利又不得过分侵犯不法侵害人权利的两难中。因此，立法者对于防卫过当的行为既承认其部分正当性，又否定其全面正当性，以致要求防卫过当人承担刑事责任又不对其行为结果承担全部刑事责任。司法实践中要贯彻立法者在防卫过当中承认防卫部分正当性的精神，正确认定防卫过当并从宽处罚。

于欢案一审判决否定了于欢防卫的正当性前提条件，实际上就是对其防卫的正当性作了全面的否定性评价。该案二审判决基于全案事实认为"实施正当防卫所要求的不法侵害客观存在并正在进行"，这就承认了于欢防卫行为有其正当性；但亦认定"于欢的防卫行为明显超过必要限度造成重大损害"，判定于欢的行为属于防卫过当，这就否定了于欢防卫行为的全面正当性。因此，从整体上看，这一判决实际上就是对于欢防卫行为部分正当性的确认。

(三) 综合判断原则

在司法实践中，防卫正当性要判断防卫的起因、意图、对象、时间和限度等方面。这些条件在学理上是各自独立的，给人的印象好像在具体案件中防卫的正当性也可以将各个条件进行独立判断，最后得出防卫正当与否的结论。实际上，这些条件之间并非完全独立，而是相互之间具有紧密的联系。

以防卫行为限度条件的判断为例，符合正当性的防卫行为的限度条件是不能"明显超过必要限度造成重大损害"。在司法实践中，如何判断防卫行为是否超过了必要限度且造成了重大损害？这不是单纯的不法侵害行为与防卫行为的对比问题，而是要结合不法侵害的种类、不法侵害人本身的状况、不法侵害发生的时间、防卫时不法侵害行为进行的程度、防卫者本人的情况、防卫行为实施的时间与方式等进行综合判断。这些因素就涉及防卫的起因条件、对象条件、时间条件等。离开这种综合判断，就无法对防卫是否超过必要限度造成重大损害作出准确的判断。

于欢案二审判决在认定于欢防卫行为过当时就强调："评判防卫是否过当，应当从不法侵害的性质、手段、紧迫程度和严重程度，防卫的条件、方式、强度和后果等情节综合判定。"该判决认为，杜某等人实施非法拘禁、侮辱、拍打等不法侵害目的是催债，未携带、使用任何器械，也未实施强烈的攻击行为，并未威胁到于欢及其母亲的生命；当时警察并未离开于欢母亲的公司，于欢也能看到闪亮的警灯（这种情况下不法侵害者不可能实施严重侵害行为）；于欢持刀警告不要逼过来时，杜某等人亦无攻击行为。因此，判决书认为于欢面临的不法侵害并不严重，于欢致人一死两重伤一轻伤的行为不但超过必要限度也造成了重大损害。因此，于欢案二审中就很好地贯彻了综合判断防卫行为正当性的原则。

三、于欢案折射出民众对防卫行为的正当性判断要有正确引导

于欢案从案发到二审终审判决的作出，社会各界对于欢的防卫行为是否具有正当性存在很大争议。当然，大多数社会民众在判断于欢防卫行为是否正当时主要是出于朴素的道德情感和媒体报道的部分案件事实，因此其判断不免出现偏差。

《刑法》中规定正当防卫制度的目的不但是要为司法机关认定防卫的正当性提供法律依据，而且也是立法者授权全体公民有实施正当防卫的权利。因此，防卫正当性的问题不仅是司法机关在一些刑事案件审理中所面临的问题，也是普通民众要认真对待的问题。民众对刑法的熟悉程度无法与司法人员相比，对防卫正当性的把握也更多地出于感性判断。如何使民众从感性的判断中加入一些理性因素，从而引导民众正确判断防卫行为之理性，是值得我们思考的问题。

在网络发达的今天，刑事案件审判的公开、公正是一种很好的普法方式。司法机关应当好好利用刑事个案在普法中的重要作用，在涉及防卫正当性判断的刑事案件中引导民众理性判断。这就要求司法机关在案件处理中，尽量公开案件的处理进程，适时、全面、准确地公布案件事实，让民众在了解案情的基础上形成自己的判断。尤其是在刑事判决书中，一定要做到案件事实—判断理由—判决结果三结合的模式，讲理部分不可或缺。这既能让民众看到法庭认定的全面、客观事实，也确知法庭判决的理由，明白法庭的判决结果。这是司法改革中要特别关注的问题。党的十八届三中全会《中共中央关于全面深化改革若干重大问题的决定》明确规定："增强法律文书说理性。"党的十八届四中全会《中共中央关于全面推进依法治国若干重大问题的决定》明确规定："加强法律文书释法说理。"最高人民法院对聂树斌再审案的刑事判决书很好地践行了这一精神，该判决书首先完整清晰地列明证据事实，然后基于这些事实进行说理判断，最后得出明确结论。如果法庭在涉及防卫正当性判断的案件中都能做到全面列明客观事实，充分说理释法，然后得出结论，那么民众就可以基于刑事个案明确防卫行为正当性的判断基础、标准，从而得出较为理性的判断结论。

但民众观念中防卫行为正当性之引导并不是仅属于司法机关的工作，社会各种传播媒介都应当参与其中，且应当传递客观、全面的信息，不能在报道中只专注于某些事实，更不能为了吸引社会的关注在案件报道中偏于介绍某些能抓住民众眼球的事实。

于欢案自案发就受到了媒体的广泛关注。为了吸引公众的注意，报道中对案件多冠以"辱母"的名称，并突出报道被害人杜某当着于欢的面向侮辱其母。这些报道激起了民众的愤怒，认为于欢的行为正当，被害人杜某死有余辜。当于欢案的一审判决认定其构成故意伤害罪且判处其无期徒刑、剥夺政治权利终身时，社会民众对该判决普遍不接受。实际上，该案一审判决书在案件事实列举方面存在遗漏，说理释法也不充分，只是简单地得出结论：于欢与其母亲当时面临的现实危险性较小，不存在防卫的紧迫性，不具有正当防卫意义的不法侵害前提。这一判决书无论是从案件事实还是说理释法都没有在防卫的正当性判断中起到引导民众观念的

作用。

　　于欢案二审判决书很好地解决了这个问题。该判决书既列明了与防卫正当性判断相关的所有案件事实，又依据法律与事实从于欢行为是否具有防卫性、是否属于特殊防卫和是否属于防卫过当进行了较为充分的说理，最后得出于欢的防卫行为属于防卫过当的结论。该案二审判决后，社会舆论普遍给予好评，也让民众深入了解了法庭是如何得出于欢行为构成防卫过当结论的。这样的判决书才能起到引导民众对防卫行为正当性理性判断的作用。

中日正当防卫制度之比较
——以于欢案为视角

陈家林*

正当防卫制度可能是与普通民众生活最密切相关的刑法制度之一。正因如此，涉及正当防卫的案件，往往经纸媒和网媒报道或转载后，容易引起民众的高度关注，也时常将办理案件的公检法机关推向舆论的风口浪尖。于欢案、昆山反杀案、赵宇案等，皆是如此。综观有关这类案件定罪与量刑的各种专家意见和媒体见解，除了对我国现行刑法正当防卫的成立要件存在不同理解之外，类似案件如果发生在国外尤其是发达国家将如何处理，也成为较多民众关心的议题。一部分论者甚至直接以国外必然宣告无罪为由来对我国法院的判决加以指责，如于欢案。① 事实情况是否果真如此，恐怕还需要进行具体的考究。为此，本文选取与我国历史文化、法治传统均较为类似，尤其是同受儒家文化深刻影响的日本刑法为对象，结合其具体规定来探讨于欢案如果发生在日本可能的认定结论。

一、日本正当防卫的规定及特点

日本现行刑法第一编总则第七章"犯罪的不成立和刑罚的减免"第 36 条对正当防卫做出了规定，"为了防卫自己或者他人的权利，对于急迫的不正当侵害不得已所实施的行为，不处罚。超出防卫限度的行为，可以根据情节减轻或者免除处罚。"虽然刑法使用的是"不处罚"，但日本理论界和实务界无争议地认为正当防卫属于正当化事由或违法性阻却事由（责任阻却事由），即不构成犯罪，而不是构成犯罪但不处罚。②

此外，1930 年日本还制定有《关于防止及处分盗犯等的法律》（昭和 5 年法律第 9 号）。其第 1 条规定了有关正当防卫制度的特例："①在以下各号的场合，为了排除针对自己或者他人的生命、身体或者贞操的现在危险而杀伤犯人时属于刑法第 36 条第 1 项的防卫行为。一、防止盗犯或者取回盗赃时；二、想要防止携带凶器或者逾越损坏门窗墙壁等或者开锁侵入人的住居或者人看守的邸宅、建造物或者船舶者时；三、想排除无故侵入人的住居或者人看守的邸宅、建造物或者船舶的人或者不接受要求从这些场所退去的人时。②在前项各号的场合，虽然并非存在针对自己或者他人的生命、身体或者贞操的现在危险，行为人由于恐怖、惊愕、兴奋或者狼

---

* 武汉大学法学院教授、博士生导师。

① http://www.szhgh.com/Article/opinion/xuezhe/2017-03-26/133829.html?_t_t_t=0.3750231934245676，最后访问时间：2019 年 5 月 15 日。

② ［日］浅田和茂：《刑法总论》（补正版），成文堂 2007 年版，第 218 页。

狈而在现场杀伤犯人时，不处罚。"

由上述两条规定以及长期的司法实践所构建的当今日本正当防卫制度的特点，大致可以归纳为以下几个方面：

第一，法条规定保持了长期的稳定性。日本现行刑法制定于 1907 年，至今已适用百年以上，在东亚国家中极为罕见。其正当防卫的规定除了在 1995 年伴随日本整个刑法典的通俗化（平易化）改革而稍作文字上调整之外①，一直没有修改变更。当然，这里指的特别关注的是，第二次世界大战后日本曾经试图全面修改刑法典，并于 1974 年制定了《改正刑法草案》，但由于该草案被认为具有浓厚的国家主义色彩，贯彻了惩罚万能主义、重刑主义而带有强烈的治安立法的特性，因而受到了日本律师联合会、日本刑法研究会、日本精神神经学会、日本新闻协会以及一些妇女团体的强烈反对，最终未能通过而成为废案。不过，这部草案毕竟是日本迄今为止最接近成功的一次刑法修正努力，其一部分修改内容不失科学性，因而仍被学界视为重要的研究素材。《改正刑法草案》第一编总则第二章"犯罪"第 14 条规定了"为了防卫自己或者他人的法益，对于急迫不正的侵害不得已所实施的行为，不处罚。防卫行为超出限度的，可以根据情节减轻或者免除处罚。在前项情形下，其行为出于恐怖、惊愕、兴奋或者狼狈，因而不能非难行为人的，不处罚"。这项规定较之于现行刑法的规定，增设了因欠缺期待可能性而不处罚行为人的条文，有其合理的价值。

第二，正当防卫的成立范围窄于英美。从日本的刑法规定以及司法实践来看，提倡哪怕是在紧急情况下仍需要尽可能等待国家公权力救济的规范意识非常浓厚，与提倡个人甚至可以防卫国家暴力的英美正当防卫思想存在较大差异，体现出较为鲜明的东方国家法治的特色。日本学界也多主张，"在现代复杂的社会生活中，他者对自己某种程度上的不法侵害几乎不可避免，因而不能允许对这种侵害无限制地加以防卫，而必须从社会整体的角度加以一定的限制"。②

第三，有关正当防卫的判例非常集中。正当防卫制度在某种意义上可能是与普通民众关系最为紧密的刑法制度，其重要性不言而喻。但由于成文法的局限性，使其不可能详尽揭示正当防卫所有的成立条件，此时，判例的作用就非常重要了。日本如今正当防卫制度适用的主导性规则均由判例所确定，尤其是基于三审终审制度，日本最高裁判所（最高法院）有大量涉及正当防卫问题的判决，对于地方各级法院准确适用该制度起到了重要的指导作用。这与我国最高人民法院关于正当防卫的司法解释极少且完全没有最高人民法院直接进行审理的正当防卫案件的现状形成鲜明对照。当然，我国最近两年最高人民法院和最高人民检察院陆续发布涉及正当防卫认定的指导性案例，呈现出可喜的发展趋势。

二、日本正当防卫的成立条件

从前文可知，日本刑法正当防卫的规定其实颇类似于我国 1979 年刑法的规定。

---

① 类似于将文言文转换为白话文。
② ［日］中山研一：《刑法总论》，成文堂 2005 年版，第 269 页。

我国旧刑法第 17 条规定:"为了使公共利益、本人或者他人的人身和其他权利免受正在进行的不法侵害,而采取的正当防卫行为,不负刑事责任。正当防卫超过必要限度造成不应有的危害的,应当负刑事责任;但是应当酌情减轻或者免除处罚。"显然,1979 年刑法受到了日本刑法规定的影响。

日本正当防卫的成立条件也与我国较为类似,大体而言包括以下几个条件:(1)存在急迫不正的侵害。急迫意味着侵害正在实施或直接面临。"不正",即违法。作为正当防卫前提条件的不法,不是犯罪的成立要件。所以它指的是一般意义上的违法,包括民事法、行政法上的违法,而与作为犯罪成立条件之一的违法性的含义不同。① 日本有判例(福冈高等裁判所 1977 年 7 月 24 日判决)肯定了不具有构成要件该当性的"针对夫权的紧迫的非法侵害"。例如,通奸行为在大多数国家已经不被作为犯罪处理,但诸如在现场目击妻子通奸的丈夫即使发表了属于毁损名誉的言论,在一定范围内也成立正当防卫。②(2)防卫自己或他人的权利。这里的权利是指法律所保护的利益,即法益,包括生命、自由、财产、名誉等多项内容,并不限于法令上一定要冠有"权利"这一名称。一般的人格权也属于"权利"。(3)具有防卫的意思。虽然理论上一直存在防卫意思必要说与不要说的争论,但由于采取防卫意思必要说的学者现在多认为防卫意思指的就是防卫认识,③ 而防卫意思不要说则认为防卫意思还包括防卫目的。所以两者在实际上并没有太大的区别。(4)防卫的必要性与相当性。日本刑法规定正当防卫是"不得已所采取的行为",理论上有的学者将其理解为对正当防卫必要性的规定,④ 但通说认为它规定的是防卫的必要性和防卫行为的相当性。考虑到于欢案的实际情况,这里重点谈谈防卫的必要性与相当性的认定。

所谓防卫的必要性,是指防卫行为是排除侵害所必要的行为。与紧急避险中的补充性要件不同,它不以行为人没有其他办法为必要。对于不法侵害,行为人即使可以采取躲避等其他方法但不躲避而实施反击的,也符合防卫的必要性。

所谓防卫的相当性,意味着并非只要行为是防卫所必要的行为就是法律所允许的行为,而必须在相当的程度范围之内。相当性的判断对象是防卫行为还是防卫结果,在理论上有不同的看法。有的学者强调行为本身的价值,认为正当防卫中的防卫人是以法秩序的代理人身份实施行为,所以应以行为的形态作为判断的对象;有的学者则认为应以结果作为对象,将侵害者法益的要保护性和被侵害者法益的要保护性进行利益衡量。⑤ 现在比较多的学者认为应将上述两方面内容结合起来,即一方面要考虑法益的相对的权衡,另一方面需要考虑防卫手段的相当性。⑥ 具体而言:

---

① [日]内藤谦:《刑法讲义总论(中)》,有斐阁 1986 年版,第 339 页。
② [日]浅田和茂:《刑法总论》(补正版),成文堂 2007 年版,第 222 页。
③ [日]大塚仁:《刑法概说(总论)》(第 4 版),有斐阁 2008 年版,第 390 页;[日]川端博:《刑法总论讲义》(第 2 版),成文堂 2006 年版,第 350 页。
④ [日]山中敬一:《刑法总论》(第 2 版),成文堂 2008 年版,第 481 页。
⑤ [日]高桥则夫:《刑法总论讲义案》,成文堂 2006 年版,第 119 页。
⑥ [日]前田雅英:《刑法总论讲义》(第 4 版),东京大学出版会 2006 年版,第 351-352 页;[日]中山研一:《口述刑法总论》,成文堂 2005 年版,第 150 页。

（1）相对的法益均衡。相当性首先意味着防卫行为所保护的法益与所侵害的法益没有显失均衡。与紧急避险不同，正当防卫对侵害人所造成的侵害即使超过所保护的法益也可以被正当化。但这种正当化不是无限制的，仍然需要考虑法益之间的平衡。例如，为了保护几块豆腐而剥夺他人生命的行为，无论具有多大程度的必要性，都超越了相当性。

（2）行为的相当性。这是指防卫手段的危险性与侵害手段的危险性大致相当，也被称为"武器对等的原则"。它的判断实质上与"防卫手段的必要最小限度性"的判断相重合。例如，对于徒手的进攻以日本刀进行反击，对于使用木棍的攻击以猎枪反击，是不具有防卫行为的相当性的。不过，在实际的司法判决中，往往不是从形式上把握"武器对等的原则"而是根据具体案例从实质上加以判断。例如，对于双方因停车问题产生的纠纷，年轻力壮的一方欲徒手殴打对方，对方迫不得已从车内取出菜刀加以威胁的案件。日本法院认为该威胁行为始终是一种防御性行为，具有相当性。①

在存在复数的反击手段时，一般认为防卫人应选择侵害程度低的手段。当然，如果该手段本身具有危险性或该手段确实无法进行防卫，则也应允许选择其他的手段。

问题在于，如果手段具有相当性，但却产生了重大的结果，能否认为具有相当性？例如，行为人为了挣脱被对方扭住的手臂而将对方推倒，不料对方头部撞到汽车的保险杆上造成需治疗45天的伤害。对此案件，日本下级法院曾认为属于防卫过当。但日本最高裁判所认为"只要针对侵害行为的防卫手段具有相当性，即使反击行为产生的结果偶尔超过了所意图侵害的法益，该反击行为也不失为正当防卫行为"，从而推翻了原判决。

三、日本防卫过当的认定

所谓防卫过当，是指防卫行为超越了防卫的必要性或相当性。由于正当防卫没有严格的法益均衡的要求，所以一般认为只有在保护法益与侵害法益存在显著不均衡的情况时，才成立防卫过当。

对于防卫过当，日本刑法第36条规定，"超出防卫限度的行为，可以根据情节减轻或者免除处罚"。至于防卫过当为什么要较之于普通犯罪减免刑罚，理论上存在多种观点：（1）违法减少说。此说认为，虽然防卫过当没有完全满足正当防卫的条件，但毕竟不同于一般的法益侵害行为，它是指向不法侵害的防卫行为，所以违法性减少了。②（2）责任减少说。此说认为，防卫过当是在紧急状况下由于恐怖、惊愕、狼狈、兴奋等"心理的例外状况"而导致的过当，因此其非难可能性减

---

① ［日］最高裁判所1989年11月13日《最高裁判所刑事判例集》第43卷第10号，第823页。
② ［日］前田雅英：《刑法总论讲义》（第4版），东京大学出版会2006年版，第355页；［日］町野朔：《假想防卫·防卫过当》，载《警察研究》第50卷第9号，第52页。

少。①（3）违法·责任减少说。此说认为，防卫过当在反击急迫不法侵害的限度范围内违法性得到减少，而它又是由于恐怖、惊愕、狼狈、兴奋而导致的过当，因此责任也相应减少。②（4）可罚的责任减少说。此说继承、发展了违法·责任减少说，认为在"由于违法减少导致的责任减少""期待可能性的减少"等之外还须考虑"处罚必要性的减少"。③

与中国刑法理论的认识不同，日本刑法通说将防卫过当区分为质的过当与量的过当。所谓质的过当，是指反击行为超出了防卫的必要性与相当性的情况，也被称为强度的过当。这就是我国一般所称的防卫过当。所谓量的过当，是指在不法侵害人的侵害行为结束之后仍然继续反击行为的情况，也被称为时间的过当或范围的过当。④例如，所谓拘留所暴行事件（最决平成21年2月24日刑集63卷2号1页）："被告人因违反毒品取缔法的犯罪被起诉，被拘留所拘留期间，在该拘留所内的居室里，对同室的男性（以下是称为'被害者'）用折叠桌子投掷（受害者一方将桌子推向被告人，因此被告人作为反击，将桌子推回去，这就是'第1暴行'），并实施用手数次殴打其面部的暴行（对被桌子推倒陷于难以反击和抵抗状态的受害者，用手数次殴打其面部，这是'第2暴行'）其结果使该人负伤。"日本最高裁判所认为，第1暴行与第2暴行之间的一连串性，因而成立对伤害罪的防卫过当。在我国，一般将这种情况视为防卫不适时（事后防卫）而否定其防卫过当的性质。不过，考虑到"虽然已经不存在正当防卫的状况，但如果防卫者的行为与已终了的攻击存在直接的时间上的接续关系，可看作一连串的行为"⑤的情况，承认量的过当从而适用正当防卫减免处罚的规定未必没有道理。

四、于欢案的日本刑法结论

基于以上分析，于欢案如果发生在日本，大致可以得出以下结论：

（一）难以适用《盗犯防止法》的正当防卫特例规定

日本的盗犯防止法规定，为了排除针对自己或者他人的生命、身体或者贞操的现在危险而杀伤犯人时属于刑法第36条第1项的防卫行为。对这一条的规定理论上有不同理解，最高裁判所则作了如下解释："要成立正当防卫，不仅是该行为形式上要满足规定中的要件，作为排除现在的危险的手段也必须具有相当性。然而，这里所谓相当性，不同于刑法第36条第1款，其防卫的目的限定为是排除针对生命、身体、贞操的危险，而且为了排除现在的危险而实施的杀伤行为还限定于第1

---

① ［日］平野龙一：《刑法总论Ⅱ》，有斐阁1975年版，第245页；［日］佐伯千仞：《刑法讲义（总论）》，有斐阁1981年版，第204页。
② ［日］团藤重光：《刑法纲要总论》，创文社1990年版，第241页；［日］大塚仁：《刑法概说（总论）》（第4版），有斐阁2008年版，第395页。
③ ［日］山中敬一：《刑法总论》（第2版），成文堂2008年版，第498页。
④ 少数学者将攻击之前的所谓预防防卫也纳入量的过当中加以讨论，但同时又认为这种情况不是正当防卫的问题，而是能否成立紧急避险的问题。参见［日］山中敬一：《刑法总论》（第2版），成文堂2008年版，第493页。但多数学者认为，与其如此还不如将其视为量的过剩的问题。
⑤ ［日］山中敬一：《刑法总论》（第2版），成文堂2008年版，第494页。

条第 1 款所规定的情形,同时,鉴于并未以'不得已而实施的行为'为要件,与刑法第 36 条第 1 款中的针对侵害的防卫手段相比较,其相当性要求已经缓和,如此理解是合适的。"① 这显然表现该条规定是放宽了特定条件下正当防卫的成立条件。

但这种特例只适用于"防止盗犯或者取回盗赃时;意图防止携带凶器或者逾越损坏门窗墙壁等或者开锁侵入人的住居或者人看守的邸宅、建造物或者船舶者时;想排除无故侵入人的住居或者人看守的邸宅、建造物或者船舶的人或者不接受要求从这些场所退去的人时"几种有限的场合,其成立范围甚至远小于我国《刑法》第 20 条第 3 款特殊防卫的成立范围。考察于欢案的实际情况,显然不符合以上任何一种情况。

(二) 难以认为符合一般正当防卫的相当性要件

日本正当防卫相当性要件的把握与我国学界的"基本相适应说"较为一致。但由于日本刑法规定的是"超出防卫限度的行为,可以根据情节减轻或者免除处罚",我国刑法则规定的是"正当防卫明显超过必要限度造成重大损害的,应当负刑事责任,但是应当减轻或者免除处罚"。我国刑法对于正当防卫的认定并非苛求其不得超出必要限度,即便超出了必要限度,只要"不明显"且没有"造成重大损害",仍成立正当防卫。可见,我国正当防卫的限度条件宽于日本刑法的规定。就于欢案而言,尽管存在非法拘禁等不法侵害的前提,存在人数多寡的显著落差,但毕竟难以认定具有严重危及人身安全性质的暴力犯罪仍在继续,于欢的防卫行为造成了一死两重伤一轻伤的损害后果,难以认为其符合日本刑法所规定的相当性要件。

(三) 认定为防卫过当免除处罚的概率很大

虽然于欢的行为超出了限度,但其具备正当防卫的其他相关条件,属于防卫过当中质的过当。如果考虑到以下几个因素:第一,被害人一方恶意讨要高利贷,采取了非法拘禁、污辱、殴打等非法行为,虽然没有致人伤亡的意图与行为,但已经严重地侵害了于欢母子的人身权利。于欢的行为是在反击非法拘禁时实施的,在不法侵害的限度范围内于欢行为的违法性得到减少;第二,长时间的侵害行为给于欢母子造成精神上和心理上的极大刺激,于欢的行为可以认为是基于恐怖、惊愕等心理状态而导致的过当,因此其可谴责性也相应减少。第三,于欢案事出有因,情有可原,其处罚必要性不大。通过处罚于欢来实现特殊预防的必要性不明显(其不太可能在遇到类似的情景而重新实施致人死伤的行为),实现一般预防的必要性也有限(防卫过当是在心理的动摇状况下基于人性的弱点而实施的行为,他人一般不会模仿,社会公众遇到这种特殊情况的概率不高),而且从一边倒的同情于欢的舆论来看,处罚防卫过当的行为人以达到平息社会舆论的必要性也不大。综合以上因素,可以认为于欢的非难可能性与处罚必要性都在减少,因而在日本极有可能对于欢给予免除处罚的判处。

(四) 按照《改正刑法草案》,有可能不构成犯罪

日本《改正刑法草案》规定,"……在前项情形下,其行为出于恐怖、惊愕、

---

① [日] 最高裁判所判决平成 6 年 6 月 30 日《刑事判例集》第 48 卷第 4 号,第 21 页。

兴奋或者狼狈,因而不能非难行为人的,不处罚"。这是将欠缺期待可能性而阻却责任的情节进行了法定化。由于期待可能性理论本身缺乏实定法的根据,其适用基准也不明确,因而导致司法实践中法官并不倾向于援引此理论进行出罪处理,日本最高裁判所在第二次世界大战后没有一例直接从正面肯定期待可能性理论的判决。因而,在现行法上对于欢定罪免刑的处理是较为现实的方案。但如果基于《改正刑法草案》的规定,法官进行无罪的宣判则不会再有内心的顾虑,即完全可以在认可于欢的行为属于违法的情况下认为其欠缺可期待性而阻却罪责。事实上,我国刑法在 1997 年修改时对于超过防卫限度的处理问题,也有"一些学者和部门提出,在实践中,由于许多不法侵害是突然的、急促的,而防卫人在仓促、紧张的状态下往往很难准确地判断侵害行为的性质和强度,因此不容易周全、慎重地选择相应的防卫手段,建议在关于防卫过当减免刑事责任的规定中再规定一款'防卫人因激愤、恐惧或慌乱而防卫过当的,免除处罚。'或者'防卫人因激愤、恐惧而超过防卫限度,主观上没有罪过的,不以犯罪论处'。立法工作机关考虑到实践中对激愤、恐惧或慌乱这些主观状态的认定具有复杂性,不宜匆忙作出规定,况且刑法关于防卫过当处罚的规定,本身就包含了'免除处罚'的内容,对于防卫人因激愤、恐惧或慌乱超过必要限度的情形,完全可以按照这两款的规定来处理,因此没有采纳上述建议"。① 从现行刑法生效后这二十年来的司法实践情况来看,基于我国司法机关的考核体制和错案追究制度,要求法官基于非法定情节来进行刑罚的减免本身已经非常困难,更遑论作无罪处理。而防卫过当免除处罚的规定与防卫人因激愤、恐惧而超过防卫限度不以犯罪论处的立法设想,在法律性质上也是截然不同的。因此,我国立法机构应该考虑在适当的时候设置诸如"防卫人因激愤、恐惧而超过防卫限度,主观上没有罪过的,不以犯罪论处"的规定,对阻却违法与阻却责任的事由进行科学的区分,进一步完善我国的正当防卫制度。

---

① 高铭暄:《中华人民共和国刑法的孕育诞生与发展完善》,北京大学出版社 2012 年版,第 200 页。

论防卫过当的定罪问题
——兼评于欢防卫过当案

郭 洁[*] 张若琪[**]

根据我国《刑法》第 20 条第 2 款的规定，防卫过当是指正当防卫明显超过必要限度，造成重大损害的行为。备受关注的山东"于欢案"和江苏昆山"龙哥案"又将这一刑法基本制度的讨论推向高潮，但理论界和实务界在对其讨论时，主要把目光集中在正当防卫的限度上，而对确认为防卫过当之后的定罪较少涉及。我们认为，前述问题固然重要，但定罪问题也不容忽视。我国刑法总则和分则都没有明确地规定防卫过当如何定罪，而准确地定罪却是把握防卫过当刑事责任的关键所在，也是对其进行刑罚处罚的前提和基础。经过长期的争论，那种主张在刑事立法中单独（或独立）确定"防卫过当罪"或"防卫过当××罪"的独立定罪说已经被彻底否定，坚持根据每个案件的实际情况，运用刑法分则中的具体罪名定罪的观点已经被普遍接受。然而，在理论研讨及司法实践中，由于对正当防卫制度存在理念上的差异，对防卫过当的客观方面，特别是主观罪过形式认定的偏差，致使对其定罪存在一些混乱，对防卫过当案件的认识与处理也不统一，有必要进一步从理论上予以澄清。

一、防卫过当的客观方面

防卫过当是防卫人在制止正在进行的不法侵害的过程中，因采取了明显超过正当防卫必要限度的行为，而造成了重大损害。因此，防卫过当在客观上表现为正当防卫明显超过必要限度造成重大损害。早前关于防卫过当到底是行为过当还是结果过当之争业已平息，代之以造成重大损害说明防卫行为明显超过了必要限度，防卫行为明显超过必要限度又必然造成重大损害，两者之间存在内在和必然的因果关系。"明显超过必要限度"说的是行为，"重大损害后果"针对的是结果。所以，作为构成犯罪的防卫过当，在客观上存在过当行为与过当结果两个主要条件。

（一）过当行为

防卫过当行为始发于正当防卫，但以构成犯罪为结束，这是因为防卫行为所造成的危害后果突破了应有的界限，已经不是为制止正在进行的不法侵害所必须的，而是由量变引起了质变。所以，当正当防卫明显超过必要限度时，合法行为就转化成了犯罪行为。但是，对于正当防卫与防卫过当存在本质区别这一观点，理论界也有学者持否定意见，他们认为："正当防卫和防卫过当只存在防卫方式以及由此而

---

[*] 西北政法大学教授、刑事法律科学研究中心副主任。
[**] 西北政法大学刑事法学院硕士研究生。

产生的结果在程度上的差别。这是一种量的差别,它不能改变二者在防卫性质上的一致"。① 陈兴良教授认为:"这种观点抹杀了防卫行为之作为权利行为和防卫过当行为之作为犯罪行为的原则界限,因而是错误的。"② 冯军教授认为:"所谓过当行为,是指防卫人的防卫行为明显超过了不法侵害所必要的限度……根据《刑法》第20条第2款的规定,只有在防卫人的行为明显超过必要限度时,才成立行为过当。"他进一步指出,"行为过当适合于制止不法侵害的行为为前提的。如果防卫人以防卫意思实施了一个根本不适合于制止不法侵害的行为,那么他的行为就不是防卫过当,而是故意犯罪或者过失犯罪,当然也可能是意外事件"。"行为过当是以一个制止不法侵害所不必要的多余行为为核心内容的……从防卫人实施某一反击行为当时的全部情况来看,防卫人已经占有绝对优势,在已经迫使不法侵害人不能或者不敢实施攻击行为的情形下,防卫人却继续对不法侵害人实施了反击行为的,该反击行为就是多余的、不必要的。""所谓明显,是指防卫人实施的对制止不法侵害而言多余举动,是刑法上具有重要意义的,也就是说,属于刑法禁止的行为方式。"③

我们认为,正当防卫是防卫目的与防卫结果的统一,基于使国家、公共利益、本人或者他人的人身和其他权利免受正在进行的不法侵害之目的,防卫行为必须受到一定量的限制,在此限度内的防卫行为,虽然在客观上造成了一定程度的损害,但不能因此将其视同为犯罪行为,而是应当受到褒扬的正义行为。防卫过当行为具有两个基本特征:一是防卫过当与正当防卫一样具有防卫性,从大的方面来说,二者都属于防卫的范畴,都是因有人正在实施不法侵害行为,防卫人为了制止不法侵害,保护合法权益免受侵害或减少不法侵害的危害程度所实施的反击行为,与正当防卫的唯一区别就在于行为明显超过必要限度,造成了重大损害。因此,建立在与正当防卫有四个相同条件基础之上的防卫过当,不同于其他犯罪行为之处就在于它存在有益于社会的一面。二是由于防卫过当不符合正当防卫的限度条件,具有客观的危害性和主观的罪过性,虽然具有动机和目的的正当性,但由于防卫人明显超过了正当防卫的必要限度,造成了不应有的重大损害,违背了正当防卫的立法目的,当然要将其纳入不法行为评价的范畴之内。对于冯军教授"从防卫人实施某一反击行为当时的全部情况来看,防卫人已经占有绝对优势,在已经迫使不法侵害人不能或者不敢实施攻击行为的情形下,防卫人却继续对不法侵害人实施了反击行为的,该反击行为就是多余的、不必要的"这一段话在理解时,不能脱离这是在研究防卫行为是否过当的问题,强调的是防卫行为是否"明显超过必要限度"的强度和力量,不能把"已占优势""已经迫使不法侵害人不能或者不敢实施攻击"理解为时间条件,否则,就会将防卫过当混同为防卫不适时。

(二) 过当结果

正是由于过当行为造成了不应有的重大损害,法律才对其作出了否定性的评

---

① 冯军:《防卫过当:性质、成立要件与考察方法》,载《法学》2019年第1期。
② 陈兴良:《正当防卫论》,中国人民大学出版社2006年版,第168页。
③ 冯军:《防卫过当:性质、成立要件与考察方法》,载《法学》2019年第1期。

价。根据我国刑法的规定，正当防卫的损害结果是为足以有效地制止正在进行的不法侵害所必需的，因而是应有的损害，不具有社会危害性。而防卫过当的损害结果是由于防卫行为明显超过正当防卫的必要限度造成的，是重大损害，具有社会危害性。根据《刑法》第20条的规定，只有"明显超过必要限度"与"造成重大损害"同时具备，才能认定为防卫过当。我们应当根据防卫行为所保护的利益与实际损害后果之间的大小进行比较，结合不法侵害行为的紧迫性、当时的环境、防卫方与被防卫方力量的对比等方面综合比较，才能得出正确结论。如果防卫行为针对的是正在进行的"严重危及人身安全的暴力犯罪"，即使造成被防卫人重伤、死亡的后果，也不是防卫过当，更不用说造成的仅仅是财产重大损失的后果了。但是，凡是防卫过当则肯定在客观上造成了被防卫人重伤、死亡或财产重大损失的严重后果。因此，对于防卫过当不得不强调其重大损害结果。

应当进一步强调的是，虽然防卫行为明显超过必要限度引起的损害结果，都可将其称为过当结果，但要对之定罪，仍然要受《刑法》第13条"但书"的制约，不是说只要过当就一定构成犯罪，只有过当结果达到重大损害程度的，才是防卫过当，才将其确定为犯罪而加以刑事追究，即防卫过当造成的损害是明显超过必要限度对不法侵害人的重大损害。

这里的重大损害可以从质和量两个方面来理解。从质上来说，防卫过当造成的是一种损害，这一损害不是为正当防卫所必需的，因而受到法律的否定评价。从量上来说，防卫过当造成的损害必须是重大损害，而不是一般损害。因为正当防卫本身就包含对不法侵害人造成一定的损害。为使防卫过当与正当防卫相区分，只有在对不法侵害人明显超过防卫限度并造成重大损害的情况下，才能认定为防卫过当。实践中过当结果经常表现为使被防卫人的重伤或者死亡，也可能造成重大财产损失的后果。

二、防卫过当的罪过形式

防卫过当的主观罪过，刑法学界存在过失与间接故意并存说；直接故意与间接故意并存说；间接故意说；故意与过失并存说；过失说等不同的观点。[①] 主流观点认为防卫过当的罪过形式既包括过失也包括间接故意，但不能包括直接故意。因为防卫过当的动机与目的和直接故意是完全不同的，不可能在同一时刻出现在同一个人的头脑中。而防卫过当具有的防卫性和目的的正当性，并不妨碍防卫过当的罪过形式既可以是间接故意，也可以是过失。防卫过当可能在间接故意也可能在过失支配下实施。

（一）防卫过当的主观罪过不包括直接故意

防卫过当的前提是防卫行为，这不仅需要有防卫认识，而且需要防卫动机。前者指行为人要认识到防卫时的各种状况，包括但不限于防卫的紧迫性；后者要求防卫人必须是出于要保护国家、公共利益、本人或他人的合法的权利和利益，其目的是制止不法侵害。如前所述，防卫过当必须符合正当防卫的目的条件，防卫人对防卫行为及防卫结果的积极追求，只是一种行为故意，而非犯罪故意，因为故意犯罪

---

① 参见高铭暄主编：《刑法专论》（上编），高等教育出版社2002年版，第447页。

的意志内容一般是对危害结果的希望或者放任，而不是对行为的希望或者放任。所以，防卫人所希望的只是防卫行为，而不是刑法意义上的危害结果，如果在追求该行为过程中产生了重大的危害结果，只能是间接故意或过失。完全是出于加害的犯罪故意，追求超过必要限度的重大危害后果，因为欠缺防卫意图，不符合防卫目的，表明"防卫人"并不是为了保护合法利益不受侵犯或少受侵犯，而是为了给社会造成损害，最终如愿给社会带来了重大危害，对之应以纯粹的故意犯罪来对待。

（二）防卫过当的主观罪过包括间接故意

间接故意的罪过心理为放任，即行为人在实施正当防卫行为的过程中，明知自己的行为会明显超过必要限度而放任重大损害结果的发生。传统观点认为，间接故意主要有以下三种表现形式：第一种形式是行为人在实现某一非犯罪目的时，放任其行为可能引起的某一危害后果发生；第二种形式是行为人为了追求某一犯罪目的时，放任该行为可能引起的另一个危害后果发生；第三种形式是在某些突发情况下，行为人不计后果，随意实施其行为，放任严重后果发生。[①] "在心理学上，放任不是一种独立的意志形式，而是一种附属的或者派生的意志形式，任何放任的心理都不是毫无情由地自发产生的，它总是依附于一定的希望意志而形成，也就是说放任是希望意志的派生意志，行为人不会无缘无故地放任自己的行为发生危害社会的结果，而是为了满足自己的某种需要，在追求某一目的的过程中，才放任了其他危害社会的结果。"[②] 所以说，被放任的危害结果并不是行为人所追求的结果，它是行为人在追求某种结果的过程中产生的。行为人在实施正当防卫的过程中，尽管追求的是保护社会利益制止不法侵害后果的发生和发展，但也可能存在已经认识到明显超过必要限度的重大损害后果可能发生的情况下，仍然执意实施该防卫行为，放任过当结果的发生，这种心理符合前述第一种形式，属于间接故意。

（三）防卫过当的主观罪过可以是过失

在防卫过程中，面对情况紧急的不法侵害，防卫人往往把注意力过多地集中在制止不法侵害上，以至于忽略了对可能明显超过必要限度造成重大损害的注意，因而没有预见到可能造成的严重后果，疏忽大意的过失造成的防卫过当主要是防卫人在面对紧迫的不法侵害时，在其能力具备的情况下，没有充分发挥自己的主观能动性，没有准确地分析不法侵害的强度，也没有对自己防卫行为的强度和可能造成的后果作出合理的评判，即应当预见而没有预见。在实践中，对防卫人预见能力的判断就成为确定其是否有罪的关键，我们必须设身处地地考虑问题，在综合分析防卫时的时间、地点、侵害人特征等因素后得出一个合理的结论。防卫过当的主观罪过应当包括疏忽大意的过失。

司法实践表明，一些防卫者在实施防卫行为之前或者之初，已经预见到防卫行为可能明显超过必要限度造成重大损害，但由于对自身能力或者其他外界条件的过度信赖，又轻信该结果能够避免。这完全符合过于自信过失的认识因素和意志因

[①] 参见贾宇主编：《刑法学》（第三版），中国政法大学出版社2017年版，第109页。
[②] 陈爱华：《论防卫过当》，西南政法大学2008年硕士学位论文，第43页。

素。正是这种"轻信"的心理支配让防卫人实施了错误的防卫行为从而导致了明显超过必要限度的损害结果,也正是这种"轻信"心理使过当防卫人主观上具有了过失的罪过,过于自信的过失也是防卫过当的罪过形式之一。

综上所述,防卫过当的主观罪过形式包括间接故意和过失,其中过失既包含过于自信的过失也包含疏忽大意的过失。

三、对"于欢防卫过当案"定罪问题的思考

(一)防卫过当可能构成的罪名

防卫过当是防卫人在针对于原不法侵害人实施防卫的过程中,基于过失或间接故意的主观罪过,给被防卫人的生命、健康或财产所有权造成了侵犯。在间接故意的主观心理中,"放任"只能建立在"盖然性"的基础上,危害结果的发生与不发生,发生的是什么样的危害结果都在行为人认可的范围内。据此,防卫过当可能构成下列犯罪:

1. 行为人基于过失的心理,导致了被防卫人死亡后果的发生,应当依照《刑法》第 233 条的规定,构成过失致人死亡罪;

2. 行为人基于过失的心理,导致了被防卫人重伤后果的发生,应当依照《刑法》第 235 条的规定,构成过失致人重伤罪;

3. 行为人基于过失的心理,导致了被防卫人财产的重大损失,由于刑法尚未对过失损害特定人财产规定为犯罪,不以犯罪论处;

4. 行为人基于间接故意的心理,导致了被防卫人死亡后果的发生,应当依照《刑法》第 232 条的规定,构成故意杀人罪;

5. 行为人基于间接故意的心理,导致了被防卫人伤害后果的发生,应当依照《刑法》第 234 条的规定,构成故意伤害罪;

6. 行为人基于间接故意的心理,导致了被防卫人重大财产损失后果的发生,应当依照《刑法》第 275 条的规定,构成故意毁坏财物罪。

(二)关于"于欢防卫过当案"罪名的确定

2016 年"于欢案"被媒体报道以后,社会各界基于对案件事实及法律的理解或在案件当中的立场,对本案被告人于欢的行为做出不同的评判:有的认为,应当属于《刑法》第 20 条第 3 款规定的特殊防卫,不以犯罪论处;也有的认为,虽有防卫的因素,但其行为明显超过必要限度,造成了严重的损害结果,属于防卫过当;还有认为,不具有防卫的成分,应当按照故意杀人或故意伤害罪定罪处罚。

山东省聊城市中级人民法院一审判决认为:被告人于欢持尖刀捅刺多名被害人腹背部,虽然当时其人身自由权利受到限制,也遭到对方辱骂和侮辱,但对方均未有人使用工具,在派出所已经出警的情况下,被告人于欢和其母亲的生命健康权利被侵犯的现实危险性较小,不存在防卫的紧迫性,所以于欢持尖刀捅刺被害人不存在正当防卫意义的不法侵害前提,辩护人认为于欢系防卫过当以此要求减轻处罚的意见法院不予采纳。对被告人于欢以故意伤害罪,判处无期徒刑,剥夺政治权利终身。

判决后被告人于欢不服提起上诉,山东省高级人民法院二审判决认为:本案系

由吴某等人催逼高息借贷引发,苏某多次报警后,吴某等人的不法逼债行为并未收敛。案发当日被害人杜某2曾当着于欢之面公然以裸露下体的方式侮辱其母亲苏某,虽然距于欢实施防卫行为已间隔约二十分钟,但于欢捅刺杜某2等人时难免不带有报复杜某2辱母的情绪,在刑罚裁量上应当作为对于欢有利的情节重点考虑。杜某2的辱母行为严重违法、亵渎人伦,应当受到惩罚和谴责,但于欢在实施防卫行为时致一人死亡、二人重伤、一人轻伤,且其中一重伤者系于欢持刀从背部捅刺,防卫明显过当。于欢及其母亲苏某的人身自由和人格尊严应当受到法律保护,但于欢的防卫行为超出法律所容许的限度,依法也应当承担刑事责任。认定于欢行为属于防卫过当,构成故意伤害罪,判处有期徒刑5年。①

两审判决的共同之处有二:一是都认为对本案被告人于欢不适用《刑法》第20条第3款的规定,不属于特殊防卫,没有认定为正当防卫;二是都定为故意伤害罪。两审判决的区别在于:于欢的行为是否具有防卫的性质?正是因为这一认定上的不一致,尽管两审确定的罪名相同,但最终在处罚上才会有无期徒刑与5年有期徒刑的巨大差异。

通过仔细研读两审判决,笔者亦认为,于欢的行为具有防卫的性质,但其防卫行为明显超过必要限度,造成了重大损害,本案二审定性为防卫过当的结论应予以肯定,但对罪名的确定及论证理由存在异议,以下针对一、二审判决分别予以评析:

1. 一审判决在否认于欢防卫性质的前提下认为:"于欢被围困后,在接待室较小范围内持尖刀对四被害人腹、背各捅刺一刀,并没有表现出对某一被害人连续捅刺致其死亡的行为,也没有对离其较远的对方其他人捅刺,从被告人于欢当时所处环境以及对被害人捅刺的部位、刀数,结合于欢案发当日下午起,一直受到被害人方要账纠缠,当公安人员到达现场后急于离开接待室的心态综合分析,于欢具有伤害对方的故意,不能因出现了被害人死亡结果而客观归罪,定性为故意杀人"。一审判决没有说明于欢主观方面是直接故意还是间接故意,按照传统的刑法理论,如果于欢具有伤害四人的直接故意,哪怕伤害行为引起了被害人死亡的结果,也应以故意伤害罪定罪处罚,其判决结果在逻辑上没有问题;如果认为主观方面出于间接故意,由于有杜某2死亡的结果,就应当以故意杀人罪而不是故意伤害罪定罪处罚。但是,该判决从根本上否定于欢行为的防卫性质,也就不存在探讨防卫过当罪名确定的前提和基础。

2. 有学者认为,"关于防卫过当的罪过形式,我国刑法理论上一般认为包括过失或间接故意两种心理态度,在司法实务中多认定为间接故意,也有认定为过失或直接故意的。防卫过当罪过形式的认定直接关系到案件定罪和处罚问题。根据二审查明的事实,于欢的行为应定性为防卫过当下的故意伤害致死的犯罪,对于欢造成两人重伤害宜定性为间接故意,对于欢造成杜某2死亡宜定性为故意伤害而过失致人死亡"。②该观点首先认可防卫过当的罪过形式包括直接故意,这一点笔者不能

---

① 一、二审判决见中国裁判文书网,http://wenshu.court.gov.cn/,最后访问时间:2019年5月20日。
② 赵秉志:《于欢案防卫过当法理问题简析》,载《人民法院报》2017年6月24日第2版。

苟同。其次,将一次针对共同不法侵害人的防卫行为,按照防卫的不同对象与不同结果区别对待,不仅会引起对防卫行为个数及罪数认定上的困难,而且对各个行为对象防卫限度如何把握很难进行。依照这种观点,于欢对四人的行为及结果都过当还是仅对这三人的抑或仅对杜某2过当似乎应该分开评价。

最高人民法院在其指导案例中对于欢案的定罪问题有这样的表述:"本案中,于欢连续捅刺四人,但捅刺对象都是当时围逼在其身边的人,未对离其较远的其他不法侵害人进行捅刺,对不法侵害人每人捅刺一刀,未对同一不法侵害人连续捅刺。可见,于欢的目的在于制止不法侵害并离开接待室,在案证据不能证实其具有追求或放任致人死亡危害结果发生的故意,故于欢的行为不构成故意杀人罪,但他为了追求防卫效果的实现,对致多人伤亡的过当结果的发生持听之任之的态度,已构成防卫过当情形下的故意伤害罪。认定于欢的行为构成故意伤害罪,既是严格司法的要求,又符合人民群众的公平正义观念。"① 显然,最高法院认为于欢防卫过当的罪过为间接故意。

3. 本文的认识。防卫行为无论是针对单一的不法侵害人还是多人的共同侵害,我们始终要将其作为一个整体来看待,应树立防卫一体化的观念,这是判断防卫行为是否"明显超过必要限度""造成重大损害"的应有之义,也是确定其心理态度的前提和基础。如果一个防卫过当行为因多个不同结果而触犯数个罪名,应当按照想象竞合犯的处理原则从一重罪来处断。

如果认为于欢对于"明显超过必要限度的行为会造成的重大损害后果"抱有直接追求和希望的态度,不仅不符合防卫的目的条件,而且否认了防卫过当的基础,逻辑上是矛盾的;如果认为对其行为会造成的结果采取的是放任的态度,那么假如仅仅造成伤害的结果,定故意伤害罪的结论应当是正确的,但事实上是其行为引起了杜某2的死亡,对此应以故意杀人罪定罪处罚。

综观于欢案的处理过程,二审判决只是根据客观条件推断其具有实施伤害行为和伤害结果的故意,对死亡的结果持过失心理或根本不能预见,因而以故意伤害罪定罪处罚,至少在说理上有所欠缺。而按照指导案例中的表述,于欢的行为不应定故意伤害罪,而应认定为防卫过当之下的故意杀人罪,属间接故意。

从目前法院所查明的事实来看,只能反映出于欢是为了保护他们母子的人身自由、人格尊严不受正在进行的侵犯,选择了足以致人重伤或者死亡的利刃,对多人进行捅刺,方法明显过当,客观上也是因为他的行为引起了严重后果的发生,只能说目前认定其明显超过必要限度追求伤害后果发生的证据不足,也没有足够的证据证明他有追求或者放任他人死亡的意志因素存在。在目前正当防卫存在制度设计与司法适用不相匹配的情形下,二审法院的判决,只能说是相对合理的权宜之策。这也是在充分考虑了对防卫人合法权益的保护,基于公正公平的司法理念之下得出的结论,其意在为当下正当防卫制度的准确适用树立标杆和典范。

---

① 最高人民法院指导案例第93号:《于欢故意伤害案》,载law-lib.com,新法规速递网,最后访问时间:2019年5月13日。

昆山"于海明案""正当防卫"的法理分析

李晓明* 韩 冰**

2018年8月27日发生在江苏苏州的"昆山反杀案",也称"于海明案",五天后昆山警方发布通报,认定于海明的行为系"正当防卫",宣布撤销案件。案件了结,但因本案引发对"正当防卫"的争论并未平息。当然,任何事情都并非孤立,"于海明案"的及时处理,不能不说与2017年"于欢案"的激烈争论和先期准备有关。但更应反思的是,长期以来司法观念上的滞后,包括认识上的偏差及"惯性司法"的思维定势,同时也应检讨《刑法》第20条立法上的不足,注意从立法完善、司法理念、法治环境和适用标准等多个层面加以改进。

一、长期以来"正当防卫"认定中对"不法侵害"的僵化理解及其偏差

《刑法》第20条第1款中出现了三次"不法侵害"的表述,在第3款中出现了一次。那么,究竟什么是"不法侵害"呢?传统观点认为,系不合法行为对法益的侵犯,通常是指行为人具有侵害他人人身或打斗动作的危害与危险。但侵犯的是刑法还是普通法律,抑或侵害行为是否必须系动态行为等,并没有明示。尤其"正当防卫"本身就是个"多打斗"的前提场景,故传统观点容易惯性地认为只有对方"打我"或自己的身体受到侵害,才有"防卫"的权利。至于"静态"情况下的"不法侵害",或许在传统认识中并不一定认为是"正当防卫"中的"不法侵害",故"于欢案"中一审法院认为根本不具备"防卫"的前提。如此就会产生认识上的偏差或司法认定上的困难与矛盾,由于司法理念上的长期禁锢与僵化,包括一年后的"于海明案",在最初认定或争论上也羁绊于此。

从理论上讲"不法侵害"当然是相对于合法行为而言的,后者如执行命令的行为、执行法律的行为或执行刑罚的行为等,但刑法规定的"不法"绝对不能和"违反刑法"相等同。这是因为:(1)"不法侵害"不仅包括犯罪行为,同时也将一般违法行为囊括其中。① 甚至既包括违法行为也包括虽不明显违法(因法律上未明确规定),但根据法治精神或政策性规定该行为也属于不法,如"受承诺"而实施的杀人或伤害行为等也当然地属于不法行为,再如利用医疗手术实施伤害或杀人的行为也当然地属于不法行为。"于欢案"中利用"催债"实施的限制他人"人身自由"的行为也理应属于"不法侵害","于海明案"中刘某某开始对于海明的"拳打脚踢"和"推搡"以及后来的用刀"挥砍"等当然属于"不法侵害"。(2)

---

* 苏州大学王健法学院教授、博士生导师。
** 苏州大学王健法学院刑法学博士研究生。
① 参见李海东著:《刑法原理入门(犯罪论基础)》,法律出版社1998年版,第81页。

"不法侵害"既包括主动故意的不法行为也包括被动过失的不法行为,甚至包括既非主动故意也非被动过失的违法行为,如应刹车操作制动而没有操作,精神病人伤害他人或杀人等,刑法上并未明确规定系不法行为,但根据法治精神或政策性规定该行为应属"不法侵害"。(3)"不法侵害"既包括刑事不法也包括行政不法或民事不法,当然也并非对任何违法行为都可以进行防卫,应将其范围限定在具有当时性、侵犯性、破坏性、紧迫性之内。(4)甚至有学者认为,"不法侵害"既包括作为性质的侵害也包括不作为性质的侵害。① 既包括动态的侵害,也包括静态的侵害。这在"于欢案"中表现得尤为明显和关键,限制他人人身自由当然属于"不法侵害",故二审法院果断地认定该种静态行为系"不法侵害"。(5)在未来世界的空间或领域,"不法侵害"既可能来自人也可能来自动物,甚至来自智能机器人,这都是极有可能或必须关注的。(6)"不法侵害"既可以来自达到责任年龄、具有责任能力的人,也可以来自未达到责任年龄、不具有责任能力的人,只是作为防卫者对于后者更应把握适度性,应尽最大可能地防止给对方造成不应有的损害而已。

综上所述,"于海明案"再次显示出对"不法侵害"(这里主要是指"严重危及人身安全"的"不法侵害",也即是否达到动用"特别防卫权"的"不法侵害"之程度?)概念的考验,包括对我国"正当防卫""防卫过当"及"特别防卫权"的概念及其认定标准等,均需要进一步深入研究和细化,否则不利于具体案件与事实的司法认定。

二、"于海明案"中刘某某的行为是否属于"不法侵害"及立法原意

根据 2018 年 9 月 1 日的《昆山警方通报》,认定"于海明的行为属于正当防卫,不负刑事责任"的法律根据是《刑法》第 20 条第 3 款,也即"特别防卫权"或称"无限防卫权"。就现行立法而言,无论是《刑法》第 20 条第 1 款的普通"正当防卫"还是第 3 款的"特别防卫",以及第 2 款的"防卫过当",严格来讲都必须以有现实发生的"不法侵害"行为为前提。否则,无从讨论是"正当防卫"或"防卫过当"。那么,"于海明案"中刘某某的行为是否属于"不法侵害"呢?可以说争论颇多,真可谓仁者见仁、智者见智。该案的主要分歧点有两个方面:

一是醉酒或无责任行为能力人的行为是否属于刑法意义上的"不法侵害"?或者说此时是否可以进行"正当防卫"?"于海明案"存在此种典型情况,也即刘某某显然是"醉酒驾驶",而且是在"醉酒"状态下主动下车对于海明实施"攻击",甚至回到车上抽出"砍刀"对于海明进行"挥砍",其行为是否为"不法侵害"或者对其行为能否进行"正当防卫",至今存有不同认识。例如,有学者认为,"于海明案"存在"防卫前提",也即刘某某从车上取刀向于海明"挥砍"的行为系"不法侵害"。② 也有学者认为,"根据我国传统刑法理论,如果于海明知道刘某某在打斗时处于醉酒状态,就只能对他进行紧急避险,而不能对他进行正当防卫;根

---

① 张明楷:《不作为犯中的先前行为》,载《中国检察官》2012 年第 3 期。
② 周益帆:《刑法专家谈"于海明案"》,载 http://news.ifeng.com/a/20180830/59993905_0.shtml,最后访问时间:2018 年 8 月 30 日。

据我国现在的理论,在于海明对刘某某的攻击行为采取回避措施并不存在特别负担的情况下,也不宜进行正当防卫"。① 甚至有学者认为,"在被害人受伤并且逃跑的情况下,防卫人的连续攻击行为已经超越了私力救济的范围"。② 的确如此,传统观点曾主张,"正当防卫所针对的不法侵害只能是达到法定年龄、具有辨认控制自己行为能力的人在罪过(就犯罪而言)或过错(就其他违法行为而言)心理支配下实施的违法犯罪行为。如果面临没有达到法定年龄的人或精神病人的侵害,则不能进行正当防卫"。③ 故上述学者提出,如果于海明已经知道刘某某系醉酒状态,是否首先应当进行"紧急避险"回避,而不应立即进行"正当防卫"不无道理。但这既无"法律明文规定"又无"明确司法解释"的理论主张,能否适用于"于海明案"司法实践并非必然。更何况同一位学者在其近些年出版的著作中竟有相反的解释与理解,"未达到法定年龄、不具备责任能力的人的法益侵害行为同样属于不法侵害,应当允许对其进行正当防卫"。但同时主张,"在对未达到法定年龄、无责任能力的人的不法侵害采取回避措施并不存在特别负担的情况下,不宜进行正当防卫"。④ 甚至有学者针对昆山案进一步提出,"在于海明对刘某某的攻击行为采取回避措施并不存在特别负担的情况下,不宜进行正当防卫"。⑤ 显然,此种主张是基于刘某某"醉酒"状态下提出的,如是该观点在理论上足以推翻目前办案机关对于海明"正当防卫"司法结论的认定,那么将会引起对该案的轩然大波,甚至引起更大的争论。然而,无论如何这只是一种理论假设、研究与认知,如此重大和严肃的问题甚至事关"罪"与"非罪"的认定,并非一种理论假设即可或能够在司法办案中予以确认的,更何况在"于海明案"中,并没有证据证明于海明知道刘某某饮酒并处于醉酒状态,加之在没有明确"立法"与"司法解释"及对方明确告知防卫者的前提下,用专业理论如此苛刻地要求防卫者或做事后推论无论如何也是显失公平的,作为司法更不能做这种事后裁判规则的制定或事后作出不利于防卫人的推论,但作为一种理论研究与探讨却很有学术价值和意义,假如论证成熟当然可以以立法或司法解释予以明确规定。

二是"不法侵害"是否具有"层级"之分?也就是说,是否只能对刑事性质的或犯罪行为的"不法侵害"才能实施"正当防卫"?而对于一般的违法行为就不应或不能实施"正当防卫"。诚然,至今"不法侵害"并未在"立法"与"司法解释"意义上进行"层级化"的概念区分,也就是说,并没有刑法意义上的"不法侵害"和一般法律意义上的"不法侵害"之分,故一旦有案件发生就会有人提出针对"什么样的行为"才能实施"正当防卫"?一般认为,"不法侵害"既包括犯罪行为也包括违法行为,甚至在防卫时很难要求防卫者分清是违法行为还是犯罪行

---

① 冯军:《"于海明案"的冷思考,打捞那些被忽略的细节》,载《法律与生活》2018年第17期。
② 专家聊昆山案:《正当防卫制度需要转变》,载《法律未来互联网法学》公众号,最后访问时间:2018年9月1日访问。
③ 张明楷:《犯罪论原理》,武汉大学出版社1991年版,第352页。
④ 张明楷:《刑法学》(上),法律出版社2016年版,第199页。
⑤ 冯军:《"于海明案"的冷思考,打捞那些被忽略的细节》,载《法律与生活》2018年第17期。

为。但在实际案件的判定中，人们往往会提出"是否达到了必须防卫的程度与条件"等问题。"于海明案"也是如此，究竟最初刘某某从车上抽出"管制刀具"并进行乱砍，算不算"不法侵害"，尤其是否存在"严重危及人身安全"的"不法侵害"，这才是本案的焦点与关键，也即有无启动"正当防卫"或"特别防卫权"的重要前提条件，当然也是区分"正当防卫"与"防卫不适时"或"防卫过当"的重要条件。刘某某拿刀前的推搡与拳打脚踢算不算"不法侵害"？显然，很难说其行为不是"不法侵害"，甚至包括刘某某醉酒驾驶非法进入非机动车道，以及险些与于海明的摩托车碰撞，甚至在此种情形下车后二人（包括刘某某本人）不予赔礼道歉且与于海明争吵，接着刘某某明显具有攻击性的肢体冲撞、推搡等，算不算对于海明的"不法侵害"。显然这是不言而喻的，至于有人质疑是否达到了"不法侵害"的程度主要是指是否达到"严重危及人身安全"的程度，可以说这也是早已被该案证据证明了的"案件事实"。就一般意义而言，执法与司法实践中只要构成"不法侵害"，无论是刑法意义上的"不法侵害"还是一般违法意义上的"不法侵害"，均系"正当防卫"的前提条件，都有权启动"正当防卫"或以此为前提成立"正当防卫"。也就是说，"正当防卫"的启动未必就一定要面临"犯罪行为"的"不法侵害"发生，一般违法行为照样可以作为"不法侵害"实施"正当防卫"，只不过"特殊防卫权"的行使具有"特殊要求"，应当说这些均是"正当防卫"的基本原理。

"于海明案"虽然案发时在社会上持续发酵，引发业界和社会的极大关注，然而五天后昆山警方及时通报，认定于海明的行为系"正当防卫"，宣布撤销案件。案件了结，但因本案引发的对"正当防卫"的争论并未平息，联想起"于欢案"等，都需要在法理上予以澄清。

三、"于海明案"中的"无限防卫权"及其引发的法理思考

近些年由于频繁出现有关"正当防卫"争议的案件，持续引发包括"无限防卫权"的争论，像 2009 年"邓玉娇案"，2015 年"范木根案"，以及 2017 年"于欢案"，甚至 2018 年的"于海明案"等。前三个案件都以"防卫过当"追究了当事人的刑事责任，甚至案件都进入刑事审判阶段，当然针对"于欢案"，也有学者主张"本案应适用刑法第 20 条第 3 款'特殊防卫权'"。[①] 而在"于海明案"中，"正当防卫"的认定除"不法侵害"的争执外，还集中在对"行凶"的分析与认识上，以及防卫行为 7 秒的"持续行为"等内容。当然，于海明为什么不构成"防卫过当"？尤其在侦查初期，即案发后的第五天公安机关就宣布"撤案"，均需要在法理上予以分析和论证。

（一）对《刑法》第 20 条第 3 款"行凶"的理解及在"于海明案"中的适用

首先，如何理解《刑法》第 20 条第 3 款所规定的"行凶"。这里的"行凶"严格来讲并非规范用语，而是一种社会化用语，具有抽象性、模糊性的特点，并不

---

① 周光权：《正当防卫的司法异化与纠偏思路》，载《法学评论》2017 年第 5 期。

十分容易理解。不过，联系刑法分则的限定性，如杀人、抢劫、强奸、绑架等严重威胁人身安全的犯罪，由此可推知"行凶"必须是与这些犯罪具有类似性质及相似程度的行为，主要是指严重危及人身安全的故意伤害犯罪。"对'行凶'必须做体系性解释，即这里的'行凶'仅是指'打人'，即法律意义上的'故意伤害'，但不要求一定是用凶器进行伤害。"① 当然，像"于海明案"中刘某某的行为，手持"管制刀具"，胡乱砍杀，就更应当认定为"行凶"。正像"于海明案"公安机关"通报"的那样，"刘某某的行为属于刑法意义上的'行凶'。根据《刑法》第 20 条第 3 款规定，判断'行凶'的核心在于是否'严重危及人身安全'。考量是否属于'行凶'，不能苛求防卫人在应急反应情况下作出理性判断，更不能以防卫人遭受实际伤害为前提，而要根据现场具体情景及社会一般人的认知水平进行判断。本案中，刘某某先是徒手攻击，继而持刀连续击打，其行为已经严重危及于海明人身安全，其不法侵害应认定为'行凶'"。② 由此可见，"于海明案"是符合《刑法》第 20 条第 3 款"行凶"规定的。

其次，我们来看对"严重危及人身安全"的理解。显然，该条款也不是指一般威胁人身安全的犯罪，而是与行凶、杀人、抢劫、强奸、绑架等危害人身安全具有相当危害程度的暴力犯罪，有些教科书列举的内容有暴力劫持航空器、武装暴乱等。③ 当然，严重危及人身安全的行为并非一定是暴力犯罪，许多严重危及人身安全的犯罪往往通过非暴力手段实施。当然，"特殊防卫权"中的暴力必须具有危险性、临场性和紧迫性等，"于海明案"中的暴力行为不仅表现在后一阶段的"挥刀乱砍"，甚至表现为开始阶段的"拳打脚踢"，显然这些行为都具备"暴力"性质。有学者针对"于欢案"曾评论道，"持续侵害行为如果严重危及防卫者的人身安全的，可以适用《刑法》第 20 条第 3 款的兜底条款，认定不法侵害属于'其他严重危及人身安全的暴力犯罪'，从而宣告反击者无罪"。④ 显然，该学者认为"于欢案"也是具备实施"特殊防卫"条件的，应予认定。

最后，特殊防卫权中的正当防卫并没有限度性规定。根据《刑法》第 20 条第 3 款的规定，所谓没有限度即造成侵害者伤亡仍属于正当防卫，并不承担任何刑事责任。对不法侵害者的损害，最大限度上不过是剥夺其生命权。这表明，特殊防卫中的正当防卫即使剥夺了不法侵害者的生命，也属于正当防卫，不负刑事责任，因而又称为"无限防卫权"。不过，对于造成财产权的损害，我国刑法并没有明确规定，司法实践中因正当防卫造成对不法侵害者财产损害的也十分常见。至于"特殊防卫"造成财产损害的限度，根据刑法立法目的应当也不受限制，即不管造成不法侵害者的财产损害达到何种程度，均属于正当防卫，不仅不以犯罪论处，且对财产损失也不予赔偿。2017 年 3 月 15 日第十二届全国人大第五次会议通过的《民法总则》第 181 条第 1 款就明确规定："因正当防卫造成损害的，不承担民事责任。"可

---

① 李晓明著：《刑法学总论》，北京大学出版社 2016 年版，第 288 页。
② 2018 年 9 月 1 日昆山警方通报：《于海明的行为属于正当防卫，不负刑事责任》。
③ 李晓明著：《刑法学总论》，北京大学出版社 2016 年版，第 288 页。
④ 周光权：《论持续侵害与正当防卫的关系》，载《法学》2017 年第 4 期。

见，在该问题上不仅具有充分的刑法依据，而且具有充分的民法根据，不承担任何责任。

（二）"于海明案"实施"无限防卫权"的前提及与"不法侵害"的关系

"正当防卫"中的"不法侵害"与"特殊防卫"中的"严重危及人身安全"是一种一般与特殊、普遍与个别的关系，也就是说，任何正当防卫都需要以"不法侵害"为前提，而"特殊防卫"必须达到"严重危及人身安全"的程度。或者说，"严重危及人身安全"的行为，肯定属于"不法侵害"行为，只不过是一种特殊的"不法侵害"行为，这种"不法侵害"行为必须达到"严重危及人身安全"的程度，只有这样才能实施"特殊防卫"或"无限防卫权"，否则就不是"正当防卫"，有可能导致"防卫过当"。

在"于海明案"中，刘某某虽然持刀"挥砍"，但是否就一定达到了"严重危及人身安全"必须实施"特殊防卫"的程度，一直是人们关注和争论的焦点。因为在《刑法》第20条第3款中"特别防卫权"的实施前提就是"严重危及人身安全"的暴力行为，或许该条件正是"特殊防卫"中对《刑法》第20条第1款"不法侵害"的"替代"。这里有以下方面需要关注：

首先，"砍刀"是否是"凶器"？只有"砍刀"是"凶器"才有可能认定被防卫者是在"行凶"，否则，不符合"行凶"的法定条件，也就难以满足行使"特别防卫权"的前提，也就当然地无法成立"正当防卫"。"经鉴定，该刀为尖角双面开刃，全长59厘米，其中刀身长43厘米、宽5厘米，系管制刀具。"① 那么，手持"凶器"的人乱刺乱砍也就当然地是在"行凶"，这是不言而喻的。如此也就具备了实施《刑法》第20条第3款"无限防卫权"的特殊要求，此种情形下也就当然地成立"正当防卫"，因此不需要对刘某某的死承担任何刑事责任，包括民事责任。也就是说，刘某某的"行凶"行为应当说是非常典型的行使"无限防卫权"的"前提条件"或充分理由，这是毫无疑问的，也是应当予以认可的。

其次，刘某某的"行凶"行为是否达到了《刑法》第20条第3款规定的"严重危及人身安全"的程度？当时刘某某"连续用刀击打于海明颈部、腰部、腿部"。"于海明经人身检查，见左颈部条形挫伤1处，左胸季肋部条形挫伤1处。""刘某某先是徒手攻击，继而持刀连续击打，其行为已经严重危及于海明的人身安全。"② 由此可见，其侵害程度也已具备《刑法》第20条第3款"特殊防卫"所要求的全部要件或条件，这其中最关键的是"严重危及人身安全"的"暴力犯罪"的特殊要求，应当说是完全具备，当然这一结论是就实体法而言的。

最后，就办案程序而言，是否非要走到审判阶段？"于海明案"可谓我国司法时代潮流的"幸运儿"，如果按照过去"司法惯性"的理念，包括"于欢案"一、二审法院案件处理的思路，"于海明案"不可能在侦查初期就被认定为"正当防卫"，或许被延迟到审查起诉阶段，甚至被推迟至审判阶段再予认定。当然，根据

---

① 2018年9月1日昆山警方通报：《于海明的行为属于正当防卫，不负刑事责任》。
② 2018年9月1日昆山警方通报：《于海明的行为属于正当防卫，不负刑事责任》。

《刑事诉讼法》第 161 条的规定，公安机关是有"撤案"决定权的，其依据就是"是否具有犯罪发生"？就刑事诉讼意义而言，"撤案"决定权也是一种司法行为，更何况"于海明案"还有检察机关的提前介入，"没有犯罪发生"怎么可能不撤案、不放人而继续侦查呢？这在程序上是没有问题的。按照传统思维，"于海明案"的最好结果或许就是"防卫过当"，尤其针对刘某某跑回宝马车的追砍行为，许多律师都认为构成"防卫过当"，或许这是受长期传统的"惯性思维"及司法环境影响所致，并不足为奇。但昆山警方与检方仅用五天的时间就对于海明的行为认定为"正当防卫"，这不能不说是一种司法理念上的进步和对法治进程的推动。当然，在刘某某逃跑后，是否还存在"不法侵害"或"严重危及人身安全"的情形，以及于海明是否还有权利继续"追击"？不仅学界而且律师界也有诸多方面的不同意见。例如，有学者认为，"当不法侵害人已经丧失了继续侵害自己的能力时，防卫的目的已经实现，防卫人继续实施侵害，将他人置于死地，已经超越了防卫的目的"。① 也有律师在办案机关认定"正当防卫"后仍然坚持认为，"'乘胜追击'，是正当防卫的大忌。防卫之后，追砍对方，会直接破坏掉包括无限防卫在内的所有防卫行为的正当性。造成对方死伤的，同样可能构成故意伤害罪（致人死亡）（且不排除故意杀人罪的可能）。"② 由此可见，即便在警方和检方明确宣布于海明成立"正当防卫"的情况下，学界或业界仍然在这些专业问题争论得十分激烈，应当说这很正常，有利于理论探讨。

对此官方的解释是，"刘某某的不法侵害是一个持续的过程"，"先是下车对于海明拳打脚踢，后又返回车内取出砍刀，对于海明连续数次击打，不法侵害不断升级"。"于海明夺刀后，7 秒内捅刺、砍中刘某某的 5 刀，与追赶时甩击、砍击的两刀（未击中），尽管时间上有间隔、空间上有距离，但这是一个连续行为。另外，于海明停止追击，返回宝马轿车搜寻刘某某手机的目的是防止对方纠集人员报复、保护自己的人身安全，符合正当防卫的意图。"③ 而学者对其的理论诠释是，"如果我们采纳危险消除说，在本案双方势力不均等的情况下，当时很难认为危险已经消除。换言之，受害人一方有四个人和一辆车子，防卫人存在被继续攻击的可能性，因此从危险完全消除的角度来看，这个案件中的危险并没有完全消除。在此情况下，可以将防卫人的行为理解为正当防卫"。④ 甚至认为，"危险的不是行为，而是行为人；应当从'行为的不法'转向'人的不法'，用'行为人的危险状态消除说'解释正当防卫的'不法侵害'"。因此，此时的"'不法侵害'不是具体行为，而是'行为人的危险状态'；行凶后的罪犯在现场，是一种危险状态，属于'正在

---

① 专家聊昆山案：《正当防卫制度需要转变》，载《法律未来互联网法学》公众号，最后访问时间：2018 年 9 月 1 日。
② 杜永浩：《"宝马男砍人被反杀"案适用无限防卫权吗？》，载《北大法宝》，最后访问时间：2018 年 8 月 30 日。
③ 2018 年 9 月 1 日昆山警方通报：《于海明的行为属于正当防卫，不负刑事责任》。
④ 专家聊昆山案：《正当防卫制度需要转变》，载《法律未来互联网法学》公众号，最后访问时间：2018 年 9 月 1 日。

进行的不法侵害'"。① 显然，这是在"于海明案"的促使下形成的一种新的"不法侵害"理论学说，应当引起理论关注。

由此可见，在"于海明案"中，不仅为我们展示了"特殊防卫"前提需要"不法侵害"由"一般违法或犯罪"向"严重危及人身安全"的转换，而且进一步增强了我们对"危险消除说"理论的演进与思考，这不仅是执法与司法理念上的进步，更是一种深刻的理论思考与发展。从上述意义上讲，应当说"于海明案"是近些年来"正当防卫"认定标准研究上的标志性案例，不仅对执法与司法办案的指导具有里程碑的意义，甚至对于立法、司法解释和推动我国"正当防卫"理论的深入发展与进步都具有推动作用，我们应当予以高度重视。

---

① 高艳东：《昆山案是正当防卫：危险的人=不法侵害》，载《法律未来互联网法学》公众号，最后访问时间：2018年10月4日。

见义勇为类型正当防卫的法理评析
——以"赵宇案"为切入点

朴宗根* 吕江鸿**

引言

2018年12月26日，李某与邹某是朋友，两人酒后来到邹某居住的位于福州市晋安区岳峰镇村某公寓4楼C118的暂住。由于某些原因两人发生争吵，李某被邹某赶出门。李某心有怨气，便酒后生事，强行进入房间与邹某发生肢体冲突，并引来很多围观邻居，暂住在该楼5楼C219单元的赵宇也来围观，见到李某把邹某按在墙上殴打其头部，便上前从背后拉扯李某致其摔倒，李某起身以后便殴打赵宇，并语言攻击，赵宇随后将李某推倒在地，并朝李某腹部踩了一脚。后赵宇准备拿起凳子砸向李某，被邹某拦下，后被其女友劝离现场。经过报案，法医鉴定李某伤情为重伤二级，邹某为轻微伤，随后赵宇以故意伤害罪被刑事拘留。

之后，公检法三机关对于赵宇是否构成正当防卫作出了不同的裁判，这也给我国学者及实务工作者提供了一个较为深入的研讨课题。下面笔者以程序性为引线，对"赵宇案"的法律说理和实务操作作出评析。

一、公检法三机关对"赵宇案"的处理及法律说理

在社会未关注赵宇案之前，公检法三机关一致认定赵宇为防卫过当，最终以过失致人重伤罪定罪处罚。此时，正当防卫的成立、防卫过当等问题成为热议的焦点，学者和实务工作者不仅对赵宇是否构成正当防卫、防卫过当掀起了议论，更是对处理赵宇案的司法工作人员的处理结果作出了评说，那么，接下来笔者结合三个阶段的司法机关对赵宇案的处理详细论述。

(一) 公安侦查机关对"赵宇案"评析

侦查机关作为第一道关口，在案件发生以后，对赵宇以故意伤害罪立案侦查。那么，公安机关为何不直接认定赵宇的行为为正当防卫，以撤销案件处理呢，其中需要从刑法理论和实践操作的不同层面上进行分析。① 根据《刑事诉讼法》之规定，侦查机关可以对涉嫌犯罪的嫌疑人采取强制措施，与此同时，提交检察机关审查批捕。如果在侦查过程中发现没有犯罪事实、犯罪事实并非犯罪嫌疑人所为或存在正当防卫、紧急避险等事由的，侦查机关可以直接作出撤销案件的处理。侦查机

---

* 西北政法大学教授，博士生导师，西北政法大学司法官教育院院长。
** 西北政法大学反恐研究院研究员、2017级法学博士研究生，西安市公安局二级警督。
① 陈兴良：《赵宇正当防卫案的法理评析》，载《检察日报》2019年第003版。

关的撤诉权可以影响刑事诉讼程序的走向。赵宇案亦是如此，侦查机关以防卫过当、故意伤害立案侦查，并没有认定赵宇构成正当防卫。但是，如果通过侦查发现，犯罪嫌疑人却属于正当防卫，应当撤销案件，如轰动一时的昆山于海明案件，侦查机关在认定为正当防卫成立的基础上，直接作出撤案处理。

结合案件的发生事实及侦查的结果，侦查机关改变了罪名，认定"赵宇案"属于防卫过当，以过失致人重伤罪立案，这显然也是符合刑事诉讼法的规定的。根据《刑法》第 20 条第 2 款对防卫过当的规定，如果正当防卫超过必要的限度，应当认定为防卫过当，也应当承担过失致人重伤的责任，从量刑上应当减轻或免除处罚。① 但从侦查机关对赵宇案的处理来看，并没有深究正当防卫的说理，而是直接以涉嫌过失致人重伤罪移送检察机关。从刑法理论上看，刑事诉讼的每一个程序都体现出人权保障的基本价值理念，在行为人存在嫌疑后续排除嫌疑的走向下，尽快地结束刑事诉讼程序是对行为人最基本的权利保障。② 所以，在侦查机关必须就违法阻却事由中的防卫性质、正当防卫要件、防卫过当认定予以重视，把好第一关，是对公民权利的最大保障。

（二）检察机关对"赵宇案"的评析

在审查起诉阶段，检察机关审查公安机关移送的案件材料，认为需要起诉的，核实证据材料和案件事实以后，直接向法院提起公诉，如果存在不起诉的事由的，可以作出法定不起诉、酌定不起诉、证据不足不起诉或附条件不起诉。当然，如果在审查起诉阶段，检察机关认定犯罪嫌疑人成立正当防卫的，根据情况作出不起诉或提前公诉的决定，这是保护防卫人的第二道关。

相对本案而言，赵宇成立正当防卫，构成过失致人重伤罪，属于防卫过当，检察机关应当作出公诉决定，只是同时提出减轻或免除处罚的意见。从案件的细节看，赵宇为了制止不法侵害的进行，对侵害人实施了暴力行为，使得侵害人构成重伤二级，检察机关认定赵宇构成正当防卫是正确的，但进一步认定为防卫过当引起了不小的争议。防卫过当的成立条件必须满足"必要限度"和"紧迫性"两个关键条件，考虑"必要限度"，应当从一般公民的预测上看应当是低于或等于侵害人实施的暴力行为，如果大于侵害人的暴力行为，则就会超出必要的限度。

那么，理论层面的研究和实践层面如何界定是否超过必要的限度，对此，我国学者和实务工作者一直争论不休，一些研究者认为，正当防卫的防卫人是以暴制暴，所实施的防卫行为是能够消灭、侵吞不法侵害的，防卫行为与不法侵害的水平相当，只有明显超出了合理的限度，才能认定为防卫过当，如不法侵害是用手殴打，防卫人拿起刀防卫并造成不法侵害行为人重伤，明显超出了必要的限度。③ 而在实践中，针对不同的案件不同的情况认定是否超过必要的限度是非常复杂、非常困难的，这更多的需要法官结合具体案件和自己的理性判断认定。

再看我国刑法立法确定的防卫过当，只是只字片语地说明"明显"超过必要限

---

① 李勇：《正当防卫实体及程序难题研究》，载《中国检察官》2018 年第 9 期。
② 王政勋：《正当行为论》，法律出版社 2000 年版，第 50 页。
③ 周光权：《刑法总论》，中国人民大学出版社 2016 年版，第 207 页。

度,给这个"明显"如何解释一直是争议的热题。但这种明显是国民预测可能性的情况下一般人都能够看得出来,这也是通说观点的要义所在。

防卫过当的认定被理论界从行为过当和结果过当两个层面上考量。只有行为过当和结果过当同时成立才能认定为防卫过当。赵宇案这种见义勇为的正当防卫,更加有必要考察是否超过必要明显限度。从本案看,赵宇的行为并没有超出必要的限度,只是将李某摔倒在地,为了害怕侵害人再次侵害,上去踩了一脚,是为了制止不法侵害无意识的应对反映,并且,需要考察损害结果的发生,结果过当的认定是必要造成了重大的损害而不是一般的损害,而本案中赵宇实施的行为主观上不是故意的,而是过失,况且,他根本预测不到踩的一脚会造成重伤二级的后果,所以综合本案不能认定为赵宇为防卫过当。

笔者认为,赵宇应当认定为正当防卫,不负刑事责任。在见义勇为类型的正当防卫中,防卫人更加应该把握防卫的必要限度,不能认为只要是见义勇为就不顾自己的防卫行为和所造成的防卫结果。同时,认定见义勇为的防卫人,也要考虑到当时侵害环境的紧迫性,以及对防卫人带来的精神压力和正常反应,在惊恐下防卫人实施防卫限度的把控是有难度的。因此,在考察防卫人必要限度的情况下,应当注重当时侵害情况、环境以及防卫人心理压力等,作为一个理性人一瞬间作出的行为,不能成为事后诸葛亮评论和要求防卫人应当按照何种标准做出,这显然是对防卫人的一种苛刻要求,更不是法律所讲究的要义。

(三) 一审法院对"赵宇案"正当防卫的处理及评析

一审法院判决认定赵宇为防卫过当,成立过失致人重伤罪。法院作为最后一道关,对赵宇确定为正当防卫或防卫过当具有最终的决定权。

从赵宇案的整个经案过程看,赵宇是听到动静之后才到的现场,并不知道发生了什么事情,直接看到的是李某殴打邹某的场景,遂上去解救邹某,也形成了赵宇与李某的对峙,对于赵宇而言,其就是见义勇为典型表现,为了制止不法侵害,作为热心的人帮助别人。

从本案中可以看出,赵宇介入到事件过程中,其目的就是帮助人,制止不法侵害,如果李某没有不法侵害的发生,也不会出现赵宇见义勇为。该案中赵宇将李某拉拽,使其倒地,这时李某就向赵宇攻击殴打。赵宇只是为了制止对邹某的不法侵害,反而受到李某的殴打,所以根据情急之下的反映将李某推倒在地,并踩了一脚,正是由于这一脚致使李某重伤二级。该案件中,对于赵宇的行为可以分为两个部分,第一部分是为了制止李某殴打邹某将其拉开的情况,这显然是正当防卫的性质。而第二部分赵宇踩一脚的行为如何认定,却产生很大的分歧,其主要考察的是赵宇对李某的行为是否还是正当防卫,这时的不法侵害是否已经结束。同时李某又向赵宇实施新的殴打的不法侵害,这时赵宇制止的不法侵害从别人转向了自己,但性质上还是防卫性质。所以,对于赵宇的定性为防卫性质是正确的。在定性以后,则应当进一步考察防卫限度的问题,赵宇的行为是否超过了必要的限度。一审法院认为赵宇的防卫行为超过了必要的限度,定性为防卫过当。这种认定方式显然存在避嫌的意识,法官在正当防卫、防卫过当以及不成立正当防卫的选择中采取了中和的方式，这显然是值得思考和商榷的。

二、"赵宇案"正当防卫认定困难的理性思考

"赵宇案"引起了社会各界的关注，从侦查机关、检察机关再到审判机关、上诉机关乃至最高人民法院，最终以"赵宇案"构成正当防卫，不负刑事责任，司法机关并授予赵宇见义勇为的称号结束。各个诉讼阶段的不同法院、不同司法人员对正当防卫、防卫过当等作出不同的解释和理解，这不仅关乎法律，更多的关乎社会影响、人情等，使得社会各界人士更加深入地研究这一命题。

（一）"案外因素"的影响

实践中，如果涉及某一正当防卫案件的裁判，尤其是在案件中存在亡者的情况，法院会慎之又慎，再加上家属的吵闹、控告等，使得一些法官不自觉地将案件偏移审理。更有甚者，一些家属非常情绪化，还采取威胁的方式威逼法官，甚至有些殴打法官聚众闹事，给社会造成了极坏的影响。所以，在很多情况下，法官为了平息事件，平复死者家属的情绪，不会对正当防卫的案件作出无罪判决。况且，在当下我国的刑事审判制度下，公安机关立案侦查，检察机关审查起诉以后，法院对作出无罪判决慎之又慎，如果作出的无罪判决较多，则从某种程度上反映出法院对侦查机关和检察机关的侦查权和起诉权的质疑，这对三家司法机关的协调以及本身结案率和定案率有较大影响的。所以，法院不仅面临的是外界的压力，更面对着内部的压力，这种情况下法官难免会考虑到各种因素，追求各方面的平衡，这当然对正当防卫的认定起到关键的影响。

（二）法官的定性思维

根据法律规定，法院具有最终的裁判权，法官作为最终的决定者需要具备一定的条件和素质，所以法官在实践和司法运作中的思维和认知直接关系到整个案件是否能够得到公平、公正的判决。当然，对于赵宇案而言，法官考虑的因素更为全面，同时也受到自身定性思维的影响。所以，综合我国法官的判案情况，对法官的定性思维方式作出分析：首先，法官的思维是在一般遇到不法侵害的过程中，应当及时报警或逃跑，不能随意伤害对方，不能随意行使正当防卫，一旦行使正当防卫，基本上就会认定为故意伤害犯罪。其次，法官在审理案件中过分强调意志的单一性。例如，双方因为矛盾或争吵发生纠纷，双方均动手就是互殴，一方停止另一方继续殴打，对方防卫的，如果造成侵害者伤害，也不认定为正当防卫。最后，如果防卫人防卫的起因不合法就会直接否定正当防卫，直接认定为故意伤害，于欢案件亦是如此，于欢的妈妈是因为借高利贷，被追债的人侮辱，于欢实施了正当防卫，究其原因于欢的正当防卫是基于不法的原因，那么法官是不轻易认定于欢具有防卫意识。考察法官的定性思维发现，认为防卫的起因也必须是合的，这显然是不合理的，不能因为某女提供卖淫服务拒绝交易，在遭到性侵时不能采取正当的手段保护自己。所以，在认定正当防卫的过程中，法官考虑的因素很多，而这些因素是法官在长期判案中存在错误的固定思维，对于赵宇案亦是如此，法官根据自己的固定思维方式也在正当防卫、防卫过当以及构成犯罪中采取中和的方式认定为防卫过

当,以过失致人重伤罪追究赵宇的刑事责任。

(三) 实践层面正当防卫认定标准的混乱现象

1. 正当防卫限度适用难以把握

正当防卫的限度如何把握,刑事立法和司法解释并没有直接回答这个问题,理论层面上也出现很多争议,有的提出适应说,有的提出必要说,还有的提出折中说。司法实践表明,对防卫限度的把握相对过于严格,这也是吸收了折中说以后确立的标准。实际上,法官对防卫限度标准的把握过多地采取保守的观点,即通常是以防卫强度与不法侵害强度相适应原则,即不法侵害的强度(行为、方法、使用工具、作用力量、伤害程度等)大于或等于防卫的强度。① 从认定标准上看,这种观点过于苛刻,受害人在受到不法侵害的过程中是难以判断不法侵害的强度,更难以在短时间内选择与不法侵害相适应的防卫强度的。法官对防卫限度观点的接受程度必然导致认定防卫过当把握的难度,所以为了客观把握防卫过当的认定标准,不仅是观点的博弈结果,更是作为一个法律人应当认真对待的问题。

2. 防卫过当的罪过形式通常认定为故意

司法实践表明,法官认定防卫过当的罪过通常以故意结案,虽然符合通常的逻辑,但这种认定值得商榷。学界对防卫过当的罪过认定也存在较大的争议,其主流观点认为防卫过当的罪过一般是过失,特殊情况下的罪过才是故意。从出现的正当防卫相关案例看,防卫过当通常存在直接故意、间接故意以及过失,而实践中常认定防卫过当为故意的居多,这种认定方式有一种避责的嫌疑,与假想防卫相对比,假想防卫至多认定为过失,反而防卫过当的罪过认定为故意,这显然是存在诸多疑问的。张明楷教授认为,我国刑法关于正当防卫的立法:"为了使国家、公共利益、本人或者他人的人身、财产和其他权利免受正在进行的不法侵害",应当从客观上解释为正在进行不法侵害,防卫人为了保护合法权益而对抗不法侵害的行为,防卫人主观上是"为了"不受侵害的目的,并不一定是主观上的故意心态,这一点也得到了普遍的认可。② 综上,防卫过当罪过上认定为故意存在很多商榷的地方,需要进一步研究和探讨。

三、完善"正当防卫"司法认定体系

实际上,不论是从赵宇案还是从其他相似的案件中发现,认定正当防卫困难的原因在于立法对正当防卫的认定不够明确,给司法操作带来了很大的裁量空间,缺乏客观的认定标准必然导致主观裁量的过度化,所以当下最为紧要的还是完善正当防卫的立法,确立客观的认定标准。

(一) 准确界定正当防卫

正当防卫的认定前提必须确定现实的不法侵害存在,但并非所有的现实侵害都可以认定为正当防卫,同时,更设置了不法侵害的紧迫性,防卫人在面临紧迫性的

---

① 梁根林:《防卫过当不法判断的立场、标准与逻辑》,载《法学》2019 年第 2 期。
② 张明楷:《刑法学》,法律出版社 2016 年版,第 210 页。

侵害采取"以暴制暴"的方式才能保护合法权益的情况下，才能成立正当防卫。设置更多的标准认定正当防卫的主要原因在于刑法授予防卫人采取武力的手段对抗不法侵害并免除刑事责任，如果设置门槛较低，就难以控制实践中以正当防卫为名实施故意犯罪的局面。因此，不论是设定正当防卫的标准还是认定正当防卫的标准都是刑法界面临的重要问题，所以只有严格依照立法标准和立法本意，才能准确界定正当防卫。

1. "不法侵害"的认定

"不法侵害"的判断最为重要的是"不法侵害"的内容是什么，主流观点认为，"不法侵害"既包括必须具备刑法意义上的犯罪行为，又包括其他的违法行为，将危及他人生命、健康、财产安全的行为均认定为"不法侵害"。那么，不仅是赵宇案，还有于欢案当然也是如此了。法官认定正当防卫首先解决的是"不法侵害"难题，结合赵宇案分析，在两者互相斗殴厮打过程中，第三人能否对处于强势的一方防卫，最为重要的是考量双方的"斗殴厮打"是否属于"不法侵害"？本文认为，这种斗殴行为属于"不法侵害"的范畴。在理论和实践上，已经对认定"不法侵害"形成了统一的观点，笔者认为，"不法侵害"判断标准的主流观点已经适应了当前刑法的发展以及司法理论的需要。

2. "紧迫性"的认定

众所周知，现实"紧迫性"的判断是正当防卫是否成立的关键，更是防卫过当认定的关键，司法实践表明，"紧迫性"的判断不仅是客观性的认定，更是主观性的认定。刑法理论界和实务界关于"紧迫性"的判断可谓仁者见仁智者见智，但大多数研究者就是从不法侵害的"现实性"及"时间性"上认定"紧迫性"，虽然从法律逻辑上符合判断的要求，但也给法官留下了自由裁量权的空间。自由裁量权的发挥与法官、检察官的自身水平和认知意识形态具有很大的关系，要求所有的法官、检察官能够客观的把握，将抽象化、意识形态化的认定客观化、公正化有些强人所难，毕竟每个人自身的知识储备、认知能力和判断标准等各不相同，所以具有主观意识形态上的裁量决定权必将会被淘汰。①

纵观学界理论研究，正当防卫"紧迫性"的认定存在理论困境，这种困境已经将实践中出现的问题显现出来。②

"紧迫性"过多强调第三人的事后评说，而完全不考虑防卫人当时的"紧迫性"显然是不合理性的。第三人在未涉足当时的环境下，以绝对的理性评价侵害的"紧迫性"显得生硬和冰冷，不能完全理解和感受到防卫人当时的状态，是难以判断"紧迫性"的，况且第三人本身具备主观上的判断，如果不能设身处地与防卫人同样的感受，是不能判断的，如在于欢案的审理中，法官并未考虑到于欢当时的感受与心理变化，总以事后第三人主观认定现实的危险性，这显然是脱离了案件本身，背离了作为事物发展的常理判断。所以，刑法学研究者和实务工作者针对这一

---

① 尹子文：《防卫行为伤及第三人的教义学认定——引入防卫过当条款的尝试》，载《苏州大学》（法学版）2018年第1期。

② 李齐广：《涉及第三者的防卫行为探析》，载《政治与法律》2011年第5期。

难点，尽可能地以客观的方式判断"紧迫性"的类型标准：其一，防卫主体自身状况判断。判断防卫人的认知，可以结合其自身的年龄、学历、阅历等，如16岁的防卫人与30岁的防卫人对不法侵害的"紧迫性"认知是不同的，应当不同对待。其二，不法侵害发生的盖然性。"在明显可以对危险现实化的盖然性存有判断之可能性时，应当明确适用不同的标准。"① 如赵宇案中，司法机关工作人员不能认定当时没有赵宇加入的情况下，李某对邹某的侵害是否会停止，同时，赵宇为了帮助邹某也面临着李某的不法侵害，这些都是赵宇案中现实不法侵害的考量。其三，刑事政策性考量。正当防卫的设置是鼓励公民与不法侵害作斗争，更是鼓励公民见义勇为。如果我国刑事政策使然，正当防卫的裁量程度会更宽泛一些。其四，不法侵害行为自身性质。如主观上的故意行为与过失行为、罪重与罪轻应当不同对待。其五，考量不法侵害主体。不法侵害主体本身的危害性与现实的危险程度。如初犯与惯犯的危险程度应当区分衡量。其六，周围客观环境。防卫者受到周边环境的影响应当是考量的重要因素。不仅考量到对防卫人造成的危机、恐惧的压力，更考虑到防卫人心理上法承受能力。例如，在赵宇案中，研究者和实务工作者都认定应当考虑当时李某的反映和现场的情况。② 以上六种类型的考量基本上囊括了实践中考虑的全面因素，但六种类型只是为法官提供思路，并不是认定正当防卫"紧迫性"的唯一判断标准。在社会的复杂性和案件的复杂性的情节下，需要法官根据不同时期的社会环境、不同类型的案件综合考量。

（二）防卫限度的认定

《刑法》第20条第2款设置了防卫过当的认定条件：一是明显超过必要限度；二是造成重大损害。这两个条件是判断防卫过当的基本标准，缺一不可，单纯的满足一个条件在刑法意义上是不能认定防卫过当的。虽然立法明确但在具体实践中面对不同类型的正当防卫案件，防卫限度的认定却成为法官棘手的问题。本文认为，需要进步作出司法解释，将防卫过当具体化，笔者结合学界的研究以及实务工作者总结的经验，对防卫过当的认定作出如下考虑：首先，明确制止不法侵害的必要性限度，防卫人制止不法侵害不行足以排除、终结不法侵害，实施与不法侵害相当、略大或略小的侵害程度，审查过程中应当充分考量不法侵害的行为、侵害对象、轻重缓急、危险性以及防卫人的防卫方式、周边环境等客观情况。其次，考虑"是否超过必要限度"。一是把握案件特定的环境和情况，根据案件发生的具体时间、具体地点、起因、侵害程度、密集度、侵害方式、强度、危险度等因素；二是注重考量防卫人当时防卫的手段，从当时侵害的程度全面、整体判断实施防卫手段的必要性。最后，考量防卫人面对不法侵害时的精神状态。可以借鉴德国《刑法》正当防卫的设置，如果因迷惘、恐惧或者惊愕而超过正当防卫界限时，对防卫人免于处罚。如果防卫人面对侵害人的不法侵害处于高压状态下，紧张、恐惧，处于认定本

---

① 陈兴良：《正当防卫如何才能避免沦为僵尸条款——以于欢故意伤害案一审判决为例的刑法教义学分析》，载《法学家》2017年第5期。

② 潘星丞：《正当防卫中的"紧迫性"判断——激活我国正当防卫制度适用的教义学思考》，载《法商研究》2019年第2期。

能反应作出的防卫，虽然超出了必要的限度，但这种缺乏刑法意识的防卫手段是符合常理的，也应当为刑法所接受。

（三）统一正当防卫的适用标准

认定正当防卫的"不法侵害"与"紧迫性"条件以后，应当统一正当防卫在刑事司法中的适用标准。书面上的立法落实到实践中不仅需要法官对法条的准确掌握，更需要对个案的精确判断，这样才能使得立法的目的和要义付诸实践层面上。就实践而言，法官对正当防卫的认定需要综合考量全案的事实和证据，确保正当防卫适用的准确性。所以，实践中普遍的做法是法官遇到正当防卫案件，会组织审判人员开讨论会议，就正当防卫的成立、是否属于防卫过当等进行讨论，有的甚至聘请法学专家参与，务必保证所认定的结果不存在任何争议，虽然这种实践做法保障了正当防卫的准确适用，但从司法统一的角度考虑，我国需要制定一套完备的司法解释，并通过最高院发布指导性案例最大限度地保障正当防卫的统一适用。考虑到认定正当防卫认定涉及问题较多，出台相应司法解释的同时，可以以"指导意见+典型案例"方式作为辅助司法解释的适用，在依据司法解释的同时寻找相似案件的认定最终得出准确的结论，确保同类案件同认定、同处理的一致性。

四、社会效果和法律效果统一下见义勇为类型正当防卫的鼓励

正当防卫的设置是在刑法层面上国家公权力赋予公民私力救济的重要体现。正当防卫制度的广泛适用更是象征着社会的进步、法治的进步，但实践证明，最终认定为正当防卫的案件却少之又少，即使一些案件认定为正当防卫，也是通过社会的共同努力和媒体的关注才实现。考量我国正当防卫认定难的问题，不仅是法官自身认知不一的结果，更是缺乏外部的社会环境。尤其是赵宇案，见义勇为类型的正当防卫已经成为公民、社会需要弘扬的重点，面对冷漠的社会，大力宣扬见义勇为类型的正当防卫，已经成为法治建设和和谐建设的重中之重。

为了让社会变暖，传递正能量，鼓励见义勇为类型的正当防卫已经是众望所归，最终赵宇被授予荣誉称号，这才是社会效果和法律效果的统一。本文认为，为了让见义勇为类型的正当防卫能够成为社会正能量持续下去，需要从两个层面上保障外部社会环境：一是社会层面上，应当大力宣传见义勇为的正能量，提高国民素质，对见义勇为的英雄大力宣传，授予社会荣誉称号。二是在司法层面上，从法律的角度全面考虑案件的整个影响：一方面，要求公检法各司其职，认真处理正当防卫案件，严格根据《刑事诉讼法》的规定，属于正当防卫案件的，应当作出撤销案件、不予起诉和无罪判决的决定，保障正当防卫的准确适用。另一方面，确立司法群众路线，共同营造社会公平、和谐的氛围。在正当防卫案件中，如果防卫人造成不法侵害本身死亡、重伤或产生较大经济损失的案件，司法工作人员应当积极调动不法侵害行为人社区、工作单位及家人，做好安抚工作，动之以情、晓之以理，确保家属无过激行为。而对于见义勇为类型的正当防卫案件，可以采取审判向全社会公开的方式，积极宣扬正能量，更发挥对法院适用法律的正确引导作用，作出公正的裁判，既显示司法公信力，又保障见义勇为的正能力在社会中传播。

本文认为，应当加大见义勇为类型正当防卫的宣传和鼓励，发挥司法公开宣传的模式，将见义勇为的防卫人作为法治宣传的"活教材"，鼓励公民在遇到不法侵害的过程中，能够行使防卫权，更鼓励那些见义勇为的人，助人为乐，宣传中国民族优良的传统文化。

结语

基于法律分析，刑法中设置的正当防卫是"合法对不法"、"以暴制暴"的重要体现，其是公民权益保护，遏制和打击犯罪，弥补公力救济的重要形式。基于社会建设分析，第三人对侵害人的正当防卫是见义勇为的优良传统体现，这是社会所鼓励和宣扬的正能量，更是和谐社会建设的重要内容，基于哲学分析，正当防卫是社会民意的最终体现，其是历史发展的产物，应受到全社会的认可。当然，在法治中国建设和"五位一体"建设的历程中，见义勇为的正当防卫更是法治建设的重要内容。笔者基于轰动社会的"赵宇案"为背景，研判该案处理的结果及法律说理，通过涉及的防卫性质、防卫过当等方面的认定，分析司法中正当防卫适用存在的诸多弊端，并对正当防卫认定困难的原因作出深入分析，有的放矢地提出相应的解决途径，并希望能够基于"赵宇案"引起的见义勇为的正当防卫的案件得到全社会的肯定和弘扬，使正当防卫能够真正弘扬社会正义，保护公民利益。

论正当防卫中"不法侵害尚未结束"
——以"于海明正当防卫案"为视角

杜发全* 姚雯娜**

一、问题的提出

学界对正当防卫这一问题的研究已经比较全面，但近年来发生的一些案件，使正当防卫制度在具体使用中陷入困境。"于海明正当防卫案"正是典型：

2018年8月27日21时30分许，于海明骑自行车在江苏省昆山市震川路上正常行驶，被害人刘某醉酒驾驶小轿车（经检测，血液酒精含量87mg/100ml），向右强行闯入非机动车道，与于海明险些擦碰。被害人刘某的一名同车人员下车与于海明发生争执，经同行人员劝解返回时，刘某突然下车，上前推搡、踢打于海明，并转身回轿车取出一把砍刀（系管制刀具），连续用刀面击打于海明颈部、腰部、腿部。刘某在击打过程中将砍刀脱落，于海明抢到砍刀，刘某上前争夺，在争夺中于海明用砍刀捅刺刘某的腹部、臀部，刘某受伤之后跑向轿车，于海明继续追砍，两刀均未砍中。刘某逃离轿车，倒在附近绿化带内，后经送医院抢救无效死亡。

随后江苏省昆山市公安局根据侦查查明的事实，依据《刑法》第20条第3款的规定，认定于海明的行为属于正当防卫，不负刑事责任，决定依法撤销于海明故意伤害案，昆山市人民检察院与公安机关的意见一致。

本案中，于海明持刀砍杀的行为是否属于对"尚未结束"的不法侵害进行防卫的问题，有论者认为于海明抢到砍刀之后刘某的侵害行为已经结束，于海明之后砍杀的行为不属于正当防卫。① 理论界普遍认为正当防卫的条件包括五个方面，即存在现实的不法侵害行为、必须具有防卫对象、不法侵害行为必须不法侵害尚未结束、具有防卫意识、必须没有明显超过必要限度造成重大损害。② 正当防卫是防卫行为"质"与"量"的有机统一。判断行为是否成立正当防卫，首先，需要考察行为是否属于防卫性质，这是对行为性质的认定、属于对行为"质"的判断，包括判断防卫起因、防卫对象、防卫时间以及防卫目的。若行为不符合"质"的条件，则根据行为时的主观与行为造成的结果判断是否成立不法。其次，需要考察防卫行

---

* 西北政法大学教授、硕士研究生导师。
** 西北政法大学刑法专业硕士研究生。
① 转引自最高人民检察院2018年12月19日印发第十二批指导性案例。
② 高铭暄、马克昌主编：《刑法学》，北京大学出版社2017年版，第130页。

为是否正当，这是对防卫行为"量"的判断，包括正当防卫与不当防卫，① 其中正当防卫是防卫行为符合防卫限度的行为，不当防卫是防卫行为明显超过必要限度造成重大损害的行为。在判断某行为是否成立正当防卫时，一个无法回避的难点在于对正当防卫之"尚未结束"的不法侵害的判断。

二、"不法侵害尚未结束"的判断标准

在刑法理论中，判断不法侵害终止的标准主要存在以下四种学说：（1）行为完毕说，该说主张侵害行为实施完毕后，行为已经终了，侵害即属过去。② 首先，该学说的适用范围极窄，如不法侵害人已经被制伏、不法侵害人已经丧失了侵害能力等。但对于非法拘禁被害人，防卫人从着手非法剥夺他人人身自由行为完毕时行为就已经结束，但是非法剥夺他人自由的状态仍在持续。在上述情况下，防卫人的防卫行为可以有效地制止不法侵害行为。其次，某些犯罪，即使犯罪已经既遂，然而犯罪行为实际上并未完全结束。换言之，必须等到防卫人放弃实施犯罪行为，使违法状态结束，犯罪才告终了。还有某些犯罪，即使不法侵害人中断或停止了侵害行为，但是否继续进行不法侵害并不明确。由此可见，行为完毕说存在实践运用上的缺陷，不能有效地对抗不法侵害行为，在认定正当防卫中不法侵害的结束时间时不能采取行为完毕说的观点。（2）离开现场说，该说主张以不法侵害人是否脱离犯罪现场作为判断不法侵害的结束标准③。首先，某些犯罪即使不法侵害人没有离开犯罪现场，但不法侵害状态已经结束。其次，一些犯罪不仅仅有一个犯罪现场。最后，在财产性不法侵害的情况下，犯罪已经既遂，犯罪人也已经离开了犯罪现场，但被侵害人仍然来得及挽回损失的，此时可以实行正当防卫。④ 适用离开现场说可能会扩大正当防卫的范围，造成正当防卫的滥用，而且对于某些犯罪有第二现场、第三现场等，不能有效的应对。因此，在认定正当防卫中不法侵害的结束时间时不能采取离开现场说的观点。（3）事实继续说，该说主张只有不法侵害的损害结果的持续状态结束，才是不法侵害的终止。⑤ 此时应该理解为不法侵害的行为结束，还是不法侵害的状态结束是存在质疑的。一方面，某些犯罪，犯罪行为已经结束，但是侵害状态仍在继续。例如，盗窃罪，盗窃实施之后犯罪人对盗窃的财物已经建立了相对稳定的占有关系，此时盗窃的侵害行为已经结束，而财产遭受损害的不法侵害状态仍在持续，但此时被侵害人不能随时取回被盗窃的财物。另一方面，在敲诈勒索罪中，敲诈性威胁已经提出，而被敲诈者想要通过自我防卫的方式对敲诈者采取行动时，此时被敲诈者的意思表示自由的威胁已经被否定，⑥ 但敲诈者的不法侵

---

① 杜发全、王耀忠：《正当与不当辨析——从防卫意图与防卫效果的角度透视防卫行为》，载《宁夏社会科学》2004年第6期。
② 转引自王政勋：《正当行为论》，法律出版社2000年版，第144页。
③ 转引自陈兴良：《正当防卫论》，法律出版社2017年版，第103页。
④ 张明楷：《刑法学》，法律出版社2018年版，第202页。
⑤ 陈朴生：《刑法总论》，正中书局1969年版，第91页。
⑥ ［德］克劳斯·罗克辛：《德国刑法学》，王世洲译，法律出版社2016年版，第434页。

害行为还在继续,那么此时被敲诈者依然可以进行正当防卫。因此,事实继续说不能有效区别不法侵害状态与不法侵害行为,在认定正当防卫中不法侵害的结束时间时不能采取事实继续说的观点。(4)排除客观危险说,该说主张不法侵害的终止应以不法侵害的客观危险是否排除作为其判断标志。① 法律上承认正当防卫制度的目的,是要让遭受侵害行为的被害人或第三人可以保护自己或者第三人的利益不至于遭受侵害。不法侵害的终止应以不法侵害的危险是否排除为其客观标志。本文赞成将排除客观危险说作为判断"不法侵害尚未结束"的标准。

排除客观危险需从正当防卫的本质出发,即保护法益、维护法秩序②。不管是从保护法益的角度还是维护法秩序的角度出发,排除客观危险的标准都能符合正当防卫的立法精神,即侵害行为虽未结束,但不法侵害人已经被制伏,在客观上危险已经不复存在,或者侵害行为虽然已经结束但客观上仍然存在危险,就不能视为不法侵害已经结束。正如学者论道:"正当防卫现在性的问题,应以纯粹外在的、客观的情事加以判断,而不应受到防卫者之主观意思所左右。"③ 结合"于海明正当防卫案",刘某在击打过程中将砍刀脱落,于海明抢到砍刀,刘某上前争夺,此时刘某仍然有继续实施侵害的意图,且有继续实施侵害行为,客观上危险仍然存在。于海明此时在拿到砍刀之后当然可以进行防卫,这符合正当防卫保护法益与维持法秩序的目的。

三、"不法侵害尚未结束"的认定路径

根据什么样的认定路径判断防卫行为属于"尚未结束"的不法侵害,对正当防卫案件的裁判结果具有重要影响。针对这一问题,实务中存在两种认定路径:(1)"事后客观说",该说主张判断"尚未结束"的不法侵害,须站在裁判者的角度,根据事后查明的全部客观事实特别是防卫行为实际造成的不法侵害人的损害结果,反向推断防卫行为是否构成防卫过当;(2)"事前客观说",该说主张以行为时防卫人认识到或者一般人认识到的事实为基准判断违法性的有无。④ 立足于防卫行为当时的事实情况对防卫行为是否符合正当防卫的条件进行事前判断。

"事后客观说"的弊端有三个:(1)该说未将防卫人的故意、过失主观内容纳入违法要素,即是以行为后的客观事实推断防卫人的主观。显然,事后判断正是结果无价值论的逻辑结论,以事后查明的全部客观事实特别是防卫行为造成的损害后果为依据,对防卫行为是否正当进行事后裁判,以事后圣人的角度、对防卫人的防卫行为是否超过限度提出种种不切实际的苛刻要求,完全不考虑防卫人在防卫行为当时面临的紧迫、危机的具体情况,纯粹以防卫行为实际造成损害结果为依据反向推论防卫行为是否过当,以对防卫结果的判断代替对防卫行为的判断。(2)事后判

---

① 陈兴良:《正当行为论》,中国人民大学出版社2017年版,第108页。
② [德]乌尔斯·金德霍伊泽尔:《刑法总论教科书》,蔡桂生译,北京大学出版社2017年版,第158页。
③ 陈子平:《刑法总论》,台湾元照出版社2017年版,第257页。
④ 张明楷:《行为无价值与结果无价值》,北京大学出版社2017年版,第145页。

断缺乏说服力。根据结果无价值的观点对防卫时间判断，如在假想防卫的场合，倘若一般人未认识到有不法侵害的存在，杀害不法侵害尚未结束的不法侵害人，结果成立正当防卫，这种结论显然不具有合理性。根据行为无价值的观点，在事前进行判断，从防卫人角度出发，在防卫人认识到有不法侵害存在、具备一定的防卫意图的条件下实施的行为视为正当防卫。本文赞同正当防卫的概念是主观与客观的统一。① 因为刑法学所研究的人的行为，是指表现人的意识和意志的外部动作。在刑法学意义上的人的行为，必然包含一定的主观的认识和意志的因素。如果否定了正当防卫行为的主观因素，必然会把正当防卫视为条件反射和本能活动，从而抹杀正当防卫的社会政治和道德法律的意义。（3）在结果无价值论看来，引起法益侵害或危险的结果，是违法性的本质。即使将违法性理解为违反规范，也应将该规范理解为禁止行为造成结果的规范。当事后查明的事实表明，某种行为不可能造成法益侵害的结果时，就不能认为该行为具有违法性。该观点忽略了刑法的行为规范目的。"维护规范的有效性，促进公众对刑法规范的认同"是我国刑法的目的。同时"行为无价值并不仅仅依据社会伦理规范就认定行为的违法性，而是说只有在行为既侵害了构成要件所预设的法益，也违反了社会中行为基准的规范时，才能给予违法性评价。"②

"事前客观说"是立足于防卫行为当时的事实情况对防卫行为是否符合正当防卫的条件进行事前判断。更加关注防卫人防卫行为本身的正当与否，即行为无价值的观点取向。为了使刑法规范发挥行为规范机能，主张对违法性采取事前判断，这种违法性判断是以防卫人在防卫时有无规范违反意识，因而有无强化其规范意识的必要性为标准。判断防卫行为是否违法，同时以一般人的观点进行限制。"在当今的复杂社会，许多法益复杂地交错在一起，仅以法益侵害判断违法性的程度是困难的。刑法是通过刑罚这种将道义的非难具体化的痛苦来防止法益侵害的。所以将所有的法益侵害的事态作为违法使之成为刑法的评价对象，并不妥当，无视社会伦理去把握违法性的实质是不可能的，有必要以融合社会伦理规范与法益侵害的形式把握违法性的实质。"③

在"于海明正当防卫案"中，最高人民检察院在论证后认为，判断不法侵害是否已经结束，应看侵害人是否已经实质性脱离现场以及是否还有继续攻击或再次发动攻击的可能。于海明抢到砍刀后，刘某立刻上前争夺，不法侵害没有停止，刘某受伤后又立刻跑向之前藏匿砍刀的汽车，于海明此时作不间断地追击也符合防卫的需要。于海明追砍两刀均未砍中，刘某从汽车旁边跑开后，于海明也未再追击。因此，在于海明抢得砍刀顺势反击时，刘某既未放弃攻击行为也未实质性脱离现场，不能认为侵害行为已经停止。④ 最高人民检察院在论证这一案件时采用"事前客观说"的认定路径，立足于客观事实情况，对刘某的侵害行为进行客观分析，判断于

---

① 陈兴良：《正当行为论》，中国人民大学出版社 2017 年版，第 38 页。
② 周光权：《违法性判断的基准与行为无价值论》，载《中国社会科学》2008 年第 4 期。
③ ［日］大谷实：《刑法讲义总论》，成文堂 2009 年版，第 233-237 页。
④ 最高人民检察院 2018 年 12 月 19 日印发第十二批指导性案例。

海明的行为本身正当与否,进一步证实了"事前客观说"认定路径的合理性。

四、"不法侵害尚未结束"的认定立场

对"尚未结束"的不法侵害事实的判断,采取排除客观危险说的理论与事前客观说的认定路径,即以不法侵害的客观危险是否被排除作为判断标志,同时立足于防卫人当时的客观事实情况对防卫行为是否符合正当防卫的条件进行事前判断。正当防卫案件的司法裁判必须重点考察防卫人对不法侵害进行反击的具体时点上,不法侵害尚未结束的不法侵害的性质、方式与程度,以资判断防卫行为。然而,不法侵害并非只是不法侵害人在特定时点上实施的侵犯法益的孤立的身体动静,而是具有连续性的行为过程。因此,应当将防卫人的防卫行为作为一个基于防卫意思而实施的具有连续性的整体加以理解。"于海明正当防卫案"中,在于海明抢到砍刀后,刘某上前争夺,此时刘某的不法侵害行为并没有结束,刘某受伤之后跑向汽车,于海明此时作出的追击行为也符合防卫的需要。在该案论证过程中有意见提出,于海明抢到砍刀后,刘某的侵害行为已经结束,不属于尚未结束的不法侵害。然而正如上文所述,不能将不法侵害视为一个孤立的身体动静,而是连续性的行为过程。因此,认为于海明抢到砍刀之后不法侵害即结束这一意见不具有说服力。从客观角度分析,当时刘某既未放弃攻击行为也未实质性脱离现场,其一,仍然存在不法侵害或者可能发生不法侵害的危险;其二,刘某的不法侵害尚未结束,于海明出于保护自身的目的当然可以进行防卫。

"不法侵害尚未结束"的认定立场,本文主张宜采用以防卫人标准为认定立场,采取"防卫人合理确信标准"。该认定立场的初步判断宜以具有通常认知与反应能力的社会一般人在假如处于与防卫人相同的境地时通常认知与可能反应为参照,判断不法侵害是否尚未结束。我国有学者主张"将具有一般理解力、行动力的'社会一般人'放在事件发生当时的境地进行客观的观察,即假设有一个处于与防卫人情况相同的、有通常理解能力、冷静且理智的社会一般人,在行为当时的特殊情境下,按照防卫人所处的实际地位,究竟会有何种反应"。① 以社会一般人处于防卫行为时的情况的合理确信予以判断;另外以防卫人为判断中心,如果防卫人有合理依据相信确实其正处于迫近的死亡或者严重身体伤害的威胁当中,并且有必要使用致命武器来保护自己,则即使其合理确信并不正确,也可以采取致命武力,其行为仍是正当防卫。不论客观上是否存在不法侵害、不法侵害是否结束、是否有必要予以防卫、防卫是否超过必要限度等,只要防卫人合理相信其反击行为是为制止不法侵害所必需,就成立正当防卫的合法辩护。② 若初步判断后社会一般人与防卫人作出的认知与反应相同,则不会产生冲突;若初步判断后社会一般人与防卫人的认知与反应有所差别,如防卫人具有特殊职业时其判断能力高于社会一般人,或者防卫人的认知能力欠缺时其判断能力低于社会一般人,这种情况下更加印证了以防卫人

---

① 周光权:《正当防卫成立条件的"情境"的判断》,载《法学》2006年第12期。
② 刘士心:《美国刑法中的犯罪论原理》,人民出版社2010年版,第137-141页。

标准为认定立场的合理性。在"于海明正当防卫案"中，不法侵害人刘某手持砍刀肆意打击防卫人于海明颈部、腰部等要害部位，后砍刀掉落，于海明先一步捡起，刘某夺刀过程中可能对其实施严重危及其人身安全的暴力攻击，此时于海明持刀捅刺刘某。尽管于海明身高明显高于刘某，但于海明认为刘某的不法侵害尚未结束，确信其正处于迫近死亡或者严重身体伤害的威胁中，此时应当认为于海明的防卫行为与具有通常认知和反应能力的社会一般人假如置身于相同的境地之中做出的合理反应相同，由此造成的刘某死亡的结果也在有效制止其不法侵害行为所必需的范围之内，因而当然应以正当防卫论。

五、结语

正当防卫的时间条件在判断正当防卫的成立中至关重要，对于时间的有效规范可以防止防卫权的滥用。本文针对"不法侵害尚未结束"的理论学说进行整理分析，赞成排除客观危险的判断标准；并且对实务中两种认定路径——"事后客观说"与"事前客观说"——进行分析对比，赞成我国司法者在判断防卫行为时运用"事前客观说"作为认定路径；以防卫人标准作为认定立场，对"不法侵害尚未结束"进行具体分析。

孙某伤害致人死亡案的刑法分析

谢治东* 杨高波**

一、案情简介

2014年9月17日凌晨2时22分许，被告人孙某结束在杭州市某KTV消费娱乐后，与同在该KTV消费娱乐的被害人郭某、杨某、吴某及该KTV陪唱人员李某，一同乘坐位于该大楼内的同一部电梯下楼。在电梯内，被害人郭某、杨某无理要求被告人孙某离开电梯，在遭到拒绝后，被害人郭某、杨某遂上前殴打被告人孙某，在电梯到达1楼时，被告人孙某推了杨某一下，杨某遂朝其下身猛踢一脚，将被告人孙某踢出电梯，同时被害人郭某上前朝犯罪嫌疑人孙某脸部打了一拳，并继续在电梯外大厅追打被告人。被告人孙某见状，即从口袋内拿出随身携带的折叠刀，朝被害人郭某的左腿部、被害人杨某的左腰背部、被害人吴某的左臀部捅刺，致使被害人郭某、杨某、吴某等人伤亡。在孙某与郭某、杨某、吴某等人殴斗过程中，与孙某一起在该KTV消费娱乐并在1楼大厅外面停车场等候被告人孙某的朋友段某（另行处理）等人听到大厅内的声响后，陆续进入1楼大厅，因看到被告人孙某被郭某等人围殴，便陆续上前帮忙，前后过程大约持续1分30秒。后因看到地上及郭某、杨某身上有血，便停止殴打并逃离现场。后经法医鉴定，郭某系左大腿遭锐器刺戳致左侧股动脉断裂、大隐静脉破裂、股内侧浅静脉及其分支破裂，急性大失血死亡；杨某、吴某的伤势分别构成轻伤、轻微伤。

对此，法院判决认为，被告人孙某因琐事纠纷持刀朝他人大腿等处捅刺，致一人死亡、一人轻伤、一人轻微伤，其行为已构成故意伤害罪。公诉机关指控罪名成立。关于被告人孙某辩护人提出被告人孙某的行为属防卫过当，法院审理认为，被害人郭某一方动手殴打孙某，虽属不法侵害，但尚未达到防卫暴力反制的紧迫性，且孙某在段某等人赶至帮忙后仍继续暴力加害郭某等人，其行为不能认定为正当防卫超过必要的限度，故辩护人所提孙某属防卫过当的辩护意见，不能成立。被害方在提出无理要求遭拒后殴打、追击被告人孙某，导致本案发生，存在重大过错，结合被告人孙某归案后坦白交代态度较好，其亲属能帮助代为赔偿等情况，对被告人孙某可酌情从轻处罚。辩护人所提部分辩护意见予以采纳。被告人孙某的犯罪行为给附带民事诉讼原告人造成的经济损失应予赔偿，附带民事诉讼原告人诉请中合法、有据部分法院予以支持，但所提精神损害抚慰金与法不符，不予支持，并根据被害方过错等具体情况确定赔偿金额。据此判决：（1）被告人孙某犯故意伤害罪，

---

* 浙江工商大学杭州商学院教授，硕士生导师。
** 邦信阳中建中汇（杭州）律师事务所主任，律师。

判处无期徒刑，剥夺政治权利终身。（2）被告人孙某某赔偿附带民事诉讼原告人郭某、田某人民币20万元。（3）被告孙某赔偿附带民事诉讼原告人杨某人民币7000元。①

一审判决后，被告不服提起上诉，浙江省高级人民法院二审判决认为，被告人孙某因琐事纠纷而持刀朝他人大腿等处捅刺并殴打，致一人死亡、一人轻伤、一人轻微伤，其行为已构成故意伤害罪，应依法惩处。鉴于被害人有重大过错，孙某归案后能如实供述，认罪悔罪，且积极赔偿被害人亲属的经济损失并取得对方的谅解，可予从轻处罚。对孙某及其辩护人提出改判的要求，予以采纳。原判定罪正确，审判程序合法，唯量刑应予改判。撤销原判中对被告人孙某的量刑部分，维持判决的其余部分；判处被告人孙某犯故意伤害罪，判处有期徒刑十五年，剥夺政治权利三年。②

二、被害人的行为是否属于不法侵害

刑法理论和司法实践一致认为，存在现实的"不法侵害"是实施正当防卫的前提，这种不法侵害除了犯罪行为外，还包括其他一般违法行为。然而，并非对所有的违法犯罪行为都可以进行正当防卫，只有对那些具有进攻性、破坏性、紧迫性的不法侵害，在采取正当防卫可以减轻或者避免法益侵害结果的情况下，才宜进行正当防卫③。因此，存在一种不法侵害，并且这种不法侵害还具有紧迫性，使法益处于一种紧迫的危险中，通常是判定正当防卫是否成立的前提条件。然而，如何认定正当防卫中的"不法侵害"，却是刑法理论和司法实践存在诸多争议的问题，在很多时候也是影响案件定性的关键所在。在本案中，法院肯定被害人郭某、杨某等无理要求被告人孙某离开电梯遭拒之后，被害人郭某、杨某遂上前殴打被告人孙某，并在电梯到达1楼后继续在电梯外大厅追打被告人的行为是一种不法侵害，因此，被告人孙某和郭某等人的行为不属于互相斗殴。但是却认为被害人郭某一方动手殴打孙某，虽属不法侵害，但尚未达到防卫暴力反制的紧迫性，且孙某在段某等人赶至帮忙后仍继续暴力加害郭某等人。据此，认为被害人郭某等人的不法侵害不具有紧迫性的特征，并不属于正当防卫中的不法侵害，因此否定孙某行为的防卫性质，进而否定正当防卫和防卫过当的成立。同样，在引发全国舆情高度关注，并具有轰动性效应于欢案的一审过程中，检察机关、审判机关也正是认为，"被告人于欢持尖刀捅刺多名被害人腹背部，虽然当时其人身自由权利受到限制，也遭到对方辱骂和侮辱，但对方均未有人使用工具，在派出所已经出警的情况下，被告人于欢和其母亲的生命健康权利被侵犯的现实危险性较小，不存在防卫的紧迫性，所以于欢持尖刀捅刺被害人不存在正当防卫意义的不法侵害前提。"④ 因而否定于欢行为的防卫性质，进而否定正当防卫或防卫过当的成立。因此，不法侵害是否具有紧迫性，

---

① 参见浙江省杭州中级人民法院刑事判决书【（2015）浙杭刑初字第35号】。
② 参见浙江省高级人民法院刑事判决书【（2015）浙刑三终字第88号】。
③ 参见张明楷：《刑法学》（第五版），法律出版社2016年版，第198页。
④ 参见山东省聊城市中级人民法院刑事判决书【（2016）鲁15刑初33号】。

在实践中往往判定正当防卫能否成立的关键所在,没有紧迫性的不法侵害就不可能成立正当防卫,甚至也不成立防卫过当。然而,如何判断一种不法侵害是否具有紧迫性要件,尤其是某些特殊不法侵害的紧迫性又如何判定却一直是一个争议的问题。

关于正当防卫的不法侵害紧迫性的判断,我国刑法理论和司法实践通常从侵害的现实性或者时间条件两方面予以认定,认为侵害的现实紧迫性,就是要求侵害必须是正在进行的,使法益侵害处于紧迫的危险中。理论和实践一般认为,不法侵害正在进行,是指不法侵害已经开始且尚未结束,包括侵害行为已经着手实行、正在进行、尚未完毕诸情形。在刑法理论上,关于不法侵害的开始时间,存在进入侵害现场说、着手说、直接面临说与综合说(一般以着手为标准判断,特殊情况以直接面临为标准判断)。关于不法侵害的结束时间,理论上同样存在不同观点,如结果形成时就是结束时间、不法侵害被制止时就是结束时间、排除了不法侵害的客观危险时就是结束时间。①

笔者认为,上述各种观点作为认定不法侵害是否正在进行的一种具体判断方法都有其合理性,它们在通常情况下并不存在明显区别,在最终结论上也不会产生差异。正当防卫作为一种正当化事由,其正当化根据就在于当公民的合法权益面临一种紧迫、现实性的威胁性,当公权力无力或来不及救济时,允许公民通过正当防卫手段来维护自己的法益。因此,公民的法益面临一种紧迫的、现实的危险,是正当防卫的起因条件。面对纷繁复杂的不法侵害案件,判定不法侵害是否正在进行、是否具有紧迫性,应当坚持一个基本准则,即合法权益是否直接面临一种紧迫性、现实性侵害的危险。如果合法权益已经面临一种紧迫性、现实性的侵害危险,就应当认定为不法侵害已经开始;如果这种对合法权益紧迫性、现实性侵害的危险并没有消除,且一直存在,就应当视为不法侵害正在进行;如果对合法权益紧迫性、现实性的侵害危险已经消除,就应当视为不法侵害已经结束。因此,一些虽然尚未着手实行的预备行为,但其行为对合法权益已经造成了一种紧迫性、现实性的侵害危险,如果不实行防卫,很快就会造成法益侵害,就应当认定不法侵害已经开始;同样,如果不法侵害行为虽然从形式上已经停止,但对合法权益的紧迫性、现实性危险并没有消除,也应当认定为不法侵害没有结束。

在认定不法侵害时,是否需要考虑不法侵害的程度,即防卫行为是否必须是"迫不得已"而实施的行为,也是刑法理论和司法实践存在争议的问题。在司法实践中,司法机关通常认为正当防卫必须是一种"不得已实施的行为"。因此,作为正当防卫前提的不法侵害,司法机关在认定过程中通常将侵害的严重程度作为判定紧迫性的一个重要限制,在很多时候虽然承认存在一种不法侵害,但却往往考虑到"侵害的紧迫性""工具的对称性"和"后果的严重性"等因素,认定不存在正当防卫意义的不法侵害前提,因而否定行为的防卫性质,并进而否定正当防卫、防卫

---

① 参见张明楷:《刑法学》(第五版),法律出版社 2016 年版,第 202 页。

过当的成立。① 此外，双方人数对比、持械对比情形，相对于不法侵害一方，防卫人是否处于强势地位，通常也是影响不法侵害是否具有紧迫性的因素，并进而影响不法侵害是否存在的判定。在孙某伤害致人死亡案一审、二审判决中和于欢案一审判决中，法院虽然认定被害者的行为是一种不法侵害，但却认为侵害人并未使用工具，基于"侵害的紧迫性""工具的对称性""后果的严重性"等因素的考虑，而认定侵害者的行为并非是正当防卫意义的不法侵害，据此否定正当防卫、防卫过当的成立。

笔者认为，作为正当防卫前提的不法侵害并不需要考虑不法侵害的强度，"迫不得已"并非是决定行为防卫性质所考虑的因素。不法侵害的强度和"迫不得已"应当是认定防卫过当需要考虑的因素。因此，对作为正当防卫前提不法侵害的认定，不应当考虑防卫人使用工具的相称性以及反击行为的后果，既不应该将双方所使用的工具或者武器相联系，也不应当与"侵害"或者"反击"的后果相挂钩，也不可以将本属于正当防卫或防卫过当的"不法侵害"，而降格认定为"受害人的过错"仅仅给予酌定从轻处罚，至于受侵害的程度，应该是认定防卫是否过当需要考虑的因素。因为，正当防卫本身是法律赋予公民的一项合法权利，并非只是一种"不得已"而为之的应急举措，正当防卫是鼓励公民积极与不法侵害者勇敢斗争的手段。"法无须向不法屈服"，当公民面对不法侵害时，本身无须躲避、退让，而完全可以选择直接针锋相对、主动反击。因此，我国虽然要求紧急避险必须只能在迫不得已的情况下作为最后手段而采用，但正当防卫在原则上并不强求防卫人在面临不法侵害时必须先行躲避退让或者被动防御，即便在当时防卫人还可能处于强势地位，施暴方处于劣势地位，或者完全有条件采取逃避等措施避免危害结果的发生，但"只要存在客观现实的不法侵害，为了避免这种侵害，公民都可以对不法侵害人实行防卫，而没有忍受不法侵害的义务。除非侵害结果已经发生，不能通过防卫予以排除"。②

综上分析，笔者认为，在孙某伤害致人死亡案一、二审判决中，认定本案不存在不法侵害紧迫性，进而否定正当防卫或防卫过当成立是不妥的。不能仅因为郭某等被害人未使用工具，事发过程中存在被告人朋友赶来帮忙等因素，就认定郭某等人的侵害行为未能达到防卫暴力反制的紧迫性，不属于正当防卫中的不法侵害，进而否定被告人孙某行为的防卫性质。在本案中，被害人郭某、杨某等人多势众，先是无理要求被告孙某离开电梯，在遭到拒绝后，继而对被告殴打，并在电梯到达1楼后踢其下身，拳其脸部，并继续在电梯外大厅追打被告人。尽管在整个过程中，不法侵害者并未使用工具，但并不能因此而否定其不法侵害性质。面对郭某等人的不法侵害，被告人孙某的精神处于极度紧张状态，为了摆脱这种被非法殴打、围攻的状态，孙某使用随身携带的折叠刀捅刺郭某等，其行为显然具有防卫性质。尽管

---

① 李贵方：《正当防卫中"不法侵害"的认定》，载《中国检察官》2019年第1期（下）。
② 陈兴良：《正当防卫如何才能避免沦为僵尸条款——以于欢故意伤害案一审判决为例的刑法教义学分析》，载《法学家》2017年第5期。

在事发过程中，被告人孙某的朋友看见被告人被他人追赶、殴打，赶过来帮忙，但郭某等并没有因此停止对被告人的追赶和殴打，被告人合法权益受到侵害的紧迫性、现实性危险并没有因此而消除。因此，被告人朋友的帮忙行为并不能改变被害人郭某的不法侵害的行为性质，应当肯定被告孙某行为的防卫性质。

三、孙某的行为是否构成防卫过当

正当防卫主要是为了弥补公权力救济缺位而针对不法侵害进行的私力救济，为了避免正当防卫权力的滥用，各国刑法都对正当防卫的权利行使设置了条件，并规定了防卫限度条件。关于正当防卫限度条件，我国1979年《刑法》第17条第2款规定："正当防卫超过必要限度造成不应有的危害的，应当负刑事责任。但是应当酌情减轻或者免除处罚。"同时，鉴于以往司法实践中普遍存在对正当防卫限度条件的适用过于严格，以至于将本应当认定为正当防卫却错误地认定为防卫过当甚至为故意犯罪，不仅仅严重挫伤了公民进行正当防卫的积极性，并在一定程度上纵容了不法分子恣意为非作歹的气焰。因此，1997年《刑法》第20条第2款将防卫过当的成立条件作了重大修改，"正当防卫明显超过必要限度造成重大损害"，第20条第3款在此基础上还特别强调，"对正在进行行凶、杀人、抢劫、强奸、绑架以及其他严重危及人身安全的暴力犯罪，采取防卫行为，造成不法侵害人伤亡的，不属于防卫过当，不负刑事责任"。因此，防卫行为只有"明显超过必要限度"，构成防卫行为不当，并因而"造成重大损害"即造成不法侵害人重伤、死亡等人身损害结果，构成结果过当，才能成立防卫过当。因此，"明显超过必要限度"和"造成重大损害"是防卫过当成立必须同时具备、不可或缺的两个条件，防卫行为未能明显必要限度，而仅仅造成了重大损害结果，或者虽然防卫行为明显超过必要限度，但未能发生重大损害结果的，都不成立防卫过当。因此，在防卫过当的认定上，既要反对将造成重伤、死亡的重大损害结果作为认定防卫过当的主要甚至唯一标准的唯结果论，也要反对仅仅将行为过当作为认定防卫过当唯一标准的唯行为论。

在司法实践中，作为防卫过当的重大损害通常是指防卫行为造成不法侵害者重伤或死亡，这一重大损害结果作为客观存在的事实，在司法认定过程中一般不会存在争议。因此，防卫行为是否过当认定的焦点和难点通常在于如何判断防卫是否"明显超过必要的限度"。关于如何认定正当防卫的必要限度，在理论上存在基本相适应说、必需说和适当说等不同观点。基本相适应说认为，正当防卫的必要限度，是指防卫行为必须与不法侵害相适应，相适应并不意味着二者完全相等，而是指防卫行为所造成的损害从轻重、大小等方面来衡量大体相适应。必需说认为，应从防卫的实际需要出发进行全面衡量，将有效地制止不法侵害的客观实际需要作为防卫的必要限度。只要防卫在客观上有必要，防卫强度就可以大于、也可以小于、还可以相当于侵害强度。适当说认为，防卫的必要限度是指防卫人的行为正好足以制止侵害人的不法侵害行为，而没有对不法侵害人造成不应有的危害，并认为应将基本相适应说与必需说结合起来进行判断。①

笔者认为，上述观点尽管对防卫行为是否明显超过必要限度的判断侧重点有所不同，但实际不存在本质上的区别，都肯定判定防卫行为是否明显超过必要限度是一个综合判断，应当以防卫行为是否足以制止住正在进行的不法侵害作为判断原则，进行一种的动态考察。在具体的判断过程中，需要根据不法侵害的性质、缓急、强度、侵害者的人数，所防卫的利益性质和可能遭受损害的程度，特别是防卫手段的性质与强度及防卫者的人数等因素，对整个案件予以全面分析，综合判断该防卫行为是否是制止该不法侵害所必需的，是否还存在明显其他更为轻缓的制止不法侵害的方式，来判断该防卫行为是否明显超过必要限度。正如最高人民法院、最高人民检察院、公安部、司法部于2015年3月2日公布的《关于依法办理家庭暴力犯罪案件的意见》第19条第2款明确指出："认定防卫行为是否'明显超过必要限度'，应当以足以制止并使防卫人免受家庭暴力不法侵害的需要为标准，根据施暴人正在实施家庭暴力的严重程度、手段的残忍程度，防卫人所处的环境、面临的危险程度、采取的制止暴力的手段、造成施暴人重大损害的程度，以及既往家庭暴力的严重程度等进行综合判断。"在判定防卫行为是否明显超过必要限度时，还应该考虑以下因素：

第一，在裁判标准上，应当以"常人标准"而非"圣人标准"。在判定防卫行为是否明显超过必要限度时，应当以常识、常情、常理为标准，即对防卫人应当以具有通常认知与反应能力的社会一般人为标准，依据常识、常情、常理综合判断该防卫行为是否明显超过必要限度，而不能要求防卫者面对不法侵害时，必须像圣人一样作出完全客观、冷静、理智、准确的反应。因为，在正当防卫案件中，不法侵害人往往处于主动、有利、有备、优势的不法攻击地位，而防卫人通常只能仓促应对、猝不及防，大多处于一种紧张、惊慌状态之中，在这种惊恐状态下通常很难对不法侵害的具体意图、性质、强度和后果作出准确的判断，也很难对自己的防卫行为强度和后果作出恰当的选择。正是基于这种考虑，德国《刑法》第32条规定了正当防卫，第33条进一步规定："如果行为人出于慌乱、恐吓或者惊吓而超过正当防卫界限的，不予处罚。"

第二，在裁判时点上，应当以"事前判断说"而非"事后判断说"。判断防卫行为是否明显超过必要限度，应当立足于防卫人行为当时所认知的真实情况对防卫行为是否符合正当防卫的限度条件进行事前判断，而不能以事后查明的全部客观事实特别是防卫行为造成的损害结果为根据，对防卫行为是否适当进行事后裁判，而不考虑防卫人在防卫行为当时面临的紧迫、危急的具体情况，对防卫人的防卫行为提出不近人情，不切实际的苛刻要求。

第三，在防卫方式上，应当以"有效预防和制止不法侵害所必需论"而非"对等武装论"。判断防卫行为是否明显超过必要限度，应当全面考虑不法侵害的性质、轻重与缓急，防卫人与不法侵害人的力量对比关系，以判断防卫行为是否是有

---

① 参见张明楷：《刑法学》（第五版），法律出版社2016年版，第211页。

效预防和制止不法侵害所必需的,而不能只是片面地强调对等武装,强调防卫行为的性质、方式、强度与不法侵害的性质、方式强度的对等,如片面地要求防卫人面对徒手攻击只能进行徒手反击,面对持械攻击,只能选择与对方所持器械的攻击力与打击效果对等的持械反击方式。①

此外,在认定防卫过当时还应当注意以下两点:

其一,如果不法侵害结束前的防卫行为造成重大损害结果,但没有明显超过必要限度,即使在不法侵害结束后,防卫人还实施了超过时间限度的防卫行为,但如果没有造成重大伤害结果的,也不能认定防卫过当。

其二,即使防卫行为造成了重大损害结果,但如果难以查明该重大损害结果是不法侵害结束前的防卫行为还是超过时间限度的防卫行为造成的,只要不法侵害结束前的防卫行为处于正当防卫限度内,应当根据事实存疑时有利于被告人的原则认定为正当防卫,而不能认定为防卫过当。②

根据上述防卫过当判断的立场、标准和逻辑,笔者认为,在孙某伤害致人死亡一案中,孙某的防卫行为并没有明显超过必要限度,也不能仅仅因为造成了不法侵害者死亡的结果而认定为防卫过当。在本案中,郭某先是无理要求被告人离开电梯,在遭到拒绝后,并在电梯内对被告进行殴打,虽然在这个过程中,被告人对不法侵害者有过推搡行为,这应该视为对不法侵害者的不法侵害行为作出合理的情绪反应,我们不应当苛求被侵害者面对他人的不法侵害,必须做到骂不还口,打不还手。因此,不应当因为被告对不法侵害者有过推搡就将双方行为视为相互斗殴。并且在被告离开电梯后,郭某等还继续在大堂里对被告进行追赶、殴打。在本案中,虽然不法侵害者并未使用凶器,但面对对方多人劈头盖脸、拳打脚踢的这种无端恣意攻击,被告人孙某应当完全是猝不及防,处于一种惊慌失措的状态中,在此种情形下作出一些过激的应激性的情绪反应完全是正常的,我们不应当苛求防卫人在该情形下必须精准地选择与不法攻击的打击手段、打击部位、打击强度对等的防卫手段、反击方式、反击部位、反击强度。更何况,根据在案证据,被告对自己所采取防卫手段、反击方式、反击部位、反击强度应该都有所节制,选择的反击部位都是不法侵害者的左腿部、左腰背部、左臀部的捅刺,这些部位应当都是非致命部位,并且对杨某和吴某两位不法侵害人只造成轻伤和轻微伤,这足以说明被告人孙某对自己的反击和反击强度都有所节制,而并非明显超过必要限度,这足以说明孙某并非是放任反击行为对不法侵害人造成死亡的结果。另外,在本案中,即使法院认为被告人孙某在其他朋友已经赶来帮忙,对方的不法侵害行为已经失去紧迫性,不法侵害已经结束,但如果造成被害人死亡结果的防卫行为发生在不法侵害结束前,且还处于正当防卫的限度内,也不能因为在不法侵害结束后,被告人孙某还实施超时间限度的防卫行为,而认定为防卫过当。最后,根据在案的证据并不能证明被告人孙某造成不法侵害者郭某死亡的结果是在被告人孙某朋友赶来帮忙前还是过来帮忙

---

① 参见梁根林:《防卫过当不法判断的立场、标准与逻辑》,载《法学》2019年第2期。
② 参见张明楷:《防卫过当:判断标准与过当类型》,载《法学》2019年第1期。

后的防卫行为造成的，即使法院认定被告人朋友过来帮忙后，郭某等人不法侵害已经结束，但由于不能证明郭某的死亡结果是不法侵害结束后的超时间限度防卫行为造成的，则应该根据事实存疑有利被告的原则，认定为正当防卫。

四、防卫过当的罪名确定及罪过分析

（一）防卫过当罪名的确定

在司法实践中，尽管在认定过程中也承认防卫人对过当结果（死亡结果）的主观态度是过失的，但有关防卫过当案件通常以故意伤害（致人死亡）罪定性，如在于欢案的二审判决中，法院认定，虽然于欢连续捅刺四人，但捅刺对象都是当时围逼在其身边的人，未对离其较远的其他不法侵害人进行捅刺，亦未对同一不法侵害人连续捅刺。可见，于欢的目的在于制止不法侵害并离开接待室，在案证据不能证实其具有追求或放任致人死亡危害结果发生的故意，但其防卫行为明显超过必要限度，主观上具有伤害的故意，因而构成故意伤害致人死亡罪。笔者认为，对防卫过当致人死亡案件以故意伤害致人死亡罪定性这种通常做法并不妥当，它错误地将防卫行为的有意性理解成故意伤害行为，以致最终将防卫人的防卫行为评价为故意伤害罪，混淆了防卫行为的有意性以及过当结果的故意性之间的关系。在防卫过当案件中，其防卫行为虽然是一种有意行为，其对不法侵害人可能造成的伤害结果也具有有意性，但这种有意行为及其伤害结果的有意性本身是刑法所允许的，并不能评价为刑法的故意伤害行为。在防卫过当案件中，只有防卫行为明显超过必要限度且造成过当结果才是刑法的评价对象。因此，在于欢案中，并不能因为于欢防卫行为及其对不法侵害人的伤害结果的有意性，而将其评价为刑法中的故意伤害行为并进而定性为故意伤害致人死亡罪，刑法评价的对象应当是于欢的防卫行为造成不法侵害人死亡的结果，如果其对防卫行为造成不法侵害者死亡持过失的，则应当将整个行为定性为过失致人死亡罪，反之，如果其对致人死亡的过当结果持故意的，则应该定性故意杀人罪，在此情形下，考虑其具有防卫过当情节，应当适用减轻或免除处罚。

（二）防卫过当罪过的分析

关于防卫过当罪过的形式，在刑法理论上主要存在以下几种观点：（1）防卫过当的罪过形式既包括过失，也包括间接故意，但不包括直接故意。[1]（2）防卫过当的罪过形式不仅包含过失，而且包含故意（直接故意和间接故意）。[2]（3）防卫过当只能是间接故意，因为现行刑法规定，明显超过必要限度造成重大损害的，才是防卫过当。这表明了防卫人也清楚地认识到自己的行为超过了防卫限度，在这种情况下仍然实施其过当防卫行为，就是间接故意。[3]（4）防卫过当的罪过形式一般优

---

[1] 参见陈兴良：《正当防卫论》，中国人民大学出版社2006年版，第184页。
[2] 参见陈璇：《论防卫过当与犯罪故意的兼容》，载《法学》2011年第1期。
[3] 参见王政勋：《正当行为论》，法律出版社2000年版，第195页。

先考虑成立过失犯罪，只有在特殊情况下才可能成立故意。① （5）防卫过当的罪过形式宜限定为过失，并且主要是疏忽大意的过失。②

在上述观点中，笔者支持防卫过当的罪过形式一般成立过失犯罪，只有在特殊情况下才可能成立故意的立场。因为在正当防卫的故意与刑法上的犯罪故意在认识因素和意志因素上都存在区别。在防卫过当中，防卫人认识到不法侵害正在发生，基于保护法益的意思而有意地实施对不法侵害者身体、健康造成威胁或损害的行为，这样的有意性并不是犯罪故意的认识因素和意志因素的内容，其本身是刑法所许可的，并不是刑法所评价的对象，只有明显超过必要限度且造成重大损害结果的行为才是刑法评价的对象，因此，不能因为他的防卫行为是出于故意而实施的，就认为防卫过当也是故意犯罪，只有那种对过当结果（如致人死亡）持故意态度，才能认定为故意犯罪。在防卫过当案件中，防卫人一般处于一种高度紧张的状态，其防卫行为通常都是在瞬间完成的，对防卫过当致人死亡的结果，一般持过失态度。只有在某些特殊情形下，行为人虽然具有防卫意识，但对自己的行为明显超过必要限度，且造成致人死亡结果持希望或放任态度，才可以考虑适用故意杀人罪。因此，在于欢案和孙某伤害致人死亡案中，即使法院认定于欢和孙某的防卫行为明显超过必要限度，但综合整个案件事实，认定防卫人对造成不法侵害者的死亡主观上只存在过失，则应该认定为过失致人死亡罪，而不可以故意伤害（致人死亡）罪追究刑事责任。

---

① 参见张明楷：《刑法学》（第五版），法律出版社2016年版，第211页。劳东燕：《防卫过当的认定与结果无价值论的不足》，载《中外法学》2015年第5期。
② 参见胡东飞：《论防卫过当的罪过形式》，载《法学评论》2008年第4期。

互殴与防卫的区分
——以武汉"摸狗命案"为例

杨彩霞[*] 张立波[**]

一、问题的提出

(一) 武汉"摸狗命案"案情简介

2016年2月28日13时17分,杨某伟、杨某平(系杨某伟哥哥)坐在杨某平家门口聊天,因杨某平摸了经过其身旁的一条狗而遭到狗主人彭某的指责,遂发生口角。彭某扬言要找人报复,杨某伟即回应:"那你来打啊",后彭某离开。杨某伟返回家中将一把单刃尖刀藏在身上。当日13时27分,彭某返回上述地点,其邀约的黄某、熊某、王某持洋镐把跟在彭某身后十余米。彭某手指着坐在自家门口的杨某平,杨某平未予理睬。彭某接着走向杨某伟家,用拳头击打杨某伟一拳,杨某伟用尖刀刺向其胸、腹部,黄某、熊某、王某见状围殴杨某伟,致其头部流血倒地。杨某平见弟弟被围打,持刀刺向彭某胸部,彭某受伤逃离,后因失血过多于当日16时许不治身亡。

关于本案,2016年9月5日武汉市武昌区人民检察院否认了杨某伟、杨某平行为的防卫性质,认为二人主观上是斗殴故意,并以故意伤害罪向武汉市武昌区人民法院提起了公诉。[①] 2017年2月7日武汉市武昌区人民法院以故意伤害罪分别判处杨某伟有期徒刑15年、杨某平有期徒刑11年。[②] 杨某伟、杨某平不服判决,均提出上诉。武汉市中级人民法院经审理认为原判决认定被告人杨某伟、杨某平犯故意伤害罪事实不清、证据不足,遂撤销原判决,发回武昌区人民法院重新审理。2018年5月8日,武昌区人民法院经过重新审理后,仍认为二人是斗殴故意,不存在防卫性质,以故意伤害罪分别判处杨某伟13年、杨某平9年。杨某伟、杨某平仍不服判决,均向武汉市中级人民法院提起上诉。武汉市中级人民法院经过多次公开开庭审理和两次延长审理期限,于2018年12月19日作出终审判决:撤销武汉市武昌区人民法院刑事判决;以故意伤害罪判处杨某伟有期徒刑4年;杨某平无罪。[③]

(二) 本案主要争议焦点

由以上诉讼过程可知,起初公安机关、检察机关均将本案作为故意伤害案件处

---

[*] 华中师范大学法学院副教授。
[**] 华中师范大学法学院硕士研究生。
[①] 参见湖北省武汉市武昌区人民检察院起诉书昌【检公诉刑诉(2016)897号】。
[②] 参见湖北省武汉市武昌区人民法院刑事判决书【(2017)鄂0106刑初804号】。
[③] 参见湖北省武汉市中级人民法院刑事判决书【(2018)鄂01刑终698号】。

理，原审判决和重审判决亦均认为杨某伟、杨某平构成故意伤害罪并判处了较重刑罚，承认其互殴的故意进而否认其存在防卫性质。二审法院则肯定二被告人的防卫性质，认为杨某伟系防卫过当、杨某平系正当防卫，最终改判。可见，杨某伟、杨某平的行为是斗殴还是防卫成为本案最主要的争议焦点，这直接关乎本案最终的定性。

其实，不仅在本案中，在大量的互殴型案件中都涉及能否认定正当防卫的问题。笔者在中国裁判文书网上以"正当防卫"为检索关键词，截至2019年5月20日共得到判决书14400份，其中包括关键词"互殴"的共3553份，约占25%，也就是说，有近四分之一的正当防卫案件不同程度地涉及互殴。而其中被判处无罪的433件，仅占全部"正当防卫"案件的3%。事实上在目前司法实践中，大量的"互殴—防卫型"案件几乎都以正当防卫作为辩护理由，但法院常常并不采纳这一理由而仍认定行为人构成故意伤害罪、寻衅滋事罪等犯罪。可见，司法机关并未厘清互殴与防卫的界限，甚至可能存在司法误区，而这也成为正当防卫在实践中被限缩认定的重要原因。

二、互殴与防卫的关系厘清

（一）原则上互殴排斥防卫的成立

正当防卫是法律在公民不能得到公权力及时救济的情况下赋予给被侵害者的私人救济权利，是违法性阻却事由之一。我国《刑法》第20条规定了正当防卫，"为了使国家、公共利益、本人或者他人的人身、财产和其他权利免受正在进行的不法侵害，而采取的制止不法侵害的行为，对不法侵害人造成损害的，属于正当防卫，不负刑事责任"。根据防卫目的的不同，正当防卫可以分为保护本人的正当防卫、保护他人的正当防卫[①]和保护国家、公共利益的正当防卫。[②] 正当防卫具有五个基本特征：①不法侵害现实存在；②不法侵害正在进行；③主观上具有防卫意图；④针对侵害人进行防卫；⑤防卫没有明显超过必要限度。关于正当防卫是否必须要求行为人主观上具有防卫意图，刑法理论上素有争议，主要有防卫意思必要说和防卫意思不要说。必要说认为防卫行为应从主客观相统一层面认定，"行为是主观与客观的统一体，防卫行为亦如此，一个行为只有在既不存在行为无价值，也不存在结果无价值时才是合法的"。[③] 不要说认为，只要行为人是对现实的不法侵害进行的防卫且客观上保护了法秩序便因缺少违法性而具有正当性。目前，司法实践与刑法学界主要采用必要说，认为防卫意图是成立正当防卫的必要条件之一。我国《刑

---

① "摸狗命案"一审判决书中指出，"（杨某平）不存在自己面临他人的不法侵害情形，其行为不符合正当防卫的法律特征。"可见，一审法官认为正当防卫只能是面对他人对自己的不法侵害而进行的防卫，否认为保护他人利益而进行的防卫，即认为杨某平持刀救弟的行为不构成正当防卫，这是对正当防卫概念和特征的误解。

② 参见陈兴良：《互殴与防卫的界限》，载《法学》2015年第6期。

③ 张明楷：《刑法学》（第五版），法律出版社2016年版，第205页。日本学者认为，行为无价值二元论指，违反行为规范进而造成法益侵害的行为才是犯罪，其对行为的规范违反性和法益侵害性同时进行评价；结果无价值论则仅将结果的发生、行为对社会外界所造成的影响作为犯罪实质。

法》第 20 条"为了使……免受……"的表述对行为人主观防卫意图作了明确要求,防卫意思必要说恪守了罪刑法定原则。另外,根据防卫意思不要说,实践中偶然防卫情形也应当成立正当防卫,这显然不合理。基于刑法理论学界与司法实践大多采用通说标准,故本文在必要说的理论逻辑下展开讨论。

互殴是指双方以侵害对方身体的意图进行的相互攻击的行为,① "行为人双方未依一定之规则或形式,相互使用暴力攻击对方,致发生死伤结果之行为。因其未依一定之规则,自与竞技有别;且未依一定之形式,亦与决斗不同"。② 从认识因素来说,互殴双方都认识到自己的行为一定或者可能会造成对方人身损害;从意志因素来看,都把造成对方人身伤害作为积极的追求结果;从行为规则上看,互殴与拳击、摔跤等正当竞技体育有别。简言之,互殴的构成包括主观上伤害故意和客观上的伤害行为。但是,仅据此概念并不能准确地区分互殴与防卫。从构成要件该当性来说,互殴与正当防卫在客观上都表现出"伤害行为",结果上都造成了人身伤害,均具备故意伤害罪的构成要件。互殴是通过伤害行为满足自己好勇斗狠的主观心理,而在正当防卫的场合,在防卫人的行为和目的之间,存在如下一条逻辑链条:"防卫行为→不法侵害人受伤→制止不法侵害→保护合法权益"。③ 可见,防卫行为本身就是一种增强对方人身危害的行为,通过给对方造成一定伤害来制止不法侵害以达到保护合法权益的防卫目的。简言之,互殴与正当防卫在客观上都表现出形式上的违法性,单纯从客观层面并不能将二者区别开来。因而通说也认为,防卫与互殴的最根本区别不在于客观行为,而在于主观意图的不同,正当防卫主观是防卫意图,互殴主观上是加害意图。而防卫意图与伤害意图是互斥关系,"以明确之意图实施攻击行为,并如行为人所预期惹起结果之发生,若得肯定正当防卫之成立,等于在保护不法者或不正者"。④ 这成为防卫与互殴对立排斥、水火不容的关系基础,或者说互殴是正当防卫成立的消极要件。⑤ 一般情况下,⑥ 一个案件只要认定行为人主观存在伤害故意则定性为互殴性质,进而就排除正当防卫的适用。本案武昌区人民法院的裁判逻辑就首先认定杨某伟、杨某平主观上形成了与他人打斗的共同意思联络即故意伤害意图,进而认定二人行为是与彭某互相斗殴,最后排除防卫性质认定为故意伤害罪。

但值得注意的是,理论界对于防卫意图与加害意图能否共存是存在争议的,有观点认为防卫意图与加害故意可以兼容并存,"攻击的意图并不能直接否定防卫的意图,防卫意图能与攻击意图共存,但若存在积极的加害行为则否定了存在防卫的意图,即此时应认定行为人无防卫意图"。⑦ 防卫行为自身带有一定"杀伤力",难

---

① 张明楷:《刑法学》(第五版),法律出版社 2016 年版,第 205 页。
② 蔡墩铭:《刑法争议问题研究》,五南图书出版有限公司 1999 年版,第 153 页。
③ 邹兵建:《互殴概念的反思与重构》,载《法学评论》2018 年第 3 期。
④ 林钰雄:《新刑法总则》,中国人民大学出版社 2009 年版,第 171 页。
⑤ 陈兴良:《互殴与防卫的界限》,载《法学》2015 年第 6 期。
⑥ 下文会说明互殴下成立正当防卫的例外情形。
⑦ 山口厚:《刑法总论》(第 2 版),付立庆译,中国人民大学出版社 2011 年版,第 122-123 页。

以否认自保行为存在一定的加害意思,但这并非积极加害意思,而是出于被动防御反击的消极意思。也就是说,存在加害意思并不能一概否定防卫意思的存在,只有行为人具有积极的加害意思,才能推定其不具有防卫意思,进而得出不成立正当防卫的结论。① 在本案中,杨某伟事先准备防卫工具进而捅刺彭某的行为即便可以认定为具有一定的加害意思,但综合全案来看,杨某伟表现出的并非积极的加害意思,而是对不法侵害人被动防御的消极意思,故并不能否认其防卫意思的存在,这也是二审改判的重要原因。

(二) 互殴转化为正当防卫的情形

一般来说,在一个完整的、不发生曲折的互殴进程的情况下是排除了正当防卫存在的可能的,但是由于司法案件的现实复杂性,往往出现本来是双方互殴性质的案件在发展过程中呈现出不同的阶段特点,由此当互殴行为发生转化,其中一方的合法权益遭受严重威胁时,也可能认定为不法侵害正在进行并允许实施正当防卫。②

具体而言,在互殴的场合可能成立正当防卫的情形主要包括:第一,如果双方互殴力量、"武器"、伤害强度相当,一方攻击突然加剧致使暴力程度无法平衡时,另一方可以进行正当防卫。例如,双方约定空手相斗,正在交手的时候,另一方违反约定突然拿出菜刀、枪支、铁器等凶器,对方具有成立正当防卫的可能。第二,互殴中一方停止互殴、向对方求饶、逃跑,可以推定其斗殴意图消灭,而另一方仍紧追不舍就是对宣布退出的一方形成了新的不法侵害事态,那么先行放弃斗殴的一方此时具有正当防卫的权利。③

三、互殴与防卫的司法认定误区及纠正

虽然司法实践中采防卫意思必要说,将行为人的主观意图作为区分互殴与防卫的核心要件,从而大致划定了互殴和正当防卫的界限,但是由于犯罪构成主观要件认定的复杂性与难证性,导致各地法院的裁判标准不一,一些法官往往陷入正当防卫认定的误区,故实践中迫切需要对此予以纠正。

(一) 存在"言语反击"不能推定即有斗殴故意

在某些防卫案件中,行为人面对他人的"恶语""挑衅言语"进行一种不友好地言语回应,这样的回应因为具有特定的气氛环境,不宜直接认定为斗殴的故意,应从主客观相统一的角度来认定行为人的主观意图,否则会导致"因言入罪"现象的出现。

以"摸狗命案"为例,武汉市武昌区人民法院重审判决认定二被告人相约打斗,形成共同伤害他人的意思故意,不具有防卫的前提和意图。判决中指出,被告人杨某平因拍狗一事遭到被害人彭某的指责,二人首先发生口角。杨某伟见状上前参与争吵并为此事直接与彭某发生口角,双方此时均呈好勇斗狠的态势,之后杨某

---

① 柳安然:《论互殴中的正当防卫界定——何强聚众斗殴案与李明故意伤害案的类比启发》,载《中国石油大学学报(社会科学版)》2015年第4期。
② 参见刘洋:《互殴中正当防卫的认定》,载《人民司法》2006年第1期。
③ 参见黎宏:《论正当防卫的主观条件》,载《法商研究》2007年第2期。

伟与彭某相约打斗。杨某平此时在二人身旁,其对事情的起因和相约打斗的过程是清楚的,其本人对此节事实所作供述"彭某威胁要约人报复,杨某伟听后就不舒服,说:'那你来打啊'",亦足以印证杨某伟在与彭某口角争吵后双方呈好勇斗狠之状态,形成了相约打斗的共同意思联络,故两被告人主观上不存在防卫意图,行为亦不具有防卫性质。①可见,这是判决书中重审法院在认定两被告人不具有防卫性质的关键原因。此外,判决书中还提及:"杨某伟与彭某口角过程中产生冲突,具体表现在双方恶语相向,互有挑衅,致使矛盾进一步激化,进而相约斗殴,此时双方呈现好勇斗狠的状态。"通过以上说理不难发现,重审法院所认定的"双方好勇斗狠""双方恶语相向""互有挑衅""相互邀斗"的唯一支持理由就是杨某平供述中其弟杨某伟那句"那你来打啊"带有反击性的言语,进而认定两被告人事先具有了斗殴故意。但是,这样一句"言语反击"在多大程度上能认定被告人在主观层面具有斗殴伤害的意图呢?对于案件发生时的被告人主观心理的考察不能假定其为一个理性人,从事后诸葛亮的意义上进行判断。②根据杨某平供述可知被害人彭某当时存在言语挑衅:"'你个××想找死吧。''你完了,××分分钟把你打死。'"杨某伟的言语反击是在被害人对其哥哥的辱骂、挑衅的前提下说出的,并非是对侵害行为的自招行为,是反击而非挑衅,是被动方而非主动方,且此时是蛮横的彭某在兄弟俩家门口进行挑衅,若此时还要求两被告人心平气和、理性礼貌地还语岂非强人所难?因此这样的谨慎义务未免太苛求。再者,只是根据一句话就断定被告人存在斗殴故意未免断章取义,违背了主客观相统一的定罪标准,完全是从字面意义上的主观归罪。

由于重审判决仅据此认定两被告人存在斗殴意图过于草率,难以服众,有违司法公正,故二审在纠正重审判决时说道:"从案件起因看,彭某与杨某伟兄弟二人并不相识,突发口角,彭某扬言要找人报复时,杨某伟回应'那你来打啊',该回应不能认定杨某伟系与彭某相约打斗。"③该裁判理由否认了两被告人具有事先斗殴的伤害故意,为正确认定两被告人行为具有防卫性质奠定了逻辑基础。

互殴与防卫问题在实践中的表现往往十分复杂,要根据案件的具体情况,包括案件发生的时间、地点、环境、双方力量对比、智力状况、是否持有器械、不法侵害和防卫手段、强度等因素,全面、综合地考察分析,并作出准确的判断。④在判断行为人主观层面是否具有防卫意图或者伤害意图时,要从主客观相统一的层面进行考察,切忌以单纯言语"以言人罪",对于主观层面的认定要结合具体的客观行为来考察,既要"闻其言"又要"观其行"。

(二)事先准备工具不能推定即有斗殴故意

在正当防卫案件中,还经常涉及在预期危险⑤下事先准备工具的问题。现实生

---

① 参见湖北省武汉市武昌区人民法院刑事判决书【(2017)鄂0106刑初804号】。
② 参见陈兴良:《赵宇正当防卫案的法理评析》,载《检察日报》2019年3月2日第3版。
③ 参见湖北省武汉市中级人民法院刑事判决书【(2018)鄂01刑终698号】。
④ 张勇玲:《特殊防卫权及互殴的司法认定》,载《人民检察》2010年第4期。
⑤ 所谓预期危险,是指有意不回避某种当然能预见到的利益冲突状况。日本刑法学者认为,若总要求行为人履行回避义务显然会限制行动自由,当存在某种合理理由时,仍应肯定存在侵害的紧迫性。

活中经常出现双方因琐事发生口角，恶语相向，一方扬言报复，另一方便事先准备了工具"备敌"，最后扬言报复者重伤或者死亡的情况。对此，事先准备工具一方主观上是斗殴伤害的意思还是防御性质的反击心理，这成为实践中区分防卫与互殴的不可回避的难题。

本案中，武汉市武昌区人民法院认为，彭某冲到杨某伟家门口并与其发生打斗，杨某伟即持事先准备好的尖刀捅刺彭某，此时杨某伟的主观故意不是为了制止对方的不法侵害，而是为了泄愤、争强好胜进而不计后果地持刀故意伤害之前与其发生口角的彭某，其行为符合故意伤害罪的犯罪构成要件，应以该罪论处而不能认定为正当防卫。

根据上述判决理由可知，由于杨某伟在明知道彭某扬言报复的情况下事先准备工具"迎战"，因此被推定具有斗殴的主观故意，从而否定了本案的防卫性质。但杨某伟、杨某平是在家中认识到预期危险的，而基于家庭本身的私密性、保护性特征，苛求二人履行回避义务显然是不合理的。我国《宪法》第39条明确规定，"中华人民共和国公民的住宅不受侵犯"。根据宪法规定的住宅权，我国《刑法》第245条也相应地规定了"非法侵入住宅罪"，以加强对私人空间的刑法保护。本案中彭某未经允许擅自闯入他人合法住宅且其同伙持械，至少可以认定其行为已经侵害到了杨某伟的住宅安宁，对于此种不法侵害，杨某伟在自己家中事先准备工具以捍卫住宅与人身安全的做法具有合法性和正当性，应认定为具有防卫性质。故二人未回避预期危险且事先准备工具的行为并不能说明主观上具有好勇斗狠的伤害意图，也即在预期危险下事先单纯自备工具被动反击的行为并不具有积极的加害意思，应排除斗殴的主观故意。

对此，本案二审裁判理由论证了在预期危险下行为人为保护自身合法权益事先准备工具防卫的正当性，判决书指出："从主观目的和客观行为看，没有证据证明杨某伟和杨某平具有合谋伤害彭某的主观故意。杨某伟在彭某出言挑衅，并扬言报复后，准备道具系出于防卫目的。彭某带人持械返回现场，杨某伟人身安全面临威胁。彭某冲至杨某伟家门口首先拳击其面部，杨某伟才持刀刺向彭某胸腹部，该行为是为了制止正在进行的不法侵害的防卫行为。"基于正在进行的不法侵害的客观事实，不管防卫人是否已经预见，事先是否做好防卫准备，都可以进行正当防卫；①而对于自备防卫工具的行为的认定应当尊重其初始目的，从其准备防卫工具的目的出发来判断，而非直接以是否具有自备防卫工具为判定标准。简言之，除积极准备工具明确"约架"外，基于防卫目的而准备工具的行为应当认定为具有防卫目的，②肯定其行为的防卫性质。

此外值得注意的是，虽然二审判决肯定了杨某伟行为的防卫性质，但却认为杨某伟当时面临的不法侵害并未达到严重程度，而其持刀捅向彭某要害部位致其死亡，防卫行为明显超过必要限度且造成重大损害，属于防卫过当。笔者认为，这一

---

① 张明楷：《刑法学》（第五版），法律出版社2016年版，第203页。
② 熊永明、赵威：《互殴与正当防卫的主观界限认定标准研究——基于2762份刑事判决书的分析》，载《西部法学评论》2019年第2期。

裁判理由有待商榷。如果当时现场是一对一的殴打，杨某伟在对方仅以"拳击"的情形下持刀伤害要害部位，显然系防卫过当，但本案实际上的不法侵害人有四个，不仅有彭某，还有其邀约的黄某、熊某、王某且后者均持械具。彭某的拳击行为只是不法侵害的序幕而已，此时如果杨某伟未实施持刀捅刺的防卫行为，那么接下来将发生的很可能就是四个人的共同不法侵害，后果难以设想。事实证明，杨某伟捅刺彭某后，其余人便立即对其进行殴打，连程度较大的防卫行为都未能制止共同的不法侵害，难道还奢求"小打小闹"便能"化干戈为玉帛"？在连续进行的共同不法侵害中，虽然在某些时间段上某些不法侵害人暂停了侵害，但从整体来看不法侵害仍具有紧迫性，此时行为人仍然可以进行正当防卫，且对于防卫行为造成的结果应与整体不法侵害的危险性相对照进行是否属于"明显超过必要限度"标准的考量。

（三）未劝阻、警告不能推定即有斗殴故意

实践中，法院在确认防卫目的的客观表现形式时，常常强加给防卫人一定的先履行义务，包括在实施防卫行为前对加害人进行警告、劝阻、向路人求救、报警等使自己脱离加害人侵害的措施，否则部分法院则推定行为人不具有防卫目的。

本案即属于此种情况，武汉市武昌区人民法院在重审判决书中论述杨某平不构成正当防卫时指出，杨某平当场看见杨某伟被多人围殴致头部流血、彭某在击打杨某伟后倒地，彭某已丧失攻击能力。此时杨某平在对彭某无劝阻或者警告的情况下，直接冲向刚从地上站起来的彭某身后捅刺彭某胸部，应属对彭某的主动袭击行为，行为已无防卫特征。① 由此看来，重审判决否认杨某平行为具有防卫性的理由有二：一是判决认为彭某倒地已无攻击能力，此时杨某平持刀伤害已不满足不法侵害正在进行的防卫前提，属于主动加害；二是判决认为成立正当防卫必须首先在防卫前对侵害人进行警告、劝阻活动，否则不具有防卫意图，属于故意伤害。

本案中，重审法院只把目光聚焦于彭某而忽视了其余共同侵害人，本案是正在进行的共同不法侵害，彭某倒地并不影响不法侵害整体的进行，且杨某平并不能料到彭某站起后是否会侵害加剧，其对彭某的反击是对不法侵害共同体力量的削弱，仍然符合正当防卫的前提条件。另外，重审法院要求履行防卫前的警告、劝阻义务是对防卫人不切实际的苛求，是站在事后理性人的角度进行的主观臆断。站在被告人的角度试想：彭某当时已经从地上站起来，杨某平持刀冲到彭某面前，然后对彭某说："我警告你，赶快住手，不然我要反击了！"或者说："不要再打了，否则我反击了！"试问这样的警告、劝阻行为能有几分效力？将现实进行的不法侵害的救助希望寄托于加害人可能具有的理性与善良无异于是将自身法益保护置于不可知的他人之手。这样的防卫前置义务实属强人所难，有违正当防卫立法目的和初衷。

在司法实践中，除了本案认为的防卫前应履行劝阻、警告义务外，还存在其他苛求防卫人履行的义务。譬如在吴某故意伤害案中，② 其裁判理由指出："被告人

---

① 参见湖北省武汉市武昌区人民法院刑事判决书【（2017）鄂0106刑初804号】。
② 福建省厦门市中级人民法院刑事附带民事判决书【（2015）厦刑初字第87号】。

在矛盾尚未激化时,① 未选择回避或报警。本案被害人一方在打斗中虽然占据一定优势,但仅为一般性的徒手殴打,被告人所受的伤害经检验仅为轻微伤,并未对被告人生命造成紧迫性的威胁。且被告人并未当场求饶或放弃抵抗逃跑。"可见法院认为,吴某面对不法侵害时应首先选择回避、报警、当场求饶、逃跑等途径,只有当这些方法不奏效时防卫的时机才算成熟,才可无后顾之忧地进行防卫反击,才能认定为正当防卫。

然而诸如此类附加给防卫人的前置义务是不切实际的,并且也违反了罪刑法定的基本原则。从《刑法》第20条的规定上看,刑法并未要求在采取制止不法侵害的行为之前要履行劝阻、警告、求助、报警乃至躲避的义务,如果司法机关在裁判时无端地给防卫人强加上述义务,就是对罪刑法定原则的突破,不仅会违背正当防卫制度的立法目的和精神,而且也会使得正当防卫制度在实践中被大量限缩适用。

---

① 此时,吴某已经遭到了被害人挥拳殴打,不法侵害已存在。

正当防卫相关问题的认定思路

——以 6 起涉正当防卫案为视域

司伟攀[*]

一、案情回顾及问题提出

2018 年 12 月 19 日最高人民检察院发布了第十二批指导性案例,[①] 本批四起案例皆与正当防卫有关,这不仅是对社会关切的回应,同时对该制度的司法适用也具有重要的纠偏与参照作用。此外,"赵宇案""涞源反杀案"作为同样引起社会广泛关注的案件,在正当防卫制度的适用上也具有重要的价值。

案例一:陈某案(检例第 45 号)。陈某受到甲、乙、丙等人用膝盖顶击、石块以及钢管等方式的围殴。陈某拿出随身携带的水果刀,胡乱挥刺致使甲、乙、丙三人重伤,陈某本人身体多处软组织挫伤。公安机关认为,陈某的行为虽有防卫性质,但已明显过限,属防卫过当,涉嫌故意伤害罪。检察机关则认为陈某的行为属正当防卫,不负刑责。

案例二:朱凤山案(检例第 46 号)。因民间矛盾,齐某酒后攀爬朱凤山家的大门,欲强行进入院中。齐某爬上院墙并用墙上的瓦片击砸朱凤山,朱凤山闪躲开并拿出刀加以防备。后齐某跳入院中,二人展开撕扯,朱凤山刺中齐某一刀。后齐某因急性失血死亡。一审认为,齐某的违法行为尚未达到需用刀进行防卫的程度,朱凤山的行为并不具有防卫的性质,故不属于正当防卫,应成立故意伤害罪。后二审认为朱凤山的行为具有防卫的正当性,但属于防卫过当。

案例三:于海明案(检例第 47 号)。于海明和不法侵害人刘某在路上发生争执,刘某先是推搡、踢打于海明,后又从车内拿出砍刀(系管制刀具),用刀面连续击打于海明的颈、腰部、腿部。刘某在击打的过程中将刀甩落在地,于海明抢到砍刀,刘某与其争夺。争夺过程中于海明将刘某捅伤。刘某跑向轿车,于海明连续追砍两刀未中。后刘某因失血性休克死亡。

案例四:侯雨秋案(检例第 48 号)。沈某、雷某、柴某等 4 人持棒球棍、匕首冲入某会所殴打店内人员,雷某用匕首两次刺中侯雨秋大腿。其间,侯雨秋捡起柴某掉落在地的棒球棍,击打雷某头部致其倒地。后雷某因颅骨严重损伤死亡。

---

[*] 北京师范大学刑事法律科学研究院 2018 级博士生。

[①] 参见最高人民检察院:《第十二批指导性案例》,载 http://www.spp.gov.cn/spp/jczdal/201812/t20181219_402920.shtml,最后访问时间:2019 年 4 月 22 日。

案例五：赵宇案。① 不法侵害人李华将邹某摁在墙上并殴打其头部，赵宇前去制止并从背后拉拽李华，致使李华倒地。李华起身后欲殴打赵宇，并威胁"弄死他们"。赵宇随即将李华推倒在地，同时朝李华腹部踩了一脚。经鉴定，李华重伤二级，邹某轻微伤。

案例六：涞源反杀案。② 不法侵害人王磊于深夜携带两把水果刀、甩棍翻墙进入王某某家院中，其父王新元手持铁锹、其母赵印芝手持菜刀与王磊进行激烈打斗。最终王磊被打死，王新元、赵印芝、王某某亦不同程度地受伤。

这六起案例整体上关注了正当防卫中的一系列问题，如防卫的时间条件、"行凶"的认定等，但本文主要侧重探讨的是以下三个方面：

（1）防卫性质认定的争议：以朱凤山案、赵宇案为例。

（2）防卫限度争议：以陈某案、朱凤山案、侯雨秋案、涞源反杀案为例。

（3）正当防卫案件处理中对"唯结果论"的摒弃：此六起典型案例皆蕴含着反对"唯结果论"的深刻意义。

这三个问题对正当防卫制度的理解与适用具有十分重要的意义，是司法实践中易于出现适用偏差的所在，需要倍加重视。其中，第（3）个问题既是司法实践中应严格秉持的理念，也是第（2）个问题的自然延伸及应有内涵。

二、防卫性质的认定

案例二中，一审阶段公诉人与一审判决都认为朱凤山的行为不具有防卫性质。但二审阶段，检察机关及二审判决皆认为朱凤山的行为属于防卫过当。

案例五中，公安机关以涉嫌故意伤害罪对赵宇提请逮捕，检察机关以事实不清、证据不足为由未批准逮捕。后公安机关再次以过失致人重伤罪向检察机关移送审查起诉。后该案在上级检察机关的指导下，发现该案存在法律适用错误的问题，最终对赵宇作出无罪的不起诉决定。

由这两起案件可知，最初都认为行为人的行为不具有防卫的性质，但最终却又肯定了防卫性质的存在。产生这种差别的重要原因就在于对正当防卫刑法条文规定的认识存在偏差。

某案件防卫性质的认定是指行为人的行为虽然对他人的人身或财产造成了重大损害，但其行为是否基于防卫行为的需要而具有防卫性质。③ 故防卫性质有无的把握要牢牢建立在"是否基于防卫行为的需要"这一基础之上。根据《刑法》第20条的立法意旨，防卫性质的有无主要是从防卫意图、防卫起因、防卫对象、防卫时间四个方面进行界定。因为正当防卫的目的就是制止不法侵害，故判断不法侵害的存在也就成了防卫性质判断中最基本的前提。而在"不法侵害"的认定中，一个重

---

① 参见陈菲、丁小溪：《最高人民检察院就"赵宇正当防卫案"作出回应》，载 http://www.spp.gov.cn/spp/zdgz/201903/t20190301_410013.shtml，最后访问时间：2019年4月22日。

② 参见央视网：《检察机关就"涞源反杀案"答记者问》，载 http://m.news.cctv.com/2019/03/03/ARTIaDRYFp4V444Uvtrw7oEF190303.shtml，最后访问时间：2019年4月22日。

③ 参见陈兴良：《赵宇正当防卫案的法理评析》，载《检察日报》2019年3月2日第3版。

要问题是"不法侵害是否仅限于犯罪行为，还是也包括一般的违法行为"。本文认为，不法侵害的范围并不仅限于犯罪行为。首先，某个行为是否属于犯罪行为是一种专业性的判断，一般人并不会完全明确知晓何种程度的行为是构成犯罪的。如果给防卫人增加"只能对犯罪行为实施防卫"这一前提，无疑提高了正当防卫成立的门槛，既不利于彰显公平正义价值，也放纵了犯罪。其次，若不法侵害仅限于犯罪行为则违背了设置正当防卫制度的初衷。若等到不法侵害达到犯罪程度时才允许实施防卫行为，则会因为危害结果已经发生而使得防卫价值丧失。"侵害行为必须是违法的，但未必是可罚的。客观上违反法秩序的侵害均是违法的。只要结果不法的发生迫在眉睫，就存在这样的侵害。"① 当法益面临被侵害的"紧迫"危险时，就可以实施正当防卫。这种"紧迫"的危险既可由一般的违法行为导致，也可由犯罪行为造成。

在明确了这一前提之后，下面结合案例具体考察防卫性质的认定过程。案例二一审中并没有认定行为人的行为具有防卫性质，给出的理由一是朱凤山是不法侵害人齐某的岳父，两人关系特殊；二是齐某的行为尚未达到需持刀防卫的程度。此认定思路并不合理。首先，在刑法理论上，的确存在某些特殊的场合需要对防卫权的行使加以限缩，如明知不法侵害者是无刑事责任能力人且有条件逃跑等方式避免侵害时，不得实施正当防卫（对此可参考最高人民法院《刑事审判参考》指导案例第353号"范尚秀故意伤害案"）。但像本案中的特殊关系既不是防卫人必须增加"忍受义务"的法定原因，也缺乏相应刑法理论的支持，故以此来增加防卫人承担风险的义务是不妥当的。其次，齐某实施的行为是不法侵害。在朱凤山明确拒绝其进入院内的情形下，齐某不仅非法侵入住宅，且向朱凤山投掷瓦片，对人身权利造成了威胁。最后，齐某在离去后又于深夜返回实施侵害的行为具有损害法益的"紧迫性"。朱凤山既找人规劝齐某，也报警求助，在主观上并不具有斗殴的故意，其拿刀只是出于防卫的目的。综合衡量，朱凤山的行为有防卫的正当性。

案例五中，公安机关否认了赵宇的行为具有防卫性质，而是认为其行为构成其他犯罪。本案从发生的过程考察，可以分为两个阶段。第一个阶段为赵宇将正在对邹某实施不法侵害的李华拽倒在地之前的过程。第二个阶段为李华起身欲殴打赵宇之后的过程。在第一个阶段，赵宇的行为是为了制止李华对邹某的不法侵害，其行为具有防卫性质。但在第二个阶段，李华倒地后起身欲殴打赵宇的行为是否属于不法侵害？此时李华对邹某的侵害已经停止，但其欲殴打赵宇的行为则是新的不法侵害的开始，即不法侵害的对象变成了赵宇。因此，赵宇的行为完全具有防卫的性质，公安机关作出的决定是不恰当的。

三、防卫限度的认定标准

案例一、案例二、案例四及案例六都涉及"防卫限度"问题，防卫限度是否符

---

① ［德］汉斯·海因里希·耶塞克、托马斯·魏根特：《德国刑法教科书》（上），许久生译，中国法制出版社2017年版，第456页。

合正当防卫成立的标准决定着行为人的罪与非罪、定罪量刑。那么在司法实践中究竟该如何把握防卫行为是否明显过限呢?但这里有一个前提性问题需要厘清:"明显超过必要限度"与"造成重大损害"之间呈现的关系是什么,即二者的刑法规范地位是什么,这对于我们具体把握"防卫限度"很有裨益。

(一)"明显超过必要限度"与"造成重大损害"刑法规范地位分析

有观点认为,"不存在所谓明显超过必要限度但没有造成重大损害的情况"。①"正当防卫明显超过必要限度,就必然造成重大损害;没有造成重大损害,就表明防卫行为没有明显超过必要限度。"②通过这种观点,防卫行为是否明显超过必要限度,其实是以有无"造成重大损害"为依托的。这也就进一步否认了以下两种情况的存在:第一,防卫人的防卫行为明显超过了必要限度但未造成重大损害;第二,防卫人的防卫行为未明显超过必要限度但却造成了重大损害。

而我国传统理论认为,防卫行为"是否明显超过必要限度并造成重大损害,是区别防卫的合法与非法、正当与过当的标志"。③据此考察,二者之间在刑法规范地位上是互相独立、平等的关系,防卫过当的认定中二者不能有所偏废。本文认为这种立场应当得到坚持。

首先,根据刑法的明文规定,并非仅"造成重大损害的"即可构成防卫过当,"过当程度"也是防卫过当量刑中须考虑的因素之一,而过当的程度是由造成的重大损害与必要限度之间的差距决定的,这就说明造成重大损害并不代表防卫行为一定明显过限。故若按照前述第一种观点的立场,"意味着,在是否'明显超过必要限度'的考量中,便要求考虑防卫行为实际造成的损害后果。这就必然使'明显超过必要限度'的要件在解释学上丧失独立的意义"。④正当防卫作为一种鼓励公民同违法犯罪作斗争、保护合法权益的重要制度,其在适用上不应设置过高的门槛。"没有明显超过必要限度"的表述应视为刑法对防卫人"防卫手段"的限制,但这并不意味着突破了这种限制就一定会造成"重大损害"的防卫结果,二者之间并不是"有前必有后或有后必有前"的关系。

其次,现实司法实践中防卫结果过当,但防卫手段不过当的情况是客观存在的。例如,在案例一陈某案中,陈某虽然客观上造成了3人重伤的严重后果,但检察机关并没有据此直接认为陈某的防卫行为已经明显超过了必要的限度。本案的不批捕理由之一阐明,就制止整体的不法侵害而言,陈某的防卫行为没有"明显"过限。本案也说明,正当防卫的认定中存在两个相互独立的条件。在防卫限度的认定逻辑上,并不能仅仅以"重大损害的有无"来判断防卫行为是否"明显"过限,并易陷入"唯结果论"的窠臼之中,进而为司法适用埋下隐患。对此下文将展开具体分析。

---

① 张明楷:《刑法学》(第五版),法律出版社2016年版,第212页。
② 彭文华:《论正当防卫限度的重大损害标准》,载《江汉论坛》2015年第7期。
③ 高铭暄、马克昌:《刑法学》(第八版),北京大学出版社、高等教育出版社2017年版,第134页。
④ 劳东燕:《防卫过当的认定与结果无价值论的不足》,载《中外法学》2015年第5期。

（二）防卫限度标准的具体把握

尽管我国刑法对防卫限度作出了制约性的设置，但并没有明确规定何为"必要限度"，这也就为不同理论学说提供了存在的空间，逐渐形成了基本相适应说、必需说、相当说的立场分野。①

基本相适应说则主张，应在行为方式、强度、后果等方面对防卫行为与不法侵害进行衡量，二者之间基本相适应的，就说明防卫行为没有超过必要的限度。必需说认为，只要防卫行为是对制止不法侵害而言是必需的，即便超过了不法侵害导致的损害，也应认为防卫行为未超出必要的限度。而相当说则是上述两种学说的综合，其指出，防卫行为原则上以制止不法侵害为标准，但同时又要求与不法侵害相比不能存在过于悬殊的差异。

有学者从防卫限度标准的可操作性、实现刑法人员保障机能与社会保障机能的平衡、契合刑法典客观主义立场等方面进行考察，认为应坚持基本相适应说。② 基本相适应说的基本立场应当说是合理的，但该观点的不足之处是过于强调防卫行为客观特征方面的衡量，是以眼还眼"同态防卫"的表现，而对防卫人的主观目的视而不见，因此该说不可取。③

有论者认为，刑法在防卫行为"超过必要限度"之前用"明显"的条件加以限制，说明突破了基本相适应说的理论限制，是一种倾向必需说的表现。④ 也有学者主张基于刑事政策、保护原则和法确证原则的基本理念以及立法文意和目的的考虑，应当采用必需说的立场。⑤ 也有论者根据"权利无须向不法让步"的原则，主张必需说是合理的，认为只有在某些特殊的场合（如实施不法侵害的是明显缺乏责任能力的精神病人和未成年人时），防卫权限才应予以适当地限制。⑥

所谓保护原则，是指当国家在某种情形下不能及时保护公民的合法权益时，允许公民实施自我防卫，因此自我防卫作为一种"原权利"为公民所保留。而法确证原则则是指，公民的自我防卫在实现了保护自身或他人的合法权益同时也确证了法，即保卫了法的秩序，此时防卫人成为法的守护者。⑦ 但根据我国刑法正当防卫制度规定的现实状况来看，保护原则和法确证原则与之并不契合。首先，我国刑法规定，正当防卫的对象不仅包括个人和他人的合法权益，而且也包括公共法益，即国家、社会的利益。因此，保护原则的适用无法将公共利益涵盖在内，不能完全满足立法的需求。而法确证原则"实际上是将正当防卫作为对不法行为的报应与一般

---

① 参见高铭暄、马克昌：《刑法学》（第八版），北京大学出版社、高等教育出版社 2017 年版，第 135 页；张明楷：《刑法学》（第五版），法律出版社 2016 年版，第 211 页。
② 参见郭泽强、胡陆生：《再论正当防卫的限度条件》，载《法学》2002 年第 10 期。
③ 参见高铭暄、马克昌：《刑法学》（第八版），北京大学出版社、高等教育出版社 2017 年版，第 135 页。
④ 参见梁华仁、刘为波：《评新刑法对正当防卫制度的修改》，载《政法论坛》1998 年第 1 期。
⑤ 参见劳东燕：《防卫过当的认定与结果无价值论的不足》，载《中外法学》2015 年第 5 期。
⑥ 参见王钢：《正当防卫的正当性依据及其限度》，载《中外法学》2018 年第 6 期。
⑦ 参见劳东燕：《防卫过当的认定与结果无价值论的不足》，载《中外法学》2015 年第 5 期。

预防的手段",① 但正当防卫制度毕竟不是刑罚措施,以其作为手段实现对不法侵害人的报应目的或使侵害人知晓法的正义机能并不妥当。

"权利无须向不法让步"这一基本理念是正确的,但并不代表在正当防卫中可以不分场合、任意实施不加任何限制的防卫手段。这种立场尽管有利于鼓励与支持公民及时实施防卫行为,既不利于维护法秩序的整体价值,也不利于减少对不法侵害人的不必要的生命侵害。② 正当防卫毕竟只是一种权利,而非鼓励公民"以暴制暴"的手段,更不是刑罚措施。保护自身合法权益的同时,也不能对不法侵害人造成不应有的损害。刑法尊重和保障人权,设置"防卫限度"的规定正是此精神的体现。而依据必需说的立场,则缺乏对防卫人的防卫行为进行必要的制约,不能在客观方面实现与不法侵害的相当性。

从上述分析可以看出,尽管必需说和基本相适应说都具有一定的道理,但各自又存在理论上的不周延之处。比较而言,本文赞同相当说的立场。相当说是从防卫行为实施的整个阶段衡量是否明显过限,衡量的因素既包括不法侵害人实施侵害行为的方式、手段、造成的危害后果等,也包括防卫人的行为方式、手段、时机、防卫时的环境及造成的后果等因素。既防止正当防卫沦为"以暴制暴"的手段,防止该制度的滥用,也注重考察防卫人的主观态度。

结合案例考察,应认为这些典型案例彰显了相当说的立场。

案例一中,检察院最终认定虽然陈某造成了3人重伤的结果,但其防卫手段并未"明显"超过必要限度。结合案件的整体情况进行考察,陈某被9人围殴,其中有人还使用了钢管、石块等工具,双方的实力相差悬殊。陈某为保护自己的人身安全,持刀挥刺的行为与不法侵害相比并无不适应之处。当陈某逃脱时,不法侵害人仍对其予以追赶,更表明陈某面临的现实侵害的严重性。故结合侵害行为与防卫行为各方面的情况,陈某不构成防卫过当。

案例二的指导意义指出,"明显超过必要限度"的认定要对比不法侵害与防卫行为的性质、手段、强度和结果等因素进行综合衡量。而朱凤山防卫的是住宅的安宁以及免受可能造成的并非严重威胁人身安全的侵害,其本不应对不法侵害人使用致命性的防卫手段,但最终却造成了不法侵害人死亡的结果,因此朱凤山的防卫行为是不必要的,与不法侵害相比相差过于悬殊,故其成立防卫过当。但若按照必需说的立场,朱凤山仍属正当防卫。案例二可以说是较为明确地指出了防卫限度的判断标准,符合相当说的理论立场。

案例四中,打斗发生在侯雨秋所在的店内,且打斗并非其方挑起,主观上不具有斗殴的故意。侯雨秋在与雷某、柴某等5名持械的不法侵害人的打斗中,两次被雷某用匕首刺中大腿,人身安全已经严重受到威胁。尽管侯雨秋及另外两名店员仅构成轻微伤,但其捡起柴某掉落的棒球棍进行反击最终导致雷某死亡的行为与受到

---

① 张明楷:《刑法学》(第五版),法律出版社2016年版,第198页。
② 参见陈璇:《英美刑法中的正当防卫"躲避原则"及其启示》,载《中国刑事法杂志》2017年第5期。

的不侵害相比并不存在过于悬殊的差别。

案例六中，不法侵害人王磊于深夜携带足以严重威胁人身安全的凶器（两把水果刀、甩棍）翻墙进入王新元家中，对王某某、王新元、赵印芝持续实施侵害，造成王新元、赵印芝不同程度受伤，王磊还用手臂勒住王某某的脖子。这些行为足以表明王新元等三人人身权利遭到了严重的侵犯。因此王新元三人持械防卫的行为具有正当性。同时，王磊被打倒在地后，两次试图爬起，防卫人不能确定其是否已被制服。因此从整体的防卫过程考察，王磊倒地后，防卫人仍面临受到严重不法侵害的紧迫性。此外，从当时的环境来看，时间已是深夜，院内没有灯光，周边的住宅也无人居住，加上王磊侵害的严重性，使得防卫人的精神高度紧张。在这种情况下，不能对防卫人有过多的苛求。

四、"唯结果论"之摒弃

防卫限度是判断防卫过当成立与否的重要条件，理论上对防卫限度的把握应坚持相当说的立场，但这并不代表会在司法实践中得到良好的贯彻，"唯结果论"的处理方式颇为普遍。一直以来，当防卫行为造成死伤后果的，一般司法中就否定正当防卫的成立。① 这是一种严重偏离正当防卫立法目的的做法，最终阻碍了公民对合法权益的保护，不当地缩小了正当防卫成立的范围。正当防卫认定中"唯结果论"的做法在司法实践中长期存在，甚至已经成了此类案件裁决中的普遍现象。有学者以2001年至2017年发生的722起正当防卫刑事判决为例，研究发现这些案例中共认定了798名犯罪人成立防卫过当，其中773人被认定成立故意伤害罪，占总犯罪人数的96.87%。② 这也表明在绝大多数的案件中，只要出现了伤亡后果，司法实践中就会认定防卫人成立防卫过当。虽然理论上对防卫限度的标准存在上述三种学说，却很难断定司法实践中究竟具体贯彻了哪一种学说，这正是由于司法实践中采取"唯结果论"的做法造成的。③ 从这722起案件裁决分析的结果来看，有罪认定占据了其中的绝大多数，"唯结果论"在司法实践中的适用可见一斑。

"唯结果论"的做法，脱离构成要件来认定某种犯罪成立与否，存在逻辑上的缺陷，使得某些防卫人被错误的入罪，降低了入罪的门槛；同时也破坏了正当防卫应有的价值，使得公民在行使防卫权时有些"不知所措"，存在后顾之忧。因此，采用"唯结果论"的严重弊端是不能实现法律效果与社会效果的双赢，违背了良法善治的现代法治理念。那么，究竟是什么原因导致了"唯结果论"在司法实践中的广泛存在呢？对此存在诸多回答，但下面这两种理由值得关注：

有观点认为，结果无价值论为"唯结果论"提供了强大的理论支持。因为二者都将"结果"作为关注的核心，这就使得处理问题时会站在事后的立场，依据查明的客观事实，采取"从结果反推行为"的思考方式，来认定防卫行为是否"明显"

---

① 参见周光权：《论持续侵害与正当防卫的关系》，载《法学》2017年第4期。
② 参见尹子文：《防卫过当的实务认定与反思》，载《现代法学》2018年第1期。
③ 参见劳东燕：《正当防卫的异化与刑法防卫的功能》，载《法学家》2018年第5期。

超过了必要限度。①

也有观点指出"唯结果论"的盛行在于"中国人的生死观和实用理性思维"。一方面,是由于中国人对"生死"思想理念导致的:一是缺乏死亡的准备。传统文化使得中国人具有不愿意谈论和逃避死亡的观念,缺乏面对死亡的心理准备及勇气,同时存在很深的排斥和恐惧心理。二是个体的死亡具有很强的社群关联性。在我国对个人生命的维护不仅对个人有意义,而且也是个体对整个家族的责任,个体的死亡会给家族带来巨大的创伤。另一方面,实用理性思维的影响:这种思维导致在对某行为进行评价时,重视实际效用,而非思辨性的寻求超越现实生活具有抽象性的理念与价值。最终在正当防卫案件的处理中,不惜无视是非曲直,甚至牺牲防卫人的正当权利,来取得使各方满意的时效。②

这两种观点都呈现出了司法实践中"唯结果论"产生的原因及其带来的弊端,因此,实务中需要摒弃"唯结果论"是毋庸置疑的。而本文所举的六起典型案例正具有彰显司法实践中摒弃"唯结果论"的价值。从事后的结果来看,这六起案件中的防卫人自己皆为轻伤以下或没有受伤,但都对不法侵害人造成了重伤以上的后果。虽然这些案件在侦办之初,防卫人多被以故意伤害罪等罪名进行移送审查起诉,但最终的处理结局并没有仅依据"严重后果"的出现就认定防卫人防卫过当或其他故意犯罪,而是实事求是地综合案件的整体情形进行细致的研判,因而得出了合法、合理的处理结果。这六起典型案例的处理结果正是摒弃"唯结果论"的表现,对今后正当防卫案件的处理具有重要的指引和纠偏作用。

结语

本文所论及的六起涉正当防卫的典型案例,在防卫性质认定、防卫限度的把握等方面提供了比较清晰的标准,同时也深刻蕴含着反对"唯结果论"的重要意义。在揭示正当防卫是法律授予公民同不法侵害行为作斗争的权利的同时,也昭示出公民的正当防卫权利既不能搁置不用,也不能被滥用。除了本文所论及的正当防卫认定的几个问题外,该制度的准确适用还涉及防卫时间的认定、对"行凶"的把握等一系列问题,这仍需要在刑法理论及司法实践中予以认真衡量。因为能够让公民安心使用正当防卫权利的重要保障就是在刑法理论上树立正确的导向,为防卫人的权利保护提供更为坚实的理论支撑。在司法实务中则要勇于作出适用正当防卫的裁决,以巩固公民行使应有合法权利的信心,解除其后顾之忧。

---

① 参见劳东燕:《防卫过当的认定与结果无价值论的不足》,载《中外法学》2015年第5期。
② 参见陈璇:《正当防卫、维稳优先与结果导向》,载《法律科学》2018年第3期。

针对非法限制人身自由行为的正当防卫之探析

夏 勇[*]

最高人民法院第 93 号指导性案例"于欢故意伤害案"的"裁判要点 1"指出:"对正在进行的非法限制他人人身自由的行为,应当认定为刑法第二十条第一款规定的'不法侵害',可以进行正当防卫。"这给我国正当防卫理论与实践带来的冲击,学界似无察觉,故有必要提出问题加以讨论。

一、最高人民法院第 93 号指导性案例引出的话题

对照最高人民法院《关于案例指导工作的规定》,于欢案几乎完全符合其列举的几项指导性作用——不仅受到"社会广泛关注"和"具有典型性",而且"法律规定比较原则",以至于质疑众多,争论激烈。的确,刑法第 20 条只规定"不法侵害"是正当防卫的前提条件,却未表明限制他人人身自由是否属于"不法侵害",也不见相关有权解释。[①] 对此,旗帜鲜明地做出肯定回答,正是第 93 号指导性案例"要点 1"的用意。那么,"要点 1"的学理根据何在?

笔者查阅有关论著,仅发现一处表述:"人身自由,也是公民一项重要的法定权利。在现实生活中,经常发生非法拘禁或其他妨害自由的侵害行为。对于这类不法侵害,理所应当地允许实行正当防卫。"[②] 这是论者"根据其侵害的合法权益的不同"而对"不法侵害"所作的 5 项列举式分类之一。[③] 除此,对于"不法侵害"情形的列举式说明,也有不同归纳:"实践证明,对于下列不法侵害,可以进行正当防卫。(1)带有暴力性质的不法侵害,如杀人、伤害、抢劫、强奸等犯罪行为;(2)破坏范围较大的不法侵害,如放火、爆炸、决水等破坏性的犯罪行为;(3)其他造成不可挽回的损害的不法侵害,如盗窃行为、抢夺行为等。对于诈骗、侮辱、投机倒把、贩卖假药等不法侵害可以采用其他方法制止,不能实行正当防卫。"[④] 这里,限制人身自由的行为至少未被明确列举,不知其是否属于"带有暴力性质"

---

[*] 中南财经政法大学教授。

[①] 2018 年 9 月,最高人民法院发布了《关于在司法解释中全面贯彻社会主义核心价值观的工作规划(2018-2023)》,对此,最高人民法院研究室负责人姜启波表示:"要适时出台防卫过当的认定标准、处罚原则和见义勇为相关纠纷的法律适用标准,鼓励正当防卫,保护见义勇为者的合法权益,弘扬社会正气。"(《以社会主义核心价值体系为魂,全面筑牢司法解释的价值基础》,载中国法院网,最后访问时间:2018 年 9 月 18 日。)但这里提到的司法解释目前尚未出台。

[②] 马克昌主编:《犯罪通论》,武汉大学出版社 1991 年版,第 721 页。

[③] 除了"对于人身自由的不法侵害",其他 4 项为"对公共利益的不法侵害""对于生命、身体健康的不法侵害""对于名誉的不法侵害""对于财产的不法侵害"。——参见马克昌主编:《犯罪通论》,武汉大学出版社 1991 年版,第 721-722 页。

[④] 高铭暄主编:《刑法学原理》(第二卷),中国人民大学出版社 1993 年版,第 208 页。

"破坏范围较大""造成不可挽回的损害"的行为。由此产生的疑问是：非法限制他人人身自由是否属于刑法第 20 条的"不法侵害"？如果是，其理论根据何在？

"不法侵害"是正当防卫成立的"起因条件"。语言学上，"不法侵害"是由"不法"与"侵害"两个词语构成的"偏正短语"——两个词语之间有修饰限制关系，即前一个词语（"不法"）对后一个词语（"侵害"）进行修饰和限制，而以后一个词语（"侵害"）为中心。因此，从刑法术语"不法侵害"的内涵来看，正当防卫的起因条件落脚于"侵害"，而"不法"只是对"侵害"这一核心概念的属性限制。遗憾的是，我国刑法学论著更偏重于解释"不法"，而对于"侵害"本身，则疏于界定，有的不作任何阐释，[①] 有的虽有提及，却着墨不多——主要有几种说法：其一，"所谓不法侵害行为，是人所实施的对国家、公共利益和公民个人的合法权益的违法的侵袭和损害行为"。[②] 简而言之，"侵害"就是"侵袭和损害"。这种说明较为普遍，类似的还有，"所谓侵害，系指对于自己或他人的权利加以侵袭与损害"。[③] "侵害指对某种权益的侵袭和损害。"[④] "所谓侵害，即是指对某种权益的侵袭和损害。"[⑤] 其二，"作为防卫对象的侵害，一般是指对法益的威胁，即只有当行为威胁法益时，才能对之进行正当防卫"。[⑥] 其三，"不法侵害中的'侵害'是广义的侵害，既包括对权利造成实害，也包括对权利产生危险；既包括作为，也包括不作为；既包括故意的不法侵害，也包括过失的不法侵害。"其四，"违法性攻击的存在，是正当防卫的前提"。[⑦] 其五，"侵害，顾名思义，就是对某种权益或权利的侵袭和损害，或者说是对某种权利的攻击。……正当防卫中的不法侵害，主要是指那些性质严重、侵害程度强烈、危险性较大的具有积极进攻性的行为。……不法侵害必须是客观上会给社会带来某种物质危害后果的行为，并且这种行为与危害结果之间的关系是紧密相连的，即不法侵害一经实施，危害结果就随之发生，如对杀人、盗窃、抢劫、强奸、伤害等不法侵害行为可实行正当防卫。对那些虽然危害社会、却不会带来物质危害后果的不法侵害，如伪证、诬告陷害等犯罪，就无须也不能实行正当防卫。……不法侵害的行为通常是积极作为的行为，并且这种积极作为的行为往往带有暴力的或侵袭的性质，如对贪污、行贿、受贿等一类不法侵害，就不能实行正当防卫。……不法侵害的行为必须达到一定的强度才能实行正当防卫。这种强度的标准就在于看不法侵害的行为是否威胁到公民的人身安全，身体健

---

① 参见高铭暄、马克昌主编：《刑法学》（第 8 版），北京大学出版社 2017 年版，第 132 页；赵秉志主编：《刑法新教程》，中国人民大学出版社 2001 年版，第 185-186 页；王作富主编：《刑法》（第 6 版），中国人民大学出版社 2016 年版，第 95 页；姚建龙：《刑法学总论》，北京大学出版社 2016 年版，第 190 页；陈兴良：《正当防卫论》（第 3 版），中国人民大学出版社 2017 年版，第 59-69 页；郭泽强：《正当防卫制度研究的新视界》，中国社会科学出版社 2010 年版，第 19-25 页。
② 赵秉志主编：《刑法总论》（第 2 版），中国人民大学出版社 2012 年版，第 284 页。
③ 陈兴良主编：《刑法》（第 3 版），复旦大学出版社 2016 年版，第 69 页。
④ 冯军、肖中华主编：《刑法总论》（第 3 版），中国人民大学出版社 2016 年版，第 262 页。
⑤ 王政勋：《正当行为论》，法律出版社 2000 年版，第 122 页。
⑥ 张明楷：《刑法学》（第 5 版），法律出版社 2016 年版，第 200 页。
⑦ 王世洲：《现代刑法学（总论）》（第 2 版），北京大学出版社 2011 年版，第 190 页。

康、重大的公私财产的安全以及重要的公共利益的安全"。①

上述言论均未直接回答非法限制他人人身自由的行为是否属于"不法侵害",也没有一般性地提供"侵害"行为的明确特征或标准。将"侵害"解析为"侵袭"与"损害"符合语义内涵,前者是行为样态及过程,后者意味着法益损失的可能性,但是,何谓"侵袭"?"侵袭"就是"攻击"吗?"侵袭"是否必须具有暴力性?什么是暴力?是否等同于强制?何谓"损害"?"损害"所可能损及的是何种法益?可能发生的"损害"必须是"物质危害后果"吗?何谓"物质危害"?"损害"结果是否必须具有破坏性?什么叫做破坏性?破坏性与暴力性是什么关系?对这些问题的回答,都关系到非法限制人身自由的行为是否属于正当防卫所要求的"不法侵害"。要成为"不法侵害",非法限制人身自由的"限制"是否为"侵袭"或"攻击"?是否必须具有"暴力性"?具有何种形式的强制性?对人身自由可能造成何等程度的"损害"?限制人身自由的同时是否还必须伴随对生命或健康等其他人身法益的侵害?

在能够确认限制人身自由属于"不法侵害"的基础上,还会引出另一个方面的问题:对于反击此种"侵害"的"防卫"有什么特殊要求?或者说,与单纯或直接侵犯生命或健康的"不法侵害"以及侵犯财产的"不法侵害"相比,对防卫手段及强度的限制性要求是否有区别?针对限制人身自由的"不法侵害",防卫行为在何种情况下为正当?何种情况下为过当?显然,这些都是正当防卫的刑法理论所欠缺而需要进一步展开的地方。

总之,最高人民法院第93号指导性案例"要点1"引出的上述一系列问题,立法无明确依据,学理根据不足,直接影响着司法机关对此类案件的处理。只有专门研究非法限制人身自由的"不法侵害",才能真正为认定正当防卫和防卫过当提供合理且具体的指导。

二、非法限制人身自由与正当防卫中的"侵害"

笔者赞同将正当防卫中的"侵害"解析为"侵袭"与"损害"。"侵袭"体现"侵害"的样态,"损害"反映"侵害"的性质。"侵袭"相当于"攻击",但不限于作为形式,我国学界普遍同意"不法侵害"包括不作为。"损害"有危害结果或法益侵害之意,但主要不是指危害结果的发生或法益遭受实害,相反,是指可能发生而尚未发生的情形,防卫行为旨在应对危害结果或法益侵害发生的"危险"或"威胁",从而使危害结果或法益侵害不发生或减轻。综合"侵袭"与"损害"两方面的意涵,"侵害"就是具有危害结果或法益侵害发生可能性的作为或不作为。然而,这样界定"侵害"还不足以回答它是否包括限制人身自由的行为。

《宪法》第37条规定了公民人身自由的个人法益:"中华人民共和国公民的人身自由不受侵犯。任何公民,非经人民检察院批准或者决定或者人民法院决定,并由公安机关执行,不受逮捕。禁止非法拘禁和以其他方法非法剥夺或者限制公民的

---

① 马克昌主编:《犯罪通论》,武汉大学出版社1991年版,第718—720页。

人身自由,禁止非法搜查公民的身体。"相应地,《刑法》第238条和第239条分别规定了对公民人身自由法益的侵害——非法拘禁罪和绑架罪。这些规定是针对非法限制人身自由的行为进行正当防卫的重要根据,但仅此尚不充分。因为,并非侵犯宪法保护的公民权利而被刑法规定为犯罪的行为都属于正当防卫中的"侵害"。例如,《宪法》第38条规定:"中华人民共和国公民的人格尊严不受侵犯。禁止用任何方法对公民进行侮辱、诽谤和诬告陷害。"据此,《刑法》第246条规定了侮辱罪和诽谤罪。两罪都侵犯了人身权利,但没人同意针对诽谤可以成立正当防卫。所以,仅仅从宪法法益和刑法规定的法益侵害出发,还得不出非法限制人身自由的行为就一定是正当防卫所要求的"侵害"。也就是说,正当防卫的"不法侵害"肯定包含法益侵害,但法益侵害不一定成为正当防卫的"不法侵害"。要回答非法限制人身自由的行为是否属于正当防卫中的"侵害",还要对其中的"损害"——可能发生的法益侵害或危害结果作出进一步界定。在本文第一部分列举的几种关于"侵害"的说法中,"物质危害后果"可以把单纯精神危害后果的法益侵害排除于正当防卫的"损害"之外,但是第一,这种说法比较模糊——如果说,人身自由受到限制可算"物质危害后果",那么伪证、诬告陷害会使他人身陷囹圄,是否"物质危害后果"?能否针对伪证、诬告陷害行为采取正当防卫?第二,这种说法比较绝对——如果说,只要针对"物质危害后果"的法益侵害行为就可以实施防卫,那么餐厅里不知情的消费者准备食用正在端来的有毒、有害食品,食用的后果是其体内势必发生"物质危害后果",是否一旁的知情者就可以对服务人员采取防卫?第三,这种说法比较笼统——如果说,针对人身的"物质危害后果"属于正当防卫"侵害"中的"损害",那么针对财产的"物质危害后果"是否都属于正当防卫所要求的"损害"?对于正在发生的盗窃、侵占、贪污、诈骗等行为,能否实施防卫?

仅在"损害"上下功夫,无论多么细致地界定,都不能完全说明正当防卫要求的"侵害"。"损害"只能说明"侵害"行为的属性及危害结果或法益侵害的范围,而不能左右"侵害"行为的本体——"侵袭"的自身样态。"侵害"是"侵袭"与"损害"的结合。尤其,"侵害"是行为概念,落脚于"侵袭"。不谈"侵袭",无法理解"侵害"。那么,"侵袭"有何特征?研究这个问题需以"侵害"的对立面——"防卫"为出发点。

正当防卫是"正对不正"的措施,是"正义不向非正义低头"的公民正当权利。据此,第一,"防卫"是"正","侵害"是"不正"。第二,"防卫"的"正"与"侵害"的"不正"具有相对的关系——"防卫"之所以"正",是基于"侵害"的"不正"。"防卫"离开"不正"的前提或未保持与"不正"的对应关系,就不具有或会丧失"正"的地位(无权防卫或过当防卫)。第三,"防卫"获得"正"的地位,即是对"侵害"之"不正"的否定,也是对自身陷于"不正"(涉嫌犯罪)的排除,从而保持"正对不正"而非"不正对不正"。刑法的"本分"是规定罪与刑,不会关注与犯罪毫无关系的正当行为,以及正当行为与一般违法行为的界限。刑法规定正当防卫,是因为具有"防卫"特征的某种行为,要么是值得鼓励的正当行为,要么是应当承担刑事责任的犯罪行为。刑法评价"防卫"行为的缘由，不仅是体现邪不压正、扬善惩恶的价值取向，为个人提供特殊情况下的特殊权利，而且要在非此即彼的罪与非罪关系中分清界限。这就可以理解刑法理论为什么将正当防卫称为"排除犯罪性的事由""阻却犯罪事由""犯罪的抗辩事由"。就是说，实施具有"防卫"特征的行为，通常会构成某种犯罪，但有时，实施这种行为是要对抗"不法侵害"，符合"正对不正"关系，因而成为该种犯罪的例外。我国《刑法》第20条体现了这样的精神："对不法侵害人造成损害的"，或者"造成重大损害的"，或者"造成不法侵害人伤亡的"，一般要构成（刑法分则规定的）相应犯罪并负刑事责任，但如果这是为"制止不法侵害"而"采取防卫行为"，就可以成为对犯罪的辩解和排除，属于"不负刑事责任"的正当行为。①

上述道理为界定"侵袭"找到了一个突破口——具有"防卫"特征的行为被刑法评价之后，一旦不成立正当防卫，该行为一定构成某种造成伤亡的犯罪——故意杀人罪、故意伤害罪、过失致人死亡罪、过失伤害罪以及其他可能致人伤亡的罪名。既然"防卫"是可能剥夺生命或造成伤害的行为，那么就可以通过"防卫"行为的这一特征及其与"侵害"之间的"正对不正"关系反推人身侵害的范围。

"防卫"作为公民个人实施的剥夺生命或造成伤害的行为，现代国家都以极其慎重的态度对待。生命和健康是基本的个人权利和法益，各国原则上禁止个人之间随意实施减损他人生命和健康的行为，即便是国家权力，也在这方面受到极大限制。因此，个人以剥夺生命或伤害身体的行为去应对自己或他人受到的人身侵害，就要求这种人身侵害在性质和程度上都应当具有与"防卫"手段相当的严重性。具体而言，剥夺生命或造成身体伤害，其影响的是具有底线性质的人的基本生存权利，用损及这种权利的手段进行"防卫"，理所当然地要求防卫人所要制止的人身侵害也应当具有最根本和最严重的特点，这决定了人身侵害也必须是危及生命或健康的"损害"。继而可由这种"损害"推出"侵袭"行为（作为与不作为）的样态特征。作为形式的"侵袭"具有攻击性和暴力性。所谓攻击性，侧重指侵害人主动向他人身体进行挑战式逼近和冲撞式接触；所谓暴力性，侧重指侵害人主动对他人身体进行物理击打或强力制服。没有攻击性和暴力性的作为不可能导致他人伤亡结果。不作为形式的"侵袭"实际上意味着侵害人有特定义务且能够防止或排除他人生命或健康面临的危险而不履行义务的情形，这里不存在攻击性和暴力性。总之，以"防卫"的损害后果和"正对不正"关系，可以反推出的正当防卫中的人身侵害范围——剥夺生命和造成伤害的行为。

当然，《刑法》第20条规定的"侵害"范围包括对"人身、财产和其他权利"

---

① 根据《刑法》第20条3个款项之间的逻辑关系，3款分别规定的"对不法侵害人造成损害""造成重大损害"和"造成不法侵害人伤亡"3种结果，其表述的内涵是相通而一致的：第一，被刑法评价的"防卫"，是会导致危害结果的行为；第二，"防卫"会导致的危害结果，包括对"人身、财产和其他权利"的侵害；第三，"防卫"会造成的人身侵害，就是"对不法侵害人造成损害"，这种"损害"被纳入刑法评价，或者成立《刑法》第20条的正当防卫，或者成立刑法分则有关条文规定的犯罪；第四，造成人身损害的"防卫"要构成犯罪，只能是"造成重大损害"，就人身而言，"重大损害"又只能是"造成不法侵害人伤亡"的结果——其中的"伤"（害）必须达到"轻伤"标准。因为达到这一标准的人身损害才可能构成犯罪。

的侵袭和损害。剥夺生命或造成伤害的行为，既可以成为针对人身侵害的防卫，也可以成为针对财产侵害以及其他权利侵害的防卫。本文讨论的主题限于能否针对非法限制人身自由行为进行防卫，反推的结论只涉及人身损害范围。至于使用剥夺生命或造成伤害的方法去制止侵害财产或其他权利的行为，则是另一个复杂的问题，绝非本文能够一蹴而就的。

由"防卫"反推出人身侵害范围是剥夺生命或伤害身体的行为，是否排除了限制人身自由的行为呢？在概念逻辑上的确如此，因为限制人身自由与损害人身是并列关系。严格意义上或原则上，非法限制人身自由行为不应成为"防卫"所针对的"侵害"。在英美刑法中，正当防卫所针对的侵害（threats of harm）被明确界定为"非法暴力"（unlawful force），不存在非法限制人身自由的余地。① 日本刑法关于正当防卫前提条件的规定和学理中，都没有表明非法限制人身自由的行为属于防卫所针对的"侵害"。② 德国刑法理论虽然从最为宽泛的意义上解释了"侵害"，甚至提及了"刑期届满后而不释放服刑人，属于对该犯人自由的侵害"以及"在继续犯（如剥夺他人自由、侵犯住宅安宁）的场合，只要违法状态继续，侵害应当属于正在发生"等限制人身自由的具体情形，并且认为"对被侵害人所有处于法律保护之下的利益侵害，均可以进行正当防卫"，但这并不意味着针对非法限制人身自由的"侵害"，就可以实施危及生命和健康的"防卫"，相反，强调"只有在防卫行为是为防止侵害所必要的情况下，防卫行为才能够被合法化。因此，作为防卫行为应当是适当的，而且对于侵害人应该是最稳妥的防卫手段"。"例如，对于在餐馆因喝醉而说侮辱性言辞的情况，只能限于用语言应答，除此以外则应当采取回避侵害的做法。"③ 也就是说，防卫手段与侵害行为之间必须具有相当性。剥夺生命或伤害身体的"防卫"与并不危及生命或健康的限制人身自由的"侵害"之间，显然不相当。《德国刑法典》第32条规定了正当防卫，第33条规定了防卫过当，但都没有以伤亡结果限定防卫行为，因此"语言应答"也算一种针对"侮辱性言辞"的防卫行为。自然也能找到针对限制人身自由的防卫行为，如推搡拉扯等。与此不同，我国的正当防卫只评价会导致伤亡结果的"防卫"，其对应的人身侵害范围当然会受到这一限制的影响，这种"侵害"便只能是危及生命或健康的行为，不能是限制人身自由的行为。

然而，在现实情况中，限制人身自由与损害人身常有交集。一种交集是，限制人身自由伴随着剥夺生命或伤害身体的行为；另一种交集是，限制人身自由的行为会危及生命或伤害身体。为了实务的方便，可将二者归于正当防卫的人身侵害。但

---

① 参见［美］史蒂文·L.伊曼纽尔著：《刑法》影印本，中信出版社2003年版，第107页；［英］艾奇著：《刑法学》（第4版）影印本，华中科技大学出版社2014年版，第273页。
② 参见［日］大塚仁著：《刑法概说（总论）》（第三版），冯军译，中国人民大学出版社2003年版，第333-336页；［日］山口厚著：《刑法总论》（第2版），付立庆译，中国人民大学出版社2011年版，第127-135页；［日］野村稔著：《刑法总论》，全理其、何力译，法律出版社2001年版，第228-246页。
③ ［德］汉斯·海因里希·耶塞克、托马斯·魏根特著：《德国刑法教科书（总论）》，徐久生译，中国法制出版社2001年版，第404页，第405页，第410页，第411页，第415页。

在实质上，二者并未超出"正对不正"关系推出的结论——以剥夺生命或伤害身体为手段的"防卫"行为，其反击的人身侵害也只能是危及生命或健康的行为。前一种交集的防卫，看似针对限制人身自由的行为，其实针对的还是伴随发生的危及生命或健康的行为；后一种交集的防卫，确实直接针对限制人身自由的行为，但根本在于这种行为潜藏着危及生命或健康的隐患。在于欢案中，虽然于欢当时处于被非法拘禁的状态，但决定于欢持刀捅刺杜某等人具有"防卫属性"的"侵害"，也一定与危及生命或健康的行为有关。问题是，于欢持刀捅刺行为直接针对的是杜某等人向其"逼近"的行为，但"逼近"本身不可能导致伤亡结果，也不是实现或保持非法拘禁所需要的行为（当时于欢的人身已经在控制之中），该如何理解？笔者认为，于欢案中的"逼近"属于上述第一种交集的特殊情形。从法院认定的事实中不难看出，在当晚案发的半个小时里，虽曾有民警到场，但于欢及其母亲的人身自由始终处于被杜某等人限制的状态，杜某等人以暴力逼迫于欢及其母亲继续留在接待室而无法离开。在此过程中，杜某等人实施了强收手机、肆意辱骂、弹射烟头、裸露下体、让其闻鞋、拍打面颊、揪抓头发、强迫坐下、按压肩部不让起身、卡住颈部等一系列暴力、强制和侮辱行为，一方面，人多势众的群体侵害使得于欢为了避免侵害升级而忍辱受屈；另一方面，使得于欢内心不断积累对侵害升级的担忧和恐惧。于是，当代表公权力的民警到场并未解除于欢身处的非法拘禁反而被杜某等人暴力推至角落时，于欢的安全感彻底崩溃，瞬间产生"大难临头"和只能依靠自己抵御侵害的意识，遂抓起尖刀警告对方不要靠近，但杜某等人无视警告，口出挑衅言语的同时向角落的于欢逼近，这种示威性举动只能让于欢确信对方将用超于持刀的攻击力施害于己，没有退路的于欢实施了持刀捅刺行为。就杜某等人而言，既然"逼近"不是为了拘禁，只能是在于欢突然持刀表现强硬的情况下，预示着上前大打出手，使用暴力让其屈服。对于欢来说，多人"逼近"意味着遭受暴力的危险迫在眉睫，预示着受到暴力侵害的强度比先前更高。"逼近"是人身损害过程的预备阶段，是人身损害行为的一部分。正是在这个意义上，"逼近"才成其为损害人身的"侵害"，否则，对仅仅是"逼近"的行为使用暴力，就不可能具有"防卫性质"。由此看，第93号指导性案例"要点1"将于欢的防卫行为所针对的侵害归纳为非法限制人身自由，不够精准。还需要指出的是，于欢案中的"逼近"可以被认定为人身侵害，不等于任何情况下的"逼近"都可以这样认定，相反，"逼近"行为本身毕竟不能直接带来人身危险，也不必然预示着后续会有直接的人身侵害，因此在原则上，"逼近"不能一般地成为防卫所针对的"侵害"，只能是特别的例外——这才是第93号指导性案例"要点1"的指导意义。

一般而言，非法限制他人人身自由的行为与危及他人生命与健康的行为相交集的情形，主要有以下几种：

第一，某些情况下的非法拘禁。所谓"拘禁"，是指拘押和禁闭等非法剥夺他人自由的行为。《刑法》第238条规定了非法拘禁罪。从拘禁行为的过程来看，是先以某种方法实现对他人人身的控制，再将这种状态予以持续。对他人人身实现控制的方法往往是一定程度的暴力——具有强制力的接触，而控制状态的持续通常只需要侵害者的"不作为"(不释放)即可实现。当然,行为人在持续控制人身的过程中,既可能为了压制被害人的反抗或脱逃而施以暴力,也可能出于其他动机对被害人施以超出控制人身需要的额外暴力。拘禁过程中出现的暴力,通常不会危及生命,但不排除侵害者失态或失手情况下实施危及生命的暴力。对此,被害人当然有权防卫反击。至于拘禁中危及健康的侵害,只要是可能造成任何身体伤害的情形,被害人都可以防卫。这里之所以不需要达到"轻伤"标准,是因为防卫所针对的健康"损害"只是一种现实可能性,防卫的目的是要防止这种可能性成为现实。这不同于对"防卫"本身进行的事后评价——只有发生了"轻伤"以上的人身损害结果而具有犯罪的可能性,刑法才有评价的必要。对于明显不会造成身体伤害的非法拘禁行为,无论是对拘禁中的一般拉扯或推搡的轻微暴力,还是对拘禁持续过程没有施加任何暴力的情形,都不能采取"防卫"。被害人识破了下药迷幻的强制方式,可以拒绝饮用或逃避,而不是采取损害性的手段还以颜色。当然,这并不意味着被害人不可以采取推拉侵害者等举动以摆脱人身控制,只是这样的反抗不具有刑法评价的意义。不过,任何针对被害人的击打动作,应当被视为危及健康的暴力伤害行为,被害人应有权防卫。需要注意的是,单纯"不作为"形式的持续拘禁状态一般不能成为"防卫"所针对的"侵害",但是在某些特殊情况下,拘禁本身就使被害人陷于生命或健康的现实危险时,应当成为"防卫"所直接针对的"侵害"。这些情形包括:拘禁场所存在危及被害人生命或健康的现实危险(如危房、涨水会淹的处所、正要被爆破拆毁的建筑物、冷冻或有毒物品仓库、不易发现的密室、荒野偏僻之地等);实施拘禁者不给被害人提供基本的维生所需(如不供粮送水、长时间拘于水中而致无法睡觉、拘于狭小空间而无排泄大小便条件等);上述两个方面同时存在(如拘于偏僻之地的同时还不提供食物等)。一般说来,这些情况下的防卫,应当是在防卫人合理地穷尽了脱逃方法并要求实施拘禁者防止人身危险遭到拒绝后,方能采取。

第二,绑架。俗称绑票,是指掳人勒赎的行为。我国《刑法》第 239 条将此种非法限制人身的行为规定为犯罪。绑架与非法拘禁类似,都是以某种方法实现对他人人身的控制并将这种状态持续。不同的是,绑架往往对他人人身施加的暴力更多、强度更高、危险更大。绑架是将被害人扣为人质,以被害人的人身安全作为达到某种目的的筹码,行为人往往在达不到目的的情况下"撕票"——杀害被绑架者,甚至在达到目的后"撕票"。绑架者为了讨价还价和逼迫谈判对象满足其要求,往往将残害人质作为施压的砝码,还会因人质试图逃跑或反抗而以酷刑"惩罚"。绑架者对人质的非人待遇,更容易肆意妄为和发生意外伤亡。因此,《刑法》第 20 条第 3 款将绑架的情形规定为特殊防卫所针对的侵害,据此只要绑架发生,本身就属于"严重危及他人人身安全的暴力犯罪",无论其在限制人身自由的过程中的实际侵害及暴力程度如何,都可以对其大胆防卫。

第三,强奸。作为《刑法》第 236 条规定的一种侵犯人身(性自主)权利的犯罪,也是伴有限制人身自由的行为,而且不同于非法拘禁和绑架,强奸行为的全过程都贯穿着对被害人的暴力压制,否则会因被害人反抗而无法得逞,该行为的这种野蛮性更容易导致被害人或伤或亡的结果，因此也成为《刑法》第20条第3款特殊防卫所针对的"侵害"。

第四，某些非拘禁的非法限制人身自由。拘禁是对人身自由的剥夺或完全控制。但有时，非法限制人身自由并未达到拘禁的程度，而是给行动自由设置一定障碍或带来一些困扰，典型的是挡住他人去路或阻止他人进出，如果是以暴力或以暴力相威胁的方法逼迫他人进退或出入，则不属于非法限制人身自由而应归于暴力侵害。通常，面对非拘禁的单纯限制人身自由，不能采取"防卫"。但是，非拘禁的限制人身自由可能导致伤亡结果时，应属于可以"防卫"的"侵害"，如甲正要离开一处悬崖，但乙挡住了唯一的小路，拒不让道；又如，甲是医生，正赶赴一个山村抢救病人丙，但被丙的仇人乙堵在了必经的独木桥上，乙以此阻碍对丙的救治。两例中的乙都没有对甲施用暴力或以暴力相威胁，仅仅是用自己的身体挡道，从而严重危及甲或丙的生命或健康。不过，针对这些"侵害"进行"防卫"应当以无法求助为前提，所谓"无法求助"，主要是指无法报请公权力干预。如果站在悬崖处的甲可以打手机报警，警察将很快赶来，甲就不应"防卫"；如果甲没有通信工具，或者虽然报警，但因山高路远，风雪弥漫，警察至少在一天之内无法赶到，就应当允许甲进行"防卫"。

三、非法限制人身自由与正当防卫中的"防卫"

上一部分明确了针对哪些限制人身自由的行为可以采取《刑法》第20条所规定的"防卫"，哪些限制人身自由的行为不能成为"防卫"所针对的"侵害"。那么，针对可以进行防卫的非法限制人身自由行为，该如何实施防卫，才不会"明显超过必要限度造成重大损害"而始终保持正当性呢？显然，对于绑架和强奸的侵害而言，可以实行无过当防卫，也就不存在防卫限度的问题。需要讨论的空间便是非法拘禁和非拘禁的限制人身自由的情形。

无论拘禁还是非拘禁，如前所述，可以作为"防卫"前提的限制人身自由行为，至少伴随或隐含发生损害人身的可能。但这只是决定能否对某种限制人身自由行为实施防卫的底线，要解决防卫限度问题，还必须对伤害身体的可能性作出相对量化的等级区分。对此，同样需要根据"正对不正"的关系，由"防卫"手段的等级反推出"侵害"等级，再确定不同"防卫"等级与何种"侵害"等级之间具有合理的对应性，这种合理的对应性即为正当防卫限度所要求的"防卫"与"侵害"之间的"相当性"。

《刑法》第20条规定的"防卫"作为剥夺生命或伤害身体的反击手段，实际上提供了两种强度的暴力等级：致命暴力（会剥夺生命）与非致命暴力（不会剥夺生命）。但是，我国刑法正当防卫理论缺乏对两种程度的暴力手段及其与不同等级的侵害之间对应关系的系统说明。这方面，同样区分致命暴力与非致命暴力的美国刑法做了具体展开。美国刑法的"自身防卫"（self-defense）要求：防卫所使用的暴力不能过度（excessive），即防卫人所使用暴力的程度不能超过制止侵害的合理的必要范围。这具体体现在致命暴力（deadly force）与非致命暴力（non-deadly force)的区分及其适用场合。不过,其致命暴力与非致命暴力的区分标准与我国刑法有所不同。美国刑法中的致命暴力是指"可能导致死亡或严重身体伤害"(likely to cause death or serious bodily injury)的暴力,使用致命暴力进行防卫,只针对侵害也是致命暴力的场合。非致命暴力可以在任何有权防卫的情况下使用。显然,这里的非致命暴力是指至多会造成轻伤的暴力。① 之所以把导致死亡和造成重伤都作为致命暴力看待,是考虑到能够引起死亡和重伤结果的行为特征和强度并无显著区别,防卫人在当时情况下很难辨别。与此不同,德日刑法没有致命与非致命的防卫强度区分。例如,日本《刑法》第35条规定:"为了防卫自己或者他人的权利,对于急迫的不正当侵害不得已实施的行为,不处罚。超出防卫限度的行为,可以根据情节减轻或者免除刑罚。"② 相应地,日本刑法理论也只是围绕"不得已实施了行为"的刑法规定,一般性地探讨"防卫"强度与"侵害"程度的对应性,不涉及"伤亡"或致命与非致命等具体的对应关系。③ 比较之下,我国可借鉴英美刑法理论中的"致命"概念,即以能够致死或致重伤的暴力强度反击可能致死或致重伤的侵害,同时借鉴德日刑法理论关于防卫强度与侵害程度之间对应关系的合理论述,帮助区分侵害行为具有重伤可能性还是轻伤可能性,以及不会造成伤害的可能性。将此落实到非法限制人身自由的防卫强度,可体现为以下两方面的情形:

其一,针对非法限制人身自由过程中出现了可能剥夺生命或伤害身体的侵害,对防卫强度该如何把握?可以考虑几点:

1. 应当考虑"侵害"是否具有危及生命的可能性。这主要从攻击的方式、部位、力度、频次、工具等进行审视。就于欢案而言,无论从事后观察还是从于欢本人当时的判断着眼,杜某等人都没有表现出杀害于欢及其母亲的举动和迹象,相反,明显是为了逼债而控制于欢及其母亲,不达目的不准备罢休。笔者在上一部分说明,杜某等人当时对于欢的"逼近"应被视为危及人身的侵害,但是还看不出这种人身侵害会危及于欢的生命。因此,于欢使用剥夺生命的手段进行防卫,捅死杜某,属于过当。

2. 应当考虑"侵害"是否具有造成重伤的可能性。审视的因素与危及生命的情形相同。关键在于区分重伤的可能性与轻伤的可能性。问题是,这种区分恰恰需要防卫人作出,才能选择适当的防卫强度,才能在其不选择适当防卫强度时对其进行责难,承担防卫过当的刑事责任。然而,这种区分有时并不那么容易,往往要综合多方面的因素才能做到,但这样要求正处于被侵害和受惊吓的防卫人未免过于苛刻。设身处地考虑防卫人境遇,笔者认为,只要当时有某一个因素能够让防卫人合理地认为这是造成重伤的信号,就可以成其为选择致命防卫手段(可能致死或致重伤)的理由,即使防卫人当时的判断并不准确。例如,侵害者为了戏弄其非法拘禁

---

① 参见[美]史蒂文·L.伊曼纽尔:《刑法》影印本,中信出版社2003年版,第107-109页。
② 张明楷译:《日本刑法典》,法律出版社1998年版,第19页。
③ 参见[日]大塚仁著:《刑法概说(总论)》(第3版),冯军译,中国人民大学出版社2003年版,第333-336页;[日]山口厚著:《刑法总论》(第2版),付立庆译,中国人民大学出版社2011年版,第127-135页;[日]野村稔著:《刑法总论》,全理其、何力译,法律出版社2001年版,第228-246页。

的防卫人，摆出杀人姿态，手持制作逼真的橡皮匕首刺向防卫人心脏部位，不知情的防卫人进行致命还击就不属于防卫过当。但是，于欢案不属于此种情形，而是可以分清重伤可能性还是轻伤可能性的情形。诚然，于欢遭受了杜某等人的一系列暴力行为，始终忍辱受屈，没有反击，突然抓起尖刀警告，的确可以证明其主观上认为自己大难临头，但是这种主观判断没有现实根据，即使警告后杜某等人逼近，也不能说明于欢将要遭受重伤的可能性。在明显不存在致死或致重伤的可能性时，只能对侵害进行非致命的防卫。于欢的防卫采用致命手段，不仅造成一死，还导致二人重伤，超过了必要限度。

3. 应当考虑"侵害"是轻伤害的可能性还是轻微伤害的可能性。如果界限明显，应当要求防卫行为保持适当的对应强度——从"正"要有效压制"不正"的需要出发，防卫强度可合理地高于侵害程度。如果轻与轻微的界限模糊，应当从有利于防卫人着眼，允许防卫行为达到轻伤强度。就于欢案而言，虽然持刀捅刺的防卫行为所直接针对的侵害是杜某等人的逼近，但结合此前于欢遭受的推搡、拍打、按压、揪头发、卡脖子等暴力侵害以及民警到场后未及时消解拘禁状态等情节，至少可以认定多人"逼近"的行为很可能导致于欢受到轻微伤害甚至轻伤害——于欢在当时情况下做出这样的判断是合理的。因此，于欢实际行为导致的结果中，一人轻伤应属防卫限度之内，第93号指导性案例在关于认定防卫过当及其量刑的说理却将一人轻伤的结果累加于过当的程度之中并影响量刑，似有不妥。

4. 应当考虑"侵害"是轻微伤害的可能性还是不会导致损害的单纯侵袭。既然正当防卫中的"侵害"是能够造成"损害"结果的"侵袭"行为，那么"侵害"至少具有轻微伤害的可能性，只是有时这种可能性较为明显，有时较为模糊，但只要不能排除这种可能性，就可以对侵害人使用可能导致其轻微伤害的手段进行防卫，亦可根据当时情况，防卫强度合理地高于侵害程度。如果是明显不会导致任何身体伤害的单纯侵袭（如推搡拉扯或擒拿束缚），则不是防卫强度的问题，而是不具有防卫前提的情形。此时，被非法限制人身自由者还手，无论是否造成轻微伤害，都属于民事法律问题；如果造成轻伤以上的伤害，则涉嫌伤害罪，但与防卫过当无关。

5. 应当考虑"侵害"中的限制人身因素。虽然针对伴随暴力的非法限制人身自由的侵害进行反击，实际上是主要针对暴力侵害的防卫，但限制人身自由的侵害常常会加剧防卫人的恐惧感，从而在一定程度上影响其对暴力侵害程度的判断，只要限制人身的侵害明显增加了防卫人的不安，足以使其夸大侵害程度，则可以在上述各点确定的对应关系基础上，适当放宽对防卫限度的要求。在于欢案的非法拘禁现场，除了暴力不断外，杜某一方人多势众，人员凶悍，肆意侮辱，行为极端，态度嚣张，且民警的到来在客观上也未能解除非法拘禁，如果将这些因素与杜某等人并不算重的暴力行为联系起来考虑，则应当进一步降低于欢过度反应的超过值，并从量刑上体现出来。也就是说，防卫过当，也有一个过当多少的问题，非法拘禁的某些情节理应降低在非法拘禁过程中暴力侵害引起防卫过当的程度。由此看，于欢案由一审的无期徒刑到二审的5年有期徒刑，不应当仅仅是确认了防卫性质的结果，也应当是考虑防卫过当之程度的结果。

其二，非法限制人身自由的行为并未伴随剥夺生命或伤害身体的行为，但限制人身自由包含着危及生命或健康的必然性或高度可能性，该施以何种强度的防卫？笔者认为，应当对防卫强度从宽掌握。具体有三种情形：

1. 非法限制人身自由的场所现实存在危及被害人生命或健康的祸患，被害人可以伺机实施防卫。例如，被非法拘禁于摇摇欲坠的危房，被害人指出危险，侵害人漠然置之，就可以利用外面看守人进来巡查之际采取防卫措施，以便逃离。

2. 与非法限制人身自由相关联的环境、条件、事项等因素现实存在危及生命和健康的风险，如被拘禁者患有危及生命的严重哮喘，随时可能发作但没有带药，请求侵害者帮助却被认为撒谎，被害人可及时进行防卫。

3. 上述两种情形同时存在。例如，甲坐在连接悬崖的唯一小道上，使得先前自行来到悬崖的乙难以越过和离开，声称乙如果不还债就不会让路，但并未有任何攻击或接触乙的行为，乙的手机电量耗尽，无法向外界求援，此时，乙有权对甲采取防卫。

在这些情况下，防卫人合理地穷尽了脱离危险的方法，均不奏效，向侵害人求情又被拒绝，只剩下"华山一条路"——通过反抗侵害人寻求"突围"，从而具有防卫权。考虑到侵害人坚决阻碍的态度，防卫人需要抓住机会争取一次性成功，就应当允许防卫人使用较高强度的暴力，从而保证排除侵害人的阻碍。当然，这毕竟不属于特殊防卫，还是要参照前面确立的大致标准，考虑防卫强度与现实危险的相当性：第一，针对死亡危险，可以使用会致死的暴力；第二，针对重伤危险，可以使用会造成重伤的暴力，亦可使用会致死的暴力；第三，针对轻伤危险，可以使用会造成轻伤的暴力，亦可使用会造成重伤的暴力；第四，针对轻微伤危险，可以使用会造成轻微伤的暴力，亦可使用会造成轻伤的暴力。

防卫行为的结果伤及第三人的刑法评价

钱叶六[*]

一、问题的提出

众所周知，正当防卫是防卫人为了保护合法权益免受正在进行的不法侵害，采取对不法侵害人造成或者可能造成损害，制止不法侵害的行为，在性质上是一种"正对不正""合法针对不法"的关系，因此，在防卫行为仅仅涉及防卫人和不法侵害人两者关系的场合，正当防卫的认定一般不存在问题。但是，在防卫人进行防卫的过程中，其防卫行为可能会伤及第三人，从而造成其法益侵害的结果。

例如，【案例1】乙防卫甲致丙重伤案。乙夜里下班回家，途经一条小巷子时，遭遇仇人甲的攻击。乙捡起地上的一块石头砸向甲，结果未砸到甲，却砸中了正开门出来查看外面情况的丙的头部，致其重伤。

【案例2】秦某甲过失致人重伤案。2013年2月10日凌晨2时许，被告人秦某甲与同村村民李某某、张某某、刘某某等人在秦某乙家喝酒。在喝酒过程中，刘某某与秦某甲争吵，被在场的李某某、张某某等人劝解。之后，秦某甲与李某某在回家途中被任某某、刘某某、张某某追至李某某家门口，任某某和刘某某殴打秦某甲和李某某，秦某甲持酸刺棒进行防卫时将一旁的张某某眼睛误伤。经法医鉴定：张某某的损伤程度为重伤，伤残等级评定为七级。另查明，本案民事部分，经本院调解，被告人秦某甲与被害人张某某达成协议，由被告人秦某甲赔偿被害人张某某医疗等损失费用共计人民币40000元（不包括治疗期间已赔偿的部分），被害人谅解并建议对被告人从轻处罚。法院最终认定秦某甲构成过失致人重伤罪，判处其有期徒刑6个月。[①]

在此类案件中，就指向不法侵害人的防卫行为而言，只要客观上可能具有制止不法侵害的效果，即便未能起到实际效果（所谓的"失败的防卫"），也不影响其行为的"防卫性"。[②] 但问题是，当针对不法侵害人的防卫行为在无辜的第三人身上发生了危害结果时，该做如何评价，学界则一直是见仁见智，纷争不已，大体上存在"正当防卫说""紧急避险说""假想防卫说""假想避险说"和"打击错误说"等学说的分野。从当下司法实务现状来看，虽然认定行为人成立过失犯罪是一般的做法，但多数裁判在说理上只是寥寥数语，说理性不强的问题依然突出。另

---

[*] 华东师范大学法学院教授。
[①] (2014) 岷刑初字第162号刑事判决书。
[②] 参见 [日] 西田典之：《日本刑法总论》（第2版），王昭武、刘明祥译，法律出版社2013年版，第142页；[日] 山口厚：《刑法总论》（第2版），付立庆译，中国人民大学出版社2011年版，第125-126页。

外，对于此类案件一般性地认定成立过失犯罪的做法，是否符合责任主义原理，亦有进一步探讨的必要。鉴此，本文以下拟在评介相关学说的基础上，主要就防卫行为的结果伤及第三人的刑法评价提出一己之见，以期能深化正当防卫论的研究，并能有益于司法实务。

二、防卫行为的结果伤及第三人的性质学说及批判

防卫行为的结果伤及第三人的刑法评价问题，虽是正当防卫论中的一个"小问题"，但由于涉及防卫人行为的正当与否及罪责的评价，因而绝非"无足轻重"。近年来，中外刑法学界对此问题给予了一定的关注和研究，并形成了正当防卫说、紧急避险说、假想防卫说、假想避险说和打击错误说等学说的分野。

（一）正当防卫说

该说主要基于同一防卫行为不能加以割裂评价而主张整体行为具有防卫性而阻却违法。例如，川端博教授指出，既然防卫人的反击行为作为防卫行为而被正当化，那么对于所发生的结果也应当进行整体的评价。……虽然发生了严重结果，但是只要防卫行为具有正当防卫所要求的相当性，则正当化的行为所产生的一切结果，也同样被正当化。①

周光权教授倾向于正当防卫说。例如，甲对准乙开枪，乙一边躲避，一边向甲扔石头。乙扔出的一块石头在空中裂为两半，其中一半砸中偶然从现场经过的丙，导致丙重伤。对此，周光权教授认为，乙针对甲实施防卫，附带导致丙受伤的行为解释为正当防卫可能更为妥当。②

该说在理论上存在以下疑问。

第一，在教义学上，正当防卫是针对紧急不法的侵害人进行的反击行为，其对象只能是不法侵害人本人。然而，"正当防卫说"从指向不法侵害人之防卫行为的正当性出发而将包含防卫行为与第三人损害结果的整体认定为正当防卫，这实际上坚持了第三人也是不法侵害人的逻辑。但是，第三人并没有实施不法侵害，将对第三人法益造成侵害的行为以正当防卫予以正当化，在性质的认定上存在偏差，并不妥当。③

第二，依照正当防卫说的逻辑，只要是基于保护合法权益的需要，即便是伤及无辜，也在所不惜。这种不当扩张防卫权限的观点，对无辜的第三人来说显然是不公平的，也是非常危险的。这是因为，没有实施任何不法侵害的人，并没有忍受防

---

① ［日］川端博：《刑法总论讲义》（第2版），成文堂2006年版，第348-349页。
② 周光权：《刑法总论》（第3版），中国人民大学出版社2016年版，第208页。值得一提的是，周教授虽然倾向于支持正当防卫说，但在行文上尚有踌躇，亦即，他在主张此种情形下的防卫人的行为宜成立正当防卫的同时，又指出"当然，对此还需要进一步斟酌"。
③ 参见［日］大谷实：《刑法讲义总论》（新版第2版），黎宏译，中国人民大学出版社2008年版，第258页；［日］山口厚：《从判例看刑法》（第2版），付立庆、刘隽译，中国人民大学出版社2009年版，第49页；［日］前田雅英：《刑法总论讲义》（第4版），东京大学出版会2006年版，第337页；黎宏：《刑法学总论》（第2版），法律出版社2016年版，第139页。

卫人的侵害的义务。① 事实上，即便是在"被牺牲的第三人法益和被救济的法益不两立"的场合，现行法秩序也不是要求被卷入的无关第三人必须忍受侵害的义务，而只是"因为会赔偿所以请忍耐"，属于只有和对不法侵害这一危险的制造者或者避险人（如在危险来源于自然灾害时）的赔偿请求相结合才得以正当化的制度。② 但这本质上是一种"正对正"的关系，属于紧急避险的范畴，而与正当防卫无关。

第三，正当防卫之所以作为紧急行为而被正当化，乃因防卫之反击行为是针对不法的攻击者而发生作用之故，③ 亦即必须具有防卫效果。在防卫的结果发生在第三人身上的场合，虽然针对不法侵害人的防卫因具有制止不法侵害的作用或者有这种可能性而成立正当防卫，但对于无辜的第三人正当利益之侵害，并不能作为正当防卫发挥作用或者说带来防卫的效果，因而也就欠缺将对第三人的损害评价为正当防卫的根据。④

第四，针对某一对象的不违法行为，完全可能在其他对象身上发生违法结果。例如，甲心情不好，将自家的冰箱搬到门前，欲用石块砸坏之，却不料扔过去的石块砸到了经过此地的路人乙，导致乙身受重伤。此种情形下，虽然甲用石块砸自家冰箱的行为不违法（自己侵害自己的法益不违法），但由于行为偏差而砸中了路人乙的行为，侵害了乙的健康法益，具有违法性。当然，甲是否要被追究刑责，则是责任判断的范畴。如此说来，作用于不同对象的同一行为，在性质评价上完全可能不同。如后文所述，防卫行为的结果发生在第三人身上的情形亦是如此，析言之，防卫行为的正当性是相对于不法侵害人而言，而对于无辜的第三人来说，除了有可能成立紧急避险的情形之外，难言具有正当性。

值得一提的是，最近李齐广博士专门撰文为"正当防卫说"进行辩护。具体理由如下：第一，将防卫人对第三人造成的结果认定为违法并不合理。因为防卫人本来实施的是一个合法的防卫行为，却被分割成两部分，一部分针对侵害人，一部分针对第三者，这样孤立看问题并不合适。第二，被侵害者在实施防卫行为时原本就处在紧急状态中，要求防卫人对周围的情况作出充分、完全的判断，过于严苛。因此，只有采取正当防卫说，才能更好地保护被侵害人的利益和实现正当防卫制度应有的保护机能。第三，从整体上看，被侵害利益加上停留在现场的利益与侵害人利益和第三者利益相比较，仍然具有优越性。只是在不法侵害人的反击行为可能使第三人的生命面临危险时，"停留于现场的利益"要保护性才不被承认，即防卫人负有退避的义务。否则，有成立防卫过当的余地。⑤

---

① 参见张明楷：《刑法学（上）》（第5版），法律出版社2016年版，第210页。
② 参见［日］松宫孝明：《刑法总论讲义》（第4版补正版），钱叶六译，中国人民大学出版社2013年版，第116页。
③ 参见［日］曾根威彦：《刑法总论》（第4版），成文堂2008年版，第109页；陈子平：《刑法总论》，中国人民大学出版社2009年版，第184页。
④ 参见［日］松宫孝明：《刑法总论讲义》（第4版补正版），钱叶六译，中国人民大学出版社2013年版，第112页；陈家林：《防卫行为与第三者法益侵害》，载《甘肃政法学院学报》2008年第2期，第14-15页。
⑤ 参见李齐广：《涉及第三者利益的防卫行为探析》，载《政治与法律》2011年第5期。

依笔者之见，李齐广博士的上述理由难以令人信服。

第一，如前所述，同一行为在发展过程中可能因指向对象的不同，在性质评价上完全可能迥异。具体到防卫行为之结果伤及第三人的场合，虽然针对不法侵害人的反击成立正当防卫而阻却违法，但对于伤及第三人的结果完全有可能被评为违法。就此，后文将有专门论述，在此不赘。

第二，根据"正没有必要向不正让步"的原理，被侵害人的利益具有优越性，仅仅是相对于不法侵害人而言的。而对于无辜的第三人而言，不能认为承认其利益的优越性。这终究是因为，第三人没有忍受防卫行为侵害的义务。所以，防卫人造成无辜的第三人伤害的，不能以正当防卫加以正当化。

第三，至于李博士提及的"在紧急状态下，要求防卫人对周围的情况作出充分、完全的判断，过于严苛"的事实或情节，属于责任减免判断的根据，而非认定成立作为违法阻却事由之正当防卫的根据。在这一意义上说，李博士以此为由推导出防卫人成立正当防卫的结论，实际上是将违法阻却事由和责任阻却事由之判断混为一谈，难言妥当。

（二）紧急避险说

该说主张，正当防卫是对紧急的不法侵害的反击，如果反击行为的结果伤及了第三人，就不属于对不法侵害的反击，不是正当防卫，相反，符合紧急避险的条件，应成立紧急避险。日本学者大塚仁教授通过具体事例的分析表达了该立场。甲持日本刀突然向乙砍过去时，为了反击，乙抓起脚下的石块扔过去，但是，没有打中甲，却打中了偶然从旁边经过的丙，使丙负伤时，或者打中甲又打中丙，使丙负伤时，乙扔石块的行为，在对甲的关系上当然成立正当防卫，至于对丙的关系，应认为，只要没有损害法益的均衡，就认为可以成立紧急避险。① 大谷实教授也指出，通过对不法侵害人的反击而保护自己利益的防卫意思中，同时也包含有避险的意思在内，因此，主张将第三人造成的侵害看作紧急避险的观点是妥当的。②

我国学者陈家林教授主张"综合说"，认为对于防卫效果及于第三者的情形，应当具体分析。大体上包括以下三种情形：(1) 成立紧急避险的情况。如果是为了使更大的利益免受正在进行的不法侵害，在迫不得已的情况下，给第三者的权益造成较小损害的，属于紧急避险。但如果超出了必要的限度，则属于避险过当。如 A 绑架 B，以其为挡箭牌准备炸毁某座商场，X 在不得已的情况下开枪打死了 A，同时造成了 B 重伤。(2) 成立假想防卫的情况。在防卫过程中，由于精神过度紧张，误将第三者当作不法侵害人而对其实行所谓的正当防卫，不是紧急避险，而属于假想防卫。(3) 成立犯罪行为的情况。成立正当防卫与紧急避险，都需要具备一系列的条件，如时间性条件、对象性条件，等等。如果不符合这些条件，不能认为正当防卫和紧急避险。特别是，对于非出于防卫或者避险的意思而加害第三人的情况。③

---

① [日] 大塚仁：《刑法总论（概说）》（第3版），冯军译，中国人民大学出版社2003年版，第329-330页。
② [日] 大谷实：《刑法讲义总论》（新版第2版），黎宏译，中国人民大学出版社2008年版，第258页。
③ 参见陈家林：《防卫行为与第三者法益侵害》，载《甘肃政法学院学报》2008年第2期。

对于陈家林教授的上述主张，李齐广博士做了精当的分析和归结：实质上，综合分析说就是紧急避险说，二者并无根本性差异。其中"误将第三者当作不法侵害者"的情形属于典型的假想防卫，并非这里所要讨论的防卫的行为结果伤及第三人的情形。至于"故意加害第三者"的情形根本上就是一种故意犯罪，也不属于防卫的结果及于第三人的情况。①

应当说，上述观点肯定防卫人的行为于不法侵害人而言具有防卫性这一点无疑是正确的，但同时主张对第三人造成误伤的构成紧急避险这一点，有失周延。理由在于：从优越利益原理出发，紧急避险之所以能够阻却违法，是因为能够通过侵害第三人法益来避免正在发生的危险，从而达到保护法益的效果。在此意义上说，要成立阻却违法之紧急避险，不仅要求满足"法益的均衡性"要件（必须是"两害相权取其轻"），而且还要求"法益冲突关系"的存在，即行为人当时身处自行忍受危险和侵害、牺牲第三人法益"二择一的关系"之中，②除了通过牺牲第三人法益进行避险之外，不存在可以避险却侵害性更小的办法（补充性要件）。同时，要成立紧急避险，侵害第三人的利益行为必须具有避免正在发生的危险的效果，或者至少具有这种可能性。③ 但是，在防卫行为的结果伤及第三人的场合，防卫人往往并没有陷于"被牺牲的第三人法益和被救济的法益不两立"的境地，多数情形都是由于防卫行为的偏差打击到无关的第三人或者是无关的第三人偶然出现在现场所致。如在前文提到的【案例1】中，首先，乙当时并没有陷入自行忍受危险和侵害第三人丙的法益之冲突关系之中。乙的防卫行为之所以会伤及与侵害无关的第三人丙，乃是因为乙的反击行为发生了偏差和丙突然探头出现在现场两种因素综合作用所致。事实上，对丙造成法益侵害，于乙的法益保护来说在客观上也不会起到任何作用。由此，对于乙伤害到丙的结果，也就难以援用紧急避险理论加以解释。

当然，如后文所述，在类似防卫人身处——反击的话难免会伤害到第三人，但唯有反击才能保全法益——这种极端困境的情形，防卫人不得已而防卫，因之侵害了第三人的法益的，有成立紧急避险的余地。陈家林教授前述的第一种情形即是适例，但这只是极其例外的个案情况，以例外的个案为由一概认为防卫行为的结果伤及第三人的情形成立紧急避险的观点，有以偏概全之嫌，并不妥当。

（三）假想防卫说

该说认为，防卫行为的危害结果发生在第三人身上应构成假想防卫。

例如，【误撞哥哥致其死亡案】在团伙间的斗殴中，被告人为了营救正面临A的木刀伤害之哥哥B，而将车急速倒向A，除了撞倒A之外，还轧死了B。

对于该案，大阪高等裁判所判旨指出：在本案中，被告人对A的行为成立正当防卫，对B的行为应视为"假想防卫"的一种予以追究刑责，即便从错误论的观

---

① 参见李齐广：《涉及第三者利益的防卫行为探析》，载《政治与法律》2011年第5期。
② 参见［日］松原芳博：《刑法总论重要问题》，王昭武译，中国政法大学出版社2014年版，第196页；陈子平：《刑法总论》，中国人民大学出版社2009年版，第184页；黎宏：《刑法学总论》（第2版），法律出版社2016年版，第139页。
③ ［日］内藤谦：《刑法讲义总论》（中），有斐阁2001年版，第386-387页。

点来考察,作"也不能追究伤害致死罪的刑责"这样的理解是妥当的。亦即,一般地,当对某人(A)实施暴行,却未预料到在(B)身上发生伤害或者死亡结果时,属于所谓的方法错误的情形。……但是,即便采取法定符合说,此种情形下的B和A,从构成要件的评价的角度来看,不能说,我方的哥哥和对方团伙人员作为人在法律上具有等价值……因而欠缺认定故意符合的根据。所以,不能认定成立对B的伤害致死罪。①

我国学者张明楷教授通过对具体事例的分析表达了他原则上支持"假想防卫说"的立场。乙侵害甲,甲为了反击丙向乙掷石块,但没有击中乙而是导致丙受伤,或者在击中乙的同时也击中丙,使丙受伤。在本案中,由于丙没有实施不法侵害,但甲的行为导致了丙的伤害结果,所以应视为一种假想防卫,阻却故意责任。但在甲(职务上、业务上负有特定的责任除外)不得已实施防卫行为的情况下,对丙的伤害属于紧急避险。②

假想防卫说的问题在于:假想防卫在构造上要求原本客观上不存在侵害,但行为人假想存在客观的不法侵害而针对该假想的"不法侵害人"进行防卫。但是,在防卫行为的结果发生在第三人身上的场合,对不法侵害人而言,自然具有防卫的性质。至于对无辜的第三人的利益侵害,多是由于防卫行为发生"打击偏差"或者第三人偶然在现场出现所致,而并非行为人误认为第三人正在实施不法侵害而进行防卫所致,由此,将此种情形认定为假想防卫,与理论上一般理解的假想防卫的概念并不吻合,是对假想防卫概念的不当扩张,容易招致混乱。③ 实际上,原则上主张假想防卫说的张明楷教授也认为,要成立假想防卫,必须是客观上并无不法侵害,但行为人误认为存在不法侵害,因而进行所谓的防卫。④ 从张教授对假想防卫这一认知出发,应当得出防卫结果伤及第三人的不构成假想防卫的结论。可见,张教授在这一问题的思考上前后似有自相矛盾之处。

对于上述日本地方裁判例所做的"假想防卫说"的判旨和结论,山口厚教授批判道:"虽然将被告人的行为称为'假想防卫的一种',却是在行为人认识或者预见的对象是正当防卫的构成事实,因此没有故意责任基础这一意义上的,并且也是在这一限度内理解被告人的行为的。不过,由于被告人既没有误认为受到第三人乙的紧急的不法侵害,也没有误认为侵害第三人乙构成正当防卫,因此将之称为'假想防卫的一种'是否合适大概是有疑问的。"⑤

(四)假想避险说

黎宏教授是该说的主张者。他指出,在防卫效果影响到第三人的场合,成立对

---

① 参见[日]西田典之、山口厚、佐伯仁志:《判例刑法总论》(第5版),有斐阁2009年版,第235-236页。松原芳博教授在其《刑法总论重要问题》表达了支持"假想防卫说"的态度,参见[日]松原芳博:《刑法总论重要问题》,王昭武译,中国政法大学出版社2014年版,第196页。
② 张明楷:《刑法学(上)》(第5版),法律出版社2016年版,第211页。
③ 参见陈家林:《防卫行为与第三者法益侵害》,载《甘肃政法学院学报》2008年第2期。
④ 张明楷:《刑法学(上)》(第5版),法律出版社2016年版,第201页。
⑤ [日]山口厚:《从新判例看刑法》,付立庆、刘隽译,中国人民大学出版社2009年版,第50页。

第三人的假想避险，其分析问题的过程如下：从行为人立场来看，其本是出于对加害人进行反击的正当防卫意图而实施的行为，应当是正当防卫行为；但是，防卫行为的结果却发生在与加害无关的第三人身上，换言之，行为碰巧符合了紧急避险的形式要件。这种现象，类似于假想避险的情形，即客观上不存在实施紧急避险的形式要件，但行为人误以为存在而实施的场合。此时，行为人的行为尽管形式上符合紧急避险的要件，但并不存在一定要实施紧急避险的实质要件，即在当时，给第三人造成损害不是避免眼前危险的唯一选择，因此不是真正的紧急避险。同时，在行为人的反击意图当中，实际上也包含避免现实发生的危险的意思即紧急避险的意思。这样说来，防卫行为的效果影响到侵害人以外的第三人的场合，按照假想避险来处理，或者构成过失犯，或者构成意外事件，但肯定不是故意犯。①

毋庸讳言，上述对假想防卫说的批评基本上也可以适用于"假想避险说"。具体言之，假想避险在构造上要求当时不存在现实的危险，但行为人误以为存在现实的危险而进行避险。但在防卫行为的结果伤及第三人的场合，实际情况是，当时存在来源于不法侵害人的侵害即危险，且对行为人对此有着明确的认识，而不存在假想或者误认，因而也就谈不上假想避险之成立的问题。

实际上，黎宏教授的上述问题分析过程和结论之间亦有自相矛盾之嫌。因为在黎教授看来，一方面，防卫行为的结果伤及第三人的，符合避险的形式要件，即防卫行为转嫁了风险，防卫结果发生在与加害者无关的第三人的身上；另一方面，在行为人的反击意图中，实际上也包含避免现实发生的危险的意思。仔细分析黎教授这一问题分析思路，应当得出行为人的行为具有避险性质的结论才对，而非成立假想避险的结论。但如前所述，此类案件中，防卫人多数并非陷入"被牺牲的第三人法益和被救济的法益不两立"之法益冲突境地，因而一般也不成立紧急避险。

（五）打击错误说

持该说的学者代表是郭泽强教授。他认为，对于防卫行为的结果发生在第三人时，应具体情况具体分析（所谓的"区分说"）：②（1）如果防卫第三者符合紧急避险条件的，应以紧急避险论，不负刑事责任。例如，歹徒甲追杀乙，乙迫不得已拿刀架在甲的幼子丙的脖子上，这就属于紧急避险。紧急避险没有超过必要限度，造成不应有的损害的，不负刑事责任。（2）如果不是出于防卫或者避险的意图，而是故意加害第三者，当然不成立正当防卫和紧急避险，而应以相应的故意犯罪论处。例如，甲将乙砍伤，乙追赶不上，于是袭击被甲撇下的妻子丙，将其打成重伤。由于乙主观上有伤害丙的故意，客观上实施了伤害丙的行为，应以故意伤害罪论处。（3）如果防卫人不是有意给第三者造成损害，而是由于认识上的错误或者行为失误，误击第三者并造成其损害的，也不属于正当防卫或者紧急避险，而是刑法中的错误问题，要按处理有关事实错误的原则来处理。如果防卫人主观上具有过失的，应以过失犯罪论，当然，要以法律有处罚过失犯的规定为限；如果防卫人主观

---

① 黎宏：《刑法学总论》（第二版），法律出版社2016年版，第139页。
② 郭泽强、张艺娇：《正当防卫与第三者效果》，载《中国刑事法杂志》2011年第7期。

上既无故意又无过失的,应以意外事件论,防卫人不负刑事责任。

从郭泽强教授具体论及"区分说"时所提到的几种情形来看,多数都不是防卫结果伤及第三人所要讨论的课题。具体言之,情形(1)中的对第三人利益的侵害,并不属于指向不法侵害人的行为之结果发生在第三人身上的问题,而是属于(攻击的)紧急避险所要讨论的范畴。情形(2)与针对不法侵害人的防卫行为无关,而是属于针对第三人的故意犯罪。至于情形(3)所提及的基于认识上的错误而导致侵害了第三人法益,实际上是指误将未实施不法侵害的第三人当作不法侵害人,这属于假想防卫的问题。由此看来,只有情形(3)中的后一种情形,即防卫行为发生了失误,误击到第三人并造成其损害的,才属于防卫结果伤及第三人所要讨论的课题。

依上述"打击错误说"之见,指向不法侵害人的防卫行为之结果伤及第三人时,于第三人而言,既非正当防卫,也非紧急避险,而是属于"打击错误"的问题。换言之,该指向第三人利益的行为具有违法性,至于行为人的罪责,应在责任阶层运用"打击错误论"予以处理。该说在问题的思考过程上却有值得称道之处,但也并非不存疑问。

第一,在防卫行为伤及第三人的场合,由于行为人实施的前提性事实并非侵害行为,而是防卫行为,这与通常意义上的"打击错误"所涉及的行为人必须是基于侵害特定的犯罪故意实施侵害这一前提不同,因而严格说来,并非是本来意义上的打击错误的问题。

第二,实践中,防卫行为的结果伤及第三人利益的具体原因复杂多样,一概将之认定为违法,可能有"以偏概全"之虞。质言之,不排除在一些个别的场合有阻却违法的余地。

三、区分说的提倡

"刑法学是最精确的法律科学",在防卫结果伤及第三人的场合,唯有运用严谨的、精确的思维方式对问题进行精致的思考,方能得出妥当的结论。依笔者之见,对于防卫行为的结果伤及第三人利益的,应视情形予以不同的处理。具体言之,防卫行为的结果伤及第三人,导致第三人伤害或者死亡的,其行为原则上具有违法性,至于是否成立犯罪及成立何罪,则需要进一步地准用打击错误论来考察防卫人的主观责任情况。但是,不排除在个别特殊情形下有成立紧急避险的余地。

(一)原则上具有违法性,责任问题应准用打击错误论加以解决

如前所述,第三人并非不法侵害人,其没有忍受不法侵害的义务,因而防卫行为的结果发生在第三人身上的,导致其法益受到侵害的,一般应肯定违法性的存在。如前所述,从构造上看,防卫行为的结果伤及第三人的,相较于一般意义上的"打击错误"情形而言,其间的主要不同在于导致打击错误后果出现的本来行为是防卫行为,而非故意的侵害行为。但是,对于第三人而言,还是属于——原本是在"攻击"一个具体对象(A),由于行为偏差,结果却侵害了另一个具体对象(B)的情形,严格说来,虽然这非本来意义上的"打击错误",但在对于侵害第三人法

益后果的主观责任问题讨论上，完全可以用打击错误的原则来处理。

关于打击错误的处理，理论上存在法定符合说和具体符合说之争论。法定符合说主张，由于构成要件是抽象性、类型性的，所以只要行为人认识到的事实和实际发生的结果在同一构成要件之内如果抽象地符合，便能够承认故意。例如，在 A 举枪射击甲，却因没有瞄准而打中了距甲两米以外的乙，致其死亡的场合，由于行为人是意图杀"（抽象意义上的）人"，实际上也有"人"因行为人的行为而被杀死，因而应成立杀人既遂。具体符合说认为，行为人认识到的事实与实际发生的结果必须具体地相符合，才能肯定故意的成立。按照该说，由于上例中的 A 只有杀死"这个人（甲）"的认识，而现实发生的却是"那个人（乙）"的死亡，所以 A 对乙的死亡不能构成故意犯，而只能构成对甲的故意杀人（未遂）罪和对乙的过失致死罪的想象竞合。

法定符合说明显存在疑问。①

第一，众所周知，故意是对构成要件事实的认识、容认，只有行为人认识到的事实和客观构成要件事实之间存在对应（同一性）时，才成立故意。② 因为在故意犯的场合，刑罚这一制裁只会针对行为人所认识（容认）的事实形成反对动机，刑法中杀人罪规定发出的命令（行为规范）不是"不得杀害一般意义上的人"，而是不得杀害为行为人所认识到的作为个别的法益主体的那个人。③ 如此看来，在 A 基于杀甲的故意向甲开枪，却因子弹打偏，打中了两米之外的乙的情况下，乙分明是被误杀，而非故杀，因而当然不能认定对乙构成故意杀人罪，但法定符合说论者却认为对乙构成故意杀人罪的既遂，这明显不妥当。

第二，对于行为人意图杀甲，结果同时导致甲和乙死亡这种"并发事件处理，一故意说和数故意说"都存在说理上的问题。一故意说认为，行为人只有一个杀人意思，因此只能成立对甲的故意杀人既遂和对乙的过失致人死亡罪。但是这种理解已经偏离了法定符合说所主张的"只要行为人的认识和实际发生的结果在同一构成范围内，就可以肯定故意的存在"的基本立场，并在事实上走向了具体符合说。而在行为人意图杀甲，结果打死了甲，同时打死了乙的场合，一故意说认为，由于行为人只有一个杀人的故意，因此行为人对乙构成故意杀人的既遂，对甲构成过失致人重伤。可是，行为人分明具有杀甲的故意，一故意说却得出对甲成立过失致人重伤的结论，明显违背责任主义，难以令人接受。④

在上述行为人意图杀甲，结果却打死了乙，打伤了甲这种"并发事件的场合，

---

① 在法定符合说内部，又有"一故意说"和"数故意说"的分歧。至于学说的具体争论及其相关批判，详见刘明祥：《论具体的打击错误》，载《中外法学》2014 年第 2 期；黎宏：《刑法学总论》（第 2 版），法律出版社 2016 年版，第 204 页以下。

② 参见林钰雄：《新刑法总则》，元照出版有限公司 2014 年版，第 203 页；[日] 松原芳博：《刑法总论重要问题》，王昭武译，中国政法大学出版社 2014 年版，第 181 页；刘明祥：《论具体的打击错误》，载《中外法学》2014 年第 2 期。

③ 参见 [日] 西田典之：《刑法总论》（第 2 版），王昭武、刘明祥译，法律出版社 2013 年版，第 194 页。

④ 何洋：《论打击错误之处理原则——具体符合说之提倡》，载《河北法学》2012 年第 1 期。

数故意说主张,行为人成立对甲的杀人未遂和对乙的杀人既遂,最后按照想象竞合犯处理。但是,既然行为人只想杀甲,没有想杀乙,就不能认定行为人具有数个杀人的故意。否则便违反了责任主义。①

第三,倘若将法定符合说贯彻到底,即便是对另一个具体对象的法益侵害结果缺乏预见可能性,只要该对象与行为人意欲侵害的对象在同一犯罪构成范围之内,也要成立该对象的故意犯罪。但对于不具有预见可能性的法益侵害结果要求行为人承担责任的做法,有客观归罪之嫌。

本文赞同具体符合说。因为构成要件具有抽象性、类型性,这是用文字把犯罪写入法律所带来的局限性,但适用于具体案件时,构成要件本身并不是抽象的。②例如,刑法有关杀人罪的规定中的"杀了人"当然包括杀所有的人,但在实际适用时,作为构成要件的"杀了人"不能抽象化"杀了一般的人""杀了所有的人",而只能理解为"杀了具体的人"。现实生活中发生的杀人案件也总是杀张三李四等具体的人,不存在"杀了一般的人""杀了抽象的人"的杀人犯罪案件。与此相应,作为刑法上的责任,就必须是对具体的法益主体的生命的"有意"或者"无意"的侵害。……对于行为人所没有认识到的其他对象,行为人在实施行为时,只是面临注意有无可能侵害其他对象的意思决定规范,而这种应当注意却没有注意的心态,是认定过失犯的前提。③

由上可见,在行为人类似"攻击某一具体对象(甲),结果却由于行为失误侵害了另一具体对象(乙)"或者"同时侵害了另一具体对象(乙)"这种打击错误的场合,由于乙所遭受的法益侵害后果与行为人的认识缺乏具体的符合或者对应关系,因而不能肯定故意的成立,而至多认定为过失犯罪(但也不排除构成意外事件),并与对甲的故意犯罪既遂(或未遂)构成想象竞合。如前所述,在防卫行为之结果伤及第三人的场合,虽然指向不法侵害人的反击并非是侵害行为,因而并非严格意义上的打击错误问题,但在构造上也属于"攻击(反击)不法侵害人(A),结果却由于行为失误侵害了另一对象(B)"或者"同时侵害了另一对象(B)",对于B所受到的法益侵害后果的定性,完全可以准用处理打击错误的原则。由此,本文认为,在防卫行为的结果伤及第三人时,应视情形做具体处理:

(1)通常而言,由于防卫人对伤及第三人的结果缺乏认识、容认,因而防卫人对该结果至多是一种过失的心理态度,法律规定应负刑事责任的,依照过失犯罪处理。前文所述的【案例2】中的秦某甲在防卫过程中致张某某重伤的即是实例,对秦某甲应以过失致人重伤罪定罪处罚。④当然,假定该案中只是造成了张某某轻伤,秦某甲对该轻伤后果也就无须承担刑事责任。

---

① 黎宏:《刑法学总论》(第2版),法律出版社2016年版,第206页。
② 参见[日]佐伯仁志:《刑法总论的思之道·乐之道》,于佳佳译,中国政法大学出版社2017年版,第216页。
③ 黎宏:《刑法学总论》(第2版),法律出版社2016年版,第206页。
④ 考虑到行为人在实施防卫行为时原本就处在紧急状态中,一般难以期待行为人对周围的情况作出理性、冷静的判断,此时,可视情形以适法行为的期待可能性的欠缺或者低为由减免行为人的责任。

（2）在防卫人对侵害第三人法益的结果不具有预见可能性时，便要否定过失的存在。如在前文提及的【案例1】中，对于乙防卫甲而误伤了丙这一结果，虽然不能排除违法性，但综合当时行为的情况，应认为乙对于伤害到丙这一后果，缺乏预见可能性，属于意外事件。

另外，需要注意的是，在此类案件中，假若指向不法侵害人的防卫行为明显超过必要限度，造成该不法侵害人重大损害的，如重伤或者死亡，同时伤及第三人，那么防卫人的行为便同时构成对不法侵害人的防卫过当和对第三人的法益侵害，两者都成立犯罪的情况下，属于一行为触犯数罪名，成立想象竞合犯，从一种罪处断。

（二）成立紧急避险的例外情形

在防卫行为的结果伤及第三人的场合，尽管多数情形具有违法性。但也不排除在一些少数例外的个案中，有阻却违法的余地。具体地说，当被保护的法益和被牺牲的第三人法益处于一种"二者择其一"之冲突状态，即防卫人当时处于纵使冒险伤害到第三人但也不得不实施防卫行为的异常情势时，只要没有违背"法益的均衡性"要求，应考虑成立阻却违法之紧急避险。例如，X绑架妇女Y作为人肉盾牌，准备炸毁大楼，Z在不得已的情况下开枪打死了X，但同时也造成Y的重伤。此种场合下，要想制止X重大不法行为，就必须击毙X；但因为X将Y作为挡箭牌，要想击毙X，就难免会伤及Y。在本案中，其一，被保全的公共安全法益（不特定的多数人的生命、健康或财产法益）和未实施任何不法行为的第三人Y的正当权益存在冲突。其二，Z为了保全公共安全法益针对不法侵害人实施的防卫行为，于第三人Y而言，是一种包含有避险意思在内（与针对X的防卫意思的竞合）的避险行为。其三，Z向X开枪同时打伤Y的行为符合紧急避险的"补充性"要件，亦即除了实施很有可能伤害到Y的向X开枪行为之外，没有其他牺牲更小利益的避险方法。其四，该避险行为没有损害法益的均衡要求，符合"两害相权取其轻"的原则。基于上述分析，Z开枪的行为，在对丙的关系上，应当成立阻却违法之紧急避险。

需要指出的是，在针对危及生命安全的不法侵害之防卫行为很有可能同时侵害第三人的生命法益（保全法益的要保护性和牺牲法益的要保护性），而当时唯有实施防卫亦才能保全生命的场合，属于对生命的紧急避险，可以考虑成立超法规的阻却责任之紧急避险。①

---

① 参见张明楷：《刑法学（上）》（第5版），法律出版社2016年版，第222页；陈兴良：《教义刑法学》，中国人民大学出版社2010年版，第374页；钱叶六：《期待可能性理论的引入及限定性适用》，载《法学研究》2015年第6期。

正当防卫中不法侵害之紧迫性判定的反思性审视

叶良芳* 张 琦**

一、问题的提出

我国的正当防卫制度在司法实践中长期处于休眠状态,这与法官对不法侵害的紧迫性认定过于严格有着密切关联。"于欢案""昆山反杀案"等个案正义的实现,并不意味着我国正当防卫制度已经被彻底激活。不法侵害的紧迫性判断是激活正当防卫制度适用的关键,因为紧迫性要件作为正当防卫制度适用的前提,在司法实践中是最不易被认定的。当前,紧迫性要件存在判定标准不明确、司法适用混乱的情况。为此,对正当防卫的紧迫性要件进行理论上的检视和司法实践层面的考察显得尤为重要。本文梳理了司法实践中适用正当防卫制度时判定不法侵害的紧迫性的五种情况,并提出一种新的判定标准,以期有利于正当防卫制度向前发展。

二、正当防卫中不法侵害之紧迫性的相关学说

所谓紧迫性,一般是指不法侵害的攻击行为具有现实性。紧迫性是正当防卫的一个不成文的限制要素,在《刑法》第20条中没有"紧迫性"的明文规定。通说认为,不法侵害正在进行,是指不法侵害已经开始且尚未结束。① 司法实务中则通常将紧迫性理解为"不法侵害的攻击行为正在进行,而不包括尚未进行或者已经结束"。这一理解与德日等刑法学界相比,范围相对限缩不少。

德国学者克劳思·罗克辛认为,当一种攻击处于直接面临、正要发生或者还在继续的时候,这种攻击就具有紧迫性。② 德国刑法学者乌尔斯·金德霍伊泽尔认为,如果利益伤害即刻就会直接发生、已经开始或者还在继续,那么攻击就具有紧迫性。③ 由此可见,德国学者对于紧迫性的定义比中国对于紧迫性的定义要宽,将中国语境中的不法侵害"已经开始"和"尚未结束"的范围分别向两边拉伸了。日本学者对紧迫性的要求相对中国也更低。例如,日本学者山口厚教授认为,只要存在法益侵害的客观的迫切性就可以了;④ 本村龟二教授认为,急迫是不法侵害的危险正在逼近、侵害正在进行或者侵害尚在继续的场合;山中敬一教授认为,急迫是

---

* 浙江大学光华法学院教授,博士生导师。
** 浙江大学光华法学院硕士研究生。
① 参见张明楷:《刑法学》(第4版),法律出版社2011年版,第195页。
② 参见[德]克劳斯·罗克辛:《德国刑法学》,王世洲译,法律出版社2005年版,第432页。
③ 参见[德]乌尔斯·金德霍伊泽尔:《刑法总论教科书》,蔡桂生译,北京大学出版社2015年版,第163页。
④ 参见[日]山口厚:《刑法总论》(第2版),付立庆译,中国人民大学出版社2011年版,第119页。

不法侵害正在迫近，并且能够直接转化为现实侵害的场合。① 此外，笔者还发现一个独特的现象：我国《刑法》对于紧迫性的规定——"正在进行的不法侵害"，以及刑法学界通说对于紧迫性的理解——"不法侵害已经开始且尚未结束"，极容易引起民众按照字面理解甚至是法官的机械司法，导致防卫限缩。与此相反，德日关于紧迫性的定义则较为具体、宽泛，使得正当防卫更易于认定。

三、正当防卫中不法侵害之紧迫性在司法实践中的体现

（一）不法侵害正在进行

案例1：昆山反杀案——2018年8月27日21时30分许，于海明骑自行车在江苏省昆山市震川路正常行驶，刘某某醉酒驾驶小轿车（经检测，血液酒精含量87mg/100ml），向右强行闯入非机动车道，与于海明险些碰擦。刘某某的一名同车人员下车与于海明争执，经同行人员劝解返回时，刘某某突然下车，上前推搡、踢打于海明。虽经劝解，刘某某仍持续追打，并从轿车内取出一把砍刀（系管制刀具），连续用刀面击打于海明颈部、腰部、腿部。刘某某在击打过程中将砍刀甩脱，于海明抢到砍刀，刘某某上前争夺，在争夺中于海明捅刺刘某某的腹部、臀部，砍击其右胸、左肩、左肘。刘某某受伤后跑向轿车，于海明继续追砍2刀均未砍中，其中1刀砍中轿车。刘某某跑离轿车，于海明返回轿车，将车内刘某某的手机取出放入自己口袋。民警到达现场后，于海明将手机和砍刀交给处警民警（于海明称，拿走刘某某的手机是为了防止对方打电话召集人员报复）。刘某某逃离后，倒在附近绿化带内，后经送医抢救无效，因腹部大静脉等破裂致失血性休克于当日死亡。于海明经人身检查，见左颈部条形挫伤1处、左胸季肋部条形挫伤1处。②

关于本案的定性，许多实务工作者认为于海明的行为构成防卫过当。的确，按照目前关于正当防卫的教义学理论来分析，刘某某负伤后向车边逃窜，于海明追砍两刀（虽未砍中）的行为，很难认定是处于"不法侵害尚未结束"的阶段。此案中，认定于海明成立正当防卫的关键在于其追砍行为是否仍然具有防卫的紧迫性，而只有将其追砍行为视为"不法侵害尚未结束"才能认定具有紧迫性。在笔者看来，本案的处理结果是符合公众期待的。然而，于海明的追砍过程是否能被视为不法侵害尚未结束？如何将追砍阶段解释为包含在不法侵害正在进行且尚未结束的过程中？是否有一种新的解释方法能与传统教义学对于正当防卫紧迫性的定义兼容？如果这些问题不能够得到厘清，倘若公安机关撤销案件很大程度源于社会舆论的压力，那么昆山反杀案注定属于个案正义，紧迫性要件作为束缚正当防卫制度的"枷锁"无法真正松开。具体到本案而言，倘若刘某某往车边逃窜是为了在车内拿出攻击武器或者是打电话寻找帮手，那么将追砍行为视为处于不法侵害正在进行且尚未结束异议不大。其实，在当前防卫限缩的大环境下，若是仅证明刘某某往车边逃窜是为了找寻帮手，那么也很难将追砍行为视为处于不法侵害正在进行中。司法机关

---

① 参见马克昌：《比较刑法原理》，武汉大学出版社2002年版，第258页。
② 参见最高人民检察院指导性案例（检例第47号）。

往往会认为，刘某某打电话找寻帮手的过程中，于海明有足够的时间躲避或者报警，避免矛盾的升级。换句话讲，此时要求不法侵害不能获得公力及时制止才满足紧迫性条件。另外，倘若刘某某向车边逃窜真的只是为了逃命，那又当如何看待于海明的追砍行为？不少学者认为，此种情况下于海明有理由相信刘某某往车边逃窜是为了找寻刀具或者寻求帮手，因而应当将于海明的追砍行为视为处于不法侵害正在进行中。这种观点看似合理，实则欠妥。依照这种观点，倘若刘某某没有向车边逃窜，而是向其他方向逃窜，那么于海明的追砍行为是不是就不能认为处于不法侵害正在进行中呢？笔者认为，即便刘某某没有向车边逃窜，而是向其他方向逃窜，于海明的追砍行为亦是处于不法侵害尚未结束的阶段。当时的情况下，只要刘某某尚未倒下，不管他从什么方向逃窜，都仍具有继续施暴的可能。

（二）不法侵害实际发生的可能性足够大

案例2：于欢案——2014年7月，山东源大工贸有限公司负责人苏某某及丈夫向吴某某、赵某某借款100万元，双方口头约定月息10%。至2015年10月20日，苏某某共计还款154万元。2015年11月1日，苏某某夫妇再向吴、赵二人借款35万元；2015年11月2日至2016年1月6日，苏某某共计向赵荣荣还款29.8万元。2016年4月14日16时许，赵荣荣以欠款未还清为由纠集郭树林等十余人先后到山东源大工贸有限公司催要欠款。20时许，杜某某等赶到该公司，并在该公司办公楼门厅外与其他人一起烧烤饮酒。约21时50分，杜某某等人来到苏某某和苏某某之子于欢所在的办公楼一楼接待室内催要欠款，杜某某实施了用污言秽语辱骂、裸露下体等侮辱言行，并用手拍打于欢面颊，其他讨债人员实施了揪抓于欢头发或按压于欢肩部不准其起身等行为。22时17分许，民警接警后到达接待室，询问情况后警告双方不能打架，随即到院内寻找报警人，于欢、苏某某欲随民警离开接待室，但被杜某某等人阻止。杜某某等人卡于欢项部，将其推拉至接待室东南角。这时，于欢持刃长15.3厘米的单刃尖刀警告杜某某等人不要靠近，杜某某出言挑衅并逼近于欢，于欢遂捅刺杜某某腹部一刀，又捅刺围逼在其身边的程某某胸部、严某某腹部以及郭某某背部各一刀。22时26分，辅警闻声返回接待室，责令于欢交出尖刀。杜某某因失血性休克经抢救无效于次日2时许死亡，严某某、郭某某的损伤构成重伤二级，程某某的损伤构成轻伤二级。① 一审法院以于欢面临的不法侵害不具有紧迫性、不存在正当防卫意义的不法侵害为由，认定于欢不能成立防卫过当，最终以故意伤害罪判处于欢无期徒刑，剥夺政治权利终身。② 后经媒体披露，该案引起了社会的广泛关注，该判决受到诸多的批评和质疑。2017年6月23日，二审改判，认定于欢的行为具有防卫性质，但是属于防卫过当，改判为有期徒刑5年。③

本案中，一审法院认为由于不满足正当防卫紧迫性要件，因而从根本上否定了于欢的行为具有防卫性质。结合案情来看，因为存在"民警到达现场后离开"这一细节，一审法院因而认为于欢母子再次遭受不法侵害的可能性不大，进而否定了正

---

① 参见山东省高级人民法院刑事附带民事判决书【（2017）鲁刑终151号】。
② 参见山东省聊城市中级人民法院刑事附带民事判决书【（2016）鲁15刑初33号】。
③ 参见山东省高级人民法院刑事附带民事判决书【（2017）鲁刑终151号】。

当防卫紧迫性的存在。然而，正是由于民警到达现场后没有及时制止并将母子二人带离现场，直接导致了于欢的情绪崩溃，进而发生持刀捅刺。在一审法院看来"民警到达现场后离开"这一细节可以证明不法侵害在未来发生的可能性很小，因此不具备正当防卫的紧迫性要件。其实不然，于欢母子在面临长达数小时的拘禁、侮辱、殴打之后看到民警来到现场，犹如看到了一根"救命稻草"，然而民警的不作为让于欢陷入绝望之中，于欢有充分的理由相信拘禁、侮辱、殴打还会继续甚至变本加厉。换言之，在于欢看来，不法侵害发生的可能性是极大的。而一审法院却以一个理性的第三人的视角去分析当时不法侵害发生的可能性，得出了截然相反的结论。倘若法官能够从当事人的角度出发，将自己置换成当事人，去感受这个拘禁、殴打的过程，去想象一下于欢目睹母亲受辱却无能为力的无助感，便会更加准确地把握不法侵害的紧迫性程度。

（三）不法侵害的严重性足够大

案例3：何文杰故意伤害案——2015年8月31日2时许，被告人何文杰与朋友梁某、何某在江门市新会区古井镇南朗市场"×××"宵夜档门前吃夜宵时遇见同来打包夜宵的林某乙、林某甲、邓某，邓某等三人在打包夜宵后由邓某驾车搭载林某乙、林某甲离开。在离开途中，因林某乙曾帮邓某向梁某讨要2011年的1000元借款而被梁某打伤，林某乙提议返回宵夜档去殴打梁某。三人随即驾车返回至南朗市场门口下车后，林某乙、林某甲率先冲向梁某并拿起宵夜档的塑料胶椅对梁某进行殴打，因林某乙、林某甲饮酒过多而身形不稳，同时梁某也拿起一张塑料胶椅抵挡二人的殴打。林某乙、林某甲没有打中梁某，将摩托车停放好之后的邓某也过来持塑料胶椅准备殴打梁某，但被梁某呵斥后停手。与此同时，被告人何文杰见林某乙、林某甲、邓某三人持塑料胶椅殴打梁某，想帮助梁某，随即走到其驾驶的助力车上拿了一把折叠刀冲到梁某身边，与林某甲、林某乙发生争执并相互打斗。在打斗过程中，何文杰先后持刀捅刺了林某甲、林某乙的腹部导致二人倒地。何文杰见状随即驾车逃离现场。林某乙、林某甲随后被送往医院抢救，后林某乙经抢救无效死亡。何某在林某乙等人冲过来殴打梁某的过程中并没有参与打斗。2015年9月1日，何文杰主动向公安机关投案。经法医鉴定，林某乙系因腹部锐器伤致肝脏破裂、十二指肠贯通创、胰腺断裂、腹主动脉破裂、失血性休克死亡；林某甲的损伤程度为重伤二级。①

二审法院认为："根据梁某的证言及法医学人体损伤程度鉴定，二人的行为并未给梁某造成损害。可见，林某乙、林某甲只是实施了轻微的暴力行为，这种不法侵害不具有紧迫性，不存在实施防卫的必要性。何文杰在这种情况下从其助力车上拿了一把刀冲到现场与林某乙、林某甲打斗，持刀捅刺林某乙、林某甲，造成一死一重伤的严重后果，其行为不具有防卫性质，不构成防卫过当。"②

本案中，二审法院认为由于林某甲、林某乙实施的是轻微暴力行为，因而这种

---

① 参见广东省高级人民法院刑事判决书【（2016）粤刑终948号】。
② 参见广东省高级人民法院刑事判决书【（2016）粤刑终948号】。

不法侵害的严重性不够大、不具有紧迫性，从根本上否认了何文杰持刀反击的行为具有防卫性质。在笔者看来，该判决是值得商榷的。且不说由"二人的行为并未给梁某造成损害"推导出"林某乙、林某甲只是实施了轻微的暴力行为"这一推理过程的逻辑是否严密，即便是确为轻微的暴力，何文杰持刀进行反击也是"正对不正"的防卫行为，不必然缺乏防卫的紧迫性。法院没有以"林某甲、林某乙持塑料胶椅殴打梁某"而认定林某甲、林某乙实施的是轻微暴力行为（因为"两个中年男子使用塑料胶椅殴打"未必属于轻微的暴力行为），而是以"二人的行为并未给梁某造成损害"为由认定林某甲、林某乙的行为属于轻微的暴力行为，其背后折射出的是司法实践中认定不法侵害严重性程度的"唯结果论"倾向。在无确切证据证明不法侵害的严重性程度时，法院倾向于用损害后果去衡量不法侵害的严重性，却忽略了对暴力本身的考虑。"唯结果论"当前主要在防卫过当领域中存在，而此案的裁判似乎发出了一个向"紧迫性判断"领域延伸的信号。不得不说，这种信号是极为危险的，从正当防卫的成立条件到防卫限度都充满"唯结果论"，正当防卫必然走向崩溃的边缘。其实，"林某甲、林某乙持塑料胶椅打人"是否属于轻微暴力行为正是本案的难点，法院"由果推因"的论述是回避了这一难点。从案情看，林某甲、林某乙见何文杰持刀反击，没有丝毫的退却之意，可见其犯意之坚决，激烈打斗行为难以谓之"轻微的暴力"。退一步讲，即便认定林某甲、林某乙实施的是轻微的暴力行为，也不必然可以否认其缺乏防卫的紧迫性。如前所述，林某甲、林某乙见何文杰持刀反击，没有丝毫的退却之意，可见其"轻微的暴力行为"发展成严重的暴力侵害的可能性是极大的。

（四）面对不法侵害不能得到公权力、其他公民的及时、有效帮助

案例4：颜宏章故意伤害案——2012年10月26日晚10时许，李建伟酒后回到家属院，因家属院大门已上锁，李建伟从东门进入。李建伟回家后拿出榔头将大门门锁砸坏。听到砸门的声音后，门卫贾某某、卜某某、韩某某及被告人颜宏章赶到现场。李建伟和贾某某发生争吵，李建伟辱骂并殴打贾某某，被众人劝阻。随后颜宏章在劝解过程中与李建伟发生争执并相互撕扯，后在众人劝解下李建伟回到家中，颜宏章、贾某某、韩某某及卜某某等人回到二楼办公室。过了半个小时左右，李建伟从家里出来进入办公室对贾某某谩骂，并上前在颜宏章后背打了一拳、在颜宏章脸上扇了两下。颜宏章与李建伟撕扯、扭打在一起。后卜某某、韩某某、贾某某及李某某等人把两人分开。自诉人李建伟经医院诊断为头部外伤、右第二掌头骨折、左小指近节指骨骨折、右侧颞叶软化灶、右上4牙折断、右肋软骨损伤。被告人颜宏章经医院诊断为左手及胸部软组织损伤。贾某某经医院诊断为右踝关节软组织损伤。经鉴定，李建伟系钝性外力作用致右手第二掌骨骨折，属轻伤，构成拾级伤残。①

该案经过二审，最终虽判决颜宏章无罪，但是却不成立正当防卫。一审认为："被告人颜宏章致自诉人李建伟轻伤的行为不构成故意伤害罪，亦不构成正当防

---

① 参见陕西省宝鸡市中级人民法院刑事附带民事裁定书【（2014）宝中刑一终字第00025号】。

卫……被告人虽具有一定的防卫情节，但其可通过避让或其他人劝解的方式避免更加严重后果的发生，其行为不符合正当防卫关于紧迫性和必要性的构成要件。"①一审法院认为被告人颜宏章的行为情节显著轻微危害不大，不认为是犯罪。二审法院亦认为，"颜宏章的行为虽具有一定的防卫性质，但其可通过避让或其他人劝解的方式避免更加严重后果的发生，其行为不符合正当防卫关于紧迫性和必要性的构成要件，不构成正当防卫"。②

笔者认为，法院的分析说理是欠妥的。从案情来看，颜宏章出于维护公共利益的意图和李建伟发生纠纷，是一种"正对不正"的行为，并且是李建伟先行发起暴力攻击，仅仅因为有他人在场，法院便认为颜宏章可以"通过避让或者其他人劝解的方式避免更加严重的后果"。这是一种典型的以事后判断说来衡量正当防卫紧迫性，把冷静、理智的思维强加在情绪激动的防卫者身上。这不仅会助长施暴者的嚣张气焰，还会使得破坏社会公共财物的行为得不到及时的制止。例如，有歹徒正在暴力损毁学校大门，有人挺身而出予以制止，却不能以暴力还击歹徒，仅仅因为一旁有保安人员，仅仅因为他本可以求助于保安人员将歹徒制服而亲自出手，这显然有失公允。那么，在可以得到其他公民的及时、有效帮助的情况下，对施暴者进行防卫是否具有正当防卫的紧迫性呢？笔者亦认为不具有，但是应当对"能得到其他公民的及时、有效帮助"中的"及时、有效"加以严格的限制。譬如本案中，李建伟的施暴行为是突发的、暴力的近距离肢体接触，仍然要求颜宏章躲避或者向旁边人求助，未免有些强人所难。所以本案应视为"不能获得他人及时、有效的帮助"。退一步讲，即便颜宏章立即躲避、向他人求助，暴力行为往往在很短的时间内就能产生重伤甚至是死亡的后果，颜宏章的躲避立即可能给自己带来严重的伤害。相反，如果本案的案情是李建伟扬言第二天要报复颜宏章，那么笔者认为此时颜宏章可以采取报警或者申请调解等形式获得国家或者其他公民及时、有效的救助，因而不具有进行正当防卫的紧迫性。

(五) 不法侵害需要具有突发性

案例5：陈富荣故意伤害案——2015年4月24日晚10时许，被告人陈富荣因张某伟在其停靠于三台县潼川镇清真巷"三利毛线"超市门口处的轿车左后轮处小便，与张某伟发生抓扯、推搡。被人劝开后，张某伟打电话给其女婿张某才，叫张某才帮忙。张某才又打电话叫林某、夏某帮忙，陈富荣见状准备刀具在现场等候对方人员的到来。后林某、夏某、俸某俊、钟某某、张某才等人相继赶到现场，陈富荣见对方人多即从车内拿出水果刀。张某才到现场后殴打陈富荣，俸某俊、钟某某等人围住陈富荣，陈富荣将俸某俊、钟某某刺伤。③

本案一审认定被告人陈富荣犯故意伤害罪判处有期徒刑三年六个月；赔偿附带民事诉讼原告人钟某某各项直接经济损失共计47935.41元；赔偿附带民事诉讼原告人俸某俊各项直接经济损失共计268322.57元。二审认为："被告人陈富荣与张

---

① 参见陕西省宝鸡市中级人民法院刑事附带民事裁定书【(2014)宝中刑一终字第00025号】。
② 参见陕西省宝鸡市中级人民法院刑事附带民事裁定书【(2014)宝中刑一终字第00025号】。
③ 参见四川省绵阳市中级人民法院刑事附带民事裁定书【(2015)绵刑终字第385号】。

某伟发生矛盾后，张某伟打电话找张某才帮忙，陈富荣在这期间有充足的时间向国家机关寻求救济或离开现场，即案发前陈富荣完全有条件回避矛盾的升级，但其不仅不躲避，而且在实害尚未发生时，准备刀具在现场等候对方人员的到来。由此反映出案发前陈富荣已流露出欲与对方人员打架的念头，并作好了准备，表明其存在侵害他人的意图。对方人员到场后，未持械袭击陈富荣，在未对陈富荣造成现实的紧迫的不法侵害时，陈富荣首先持刀伤人。因此陈富荣并不是在不法侵害具有紧迫性的前提下被迫反击的。其次，正当防卫必须针对不法侵害者本人实施。现有证据虽然反映钟某某、俸某俊到达现场，张某才与陈富荣有打斗行为，但并无证据证实钟某某、俸某俊对陈富荣实施了具有紧迫性的不法侵害行为。陈富荣持刀捅刺的对象并非实施不法侵害者本人。故，陈富荣所提该项上诉理由不能成立。"①

在法院看来，正当防卫必须是"无防备地被动应战"，陈富荣面对即将发生的不法侵害没有躲避或者及时报警导致了矛盾的升级，因而即便陈富荣没有先动手，其反击行为依然属于斗殴。但笔者认为，陈富荣的行为是为正当防卫做准备，故具有防卫的性质。应当注意，为正当防卫做准备的行为并不违法。例如，甲知道乙有可能会对自己实施暴力侵害而提前准备一把水果刀放在身上，果然乙对甲发起暴力攻击，被甲刺伤，那么甲依然有成立正当防卫的余地。应当提倡、鼓励公民以一种理智、冷静的方式去解决问题，但是不能把及时报警或者躲避设定为防卫者的义务。在防卫者没有报警的前提下，这种打斗的风险应当由率先发起攻击者承担。把"不法侵害具有突发性"作为正当防卫紧迫性原则的一种，意味着不允许防卫者为正当防卫做准备，这样一来，施暴方往往准备工具，防卫者毫无防范，双方力量过于悬殊，必将影响正当防卫的威慑功能的发挥。

四、正当防卫中不法侵害之紧迫性要件存在的合理性

在司法实践中对于正当防卫紧迫性的严格把握，导致了诸多不合理的判决产生，那么正当防卫之紧迫性要件是否还有存在的合理性呢？对此，有的学者认为应当废弃紧迫性要件，"尽管紧迫性要件说并不违反罪刑法定原则，但它要么奉行'维稳优于维权'的观念而与正当防卫的权利本位属性相左，要么无力真正实现公力救济与正当防卫之间的平衡，故缺乏存在的合理性与必要性"。② 有的学者主张保留紧迫性要件，但需对紧迫性判断进行教义学建构——将不法侵害进行类型化建构。③ 在笔者看来，紧迫性要件的判定标准出现了问题，导致了当前防卫限缩现象大量出现，但是紧迫性要件本身仍然具有存在的合理性。换言之，问题出在紧迫性的判断标准上，而不是出在紧迫性要件本身上。

具体而言，一方面，在正当防卫中设定紧迫性要件符合罪刑法定原则的要求。

---

① 参见四川省绵阳市中级人民法院刑事附带民事裁定书【（2015）绵刑终字第385号】。
② 参见陈璇：《正当防卫、维稳优先与结果导向——以"于欢故意伤害案"为契机展开的法理思考》，载《法律科学》2018年第3期。
③ 参见付凤鸣：《正当防卫中不法侵害之紧迫性判断的教义学建构》，载《湖北警官学院学报》2018年第3期。

虽然《刑法》第 20 条本身并没有"紧迫性"的体现，但紧迫性要件却是正当防卫的一个不成文的限制性要素。大多数涉及防卫的判决书在说理部分都会提及紧迫性，都会对防卫人的行为是否具有紧迫性进行论证。遗憾的是，紧迫性要件的增设没有起到它应有的作用——防止恣意出罪，反而走向了反面——出罪极难的局面。尽管如此，紧迫性要件对于正当防卫制度而言仍然是必要的。倘若将紧迫性要件废弃，那么法官对于正当防卫的认定将失去衡量的标准，甚至可能导致这一制度由当前的休眠状态恶化为虚置的状态。另外，紧迫性要件本身具有一种"工具性"价值，为正当防卫制度"把关"。当前紧迫性要件"把关"过严，导致防卫者出罪难。所以紧迫性要件"把关"严格与否还是取决于司法者对紧迫性的解读，问题还是回归到对于正当防卫紧迫性的判定标准上。

另一方面，基于国家垄断暴力的需要，当前紧迫性要件还不能从正当防卫制度中剔除。我国是一个人口大国，有着特殊的国情。改革开放 40 年来，我国社会主义建设虽取得了巨大的成就，但是"我国的经济社会发展正处于矛盾和风险高发的特殊历史转型时期"，[①] 维稳优先依然是社会的主流思维。紧迫性要件必要说就是这种主流思维的产物。当然，维稳不是追求"静态的绝对的稳定"，发展才是维稳的目的。当前的司法实践对正当防卫仍然在延续"稳定是发展的目的"这一错误的思想，绝对垄断了国家暴力，使得公民的防卫权与国家暴力之间严重失衡，因而出现了认定正当防卫极为罕见的局面。邓小平曾经指出："强调稳定是对的，但强调得过分就可能丧失时机"，[②] 这与对紧迫性要件的定位是对应的。有学者认为，"紧迫性要件必要说在我国的盛行是维稳优先思维的产物，其多数的分支观点均经不起宪法上自由平等原则和正当防卫本质理论的检验。调节公力救济和正当防卫之间的关系，或许是紧迫性要件唯一可能具有的合理功能。然而，随着独立的防卫权行使条件能够更理想地完成这一使命，紧迫性要件存在的正当性已然消失殆尽。"[③] 对于这一观点，笔者持保留意见。首先，既然紧迫性要件必要说是我国维稳优先思维的产物，而当前我国的社会环境还不能脱离维稳优先的导向，那么紧迫性要件就仍有其生存的土壤。其次，公民的防卫权和国家对暴力的垄断权是一组矛盾，二者对立统一，处在一种动态平衡中，摒弃紧迫性要件必然使得二者失衡。公民的防卫权背后虽是宪法的自由平等原则，但是自由平等亦需要国家对暴力的垄断作为后盾。最后，不法侵害的紧迫性必然包含在防卫权的行使条件之中，因而也不应将其取消。

---

① 参见张璐：《推进全面深化改革背景下维稳存在的问题和对策》，载《湖南省社会主义学院学报》2019 年第 1 期。
② 参见《邓小平文选》（第 3 卷），人民出版社 1993 年版，第 368 页。
③ 参见陈璇：《正当防卫、维稳优先与结果导向——以"于欢故意伤害案"为契机展开的法理思考》，载《法律科学》2018 年第 3 期。

五、正当防卫中不法侵害之紧迫性要件的判定标准需要重新调整

（一）置换法的提出及其合理性

当前，紧迫性判断以各种"不具备紧迫性"的案例分散于司法实践之中，并不具有统一性。笔者通过提炼典型案例，分析其共性与特性，提出一种新的判定标准——置换法，即法官在判定防卫行为是否具有紧迫性的时候，应当将自己置换成防卫者，结合案情去感受不法侵害的存在，感受防卫者可能的情绪变化，感受不法侵害加剧、升级的可能性，然后推测大多数人在此种情况下采取和防卫者相同措施的可能性。如果法官认为多数人在此种情况下均会采取与防卫者相同的行为，则应当认定此种不法侵害具有紧迫性；反之，则不具有。置换法与当前正当防卫中不法侵害的紧迫性判断标准学说相比，有其更高的合理性。当前关于紧迫性判断的学说主要有"轻微侵害防卫说"和"持续侵害防卫说"。"轻微侵害防卫说"使得国家对于暴力无法有效管控，与当前维稳优先的政策不符。"持续侵害防卫说"将"过去侵害"并入"现时侵害"，"不但颠覆了对行为单复数的判断，而且还容易将事后报复认定为防卫行为"。[①] 而且，这两种学说都缺乏具体案件具体分析的功能。譬如，"轻微侵害防卫说"主张对轻微不法侵害可以进行防卫，那么何为轻微呢？骂人是否也属于轻微？笔者提出的置换法则可以很好地解决这一问题，法官将自己置于此种情况下，再推测多数人在此种情况下是否会采取相同防卫的行为即可判定轻微不法侵害是否具有防卫紧迫性。例如，甲在一个密闭的环境中遭乙推搡，乙让室外的丙去取一把刀给自己，用于杀甲。甲虽然暂时面对的是轻微的不法侵害，但是如果把甲转换为一般人，也会感觉到未来发生严重不法侵害的可能性很大，亦会对乙采取正当防卫措施，因而甲可以对乙的"轻微"不法侵害采取防卫行为。

（二）置换法的可行性分析

置换法虽赋予法官对于正当防卫的判断较大的裁量权，但是并没有摒弃紧迫性要件，要求法官在判决书"本院认为"部分结合详细案情对防卫是否具备紧迫性进行详细的分析、论证。将自己置于防卫者面临的不法侵害中，考虑人性、道德等因素，推测大多数人在此种情况下可能采取的措施，最终得出自己的判断。将置换法结合司法实践中认定不法侵害具有紧迫性的几种情况具体分析如下：按照传统教义学要求不法侵害需要正在进行的"昆山反杀案"，若法官按照置换法去分析紧迫性：假设自己遭遇了刘某某不断升级的不法侵害，从拳脚殴打到持刀砍杀，在命悬一线之时，看见刘某某手中的尖刀脱落，假设自己参与了与刘某某的打斗过程、双方夺刀的过程，便可以感受到此时的于海明处于一种极度愤慨、失去理智的状态。换句话讲，换了任何一个有正义感、有血性的人在这种情况下都会奋起抵抗。假设刘某某是向其他地方逃窜而没有向车边逃窜，使用置换法来分析，依然可以判定于海明的追砍行为属于正当防卫：在短短几秒的殊死搏斗里，于海明感受到的生命危险是

[①] 参见潘星丞：《正当防卫中的"紧迫性"判断——激活我国正当防卫制度适用的教义学思考》，载《法商研究》2019年第2期。

巨大的、持续的，刘某某短距离的躲避不能视为不法侵害已经结束（随时可能反攻），于海明在短短的几秒内亦无法恢复理智的思维。法院认为需要满足不法侵害实际发生的可能性足够大方可具备防卫紧迫性的"于欢案"，使用置换法分析：假设一个人在经历了长达数小时的拘禁、殴打，目睹母亲受辱却无能为力的情况下，将警察作为最后的"救命稻草"，然而这根最后的"救命稻草"也离开了现场，在他看来，拘禁、殴打、侮辱还会继续的可能性极大，行使防卫权属于人之常情。对于要求不法侵害的严重性足够大的"何文杰故意伤害案"，使用置换法来分析：一般人面对两个中年男子用椅子作为工具发起的暴力攻击，不会认为是轻微的暴力行为，因而如果身边有刀具存在，使用刀具向对方发出警告并不罕见。如果对方仍然发起暴力攻击，则使用刀具防卫未尝不可。而本案中，何文杰虽未持刀向林某甲、林某乙发出警告（不排除林某甲、林某乙犯意坚决，短时间内何文杰没有发出警告的可能），但是按照生活逻辑，两个中年男子持椅子攻击的行为显然难以解释为"轻微的暴力行为"，何文杰应成立防卫过当，法院以"梁某不存在损害"推定"林某甲、林某乙实施的是轻微暴力行为"，从而否认防卫的紧迫性，进而否认何文杰持刀反击的防卫性质，这是难以站得住脚的。此外，在使用置换法分析"要求不法侵害的严重性足够大"的案件时，必须结合案情具体分析，轻微的暴力是否具有防卫的紧迫性与此种轻微的暴力发展成严重暴力侵害的可能性大小有关，需要法官换位思考。对于要求"面对不法侵害不能得到公权力、其他公民的及时、有效的帮助"方可成立防卫紧迫性的"颜宏章故意伤害案"，使用置换法分析：一般人面临他人突然发起的近距离暴力攻击，虽然有其他人在场，但在来不及躲避的情况下，使用暴力还击是多数人的选择。法官要结合案情具体分析，不能笼统地认为可以得到公权力、其他公民的救助就认为不具有防卫的紧迫性，应当牢牢把握"及时""有效"两个词。实际上，这里不能认为颜宏章能得到公权力的及时、有效的救助，因为对方发起的是突发的暴力攻击。反之，若是诸如贿赂犯罪、重婚犯罪，则不允许对之进行正当防卫，因为这种不法侵害可以得到公力及时、有效的救济。最后，对于不法侵害需要具有突发性的"陈富荣故意伤害案"，用置换法来分析：一般人在预知会有多人同时向自己发起暴力攻击时，提前准备防卫工具是可以理解的。为正当防卫做准备是无可厚非的，因为保护自己是正常人的本能。当然，在为正当防卫做准备的时间完全可以报警求助，但不能将报警视为防卫者的义务，更不能因为防卫者没有报警而剥夺了其防卫权。因而，通过置换分析，陈富荣应当成立正当防卫。

六、结语

紧迫性要件虽然是正当防卫制度的一个不成文的限制性要素，但为我国学者广泛接受，也是司法实践认定正当防卫成立的一个前提条件。然而，由于对紧迫性的认定缺乏深入的研究，以致这一要件已经成为束缚正当防卫的一大"枷锁"。因此，解决紧迫性的判定标准是给正当防卫"松绑"的当务之急。本文梳理了司法实践中判定紧迫性的五种主要情况：不法侵害正在进行，不法侵害实际发生的可能性足够大，不法侵害的严重性足够大，面对不法侵害不能得到公权力、其他公民的及时、有效帮助，不法侵害需要具有突发性。当然，在司法实践中还存在如"不法侵害来自精神病人""不确定故意支配下实施的不法侵害"等判断不法侵害紧迫性的情况，但是本文中的五种情况是导致紧迫性极难认定的主要原因。笔者提出的置换法明确了紧迫性的判定标准，使正当防卫制度中融入了人性因素，有利于这一制度的积极适用。

正当防卫紧迫性要件否定论

袁 彬[*] 张馨文[**]

前言

基于不断发酵的民意,当前我国司法实践中持续掀起了一股正当防卫适用的反思热潮。正如一些学者所言:"很少有刑事案件,能够像涉及正当防卫案件那样频繁而强烈地牵动公众与媒体的神经。"[①] 无论是刑法理论上还是司法实践中都对于欢防卫过当案、刘某某被反杀案、涞源反杀案等一系列涉及正当防卫、防卫过当案件进行了热烈的讨论。作为我国刑事实务适用正当防卫的一系列典型案件,这些案件无疑具有里程碑式的意义,显示出我国刑事司法对于正当防卫扩大适用的趋势,正当防卫条款也逐渐从"僵尸条款"变成"保护正义的利器"。

但值得关注的是,正当防卫制度的讨论实际上是基于一个大前提,即过去40年来,我国对正当防卫制度保持了高度的警惕和坚忍。长期的压抑使得一时的爆发成为必然。因此,虽然这些案件的处理已经告一段落,但对于正当防卫理解与适用的讨论却在公众之间、媒体之间、学者之间广泛地展开。而更为重要的是,如何能把握这种扩大化趋势,而不是使其稍纵即逝则成为了刑法学界需要关注的重点。这其中就涉及对正当防卫成立条件的基本理解。应该说,我国刑法理论上对正当防卫成立的基本条件并无明显分歧。但在正当防卫的实践中,有一个要件始终漂浮不定、模糊不清,那就是正当防卫的"紧迫性要件"。这个要件已然成为正当防卫制度限制与扩大适用的标杆。其中,扩大适用论者反对将"紧迫性"作为正当防卫的要件,限制适用论者则赞同将"紧迫性"作为正当防卫制度的要件。有鉴于此,本文将对紧迫性要件进行全面考量,以紧迫性要件的现实性考察为基础,对紧迫性要件的合法性与合理性进行反思。

一、"游荡"的要件:正当防卫紧迫性要件的现实性考察

正当防卫的"紧迫性要件"这一说法没有出现在刑法条文和刑法教科书的表述中,但是"紧迫性要件"及其相关的概念却由来已久,并在很大程度上影响甚至决定了正当防卫制度的适用。但通过对该要件的理论与实践考察发现,该要件并非独立存在,而是"游荡式"的,寄居在正当防卫的多个要件之中。

---

[*] 北京师范大学法学院暨刑事法律科学研究院教授,博士生导师。
[**] 北京师范大学刑事法律科学研究院刑法学硕士研究生。
[①] 陈璇:《正当防卫、维稳优先与结果导向——以"于欢故意伤害案"为契机展开的法理思考》,载《法律科学(西北政法大学学报)》2018年第3期。

(一) 理论考察：正当防卫理论中的紧迫性要件

理论分析是研究问题的出发点，也是实践考察的指针。我国刑法理论上关于正当防卫的紧迫性要件讨论，主要集中在以下几个方面。

1. 紧迫性要件的理论地位

我国当代的刑法理论经历了从学习苏俄刑法到引进德日刑法的转向，然而无论是在苏俄刑法理论中，还是在德日刑法理论中，正当防卫的紧迫性要件都始终存在，但表述与理解不一。在苏俄刑法理论中虽没有明确提出"紧迫性"这样的概念，但却以社会危害性为核心对不法侵害的情况进行了限制——根据《苏俄刑法典》第7条第2项规定，对于社会危害性轻微的行为，不能采取正当防卫的措施。[①]由此可见，社会危害性的大小在一定程度上表征了不法侵害的紧迫与否。日本刑法理论采用的是"急迫性"概念，这主要源自于《日本刑法典》第36条中关于"急迫"的表述，其含义是：针对法益的侵害现实存在，或正在迫近。[②] 这里所称的"急迫性"在本质上类似于我国正当防卫的时间条件，即将过去与将来的侵害从正当防卫的领域排除出去。但是，日本的判例也存在对急迫性要件的扩大化理解，将积极加害意思与急迫性相混同，遭到了不少日本学者的批判。例如，前田雅英教授对此种解释论作出了批判，认为"急迫性"是一种客观上的、形式上的要件，不能与主观上的情况相混淆，对于主观上的积极加害意思，可以在防卫意思中予以否定。由此可见，日本刑法理论对急迫性的理解仅限于对不法侵害时间的限制。德国刑法理论并没有明确提出"紧迫性"概念。根据《德国刑法典》第32条第2项，可以得出其正当防卫的定义是："为使自己或他人免受正在发生的不法侵害而实施的必要的防卫行为，是正当防卫。"[③] 由这一定义所得出的结论是：对被侵害人所有处于法律保护之下的利益侵害，均可以进行正当防卫。德国的现代刑法理论虽然对正当防卫权的行使有所限制，但是可进行防卫的权利种类却范围极广，从生命权到财产权、隐私权都可以进行正当防卫。因此，正当防卫所针对的不法侵害并不仅限于暴力性、严重性较高的不法侵害。换言之，德国正当防卫制度中的紧迫性并非是对不法侵害的种类与范围的限制，而是对时间条件的描述，是对所要保护的利益产生了迫在眉睫的危险。综上所述，由苏俄、德日刑法理论共同缔造而形成的中国现代刑法理论将紧迫性要件置于不同的地位。

根据我国刑法的规定，正当防卫的构成要件包括起因条件、时间条件、主观条件、对象条件、限度条件五大条件。由于刑法明文中并未规定紧迫性要件，因此，学者们基本上把紧迫性要件置于前两个条件之内。一些学者主张紧迫性要件属于正当防卫起因条件的内容，认为侵害紧迫性是正当防卫起因的量的特征，侵害紧迫性所要解决的是对哪些不法侵害可以实行正当防卫的问题并由此得出结论：不法侵害

---

① 浜口和久、陆青：《苏维埃刑法中正当防卫及其有关问题——介绍 В·И·特卡钦科的观点》，载《国外法学》1981年第2期。
② [日] 前田雅英：《刑法总论讲义》，曾文科译，北京大学出版社2017年版，第223页。
③ [德] 汉斯·海因里希·耶塞克、托马斯·魏根特：《德国刑法教科书》，徐久生译，中国法制出版社2017年版，第451页。

并不是一切具有社会危害性的行为，而是具有紧迫性的不法侵害。① 这一观点从本质上来看是对不法侵害的社会危害性添加了程度的要求，与上文所介绍的苏俄理论类似，认为不能对只具有轻微社会危害性的不法侵害实施正当防卫。还有一些学者主张紧迫性要件属于正当防卫时间条件的内容，认为紧迫性是时间条件的必然要求。换言之，不法侵害正在进行时，才令法益处于紧迫的危险之中，从而使防卫行为成为保护法益的必要手段。② 这种观点实质上是通过解释时间要件中的"正在进行"而得出的结论，更准确地说，是对犯罪行为的"着手"采取实质解释，认为"着手"标准就是使法益面临现实、紧迫的危险。因此，学者们所指的紧迫性要件并非正当防卫的独立要件，而是附属于犯罪行为"着手"的认定标准。

从上述理论归纳中不难看出，对于紧迫性要件在正当防卫中所处位置的认识与含义各不相同，但是这并不影响紧迫性要件在整个正当防卫理论中的地位。紧迫性要件一直以来都是作为限制正当防卫权的行使而出现的，无论是将其置于起因条件内，还是置于时间条件内，紧迫性的功能都在于将一部分防卫行为排除在正当化事由之外。学者们事实上对这一条件设置施加了一个隐性前提，即并不是针对所有的不法侵害都可进行正当防卫。但是很少有学者论述其中的缘由。换言之，作为"正对不正"的典型代表，为什么要限制正当防卫的范围？为什么只有对具有严重社会危害性的行为才能正当防卫？并且为什么要将不法侵害程度的衡量义务施加到防卫人身上？对于这些隐性前提很少有专门的论述。此外，刑法理论基本上都赞同"在正当防卫中，不法侵害并不限于犯罪行为，而是包含违法行为在内的行为"。但是，如果从社会危害性的角度来衡量，违法行为的社会危害性远远要比犯罪行为轻微，那是否意味着，如果添加了紧迫性要件的限制就会将绝大多数的违法行为排除在不法侵害之外。换言之，紧迫性要件的内涵与不法侵害的定义是矛盾的。但是，不可否认的是：通过理论的解释，紧迫性要件被"顺理成章"地引入到正当防卫的语境中，并逐渐深化为正当防卫必备的条件之一。但是紧迫性要件自身含义的变化却未曾止步，而是在理论定位下异变出不同的类型。

2. 紧迫性要件的理论内涵

紧迫性具有限制正当防卫的作用，但是究竟采用何种具体的限制措施却众说纷纭。换言之，"紧迫性"这一表述需要借助客观事实的支撑才能在认定正当防卫时发挥作用。当前，关于正当防卫的紧迫性要件内容，主要有以下三种具有代表性的观点。

（1）"采取回避措施"说。这种观点认为只有当防卫人因事发突然而不及躲避时，不法侵害才具有紧迫性。③ 也就是说，对于那些行为人已经预见到或者完全可以躲避的不法侵害不能进行正当防卫。这是站在防卫人的视角界定紧迫性，脱离了紧迫性所依附的不法侵害本身。该观点认为防卫人在当时的情况下是否有退路，是

---

① 陈兴良：《正当防卫论》，中国人民大学出版社2006年版，第69页。
② 张明楷：《刑法学》（上），法律出版社2016年版，第201页。
③ 参见项华杰故意伤害案，浙江省衢州市衢江区人民法院刑事附带民事判决书【（2016）浙0803刑初72号】；赵捷故意伤害案，浙江省台州市中级人民法院刑事裁定书【（2016）浙10刑终557号】。

衡量是否存在紧迫性以及紧迫性大小的关键因素，这显然违背了正当防卫制度设立的初衷，不当地增加了防卫人的退避义务。正当防卫制度就是为了宣誓"正不得向不正让步"，这就必须承认并确保被侵害者的"正当利益"优越于"非法侵害"者的利益。两者的利益衡量也不是"量"的关系，而是"质"的不同。也就是说，刑法需要优先保护被侵害者的利益，只要被侵害者的利益受到侵犯便可以启动正当防卫，而不是先去比较侵害者与被侵害者的利益大小。被侵害者的利益优位性，不会因为与"非法侵害"者的利益进行比较判断所得出的价值大小而受到左右或者限制，而是在保护这种利益所必要的限度之内优于"非法侵害"者的利益。① 综上所述，基于这种法益地位"质"上的不同，防卫人并不具有退避义务。换言之，在考察防卫人是否属于正当防卫时，不需要考虑其是否已经预见或者是否可以优先选择躲避这些因素。因此，该观点对正当防卫紧迫性的界定并不恰当，不仅不符合我国当前的立法规定，同时也不符合正当防卫的理论基础。

（2）"不法侵害足够严重"说。这一观点认为如果对方没有使用器械工具，只是徒手实施殴打、破坏财物等侵害，那么由于该行为的杀伤力轻微，不会对他人的生命健康法益构成重大威胁，故侵害缺乏紧迫性。② 这种观点试图用"紧迫性要件"来限制不法侵害的范围，即只能针对严重的、杀伤力较大的不法侵害才能进行正当防卫。这种观点加入了价值衡量的因素。但"足够严重"这种主观色彩较浓的词汇应当尽量剔除出刑事立法与刑事司法中，以减少主观归罪带来的副作用。此外，正当防卫造成的后果并不必然是对不法侵害人造成人身损害，还有可能是财产损害。如果采用是否足够严重这一标准来判断就意味着对于不法侵害人造成的财产损害很难进行正当防卫。由此可见，无论是采取客观解释还是主观解释，这种理解都与刑法规定的意思不一致。同时，正当防卫这一概念也并非刑法所特有的概念。只是这些正当防卫行为具有刑法所规定的犯罪行为的外观，因而才会进入到刑法评价的范畴。所以正当防卫的范围不应僵化地限制在只针对严重的、攻击性较大的不法侵害，而应当包含一切不法侵害，即针对所有的"不正"都可以进行反击，至于不法侵害本身的严重性、杀伤性及紧迫性程度则应当在防卫限度中予以判断。

（3）"寻求其他公民或公权力救济"说。这一观点认为在受到不法侵害时如果周围人流量较大、有多名亲友在现场或者公权力已经介入，那么此时虽然不法侵害正在进行，但是可以优先采取其他方式制止不法侵害，因此不能正当防卫。③ 这一观点旨在通过对防卫环境这一外在因素的判断来决定防卫行为的正当性与否。然而，防卫时周围的环境无法直接影响不法侵害本身的紧迫性，倘若人流量巨大，但是无人理会；有多名亲友在场，但是救济甚微；公权力介入，但无动于衷……这些情况都不会降低不法侵害本身的危险。对此，完全可以通过正确适用正当防卫的时

---

① ［日］山口厚：《正当防卫论》，王昭武译，载《法学》2015 年第 11 期。
② 陈璇：《正当防卫、维稳优先与结果导向——以"于欢故意伤害案"为契机展开的法理思考》，载《法律科学（西北政法大学学报）》2018 年第 3 期。
③ 参见颜宏章故意伤害案，陕西省宝鸡市中级人民法院刑事附带民事裁定书【（2014）宝中刑一终字第 00025 号】。

间条件来解决这一问题,如果不法侵害被众人或公权力压制,这就说明了不法侵害已经结束,不可能(继续)侵害或者威胁法益,虽然此时也会考察周围的环境,但只是为了证明不法侵害已经结束,防卫不适时,而不是直接阻却正当防卫本身。奥卡姆曾言:"如无必要,勿增实体。"这就意味着如果在现有的法律规定或理论下可以解决问题,就没有必要引入新的概念,这反而会造成逻辑上的疏漏与混乱。

除了以上三种观点外,关于正当防卫紧迫性要件的内涵还有上述观点的叠加,认为紧迫性要件需要同时具备上述两至三种观点。

(二) 实践考察:正当防卫实践中的紧迫性要件

上文从理论观点发展与争鸣的角度介绍了紧迫性要件在我国具有的理论地位及理论内涵。然而理论上对于紧迫性要件的讨论仅仅是刑法运行的一个环节,这并不足以导致紧迫性概念在中国的"扎根",真正让紧迫性要件广泛传播与深入发展的原因还是刑事司法判决对于"紧迫性"概念的大量使用。在北大法宝网站中以"正当防卫、紧迫性"为关键词共检索到了 693 份刑事文书,① 大体上来看凡是涉及正当防卫的案例,都会对当时的紧迫性进行分析讨论。由此可见,司法实践中对紧迫性要件的大量使用成为了推动紧迫性概念发展的重要力量。因此,有必要对紧迫性要件在司法实践中的地位与内涵进行考察,从这六百多份刑事文书中梳理出紧迫性要件的司法适用现状及困境。

1. 紧迫性要件的实践地位

在分析涉及正当防卫紧迫性的一部分刑事司法文书后,笔者发现:在刑事判决书中使用"紧迫性"要件来限制正当防卫早已成为司法实务界通行的"潜规则",并被作为考量正当防卫起因条件、时间条件和主观条件的原因。换言之,如果法官认为不具有紧迫性,则也会同时认为防卫人不具有防卫意志或者防卫不适时。这就造成了紧迫性成为法官对于整个案件的先见或预断,并由此影响着法官对正当防卫三个条件的评价。紧迫性要件的具备与否成为了给案件定调的关键砝码。例如,在李英俊故意伤害案中,不法侵害人持械欲向他人行凶未果,但仍隐藏在他人附近的同一封闭院落内,此时防卫人找到不法侵害人进行打斗,最后致不法侵害人死亡。抚顺市人民检察院的抗诉意见就是预先对紧迫性的存在与否进行了判断,认为不法侵害人尚未行凶,由此得出防卫人李英俊手持铁管去寻找不法侵害人的行为具有积极加害的意思,最终导致了错误的裁判。辽宁省人民检察院的出庭意见也将周围环境的判断纳入到紧迫性的考量中,认为村治保主任和联防队员赶到李英俊家,能够控制现场局势,且被害人已经躲到玉米地里,此时已不存在严重危及人身安全的情况以及防卫的紧迫性。② 这就将上文中所讨论的"可以采取回避措施"、"可以寻求其他公民救济"等与不法侵害本身无关的因素纳入到紧迫性的内涵中。在判决书中,法官虽然多次引用"紧迫性"进行说理和论证,但是最后真正的说理依据仍然回归到:起因条件、时间条件与主观条件。换言之,紧迫性要件并不会独立出现在

---

① http://www.pkulaw.cn/Case/,最后访问时间:2019 年 5 月 31 日。
② 参见李英俊故意伤害案【(2012)辽刑四抗字第 11 号】。

说理中，而是与上述三个要件相混合。

综上所述，紧迫性要件虽然在司法判决中大量出现，但由于其概念本身的模糊性导致了紧迫性的判断成为一种集合多重因素的综合判断：一方面，司法人员通过对案情的理解预先对紧迫性进行判断，这种判断直接影响到对后续三个要件的判断。换言之，紧迫性要件类似于给司法人员的判断规定了大方向，如果司法人员预先判断不具有紧迫性，那么同时得出的结论一定是三个要件都欠缺，也就是说，紧迫性已成为决定正当防卫启动的决定因素，然而若论紧迫性要件的具体内涵却又会转而借助正当防卫的三个要件来形容，导致循环论证。从这一点可以看出，紧迫性要件并不具有独立的内涵与价值，而是一种类似"口袋"的要件，将左右司法人员判断的各种因素都汇集其中，但是紧迫性要件在实践中的影响却是巨大的，并且极有可能将案件的推理引入错误的方向。

2. 紧迫性要件的实践内涵

紧迫性要件在司法实践中的实践内涵主要是通过对疑难案件的分析体现出来的。下面将对正当防卫中的三种疑难情况进行讨论，通过以点带面的形式去考察紧迫性要件的实践内涵。

（1）对于行为人已经预见到的不法侵害，是否符合紧迫性要件的要求？

实务中有很多案例是行为人已经预见到了不法侵害可能会发生。例如，如果行为人在听闻打斗后赶往现场，在到达现场后遭遇的砸车，然后驾车掉头逼撞对方。[①] 本案的其他情节在此不作讨论，我们只关注一点就是当行为人赶赴预见到有可能发生侵害的场所且实际遭受侵害时，是否就丧失了紧迫性。如果认为行为人因此不满足紧迫性要件，是否意味着赶赴现场的人在到达现场后只能进行躲避，而不能正当防卫？换言之，是否意味着只要赶赴现场的人在到达后帮助反击就无法阻却犯罪？这样的结论显然是不合理的，如此一来，就等同于要求一般市民采取屈从于非法侵害的行动，会招致与"将侵害评价为非法"相互矛盾的事态出现。[②] 并且预见到不法侵害的存在同不法侵害本身的紧迫性并无直接的联系。即便事先就预料到了该侵害，但不应该理解为因此就直接丧失了急迫性。[③] 此外，在一些案例中，行为人只是盖然地预见到存在不法侵害，但对于侵害的手段、打击力度、持续时间、发展后果等具体内容却一概不知，针对这样的情况更不能对行为人作过于严苛的要求，而是应当首先肯定存在现实紧迫的不法侵害，并通过正当防卫的其他条件进行分析。

然而，还有一种更为特殊的情况：如果行为人已经预见到了不法侵害，然后以积极加害的意思面对侵害，此时行为人的反击行为就不再是正当防卫，但是没有必要从缺少紧迫性要件的角度去说明其不是正当防卫，只需要考察行为人是否具备防卫意图即可。在这一案例中，行为人已经具有了积极的加害意思，这种加害意思显然不能同防卫意志并存，因而行为人的反击行为不是正当防卫。由此可以看出，紧迫性要件的添加会干扰正常的判断，并且也无益于解决实务中的特殊问题。

---

① 参见赵捷故意伤害案，浙江省台州市中级人民法院刑事裁定书【（2016）浙10刑终557号】。
② [日] 山口厚：《正当防卫论》，王昭武译，载《法学》2015年第11期。
③ [日] 前田雅英：《刑法总论讲义》，曾文科译，北京大学出版社2017年版，第225页。

(2) 对于提前设置防卫装置预防将来侵害的行为，是否符合紧迫性要件的要求？

与已经预见到不法侵害的情况相类似的问题是提前设置防卫装置的行为是否具有紧迫性。或许从表面上来看，设置防卫装置在一定程度上可以降低不法侵害的紧迫性。但是，防卫装置和不法侵害的紧迫与否实际上是两个层面的问题。并且，防卫装置是否是正当防卫的判断也仅在不法侵害发生时才会讨论。因为，虽然防卫装置在时间上是先于不法侵害出现，然而防卫装置发挥作用的时间却是在不法侵害出现时。换言之，没有发挥防卫作用的防卫装置并不是刑法所讨论的范畴。因此，在分析设置防卫装置的行为是否是正当防卫时就不需要借助紧迫性这一指标，关键的分析点仍在于防卫装置发生作用的时间是否符合正当防卫的时间条件，如果符合之后再去讨论防卫是否超过必要限度，是否构成防卫过当。

(3) 对于自己招致的不法侵害，是否符合紧迫性要件的要求？

这一情况应当分类讨论。首先，对于行为人故意挑拨对方，引起对方对自己的侵害，然后以正当防卫为借口反击的当然不是正当防卫，这是一种防卫挑拨，是对正当防卫的滥用，应当予以禁止。问题在于这种对于正当防卫的否定是基于不符合紧迫性要件还是其他要素。笔者认为，行为人故意挑拨对方侵害自己不是正当防卫主要是基于欠缺防卫意思的考量，此外，挑拨行为往往本身就是不法侵害，是行为人犯罪行为的一部分。[①] 因此，这其中没有必要涉及对紧迫性与否的判断。其次，对于行为人过失行为或是不可控行为引起了对方的侵害，而且这种过失本身又轻微时，或者预想只会引起对方轻微的反击，而对方对异常重大的法益进行侵害时，还是有实行正当防卫的余地。[②] 需要注意的是，这里所指的过失行为并不是刑法上的过失犯罪，而只是生活上的一般过失。对于行为人实施的过失犯罪行为，对方的反击属于正当防卫，而行为人不能再针对对方的正当防卫行为进行正当防卫。

此外，在实务中经常讨论的还有由民事纠纷引发的互相斗殴，如在冉某故意杀人案中，冉某之子与王某之间发生纠纷，后王某纠集十余人来到冉某家中，王某、廖某等人持刀翻过冉某家围墙至院坝中，冉某持散弹枪击中廖某胸部致当场死亡。在本案中可以认为冉某之前与王某的纠纷招致了不法侵害，但是冉某是否就丧失了防卫权则应另当别论。[③] 在司法实务中只要出现纠纷就会认定为欠缺紧迫性，构成相互斗殴已成为惯用的模式。但是，这种模式的弊端就是将民事纠纷中的责任与刑事责任乃至防卫意志混为一谈。

综上所述，对于自招的不法侵害是否能正当防卫，不需要借助解释紧迫性要件而解决问题，而是需要考虑行为人的主观意志、行为人行为的性质、不法侵害的程度大小以及是否明显超出了行为人的预期。由此可见，在司法实务中紧迫性要件难以发挥特殊的作用。

---

① 张明楷：《刑法学》（上），法律出版社 2016 年版，第 205 页。
② 张明楷：《德、日刑法中的正当防卫》，载《中南政法学院学报》1993 年第 1 期。
③ 杨毅伟：《自我防卫与相互斗殴的刑事司法判定研究——以个案为线索的分析》，载《西南政法大学学报》2012 年第 6 期。

二、合法性反思：正当防卫紧迫性要件的形式理性缺失

客观地看，无论是在正当防卫的法规范层面上，还是与正当防卫其他构成要件的衔接上，紧迫性要件都存在矛盾与混乱。而在中国刑法立法与理论中对于"躲避原则"的绝对排斥也为否定紧迫性要件提供了支撑依据。

（一）一般性考察：紧迫性要件的法规范缺失

正如前文所述，紧迫性要件主要起到限制正当防卫的作用，而正当防卫作为一种违法阻却事由，增加违法阻却事由的条件便意味着限制出罪的路径，增加入罪的风险。换言之，一旦在法律条文之外对正当化事由附加新的限制性条件，似乎就是间接地实行了法外入罪。① 因此，紧迫性要件同罪刑法定原则之间存在紧张关系。正是由于欠缺法规范的明示，对于紧迫性的理解才会众说纷纭。

罪刑法定原则起源于对国家权力的限制，为了限制国家刑罚权，充分保障人权，就必须使国民能事先预测自己行为的性质与后果。正当防卫作为一种违法阻却事由，虽然不同于构成要件，但是同样可以影响一个行为的性质与后果，因而也必须明确规定，司法人员可以据此进行事后的认定，而不能在事后认定中新增条件。我国刑法条文中并没有"紧迫性"字眼，也没有针对紧迫性的司法解释，虽然学界对紧迫性要件的含义有所讨论，但是这种观点无法给予实务界一个统一、通行的标准，这就导致紧迫性要件的概念不符合罪刑法定原则明确性的要求。此外，正当防卫的概念并不是刑法所独有的概念。2017年10月1日起施行的《民法总则》也对正当防卫进行了规定："因正当防卫造成损害的，不承担民事责任。正当防卫超过必要的限度，造成不应有的损害的，正当防卫人应当承担适当的民事责任。"刑法中的正当化根据，在整个法律制度中都适用，也就是说，刑法中的正当化根据与行政法和民法等其他部门法中的正当化根据是一致的。② 因此，为了维护法秩序的统一性，从而保护国民对正当防卫行为认识的一致性，在刑法中不能额外添加条件，尤其是不能添加强人所难的条件，否则会造成防卫人认识上的混乱。换言之，紧迫性要件的添加会导致一部分轻微的不法侵害被排除在外，这很可能会造成同一行为在民法上是正当防卫，但在刑法上却不是正当防卫的矛盾结论。紧迫性要件的添加也会使得防卫人在行使防卫权时畏首畏尾，并且要求防卫人对当时的情况进行考量与理性判断才能决定是否进行正当防卫，这显然与保障公民权利的要求不符。正当防卫制度作为保护公民权利的武器，不能采用所谓"圣人标准""事后诸葛亮"的态度去要求防卫人审慎对待面临的不法侵害。正当防卫虽然要求公民要在必要限度内进行反击，但是对于应否反击则没有其他附加条件的限制。易言之，按照我国刑法规定，应否反击只需要考量是否符合正当防卫的起因条件、时间条件、主观条件和对象条件。

---

① 陈璇：《正当防卫、维稳优先与结果导向——以"于欢故意伤害案"为契机展开的法理思考》，载《法律科学（西北政法大学学报）》2018年第3期。
② 王世洲：《现代刑法学》（总论），北京大学出版社2018年版，第183页。

（二）构成要件性考察：时间条件与限度条件下紧迫性要件的缺失

在我国的刑法教科书中，对于正当防卫的成立条件通行的认识是：起因条件、时间条件、主观条件、对象条件、限度条件。但是值得注意的是，限度条件与其余条件并不属于同一个判断阶层，而是需要在其余条件具备的情况下再去考察。这一点从刑法条文关于正当防卫的表述中也可以看出。防卫过当虽然构成犯罪，但是其处理方式是应当减轻或免除处罚，因此，在认定正当防卫过程中需要有顺序意识，先对正当防卫成立的起因条件、时间条件、主观条件、对象条件进行判断，之后再对防卫限度进行衡量。然而，紧迫性要件的存在则打破了这一顺序，对此可从紧迫性要件同"正在进行"与"必要限度"两个概念之间关系的角度展开分析。

1. "正在进行"与紧迫性要件

"不法侵害正在进行"作为正当防卫的时间条件自然无可指摘，"正在进行"本身就包括了"不法侵害正在迫近"的内涵，也就意味着不法侵害已经着手。这就会引发对于"着手"的认定问题。对于着手，大陆法系国家主要有三种主张：客观说、主观说与折中说。我国刑法理论传统观点认为：所谓已经着手实行犯罪，是指行为人已经开始实施刑法分则规范里具体犯罪构成要件中的犯罪行为。[1] 然而这种形式客观说的解释没有回答何种行为才是符合犯罪构成要件的行为，因此，现代刑法理论逐渐转向危险结果说，以对法益侵害造成的紧迫危险作为着手的实质标准。[2] 由此可见，不法侵害对法益造成了现实、紧迫的危险是不法侵害"正在进行"的应有之义，无须再引入紧迫性要件徒增判断的烦恼。在日本刑法的理论中，"急迫性"要件也仅仅是具有"正在发生"的含义。并且从法条文本的含义中并不能得出紧迫性与攻击性、破坏性相同的内涵。[3] 事实上，在轻微攻击中，正当防卫的权利不是丧失了，而是受到了限制。[4] 而这种限制是通过第二步"必要限度"的判断来进行约束的。无论是参照德日刑法关于正当防卫的理论规定还是结合中国当前的发展现状，"正在进行"与"紧迫性"都具有同样的含义，在我国刑法明文使用"正在进行"的表述时，就没有必要再添加紧迫性要件来对时间条件予以说明。

2. "必要限度"与紧迫性要件

如果说紧迫性要件属于正当防卫的成立要件，那么防卫过当的判断则是建立在正当防卫成立要件的基础上对防卫限度的考察。然而紧迫性要件的添加却颠倒甚至混淆了前述判断顺序。在刑事司法实务中频繁出现直接以欠缺紧迫性为由否定行为正当防卫性质的情况。[5] 换言之，如果将紧迫性要件及其所带来的多余的条件引入到正当防卫成立与否的判断中，那么即使行为完全符合正当防卫的起因条件、时间条件、主观条件、对象条件，也无法进入到防卫限度的判断，而是直接对行为的性

---

[1] 赵秉志主编：《刑法总论》，中国人民大学出版社2016年版，第223页。
[2] 参见张明楷：《刑法学》（总论），法律出版社2016年版，第342页。
[3] 参见丁某某故意伤害案，浙江省绍兴市中级人民法院刑事判决书【（2018）浙06刑终215号】。
[4] 王世洲：《现代刑法学》（总论），北京大学出版社2018年版，第204页。
[5] 参见项华杰故意伤害案，浙江省衢州市衢江区人民法院刑事附带民事判决书【（2016）浙0803刑初72号】。

质予以全盘否定,这种结论显然不合理也非常草率,甚至会引起唯结果论的不恰当处理。例如,一旦当防卫行为从结果上造成了比不法侵害还要严重的后果,那么就可以通过行为当时不具有紧迫性而直接进行入罪处理,并且不可以对该行为进行酌情减轻或者免除处罚,这种处理完全否定了行为具有防卫性质,架空了刑法中关于防卫限度的规定。在我国《刑法》第20条的规定中,正当防卫的成立条件规定在第1款,防卫过当规定在第2款,并且第2款的表述是"正当防卫明显超过必要限度造成重大损害的",通过这种表述可以推导出一个基本的判断顺序:首先判断是否符合正当防卫的成立条件,如果具备则再判断防卫限度的问题,而不能颠倒过来,先入为主地将明显超过必要限度的行为归到不具有紧迫性要件中,从而在起点上就阻止进入到正当防卫领域。如果在第一步判断时排斥紧迫性要件,即在防卫限度层面再去判断行为的严重程度以及同不法侵害的相当性,而不是在正当防卫成立之时就去先行判断,那么案件就会得到较为妥当的处理。[①] 大量的判例却显示,我国的审判实践广泛存在对正当防卫的主体资格额外设置限制性条件的倾向。具体来说,法官往往将防卫权的享有者仅限定在对于冲突的发生毫无道德瑕疵的绝对无辜者之上。[②] 这种"道德洁癖"既体现在对于防卫者在事前纠纷中的行为与言语的严苛要求,也体现在对于事后导致严重结果的否定评价上。而紧迫性则成为这种"道德洁癖"的推动者,让这种"道德洁癖"拥有了看似具有合法性的"外衣"。在我国的刑事立法中,防卫过当并不是独立的罪名。对于防卫过当应当根据其符合的犯罪构成来确定罪名,这样的处理方法同保留紧迫性要件相比并不会轻纵被告人,同时还可以充分考量案件情形,充分维护公民行使防卫权的自由。

(二)躲避原则之否定:正当防卫紧迫性要件的最终否定

"躲避原则"是英美刑法正当防卫中的一项独特原则,其基本含义是,在使用致命性暴力防卫时,如果可以安全躲避,应当先行躲避,只有在不能躲避的情况下才能够杀死不法侵害者或对其造成致命伤害。[③] 但是,英美刑法中之所以规定躲避原则是其一系列制度设置所要求的。在英美刑法中,正当化事由是一种辩护的理由,而是否具备躲避原则也并非无罪与有罪的区分,而是谋杀罪与杀人罪的区分。然而,我国的刑法制度体系却与英美刑法完全不同,我国刑法将正当化事由区分为正当防卫与紧急避险,并且在三阶层犯罪论体系的解释下,这种正当化事由处在违法阶层,直接决定了行为违法性的有无。在我国刑法规定中只有在紧急避险的环境下才具有躲避义务,而在直接面临不法侵害并针对不法侵害人本人进行防卫时排除躲避义务。这一规定体现了在法确证原则的要求下,对于公民勇敢同不法侵害作斗争的鼓励,被侵害人没有躲避义务被视为对个人行为自由的保护。此外,在法确证

[①] 参见《新京报》2018年11月5日的报道的黄海龙故意伤害一案,该案一审判决并没有考虑到黄海龙当时面临的紧急情况,而是根据最后造成的结果先入为主判断,并以"圣人标准"要求黄海龙在当时的情况下保持镇定,这是不符合常理的,载 https://mp.weixin.qq.com/s/K0eUFXtYGdeRARNPMhJeyg,最后访问时间:2019年5月31日。

[②] 陈璇:《克服正当防卫判断中的"道德洁癖"》,载《清华法学》2016年第2期。

[③] 刘士心:《英美刑法正当防卫中的"躲避原则"及其启示》,载《中国刑事发杂志》2017年第5期。

原则的视角下，不法侵害人与防卫人的法益置于截然不同的保护地位。防卫人除了保护自己被侵犯的法益外，还同时保护了国家法律所要维护的秩序。因此，在正当防卫中不能给防卫人添加躲避义务。事实上，正当防卫虽然属于一种正当化事由，但是在一定程度上也起到了一般预防的效果，不法侵害人在实施犯罪行为时需要预想到自己遭到正当防卫的后果，从而产生畏惧心理。然而，紧迫性要件的添加却打破了正当防卫的威慑力，给躲避原则以可乘之机。换言之，如果考虑到当时犯罪现场的状况，被侵害人有逃离、躲避的选择，那在一定程度上就会大大减损紧迫性，甚至否定正当防卫的性质。

在我国当前刑法规定中不存在躲避原则的引入空间，也没有躲避原则存在的制度土壤，并且引入躲避原则也不是必要的。如果要全面否定在正当防卫的成立要件中添加紧迫性要件，就需要对躲避义务进行否定，而若要否定这种躲避义务，就需要解决实务中经常会面临的一个难题——针对未达到法定年龄、无责任能力人的不法侵害该如何处理。对于这一特殊情况的讨论，也成为部分学者建议适当引入躲避原则的一个原因。① 但是，长期以来，我国学者较为重视拓展正当防卫的理论内涵，却忽视了紧急避险的重要作用。在我国刑法规定中也仅规定了攻击型紧急避险，而缺少对防御型紧急避险的关注。事实上，当危险的来源是人的无意识行为，被侵害人直面危险的人进行反击时，就可以启动防御型紧急避险，我国在制度设置方面长期以来一直欠缺对于防御型紧急避险的分析，而防御型紧急避险恰恰处在正当防卫与攻击型紧急避险中间，对于一些疑难问题的解决有很大的助益，这也可以使得我们转换思路，对于未达到法定年龄、无责任能力人的不法侵害可以自然纳入防御型紧急避险中讨论，并且针对紧急避险自然要求躲避义务，而不是只僵化在正当防卫的范围内，为特殊情形寻求限制措施。

将躲避原则排除在正当防卫之外并不必然排除躲避的可能性。正当防卫是法律赋予公民的权利，而并非是强加在公民身上的义务或道德负担。有的情形下，公然的防卫会导致身体完整性和财产遭遇最严重的危险，但它们可通过躲避而得到保护，结论是躲避的保护效果要大于防卫的保护效果（有经验的警察会建议人们在这类案件中进行安全的退让）。② 换言之，在一些暴力性案件中，如果公民有机会躲避则往往会选择躲避或退让，这样有利于更大限度地保全自身利益。但是，躲避不宜被规定成具有普遍性的义务，而只能作为公民在遇到紧迫情况下的一种选择，公民可以自由选择是去躲避还是反击。正当防卫范围的扩大并不是积极鼓励公民去反抗，也不是指责那些选择躲避的公民，而是最大限度地赋予公民在这两者之间选择的自由。此外，还需认识到"正当防卫与处罚侵害人无关，而只与反抗不法侵害人有关"，易言之，正当防卫并不是要求公民代替国家对侵害人进行处罚，而只是为了减轻不法侵害给自身利益带来的损害，因此正当防卫并不会破坏国家权力的垄

---

① 参见高铭暄主编：《刑法专论》（上编），高等教育出版社2002年版，第441页；黎宏：《刑法学》，法律出版社2012年版，第130页。
② ［德］克劳斯·罗克辛：《正当防卫与法确证》，王德政译，载《西北师大学报（社会科学版）》2018年第2期。

断，也不会破坏法治国家的秩序。正当防卫不是国家刑罚权的分属，而是个人权利的体现。

综上所述，无论是从正当防卫制度的设立目的与作用上，还是从对特殊情况的处理上，都没有必要引入躲避原则，在不存在躲避义务的正当防卫中，紧迫性要件的独立判断也失去了其作用，因此，紧迫性要件最后的价值也被消解了。

三、合理性反思：正当防卫紧迫性要件的实质理性缺失

上文主要从正当防卫制度的规定、正当防卫的理论以及司法实践的角度说明了紧迫性要件欠缺形式理性，而实质理性作为形式理性的根基，因而对紧迫性要件的否定也具有决定性作用。但从正当防卫的立法目的、正当防卫的行为结构以及防卫权的滥用等角度看，紧迫性要件作为正当防卫的成立条件则欠缺实质合理性。

（一）紧迫性要件背离了正当防卫的基本目的

从刑事政策的角度来看，正当防卫的立法目的在于鼓励公民同违法犯罪作斗争，从而维护社会安定。一些学者认为，正当防卫权是从国家刑罚权中分解出的一部分权力，但是如果防卫权是刑罚权的一部分，就难以解释为什么个人在实施防卫时不需要经过像刑事诉讼那样严格的认定程序就有权执行法律规定，也无法解释国家权力高于个人权利的合理性。[①] 事实上，防卫权仍然是一种个人权利，是为了保护基本法益而派生出的法益。在国家不能保护市民的利益时，市民能够通过行使天赋自卫权进行自我保护，任何契约都不可能使市民放弃这个天赋自卫权利。[②] 但是，正当防卫的立法目的却不仅仅只局限于国家或个人，而是针对不同的对象有不同的目的。正当防卫的立法目的从国家层面来看是为了维护已经建立起的法秩序的不可侵犯性；从社会层面来看是为了维护社会对于正义的期待以及社会环境的稳定；从防卫人层面来看是为了维护自由人的基本法益以及遭到侵犯的法益；从不法侵害人层面来看则是为了对其行为进行否定性评价并提高行为人的犯罪成本以起到一般预防的作用。

综合上述立法目的可以看出，正当防卫制度的设立从一开始就具有"保护个人法益，反抗不法侵害人"的理念，在这样的理念指引下，正当防卫具有鼓励被侵犯人勇敢反抗不法侵害的作用。而紧迫性要件的添加却在一定程度上阻碍了这种作用的发挥，由于"紧迫性"这一概念本身的模糊性，以及紧迫性程度判断的恣意性，导致国民难以预测，在危急时刻国民更是难以在非常短暂的时间内作出判断，如果在这种情况下否定防卫人的正当防卫则强人所难。对比上文列举的正当防卫的四个立法目的来看：首先，紧迫性的增设不利于国家法秩序的维护，因为紧迫性要件给防卫者提出了不合理的要求，使得正当防卫的门槛升高，不利于恢复被破坏的法秩序；其次，紧迫性要件的增设辜负了社会对于正义的期待，因为最后往往是防卫人对造成的结果买单，并且如果防卫人的行为不能认定为正当防卫，从反面来看就是

---

① 参见陈璇：《侵害人视角下的正当防卫》，载《法学研究》2015年第3期。
② 张明楷：《正当防卫的原理及其运用——对二元论的批判性考察》，载《环球法律评论》2018年第2期。

肯定了最先挑起事端的人的行为，认为其行为不属于不法侵害；再次，紧迫性要件的增设不利于有效保护被侵害者的法益，由于紧迫性要件要求被侵害者需要对周围的环境进行判断甚至要求被侵害者优先选择躲避，这不仅会使被侵害者错过良好的防卫时机，还可能增加被侵害者入罪的风险并对其造成二次伤害；最后，紧迫性要件的增设给不法侵害人以可乘之机，并且大大减弱了刑法的威慑作用，混淆甚至颠倒了犯罪过程中的角色。

（二）紧迫性要件扭曲了"正—不正"行为结构

正当防卫的行为结构是"正—不正"，具体而言是"防卫行为—不法侵害"，但紧迫性要件扭曲了这种行为结构。由于紧迫性要件的增设否定了防卫人行为的正确性，直接导致不法侵害人成为受害者，而防卫人成为犯罪人，这使得正当防卫的行为结构由于紧迫性的界定不同而处在摇摆不定的状态。虽然我们无法主张这种行为结构在正当防卫的过程中是恒定不变的，因为随着双方态度以及行为的转变，原本处在防卫人地位的人也有可能实施积极加害行为，而原本处在不法侵害地位的人也可能丧失侵害能力，但是这种变化仅仅应该存在于行为的当时，而不应取决于司法人员事后的判断。如果在事件当时防卫人符合正当防卫的其他构成要件，即使防卫人的行为明显超过必要限度，也需要将其认定为防卫过当，虽然防卫过当不是一个独立的罪名，但是对于防卫过当的行为，应当减轻或免除处罚，这一刑罚上的减轻也体现出刑法对防卫人部分行为的肯定，而不是像紧迫性判断那样全盘否定防卫人行为的性质。在正当防卫案件中，两方的关系是对立的，也就是说对于防卫人行为的否定直接引起了对侵害人行为的肯定，而紧迫性要件的存在则扭曲了这一关系。

此外，在评价的起点上，紧迫性要件的存在也颠倒了这种"正—不正"的行为结构。正当防卫应以不法侵害的发生为评价起点，在对正当防卫进行分析时也需要不断借助不法侵害进行对照。而紧迫性要件的判断则是以防卫行为作为整个事件的起点，这就会导致对于不法侵害分析的疏忽，并且一旦当防卫行为造成严重后果时，就更容易将防卫行为当成是"恶"的，而不再去对率先发起进攻的不法侵害人进行评价。由此可见，这种分析过程中失衡的主要原因来自于紧迫性要件的添加，正是由于紧迫性要件的存在而使得司法人员的判断过程以及否定性评价的对象一直集中在防卫行为上，而疏忽了对不法侵害在其中作用力的认定。

（三）防止防卫权的滥用不需要紧迫性要件

一些学者认为正当防卫是一种私人暴力，是一个必须严格限制的权利。① 这一论述是从正当防卫"以暴制暴"的外观上来对正当防卫进行定性，而没有考虑正当防卫设立的出发点是已经存在不法侵害，是一种"正对不正"。因此，正当防卫范围的扩大与防卫权的滥用之间并没有必然的联系，防止防卫权的滥用也不需要紧迫性要件来进行控制。因为借助正当防卫的其他构成要件完全可以起到防止滥用防卫权的行为。例如，如果防卫人是基于愤懑而进行反击，对不法侵害人进行积极的加

---

① 徐然：《在生活与法律中适用正当防卫》，载《检察日报》2018年9月18日第3版。

害，从手段上和程度上已经远远超过了不法侵害人的暴力，这时候就可以以不具备防卫意志或者明显超出防卫限度进行入罪处理，因而不会纵容犯罪者。正当防卫的起因条件、时间条件、对象条件乃至限度条件同样可以在不同的情况下发挥防止防卫权滥用的作用，因为正当防卫的构成要件已经对正当防卫的行为进行了全面的规制，滥用防卫权的行为已无法逃脱这些规制，因此无须在正当防卫构成要件之外再去寻求紧迫性要件的帮助。

此外，如果正当防卫在行为外观上（不法阶层）不符合犯罪行为，那么即使所针对的不法侵害较为轻微，也不能进行入罪处理，同时也不会引起刑法的启动，只会产生民事上的纠纷。这也否定了那些用紧迫性（要求行为所针对的不法侵害必须严重）来将轻微危害排除在正当防卫范围内的论断。换言之，刑法意义上的正当防卫只是那些外观上具有构成要件该当性的行为，因而才会在违法阶层考虑是否是正当防卫，如果该行为本身就不具有构成要件该当性，那就不需要进入到违法阶层再去分析。综上所述，紧迫性要件的添加无助于解决滥用防卫权的问题，否定紧迫性也不会纵容本应被定罪量刑的人。

四、紧迫性要件的否定：正当防卫制度激活的关键点

在中国刑事司法过程中，正当防卫一直都被视为僵尸条款，然而随着近几年来一系列关于正当防卫的热点受到民众、媒体及专家学者的广泛关注，司法人员对于涉及正当防卫的案件也呈现出勇于担当、敢于适用的态度，这更激发起学者对于扩大正当防卫权、避免正当防卫成为僵尸条款的广泛讨论。从上文的分析中不难看出，紧迫性要件恣意使用已经成为正当防卫扩大趋势中的重要阻碍，因此有必要否定正当防卫中的紧迫性要件，以激活正当防卫目的并保证正当防卫成立条件的顺利适用，从而为正当防卫在实务中的扩大使用扫清障碍。

（一）紧迫性要件否定与正当防卫的目的激活

如前所述，紧迫性要件的添加完全背离了正当防卫鼓励民众同不法作斗争的目的。因此，对紧迫性要件的否定有助于激活正当防卫的目的。虽然紧迫性要件并没有出现在我国刑法条文中，但是由于理论界与实务界的广泛使用导致公民对于紧迫性的范围、含义等没有明确的判断。这就会使得一些主观上具有防卫目的、客观上完全符合正当防卫其他条件而实施了防卫行为的公民最终被认定为不是正当防卫，这样的司法判决不仅会给防卫人造成二次伤害，还体现出司法机关对于正当防卫认定的严苛态度，不利于鼓励公众勇于反击，相反是要求公众尽量躲避并寻求公权力保护。

在依法治国的大背景下，国家虽然鼓励甚至要求公民通过法律途径解决问题，而不是一味地寻求私力救济，但是不能否认的是，正当防卫并不是所谓的"以暴制暴"，也不会使社会丧失稳定的局面，正相反，正当防卫本身有利于维护社会的公平正义从而实现社会的稳定。有学者认为正当防卫权的扩大会传达出一种错误的社会共同信念，认为公民事实上互相恐惧、互相厌恶彼此之间是一种永恒对抗的零和

游戏关系，而特殊防卫权是鼓励公民之间滥用暴力、纵容普通公民滥杀无辜。①

但是，在当前世界各国法治国理念的倡导下，公民与公民之间的关系已经不同于原始社会中的战争关系，而是在法律规范的指引下有序生活，因此，即使适度扩大防卫权也不会必然导致公民之间回到相互对抗的紧张关系中。此外，作为理性人的公民会在面临不法侵害时迅速权衡利弊，从而作出利益最大化的考量，法律规范既然是建立在理性人的基础之上，那么也需要给予公民决定自己行为的自由。并且，法律不能强人所难，在考量是否可以行使防卫权时需要以防卫人当时面临的环境为出发点，正因如此，刑法关于正当防卫的规定不宜过于严苛和具体，否则难以容纳现实生活中各种各样的情形。正当防卫并不意味着打破了社会的平和状态，不法侵害才是，正当防卫正是为了恢复不法侵害打破的平和而赋予公民的权利，一味地忍让所带来的社会安定也并非是真正的安定，而只是对不法侵害的妥协。

综上所述，对于紧迫性要件否定会传达出国家鼓励公民勇敢对不法侵害进行反击的态度，有助于正当防卫目的的真正实现，并使得正当防卫成为保护社会安宁的利器，而非是变成人人惊恐不敢反击的咒语。正当防卫作为一项公民的基本权利还负有维护社会稳定与国家长治久安的刑事政策价值，因此，正当防卫目的的实现以及对于正当防卫的宽容态度，也从一个侧面反映出国家及社会对违法犯罪的否定性评价。因此，对于正当防卫不宜限制过严，在中国现有的正当防卫制度下就可以明确区分正当防卫行为与犯罪行为，因而没有必要再额外添加限制条件。

（二）紧迫性要件否定与正当防卫要件松绑

如前所述，在正当防卫的整个制度体系中，紧迫性要件并没有独立的位置，而是依赖正当防卫的起因条件与时间条件，但是在理论与实务的发展中，紧迫性要件却逐渐延伸出起因条件与时间条件无法包含的内容，这种异化是导致正当防卫制度长期以来难以适用的关键原因。因此，对于紧迫性要件的否定就是使其与正当防卫的起因条件与时间条件松绑，没有必要在解释起因条件与时间条件时引入紧迫性要件来进行说明。在司法实务中，紧迫性要件的判断成为了"唯结果论"的思考路径，一旦对紧迫性要件进行判断，就不得不将案件的全部情况及造成的结果纳入考虑的范围中，由此在实质上使得正当防卫的各个构成要件失效，难以发挥其应有的作用。因此，否定紧迫性要件有利于重申现有的正当防卫构成要件，并厘清各个要件内部的概念，从而使要件本身能够同时发挥入罪与出罪两大功能。

此外，紧迫性要件的存在也造成正当防卫各要件之间判断顺序的混乱。防卫限度的判断应置于正当防卫成立要件的判断之后，而紧迫性要件的内涵却将防卫限度、是否防卫过当等因素纳入考虑的范围内，而不是以不法侵害的发生为起点进行判断，相反，是把防卫人的行为事先当作犯罪行为进行评价，这导致防卫人以正当防卫为由出罪的可能性显著降低。因此，否定紧迫性要件可以使对正当防卫的判断回到应有的顺序上，并且使得整个逻辑过程具有层次，而不是将全部因素耦合进行

---

① 胡莎：《正当防卫杀人的本质及回避危险义务理论——以美国为参照》，载《法治社会》2018年第4期。

总体性判断。

结语

  学者们关于正当防卫的研究一直没有停滞过,并且往往随着新案例的出现而引发新的讨论。刑事司法实务的处理、公民对于案件的反应、理论研究的深入都可以成为影响正当防卫发展的重要因素。从于欢案到昆山案,实务中层出不穷的案件及其处理也反映出各方对于正当防卫的不断探索与反思。无论是从立法上还是从司法上,正当防卫都呈现出逐渐扩大的趋势。因此,有必要对这种扩大化趋势进行理论上的论证,从而完善我国正当防卫制度,在保护法益与保障人权之间寻求新的平衡。在正当防卫制度所包含的诸多方面中,对于紧迫性要件的解释一直以来存在模糊、争议并且有扩大趋势,有的甚至超出了解释的范围,变成了类推适用。所有的刑法解释必须是相对于刑法文义射程的合目的性的限缩解释。而对紧迫性要件进行限缩解释已成为扩大正当防卫范围,纠正传统司法实务偏见的关键步骤。当然,关于正当防卫的研究远远不止这些,随着正当防卫适用的增加,其具体的理论基础、成立条件、防卫限度、疑难问题等都值得进行深入的探讨,相信通过学者们不断地研究,再结合实务中出现的新的案例,正当防卫制度一定能更加完备、合理。

论防卫紧迫性要件的独立性

赵天红[*] 杨建民[**]

引言

在传统刑法理论中,紧迫性是正当防卫认定的独立要件之一,其区分了紧迫的不法侵害与非紧迫的不法侵害,并肯定仅对前者可成立正当防卫。[①] 这一认识被司法所吸纳并贯彻于裁判逻辑之中,如在周某某故意杀人案的裁判论证中,裁判者明确指出:"存在'不法侵害'是正当防卫成立的前提条件,但只有这种不法侵害具有紧迫性时,才允许对其实行防卫。"[②] 然而,近来学界涌现了对紧迫性要件独立性的否定思潮。从现有的文献来看,这一否定思潮还尚未得到充分的讨论。否定论将司法活动中对正当防卫的不当认定归咎于紧迫性要件的独立化,但其论述中尚未对紧迫性要件的含义与机能予以明确。实际上,学界对于紧迫性要件的含义存在不同的理解。只有梳理了紧迫性要件的含义、机能理解,才能在此基础上正确认识紧迫性含义对认定正当防卫的影响,从而判断紧迫性是否应当具有独立的要件定位。再者,如果不对紧迫性要件的独立化原因予以认识,否定论的批评未必能够言之成理。因此,本文试图对上述问题予以梳理和展开,以回应否定思潮的相关认识。

一、紧迫性要件独立性的否定论概述

(一)否定论的相关主张

从现有的文献来看,对于紧迫性要件独立性的否定论之论述可以概述为下述四点内容。

其一,紧迫性要件的独立性缺乏规范基础。否定论者以刑法典对不法侵害的规范表述为基础,认为存在两种立法模式,一是如日本刑法典一般要求不法侵害具备紧迫性,二是仅要求不法侵害处于正在进行时,而中国刑法典的表述采取后者之方式,说明"立法者是有意将侵害的紧迫性排除在了正当防卫的要件之外"。[③]

其二,将紧迫性要件的独立化视为司法异化的表征,这一独立化表现为与不法

---

[*] 中国政法大学刑事司法学院教授。
[**] 中国政法大学刑事司法学院2018级博士研究生。
[①] 参见高铭暄主编:《刑法专论》(第二版),高等教育出版社2006年版,第419页;熊向东、吴金锁:《对正当防卫中不法侵害的几点思考》,载《政法学刊》1999年第1期;沈德咏、戴长林:《完善刑事立法强化公民的正当防卫权》,载《中国法学》1996年第5期。
[②] 何帆主编:《最高人民法院司法观点集成(刑事卷Ⅰ)》(新编版),中国法制出版社2017年版,第79页。
[③] 参见陈璇:《克服正当防卫判断中的"道德洁癖"》,载《清华法学》2016年第2期。

侵害时点的区分认定。这一司法异化导致了下述两种对正当防卫的不当否定：一是侵害时点与紧迫性在正当防卫认定上呈现先后顺序，以至于即便法院承认了不法侵害处于正在进行时，仍可能通过紧迫性的判断以排除行为的防卫性质；二是紧迫性要件的独立性被司法认为是不法侵害的突袭性特征，即需要行为人毫无预见、毫无准备，一旦存在侵害预期，则消解了不法侵害的紧迫性，从而否定防卫权的行使。[1]

其三，紧迫性要件的判断标准不可行。否定论者指出，传统理论将侵害行为的暴力性、进攻性、破坏性作为紧迫性的判断标准，抑或以法律救济手段的存在否定紧迫性，但这无法解释针对盗窃的防卫行为之正当性。[2]

其四，对贿赂、重婚等行为的防卫不成立正当防卫与紧迫性无关。何强等聚众斗殴案的相关实务判解强调："正当防卫要求不法侵害必须具有紧迫性，这是确立正当防卫必要性和合法性的基本前提，所以对于诸如贪污罪、重婚罪等这类相对缓和的犯罪，就没有成立正当防卫的现实可能性。"[3] 否定论者则是认为此类行为的不可防卫性并非基于其非紧迫性的判断，而是由于其侵犯的是纯粹公法益，为防止公民恣意导致社会失序而予以禁止。[4]

（二）对否定论的评述

应当明确的是，紧迫性要件的独立性问题属于刑法解释论的问题，必须在承认刑法规范效力的基础上予以讨论。由此可见，通过对否定论的相关了解，可以初步作出如下判断与疑问。

其一，第一点和第二点论断均是关于紧迫性要件独立性的直接否定。在这一部分的论述中，否定论者将紧迫性要件与"正在进行"的侵害时点相分离，意味着对于否定论者而言，紧迫性至少不具有侵害时点紧迫之含义。然而，即便是否定论者自己亦是承认，虽然日本刑法典采取的是紧迫性要件，[5] 但无论是学术还是判例均割裂了侵害预期对紧迫性成立的判断影响，将紧迫性理解为法益侵害的客观急迫状态，在此意义上，紧迫性与"不法侵害正在进行"在本质上趋于一致。[6] 如果"不法侵害正在进行"本身就包含了紧迫的意味，那么独立的紧迫性要件到底具备何种含义？如果不对紧迫性的含义予以厘清，对于紧迫性要件独立性之意义必然无法得到全面的认识。

其二，第三点论断并不能成为否定紧迫性要件独立性的理由。紧迫性要件的现有判断标准无法合理解释部分正当防卫行为的成立，其仅能说明现有判断标准的不合理性，依旧留有合理标准的存在可能，其无法否定独立的紧迫性要件之必要性。

其三，第四点论断对"相对缓和之侵害"的理解有误。第四点论断以纯粹公法

---

[1] 参见劳东燕：《正当防卫的异化与刑法系统的功能》，载《法学家》2018年第5期。

[2] 参见陈璇：《正当防卫中公力救济优先原则的适用——以暴力反抗强拆案和自力行使请求权案为例》，载《法学》2017年第4期。

[3] 姚一鸣、黄晓梦：《主动挑起斗殴后被动方的行为性质》，载《人民司法·案例》2013年第18期。

[4] 参见陈璇：《克服正当防卫判断中的"道德洁癖"》，载《清华法学》2016年第2期。

[5] 《日本刑法典》第36条规定："面对急迫不正之侵害，为防卫自己或他人之权利，不得已而实施之行为，不可罚。"

[6] 参见陈璇：《克服正当防卫判断中的"道德洁癖"》，载《清华法学》2016年第2期。

第三编　正当防卫制度的适用与完善

益的不可防卫性否定了紧迫性的判断，然而，司法实务判解的表述还存在另一种理解方式：其并不否定纯粹公法益的可防卫性，在此基础上将纯粹公法益之侵害分为紧迫与相对缓和两类，贿赂、重婚等侵害行为即属于相对缓和的纯粹公法益之侵害。在此意义上，第四点论断已经不再局限于紧迫性要件的独立性问题，而将争议转移至了纯粹公法益的可防卫性判断这一问题之中。

由此可见，否定论的论证根基尚未巩固。无论支持还是反对，必然需要建立在对上述疑问深入研究的基础之上。实际上，正是通过对紧迫性含义和机能的厘清，以及对纯粹公法益的可防卫性判断争议的梳理，本文认为否定论排斥紧迫性作为独立要件的主张并不能完全成立，部分紧迫性含义因限定正当防卫的必然要求而具有独立性。

二、紧迫性含义的类型描述

对于紧迫性的含义与机能，学界的理解看似具有同一性，但实际存在不同理解，其在学术争论中存在不自觉地混同之现象。如果细致梳理学界的各种相关论述，可以发现紧迫性具有四重含义、两种机能。四重含义分别为侵害时点紧迫、侵害事态紧迫、侵害程度紧迫、侵害类型紧迫，两种机能则为判断机能与限定机能，前一重含义赋予了紧迫性判断机能，后三重含义则强调紧迫性的限定机能。

（一）侵害时点之紧迫

侵害时点的紧迫是紧迫性最为基础的含义。日本刑法通说认为，日本刑法典中的"急迫"一词意指法益侵害危险的紧迫，或是侵害现实存在与迫近。[①] 对此，前田雅英指出："急迫性要件的实质性意义在于，将过去的侵害与将来的侵害从正当防卫的领域中排除出去。"[②] 在此意义上，紧迫性是针对侵害时点的判断要素。在中国刑法通论性教科书的论述中，紧迫性要件被置于防卫时间中予以论述，欠缺紧迫性的防卫行为不适时，一般作为犯罪处理。[③] 可以说，通说对于紧迫性要件的肯定甚至已经超越了不法侵害本身的认定：不法侵害的开始被理解为侵害人着手直接实行侵害行为；但在特殊情况下，当不法侵害的实施直接导致有效防卫的不可能时，应当肯定防卫行为可以先于不法侵害的着手实行之前。[④] 然而，《刑法》第20条采取了"免受正在进行的不法侵害"之表述，据此而言，不法侵害尚未开始就不应当被认定为正当防卫。在此意义上，似乎紧迫性要件于侵害时间之外的独立性得以体现。但是这也并非是不可解释的：防卫行为本身就是为了防止侵害结果的发生，如果认为造成法益的紧迫危险的行为即不法侵害，[⑤] 那么紧迫性要件将不再独

---

① 参见［日］山口厚：《刑法总论》（第三版），付立庆译，中国人民大学出版社2018年版，第121页。
② ［日］前田雅英：《刑法总论讲义》（第六版），曾文科译，北京大学出版社2017年版，第224页。
③ 参见高铭暄、马克昌主编：《刑法学》（第八版），北京大学出版社、高等教育出版社2017年版，第133-134页；曲新久主编：《刑法学》（第五版），中国政法大学出版社2016年版，第131页。
④ 参见高铭暄、马克昌主编：《刑法学》（第八版），北京大学出版社、高等教育出版社2017年版，第134页；曲新久主编：《刑法学》（第五版），中国政法大学出版社2016年版，第131页。
⑤ 参见张明楷：《刑法学》（第五版），法律出版社2016年版，第202页。

立于不法侵害的开始时点之外而一体化,成为防卫时间的判断要件。

(二) 侵害事态之紧迫

侵害事态之紧迫系指只有当国家对被侵害人的保护不具备有效性时,方能允许个人进行防卫。但是,这一含义常为学者所忽视,往往在侵害时点紧迫之论述中被提及。例如,有学者肯定了不法侵害行为在时间上的紧迫性,但同时借由日本学者之认识对紧迫进行了如下定义:"是指在事态紧急,又没有足够时间或方法寻求官方保护,侵害即将发生的状态。"① 看似将紧迫性限于侵害时点的紧迫,但所谓"没有办法寻求官方保护"实际上在要求同时具备侵害事态紧急的要求,否则,即便不法侵害正在进行,国家能够提供有效保护的场合亦不应当实施防卫行为。但是,通说之态度似乎否认了侵害事态之紧迫的存在,其认为:"即使在公民有条件躲避非法侵害或求助于司法机关的情况下,公民仍有权实施正当防卫。换言之,我国刑法中的正当防卫并不仅是一种'不得已'的应急措施,而且是鼓励公民与违法犯罪行为作斗争的一种积极手段。"②

(三) 侵害程度之紧迫

侵害程度之紧迫是对法益侵害严重性的要求,如果法益侵害较为轻微,其紧迫性被否定,这一不法侵害应当被容忍而不能对其实施防卫。③ 典例可见如下认识:"不法侵害的紧迫性有两层含义:一是指不法侵害刻不容缓,如果不及时制止,便马上会给合法权益造成损害;二是指不法侵害破坏性大,如不加以反击,就会给合法权益造成无可挽回的重大损失。"④ 在此,"破坏性大"指向了侵害程度之紧迫。侵害程度之紧迫是否属于紧迫性之内容在司法实务上被普遍承认。例如,在"何文杰故意伤害"一案中,裁判者认定不法侵害仅属于轻微的暴力行为而不具有紧迫性,因此不存在实施防卫的必要性。⑤ 又如,最高人民法院93号指导案例"于欢故意伤害案"的裁判要点确定,"正在进行的非法限制他人人身自由的行为"属于可予正当防卫的不法侵害。这一表述似乎对限制人身自由之不法侵害不存在程度的限制,但有学者通过对司法判例的实证分析得出如下认识:司法往往仅承认对传销型限制人身自由之行为的防卫紧迫性,对于其他情形如索债型限制人身自由之行为则多数否定。⑥ 德国学者往往置于紧急防卫的要求性中予以讨论,这一要求性与作为防卫限度的必要性而被区分。在德国学者看来,对于民间节日中的恶作剧等行为,"受到威胁的法益是非常小的,任何超出言语范畴的防卫,从整体上欠缺严重性的

---

① 郭泽强:《正当防卫制度研究的新视界》,中国社会科学出版社2010年版,第20页。
② 高铭暄、马克昌主编:《刑法学》(第八版),北京大学出版社、高等教育出版社2017年版,第129页。
③ 参见潘星丞:《正当防卫中的"紧迫性"判断——激活我国正当防卫制度适用的教义学思考》,载《法商研究》2019年第2期。
④ 高铭暄主编:《刑法专论》(第二版),高等教育出版社2006年版,第419页
⑤ 参见广东省高级人民法院刑事判决书【(2016)粤刑终948号】。
⑥ 参见潘星丞:《正当防卫中的"紧迫性"判断——激活我国正当防卫制度适用的教义学思考》,载《法商研究》2019年第2期。

观点看，自然是被禁止的"。① 与德国学者认识不同的是，有中国学者指出："无论不法侵害所指向的具体法益是重大还是微小，它在本质上都是对公民不受他人强制和支配之平等法律地位的挑战。"② 在反对者看来，防卫针对的是侵害而非严重之侵害，对轻微侵害的防卫仅能在防卫限度中予以而不能否定其防卫性质。

（四）侵害类型之紧迫

如前所述，司法实务判解认为对如贿赂、重婚等相对缓和的侵害行为不得防卫。由此来看，司法的态度是区分了不同的侵害行为类型，仅承认对紧迫的侵害类型的防卫成立。侵害类型之紧迫不同于侵害程度之紧迫，在判断顺序上，先确定了侵害类型之紧迫再判断侵害程度是否紧迫。前述否定论者将争议转移至纯粹公法益的可防卫性问题上，其基本主张即否定个人法益之侵害中侵害类型之紧迫的存在。然而，纯粹公法益的可防卫性与侵害类型之紧迫属于两个不同层面的问题，即便不承认纯粹公法益的可防卫性，亦不能否认不具有侵害类型紧迫的不法侵害存在。例如，有学者指出，在英美刑法的攻击紧迫性之理论中，自我防卫所针对的侵害类型被限定于直接的暴力。③ 在此规定下，即便不法侵害系针对个人法益，但其若是非暴力行为，正当防卫依旧无法成立。

（五）小结

上述对紧迫性多重含义的类型描述反映了如下事实：虽然学界普遍使用紧迫性之概念以描述正当防卫的成立要件，但其或是仅在侵害时点意义上使用，或是多重含义的复合。如果认为紧迫性仅具有侵害时点之紧迫这一单一含义，侵害时点的紧迫作为"不法侵害正在进行"的判断要素并不具有独立性特征。而对于侵害事态、侵害程度、侵害类型的要件地位，需要在理解现行要件内容的基础上予以认识。正当防卫的要件结构一般被分为防卫意图、防卫起因、防卫对象、防卫时间、防卫限度五个方面，其中，防卫起因要求不法侵害具备客观性、违法性、现实性，实际上就是在讨论如何认识不法侵害。④ 依照本文之认识，实际上复合含义的紧迫性并不具有独立地位，侵害事态、侵害程度、侵害类型是对不法侵害的限定，其客观认识完全可以归入防卫起因，作为不法侵害的判断要素。⑤ 但是，在现行的防卫起因的要素判断中并无上述含义的存在，这意味着在现行的正当防卫要件结构认识中，侵害事态、侵害程度、侵害类型之紧迫必然是独立于外的。当然，复合含义的紧迫性

---

① 参见［德］汉斯·海因里希·耶塞克、［德］托马斯·魏根特：《德国刑法教科书》（上），徐久生译，中国法制出版社2017年版，第469页。
② 陈璇：《正当防卫、维稳优先与结果导向》，载《法律科学（西北政法大学学报）》2018年第3期。
③ 参见郭自力：《英美刑法中的正当防卫》，载《法治研究》2015年第2期。
④ 参见高铭暄、马克昌主编：《刑法学》（第八版），北京大学出版社、高等教育出版社2017年版，第130-135页。
⑤ 这一认识并非本文独有。虽然未采用本文所使用的紧迫性含义的类型概念，但张明楷教授对侵害行为的不法性作了如下论述："其次，并非对任何违法犯罪行为都可以进行防卫，只是对那些具有攻击性、破坏性、紧迫性、持续性的不法侵害，在采取正当防卫可以减轻或者避免法益侵害结果的情况下，才宜进行正当防卫。"参见张明楷：《刑法学》（第五版上），法律出版社2016年版，第198页。侵害行为的不法性认识在传统刑法理论中被置于防卫起因中予以论述，所谓的"攻击性"可以被理解为侵害类型之紧迫，"破坏性"可以被理解为侵害程度之紧迫.

是否应予承认、在多大限度上能得到承认是首要前提,如果正当防卫中并无复合含义紧迫性的容身之地,其独立性自然无从谈起。在下文的论述中,本文认为,侵害事态、侵害类型之紧迫应当被认可,在此意义上,紧迫性要件具有独立于现行正当防卫要件结构的特性。

三、紧迫性要件的独立性确定

(一)纯粹公法益的可防卫性

否定论者将侵害类型之紧迫问题转移至了纯粹公法益的可防卫性问题上,在此有必要予以澄清。

在早期的德国判例中,司法对于纯粹公法益的可防卫性秉持否定态度。在女罪人案的裁判理由中,联邦最高法院认为:"作为国家主权之载体,国家才能享有的利益,通常不能成为公民保卫的对象。"①"通常"的表述意味着例外,但这一例外却是必须同时符合保卫个人法益的需求,即不可单独为保护公法益而实施防卫行为。即便如此,归根结底还是对个人法益之不法侵害的防卫,只不过是在保护个人法益的同时顺带着保护了公法益。但是,后来的德国判例态度发生了转变,有限度地承认了纯粹公法益的可防卫性。②支持论者认为存在所谓的国家紧急防卫,归属于国家职权范围之事项面临现实危险时,若国家无法适时防卫且无其他办法,为避免重大无可弥补之损害的发生,个人可为公法益而实施防卫行为。③

如果说纯粹公法益的可防卫性在德国刑法学界尚处于争论的旋涡之中,在日本则属于学术与判例一致承认的共识。④ 日本刑法典第 36 条采以"为防卫自己或他人之权利"的表述,表面上看似仅认可对个人法益的防卫行为,实质上却可将"他人"解释为社会公众与国家。在此意义上,纯粹公法益的可防卫性借助解决得以寻求到实定法的基础。与日本刑法学借助刑法解释论的理解不同,中国刑法学则是采取了立法的方式将纯粹公法益的可防卫性予以固定:中国刑法典第 20 条明确采取了"为了使国家、公共利益、本人或者他人的人身、财产和其他权利免受正在进行的不法侵害"这一表述。在此意义上,否定论者认为纯粹公法益的不可防卫并不具有实定法基础,在解释论视角下难以成立。

---

① [德]克劳斯·罗克辛:《德国最高法院判例刑法总论》,何庆仁、蔡桂生译,中国人民大学出版社 2012 年版,第 35 页。
② 参见 [德]克劳斯·罗克辛:《德国刑法学总论(第 1 卷)——犯罪原理的基础构造》,王世洲译,法律出版社 2005 年版,第 437-438 页。
③ 参见 [德]汉斯·海因里希·耶塞克、[德]托马斯·魏根特:《德国刑法教科书》(上),徐久生译,中国法制出版社 2017 年版,第 456 页;[德]乌尔斯·金德霍伊泽尔:《刑法总论教科书》(第六版),蔡桂生译,北京大学出版社 2015 年版,第 162 页。
④ 参见 [日]高桥则夫:《刑法总论》(第四版),成文堂 2018 年版,第 283-284 页;[日]山口厚:《刑法总论》(第三版),付立庆译,中国人民大学出版社 2018 年版,第 126-127 页;[日]西田典之:《日本刑法总论》(第二版),王昭武、刘明祥译,法律出版社 2013 年版,第 132 页;[日]大谷实:《刑法讲义总论》(新版第二版),黎宏译,中国人民大学出版社 2008 年版,第 257-258 页;[日]大塚仁:《刑法概说(总论)》(第三版),冯军译,中国人民大学出版社 2003 年版,第 328-329 页。

(二) 侵害程度之紧迫的否定

正当防卫的判断可被分为质与量两个方面，其中质的判断是指行为的性质认定，即能否防卫；量的判断是指行为的程度认定，即防卫限度何在。在此意义上，侵害程度之紧迫涉及对正当防卫质的判断，即面对轻微之侵害不得防卫。在本文看来，侵害程度之紧迫的否定理由实际上可以追溯至传统的"不法"之争议。陈旧的争议围绕于不法侵害是违法行为还是犯罪行为，最终的共识最终还是涵括了非犯罪的违法行为在内。① 其缘由在于："不法侵害在刚刚着手进行时或者具体实施过程中，往往很难断定它是否已达到犯罪程度，而当不法侵害的性质能够明显地界定为违法或犯罪时，不法侵害的结果又大都已经出现，正当防卫已无现实意义和实际价值。"② 在此意义上，如果将不法侵害限于犯罪行为则难以保证正当防卫的有效性，无法实现规范保护目的。因此，所谓举重以明轻，违法行为与犯罪行为之间的界限区分对于行为人而言已属困难，在违法行为内部更进一步区分侵害程度更是强人所难。裁判者之所以能有所区分，不过是事后在全面认识防卫过程的基础上作出的判断。司法需要考虑法益侵害程度的轻重以判断防卫限度，但行为人防卫行为的作出却不用如此，只需其认识到法益正在遭受侵害即可。将量的判断混入质的判断必然提升对行为人防卫认识的要求，从而造成了正当防卫的不当否定。因此，将侵害程度之紧迫作为紧迫性含义之一是对正当防卫要件的不当添附，其自然不具有独立性。

(三) 侵害事态之紧迫的承认

对于侵害事态之紧迫，本文以为，应当承认其为正当防卫的独立要件。法治国家的目标必然要求收束个人武力的泛滥而转向由国家为公民提供安全保障，因此，正当防卫的规范目的在于国家力不能及时允许个人有效保护法益。③ 如果否定侵害事态之紧迫的独立要件地位，其实际上则可能导致私力救济的一般化，显然违反了限制初衷。虽然通说认为不存在退避与求助义务，但是绝对化地否定会导致正当防卫的不当认定。正如佐伯仁志所提出的疑问，既然正当防卫的前提在于国家无法有效保护，那么一时性的退避与求助亦能保护法益，又为何认定其不具有退避与求助义务？④ 如果肯定一般性的退避与求助义务，那么只要侵害预期存在就会不可避免地要放弃欲为之事、欲达之地。因此，否定退避与求助义务是为了保全行为自由。然而，自由总是存在界限的。在无正当事由的情形下，侵害预期者既不退避也

---

① 参见高铭暄、马克昌主编：《刑法学》（第八版），北京大学出版社、高等教育出版社 2017 年版，第 132 页；郭泽强：《正当防卫制度研究的新视界》，中国社会科学出版社 2010 年版，第 19-21 页；熊向东、吴金锁：《对正当防卫中不法侵害的几点思考》，载《政法学刊》1999 年第 1 期。

② 高铭暄、马克昌主编：《刑法学》（第八版），北京大学出版社、高等教育出版社 2017 年版，第 132 页。

③ 参见冯军：《防卫过当：性质、成立要件与考察方法》，载《法学》2019 年第 1 期。

④ 参见 [日] 佐伯仁志：《刑法总论的思之道·乐之道》，于佳佳译，中国政法大学出版社 2017 年版，第 103 页。

不求助而自赴险境直面侵害，其本身并非是为了维护法秩序而在于制造本可避免的冲突。① 在此意义上，应当否定此种情形下侵害事态之紧迫。本文认为，侵害事态之紧迫是侵害时点下的状态描述。因此，即便存在侵害预期且求助于国家机构，正当事由下直面不法侵害时，如果存在侵害事态之紧迫，行为人亦可予以防卫。相反的是，如果国家机构已经切实控制现场或能以更优的方式控制不法侵害的发生或继续时，行为人不再具备防卫权的成立前提。② 在此意义上，部分学者在对侵害时点之紧迫的论述中隐含了侵害事态之紧迫的含义便得以理解，侵害时点与侵害事态的紧迫往往同时产生，仅在特定情形下可以分离理解。

如果将视野转向纯粹公法益的可防卫性上，侵害事态之紧迫的判断限制成为必然。纯粹公法益遭受侵害时，其保护职权归属于国家，个人在原则上并不能代替国家施以防卫。任由个人主动实施防卫，个人英雄主义导致的并非社会秩序的稳定反而是混乱。因此，德日刑法学者均主张对纯粹公法益的可防卫性予以限制，要求必须以侵害事态之紧迫为前提。例如，仅当间谍携带重要情报即将出境而国家无力阻拦，为避免无可挽回之损害结果的发生，个人的防卫行为方可得以正当化。中国学者面对明确的刑法规范同样贯彻了这一限制思路："在国家机关能够及时有效保护公法益的情况下，公民没有必要也不应当进行防卫。否则，反而不利于保护法益。"③ 在此意义上，侵害事态之紧迫作为紧迫性含义的必要性得以证立。

（四）侵害类型之紧迫的明确

从多数学者的论述来看，紧迫性含义并不包括侵害类型之紧迫。但这并不代表不存在相应的认识内容。如前所述，侵害类型的紧迫是由司法实务判解中所归纳的紧迫性含义之类型，这一含义在于表明部分不法侵害的绝对不可防卫。学界对于部分类型的不法侵害不可防卫已取得了基本的共识，如当债权受到侵害时仅能寄望于公力救济而不能予以正当防卫；如对于公众场合播放淫秽视频之行为，不应进行防卫。这些不法侵害符合侵害时点与侵害事态的紧迫状态，但由于不满足侵害类型的限制而不具有可防卫性。侵害类型之紧迫的排除判定需满足下述三个条件：④（1）基于法的规范目的，秩序价值的维护优先于与被侵害之法益的保护。例如，对于侵害债权等行为，其所涉及的民法规范本身是为了通过法律程序解决民事纠纷，如果认为可以防卫则可能导致民法规范的失效，进而导致秩序的非安定状态。（2）法益侵害结果的可恢复，如对于间谍行为，之所以在侵害事态紧迫的情形下允许个人防卫的成立，其原因正在于间谍行为在出境后造成的法益侵害结果难以挽回与恢复。

---

① 参见［日］佐伯仁志：《刑法总论的思之道·乐之道》，于佳佳译，中国政法大学出版社 2017 年版，第 126-130 页；［日］桥爪隆：《刑法总论之困惑（二）》，王昭武译，载《苏州大学学报（法学版）》2015 年第 2 期，第 125 页。这一认识被日本判例所确定，参见［日］高桥则夫：《刑法总论》（第四版），成文堂 2018 年版，第 280 页。
② 参见陈璇：《正当防卫、维稳优先与结果导向》，载《法律科学（西北政法大学学报）》2018 年第 3 期。
③ 张明楷：《刑法学》（第五版上），法律出版社 2016 年版，第 200 页。
④ 参见陈璇：《正当防卫中公力救济优先原则的适用——以暴力反抗强拆案和自力行使请求权案为例》，载《法学》2017 年第 4 期。

（3）事后公力救济的困难度低。虽然盗窃行为也可以通过事后的公力救济挽回损失，但公力救济的参与却可能导致受害人更为重大的损失，也可能存在事后公力救济的无力。在此意义上，事后公力救济必须要满足低成本高效率的要求。由此而言，当同时满足上述三个条件时，这一不法侵害不属于具有可防卫性的侵害类型。在此意义上，侵害类型之紧迫同样可以被归入紧迫性含义之中，在与侵害时点之紧迫相分离的基础上证成了紧迫性要件的独立性。

结语

中国刑法理论对于紧迫性的使用往往具有多种含义，涵括了侵害时点、侵害事态、侵害程度、侵害类型四种含义。从上文的论述中来看，一方面，对紧迫性要件独立性的否定集中在了侵害事态与侵害程度的紧迫性含义之上。但是，侵害事态之紧迫作为正当防卫理论创造之前提，本身难以被否定。另一方面，紧迫性要件独立性的否定逻辑必然要求对其余三种含义全盘加以否定而使紧迫性本身仅具有侵害时点之紧迫这一单一含义，但否定论者仅否定侵害事态与侵害程度的紧迫，对侵害类型之紧迫并未涉及，这在论证逻辑上至少是不充分的。因此，本文认为在现行的通说要件要素认识下，紧迫性要件必然独立于外，只有改变要件要素的认识，紧迫性要件方有可能被纳入其中而不具有独立性。在此，通过对紧迫性要件含义的类型描述与争议梳理，本文希望能够有益于现今关于正当防卫的深化研究。

对民法上合法行为的正当防卫研究初探

吕 瑶[*] 张理恒[**]

作为刑法上正当防卫的前提条件,不法侵害是指人的举止态度对合法权益所造成的侵害或紧迫威胁。不法侵害在其基本定义范围内具有一定的伸缩性。笔者初步研究认为,刑法领域正当防卫的"不法侵害"原则上要与民法上"不法侵害"做大致相当的理解,但基于违法性判断相对性的原理,部分民法上合法行为(诸如紧急避险、不具有客观归责基础的行为等)虽然在法秩序整体上看是正当的,但毕竟不可避免地在局部范围内造成无辜者的利益损害,因此可以认定以上民法等领域的合法行为在一定条件下也可以转化为刑法上的"不法侵害",允许无辜受损人或第三人基于无辜者的利益对以上部分民法上的合法行为进行正当防卫。

一、本体论:部分民法上合法行为可以成为正当防卫的"不法侵害"

刑法上阻却违法行为(合法行为),包括正当防卫、紧急避险、行使权利、义务冲突等行为,在一定条件下能否成为作为正当防卫前提条件的不法侵害呢?

第一种意见,刑法理论界通说坚持"否定说",因为这些刑法中的合法行为不论是否存在局部的法益侵害,但从整体的观点看毕竟实现了全面的法益保护,因而都是正当的,基于确保法秩序统一的理由,应当禁止对合法行为再实行正当防卫。"否定说"似乎已经成为刑法理论中不需要展开论述的理论前提。

第二种意见,也是少部分观点主张"紧急避险例外肯定说",即只有紧急避险可以成为值得防卫的不法侵害,因为紧急避险可能引起民事上的损害赔偿义务,故可以认为在民事上具有违法性。"否定说"批判认为,正当防卫所针对的不法侵害虽然不以违反刑法为必要,但不包括在刑法上阻却违法的行为,否则会造成刑法上违法评价的自相矛盾。

笔者基本赞同例外肯定说的立场,但在论证方式上有别于传统的"紧急避险例外肯定说",提出一种"无辜者肯定说"。我们认为,刑法上的合法行为虽然从整体上看是正当的,但在局部上可能造成无辜者的法益损害,不应当完全禁止无辜者或者第三人为了保护无辜者利益对在局部上损害无辜者利益的民事合法行为进行正当防卫。因为法律难以期待无辜者站在法秩序的高度将自己局部利益受损的事实看作是为法秩序整体利益所作的必要牺牲,相反,无辜者通常会基于自己本人的立场来评判这些合法行为,显然这些行为已经损害自己局部上的合法权益,已构成不法侵害。这里有一个引人注意的现象:在同一个刑法领域,对于同一个行为的违法性

---

[*] 四川省成都市人民检察院检察长,一级高级检察官。
[**] 四川省成都市人民检察院研究室副主任,四级高级检察官。

判断可能出现两种相对立的结论，如对于同一个合法行为，站在法秩序这一整体上评价是合法行为，但是站在局部受害者的立场上评价就是不法侵害，前一个判断说明该行为属于阻却违法的行为（不具有刑事违法性，不成立犯罪），后一个判断说明该行为是不法侵害（允许无辜受害者实行正当防卫），显然这两种法律评价看似矛盾实则并不相互抵牾，两者只是在不同层面上讲的，并可以并行不悖发挥各自的机能，这体现出刑法领域的违法性判断具有相对性而不是绝对性或者唯一性的一面。

具体对哪些合法行为可以进行正当防卫？笔者初步研究认为，像紧急避险、不具有客观归责基础的行为等这样一类合法行为，其行为内容中通常就包含有对无辜者造成局部利益损害，因而这类合法行为通常可以成为正当防卫的起因。下面举例分析。

比如，情急之下的B将A针对自己的攻击转嫁于C时，C果断对B实施反击才幸免于侵害。本例是无辜者针对紧急避险实行正当防卫的适例。在案例中，B的行为在一定条件下符合紧急避险的特征。比如，B直接承受A的攻击很可能会死亡，而B将A的攻击转嫁给C后，考虑到攻击力减弱等因素，C只会遭受身体伤害（轻伤或重伤）。这样的话，B的行为就可以达到损害他人的较小权益（身体健康）来保护自己较大权益（生命）的合法的避险效果。但即便如此，C也有权针对B合法的避险行为实行正当防卫，理由如下：（1）根据违法性评价相对性的原理，B实施的合法行为在C看来就是不法侵害。B实施的紧急避险，虽然在整体的法秩序来看保护了更大的合法权益，因而是一种很典型的违法性阻却事由，但我们显然不能苛求C也站在整体法秩序的高度去看待B的行为，站在C本人利益的立场来说，C是承受B所为的合法行为在局部上的无辜受害人，这应该是一个无可辩驳的事实。易言之，B的行为，在法秩序整体看是合法行为，在C的局部看却是不法侵害，这就体现了违法性评价相对性的一面。其实，类似的适例并不少见。例如，张三抢劫了李四所盗取的赃物之情形，既然盗窃犯（李四）已经平稳地占有了该财物，那相对于除失主以外的社会其他人，这种占有就是不容他人侵犯的法益，而抢劫犯（张三）劫取财物的行为应认定为抢劫罪；但面对失主本人或是他人为了失主利益恢复权利的行为，盗窃犯（李四）对财物的占有就不再是法益了。（2）B分担了A的不法行为，在整体上也具有一定的违法性。从实质的观点看，C所承受的来自B的"合法"攻击，最终受到来自A的不法行为的原因力所支配，也可以认为，B分担了A的不法侵害，因此B的行为也并非完全没有违法性，只不过是法秩序认为没有可罚的违法性而放任的行为。① 从社会一般观念出发，C对这个直接来源于B、间接来源于A并受A支配的不法侵害实施防卫，当然是合理的。（3）如果在以B的行为是合法行为为基础，将C反击B的行为认定为紧急避险，并不利于法益的全面、有效保护。例如，在B的转嫁行为只可能造成C轻伤后果的情况下，C的反击

---

① 一般认为，可罚的违法性是在判断构成要件符合性时应当考虑的违法性的最低标准。判断其有无的根据，其一是法益尤其是实害的轻微，其二是惹起被害行为社会性越轨程度的轻微。当然近年来，可罚的违法性的概念渐呈式微。

只有给 B 造成轻伤以下后果的,才可能成立紧急避险,如果 C 必须给 B 造成轻伤以上后果才能保护自己的,C 就丧失了实施紧急避险的机会,这实际上赋予了 C 对 B 的侵害以容忍义务,有违刑法人道的理念。

例如,A 绑架了 B 的儿子,要求 B 抢劫某银行巨额现金,否则撕票。B 在为了挽救儿子生命手持凶器抢劫银行的过程中,银行职员 C 奋力反击致 B 死亡。又如,被告人 B 是邪教的前信徒,为了救出关押在邪教设施内的母亲,而与前信徒 C 一起潜入该设施之内,但被抓获,戴上手铐。后被带至其他设施内,教团代表 A 提出了"只要废了 C,便马上释放 B 及其母亲,否则其母将很快被处死",B 迫于无奈对 C 实施严重的伤害行为。① 假设,C 在反击中导致 B 毙命。这两个例子呈现出相对复杂化的特点,属于无辜者针对受强制的紧急避险实行正当防卫的适例。对于 B 受 A 几乎绝对的心理胁迫所实施的行为能否成立紧急避险,在刑法理论中属于"受强制的紧急避险"问题,对此存在限定说与非限定说的分歧。限定说认为,被强制者 B 实施了盗窃等较轻的犯罪时,当然成立紧急避险,但实施了抢劫等重大犯罪的情形,不能认定为紧急避险;而非限定说认为,只要 B 的行为符合紧急避险的条件,就成立紧急避险。② 这两个例子要分两种情况讨论:(1) 如果按照限定说,B 受他人胁迫不得已实施的抢劫、伤害等重大犯罪行为不是紧急避险,因而 C 可以针对 B 的不法侵害进行正当防卫。但是,限定说其实是在受强制的紧急避险问题上,超越刑法规定的行为成立紧急避险所应当具备的全部条件,附加了避险手段只能针对轻微法益的特别限制,这实际上做出了严重不利于行为人的解释。因此,非限定说才是大陆法系国家的通说。(2) 根据非限定说,只要 B 出于迫不得已的动机实施了抢劫、伤害的严重侵害行为,就完全可能符合紧急避险的条件,因而构成阻却违法性的合法行为。这样看来,与其让 C 的命运迁就于有关 B 行为定性的学说争议,倒不如直截了当地承认:为了保护紧急避险局部受害人的合法权益,对紧急避险也可以进行正当防卫。

再如,A 与 B 一同结伴去歌厅包房消费,A 与隔壁包房客人 C(周某)发生严重冲突,取枪欲枪杀对方。B 拦住 A,取刀亲手将 C 砍成残废并让人将其速送往医院。A 气方消,乃罢杀人之念。假设,C 为自卫而将出于好心的 B 杀害。本例是无辜者针对不具有客观归责的行为实行正当防卫的适例。在案例中,B 行为在整体法秩序上是否违法,同样存在有罪说和无罪说。(1) 根据我国刑法通说,很可能得出有罪说的结论。我国学者的通常看法是,B 行为不是紧急避险,也不是法律规定的其他正当行为,应当以犯罪论处。一方面,B 行为不具有紧急避险的补充性要件。B 当时径行采取正当防卫杀伤行凶者 A 才是制止不法侵害的首选方法,在 B 完全具有实施正当防卫机会的情况下,却选择实施损害 C 权益的避险行为,这不符合紧急避险必须出于不得已的要求。另一方面,B 行为也不符合我国刑法通说所认同的紧

---

① 本例取自东京地方裁判所 1996 年(平成 8 年)6 月 26 日判时 1578 号第 39 页[奥姆真理教私刑案],有所改动。参见[日]西田典之:《日本刑法总论》,刘明祥、王昭武译,中国人民大学出版社 2007 年版,第 109 页。

② 张明楷:《刑法学》(第三版),法律出版社 2007 年版,第 193 页。

急避险的基本构造。我国刑法理论认为，紧急避险必须表现为将本人或他人面临的危险转嫁给无关的第三人，但 B 行为其实是通过损害 C 本人的较小权益（身体健康）来保护 C 的较大权益（生命），而不是将 C 所面临的危险转移给他人。这样的话，既然 B 的行为不是合法行为，C 就可以将 B 行为作为不法侵害来防卫。（2）根据德国刑法中的客观归责理论，则会形成无罪说的结论。笔者赞成无罪说，即认为 B 的行为欠缺故意伤害罪的构成要件符合性与违法性，因而在整体上是合法行为。① 其一，B 的行为完全是出于好意。B 的行为动机大致可以被认定为：在不伤害 A 的情况下，似乎只有将 C 砍成重伤，A 方能解气并放弃实行更严重的故意杀人罪，也才可能保住 C 的生命。这基本上是一种很讲义气也较合理的想法。其二，B 降低 C 风险的行为不具有可归责性。按照客观归责理论，行为人只有在构成要件的范围内制造并实现了被禁止的风险的场合，才可能将不法结果归责于行为人。相反，行为人降低风险的行为（B 善意地将 C 所面临的死亡风险降低为伤残风险）则是缺乏客观归责基础的合法行为。笔者同时认为，在将 B 的行为认定为不可归责的合法行为之后，C 也能够针对这种合法行为进行正当防卫。其一，如果认定 C 面对 B 的合法行为没有防卫权，而只能选择逃避或是忍受危险，有悖于常理、常情。其二，如果 B 行为果真导致 C 严重伤害，从本质上可以说是 A 借助 B 这个合法工具故意造成非法结果，虽然 B 可以排除客观归责，但 A 应就该非法结果承担故意伤害罪的责任。这就说明，B 实际上分担了 A 的不法行为，C 针对 A 或者 B 中任意一人或就其整体实施正当防卫都是合理的。

二、延伸论：部分妨害违法犯罪人利益的行为可以成为正当防卫的"不法侵害"

与前部分对合法行为的正当防卫相近似的另一个问题是，针对像"黑吃黑"这一类对违法犯罪行为人的人身或者财务进行再次侵害的行为，违法犯罪人本人能否进行正当防卫？笔者仍然持肯定结论。笔者认为，作为正当防卫起因的不法侵害，其具体范围根据不同情况可能呈现一定程度的伸缩性。根据违法性判断相对性的原理，上文已经回答了合法行为可能在局部上造成无辜者的利益损害，所以合法行为本身可能构成不法侵害（允许无辜者进行正当防卫）；根据这一原则，我们也可以得出妨害违法犯罪人合法与非法利益的行为同样可能构成不法侵害（允许违法犯罪人对其实行正当防卫）的结论。

其实，违法犯罪的行为人对"黑吃黑"的行为进行反击能否成立正当防卫，其核心问题是，该行为人为保护非法取得的财物不被抢走或者盗窃是否符合正当防卫的主观条件（根据《刑法》第 20 条规定，正当防卫必须要具有"为了使国家、公共利益、本人或者他人的人身、财产和其他权利免受正在进行的不法侵害"的主观条件，即行为意思的正当性）？或者说究竟应对正当防卫的主观条件（防卫意思）

---

① 由于现实中完全可能存在其他更合理的法益保全方法，类似 B 这样出于好意的来排除客观归责行为并非都符合紧急避险的特征（尤其是补充性要件），因此在我国刑法理论框架内科学合理地确定这类行为的体系位置，是一个值得深入研究的重要课题。

进行何种实质性解释才符合刑法的现实需要呢？当然这涉及刑法理论上防卫意思是否必要的激烈争论。笔者的初步理解是：（1）如果采取防卫意思不必要说（将《刑法》第20条"为了……"这一规定理解为是对立法者设置正当防卫制度的立法目的表述，而不是对防卫者必须具有防卫意思的正当性要求），肯定违法犯罪人为保护非法利益而实施的反击行为是正当防卫没有任何障碍，但采取防卫意思不必要说的观点在我国毕竟是少数说。（2）如果采取防卫意思必要说得通说，虽然倾向于认为违法犯罪人为保护非法利益而实施的反击行为因为不具有防卫意思的正当性因而不成立正当防卫，① 但完全可以采取其他积极的解释方法将违法犯罪人的反击行为认定为成立正当防卫或者至少是无罪。①第一种方法是，张明楷教授曾经提出过"成立犯罪需要主客观相统一，不成立犯罪不需要主客观相统一"的观点来说明违法犯罪人的反击行为虽然不是正当防卫，但不成立犯罪。张明楷教授从2008年编著的《刑法学》（第三版）开始就明确支持防卫意思不必要说，但此前的观点还是主张传统的防卫意思必要说，张明楷教授在2003年编著的《刑法学》（第二版）中提出，虽然"从《刑法》第20条的表述来看，防卫意识似乎是正当防卫的必要条件；但这不意味着不具有防卫意识的行为必然成立犯罪"。② "因为成立犯罪要求主客观统一，并不意味着不成立犯罪也必须主客观统一"，"事实上，即使将防卫意识视为正当防卫的条件，充其量也只能说不具有防卫意识的行为不成立正当防卫，而不能直接得出该行为成立犯罪的结论。"③ 根据这种解释，违法犯罪人为保护非法利益而实施的反击行为即使因不具有防卫意识而不成立正当防卫，其也不应当成立犯罪（如故意伤害罪等），因为不构成犯罪并不要求主客观相统一。那应当如何看待这种解释呢？笔者认为，这种解释仍然具有局限性，因为该种分析没有对违法犯罪人的反击行为进行刑法上的实质评价：这种行为在刑法上究竟属于什么行为？对其对"黑吃黑"的打劫者造成损害结果后不需要承担责任的依据是什么？依然存在困惑。②第二种方法（笔者自己的尝试性解释）是，可以将先前的占有状态界定为"其他权利"，所以保护先前的不法利益具有刑法上防卫意识的正当性，在符合其他条件时，成立正当防卫。这里需要重点考察刑法与相关部门法的协调问题。2007年通过的《中华人民共和国物权法》第五编第十九章明确规定了占有制度，占有可因享有所有权、他物权、债权或者其他权利而发生，也可因某种缺乏权利依据的行为以及单纯的自然事实而发生；占有人是否享有占有的权利，对占有的成立不产生影响。占有虽然是一种事实状态，但已经成立的占有状态，即使与法律相抵触，也不许他人以非法途径予以排除。④ 考虑到物权法对占有制度的相关规定，在刑法上经过独立的规范评价将占有认可为值得保护的法益是妥当的（这与日本等其

---

① 防卫意思必要说一般认为，"要具备防卫目的的正当性，行为人就必须认识到：不法侵害正在进行；法律所保护的合法权益已处于被侵害的危急状态；自己的行为是对正在进行的不法侵害的防卫反击等事实情况。如果没有认识到这些事实情况，就不可能有防卫目的的正当性"。
② 张明楷：《刑法学》（第二版），法律出版社2003年版，第264页。
③ 张明楷：《刑法学》（第二版），法律出版社2003年版，第263页。
④ 江平主编：《中华人民共和国物权法精解》，中国政法大学出版社2007年版，第306页以下。

他国家明确规定占有权不同的是，我国只是规定了占有制度，所以将已经成立的占有事实状态解释为法益并无不妥）。在此基础上，通过对《刑法》第20条进行实质性的理解，将已经成立的占有法益作为"其他权利"加以理解，即在刑法规范意义上，认可占有人（违法犯罪人）享有保护既定占有状态不受非法侵害的权利，从而认定违法犯罪人具有防卫意识，就可以基本消除目前理论上的困惑。

比如，甲走私大量淫秽物品进境后，乙以收购者名义与甲秘密接洽过程中，认为自己"黑吃黑"，甲也不敢报案，便着手暴力抢劫甲的淫秽物品。甲不得已对乙的人身施加暴力制止乙抢劫。本例是违法犯罪人针对他人"黑吃黑"行为实行正当防卫的适例。乙抢劫违法犯罪人甲走私的违禁物品，这是较典型的"黑吃黑"行为，原则上应当允许甲对乙的抢劫行为实施正当防卫。理由如下：（1）根据违法性评价相对性的原理，甲对违禁品的平稳占有是刑法法益。甲走私违禁品的行为是犯罪行为，但从另一方面讲甲已经对该违禁品建立了较为稳定的平稳占有关系。我们知道，刑法中财产犯罪的保护法益不仅包括所有权及其他本权，还包括事实上的占有关系，因而甲对违禁品的占有已成为刑法上值得保护的利益，甲得具有就该违禁品的掌控对抗除国家执法人员以外的任何人的地位。① 故此，乙抢劫甲事实占有的违禁品的行为，就是侵犯了刑法保护的权益，当然构成不法侵害。（2）肯定甲对乙的抢劫行为具有防卫权，在处理结论上更为衡平。有观点认为，甲不得为了保护这些"黑"的利益进行防卫，实际上赋予甲以不当的容忍义务，甲在无法选择逃避的情况下只能按乙的不法要求转交违禁品。显然，这种观点无疑会助长"黑吃黑"现象的泛滥。有人甚至会认为，既然甲对违禁品的占有是非法的，那么乙抢劫违禁品的行为并未侵犯任何法益，因而不成立任何犯罪。为了避免这些不当结论，可以将乙的抢劫行为认定为不法侵害。

---

① 当然，相对于日后国家通过法律途径追索乙占有的违禁品的行为，乙对该物品的占有就不是法益。

论正当防卫的"先害行为"

金泽刚[*] 孙 鉴[**]

依据刑法对正当防卫的规定,"不法侵害"一般作为正当防卫的起因条件,但在学者们的研究中往往只是顺带提及。然而,短短的《刑法》第20条第1款,"不法侵害"的字眼就出现三次。因此,有必要将"不法侵害"从正当防卫的研究中剥离,发掘其独立的存在价值。多年来,司法适用中对正当防卫的认定尚存在偏差,有些时候就是因为对不法侵害的存在与否把握不到位。又鉴于刑法规定作为正当防卫的前提,不法侵害必须在先,所以,笔者将该不法侵害称为"先害行为"。[①] 本文将从现实要素、时间要素与程度要素等多重维度,对此"先害行为"进行综合判断,进而为正当防卫的认定提供理论基础。

一、"先害行为"的性质与范围

认定正当防卫需判断不法侵害存在与否,而对不法侵害的不同理解,必然导致判断结果的大相径庭。

(一) 法益侵害还是规范侵害——不法侵害的性质

不法侵害中的"不法"即"非法"或"违法",是指行为人实施的为法律所禁止的权益损害行为。[②] 其中,"为法律所禁止"可以理解为对法规范的侵害,"权益损害"可以理解为对法益的侵害。尽管不法侵害的双重属性已经逐渐在学界达成共识,[③] 但究竟是更倾向于法益侵害还是规范侵害却莫衷一是。法益侵害论者认为,不法侵害虽然违反法律,却与符合构成要件且违法意义上的"不法"不是等同概念,区别于犯罪,更多的是对法益的侵害(威胁)。[④] 规范侵害论者则认为,不法侵害不仅是对法益的侵害,更是对法规范效力的侵害。刑法之所以规定正当防卫制度,除为了紧急情况下让公民通过个人救济保护法益,还重在证明法规范的牢不可破。[⑤] 与对法益的保护相比,规范效力的确证是更为本质性的因素,对规范效力的

---

[*] 同济大学法学院教授。
[**] 同济大学法学院博士研究生。
[①] "先害行为"之称还有强调防卫是后来被迫之意,且蕴含着其首先就应受到道德谴责。但为保证语义的延续性,本文在引用法条或其他学者论述的场合,仍使用"不法侵害"的概念,可与"先害行为"作同一理解。
[②] 参见彭卫东:《正当防卫论》,武汉大学出版社2001年版,第39页。
[③] 不过,罗克辛教授曾认为,刑法要么只是保护法益,要么仅仅保障规范的效力。故而,不法侵害行为侵害的要么只是法益,要么仅仅为法规范。转引自〔德〕乌尔斯·金德霍伊泽尔:《法益保护与规范效力的保障》,陈璇译,载《中外法学》2015年第2期。
[④] 参见张明楷:《刑法学(上)》,法律出版社2016年版,第198-200页。
[⑤] 参见冯军:《防卫过当:性质、成立要件与考察方法》,载《法学》2019年第1期。

确证可以从社会效果上实现对法益的保护。①

事实上,对法益的保护和对规范的确证并非互相排斥,而是分属不同层次、完全能够彼此兼容的,刑法的作用在于保障规范的效力,而规范的目的则在于保护法益。② 犯罪同样是对法益与法规范的双重侵害,但刑罚本身并不直接(也来不及)作用于法益保护,现代刑罚强调教育,旨在预防犯罪,因而更偏向对法规范的确证与修复,只是在间接意义上实现对法益的保护。但正当防卫不同,其是国家公权力救济不能时的私力救济,是对不法侵害的第一道合法防线。在此意义上,不法侵害首先是对法益的侵害,正当防卫是对法益的直接保护,而法规范的确证与修复以及一般预防,则是认定正当防卫的附属效益。

(二) 扩张还是限缩——不法侵害的范围

对不法侵害性质认识的不同,会直接影响到对不法侵害范围的界定。而不法侵害范围的扩张抑或限缩,又直接影响到正当防卫的认定与否。具言之,法益侵害论者一般认为,不法侵害者无须具备责任要素,将不法侵害解释为必须有责的侵害是非常勉强的。③"无责任之行为人所实施的侵害行为是不以防卫人主观认识为转移的客观存在,无论防卫人是否知道对方是无责任之行为人,在客观上并不能改变这一不法侵害的性质。因此,不管防卫人是否知道对方是无责任之行为人,对于不法侵害都可以实行正当防卫。"④ 相反,规范侵害论者一般认为,只有具备责任能力的人才可能实施不法侵害,虽然无责任能力者可能损害到法益,但他们并未表现出对法规范的负面态度,就不可能损害法规范的效力,故而这种损害法益的行为不属于《刑法》第20条第1款中的"不法侵害"。⑤ 因此,针对无责任能力者造成的法益损害危险不能实施正当防卫,而应实施紧急避险,这是一个"较为圆满的解释"。⑥

我们认为,"先害行为"应作客观地综合判断(详见下文),不应将责任能力的有无作为一种独立的判断要素,如按规范侵害论者的思路,不法侵害的判断应考察行为人是否表现出对法规范的负面态度,也只有责任能力者才具备法秩序确证的必要。⑦ 所以,14岁少年对13岁少年的砍杀行为属于不法侵害,后者可以进行正当防卫;而13岁少年对14岁少年的砍杀行为则不属于不法侵害,后者不可以进行正当防卫。这显然不符合一般认知。同时,如果认为对无责任能力者的侵害只能进

---

① 参见劳冬燕:《正当防卫的异化与刑法系统的功能》,载《法学家》2018年第5期。
② 参见[德]乌尔斯·金德霍伊泽尔:《法益保护与规范效力的保障》,陈璇译,载《中外法学》2015年第2期。
③ 参见张明楷:《正当防卫的原理及其运用——对二元论的批判性考察》,载《环球法律评论》2018年第2期。
④ 参见陈兴良:《正当防卫论》,中国人民大学出版社1987年版,第106页。
⑤ 参见冯军:《防卫过当:性质、成立要件与考察方法》,载《法学》2019年第1期。
⑥ 参见陈璇:《紧急避险:对无责任能力人的侵害予以反击行为的重新界定》,载《武汉大学学报》(哲学社会科学版)2007年第2期。
⑦ 参见[德]克劳斯·罗克辛:《刑事政策与刑法体系》(第2版),蔡桂生译,中国人民大学出版社2011年版,第36-37页。

行紧急避险，实际对防卫（避险）手段进行了严重限制。质言之，除一般防卫外，《刑法》第20条第3款还规定有特殊（无限）防卫制度，造成不法侵害人伤亡的，排除防卫过当，不负刑事责任。而紧急避险却无"无限避险"的红利，因此在造成人员伤亡等重大损害时难免有避险过当之虞，进而带来承担刑事责任的可能性。更为重要的是，法教义学要求我们回归到法条文本之中。《刑法》第20条之所以用的是"不法侵害"、"制止不法侵害"而非"犯罪侵害"、"制止犯罪侵害"，正是为了强调"不法"与"犯罪"的差异性，如果强加责任要素，将会模糊"不法"与"犯罪"的边界，与立法原意相抵牾。综上所述，对"先害行为"的范围不应作限缩，需承认无责任能力者也可做出"不法侵害"，在满足适用条件时均可进行正当防卫。只不过，基于道德、风尚等方面的考量，对于年幼、精神疾病等无责任能力者，在采取回避措施不存在难度时不宜进行正当防卫。[①]

二、"先害行为"之综合判断

存在"正在进行的不法侵害"是正当防卫的前提。可以认为，"先害行为"是正当防卫的客观要素，故其有无应作客观地综合判断，需要在具体案件中对各要素进行深入剖析。

（一）"先害行为"的现实要素

所谓"先害行为"的现实要素，是指侵害本身必须真实存在。质言之：（1）客观上不存在不法侵害，行为人误认为存在并实施了攻击（反击）行为，为假想防卫。假想防卫不属于正当防卫，应结合行为人的过错相应地定罪量刑。（2）客观上原本不存在不法侵害，但行为人为侵害对方，故意挑拨对方先伤害自己后进行反击的，为防卫挑拨。应当肯定的是，挑拨后对方对自己实施的侵害行为当然属于"正在进行的不法侵害"，但对于这种不法侵害能否正当防卫却存在肯定说[②]与否定说[③]两种观点。我们秉持折中说，即对于大部分挑拨后的反击行为，不应认定为正当防卫。但是，在部分情况尤其是"互殴"案件中，轻型挑拨（如辱骂、推搡及轻微殴打等）引致对方的砍杀等严重侵害时，当然应允许其实施防卫。（3）我们强调"先害行为"应具备现实要素，并不是说实害结果必须已经发生，而是说具有侵害发生的危险，且这种危险具有一定的紧迫性和高度的盖然性。[④] 否则，若等实害结果发生才允许防卫，正当防卫制度的设置将毫无意义。（4）即便存在现实侵害，也并不必然将反击行为认定为正当防卫。"先害行为"的存在是正当防卫的前提，必要但不充分，正当防卫的适用还需具备时间、主观、对象、限度等多项条件。

[①] 不宜进行正当防卫并非不可进行正当防卫，是对此种情况下正当防卫的不鼓励而非否定。冯军教授将此类观点归为对无责任能力者实施正当防卫的"有限否定论"，笔者并不认同。参见冯军：《防卫过当：性质、成立要件与考察方法》，载《法学》2019年第1期。

[②] 参见陈璇：《克服正当防卫判断中的"道德洁癖"》，载《清华法学》2016年第2期。

[③] 参见田宏杰、肖鹏：《紧急权的理论基础与体系建构》，载《华南师范大学学报》（社会科学版）2019年第2期；参见张明楷：《刑法学》（上），法律出版社2016年版，第205页。

[④] 这种紧迫性和盖然性应至少高于具体危险犯中的危险。

(二)"先害行为"的时间要素

《刑法》第 20 条第 1 款在"不法侵害"前加上了时间定语——"正在进行"。"不法侵害"的开始与犯罪行为的"着手"并不属于相同概念,[①] 不能以"着手"的标准来判断"不法侵害"是否"正在进行"。对于"正在进行"应作整体考察,不可立足于孤立的时间点,需看到其起止过程。一方面,在个别情况下,不法侵害虽然还没有进入实行阶段,但其实施却已逼近,侵害在即,应允许正当防卫。[②] 另一方面,对"正在进行"的理解也不应太过宽泛,尤其在家暴案件中,在不法侵害确实已经结束时,应鼓励被害人寻求公力救济,而非私力反击(报复)。

"行为人明知不法侵害尚未到来或者已经终了,进行所谓'防卫'对侵害者造成一定危害的,叫做'防卫不适时'。'防卫不适时'有'事前防卫'和'事后防卫'之分。前者是指明知不法侵害尚未到来而进行所谓防卫,后者是指明知不法侵害已经结束而进行所谓防卫。'防卫不适时'不是正当防卫,行为人应对他所造成的危害负故意犯罪的刑事责任。"[③] 有学者指出,防卫过当存在"质的过当"与"量的过当"之分,超越正当防卫的时间界限且造成法益侵害的,属于量的过当,量的过当适用《刑法》第 20 条第 2 款关于防卫过当的规定。[④] 我们认为,超越了正当防卫的时间界限,即表示不满足"先害行为"的时间要素,客观上侵害行为已经结束,不应认定为正当防卫,遑论防卫过当之判断,属于典型的"事后防卫"。[⑤] 但是,是否出于故意,则需具体分析。在不法侵害发生前或结束后,(潜在)被侵害者完全可能处于过度的紧张或恐惧状态,在责任形式上有理由出于过失。

(三)"先害行为"的程度要素

如前所述,刑法之所以用"不法侵害"而非"犯罪侵害",是为了强调"不法"与"犯罪"的差异性。"不法侵害"包括犯罪行为,也包括一般的违法行为。然而,并非所有的违法犯罪行为都可对之正当防卫。只有那些具备一定攻击性和伤害性的违法犯罪行为[⑥]才是《刑法》第 20 条所规定的"不法侵害",并允许进行正当防卫。例如,对于挪用公款、行贿等犯罪行为,可以认为其属于广义的"不法",却不属于第 20 条中的"不法侵害",故不可进行正当防卫。值得注意的是,有些行为虽不具有攻击性和伤害性,但持续性不法可加重不法的程度,同样可对之实施防

[①] 周光权教授认为,不法侵害的开始与实行行为的着手属于相同概念。参见周光权:《刑法总论》(第三版),中国人民大学出版社 2016 年版,第 204 页。

[②] 参见陈兴良:《正当防卫:指导性案例及其研析》,载《东方法学》2012 年第 2 期。

[③] 参见高铭暄主编:《中国刑法学》,中国人民大学出版社 1989 年版,第 150 页。

[④] 参见张明楷:《防卫过当:判断标准与过当类型》,载《法学》2019 年第 1 期。

[⑤] 张明楷教授等学者认为事后防卫属于"量的过当",应适用防卫过当之规定,实际上是立足于对德国刑法理论及德国刑法典第 32、33 条的考察。但是需要注意的是,德语中的"gegenwärtigen"可译为"当前",却并不带有具体的时间指向,范围相当宽泛,与"正在进行"有着较大差异。且"Notwehrexzess"也并非完全对应我国的"防卫过当"概念,"exzess"相当于英语中的"excess",即"超过",故而当然可以包括对时间要素的"超过",即防卫不适时(事前防卫和事后防卫),那么将"量的过当"适用防卫过当之规定就是有法律依据的。但是在我国《刑法》第 20 条第 1 款明确规定了"正在进行"的情况下,所谓的"量的过当"根本不具有正当性,更无从适用防卫过当之规定。在此强行照搬德国刑法理论,显然没有必要。

[⑥] 对于合法行为哪怕其具有一定的攻击性与伤害性也不可进行正当防卫。

卫，如于欢案中，虽然于欢反击行为发生时侵害人的猥亵、侮辱行为已经结束，但非法拘禁的状态持续存在，针对非法拘禁当然可以进行防卫。① 再如，在被非法拘禁状态下，对送饭的帮助犯实施适当的打击伤害也属正当防卫，但不应该超过必要限度，造成不应有的损害。

同时，"不法侵害"的程度要素需要从物理侵害和精神侵害两个层面予以把握，除生命健康、财产安全外，人格尊严等合法权益同样是正当防卫制度的保护对象。② 虽未造成物理伤亡，但对他人精神产生严重影响的，同样属于第20条中的"不法侵害"。

三、互殴案件与家暴案件中的"先害行为"

法律的生命力在于实施，法律的权威也在于实施。③ 可以发现，在司法实践中始终存在是正当防卫还是故意伤害（杀人）的认定难点，而这很大程度上是因为对"先害行为"的理解不到位。一方面，在互殴案件中，对"先害行为"和"反击行为"缺乏必要地区分，以致错误地将正当防卫认定为互殴；另一方面，在家暴案件中，对"先害行为"的时间等要素缺乏必要地把握，难以判断"先害行为"的有无，进而在出入罪上徘徊不定，甚至影响到司法公正。

（一）互殴案件中的"先害行为"

"先害行为"必须现实存在，那么"先害行为"发生后对其的还击，究竟是同样作"不法"评价，④ 还是认定正当防卫，是互殴案件中的争议焦点。一种有代表性的观点认为，"所谓互相斗殴，是指双方都有非法侵害对方的意图而发生的互相侵害行为。由于互相斗殴的双方主观上都有加害对方的故意，都是不法侵害，所以不存在侵害者与防卫者之分。同时，由于双方都不具有正当防卫的目的，因而无论谁先谁后动手，都不能认定为防卫行为。"⑤ 首先需要肯定的是，一旦认定互殴，则必然否定正当防卫，而若认定正当防卫，则必然否定互殴。不过，互殴与正当防卫之间并非绝对对立的关系，在一定条件下可以转化。例如，甲乙双方起初斗殴的程度较为缓和，甲突然拿出藏好的刀具对乙进行挥砍，乙慌忙躲避中抄起附近的砖头拍向甲的头部致其死亡。此种情况下，不能对乙前后行为同作"不法侵害"的评价，进而否认后行为的防卫性质。

事实上，在我国的司法实践中，对来自他人的故意伤害所进行的防卫行为，几乎全部认定为互殴，并以故意伤害罪论处。这是我国故意伤害罪比例畸高的重要原因之一。⑥ 有学者曾经对2762份刑事判决书进行分析，其中认定为具有正当防卫性

---

① 这也是二审改判，认定防卫过当的裁判理由之一。
② 参见最高人民检察院网上发布厅：《最高人民检察院公诉厅负责人就于欢故意伤害案有关问题答记者问》，http://www.spp.gov.cn/xwfbh/wsfbt/201705/t20170528_191722.shtml，最后访问时间：2019年5月24日。
③ 参见中共十八届四中全会《关于全面推进依法治国若干重大问题的决定》。
④ 在此意义下，被害人的还击行为对于侵害人来说也属于"先害行为"。
⑤ 参见陈兴良：《互殴与防卫的界限》，载《法学》2015年第6期。
⑥ 参见张明楷：《故意伤害罪司法现状的刑法学分析》，载《清华法学》2013年第1期。

质的案件（包含正当防卫与防卫过当）共 40 例，占 1.45%；其中正当防卫 2 例，占 0.07%；防卫过当 38 例，占 1.38%。被认定为不构成正当防卫的案件 2720 例，占 98.55%。从统计结果来看，在认定互殴与正当防卫时，被认定为互殴从而被判定不构成正当防卫的案件占绝大多数。① 若加以总结，各类案件中对于事先准备工具的一般均认定互殴，对于受到威胁或侵害不报案而准备反击工具一般均认定互殴，对于之前存在纠纷经历后受到殴打时还手的一般均认定互殴，对于自招侵害而反击的一般均认定互殴。

"当一个人的人身安全面临威胁时，只能报告单位领导或公安机关，而不能作防卫准备，出门时只能徒手空拳，受到不法侵害时，只能呼救或逃跑，只有呼救或逃跑无效时才能就地取材或夺取对方工具进行防卫。"② 这是某市检察机关在一起正当防卫案件中的抗诉意见，也呈现出多数司法机关的思维误区。诚然，公民的人身安全受到威胁时应寻求公力救济，但这并不排除防卫的必要性。我们不应存有"道德洁癖"，对防卫行为作出不必要的限制，从而将合法的防卫行为认定为"不法侵害"。区分正当防卫与互殴的难点在于对防卫意识的把握，反击时具备防卫意识一般认定为正当防卫，反击时带有积极的斗殴意思一般认定为互殴。但防卫意识的判断需坚持主客观相结合，并以反击行为发生时为基准：一方面，事前准备工具、存在纠纷历史等不能作为排除正当防卫的理由；③ 另一方面，当事前未准备工具、无纠纷历史时，对于即时的不法侵害所作出的反击，不可能同属"不法侵害"，④ 应排除斗殴意思，否认互殴。⑤

（二）家暴案件中的"先害行为"

2015 年 12 月 27 日，第十二届全国人大常委会第十八次会议通过《中华人民共和国反家庭暴力法》，其第 2 条对家庭暴力的概念作出界定："本法所称家庭暴力，是指家庭成员之间以殴打、捆绑、残害、限制人身自由以及经常性谩骂、恐吓等方式实施的身体、精神等侵害行为。"显然，当上述侵害行为发生时，被侵害人有权利进行反击，符合条件的应认定正当防卫。难点在于，当妇女⑥长期遭受家暴时，

---

① 参见熊永明、赵威：《互殴与正当防卫的主观界限认定标准研究——基于 2762 份刑事判决书的分析》，载《西部法学评论》2019 年第 2 期。
② 参见陈兴良、张军、胡云腾主编：《人民法院刑事指导案例裁判要旨通纂》，北京大学出版社 2013 年版，第 33 页。
③ 最高人民法院曾明确指出，行为人为预防不法侵害的到来而准备工具的行为，不否认后续行为的防卫性质，但这一思想并未在实践中得以贯彻。参见最高人民法院《刑事审判参考》第 55 辑，法律出版社 2007 年版，第 16-17 页。
④ 这种反击虽然属于"侵害"，但本质上为"正对不正"，排除行为的不法性。
⑤ 例如，在著名的"周巧瑜伤害案"中，周巧瑜与丈夫张某路过红绿灯路口时，险些被朱某、段某、刘某等人驾车撞到，遂发生口角，朱某等四人下车对周巧瑜夫妻进行殴打，在张某打电话报警后，朱某等人欲逃跑但被张某拉住，故朱某又开始对张某进行殴打。周巧瑜见状捡起路边的砖头拍向朱某头部，致其重伤，七天后不治身亡。此案二审法院认为"双方因交通问题发生纠纷，进而发生互殴，各自的行为均缺乏防卫性质。周巧瑜用砖头砸向朱某头部致其死亡，其行为不构成正当防卫。"这种对互殴的草率认定，值得我们反思。
⑥ 家暴案件中妇女是主要的受害对象，但并不排除男性遭受家暴的可能性。

为防止将来继续受到暴力而杀（伤）夫的，"先害行为"的有无应如何判断。

学界对于家暴案件中的"先害行为"存有广义和狭义两种理解，进而引发出正当防卫的扩张论与限缩论。前者认为，受虐的家庭成员所遭受的不法侵害具备经常性和连续性，应将持续数年乃至十几年的家暴看作一个完整的行为过程，这样一来，就可以认定在受虐者对施暴人实施杀害或伤害行为时不法侵害仍在进行。受虐者当然可以进行正当防卫。① 后者则认为，虽然按照徐行犯的原理，对长时期多次实施家庭暴力者只能以一个虐待罪或故意伤害罪论处，但这并不意味着可以将多个家庭暴力行为"焊接"为一个永不停歇、毫无间断的侵害行为。作为正当防卫前提的不法侵害，范围必须有所收敛。不过，排除正当防卫并不意味着作犯罪评价，我们完全可以用"防御性紧急避险"来评价受虐者的反抗行为。②

正当防卫的扩张抑或限缩其实为伪命题。正当防卫的适用条件已经被刑法明确规定，所有符合适用条件的防卫行为均应认定为正当防卫，不符合条件的不予认定。在此意义上，所有"扩张"和"限缩"都是对罪刑法定的破坏。在家暴案件中，正当防卫的认定存在争议，主要因为对防卫（反击）时"先害行为"的有无认识不同。如前所述，是否存在"先害行为"应作客观地综合判断。长期受虐的反抗行为能否认定为正当防卫，不应"一刀切"，而需在个案中具体把握。"对于过去的侵害以及将来的侵害不能认定为正当防卫的前提，而从法益侵害的危险逼近阶段起到侵害结束时点止，是处于可以实施正当防卫的状态。"③ 质言之，我们需要充分把握《刑法》第20条第1款中"不法侵害"的定语"正在进行"的含义，严格遵循"先害行为"的时间要义。如果不法侵害已经成为过去式，受虐者对施暴者的防卫只能认定为事后防卫。其实，之所以不认定为正当防卫，除缺乏"正在进行的不法侵害"外，还因为我们鼓励受虐者寻求公力救济，通过合法、有效的方式维护自身合法权益（如《反家庭暴力法》中规定的向公安机关报案、申请人身安全保护令等），这也是对受虐者的保护，以免反抗行为招致施暴者更严重地侵害。当然，"先害行为"的判断还需兼顾现实与程度要素。一方面，侵害并不局限于实害，还包括紧迫的危险状态，即造成侵害的高度盖然性。若必须等待实际损害发生时才可防卫，正当防卫制度就没有了存在的必要。所以，妇女在长期受虐过程中，如果能够判断下一次家暴即将发生，具有一定的紧迫性，应当允许其实施防卫行为。④

---

① 参见季理华：《受虐妇女杀夫案件中刑事责任认定的新思考》，载《政治与法律》2007年第4期。
② 参见陈璇：《家庭暴力反抗案件中防御性紧急避险的适用——兼对正当防卫扩张论的否定》，载《政治与法律》2015年第9期。
③ 参见［日］日高义博：《违法性的基础理论》，张光云译，法律出版社2015年版，第87页。
④ 例如，在王某某故意杀人案中，王某某与前夫离异后带着女儿嫁给黄某某，婚后黄某某沉迷赌博与吸毒，时常对王某某母女进行殴打，警察多次上门调解后仍不予改正。王某某多次向黄某某提出离婚要求，但黄某某均回应："只要敢离婚，我就杀了你。"，2005年9月15日23时许，王某某再次与黄某某发生争吵，黄某某持刀指向王某某进行威胁，王某某遂拿起锄头击打黄某某头部，致其死亡。法院否认被害人黄某某正在进行不法侵害，以故意杀人罪判处被告人王某某有期徒刑14年。此案是典型的对"不法侵害"的错误理解，应看到侵害的高度盖然性，王某某之击打行为至多系防卫过当。具体案情详见上海市浦东新区人民法院刑事判决书（2006）浦刑初字第174号。

另一方面，施暴者即便未造成即时的物理损伤，但对受虐妇女的人格尊严、精神状态造成严重伤害的，同样属于"先害行为"，当然允许妇女实施防卫。①

---

① 例如，在吴某杀夫案中，吴某及其子长期遭受丈夫熊某某的殴打与虐待，且多次向所在单位、街道和公安机关求助无果，反而招致熊某某的进一步家暴。吴某曾向熊某某提出离婚但遭熊某某反对。案发前两个月，吴某偶然在家中发现了熊某某藏匿的氯化钾（剧毒物）。2005 年 3 月 19 日晚，因孩子学业问题，夫妻双方产生争吵，熊某某对吴某进行了辱骂和恐吓。晚 24 时许，熊某某突然进入吴某及其子睡觉的房间，但惊醒了吴某，遂返回自己房间。这一举动引起了吴某的高度紧张，想到之前熊某某的家暴行为及在家中发现的氯化钾，吴某感到自己和儿子的生命安全受到了严重威胁。凌晨 2 时许，吴某及儿子分别持铁锤、擀面杖，进入熊某某房间，趁其睡着对其头部、身体进行击打，并用毛巾勒其颈部致其死亡。后法院以故意杀人罪判处吴某死缓，判处熊某五年有期徒刑。应当看到，此案中熊某某的辱骂、恐吓及潜入房间行为，结合之前的家暴和藏毒（氯化钾）行为，对吴某产生了严重的精神创伤（有学者将其总结为"受虐妇女综合症"），"先害行为"已经存在，对于吴某的反击行为应肯定防卫性质（但明显超过必要限度造成重大损害，属于防卫过当）。

躲避义务在我国正当防卫制度中的展开

——以其适用情形为视角

李 荣[*] 宗惜惜[**]

目前,我国学术界很少就躲避义务展开论述,且多数学者仅简单认为公民面临侵害没有首先求助公权力机关的义务。张明楷教授认为,"当公民面临不法侵害时,不应当要求公民首先报告单位或者司法机关,不得要求公民容忍不法侵害"。[①] 笔者认为,这种"一刀切"的说法在一些特定情形下会得出不当的结论,因此笔者主张应当分情形进行讨论。同时,我国应当借鉴美国对不法侵害的程度详细区分的做法,在此基础上笔者认为只有在不法侵害较为轻微的情况下才需要谈论躲避义务的问题。

躲避义务到底应不应当成为构成正当防卫需要考虑的因素呢?这在我国是一个看似没有争议的问题,即不应施加给防卫人一方以躲避义务,且进一步主张"正不应对不正让步"。然而若案情相对复杂时,这个结论的说服力便会下降。例如,当不法侵害人为无责任能力人时应不应当先行躲避呢?或者更为常见的情形时,防卫人自身对引起争端有过错,甚至引起了不法侵害人侵害的直接原因,对于这种情形下的防卫人应不应当施加躲避义务就不能直接得出否定的结论。一直以来我国受德国和日本的影响,从法秩序维护的角度,倾向于把"法不能对不法让步"绝对化。事实上这种绝对"一刀切"的做法,在很多情况下会造成裁判结论的说服力下降。当我们把视野转向美国,会发现其对躲避义务问题的构建已经相当完善,对我国有一定的借鉴意义。本文将从这个角度出发,探讨躲避义务究竟有没有其本身的合理性,并结合我国本土特征探讨被侵害人在什么情形下应具有躲避义务。

一、躲避义务的价值取向及其与我国的内在契合性

(一)躲避义务的含义及价值取向

美国刑法中正当防卫制度的一般规则是防卫行为必须以必要性来衡量。因此,致命攻击的受害者只有在合理地认为必要的情况下,才可在自我保护中使用致命武力。即如果这种较小的武力能够合理地防止受到威胁的伤害,他就应以非致命武力作出反应。同样,通常只能在威胁迫在眉睫时使用武力。这里有一个较为广泛的疑问是,受到攻击的行为者在使用致命武力之前是否必须躲避(retreat)呢?换言之,如果一个人受到攻击,如果他只有两个现实的选择:使用致命武力或撤退到安全的

---

[*] 中央民族大学副教授。
[**] 中央民族大学刑法学硕士研究生。
[①] 张明楷:《刑法学》,法律出版社2016年版,第209页。

地方，那么他必须选择后一种方式吗？美国许多学者认为，如果一个人能够通过躲避行为避免了杀害侵犯者，客观上说，致命武力是没有必要的。① 因此，美国刑法上所谓躲避原则是指被侵害人若使用致命性武力防卫进行时，在可以通过躲避且能够避免受到不法侵害的情况下应当先行躲避，只有在躲避无效的情况下才能积极反击。②

与此同时，为了使该原则更为合理，多数学者赞同的观点是，躲避原则不应增加对无辜者造成伤害的风险，因为在危及被侵害者安全的情况下，就不应该要求被侵害者躲避，即除非有一个防卫人可以到达的完全安全的地方，否则就不能施加被侵害者躲避义务。增加该条件的实际效果是，被攻击的人很少被迫躲避，特别是不法侵害者拿着枪的时候：面对枪时，很难说有什么地方完全安全，即使有安全的地方存在，由于情况危急，被侵害者出于紧张、害怕等心理也很难发现这种安全的地方。③ 例如，在 State 诉 Zeigler 一案中，被告人与死者之间就穿越被告土地的通行权发生了争执。死者用拳头击打被告人，并试图用枪打被告人的头，最后被告人开枪打死了死者。法院认为，在这种情况下，被告人不能被要求有躲避义务，并且有理由夺走死者的生命④，因而可以总结出美国刑法中躲避原则应具备以下几个特征：一是躲避义务仅适用被侵害者使用致命性武力防卫的情形，即如果行为人使用非致命性暴力防卫则不负躲避义务。二是躲避以行为人可以完全保证自己安全为前提，若情况紧急被侵害人出于惊吓、恐惧等心理难以理性得出其可以躲避到安全地方的结论时，不应该存在躲避义务。

美国刑法中设立躲避原则主要是考虑到公民的生命健康权与国家抑制犯罪的目的相比具有更高的价值，本质是体现出对生命法益的优先保护思想。⑤ 有人可能会对此提出疑问：若对侵害人的生命法益优先保护，难道对反击人的法益就要忽视吗？这种疑问表面上是有道理的，不过这与本文设定的情境不符，本文谈论的是在能够确定被侵害人的法益能够通过躲避免于侵害时，才能谈论保护侵害人的生命法益问题。

（二）躲避义务的价值取向与我国的内在契合性

生命法益保护优先的思想与我国的法律文化有一定的内在契合性，即在被侵害人的确能够通过躲避的方式保护自己，那么为了避免造成更为严重的后果，实施躲避行为，事实上对双方都有益处。即便是从被侵害人的角度考虑，被侵害人通过躲避行为也能够使自己免于刑事诉讼程序的追诉。笔者认为，设立躲避制度的价值追求具有合理性。但由于我国一直受日本刑法正当防卫制度影响较深，且很多日本学者认为"由于被侵害者没有理由甘愿自己的正当利益受到侵害，从而针对急迫不法

---

① Joshua Dressler, Understanding Criminal Law. Matthew Bender & Company 2012, p267.
② 刘士心：《英美刑法正当防卫中的"躲避原则"及其启示》，载《中国刑事法杂志》2017年第5期。
③ Joshua Dressler, Understanding Criminal Law. Matthew Bender & Company 2012, p268.
④ In State v. Zeigler (1895) 40 W. Va. 593, 21 S. E. 763, 10 Am. Crim. Rep.
⑤ 刘士心：《英美刑法正当防卫中的"躲避原则"及其启示》，载《中国刑事法杂志》2017年第5期。

的侵害，不是去回避或退避，而是能够通过防卫行为加以对抗、反击"。① 因而在"法不能对不法让步"观念的影响下，躲避制度的讨论很少在我国展开。不过在一些学者的文章中，也出现了对"法不能对不法让步"绝对化的松动倾向。例如，有学者认为防卫行为应当在不法侵害较为紧迫的情形下实施，即在"紧迫性"的限制下，个人保护需满足如下条件：(1) 个人实施自我保护的前提是国家无法提供有效保护，因为现代国家垄断了武力使用权，只有在国家无法提供有效保护时，武力使用权才能回归个人；(2) 之所以允许个人使用武力来保护，是因为该法益侵害较严重，值得动用武力来保护，在法保护必要性降低或极其微弱（如法益侵害轻微）的情形下，武力保护的意义不大，即使国家无法保护，也要求个人先行避让或容忍。②

近几年来随着"于欢案"、"昆山反杀案"等案件的出现，正当防卫条款有被激活的倾向，这种倾向对于避免正当防卫沦为僵尸条款具有正面意义。然而，一些学者基于防止正当防卫条款僵化的考量，开始主张鼓励民众进行正当防卫。笔者认为，虽然正当防卫能够表现出"民众同犯罪积极作斗争"的积极意义，然而若不加以区别对其进行鼓励，是否会造成社会上"同态复仇"思想盛行的场景也值得警惕。即便是在"法不能对不法让步"思想影响下的我国，对其绝对化的反思仍然应当存在。鉴于美国对该制度的研究较为深入且对我国正当防卫制度有一定启发性，因此可以对其进行借鉴。同时，由于我国刑法和美国刑法关于正当防卫制度存在较大差异，所以对于躲避义务的引入不能全盘接受，而应当在借鉴的基础上结合本土情况进行改造。

二、躲避义务本土适用限制之一：躲避义务只针对不法侵害较为轻微的场合

美国纽约州是对躲避要求最严格的责任之一的州，其判例认为，如果被告没有躲避，他无权要求自卫，而一旦躲避的行为出现，他就可以安全地进行辩护，即不论不法侵害是否致命，都应当对反击人施加躲避义务。③ 而在一些要求并不严格的州里，对于躲避义务进行了缓和化处理，如有这样一个案例：在一间酒馆里，被告和袭击他的人发生了争执，当时他们正受酒精的影响，而后被行凶者靠近，他用手里拿着的手枪开了几枪，法院认为，在这种情况下，被告人没有义务撤退，而是有理由以武力对抗并杀害攻击他的人。④

笔者认为，在不法侵害是致命的情况下，不应要求被侵害人具有躲避义务。因为若不法侵害者使用了致命性的武力手段对被侵害人实施不法侵害，那么实施躲避行为可能会给被侵害人带来生命危险，这与躲避义务的设立在于保护生命法益的初衷不一致，因此本文中所有针对躲避行为的讨论都是建立在不法侵害是非致命的基

---

① [日] 山口厚：《刑法总论》，付立庆译，中国人民大学出版社2018年版，第116页。
② 潘星丞：《正当防卫中的"紧迫性"判断——激活我国正当防卫制度适用的教义学思考》，载《法商研究》2019年第2期。
③ Davis v. Strack, 211 F. Supp. 2d 377 (S. D. N. Y. 2000).
④ State v. Merk (1917) 53 Mont. 454, 164 Pac. 655.

础上的。

那么对于何种情形下，不法侵害是致命的呢？美国刑法上对此进行了细化的区分和研究，且不同州对于"致命武力"一词的定义也各不相同。有一些州针对致命武力的定义是从客观上认定的，即根据武力在客观上造成死亡或严重身体伤害的可能性，因此"致命武力"就是"可能"或者有"合理预期"对对方造成死亡或严重的身体损伤。在这种定义下，客观上什么是可能发生的才是起决定作用的。另一些州则在其定义中包含了精神状态要素。例如，"致命武力"是指"意图"造成死亡或严重身体伤害的武力，而不管这种结果发生的可能性如何。[1] 当然还有一些地区将客观可能性和主观意图结合起来考察不法侵害者使用的武力是否致命。

事实上，这种判断通常与事实认识错误联系紧密。一般情形下，侵害人意图使用致命性武力时，其客观上就极有可能造成死亡或严重伤害。但在侵害人或被侵害人存在认识错误的情形下，就可能使情况更为复杂。例如，侵害人意图使用致命武力对被侵害人实施侵害行为，但其客观手段不可能对被侵害人造成伤害，或仅仅是较为轻微的伤害。或者侵害人意图使用非致命武力实施侵害，但被侵害人误以为侵害人使用致命武力对其进行攻击。结合躲避制度设立的目的，笔者主张综合主观和客观进行判断，一方面，"非致命武力"必须是客观上实际存在的，另一方面，主观上被侵害人也认识到该侵害是"非致命性侵害"。如果被侵害人将"非致命侵害"误认为是"致命侵害"，要判断该种认识错误有没有合理依据，如果有合理依据，那么就应当从被侵害人的角度出发，认定其不必要实施躲避行为也能证明其行为具有防卫性质。

三、躲避义务本土适用限制之二：防卫人对不法侵害的发生有轻微过错

美国刑法将"躲避义务"分成两种情况，即"无责任防卫者的躲避义务"与"有责任防卫者的躲避义务"，对这两种情形分别适用不同的规定。笔者认为，这种区分是比较可取的。同时，英美刑法中还规定了一种真诚退却（withdrawal with good faith）的义务：如果行为人不是无端受到他人的攻击，而是首先对他人实施致命性暴力侵害，从而引起对方以致命性暴力对自己实施反击，行为人原本是不能防卫的。这时行为人要"重新获得"防卫权，必须先以一定的行为表明自己真诚地放弃了侵害或对峙行为。[2] 但这种情况不在本文讨论之列，且笔者认为真诚退却制度没有存在的合理性，因为当行为人首先实施致命侵害时，从一般理性人的角度就应当能够预知对方会施以致命性武力防卫，即便其"真诚退却"，也不能转化为防卫人的地位，重新获得防卫权。

笔者主张借鉴美国刑法中躲避义务的类型化分析方法，但是对于何种情形下有躲避义务与何种情形下无躲避义务这一问题并不主张采用美国的规定。对于不法侵害的发生从无过错到有重大过错有一个程度的递进过程，一方面，如果被侵害人对

---

[1] Joshua Dressler, Understanding Criminal Law. Matthew Bender & Company 2012, p264—265.
[2] 刘士心：《英美刑法正当防卫中的"躲避原则"及其启示》，载《中国刑事法杂志》2017年第5期。

侵害的发生有重大的过错，其当然有必要进行躲避，但其躲避与否对正当防卫的成立与否没有影响，所以这不是躲避义务的探讨范围。另一方面，如果被侵害人对于侵害的发生完全没有任何过错，对其施加躲避义务对被侵害人是一种苛责。所以只有当被侵害人对于侵害的发生有一定过错，但是其过错较为轻微，不能使其丧失正当防卫权力时，才有探讨躲避义务的必要。那么如何区分被侵害人过错的程度，属于一个主观价值判断的过程，法官对于该尺度的判断应有一定的自由裁量权。笔者以被侵害者的过错程度为划分依据，提出自己的观点。

（一）"先不法侵害者"：不应作为躲避制度的讨论范围

首先对于侵害的发生有最为重大过错的，是"先不法侵害者"。"先不法侵害者"就是首先对对方进行侵害的一方，毫无疑问其对侵害的发生有着不可推卸的责任，因而对于对方的反击，其当然有必要进行躲避，然而正如上述提到的，该种情形下被侵害人属于"不法侵害人"，其对对方的反击当然要进行躲避，但由于其躲避与否不影响其最终不能成立正当防卫的结论，所以不属于躲避义务的探讨范围，当然也不必谈论躲避的问题。

（二）防卫挑拨者：分情形讨论是否应负担躲避义务

对于"防卫挑拨者"，其过错程度较"先不法侵害者"有一定减轻。存在防卫挑拨的情形实际上更为复杂，因而有必要进行进一步细化分析。根据防卫挑拨的程度，有学者主张将其分为三类。

一是不法的防卫挑拨，是指行为人先前的挑拨行为引发了不法侵害，且该挑拨行为本身即构成正在进行的不法侵害；二是意图式的防卫挑拨，是指行为人出于加害他人的目的而实施了挑拨行为且引发了不法侵害，但该挑拨行为不能认定为不法侵害，只是在社会伦理上具有可非难性；三是可非难但非意图式的防卫挑拨，是指行为人非出于加害的目的而实施了挑拨行为，且该挑拨行为本身并不构成正在进行的不法侵害，只是在社会伦理上具有可非难性，进而引发了他人对自己实施攻击行为。对于三种情形是否可以成立正当防卫，该学者认为，就不法的防卫挑拨而言，挑拨者不得主张正当防卫权而对被挑拨者实施反击行为；就意图式的防卫挑拨而言，挑拨者也不应当拥有正当防卫权；而就可非难但非意图式的防卫挑拨而言，挑拨者可以主张正当防卫权，但应当在无法躲避对方攻击之后才能主张。[①] 笔者赞同这种区分方式，且认为只有在防卫挑拨属于可非难但非意图式的情况下才应对被侵害者施加防卫义务。

（三）无责任者：不应负担躲避义务

所谓无责任者是指对于侵害的发生没有任何过错的一方，如下面这个案例：被告人尹某某因劝架，被李某某、颜某某、张某某进行殴打，后被告人尹某某逃走，李某某、颜某某、张某某在后营坝附近追上被告人尹某某并再次对其殴打，被告人尹某某用随身携带的匕首将颜某某、张某某扎伤。[②] 该案中，被告人尹某某遭受不

---

① 徐梦萍、王剑波：《论防卫挑拨的类型及其处理原则》，载《辽宁大学学报（哲学社会科学版）》2013 第 5 期。

② 河南省平顶山市舞钢市人民法院刑事判决书【（2010）舞刑初字第 52 号】。

法侵害仅仅是因为其"劝架行为",而劝架行为从社会一般观念判断并没有任何过错,因而尹某某在该案中属于无责任者,因而不应负担躲避义务。

综合以上论证,根据对侵害发生的过错程度将被侵害人分为"先不法侵害者"、"不法式防卫挑拨者"、"意图式防卫挑拨者"、"可非难但非意图式的防卫挑拨者"以及"无责任者"。笔者认为,只有被侵害人属于"可非难但非意图式的防卫挑拨者"的情况下,应当施加被侵害人躲避义务。其余情形或者没有必要讨论躲避义务存在与否,或者不应当施加躲避义务。

(四) 结论:防卫人存在轻微过错情形下应施加躲避义务

综合以上论证,只有防卫人对于不法侵害的发生有轻微,即属于可非难式但非意图式的防卫挑拨的情形下才应施加其躲避义务。例如,德国历史上曾发生了具有代表性的案例,案情为:在乘坐火车回家途中,甲对同车厢的乙因喝醉酒进行胡闹而感到烦躁,因乙并无这一车厢的车票,甲要求乙离开该车厢,但乙并未听从。甲因此便不断打开车窗想通过这种手段使穿衣较单薄的乙离开。在多次争执后,乙对甲说若再开车窗就要对甲不客气,甲也暗示乙自己会回敬甲的攻击,并且,甲之后又一次打开车窗,此时乙立刻要对甲进行攻击,正当乙要向甲的头和脸部下手时,甲就拿起了火车上的餐刀进行防卫,刺中了乙的腹部,最终乙失血过多死亡。① 该案例中,对于甲的开窗行为,德国法院认为此行为不能归属于不法行为,但是属于社会道德可谴责的行为。因此,在该案中,虽然乙攻击甲是对于甲开窗行为的不妥当反击,但是甲的开窗行为又完全是引发乙攻击的主要原因,因而最终法院认定,首先甲应当尽量避开乙的攻击行为,而甲并没有这样做,所以甲持刀刺伤乙致死的行为,不能成立正当防卫,甚至也不能成立防卫过当。对于这种情形,被侵害人对于侵害的发生具有一定的可谴责性,因而首先应当对对方的侵害进行躲避,只有在无法躲避或者躲避无效的情形下,才能够实施反击行为。若被侵害人不实施躲避行为而直接使用致命手段回击不法侵害者,就不能认定为正当防卫,也不能认定为防卫过当。

---

① 参见卢映洁:《挑唆防卫》,载《月旦法学教室》2003 年第 7 期,转引自徐梦萍、王剑波:《论防卫挑拨的类型及其处理原则》,载《辽宁大学学报(哲学社会科学版)》2013 第 5 期。

互殴与正当防卫的刑事司法判定研究
——以轻伤害案件为视角

王立德* 龙冰沁**

一、问题与视角

洛克曾说:"当为了保卫我而制定的法律不能对当时的强力加以干预以保障我的生命,而生命一经丧失就无法补偿时,我就可以进行自卫并享有战争的权利,即杀死侵犯者的自由,因为侵犯者不容许我有时间诉诸我们共同的裁判者或者法律的裁决来救助一个无可补偿的损害。"① 正当防卫作为公民在特定情形下的一种私力救济途径,我国早在1950年《刑法大纲草案》第9条便作出了相应规定②,1954年《中华人民共和国刑法指导原则草案》第5条增加了"不得已"的认定条件③,但1957年《刑法草案》又予以删除,紧接着1963年《刑法草案》、1979年《刑法》以及1997年《刑法》,都赋予了公民正当防卫这项重要权利,并逐步完善定型。1997年《刑法》更是对正当防卫制度作出了大规模修订,充分表明强化对防卫人的保护,放宽正当防卫的成立标准这一意图。

然而,立法的不断修正与司法实务存在脱节,我国司法实务一直对正当防卫存在限制过严的现象。近年出现的于欢故意杀人案、于海明昆山反杀案等典型案例,在一定程度上改变了不敢认定正当防卫的司法惯性。除去这类重伤或死亡严重后果的案件不谈,司法实践中存在大量由日常纠纷引发的轻伤害案件。在这类总量巨大的案件中,经常出现系正当防卫的辩解,但最终认定事实里"互殴"却成为高频词汇,正当防卫的认定举步维艰。由于该类案件的被告人上诉相对较少,也未能引起足够的重视。

鉴于此,本文拟以轻伤害案件为视角,从日常纠纷引发轻伤害的司法案例着手分析,以期进一步厘清互殴与正当防卫的关系。

---

* 北京市顺义区人民检察院第二检察部主任。
** 北京市顺义区人民检察院第二检察部检察官助理。
① 洛克:《政府论(下篇)》,商务印书馆1964年版,第14页。
② 1950年《中华人民共和国刑法大纲草案》第9条规定:"因防卫国家政权、国家财产或自己、他人正当权利的不法侵害,而未超过必要限度者不成为犯罪。"
③ 1954年《中华人民共和国刑法指导原则草案》第5条规定:"为了防止公共利益或者个人的人身和权利免受正在进行的犯罪侵害,不得已而对犯罪人实行的正当防卫行为,不认为是犯罪,但是防卫行为显然超过必要限度,应当认为犯罪,根据具体情况可以减轻或者免予处罚。"

二、轻伤害案件中互殴与正当防卫关系的判例研究①

互殴,亦称相互斗殴。我国学界对于互殴的定义在表述上不尽相同,但均认可其与正当防卫为互斥关系。一旦认定为互殴,则必然否认是正当防卫。由于正当防卫在客观上所表现出的伤害行为与互殴的行为高度重合,主观上的区分显得尤为重要。但在日常纠纷引发的轻伤害案件中,双方不存在明显的正邪区分或是事前的互殴约定,到底是基于伤害、防卫或是斗殴的故意?故互殴与正当防卫在司法实践中容易发生混淆。

(一) 樊某故意伤害罪

基本案情:被告人樊某要求被害人清理掉被告人地中的泥土,双方由此发生争执,被害人先动手打被告人樊某,后被告人樊某用砖头将被害人头部打伤。经鉴定,被害人的损伤程度为轻伤二级。

本案辩护人提出了正当防卫的辩护意见。其认为被害人手持铁棍先行动手,被告人为了制止不法侵害,才不得已持砖头还手,并没有加害对方的故意。

围绕上述争议,法院最终判定被告人樊某不构成正当防卫,理由如下:被害人先动手,对案发具有过错。但二人系互殴,均具有侵犯对方的故意,因此不符合正当防卫的性质。

上述案情在司法实践中较为普遍,主要表现为:双方因生活偶发矛盾引起争执,一方先动手,另一方紧接着还手,双方相互打斗中造成一方轻伤的后果。此时,若是先动手一方造成对方轻伤后果,自然也不会出现有关正当防卫的争议。若是后动手一方反击造成了对方轻伤,则往往会提出正当防卫的辩解。正如本案辩护人所述,被告人面临着正在进行的不法侵害,反击造成的后果也没有超过限度。为什么不符合正当防卫呢?

从判决中论证可得出如下规则:"后动手一方若具有侵犯对方的故意,则不能认定为正当防卫。"这一逻辑当然具有合理性,因为互殴中肯定不存在防卫意图。然而,什么是"侵犯对方的故意"?是否就是指伤害故意?本案判决中并没有作进一步的阐述。

我们认识到,即使在正当防卫中,行为人在认识到不法侵害进行并反击时,并不能否认伤害故意与防卫意图并存的情况,因为行为人往往为了防卫而去伤害对方。由此可见,如果把后动手一方"故意"的内容仅理解为伤害的话,并不能完全排除正当防卫的存在。只有当这种"故意"是主动、积极伤害时,该判决的论证规则才更为适宜。对此,学界已经提出斗殴意图的概念,将这种主动挑起斗殴或积极参与斗殴的主观心理态度②,作为区分互殴与正当防卫主观的关键。

具体到本案来看,由于被告人都认罪认罚,已经赔偿并达成和解,故法院以简

---

① 本文选取的均为 2017 年生效的裁判,案件事实及判决理由均来源于诉讼文书。笔者仅就案件的处理情况作个人理论探讨。
② 邹兵建:《互殴概念的反思与重构》,载《法学评论》2018 年第 3 期。

易程序开庭,很难通过判决来看清具体的在案证据。案情描述中写的"双方因此发生争执"表述过于简单,具体如何争执、能否推断出斗殴意图,外人也就无从判断。

(二) 宁某故意伤害

基本案情:被告人宁某与被害人蒋某素不相识。案发当日,被告人宁某酒后在足疗大厅内搭讪被害人蒋某不成,言语不逊,双方发生争执。被害人先动手将被告人推倒在沙发上,继而双方相互推搡。后被告人逃离现场,边跑仍边转身用拳头击打被害人,被害人随手捡起地上木条击打被告人,后二人再次发生扭打,被告人将被害人左手食指末端咬掉。经鉴定,被害人蒋某构成轻伤二级。

本案检察机关以故意伤害罪对宁某提起公诉。被告人提出被害人蒋某先动手,具有重大过错,自己的行为属于正当防卫的辩解。法院判决亦认可被害人对事情起因具有一定的过错,但被告人并未自动放弃斗殴或主动退出斗殴现场,而是边跑边继续用拳头殴打被害人,双方的互殴一直在此消彼长、强弱转换的情形变换之中,同时被害人的行为尚未达到对被告人的生命构成威胁的程度,因此被告人的行为不具有防卫的正当性。

本案被告人同为后动手一方。判决主要通过以下方面来排除正当防卫:一是未自动放弃斗殴或主动退出斗殴现场,具有斗殴意图,已经形成互殴;二是逃跑过程中具有反击行为,没有从互殴转化为防卫,仍是互殴的持续;三是不具有防卫的紧迫性。

这里牵涉的第一个问题是:"不法侵害"指什么?"被害人过错"又指什么?虽然判决中并没有明确阐述,但可以推断出,法院实际上将被害人所实施的"推倒""木条击打"的行为归为不法侵害,只不过认定为互殴后,将表述转变为"被害人过错"而已。结合上一个案例不难发现,这种认定路径同样体现出对防卫意图、互殴的主观故意理解的问题。但本案更清晰地展现出一条隐藏的认定规则:"能躲避就不能防卫,防卫需要在不得已的前提下进行。"行为人必须先行退避才能认定防卫意图。当被告人面对正在进行的不法侵害,而不法侵害并没有达到"不得已"程度时,视为被告人完全有条件躲避、实害尚未发生,此时若没有采取保守的防卫方式,反而及时反击,那么就认为存在斗殴意图,应认定为互殴。

诚然,斗殴意图的认定存在复杂性。司法机关只能通过"听其言、观其行"来进行推断。结合本案证据中显示的细节可以看出,法院应是经过了全面衡量才得出该结论,只不过在论证中,过于强调了不法侵害的威胁程度不够,而"自动放弃""主动退出"的表述又未能充分体现出被告人行为的主动性。若使用"被告人在逃离现场时主动挑起斗殴或积极参与斗殴",可能更加切合判决的原意。

基于上述案例可以看出,为区分互殴与正当防卫,司法实务中形成了一些既有的认定路径,其中不乏出现一些问题:一是将"互殴"作为一个描述性概念进行事实认定,只要双方发生了打斗,就直接纳入"互殴"中;二是根据行为造成的损害后果来认定,只要双方打斗过程中产生了轻伤后果,视为必然存在互殴的主观故意;三是以主观上存在伤害故意来否定防卫意图;四是将行为人先行退避作为正当防卫的成立条件。

三、互殴与正当防卫认定偏差的成因

正当防卫与互殴在司法实务中的认定问题由来已久。即便以对正当防卫进行立法修正的方式来解决司法偏差，这种努力也并未收到预想实效。为何立法与司法之间会存在如此重大的分歧？苏力教授曾指出，中国基层法院的法官具有很强的实用理性的倾向，是结果导向的，而不是原则导向的，是个案导向的，而不是规则导向的，是实质理性的，而不是形式理性的；在处理司法问题时，法官主要关注的是如何解决好纠纷，而不是如何执行已有的法律法规。① 据此，立法中将正当防卫作为对行为法与不法进行评价；司法中则是通过对合法性进行评价，以实现纠纷解决的首要功能。

具体到司法实务中，一方面，无论是造成重伤死亡后果的伤害案件，还是日常纠纷引起的轻伤害案件，由于"因果报应"心理已有深厚的民众认同的基础，司法机关通常都会受到来自被害人及其家属的压力。另一方面，在因日常纠纷引发的轻伤害案件中，不法与合法对立不明显，"公说公有理，婆说婆有理"，加上司法机关还承载着"维稳""社会治理"的政治任务，不得不将当事人的服判作为个案处理的重要考量。除此以外，还有更为现实的原因：对于侦查机关而言，由日常纠纷引发的轻伤害案件往往破案难度不大，但在案多人少的压力下，将相互打斗的二人认定为互殴无疑是最经济、高效的方式，而且就表述形式上而言双方也均能接受。至于移送至审查起诉、起诉阶段后，由于案件的准确定性依赖于事实查明，一旦与定性相关的事实细节有所缺漏，也就难以动摇既有的"互殴"定性。

基于上述种种原因，对于因日常纠纷引发的轻伤害案件，司法机关一般从广义的角度去把握互殴，并采取"各打五十大板"的方法，通过认定互殴，让行为人对结果来负责，以安抚被害人一方；通过认定被害人存在过错、达成和解等情节，为被告人从轻或减轻刑罚。而具体到是否符合正当防卫的论证过程中时，行为先后、损害结果、是否躲避等标准也就顺理成章地成为个案化的处理技巧。

四、轻伤害案件中互殴与正当防卫的关系反思

轻伤害案件中互殴与正当防卫在认定上存在的问题，本质上需要司法机关从纠纷解决的定位中跳出来，进一步关注对行为进行法与不法的评价，真正实现"法不能向不法让步"。同时，实务中也尚需形成新的认定路径，以明晰二者之间的关系。

首先，虽然正当防卫的构成要件已经在立法上明确，而互殴到底应当如何界定，互殴的构成要件是什么，理论上尚且没有定论。通过案例可以看出，互殴与正当防卫客观上均表现为互相伤害行为。至于互殴的主观要件，有必要对伤害故意、防卫意图、斗殴意图进行区分。具体而言，有伤害故意的同时仍可能有防卫意图，但具有斗殴意图时一定不具有防卫意图。据此，作为与正当防卫相互排斥的互殴，

---

① 苏力：《送法下乡》，中国政法大学出版社2000年版，第181-191页。

其概念可以认定为：客观上的互相伤害行为加上主观的伤害故意和斗殴意图①。其中，斗殴意图指一种主动挑起斗殴、积极参与斗殴的心理态度，对不法侵害起到推动、促进的作用。在实务中，不能仅因没有躲避或报警，或准备了防卫工具等被动性行为就恣意推测。更应当结合挑拨语言与实际行为的连贯程度、反击行为的主动性等方面综合考量。且斗殴意图形成后，可能因情势变化而终止，因此还需要注意该意图是否贯穿了整个打斗过程。

其次，在明确了互殴概念的基础上，我们认为，对案件事实应作整体判断，即分清前因后果和是非曲直，避免将互殴变成一个描述性词语。不能只要是案件中存在互相打斗行为，就一概描述为互殴；当事人的行为具有防卫性质的，应当依法作出认定，避免"唯结果论"；也不能因矛盾暂时没有化解等因素而不去认定或不敢认定。这其实对侦查机关的办案质量提出了更高的要求，需要从侦查阶段起就对事件起因、双方语言、攻守力量对比、具体经过等进行全面取证，为后续的定性分析打下基础。

再次，对于被害人有无过错与是否正在进行不法侵害，应当通过细节的审查、补查，作出准确的区分和认定。我们认为，"不法侵害"主要指不合法地危害他人人身、财产以及其他合法权益的行为。因此，不法侵害的强度并非正当防卫的前提条件，"不得已"只能作为正当防卫限度的考量标准。对于为制止不法侵害的正当防卫行为而言，不必以不法侵害达到相当的严重性为前提，也不必已经造成了实害，更无须已经达到犯罪程度才能实施。一旦不法侵害已经着手，即便其程度相当轻微，行为人也有权采取相应的制止措施即防卫行为。在不法侵害正在进行的前提下，再行考虑行为人能否认识到不法侵害的存在、能否认识到某种合法权益受到正在进行的不法侵害的危害。例如，在宁某故意伤害案中，被害人实施了推倒的不法侵害行为之后，宁某采取的警告或轻微对抗性动作视为合法。此时，需要再考察对方侵害行为是否表现出持续性、强烈性的特点，以及双方动作升级、力量对比的情况，以便确定宁某究竟是认识到自己受到了不法侵害而防卫，还是纯粹加入打斗的故意。

最后，无论是司法机关定位的调整，或是互殴概念的限缩，都只是为了使正当防卫能得以正确适用，并不意味着将正当防卫的理念进行扩大化。从本质上来看，正当防卫是个人权利与国家权力关系嬗变的一个缩影②，也是正义、秩序两大价值之间平衡的产物。因此，对于因日常纠纷引发的轻伤害案件，涉及防卫性质争议的，应当坚持依法、审慎原则，准确区分互殴与正当防卫，从而引导公民理性平和解决争端。同时也要防止行为人滥用主张正当防卫的权利，以免拖延诉讼，徒增诉累。

---

① 邹兵建：《互殴概念的反思与重构》，载《法学评论》2018年第3期。
② 杨毅伟：《自我防卫与相互斗殴的刑事司法判例研究》，载《西南政法大学学报》2012年第6期。

正当防卫不法侵害始点问题研究

周光营*

一、问题的提出

根据我国《刑法》第 20 条的规定，正当防卫是指为了使国家、社会公共利益、本人或他人的人身、财产和其他权利免受正在进行的不法侵害，而采取的制止不法侵害的行为，对不法侵害人造成损害的，属于正当防卫，不负刑事责任。正当防卫与紧急避险、自助行为皆为权利的自力救济方式。正当防卫在学理中被视为一种权利保障的紧急防卫权，当防卫人受到不法侵害，且无法立即获得公力救济和保护时，为免权利遭受损害，法律所赋予防卫人的一种自救权利。正当防卫者主要通过杀人、伤害或其他强制手段阻止侵害人正在进行的不法侵害，虽然看似符合刑法规范而齐备了所有犯罪构成要件，但其目的是保护正当合法权益，本质上不具有社会危害性，因而不是犯罪。正当防卫权利的设定，根源于人类自然法正义的要求，当一个人面对正在进行的不法侵害之时，无法期待和要求其只是消极挨打或等待公力救助而不加反击，因此，正当防卫权为人类社会自然理性所容许。

从刑事立法层面来看，我国对于正当防卫的态度有一个从严到宽松的转变。在 1979 年刑法中，对正当防卫的规定是，为了使公共利益、本人或者他人的人身和其他权利免受正在进行的不法侵害，而采取的正当防卫行为，不负刑事责任。正当防卫超过必要限度造成不应有的危害的，应当负刑事责任，但是应当酌情减轻或者免除处罚。至 1997 年刑法修改为：为了使国家、公共利益、本人或者他人的人身、财产和其他权利免受正在进行的不法侵害，而采取的制止不法侵害的行为，对不法侵害人造成损害的，属于正当防卫，不负刑事责任。正当防卫明显超过必要限度造成重大损害的，应当负刑事责任，但是应当减轻或者免除处罚。对正在进行行凶、杀人、抢劫、强奸、绑架以及其他严重危及人身安全的暴力犯罪，采取防卫行为，造成不法侵害人伤亡的，不属于防卫过当，不负刑事责任。比较 1979 年刑法和 1997 年刑法关于正当防卫制度的规定，可以发现：1997 年刑法扩大了正当防卫的法益范围，成立条件和防卫限度也更加宽松，具体表现在：一是将造成"不应有的危害"改为"重大损害"；二是将"超过必要限度"改为"明显超过必要限度"；三是增加特殊防卫条款，对严重危及人身安全的不法侵害可以实施无限防卫。可以说，这样的转变，既体现了立法者对于正当防卫权利的鼓励态度，也暗含着对正当防卫权利沉睡的担忧。然而，囿于多方面原因，立法上的宽松态度未能传导至司法层面，立法意图未能在司法层面得到很好的贯彻和执行。

---

* 华东政法大学博士研究生、江苏省盐城市中级人民法院法官助理。

法不能向不法让步。① 尽管我国刑法明确规定正当防卫的构成要件，但长期以来，正当防卫制度在我国司法实践中的应用不甚理想。此前，有媒体统计了各级法院的226份判决书，其中绝大部分被判为不构成正当防卫或防卫过当，认定正当防卫的仅为6%。② 造成我国正当防卫规定沦为"僵尸条款"的原因是多方面的。涉及正当防卫的案件往往具有重大的社会影响，在权利意识不断觉醒的当下，民众对此有着极强的代入感，期待从这类案件的判决中找到对公平、正义这类朴素价值观的认同感。然而，在司法实践中正当防卫的司法适用率却极低，一方面，是因为涉及人身损害的案件，认定为正当防卫往往要背负极大的社会压力。另一方面，从司法层面来看，目前我国刑法中关于正当防卫的内容比较单薄，不够明确，司法实务中存在顾虑和担心。长期以来，理论界对于正当防卫制度的重视程度不够，理论研究不够深入和丰富，未能为司法者提供充足的理论成果和智力支持。

正当防卫毕竟是通过侵害他人权益的方式实施防卫行为，所以对其须设置严格的条件限制。我国《刑法》第20条明确规定，正当防卫包括特殊防卫，针对的不法侵害必须是正在进行，这被称为正当防卫的时间条件。一般认为，正在进行是指不法侵害或攻击已经迫在眉睫、已经开始或正在继续但尚未结束的这段时期。因为如果侵害尚未开始，则个人利益尚未受到侵害的现实性，那么这种对于未来侵害的预防措施系公力范畴，个人并无以攻击或侵害他人权益方式预防犯罪的合法权限，也不符合法秩序的要求，所以并非是正当防卫的范畴。而如果侵害已经结束，意味着个人利益损害已为既成事实，无法通过防卫手段施以挽救，那么防卫便无意义，此时的防卫已然具有报复的性质。

对于不法侵害的时间问题，目前尚没有明确而有说服力的学说观点。有学者做过调研，正当防卫案件被错误定性为犯罪主要有两种情形：行为的防卫性质被否定及承认行为的防卫性但防卫过当。③ 而防卫性质的认定主要依据正当防卫的条件来判断，包括防卫起因、对象、时间、意图。其中，对不法侵害正在进行状态的判断，直接关系到正当防卫能否成立。有学者通过司法大数据研究发现，在正当防卫案件中，以不符合时间条件否定正当防卫成立的案件占研究样本总量的20.3%，④ 足以显示对不法侵害正在进行状态判断标准研究的必要性和迫切性。而在不法侵害时间节点的认定上，尤以开始时点争议最激烈。深入研究不法侵害的时间问题，准确界定不法侵害的开始时点，对于正当防卫的司法适用具有重要意义。

二、始点之经验判断与法律判断的澄清

要求不法侵害所处的"正在进行"状态的判断，究竟是一个事实的概念，仅需一般生活经验法则即可判断，还是一个法律概念，需依照法律解释的要求和规则进

---

① 出自2019年3月12日最高人民检察院检察长张军向全国人大所作的工作报告。
② https://baijiahao.baidu.com/s?id=1627813183369155636&wfr=spider&for=pc，最后访问时间：2019年4月26日。
③ 邹兵建：《正当防卫中明显超过必要限度的法教义学研究》，载《法学》2018年第11期。
④ 董璞玉：《正当防卫司法认定之大数据报告》，载《月旦裁判时报》2019年第79卷，第112-123页。

行分析认定，至今争论颇多，仍未确定明确的判断标准。多数观点认为，正在进行应当以具体行为和客观情况作为判断基准，包括马上发生的直接情况，或是业已发生、存在且尚在持续中的现象。也有学者探索从法律判断视角探索认定正在进行的判断路径。遗憾的是，当前对于正在进行概念的探索，并未彻底厘清与揭开面纱。一般生活经验法则虽呈现出一定程度的类稳定性，但其毕竟是模糊的社会经验的笼统集合，只能是相对地、大概地轮廓性判断，其本质上的游移性与易受干扰性不能为不法侵害的正在进行状态提供一个明确的认定标准，也就无法实现事实层面中判断的固定标准目的，那么基于经验法则的判断势必无法排除恣意的危险。鉴于事实层面的判断存在潜在的风险，那么从法律规范的角度去探索标准的设立，不失为一条可取之路。当前学理上倾向于从不法行为的判断标准来进行正在进行概念的解释，以行为的着手作为刑事不法行为的认定标准，然对于着手概念的界定，理论界亦未有权威统一的观点，导致以着手概念确定正在进行始点时，仍难以避免模糊的灰色地带。

正当防卫针对的是不法侵害，且必须是正在进行的不法侵害，正在进行意即防卫应当发生在从开始后到结束前的时点范围内，不法侵害开始前，或是结束后，均不能视为正在进行。不法侵害作为正当防卫成立的重要要件，本身系一个法律概念，对其认定和判断应以法的观点进行。作为不法侵害的时间定语"正在进行"的判断，如何判断不法侵害发生，怎样确定其是否已经结束，依法的判断原则处理也是应有之义。刑事解释学认为行为即实行的过程，而刑法对行为的评价范围，也只能及于从行为开始到行为终了的过程，超出此范围的行为，基本不能谓之不法行为。因此，作为正当防卫前提的不法侵害，其开始和结束应当在开始实施与行为终了之间的范围。开始前的反击，即事前防卫；行为终了后的侵害，则属新不法侵害，与原来的不法侵害不能等同；行为终了后的防卫，则属事后防卫，非正当防卫。有鉴于此，对于不法侵害"正在进行"的认定，应当在行为开始与行为终了的范围内，从法律规范理论进行界定。

三、不法侵害始点判断的一般原则

刑法不惩罚"想法"犯。一般认为，只有行为已达实施阶段，才会出现刑法评价的可能和空间，进而不法评价的问题才会存在，这不但是对不法行为认定的要求，也为正当防卫前提——不法侵害的认定限制。在行为实施前，刑法不应评价，否则有悖于罪刑法定原则的内在要求。罪刑法定原则除要求法律对于行为在实行时的存在，还强调法律对行为开始评价的基准点，意即行为何时落入刑法规范评价范围中，这就要求一个明确的认定基准存在，而该基准便落入了行为开始实行的标志——着手的概念之中。罪刑法定原则的基础是法律明文规定，然抽象的法律规定应用到具体的社会生活，必然产生理解和适用的对接问题，不免有任意适用的危险。刑法中的着手概念，也是一个抽象的概念，以着手作为不法侵害的始点认定，也存在不安性。倘若可以将着手概念明确，则对于不法侵害的始点判断，不失为合理的判断基准。

着手，一般理解为犯罪行为实行的开始，对于开始的认定标准。理论界存在不同的观点，主要包括客观理论、主观理论以及主客观混合理论，客观理论又分为形式客观理论和事实客观理论。客观理论认为，着手的标准，须置于客观事实的范围内，行为之实行，若从客观即可认定已经与构成要件产生必要的联系，或对法益形成直接危险时，即为实行的开始。主观理论则认为，着手应以行为人的主观意思为标准，行为人之犯意及其犯罪计划开始付诸实施，即可视为着手。混合理论则综合了前两种观点，主张行为人依其对于行为的认识，而实行的实现构成要件的行为，即着手。上述观点对于着手标准的认定，具有一定的参考意义。然其无论是从基本事实出发，还是从行为人主观考察所提出的标准出发，本质上仍是一个判断的范围，并未提出一个明确界定的时点标准，尤其在需要明确判断行为是否进入不法状态时，无法提供准确的参照。

行为可以看作一个动态的过程，从开始实行到行为终了，是一个逐步发展的阶段。正当防卫中不法侵害的"正在进行"，限定了防卫行为发生的时点必须居于实行开始与行为终了之间。所以，正在进行所修饰的乃是不法侵害行为，意即行为的正在进行。既然对不法侵害的判断应当从法律规范出发，那么对不法侵害状态的判断亦应通过法律规定加以考察，而不法行为的正在进行状态，必然是自着手点开始产生，而着手点具体到犯罪构成来看，应当是构成要件中行为要素的开始。因为刑法中着手的概念，本身即针对行为而言，故而在着手点的讨论中，不能笼统地将全部构成要件的基本事实作为判断的基准，因为构成要件的要素中除行为要素外还有其他要素，而其他要素的实行或实现，并不能成为构成要件行为之着手。犯罪构成要件是对行为进行评价的刑法规范，其内容中必然包含行为要素的存在，而且该要素不但是构成要件的核心要素，还是决定犯罪分类的基本要素。着手行为是实行的开始，作为判断不法侵害开始的起点，必须坚持行为要素的核心地位，其他构成要件要素仅伴随行为要素而存在，不能独立于行为要素之外，没有行为要素存在，则不会产生刑法的评价，刑罚更是无从谈起。在这个意义上，行为要素可以视为刑法评价的起点，而刑法评价又需建立在行为要素的认定之上，因此，着手的认定，应当以行为是否开始实现构成要件的行为要素为判断标准。抓住行为要素这个核心，也就准确理解了着手的本质特征。例如，盗窃罪的核心要素是窃取，如何判断其行为要素是否开始？考察盗窃罪的整个过程，可以将行为分为接触、拿起、隐藏、带离等不同阶段，其盗窃行为的着手，自然是盗窃行为对客体的接触。所以，着手应当是实现构成要件核心要素的开始。

上述论断主要围绕单一客体行为要素进行，但对于复杂客体的情形同样适用。对于构成要件中具有两个以上行为要素的犯罪类型，其不同的行为要素之间存在内在关联性，即前行为要素一般是后行为要素的手段要素，而后行为要素必然是犯罪的目的要素，如抢劫罪，其包含两个行为要素，人身强制的行为要素和取走财物的行为要素，前者是后者的手段要素，后者是前者或者本罪的目的要素，对于这种复杂行为要素的行为着手的认定，应当依据行为要素中的手段要素。

四、犯罪预备行为之不法侵害始点的判断

以着手作为不法侵害的开始，具有较强的可操作性，能够提供明确的司法指引，且能覆盖大部分情形。然而，在一些特殊情形中，如果继续固守该判断标准，则会导致正当防卫的虚置。例如，甲携带手枪欲杀乙，按照着手的开始判断标准，甲举枪瞄向乙的时候，才达到着手的程度，而此时，乙除了被动躲避子弹射击别无选择，正当防卫更是毫无可能性；若甲只是携带手枪走向乙，或是准备伸手欲掏出在口袋里的手枪，均是杀人的预备行为，尚未达到着手程度，不能行使正当防卫权。那么，对于处在预备阶段的行为，可否实施正当防卫？

对于这种情形，主要有三种观点。有学者提出预备行为的最后阶段性标准，还有学者认为，以防卫是否有效为标准，如果再迟就无法防卫或者防卫起来更加困难，则应当认定具备了防卫的时间条件。陈兴良教授认为，只要发现对方具有侵害的现实可能性，就可以对之实施防卫。例如，对持枪的不法侵害，只要发现对方有举枪射击的迹象就可以实行防卫；对持刀的不法侵害，只要发现对方逼近自己就可以实行防卫。①

笔者认为，处在预备阶段的行为，因其尚未实施犯罪构成的实行行为，无法用"着手"标准进行判断，而是要从正当防卫制度本身寻求思考路径。就系统解释而言，一方面，成立正当防卫的前提就是须有不法侵害的存在。在论证上述问题时，需要先回应，能否将处在预备阶段的行为认定为不法侵害？笔者持肯定观点。第一，预备行为具有侵害法益的可能性。一般认为，不法侵害是指犯罪行为或其他违法行为侵犯法益的行为。作为正当防卫的条件，不法侵害并不仅仅是犯罪行为，对可能造成法益侵害的其他违法行为，也可以成为正当防卫中的不法侵害。而预备行为，是为犯罪准备工具、制造条件的行为，其处在犯罪中犯罪决意与着手实行犯罪之间的一个阶段。行为人在此阶段上，主观方面具有犯罪的直接故意，即明知其预备行为是为侵害某种客体制造条件，并希望以此保证犯罪的既遂；客观方面表现为为实施犯罪而准备工具、制造条件。所以，预备行为具有社会危害性。第二，我国《刑法》第20条对犯罪预备进行了规定和处罚。这说明刑法将预备行为视为不法行为，且应当予以刑法规制。相较于其他部门法而言，刑法以其强制力和威慑力成为法正义的最后一道屏障，其所规定的，一般是社会危害较大的、性质较为严重的、应当受到刑事惩罚的行为。对其他有可能造成法益侵害的违法行为都可以为不法侵害所包容，被刑法划入可罚性范围内的预备阶段行为，根据举轻以明重的规则，自然也应当属于不法侵害的范畴。

另一方面，作为正当防卫的条件之一的不法侵害，还有时间要求，即必须处在"正在进行"状态。正在进行是指不法侵害已经开始并且尚未结束的这段时期，即实施正当防卫主要针对的是具有紧迫性的不法侵害。此即正当防卫的时间条件。对

---

① 陈兴良：《正当防卫如何才能避免沦为僵尸条款——以于欢故意伤害案一审判决为例的刑法教义学分析》，载《法学家》2017年第5期。

不具有紧迫性的不法侵害，不能实施正当防卫。紧迫，一般用来形容事物的紧急迫切状态，也指没有缓冲的余地、时间少或没有时间。不法侵害的紧迫性，一般认为，是指侵害已经迫在眼前，不立即进行防卫，则会有遭受侵害之虞。已经进入实行阶段的不法侵害，在其着手的时点，即认为该不法侵害具有对法益侵害的紧迫性，满足正当防卫的时间条件。而对于预备阶段的行为，则要考察其对法益造成的危险是否迫在眼前，若此时不予防卫则无法避免其侵害结果发生或导致防卫再无可能，则该预备行为即具备了现实的紧迫性，自然属于正在进行的不法侵害，可以对其实施正当防卫。虽然存在预备行为的最后阶段说、防卫有效说等不同观点，但其背后所体现的法理均是相通的。如此界定，在将不具有紧迫性的犯罪预备行为排除在外的同时，提供了一个比较客观的判断标准，能够实现在防卫者利益保护与避免侵害者之利益遭受过度伤害之间做出平衡的目的。

五、结语

正当防卫是自然法正义的要求，是法律赋予公民在公力救济不足时的自力救济权利。法不能向不法让步。对于公民的正当防卫行为，应该依法支持和保护。错误理解不法侵害，尤其是对不法侵害开始时点的认识存在误区，导致相当一部分正当防卫行为被错误地否定。准确认识和把握正当防卫的条件与要求，可以增强司法机关的自信和担当，改变实务上正当防卫成立过于艰难的局面，实现司法偏差纠正的效果，正确贯彻立法意图和法律目的，切实鼓励公民依法行使正当防卫权，使正义"不委屈也可以求全"①。

---

① 陈章：《认定正当防卫还必须顾及客观归责法理》，载《检察日报》2017年11月7日第3版。

正当防卫中"不法侵害"的范围探析

马路瑶*

正当防卫行为的实施前提是存在正在进行的不法侵害,实施目的是对该不法侵害予以制止,实施后果则是虽然对不法侵害人造成了损害却不需要承担刑事责任。然而,《刑法》第20条第1款的规定却存在极大的适用难题:由于"不法侵害"这一概念过于抽象,如果对其外延范围的理解不当,则极易导致对防卫行为的性质认定产生严重偏差。为此,笔者尝试对正当防卫中"不法侵害"的范围进行探讨,以期为司法实践中正当防卫的认定提供理论指导。

一、不法侵害的"不法性"

"正当防卫的正当性乃是因为攻击者本身制造了一个危险情境,而此种情境不只是对外表现出侵夺他人的利益(防卫者或第三人),同时也是对于法效力的质疑。"[1] 正当防卫在本质上是一种合理限度内"正"对"不正"的行为,其所针对和制止的行为具有不法性,是正当防卫得以成立的基础性条件。然而,对于何为"不法",理论上却一直以来存在以下不同的理解。

第一种观点是"犯罪行为说",论者基于正当防卫行为杀伤侵害者本人来制止危害发生的极其严厉性,认为正当防卫所针对的不法侵害只能是危害最大的被统治阶级宣布为犯罪的侵害行为。[2] 第二种观点是"有限的违法犯罪行为说",认为不法侵害既包括犯罪行为,也包括其他一般违法行为,但又不是泛指一切违法犯罪行为,而应当根据违法犯罪行为本身的特性、正当防卫能否减轻或避免法益侵害结果、不法侵害的程度和实施主体等因素判断正当防卫是否具有必要性。[3] 第三种观点是"违法行为说",认为不法侵害是指"对受国家法律保护的国家、公民一切合法权益的违法侵害"[4]。

以上三种观点的分歧,主要在于对正当防卫与不法侵害手段对等性以及对国家对待公民使用防卫权的态度等问题的理解不同。在手段相当性方面,"有限的违法犯罪行为说"认为,因为正当防卫具有积极进攻性和暴力性,所以其所对抗的不法侵害应该也应具有积极进攻性、暴力性和较大的破坏性;[5] "犯罪行为说"则基于杀伤不法侵害实施者行为的严厉性,认为如果不将不法侵害限定在犯罪行为的范围

---

* 浙江大学光华法学院博士研究生。
① 古承宗:《正当防卫之"为达(防卫)目的所需"要件》,载《月旦法学教室》2018年第190期。
② 参见章戈:《论正当防卫》,载《江海学刊》1983年第5期。
③ 参见张明楷:《刑法学》,法律出版社2016年版,第198页。
④ 郎胜主编:《中华人民共和国刑法释义》,法律出版社2015年版,第22页。
⑤ 参见苏惠渔主编:《刑法学》,中国政法大学出版社1999年版,第178页。

内，则会造成打击面过大、激化人民内部矛盾等不应有的损害。① 换言之，前者对手段相当性的理解，是以正当防卫的通常形式倒推不法侵害的特征，认为不法侵害应当与正当防卫行为具有相似性，从而得出不法侵害应该限定于暴力犯罪和尚未构成犯罪的暴力性违法行为；后者对手段相当性的理解，则是基于刑法中正当防卫行为在外观上满足犯罪的构成要件符合性，而得出其所针对和制止的不法侵害行为也应当限于与之相对等的犯罪行为，而不应包括相较于犯罪行为而言危害性程度更低的一般违法行为。关于国家对待公民使用防卫权的态度，"有限的违法犯罪行为说"一方面肯定了不法侵害中的"不法"等同于违法、非法，即对所有法律法规所建立的法律秩序的违反；另一方面又认为因刑法不鼓励公民动辄使用防卫权，而将正当防卫所针对的不法侵害限定于具有人身危险性、进攻性、紧迫性的不法侵害。② 由此可见，对于刑法对待公民行使防卫权的态度理解之差异，会直接影响对正当防卫中不法侵害范围划定的宽窄。"违法行为说"则更加强调刑法规定正当防卫在培养广大公民互助互爱、见义勇为的社会道德风尚中的作用，认为人民群众是与违法犯罪行为作斗争最基本的力量，正当防卫制度可以鼓励公民为本人甚至国家、公共利益及他人合法权益进行防卫。③

笔者认为，正当防卫中不法侵害的不法性，是指对整体的法秩序具有破坏性的行为，不仅包括具有刑事违法性的犯罪行为，也包括具有民事违法性或行政违法性的其他违法行为。但是，为了防止私力救济的过度行使，应当对这些违法犯罪行为的范围进行一定的限缩。从《刑法》第20条的表述来看，正当防卫所针对和制止的行为是不法侵害，而非犯罪，从而为不法侵害的范围不限于犯罪提供了合理成立的空间。关于犯罪的概念，《刑法》第13条对犯罪进行定义时体现了犯罪的形式和实质的双重属性，即只有形式上依照法律应当受刑罚处罚、实质上具有社会危害性的行为才是犯罪。由《宪法》第62条、第67条和《立法法》第8条、第9条可知，只有由全国人大制定和修改、全国人大常委会在特定条件下补充和修改的刑法（包括刑法典、单行刑法等形式）才能规定犯罪与刑罚，既表明了国家基于刑罚的严厉性而在立法层面对刑罚权的慎重，也表明了只有形式上违反刑法规定并且应受刑罚处罚的行为才能构成犯罪，仅违反其他的法律、法规、规章、合同等具有行政违法性、民事违法性的行为不是犯罪。立法将正当防卫的起因和制止对象的侵害的性质表述为"不法"，意味着侵害行为不仅包含刑事不法行为（犯罪），还包含行政不法行为和民事不法行为，是对不同领域、不同位阶的法所构建起的法律体系的违反，而非仅仅对刑法的违反。"在正当防卫的场合，不法侵害人违反行为规范危及他人合法权益，向社会共同体宣示了其拒绝认同、参与法秩序的态度，使得国民对于行为规范之有效性的信赖产生动摇，从而损害了法秩序规制国民行为的现实效力。"④

---

① 参见周国均、刘根菊：《正当防卫的理论与实践》，中国政法大学出版社1988年版，第35页。
② 参见刘艳红主编：《刑法学（上）》，北京大学出版社2016年版，第190页。
③ 参见高铭暄、马克昌主编：《刑法学》，北京大学出版社、高等教育出版社2016年版，第132页。
④ 王钢：《法秩序维护说之思辨——兼论正当防卫的正当性依据》，载《比较法研究》2018年第6期。

第三编　正当防卫制度的适用与完善

　　在此前提下，应从手段相当性的角度进一步论证不法侵害包含犯罪以外的违法行为。一方面，手段相当性不等于同态复仇，而是强调在性质、手段、强度以及造成的损害等方面，防卫行为与不法侵害相比不能过于悬殊。① 制止不法侵害人实施不法侵害行为的一种重要方式是对其进行肢体性的反击，使其无法继续侵害法益，或者当场恢复被侵害的法益。如果要求防卫行为与不法侵害具有同态性，则意味着对没有侵害人身法益或者没有侵害人身法益危险的不法侵害行为，不能以暴力手段进行正当防卫，这将导致公民在面对复杂多样的不法侵害时，无法有效保护具有抽象性的其他合法权益，甚至连对盗窃这种传统的违法犯罪行为都没有正当防卫的空间。这显然与正当防卫条款设置的初衷相违背。另一方面，从《刑法》第20条第2款对防卫过当的描述来看，如果防卫行为没有明显超过必要限度造成重大损害，则不属于防卫过当而应成立正当防卫。换言之，并非防卫行为与不法侵害必须具有严格意义上的损害对等性才能成立正当防卫。正当防卫是具有犯罪构成要件符合性的行为之违法性阻却事由，所以只有防卫行为本身具有犯罪行为的外观时，才需要讨论是否构成刑法上的正当防卫。当正当防卫行为刚达到满足某一犯罪的构成要件符合性条件时，防卫行为本身的严厉性程度并不高，如果其损害不法侵害者法益的程度超过了不法侵害所造成的损害程度，那么不法侵害的社会危害性程度将低于应当入罪的标准，因此正当防卫中的不法侵害必然包括尚未构成犯罪的其他违法行为。概言之，从正当防卫行为应当与不法侵害具有手段相当性的角度来看，不法侵害应包括犯罪行为和一般违法行为，且不以具有人身危险性、积极进攻性和暴力性为必要。

　　从刑法对待公民行使防卫权的态度的角度来看，正当防卫中的不法侵害则应当在犯罪行为和其他违法行为的范围内进行一定的限缩。人类社会的发展进入由国家保障成员共同利益的时代，便意味着以自力救济为主的权利救济方式的终结，意味着公民的防卫权不会得到无限度的扩张。"如同每一个社会一样，国家是一个由追求共同目的的人群组成的联合体，其法制应当确保联合体共同目的的实现"②，而这个共同目标便是让自由不再朝不保夕而空有其名。在国家统一行使刑罚权的社会发展模式下，公民以私力救济的方式保障自己的自由不受侵犯的空间必然不能无限扩张，只能限制在国家难以及时有效保护公民合法权益的情形之下。例如，普通的债务不履行在民事领域是违法的，但是国家为此设计了纠纷解决制度，那么私下的实力行使则不再被允许。③《刑法》第238条第3款即验证了这一观点的合理性，如果行为人为了索取债务而非法扣押、拘禁他人，构成非法拘禁罪，而不成立正当防卫。事实上，如果将正当防卫中不法侵害的范围理解为所有的违法犯罪行为，一方面，可能会导致私力救济成为解决纠纷、制止不法侵害的最主要形式，甚至会导致公民以行使防卫权之名随意侵害他人的权利和自由；另一方面，又将导致国家急于

---

　　① 参见田宏杰：《刑法中的正当化行为》，中国检察出版社2004年版，第244页。
　　② ［德］李斯特：《德国刑法教科书》，［德］施密特修订，徐久生译，何秉松校订，法律出版社2006年版，第6页。
　　③ 参见［日］山口厚：《刑法总论》，付立庆译，中国人民大学出版社2011年版，第118页。

履行保护公民的权利和自由的职责，让国家存在的正当性基础受到挑战。

二、不法侵害的"侵害性"

正当防卫中的侵害，是指"对于'他人的权利'（法益）带来侵害的危险"①。最传统的侵害方式是以暴力方式对他人的人身权或财产权造成损害或带来损害的紧迫危险，然而不法侵害的对象却不限于人的生命、身体、健康以及财物等，那么仅将侵害的形式限定为能够产生物质性侵害的暴力手段，则不具有周延性。

不法侵害所造成或者可能造成的损害不以具有物理性为必要。有学者提出"不法侵害必须是客观上会给社会带来物质危害结果的行为"②。然而，这一观点事实上偏离了我国刑法的立法规定。1979年《刑法》第17条第1款中所规定的正当防卫中不法侵害所指向的是"公共利益、本人或者他人的人身和其他权利"；1997年《刑法》第20条第1款中规定的不法侵害所指向的是"国家、公共利益、本人或者他人的人身、财产和其他权利"。无论是在修订前还是在修订后的刑法中，不法侵害所指向的均非仅限于物质性利益。

一方面，国家利益和公共利益往往较为抽象，对其进行的不法侵害很多情况下并没有物理性损害结果。如果将不法侵害所针对的国家利益和公共利益局限于能够受到物理性损害的一部分，无异于将不法侵害范围限缩在有具体的自然人或单位作为被害人的不法侵害。换言之，如果进行了这样的限缩解释，其他更多的以国家和社会作为直接被害人而损害安全、秩序等抽象性利益的不法侵害则被排除在外，显然这不能准确地体现条文的全部内涵。在张明楷教授看来，"如果对公法益的侵害同时侵害了个人法益时，是允许进行正当防卫的"，但是对于没有同时侵害个人法益的行为，"在国家机关能够及时有效保护公法益的情况下，公民没有必要也不应当进行防卫"③。在我国刑法正当防卫制度的语境下，将不法侵害所针对的法益作出上述公法益与个人法益的区分，力图缩小针对侵害公法益的不法行为成立正当防卫的空间，是一种脱离了法律条文的天马行空式的讨论。事实上，我国刑法对于正当防卫立法内容的修改，体现了立法对于人身权利以外的其他权利和利益保护的加强。1979年《刑法》在正当防卫条款中所规定的不法侵害指向的法益为"公共利益、本人或者他人的人身和其他权利"。为了克服实践中出现的只重视对人身权利的保护而忽视对其他权利的保护，以及正视国家利益和公共利益的差异，1997年《刑法》在自然人权利方面增加了"财产权利"，在公共利益以外补充了"国家利益"，使正当防卫的保护范围更加明确而全面。④ 从上述立法沿革可以看出，立法者正是在努力纠正因之前规定不明确、不周延所导致的司法中出现的偏差，使正当防卫所制止的不再事实上限于具有物理性的人身损害，并且相较于公共利益而言更

---

① ［日］山口厚：《刑法总论》，付立庆译，中国人民大学出版社2011年版，第115页。
② 姚辉、王志军：《试论正当防卫中的不法侵害》，载《法学杂志》1986年第1期。
③ 张明楷：《刑法学》，法律出版社2016年版，第200页。
④ 参见高铭暄：《中华人民共和国刑法的孕育诞生和发展完善》，北京大学出版社2012年版，第196页。

为抽象化的国家利益也被明确规定为不法侵害的对象,这便进一步证明了正当防卫中的不法侵害不以造成或可能造成物理性损害为必要。

另一方面,作为正当防卫中不法侵害所最常见的行为对象,人身权利受到或可能受到的损害也不以具有物理性为必要。人身权是民事主体基于人格或者身份而依法享有的,以人身关系(包括人格关系和身份关系)中所体现的人格利益或者身份利益为内容的民事权利。① 根据《民法总则》第 109 条至第 112 条的规定,自然人享有人身自由、人格尊严、生命权、身体权、健康权、姓名权、肖像权、名誉权、隐私权、婚姻自主权和个人信息安全等一般人格权和具体人格权,享有荣誉权以及因婚姻、家庭关系等产生的人身权利等身份权。由此可见,除了生命权、身体权、健康权基于其权利客体的性质而可以遭受物理性侵害外,其他的人身权均具有抽象性,无法受到物理性侵害。

从我国刑事立法的角度来看,《刑法》对于公民的人身权利进行了全面保护,对公民的人身权利造成严重的抽象性损害的行为同样为刑法所禁止。从《刑法》分则第四章侵犯公民人身权利、民主权利罪所包含的具体罪名可以看出,受刑法保护的公民人身权利并非仅限于可以受到物理性损害的生命权、身体权和健康权,更多的只能产生抽象性损害结果的人身权利同样受到刑法的保护,因此对侵害生命权、身体权和健康权以外人身权利的不法侵害进行正当防卫,是正当防卫制度的应有之义。

从我国刑事司法实践的角度来看,相关指导案例的裁判理由体现了不法侵害包含造成非物理性损害的侵犯公民人身权利的行为。最高人民法院第 93 号指导案例"于欢故意伤害案"所援引的终审判决理由中,肯定了于欢捅刺行为的防卫性,即该行为所针对和制止的系不法侵害。该判决理由为:"案发当时杜某 2 等人对于欢、苏某持续实施着限制人身自由的非法拘禁行为,并伴有侮辱人格和对于欢推搡、拍打等行为;民警到达现场后,于欢和苏某想随民警走出接待室时,杜某 2 等人阻止二人离开,并对于欢实施推拉、围堵等行为,在于欢持刀警告时仍出言挑衅并逼近,实施正当防卫所要求的不法侵害客观存在并正在进行;于欢是在人身自由受到违法侵害、人身安全面临现实威胁的情况下持刀捅刺,且捅刺的对象都是在其警告后仍向其靠近围逼的人。"② 这一阐述旗帜鲜明地否定了本案一审判决时认定于欢的行为不具有防卫性的判决理由,即"被告人于欢持尖刀捅刺多名被害人腹部,虽然当时其人身自由权利受到限制,也遭到对方辱骂和侮辱,但对方均未有人使用工具,在派出所已经出警的情况下,被告人于欢和其母亲的生命健康权利被侵犯的现实危险性较小,不存在防卫的紧迫性,所以于欢持尖刀捅刺被害人不存在正当防卫意义的不法侵害前提"③。一审法院的判决理由显然存在自相矛盾之处:一方面,

---

① 魏振瀛主编:《民法》,北京大学出版社、高等教育出版社 2010 年版,第 616 页。
② "于欢故意伤害案二审刑事附带民事判决书",山东省高级人民法院刑事附带民事判决书【(2017)鲁刑终 151 号】。
③ "于欢故意伤害案一审刑事附带民事判决书",山东省聊城市中级人民法院刑事附带民事判决书【(2016)鲁 15 刑初 33 号】。

承认于欢在实施捅刺行为时遭受了人身自由权利受到限制、辱骂和侮辱等形式的不法侵害；另一方面，又否认上述形式的不法侵害属于正当防卫意义下的不法侵害，显然难以自圆其说。二审法院判决理由为最高人民法院指导性案例所援引，意味着公民在面临针对人格尊严、人身自由和人身安全的不法侵害，进行制止而给不法侵害者造成损害时，刑事司法实践中的主导性立场是将其定性为防卫行为。

三、不法侵害的"可制止性"

正当防卫是"制止"而非"惩罚"不法侵害的行为，这意味着"法律设计正当防卫制度的目的是遏制不法侵害的发生与发展，而非对侵害行为人实施报复或代替司法机关对其处以刑罚，这决定了我们在考虑防卫起因的时候必须要求其具备现实可防卫性，即通过防卫手段减轻或避免危害结果发生的现实可能性"①。因此，正当防卫中的不法侵害应当具有可制止性，即可以通过对不法侵害人造成一定损害的方式迫使不法侵害在当场停止，从而使正当防卫制度所保护的法益得到有效保护。

作为犯罪的不法侵害行为是造成危害结果的直接原因，所以只要对不法侵害人施行防卫行为，就可以直接防止危害结果的发生；不作为犯罪则是因为违反特定的作为义务而使事物向危险的方向发展，进而造成危害结果，因此对不作为犯罪的防卫行为并不能直接防止危害结果的发生，而需要以防卫行为迫使不法侵害者履行作为义务的方式防止危害结果的发生。② 相应地，在不法侵害的可制止性的问题上，我们应当重点关注不作为的违法犯罪行为是否具有可制止性，以及如果具有可制止性将在何种范围内具有可制止性。

对于以不作为方式实施的违法犯罪行为是否具有可制止性，有学者认为，正因为不作为犯罪的原因力具有前文所述的特殊性，因此对不作为的行为人实施正当防卫，并不能避免合法权益遭受损害，无法达到防卫之目的。③ 这一观点对于"制止"内涵的理解存在偏差，将制止限定为直接阻止危害结果的发生，虽然抓住了制止概念中的核心部分，但是却没有从规范目的出发，对介于谁都能预料到的核心部分与一般人都难以预料到可以将其内容融入该概念的周边部分之间的过渡部分进行合理解释，而是直接将间接阻止危害结果发生这一过渡部分进行了剔除，显然没有做到合理的解释。

正如"都是摧残一朵花，无论将花折断还是不给花浇水是没有差别的"，与积极的作为具有同等程度的、具有高度当罚性的不作为，同样具有实行行为性。④ 既然不作为的不法侵害与作为的不法侵害在对法秩序的破坏上具有同质性，那么制止不作为的不法侵害与作为的不法侵害应当同等地受到法律保护，而不应该将不作为的不法侵害绝对地排除在应当被制止的不法侵害范围之外。因此，将正当防卫中的

---

① 贾成宽：《论正当防卫制度中的不法侵害》，载《中国刑事法杂志》2008 年第 6 期。
② 参见沈德咏、戴长林：《完善刑事立法　强化公民的正当防卫权》，载《中国法学》1996 年第 5 期。
③ 参见姜伟：《正当防卫》，法律出版社 1988 年版，第 64 页。
④ 参见［日］前田雅英：《刑法总论讲义》，曾文科译，北京大学出版社 2017 年版，第 80 页。

不法侵害界定为"不法攻击",即"以积极的作为对每一个受法律保护的状态的危害"①,是一种没有正视两者同质性的体现。事实上,从文意解释的角度来看,间接地阻止危害结果的发生也为超出"制止"一词的语意范围。《现代汉语词典》对"制止"一词作出的解释是"强迫使停止;不允许继续(行动)"②,那么在正当防卫的语境下,制止则是指正当防卫人通过使不法侵害者受到损害的方式,强迫不法侵害者不再继续实施不法侵害行为。无论是以暴力、威胁、限制自由等手段使不法侵害者不得不放弃实施积极作为方式的不法侵害,还是通过上述手段使其不得不停止义务不履行的状态而转向积极地履行作为义务,其效果都是使其因担心自身遭受更大的损害而不得不停止违反法律规范的行为。至于是否需要借助其积极地实施某种行为才能最终实现避免法益侵害结果的发生,则并非判断能否制止的依据。概言之,以某种强力迫使不法侵害人停止积极的作为或是消极的不作为,其本质都在于强迫其停止不法侵害行为,都在"制止"的语意涵盖范围内。

不可否认的是,在不法侵害以不作为的方式实施时,防卫行为对于避免法益侵害结果发生的作用力相对较小,具有间接性,这意味着在无法通过施加强力迫使不法侵害人积极履行义务的情形下,应当否定该不作为的不法侵害的可制止性,进而排除在该情形下正当防卫成立的可能性。至于何种情形下不作为的不法侵害不具有可制止性,需要进行进一步探讨。笔者认为,应当从防卫人防卫时的角度来看,以防卫人所使用的手段有无阻止危害发生的可能性来判断不作为的不法侵害是否具有可制止性。一方面,当不作为行为实施者不具有履行作为义务的能力时,即使对其实施防卫行为,也不能达到迫使其履行作为义务而避免危害结果发生的效果,那么这种义务不履行的行为便是不具有可制止性的。另一方面,判断不作为的不法侵害是否具有可制止性,所应依据的是当时的客观状况,而非不法侵害人是否答应履行作为义务的表态。有学者就判断防卫效果的可能性,提出"如果不法侵害者明确表示,无论如何都不会实行义务行为,就不得对其实行防卫"③。这事实上是对不作为的不法侵害实施者拒绝履行作为义务定位的误解,其拒绝履行作为义务是以不作为的方式实施不法侵害行为的开始,此时才具备了对其进行正当防卫的前提。另有论者将能否防止危害结果发生的主体扩展到一般意义上的他人。④ 上述观点事实上是对作为义务主体产生了混淆,将对不作为的不法侵害的可制止性讨论,转移到对法益侵害结果能否由任意主体通过履行本属于不法侵害人的作为义务来避免,偏离了对不作为的不法侵害的可制止性问题思考的应然路径。

四、结语

在正当防卫中的不法侵害,应当具有不法性、侵害性和可制止性三个特征。首

---

① [德]李斯特:《德国刑法教科书》,[德]施密特修订,徐久生译,何秉松校订,法律出版社2006年版,第221页。
② 《现代汉语词典》,商务印书馆2005年版,第1757页。
③ 王志华:《对不作为不法侵害的正当防卫》,载《福建政法管理干部学院学报》2004年第3期。
④ 参见沈德咏、戴长林:《完善刑事立法 强化公民的正当防卫权》,载《中国法学》1996年第5期。

先，从正当防卫中体现手段相当性和刑法对待公民行使防卫权的态度两个角度出发，对不法侵害的不法性内涵进行分析，应当认为此处的不法性，是指对整体法秩序具有破坏性的行为，但是为了防止私力救济的过度行使，应当将不法侵害的范围限制在国家难以及时有效保护公民合法权益的情形之下。其次，在侵害性方面，不法侵害不以造成物理性损害为必要。由于国家利益、公共利益在大多数情况下本身具有抽象性，而且对自然人的人身权利的侵害，除了针对生命权、身体权、健康权实施会造成物理性损害结果外，针对其他人身权利的侵害所造成的损害均具有抽象性。如果将这些造成抽象性损害结果的不法侵害排除在可以进行正当防卫的范围之外，显然是对正当防卫制度中不法侵害的一种不合理的限缩解释。最后，由于正当防卫制度设置的出发点在于鼓励公民制止不法侵害而非惩罚不法侵害，正当防卫中的不法侵害应当具有可制止性。对于不作为的不法侵害是否具有可制止性以及在何种情况下具有可制止性的问题，应立足于防卫行为实施时的情境，判断防卫人是否具有通过实施防卫行为迫使不法侵害者以积极履行作为义务的方式停止不法侵害行为的可能性。

家庭暴力中受虐妇女"以暴制暴"行为的正当防卫抗辩

——以"受虐妇女综合症"为主要视角

杨 阳* 刘 科**

在受虐妇女被指控杀死施暴者的案件中，正当防卫至少有两个可能与受虐妇女发生互动的情形。第一个潜在的互动情形是受虐妇女正在面临家庭暴力侵害时对施暴者当场进行反抗，第二个潜在的互动情形是受虐妇女非面临即时的家庭暴力或家庭暴力暂时中止时对施暴者进行反抗，甚至将施暴者杀死。显然，我国刑法中的正当防卫条款能够当然适用于第一类案件。但是，实践中存在不少第二类案件，这种情形能否适用正当防卫在实践中争议很大。加拿大、美国、澳大利亚等国法律已经将"受虐妇女综合症"明确规定为一种专家证据来辅助正当防卫抗辩，从而拓宽了家庭暴力"以暴制暴"案件的合法辩护空间。本文将在对我国正当防卫和外国受虐妇女综合症进行分析的基础上，探讨第二类案件适用正当防卫的空间，以期将该理论合理地引入我国司法实践。

一、家庭暴力案件中适用正当防卫的争议点

正当防卫作为排除犯罪性行为，设立的初衷就是给予公民在一定条件下的私力救济权，将那些形式上似乎符合某种犯罪构成，而实质上不具有社会危害性和刑事违法性的行为予以法律上的正当化。①《刑法》第 20 条规定："为了使国家、公共利益、本人或者他人的人身、财产和其他权利免受正在进行的不法侵害，而采取的制止不法侵害的行为，对不法侵害人造成损害的，属于正当防卫，不负刑事责任。"最高人民法院、最高人民检察院、公安部、司法部于 2015 年 3 月 2 日公布的《关于依法办理家庭暴力犯罪案件的意见》第 19 条第 1 款规定："为了使本人或者他人的人身权利免受不法侵害，对正在进行的家庭暴力采取制止行为，只要符合刑法规定的条件，就应当依法认定为正当防卫，不负刑事责任。防卫行为造成施暴人重伤、死亡，且明显超过必要限度，属于防卫过当，应当负刑事责任，但是应当减轻或者免除处罚。"由此可以看出，法律和司法解释本都是支持对家庭暴力予以反击进行防卫的，但是，它们也往往将防卫范围限于"正在进行的家庭暴力"，否则就是故意伤害或者故意杀人，这并不能有效保护受虐妇女的人身权利。一般来说，正

---

* 北京师范大学刑事法律科学研究院硕士研究生。
** 北京师范大学刑事法律科学研究院副教授，法学博士。
① 高铭暄、马克昌主编：《刑法学》，中国法制出版社 2007 年版，第 152 页。

当防卫应当具备防卫起因、意图、时间、对象、限度五个条件,对受虐妇女非面临即时的家庭暴力或家庭暴力暂时中止时反抗杀死施暴者的行为能否适用正当防卫抗辩的争议主要集中在防卫时间和防卫限度上。

防卫时间,要求不法侵害正在进行(具有紧迫性)。不法侵害正在进行,要求不法侵害已经开始,尚未结束。在此之前的防卫属于事前防卫,在此之后的防卫属于事后防卫,事前防卫和事后防卫都是防卫不适时,对之应以故意犯罪、过失犯罪或者意外事件处理。关于不法侵害开始的时间,刑法理论上有进入侵害现场说、着手说、直接面临说等不同观点。进入侵害现场并不意味着法益已经受到紧迫威胁,采用此观点将会过分扩大正当防卫的适用时间而使无辜者合法权益受损。通常情况下,着手说与直接面临说并没有明显区别。如果不法侵害人已经着手实施侵害行为,就应当认为不法侵害正在进行。所谓"在不法侵害的现实威胁十分明显、紧迫,待其着手实行后来不及减轻或者避免结果时,也应认为不法侵害已经开始"的直接面临说也可以归入着手说。① 因此,在实践中,一般以着手为判断标准,特殊情况以直接面临为判断标准。

关于不法侵害结束的时间,我国刑法理论上也存在不同的观点。有观点认为,已经形成了结果时就是结束时间;② 有观点认为,排除了不法侵害的客观危险时就是结束时间;③ 有观点认为,不法侵害被制止时就是结束时间;④ 有观点认为,对不法侵害结束的时间应具体情况具体分析,没有统一标准;⑤ 还有观点认为,不法侵害已经结束,是指法益不再处于紧迫、现实的侵害或威胁之中,或者说不法侵害行为已经不可能(继续)侵害或威胁法益。⑥ 不法侵害结束的时间,要看不法侵害者是否还具有侵害能力或者不法侵害行为是否还能够继续威胁或侵害法益,如果是否定的,那么不法侵害已经结束,不能再实施防卫行为。不法侵害的结束有以下几种情形:(1)不法侵害已经被防卫人所制止;(2)不法侵害人基于自身的原因而丧失继续侵害的能力;(3)不法侵害人已自动终止不法侵害;(4)不法侵害行为已经造成危害结果且不可能及时挽回损失。⑦ 另外要注意的是,在某种法益已经遭受到侵害的情况下,如果其他法益仍然面临不法侵害的危险,应当认为不法侵害正在进行,可以进行正当防卫;在连续进行的不法侵害过程中,即使表面上某段时间不法侵害停止了,但从整体上看侵害行为正在进行时,仍然可以正当防卫。⑧

防卫限度,要求没有明显超过必要限度造成重大损害。理论上对此也有不同的学说。基本相适应说认为,正当防卫的必要限度是指防卫行为必须与不法侵害相适应,相适应不意味着二者完全相等,而是指防卫行为所造成的损害从轻重、大小等

---

① 张明楷:《刑法学》(上),法律出版社 2016 年版,第 202 页。
② 高格:《正当防卫与紧急避险》,福建人民出版社 1985 年版,第 29 页。
③ 陈兴良:《正当防卫论》,中国人民大学出版社 2006 年第 2 版,第 102 页以下。
④ 周国均、刘根菊:《正当防卫的理论与实践》,中国政法大学出版社 1988 年版,第 62 页。
⑤ 姜伟:《正当防卫》,法律出版社 1988 年版,第 71 页以下。
⑥ 张明楷:《刑法学》(上),法律出版社 2016 年版,第 202 页。
⑦ 高铭暄、马克昌:《刑法学》,中国法制出版社 2007 年版,第 156 页。
⑧ 张明楷:《刑法学》(上),法律出版社 2016 年版,第 203 页。

方面来衡量大体相适应。① 必需说认为，应从防卫的实际需要出发进行全面衡量，将有效地制止不法侵害的客观实际需要作为防卫的必要限度。② 适当说认为，防卫的必要限度是指，防卫人的行为正好足以制止侵害人的不法侵害行为，而没有对不法侵害人造成不应有的危害，并认为应将基本相适应说与必需说结合起来进行判断。③ 在司法实践中对正当防卫抗辩的把握比较严格，限制了正当防卫的适用，也在一定程度上挫伤了公民行使正当防卫权的积极性。刑法理论一般认为，《刑法》第20条第2款、第3款是注意规定，特别提示了防卫时间限度和防卫结果限度。④ 这两款规定："正当防卫明显超过必要限度造成重大损害的，应当负刑事责任，但是应当减轻或者免除处罚。对正在进行行凶、杀人、抢劫、强奸、绑架以及其他严重危及人身安全的暴力犯罪，采取防卫行为，造成不法侵害人伤亡的，不属于防卫过当，不负刑事责任。"因此，防卫过当要求"明显超过必要限度，造成重大损害"，怎么理解这里的"必要限度"便是关键。"必要限度"应当以防卫行为能够制止不法侵害、保护相关法益为基础，同时也要以与不法侵害行为相适应为补充。在判断时要着重考虑不法侵害的危险程度，不法侵害人的主观心态，防卫人和侵害人的强弱、人数对比，是否携带凶器以及当时的客观形势等，此外，还要考虑防卫人的主观心理，如是否处于极度恐惧、无助、激愤等状态。只要是制止不法侵害所需的，且一般社会正常人处于防卫人的角度时都会做出防卫行为时，便可以认为没有超出"必要限度"，属于正当防卫。

严格来看，受虐妇女趁施暴者睡觉时或在施暴者打骂完毕后杀死施暴者的行为并不符合正当防卫的时间要件，因为此时家暴行为已经中止或实施完毕，不法侵害已经消失或暂时停止，对法益没有侵害的危险，不具有防卫的现实性、紧迫性。此外，施暴者实施暴力的时间通常是不固定的，有时候间隔很长，有时候间隔很短，程度有高有低，每次施暴行为都是独立意志作用下的独立行为，不是连续犯或继续犯。而在即成犯的情况下，不法侵害行为结束，不法侵害的状态随之消失，对法益进行侵害造成的损失已不可挽回，此时进行正当防卫有故意犯罪之嫌。另外，这种行为也超出了正当防卫的限度条件，因为往往当时并没有不法侵害行为或者不法侵害行为已经结束，没有"侵害"又何谈"防卫"？而且此时将施暴者杀死，完全超出了其保护法益所必需的限度。因此，我国大多数学者并不主张这种行为可以完全适用正当防卫抗辩。

那么，对于这种行为是否完全没有正当防卫的适用空间而只能以犯罪定罪处罚？这种处罚是否符合罪责刑相适应原则？我国正当防卫条款面对此种情况应否作出一些改变呢？

---

① 杨春洗等：《刑法总论》，北京大学出版社1981年版，第174页。
② 曾宪信、江任天、朱继良：《犯罪构成论》，武汉大学出版社1988年版，第133页。
③ 高铭暄：《中国刑法学》，中国人民大学出版社1989年版，第152页以下。
④ 张明楷：《防卫过当：判断标准与过当类型》，载《法学》2019年第1期。

二、"受虐妇女综合症"评述

受虐妇女综合症（Battered Woman Syndrome）是一种心理学理论，用来解释某些遭受丈夫、伴侣或爱人虐待的妇女的行为。根据《布莱克法律词典》的解释，受虐妇女综合症是指在遭受配偶或情人身体、性或情感虐待的妇女的身体和心理状况。① 根据杜海姆法律词典，受虐妇女综合症意味着一种正当防卫种类的误杀或谋杀，在这种误杀或谋杀中，有专家证据表明，处于虐待关系中的妇女被告认为，为了挽救自己，她必须先杀死自己的丈夫。② 根据上述各种定义，受虐妇女综合症是由于受丈夫或配偶持续的虐待性关系而产生的综合症，"她杀死了她的配偶并相信这是救她命的最后的方法"。受虐妇女综合症不是一种单独的肯定辩护，而是一种心理学理论，用来支持正当防卫的主张，使某些行为合理化。它一般用来说明：（1）受虐妇女为什么不离开施暴者；（2）受虐妇女杀死施暴者行为的合理性。

雷诺尔·沃克博士（Dr. Lenore Walker）创造了"受虐妇女综合症"这个术语，它包括两个方面的内容："暴力循环"和"习得无助"。她认为，虐待性关系使女性陷入连续不断的"暴力循环"周期，这往往阻碍了她们寻求救助。这种周期的第一阶段是"紧张阶段"，在这一阶段，妇女会遭受施暴者的轻微身体暴力和口头攻击。通常情况下，妇女向施暴者表现善意或试图避开他，她往往会把遭受殴打的缘由归结于自身，并将这些事件和她自己遭受虐待的影响降到最低程度。这一阶段可能持续数年，这名妇女试图安抚殴打她的人，并以她认为将避免人身暴力的方式行事。第二阶段是"殴打阶段"，随着轻微暴力事件的发生越来越频繁，紧张的气氛不断加剧，妇女再也不能安抚殴打她的人。这一阶段的暴力是不可预测的、不可避免的，并且施暴者杀害妇女的风险也最大。沃克称之为"急性殴打事件"。此时，暴力变得如此严重，以至于妇女害怕重大的身体伤害或死亡。沃克认为，这一事件与第一阶段发生的事件相比，显然是"缺乏控制并具有重大破坏性"。第三阶段是"蜜月期"，这几乎是在殴打事件之后立即开始的，其特点是施暴者暂时停止了暴力，并展示了所谓的"悔恨的爱的行为"。在这个阶段，施暴者向受虐妇女表达歉意并乞求被原谅，他承诺再也不会伤害这个女人，并试图采取一些行动，如戒酒，来证明他的意图是真诚的。施暴者在这一阶段表现出的行为与他们第一次相遇并坠入爱河时所表现出的行为非常相似，受虐妇女往往会因施暴者暂时的悔过自新而原谅他并继续与之一起生活，然而这很快会被第一阶段所取代，陷入周而复始的无限暴力循环之中且越来越严重。

沃克认为，经历这种反复的暴力循环会导致一名妇女产生"习得无助感"。

---

① Black Henry Campbell, Black's Law Dictionary (1999). 转引自 Indira Silwal, Battered Woman Syndrome as a Mitigating Factor of Homicide in Nepal, 11 NJA L. J. p. 151 (2017).

② Duhaime's Law Dictionary, at http：//www.duhaime.org/LegalDictionary/B/BatteredWomanSyndrome.aspx (accessed on July 14, 2016). 转引自 Indira Silwal, Battered Woman Syndrome as a Mitigating Factor of Homicide in Nepal, 11 NJA L. J. p. 151 (2017).

"习得无助",首先由心理学家马丁·塞利格曼（Martin E. P. Seligman）提出①,沃克用它来解释为什么有些受虐妇女不离开施虐者的一种心理状态。② 这位妇女认为她对自己被虐待的情况缺乏控制并感觉是不可能逃脱的,即使逃避实际上是一种可能性。她感觉到没有办法摆脱这种局面,由此变得越来越被动,她想要摆脱这种关系的动机和意愿也在减弱,因为她不能离开这段关系。于是,她会遭受不断的更多的虐待,而被困在暴力的循环中。③

有人质疑说,实践中受虐妇女反抗的不在少数,况且能逃避的时候为什么还要选择留下呢？本文认为,没有人会不珍惜自己的生命,"习得无助"也并不意味着完全没有反抗而被动接受,只是当发现强弱对比明显,或者只能依赖施暴者作为经济来源,或者不想被剥夺对孩子的抚养权等,自己根本无法进行有效反抗或不能反抗时才会选择容忍来避免更严重的暴力。受虐妇女不是没有申请人身安全保护令,不是没有寻求法律机关或其他社会组织的救助,不是没有选择离婚,而是因为这时的救助只是暂时的,施暴者会对其和家人进行死亡威胁,不论其逃避到何处,施暴者总是无所不在,能够找到她并继续殴打她。传统文化将家庭领域成员间的行为归入私领域范畴,在对家庭暴力纠纷的解决上,主张国家、法律少干预,尽量采用调节手段加以解决。这无形中给社会传达了一种信息——私人领域是不受法律保护的,从而使家庭暴力施暴者更加有恃无恐,使受害者处于受暴—求助—求助无用—更严重暴力的恶性循环中。④ 例如,我国台湾地区赵岩冰杀夫一案⑤,贾新民（施暴者）在对赵多次实施家庭暴力后,赵向台北地方法院申请核发保护令并获准许,贾亦获台北地方检察署检察官伤害罪的简易判决。但是,这并未能阻止贾的暴力行为。赵身患严重病症不得不前往贾处请求其将自己送往医院,并希望贾承担一些治疗费用,贾勃然大怒,手持菜刀说再谈钱便要"剁掉脑袋"。一般普通人无法理解受虐妇女的心理状态和其作出的过激行为,不能感同身受站在其立场上考虑问题,容易产生一些偏见,过于苛责受虐妇女,因此,更需要受虐妇女综合症对此作出合理解释。

目前,加拿大、美国、新西兰、英国等国法律已明确将受虐妇女综合症作为一项专家证据支持正当防卫抗辩并在司法实践中运用。事实上,正如前文所述,有两种自卫案件类型可能涉及受虐妇女综合症:即时的家庭暴力和非即时的家庭暴力。在面临即时的家庭暴力案件中,受虐妇女会当场对施暴者的暴力行为予以反击并将

---

① "习得性无助"是美国心理学家塞利格曼于1967年在研究动物时提出的,他用狗做了一项经典实验,起初把狗关在笼子里,只要蜂音器一响,就给以难受的电击,狗关在笼子里逃避不了电击,多次实验后,蜂音器一响,在给电击前,先把笼门打开,此时狗不但不逃而且不等电击出现就先倒在地上开始呻吟和颤抖,本来可以主动地逃避却绝望地等待痛苦的来临,这就是习得性无助。随后的很多实验也证明了这种习得性无助在人身上也会发生。

② David L. Faigman & Amy J. Wright, The Battered Woman Syndrome in the Age of Science, 39 AIuz. L. REV. 67, 75–79 (1997); Anne M. Coughlin, Excusing Women, 82 CAL. L. REV. 1, pp.79–84 (1994).

③ Lenore E. Walker, the Battred Woman xv (Harper 1980).

④ 史莉莉:《西方女性主义法学视野中的家庭暴力及启示》,载《甘肃社会科学》2014年第3期。

⑤ 顾奕:《受虐妇女综合症BWS抗辩》,苏州大学2017年硕士学位论文。

其杀死;非面临即时的家庭暴力案件是指受虐妇女在施暴者未进行暴力行为时将其杀死,如当他睡着时。与这两类案件相关,受虐妇女综合症主要用于三个目的:(1)通过协助陪审团客观分析被告的正当防卫主张,增强被告的可信度,而驳斥对受虐妇女的许多普遍误解;(2)证明被告诚实地相信她需要为即将死亡或严重的身体伤害进行防卫;(3)证明被告行为的合理性。①

美国新泽西州成为第一批接受受虐妇女综合症在这类案件中以专家证词作证的州之一。在 State v. Kelly 一案中,Gladys Kelly 用一把剪刀刺死了她的丈夫 Ernest。Kelly 女士辩解说,她采取自卫行动是为了回应 Ernest 连续七年的攻击。她声称,在事件发生当天,Ernest 曾多次掐住她的脖子,直到她几乎昏死过去,当 Ernest 再次靠近她时,她用一把剪刀试图吓跑他但却刺了他一刀。新泽西州最高法院裁定,Kelly 女士可以利用关于受虐妇女综合症的专家证词来增强她的可信度,并解释她在凶杀案发生时的心态。法院认为,这些专家证词与 Kelly 认为她面临死亡或严重人身伤害的危险的客观合理性有关。法院特别限制了专家证词的范围,认为专家可以就受虐妇女综合症作证,以及被告是否受到受虐妇女综合症的影响,因为这种证词将有助于陪审团评估被告的诚实程度和她认为她即将面临危险和作出行为的合理性,但是法院阻止专家具体证明被告人关于日期的信念是合理的,即被告人所作出的行为是当场反应的结果而不是事先计划好的。② 华盛顿州是第一个允许检察官适用受虐妇女综合症作为证言的州,并且华盛顿州最高法院根据《华盛顿证据规则》第 702 条接受了该证据。加州是唯一一个法定允许受虐妇女综合症证据由检察官和辩护律师提出的州。③ 专家证词被认为是可接受的,主要是因为研究受虐妇女综合症的专家们有超出陪审团经验范围的知识,他们可以对受虐妇女在一定情形下的过激行为作出合理解释,以证明其行为的正当性。

三、受虐妇女综合症在正当防卫抗辩中的适用

受虐妇女综合症通常被用于长期遭受家庭暴力的妇女以暴制暴杀死施暴丈夫的案件,它充分揭示了长期遭受虐待的女性会表现出不同于常人的心理状态和行为模式,她们对施暴丈夫发出的死亡威胁感到极度恐惧,因此她们会对暴力作出过激反应。④ 这种心理状态随着家暴而产生和发展,在未来不确定的某一天,当严重程度已然超过受虐者所能承受的极限时,受虐者就很有可能不再忍耐,转而奋起反抗。⑤ 通过分析受虐妇女的特征,本文认为受虐妇女非面临即时的家庭暴力反抗将施暴者杀死的行为可以适用正当防卫抗辩,并且在此情形下,正当防卫的时间和限度要求应适当放宽。

---

① Battered Woman Syndrome, 11 Geo. J. Gender & L. p.59 (2010).
② People v. Jaspar, 119 Cal. Rptr. 2d 368-478 (Cal. Ct. App. 2002).
③ Battered Woman Syndrome, 11 Geo. J. Gender & L. p.59 (2010).
④ 顾奕:《受虐妇女综合症 BWS 抗辩》,苏州大学 2017 年硕士学位论文。
⑤ 茹翼:《从家暴抗辩到受虐妇女综合症抗辩——关于妇女杀夫案的抗辩理论研究》,苏州大学 2016 年硕士学位论文。

第三编 正当防卫制度的适用与完善

长期遭受家庭暴力的妇女会表现出以下心理特点：(1) 将暴力产生的原因归结于自身。一开始她们会认为暴力产生的原因是自己做得不够好，在某些方面没有尽到做妻子的责任等，还会用尽心思去讨好施暴丈夫，直到发现一切都是徒劳的。(2) 害怕自己和孩子的生命遭受严重威胁。(3) 认为施暴者是无所不在和无所不能的。例如，在美国北卡罗来纳州诉诺曼一案中，被告人朱迪（受虐妇女）表示她曾几次离开约翰（施暴者），但每次都会被他找到，被他带回去殴打。她不敢对约翰申请人身保护令，因为约翰威胁说如果把他关起来，他出来后就会把她杀死，当遭到威胁时她深信如果有机会他一定会这么做。并且她已经不相信自己，她认为逃跑是无谓挣扎，认为她的丈夫无坚不摧，法律和所有的社会机构都不能制裁他，她也不能逃跑。(4) 创伤后应激障碍。主要表现为患者的思维、记忆或梦中反复、不自主地涌现与创伤有关的情境或内容，也可出现严重的触景生情反应，甚至感觉创伤性事件好像会再次发生一样；① 患者会过度警觉，并伴有一定程度的焦虑。因此，受这种特殊心理状况影响的妇女到后期会因为施暴者不断升级的暴力行为和生命威胁而奋起反抗将其杀死，由于害怕和恐惧施暴者，认为施暴者是无所不在和无所不能的，再加上法律或其他手段并不能有效地保护自己，受虐妇女与施暴丈夫体型和力量对比悬殊，因此她只能趁施暴者不注意或者睡着时将其杀死；若不将其杀死，后果是更加升级的暴力或者自己死亡，受虐妇女别无选择。

当前，司法实践中认定正当防卫存在四个误区：对防卫人提出"客观冷静的圣人标准"；以"事后诸葛亮"的标准苛求防卫人；"对等武装论"；"唯结果论"。如果不跳出这几个误区，正当防卫制度就没法真正被激活。② 本文认为，并不是法律对正当防卫的规定有问题，而是实践中我们不敢去正确地适用这一条款，对防卫人过于苛责，导致这一制度并没有发挥真正的作用而让人诟病。而且目前的司法观念仍然强调打击犯罪，致力于维稳，其他犯罪判处免予刑事处罚的案件少，所以防卫过当中的免除处罚也很少。那么，受虐妇女非面临即时的家庭暴力或家庭暴力暂时中止时将施暴者杀死该如何适用正当防卫呢？如果防卫过当，可否免除处罚？

首先，就防卫时间条件而言应当适当放宽。传统的正当防卫要求不法侵害正在进行，即处于已经开始尚未结束的阶段。家庭暴力是连续性的、反复性的，会在一定时间段内不断重复进行，其对受虐妇女的侵害行为和状态会一直持续存在，直到这一阶段的暴力停止。受虐妇女杀死施暴者往往发生在这一暴力阶段暂时中止或停止没多久的施暴者熟睡时，或者下一暴力阶段伴随严重的人身威胁刚开始施暴者暂时放松警惕时，否则她无法与施暴者正面对抗，也不能够肯定自己的行为能彻底终止暴力。本文认为，这种情况下可以将防卫的时间根据实际情况适当提前或推迟，允许受虐妇女在比较合理的时间条件下保护自己。需要注意的是，此处的放宽防卫时间条件并不是说任何时间都可以杀死施暴者。受虐妇女由于熟悉丈夫的攻击方

---

① 百度百科："创伤后应激障碍"，载 https://baike.baidu.com/item/创伤后应激障碍/5445960?fr=aladdin，最后访问时间：2019年5月1日。
② 梁根林：《防卫过当的认定：思维误区与方案选择》，载《中国检察官》（影响力案件研讨实录）2018年第9期下，总第300期。

式,一个轻微的暗示或信号就能使受虐妇女认识到殴打迫在眉睫。[①] 如果受虐妇女根据以往经验判断,其真诚地相信自己需要为即将死亡或严重人身伤害进行防卫的,则不应当认为防卫不适时,不过,这需要在实践中具体把握。有人质疑这种思路会造成正当防卫之防卫时间认定的随意性,会对不法侵害"紧迫性"的要件造成松动。本文认为,在一个案件中,防卫时间和不法侵害的"紧迫性"是要根据具体情况确定的,它不是一个模板,只要和受虐妇女类似的人处于防卫人的角度都认为应该这样做,而且不超出法益保护的范围,就应当认为是合理的,不能因为法律解释的困难而作出不利于被告人的解释。此外,受虐妇女突破正当防卫时间要件杀死施暴者的行为不能作无罪处理,但是,如果其行为符合以下条件的则应当减轻或免除处罚:(1)能够证明受虐妇女长期遭受施暴者的家庭暴力并受到"受虐妇女综合症"的影响;(2)能够证明受虐妇女曾向他人或相关社会组织寻求过帮助,但其处境未获得根本改善;(3)能够证明受虐妇女不具备离开家庭的能力和现实可能性。[②]

其次,防卫的限度条件应具体把握,适当放宽;如果防卫过当的,也应当免除处罚。传统的正当防卫要求没有明显超过必要限度造成重大损害。实践中,不能唯结果论,不能认为造成了死伤结果的就是防卫过当或直接以故意伤害、故意杀人处理。《关于依法办理家庭暴力犯罪案件的意见》第19条第2款也明确指出:"认定防卫行为是否'明显超过必要限度',应当以足以制止并使防卫人免受家庭暴力不法侵害的需要为标准,根据施暴人正在实施家庭暴力的严重程度、手段的残忍程度,防卫人所处的环境、面临的危险程度、采取的制止暴力的手段、造成施暴人重大损害的程度,以及既往家庭暴力的严重程度等进行综合判断。"结合受虐妇女综合症理论,受虐妇女在杀死施暴者时往往真诚地相信自己的人身面临严重威胁,她们也通常能够根据以往经历预判施暴者会做出怎样的行为,她们往往因为受到过度惊吓而惊慌失措、极度恐惧,并且,如果不将施暴者杀死,永远躺在地上的人便是自己,而且本文认为应当将防卫的时间根据实际情况适当提前或推迟,因此,允许受虐妇女做出可能造成施暴者伤亡的防卫行为是必要的。如果其防卫行为明显超过必要限度造成重大损害,但考虑到精神上处于极度惊吓或恐惧状态的,也应当免除处罚。德国刑法将此种因极度恐惧予以反击造成不法侵害人伤亡的情形称为免责的防卫过当。德国《刑法》第33条规定,如果行为人出于慌乱、恐惧或惊吓而逾越正当防卫的界限,不罚。之所以这样规定,主要是因为防卫人的特殊心理状态,以及攻击者必须对防卫人的过度反应负责。防卫人面对正在进行的不法侵害时,如果处于慌乱、恐吓或者惊吓的状态,就不能期待她不超过防卫限度。反过来说,在这种情形下,超过必要限度就缺乏期待可能性,因而没有责任。即使在不法层面属于

[①] Elizabeth Dermody Leonard, Convicted Survivors: Comparing and Describing California's Battered Women Inmates, Prison Journal, Vol. 81, March 2001, pp. 73-74. 转引自付胥宇:《"受虐妇女综合症"的刑事责任减免意义:美国经验及启示》,载《北方法学》2018年第6期。

[②] 付胥宇:《"受虐妇女综合症"的刑事责任减免意义:美国经验及启示》,载《北方法学》2018年第6期。

防卫过当，也不能让防卫人承担防卫过当的刑事责任。① 需要注意的是，在认定是否属于防卫过当时势必要进行利益衡量，进行利益衡量时必须把被侵害人即受虐妇女的利益放在首位，但是如果有证据证明施暴者每次的施暴行为都没有达到严重程度且不会对受虐妇女的人身造成严重威胁的，受虐妇女杀死施暴者便是明显的防卫过当。

有理论认为正当防卫的设计是站在两个相当的成年男性立场上考虑的，忽视了男女性别所导致的行为模式、行为选择以及行为强度之间的差异，是对女性权利的漠视。这虽不无道理但也不能一概而论，毕竟也有部分女性比男性占优势的情形。因此，如何把握防卫的限度，同考虑防卫的时间一样，根据案件具体情况来判断。我们永远不可能使受虐妇女以"恰如其分"的力度刚好制止丈夫的暴力而不激发更严重的暴力，也不可能使受虐妇女"恰到好处"地瞅准出手反抗的时机而不使自己背负法律的责难，否则，防卫权就不再是对抗不法侵害的武器，而成为束缚受虐妇女实施反抗的枷锁。② 受虐妇女综合症作为一种专家证据只是为该受虐妇女作出的过激行为进行合理解释，至于是否有必要杀死施暴者，决定权仍掌握在法官手里。

四、结语

我们不希望一种悲剧演化成两种悲剧，普通民众对受虐妇女杀夫也往往抱着宽容和怜悯的态度，法律也不应当是过于冰冷的。通过受虐妇女综合症对受虐妇女的特殊心理和行为作出解释是必要的，以其来辅助正当防卫抗辩，才能为受虐妇女拓宽一定的生存空间。

"真正人道的社会，是那些决定在废除暴力的道路上开始长征的社会，而且，每隔一段时间，就停下来总结一下，然后继续进行……"③

---

① 张明楷：《防卫过当：判断标准与过当类型》，载《法学》2019年第1期。
② 付胥宇：《"受虐妇女综合症"的刑事责任减免意义：美国经验及启示》，载《北方法学》2018年第6期。
③ LENORE E. WALKER, TERRIFYING LOVE: WHY BATTERED WOMEN KILL AND How SOCIETY RESPONDS. p. 15 (1989) [hereinafter WALKER, TERRIFYING LOVE]. 转引自 Kendall Hamilton, Virginia's Gap between Punishment and Culpability: Re-Examining Self-Defense Law and Battered Woman's Syndrome, 49 U. Rich. L. Rev. p. 327 (2014).

遭受家庭暴力妇女"以暴制暴"行为的正当防卫适用分析

张蓓蓓*

据《第三期中国妇女社会地位调查全国主要数据报告》显示，在整个婚姻生活中遭受过配偶侮辱谩骂、殴打、限制人身自由、经济控制、强迫性生活等不同形式家庭暴力的女性占到了 24.7%。①《中华人民共和国反家庭暴力法》第 2 条规定，家庭暴力，是指家庭成员之间以殴打、捆绑、残害、限制人身自由以及经常性谩骂、恐吓等方式实施的身体、精神等侵害行为。

近年来，遭受家庭暴力的妇女不再闪躲，"以暴制暴"的案件屡屡受到人们的关注，一经报道，民众往往"拍手叫好"、"大声称快"，与此相对，在司法实践中此类案件量刑畸重情况十分突出。笔者以刑事案由为范围，以家庭暴力、无罪、正当防卫、防卫过当等为关键词，对 2015 年 3 月 2 日《最高人民法院、最高人民检察院、公安部、司法部关于依法办理家庭暴力犯罪案件的意见》② 施行后裁判的 24 起遭受家庭暴力的妇女"以暴制暴"案件③进行了分析梳理。

一、判决情况概述

在这 24 起案件中，13 起案件不成立正当防卫，11 起案件构成防卫过当。在定罪方面：故意杀人罪 10 起；故意伤害罪 13 起；过失致人重伤罪 1 起。在量刑方面：免予刑事处罚 1 起；判处拘役 1 起；判处三年有期徒刑 11 起；判处三年到十年有期徒刑 9 起；判处十年以上有期徒刑 2 起；其中附加剥夺政治权利 2 起；宣告缓刑 11 起（见下表）。

表 判决情况

审判时间	被告人	行为	结果	罪名	刑期
2015 年 3 月	周某某	柴火棍击打面部	死亡	故意伤害罪	有期徒刑五年
2015 年 6 月	王某	水果刀扎左胸部和手臂	死亡	故意伤害罪	有期徒刑三年，缓刑五年

---

* 中南财经政法大学刑事司法学院刑法学博士研究生。
① 第三期中国妇女社会地位调查以 2010 年 12 月 1 日为时点，由全国妇联和国家统计局联合组织实施。
② 以下简称《意见》。
③ 遭受家庭暴力妇女"以暴制暴"案件主要分为两类，一类是存在现实的不法侵害；另一类是经受长期家庭暴力的妇女为防止丈夫将来的暴力攻击采取的"以暴制暴"行为，有学者把它归为防御性紧急避险。本文所涉及案例均属第一类情形。

续表

审判时间	被告人	行为	结果	罪名	刑期
2015年7月	马某	刀刺脖子	死亡	故意杀人罪	有期徒刑五年
2015年11月	文某某	羊角锄击打头部及身体	死亡	故意杀人罪	有期徒刑六年
2015年11月	刘某	剪刀捅刺	死亡	故意伤害罪	免予刑事处罚
2016年1月	郭某某	抢夺菜刀过程中砍伤	死亡	故意伤害罪	有期徒刑五年（维持原判）
2016年3月	晏某某	刀刺心脏	死亡	故意伤害罪	有期徒刑三年，缓刑五年
2016年5月	唐某某	匕首刺	死亡	故意伤害罪	有期徒刑七年
2016年8月	吴某	绳子勒脖子	死亡	故意杀人罪	有期徒刑三年
2016年9月	方某甲	持刀刺伤右臂上方和腹部	重伤二级	故意伤害罪	有期徒刑三年，缓刑四年
2016年11月	果某某	木棒击打头部	死亡	故意杀人罪	有期徒刑三年，缓刑五年
2016年11月	张某某	剪刀捅刺	死亡	故意杀人罪	有期徒刑六年
2017年1月	刘某某	菜刀砍击，凳子砸	死亡	故意杀人罪	有期徒刑三年，缓刑五年
2017年7月	青某某	木制扬杈打中右眼	重伤二级	过失致人重伤罪	拘役三个月，缓刑三个月
2017年8月	陈某某	木凳板凳击打腹部	死亡	故意伤害罪	有期徒刑三年，缓刑三年
2018年5月	熊某	尖刀将腹部捅伤	死亡	故意伤害罪	有期徒刑三年，缓刑五年
2018年5月	白某某	勒颈部、掐咽喉，用头灯的绑带勒颈部	死亡	故意杀人罪	有期徒刑八年，剥夺政治权利一年（维持原判）
2018年8月	高某某	锄头击打小腿部位多下	死亡	故意伤害罪	有期徒刑三年，缓刑五年
2018年8月	熊某某	铲子击打头部	死亡	故意伤害罪	有期徒刑三年
2018年9月	李某某	水果刀刺右腹部	死亡	故意伤害罪	有期徒刑十年
2018年12月	段某艳	掐脖子、用绳子勒其颈部	死亡	故意杀人罪	有期徒刑六年
2018年12月	王某某	围裙缠绕颈部	死亡	故意伤害罪	有期徒刑三年，缓刑五年
2018年12月	王某某	铁锤击打头部	死亡	故意杀人罪	有期徒刑十五年，剥夺政治权利三年
2019年4月	××群	木凳击打头面部	死亡	故意杀人罪	有期徒刑八年

从判决情况来看，我国法院对于此类案件多以故意杀人罪、故意伤害罪入罪，量刑因素主要考量是否成立正当防卫或防卫过当、是否自首、是否取得被害人近亲属谅解、被害人过错、主观恶性及再犯可能性等。与域外法院灵活地运用正当防卫和期待可能性等理论，成功地对受虐妇女实行免刑或减刑相比①，我国类似案件的正当防卫适用还有一段很长的路要走。笔者认为，期待可能性理论、"受虐妇女综合症"等理论，在一定程度上吸收其合理内涵对司法人员在司法实务中更好地研判案情、妥当地定罪量刑有所助益，但是能否直接加以适用尚存争议。因此，处理这类案件的关键是对正当防卫规定的正确深入理解和公平公正的司法适用。本着服务司法的目的，本文结合司法判决案例对以下几个有争议问题进行探讨。

二、正当防卫成立与否的争议

（一）防卫客体之特殊性

德国通说认为，社会伦理因素会对正当防卫权的行使起到一定的限制作用。我国也有学者提出，暴力行为如果发生在家庭成员之间，必须考虑有没有躲避的可能性，必要时应当考虑从共同的住宅退出来并寻求公力救济。只有在暴力侵害的紧迫性达到了非借助暴力手段不能排除侵害的情况下才能实施防卫行为。②亦有学者指出，对于发生在保证人之间的暴力行为，因其共同的团结关系，为维持共同体的存续，妻子对丈夫攻击行为的防卫权是有限的，大多数情况下要保持克制。

根据《意见》第19条的规定，为了使本人或者他人的人身权利免受不法侵害，对正在进行的家庭暴力采取制止行为，只要符合刑法规定的条件，就应当依法认定为正当防卫，不负刑事责任。由此可知，无论是《刑法》第20条的规定还是《意见》中关于正当防卫的认定均未加以身份限制。就配偶团结关系或者伦理义务而言，这种团结关系需要夫妻双方共同维系，丈夫非但不关心爱护妻子，反而违背保证人义务以侵害方式挑起冲突，如果仍要求妻子尽可能回避，对其正当防卫权进行限缩明显是对妻子的苛求，会造成义务的不对等。因此，无论是从罪刑法定原则还是义务的对等性来说，遭受家庭暴力的妇女"以暴制暴"的正当防卫权不会因其防卫客体身份的特殊性而受到限制。

（二）防卫时间之终止判断

正当防卫的成立要求不法侵害处于正在进行的状态。在司法实践中，对丈夫不法侵害结束时间的判断往往存在偏差。例如，周某某案〔（2015）全刑初字第65号〕中，李某酒后在家中辱骂被告人周某某，并用碗、电饭锅等东西甩打周某某，后又从厨房内拿出柴火棍到堂屋追打周某某。周某某将其推倒在地后，躲到李某的卧室内并将房门关上，李某强行推开门进入卧室用柴火棍殴打被告人周某某。周某某在将李某再次推倒在地时，顺手抢过李某手中的柴火棍，对李某头面部连打数

---

① 赵秉志、原佳丽：《对女性"以暴制暴"行为的刑法学思考——基于家庭暴力视野下的思考》，载《人民检察》2015年第13期。
② 杨岩：《美国刑法中的正当防卫对我国刑法的借鉴意义——以完善家庭暴力防卫权为视角的考察》，载《科学·经济·社会》2016年第4期。

下。法院一审认为,"被害人李某持木棍伤害被告人周某某的行为虽然是一种不法侵害行为,但其拿的木棍被被告人周某某抢走后,就失去了伤害被告人的条件,被告人周某某的人身权利不再受到被害人的不法侵害,这时被告人周某某持木棍将被害人李某打伤致死,其行为与上述规定的正当防卫的条件不符"。

如果将防卫行为局限在抢夺木棍而不允许后续的打击行为显然是违背常识的,因为抢夺木棍本身就不符合犯罪的构成要件,只有造成死伤的情况下才需要借助正当事由排除违法性。而且在周某某步步退让,李某步步紧逼的情况下,即使周某某将木棍夺了过去,李某随时有可能再夺回来或者采用其他手段继续侵害周某。假如周某某将夺来的木棍弃之不用,一旦发生上述情况,防卫人将失去最后的防卫机会。因此,要求防卫人随时停止防卫行为是不合适的,如果有再次遭到侵害的可能性,仍然可以实施正当防卫。

(三) 防卫限度之工具判断

根据女性主义者的观点,现代法律是在男女性别不平等的基础之上建立起来的,它本身就是父权制的产物。女性主义者对现代法律的质问,在某种程度上而言是切合实际的,她们的看法也具有合理的因素。① 正当防卫的设计,基于男性视角,作出了人与人之间体力相当的生物学假设。但是,由于女性生理方面处于天然的弱势地位,不可能要求妻子使用相当甚至更为轻微的力量予以反击,在只有反击力量强于丈夫的不法侵害或者需要借助有效的防卫工具才能压制丈夫的不法侵害时,应当认定正当防卫的成立。

防卫人先于不法侵害准备的可用来进行防卫的工具,不应影响正当防卫的认定。在晏某某案一审判决中 [(2015) 淮刑初字第 00028 号],认定"张焕某虽对处于弱势的晏某某实施一定程度的殴打行为,但晏某某持事先准备的匕首打击张焕某手部,继而捅刺张焕某胸部,结合案发现场他人积极阻止殴打等情节,晏某某的行为不符合正当防卫的法定构成要件"。安徽省高级人民法院二审判决予以改判,"作为刚出院不久的产妇,上诉人若不采取防卫行为无法保护其人身安全,至于上诉人事前准备防卫工具并不影响防卫性质的认定"。

就地取材的防卫工具与侵害方式相当性判断显失公平。妻子在受到丈夫突然袭击的情况下,由于事发突然,一般没有选择适当的防卫工具予以还击的余地,往往只能就地取材,操起什么工具就使用什么工具。② 在司法实务中,很多案件因为防卫工具不相当而被判定正当防卫不成立。例如,唐某某一案中 [(2016) 桂 0324 刑初 43 号],邓某 4 经常打骂唐某某,曾将其手指头打断。案发当天,邓某 4 拿板凳砸向唐某某未砸到,又冲到唐某某身边,用双手掐住唐某某后颈部,唐某某则顺手拿起水池边剔猪毛的匕首往身后的邓某 4 刺了几下。法院判定,"被害人邓某 4 用手掐住被告人唐某某后颈部的行为,只是夫妻之间产生矛盾而打架的行为,并未对被告人唐某某的人身安全带来致命威胁,这时被告人唐某某持匕首将被害人邓某 4

---

① 李春斌:《挑战与回应:性别正义视域下的家庭暴力与正当防卫——兼论〈反家庭暴力法〉的家庭法哲学》,载《辽宁师范大学学报(社会科学版)》2015 年第 3 期。
② 陈兴良:《正当防卫》,中国人民大学出版社 2017 年版,第 134 页。

刺伤致死，其行为与上述规定的正当防卫的条件不符"。又如，在王某一案中〔（2015）乐刑初字14号〕，审判人员同样以"被害人在殴打被告人时，并未使用任何器械，被告人所使用水果刀伤害被害人，明显超出被害人徒手伤害被告人的强度"为由判定正当防卫不成立。

三、防卫是否过当的争议

（一）必要限度的判断

《意见》第19条第2款规定，认定防卫行为是否"明显超过必要限度"，应当以足以制止并使防卫人免受家庭暴力不法侵害的需要为标准，根据施暴人正在实施家庭暴力的严重程度、手段的残忍程度、防卫人所处的环境、面临的危险程度、采取的制止暴力的手段、造成施暴人重大损害的程度，以及既往家庭暴力的严重程度等进行综合判断。在司法实务中，"足以制止并使防卫人免受家庭暴力不法侵害的需要"的必需说判断标准被束之高阁，"唯结果论"判断倾向异常严重，裁判说理和逻辑论证乏力，只要出现伤亡的结果，便认定为防卫过当。这种用事后查明的"结果"倒推"行为"的判断模式与正当防卫的立法目的背道而驰。究其原因，一是可能与"杀人偿命"观念根深蒂固有关，二是可能与对《刑法》第20条第3款规定的理解有关。刑法通说大多将一般正当防卫与特殊正当防卫加以区分，张明楷教授提出了一个新的视角，认为第20条第3款只是注意规定，提示性规定了防卫不过当的情形。① 从这个意义上说，将第20条第3款规定当作注意规定，在一定程度上有利于正确认识和处理防卫过当的案件。

以刘某案〔（2015）延中刑一初字第00055号〕为例。刘某丈夫王某某平日酒后回到家中便对刘某进行辱骂殴打。案发当天，王某某酒后用膝盖压在刘某的胸部，抓住刘的头发殴打。刘某顺手拿起床前梳妆台上的剪刀在王某某腿部和背部乱戳。王某某用手抓住刘某手中的剪刀朝着自己胸部对刘某说"你戳，你戳"，并继续殴打刘某，刘某又在王某某其他部位乱戳。在刘某案中，法院认定刘某属于防卫过当，犯故意伤害罪，鉴于被害人严重过错、被害人父母谅解等因素免予处罚。在此类案件中，不法侵害通常有一个进展的过程，妻子的防卫行为往往会刺激丈夫的情绪，引起新一轮更凶猛的反扑。在刘某拿起剪刀朝王某某腿部和背部乱戳却不能制止侵害，王某某仍继续殴打刘某时，以当时的情形判断，无法期待刘某选择较为缓和的防卫手段，应当承认其采取致命手段的必要性，而不能站在事后的角度，因为丈夫赤手空拳，妻子的防卫行为造成了重大结果而对妻子的行为做过多的苛求。

（二）重大损害的判断

关于明显超过必要限度与造成重大损害之间的关系问题，学界存在一体说和二分说两种观点。本文暂不对两种观点的差异展开论述，仅就司法实践中对重大损害的判断问题予以说明。在部分判决书中，将丈夫的不法侵害结果与妻子防卫行为造成的损害结果进行简单而机械的对比便得出不成立正当防卫或者防卫过当的结论是

---

① 张明楷：《防卫过当：判断标准与过当类型》，载《法学》2019年第1期。

不正确的。有学者指出，当侵害人通过违反义务的方式将他人的法益与自身的法益都推向危险境地的时候，法律怎么可能还对他给予与其他公民一样周到的保护，我们又怎能把侵害人与防卫人的法益放在完全平等的天平托盘上去进行比较？这种不重视法律保护程度之动态变化的解释，恰恰是制造不公平判决的根源。① 因此，不能仅将不法侵害人已经造成的侵害与防卫人造成的损害进行机械对比，必须对不法侵害者的侵害行为可能造成的结果与防卫人造成的结果相比较。② 只有根据事前的危险预测与事后的利益衡量都同时否定防卫行为的正当性的，才能认为反击行为超过正当防卫的限度条件。③

以郭某某案为例。被害人王某周经常辱骂、殴打郭某某及其子女。2015年2月9日7时许，郭某某与其夫王某周因家庭琐事发生口角，王某周便拿鞋子、钢管等物品随意殴打郭某某，郭某某反抗过程中与王某周摔到居住的帐篷外，王某周在帐篷外拿起一把菜刀欲砍郭某某，郭某某为反抗在与王某周争抢菜刀过程中划伤王某周颈部多处，致王某周倒地死亡。审判书中认定郭某某在遭受丈夫殴打的情况下与王某周抢夺菜刀的过程中，用菜刀致伤王某周，致使王某周死亡的行为已构成故意伤害罪。鉴于郭某某是对王某周的家庭暴力采取防卫行为时造成施暴人王某周死亡，其行为明显超过必要限度，属于防卫过当。在本案中，郭某某的防卫行为虽然造成了王某周的死亡结果，但是如果郭某某没有实施防卫行为，重伤或死亡的很有可能是郭某某本人，正是防卫行为阻止了可能造成而没有造成的侵害。从法益衡量的角度来看，防卫行为所保护的法益与损害结果之间没有明显的不均衡，不应认定防卫过当。

（三）防卫过当的责任形式

从刑事立法来看，世界上只有少数国家明确规定了防卫过当的责任形式，如1941年《巴西刑法典》、1926年《苏俄刑法典》。关于防卫过当的责任形式，我国刑法学界众说纷纭，但是实务界将此类案件普遍认定为故意伤害罪和故意杀人罪的做法是不妥当的。防卫过当的责任形式应当由防卫人对过当结果所持的心理状态而定，不能因为实行正当防卫是故意的，就对防卫过当以故意犯罪一概论之。防卫人只有明知自己的行为会明显超过正当防卫的必要限度造成不法侵害人伤亡而希望或者放任伤亡结果发生的，才成立防卫过当罪过形式的故意犯罪。

通过分析案件情节、证人证言、被告人证词等，遭受家庭暴力妇女"以暴制暴"的案件除了个别防卫人对过当结果持希望或者放任态度外，大部分妻子对丈夫的伤亡结果持过失心态，这也是基于夫妻之间的亲密关系得出来的合理论断。2018年9月，最高人民法院发布《关于在司法解释中全面贯彻社会主义核心价值观的工作规划（2018—2023）》，明确鼓励正当防卫，保护见义勇为者的合法权益。因此，将防卫过当一概作故意犯罪处理的情况应当予以纠正，必须结合案件实际情况作出公正理性的裁决。

---

① 陈璇：《侵害人视角下的正当防卫论》，载《法学研究》2015年第3期。
② 张明楷：《刑法学》，法律出版社2016年版，第212页。
③ 周光权：《正当防卫的司法异化与纠偏思路》，载《法学评论》2017年第5期。

四、司法完善的几点建议

(一) 受虐妇女综合症理论的借鉴

"受虐妇女综合症"（Battered Woman Syndrome）这一概念原本是一个社会心理学范畴的术语，包含家庭暴力的周期性和后天的习得无助感两个特征。部分英美法系国家在庭审过程中将受虐妇女综合症以专家证言的形式展示出来，有助于陪审团更加直观深入地了解受虐妇女的状态，作为是否成立正当防卫的判定依据。

世界是一个整体，社会活动是一个整体，知识也是一个整体，各学科都是你中有我、我中有你，从学科角度来看，同一行为中有不同学科的因素，因此学科只是人们便于研究学习而逐渐形成的一种观察理解的角度和途径。它很重要，但不能被其束缚。① 当然，一种理论的引入、吸收、消化必须结合本国语境和本土资源，否则便会"水土不服"。某个被其他学科发现或证实的理论要想对刑事司法实践产生影响，必须与我国刑法、刑事诉讼法的相关规定相对接、契合。"受虐妇女综合症"作为一种科学现象已经得到认同，通过专家证言的形式将防卫人遭受家庭暴力的情况及对防卫人精神状态的影响予以阐述，结合我国关于正当防卫的相关规定，能够帮助审判人员更好地厘清案件事实，妥当定罪量刑。

笔者通览24起案件的判决书，仅果勤某案有家暴方面专门知识的陈某某出具意见并出面证实〔云南省楚雄彝族自治州中级人民法院审理，（2016）云23刑初15号〕。2018年修订的《刑事诉讼法》第197条在保留原第159条的基础上，第一次加入了"有专门知识的人"这一概念，即"公诉人、当事人和辩护人、诉讼代理人可以申请法庭通知有专门知识的人出庭，就鉴定人作出的鉴定意见提出意见。法庭对于上述申请，应当作出是否同意的决定"。刑事诉讼法的规定为"受虐妇女综合症"的本土化适用提供了路径和依据，但是由于规定较为宽泛，需要进一步对"有专门知识的人"的诉讼地位、证明能力、出庭规则等予以明确。

(二) 量刑宽缓化

量刑情节，是指定罪事实以外的，与犯罪人或其侵害行为密切相关的，表明行为社会危害性程度和行为人人身危险性程度，并进而决定是否适用刑罚或处刑宽严或者免除处罚的各种具体实施情况。②

在量刑环节，审判机关通常会考虑被害人过错。有学者认为，不用再特别考虑被害人过错对于犯罪人刑事责任的加权作用。③ 因为被害人率先实施不法侵害这一事实以及其对防卫人刑事责任的影响，已经被作为过当减免的根据，体现在《刑法》第20条第2款中。如果再根据该事实认定存在被害人过错进而对防卫人从轻处罚，那便是就同一事实在同一方面对刑罚的影响进行了重复评价。④ 量刑情节可

---

① 苏力：《法治及其本土资源》，北京大学出版社2015年版，第230页。
② 马克昌：《刑罚通论》，武汉大学出版社2007年版，第326页。
③ 刘军：《刑法学中的被害人研究》，山东人民出版社2010年版，第157页。
④ 尹子文：《防卫过当的实务认定与反思——基于722份刑事判决的分析》，载《现代法学》2018年第1期。

以分为罪前情节、罪中情节、罪后情节。被害人的家暴行为属于罪前与量刑有关的事实，并未予以重复评价。而且丈夫成年累月的家暴行为会对妻子的精神状态产生一定影响，进而影响其防卫时的行为和心理。因此，考虑被害人过错有助于全面把握被害人过错对犯罪人刑事责任的作用范围，同时将被害人过错纳入刑事责任考量也是道义与功利主义刑罚本质的应有之义。①

扩大缓刑的适用。根据《刑法》第72条规定，符合一定条件的犯罪分子，可以适用缓刑。"以暴制暴"的妇女往往属于过失犯罪，多为初犯，人身危险性小，社会危害性不大，再犯可能性低，通常能够取得被害人近亲属的谅解和社区的接纳，加上妇女特殊的社会分工，她们大多承担着照顾家庭和子女的任务，因此符合适用缓刑条件的妇女应当尽量宣告缓刑。

（三）仅有被告人供述的处理

在刘某某案件一审刑事判决书[（2016）豫1426刑初690号]中，"被告人及辩护人辩称其是正当防卫的观点仅有被告人供述，无其他证据佐证，不能采信"，判决刘某某犯故意杀人罪，判处有期徒刑三年，缓刑五年。

我国《刑事诉讼法》第51条规定，公诉案件中被告人有罪的举证责任由人民检察院承担。第55条规定，证据确实、充分，应当符合以下条件：（1）定罪量刑的事实都有证据证明；（2）据以定案的证据均经法定程序查证属实；（3）综合全案证据，对所认定事实已排除合理怀疑。遭受家庭暴力妇女"以暴制暴"案件往往发生在夫妻双方共同居住的场所，为相对私密封闭的空间，案发时通常缺少目击证人。如果仅因只有被告人供述而无其他证据佐证便不成立正当防卫，我们也可以认为公诉机关没有证据证明妻子缺少防卫因素实施了故意杀人行为或者故意伤害行为，因此，所认定的事实未排除合理怀疑，根据疑罪从无和存疑时有利于被告人原则不能以故意杀人罪、故意伤害罪定罪量刑。

需要指出的是，虽然最高人民法院、最高人民检察院对于正当防卫颁布了一系列指导案例，如最高人民检察院第十二批指导性案例、最高人民法院指导案例93号于欢故意伤害案等，但是涉及正当防卫的案件往往情况复杂、差异性较大，个案指导并不能完全解决司法实务中的所有问题，量刑不均衡情况仍十分常见。因此，加快明晰规则，推进正当防卫相关立法解释、司法解释的出台迫在眉睫。

---

① 张智勇、初红漫：《被害人过错与罪刑关系研究》，中国政法大学出版社2013年版，第313页。

第四编 金融领域腐败犯罪的惩治与防范

论刑事"从业禁止"在治理金融领域腐败犯罪中的适用*

李晓明** 李文吉***

金融腐败往往与金融风险交织在一起，金融反腐是保障金融安全乃至国家安全的重要一环。党的十八大以来，金融领域反腐持续保持高压态势，反腐败斗争取得重大突破，但是，金融领域腐败问题仍比较突出。① 2019年1月11日，习近平总书记在第十九届中央纪委第三次全会上强调，要加大金融领域反腐力度，对存在腐败问题的，发现一起坚决查处一起。② 为了更好地惩治金融领域腐败犯罪，预防犯罪分子执行完刑罚以后利用其原职务或职业关系再次从事金融犯罪，本文认为有必要在治理金融领域腐败犯罪中适用《刑法修正案（九）》增设的刑事"从业禁止"措施。

一、刑事"从业禁止"与金融领域腐败犯罪概述

《刑法》第37条之一第1款规定："因利用职业便利实施犯罪，或者实施违背职业要求的特定义务的犯罪被判处刑罚的，人民法院可以根据犯罪情况和预防再犯罪的需要，禁止其自刑罚执行完毕之日或者假释之日起从事相关职业，期限为三年至五年。"因此，刑事"从业禁止"指的是根据人民法院对于实施特定犯罪被判处刑罚的人，依法禁止其在一定期限内从事相关职业以预防其再犯罪的法律措施。③ 欲在金融领域犯罪中适用刑事"从业禁止"，首先应当明确刑事"从业禁止"的性质及价值，界定清楚金融领域腐败犯罪的概念。

（一）刑事"从业禁止"的性质及价值

1. 刑事"从业禁止"的性质

对于刑事"从业禁止"的性质，理论界一直存有争议。有人认为刑事"从业

---

* 本文是2017年国家社科基金重大项目《网络金融犯罪的综合治理》（编号：17ZDA148）的阶段性研究成果。

** 苏州大学王健法学院教授、博士生导师，苏州大学国家监察研究院院长、刑事法研究中心主任。

*** 苏州大学王健法学院刑法学博士研究生，刑事法研究中心助理研究员。

① 参见兰琳宗：《"探头"升级 靶向惩治金融领域腐败》，载《中国纪检监察报》2019年1月18日第2版。

② 参见代江兵：《加大金融领域反腐力度 防范化解重大金融风险》，载《中国纪检监察报》2019年1月14日第3版。

③ 参见全国人大常委会法制工作委员会刑法室编：《〈中华人民共和国刑法修正案（九）〉释解与适用》，人民法院出版社2015年版，第3页。

禁止"是刑罚的一种①,有人认为刑事"从业禁止"是保安处分的一种②,还有人认为宜将刑事"从业禁止"理解为非刑罚处罚措施更为适宜③。笔者并不赞同上述意见,刑事"从业禁止"的性质应为非刑罚预防措施。

首先,刑事"从业禁止"不是刑罚的一种。从刑事"从业禁止"在刑法典中的体系地位来看,其被规定在《刑法》第37条非刑罚处罚措施之后作为第37条之一。而根据我国刑法的规定,刑罚包括主刑和附加刑,第33条和第34条规定了主刑和附加刑的种类,其中并不包括从业禁止这种类型。另外,第37条之一第2款规定的是"被禁止从事相关职业的人",如果刑事"从业禁止"是一种刑罚,为了保持刑法用语的协调,应该会用"被禁止从事相关职业的犯罪分子",因为《刑法》第38条第3款便使用了"对判处管制的犯罪分子"。因此,将刑事"从业禁止"认定为刑罚没有法律依据。

其次,刑事"从业禁止"也不宜被认定为保安处分。在国外,如德国等国家刑法中规定了保安处分,而我国刑法并未规定保安处分这一措施。④ 在我国,保安处分一直只是理论上的界定,对于它的内涵、范围等内容学界并未达成共识,一般来说,保安处分是为了预防犯罪,着眼于行为人的危险性,但是刑事"从业禁止"的适用条件却是"犯罪情况及预防再犯罪的需要",不仅仅是预防犯罪。⑤

最后,刑事"从业禁止"应当属于非刑罚预防措施而非处罚措施。由于刑事"从业禁止"被规定在《刑法》第37条之后,从刑法体系上看,其应当定位于非刑罚措施,但是若将刑事"从业禁止"定位于非刑罚措施存在一个问题,也就是改变了长期以来刑法规范中只有在"不需要判处刑罚的"时候才可以动用"非刑罚方法"的规定。⑥ 为解决这一问题,笔者认为,根据非刑罚措施功能侧重的不同,可以分为非刑罚处罚措施和非刑罚预防措施,虽然对某些犯罪人判处刑事"从业禁止"也具有一定的惩罚性,但是《刑法修正案(九)》增设刑事"从业禁止"的目的在于预防犯罪人在刑罚执行完毕以后再次利用之前的职业便利来实施犯罪。⑦

2. 刑事"从业禁止"的价值

《刑法修正案(九)》增设刑事"从业禁止"主要考虑的是预防相关职业的犯罪人在执行完刑罚后再次犯罪,保护公共利益和社会秩序。⑧ 首先,刑事"从业禁止"的起始期是在刑罚执行完毕之日或者假释之日,这表明刑法之所以设置"从业

---

① 参见陈兴良:《〈刑法修正案(九)〉的解读与评论》,载《贵州民族大学学报(哲学社会科学版)》2016年第1期。
② 参见童策:《刑法中从业禁止的性质及其适用》,载《华东政法大学学报》2016年第4期。
③ 参见李紫阳:《贿赂犯罪中刑事职业禁止的理解与适用》,载《福建行政学院学报》2018年第6期。
④ 参见陈兴良:《〈刑法修正案(九)〉的解读与评论》,载《贵州民族大学学报(哲学社会科学版)》2016年第1期。
⑤ 参见陈兴良:《〈刑法修正案(九)〉的解读与评论》,载《贵州民族大学学报(哲学社会科学版)》2016年第1期。
⑥ 参见李晓明:《刑法学总论》,北京大学出版社2016年版,第478页。
⑦ 参见彭夫:《论刑法中从业禁止规定的理解与适用》,载《刑法论丛》2016年第4卷。
⑧ 参见全国人大常委会法制工作委员会刑法室编:《〈中华人民共和国刑法修正案(九)〉释解与适用》,人民法院出版社2015年版,第2页。

禁止"是为了预防其再次犯罪，但是需要注意的是，这里的"预防再犯罪的需要"是指有必要以"从业禁止"的方式基于预防的需要防止犯罪人再犯罪，这不同于刑罚的预防目的。这是因为，对于刑罚的正当化根据有报应刑论和预防刑论之争，目前被普遍接受的并合主义认为，刑罚的正当化根据一方面是为了满足恶有恶报、善有善报的正义要求，另一方面必须是防止犯罪所必需且有效的，应当在报应刑的范围内实现一般预防与特殊预防之目的。① 因此，在判处犯罪人刑罚时已经在责任主义原则之下考虑了报应和预防的需要，但是刑事"从业禁止"是在行为人刑罚执行完毕之后进行的，其考虑的犯罪情况和预防再犯罪的需要已经不同于刑罚的惩罚性和预防性，其主要考虑的应是"行为人在狱外利用职业再次犯罪的可能性"②。其次，刑事"从业禁止"是基于某些职业特点，犯罪人执行完刑罚后容易重操旧业，为防止其再次犯罪而设置刑事"从业禁止"。这些犯罪人在刑罚执行后往往会继续从事原来的职业或者相关的职业，而利用刑事"从业禁止"对这类犯罪人设置了一定的职业限制，可以有效切断其与原来特定职业间的联系，起到预防其再次从事相同犯罪的作用。最后，为预防犯罪人再次从事原来职业而犯罪，在刑法增设刑事"从业禁止"之前，相关法律、行政法规中已经存在类似规定，如《公司法》、《证券法》等都对犯罪后禁止从事相关职业作出了规定，这些规定的立法目的也是预防犯罪人再次犯罪。《刑法修正案（九）》之所以增设刑事"从业禁止"，是因为前述法律、行政法规是根据各自的调整范围作出的从业禁止的规定，不能涵盖实践中所有需要从业禁止的行业、职业，增设刑事"从业禁止"可以对其他法律、行政法规从业禁止规定形成有效补充。③ 此外，由于刑事"从业禁止"有相关的行政处罚及刑罚措施予以保障，能够进一步提高从业禁止的预防作用。

（二）金融领域腐败犯罪的基本界定

对于何谓"金融"，目前没有一个准确的界定，理论上一般认为，金融的内容包括货币的发行与回笼，存款的吸收与付出，贷款的发放与回收，金融外汇的买卖，有价证券的发行、认购与转让，保险，信托，国内、国际的货币结算。④ 至于法律法规层面的界定，国务院1998年发布的《非法金融机构和非法金融业务活动取缔办法》（2011年修订）第3条从反面规定了金融机构的范围可供借鉴⑤，金融机构是指经中国人民银行批准，从事或者主要从事吸收存款、发放贷款、办理结算、票据贴现、资金拆借、信托投资、金融租赁、融资担保、外汇买卖等金融业务活动的机构。本文研究的金融领域的腐败犯罪治理问题不仅应当包括金融机构内的工作人员在从事上述金融业务过程中涉及的腐败犯罪，还包括监管金融机构及金融

---

① 参见张明楷：《刑法学》（第五版），法律出版社2016年版，第507页。
② 童策：《刑法中从业禁止的性质及其适用》，载《华东政法大学学报》2016年第4期。
③ 参见全国人大常委会法制工作委员会刑法室编：《〈中华人民共和国刑法修正案（九）〉释解与适用》，人民法院出版社2015年版，第2页。
④ 参见刘宪权：《金融犯罪刑法学原理》，上海人民出版社2017年版，第1页。
⑤ 该办法第3条规定：本办法所称非法金融机构，是指未经中国人民银行批准，擅自设立从事或者主要从事吸收存款、发放贷款、办理结算、票据贴现、资金拆借、信托投资、金融租赁、融资担保、外汇买卖等金融业务活动的机构。

业务活动的金融监管部门人员利用职权产生的腐败犯罪问题。

那么什么是"腐败"呢？对于腐败的定义，从不同的角度界定就会产生不同的概念，狭义的腐败指的是公职人员或组织不合目的地行使公共权力，为谋取私人利益而实施的违反国家法律的行为。① 由于本文研究的是金融领域的腐败犯罪，因此需要对上述定义进行一定的限缩，所说的金融领域腐败犯罪主要是指金融机构工作人员和金融监管部门的人员及其他与之相关的人员，包括国家工作人员和非国家工作人员，在从事金融业务或者监管金融业务过程中，利用职务上的便利，实施贪污、受贿、行贿和挪用公款等犯罪，谋取私人利益，或者犯罪人利用职业或职务便利自己实施金融犯罪或为他人实施金融犯罪提供便利及与金融相关的职务犯罪，而金融犯罪主要被规定在我国现行《刑法》分则第三章"破坏社会主义市场经济秩序罪"第四节"破坏金融管理秩序罪"和第五节"金融诈骗罪"中，② 当然也应包括与金融部门及其相关人员的职务犯罪等。

综上，本文所称的金融领域腐败犯罪指的是金融业务或金融监管业务的人员及其相关人员，利用职务或职业便利所实施的贪污、贿赂、行贿、受贿、挪用公款或资金等传统腐败犯罪行为和内幕交易等破坏金融管理秩序犯罪及金融诈骗犯罪行为等。

二、刑事"从业禁止"适用于金融领域腐败犯罪的正当性依据

刑事"从业禁止"适用于金融领域腐败犯罪的正当性依据主要指的是适用的合理性和可行性，具体如下：

（一）刑事"从业禁止"适用于金融领域腐败犯罪的必要性

1. 金融领域腐败犯罪的特点决定了有必要适用"从业禁止"

第一，金融领域腐败犯罪的涉案金额大、危害性大，有必要提前预防。由于金融领域的主要业务是处理资金的支付、融通，一旦涉案往往数额巨大，如在一些银行金融信贷领域犯罪案件频发，涉案金额有的已达几十亿元、上百亿元，有的横跨信贷、票据等多个业务领域。③ 金融领域腐败案件往往涉及的是不特定多数人的财产安全，严重的金融腐败案件甚至可能危害到国家安全，所以有必要对金融领域腐败犯罪提前预防。第二，金融领域的行业特点容易滋生金融腐败犯罪。金融行业一直是特许垄断行业，金融资源属于市场上的稀缺资源，且金融行业的获利丰厚，这很容易产生权力寻租，如金融领域信息不对称现象较为突出，金融机构工作人员或者金融监管人员如果利用敏感信息攫取非法利益后被及时发现而被追究刑事责任，但是这些犯罪分子在执行完刑罚以后还可能禁不住金融市场的巨大利益诱惑而利用自己已经掌握的尚未公开的信息从事金融犯罪活动。因此，有必要实施一定期限的从业禁止来提前预防。第三，金融领域腐败犯罪再犯的可能性大。金融领域的圈子

---

① 参见李晓明：《控制腐败法律机制研究》（第二版），法律出版社 2017 年版，第 78-79 页。
② 参见刘宪权：《金融犯罪刑法学原理》，上海人民出版社 2017 年版，第 4 页。
③ 参见吴敏：《严格执纪执法 维护金融安全——关于金融信贷领域反腐败问题的几点思考》，载《中国纪检监察报》2018 年 6 月 14 日第 7 版。

小、同学、师生、同事、亲友等裙带关系交织，监管者与被监管对象之间亲而不清、公私不明，容易形成利益团伙。① 如果没有刑事"从业禁止"的规定，很多金融犯罪分子就可能在刑罚执行完毕后利用自己对金融机构的熟悉和关系网，再次实施金融诈骗活动。②

2. 仅用刑罚措施惩治金融领域腐败犯罪的不足

虽然刑罚也具有预防犯罪的目的，使犯罪人承受一定的自由刑和财产刑之痛苦而达到预防犯罪人再次犯罪的目的，也就是说，"通过制定、适用和执行刑罚，使犯罪人养成良好的规范意识，树立和强化对法的信仰与忠诚，从而不愿再次犯罪"③，但是对金融领域的腐败犯罪而言，刑罚的预防作用有限。从犯罪人所犯之罪的种类来看，对犯罪人而言，职业本身的便利对其产生的诱惑相较于一般人而言更大，或者犯罪人对本职业要求的义务本身就存在轻视甚至无视的态度。④ 此外，金融领域的专业性强、复杂性高，增加了其犯罪的隐蔽性，这些都导致犯罪人可能基于期待不被发现的侥幸而冒险再次实施金融犯罪；虽然现行《刑法》中有罚金刑、没收财产刑，但是与金融领域腐败犯罪的高收益相比，很多犯罪分子很可能会再次实施金融犯罪，因此需要在刑罚之外再增加刑事"从业禁止"的预防措施，以消除其重操旧业的可能性。

3. 刑法之外的行政从业禁止性规定威慑力不足

我国《证券法》《商业银行法》规定了证券市场禁入措施和禁止从事银行业工作的从业禁止措施，但是违反行政从业禁止规定却没有强制力的处罚，对于证券市场禁入措施，证监会的《证券市场禁入规定》也只是规定："被采取证券市场禁入措施的人员，应当在收到中国证监会作出的证券市场禁入决定后立即停止从事证券业务或者停止履行上市公司、非上市公众公司董事、监事、高级管理人员职务，并由其所在机构按规定的程序解除其被禁止担任的职务。"对违反行政从业禁止规定的行为而言，由于没有足够的处罚措施予以保障，因此很容易导致一些犯罪分子有恃无恐，在犯罪后的一段时间内再次实施金融犯罪。此外，由于行政从业禁止规定分散在各个部门法之中，很难严密行政从业禁止的法网，这也导致行政从业禁止规定的震慑力不足。

（二）刑事"从业禁止"适用于金融领域腐败犯罪的可行性

1. 刑事"从业禁止"的适用对象契合金融领域腐败犯罪人的特点

如上文所述，金融领域腐败犯罪人大多是金融领域的工作人员或者金融监管人员，从事金融行业的人员往往需要具备一定的从业资格，如证券从业人员需要证券从业资格，同时法律对金融领域的从业人员规定了特定义务，如根据《证券法》的规定，证券交易所的工作人员在任期内，不得直接或者以化名、借他人名义持有、

---

① 参见代江兵：《加大金融领域反腐力度　防范化解重大金融风险》，载《中国纪检监察报》2019年1月14日第3版。
② 参见刘金林：《"禁止从业"可有效预防金融犯罪》，载《检察日报》2005年6月28日第7版。
③ 张明楷：《刑法学》（第五版），法律出版社2016年版，第510页。
④ 参见武晓雯：《论〈刑法修正案（九）〉关于职业禁止的规定》，载《政治与法律》2016年第2期。

买卖、接受他人赠送的股票。有学者指出，"证券犯罪呈现出鲜明的职业性特征"①。事实上，《证券法》等金融法之所以作出这类特定从业资格和特定义务的要求，是因为金融领域的特点决定了金融从业人员很容易滥用自己的职业便利，或者容易违背职业所要求的特定义务。而根据刑法的规定，刑事"从业禁止"的适用对象与上述对象具有契合之处，适用于证券业、银行业等金融业务领域的人员。

2. 刑事"从业禁止"的预防措施能够有效应对金融领域腐败犯罪再犯

如上文所述，金融领域的高收益、专业化、隐蔽化的特点决定了金融领域腐败犯罪具有很高的再犯率，单纯的自由刑、罚金刑可能并不足以消除犯罪人重返社会后再犯与其职业相关罪的危险性。而禁止其从事证券等金融相关职业，无疑是将一种剥夺从业权利的自由限制加担给犯罪人，对其再犯能力的限制应当是更加有效的。② 因为刑事职业禁止作为非刑罚预防措施，通过切断其与特定职业间的联系，使其在一定年限内没有资格或能力再次从事与职业相关的贿赂犯罪。③ 由于刑事"从业禁止"被规定在刑法之中并由法院作出，违反刑事"从业禁止"作出的决定视情况而承担行政处罚和刑事责任。

三、刑事"从业禁止"在治理金融领域腐败犯罪中的具体适用

在司法实践的具体适用中，笔者认为，应从以下四个方面来把握适用刑事"从业禁止"。

（一）刑事"从业禁止"适用的对象

刑事"从业禁止"适用的对象为"因利用职业便利实施犯罪"，或者"实施违背职业要求的特定义务的犯罪"而被判处刑罚的罪犯。

首先，应厘清"利用职业便利"与"利用职务便利"的关系。有学者认为，"职务"属于"职业"的下位概念，职业是公民为满足生活需要所从事的工作，包括社会生活中的各行各业；"职务"一般是指具有一定管理权的职责，对他人得到或者失去某种利益有制约决定作用的工作和地位。④ 笔者同意上述观点，从文意解释来看，"职业"与"职务"并不等同，前者的范围更广，前者是后者的上位概念。由于本文研究的金融领域腐败犯罪包括贪污、受贿等传统的腐败犯罪，也包括金融犯罪，因此对"利用职务便利"与"利用职业便利"而言，存在两种关系，第一，职业行为与职务行为竞合⑤，"利用职务便利"等于"利用职业便利"，如国有银行的行长利用自己审批贷款的职权受贿后违反国家规定发放贷款，由于行为人既是国家工作人员，又是金融机构的工作人员，其利用职务便利等于利用职业便

---

① 参见齐文远、李江：《论〈刑法修正案（九）〉中的"从业禁止"制度——以证券犯罪为考察视角》，载《法学论坛》2017 年第 5 期。
② 参见齐文远、李江：《论〈刑法修正案（九）〉中的"从业禁止"制度——以证券犯罪为考察视角》，载《法学论坛》2017 年第 5 期。
③ 参见李紫阳：《贿赂犯罪中刑事职业禁止的理解与适用》，载《福建行政学院学报》2018 年第 6 期。
④ 参见武晓雯：《论〈刑法修正案（九）〉关于职业禁止的规定》，载《政治与法律》2016 年第 2 期。
⑤ 参见童策：《刑法中从业禁止的性质及其适用》，载《华东政法大学学报》2016 年第 4 期。

利。第二，只是利用了职业便利而没有利用职务行为。比如，行为人是证券交易所的普通工作人员，其在工作会议中从同事处得到了内幕交易信息后实施了内幕交易犯罪行为，此时行为人仅仅利用的是自己的职业便利，没有利用职务便利。

其次，对于如何理解"违背职业要求的特定义务的犯罪"理论上也存有争议，有学者认为，只有刑法分则规定的罪状中有职业要求的特定义务的犯罪才能成为职业犯罪[1]。笔者不赞同上述观点，立法本意应当是违背一些特定行业、领域有关特定义务的要求，违背职业道德、职业信誉所实施的犯罪。[2] 由于法院作出的刑事"从业禁止"决定在全国范围内有效，这里的特定义务法律来源不限于法律、行政法规，还包括在全国范围内普遍有效的规章，但不应包括地方性的法规。[3] 对金融领域的腐败犯罪而言，规定其特定义务的主要是金融法、公务员法等。

最后，刑事"从业禁止"适用的是被判处刑罚的罪犯，在我国刑罚有主刑和附加刑之分，这里的判处刑罚既包括主刑加附加刑，也包括独立适用罚金、剥夺政治权利等附加刑，值得注意的是，《刑法》第37条规定了免予刑事处罚，司法实践中法院也会对某些情节轻微的腐败犯罪判处免予刑事处罚，但是免予刑事处罚是定罪免刑，属于非刑罚处罚措施，不属于刑事"从业禁止"适用的被判处刑罚。

（二）刑事"从业禁止"适用的条件

根据《刑法》第37条之一的规定，根据"犯罪情况和预防再犯罪的需要"具体决定是否适用刑事"从业禁止"，主要是指根据犯罪的性质、情节、社会危害程度和造成的社会影响，以及犯罪分子的主观恶性、再次犯罪的可能性等确定，对于故意实施犯罪恶性较大、犯罪情节恶劣，不适用从业禁止可能严重影响人民群众安全感，难以预防其再次犯罪的，适用从业禁止的预防性措施。对于主观恶性小、犯罪情节较轻、再犯罪可能性较小的，也可以不适用从业禁止的预防性措施。[4] 对金融领域腐败犯罪而言，由于涉及传统的贪污、受贿等腐败犯罪和金融犯罪两类，如果国家工作人员仅仅实施了受贿罪，根据《公务员法》的规定，只要实施了犯罪便不能再从事公务员职业，应当由法官根据《刑法》第37条之一第3款的规定宣告其终生不得从事公务员职业。如果国家工作人员除了受贿还实施了金融犯罪，对金融犯罪而言，如上文所述，由于其危害性非常大、再犯可能性大，除了过失犯以外，均应对被告人宣告刑事"从业禁止"，禁止其从事相关的金融职业。如果被告人是金融领域的非国家工作人员，其利用职业便利实施了金融犯罪，除了过失犯外，原则上要禁止其再从事金融相关职业。

（三）刑事"职业禁止"禁止的"相关职业"

根据《刑法》第37之一的规定，刑事"从业禁止"不是禁止被告人从事一切

---

[1] 参见童策：《刑法中从业禁止的性质及其适用》，载《华东政法大学学报》2016年第4期。
[2] 参见全国人大常委会法制工作委员会刑法室编：《〈中华人民共和国刑法修正案（九）〉释解与适用》，人民法院出版社2015年版，第3页。
[3] 参见李紫阳：《贿赂犯罪中刑事职业禁止的理解与适用》，载《福建行政学院学报》2018年第6期。
[4] 参见全国人大常委会法制工作委员会刑法室编：《〈中华人民共和国刑法修正案（九）〉释解与适用》，人民法院出版社2015年版，第5页。

职业，而是禁止与利用职业便利犯罪或者违背职业要求的特定义务犯罪的有关职业，犯罪分子虽然具有特定职业身份或者从事有特定义务要求的行业，但是所实施的犯罪，与职业没有关系、没有违背特定义务要求的，不能根据本条规定适用从业禁止。① 对金融领域的腐败犯罪而言，应当明确行为人实施的犯罪行为所利用的是何种职业的便利或者违背的是何种职业的特定义务。② 对于职业的界定可以参照国家质量监督检验检疫总局、国家标准化管理委员会批准的国家标准《职业分类与代码》（GB/T 6565-2015）（以下简称《职业分类与代码》）。《职业分类与代码》分为大类、中类、小类，如专业技术人员为大类，经济和金融专业人员为中类，银行专业人员为小类。如果银行的工作人员实施了背信运用受托财产罪，对其宣告刑事"从业禁止"时，职业禁止的最大范围为《职业分类与代码》的中类，即经济和金融专业人员，其中包括禁止从事银行专业人员、保险专业人员、证券专业人员等经济和金融专业人员。如果犯罪人不仅实施了贪污、受贿行为，还实施了金融犯罪行为，则涉及跨大类进行职业禁止的情形。比如，国有金融机构的负责人既犯受贿罪又犯内幕交易罪，那么对其就应当既禁止其担任党的机关、国家机关、群众团体和社会组织、企事业单位负责人，也禁止其再成为经济和金融专业人员。

（四）刑事"从业禁止"中行政从业禁止规定的适用

《刑法》第37条之一第1款规定了刑事"从业禁止"的适用对象、适用条件等内容，第3款规定了其他法律、行政法规对其从事相关职业另有禁止或限制性规定的，从其规定。对于应当如何理解第1款和第3款之间的关系，学界有三种观点，即修正适用说、同时适用说、优先适用说。③ 我们认为，既然刑法中规定了刑事"从业禁止"，当然应由法院来宣告从业禁止，只是法院在适用法律宣告从业禁止时涉及与其他法律的协调问题，这里的"从其规定"指的应当是，当其他法律、行政法规对职业禁止的期限和适用条件作了不同于第1款的规定时，由法院依照"其他规定"宣告对被告人从业禁止。④ 具体到金融领域的腐败犯罪，如果《证券法》等金融法已经对被告人从业禁止的期限作出了不同于第37条之一第1款的期限时，如根据《证券法》的规定，被告人如果从事了违反证券法的行为，情节严重的，可以对被告人采取终身禁入证券市场，因此，如果被告人的行为构成相关的证券犯罪的，可以由法院宣告对被告人终身从业禁止。

四、结语

近年来，国家加大了对金融领域的反腐力度，由于金融领域腐败犯罪的社会危害性极大、犯罪分子在刑罚执行完毕以后，很容易利用其原来的职业便利或关系，

---

① 参见全国人大常委会法制工作委员会刑法室编：《〈中华人民共和国刑法修正案（九）〉释解与适用》，人民法院出版社2015年版，第8页。
② 参见武晓雯：《论〈刑法修正案（九）〉关于职业禁止的规定》，载《政治与法律》2016年第2期。
③ 参见童策：《再论刑事从业禁止的性质及适用——基于刑法第37条之一第2、3款的规范阐释》，载《学术交流》2017年第11期。
④ 参见张明楷：《刑法学》（第五版），法律出版社2016年版，第642页。

重新犯罪，仅用刑罚措施、行政从业禁止性规定治理金融领域腐败犯罪均存在一定的不足，而刑事"从业禁止"契合金融领域腐败犯罪人的特点，能够有效应对金融领域腐败犯罪人的再犯。因此，笔者认为，在金融领域适用刑事"从业禁止"不但有必要而且可行。只是刑事"从业禁止"是《刑法修正案（九）》新增设的内容，在具体适用过程中应当注意适用的对象、适用的条件、禁止的相关职业以及与行政性从业禁止规定之间的协调关系。

混合所有制公司、企业管理层职务犯罪研究
——以王某贪污、私分国有资产案为例

陈结淼[*]　龚傲霜^{**}

随着国有经济体制改革的深入，国有资本与非国有资本的融合成为一种常见的所有制体制改革形式。国有资本通过控股、参股等形式，与其他性质的资本相融合，形成多元化投资主体的混合所有制公司和企业。改制后的混合所有制公司和企业的刑法属性、管理层中的国家工作人员身份认定、混合所有制财产中的"公共财产"、"国有资产"认定等，都是刑事司法实践中棘手的难题。混合所有制单位的管理层利用职务犯罪的定性，在理论和司法实务中均存在较大的争议。在经济体制改革和反腐败工作不断深入发展的背景下，从刑法理论上厘清这些问题显得尤为重要。

一、研究的缘起：由案例展开

2002年，被告人王某经国有企业海南×海实业公司（以下简称实业公司）委派至其全资子公司海南×海实业有限公司武汉公司（以下简称武汉公司）担任法定代表人、经理，负责房地产经营、贸易等业务活动。2013年，武汉公司改制成国有资本占股30%的混合所有制公司并更名为武汉×祥物业发展有限公司（以下简称×祥公司），王某经公司党委决定，以及股东大会程序选举继续担任公司法定代表人兼经理。2014年，王某以个人名义在武昌区购买了一套房产供家人居住，未办理房产登记，将购房、装修发票作为付款凭证交予×祥公司会计程某，以"购办公用房"的明细科目列入"固定资产"的总账科目，后又将此房屋以204万元卖出，所得售房价款由其个人支配。2017年，经王某等高层领导决定，将"开发成本"科目下的"工程费用"余额290万元转入当期销售成本中，虚列成本支出，以单位名义按照奖励基金和绩效金重复私发给自己和其他职工共10人。①

本案中，控、辩、审三方对于本案的定性莫衷一是。检察院指控被告人王某犯贪污罪、私分国有资产罪，但是法院一审和二审的判决都认定王某的全部行为只触犯了贪污罪。而被告人及其辩护律师上诉声辩，王某在国有企业改制后不再是国家工作人员，改制后的混合所有制公司的财产也不是贪污罪和私分国有资产罪中的"公共财产"、"国有资产"，显然不符合指控罪名的主体和对象构成要件。由此案件引发了对改制后的混合所有制公司、企业在刑法上的属性如何认定，混合所有制

---

[*]　安徽大学法学院教授、博士生导师。
^{**}　安徽大学法学院2018级刑法学硕士研究生。
①　王持平贪污、私分国有资产案，一审刑事判决书参见湖北省武汉市武昌区人民法院【(2017)鄂0106刑初674号】，二审刑事判决书参见【(2018)鄂01刑终129号】。

公司、企业中适格的委派主体和国家工作人员的范围有哪些，混合所有制公司、企业的财产属性在刑法上如何确定，能不能作为贪污罪和私分国有资产罪的构成对象，贪污罪共犯和私分国有资产罪的区别如何界定等问题的争议。实践中，混合所有制企业高层犯罪案件容易触及上述的争议焦点，本文通过对上述争议的梳理分析，以期改善混合所有制公司、企业职务犯罪认定的混乱局面。

二、混合所有制公司、企业管理层身份界定

（一）混合所有制公司、企业刑法属性

2001年最高法院《关于在国有资本控股、参股的股份有限公司中从事管理工作的人员利用职务便利非法占有本公司财物如何定罪问题的批复》（以下简称《批复》）从反面排除的角度重申了《刑法》第93条第2款，只有国家机关、国有公司、企业、事业单位才是适格的委派主体。2005年最高人民法院《关于如何认定国有控股、参股股份有限公司中的国有公司、企业人员的解释》（以下简称《解释》），依然指明只有国有企业、公司委派至国有参股、控股公司的人员才是国家工作人员。上述《批复》和《解释》从正反两个方面强调国有公司、企业的委派职权，但是对于改制环节中国有企业改制成混合所有制的公司、企业能不能作为国家工作人员的适格委派主体，并没有深入说明。

《企业国有资产法》将国家出资企业以列举的形式进行表述，只限于国有独资企业和公司、国有控股、参股公司，并有意将这几类国家出资企业在法律地位上并驾齐驱。2010年两高颁布的《关于办理国家出资企业职务犯罪案件具体应用法律若干问题的意见》（以下简称《意见》）指出："经国家出资企业中负有管理、监督国有资产职责的组织批准或者研究决定，代表其在国有控股、参股公司及其分支机构中从事组织、领导、监督、经营、管理工作的人员，应当认定为国家工作人员。"《意见》显然将委派主体扩张到混合所有制公司。但随着经济改革的深入，市场经济参与主体的复杂多变，国有企业、公司和国有控股、参股企业、公司的关系和性质界限不太明朗。在此，"独资说"认为，国有企业、公司只能是国家独家的全部出资，是国家出资企业中的一种类型，与其他的国家出资企业并列而行。① 也有学者按照国家出资的比例计算，国家出资占绝大优势的都应认定为广义的国有企业，这种"控股说"认为，占优势的控股者是国家，根据"谁投资，谁拥有产权"，国有控股公司和国有企业、公司一样都是国有企业。② "控股说"认为，国家出资公司最大的区别无非持股多寡的比例，高于50%以上就是绝对控股，超过30%是相对控股。但是，企业处在不停改制变化发展中，股份比例增减不一则意味着国家工作人员身份也随着其发生质变，反而在实务中不能认定其为国家工作人员，似乎与《意见》规定相左。

本文认为，国有混合所有制公司、企业的持股比例不是委派主体适格标准的划分界限，更不是认定国家工作人员的前提基准。《意见》将委派主体扩张到国家控

---

① 刘为波：《关于办理国家出资企业中职务犯罪案件具体应用法律若干问题的意见》，载《刑事审判参考》，法律出版社2011年版，第108—142页。
② 阮方民：《"国家工作人员"概念若干问题辨析》，载《浙江大学学报》2000年第2期。

股、参股公司,是法律应时变化的需要。国家委派人员监管国有资产也是出于管理和保护国家资产的目的,提高国家市场经济发展动力。并且《意见》的扩张也衔接了《刑法》的规定,即"委派+从事公务"的双层构成因子,特此规定了国家控股、参股公司中负有监督和管理的特定组织才有资格委派。因此,混合所有制公司、企业也具备刑法上的委派单位资格,其委派从事公务的人员也相应具备职务犯罪的主体条件。进而,也就相对确定了混合所有制公司、企业国家工作人员的判断路径,如果是上级国家机关、国有公司、企业、单位直接任命委派,再去非国有企业从事公共管理事务的,毋庸置疑应当然认定为国家工作人员。如果是混合所有制公司委任的,首先要判断委派主体是不是具有监管职责的特定组织,其次要判定该工作人员是否从事组织、领导、监督、经营、管理工作。

(二) 混合所有制公司、企业委派组织认定

《意见》制定时并没有特别明确指出,哪些组织属于"负有监督、管理国有资产职责的组织",理论和实务中的争议中心主要是,企业高层的股东会、董事会、监事会,还有国有企业、公司同级或者上级国有出资企业内部的党委和党政联席会,是不是这里的具备监督、管理的特定组织。委派的主体是国家意志的传达者,具有国家意志性,改制后企业一般设有党委,并由本级或者上级党委决定人事任免。《全民所有制工业企业法》第8条规定,"中国共产党在企业中的基层组织,对党和国家的方针、政策在本企业的贯彻执行实行保证监督"。混合所有制公司、企业重要人事任免都需要由党组织集体研究决定,除国有资产监督管理机构外,党委被认为代表国家在上述企业中行使管理监督职责,因此这里的"组织",就是指上级或者本级国家出资企业内部的党委、党政联席会。

至于国家控股、参股公司内部的股东会、董事会、监事会能否作为委派的特别组织,本文持否定观点。首先,根据《公司法》第66条规定,国有独资公司不设股东会,公司全部的重大事项都是由国有资产监督管理机构决定或审核的,股东会的职能已经被取代。国有独资企业的股东会不复存在,国家控股、参股公司的股东会也不能实现被替代的职能。其次,即便是《企业国有资产法》统一规定了国家出资企业的相关法定事由,但是细察该法的内容,可以发现在相当多的条文中,国有独资公司机构设置都是单独规定,再次彰显了国有独资不可比肩的重要地位。混合所有制公司、企业的法律地位虽然有国家主体的参与,但是似乎盘旋在普通公司和国有独资企业中间的灰色地带。就算国有独资企业、公司的董事会、监事这样的高层管理机构具备委派的权限,国家参股、控股公司的董事会、监事会的法律地位也不能与国有公司、企业相提并论,如果以董事会、监事会拥有委派权,也有别于国有高管机构的权级,如此会加剧市场主体的歧视对待,不利于平等竞争。最后,现代公司都会设置股东会、董事会、监事会代表全体股东意思进行决策和监管,混合所有制公司因其混合体制的特殊,其股东会、董事会、监事会还代表非国家股东的意思,已经不具备完全的国家代表性,因此不是适格的委派主体。纵然混合所有制公司有国有财产的注入,但是对委派组织不合理的扩张,只会导致刑法入罪门槛的降低,反而会伤害混合企业的经济创造活力。

(三) 管理层的国家工作人员身份认定

混合所有制公司、企业国家工作人员是经"委派"并"从事公务"有关这一对概念的几个问题需要在这里说明。2003 年最高院《全国法院审理经济犯罪案件工作座谈会纪要》（以下简称《纪要》）指出，公务是与职权挂钩的公共事务，以及监督、管理国有资产的职务活动，代表国家机关、国有公司、企业、事业单位、人民团体履行组织、领导、监督、管理。《意见》中规定的"从事公务"基本一脉相承。从语意和体系解释均能阐释出，委派到混合所有制公司、企业从事公务活动的人员，履行的或是行政管理性质工作，或是国有出资财产的管理职权，而这些工作和职权只能由董事、法定代表人、经理、监事、出纳人员完成，不是像技术工、售货员等特定工作范围内完成公司、企业的一般经手事项。① "公务"不同于"职务"，它必须接受国家的委派和指令，即公务必须同时具备"管理性"和"国家代表性"这个实质特征。② 由此可知，具有管理性职权的国家工作人员都集中在了管理层。

《纪要》规定了"委派"的法意，"委派"的形式多样，包括委任、派遣、任命、指派、提名、批准等。《意见》已经明确只要由国有企业、公司，国家控股、参股公司的特定组织委派，具体的任命机构和程序不会左右国家工作人员的认定。由国家党委提名委派，已经具有国家意志的代表性，代表国家行使职权已经得到关联的外延，内部任命机构和程序只是形式程序，实质要件还是国家的委派和从事公务。③ 有学者认为，"委派"从主体到形式的外延均显露了不合理的扩张解释趋向，应当予以限缩。譬如，国家委派组织的个别领导及领导的口头委派，又当如何认定。④ 本文认为，其实《意见》在制定时就秉持严格谨慎的态度，毕竟非国有公司的委派权力和其中国家工作人员身份的肯定，或多或少是对以往惯性法定身份认定的冲击，因此《意见》限缩并不是任何组织和个人都是适格的委派主体，只有代表国家意志，即负有监督、管理国有资产职责的组织才具备委派的资格。

实践中存在大量的层层委派现象，"二次委派"的认定也是个争论不休的问题。国有独资企业、公司第一次委派国家工作人员至国家出资企业中从事公共监管活动后，此时又经国家出资企业委派至其他企业能否认定为国家工作人员。在《意见》出台之前，通说基本不支持二次委派的人员是国家工作人员，但是根据《意见》规定，国家控股、参股公司中特定的监督、管理组织二次委派从事领导和监管工作的人员，可以认定为国家工作人员。陈兴良教授认为，混合所有制公司、企业如果存在下属分支，在管理体制没有发生变化的情况下，由一般国家出资企业委派，国有属性基本没有发生本质变化。但是，国有控股、参股企业与非国家出资企业合营的模式下，只有国有独资企业委派才更为合理。⑤ 本文认为，多层、多级委派的认定

---

① 马路瑶：《"国家公作人员"认定的刑法解释学研究》，载《江西警察学院学报》2019 年第 2 期。
② 肖中华：《贪污贿赂罪疑难解析》，上海出版社 2006 年版，第 24 页。
③ 裴显鼎、刘为波：《国企改制中相关职务犯罪适用问题》，载《法律适用》2011 年第 6 期。
④ 胡冬阳：《论国家出资企业中"国家委派人员的适度限缩"——兼议〈关于办理国家出资企业职务犯罪案件具体应用法律若干问题的意见〉第六条》，载《福建警察学院学报》2015 年第 3 期。
⑤ 陈兴良：《国家出资企业国家工作人员的范围及其认定》，载《法学评论》2015 年第 4 期。

还是追根溯源的问题，只要是国有方的适格委派，其中应该包括《意见》中的"负有监督、管理国有资产职责的组织"，代表国家行使履行监管职责，再多层次的委派都不影响国家工作人员的界定。

三、混合所有制公司、企业财产性质认定

混合所有制公司、企业资产性质一直是个棘手的问题，主要是由其国有和私有共同参与的特性引发的。传统意义上的贪污罪、私分国有资产罪的犯罪对象是公共财产、国有资产，公共财产包含国有资产。根据罪刑法定原则，犯罪构成需满足主客观所有要件的成立，混合所有制公司、企业所有的财产显然不是刑法规定的公共财产和国有资产，不能按照职务犯罪相关罪名论处。但是，随着国有企业改制步伐的加快，混合所有制公司、企业的大量涌现，因其不完全的公共属性，如果不能得到同等的法律保护，国有资产的流失局面也得不到相应的控制，由此引出"公共财物"能否外延到混合所有制公司中财产的认定问题上。

贪污罪是职务犯罪中最典型的罪名，国家工作人员滋生的腐败容易侵害公共财产的所有权，特别是利用职务权力和管理的便利，在国家出资企业中侵占公共财产更是近水楼台。贪腐行为相较于普通侵犯财产犯罪行为，造成的危害更大。① 为保证国家管理工作的正常开展和民众对清廉建设的期待，在全民所有制改革大背景下，基于严格、充分保护国家出资企业的资产安全，应当继续严惩贪腐。根据贪污罪的保护公共财产和维护国家工作人员身份廉洁的立法意旨和规制目的，在认可本罪双层法益的共识上，刑法通说理论更普遍认为贪污罪的主要法益是公职行为的廉洁，退而次之的法益才是公共财产。② 只有利用"职务上的便利"指向目的对象的"非法占有公共财物"，才能被认定为贪污罪。③ 基于严惩腐败的形势需要和罪名的本质解读，贪污罪的构成越来越看重身份是受委托的公职人员，从而侵害财产，逐步淡化财产在构成属性上的同位认定。

我国《刑法》第91条规定了四类"公共财物"，是由《刑法》制定时的特定历史背景决定的。"公共财物"的范围还在延展，《刑法》第183条、第271条、第394条还规定非国有的保险金、其他单位财物和国内公务活动或外交交往中的礼物，都可以作为贪污罪的构成对象。《意见》就国家出资企业在改制过程中将隐匿企业、公司财产的行为归个人持股的改制后的企业、公司所有，按贪污罪定；将国有企业、公司隐匿财产归职工集体持股的企业、公司所有，可以定私分国有资产罪。《意见》同样将"公共财物"、"国有资产"扩展到混合所有制下的公私财产。有学者给出的理由是，只要公职人员非法侵占利用其职务支配的公私财产，理所应当定贪污罪，不必考虑贪污罪犯罪对象的性质。④ 但是，受罪刑法定原则的制约，任何

---

① 莫晓宇：《异质同构、内在背反与纠偏复位——贪污受贿罪视域内的"财物"研究》，载《刑法论丛》2018年第1期。
② 张明楷：《刑法学》，法律出版社2016年版，第1184页。
③ 王彦强：《业务侵占：贪污罪的解释方向》，载《法学研究》2018年第5期。
④ 赵俊：《贪污贿赂各论》，法律出版社2017年版，第88页。

罪名的成立，都应该从刑法的目的出发，以刑法规范为依托，以刑法谦抑性为原则，围绕构成要件的该当性。①

法律拟制允许在一定条件下按照刑法基本规定论处，从而将形式相同、侵害相同法益的行为按同一罪名处断。②《意见》规定，隐匿改制后的混合所有制企业财物行为可以构成贪污罪，则是将公私混合的财产拟制为公共财物。出资者注入资本后，资本便脱离出资人的所有，转归为混合所有制公司所有，既不是完全国有也不是完全私有，不能以《刑法》第91条和第92条公私财产的基本划分遮蔽国有参与的混合性，就此否认改制后国有资产的客观存有。根据《意见》"谁投资，谁拥有产权"的规定，国有出资，国家拥有相应的产权，侵害混合所有制公司、企业财产还是会造成国有资产的流失，损害国家利益。因此，混合所有制公司、企业在适用贪污罪名时，不能含糊其辞，在注重身份廉洁的第一法益的同时，也要给予第二法益的合理解释。更不能因为缺乏刑法的明文规定，就此认定违背罪刑法定。较于身份犯罪，特别对象犯罪的刑罚总是高于一般身份和财物犯罪的刑罚，如果混合所有制企业没有法律拟制，就会给法律适用留存空白，国家资产得不到充分保护，而违法者也能逃避较重的处罚，这是令人难以接受的。无论是从罪刑法定的形式侧面还是从其实质侧面，法律拟制的最终指向是满足国民预测可能性。③ 在重拳打击贪污腐败和国企改革的形势下，以法律拟定方式认定混合所有制公司、企业财产构成贪污罪的构成对象，并没有使国民意外和过分担忧。

四、隐匿、私分混合所有制公司、企业中财产行为的认定

在前述案件中，被告人通过虚假账目隐匿公司财物并私分给多人，该犯罪行为构成何种罪名，是该案引发的值得思考的关键问题。具体来说，第一，混合所有制公司、企业中共同贪污和私分国有资产罪区别何在。第二，争论的中心是主体资格问题，在形式构造相同，公共财产包括国有资产有拟制依据可以扩张到混合所有制公司、企业的财产上，但是因私分国有资产主体的不符合，造成此罪名无法适用，容易成为新的"休眠条款"。第三，在国企改制不可逆转的前景下，私分国有资产罪将何去何从。

私分国有资产罪是由贪污罪分解衍生而来的罪名，两罪行为构成存有一定的相似处，皆是利用职务便利侵吞占有公有单位财产，损害国家工作人员的廉洁性，两罪侵害的对象都是国有财产或者公共财产。刑法上界定不同罪名的区别，应当从应然和实然层面上，以刑法规范对不同行为的不同评价为根本依据。④ 根据刑法明文规定，在主体上，私分国有资产罪的主体是国有性质单位，是典型的单位犯罪，受罚主体是单位直接主管人员和其他直接负责人，不知情被动分得财产不需要受刑法责难。而贪污罪的主体是自然人，所有参与的主体以共犯论处。两罪进一步的实质

---

① 常燕：《国家出资公司中工作人员的身份认定》，载《人民司法》2018年第2期。
② 吴江：《刑法分则中注意规定与法律拟制的区别》，载《中国刑事法杂志》2012年第11期。
③ 赵拥军：《对贪污罪对象"公共财物"的再次审视》，载《犯罪研究》2015年第4期。
④ 刘栋涛、钱松：《私分国有资产罪犯罪构成认定》，载《云南大学学报》2013年第3期。

区别在行为方式上，私分国有资产罪具有形式上的"合法"性，由企业领导层和管理层通过决议，代表企业意志，公开进行，是违反国家规定以绩效奖金、补助金等方式分发给多数员工。贪污是由行为人对自己监管的财物，以秘密方式，侵吞、窃取、骗取非法获得公共财物。

前文详尽阐述了国家参控、控股公司中的人员可以具备国家工作人员身份，并且按照法律拟制，公共财产可以外延制公私混合的财产上，国有企业改制后国家工作人员侵吞本公司财产构成贪污罪相对没有阻碍。但是，私分国有资产罪是典型的单位犯罪，在国企改革不可逆转的趋势下，国有公司、企业数量锐减，而行为侵害的是公私混合财产，不是国有财产，私分国有资产罪的适用就会遇到阻碍。在行为构造相同，主体单位空置，对象混合交叉，私分国有资产罪的悬置和适用与否成为刑法中相当尴尬的问题。在混合所有制公司、企业集体私分公私财产如何定罪问题上，有学者提出混合所有制公司、企业人员犯罪，不能依照私分国有资产罪认定，但是按照改制前后的不同阶段，以贪污罪和滥用职权罪都可得以规制。① 但是，贪污罪的刑罚重于私分国有资产罪的刑罚，按照贪污罪定处扩张了受罚人员，严重不符合罪责刑相适应原则。以滥用职权罪容易忽视以单位意志私分企业资产的全体性，同时也不符合《刑法》第168条国有公司人员和第397条国家机关工作人员的主体要求，完全将单位犯转换成自然人犯罪。

私分国有资产罪之所以处于如此司法尴尬境地，究其原因主要是构罪主体的唯一性，而随着经济改革方向的变动，特定主体的分解，该罪名不能发挥其应有功能的弊端开始展现，其局限性也影响对不同经济主体的调整作用，缺乏对非公有制经济的同等保护，同样会造成混合所有制公司、企业中国有资产的流失。因此，本文认为刑法在匡正社会廉政风气的同时，也要兼顾市场秩序的经济属性，在立法体例上协调国有和混合所有主体的刑法地位，鼓励不同的市场主体平等竞争，平等适用刑法，做到同罪同罚。可以通过修改纯国有单位相关罪名，或者合理扩大立法解释，强化犯罪主体和对象与刑法规范的吻合度，避免国有企业相关罪名束之高阁，或者以强行适用造成犯罪行为的失当评价。

五、结语

混合所有制公司、企业有利于优化国有经济结构，不断提升国有经济的控制力和影响力。对于混合所有制公司职务犯罪的认定，唯有严格遵守罪刑法定，谨慎判断该类公司的性质、国家工作人员身份和所有资产的性质，只有符合相关罪名的所有构成要件，才能使国有控股、参股公司在得到刑法充足保护的同时，准确区分此罪与彼罪的界限，又不会损害国有企业、公司改制后持续发展的稳定态势。混合所有制企业改革的深入，造成纯国有主体罪名难以适用，还需要更新立法，平等保护非公有制公司、企业资产，以实现刑法和市场经济政策的对接。

---

① 白洁：《私分国有资产行为的定性——从三起"相似案件不同判决"来分析》，载《中国检察官》2017年第11期。

第四编　金融领域腐败犯罪的惩治与防范

内外勾结型金融诈骗行为之定性探析

王志远* 　陈　昊** 　张笑天***

一、内外勾结型金融诈骗行为的类型化研究

由于现代金融机构管理程序的完善、风险防范能力的增强，金融诈骗行为往往难以凭借一人单独完成，内外勾结型的金融诈骗犯罪便成了该类犯罪最常见的犯罪形态。由于外部人员与金融机构内部工作人员相互串通，共同实施金融诈骗行为，这在理论和实践两个层面都产生了对行为人各自犯罪行为定性的难题：从理论层面来看，这类犯罪涉及共同犯罪和身份犯等重要刑法理论；实践中则面临取证困难、作用分工难以准确划分、共同故意难以确定等操作上的困境。因此，笔者认为有必要对内外勾结型金融诈骗行为作进一步类型上的细化，分情况进行讨论，不宜一概而论，以避免定罪和量刑上的不均衡。

就笔者目前所能收集到的论文资料来看，以往学者多是将内外勾结型的金融诈骗犯罪的定性难题作为金融诈骗罪共犯适用中的疑难问题之一进行阐述[①]，很少将其作为一类特殊的金融犯罪现象进行单独对待[②]，这在一定程度上造成了对待该类行为的定性往往是不加区分地对待，过度强调共同犯罪的性质，而忽略了行为人尤其是银行内部工作人员自身行为的法益侵害性，造成了罪责刑失调甚至不当的情形。因此，笔者在查阅大量司法实践案例等资料的基础上，尝试将该类金融诈骗行为作进一步细化，以期归纳出各种具体情形的共通特征。

（一）实质的金融诈骗共犯

陈兴良教授认为，金融犯罪的共犯问题有两种情形：第一种情形是金融机构的内部人员和社会上的人员互相勾结进行金融诈骗；第二种情形是不同单位的人员互相勾结进行金融诈骗。[③] 本文所论及的内外勾结型的金融诈骗案件，正如肖中华教授所指出的，是指银行、保险公司等金融机构的工作人员，与其他非本单位人员互

---

* 中国政法大学刑事司法学院副院长、教授、博士生导师。
** 中国政法大学 2018 级刑法专业研究生。
*** 中国政法大学 2018 级刑法专业研究生
① 例如，陈兴良：《金融犯罪若干疑难问题的案例解读》，载《江西警察学院学报》2017 年第 6 期；肖中华：《论金融诈骗罪适用中的三个问题》，载《法学杂志》2008 年第 4 期。
② 目前，通过中国知网、万维数据库等查询到的以该类金融诈骗行为单独为研究对象的论文仅有两篇，分为是王晓辉：《论内外勾结的金融诈骗共犯》，载《郑州航空工业管理学院学报（社会科学版）》2011 年第 1 期；张磊、王娟：《内外勾结型金融诈骗犯罪初探》，载《山西政法管理干部学院学报》2010 年第 2 期。
③ 陈兴良：《金融犯罪若干疑难问题的案例解读》，载《江西警察学院学报》2017 年第 6 期。

相配合,以欺诈手段共同实施贷款诈骗、票据诈骗、保险诈骗的案件。① 实际上,以上论者所论述的仅仅是指实质的内外勾结型金融诈骗行为,也就是金融机构内部工作人员与社会上的人员相互勾结,内部人员利用职务便利,共同完成贷款诈骗、票据诈骗等犯罪的情形。以王某和张某等人内外勾结贷款诈骗案为例,某国有银行客户经理(系国家工作人员)王某与朋友张某、杨某等人合谋,由张某、杨某伪造或变造企业资信证明、担保证明等资料,向王某所在的银行申请贷款补息,王某利用其负责该企业贷款业务的便利,先后以张某等人企业的名义骗取贷款补息数十万元,所得款项由三人私分挥霍。

对于该案中各行为人的行为定性意见并不统一,主要有三种处理结论:一是三人合谋以非法占有为目的,由外部人员杨某、张某等人伪造贷款申请资料,骗取银行贷款补息,因此构成贷款诈骗罪。又因为王某本身作为国家工作人员,利用职务便利,以骗取为手段侵吞国家资产,构成贪污罪。由于三人共同实行了犯罪行为,根据"部分实行全部责任"原则,三人构成贷款诈骗罪与贪污罪,数罪并罚。二是王某以非法占有为目的,通过使第三人占有国家金融资产的手段,与银行外部人员共谋实施骗取行为,构成贪污罪。根据刑法分则伙同贪污以贪污论处的规定,张某、杨某等人伪造贷款资料等行为是王某贪污国家资产行为的一部分,三人均应以共同犯罪论处。三是对三人应当分别定罪,王某的行为同时构成了贪污罪和贷款诈骗罪(帮助犯)的想象竞合,以贪污罪论处;张某、杨某的行为同时符合贷款诈骗罪(实行犯)和贪污罪(帮助犯)的想象竞合,以贷款诈骗罪论处。笔者认为此类案例的共同点在于:金融机构内部工作人员往往是掌握贷款申请、审批等权限的国家工作人员,其知晓外部人员递交的申请材料是虚假的,故意利用职务便利使其顺利获得国家贷款或补息并事后参与分赃。具体而言,若是具有国家工作人员身份的内部员工与外部人员共同商议,由其利用职务便利、外部人员伪造贷款资料等,以外部人员名义骗取贷款,事后三人共同分配的,此种情形符合刑法分则中"伙同贪污"的情形,应当以贪污罪(共同犯罪)论处。若是内部员工并未参与共谋,只是应外部人员请求提供便利,事后参与共同分赃的,应当分别定罪论处,即内部人员可能构成贪污罪,外部人员构成贷款诈骗罪。

(二)形式的金融诈骗共犯

这类犯罪主要是指因主观认识因素和犯罪故意内容不同而造成的其中一方构成金融诈骗罪而另一方构成职务犯罪的情形②,与实质的内外勾结型金融诈骗犯罪不同的是,前者往往表现为内部人员在犯罪过程中起主导作用,也有学者称其为虚假的共犯意思,即对于内部人员来讲,外部人员的贷款诈骗行为只不过是侵吞国家资产的一种特殊手段;后者实际上是内部人员以非法占有为目的利用职务便利帮助外部人员骗取贷款后获取部分财产,而外部人员往往是以非法占有贷款为目的伪造资

---

① 肖中华:《论金融诈骗罪适用中的三个问题》,载《法学杂志》2008年第4期。
② 王晓辉:《论内外勾结型的金融诈骗共犯》,载《郑州航空工业管理学院学报(社会科学版)》2011年第1期。

料获取贷款。也有学者指出，对银行等金融机构工作人员与外部人员勾结，通过诈骗手段侵吞单位资产或储户资产的行为，应当以是否利用职务便利为标准，分别定为贪污罪（属于国家工作人员的情形）或职务侵占罪、贷款诈骗罪。① 笔者认为上述观点有待商榷：一方面，以利用职务便利作为定性的标准难以应对复杂的实践情况。以姚某与张某共同贷款诈骗一案为例，姚某作为某银行的专职审批人在贷款审批发放过程中具有一票否决权，张某为获取姚某在其贷款过程中能够提供的便利，多次向其行贿并与其约定在事成之后分给姚某一部分资金作为报酬，姚某欣然答应为其提供便利，于是在客户经理对张某申请贷款的担保手续产生质疑时，其交代下属省去实地核查这一程序，明知其贷款手续虚假而批准了贷款请求，致使银行资产损失近亿元。若按照上述判断标准，姚某的行为显然是利用了其职务便利，则其行为构成贪污罪，令人产生疑问的是姚某并无非法占有公共财产的目的，其利用职务便利为他人牟取不正当利益而收受贿赂的行为，构成受贿罪与滥用职权罪的想象竞合，其只是对张某骗取贷款的行为提供了便利，且占有的部分贷款只是作为其提供帮助的报酬，并非其侵吞或骗取的公共财产。另一方面，对于此类实质的内外勾结型的金融诈骗，不宜一概而论，而应结合以下因素进行具体判定：一是内部工作人员是否参与了金融诈骗整个过程的具体谋划；二是内部工作人员是否利用了工作便利，需要注意的是，内部人员利用了工作便利则有可能构成职务犯罪，但并非具备了此要件就一定会构成职务犯罪，上述论述的缺陷便在于忽略了这一点；三是内部工作人员是否参与了事后分赃。

（三）虚假的金融诈骗共犯

以上两种内外勾结型金融诈骗犯罪是司法实践中常见的行为类型，二者的共同点在于金融机构内部人员都参与了事后分赃，也就是内、外部人员均具有非法占有金融机构财物的目的，但在实践中也不乏一些内部人员并未参与分赃也不具有非法占有财物的目的，也未收取任何贿赂，只是出于情谊等关系，在自己负责的范围内明知外部人员不符合贷款条件时，提供了一定程度的便利，促使其顺利取得金融机构财物，对于此类情形笔者将其概括为虚假的金融诈骗共犯，也就是在此类案件中表面上行为人（内部人员）利用职务便利为其他人实施金融诈骗行为提供帮助，给国家资产或金融机构资产造成了重大损失，实际上行为人并无非法占有金融机构财物的目的，其行为更加符合滥用职权罪或国有企业、公司人员失职罪的构成要件。但司法实践和理论中却对此存在两种不同的处理方案：第一种处理方案是以张明楷教授为代表的观点认为贪污罪所要求的"以非法占有为目的"不仅包括使自己占有，也包括使第三者占有（包括单位），② 即在此类案件中行为人是否参与分赃并不影响其贪污罪的成立，因此内部人员构成贪污罪和滥用职权罪的想象竞合犯。第二种处理方案则与笔者观点相一致，即将使第三人非法占有的目的排除在非法占有

---

① 参见肖中华：《论金融诈骗罪适用中的三个问题》，载《法学杂志》2008年第4期；张磊、王娟：《内外勾结型金融诈骗犯罪初探》，载《山西政法管理干部学院学报》2010年第2期。

② 参见张明楷：《诈骗罪与金融诈骗罪研究》，清华大学出版社2006年版，第439页。持此类观点的文章还包括何家弘、黄健：《贪污罪非法占有目的之推定规则初探》，载《法学杂志》2016年第10期。

目的之外。以付某贪污罪一案为例,被告人付某任炼油厂车间操作员,利用负责本单位输送丙烯的职务之便,先后 10 余次秘密窃取价值 40 万余元的丙烯输送给世纪康公司,收取好处费 16.8 万元。检察机关以付某构成贪污罪向法院起诉,法院认定付某主观上没有非法占有公共财物的目的,其行为不构成贪污罪,而构成公司、企业人员受贿罪(因付某不具有国家工作人员身份)。赵秉志教授对此认为,国家公司、企业的一般工作人员利用职务之便将本单位财物秘密送给他人,从中收取贿赂的,既不是贪污罪、职务侵占罪,也不构成受贿罪,而是构成公司、企业人员受贿罪。①

实际上,以上三大类内外勾结型金融诈骗行为的划分并非绝对的细致,金融诈骗犯罪行为内容复杂,呈智能化、国际化等趋势,犯罪行为常由多人配合、多环节合作共同完成,内外勾结型的金融诈骗犯罪还具有利用有身份者的职务便利进行犯罪等特点,使得内外勾结型金融诈骗行为的定性问题成为了理论和实践中的热点,而对上述三大类行为的异同之分析,则成为了对上述类型行为进行不同对待和分析处理的基础与根源。

二、内外勾结型金融诈骗行为的异同与分析

(一) 三类内外勾结型金融诈骗行为的异同

据此,笔者认为可以描摹出内外勾结型金融诈骗的基本行为特征:"内"是指金融机构内部的人员,但仅在金融机构内工作尚且不足以成为这一金融诈骗类型中的"内",还需要这一内部人员具有与处理金融事务相关的职责。具体而言,即使是在金融机构内部工作多年,十分熟悉金融行业运作和具体业务办理的金融机构安保人员、后勤服务人员、司机等职能人员,也不能作为内外勾结型金融诈骗的"内"部人员。"外"则与"内"呈反对关系,即不在金融机构内部工作的人员,以及在金融机构工作但不具有处理金融事务相关职能的人员。但如此仍不足以对内外勾结型金融诈骗进行具体的描绘和分析。在观察了上述三种内外勾结型金融诈骗行为后,我们可以发现,内外勾结型金融诈骗行为是具有共性特征的。笔者认为其共性特征主要体现在以下几个方面:

1. 金融机构外部的人员均是"诈骗"行为的参与者

无论是上述何种具体类型的内外勾结型金融诈骗,金融机构外部的人员均实际参与了诈骗的行为。在金融诈骗的情境下,用以诈骗金融机构的贷款事项、保险事项、票据事项均需要与银行无关的人或机构作为主体,而金融机构外部的人员便起到这一功能。其或虚构贷款事项,或虚造保险事故,或伪造票据事项,并以此来向金融机构提出给付款项的要求。可以说,在金融诈骗活动中,金融机构外部的人员是诈骗活动实施的基础和主体。

2. 金融机构内外部人员进行了意思联络

意思联络是认定金融机构内外人员勾结的必备要素。在实质的金融诈骗共犯

---

① 赵秉志:《中国刑法典型案例研究》(第三卷),北京大学出版社 2008 年版,第 47 页。

中，金融机构内部和外部人员形成了共同实施诈骗行为的意思，并且在该意思的基础上共同实施诈骗行为。在形式的金融诈骗共犯与虚假的金融诈骗共犯中，金融机构内部人员与外部人员形成了外部人员准备虚假材料而内部人员提供审核虚假材料的便利的意思，从外部人员的角度来讲，是形成了金融机构内部人员帮助金融机构外部人员取得财物的意思。

但此三者也具有较为明显的差异性，具体如下：

1. 三者的行为不同

实质的金融诈骗共犯行为，系金融机构内部人员与金融机构外部人员共同实施诈骗行为，即二者一同以欺骗事实、隐瞒真相的方法，使金融机构产生错误认识而给付财物。此时，参与金融诈骗的金融机构内部人员不能是金融机构的"错误认识"的作出者。这是因为，单位意志以个人意志为载体，当单位意志依托于某个个人的判断时，该个人的认识即单位的认识，换言之，如果金融机构内部人员是金融机构认识的作出者，该内部人员对具体事项的明知即单位对该事项的明知，因此便不存在认识错误的问题。

形式的金融诈骗共犯行为，系具有金融事项决定权的金融机构内部人员利用其职务便利为金融机构外部人员伪造的金融事项之审核提供起决定性作用之便利，使金融机构外部人员取得金融机构的给付的行为。从功能上看，金融机构内部人员的职务便利和金融机构外部人员的伪造金融事项的行为均对最终从金融机构取得财物起必要作用，缺少任意一方的行为都无法从金融机构获得财物。值得一提的是，这种行为已经不再属于金融"诈骗"。

虚假的金融诈骗共犯行为，则是具有金融事项处理权的金融机构内部人员利用其职务便利为金融机构外部人员伪造的金融事项之审核提供起非决定性作用之便利，使金融机构外部人员取得金融机构给付的行为。在虚假的金融诈骗共犯中，金融机构外部人员伪造的金融事项是最终取得金融机构财物的必要条件，而金融机构内部人员的行为则不必然使得金融机构向外部人员给付财物。

在此，需要明晰"决定性作用"之含义。从现实情况来看，金融机构决定金融事项的权力往往被分散给多人、多机构进行。其中，贷款审批员等部分职务，可以决定金融事项是否通过审批，或者对金融事项审批的部分事项起到终局审核效果。此类人员的职权在决定金融事项过程中就可整体或部分地对被审批的金融事项进行终局决定。笔者认为以上人员起到的作用便是决定性作用。而客户经理等职务，则不具有对金融事项的终局或部分终局审批职能，其可能为金融事项的核查提供辅助型帮助，如代为传递材料等，但其不能决定金融事项是否通过审核，即不能决定金融机构外部人员能否得到金融机构给付财物。其在内外勾结型金融诈骗活动中起到的作用便不是决定性的。

2. 三者中金融机构内外部人员的利益联系形式不同

在实质的金融诈骗共犯行为之中，金融机构内外部人员往往形成了利益上的共同体。由于此时不存在利用金融机构内部人员的职权的情况，故不存在用财物来收买职务行为的情形。在获得了金融机构给付的财物之后，金融机构内外部的人员往往对取得的财物进行分赃。

在形式的金融诈骗共犯行为之中，金融机构内外部的人员则在利益分配上有多种联系情况。一种情形是以金融机构内部的人员为主导，金融机构外部人员为辅助，这种情况下多为金融机构内部人员取得财物的主要部分，金融机构外部人员取得较少部分或者以感谢费、辛苦费为名义的较少量财物。另一种情形是以金融机构外部人员为主导，金融机构内部人员用其职务便利帮助外部人员通过虚构的金融事项审核，此时当获得了财物给付之后，金融机构内部人员则会依其职务行为取得财物。但此时金融机构外部人员取得的财物之性质有两种可能，一种是以分赃的形式取得的财物，另一种则是作为职务行为的对价所收受的受贿款。

在虚假的金融诈骗共犯行为之中，金融机构外部人员均会获得财物，但金融机构内部人员则可能有参与分赃、受贿、不获得财物的三种情形。

3. 三者中涉案人员的主观意思不同

在实质的金融诈骗共犯行为之中，金融机构的内外部人员基于意思联络，形成了共同伪造金融事项，并向金融机构提交，希望引发金融机构产生意思错误从而向金融机构外部人员给付财物的共同故意，而后进行分赃行为。需要强调的是，金融机构内外部人员此时的意思内容是基本一致的。

在形式的金融诈骗共犯行为中，金融机构内外部人员基于意思联络，形成了利用金融机构内部人员决定金融事项的职权，获得金融机构给付财物的故意。

在虚假的金融诈骗共犯中，金融机构内外部人员则基于意思联络，形成了利用金融机构内部人员在决定金融事项过程中能够提供的便利，获得金融机构给付财物的故意。

表1 三类内外勾结型金融诈骗行为的异同

类型	行为	主观	利益联系
形式的	内部人员提供起决定性作用的便利	利用职权侵财的故意	分赃或受贿
实质的	共同实施欺骗金融机构的行为	骗财的故意	利益共同体
虚假的	内部人员提供非决定性便利	内部人员缺少直接占有财物的故意	取得或不取财物

(二) 对三种内外勾结型金融诈骗行为之分析

通过对三种内外勾结型金融诈骗行为异同的分析可以发现，将三种行为类型加以区分的依据可以归结为金融机构内部人员和金融机构外部人员在金融诈骗活动中所起到的作用和金融机构内部人员对待审批金融事项的作用力有所差异。主观意思只是客观上金融机构内部和外部人员实施的行为的主观投射，在行为类型被依据金融机构内外部人员的作用、功能加以区分之后，主观意思的内容则会自然地呈现不同，因此将主观意思作为区分三种行为类型的标准并未触及三者区分的真义。而取财形式则因意思联络和具体情况的不同，在三类行为之中也存在不同的情况，也就同样不能作为区分行为类型的表征。

在此基础上，依据金融机构内部人员职权在审核金融事项过程中所起到的作用大小，可以对三种行为类型作一排序：形式的金融诈骗共犯行为＞虚假的金融诈骗共犯行为＞实质的金融诈骗共犯行为。在形式的金融诈骗共犯行为中，金融机构内部人员直接具有审核或部分审核金融事项的职权，其在金融事项审批过程中起的作用最大也最为实质。但值得一提的是，由于此时金融机构内部人员实际上参与了金融机构对金融事项的意志的形成，故此时金融机构内外人员实施的行为已经不再是诈骗行为，金融机构内部人员的行为应被认为是侵占型的贪污。在实质的金融诈骗共犯行为之中，金融机构内部人员并未使用其职权和职务，故其行为是纯粹的诈骗行为，不涉及渎职的问题。较疑难的是虚假的金融诈骗共犯行为，在这一类型诈骗行为中，金融机构内部人员使用了其职权，但其职权并未与金融事项的审批有实际关联，但其使用的职权客观上也为金融机构外部人员取得金融机构财物给付提供了便利和帮助。此时，对涉案人员的定性问题则需要讨论分析。

三、虚假的金融诈骗共犯行为的定性分析

虚假的金融诈骗共犯之行为在实践中的处理有以下几种模式：（1）将金融机构内部的人员以贪污罪、职务侵占罪定罪，将金融机构外部人员以相关金融诈骗罪定罪。无论金融机构内部人员是否参与了分赃或者从金融机构外部人员处获得财物，这种处理方式均可适用。笔者将该处理模式归纳为广义的作用处理法。（2）将金融机构外部人员以相关金融诈骗罪定罪，将金融机构内部的人员以相关金融诈骗罪的共犯定罪，认为金融机构内外人员在金融诈骗行为和结果上构成共同犯罪。这种处理方式同样认可涉案全部人员均具有非法占有目的，且无论金融机构内部人员是否参与了分赃或者从金融机构外部人员处获得财物均可适用。笔者将该处理方式归纳为吸收处理法。（3）将金融机构外部人员以相关金融诈骗罪定罪，将金融机构内部人员以国有公司、事业单位人员滥用职权罪定罪，这种处理方式需要以金融机构内部人员没有参与分赃或接受财物为要件。笔者将这种处理方式归纳为非法占有目的否定处理法。（4）将金融机构外部人员以相关金融诈骗罪定罪，金融机构内部人员则视其行为与结果之间是否具有因果关系，以受贿罪、非国家工作人员受贿罪或国有公司、事业单位人员滥用职权罪处理。笔者将该处理方式归纳为狭义的作用处理法。

可以说，这四种处理方式体现出了司法实务中对金融机构内部人员的作用和非法占有目的的不同认识。广义的作用处理法，认可金融机构内部人员具有非法占有目的，并且认为其即使是没有为最终取得财物起到决定性作用仍不能认为金融机构内部人员的行为与取得财物的结果之间的因果关系不存在。吸收处理法认为金融机构内部人员具有非法占有目的，其行为虽然为最终取得财物提供了便利，与取得财物之间具有因果关系，但这种行为不能被评价为利用职务便利，只能被评价为对金融诈骗活动的帮助。非法占有目的的否定处理法肯定了金融机构内部人员的行为系利用职务便利，且与取得财物之间具有因果关系，但因不具有非法占有目的而不构成贪污罪或职务侵占罪，只能以滥用职权罪定罪量刑。狭义的作用处理法则回避了非法占有目的的判断，基于金融机构内部人员的行为和最终取得财物之间不具有因

果关系而否定金融机构内部人员构成贪污或职务侵占等职务犯罪，而其为他人谋取利益的行为则可被评价为受贿行为或滥用职权行为。笔者认为狭义的作用处理法是一种合理的处理方案。

通说认为，非法占有目的不仅包括为自己占有的目的，也包括为他人占有之目的，这种观点是十分有力的，其可以将为他人牟利的非法取得占有行为纳入刑法的规制范围，其实益不容抹杀。基于教义学的体系化特点，对非法占有目的的限缩会使所有取得型财产类犯罪的处理方式和结论产生变化，为他人牟利的诈骗、盗窃、抢劫、抢夺行为和为自己牟利的上述行为在法益侵害上并没有任何不同，在罪责上也没有值得区分之处，因此笔者不认为应当排除非法占有目的的认定。

对功能的认识实则是对因果关系的认识。在相当性因果关系的视角下，行为与结果之间的关系应当具有盖然性。而在金融机构内部人员仅具有非决定性作用时，金融机构给付财物的结果之发生还有赖于其他人的行为，此时应当认为因果关系被介入因素阻却。

宽严相济刑事政策下金融领域腐败犯罪治理问题研究

高劲松* 宋 鹏**

金融领域腐败犯罪危害国家正常的金融秩序，金融领域腐败犯罪与传统的普通刑事犯罪相比，在犯罪的生成机理、构成要件、社会危害性的具体体现等方面，均存在诸多不同，这就要求司法机关在对金融领域腐败犯罪进行刑事治理时，充分关注金融领域腐败犯罪的实际特点，采取针对性举措。司法机关要注意运用好宽严相济刑事政策，充分重视金融领域腐败犯罪背后的社会金融生态，防止刑事打击滞后，还要采取积极有效的措施保护金融机构的权益，防止刑事追究的简单化倾向。

一、当前金融领域腐败犯罪的具体成因及表现形式

金融领域腐败是指金融机构及其从业人员在经营管理及其他活动中，为谋取私利，利用掌握的资金资源及其他相关资源，违反国家法律及金融政策、规定，侵害国家、公众及本组织利益的行为或现象。从计划体制到社会主义市场经济体制转轨时期激烈变革的社会经济环境，再加上金融行业法律法规尚不健全，近年来金融业的腐败案件时有发生，所涉金额巨大，使金融业被列为"腐败高发"的领域。

（一）金融领域腐败犯罪的具体成因

1. 政治层面：权力自有的弊端成为金融领域腐败之源

腐败总是与相对稀缺资源的垄断权相伴而生，在金融交易中，金融领域腐败体现为利用资金配置权进行的寻租行为。从早期的商品差价寻租，到近10年来的要素寻租（包括土地批租、金融领域腐败和公司上市过程中出现的腐败等），无一不存在权力腐败的踪迹。我国向市场经济转轨的过程中，金融资源一直是市场上的稀缺资源，增大了银行腐败的可能性，这当中极易出现权力的"寻租"与"设租"，成为金融领域腐败源之一。

2. 机理层面：监督、制约权力的机制存在缺陷

近年来，在一些金融领域中，领导干部尤其是"一把手"的权力过于集中，领导的分工负责也淡化了集体领导，变成了个人说了算，民主集中制得不到贯彻执行，从而导致"权力不对称"和权力使用上的失控。从金融部门的监督环境来看，现行的监督体制也存在明显弊端，监督主体权责不明且缺乏必要的独立性，导致对权力的监督形成了这样一种局面：上级监督不到、同级监督不了、下级监督无效。

---

* 北京市顺义区人民检察院党组成员，副检察长。
** 北京市顺义区人民检察院第二检察部副主任。

在金融部门"一把手"腐败的案例中,"一把手"往往通过培植亲信、排斥异己达到大权独揽的目的,同时又容不得不同意见,"用人一句话、用钱一支笔",滥用职权、玩忽职守,致使以贷谋私、以赔谋私、以权谋私、权钱交易等消极腐败现象得不到根本遏制,对权力的失控和缺少制约催生腐败。

3. 体制层面:金融管理体制的不完善容易滋生腐败

首先,金融机构法人治理组织结构欠缺。目前,我国的各类金融机构的分支机构下级只对上级负责,并且上下级之间存在紧密的内部利益关系,监督主体实质上存在缺位问题。尤其是一些中小股份制商业银行存在股东责任淡化问题、董事会(监事会)的作用不能完全发挥,形同虚设。其次,金融机构内控机制缺失。有些金融机构对内控制度的认识还不很明确,忽视了内控制度是一种机制,是一种贯穿决策、执行和监督整个过程的相互制约的防范机制,因而缺乏执行内控制度的意识。还有些单位发现问题处理不及时,执法执纪不严,内控执行机制和处罚机制弱化,缺乏足够的威慑力。再次,转轨时期金融行业在机制转换过程中出现了规范的缺陷性和冲突性,为金融行业留下了"腐败的缝隙"。最后,高收益低风险成本效应助长了金融领域腐败。在金融行业,由于目前的一些制度安排(包括法律法规和内部治理)存在不少缺陷,易被腐败分子利用而大打"擦边球",模糊违规与违法的界限,造成监管查处上的难度,因此,腐败被抓住的概率极低,导致金融领域腐败成为"高收益、低风险"行为。

4. 思想文化层面:传统文化、行业特点易致金融从业者价值观扭曲

传统文化中的不良思想观念,如封建特权思想、等级观念、私有观念等的影响仍然存在。加之金融行业自身财富特点的显露性,金融行业的工作人员处于一种特殊的工作环境之中,每日与数以千计、亿计的金钱打交道,一些意志薄弱的党员干部经不起考验,价值观逐渐扭曲,滋生拜金主义,滋长金钱至上、唯利是图的错误思想,这种私欲一旦与权力相结合势必产生腐败。

5. 道德层面:利益驱使加大金融道德风险进而走向腐败

由于计划经济体制下形成的伦理道德观念与市场经济的现实发生矛盾,旧的道德观念没有根除,新的道德观念和道德约束制度体系又尚未建立,从而出现道德规范认同障碍,导致道德约束的软弱无力和行为的失范。在市场经济大潮中,金融系统中一些领导干部和员工心理严重失衡,思想道德底线经受不住金钱美色的诱惑,个人自律能力差,放弃了道德修养,堕入贪欲的深渊。在"一切向钱看"的利益驱使下,道德的约束和自我教育功能失效。

(二)金融领域腐败犯罪的主要表现形式

从我国已经发生的金融领域腐败案件来看,金融领域腐败有着不同的表现形式,包括滥用权力、利用职务便利、泄露敏感信息等谋取私利,以及参与洗钱等金融犯罪活动。主要可分为以下三类。

1. 利用审批权力谋取腐败租金

从本质上说,垄断与腐败是一对"孪生兄弟",腐败与相对稀缺资源的垄断权密不可分。在金融市场上,金融领域腐败的一种具体表现是利用审批权进行设租寻

租。在社会主义市场经济转轨时期，金融监管部门对金融市场准入和机构业务范围实行较为严格的管理和限制，有的监管人员借市场准入审批权，有意识通过拒绝批准、提高准入门槛或提出不合理要求，以及故意拖延审批时间等方式进行"设租"，谋求"腐败租金"。

2. 利用敏感信息攫取非法利益

金融行业信息优势明显，信息不对称现象较为突出。内幕信息交易型腐败的交易内容既可以是公司经营方针和经营范围等经营性信息，也可以是政策性信息；交易主体既可以是企业或行业主管部门领导及其相关人员，也可以是立法机构和政策制定部门；交易方式既可以是官员自己或其亲属介入市场获利，也可以是向他人泄露信息而寻租或受贿。有的金融监管部门和金融机构工作人员利用工作之便，将所掌握的敏感信息通过不正常方式泄露出去，从而攫取巨额非法利益。

3. 利用职务便利换取腐败期权

一些金融监管部门或金融机构工作人员利用职务之便和手中权力，为企业违规放贷或逃避债务等提供便利。腐败分子往往不急于直接向企业或个人索取回报，而是与对方暗通款曲，达成"君子协议"，在辞职下海或退休后，通过高薪任职、分给股权等方式换取回报，对腐败期权进行变现。从本质上说，腐败期权化是权力寻租现象在时间和空间上的一种延伸。有研究指出，相较于一般腐败行为，期权化腐败有三个特点：性质模糊、成本较低、收益灵活。

二、现有刑事法律在惩治金融犯罪方面发挥的作用和存在的问题

（一）现有刑事法律在惩治金融领域腐败犯罪方面发挥的作用

鉴于当前金融领域腐败犯罪发案率居高不下的严峻形势，为保护正常的金融秩序，保障市场经济健康有序发展，中国刑法典在惩治此类犯罪方面起到了严厉打击的作用。

1. 有效强化了对金融领域腐败犯罪的刑罚打击力度

随着世界性的轻刑化趋势和废除死刑呼声的日益强烈，中国新刑法典对绝大多数经济犯罪的刑罚是排斥死刑的，对于普通的诈骗罪也是如此。但是，考虑到腐败犯罪相当社会危害特别严重，为严惩腐败犯罪，刑法对贪污贿赂犯罪规定了死刑，但进一步严格限制了适用死刑的条件，即"数额特别巨大并且给国家和人民利益造成特别重大损失的"。这种立法选择，有效地强化了对腐败犯罪的刑罚惩治力度，对于金融领域腐败犯罪也不例外。

2. 有力加大了对金融领域腐败犯罪的经济处罚力度

中国立法机关对金融领域腐败犯罪的惩治，自始至终注重给予经济处罚，规定并处罚金或者没收财产等财产刑，即在经济上予以重罚，使罪犯不能得到经济上的好处。中国刑法对金融领域腐败犯罪基本都规定了明确的罚金制；而且对新增加的金融领域腐败犯罪也采纳了这一原则。

（二）现有刑事法律在惩治金融领域腐败犯罪方面存在的问题

在目前的司法实践中，认定和处理金融领域腐败犯罪中经常会出现以下几个方

面的问题。

1. 将某些金融违法行为不当拔高为金融领域腐败犯罪,不能准确把握金融违法与金融领域腐败犯罪的界限

在实践中,司法机关在认定某行为是否构成金融领域腐败犯罪时,往往会严格根据刑法条文的规定来判断该行为是否符合相应金融领域腐败犯罪的客观行为类型;如果符合,再判断数额、情节等方面是否达到入罪标准,一般情况下该种判断方式能够达到准确认定金融领域腐败犯罪的目的。但在某些情况下,司法实践中会出现一些对金融领域腐败犯罪客体没有明显严重危害性的金融违法违规行为。在这种情况下如何从社会危害性和危害程度入手,判断某些行为是构成犯罪还是一般违反金融违规行为,就可能出现模糊和争议,最终会导致把某些金融违法行为认定为金融领域腐败犯罪。另外,在司法机关认定犯罪过程中,对违法向关系人发放贷款罪,对违法票据承兑、付款、保证罪的主观罪过是否包括过失,以及对金融诈骗犯罪中"非法占有目的"认定标准的争议等,在实质上也反映出对金融领域腐败犯罪的不同处理态度。同时,近年来与非法集资行为有关的犯罪案件呈多发态势,由于该类案件的涉众型特点,纯粹给予严刑处置很难取得法律效果和社会效果统一的实效。① 集资案件被害人对于犯罪化处置结果不予认同已经成为地方政府工作的难题。

2. 不能做到罪刑均衡,在某些案件的处理上存在重罪轻判或者轻罪重判

我国新刑法对金融领域腐败犯罪的处罚基本上以自由刑为主。我国目前正处于经济转型期,短期内金融领域腐败犯罪上升态势不可避免,在这种形势下,扩大金融领域腐败犯罪圈,对危害社会主义市场经济健康发展的行为动用刑罚加以惩处完全有必要。② 但预防金融领域腐败犯罪显然并非刑罚越严厉越有效,也并非自由刑最能有效普遍适用于所有的金融领域腐败犯罪案件处理。此外,从司法追诉角度来看,金融机构和司法机关有重视大案、轻视小案件的倾向。实践中,一些人认为金融机构无小案,几万元、几十万元的案件在金融机构算不上什么,于是不经司法程序而内部处理了之。但如贝卡利亚所言,刑罚威慑性不在于严酷性,而是不可避免性,重大案、轻小案的处理原则并非能够更有效地预防和减少金融犯罪。③

3. 不能有效化解因金融领域腐败犯罪引发的社会矛盾,平息纠纷,保护被害人的合法权益

金融领域腐败犯罪案件的被害人不仅仅是国家或者金融机构,往往也有可能是不确定的多数人,尤其是涉众型金融类腐败犯罪案件。此类案件虽然涉案人员不多,但涉案赃款往往是多数人的钱款,在案发时往往已被犯罪分子挥霍大半,损失难以挽回,国家或者金融机构往往面临巨大压力,或者将窟窿堵上或者只能将损失挂起。金融机构的客户在面对司法机关时很难理性地分析,易将这种损失不能追回的结果归责于司法机关,因此客户情绪极易波动,可能酿成群体性事件,影响社会稳定。而司法机关很难应对群体性上访事件,不能及时平息纠纷,保护被害人的合法权益。

---

① 毛玲玲:《金融犯罪的新态势及刑法应对》,载《法学》2009 年第 7 期。
② 章亚梅等:《金融犯罪刑罚原则探究》,载《学术交流》2006 年第 12 期。
③ [意]贝卡利亚:《论犯罪与刑罚》,黄风译,中国大百科全书出版社 1993 年版,第 59 页。

三、金融领域腐败犯罪治理对策

宽严相济刑事政策的指导作用不仅体现在刑事立法上,而且对刑事司法同样具有指导和调节作用。在对金融领域腐败犯罪定罪量刑的刑事司法活动中,以科学的宽严相济刑事政策为指导,恰当地行使自由裁量权,是宽严相济刑事政策得以实现的关键。

(一)金融领域腐败犯罪案件侦查中应贯彻宽严相济

一是在行使侦查权过程中要严格把握金融领域腐败犯罪的立案标准。金融领域腐败犯罪有一定的立案标准,对于达到立案标准的金融犯罪案件,要坚决予以立案;对没有达到立案标准或者不是金融领域腐败犯罪的案件,而仅仅是金融违法违规,侦查机关不能予以立案,并不能插手金融违法违规行为。目前,侦查机关普遍面临破案指标的牵制,即使如此,也不能只为完成破案指标,盲目追求破案率,将部分情节显著轻微的金融犯罪案件作为刑事案件处理,增加群众的敌对情绪,影响社会和谐。

二是在行使侦查权过程中要注意保障金融犯罪案件犯罪嫌疑人以及证人等诉讼参与人的合法权利,正确适用刑事拘留、取保候审、监视居住等强制措施,强制措施往往成为宽严的重要标准,因此要更加谨慎适用。

三是在行使侦查权过程中采取人性化执法,既要疾恶如仇,又要有悯人之心,对金融犯罪案件的犯罪嫌疑人不能简单采取敌对的心态,而要施以人文关怀,对其正当的权益要加以保障,做到"刚柔相济、恩威并施"。

(二)金融领域腐败犯罪案件批捕和审查起诉应贯彻宽严相济

逮捕作为最严厉的一种强制措施,直接关系到对犯罪嫌疑人的人身自由的剥夺。在金融领域腐败犯罪案件的批捕和审查起诉中要严格批捕和起诉的条件,做到以下几点:

一是要严格执行最高人民检察院出台的关于在检察工作中贯彻宽严相济刑事司法政策的几个指导文件,把牢宽严尺度,特别是要把握"有逮捕必要"的条件。在审查批捕工作中要重视对金融领域腐败犯罪案件的犯罪嫌疑人主体身份、主观恶性、犯罪情节、认罪悔罪表现、社会危害性、涉嫌犯罪的法定刑、适用取保候审的条件等多种因素进行综合分析,特别是对金融违规与金融领域腐败犯罪界限不清等的案件更要全面分析逮捕必要性问题,可捕可不捕的应当不予批捕。

二是要严格区分金融领域腐败犯罪罪与非罪、重罪与轻罪的界限,严格把握宽严尺度,正确行使不起诉决定权。贯彻宽严相济的刑事政策,必须合理掌控不起诉决定权,符合绝对不起诉的要果断作出不起诉决定,符合相对不起诉的依法作出相对不起诉决定,符合存疑不起诉的慎重作出存疑不起诉,体现宽严相济刑事司法政策的内涵,切实做到当宽则宽、当严则严。

(三)金融领域腐败犯罪案件审判中应贯彻宽严相济

1. 重视金融领域腐败犯罪法定和酌定量刑情节的适用

以情节对量刑的结果是否产生必然影响为标准,可以将法定量刑情节分为应当型情节和可以型情节。在一般情况下,可以型情节会对犯罪的社会危害性和行为人的人身危险性程度之间产生一定的影响,但在某些情况下也可能不发生影响或影响甚微。法官在裁量刑罚时,可以根据案件的实际情况决定处刑轻重。刑法规定的可以型情节,是为了适应刑事案件复杂多变情况的灵活而富有弹性的立法方式,为法官发挥主观能动性提供了余地。从本质上说,与宽严相济刑事政策精神是相吻合的。从世界各国的刑事立法来看,可以型情节不仅没有被取消,反而有逐渐增加的趋势。在司法上要积极贯彻宽严相济的刑事政策,充分运用现有的可以型情节规定,促进量刑公正和社会正义的实现。

法定量刑情节是刚性的,不允许司法者任意取舍。而与之相对,酌定量刑情节是刑法没有具体规定的,是法官在量刑实践经验中总结出来的,可以在量刑时灵活掌握、酌定适用的各种事实情况,是决定刑罚轻重的一个弹性、灵活的调节器。酌定量刑情节的正确运用,有利于实现宽严相济刑事政策指导功能的最大化。

从司法实践来看,积极退赃这一酌定量刑情节已经成为左右金融领域腐败犯罪刑罚轻重的十分重要的因素,因此,在条件成熟时可以考虑这一从宽酌定量刑情节的法定化。在目前情况下,也应将这一酌定量刑情节作为量刑时必须考虑甚至主要考虑的量刑情节。同时,重视酌定量刑情节在罪行较轻的金融领域腐败犯罪案件中的作用。对于法定刑在5年以下有期徒刑的金融领域腐败犯罪案件,一旦存在从宽酌定量刑情节,尽可能地不判处有期徒刑或适用缓刑乃至免予刑事处罚。从犯罪数额、量刑情节与量刑轻重的关系可以看出法定和酌定从轻情节对量刑的影响。例如,犯罪金额同样为10万元左右的几名被告人,有人因兼有自首和退赃情节而被判处的主刑和附加刑均低于法定刑。

2. 重视完善金融领域腐败犯罪罚金刑执行方式

目前,金融领域腐败犯罪处罚的罚金刑不够严厉且执行不到位是惩治金融领域腐败犯罪面临的突出难题。究其原因,罚金刑执行难首当其冲。因此,在金融领域腐败犯罪罚金刑执行难的大背景下,应当协调好自由刑与财产刑的关系。不能在罚金刑执行不到位的情况下,一味强调自由刑从宽,而应当借鉴国外的成功做法,实行罚金刑易科的制度。建立罚金刑易科自由刑、罚金刑易科劳役、罚金刑易科不剥夺人身自由的强制性公益劳动、罚金刑易科训诫等制度,从多角度来完善金融犯罪罚金刑的执行方式,以更好地贯彻宽严相济的刑事政策。

腐败犯罪控制的经济分析

王利宾[*] 付传军[**]

引言

一般认为,腐败是指在特定的文化背景和社会环境下,个人或群体违反公认的社会规范,不恰当地利用自身所掌握的稀缺资源,为自己或他人谋取不正当利益,同时损害公共利益的行为。从刑法的角度进行定义,腐败犯罪是指因腐败而触犯刑法,符合个罪具体犯罪构成的行为。刑法中的腐败犯罪主要包括贪污贿赂犯罪、渎职犯罪。腐败犯罪的发生原因复杂,因而腐败犯罪的防治是一项非常困难的工作。由于腐败治理是事关国家生死存亡的大事,所以世界各国都将腐败犯罪的规制作为重大任务来认真对待。我们党和政府一直以来都高度重视对腐败犯罪的治理,多年来尤其是党的十八大以来治理腐败的成绩举世瞩目。2013年1月22日,习近平总书记在十八届中央纪委第二次全会上发表重要讲话强调,要加强对权力运行的制约和监督,把权力关进制度的笼子里。2017年10月18日,习近平总书记在党的十九大报告中指出,"强化不敢腐的震慑,扎牢不能腐的笼子,增强不想腐的自觉,通过不懈努力换来海晏河清、朗朗乾坤"。社科理论界要高度重视、深刻理解习近平总书记的讲话精神,进一步深化对腐败犯罪发生机理的认识,在此基础上提出富有建设性的建议来推进各项制度建构,以实现对腐败犯罪的有效预防和惩治。

有别于法学、政治学等视角,法律经济学是运用经济学理论、方法对法律现象进行解读的交叉学科。法律经济学之所以能够对腐败犯罪这一刑法现象进行解读,首先是因为经济学在研究领域实现了突破,从而扩展了法律经济学的研究范围。特别是"图洛克把经济学的研究范围从生产领域的资源配置扩张到了非生产资源领域的配置,从人们追求新增经济利益的行为扩张到追求既得经济利益的行为:前者是我们熟知的把蛋糕做大的'寻利活动',后者则是多分割蛋糕的'寻租活动'"。自从经济学将研究视角覆盖到了人类全部活动后,法律经济学研究便开始突飞猛进。其次是因为法律经济学是对人相对理性的行为进行的分析、研究。只要是人相对理性的行为都可以纳入法律经济学的分析视角。由于包括腐败犯罪在内的所有犯罪都是人的相对理性的行为,所以运用法律经济学对腐败犯罪进行研究就具备了可行性。最后是因为运用法律经济学研究腐败犯罪也有其必然性。因为从法律经济学的视角来看,腐败犯罪与其他犯罪的最大不同之处在于其属于经济犯罪,而经济犯罪则是经济越轨的最剧烈表现。由于经济越轨本身就可纳入经济学研究框架来理

---

[*] 河南警察学院教授,刑法学博士。
[**] 河南警察学院副教授。

解，所以从法律经济学的角度来审视腐败犯罪，其视角将更加新颖，其解读也将更具说服力。

一、腐败犯罪的发生原因

（一）犯罪的市场

与市场经济中的各种市场一样，腐败犯罪也有其市场和运行的"规则"。腐败犯罪之所以能够发生，在很大程度上源于权力供需的不平衡。公权力的本质是对国家和社会资源的配置。这些资源相较于人的无限需求而言，都是稀缺和有限的，所以，国家必然设定各种条件来确保这些资源获得最优配置，这种最优配置必然会具有排他性。也就是说，相较于人对资源的无限需求而言，公权力对资源的配置总具有倾向性。这些倾向性以社会的公平正义为基本的衡量标准，但标准的抽象性引起了人们对资源无休止的争夺。因为资源无限诱惑，有需求的人都希望加入对有限资源争夺的队伍中来。国家在设定资源配置权之时，也注意到了可能要面对的公众的质疑。所以国家总是通过各种措施来弥补权力运行中的漏洞。借助信息公开和明确的准入规范确实能够将大部分不符合条件的人排除在外，但制度的抽象性和执行者的自由裁量权使制度执行起来并非那么刚性，这就为非法逐利者开了方便之门。事实上，腐败犯罪之所以难以有效根治，在很大程度上是由于利益输送者能够发现制度的漏洞并能与权力执行者保持亲密联系。在腐败犯罪的市场形成中，供需双方都在互动，有时是利益需求者首先向权力拥有者提供利益输送，有时是权力拥有者向利益需求者施加压力或者给予暗示，无论何方主动，最后的结果都是双方在权力和利益交换上达成协议并予以执行。供需双方对彼此利益的追逐，导致权力很容易失去监督从而转化为不当寻租。

（二）犯罪的成本收益核算

从法律经济学的视角来看，社会上的人都有一般意义上的理性，这种理性表现为对自己行为和结果的判断体现了通常的价值观，即理性的人总是从成本收益对比的角度来进行行为选择。对于绝大部分人来说，犯罪绝非理性的行为，因为他们能够对犯罪的成本收益进行科学的比较，也正因为如此，所以绝大部分人不会贸然从事犯罪。从事腐败犯罪的犯罪嫌疑人并非没有理性思考的能力，事实上，犯罪嫌疑人也在对自己的犯罪行为进行成本收益核算，只是他们对成本收益评估不客观，甚或在全面评估之前，就敢冒天下之大不韪从事一般人不敢从事的犯罪。这些人的思考之所以脱离常规，主要是因为其对犯罪成本收益对比有着错误的认识，特别是仅仅重视收益而忽略了可能的成本。例如，公职人员从事腐败犯罪总是希望通过权力寻租来获取尽可能多的利益，其在评估自己的行为时要么对可能遭受的刑罚处罚缺乏认真思考，要么认为自己的行为不可能被发现从而对遭受刑罚处罚的概率充满了怀疑。这些都使公职人员对自己的行为和后果缺乏全面把握，他们倾向于在自欺欺人、盲目乐观的情势下放松其心理警惕。

（三）委托代理关系的不平衡

"腐败的本质是利益委托和权力代理的勾结与合谋，其对公共权力行使和资源分配有着巨大的腐蚀作用，对社会政治经济的健康发展有着不可估量的危害。"第一，授权主体缺位导致代理人的权力缺乏监督和制约。我国《宪法》第2条规定：中华人民共和国的一切权利属于人民。人民行使国家权力的机关是全国人民代表大会和地方各级人民代表大会。人民依照法律规定，通过各种途径和形式，管理国家事务，管理经济和文化事业，管理社会事务。按照规定，行政机关、司法机关、监察机关都由权力机关产生。但现实的问题是，各级人民代表大会和其常设机关无法对由其产生的国家机关和工作人员进行全方位的、动态的监督。而且，即便在法律授权的基础上产生了各种各样的监督方式，但这些监督的效力都还有待提高。之所以出现这些情况，很重要的原因是，作为委托方的权力授权主体无法满足现实需要，致使代理行使行政权、司法权的国家工作人员的职务行为缺乏刚性制约。长期的监督缺位容易使权力滥用形成路径依赖，这为接下来的腐败犯罪埋下了伏笔。

第二，各级国家机关总是在有意识地扩张自己的权力，这是部门的自利性使然。权力扩张在给各个机关带来利益的同时，也会助长机会主义倾向。它会使公权力机关积极寻求制度漏洞并进行恶意利用，这种权力扩张和恶意利用为其权力寻租奠定了基础。另外，公权力机关在非法扩张权力的同时实际上会进一步侵夺公众的权利，从而带来道德风险。从经济学的角度来看，所谓道德风险是指从事经济活动的人在最大限度增进自身效用的同时做出不利于他人的行动。一方面，由于缺乏明确的法律授权，公权力机关很可能为社会公众的行为准入设定更高的成本从而使自己获利，这必然会使社会公众丧失其原本不用支付的经济利益。另一方面，公权力机关总是希望通过对社会公众科以更多的义务来体现其职务行为的权威性，这些义务对社会公众而言是一种额外的负担，这些负担都不具有经济性。

（四）信息不对称

首先，信息不对称排除了有竞争力的资源需求者进行公平竞争的可能性。由于权力寻租者和利益输送者建立了密切的联系，双方的沟通使利益输送者较之其他人更具信息优势。这种信息优势有助于利益输送者更好地采取行动，所以其他竞争者是很难取得优势地位的。也正是这种信息上的不对称，导致利益输送者很容易与权力寻租者形成利益同盟。其次，权力寻租者在信息上的优势也会促使其积极寻找合作对象，从而使权力寻租更易实现。从一般意义上讲，进入市场交易中的经济主体都不希望通过利益输送的方式进行经济合作，因为这意味着增加了其交易成本。在很多情况下，腐败犯罪的成立都是权力寻租者有意识地运用权力向利益输送者进行压力传导。权力寻租者通过制造障碍来暗示利益输送者可以通过与其进行利益交换来获取更多收益。最后，信息不对称还会使正常的经济交易掺杂腐败犯罪。因为权力供需双方对信息的掌握程度并不相同。掌握充分信息的权力拥有者往往对信息进行不充分披露，这就使权力需求者对自己行动的判断缺乏理性。权力拥有者可以充分运用信息优势来诱导对方作出不正确的行为从而为自己作出处罚奠定基础。

（五）制度缺失或制度的笼子间隙过大

1. 监督的体系化、制度化有待提高。"信任代替不了监督"已经成为社会共识，国家也在尝试通过制度建设来实现对权力的规范和制约。但行政权的复杂性和司法权的专业性减缓了监督的效力。特别是对公权力的监督还多停留在事后监督的层面，对权力的全过程监督还存在盲区和不足。

2. 制度的滞后性进一步助长了腐败犯罪的发生。社会生活日新月异，这种变化时刻要求制度进行调整。但制度配置总有滞后性，而且制度配置也需要成本。所以，制度建设总是具有保守性，它总是在社会生活发展成熟之后才能够定型并实现调整的普遍化，但行政管理总是要进行的。也就是说，在面对无法可依时，公权力机关也必须进行管理。这一方面赋予了公权力机关灰色地带的便宜处置权，另一方面也为权力滥用创造了条件。在灰色地带，公权力机关的自由裁量权很容易过大而不受制约，这也为从事腐败犯罪带来了机会。

二、腐败犯罪的规制现状

（一）对腐败犯罪强力规制的需求不足

首先，社会公众法治意识不强，对腐败犯罪防治持有互为矛盾的心理。一方面，在社会层面上对腐败深恶痛绝，对惩治腐败犯罪愿望强烈。另一方面，一旦自己面对问题时又希望通过找关系、走后门和权力寻租来解决。更有甚者，恨不得自己上位来从事腐败犯罪。之所以产生这样矛盾的心态，在很大程度上是因为自身没有形成法治意识，对法治缺乏信心和信仰。

其次，刚性立法、柔性执法的司法状况也助长了社会公众的投机心理。腐败犯罪之所以屡屡发生而不受制约，更深的原因是社会氛围不太理想。复杂而消极的人际网络、立法过于原则抽象、司法消极、权力崇拜都深深影响着人的观念和行为。在这些因素的综合作用下，人们对腐败犯罪的常态化产生了心理默许和容忍，对腐败犯罪无法真正恨起来、无法真正狠起来。社会公众意识的淡薄也导致立法动力不足，从而影响了腐败犯罪规制体系建设。

最后，腐败犯罪更多地被认为是一种政治现象和政治问题。世界各国对待腐败的政治态度不同，其立法、司法、执法也会明显不同。即便是同一国家，在社会发展的不同阶段对腐败的认识也可能存在很大差别，这都会影响到对腐败犯罪的预防和惩治。

（二）制度的威慑力不够

1. 刑罚体系存在的问题。一方面，无论是否承认，死刑的现实威慑力都是极大的。死刑在腐败犯罪中适用概率的降低使得腐败分子长舒一口气，这对制度的强制力是一个不小的打击。在死刑广泛存在的时期，犯罪嫌疑人还会惧于死刑的威慑力而对其行为予以节制。一旦这种刑罚在事实上适用概率降低，犯罪嫌疑人就会铤而走险。因为死刑是对人的生命权利的剥夺，适用死刑意味着犯罪嫌疑人失去了获利和享受的根本。所以说，任何刑罚的强制力都不足以与死刑相比。在缺乏死刑的有效替代品的情况下，贸然废除死刑对犯罪嫌疑人无疑是一种放纵。犯罪嫌疑人既然有动力进行犯罪，就是因为其对犯罪有着自己的认识。其总是认为自己的受益足以超过行为的成本才会犯罪，在其认为行为成本巨大却受益偏低的情况下，其会进一步收敛自己的行为。所以，要全面评估腐败犯罪死刑适用的可能性，对制度配置尽快调整。

另一方面,终身监禁适用概率偏低。第一,我国的无期徒刑基本上不意味着终身监禁。从现实情况来看,无期徒刑通过法定的形式基本上都可以向有期徒刑转化。第二,2015年8月29日,《刑法修正案(九)》在贪污罪中规定了终身监禁制度。根据该修正案,罪犯犯《刑法》第383条第4款规定的贪污罪被判处死刑缓期执行的,人民法院根据犯罪情节等情况可以同时决定在其死刑缓期执行二年期满依法减为无期徒刑后,终身监禁,不得减刑、假释。但这种终身监禁也面临不少问题。毕竟,终身监禁并非刑种,适用终身监禁的前提是罪犯必须被判死刑缓期执行,但死缓在腐败犯罪中适用的概率非常低。时至今日,只有白恩培一人被判终身监禁。

2. 对腐败犯罪相关主体的惩治不够。以贿赂犯罪为例,实践中对受贿者惩罚的力度比较大,对行贿者则出于刑事政策、诉讼便宜的需要进行从轻、免除处罚乃至非罪化。但事实上,贿赂犯罪属于典型的对向性犯罪,没有行贿者就没有受贿者,没有受贿者也没有行贿者。从法律经济学的角度来看,两者形成贿赂市场上的非常典型的供需关系。也就是说,两者以权力为纽带形成了有效联结,受贿者让渡权力从而获取利益,行贿者交付金钱等对价通过权力谋取利益。

在包括贿赂犯罪在内的腐败犯罪中,现有规章制度最大的问题是:只重视对公权力拥有者的严惩,忽视了对利益输送者的严格规范。虽然说这种制度设置也具有一定的合理性。毕竟,公权力拥有者比社会上的其他人更熟悉法律制度,他们也能更加清楚地认识到贿赂对执法司法的极端危害,公职人员的属性使其更应该严格规范自己的行为,在此意境内,的确应该对其给予更重的惩罚以警戒其行为。与之相对,利益输送者之所以进行利益输送,在很大程度上是不得已而为之的行为。其可能尝试了各种合法的途径,但却无济于事,最终不得不屈从于公职人员的压力而提供利益输送,在此意义上利益输送者也是受害者。但也应当承认,这种解释也并非能够经受得住理论和实践的考验。一方面,经济学的供需理论告诉我们,仅凭对权力供给者的惩罚无法实现治理的均衡,因为制度总是有漏洞,人也总是有冲破制度约束为自己谋利的私心,所以只要利益输送者有需求,其总是能够超越制度的樊篱拉公职人员下水。因为只要对利益输送者的惩罚存在障碍,其行动的成本就会很低,从而导致他有足够的动力来拉拢腐蚀公职人员。另一方面,从实践上看,无法通过正当途径来满足利益需求也未必是利益输送者借以脱罪的理由。因为制度规范已经日趋完善,信息的公开化、透明化也使得利益输送者有更多的方法来满足自己的合理需求。利益输送者之所以如此热衷与公职人员进行不正当交易,往往是因为其自身并不符合正当竞争的条件,其希望公职人员通过权力压制来排除其他竞争者,因此,动机的非正当性、行为的违法性和对公平秩序的危害使得我们更有理由来强化对利益输送者的法律谴责。

三、防控机制的建构

(一)充分认识构建防腐机制的重要性

一方面,腐败犯罪既是社会问题、法律问题,更是政治问题。腐败犯罪如不能得到有效规制，社会公众便会对国家的法律制度产生质疑，对法律观念丧失信心，从而破坏法律实施的基础——社会认同。这种情况如果长期存在，人民群众便会对国家和执政党产生严重不满。所以，腐败犯罪惩治状况关系着党和国家的生死存亡，我们务必对此抱以足够警惕。

另一方面，要深刻认识到制度建设的重要性。依法治国的前提和基础是有法可依。在所有规制腐败犯罪的制度中，法治的完善和有效实施是最重要、最基础的制度，只有反腐规范化、成文化才能增加制度执行的刚性，才能将权力关进制度的笼子里，才能避免防腐随意化、主观化、人为化。我们要在深刻认识腐败犯罪危害的基础上，建立起系统化的防控制度。

（二）重视社会监督，增加犯罪成本

1. 高度重视社会监督。在监督体系中，社会监督虽然不像权力机关监督、司法机关监督那样直接产生法律效力，但其作用却不容小觑。一方面，社会监督不像其他监督那样必须以法定的条件为前提，它也不需遵循特定的法律程序。所以，社会监督更灵活，监督成本更低。另一方面，社会监督的主体广泛，广大人民群众都能够对腐败犯罪进行监督。由于主体广泛，社会监督更容易及时捕捉腐败犯罪的信息。即便腐败犯罪十分隐蔽，它的活动也必然有迹可循，既然留有证据，人民群众就可以随时随地对腐败犯罪事实进行检举揭发。从现实情况来看，许多大案之所以得到迅速侦破，与广大人民群众勇于、敢于、善于同腐败分子做斗争密不可分。

2. 增加犯罪成本。犯罪成本包括直接成本、机会成本和惩罚成本。直接成本是指罪犯从事犯罪需要直接付出的成本，机会成本是指因犯罪而付出的代价或者说因犯罪而丧失的福利，惩罚成本是指犯罪后被司法机关处罚所遭受的损失。笔者认为，有必要对犯罪的三个成本一一进行检视，在成本控制上认真进行制度设计，进一步压制罪犯犯罪的冲动。

首先，腐败犯罪中的直接成本主要针对利益输送者而非权力拥有者。利益输送者直接成本的加大意味着他们要实施犯罪必须支付更多的利益、更多的时间投入、更多的心理煎熬和道德压力、更多的付出却无法得到回报的沉淀成本。要增加犯罪的直接成本，第一，就要在合理的范围内增加权力拥有者的物质福利，形成"高薪养廉"的局面。确保他们收入可观、地位超脱，在退休后仍能享有很高福利和社会地位。在此情况下，权力拥有者会对权力寻租保持警惕和行为克制。第二，要建立官员不定期轮岗制度和行为报告制度，加大对官员日常生活的监督、检查，尽可能切割其与利益输送者的联系。从司法实践中发现，很多官员之所以能长期腐败而不被发现，与其长期在某一固定地区或领域有着非常密切的关系。由于其长期任职，其能够构建严密的"关系网"，更容易掌握逃避打击的方法，所以，一方面，长期任职官员的腐败犯罪较难被发现；另一方面，一经发现，案件往往是窝案。为避免这种状况的发生，就需要对官员定期轮岗制度和行为报告制度进行完善并严格执行。第三，要将利益输送者的利益输送行为纳入个人征信，确保能够公开查询，其目的是实现行业自律和个人自律。之所以做此制度设计，是因为利益输送者也是相当理性的人，其会对行贿的短期收益和长期危害进行比较、衡量。在征信状况对个人发展影响长远而短期收益较低的状况下，利益输送者会选择较为严格的行为自律。

其次，进一步增加犯罪的机会成本。第一，规定国家工作人员工作满一定年限而无违法记录的，可以直接进行职务晋升、工资晋级、提前退休。这样规定的目的是进一步提高公职人员行为约束的自觉性。第二，明确规定对腐败犯罪实行终身追究制，一旦腐败犯罪被司法追究，其以前获得的荣誉、当下享受的物质待遇都要视情况褫夺或克减。第三，规定国家工作人员犯腐败犯罪后，其子女不能再参军入伍，也不能再参加考试录取为公务员。

最后，对刑法追究进行细化，对刑事责任有针对性地改革，从而增加犯罪的惩罚成本。由于惩罚成本主要由惩罚的严厉性、及时性、必然性决定，所以要针对惩罚的三个特性进行制度完善。第一，对所有的腐败犯罪在立法中都明确规定终身监禁制度和适用条件。目的是保持对腐败犯罪的高压态势，形成威慑效应。第二，对腐败犯罪的资格刑适用进行改革。基本的态度是：在《刑法》分则第九章渎职罪中增加剥夺政治权利的规定；重视刑事责任和行政责任的衔接，充分利用《刑法》第37条规定的非刑罚处罚措施，避免腐败分子被刑罚处罚后仍然能够享受犯罪福利的情况。第三，充分利用高科技来提升刑事诉讼的效率，提高破案率和办案的准确性、及时性，使腐败分子无处遁形，从而消解其侥幸心理，督促罪犯在犯罪后能够在第一时间投案自首。

（三）强化制度建设

1. 强化前刑法制度的体系建设。与违法行为不同，犯罪具有极强的负外部性。这种负外部性的消极影响非常巨大，且单靠私力救济变得不可能或不经济。所以，国家有必要借助于公权力来实现对犯罪的预防和惩罚。在前刑法制度的构建上，重点是强化预防、惩治腐败的行政立法。一方面，要在犯罪预防上下功夫。腐败犯罪之所以发生，在很大程度上是由权力界限不明、缺乏明确的操作程序、信息不公开不透明、监督不到位所致，所以要针对上述漏洞有意识地进行补救。第一，借鉴联合国《反腐败国际公约》有关国内法的规定，出台国家反腐败法或反贪污贿赂法。第二，整合政府信息公开制度、权力清单制度、公职人员财产公示制度等制度规范，制定统一的预防腐败配套体系。另一方面，高度重视严重违法行为的监督、追责。对违纪违法和监督追责的党纪国法进行整合，做到行为类型化、追责明确化，充分运用监督执纪"四种形态"，将犯罪控制、消灭在萌芽状态，尽可能压缩刑法调整的空间。

2. 对刑法进行有针对性的改革。在行为符合犯罪构成，遵循刑法谦抑原则仍不得不犯罪化的情况下，要毅然决然地考虑对腐败犯罪进行刑法规制。特别是要按照刑法规定的个罪罪名进行行为的个别化对应；要正视腐败犯罪的特点，对刑法规定的贿赂犯罪进行完善。"一方面，对行贿受贿犯罪按照对向犯的要求实现整合，彻底实现犯罪既遂形态、主观罪过的一致性和客观行为的对应性。另一方面，对行贿罪罪名体系实现新的整合，主要是：第一，将行贿罪、单位行贿罪、对单位行贿罪统一为行贿罪；第二，明确规定'对有影响力者行贿罪'。"另外，要对行贿罪和受贿罪犯罪构成中的"贿赂数额"作相同的规定。之所以如此,是因为贿赂犯罪交易的标的物是同一的,而且离开任何一方的行为,贿赂犯罪都不可能成立,因此从制度经济和犯罪预防的角度来看,将贿赂犯罪的犯罪构成进行一体化对待有其必要性。当然,会有人从受贿罪严重侵犯职务廉洁性的角度来反驳将贿赂数额作相同规定的见解,但笔者认为这种理解存在片面性。因为笔者只是主张对贿赂犯罪入罪时在立法中作相同的规定,并不反对将行贿罪和受贿罪的刑罚承担区别开来。另外,笔者也不排斥通过司法解释的方式来进一步明确对受贿罪从重处罚。最高人民检察院在《关于人民检察院直接受理立案侦查案件立案标准的规定(试行)》(高检发释字〔1999〕2号)中明确规定,个人受贿数额不满五千元,但具有下列情形之一的,也可以对其立案调查:(1)因受贿行为而使国家或者社会利益遭受重大损失的;(2)故意刁难、要挟有关单位、个人,造成恶劣影响的;(3)强行索取财物的。上述司法解释也是对笔者观点的有力支持。

民间融资借贷、高利贷与我国刑法金融犯罪规制及其立法完善

王昌学*

在经济全球化开放、包容、普惠发展和我国经济增长放缓的局势下，各种企业的市场竞争，于各地引发的民间借贷、高利贷现象相当普遍。据调查表明，这种现象不仅发生在民间，而且涉及企事业单位、群众团体，甚至某些国家行政机关。其中，放贷的利息很高，据报道，月息高达20%，年利往往超过72%（还不包括利滚利）不等，[①] 或更多。

对当前社会上出现的这种民间融资借贷、高利贷现象，人们认识差异甚殊：(1) 有的认为现行政策允许，并可缓解资金短缺，扶持生产，促进商品流通和经济增长，与旧社会高利贷有质的不同（没有剥削）；(2) 有的认为它有两面性，即既有调剂资金余缺、搞活金融市场的一面，又有获得高额利息、剥削他人的另一面，故对其扼制和放开都感棘手难办；(3) 有的认为它是犯罪行为，应取缔和追究刑事责任等。

上述这些意见值得商榷。笔者认为无论是民间融资借贷还是高利贷都触动货币问题。而货币，是一种资产。既同人们的生活密切相关，又深涉国家的利益、正常运转和未来命运，还会衍生出许多其他难治问题（如通胀或通缩等），致使各种利益者都在争取或争夺，形成一种内在的牵制力，故应由国家掌控货币权力并制定相应政策法律。在国家掌控货币权力和制定法律政策时，有必要划清两种界限：一是高利贷与一般民间融资借贷的区别，二是融资违法与犯罪的区别。划清这两个界限，对于界定国家掌控货币权的限度和国家正确领导全国金融活动及其效果；对于搞活金融市场，保护正当的借贷关系，改革金融专营垄断，促进多层次资本市场形成，满足市场经济发展和公民致富需要；对于预防、制止和打击不法金融行为及其犯罪，均具有重要意义，值得深入研究和讨论，以觅正确对策。

一、民间融资借贷的积极性与金融改革

近年来，由于国家经济政策的不断调整和宪法法律的修改，国家大力推进各种不同所有制经济共同发展，积极发展民营企业，使城乡各种经济成分空前活跃，市场经济充满活力；同时也促进了中小微企业的新发展，以致国家银行资金供不应求。于是，以前被禁止的城乡民间融资和私人借贷复出和发展起来，突破国家金融垄断，被人们誉为民间借贷，以示与国家银行贷款相区别。

---

* 西北政法大学刑事法学院教授。
① 蒋德：《南京首起高利贷入罪案件透视》，载《法治周末》2009年12月24日第A6版。

所谓民间借贷,通常是指以借(贷)入或借(贷)出的方式,交割金钱(货币),而借(贷)入一方向借(贷)出一方承诺于一定期限内还本付息(货币),或给予实物和其他利益回报的行为。可以说,民间借贷是社会主义国家银行金融市场供资不足的一种补充,它的兴起具有协助国家银行搞好资金流通的辅助性和进步性。从贷款用途来看,大量的民间资金被用于兴业办厂、筑路运输、经销商品、承包工程,甚至开通国际贸易列车等生产经营活动,有利于民企中小微企业的融资、生存和发展,因而其具有扶持生产、发展经济的正当性和有益性;就有息贷款而言,一般都按国家银行贷款利率或最高利率计算利息,债权人极少提出超限要求,有的即使高于国家银行利率,但基本上仍是以国家银行利息率为轴心而上下浮动的,因而有其合法性和合理性;借贷双方当事人比较自觉遵守国家法律法规,彼此自愿、诚实、守信用,能够互通有无,有借有还,互助互利,即便双方当事人发生纠纷或诉讼,一般都态度友善,易于调解,既不妨害金融秩序,也有利于改善民生,达致社会安定、经济繁荣。

从民间借贷关系所具有的特征和实际发挥的作用可以说明,当前城乡复出和活跃的民间融资借贷有利于搞活金融市场,改革当前的金融专营垄断、促成多级资本市场形成,丰富金融生态,是振兴和发展社会主义市场经济的积极力量。当然,也不可讳言,民间借贷活动的存在与发展,会影响社会资金的凝聚,会影响国家银行存款的来源,甚至还会在投资上出现某些不当性、盲目性和投机性,以致影响良好金融和经济秩序。这些消极因素显而易见,也不容否认。由于我国目前尚处在社会主义初级阶段,实行社会主义公有制经济为主体下的不同所有制经济及其企业共同发展的基本制度,民间融资借贷活动也会相应长期存在。这要求国家银行对民间融资借贷活动加强领导,因时制宜地规定出民间融资借贷指导利率,以引导其健康发展。在坚持互通有无、有借有还、互助互利,扶持生产经营的原则下,本着兴利除弊的规则,既注意保护和发挥民间融资借贷的积极性,调整政策,推进金融改革,完善货币体系,扩大融资渠道,保障全面地给所有利国利民的企业"输血";又要减少和限制它的消极因素,完善立法,打击不法。如果不加强管理,积极引导,限制高利,民间融资借贷也会成为高利贷的后备军。

二、高利贷的危害与历史考察

高利贷的死灰复燃,给当前迅速发展起来的民间融资借贷关系带来了危险。可以说,它是在民间融资借贷关系发展过程中夹杂生长起来的一株毒草,是民间融资借贷正常发展的变种,对于搞活金融、发展生产、劳动致富、稳定社会和推动市场公平竞争、发展经济都十分不利。

高利贷,在我国历来被禁止。中华人民共和国成立后曾被明令取缔,业已绝迹。它在当前的滋生,并非偶然。这是社会上一些不法分子,乘着"改革、开放、搞活"经济的大潮,浑水摸鱼,企图不劳而获所致。我国正处在社会主义初级阶段,只要有机可乘,这些不法分子就会不断变换手段,吞噬社会财富,这是不以人们的意志为转移的。所以当前社会上的高利贷,无论从哪个角度来看,都是与社会主义经济制度格格不入的。

所谓高利贷，简而言之，通常是指以借贷为基础的索取或盘剥高额利息的贷款行为。其危害性在于：(1) 侵占国家、社会资金及其利息，不法致富。高利贷者放贷的资金，除有的是自己的合法收入外，则多是动用法人资金，或向社会非法集资或吸收公众存款，个别的是利用职务之便挪用、贪污公款（库存或流动资金），或者以欺骗的手段取得国家低息贷款后再转手以高利贷出，图谋不法致富的实现。例如，浙江建德信用联社每年向某镇贷款额度为1亿多元，而被甲公司和乙公司（均系化名）套取用于高利贷非法盈利的近1亿元。① (2) 破坏金融秩序，侵夺国家金融利益。有的高利贷者，违反国家金融法规，私自偷开地下钱庄，非法经营高利贷存款业务，使社会闲散资金流入"黑钱庄"，危害国计民生。中华人民共和国成立后，国务院曾多次明确规定：一切信贷活动必须由银行统一办理，任何地方和单位不许自办金融机构，不许办理存款贷款业务……利率由中国人民银行管理，其他部门和单位不得自行规定存款利率。高利贷者开办私人银行和钱庄，以几倍于国家银行的高额利息，诱惑存款，使大量资金游离于国家金融监管之外；同时，又以更高的利率贷出，重利盘剥和发展私人金融势力，这不但违反政策和法律，而且危害国家金融利益。(3) 唯利是图，追逐高利，危害经济正常发展。高利贷者的哲学是谁出高利就给谁贷款，从不考虑资金用途和投资方向，从而使那些应当得到贷款的生产经营活动得不到贷款，这会造成民营和中小微企业融资断路，陷入困境或破产；又使那些被禁止投资或按政策不宜兴建的生产经营活动，却得以接济而跻身于社会，甚至出贷给赌博犯、毒品犯、走私犯等不法经营者，怂恿犯罪活动，破坏国家经济发展。例如，浙江建德某镇在2010年共有规模以上（当地简称"规上"）企业36家，但由于陷入高利贷旋涡至2013年仅剩下6家，致使30家企业倒闭破产，② 就是典型一例。数据显示，某控股有限公司及其多家关联企业宣告破产时，债务高达60多亿元，其中涉足民间高利贷就达16亿元之多，就为高利贷戕害企业、危及社会经济发展作了惊人的注脚。③ (4) 破坏公序良俗，腐蚀经济社会。2018年，湖南公安机关从长沙、湘潭、娄底、邵阳等地破获"佳丽贷"一案，涉案嫌犯有30余名，多为利益共同体而放贷。而这些放贷人以娱乐场所年轻女子为目标贷出；这些年轻女子涉世浅不知其诈融资贷进而落难。例如，女子张某贷了1万元，扣除手续费、介绍费、"砍头息"，实际到手不足7000元，要求每天偿还300元，逾期不还利息上涨，半年后高达6万元等。放贷人就这样通过高额"天息"索取暴利。在这些女子无力偿还时，就对其跟踪、施暴、拍裸照，强迫她们卖淫还贷，落难者多达15人。④ 这种强索暴利的放贷行为，不择手段，对经济社会腐蚀极深。(5) 妨害民生，危害家庭和睦及社会安定。高利贷的利息极高，有的超限

---

① 范学伟：《建德高利贷乱象后遗症》，载《法人》2013年第11期。
② 范学伟：《建德高利贷乱象后遗症》，载《法人》2013年第11期。
③ 范学伟：《建德高利贷乱象后遗症》，载《法人》2013年第11期。
④ 澎湃新闻：《还不起债被逼"肉偿"，湖南破套路贷案解救15名女子》，载《法制文萃报》2019年4月24日第4版。

几倍、十几倍、几十倍或上百倍，使借款一方负债累累，陷入困境，到时高利贷者往往暴力逼还，导致伤害事件；或者往往酿成借方父子不和、夫妻吵架、兄弟殴斗，甚至残杀或自杀。高利贷的这些恶劣影响给许多家庭投下重重阴影，给社会带来不安定因素，常常引发多种金融犯罪和其他刑事犯罪。

高利贷是以借贷为基础，放贷人往往乘人之危而放贷，在极高的利息中勒取重利。它虽是一种私人借贷关系，但在性质上与一般民间资金融通的贷款不同。高利贷是剥削制度的产物，是一种残酷的剥削行为，它以手头据有的货币作为高利生息资本，在货币原有数额和价值不变的情况下，使货币不断增值滚利，带来剩余价值。从马克思《资本论》的观点来看，剩余价值并不是由货币本身提供的，而是由投入生产过程中的剩余劳动所创造的。所以高利贷的本质与属性，就是用金钱这根管子，吮吸他人的劳动血汗，空食国家社会财富，确属严重残酷剥削和彻头彻尾的寄生。这种性质在过去和现在都如此，无法改变。

三、民间融资借贷的合法与违法及其与高利贷的界定

考虑到高利贷与民间融资借贷相混而存在的客观实际情况，笔者认为在民间融资借贷问题上应当坚持保护合法借贷、鼓励无息借贷、维护正当有息借贷，禁止和取缔高利贷的政策原则。在这一政策原则指引下，划出民间融资借贷与高利贷盘剥的具体界限。中华人民共和国成立之初，有过这方面的规定，（利息不超过一分五），但随着时间的推移，加之改革开放以来经济政策调整，显然已不能套用。总的来说，对民间借贷的利息应有限制性规定，当然不宜规定得过死，但无论如何不能没有约束。应该说，我国法律在这方面也有原则性规定，如我国《商业银行法》（1995 年）第 11 条规定："未经中国人民银行批准，任何单位和个人不得从事吸收公众存款等商业银行业务。"第 47 条规定："商业银行不得违反规定提高或降低利率以及采取其他不正当手段，吸收存款，发放贷款。"《民法通则》第 90 条规定："合法的贷款关系受法律保护。"这就意味着不能不约束民间借贷关系，这是维护国家金融利益和秩序之必然。现在亟须解决的问题，是在这些原则性规定的指导下，究竟如何具体引导、利用和约束民间借贷关系？笔者认为，这既要有明确具体的一般利率规定，也要依资金用途和利用效益之大小作出某些特殊规定。换句话说，如果用途得当，效益很高，扶持了生产，搞活了经济，其放贷利率略高一些也可以允许。在 20 世纪改革开放之始的八九十年代，笔者曾主张结合当时民间借贷的具体特点和发展商品经济的需要，可以参照中国人民银行于 1985 年 8 月对购买高档消费品、建房等消费性贷款执行利率 9.6‰ 和中国工商银行于 1986 年 1 月对个体工商户贷款执行利率 9.6‰ 的规定，在可将民间借贷的月息限制在一分二（12‰）左右，在某种特殊情况下可高到一分五（15‰），但最高不得超过二分（20‰）。如果超过二分，即应视为高利贷。如果属于商品经济特别活跃和发达的地区，于发展社会生产有特大效益的，月息甚至还可以略高于二分（20‰）。但这非死界，可随金融市场情势变化，由国家银行不时作出调整、规制和掌控。

现在进入 21 世纪，随着改革开放的深入，市场经济进一步发展，迫切要求打

破金融专营垄断，形成、发展和完善我国资本市场，推动民间融资逐步走向合法化，以致民间借贷已有高屋建瓴般的发展趋势。有鉴于此，并出于维护国家、社会和公民的金融利益和良好金融秩序，促进经济增长，保障和改善民生，最高检察院、公安部发布了《关于经济犯罪案件追诉标准的规定》，该规定明确指出：（1）个人非法吸收或变相吸收公众存款数额在20万元以上的；（2）单位吸收或变相吸收公众存款数额在100万元以上的；（3）个人或单位非法吸收或变相吸收公众存款，给存款人直接造成经济损失数额分别在10万元、50万元以上的应予起诉。最高人民法院《关于人民法院审理借贷案件的若干意见》第6条规定，民间借贷超过银行同类贷款利率的4倍（含利率本数）不予保护；第7条规定，出借人不得将利息计入本金谋取高利，其利率超出第6条规定的限度，其超出的利息不予保护。[①]据上述规定，民间融资借贷与高利贷盘剥的基本界限就在于以贷出贷进的利率高低或数额及其直接经济损失多少而划定。换句话说，如果借贷低于银行同类贷款利率的4倍，或者个人、单位吸收或变相吸收公众存款分别不满20万元、100万元的，都认为是合法的；而吸收或变相吸收公众存款造成直接经济损失分别不满10万元、50万元的，虽然也构成违法，但还不至于被起诉；如果超限上走的，则可视为明显违法，并应起诉追责；同时，具有严重情节、恶劣影响的，则以犯罪论处并依法追究刑事责任。据上，简而言之，高利贷区别于正当合法民间融资借贷的界限，基本尺度就在于它放贷利率高出银行同类贷款利率的4倍以上。

就近年来金融改革及其政策调整而言，据悉银行给个体商户贷款为期一年的基准利率为6.55%（这即年利率；而月利率为0.545%）。同时规定，既可打7折下浮，其年利率为6.55%×0.7=4.585%（而月利率为0.382%）；可上浮20%-50%，上浮20%的年利率为7.86%（而月利率为0.655%），上浮50%的年利率为9.825%（而月利率为0.818%）。现在，根据银行的这种规定和最高人民法院上述4倍规定，可按照不同时期、不同情况以及不同地区的金融活动之实际，将民间融资借贷与高利贷盘剥的分野和界限，作出如下划分：（1）在一般情况下，凡年利率低于26.2%（月利率低于2.18%）；（2）在利率下浮或上浮的特定时期，若下行（打7折）的年利率低于18.3%（月利率低于1.53%），或者上行（上浮20%）的年利率低于31.4%（月利率低于2.62%），均为合法或合理的民间借贷。而超过这些法律政策限度的则为高利贷。除上述几种情形之外，可否继续上行（上浮50%），使年利率高达39.3%（月利率高达3.27%），若无特殊急需或特大贡献，应当不予准许，否则以高利贷论处。当然，高利贷行为违法但不一定都构成犯罪，只有那些放贷数额大、利暴贷期短、情节恶劣或后果严重等的，才构成犯罪。

据上，对于正当、合法的民间融资借贷，应在政策上允许并给予法律保护，维护其金融权益，由此开立"正门"；对于违法的民间融资借贷、高利贷和地下"黑钱庄"，则应禁止或取缔，由此堵塞"偏门"和"黑洞"。其中，构成犯罪的，应

[①] 最高人民法院《关于人民法院审理借贷案件的若干意见》。最高人民法院以法（民）发〔1991〕21号通知于1991年8月31日下发；最高人民法院《关于依法妥善审理民间借贷纠纷案件促进经济发展维护社会稳定的通知》（法〔2011〕336号）。

当追究刑事责任，以保障和促进金融改革，完善融资体系和渠道，保证经济实体充满活力、市场交易活跃和经济动脉流通顺畅，从而形成以国家货币力量为主导的金融新秩序，支持经济增长和社会繁荣昌盛。

四、对民间融资借贷及其犯罪的法律实践（含立法和司法实践）分析、完善和常态化的法治机制

（一）对积极、正当、合法民间融资借贷的法律保护

有人说，开放民间融资借贷，会减少国家银行存贷款及其金融利益。这种意见，在计划经济条件下也许是有所道理的，但在市场经济条件下难以站住脚。因为我国市场经济发展本身要求有广阔的资本市场来"输血"，多级多层资本市场的形成就成其必然。加之，我国加入世贸组织（WTO）后，国内国际经济发展及其衔接畅通都要求尽速打破金融垄断旧格局，搞活金融，建立丰富的金融生态；而当前国内民间融资日趋活跃发展正是我国这种经济现实的反映。否定民间融资借贷势必导致金融垄断的强化，这恰恰不利于民企和中小企业的生存发展与公民生计，最终也不利于我国经济增长和经济水平提升。鉴于此，对于民间融资借贷应予充分肯定，网开一面，进而明确和完善立法，司法切实维护其正当合法金融权益。相形之下，就要缩小我国刑法中非法吸收或变相吸收公众存款罪的犯罪圈，把其用于兴业办厂、生产营销、筑路运输、承包工程、跨国经贸和公民生计的等，且不超越法律政策允许限度的积极正当民间借贷除罪化，以保障融资通渠、支持民营企业和中小微企业发展、改善民生、稳定社会，为经济换挡爬坡迈向高质量发展奠基蓄势。

（二）对违法民间融资借贷的法律责任追究

也有人质疑，在民法中某些属于正当合法的民间借贷行为，为什么在刑法中就变成了犯罪行为呢？这也是需要释疑解惑的。从不同法域性质来看，传统民法是伸张和保护个人自由和权利的；但在公法领域，其逻辑思维则在伸张和保护公益与公权，不允许私益私权膨胀而损害大公。我国民法对某些行为的肯定，不足以对抗作为公法的刑法惩治犯罪规范，所以民间融资借贷过分膨胀，超越法律政策界限并严重损害国家和社会金融权益的，就要纳入犯罪圈而受到刑事追诉。从这个意义上说，对民间融资借贷既要开放，又要有所限制；超过法律政策限度的，则构成违法，应负法律责任，这主要表现为民事损害赔偿和工商监管罚款交纳义务。对民间借贷这种开放与限制、合法与违法、违法与犯罪的交叉存在，就要求司法者审慎对待：既不因富国而损民，也不因富民而损国，国民相济，两全其美，并形成常态化的司法保障机制，方显智慧和高能。

（三）民间融资借贷违法走向犯罪，或者转放高利贷构成犯罪的罪名选适、处罚及立法完善

从实践来看，民间融资借贷恶性发展及其产生的结果，通常主要表现为：或者编谎骗钱套利，不作部分或全部偿还本息，酿成民事纠纷或群体事件，危害民生；或者超越法律政策限度向社会集资，侵夺国家金融利益；或者乘机放高利贷或开办地下钱庄，破坏金融市场秩序等而引发了刑事犯罪。在这种情形下，尽管我国刑法对金融犯

罪规范明确，但由于案情复杂迷离，加之规范不完善，就常使人感到罪名适用难选难定，或感到有所失缺难办，故须具体案情具体分析，据实而定，不可千篇一律。

1. 民间融资借贷由非法集资、吸收社会存款发展到刑事犯罪。这在一般情况下，可适用非法吸收公众存款罪予以处罚。所谓非法吸收公众存款罪，是指违反国家金融管理法律法规，采取各种方法，非法吸收或变相吸收公众存款的行为。该罪成立的要件包括：（a）主体是一般主体，包括自然人、法人或非法人单位。（b）主观方面是故意，明知非法吸收或变相吸收公众存款、社会资金是国家法律禁止的却执意而为，超限吸收或变相吸收，扩大资金融通，以获取更大经济利益，但不具有非法占有目的，此一点是它与集资诈骗罪的重要区别之一。（c）客观方面，具有违反国家金融法律法规，吸收或变相吸收公众存款的行为。这里说的"非法吸收公众存款"，是指未经中国人民银行批准，向社会不特定对象吸收资金，出具凭证，承诺在一定期限内还本付息的行为；而"变相吸收"，系指行为人不以银行存款名义而是以债权、股权、生产经营、商品经销等名义来吸收公众资金，但并不按经营情况分配利润或股息，在实际上支付的仍是银行固定的存款利息。行为人之所以采取"变相吸收"的手段，意在回避国家对存款业务的监管①。（d）犯罪客体是严重侵犯国家、社会和公民的金融利益及其良好的金融秩序。如果行为人的行为不具备这些要件，则不应适用该罪名处罚。即使需要处罚的，也要全面考虑行为人超限吸收或变相吸收的动机目的、用途和后果。如果是为发展生产经营或改善生计而吸收或变相吸收，数额超越法律政策限度较大，又给存款或出资人造成超越法律规定限度的经济损失的，应按该罪名依法处罚；如果动机目的恶劣，用途不正当，还应从重处罚。当然，如果违法数额不大，其动机目的正当，又没有给存款或出资人造成超法定限度的经济损失，或损失不大的，则应着重明德、育人、慎刑，或者酌情减免刑罚而明义，从中调解好借贷纠纷和民事赔偿，防止群体性事件发生。

2. 民间融资借贷由非法集资、吸收社会存款发展到欺世盗名的诈骗犯罪。如果行为人吸收或变相吸收公众存款、社会资金，其主观故意由获取经济利益的善意转变为非法占有之恶意，则应以集资诈骗罪处罚，而不能适用非法吸收公众存款罪罪名，防止混淆此罪与彼罪的界限。

所谓集资诈骗罪，是指以非法占有为目的，采取诈骗的方法，非法向社会集资，数额较大的行为。就当前的金融、经济活动来看，该犯罪主要发生在生产经营、商品经销、股权、债权凭证发行的几个行业里，其具体行为方式，有人把它归纳为："（a）借种植、养殖、项目开发、庄园开发、生态环保投资等名义非法集资；（b）以发行或变相发行股票、债券、彩票、投资基金等权利凭证或者以期货交易、典当为名进行非法集资；（c）通过认领股份、入股分红进行非法集资；（d）通过会员卡、会员证、席位证、优惠卡、消费卡等方式进行非法集资；（e）以商品销售与返租、回购与转让、发展会员、商家加盟与'快速积分法'等方式进行非法集资；（f）利用民间'会'、'社'等组织或者地下钱庄进行非法集资；（g）利用现

---

① 王昌学：《市场经济犯罪纵横论》，法律出版社2001年版，第671-672页。

代电子网络技术构造的'虚拟'产品，如'电子商铺'、'电子百货'投资委托经营、到期回购等方式进行非法集资；（h）对物业、地产等资产进行等份分割，通过出售其份额的处置权进行非法集资；（i）以签订商品经销合同等形式进行非法集资；（j）利用传销或秘密串联的形式非法集资；（k）利用互联网设立投资基金的形式进行非法集资；（l）利用'电子黄金投资'形式进行非法集资"等①。在此应当指出，这些行为方式，在形式上貌似正当合法，其实是地道的欺诈，具有诱惑、误导力。而行为人旨在通过这些假冒善美方式来掩盖诈骗犯罪真相，进而达到非法占有集资款物的目的。只要仔细分辨这些集资欺诈"陷阱"，不但可以区分合法与违法行为，还可把它与非法吸收公众存款罪区别开来，不致发生定罪上的混乱。

3. 民间融资借贷由非法集资、吸收社会存款发展到开办"地下钱庄"而犯罪。这是擅自违法从事银行存贷等业务，可视为非法金融机构活动，则应以擅自设立金融机构罪论处。所谓非法设立金融机构罪，是指未经国家有关主管部门批准，擅自设立商业银行，证券、期货交易所，证券、期货经纪、保险公司或其他金融机构的行为。该罪成立要件是：（a）犯罪主体是自然人、法人或非法人单位。（b）犯罪主观方面是故意，明知设立金融机构须国家主管部门审批特许方可经营而不提交申请或提交申请未获许可，仍然执意妄为，以牟取巨额非法金融利益（利息）。（c）犯罪客观方面，具有未经批准而设立商业银行，证券、期货交易所，证券、期货经纪、保险公司或其他金融机构，擅自从事吸收存款、发放贷款、办理结算，票据结现、资金拆借、信托投资、金融担保等金融业务活动（包括准备活动）的故意行为。这些机构是否冠以某种银行及其相关名称并不重要，关键看它实际上是否专门或主要从事或准备从事金融业务活动，否则犯罪不成立。（d）犯罪客体是侵犯"金融经营审批特许制度"及其所形成的良好金融秩序，危害国家和他人金融利益。如果不具备上述全部要件，该犯罪就不能成立。

4. 作为民间融资借贷变种的高利贷犯罪。主要有三种：其一是套取金融机构信贷资金，高利转贷他人；其二是假借生产经营等名义非法吸收公众资金后高利转贷他人；其三是个人积累财富直接放高利贷。对前者，构成犯罪的，可按我国刑法中的高利转贷罪论处。所谓高利转贷罪，是指以牟利为目的，套取金融机构信贷资金后高利转贷他人，违法所得数额较大的行为。该罪社会危害性主要表现为破坏银行信贷资金专项使用制度和与此相应的经济秩序，同时损害金融机构的信贷信用和利益。打击该犯罪的目的主要在于维护国家金融利益。对于后者，因刑法无规定，一方面，应由司法执法机关禁止取缔，解除高利贷关系，没收放贷资金和违法所得，并给予数倍高额罚款，切实维护民企和中小企业生存发展及公民生计；另一方面，完善法律。在此有人提出设立"非法吸收公众存款放贷罪"之立法建议。笔者认为，该建议是有一定道理的，但不能概括现实经济生活中形形色色的高利转贷犯罪，如挪用公款后转放高利贷、合法或非法吸收公众存款后转放高利贷、合法积累

---

① 张小乙等：《走访西安市政府金融办公室副主任强小安的报道——非法集资花样不断翻新》，载《西安晚报》2008年5月29日第9版。

财富后转放高利贷等,所以以不同资金来源的转贷牟利来分设罪名,导致罪名不当增多,也会模糊同一性质犯罪的本质,是很不科学的,故建议以《刑法》第175条规定为基础,吸纳其合理部分,删去"套取金融机构资金高利转贷"这一限制条件,而不问高利转贷资金来源如何,统设高利贷罪一个罪名,以便集中立法资源,严厉打击高利贷犯罪,以维护国家、社会和公民金融利益与金融秩序。

但是,在司法实践中难以见到分析性的定罪,却笼统地冠以非法经营罪予以定案。例如,2003年湖北省武汉市中级人民法院审理涉及高利贷的徐某、胡某非法经营案,2008年江苏省宜兴市人民法院审理涉及高利贷的李某、蒋某非法经营案,2009年南京市公安局对该市首起高利贷案的被告宋某以非法经营罪逮捕①等。尽管高利贷罪案在全国各地相当普遍,但司法机关侦破和审判的却屈指可数,且都冠以非法经营罪之罪名来理案。当然,这种以非法经营罪理案的做法并不违法,但致使高利贷行为的犯罪类别和具体罪质却含糊不清,缺少针对性。其结果是:(1)自觉或不自觉地掩盖了高利贷是"乘人之危的抢劫"这一极恶罪质。如前述宋某以放贷为生,给20多人放高利贷,总额高达400万元。不但利息畸高,抵押受害人房产;还暴力逼债,殴打受害人;又20余次地提起恶意诉讼,搅乱法庭审判秩序。②像宋某这般极恶又疯狂犯罪的劫财本质,是一般的非法经营罪难以具有和展示的。(2)由于罪名罪质与实不符,这使司法难以做到罪刑均衡,罚当其罪,有轻纵犯罪之嫌。(3)高利贷者采取种种手段(如扣除高利之后的不足额支付贷款、约定畸形高额违约金、以"合作协议"方式索取高利、为逃避打击的口头约定高利率等)规避法律,造成客观上的少证,而司法机关又忽视证据的发掘,以致可能发生保护高利贷者而打击受害人的误判误定。基于这些情形的存在、发展和恶劣影响,建议立法在现有罪名基础上,增设高利贷罪。这样做的好处如下:其一,使高利贷与民间合法或合理借贷相区别,划清罪与非罪界限,这有利于保护正当合法民间融资借贷活动,缓解民生之困,活跃城乡经济;其二,使高利贷罪与其他暴利犯罪尤其是与一般的非法经营罪相区别,厘清罪与罪之间界限,使罪名清晰,减少司法定罪(尤其是相混罪)难度,促进准确定罪,给涉案行为一定规则和指向,化解其中的矛盾冲突,从而把抽象法律规范化为具体现实生活,实现法律之治;其三,能够科学展示罪质,增强治理高利贷犯罪的针对性、特殊性和效果性,既治罪去恶,矫正犯罪人思想灵魂,促早日回归社会;又规范行为,教育公众,增强规范意识,警惕犯罪,这必将有力维护金融秩序、支持经济增长。

高利贷行为恶深害广,在其生成过程中往往形成多种犯罪形态,这些行为构成一罪还是数罪,是否需要进行数罪并罚,则是一个值得注意的问题。这里有两种情形:其一是行为人为放贷牟取高利而采取非法集资手段,或吸收公众存款,或进行社会欺诈,或从银行套取低息贷款等,从中敛财垒富,继而放贷牟取暴利。当这些手段行为与目的行为都构成犯罪时,就形成牵连关系,构成了牵连犯,这就可在高

---

① 蒋德:《南京首起高利贷入罪案件透视》,载《法治周末》2009年12月24日第A6版。
② 蒋德:《南京首起高利贷入罪案件透视》,载《法治周末》2009年12月24日第A6版。

利贷罪与非法吸收公众存款罪，或在高利贷罪与集资诈骗罪，或在高利贷罪与高利转贷罪等中选择一重罪从重处罚，贯彻"从一重处断"原则，不进行数罪并罚。其二是行为人构成高利贷罪之后，又进行暴力逼债而形成故意伤害罪或过失致人死亡罪，就构成数罪，应以高利贷罪与故意伤害罪，或以高利贷罪与过失致人死亡罪进行数罪并罚，以防止轻纵。

在对民间融资中正当借贷的保护、对违法的追责和对犯罪者追究刑事责任的法律实践（含立法和司法实践）进行分析和完善之时，还应涉及冤错案的及时纠正，以维护受害人经济利益或经营效率效益。例如，湖南名企太子奶集团董事长李某某，因经营过度扩张造成企业危机。为走出危困状态，李向企业高中层和经销商高息集资，数额过亿元，某检察机关遂以非法吸收公众存款罪，将李逮捕入狱。此案后来经法院审理，通过竞争方式展开破产重整工作，使企业浴火重生，并将已关押15个月的李无罪释放；而检察机关也确认了对李的不起诉，①这就是典型好例。更有最高人民法院对涉足民间融资的浙江本色集团吴英犯集资诈骗罪的死刑改判为死缓，②从中厘清民间正当融资与金融垄断界限，保障和促进国务院（温家宝时任总理）金融综合改革在浙江温州市的试点。这说明缺乏科学理性的理案，难产文明规则，更难防止错案和冤案之发生。

综上，对民间融资的积极、正当、合法借贷的保护和支持，以及对违法和犯罪者的追责，应当形成常态化的保障机制，即政府经济政策、银行业规、国家立法和司法的法治等多方合作联动，各执其责，跟踪监察，及时举措，综合治理，并与时俱进的经济法治机制。依靠这一体系化的机制，保障其正常运行，不纵不冤，发挥民间融资正能量，杜绝副作用。从而达致以社会主义公有制经济为主体与非公有制经济的民营企业共同发展的良好经济生态，合力共推国家经济增长、发展和繁荣。

结语

随着我国社会主义经济制度的日臻完善，国家经济政策跟随经济全球化的趋新的调整，并在宪法法律保护下，民营企业和中小微企业较前有大幅度的发展。但是，民营企业和中小微企业的生存、发展和做出贡献，其融资的保障和支持则是最大关键。这一扼喉问题的有效解决，很大程度上在于以市场为主导，改革不适当的金融专营垄断，放水养鱼，发展积极、正当、合法的民间融资借贷，并形成制度性的常态化机制。在这里，重要的是更新人们的理念，认识民营企业和中小微企业是广大民众就业增收的第一载体和蓄水池；而政府经济政策的包容、国家银行的融资支持，立法完善的保障和司法理案的平等保护，才会形成社会主义公有制经济为主体下的民营企业和中小微企业的蓬然发展、民生深度改善、社会安稳欣荣的盛况，从而为经济增长迈向高质量发展奠基蓄势，全力支持建设社会主义强国和民族伟大复兴的实现，使中国强势崛起而屹立于世界东方。

---

① 孙占江：《太子奶掌门人李某某被捕的幕后故事》，载《法治周末》2010年8月5日第B7版。
② 陈霄：《"吴英生死劫"的报道和社评"民意推动吴英案走向理性"》，载《法治周末》2012年4月26日第1版。

金融腐败犯罪的刑事法防治

郭泽强* 张鑫希**

近年来，金融领域的腐败问题十分严重。据统计，自 2017 年至今，交通银行原首席风险官杨东平、恒丰银行原董事长蔡国华等多个银行业高管被查。除了金融业本身，金融监管机构的腐败问题也不容忽视。自 2015 年 11 月起，金融监管机构的高官们相继被查，包括原证监会主席助理张育军、保监会原主席项俊波、证监会原副主席姚刚等。金融行业是一个国家经济的核心，其对货币资金这种稀缺资源具有垄断性的配置权，而权力的垄断则会滋生腐败。我国金融腐败犯罪频发，严重影响到经济的健康发展，因此对金融腐败的有效防治迫在眉睫。正如习近平总书记在第十九届中央纪委第三次全会上强调的，要加大金融领域反腐力度，对存在腐败问题的，发现一起坚决查处一起。第十九届中央纪委第二次全会公报也指出："要重点查处政治问题和经济问题相互交织形成利益集团的腐败案件，着力解决选人用人、审批监管、资源开发、金融信贷等重点领域和关键环节的腐败问题。"目前，大多数相关问题的研究都限制在行政领域或金融机构本身，这是不够的。应当认识到，刑事法律作为保护社会利益最基本的手段，对金融腐败的防治不可或缺。本文立足于 2013 年至 2018 年金融腐败犯罪的相关数据，并对数据进行实证分析，从分析中得出当下我国反金融腐败犯罪中存在的问题，并针对问题提出刑事法领域的改进措施。

一、论域之界定：金融腐败犯罪的内涵与外延

（一）金融腐败的含义

尽管金融腐败是个常见的名词，但是理论与实践中却缺乏对其统一且明确的定义，这会对金融腐败的研究产生较大阻碍。因此，在对金融腐败进行研究之前，有必要对其概念进行明确界定。"金融腐败"这一名词可以被分为两个部分，"金融"与"腐败"，从字面上进行理解就是发生在金融领域的腐败行为。"金融"是指货币的发行、流通和回笼，贷款的发放和回收，存款的存入和提取，汇兑的往来等经济活动。金融业是一个很广泛的概念，包括银行业、证券业、保险业和信托业等，这导致金融腐败的范围也极为广泛。"腐败"可以分为狭义的腐败和广义的腐败。狭义的腐败一般是指政府官员利用其掌握的公共权力谋取私人利益的行为。而广义的腐败则是指一切利用某种垄断权所进行的违反交易规则或相关法律的谋取私利的行为。本文采取的是广义的腐败概念，腐败的主体不止政府官员，更包括所有掌握

---

* 中南财经政法大学刑事司法学院教授，法治与司法改革研究中心研究员。
** 中南财经政法大学刑事司法学院硕士研究生。

稀缺资源或权力的人。具体到金融领域就是金融行业从业人员利用其资金资源或行政权力谋取私人利益的行为。综上所述，有论者给金融腐败下了一个明确的定义：金融企业机构及其从业人员，为谋取私利，在相关经营活动中，利用其所掌握的资金资源和行政权力等，违反我国法律及金融相关政策规定，侵害国家、公众及本企业组织的利益的行为或现象。①

从金融腐败的方式来看，常见的有利用职务便利侵吞本单位资金，收受他人现金或有价证券、贵重物品或者房产或汽车，家属"挂名工作"领取工资，"互惠"交易等。从支付腐败金的时间来看，有当期支付和延期支付，后者如腐败分子获得行贿企业的"干股"、退休后在行贿企业"工作"领取巨额报酬等。

（二）金融腐败犯罪的特点

金融腐败犯罪具有不同于一般腐败犯罪的特点，如果按照对一般腐败犯罪的理解来看待金融腐败，不仅有失偏颇，而且不利于规制金融领域的腐败犯罪。

1. 群体化

现阶段，金融腐败类案件中单独犯罪的数量呈下降趋势，群体作案的比例则不断上升。根据银监会的统计分析，在金融腐败犯罪中，群体作案的比例高达80%，金融机构内部工作人员相互勾结或内部工作人员与外部人员相互勾结共同作案增多。例如，2005年4月，中国银行北京分行在对北京华运达房地产开发有限公司"森豪公寓"项目发放按揭贷款过程中，房地产开发商、银行和律师三方共同制造了几百份假身份证、假合同和假法律文书，骗取银行贷款6.4亿元。这起案件即典型的"内外勾结"型骗贷案。②

2. 隐蔽性和长期性

从具体案件来看，金融腐败犯罪极具隐蔽性。一些金融交易往往只有极少数人知情，这些人习惯于利用合法形式掩盖非法手段，而且由于作案手法越发高科技，金融腐败的欺骗性就更甚。由于其隐蔽性，金融腐败行为常常能潜伏较长的时间而不被发现。比如，中国银行开平支行在1998年就出现资金漏洞，但这一事实却到了2002年才被曝光，犯罪活动历时4年，40亿元资金被抽逃。

3. 犯罪主体高官化

近年来，金融腐败案件的主要涉案人员由会计、储蓄、出纳、信贷等各个部门的一般工作人员向经理、行长等重要职员发展。金融机构职业犯罪人员高官化现象严重，"一把手"及重点岗位工作人员实施犯罪的现象更为突出。例如，2012年5月30日农行副行长、执行董事杨琨被中纪委带走协助调查，成为国有银行股改上市后被调查级别最高的银行高管。③

---

① 参见谢平、陆磊：《中国金融腐败的经济学分析——机制、行为与制度设计》，中信出版社2005年版。
② 参见魏博洋、王朝、冉启涛：《我国金融腐败问题及法律对策》，载《合作经济与科技》2013年第3期。
③ 参见魏博洋、王朝、冉启涛：《我国金融腐败问题及法律对策》，载《合作经济与科技》2013年第3期。

4. 国际化

随着经济全球化进程的加深和金融业信息化程度的提高，犯罪分子更容易借助网络跨境转移资金、携款潜逃，从而使得国内法律无法对金融腐败犯罪进行制裁。比如，开平支行前后三任行长联手盗窃银行资金4.83亿美元，案发10天前他们途经香港逃至加拿大，接着又到了美国。株洲市商业银行原行长黄石山捅出7亿元惊天大窟窿，该案却在其出逃菲律宾之后才被发现。①

5. 涉案金额巨大

金融领域的腐败案件以及相关经济犯罪案件的涉案金额大多数都高达几十万元、几百万元甚至上亿元，而且犯罪分子还可能将赃款用于高消费、营利性活动或非法活动，导致公款无法追回，给国家和社会经济带来极大损失，造成恶劣影响。

从上述对金融腐败犯罪的特点分析可以看出，金融腐败案件是棘手且危害大的。其隐蔽性、长期性、犯罪主体群体化和高官化的特点都使其难以被发现，而其国际化特点又使得其即使被发现了，涉案者也难以被抓捕与惩治，其涉案金额巨大的特点则使得其可对金融业乃至整个市场造成巨大的损害。因此，我国应尽快对金融腐败建立起全面的防治机制，其中包括刑事法方面的防治。

（三）金融腐败犯罪的外延

世界银行认为，金融腐败包括三种情况，一是公共部门的工作人员接受或索取贿赂；二是私人部门积极行贿以获得竞争优势；三是没有明显的贿赂体现，而是由赞助或裙带关系，盗取国家资产或转移国家财政收入而产生的腐败。② 由此可见，贪污贿赂型犯罪在金融腐败案件中占比是比较大的。具体来说，金融腐败犯罪的表现形式包括以下几个方面：利用职务便利侵吞国家资产；利用核心机密换取腐败收益；利用审批特权进行权力的"设租"从而收取"腐败租金"；利用现职权力为企业谋取非法利益以获得"腐败期权"；通过向公共部门行贿来规避竞争；等等。③ 当前，我国金融领域的腐败犯罪类型主要有灰色商业贿赂、职务犯罪、贪污贿赂犯罪、参与洗钱、利用重大信息机密犯罪等④，涉及的主要罪名存在于刑法第三章、第五章和第八章中，包括行贿罪、受贿罪、贪污罪、职务侵占罪、单位行贿罪、挪用资金罪、挪用公款罪、私分国有资产罪、内幕交易、泄露内幕信息罪、泄露国家秘密罪等。

二、方法之更新：金融腐败犯罪现状的实证分析

近年来，研究金融腐败的文献不少，但许多学者都是在金融领域本身来谈金融腐败的防治，对其刑事法防治的探讨不够深入。此外，大部分文献的讨论仅停留在对金融腐败防治的理论定性上，缺乏量化分析，没有数据支持。本文收集了自2013年至2018年的金融腐败案件的刑事一审判决书，并对其数据进行整理，更具现实

---

① 参见陈跃军：《金融腐败问题研究》，西南财经大学2011年硕士学位论文。
② 黎晓宏：《我国金融领域反腐败的理论和实践》，载《经济导刊》2017年第12期。
③ 参见陈跃军：《金融腐败问题研究》，西南财经大学2011年硕士学位论文。
④ 陈文武：《金融腐败案件的新特点及成因浅析》，载《青海金融》2012年第11期。

基础。如前文所述，金融腐败的范围较大，涉及罪名众多，为了使研究更具针对性，本文的研究将集中在两大类金融腐败犯罪上，第一类是贪污贿赂型金融腐败犯罪，贪污贿赂型犯罪在金融腐败中占比较大，涉及的罪名较多，主要包括贪污罪、行贿罪、受贿罪、挪用公款罪等。第二类是一般侵犯财产型金融腐败犯罪，涉及的主要犯罪为职务侵占罪、挪用资金罪等。分析的目标在于以下几点：首先，在于金融腐败案件在这些年的数量变化，并讨论引起这种变化的原因；其次，在于金融腐败犯罪的刑罚适用情况，分析司法审判机关主要适用的刑罚及其适用的原因；最后，在于有期徒刑在金融腐败案件中的适用情况，分析这类案件的刑罚力度。

（一）金融腐败犯罪的数量变化

图 1　金融腐败犯罪的数量变化

本文此次统计的 2013 年至 2018 年的金融腐败犯罪总共有 3794 起。其中，贪污贿赂型金融腐败犯罪占 58%，一般的侵犯财产型金融腐败犯罪占 42%。图 1 显示的是这 6 年间金融领域腐败犯罪的数量变化。从该图中可以得知从 2013 年至今，金融腐败犯罪的数量整体呈上升趋势，2016 年达到高峰，虽然之后两年逐年下降，但相关犯罪的数量仍然比 2013 年多出两倍不止。相关犯罪数量增加表明近年来金融腐败犯罪越来越严重。

导致金融腐败现象越发严重的原因有两个方面，外在原因与内在原因。外在原因之一在于金融市场的发展与竞争不完善。金融腐败犯罪与金融市场的发展息息相关。随着我国经济水平的发展，人民在生活水平得到极大提升的同时也有了更多的资金投入金融市场，银行、信贷、保险等行业也因此得到了更好的发展，犯罪分子也有了更多的犯罪空间。虽然金融业得到了发展，但是不充分的行业竞争却会滋生腐败。[①] 长久以来，金融业务由四大商业银行垄断，民间金融也是短板。这导致权力集中在四大银行，市场的垄断和权力的集中会诱发腐败。外在原因之二在于相关金融立法不健全。我国金融业的管理主要依靠行政手段进行，这造成金融领域法制

---

① 参见 Beenstock, M. Corruption and Development：World Development，1979 年第 1 期。

化程度不高。虽然刑法对金融犯罪有明确的规定，但是在刑罚上缺少资格刑的应用，这容易导致某些犯罪分子刑满释放后再实施相关犯罪。腐败与法律是相互缠绕的。① 法律的不完善会导致腐败现象得不到遏制，一旦相关犯罪分子发现违反法律的成本低且收益大，则会想方设法规避法律从而使得法律抗击腐败的能力降低。外在原因之三在于金融监管的无力。一是金融系统纪检监察不到位。一些金融机构甚至没有设置纪检监察部门，这给一些银行高管的监守自盗制造了条件。二是金融机构内部的监察部门由于没有实权，其监督流于形式。

导致金融腐败的内在原因之一在于法人治理结构不合理。近年来，虽然国有商业银行逐渐完成了公司化、股份化和上市三大任务，但是其治理结构仍然存在问题。比如，经营活动中缺少监督主体，出现问题时下级只对上级负责。内在原因之二在于工作人员素质不高。受中国两千多年的封建社会形成的官僚主义文化的影响，一些领导干部热衷于个人专断、法外特权。② 此外，一些人在钱本位价值观的影响下，毫无原则操守，成为拜金主义的牺牲品。

总而言之，虽然打击贪污贿赂犯罪一直以来都是刑事司法工作的重心，但从该数据来看，现阶段的腐败防治机制在打击金融腐败犯罪上达不到令人满意的效果。

（二）金融腐败犯罪的刑罚适用

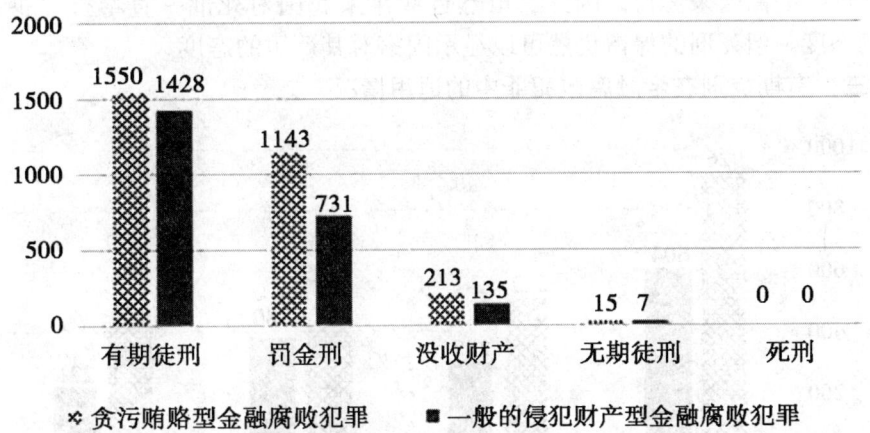

图 2　金融腐败犯罪的刑罚适用情况

图 2 展示的是金融腐败犯罪的刑罚适用情况。从图 2 中可以看出 90% 以上的金融腐败犯罪都适用了有期徒刑，近乎一半的犯罪附加适用了罚金刑，近十分之一的犯罪附加适用了没收财产，极少案件的被告被判处无期徒刑，死刑则基本没有得到适用。除了图 2 中显示的具体刑种的适用情况外，这些案件的缓刑适用率高达 53%，而免予刑事处罚的案件达到 12%。

---

① 张雪兰、何德旭：《法制建设、激励机制与社会规范——治理金融腐败的长效机制设计刍议》，载《经济管理》2010 年第 5 期。

② See Brunetti A., Kisunko G., Weder B. Institutional Obstacles to Doing Business：Region-by-region Results From a World-wide Survey of the Private Sector. World Bank Working Paper, 1997, No. 1759.

值得注意的是，在财产刑中，罚金刑的适用要比没收财产多得多，这是由于其在适用上要比没收财产更具灵活性。罚金刑的适用范围很广，从轻罪到重罪，都可以通过调整罚金的数额来适用该刑罚。反观没收财产，虽有财产刑的轻刑之名，但为重刑之实。[①] 在有三个量刑等级的罪名中，没收财产往往是被放在最高的量刑等级中，其作用是加强刑罚的惩罚和威慑功能，适用范围要相对窄一些。此外，罚金既可以一次性缴纳，也可以分期缴纳，不缴纳的可以强制缴纳，遇到特殊情况还可以酌情减免，由此可见在执行方式上罚金刑也是更灵活的。由于金融腐败犯罪分子主要是利用所掌握的资金资源来实施腐败犯罪的，所以高额的罚金可以在一定程度上剥夺犯罪分子的再犯罪条件，起到预防犯罪的效果。

另外，从图2中可以看出这6年来，死刑在金融腐败犯罪中几乎没有得到适用，但其仍然保留在贪污贿赂犯罪的法定刑中。《刑法修正案（九）》中新增的终身监禁制度在一定程度上起到了减少死刑的使用率的作用，其处于死刑立即执行与无期徒刑之间，调整了我国的刑罚结构。死刑的适用量少符合了近些年来刑罚轻缓化的国际潮流，但对于保留死刑的做法，有学者认为这是为了增加刑罚的威慑功能，以便有效地惩治和预防犯罪。贪污贿赂犯罪一直是立法和司法实践中的重点打击对象，反腐也是党和国家一直高度强调的工作，甚至将其上升到"事关党和国家生死存亡"的高度来看待。因此，虽然近些年来我国对死刑一直奉行"少杀、慎杀"的态度，但死刑的保留仍然可以显示国家对其严厉的态度。

（三）有期徒刑在金融腐败犯罪中的适用情况

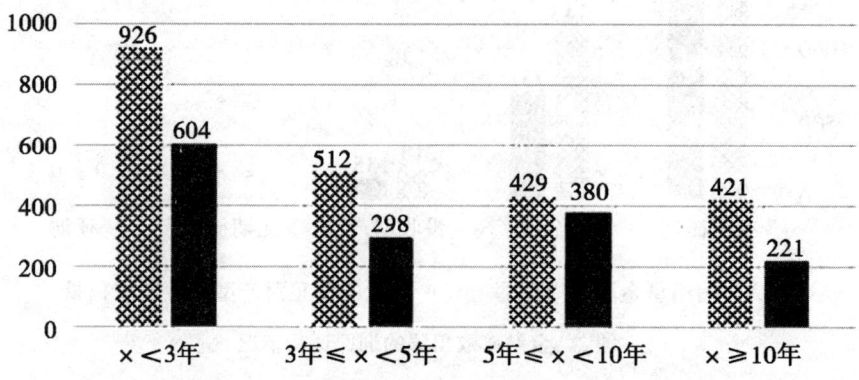

※ 贪污贿赂型金融腐败犯罪　　■ 一般的侵犯财产型金融腐败犯罪

图3　有期徒刑在金融腐败犯罪中的适用情况

图3显示的是两种类型的金融腐败犯罪在有期徒刑适用上的情况，从图中可以看出二者在整体上的趋势是一样的。该图显示这六年来的金融腐败犯罪近一半都只被判处了三年以下有期徒刑，结合对图2的分析可知，其中还有部分免予刑罚处罚的和适用缓刑的，由此可见，虽然在立法上对相关犯罪的法定刑规定得较为严重，

---

① 马登民、徐安住：《财产刑研究》，中国检察出版社2004年版。

但在量刑阶段，金融腐败犯罪的处罚力度不算大。这种情况反映了立法者在惩治相关犯罪时的矛盾心理：一方面，由于金融腐败犯罪行为的社会危害性大以及国家政治层面上的严惩需求，对相关犯罪行为规定的法定刑较高，如贪污受贿犯罪的无期徒刑和死刑；另一方面，在金融腐败犯罪频发的情况下，打击面太广，因此似乎需要作出某种程度的妥协。于是，就出现了这种看似自相矛盾的情况，理论上贪污贿赂犯罪令人深恶痛绝，但实践中的状况却是许多案件被判处缓刑、适用减刑、假释或仅判处三年以下有期徒刑等。这种自相矛盾的心理导致立法存在结构性的缺陷，当这种缺陷运用到司法实践中就使得我国现阶段惩治相关犯罪的情况是"查处的少、采取强制措施的少、不起诉的多、定罪免刑的多、判处缓刑的多、适用减刑、假释的多，总体上说存在从严不够的情况"①。这与我国目前在金融腐败犯罪上"不严不厉"的刑事政策是有关的。

另外，需要注意的是，一般的侵犯财产型金融腐败犯罪的法定刑要比贪污贿赂型金融腐败犯罪的法定刑低。前者只有两个量刑等级，量刑范围下至拘役，上至15年有期徒刑，而后者有三个量刑等级，量刑范围下至三年以下有期徒刑，上至无期徒刑、死刑。在这样的情况下，前者在有期徒刑的适用情况上却与后者相差无几，由此可见司法实践中一般的侵犯财产型金融腐败犯罪的情况是比较严重的。

三、对策之应用：金融腐败的刑事法防治

（一）犯罪圈设立方面，前瞻与谦抑之衡平

图1所展现的金融腐败犯罪越来越严重的问题，结合金融腐败犯罪的各种棘手的特征，需要刑事立法在相关罪名的设置上作出更积极的反应。在非规范行为的犯罪化问题上，学术界存在两种观点，一是经验型立法思想，这种观念认为刑事立法的滞后性不可避免，只有对一定的社会现象或社会问题具备比较丰富的实践经验后，才能在法律规范上对这部分社会关系进行调整；二是超前型立法思想，该观念认为刑事立法不仅要强调实践性，而且要有前瞻性，要对社会发展变化的趋势有一定的敏感度，及时适应社会变化。

我们认为，过度地坚持经验型立法思想不利于对金融腐败犯罪的遏制。一方面，经验型立法思想过于强调立法对现实生活的反映，这往往导致立法滞后于社会现实，面对风云变幻的金融市场，这种滞后性就更加明显。风险社会下，各个领域都存在不可避免的风险，金融领域更是如此，这种环境下还固守经验型立法思想无疑是把金融领域的安全置于危险的处境，有本末倒置之嫌。金融腐败犯罪是法定犯，相对于自然犯，其社会危害性更加难以预测。因为在不同的国家，或者在同一国家的不同时期，同一个行为有可能会被给予不同的评价，以前不是犯罪的行为在现在就有可能会被评价为犯罪。尽管如此，超前性立法并不是不可能的。鉴于法定犯的规定已有相关部门法将其规定为违法行为，因此立法机关可以结合其他法律对该行为的评价来确定其社会危害性，而且可以借鉴国外的立法经验。而经验型立法

---

① 姜伟、卢宇蓉：《宽严相济刑事政策的辩证关系》，载《中国刑事法杂志》2007年第6期。

则完全依赖于经验,对于何时经验成熟又没有一个准确客观的评价标准,何时立法完全依赖立法者的主观判断,这又增加了立法的不确定性。另一方面,随着社会的发展变化,新的法律问题出现,法律需要不断进行修补和增改,这会导致法律丧失其应有的稳定性,也不利于社会的稳定。

就金融腐败犯罪而言,刑事立法需要具有一定的前瞻性。① 超前立法能够充分反映社会的发展趋势和犯罪行为的变化特点,更能适应社会发展。将一定时期内可以预测到的金融腐败行为规定为犯罪可以严密法网,加强整个法律体系对金融腐败行为的防治与打击能力。前瞻性立法不是无视社会规律进行空想立法,而是要立足于社会实践,对社会规律进行合理且有根据的预测,是在坚持刑法谦抑性的前提下进行的。有些学者会担心刑法过度介入金融领域是背离刑法谦抑性的表现,会有侵犯人权的风险。但是将某个非规范行为规定为犯罪并不意味着其就一定会受到刑法制裁,刑法还可以在量刑等方面对不严重的金融腐败行为非犯罪化。仅是将这种行为规定为犯罪就可以在潜在犯罪分子头顶悬上一把"达摩克利斯之剑",对他们产生威慑效果。更何况惩治贪污贿赂犯罪一直是刑事法律的重点防治对象,金融领域的腐败犯罪更不容忽视。

当然,过度地追求刑事立法的前瞻性也是存有风险的。刑法并不是调整社会关系的唯一手段,除了刑法之外还有民商法、行政法等,此外,金融业的规范运行还需要金融业的法律法规。在其他法律能够且足以调整金融腐败行为时,刑法不应该做那个"一马当先"的角色,只有当其他法律法规不能调整或调整的效果不好时,刑法才能介入其中,这是刑法谦抑性的要求。当前,社会正处于转型时期,金融行业的发展具有多种可能性,如果刑法过度地扩大了犯罪圈,市场主体会变得缩手缩脚,最终限制金融业的发展。总之,具有前瞻性的立法会使法网更严密,但这种前瞻性仍应该坚持谦抑性的要求,正如林山田教授所主张的,对某一破坏法益的不法行为,经过刑事立法政策上的深思熟虑,认定非动用刑罚的法律制裁手段,无法平衡其恶害,或无法有效遏阻者,乃通过刑事立法之手段,使其成为刑法明文规定应受处罚的犯罪行为。②

(二) 刑罚设置方面,报应和预防之衡平

在量刑的根据上,大多数国家都采用结合报应刑和预防刑的并合主义,即将责任报应与预防犯罪的目的结合起来,这一点可以在我国的罪责刑相适应原则上体现出来。过于重视报应目的会导致重刑主义,有侵犯人权的危险,而过于重视预防则会导致将人作为预防犯罪的工具,同样会忽视人权。因此,在法定刑的设置上既要体现刑罚报应犯罪的目的,也要在一定程度上体现其预防犯罪的目标。

1. 法定刑应体现报应之目的

法定刑的设置首先要根据行为的社会危害性确定报应刑。第一,要整体提升一般的侵犯财产型金融腐败犯罪的法定刑。从上文的实证分析中可以看出,这种类型

---

① 参见张凌、陈辅宽、严励:《犯罪防控与法治中国建设——中国犯罪学学会年会论文集(2015)》,中国检察出版社2015年版。

② 林山田:《刑法的革新》,台湾学林文化出版社2001年版。

的金融腐败犯罪不会比贪污贿赂型金融腐败犯罪少多少,而且从图3的分析中也可以看到这类型的金融腐败现象比较严重,但刑法对其规定的刑罚又不能与其社会危害性相当。比如,职务侵占罪、挪用资金罪的法定刑与贪污罪、挪用公款罪相比有很大不同。虽说"刑罚轻缓化"是国际趋势,但是论者认为"刑罚轻缓化"的主旨在于省去不必要的刑罚,而不是为了所谓人道主义无视遏制犯罪的目的。此外,作为一个法治国家、民主社会,法律有义务去平等地保护每个社会主体的合法权利,这是基本要求。就算只从经济领域来看,每个经济主体都是平等的,这是市场经济的基本规则,但贪污罪和职务侵占罪轻重悬殊的法定刑明显体现了法律对国有市场主体与非国有市场主体不同的保护力度,这与现代平等自由的人权理念不协调。因此,本文的建议是适当提升一般侵犯财产型金融腐败犯罪的法定刑,如将职务侵占罪与挪用资金罪的法定刑比照贪污罪与挪用公款罪,将其法定刑分为三个等级,即3年以下有期徒刑、拘役,并处罚金;3至10年有期徒刑,并处罚金;10年以上有期徒刑、无期徒刑,并处罚金或没收财产。

第二,《刑法修正案(九)》中规定的"终身监禁"也体现了刑罚报应犯罪的功能。从对上文的图2和图3的分析中可以看出,司法实践对金融腐败犯罪的处罚力度不够,这与立法中法定刑不合理的结构是有关的,而善用终身监禁制度可以改善这一情况。终身监禁制度规定"犯贪污罪或受贿罪数额特别巨大,并使国家和人民遭受特别重大损失的被判处死刑缓期执行的,人民法院根据犯罪情节等情况可以同时决定在其死刑缓期执行二年期满依法减为无期徒刑后,终身监禁,不得减刑、假释"。近年来,司法实践中越来越少适用死刑立即执行,一些达到死刑适用标准的贪污受贿分子大都被判处死刑缓期执行,缓刑期满后改为无期徒刑,后经减刑和假释,犯罪分子实际被执行的刑期不会有多久,可是这类犯罪分子的犯罪行为往往具有极大的社会危害性,这样的做法可能导致罪责刑不相适的结果,因此我国贪污贿赂犯罪的刑罚处于"死刑过重,生刑过轻"的局面。无怪乎许多民众认为无期徒刑严厉程度远不及死刑,也因此对刑法惩治犯罪的功能持质疑的态度。在这种情况下,《刑法修正案(九)》增加了终身监禁的规定,其是位于无期徒刑与死刑之间的刑罚,相较于无期徒刑而言,其更具刑罚的严厉性,而相较于死刑而言,其又有宽大处罚的精神,十分符合我国宽严相济的刑事政策。[①] 因此,在司法审判中,法官要敢于适用终身监禁制度。

2. 法定刑应有预防之功能

法定性的设置除了要考虑对犯罪行为的报应之外,还要根据行为人的人身危险性考虑对其预防。但通过对2013年至2018年金融腐败犯罪的相关分析可以看出,法官对绝大多数案件除适用有期徒刑这一主刑之外,只是附加罚金刑或者没收财产。金钱是可以再生的,仅对犯罪分子处以财产刑很难阻止其再犯罪。[②] 从预防犯罪的目的上看,笔者认为应在相关金融腐败犯罪的法定刑种后加入从业禁止的条

---

① 赵秉志:《论贪污受贿犯罪死刑的立法控制及其废止——以〈刑法修正案(九)〉为视角》,载《社会科学文摘》2016年版。

② 参见刘宪权:《金融犯罪刑法学原理》,上海人民出版社2017年版。

款，如贪污罪和职务侵占罪。目前，有关罪名规定的刑罚除了自由刑这一主刑外，只有罚金、没收财产两种附加刑，以及犯罪分子被判处无期徒刑后附加的剥夺政治权利。虽然《刑法修正案（九）》在第 37 条后增设"有期限的从业禁止制度"，但由于具体罪名的法定刑并没有明确规定可以适用从业禁止，法官在运用时难免有些迟疑。所谓从业禁止即指因利用职业便利，或者违背职业要求的特定义务而被判处刑罚的，人民法院可以根据具体情况，禁止其自刑罚执行完毕之日或假释之日起从事相关职业，期限为三年至五年。从业禁止制度具有良好的一般预防和特殊预防作用。就一般预防而言，如果金融机构从业人员知道实施金融腐败犯罪会面临几年的禁止从事相关职业的惩罚，那么他们会因为实施腐败犯罪的成本过高而对腐败犯罪采取坚决抗拒的态度。而就特殊预防而言，从业禁止可以预防相关犯罪分子再犯罪。对于一般的侵犯财产型金融腐败的犯罪分子来说，所处的职业地位是其犯罪的前提条件，因为只有处在特定的职位上才能对特定资金资源进行掌控，从而有资本实施腐败行为。比如，职务侵占罪，只有犯罪分子处于该职位上，才能利用职务、职业的便利将所在单位的财产非法占为己有。正如对金融犯罪者适用罚金刑可以在经济能力上剥夺其再犯罪条件一样，禁止金融腐败犯罪分子从事相关职业可以从根本上消除其再犯罪条件。另外，这类金融腐败案件的犯罪分子往往在自己的职位上已经营多年，早已形成了自己的关系网，其关系网也是犯罪的一项重要条件，要打破该关系网并不是一朝一夕的事情。因此，为了更有效地防止犯罪分子刑满释放后再犯罪，最好的办法就是让其几年内都无法回到金融工作环境中，就金融市场而言，几年的时间足够击溃其关系网，从而彻底断绝其再犯罪的可能性。

值得注意的是，除了刑事司法规定了从业禁止制度之外，有关的金融行政法规中也广泛地规定了禁止从业的惩罚。例如，2006 年中国证监会发布的《证券市场禁入规定》第 5 条规定了对有关责任人员可以采取 3—5 年的证券市场禁入措施，情节严重的禁入时间可延伸至 5—10 年。再如，《商业银行法》第 89 条规定了国务院银行业监督管理机构可以根据具体情况取消相关董事或高管一定期限甚至终身的任职资格，禁止其再从事银行业工作。① 虽然相关行业的法规规定了从业禁止，但这种从业禁止毕竟是与刑事处罚性质不一样的行政处罚，不能代替刑法上的从业禁止。刑事处罚相较于行政处罚而言更具威慑力，更能预防相关从业者实施金融腐败犯罪。

（三）刑事政策方面，严厉与宽容之衡平

刑事政策是指国家基于预防犯罪、控制犯罪以保障自由、维持秩序、实现正义的目的而制定、实施的准则、策略、方针、计划及具体措施的总称。② 我国一直以来奉行的都是宽严相济的刑事政策，宽在哪里，严在哪里，是需要认真研究的问题。根据刑法规定的法网是否严密与刑罚是否严厉的组合来对刑法规制的模式进行分类，刑法大体上可以分为四种规制模式："又严又厉"模式、"不严不厉"模式、

---

① 冯康：《金融犯罪资格刑取代"准资格刑"的必然性分析》，载《吉林工程技术师范学院学报》2015 年第 3 期。

② 曲新久：《刑事政策的权力分析》，中国政法大学出版社 2002 年版。

"严而不厉"模式、"厉而不严"模式。①

1. 刑事政策需要更严厉

本文认为,面对金融腐败犯罪颇为严重的现状,"又严又厉"的刑事政策是最合适的。②从刑法针对金融腐败犯罪所制定的法网上看,第一,犯罪圈不够完善,基于金融腐败手段方式的多样化和刑法谦抑性的要求等方面的原因,立法很难面面俱到;第二,立法者在相关犯罪的构成要素上设置了诸多限制性条件,导致行为入罪比较艰难。这是目前刑事政策"不够严"的表现。从刑法对相关金融腐败犯罪规定的刑罚上看,虽然贪污贿赂型金融腐败犯罪的法定刑设置了死刑、无期徒刑这样的重刑,但是从图2中可以看出,司法实践中的情况是死刑和无期徒刑适用极少,近一半案件的量刑都在有期徒刑三年以下,缓刑的适用率也在50%以上,而且一般的侵犯财产型金融腐败的法定刑相较之下要轻得多,这是目前刑事政策"不够厉"的表现。这样看来,我国目前针对金融腐败的刑事政策是"不够严也不够厉"的。"不严不厉"的刑事政策当然不利于遏制犯罪。从图1的分析中可以看出,目前金融腐败犯罪的数量虽然呈波动状态,但是从整体上看仍是不容乐观的,近两年的案件数量虽然下降了一些,但不可否认这个结果是受不断提高的立案标准这一因素的影响,否则相关案件的数量只会更多。除了"量大"这一特点外,金融腐败犯罪还有社会危害性极大的特点。从政治角度来看,贪污贿赂型金融腐败破坏了党和政府的声誉,使民众对国家丧失信心,严重动摇了党的执政基础。中共中央将反腐败工作上升到关系党和国家生死存亡的高度,足以说明其严重的社会危害性。从经济角度来看,金融腐败犯罪涉及金额巨大等特点导致其对金融市场的破坏性极大,甚至可以在某种程度上引发金融危机。金融腐败犯罪的严重性和高危害性为严惩这类犯罪提供了正当的依据。

此外,根据《联合国反腐败公约》的要求和对域外相关实践经验的总结,采取"又严又厉"的刑事政策也是合理的。第一,《联合国反腐败公约》第30条第1项要求"各缔约国均应当使根据本公约确立的犯罪受到与其严重性相当的制裁",第30条第3项规定"在因根据本公约确立的犯罪起诉某人而行使本国法律规定的任何法律裁量权时,各缔约国均应当努力确保针对这些犯罪的执法措施取得最大成效,并适当考虑到震慑到这种犯罪的必要性"。此两项都验证了上文的论述。第二,在"刑罚轻缓化"的国际潮流下,各国也没有盲目地降低对金融腐败犯罪的打击力度。比如,法国就针对贪污贿赂犯罪规定了严格的处罚条款。

对于如何实现"又严又厉"的刑事政策模式,上文有论及适当扩大犯罪圈、加大刑罚力度和适用从业禁止等措施,此处不再赘述。

2. 刑事政策需以宽济严

立足于我国当前的国情,金融腐败犯罪刑事政策的"严"与"厉"都无须也不可能做到极致,过于严厉的法律在实施时必然困难重重。虽然某些国家"零容

---

① 储槐植:《议论刑法现代化》,载《中外法学》2000年第5期。
② 李少平、朱孝清、卢建平:《法治中国与刑法发展》,中国人民公安大学出版社2015年版。

忍"式的态度取得了不错的成效，但是这种模式在我国恐怕无法实现。理由如下：首先，我国的社会文化不容许。我国是个"熟人社会"，人情是贯穿我国几千年历史文化的要素，是为社会公众所认可且一时无法改变的生活习俗，因此日常生活中会出现许多的人情往来行为，这些是不可能全部被认定为行贿受贿行为的。其次，我国现有的司法资源也无法支撑"零容忍"模式。没有人力、物力的投入，再严密的法律也是一纸空文，即使在立法上通过了，也会被司法架空。最后，刑罚的作用并不是无限大的，遏制金融腐败犯罪不能全靠刑法，刑法要坚守自身谦抑的品格。[1]

我们认为，可以从以下几个方面实现以宽济严的刑事政策。首先，法律应明确具体地规定对于具有自首、立功等法定从宽情节的该如何从宽。比如，主动归案可考虑减轻处罚、被动归案则只考虑从轻处罚。《刑法修正案（九）》增加了法定的从宽量刑情节。贪污受贿犯罪分子在提起公诉前如主动供述自己罪行、真诚悔过、积极退赃，避免减少损害结果的发生，可以根据情况从轻、减轻或免除处罚。具体如何根据情况量刑，还需新的司法解释的出台。其次，上文论及《刑法修正案（九）》新增的终身监禁制度也体现了宽严相济的刑事政策。最后，由于金融腐败犯罪的隐蔽性，如果行为人主动认罪且同意实行"普通刑事案件简化审"，对于这种情况，立法解释或司法解释可以将其规定为类型化的法定从宽量刑情节。[2]

宽严相济是我国现阶段的基本刑事政策，刑事立法应该体现这一政策的精神。针对金融腐败犯罪，应构建"又严又厉"的刑事政策，并根据这一政策形成相对严密的法网、提高处罚力度。在严厉之余，应保持具体问题具体分析的态度，根据"手段""后果""态度"等因素进行衡量，根据情况对具体案件进行从宽处理。

---

[1] 参见孙国祥：《我国惩治贪污贿赂犯罪刑事政策模式的应然选择》，载《法商研究》2010年第5期。
[2] 参见孙国祥：《我国惩治贪污贿赂犯罪刑事政策模式的应然选择》，载《法商研究》2010年第5期。

论金融腐败犯罪的惩治与预防

王晓雪[*]

金融是现代经济的核心，相较于其他行业，金融在国民经济中具有极其重要的地位，渗透于国民经济的方方面面。改革开放以来，我国金融业取得了长足发展，在经济社会中的地位和作用日益重要，成为现代经济的核心和重要推动力作为国家经济的血液，我国对其的重视程度也日益提升。但出乎意料的是，该领域竟然成为腐败的"重灾区"，已经形成了一条隐蔽的腐败生态链，银监会、保监会、中国人民银行及其管理下持牌机构和业务机构，腐败无孔不入。自党的十九大以来，反腐败斗争取得了压倒性胜利，但金融领域的腐败案件仍处于高发态势，项俊波、杨家才、赖小民等腐败大案触目惊心，性质极其恶劣、教训极为惨痛，金融领域反腐败斗争形势依然严峻复杂，防范化解金融风险的任务仍然十分繁重。金融腐败是指金融监管机构和金融机构人员在金融活动中利用某种垄断权（行政权与资源配置权）不按规则（行政权力规则和金融交易规则）办事，为自身牟取私利的行为，具有隐蔽性、风险激励性、风险外溢性以及表现方式多样化的特点，同时也体现出复杂性、传染性与交叉性的新趋势。上述特点和新趋势决定了金融腐败犯罪评价标准的复杂性，"唯数额论"的刑法评价标准无法适应金融腐败犯罪复杂的情节化特征，应当丰富情节标准，运用《刑法修正案（九）》中贪贿赂罪"数额+情节"的弹性标准对金融腐败犯罪进行适当评价及处理。

一、金融腐败的概念及特点

尽管大家对金融腐败这个名词耳熟能详，但从目前来看，无论在理论还是在实践中都缺乏统一定义。与其他领域的腐败相比，金融腐败具有其特殊性，基于一般腐败概念直接界定金融腐败的传统定义难以全面准确地反映金融腐败的特点，更难以为金融腐败犯罪的惩治与预防提供明确的目标和科学的逻辑。故从金融的特殊性角度厘清金融腐败的概念及特点是金融腐败犯罪惩治与预防的基础。

（一）金融腐败的概念

随着金融腐败案件的不断曝光，"金融腐败"给人以无处不在的感觉，治理金融腐败的呼声也越来越强烈。但对何为"金融腐败"，却没有一个准确而规范的定义。实际上，金融腐败并非刑法学专有名词，而是在广义的社会腐败背景下，针对金融领域中金融监管机构和金融机构工作人员在金融活动中存在违法违规行为的概括性称谓。金融腐败的根源在于对货币资金这一稀缺资源垄断性配置权的滥用。金融腐败本质上是由于金融资源的垄断性所带来的权力寻租行为及其现象。本文从金

---

[*] 北京市顺义区人民检察院检察官助理，北京师范大学刑事法律科学研究院博士研究生。

融监管机构和金融机构的双重视角将金融腐败严格限定为金融领域中金融监管机构和金融机构工作人员在金融活动中存在违法违规行为。金融行为本身具有的复杂性、创造性和风险性使金融腐败具备不同于传统腐败行为的特点。

（二）金融腐败的特点

1. 金融腐败的隐蔽性。金融的基本含义是经济主体跨期进行资源优化配置，跨期交易是金融活动的基本特点，而跨期交易的方式使得金融腐败行为具有不同于其他腐败行为的复杂特点，具体表现为腐败租金的支付与寻租事项时间上的不一致性。金融腐败交易呈现出长期性，如干股受贿、期权腐败等腐败形式，往往交易时间跨度较长，直接导致金融腐败行为更加隐蔽，延长了腐败证据链条，加大了腐败行为与因果关系判定难度，进而也加大了金融反腐败的难度。

2. 金融腐败的风险激励性。金融行业具有资产价值高波动性、高流动性和信息高度不对称性的风险性特征，极易成为产生腐败活动的温床。金融腐败行为往往利用金融资产价值的高波动性，通过滥用监管权力、泄露内幕信息等方式在资产价格波动中牟取利益。由于金融腐败的收益率高，无形中对腐败行为产生一定的"激励"作用。特别是金融交易涉及的大多是别人的钱，容易引发金融机构及其从业人员产生腐败行为。高风险有可能带来高利润，一旦冒险成功，行为人就能从中获得更多的好处；即使失败，绝大多数损失也由他人承担。在委托代理性金融活动中尤为明显，代理人有意从事高风险投资活动，利用信息不对称蒙蔽委托人，以欺诈、操纵、违约、不公平交易等方式实现其欲望。

3. 金融风险的外溢性。金融行业具有调节社会资金资源配置的功能，直接影响宏观经济的运行与发展。如果金融监管机构人员利用监管权进行寻租，个人私利与监管目标出现偏离，就会导致金融政策和监管措施失灵，破坏金融市场交易规则，扰乱金融市场正常秩序，引发严重的经济不良后果。同时，掌管金融资金配置权的人员出现腐败问题，很有可能错误地引导有限的金融资源流向，导致金融机构出现经营问题，陷入经营困境。此外，还会导致社会金融资金资源的错配，从而浪费有限的金融集资资源，阻碍正常的经济发展。

4. 表现方式多样化。金融业是一个高度专业化的行业，我们以监管机构为标准，探讨不同监管机构下的金融腐败的表现形式。

（1）中国银监会颁发牌照的机构的腐败表现形式。由银监会颁发牌照的机构有8类：商业银行、金融资产管理公司、信托公司、企业集团财务公司、金融租赁公司、货币经济公司、汽车金融公司、消费金融公司。各个机构处于不同的发展阶段，其业务有不同的特征，隐藏着不同类型的腐败问题。我们以商业银行为例，分析其腐败的表现方式。一是在存款环节。该环节是银行基本的资金来源，决定着银行各种业务规模的上限。所以商业银行对存款业务也高度重视，一般都会给予存款业务很高的激励，由此产生的腐败问题主要表现为：违规揽储、违规开户销户、洗钱等。具有存款决定权的人更容易产生腐败，且不容易暴露。一般是由商业银行向客户主管人员行贿，尤其向国有大型企业主要财务负责人行贿。因为他们掌管着本单位财务资金存放权，是商业银行客户经理的主要公关对象。二是在贷款业务环节。由于民间融资成本非常高，还有非法集资、集资诈骗等违法犯罪风险，而银行贷款相对便宜且违法风险低，市场各方对银行贷款等需求量大。大型国企一般都是银行重点营销客户，获取贷款相对容易。但对于民营企业和中小型企业来说，如果不在重点客户之列，获得贷款非常困难，往往容易在贷款审批过程中产生腐败风险。从商业银行贷款管理来看，由于审批、放贷管理层级多、链条长、涉及人员广，根据贷款规模和审批权限，从支行客户经理、信贷部门、支行行长，到分行信贷部门、分行行长甚至总行信贷部门及分管信贷到行长，都有可能卷入，有贷款审批权的银行领导有可能利用权力索贿受贿，而贷款审批及放贷环节的信贷员、信贷部门负责人可能是知情人甚至是受贿人。三是在支付结算环节。主要腐败行为表现为：为了业务发展需要，少数营业点负责人授意经办人员为一些不符合开户条件或开户资料不齐全的单位开立银行结算账户。同时，对账工作不落实，导致银行内部人员或者企业财务人员利用银企之间长期不对账的漏洞，挪用或者盗取客户资金；或者内部人员通过各种手段和方式弄虚作假制造银企对账相符的假象，掩盖违法犯罪事实。四是在信用卡环节。工作人员利用审批权，违规办理信用卡授信业务，为资信不合格企业或个人给予较大授信，从中牟利。还有代理类中间业务在准入和代销过程中收受贿赂的行为；在投行业务中，利用短期融资券、中期票据审核权，收取关联公司好处费等。

（2）中国证监会发牌照的机构的腐败表现形式。由证监会颁发牌照的机构有3类：证券公司、基金公司和期货公司。由于证券公司的腐败行为具有金额巨大、涉众广泛、查处难度大的特点，在此我们以证券公司为例，分析其腐败的具体表现形式：一是经济业务环节。由于证券公司营业部提供的服务同质化严重，客户选择面比较广，为了留住客户，营业部往往会给客户一定比例的佣金回扣。二是承销业务环节。在承揽阶段，拟上市公司对选择券商有自主权，项目承揽人有可能通过给予相关主管人员回扣或者利用政府关系干涉企业自由选择等不正当手段承揽业务。在发行阶段，有些企业具有较大的上市瑕疵，有可能会采用贿赂监管部门的手段获取上市许可。同时，相关员工以自己控制的第三方中介名义与证券公司签订财务顾问合同，参与承销手续费分成，直接侵吞手续费。三是自营环节。主要是交易人员和投资经理的"老鼠仓"，即交易人员和投资经理在公司买入某证券前，先于公司买入，待公司资金将股价拉高后再卖出，从中赚取差价。投资经理利用公司自营资金，在股票价格涨到高位时，帮其他私募投资机构接盘，锁定仓位，私下收受好处。由于表现得很隐蔽，有时未必造成实际损失，界定和查处都比较困难。四是做市环节。新三板挂牌企业数量众多，质量参差不齐，流动性低，各企业对做市商要求很大。在企业选择环节，企业可能会通过给予关键审批人员干股的形式谋求做市。

（3）中国保监会颁发牌照的机构的腐败表现形式。由保监会颁发牌照的机构有8类：财产保险公司、人身保险公司、再保险公司、保险资产管理公司、相互保险组织、保险代理公司、保险经纪公司和保险公估公司。我们以财产保险公司为例，分析其腐败的具体表现形式：一是销售环节。财产保险行业经济激烈，客户目标比较明确，腐败主要表现为保险公司向投保人或代理销售机构进行商业贿赂，以此来获取保费。在直销业务环节，由于投保人的经办人对财产险定价和保险公司选择有决策权，一些保险公司为了承揽业务，会给予投保人员巨额回扣。例如，向投保单位负责人或其他中间人赠送高档礼品或者红包、邀请投保单位负责人或者中间人出境旅游、代为免除债务、解决子女上学费用、帮助就业等。二是理赔环节。具体表现为：1）虚假理赔，业务人员与客户共谋，设立虚假赔案，骗取公司理赔资金；2）相关人员自己开设与财产维修有关企业，以不正当手段承揽自己公司的理赔业务；3）故意设定较高的理赔价，套取公司理赔资金；4）理赔管理者利用手中权力对一些赔偿案件进行无原则的通融理赔、人情赔付。

二、金融腐败犯罪的新趋势

近年来，随着金融行业的高速发展，在金融创新和混业经营冲击下，金融腐败犯罪行为更加具有复杂性、传染性与价差性特点，成为金融腐败、新趋势、新常态，提高金融腐败的惩治与预防的难度和紧迫性。

（一）金融腐败犯罪的复杂性

相较于其他领域，金融行业业务范围更广泛，业务主体更分散，专业性更强。而且伴随金融业由粗放高增长时代向稳定健康发展态势转变，业务内容进一步细分与深化，金融业务日趋复杂。随着创新业务、创新模式的不断拓展以及混业经营越发普遍，金融业尤其是部分风险大、竞争激烈、技术严格、产品多样的部门和岗位的专业性要求日益提高，一定程度上也带动了金融腐败专业化程度的提升。从已经发生的金融腐败犯罪案件来看，涉及信贷、出纳、投资、国际业务等多个部门，渗透到吸储、放贷、资金审批、票据结算等多个工作环节。相关业务模块与操作环节对金融管理能力、资金运作能力都有很高的要求。同时，我国金融市场交易过程日趋复杂，金融腐败很可能被合规合法的表面形式所掩盖。随着金融业务创新力度的不断加大，资金运作日益复杂化，监管难度和反腐败成本也进一步加大。

（二）金融腐败犯罪的传染性

现代金融体系的一个重要特点就是相互关联，由此决定了金融腐败犯罪的传染性。具体而言，金融腐败犯罪的传染性主要是受社会关系和业务关系两个因素驱动。社会关系驱动主要是指腐败犯罪在同学、朋友、亲属间传染，体现为金融腐败窝案、亲缘案件增多。业务关系驱动是指金融腐败犯罪在不同机构、不同个体间以业务交叉点为纽带传染，体现为宽领域、长链条的金融腐败犯罪案件增多。在以上两个因素的驱动下，金融腐败犯罪通过沿业务链条传染、金融行业间传染、金融与非金融行业间传染以及境内外传染四个途径来实现。其中，前两者的相互作用下会演变为行业腐败，引发大规模的金融风险。

（三）金融腐败犯罪的交叉性

随着交叉性金融工具、金融衍生产品、金融控股公司等金融创新高速发展，金融行业间交流日益增多，各细分行业关系更加密切。而且直接融资、间接融资等多种融资渠道的发展，使得金融行业同越来越多的行业产生交集。金融自身的综合属性不断提高,是金融腐败犯罪跨行业、跨领域蔓延的主要成因。有的腐败犯罪案件涉及工商、外汇、律师事务所、国内外实体企业等机构,涵盖金融、法律、汽车、电器等多个行业。个别腐败犯罪案件涉及多家大型上市公司,涉及众多企业项目。一系列腐败犯罪案件及其触目惊心的数字,揭示了金融腐败犯罪跨行业跨领域发展的新趋势。

三、金融腐败犯罪的刑事对策分析

就腐败而言,无论其形式如何多变,最终都归于利益。金融腐败犯罪表现形式的多样化,离不开贪污、受贿等腐败犯罪罪名。我们所提出的旨在遏制金融腐败犯罪的对策,主要也是针对金融监管机构和金融机构内部人员利用职务所犯的侵占、贪污、挪用和受贿等犯罪提出来的。金融腐败的特点及金融犯罪的新趋势决定了金融腐败犯罪手段的多样性、情节的多重性,单纯的犯罪数额无法全面表现犯罪的社会危害性程度,我国刑法在惩治腐败犯罪中"唯数额论"的问题在金融腐败犯罪的惩治中表现得更加明显。

(一)刑事治理存在的问题

我们以贿赂犯罪为例,贿赂犯罪要惩治的是一种"交易",该"交易"的一边是利益,另一边是公权力。而在这种交易中,利益囊括任何形式的好处,其类型和多少只是主观恶性的一部分,与公权力受侵害程度不具有等值性;相反,公权力性质的差异、权力交易导致的危害后果的大小所体现的社会危害性是不同的,普通民众对不同职务、不同后果的期待和宽容也是不同的;根据人格刑法理论,出于对贿赂犯罪的预防,"交易"无须实际发生,只要具备"权利交易"的表征即可认定犯罪成立。而在我国,权利的表征性交易被固化为权钱的实际交换,导致对部分恶性贿赂犯罪的放纵。目前,司法实践中要证明国家工作人员成立收受型贿赂犯罪,需要满足两个条件:一是证明其利用职务之便收受了财物或财产性利益,二是证明其为他人牟取了利益。如此一来,"权利交易"中的利益被严格限定为财产性利益,对于免除债务、设定债权、提供晋升机会、安置亲属就业、上学乃至提供色情服务等无法用金钱量化的利益都排除在贿赂范围之外;以存在具体"请托事项"作为实现"交易"的基础,如果没有"请托事项",仅仅接受"感情投资"则难以成立受贿犯罪。① 中国化的"权钱交易"曲解贿赂犯罪的本质,不仅无法实现罪刑相适应,更无法使普通群众感受到惩治腐败腐败犯罪过程中的公平正义。2015年8月29日通过的《刑法修正案(九)》明确将"数额+情节"作为定罪量刑的标准,以"数额较大或情节较重"作为定罪标准,以抽象数额和抽象情节作为量刑标准。同时,增设了第383条第3款,将如实供述罪行,真诚悔罪,积极退赃,避免、减少损害结果发生等罪后情节作为量刑从宽的重要情节。相对于"唯数额论",无疑是进步的。从立法的本意来看,立法者已经认识到"唯数额论"的缺陷,变贿赂犯罪定罪量刑刚性的具体数额标准为弹性概括数额标准,如此便可根据犯罪的不同情

---

① 参见李少平:《行贿犯罪执法困局及其对策》,载《中国法学》2015年第1期。

况做到罪责刑相适应，更好地适应反腐败和经济社会发展形势；同时，提升了情节在贪污受贿犯罪定罪量刑标准中的地位，确立数额与情节并重的二元标准，将数额和情节都作为衡量贿赂犯罪行为社会危害程度的基本依据。如此既可以让司法工作者有据可依，同时也赋予法官一定的自由裁量权，能够满足司法实践的需要；此外，对于贿赂犯罪量刑标准的细化，将原条文中第1款第3项中规定的"个人贪污数额在五千元以上不满一万元，犯罪后有悔改表现、积极退赃的可以从轻、减轻或免予刑事处罚"加以修改扩充后单独规定为一款：一方面丰富悔罪退赃的内涵，另一方面增加悔罪退赃的适用范围和适用梯度，即无论贿赂犯罪情节和数额如何，均可因悔罪退赃而从宽处罚，但从宽程度与犯罪严重程度呈负相关。这一修改充分说明立法者对行为人悔罪退赃所体现的人身危险性降低这一罪后情节的进一步关注，有助于实现量刑上的综合判断。

但综合上述两点，目前仅做到了立法形式上"数额与情节"并列，依惯性理论，司法实践中仍会是以数额为主，情节为辅，这与受贿罪本质、与刑法宗旨不符，所以数额与情节的关系仍未得到根本厘清，"唯数额论"的片面客观主义错误仍将延续。此外，无论是定罪量刑基本标准的改变还是悔罪退赃情节的法定化、精细化，归根结底依然是罪中情节和罪后情节，对发生在犯罪之前且能反映犯罪人人身危险性和改造难易程度的"个人品行"等刑罚个别化内容关注不够，而这部分内容恰恰正是对犯罪人进行综合评价的关键，更是贿赂犯罪量刑情节的精髓所在。因此，必须全面考虑贿赂犯罪定罪量刑情节的完善问题。

（二）走出困境的路径探寻

我国大陆历来关注贿赂数额，1952年至今对贿赂犯罪定罪量刑的六次修改中，均以数额作为首要定罪量刑标准，而对其他与贿赂犯罪事实相关的罪中情节却只作抽象规定。在《刑法修正案（九）》的既定框架内，摒弃"唯数额论"的关键在于将数额以外的其他罪中情节予以具体化。罪中情节应该包括受侵害公权力的重要性程度、公权力受侵害造成的危害结果大小、行为人在犯罪中所起的作用大小、犯罪动机、犯罪手段的恶劣程度等。这些情节对定罪量刑的影响力呈递减趋势。鉴于我国大陆目前刑法中明确规定"数额+情节"的定罪量刑标准，所以必须将贿赂数额作为一个独立的情节纳入罪中情节予以考量。至于数额的位置应该与其在贿赂犯罪中的地位和作用相一致。贿赂数额代表行贿人为利用公权力所实际付出的财产性利益，受贿人往往因为财产性利益的诱惑而滥用公权力，所以可以视贿赂数额为犯罪诱因之一，与犯罪动机在贿赂犯罪中的地位相当。所以适用于我国大陆的罪中情节具体化结果为：将公权力的重要性程度、公权力受侵犯的危害后果作为第一层次的量刑情节加以考量，以在贿赂犯罪中的作用作为第二层次，受贿数额、动机和手段则作为第三层次。

结语

数额是古典刑法、早期行为刑法为了适应法官素质相对低下的状况而设置的定罪量刑标准，体现立法权对于司法权的过度控制，这种绝对的罪刑法定主义难以与时俱进，直接导致司法机械化，无法全面评价犯罪的社会危害性，难以实现罪刑均衡以及法律最基本的公平正义的价值，所以被世界大多数法治先进国家所摒弃。而且从我国大陆目前力推的司法改革进程角度来看，在金融腐败犯罪的惩治中，"唯数额论"严重限制法官的自由裁量权，与以审判为中心、以凸显司法权和强化法官地位为手段的诉讼制度改革趋势严重背离。

金融领域腐败犯罪的刑事立法防治对策

徐宏* 赵越** 周晨***

金融作为现代社会经济的核心,保障金融的安全运转对于国民经济发展、社会稳定具有非常重要的作用,金融领域的腐败犯罪严重影响了金融安全运转。从金融腐败案件的性质来看,金融系统中贪污、挪用公款、受贿三类案件比例高,还涉非法集资罪、私分国有资产罪、挪用公款罪、职务侵占罪、滥用职权罪等罪名。本文就金融腐败犯罪在目前阶段所产生的新特点以及犯罪采取的主要手段加以分析,从立法角度提出金融腐败犯罪防治的对策,形成以《反腐败法》为中心,前瞻性立法为支撑,限权性法律法规相配合的反腐体系。

一、金融腐败犯罪的特点

关于腐败,一些学者曾为其下定义:其一,腐败是指滥用公共权力,既可指为达到个人的目的,也可指为达到某个利益小集团的目的;其二指政府官员以权谋私的行为;其三狭义上指实现私人的目标,广义上使得整个社会的利益受到损害[①]。上述定义具有诸多的不确定和不足之处,总的来说,金融腐败是指金融机构及其从业人员在经营管理及其其他活动中,为了牟取私利,利用掌握的资源以及其他相关资源,违反国家法律及金融政策、规定,侵害国家、公众及本组织利益的行为或现象。随着我国市场经济的不断发展,金融领域腐败犯罪也表现出于许多不同于以往的特点:

1. 犯罪金额巨大,赃款流向营利活动

资金集中的地方往往腐败风险极大,金融领域实际上是资金总量最大的领域,以银行业为例,2018年,银行业的资产规模从2007年年末的54.1亿万元增至244亿万元,资产规模是我国GDP的3倍。在一些银行,金融腐败案件涉案金额一般达几十亿元、上百亿元,如2015年农业银行北京分行39亿元票据案[②],2016年广发银行120亿元违规担保案等。保险业的腐败案件如安邦保险集团原董事长吴小晖集资诈骗652.48亿元以及职务侵占100亿元。腐败案件资金多流向营利活动,最为典型的案例是行为人通过嫁接他人名义或者自己伪造单据的方式,利用职务便利为自己贷款,再将所贷的资金拆借给企业、个体户或者朋友等经商做生意从中获得

---

* 华东政法大学法律学院副教授,法学博士。
** 华东政法大学法律学院刑法学硕士研究生。
*** 浙江省台州市路桥区人民法院法官,法学硕士。
① 管建强:《〈联合国反腐败公约〉与我国国内法的腐败犯罪主体》,载《法学》2006年第1期。
② 参见京银监罚决字(2017)1号,京银监罚决字(2017)19号。

"红利"①。

2. "窝案""串案"增多,发案单位涉及面广

以信贷腐败为例,其所涉及的利益链极其广泛,如广发银行 120 亿元违规担保案,银行内部员工与外部不法分子相互勾结,跨机构跨行业进行作案,涉案金额巨大,所牵涉机构众多,情节严重,性质恶劣,社会影响极坏,该案的融资链在结构上层层嵌套,涉及地方交易所、互联网平台、银行、保险等多种机构,银行内部员工与企业人员和不法中介串通作案,内部人员收取巨额好处费,形成跨部门作案团队,金融机构从业者与不法商人相互勾结,形成利益链条相互包庇,数量攀升的同时形成利益相互输送的腐败关系网。

3. 犯罪手段专业性、知识性、隐蔽性增强

金融领域的专业性导致金融领域的部分人员利用自己所掌握的专业优势、手中所握的金融资源以及信息不对称的便利,实施腐败行为进行牟利,对于不具备金融领域相关专业知识的人员,通常难以发现其中隐藏的潜规则和内情,如一些证券从业人员违反规章允许或者放纵股民透支交易或者利用更改计算机数据等手段,贪污或挪用股民保证金,在股市上升时,由于有赢利极难被察觉,往往在股市下挫出现巨额亏损无法平仓时才暴露②。腐败行为的隐蔽性增强,有些案件看似是违反信贷政策,特别是失去清偿能力的"僵尸企业",实际上是违规将资金直接或间接地投入股票市场或者限制、禁止的领域,内外勾结作案。还有些公司表面上看是违规违法开展业务,实质上利用"抽屉协议"进行利益输送。

4. 犯罪主体向多元化共同犯罪、法人犯罪方向发展

由于金融业务多具有交互性,金融从业人员单独作案成功的概率越来越低,其通常与其他部门的从业人员或者社会人员之间,互相利用勾结作案,在作案过程中,通常有预谋、有分工地进行合作。以证券或者银行监管部门贿赂犯罪为例,在金融监管腐败与被监管对象行为之间存在"下游关联"效应,下游被监管机构超额利润越高、违规动机越强,相应监管部门的腐败倾向越高,作为贿赂的供给者,存在两类行贿行为,一是为了开展新业务而不得不承受监管部门的胁迫,进行行贿;二是为了对自己的违规行为寻求监管庇护而主动进行的行贿。监管当局的受贿行为也相应分为两类:一是行政审批中的受贿行为,二是为保护违规机构所换取的个人好处,通过收取贿赂而进行的贪赃枉法行为。③ 犯罪主体向法人方向发展也是金融犯罪演变的一种趋势,一是金融机构的负责人利用"单位"作为掩护,将牟取私利的行为转化为单位行为,通过集体决策实施犯罪。二是某些犯罪人成立单位目的就是方便实施犯罪行为,如设立"空壳公司",以逃避法律的制裁。

---

① 康俊国、李睿:《金融领域贪污、贿赂犯罪浅析》,载《河南省情与统计》2001 年第 10 期。
② 鲍绍坤:《金融领域贪污贿赂犯罪的特点及惩罚防范对策》,载《福建政法管理干部学院》1999 年第 2 期。
③ 谢平、陆磊:《利益共同体的胁迫与共谋行为:论金融监管腐败的一般特征与部门特征》,载《金融研究》2013 年第 7 期。

5. "高官腐败"现象突出

截至 12 月 25 日，2018 年中管干部以及中央一级党和国家机关、国企和金融单位干部中落马官员已有 37 人，其中 16 人被"双开"，接受纪律审查和监察调查的省管干部则有 348 名，这一数据远超 2017 年的 221 人[①]，如图 1 所示。

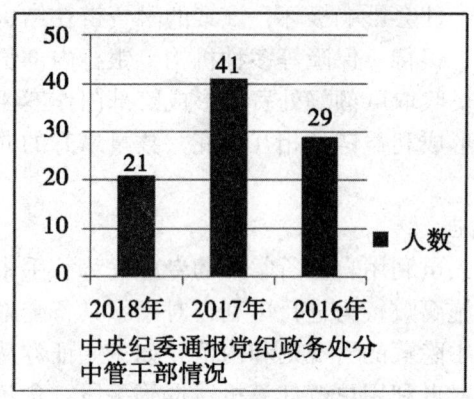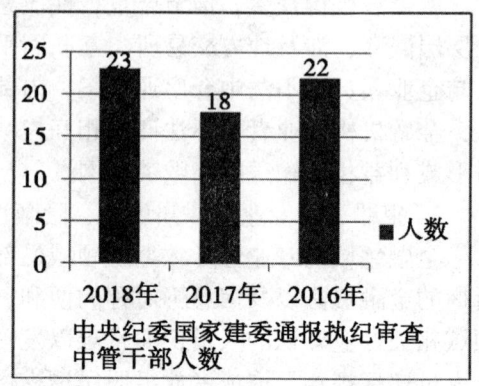

图 1 中央纪委国家监委通报执纪审查中管干部人数和党纪政务处分中管干部情况

根据上述腐败犯罪的种种特点表明，在金融领域，腐败现象已经不是个别、偶然的发展，而是腐败现象和涉案数量激增，高官腐败现象突出，"窝案""串案"增多等，这些表面特征反映了当前的金融领域已受到腐败的严重侵袭和腐蚀，所以，制定治理腐败犯罪的对策时，应该结合该类犯罪的特点、基本手段，对于反腐败行为进行正确的分析与评估，以提出更为完善的治理对策。

二、实施金融腐败犯罪的主要领域与基本手段

金融领域腐败犯罪与一般腐败犯罪相比，其特殊之处在于发生背景具有独特性，即腐败可能发生在整个金融体系的任意环节，如证券机构包括证券交易所、证券公司、基金管理公司等，从事证券交易活动的犯罪分子可利用证券交易价格的"时间差""地区差"，或炒买炒卖证券从中牟利。或利用报盘、盗卖等手段，贪污股民资金，或以冒领等手段侵吞公司的营业款。

如今，犯罪分子多利用如银行卡、信用卡、支付宝、微信等现代化结算工具，实施贪污、贿赂等犯罪行为。该类工具大多被用来转移资金或者进行贪污贿赂行为。还有些犯罪分子利用操作计算机"串户"，如利用掌握本单位机密及批准修改计算机数据的权利，修改计算机程序，擅自下达特别指令，利用合法身份作为掩护进行作案或者利用信用卡透支等手段，将公款占为己有。例如，犯罪人李某和王某在中国人寿保险股份有限公司垫江县支公司工作期间，利用各自的职务便利，盗用他人电脑密码、修改直销业务系统中的客户资料，采取重复退保、少支多报、虚报冒领手段，分别在子女婚嫁险、个人养老保险、夫妻恩爱保险、独生子女两全保险

[①] 马蓉蓉：《2018 年执法关键词》，载《法制日报》（法治周末），https://baijiahao.baidu.com/s? id= 1620991242469612415，最后访问时间：2019 年 5 月 11 日。

等险种中单独或共同作案 98 次，骗取公司资金 1048220.36 元。①

结合司法实践中所发生的金融领域腐败犯罪的行为方式，可以归纳出实施金融腐败犯罪主要有以下几种方式：

1. 侵吞

金融工作人员侵吞的手段主要有账外收入不记账以及账内收入不记账两种方式，账外收入不记账即作案人将单位账面上没有记载的收入部分不记入账内，主要有收存、收贷和收息不入账或少入账等，如广州某企业集团有限公司副总经理方某涛，利用负责机电公司和佳华公司工作的职务便利，以支付货款、往来款等名义，将公司所获得的款项采取不记账的方式，分多次套取资金，侵吞机电公司公款共计人民币 873.2 万元。② 账内收入不记账或者少记账是指行为人将原已在账上或者手续上有反映，只是未计入明细账的收入收回后，隐瞒不交而据为己有。主要有收汇、收联行划拨或者收单位销货款、营业款、手续费等款项不入账、少入账等。

2. 直接窃取

作案人监守自盗，将自己保管经管的钱款据为己有，行为人利用职务之便，秘密窃取公司库款并据为己有，如西平县农商银行工作人员董某利用职务便利，将银行资金通过窃取的手段非法占为己有，数额较大，其行为已构成职务侵占罪。③ 此外，银行工作人员也可能利用职务便利偷支储户存款或者利息，如黄某在担任中国建设银行常德鼎城支行中心储蓄所所长期间，利用职务之便，单独和伙同中心所员工李某挪用公款 91 万元给他人和自己使用，进行营利性活动。在黄某得知自己将调离中心所后，为顺利交接，填平其挪用的现金库存，便偷支储户鲁某某定期存款 27 万元用于填库。④

3. 骗取

（1）伪造单据，虚假冒领

伪造、变造或盗用单据存单、支票和汇票等票据是金融业务走账的主要依据，行为人在办理金融业务时，利用各种重要票据管理不严，伪造、变造或者盗用有关票据，办理虚假业务进而贪污公款。例如，李某和王某在中国人寿保险股份有限公司垫江县支公司工作期间，伪造虚假单据，使用虚报冒领的手段，骗取公司资金。⑤

（2）虚设账户、凭空划转或者盗用联行密押，骗取资金。例如，犯罪人贾某在担任汇民银行行长期间，违反发放贷款操作流程和审批程序规定，安排、授意银行工作人员采取借名、冒名贷款、垒大户、以贷还贷、个贷企用等方式，在未对贷款人的借款用途、还款方式进行严格审查以及未经过实际信贷调查的情况下，以他人代签字、先发放贷款后补手续等方式，先后为李某、刘某等人发放贷款合计

---

① 参见（2005）垫刑初字第 56 号。
② 参见（2018）粤 01 刑初 215 号。
③ 参见（2019）豫 1721 刑初 5 号。
④ 参见（2017）湘 0703 刑初 365 号。
⑤ 参见（2005）垫刑初字第 56 号。

16895.0926万元。①

（3）虚增开户单位存款积数。例如，颜某利用在中国农业银行濮阳市支行营业部营业室工作的职务之便，采取办理银行承兑汇票、从内部往来账户划拨、虚增统筹金账户的方法，共计挪用公款1080万元。②

4. 滥用职权，以权谋私，索贿受贿

少数金融机构负责人利用手中掌握资金分配、外汇管理、资金融通、物资购置、自用基建项目审批等职权，肆意进行权钱交易，向有关单位和个人索贿受贿。

通过上述对于金融腐败发生的主要领域以及实施金融腐败行为的基本手段的分析，我国金融腐败主要是国家权力分流至金融这一特定的领域，在过程中所表现出来的具体的行政权的腐败，基本行为手段主要有窃取、侵吞、骗取、滥用职权四种，概括地分析上述四种手段，其均属于比较常见的行为类型，但是结合具体的案件，尤其是结合与金融领域相关的行为活动，便具有极强的迷惑性，很难从纷繁复杂的案件事实中分辨出最基本的行为模型从而进行刑法学分析。因此，立法者在立法过程中不仅要囊括腐败犯罪基本的行为类型，还需掌握金融领域的相关知识，了解金融腐败犯罪的主要特点，从而制定较为完善的法律用以规制腐败犯罪。

三、完善金融领域腐败犯罪的立法对策

立法是一门科学，是一种旨在找出不同社会因素之间的关联，跨越社会、政治、思想，进而推出一般性的结论，所以立法应当遵从有效性、协调性、经济性等基本原则，在上述原则的基础上，有计划、有步骤地推进立法活动。③ 立法也是司法的前提和基础，对于金融领域腐败案件的治理而言更是如此，金融领域的腐败犯罪是腐败行为体系中众多犯罪之一，所以对于金融腐败犯罪问题的防治离不开法律对于整个腐败行为的规制体系。

近年来，我国通过多个刑法修正案用以完善腐败犯罪的刑法体系，尽管刑法典中腐败犯罪的罪名数量已非常完备，《刑法修正案（九）》对于贪污贿赂犯罪的数额要素、罚金刑、自首等问题进行了修改，甚至增加了"终身监禁"制度，但还是有许多诸如罪名体系设置不合理的缺憾，尽管我国现行刑法典关于规制腐败犯罪的罪名已经不下50种，但与《联合国反腐败公约》等国际条约相比其罪名还是稍显狭隘④。下文将主要介绍对于金融领域，在立法上防治腐败犯罪的对策。

（一）确定反腐败国家立法战略

立法战略的选择对于明确立法体系、模式与发展阶段具有重要作用，更新反腐立法战略是一种反思既往、巩固成果的重要选择。反腐败立法战略是指"国家在一定的时期内对反腐立法的发展方向、立法体系、立法质量与立法治理能力的选择、

---

① 参见（2019）晋08刑终110号。
② 参见（2009）濮中刑二初字第19号。
③ 刘艳红：《中国反腐败立法的战略转型及其体系化构建》，载《中国法学》2016年第4期。
④ 赵秉志：《论我国反腐败刑事法治的完善》，载《当代法学》2013年第3期。

规划及方略，具有方向性、全局性和宏观性特征，以及指导立法制订、修正的重要功能"①。

国际上具有两种类型的反腐立法战略，具体体现为：其一，以英美国家为代表的"预防性"立法战略。注重用目的来引导和变革法律制度，法律更多的是为了回应社会需要，因此具有较强的弹性。"预防性"战略积极探究产生腐败的原因以形成预防机制的指导理念，"与其与腐败本身作斗争，不如与产生腐败的原因作斗争"②，因此英美国家反腐败注重预防，预防立法发达，形成了极为严密的反腐立法体系。其二，以中俄等国为代表的"惩治型"立法战略。该类国家的现代化反腐启动主要来自外部压力，具有较强的"应激性"，以"直接打击"为立法理念，其核心主要是为构建"不敢腐"的立法体系而实施事后惩治，以严厉刑罚直接打击已然的犯罪为主导，重视刑法构建形成"重惩治，轻预防"的刑法立法体系。直接打击虽然较为简单，但所耗费成本大而收效低，因此反腐效果不佳。

目前，我国"反腐"工作主要是刑事与政党规范惩治机制在发挥作用。针对目前所存在的未在腐败源头治理，只是严惩腐败后果的法律制度，不符合立法的积极性原则，所以应当及时转变立法理念，学习以英美国家为代表的"预防性"立法战略，确立从根源治理腐败犯罪的目标，针对腐败犯罪形成具有主动性、进攻性、策略性法治理理念与机制。在积极治理主义之下，预防法无疑是反腐败立法的重点，制定具有前瞻性的法律法规，使得其承担具有惩治和预防作用。

（二）制定具有前瞻性的法律法规

制定具有前瞻性的法律法规是为解决犯罪行为的超前性与法律规范的滞后性之间的矛盾，此外，其也是建立反腐体系的重要支撑，金融行业具有极强的创新速度，这就要求立法者对于社会发展与法律发展具有预见性，制定法律用以规制某一行业发展过程中可能出现的漏洞。规制金融腐败犯罪，制定具有前瞻性的法律法规主要有以下几点：

1. 完善和修改金融法律法规

金融腐败犯罪产生的重要原因之一就是滥用权力，如滥用审批权或者通过拒绝、提高审批门槛故意刁难以牟取利益。权利的滥用与政府对积极的过多行政干预有一定的关联，随着我国从计划经济向市场经济转轨，出现了权力与市场的混杂，突出的表现就是政府机构既能从宏观上进行管理又能实施经济活动，具有双重身份，权力主体与经济活动主体合二为一，因此某些内部人员具有某种特殊权力，利用该种便利为自己制造收入，在这种情况下，腐败便成为一种行业现象，带有行业性特点。

金融领域是权钱交易最为集中的领域，在审批制度之下，权力机关中的下属单位或者个人极易形成行政性垄断，容易刺激非法交易，如某些金融机构的管理人员

---

① 刘艳红：《中国反腐败立法的战略转型及其体系化构建》，载《中国法学》2016年第4期。
② ［德］约翰纳·伯爵·兰斯多夫：《腐败与改革的制度经济学》，清华大学公共管理学院廉政与治理研究中心译，中国方正出版社2007年版，第13页。

利用其为企业发放贷款的权力,在明知风险较大的情况下向关系方提供平低利率、宽额度等优惠贷款,为其牟利。所以,立法进一步规范审批制度并强化金融机构防范风险主体责任会在相当程度上减轻这种行政性垄断行为。2015 年,银监会修订了《中国银监会行政处罚办法》,强化了对商业银行行政监督和处罚。新的处罚办法实施后,银行业金融机构被处罚的案件明显增多。据介绍,2017 年银监会及其派出机构开出的罚单超过 2000 张,而且也出现了数亿元的罚单。2017 年 11 月 17 日,人民银行会同证监会、银监会、保监会和外管局联合发布了关于《关于规范金融机构资产管理业务的指导意见(征求意见稿)》(以下简称《指导意见》),重点针对资管业务,其所存在的多层嵌套、杠杆不清、监管套利、刚性兑付等问题,设定了统一的规则。《指导意见》明确要求金融机构切实履行主动管理职责,不得为其他金融机构的资管产品提供规避投资范围、杠杆约束等监管要求的通道服务。银监会于 2017 年 12 月 22 日专门下发《关于规范银信类业务的通知》,规范信托通道业务,要求信托公司对委托方的目的有自身的判断,不得接受委托方银行直接或间接提供的担保,不得与委托方银行签订抽屉协议,不得为委托方银行规避监管规定或第三方机构违法违规提供通道服务。

此外,我国虽然已有《中国人民银行法》《商业银行法》《票据法》《担保法》《保险法》等法律,但目前的金融法制不够完善,应加快制定诸如《信贷法》《信托投资法》《货币管理法》《期货交易法》等法律法规,使一切金融活动做到有法可依,更加规范化和法律化。尽管如此,法律对于创新改革和发展较为迅速的金融领域而言,其预见性非常有限,在金融领域,一些明显的违规现象仍处于法律所不能规制的真空状态,如证券业中存在的资金"空敲"现象,虚拟高出证券公司实际所有资金数倍甚至几十倍的资金,通过转账等方式转给一些事先安排好的股民炒股,或者转入虚设的股民账户进行自营,然后提取巨额的管理费用私分贪污①。

2. 制定《反腐败法》

制定《反腐败法》作为国家腐败治理的基本法是顺应世界反腐败立法的趋势,如俄罗斯、新加坡、韩国、越南、泰国等国均规定了独立的《反腐败法》,在我国,将《反腐败法》定位为反腐基本法律,确立综合性的反复立法亦是主流观点②。《反腐败法》作为国家腐败治理的基本法,应当集中体现出国家反腐败的原则、框架性制度、政策和基本理念,并以此为统领,指导更加具体的立法。有学者认为其应当包括以下内容:"一是反腐指导思想、基本原则;二是腐败的基本概念;三是反腐组织机构及其分工;四是预防腐败的基本措施;五是国家公职人员预防腐败的特别义务;六是社会公共组织及公众的腐败预防;七是腐败行为的揭发与追诉;八是反腐败的国籍合作机制"③。

此外,制定《反腐败法》应当突出预防制度的重要性,并且强调其具有优先

---

① 鲍绍坤:《金融领域贪污贿赂犯罪的特点及惩罚防范对策》,载《福建政法管理干部学院》1999 年第 2 期。
② 刘艳红:《中国反腐败立法的战略转型及其体系化构建》,载《中国法学》2016 年第 4 期。
③ 刘艳红:《中国反腐败立法的战略转型及其体系化构建》,载《中国法学》2016 年第 4 期。

性，所以没有必要打乱刑法典的稳定性和体系性，应保留刑事实体法在刑法典中，在具体模式上应该采取以预防法为主，兼顾刑事法的折中模式。

3. 完善程序法

立法机关关于侦查权力和侦查措施的规定为侦查腐败犯罪提供了有利的武器，但是金融领域腐败犯罪与其他刑事犯罪相比有其自身的独特性。除此之外，应当通过立法形式赋予检察机关相应的特殊侦查权力，以准确及时查明案情，提高金融腐败犯罪的侦破率。

首先，增设特定情况下的秘密侦查权，金融腐败犯罪的专业性、隐蔽性、智能化等特点使侦查人员的侦查活动更为艰难，所以使用技术手段以扩展监控的空间效果成为侦查的必要措施。

此外，增设紧急情况下的先行拘留权、搜查权以及边控决定权。金融腐败犯罪具有跨地区、跨境作案的趋势，同时，犯罪嫌疑人也具有较高的潜逃甚至是自杀风险，为了更好地侦破案件，在侦查过程中，如果发现犯罪嫌疑人有携款潜逃或者自杀以及毁灭、伪造证据等紧急情况的出现，在来不及办理拘留、搜查手续时，应享有合理的先行拘留权、搜查权。在侦查过程中，发现有潜逃出境危险的犯罪嫌疑人时，能有权扣留其有效出境证件。完善上述侦查手段有利于提高破案率的同时也对犯罪嫌疑人具有一定的威慑力。

浅论金融领域腐败犯罪的立法防控与完善

蔡唯佳* 卫 美**

金融是现代经济的核心，是经济发展最基本的战略资源、最重要的特殊资源。经济与金融"同生共荣"，经济兴则金融兴，金融活则经济强。金融领域的腐败问题给经济发展乃至整个社会稳定造成了巨大冲击。为此，需要对金融领域的腐败问题进行研究与防治，以保证金融环境的长治久安。

一、金融腐败的特征及基本形式

现代经济是以资本为主导的经济。改革开放初期，邓小平同志曾提出"金融很重要，是现代经济的核心。金融搞好了，一着棋活，全盘皆活"的重要论断。金融作为融通资本的主要手段，是现代经济的核心。如果核心出现问题，就会波及整个经济。近年来，我国金融业蓬勃发展，经济的新常态不断催生出金融新常态。而金融腐败与金融犯罪常是一体两面，如影随形。金融腐败是指金融机构及其从业人员在经营管理及其他活动中，为谋取私利，利用掌握的资金资源及其他相关资源，违反国家法律和金融政策、规定，侵害国家、公众及本组织利益的行为和现象。[①]

（一）金融腐败犯罪的特征

笔者认为，当前金融领域腐败犯罪一般具有如下特征。

1. 专业性、隐秘性强。金融腐败行为通常发生在业务经营中，依托于专业的岗位和知识。金融领域的资金业务跨及多个金融部门和专业岗位，不仅仅是各商业银行时有金融犯罪案件发生，行使监管协调职能的政府机构，如人民银行系统以及其他微观经济主体，如非银行金融机构同样会发生各类金融犯罪案件，金融犯罪活动遍及整个金融行业，非专业人员难以完成。随着电子商务等金融领域的蓬勃发展，金融腐败手段多样化、作案智能化趋势也越发明显，运用高科技手段进行金融犯罪活动增多。例如，借用金融服务、利用空壳公司、伪造商业票据、使用金融衍生工具、通过中介机构等方式洗钱，将大额犯罪所得收益转化为合法收入，非专业人士难以发现其中的潜规则和腐败隐情，使得该领域腐败犯罪手段更加隐秘。

2. 涉案金额大，领域广。由于金融行业的特殊性，金融腐败涉案金额动辄上百万元、千万元，亿元以上的大案件屡见不鲜，给国有资产、企业资金造成了不可挽回的损失。金融行业作为经营货币和社会稀缺资源的高风险行业，涉及银行、互联

---

* 陕西省西安市新城区人民法院法官。
** 西北政法大学 2017 级刑法学硕士研究生。
① 陈文武：《金融腐败案件的新特点及成因浅析》，载《青海金融》2012 年第 11 期。

网平台、地方交易所等多种机构，资金链几乎触及所有社会领域，成为其他行业转移风险的聚焦点，利益链错综复杂，金融腐败关系网一旦打破，牵一发而动全身，社会影响巨大。①

3. 高管腐败严重，犯罪率居高不下。金融机构的管理层、各级负责人和重要部门业务经办人员往往拥有较大权力，掌握着如金融机构的信贷等核心稀缺资源，但几乎没有相关限制和监督措施。缺少监督和制约的权力往往是腐败滋生的温床，如果以权谋私、权钱交易等腐败现象无法从源头得到遏制，必将导致贪污受贿、滥用职权、玩忽职守等腐败活动的频繁发生。金融机构高管的腐败行为阻碍了我国经济的高效发展，产生负向作用，然而基层单位重要岗位人员，对信贷资金运行、人事管理、财务分配、基建和物品采购等进行违规操作所产生的腐败问题也不容小觑。

4. 逐利性突出。获取利益并实现利益最大化是金融腐败的内在动力，除金融从业者个人贪图享乐、非法敛财之外，金融行业从业者缺乏自律、行业内部监管缺位、处罚力度弱化，都为逐利进而走向腐败创造隐形条件，金融行业的环境被严重污染。

5. 涉外性增强。我国金融行业在积极开拓国际市场过程中，一些机构由于身处境外，监管不严，违规涉足高风险业务，甚至违法经营，导致腐败案件频发。国内的金融腐败分子将资金转移至境外，一旦案发立即畏罪潜逃，再利用境内外法律的不协调，对抗调查，以躲避法律制裁。

（二）金融腐败案件基本形式

当前，我国金融领域存在不良资产、债券违约、影子银行、互联网金融等累积风险，金融违法违规和腐败行为时有发生。金融腐败案件的类型主要有滥用权力、职务犯罪、泄露重大机密信息、灰色商业贿赂和单位犯罪多发、参与洗钱等金融犯罪活动。

1. 滥用权力。在金融市场中，金融腐败的一种具体表现是利用审批权进行设租寻租，谋取腐败利益。在社会主义市场经济转轨时期，金融管理部门往往对金融市场的准入和金融机构的业务范围实行比较严格的控制与限制，而拥有市场准入审批特权的金融管理人员就有可能通过拒绝批准、提高准入门槛或增加不合理要求以及故意拖延审批时间等方式对申请者释放信号，以谋求腐败利益。②

2. 职务犯罪。一些金融机构高级管理人员及重要岗位人员利用职务之便和手中权力，为企业违规放贷或逃避债务等提供便利，侵吞、窃取、骗取本机构的公共财产，或通过非规范交易收受经营者以手续费、劳务费、佣金等名义给付的现金或实物。更有腐败分子与对方暗通款曲，在职时为企业谋得利益，以离职后到企业高薪任职、享受股权等方式来作为回报，败坏金融风气。

3. 泄露重大机密信息。在市场经济中，金融市场竞争激烈，掌握更多的信息有着巨大的优势，机密信息成为了市场经济的商品，成为了商业贿赂的交易对象，部

---

① 吴敏：《严格执纪执法维护金融安全》，载《中国纪检监察报》2018年6月14日第7版。
② 黎晓宏、董宏：《我国金融领域反腐败的理论和实践》，载《经济导刊》2017年第12期。

分金融机构人员通过泄露其掌握的金融决策机密信息从中渔利,不仅严重违背了职业道德,更导致市场不公平竞争加剧。

4. 灰色商业贿赂和单位犯罪多发。随着我国反腐的力度增强,实践中的腐败形式也随之灵活,传统的法律容易界定的商业贿赂行为已经较少,灰色贿赂行为成为金融商业贿赂的主要形式,致使腐败案件定性与侦查难度加大。贿赂的形式从单独一对一行贿转变为向一个小集体进行贿赂,导致单位内部小团体犯罪增多,腐败案件的涉及范围增大。

5. 参与洗钱等金融犯罪活动。洗钱在金融领域属高发犯罪,是金融腐败犯罪的下游阶段。金融领域的洗钱有五种常见方式:利用金融机构、通过投资办产业、通过商品交易活动、利用一些国家和地区对银行账户保密的限制、借助"地下钱庄"走私或转移犯罪所得等。通过对国内金融业务中洗钱案件的分析,现金业务中的银行柜台存取现金和ATM现金业务、电子业务中的网上银行、跨境业务和外汇业务中的外部金融机构、投资理财业务中的证券和银行理财产品等存在较高的洗钱风险。而通过利用金融机构、投资办产业、商品交易活动等进行洗钱,则可以使犯罪分子将金融腐败金额再次流入资本市场,给金融安全造成威胁。

二、金融腐败犯罪的原因分析

当前金融领域腐败犯罪的发生有多种原因,笔者主要从以下几个方面作分析。

1. 经济和体制原因。我国正处在计划经济体制向市场经济体制转轨迈进的转型时期,此时金融秩序混乱。社会环境和市场经济未成熟及其经济体制变迁是金融腐败发生的重要因素。在经济改革的过程中,金融管理体制和模式改革严重滞后,容易发生金融腐败问题。市场经济的消极作用是滋生腐败的温床,特别是金融作为现代经济的核心并掌握着资金这样紧缺的资源,市场经济的负面影响在金融行业表现得就更为突出。而我国向市场经济转轨的过程中,金融资源一直是市场上的稀缺资源,银行拥有雄厚资金,而企业亟须资金供给,两者的结合导致银行从业人员出现寻租现象,不择手段追求盈利,金融腐败随之出现。

2. 政治层面原因。腐败与相对稀缺资源的垄断权相伴而生,金融腐败与政府对金融资源的行政化控制密不可分,证券、银行、保险等金融资源稀缺性因素中出现权力的设租与寻租,是金融腐败源之一。当前,我国金融业的现状是中央政府控制最大的金融机构,各级政府控制着相应层级的金融机构。政府配置经济资源、对企业微观经济活动的干预权力过大是市场发育缓慢、腐败难以消除的重要原因。作为市场经济中枢地位的金融机构被赋予行政色彩后,建立良好的治理和内控机制的愿望就难以实现。在这种情况下,金融机构掌握的巨大资源就会变为金融腐败的基础。例如,地方政府可以通过指令性贷款、强制贷款、关系贷款、强制担保等手段来干预金融机构的业务。①

---

① 陈凝、安启雷:《我国金融领域腐败形成的体制原因及治理对策》,载《宏观经济研究》2009年第11期。

3. 金融从业者价值观扭曲。传统文化中的不良思想观念，诸如封建特权思想、等级观念、私有观念等的影响是金融腐败形成的因素。① 金融行业自身财富特点具有显露性，金融行业的工作人员置身于一种特殊的工作环境中，每日与数以千计、亿计金钱货币打交道，一些意志薄弱的从业人员经不起考验，丧失人格和道德尊严，价值观逐渐扭曲，滋生拜金主义，滋长金钱至上、唯利是图的错误思想，背离职业道德和职业良心、对金钱和财富非法占有的欲望不断膨胀，这种欲望与权力结合后必然产生腐败。同时，由于计划经济体制下形成的伦理道德观念与市场经济的现实发生矛盾，旧的道德观念没有根除，新的道德观念和道德约束制度体系又尚未建立，从而出现道德规范认同障碍，导致道德约束的软弱无力和行为的失范。在市场经济大潮中，金融系统中一些领导干部和员工心理严重失衡，思想道德底线经受不住金钱美色的诱惑，个人自律能力差，放弃了道德修养，从而堕入贪欲的深渊。

4. 监督制约局部缺失。对权力运用的监督制约机制不完善，金融监管力度不强，是造成金融腐败的重要因素。我国宏观上在进行市场经济体制的改革，微观上也在努力建立现代企业制度，但金融行业普遍还存在制约机制缺失、已有的监督机制与实际脱节等情况，不可避免地在制约机制、监管制度方面出现漏洞。监督主体权责不明、缺乏必要的独立性。例如，从银行业金融机构实行行长负责制，淡化了集体管理，权力高度集中于"一把手"或主要负责人，对权力的监督和制约乏力，存在上级监督不到，同级监督不了，地方不好监督，下级监督无效，群众无法监督的现象，② 为金融腐败现象的滋生蔓延创造了客观条件。"一把手"腐败所产生的负面效应使得一个单位的风气、一个地区的金融环境被破坏，金融腐败案件屡禁不绝；金融系统反腐败机构严重失职和渎职，严重阻碍了金融改革步伐；职能部门查处打击金融腐败的不力表现，让腐败势力有恃无恐；执法部门对金融违法犯罪分子打击不力，使反腐败的威慑力难以发挥。

5. 立法步伐慢，法治意识淡薄。改革开放后，针对金融腐败行为的法律文件才逐渐出台，对金融领域的一些具体操作也做出了相应的规定，但《反腐败法》尚未颁布，针对腐败领域缺乏统领性纲领。特别是在金融领域，人治理念根深蒂固，依法治理的观念没有树立，很多人不愿意也不习惯运用法律手段与腐败现象作斗争。对一些应当追究刑事责任的腐败分子，并未被移送司法机关，仅在金融机构内部进行处置，导致对腐败分子的变相保护，损害了法律的权威。在这样的环境里，法律法规形同虚设，规章制度成为摆设，腐败势力肆意发展难以规制，导致邪恶势力更加喧嚣尘上，一些金融从业人员也潜移默化的被腐败势力所吞食，污染了整个金融领域的大环境。

三、防控金融腐败犯罪的立法完善

防范金融腐败、化解金融风险不仅要从思想上倡导廉政金融文化，构建和谐健

---

① 陈文武：《金融腐败案件的新特点及成因浅析》，载《青海金融》2012年第11期。
② 赵江红：《金融腐败的对策思考》，载《现代经济信息》2010年第7期。

康的"亲""清"关系,还要继续保持高压态势,切实加大金融领域反腐败斗争力度,坚持严字当头,"大鬼""小鬼"一起抓,更要加强制度建设,强化金融立法工作,创造和谐稳定的法治环境。金融领域反腐工作的开展,应该发挥立法的顶层设计功能,为司法实践找准指明路径,从而全面改进完善金融腐败治理机制。但是,对金融腐败加以立法防治,并不意味着简单强调加快立法速度,而应以保证立法质量为前提,以适应国情为基础,从而实现金融领域的稳定安全。通过金融反腐立法来对金融腐败进行规制,为金融活动的开展指明方向。

(一) 金融领域腐败立法防治的总体构思

惩治和预防金融腐败工作是一项长期的系统工程,我国正处于经济和政治体制改革进行时,社会矛盾错综复杂,发展与挑战交叉出现,腐败问题凸显严重,要充分认识到惩治和预防腐败工作的复杂性和艰巨性。金融领域腐败的立法防治对于整个法律法规体系以及社会经济的发展有着牵一发而动全身的效果,直接关系到我国经济的发展以及社会的安全稳定,要结合国家政治、经济、社会总体发展战略规划进行统筹规划,认真分析和研究目前金融领域腐败现状特征、基本形式、产生原因、发展趋势,更重要的是结合人民群众对这些腐败行为的态度,综合考虑后研究制定惩治和预防金融腐败总体战略规划。这个战略规划,既要有长期工作目标和愿景,又要有近期切实可行的阶段性工作任务和可操作性的具体措施。

在金融反腐工作中需要有总揽全局的战略规划,为金融反腐工作的开展设定目标,有条不紊地来作出具体部署,也要制定具有可操作性的反腐败法律措施,得到社会成员的支持和配合,使惩治腐败制度在实践中得到应用,达到预想效果,而不是流于形式。制定惩治和预防腐败法律政策措施需要借鉴国际反腐的普遍经验,但更重要的是一定要分析本国国情,结合本国实际情况,有针对性地制定能够得到社会大多数人接受和认可的措施与方法,可以先在局部进行试点,取得成功经验后再全面推广,取得事半功倍的效果。具体来看,金融领域的腐败立法防治需从以下几个方面来进行总体框架的构架。

首先,适当修正立法理念,树立积极治理金融领域腐败理念。目前,我国金融腐败犯罪的治理主要是在腐败案件发生后进行惩罚,严重的判处刑事处罚,以对社会公众起到教育和威慑作用,这样的惩治方法虽然能取得一定的社会效果,但是往往有腐败分子铤而走险,所以必须从源头治理腐败犯罪活动。惩治腐败犯罪立法被广泛应用的同时,对腐败的预防则相对重视不足。从立法上讲,我国惩治金融腐败的立法理念是以惩治为主,预防为辅,在这样的立法理念指导下,对腐败分子的威慑力不足,腐败案件层出不穷,故在金融反腐立法中要对立法理念进行修正,实现由"惩治型"向"预防与惩治协同型"立法的转型,[①] 即做到预防与惩治并重,对权力的分配和运行进行监督,最大限度消除腐败犯罪的机会,实现源头治理。

其次,改变分散化的立法体系,建立集中化的立法体系。孟德斯鸠在《论法的精神》中提到:每一个个别的法律都和另一个法律联系着,或是依赖于一个更具有

---

① 刘艳红等:《中国反腐败立法研究》,中国法制出版社2017年版,第105页。

一般性的法律。当前，我国并无统领其他具有反腐功能的立法，而是由不同的部门法共同承担反腐败的功能，在金融领域里，反腐败法律规定更是分散分布，导致在实施中产生不必要的冲突，所以在立法中需要重视建立集中化的立法体系，加快《反腐败法》的立法进程，对反腐败工作进行统筹领导，使《反腐败法》对金融领域反腐败法律法规发挥指导作用，提供参考标准，使金融领域反腐败立法的原则及基本措施等都有据可循，得到民众的认可，确保立法的系统性、整体性与协调性，多层次、综合化地对金融领域的腐败犯罪进行预防与惩治，充分体现立法合力作用。

再次，注重立法的有效性、协调性、阶段性原则。① 明确有效性原则，在形式上和实质上保证法律规定的有效性，坚持立法的可操作性标准，为公众所普遍接受，而不是象征性的口号立法；协调性原则，保持并加强反腐制度之间的配合，将规范衔接，保证立法内容条理性和层次性的逻辑结构，同时注重各个方面的平衡，如预防法承担对腐败的根源性治理，是整个腐败治理体系的基础，惩治法则规定具体的定罪和程序，作为腐败的保障与后盾，全面惩治与预防各机制间的关系，保持稳定与平衡，并保持党内规范与国家法的关系，形成从事前预防到事后处罚、从党内治理到党外治理的严密立法体系；同时应当遵循阶段性原则，根据我国的现实国情和发展，制定科学的金融反腐立法规划，有计划、分阶段地推进立法活动，并在实时工作中进行具体的部署安排。

最后，坚持标本兼治的可持续反腐立法。金融领域腐败是我国反腐败工作的重要一环，我国提出的"不敢腐、不能腐、不愿腐"的反腐败步骤在金融领域的反腐败工作中同样适用。在各个阶段要列出相应的反腐败立法清单，对现阶段反腐败工作的开展提供战略方向和路径选择，做出具体的措施安排，以提高反腐败工作的力度和有效性，取得金融反腐工作的积极成效，紧跟我国反腐败工作的步伐，取得反腐败的全面胜利。

(二) 金融法律法规的具体完善

根据当前金融领域腐败犯罪的特点和立法不足，笔者认为完善金融法律法规具体应从以下几个方面做起。

1. 完善刑事立法

对金融领域腐败行为的惩罚中，刑事惩罚最为严重，对不法分子的威慑力度也最大，随着金融领域腐败犯罪的不断演化，对其的规范也应该与时俱进，故需要加强对金融刑事犯罪方面的立法。主要是通过修改刑法的方式，及时对金融领域出现的违法犯罪新问题做出明确规定，更好地实现刑法和相关金融法规的衔接，使惩治金融腐败问题不留任何法律死角。② 此外，适当加大对金融腐败行为的打击力度，增加其犯罪成本。

2. 党纪处分并行

基于我国的特殊国情和政权体系，我国的党内治理用党内纪律条例，党外治理

---

① 刘艳红等：《中国反腐败立法研究》，中国法制出版社 2017 年版，第 110—112 页。
② 中俄金融反腐经验对比研究课题小组那洪生：《借鉴俄罗斯经验推进我国金融领域反腐工作的思考》，载《黑龙江金融》2014 年第 11 期。

依靠国家法,所以在党内法规中对金融领域腐败犯罪的规定也应该加以重视,从而充分发挥执政党队伍建设在推进中国清廉社会构建中的引领作用,全面从严治党,降低党内法规对腐败的容忍标准,构建以"零容忍"为特征的党内预防机制。特别是对社会影响重大的金融腐败犯罪,做到纪律惩戒与司法处罚同时并行,避免徇私包庇,要无禁区、全覆盖,坚持重遏制、强高压、长震慑,真正做到知敬畏、存戒惧、守底线。

3. 完善我国金融法规体系

尽快建立健全符合社会主义市场经济体制要求的金融法律制度体系、金融调控监督体系和金融机构内部机制,打造金融安全防火墙,推进金融法治化、市场化进程,形成规范有序、公平竞争的金融环境。具体方法如下。

一是建立健全金融法律体系。推进依法治理金融和推进立法进程以及构建完备的金融法律体系,加大司法改革的力度,必须严格执法,降低执法成本和提高执法效率,并把普法活动向纵深推进。① 这是防止金融腐败滋生和违法违纪案件发生的关键环节,通过对法律法规体系的完善,为金融从业人员的职责范围进行规定,对腐败的预防和惩治作出明确规定,同时也让金融参与者有了更强的法律制约,明确自身的权利义务,从而合法地参与到金融活动中。

二是完善金融调控监督体系。高度重视金融监管体系的立法防治方面,把权力关进制度的笼子里,将公共权力压缩到合理、必要、可控的程度,并将金融反腐理念贯穿于权力行使过程中,通过监控权力的运行来遏制腐败行为的发生,形成"不敢腐、不能腐、不想腐"的制度约束环境。② 通过对金融监管的调控,可以强化宏观调控功能,建立适应市场经济体制的合法、合规的宏观控制机制,在微观方面也可以对金融机构市场的营运主体进行监督管理,从小处着手,完善相关的法规制度。同时,还要加大金融业的联合监管制度建设,实施对银行业的联合监管,把银行业监管与建立完善金融机构行业自律、规范外部审计机构和调动社会力量加强监管结合起来,发挥联合监管的整体合力,净化金融市场环境。

三是完善金融机构内部防控机制。保证金融市场参与者的自身合法性是金融市场良好运行的一部分,金融机构内控机制就起着重要的作用,内控机制的落实力度对金融机构决策及运营的合法性产生很大的影响。对于商业银行及其他金融机构,在法律指引下,建立健全决策管理机制、风险控制机制,强化自担风险能力,发挥监督作用,使决策制定到具体操作及员工经营行为都处于严密的内部制约和监控之下,以增强抵御经营风险和道德风险的能力,防范由此而产生的受贿、挪用公款等职务犯罪,保证金融和经济的稳健发展。同时,进一步规范用人和考核机制。在用人方面,要特别重视对金融高管人员和监管人员的选拔任用,严把入口,将高管的权限职责法律规范化,合理设计绩效评估和激励制度,增强选人用人的科学性;在考核方面,要制定一套考核评价标准,建立以工作实绩为主要内容的考核指标体

---

① 张君生:《金融腐败及其整治对策研究》,载《中国社会学会2010年年会——"社会稳定与社会管理机制研究"论坛论文集》2010年版。

② 明炼:《改进金融腐败治理机制》,载《金融时报》2018年第11版。

系，切实做到考核指标符合实际，能够准确地反映高管的德才情况和工作绩效情况，对违规违纪行为要加大查处力度，明确查处范围，并落实责任。

四是建立金融机构的信息披露机制。阳光是最好的防腐剂，社会公众的监督对每行每业都是不可或缺的，让权力透明行使是防治金融腐败的重要举措。在立法防治中，要强化对金融机构的日常监督，紧盯金融机构违纪违规问题易发、多发领域，及时化解风险隐患。社会公众的监督力度也要加强，通过建立向全社会公开的重要金融机构及部门与人员的职责及任职状况网络系统，对一定职级以上的金融从业人员硬性要求公开履职及自身财产等情况，接受社会公众共同监督，真正做到监督无盲点、防控零死角。同时，对社会公众进行金融普法宣传教育，通过开展有关市场规则、金融意识和金融知识的教育，增强社会公众的金融风险意识、社会信用观念，起到监督的预期效果。

论惩治与防控金融领域职务犯罪的司法完善

高珊琦[*] 贺 萍[**]

近年来，随着我国反贪反腐工作的深入进行，针对职务犯罪的研究不再拘泥于概括讨论整个社会生活中的职务犯罪，而是对不同行业领域出现的职务犯罪，根据其表现方式、产生的原因及特点展开"分块状"、"领域型"的研究。金融行业在国民经济中占据着极其特殊的地位，因此金融领域职务犯罪的危害性，相比较其他行业领域的职务犯罪也同样显得更为严重，它给国家和集体造成巨大的经济损失，严重损害金融机构的社会信誉，更会直接影响到正常的金融秩序，从而直接影响和制约国民经济的发展进程。本文通过分析金融领域职务犯罪的现状和呈现的特点来寻找其犯罪产生的原因，并提出相应的司法建议和对策。

一、金融领域职务犯罪的概念和特点

（一）金融领域职务犯罪的概念

在界定金融领域职务犯罪的概念前，首先要明确这样一个问题，即金融领域职务犯罪并不隶属于金融犯罪分类之下，它的上位概念应该是职务犯罪，也就是说金融领域职务犯罪属于职务犯罪的范围。金融领域的职务犯罪虽然也破坏了金融管理秩序，但是同时也侵犯了公司、企业人员和国家工作人员职务行为的廉洁性，而且后者理应理解为主要客体，根据刑法理论，犯罪的性质理应由行为所侵害的主要客体决定。由此看来，金融领域中的职务犯罪应该属于普通职务犯罪中的一种，不能因为其针对的对象是金融机构的活动而将其纳入金融犯罪的范畴。而且随着现如今金融机构的形式多样化，金融领域的职务犯罪也应该采用广义上的职务犯罪概念，即其犯罪主体包括了不具有国家工作人员身份和不是依法从事公务的人员。

综上所述，笔者认为，金融领域职务犯罪，是指在金融机构和金融监管机构工作的人员，利用从事金融或金融监管活动的职务便利，侵犯公共财产，破坏金融管理秩序以及其他危害社会依照法律应当受到刑罚处罚的行为。具体包括受贿、贪污、职务侵占、挪用资金、挪用公款、违法向关系人发放贷款、违法发放贷款、对违法票据承兑、付款、保证、玩忽职守、滥用职权等罪名。

（二）金融领域职务犯罪的特点

近几年来，我国在打击职务犯罪，预防腐败方面做出了很大努力，反贪反腐成效显著，但纵观全国各个地区和行业领域，特别是一些欠发达地区和反腐重点领域来看，我国依然面临严峻的职务犯罪态势。在金融领域中，随着越来越多的金融腐

---

[*] 西北政法大学刑事法学院教授，硕士研究生导师。
[**] 西北政法大学2017级刑法学硕士研究生。

败大案被舆论曝光，许多金融机构和金融监管机构的整体行业性腐败程度早已令人们惊叹不已。从案件数量来看，先后有中国建设银行原行长、原中央候补委员王雪冰，中国建设银行原行长、原中央纪委委员张恩照，中国交通银行原行长鲁家善，财政部金融司原司长徐放鸣等在金融领域呼风唤雨的"大人物"纷纷落马。① 从犯罪数额来看，在20世纪80年代，案值上百万元的还不多见，而进入20世纪90年代，犯罪金额动辄上千万元、上亿元，特别是近年来，案值超亿元、数十亿元乃至超百亿元的大案屡见不鲜。随着过去几年我国金融体制改革的进一步深入，以及全国广大金融工作人员的努力，我国金融领域各个行业均取得了很大的发展进步，但涉嫌金融职务犯罪的案件也随之增长，犹如"寄生虫"一样依附在我国金融领域所取得的成就之上，无疑是我国金融行业发展的巨大威胁。因此，如何应对金融领域中各种形式的职务犯罪，既是各级司法机关的工作重任之一，也是本文研究目的之所在。

笔者认为，当前金融领域职务犯罪具有以下几个方面显著的特点。

1. 涉案金额巨大。2000年之前，金融领域职务犯罪案件的涉案金额多为几十万元、百万元，金额达千万元的并不多见。但进入21世纪后，金融领域职务犯罪大案要案频发，涉案犯罪金额动辄千万元，甚至亿元之巨，这些案件的发生给国家财产造成了无比巨大的损失，使国家和社会付出了昂贵的代价。

2. 内外勾结、共同犯罪。由于金融领域各行业都具有技术性强、操作要求高的特点，而且随着各行业监管制度的不断完善，以往金融领域单独作案的方式变得愈加困难，使得单一的犯罪分子走向了"合作"，实施共同犯罪。更有甚者，金融领域外的一些不法分子觊觎掌握在金融从业人员手中的权力，加紧拉拢腐蚀的攻势，使得金融领域职务犯罪与以诈骗为主的其他形式金融犯罪交织在一起，在增加社会危害性的同时，也加大了司法机关查处的难度。

3. 金融机构职务犯罪人员高官化。从犯罪主体看，金融领域职务犯罪的主体多为担任领导职务和在重点岗位上的人员。犯罪嫌疑人中职务最高的有省一级金融单位的总经理、行长，有分行长、部门经理、支行长等领导，也有信贷员、票据交换员、计算机管理等要害岗位人员。截至2017年8月1日，对金融领域"落马"官员进行统计，结果显示副厅局级及以上的"落马"官员共12名。②

4. 犯罪手段智能化。在以往的金融领域职务犯罪案件中，尤其是银行内发生的案件，犯罪分子的作案手法往往是简单的直接贪污侵占公款，或是虚开存单挪用公款。但是，现在随着互联网技术和人工智能的发展与普遍化，金融系统电子化程度越来越高，一些犯罪分子的作案手段也越来越隐蔽，运用高科技智能技术手段进行犯罪活动增多。例如，盗取他人保管的电脑密码指令，窃取储户存款，或利用微机联网调取异地储户存款透支，或修改电脑记录，或利用互联网技术虚增存款、资金伺机取出等。

---

① 朱孜：《金融领域职务犯罪研究》，中国政法大学出版社2012年版，第34页。
② 参见霍振洪：《浅析新形势下金融机构纪检监察工作方向》，载《经贸实践》2018年第15期。

二、金融领域职务犯罪产生的原因

通过分析金融领域工作人员的工作内容，我们不难发现，无论是高级管理人员还是一线工作人员都有机会、有权利控制、经手大量的现金，面对巨大的权力和金钱诱惑，如果他们缺乏有效的监管，无疑会引发一系列连锁效应。金融职务犯罪分子直接贪污、挪用的金钱数额并不十分巨大，但是由于其贪污、挪用、受贿、渎职而引发的金融行业经营风险却给国家和人民，以及金融机构本身带来巨大的经济损失。一个国家金融业的发展关系到国计民生问题，一旦金融领域出现犯罪现象频发的情况，除了造成经济上的巨大损失以外，还可能会出现社会问题，从而影响国家稳定。除此之外，金融职务犯罪的增多，污染了金融领域公平公正、业务透明的从业环境，使得一些有能力、有抱负的金融专业人员不愿步入该行业，这严重妨碍了金融人才队伍的建设，不利于金融业的蓬勃发展，因此为了防止类似危害的发生，我们必须深刻剖析金融领域职务犯罪产生的原因。

笔者认为，造成金融领域职务犯罪泛滥和金融腐败大案频发，既有社会经济体制转型时期的背景环境影响，也有金融系统本身体制不完善、法制不健全、监管制度不完备和惩治犯罪不力等方方面面的原因，总体说来主要原因有以下几点。

1. 金融系统体制不完善。腐败产生的根源是某种社会公共资源的稀缺，或者某个行业相关权力拥有者的垄断行为，而金融行业更是由于其本身关系国民经济的特殊性，是公众资金资源再配置的核心环节，一般金融体制外的人没有相关资金的配置权，这种权利的集中极易导致腐败行为的滋生。长期以来，我国金融领域业务主要由四大商业银行垄断，行业竞争不充分。外资银行和民间金融业务发展滞后，使得许多中小企业在面临融资难的问题时，只能依靠银行来解决，因此大量信贷业务集中于四大银行，权力也相对集中，从而导致金融腐败的产生。

2. 从业人员的思想及法律教育不够。从金融职务犯罪的主观方面来看，行为人的主观意志是职务犯罪的内在因素，这既是行为人的犯罪目的和动机所在，也是职务犯罪产生的根本原因。随着金融业快速发展，金融岗位需求激增，很多职工子女和刚刚毕业的大学生被录用为基层人员。许多新人缺乏必要的业务培训和法制教育，当经手大量钱财时，往往经不住物质诱惑而走上犯罪道路。此外，国有商业银行改制过程中，很多高层人员未经过必要的考核和遴选，就直接由行政领导转变为公司高管，继续实行行政管理模式，再加上金融从业人员受到社会上不法分子的腐蚀拉拢，金钱利诱，最后铤而走险以身试法。此外，金融机构内部工作机制也存在问题，过分偏重"工作业绩"，将业绩和奖励过度挂钩，导致金融系统业务骨干犯罪的案件不断增多。

3. 金融行业内控监管不严。一个行业或企业防范经营安全风险，维护行业安全高效经营的重要手段就是发挥内部监管控制的作用，灵活运用内控制度，金融业也不例外。目前，金融行业发生的职务犯罪案件就与金融机构内部监管工作不到位有密切关系，对于一些重要岗位、高风险业务工作人员缺少监管，偏重于事后监督，对于事前、事中监督缺乏有效的制度设计，起不到监督应有的作用。一些少数金融单位对现有的制度、政策、法规有章不循、有法不依、管理混乱、违规操作，致使现有的规章制度形同虚设，监督管制仅依赖其自我道德品质，上级疏于监督，同级难于监督，下级不敢监督，以至于金融行业成为职务犯罪的高危人群。

4. 查处金融职务犯罪力度不大。一方面，某些中小型金融机构担心单位人员涉嫌职务犯罪会影响单位的形象、个人的业绩或干部职工的情绪而大事化小、小事化了，甚至有案不查、有案不报，擅自进行内部处理，搞自我保护主义，以致小错铸成大错，造成严重的不良影响甚至更大的案件发生。另一方面，金融职务犯罪隐蔽性强，一旦问题暴露，犯罪分子迅速行动，或携款潜逃，或毁灭证据、转移赃款，在客观上给有效地打击金融职务犯罪带来了一定难度。除此之外，由于新型的金融业务和金融工具不断涌现，使得金融业务和金融工具专业性很强，非专业人员一般很难了解金融工作的性质和内容，这就使侦查人员往往由于缺乏专业性，不能很好地分析研究新型金融职务犯罪的规律、特点，这势必会影响收集证据，侦破案件，导致打击犯罪不力。

三、惩治和预防金融领域职务犯罪的司法完善

在司法实务中，金融领域职务犯罪案件表现为复杂多样的形态，只有立足于金融领域职务犯罪产生的不同原因，深入不同层次的金融机构进行系统改革，充分发挥司法机关的职能作用，才能达到防患未然、标本兼治的效果，笔者认为，对于惩治和防控当前金融领域职务犯罪的司法，应重点从以下几个方面加强和完善。

（一）树立科学的刑法理念

金融职务犯罪作为法定犯，其不同于自然犯对伦理道德规范的冲击，在社会危害性方面具有较大的不同点，同时它还与不同时间段、不同地方的政治、经济发展状况具有密不可分的关系，因此，该类犯罪的刑法规制标准和范围应随着时代的发展变化予以适当的调整。① 从金融职务犯罪的立法原意上来看，其除了关注犯罪行为给他人利益造成的损失外，更应关注整体金融秩序、金融信用、金融安全所遭受的危害以及金融机构工作人员职务的廉洁性所承担的风险，因此无论在入罪标准还是量刑尺度上都应转变单纯标准的犯罪评价模式，而转向重点关注该行为是否可能造成金融风险，以及风险的大小作为参考。在具体实践中，应把握刑事司法作为最后一道防线的原则，把握罪与非罪的界限，实现刑事、行政、民事责任范围的合理界定和统筹协调，避免过分地依赖刑事手段解决经济问题。

（二）突出和加强国家监察委员会监督职能

目前，原隶属于人民检察院查处的职务犯罪的权力已绝大多数移交至国家监察委员会，因此，突出和加强监察委员会的职能尤为重要。针对金融领域职务犯罪的犯罪手段隐蔽、对社会危害大、办案难度大的特点，监察委员会应充分发挥其监察职责，多听取人大代表的意见，在有关金融项目审计、媒体报道中寻找案件线索，关注群众反映强烈的问题，关注金融行业存在的普遍现象，整治金融领域的腐败问

---

① 参见晏维友、张朝东：《金融领域犯罪的产生原因及防控对策》，载《中国检察官》2017年第17期。

题。根据中央关于查办民生领域犯罪的重要部署,涉及民生领域的职务犯罪案件,监察委员会应主动出击,做好初查工作,掌握金融领域敏感行业的可疑资金动向。

同时,加强沟通协调,形成联动机制,加强监察委员会与技术部门、司法鉴定部门的协调配合。办理金融领域职务犯罪案件是专业性很强的工作,要求办案人员熟悉会计、审计等财经相关的业务知识,因此,监察委员会在查办此类案件过程中,要主动与技术部门的司法会计沟通,通过司法会计人员对账目审计来指导侦查方向;还要主动与司法鉴定部门协调,找出涉案人员在账目串改、数字涂改等方面惯用的手法,以及对笔迹时间、仿冒他人签名等做出专业性鉴定,从而有效提高侦办金融领域职务犯罪案件效率和准确性。

(三) 强化监察委员会与检察院的配合协作

人民检察院查处职务犯罪的职能转隶至监察委员会之后,有关监察委员会负责调查职务犯罪案件的范围包括哪些,以及检察院与监察委员会的职责如何分工等,必将成为对此类案件查处中需要明确的基本问题之一。据国家监察法及配套法规的规定,监察委员会的基本职能是查处行使公权力的公职人员腐败案件,强调对人的监督,覆盖范围包括所有的公权力领域。其中,公职人员包括法律授权的公职人员及受国家机关委托的组织成员,监督内容包括上述人员的职务犯罪及行政机关公务员的职务违法。[1] 我国金融机构按地位和功能可以分为中央银行、商业银行、非银行金融机构,中国境内开办的外资、侨资、中外合资金融机构,同时由于我国金融机构的特殊性,并不是所有的上述金融机构工作人员都是公职人员,其中商业性质的金融机构中的一般工作人员都是非国家工作人员,但国家机关、国有公司、企业、事业单位委派在国有控股或者参股的金融机构中从事组织、领导、监督、管理等工作人员,应当以国家工作人员论,其职务犯罪以国家公职人员犯罪论处,应由监察机关查处,金融机构内其他非国家工作人员涉嫌职务犯罪应由检察院侦查。因此,涉及金融领域的职务犯罪案件监察机关和检察院在分工明确的前提下,应该加强两者职权的衔接工作。

强化监察委员会与人民检察院的配合协作,具体来说就是对金融机构中涉及的公职人员职务犯罪案件,由监察委员会启动案件调查权,检察院对监察委员会职务犯罪调查活动进行合法性监督,并决定对职务犯罪案件是否批准逮捕,决定对移送的涉嫌职务犯罪案件是否提起公诉,同时赋予监察委员会对检察院审查决定的异议权。检察院对移送案件及时进行审查,认为犯罪事实清楚、证据确实充分的,应当做出起诉决定;认为需要补充核实的,应当退回监察委员会补充调查或自行补充侦查。监察机关应建立重大疑难复杂类职务犯罪案件的检察官提前介入机制,缩短办案周期,发挥检察院在职务犯罪证据收集、审查方面的优势资源,及时预防和排查证据收集、固定过程中的瑕疵。[2] 另外,检察院可通过制定取证指南、细化证据标准、发布典型案例等对监察委员会的调查工作进行指导和支持。在调查金融职务违

---

[1] 参见付余、高蕴嶙:《现金领域内职务犯罪防治对策实证分析》,载《天津法学》2018年第34期。

[2] 参见陈辉:《监察委员会和检察院之间的关系界定与职权衔接》,载《湖南科技大学学报(社会科学版)》2018年第21期。

法犯罪过程中，加强监察机关与检察机关的配合协作，是"零容忍"法治反腐目标实现的关键环节。

(四) 强化监察机关与公安机关的配合协作

在权力配置层面，根据2018年宪法修正案和监察法，国家权力整体配置由"四权架构"变为"五权架构"。"五权架构"中，监察权是独立于立法权、行政权、审判权和法律监督权的"第五权"。相比于公安机关的刑事案件侦查权，监察机关对职务违法犯罪的调查权属于特殊调查权；这种调查权往往只是决定性权力，执行性权力则由公安机关保留。① 因此监察机关必须借助公安机关这个执法部门的协助配合，方能充分行使监察职能，履行监察职责。较诸其他执法机关，公安机关的协助配合对于监察职能在查处金融领域职务犯罪的有效行使尤为重要。笔者认为，完善公安机关侦查金融职务犯罪的执法机制，加强公安机关与监察机关的协作机制应主要把握以下三点。

首先，公安机关在工作中发现公职人员涉嫌金融领域职务违法或者职务犯罪的线索，应当移送监察机关，并将取得的证据材料及时送交监察机关。其次，为适应刑事诉讼法规定的证据的证明要求，监察机关在调查金融领域职务犯罪的取证过程中要保证证据的合法性与可靠性，部分情况下需要公安机关予以协助配合，公安机关也应充分利用自身的职权优势与专业优势，向监察机关提供必要协助。协助事项包括：第一，协助查询、调阅信息。公安机关作为负责社会治安管理的行政机关，信息采集等行为属日常行政管理性质的行政辅助行为，基于这种工作性质，监察委员会在调查过程中可能需要公安机关协助配合查询的信息，包括个人身份信息、家庭信息、违法犯罪记录信息、个人通信信息、交通管理信息、边控信息、视频监控信息、酒店及娱乐场所登记信息等应当申请公安机关协助配合。第二，协助搜查。监察体制改革后，新成立的监察委员会并未配备法警力量，在必要时需公安机关出警协助。《监察法》第24条第3款规定了公安机关对监察机关的搜查协助义务，监察机关进行搜查时，可以根据工作需要提请公安机关配合。第三，协助技术调查。鉴于技术调查可能对被调查人的基本人权构成限制，《宪法》第40条规定限制公民通信自由的调查措施必须由公安机关或者检察机关执行。《监察法》第28条规定的"有关机关"也指有权采取技术调查措施的公安机关，除了协助执行技术调查外，公安机关还要负责协助监察机关延长或解除技术调查措施。第四，协助查封扣押。查封扣押是监察机关调查金融领域职务违法犯罪案件时收集、固定证据的重要措施，旨在防止可能涉嫌犯罪的人员藏匿、毁灭证据。查封扣押不动产或一般动产涉及诸多具体事务性工作，监察机关不具备警察力量，部分具体事务性工作就需要公安机关协助开展。最后，监察机关在对金融领域职务犯罪案件进行调查时，根据案件需要，可对被调查人的人身自由进行控制或限制。由于监察机关人力或手段上的不足，需要请求公安机关予以协助配合，包括协助留置、追讨和防止外逃。

(五) 建立人民法院风险预警机制

人民法院作为国家审判机关，不仅要依法从严从快对各种金融职务犯罪做出审

---

① 参见江国华、张硕：《监察过程中的公安协助配合机制》，载《法学研究》2019年第4期。

判，同时也应当建立风险预警机制，及时向金融监管部门或有关行政监管部门提供相关信息，以助于其掌握有关金融机构内的信用风险信息，从源头上防止金融风险的发生。对案件中反映的金融领域内职务犯罪问题，及时向金融监管机构提出司法建议，对案件审理中发现的其他违法犯罪问题，及时向相关部门通报，对应当移交公安机关、人民检察院和国家监察委员会查处的案件，应依法及时移送。同时，金融部门及金融监管机构要积极配合人民法院把打击金融领域工作人员违法职务犯罪作为重点工作来抓，中央银行作为金融监管单位可以与法院合作建立社会信用体系，建立计算机控制的网络报警和查询系统，凡是金融系统存在疑点案件、社会需要对金融支持与咨询等问题，均可从电脑网络上查询到，中央银行等部门应随时解答、调查，帮助解决难题。一旦发现金融领域个人信用出现过问题的个人和机构，应通过限制购房和购车、限制其出境等形式加以监控，从而有效预防金融领域职务犯罪的发生。

（六）加强对离、退、辞职人员的监管，强化责任永久追究制

随着职务犯罪打击的深入，金融行业职务犯罪也越来越隐蔽，出现了"金融腐败期权化"的现象，金融系统内（尤其是商业银行，包括信用社等其他金融机构）个别领导干部、高管人员在位时违规为企业、公司发放贷款、逃避债务提供方便，退休或辞职后再到企业工作，通过拿高薪来获取企业、公司的物质回报。有的直接要求信贷单位在其退休或辞职后按贷款的一定比例给予高额物质回报，这种行为类似于市场上的期权交易。因此，司法机关和相关金融监管部门发现金融领导干部退职、离职和辞职后感到可疑的，可以随时进行审查，一旦发现有职务犯罪行为的，不论其离开工作岗位有多长时间，也不论其现在身居何位，都要追究责任。对监管人员的流动管理也要有适当的约束，要在监管系统内定期实施对监管人员的地域轮换。跳槽的监管人员不能在本监管区域内的金融机构工作，以防止金融监管部门与金融机构之间关系网的形成，避免金融监管中的职务犯罪行为。除了加强监管之外，为了防止金融"期权"腐败，还应该从法律上对金融职务人员加以一定的限制，对银行的监管者辞职到被监管商业银行任职要有法律规范。

（七）加强国际司法合作

我国在2003年12月签署加入的《联合国反腐败公约》"序言"中明确指出："确信腐败已经不再是局部问题，而是一种影响所有社会和经济的跨国现象，因此，开展国际合作预防和控制腐败是至关重要的。"随着对外开放的逐步深入，经济全球化的不断发展，我国的金融安全与国际金融安全越来越融合在一起。积极维护金融安全，不仅是我国面临的重大难题，也是国际社会普遍关注的现实问题。就目前现实来看，有些金融领域职务犯罪分子案发后携款逃往国外，意图借此逃避法律惩处，因此有必要与国际社会建立合作机制。在司法方面，应与世界各国建立国际司法沟通合作机制，加大引渡犯罪分子和追缴国有资产的力度，；在监管方面，除了采取加强金融宏观调控、制定科学金融政策、加强金融业监管等金融市场措施外，还可以借鉴其他国家治理金融领域职务犯罪的先进经验，举行国际交流合作会议，共同探讨金融职务犯罪预防和监管的方法。

金融领域腐败犯罪的司法防治对策研究

于 涛* 汪金亚** 李雄彬***

2019年1月,十九届中央纪委三次全会公报首次单独提出"加大金融领域反腐力度",将解决金融腐败列入中央纪委的八项任务之中。① 金融业涉及社会经济生活的各个领域,金融安全是国家安全的重要组成部分,关系我国经济社会发展全局。金融领域的腐败,容易引发金融风波,殃及社会经济。当前,金融供给侧改革为资本市场注入了非常强大的信心,我国通过不断地深化金融改革,使得金融行业发展迅猛并且也取得了一定成就。中国已经成为重要的、名副其实的世界金融大国。与此同时,金融领域的反腐败工作,也引起了全社会的广泛关注。从某种意义上说,党的十八大以来金融领域反腐败工作已经进入深水区,反腐力度逐步加码,多名金融领域高官纷纷"落马"。比较典型的,如中国华融资产管理股份有限公司原党委书记、董事长赖小民于2018年11月7日被天津市人民检察院第二分院依法决定逮捕。金融业是资金密集的高风险行业,涟漪效应、外溢效应明显,具有牵一发而动全身的特殊性,防止金融领域腐败,有利于国家经济的稳定发展。

一、金融腐败的定义和类型

(一) 金融腐败的定义

"根据国际货币基金组织的定义,金融腐败是指金融行业的从业人员利用金融领域的权力为小团体或个人谋取私利的违法犯罪行为。"② 有学者认为,金融腐败的定义也有广义、狭义之分。广义的金融腐败涉及监管寻租与共谋、证券内幕交易、融资信息欺诈、信贷交易中索取额外收入等多层面,③ 是滥用行政权或资源配置权,损害公共利益的行为。狭义的金融腐败仅仅指政府对金融机构保护导致的权力寻租行为及现象。本文所指的金融腐败是广义上的腐败,行为主体包括政治家、银行家以及金融机构的从业人员,在审批、交易、监管等环节的金融腐败行为。具体来说是为谋取私利,利用掌握的资金及相关资源,违反我国法律及金融政策规定,侵害国家、公众及企业组织利益的行为和现象。

---

* 云南民族大学法学院副教授。
** 云南民族大学法学院2018级刑法学硕士研究生。
*** 云南民族大学法学院2017级刑法学硕士研究生。
① 参见新浪网:《首次单独提出加大金融领域反腐力度》,http://finance.sina.com.cn/roll/2019-01-14/doc-ihqhqcis5900002.shtml, 最后访问时间:2019年5月22日。
② 彭少辉:《后危机时代中国金融腐败问题浅析》,载《上海金融》2011年第8期;张雪兰、何德旭:《法制建设、激励机制与社会规范——治理金融腐败的长效机制设计刍议》,载《经济管理》2010年第5期。
③ 参见谢平、陆磊:《金融腐败:非规范融资行为的交易特征和体制动因》,载《经济研究》2003年第6期;倪冰:《转型期中国的金融腐败问题》,载《经济管理》2005年第17期。

(二) 金融腐败的类型

"依据金融资源配置权属与委托—代理基础关系的不同性质，金融腐败可分为金融交易腐败和金融监管腐败。"① 金融交易腐败，是指拥有资源配置权限的金融机构，在交易过程中谋取个人利益的行为；金融监管腐败，是指监管主体利用监管过程中监管制度的不完善获取非法利益。② 金融监管腐败的主体是特定的，是掌握国家和公众委托权的代理人。金融腐败的两种类型中，金融监管腐败更容易发生，对国家金融体制与金融市场发展造成的影响也更为恶劣，因此后果也更为严重。基于金融监管具有系统性、结构性、体制性的特征，在研究金融腐败的防治对策时也应有所侧重。

二、金融领域腐败犯罪的特点

金融领域涉及银行、证券、保险、财务公司、租赁等各行业，与社会经济生活紧密相连。金融创新使得金融业务领域出现了金融监管缺失的现象，从而为金融腐败创造了条件。金融腐败犯罪屡禁不止，犯罪手段也呈现出复杂多样的形式。从近年来媒体报道的金融腐败案件来看，金融领域腐败犯罪具有如下特点。

(一) 官商勾结，裙带关系交织

随着项俊波、杨家才、赖小民等人的相继"落马"，一起又一起的严重金融腐败案件受到了严肃查处，这些腐败案件都存在官商勾结、权钱交易的现象。历史上，政界与商界、政府官员与商贾的关系一直是错综复杂的。"无论理论怎么更新，言语怎么表达，似乎都表明权力和市场既不可分离又不可混同，需要有个恰当的边界。"③ 干净纯洁的官商关系是保证经济有序发展、社会稳定和构筑廉洁政治的重要前提。但部分从业人员面对金融市场巨大的利益诱惑无法保持清醒，同学、师生、同事、亲友等裙带关系交织，相互支持，相互勾结，结成利益同盟，形成利益团伙。这种勾结，是权力与资本互相吸引、共同寻租、以权谋私。一些官员凭借手中的权力，通过暗箱操作干预金融业务操作。

(二) 银行业成为重灾区

银行业在我国金融领域中处于主体地位，金融信贷是金融腐败的重点领域和关键环节。但很多银行违规放贷，大规模开展表外业务，形成资金空转，导致资金无法流入实体经济。很多所谓的影子银行、P2P 网络贷、高利贷都与银行密切相关，并且层层嵌套规避监管，处置不良资产、资金出境、利益输送等，由此银行业成为贪污腐败的重灾区。金融业迅猛发展的同时，监管真空、监管套利、监管掣肘这些问题并未得到解决。为解决银行业腐败的难题，中国银监会先后开展了专项治理行动，出台相关的通知和意见。2017 年 3 月 28 日，中国银监会办公厅发布了《关于开展银行业"违法、违规、违章"行为专项治理工作的通知》（银监办发〔2017〕

---

① 王煜宇、何松龄：《金融监管腐败：结构性制度成因与供给侧结构性改革》，载《现代法学》2018 年第 5 期。
② 参见张志元：《从制度经济学视角看金融腐败》，载《经济管理》2006 年第 3 期。
③ 黄少平、蒋政：《借反腐大势重构廉洁官商文化》，载《宁夏社会科学》2016 年第 1 期。

45号)。这些银行业市场乱象包括"三违反"(违法、违规、违章行为)"三套利"(监管套利、空转套利、关联套利)"四不当"(不当创新、不当交易、不当激励、不当收费)。2018年1月13日,中国银监会办公厅发布了《关于进一步深化整治银行业市场乱象的通知》(银监发〔2018〕4号)。在全国范围内进一步深化整治银行业市场乱象,巩固前期专项治理成果,引导银行业回归本源、合规经营、稳健发展,切实让银行业回到服务实体经济的轨道上来。通过这些举措可以看出,银行业是金融领域腐败的重灾区。

(三) 犯罪专业性强,涉及金额巨大

金融领域一般涉及大量的资本运作、社会影响大,是容易引发大案要案的领域。金融业是一个特殊的服务行业,其业务复杂,专业性强。不仅要求金融从业人员需要具有良好的职业道德,还需要从业人员具备渊博的经济、法律知识,全面了解银行、证券、保险、期货等相关知识,同时要求金融从业人员拥有丰富的金融从业经验。正因为专业性强,所以腐败案件的发生,一般人根本分辨不出来,一般的监督力量也无力认知。金融领域腐败案件的另一特点是涉案金额巨大,从发布的金融领域典型腐败案例即可管窥一二,被称为"新中国成立后第一大金融腐败案"的赖小民案件,其执掌的华融是目前中国最大的AMC(资产管理公司)。在任期间,赖小民违背中央金融工作方针政策,盲目扩张、无序经营导致公司严重偏离主责主业,他的涉案金额高达16亿元人民币,这还不包括他实际拥有的房产等其他贵重资产。2014年发生的恒丰银行的"刚兑案"涉及金额也高达40亿元,也因此被称为中国金融史上涉及金额最大的一次"刚性兑付"事件。这类案件社会影响特别恶劣,都呈现出犯罪专业性强,涉及金额巨大的特点。

(四) 犯罪行为隐蔽,作案手段高智化

随着科学技术的飞速发展,引领人类社会不断变革。以高科技手段为主的犯罪行为给人类社会带来了巨大挑战,金融腐败犯罪不再是传统的贪污、受贿、挪用公款,利用计算机依托互联网进行的智能犯罪越来越普遍,而实施方法也越来越隐蔽。尤其是随着金融改革创新步伐的不断加快,制造出很多金额腐败的机会。与传统的犯罪行为方式相比,运用高科技手段进行的犯罪更为隐蔽。一方面,不易被察觉,且具有侦查难、破案率低的特点,犯罪行为通常是在一瞬间完成的,很少甚至不会留下任何痕迹。行为人通常运用科技手段窃取金融信息,伪造金融凭证、篡改电子记录等,范围越来越广、犯罪手段多样,给预防和打击都带来了困难。另一方面,金融腐败案件潜伏时间长,金融机构本身或审计部门很难察觉。

(五) 涉外性、涉黑性特征明显

由于境内外犯罪分子的拉拢和腐蚀,已有我国的金融从业人员参与协助了一些国际洗钱活动,目前金融腐败案件呈现国际化趋势。[①] 及时揭开中国涉外金融利益集团的黑幕,对于中国金融与经济的平稳运行和政治与社会的健康发展至关重要。

---

① 参见陈凝安、启雷:《我国金融领域腐败形成的体制原因及治理对策》,载《宏观经济研究》2009年第11期。

中国已经是名副其实的金融大国,在国外纷纷设立了下属机构。驻外中资银行工作人员受不法外商所拉拢,违规批贷大笔资金的事件时有发生。驻外金融机构工作人员已成为职务犯罪高发人群。涉外性的另一方面则表现为一些犯罪分子利用法律漏洞,案发后畏罪潜逃,逃避中国法律的制裁。金融腐败案件的涉黑性是指利用黑恶势力开展或协助开展金融业务,黑恶势力团伙向金融领域的发展迅猛,以骚扰、侮辱、威胁、恐吓、非法拘禁、故意伤害等非法手段非法集资、催收贷款等。黑恶势力猖獗的背后,通常是一些手中有权力的领导干部利用职务便利为其充当"保护伞",金融腐败与黑恶势力总是有着千丝万缕的联系。

三、金融领域腐败犯罪的原因

从目前我国反腐的风向标以及已经查处的案件来看,金融领域的违法违纪和腐败问题,比其他领域还要严重、还要触目惊心。如果想要规范金融秩序、维护金融安全、遏制金融领域腐败,那么找到金融领域腐败犯罪的原因显得格外重要。

(一)监管乏力、内部管理混乱

金融市场和体系错综复杂,各国监管模式不同。金融监管的首要目标是维护金融体系的安全与稳定,具体目标是保护存款人和投资人的利益。我国金融监管模式是分业监管模式,这种监管有效性不足。具体来说,人民银行分支机构按行政区划设置,容易形成以行政权力与金融资本交织的强势垄断,不利于摆脱地方政府干预,造成制度性的腐败与低效。而且监管范围过于狭窄,有效的监管资源不足,监管机构之间不能有效衔接,无法形成系统的监管制度。并且对金融机构违规处罚的力度不够,也致使金融机构内部管理混乱。

(二)缺乏有效的法治应对

法治应对的缺失是金融领域腐败案件大量发生的重要原因。"特别是随着经济发展方式的转换和金融改革的深化,一个更加高效、安全和稳健的金融体系,需要更加健全、更具适应性的金融法律体系。"[1] 综观现行的有关金融领域法律条文,行政主导立法现象普遍,部分法律条文含糊不清,对金融机构过度保护,对投资人和消费者的保护不够,现有的法律法规对消费者的保护只是笼统的概括,没有可操作性。法规中的责任不明确,法规和法规之间不能有效衔接,对违法违规的惩处多为罚款,违法成本较低。

(三)权力过度集中,易形成权力垄断

英国思想史学家阿克顿勋爵说过:"权力产生腐败,绝对的权力产生绝对的腐败。"权力垄断本身就是腐败,而且是最大的腐败,最根本的腐败。腐败现象和腐败行为的生态基础是权力垄断。事实上,国家公权力运行的各个方面表现出的权力垄断才是造成腐败现象层出不穷的根本原因。金融领域的银行、证券、保险都属于金融的稀缺资源,金融腐败问题与这种稀缺资源的垄断权息息相关。金融从业人员

---

[1] 张承惠、郑鉉、王刚:《我国金融法律体系的缺陷与改进》,载《上海证券报》2015年3月10日第A01版。

滥用的行政权及资源配置权就是权力垄断的表现，不管是金融交易腐败还是金融监管腐败，都是金融腐败案件权力垄断的类型。这种高度垄断的权力格局只会导致腐败案件的屡禁不止。

（四）成本效应助长了金融腐败

简言之，追逐成本降低的过程就是成本效应。具体而言，腐败者在腐败过程中所需支付的现实成本和机会成本越低，面临的风险和压力越小，就越容易助长腐败。风险成本占据了各类成本中最重要的地位，也是腐败者最为在乎的。金融领域制度的缺陷，导致腐败成为高收益低风险的行为。从被查处的金融腐败案件来看，虽然每个人腐败的原因不尽相同，但几乎每个人在忏悔时都提到了曾怀有侥幸心理，侥幸心理存在于贪污腐败的全过程。被查处概率直接影响了腐败成本的高低，但潜在的收益足够大时，就可能"铤而走险"。

四、金融领域腐败犯罪的司法防治对策

金融领域是现代市场体系中资源配置最集中和最重要的场所，遏制金融领域腐败犯罪的发生是金融工作的永恒主题。金融领域发生腐败，将会导致大量的社会资源遭到浪费，同时制约经济和社会的发展。使国家财产遭受巨大的经济损失，人民群众根本利益受到损害，而且还会诱发经济和金融风险。因而预防金融领域腐败犯罪的发生，需要从多维度提出防治对策。

（一）鲜明的廉政战略，强有力的政治意愿

新加坡一度被称为亚洲最廉洁的国家，综观新加坡的治腐经验可以发现，新加坡已将整个腐败治理融入国家治理体系中，通过国家治理来推动腐败治理。这就要求国家层面上强有力的政治意愿。政治意愿是政治领导人根除腐败的决心和承诺，被认为是持续而有效的反腐计划中具有决定性作用的第一步。虽然世界各国都在反腐倡廉，但是真正的政治意愿不是喊口号。缺乏真正的政治意愿也被认为是发展中国家反腐政策失败的主要原因之一。国家层面的反腐意愿要求必须找准腐败根源，为反腐措施投入充足的人力和财力，为遏制腐败建立合理的激励机制。毫无疑问的是，党的十八大以来，我国加大了金融领域反腐力度，并将金融反腐明确为各级纪检监察机关的重点任务。由此可见，执政党对腐败治理的领导力决定了反腐的权威性。

（二）加强金融从业人员的廉政教育、思想政治教育

对金融从业人员，尤其是金融高管开展党风廉政教育，让手中有权力的金融高管都能提高自身的廉洁自律意识，时刻保持头脑清醒，自觉抵制住外在的诱惑。廉政教育建设具有长期性、复杂性、艰巨性，但坚守廉洁底线，是增强拒腐防变的免疫力。廉政教育可以采取多种形式，确保对党员的全覆盖、确保教育的针对性。要真正实现"不能腐"和"不想腐"，必须要树立正确的权力观，坚定理想信念，以案为鉴，筑牢拒腐防变的思想道德防线。此外，金融从业人员还要树立自觉接受监督和制约的意识。

（三）完善金融内部管理机制，建立合规管理体系

因内部违规操作而导致重大事件的丑闻频出，合规管理体系建设的缺失已成为

隐患，合规风险是控制和降低其他风险的基础。完善管理机制，建立合规管理体系本身就可以大大有效地降低各类风险的发生。金融内部管理机制，是指金融机构对金融从业人员在组织实施金融业务活动中制定和依据的制度措施。金融机构必须在业务开展过程中，合法合规的制定业务计划、操作规程和经营管理。完善的业务制度、有效的内部管理机制是金融领域发展生存的根本前提和基础。金融机构应当根据自身的性质和专业特点，从预防金融腐败出发，加强内部管理、强化金融监督、完善业务制度建设，建立健全内部防范机制，严格授权和转授权，如交易操作人员和交易决策人员相分离，针对不同性质、规模、业务范围的金融机构制定不同的合规管理体系。从防范风险出发，建立集识别、评估、监测、控制、处置为一体的全方位防控体系。

（四）以系统性策略防范系统性金融风险

防止发生系统性金融风险，是金融工作的根本性任务。应该把防范化解系统性金融风险视为金融反腐中的重要举措，坚决守住不发生系统性金融腐败。如果一个金融事件能引起金融体系的系统性危机，那么势必会引发系统性的市场震荡。要高度重视单一风险或局部风险的处置，早识别、早处理，防止单一风险或局部风险演化为系统性金融风险。有的风险可能还没有构成系统性风险，但潜在风险仍然值得关注。试举例说，某个金融机构倒闭可能会通过金融体系的复杂网络产生蝴蝶效应，进而对其他机构或市场产生影响，这种倒闭的成本最终会由金融领域的全部参与者共同承担。风险的系统性要求我们在金融领域的反腐中也要系统应对，这是基于全局视角影响整个金融系统而言的。具体包括坚持党中央对金融工作的统一安排部署、深化供给侧结构性改革、大力发展新兴产业壮大实体经济、稳步推进金融体制改革。

（五）建立金融领域的信息披露制度

金融机构应当根据自身的企业性质，从保护投资者利益的角度出发，自觉接受社会公众的监督而依照法律规定将其自身的财务变化、经营状况等信息和资料向社会大众公开或公告，以便使投资者充分了解。提高金融领域的透明度，不仅是中国加入世界贸易组织的承诺之一，同时也是金融服务实体经济的必然要求，是中国参与国际金融市场竞争的重要条件。尤其是银行应当真实、准确、完整地将企业财务会计报告、各类风险管理状况、资产质量状况、公司治理、年度重大事项等进行及时披露。信息披露制度有利于提高金融机构的责任感，提高管理效率。建立良好的金融领域治理结构和合理高效的运营机制，规范信息披露制度，都将有助于金融机构全面提升自身的竞争能力，塑造良好的市场形象。

（六）加大腐败成本，严厉打击

金融腐败已经渗透到金融行业的各个领域中，值得庆幸的是，中央纪委已经释放出严惩金融领域腐败问题的强烈信号。重拳出击，持续对金融领域腐败犯罪展开强攻，一大批涉嫌金融腐败的犯罪分子得到了严肃惩处。遏制金融腐败还应对重点领域、关键岗位、资金密集和资源富集部门加大打击力度。找准腐败源、锁定高危人群、加大腐败成本，对监督金融系统的党委、纪检、监察等专职监督部门应实施委派制和执法责任制。加强与地方纪委、司法部门的密切配合，做到优势互补，形成合力，严惩腐败分子。对一切金融领域的不端行为采取"零容忍"的态度。对一切有可能发生腐败的从业人员，必须要早发现、早提醒、早纠正、早查处，坚决做到"零容忍"。与新加坡相比，我国对金融领域的打击力度是远远不够的。虽然中央"八项规定"也对政府官员过节送礼、宴请接待等行为进行禁止，但只是将这些行为视为不正之风进行行为规范，并且人员限制为国家工作人员，并不包含金融领域的从业人员。

（七）依靠群众力量参与和支持金融反腐

金融领域反腐败工作必须紧紧依靠群众，充分发挥群众在反腐倡廉建设中的主体作用。金融腐败从表面上说是对权力的滥用，本质上却是对人民群众利益的侵蚀，人民群众蕴藏着反腐倡廉的巨大力量。国内外反腐败的成功经验也充分表明了，群众监督最有效、最彻底、最广泛、最公正。同时，依托群众力量还是最经济的反腐措施，根据新加坡反贪局统计，该局虽然仅雇用了约香港廉政公署十分之一的人员，却取得了同样引人注目的成就。新加坡反贪局由信件、传真、24小时机构热线电话，网络和电子邮件，以及来访受理监督投诉。在这些投诉中，定罪率达到98%。这项举措无疑是从人民群众的利益出发，把群众反映最强烈、最具普遍性的问题作为反腐败工作的重点，是反映民意、符合民情、集中民智的反腐倡廉工作中的一项重大举措。要做好依托群众力量参与金融反腐，还应当设立相应的奖励制度，对实名举报人进行奖励，引导群众积极参与到金融反腐中。

五、结语

腐败问题是全球性问题，反腐败是世界性难题。[1] 习近平总书记多次强调，金融是国家重要的核心竞争力，金融制度是经济社会发展中重要的基础性制度。[2] 金融腐败事关金融改革与发展大局，深化金融供给侧结构性改革、增强金融服务实体经济能力的号角已经吹响，防范化解金融风险、打击金融领域腐败，是推动我国金融业健康发展的攻坚战。

---

[1] 黎晓宏、董宏：《金融反腐论》，中国方正出版社2017年版，第11页。
[2] 参见中国政府网：《全国金融工作会议在京召开》，http://www.gov.cn/xinwen/2017-07/15/content_5210774.htm，最后访问时间：2019年5月22日。

金融领域腐败犯罪的司法防治对策研究

刘丽云[*]

2017年4月25日，习近平总书记在中共中央政治局第四十次集体学习时强调，金融是现代经济的核心。金融安全是国家安全的重要组成部分，是经济平稳健康发展的重要基础。维护金融安全，是关系我国经济社会发展全局的一件带有战略性、根本性的大事。金融活，经济活；金融稳，经济稳。必须充分认识金融在经济发展和社会生活中的重要地位与作用，切实把维护金融安全作为治国理政的一件大事，扎扎实实把金融工作做好。要想落实好习近平总书记的这一重要要求，必须坚定不移的开展金融反腐。

金融反腐是国家反腐工作的重要战场，金融反腐对于金融体系的稳健运行起关键作用。关于本文，笔者从法律工作者的角度分析金融反腐的司法防治对策。

一、金融领域腐败犯罪的原因

（一）金融领域立法不成体系，严重滞后

法律总是后知后觉，落后于经济发展，典型案例往往能够促进立法进程。我国刑法分则第三章第四节专门规定了破坏金融管理秩序罪，其中涉及金融腐败的有20个罪名。然而，以往的金融腐败往往是利用简单手段涉嫌贪污、挪用等犯罪，随着反腐败工作的不断深入，当下反腐败工作已经进入到根本遏制腐败的阶段。一些腐败分子更多的采取了隐蔽手段逃避法律制裁，如采取期货交易方式，不再篡取当前利益，而是等到多年以后甚至退休以后，再连本带利收取好处；运用高科技手段修改计算机数据记录，在计算机上修改密码指令等；按照国际引渡惯例，死刑犯不引渡，但我国刑法规定的贪贿罪量刑最高均是死刑，这就造成了很多犯罪分子作案后潜逃境外逃避制裁等；在现行法律中，刑法对金融犯罪有明确的规定，但在刑事处罚上缺乏资格型的使用，也容易造成被告人走出监狱后再次犯罪。这些都给金融反腐败工作立法提出了新的课题，金融反腐工作呼唤金融领域立法体系化、健全化。

（二）行业垄断是根源

垄断和公权力是腐败产生的根源，当前我国反腐败主要集中在公权力领域，对具有审批权限的公权力部门反腐败工作卓有成效，但是，对于行业垄断导致的腐败认识及工作力度明显不够。行业垄断是带有权力垄断背景的利益垄断，20世纪80年代，我国国有商业银行几乎垄断了企业所需资金供给，可以直接分配信贷，一些腐败活动也随之产生。随着经济日益繁荣，虽然除四大国有银行之外，又有外资银行等其他金融机构陆续加入到中国经济市场，但是，外资银行"水土不服"。民间

---

[*] 北京大成律师事务所高级合伙人，河北省法学会刑法学研究会常务理事。

金融发展滞后不规范，中小企业迅猛发展对金融工具的市场需求旺盛，以致金融行业垄断现象更加严重，这种行业垄断导致的金融腐败越来越严重，已经给中国经济造成了巨大的经济损失。例如，中国银行广东省开平支行原行长余振东、副行长许超凡、股长许国俊等人盗用中国银行公款4.5亿美元外逃，这种动辄上亿的腐败行为造成的经济损失已经远远超过了政府官员贪污受贿所造成的经济损失，所以应该说金融领域已经成为中国当前最严重的腐败领域。

（三）监管不到位

目前，对金融业的外部监管部门主要是证监会、银监会、保监会，功能监管体现为人民银行外汇管制局。内部监督机构主要是金融系统内设的纪检监察部门，无论是外部监管还是内设机构都发挥了重要作用，但是外部监管的监管方式决定了没有有效的沟通机制和配套措施，故极其容易造成监管缺失，监管真空。而内部纪检机构，由于部分银行高管既是裁判员又是运动员，使得内部监管流于形式，无法解决目前的金融腐败问题。

二、金融领域腐败犯罪类型

目前，金融领域腐败现象严重，但是到目前鲜少有对金融腐败犯罪做一个完整的梳理，作为法律工作者，笔者对照刑法分则规定，结合工作实践，对金融领域腐败犯罪涉及的罪名做一个梳理分类。

刑法分则第三章第四节破坏金融管理秩序罪，共有22条35个罪名，其中第179条至191条规定的20个罪名，另外，全国人大常委会《关于惩治骗购外汇、逃汇和非法买卖外汇犯罪的决定》规定了骗购外汇罪，一共21个罪名都属于金融领域各种腐败犯罪，另外还有一部分由于金融监管不力，导致的金融工作人员盗窃等，笔者将这些金融腐败行为大致划分为5类。

（一）渎职类犯罪

这包括第185条之一、第186、187、188、189、190条及《关于惩治骗购外汇、逃汇和非法买卖外汇犯罪的决定》规定的背信运用受托资金罪，违法运用资金罪，违法发放贷款罪，吸收客户资金不入账罪，违规出具金融票证罪，对违法票据承兑、付款、保证罪，逃汇罪，骗购外汇罪。

（二）泄露或者编造重大信息类犯罪

这包括第180、181、182条规定的内幕交易、泄露内幕信息罪，利用未公开信息交易罪，编造并传播证券、期货交易虚假信息罪，诱骗投资者买卖证券、期货合约罪，操纵证券、期货市场罪。

（三）贪贿类犯罪

这包括第183、184、185条规定的职务侵占罪、贪污罪、非国家工作人员受贿罪、受贿罪、挪用资金罪、挪用公款罪。

（四）洗钱罪

刑法第191条规定了洗钱罪。

（五）盗窃罪、非法经营罪等

《刑法》第364条规定了盗窃罪，在一定程度上来说，由于金融监管不力，金融从业人员通过假借执行职务或其他秘密手段，对金融机构公共财产实施盗窃也是一种金融腐败行为。第 225 条第 3 项规定未经国家有关主管部门批准，非法经营证券、期货或者保险业务的，或者非法从事资金结算业务的行为，也属金融腐败行为。

三、金融领域腐败犯罪司法现状

随着社会发展、技术革命的日新月异，社会关系越加复杂，金融科技创新也重塑了金融业务的范围，改变了过去的经营理念和经营模式，防治金融腐败面临新的难题。传统的金融腐败问题愈演愈烈的同时，新的金融腐败课题日益凸显摆上日程，金融领域腐败犯罪的司法现状形势异常严峻。

（一）技术革新给金融腐败提供了良好的便利和隐蔽，使得金融腐败形势严峻，反腐败变得更为艰难

随着高科技和互联网发展，借助高科技手段实施的犯罪越来越多，而这一现象在金融领域表现的更加突出。借助高科技手段实施犯罪的优点除了更加便利，也因为其业务技术设计复杂高端而让犯罪更加隐蔽，金融监管部门很难发现其违法点，直至大面积爆发社会群体事件已为时晚矣，如 e 租宝案、e 速贷案、中晋资产案等。

（二）现代信息技术缩短了金融创新的周期

在整个社会都进入快餐时代的同时，金融产品的研发也实现了由原来的年、月为单位变为天、时为单位，以 2018 年银行理财产品为例，据融 360 大数据显示，2018 年仅银行发行理财产品就 138510 只，平均每天发行 379.5 只，而监管机构面对的是整个金融行业，监管人员和相关从业人员人数配比悬殊，因此，监管力不从心就成为必然。

（三）金融行业覆盖面广，社会参与度强，金融腐败滋生易、防治难

金融腐败具有极强的带动性，沿金融腐败主线，其分支犯罪行为、交叉犯罪行为和金融腐败形成链条腐败，跨业腐败，窝案、串案层出不穷，给国家整体反腐败工作带来了巨大阻力。

一方面，高速发展的现代经济，任何企业都会和金融密切联系，甚至个人都无法离开。所以，金融腐败行为的复杂性超出任何一个领域。比如，在高度繁荣的汽车、房地产、交通、煤炭等行业，无论是房地产开发的金融贷款环节还是抵押担保环节、房产建设环节、房产登记环节等在房地产开发的各个环节都能看到金融机构及金融从业人员活跃的身影。例如，2005 年，中国银行北京分行在对北京某房地产开发有限公司房地产项目发放按揭贷款过程中，房地产开发商和银行工作人员共同制造了几百份假身份证、假合同和假法律文书骗取银行住房按揭贷款 6.4 亿元。金融机构从业人员和上述行业的从业人员互相勾结，很轻易就能越过法律的边界。

另一方面，金融机构内部纵向腐败现象也越来越为严重，券商、保险、银行多个部门甚至与监管机构联手，在股票发行、债券发行、投资并购过程中，发挥着更多的作用，也创造着更多的触目惊心的腐败案例。

（四）监管模式有弊端及监管立法滞后

金融科技与金融监管之间的博弈体现在制度和力度的较量上。毫无疑问，金融领域的活力在于金融产品的不断创新，金融科技创新极大的繁荣了我国金融业发展，但是，随之而来的是金融监管的缺失落后，这对矛盾虽然注定缠缠绵绵相伴终身，但其此消彼长的矛盾在今后将会更加严重。

金融监管相关业务自身的高杠杆属性和复杂性，使得该业务自开展以来就面临巨大风险，需要监管部门及时监管，但是，随着新型业务的技术性提高，业务流程优化后，原有的模式将被彻底颠覆，资金转移更加便利，资金分散处理更加便捷、隐秘，监管机构在之前并未接触，监管人员的知识储备和实践处理能力都需要在新业务出现后才能迅速适应，这是事物本身内在规律决定的。

现阶段，我国金融业实行分业监管模式，人民银行承担央行职责，具有三大支柱性职能：指定和执行货币政策、维护金融稳定、提供金融服务，而银监会、证监会、保监会分别对银行业、证券业、保险业实行市场监管，此模式已经实行多年。然而，随着金融技术的发展，金融创新产品和各种新型业务的大量出现，传统的分业监管模式，已无法覆盖这些新型业务的各个环节，如大量涌现的P2P、网络众筹等互联网金融业务，就存在诸多模糊的监管空白地带，因此一批自认为是找到了新型金融模式的创新人才其实不知不觉中触犯了刑法，走进了看守所高墙内。

而和这种监管空白地段的现象形成鲜明对比的是，由于不同的监管机构会从不同角度对同一个业务具有监管权，存在业务监管的重叠交叉。趋利避害是任何企业和个人的本能，由于监管方式力度、成本的差异，金融机构必然涌向监管最宽松、成本最小的体系，由此就给金融风险和腐败留下了空间。

四、金融领域腐败犯罪司法防治对策

（一）加强金融立法

目前，我国现有的规范金融领域行为的法律大致有《刑法》、《商业银行法》、《银行业监督管理法》、《证券法》、《保险法》、《票据法》、《证券投资基金法》，其中大部分金融立法旨在规范金融业务行为，仅刑法涉及有限的金融犯罪行为。

虽然这几年来我国加强了金融犯罪立法工作，但是远远不足以防治爆发的金融腐败，加强立法工作是最好的防范金融风险的办法。建议立法机关结合复杂的金融腐败犯罪现状，增加、修改刑法关于金融腐败犯罪的规定，同时进一步完善金融法律规范体系，如尽快出台《期货法》，填补此处法律空白，以统一法律标准指导司法实践。

（二）加强司法机关对金融业运行的监督力度，建立预警机制

腐败是在权衡利弊之后的行为，是权衡风险与回报之后的犯罪，当然这种利弊权衡是建立在侥幸心理的前提下，毕竟不是所有的犯罪行为都会被查出。

所以司法对金融腐败的第一个防治措施应该是警示，司法机关应在立法完善的前提下，加大对金融腐败的查处力度并大力宣传犯罪查处结果，对金融从业人员起到警示作用、震慑作用。使金融业高压反腐亦成为常态，使相关从业人员不敢再伸手。

与此同时，应该建立金融机构与法院预警信息共享机制，对于企业信用状况、

企业诉讼情况及时掌握，对案件中反映出的金融领域问题及时沟通，防止出现金融风险。

（三）健全金融机构内部用人机制，完善金融机构内部监督机制

金融领域腐败现象其中一个呈上升趋势的是金融从业人员违法犯罪年轻化，在笔者办理的多起违法发放贷款罪、非法经营期货案件中，犯罪嫌疑人普遍年轻化，一方面是因年轻人对金钱的需求旺盛，社会诱惑太多，另一方面是职业道德缺失造成。所以，和金钱打交道的金融业作为特殊行业，对从业人员的基本素质和道德品质要求应更高，各金融机构在用人制度上，应不断建立公开公平择优录取的机制，尤其是对高管还要建立诚信考察机制，对于有诉讼，有资金纠纷，有信贷失信行为的人员要严格录用。

内部机构设置要打破传统金融业的模式，完善决策方式，完善风险控制制度，建立良好的内部监督机制。也可以通过立法对达到一定规模的金融机构的纪检监察实行外部派驻纪检监察部门与内部纪检监察部门联合监管机制，让目前的既当裁判又当运动员的体制得到改善。

金融领域腐败犯罪的司法防治对策

卢 畅[*] 郝艳兵[**]

一、金融领域腐败犯罪透视

(一) 金融领域腐败犯罪现状

近年来,金融行业迅猛发展,经济飞速增长的同时也带来了负面效应,金融腐败就是其中之一。据了解,金融行业被列为腐败最易发生的领域之一,金融腐败案件也成了各级部门重点惩治的对象。与此同时,此类案件破坏极大,将会影响正常的经济秩序,破坏社会稳定,尤其是当下经济全球化的背景下,我们更要提防金融腐败案件,要不断健全司法与法治,防患未然。

仅 2017 年 4 月,就先后有中国民生银行北京航天桥支行行长张颖、中国进出口银行北京分行原行长李昌军、前保监会主席项俊波、前深交所股票发审委员的冯小树依次被查。据不完全统计,从 2013 年 5 月到 2017 年 5 月,四年间,仅在中央纪委网站通报的金融监管官员和国有金融机构工作人员就有 35 人。[①] 涉案人员数量之多、官职之大令人咋舌,通过分析数据发现,涉案人员不仅分布在中国民生银行、中国进出口银行,还有深交所,甚至还有监管机构保监会,其中不只有"高管",还有普通职员,案件涉及人员极其广泛。尽管金融领域有许多规则和秩序,在外行人眼里似乎制度完善,但由于金融行业本身的资源多、信息大,导致权力容易过大和集中,而腐败的根本就是权力的集中,因此,金融行业极易滋生腐败。李克强总理指出,要严防金融风险和腐败,严厉打击银行违规授信、证券市场内幕交易和利益输送、保险公司套取费用等违法违规行为;对监守自盗,内外勾结的行为要依法严惩。

(二) 金融领域腐败案件类型

1. 滥用权力:金融机构工作人员利用手中权力,违反职业规范给不符合放贷条件的单位放贷,或明知有风险或风险较大仍然放贷,或给关系方提供还贷时间长、利率低的优质贷款。又如,金融监管部门对金融市场的准入、执业、转型等都有严格的把控,一些特许经营、专业经营需要有政府的特别授权,此时某些金融监管部门可能存在故意刁难,提高准入门槛甚至拒绝授权来谋求腐败。[②]

---

[*] 华东政法大学法律学院刑法学硕士研究生。
[**] 浙江财经大学法学院副教授,法学博士。
[①] 贺斌:《金融领域成腐败高发区 如何从制度上补齐监管短板?》,资料来源:《中国新闻周刊》,http://www.ce.cn/xwzx/gnsz/gdxw/201706/08/t20170608_23505673.shtml。最后访问时间:2019 年 5 月 11 日。
[②] 陈凝、安启雷:《我国金融领域腐败形成的体制原因及治理对策》,载《宏观经济研究》2009 年第 11 期。

2. 利用职务之便：有些金融机构管理人员，利用自己职权范围内主管、经营、经手的便利，侵吞、窃取、骗取公司财物；或者利用伪造单据等手段，透支用户存款、收入不入账；或者为一己私利，贪污、挪用公款；或违规操作收取佣金、劳务费，这些都是金融领域腐败案件利用职务之便的具体手段。

3. 泄露重大信息：我国对金融的控制依旧十分严格，金融市场的竞争又日趋激烈，这就导致一些人为了谋取不当利益，不惜以重大的金融决策机密以种种不正当的途径泄露为代价获取利益。

4. 灰色商业贿赂：随着反腐力度的加大，一些黑色商业贿赂犯罪逐渐减少，取而代之的是打擦边球、钻法律漏洞的灰色犯罪，此类犯罪游走于合法和不合法的边缘，由于缺乏法律规制，愈演愈烈，成为现阶段金融领域腐败犯罪的主要类型之一。银行业不正当交易和商业贿赂行为，主要发生在存贷款业务、票据承兑贴现业务、出具信用证、信用卡等授信（授权）管理、结算、不良资产处置等业务领域和基建工程、营业用房装修、商业广告制作和大宗物品采购以及科技设备购置等业务环节。①

（三）金融领域腐败案件特点

1. 涉案金额巨大，造成经济损失严重。金融领域的腐败案件一般涉及金额巨大，多数为几百万元、几千万元甚至上亿元，给我国的经济秩序造成了不可估量的严重损失。被称为新中国成立以来第一大金融腐败的华融赖小民案，涉案金额超过16亿元人民币，且还不包括他实际拥有的房产等贵重资产；宏源证券股份有限公司债券销售部总经理陈智军，操控结构化理财产品，将宏源证券利益输送至其个人购买的理财产品获取高额收益，该案总涉案金额约一亿元人民币。

2. 职务犯罪居高不下。② 据悉，在金融腐败案件中职务犯罪的比例达到了80%以上，由于金融机构存在较多的准入条件和审批流程，导致无论是金融高管人员还是普通工作人员均会出现权力的异化，犯罪主体呈现多层次的特点。信贷资金运行、人事管理、财务分配、基建和物品采购等要害部门都存在自己特有的职权，都有可能成为贪污腐败的重灾区。

3. 腐败手段增多、涉外性增强。③ 以往的金融领域腐败犯罪往往手段简单、隐蔽性差，涉及的罪名也无外乎是贪污、受贿、挪用公款等。而现在，随着网络技术的发展，各种高科技犯罪应运而生，手段复杂隐蔽性强，给之后的侦破工作带来了极大的挑战。又由于处在经济全球化的时代，各国之间的经济往来增强，一些金融案件的涉外性也尤其突出。犯罪分子借助网络技术跨国转移资金；犯罪分子达成犯罪目的后，携款潜逃海外；犯罪分子利用职务之便，窃取委托人计算机指令或修改存款记录造成委托人财产损失等，手段多种多样，令人应接不暇。

---

① 赵宏：《新形势下我国腐败犯罪治理机制研究》，河北大学2017年博士学位论文。
② 毛玲玲：《近年金融领域刑事司法状态的因果》，载《法学》2011年第6期。
③ 陈凝、安启雷：《我国金融领域腐败形成的体制原因及治理对策》，载《宏观经济研究》2009年第11期。

二、金融领域腐败案件的成因

我国金融领域腐败案件频发,表示我国金融发展和金融改革过程中存在诸多矛盾,目前出现的金融腐败问题,反映了金融体制中一个或几个的制度缺陷。经分析,笔者概括出以下几点金融领域腐败案件的成因。

(一) 金融行业的垄断性地位易导致权力腐败[①]

在社会主义市场经济条件下,资源的供需矛盾十分突出,金融资源的稀缺是各类资源之首,银行业处于融资垄断地位,拥有资本配置权的企业和个人可能会寻租,银行负责人也可能会利用职务之便主动寻租设租以获取非法利益,在这种情况下,腐败的可能性被放大了出来。从经济学原理进行分析,垄断性强、公权力过大容易产生腐败。垄断和公权力使得寻租变得格外便捷且收益巨大,导致收益与成本的天平向收益一方倾斜,进而大大增加了腐败发生的概率。

因此,金融腐败的根源在于对货币资金这一稀缺资源垄断性配置权的滥用。由于资金在一国经济发展过程中的重要性,金融腐败对经济增长的影响更加直接。[②]

(二) 金融领域法律监管、惩治不健全

1. 金融领域法律监管不健全。我国目前的金融监管机构包括"一行三会",即中国人民银行、银监会、证监会和保监会;纪检监察部门;金融体系还有自己的监管机构,看似系统有规划,但是由于金融业长期处于混业经营、分业监管的模式,每个支系都有其自己的监管机构,在出现跨支系共同犯罪时,很难确定其由哪个部门进行监管。又随着金融业的发展,不断创新,监管体系的盲区与空白越来越大,很多腐败犯罪游走在灰色地带,缺乏有效的监管机制,不利于金融行业发展。[③] 2016年,国务院下发文件对金融行业实施"穿透式"管理,然而依然没有确定谁来监管监管者,金融监管行业也存在"灯下黑"的情况,即金融监管人员监守自盗,为虎作伥,如何正确监管金融行业,防止权力滥用,是今后金融领域反腐的重点。

2. 金融领域刑事规制不健全。刑法在惩治犯罪中有着重要的作用,但对金融领域腐败犯罪的规制却有不足。这体现在:重视自由刑不重视财产刑,这会使得腐败案件所得利益高于犯罪成本,更会出现"牺牲一人,幸福全家"的局面,不能真正的震慑犯罪分子,仍然会使其抱有侥幸心理,铤而走险犯罪,刑法没有起到预防犯罪的目的。再有,刑法设定的死刑标准太低,按照我国刑法个人贪污数额在十万元以上的,情节特别严重的就有可能被判处死刑,这就会导致贪污十万元和贪污一亿元的处罚可能是相同的,超过十万元的部分,腐败成本为零,罪与刑并没有相适应,反而可能助长大额贪污的风气。

3. 金融领域民事规制不健全。腐败分子给政府和人民带来的损失,民法法律应

[①] 安启雷、陈辰:《我国金融领域腐败形成的体制原因及治理对策研究》,载《经济研究参考》2009年第46期。

[②] 黎晓宏、董宏:《我国金融领域反腐败的理论和实践》,载《经济导刊》2017年第12期。

[③] 陈文武:《金融腐败案件的新特点及成因浅析》,载《青海金融》2012年第12期。

当要求行为人为其负责,承担相应的民事责任,但目前我国民法并没有此方面的规定。民法中缺乏经济性赔偿,民事责任主体不明确,证人保护制度不完善,追诉制度不健全,导致在民法体系中,金融腐败案件经济成本不高,法律震慑性不强。

(三) 行政机关地方保护严重

我国金融腐败案件频发的原因,还有政府等行政部门的干预。目前,中国金融业的状况是:中央政府控制最大的金融机构,各省级政府控制股份制银行、信托投资公司和证券公司,市一级政府控制城市商业银行,最小的县级政府也要控制当地的农信社。金融机构作为经济发展的枢纽,本应以市场为主导,为我国的经济发展做贡献,可是一旦受到行政部门的管控,中立地位将大打折扣。在此种情况下,金融机构所掌握的资金和权力,就会成为权钱交易的牺牲品。地方政府可通过多种方式干预金融机构的业务经营,如强制贷款、强制担保、指令性贷款。还可能为了地方政绩,利用自己的权利,帮助地方公司避税,逃避债务,这些行为其实都是严重的金融腐败。只有行政机关不干预金融机构的日常经营,才能彻底消除金融机构的官本位色彩,对于解决金融领域腐败问题尤其重要。

三、金融领域腐败案件的司法防治对策

在现代法治国家,刑事制裁只能依赖刑事司法程序。对于腐败案件等严重危害国家、社会的犯罪,理应受到刑事制裁。通过司法手段将腐败犯罪分子绳之以法,使其受到应有的惩罚,虽然不能从根本上遏制腐败犯罪的发生,但从刑罚的功能来看,对腐败犯罪分子进行刑事制裁,既可以起到特殊预防作用,也可以起到一般预防作用。司法控制是一种最容易兑现的控制手段,因此通过司法控制腐败犯罪,不失为我国反腐败斗争的一个突破口。

(一) 司法依据上坚持严密立法与专门立法相结合

立法的不健全导致司法实务中的法律适用混乱,由于对政府、企业和市场三者的行为缺乏法律的规范,所以有很多空隙成为腐败行为滋生和蔓延的温床。我国目前规制金融腐败案件的法律虽然复杂但仍有不足,立法的缺失导致司法处理中存在诸多不便,因此,为了增强司法对金融领域的腐败案件能够发挥最大的惩处力度,笔者对立法提出几点建议。

1. 建立腐败犯罪受害人制度。[①] 我国的刑法中针对法人与自然人作为受害者制定了详尽的制度,但是国家作为腐败犯罪行为的受害人制度却长期处于空白状态。在腐败资产的认定追缴中国家只有在遭受损失的时候才可由起诉机关提起诉讼,对腐败犯罪嫌疑人提出罚金、没收财产等制裁方式。所以我国应尽快建立和完善腐败犯罪的受害人制度,明晰双方主体,深化理论探索,深入实践,明确国家主体是腐败受害人制度,赋予其在境内外诉讼的资格。

2. 完善反洗钱制度。[②] 金融系统往往是腐败分子转移和藏匿非法资金的首选渠

---

① 徐雯君:《中国腐败治理的法治体系建设研究》,兰州大学 2016 年硕士学位论文。
② 胡荣:《反洗钱战略战术研究》,复旦大学 2011 年博士学位论文。

道，为了躲避处罚，腐败分子必须通过洗钱的方式将资金来源合法化，所以只有完善反洗钱制度建设，加大反洗钱力度，发挥金融机构的作用，才能有效遏制腐败行为的发生。洗钱犯罪涉及金融、海关、工商、税务等多个部门，为了更好的打击洗钱犯罪，我国成立了打击洗钱犯罪领导小组疏导各部门之间的信息交流，并且已经建立了存款实名审、私人账户管理、待核查账户逐笔申报等系列制度；还应该加强对虚拟金融账户的监管，完善金融情报的监测系统，加强金融账户实名制的执行力度，做好关联账户之间资金流动的监测和分析工作，以确保每笔资金流动银行都有据可查，这样才可以降低腐败案件的查处难度。

3. 完善腐败案件量刑制度。我国刑法对于腐败案件的定罪量刑太过宽泛，不利于规制犯罪，因此，笔者建议：降低贪污贿赂犯罪的起刑点，细化量刑幅度，将贪污数额、判罚刑期拉开梯度，避免出现犯罪数额相差巨大但判罚刑期相同的情况，做到罪刑相适应，在合理规范内最大惩治犯罪，做到不轻判任何一条"大鱼"，不重判任何一条"小鱼"。只有量刑准确，才能最大限度震慑犯罪，击碎犯罪分子的侥幸心理，从而在根本上预防犯罪，最大限度地体现刑法"预防犯罪"的特点。同时，裁判时还应充分考虑金融案件的特殊性，可以制作金融领域腐败案件指导案例，下发至各个司法机关，为下级司法机关量刑提供参考意见，做到同案同判，公平公正。

（二）司法程序上适用符合金融领域腐败犯罪特点的特殊制度

1. 引入污点证人制度。污点证人制度是指，有特定犯罪行为的证人在司法机关查处相关犯罪的过程中，愿意配合或帮助司法机关，将案件情况如实提供的证人证言，并由司法机关决定对其不予起诉或者免除刑罚的司法制度。污点证人制度的内含其实是一种司法交易，给予污点证人部分或全部罪行的司法豁免，以换取其对司法机关无法证明的犯罪嫌疑人的指正。[1]

就目前我国的司法现状而言，在金融领域的腐败犯罪案件中引入污点证人制度有其必要性和可行性。首先，提升对腐败案件的惩治效率。以对"小虾"的减轻，换取"大鱼"的落网，抓大放小，从内部瓦解犯罪团伙的心理防线，逐个击破。金融领域的腐败犯罪，其手法多样，手段隐蔽，有时会因缺乏重要证据而使得案件不能侦破，犯罪分子逍遥法外，继续作恶。污点证人的引入，可以提升整体金融领域腐败案件的侦破和诉讼效率。其次，有利于弥补我国刑法对行贿人减免刑罚条件过高的缺陷。[2] 根据我国《刑法修正案（九）》的最新修改，除了对特别重大的贪污分子增加了"终身监禁"的规定，也加强了对行贿行为的惩处力度，不再轻易免除处罚，严格了行贿犯罪从宽处罚的条件，追诉前主动交代行贿行为的，不再一律轻言免除处罚。在司法层面设立污点证人制度可以为行贿人获得承诺的刑罚减免提供制度保障，通过个案的减免处罚弥补一般规定的严肃性。最后，有利于规范查处腐败犯罪中的司法行为。我国司法机关在面对金融领域的腐败案件时，常以减轻量刑

---

[1] 王航：《构建污点证人刑事豁免制度加快我国法治进程》，载《知识经济》2013年第10期。
[2] 孟琴：《腐败案件污点证人作证豁免制度研究》，载《法制博览》2017年第5期。

换取犯罪人的主动交代罪行,使得在司法实务中,行贿罪的整体量刑偏轻。这种交易行为是不规范的,污点证人制度化有利于规范司法行为,一方面减轻行贿人的作证顾虑,提高证言的真实性,另一方面降低司法人员在办案过程中的腐败行为,防止再腐败。

设立污点证人制度是为了更有效地打击、预防腐败犯罪,同时也要加强对污点证人的人身保护,由于污点证人的重要性,使其掌握了案件能否妥善解决的重要证据,如果污点证人遭受人身伤害,不只会使得案件不能解决,还会给今后的潜在污点证人留下顾虑和心理阴影。因此,我国应确立证人特殊保护措施机构,重点保护证人的人身安全,此外,也要对污点证人拒绝出庭作证或做虚假陈述及其他不配合司法活动的行为予以规制和惩戒。

2. 对轻微金融腐败案件适用不起诉制度①。金融领域的腐败犯罪案件多且复杂,如果每个案件都要经历完整的诉讼程序,将会非常耗时费力,因此对于大量轻微腐败案件,应充分发挥不起诉制度。不起诉有利于犯罪人早日摆脱诉讼,回归社会;还有利于节约司法资源,促使案件分流。

因此,要充分发挥不起诉制度在处理轻微腐败案件中的作用,应从以下几点入手:一方面,转变观念,注重实际效果。随着理论和政策的更替,有罪必罚的法定起诉主义已经逐渐被起诉便宜主义所取代,如今的刑法也不仅仅只有处罚功能一个作用,也多出了教育、引导、预防的作用,更加看重实际结果和再犯可能,对于一些数额较小,危害轻微的金融领域腐败案件,我国司法应贯彻非刑罚化、非诉讼化、轻刑化的发展趋势,采取宽严相济、抓大放小的刑事政策,节约司法成本与时间,对轻微的腐败案件适用不起诉制度。②另一方面,设置更加科学合理的业务考评办法。一些机关在考评执业人员的业务时,常以"数"或"量"来作为考评依据,甚至一些机关还有每月或每年的起诉案件最低标准,来督促相关人员达到预定标准。这就会使得不起诉制度被架空,成为一纸空谈,同时,司法机关也没有做到公平公正,同案同判,这种流于形式的业务考评办法应当废除。

综上所述,通过对司法制度和程序性规范进行调整,在以"零容忍"的态度严密金融腐败犯罪法网的同时,要遵循宽严相济刑事政策和惩治预防腐败犯罪的客观规律。在划分腐败犯罪中轻微犯罪的基础上进行司法分流,设置"非刑罚化"的制度出口,实现一般预防与特殊预防惩治犯罪和保障人权的有机统一。

(三) 加强司法机关与其他部门机构的联系与配合

1. 加强司法机关与金融部门的联系与配合。一方面,金融部门要主动向司法机关通报有关情况,使司法机关对金融部门的工作情况、管理情况、业务经营情况等有必要的了解。特别是在发现犯罪时,应及时与司法机关取得联系,争取破案时机;在司法机关介入调查时,有关金融部门要主动配合,积极协助,促进有效地获取犯罪证据。另一方面,司法机关也要加强与金融部门的沟通、联系,互通信息。

---

① 张涛:《不起诉权制约机制之初步探讨》,上海交通大学 2011 年硕士学位论文。
② 孟祥微:《轻微腐败犯罪的刑事立法与司法完善》,载《刑法论丛》2016 年第 2 期。

对金融犯罪出现的新问题、新情况,要及时向金融部门通报;对办案中发现的金融业务管理中的漏洞和问题,要及时发出司法建议,督促金融部门的建章立制。此外,要在司法机关建立一支结构合理、综合素质较高的专业侦查队伍,有目的地培养一批精通金融、证券、保险、计算机、外语的专门人才。

2. 加强司法机关与国际职能机构的联系与配合。通过国际刑警组织、国际反洗钱金融诉讼特别工作组等国际组织的协调,提高个案协查的效率和跨国追逃、境外取证的成功率。同时,保持与我国金融犯罪牵涉较多的国家和地区之间的密切联系,一旦需要,就可以及时得到这些国家和地区司法机关的协助配合。改革开放以来,我国在国际刑事司法协助方面取得成功的案例很多,如广东开平案、赖昌星案、梁智峰案、胡星案等。除此之外,国际刑事司法协助在近年来公安部的"猎狐行动"上也有重要体现。"猎狐 2015"期间,抓获外逃人员共 857 名,在"猎狐 2016"行动中,抓获境外逃犯共 951 名。[①] 这一系列行动的顺利开展,表明我国国际刑事司法协助的开展取得了重大成果,我国与越来越多的国家订立国际刑事司法协助方面的条约,同时这一系列行动的开展也给我国的国际刑事司法协助带来了挑战,暴露出我国国际刑事司法协助制度中的不足之处,从而更好地促进我国国际刑事司法协助的发展。国际刑事司法协助对于各国打击跨国犯罪以及跨境追逃追赃有着重要的作用。

四、结语

金融领域发展迅速,但是其配套的相关措施并没有跟上,这促使了金融领域腐败犯罪的产生,对国家、社会都造成了伤害。但是,亡羊补牢,为时未晚,只要我们根据金融腐败的特点,对症下药,就可以有效地惩治犯罪。同时,我们应重视司法在惩治腐败犯罪中的作用,加快司法独立,最大限度地发挥司法的防治作用。

---

① 曹华山:《中国反腐败国际追逃合作措施研究》,西南政法大学 2017 年硕士学位论文。

银行贷款调查人员渎职行为的刑法分析

张利峰*

贷款调查是根据《商业银行法》、《银行业监督管理法》、《商业银行授信工作尽职指引》、《贷款通则》等设立的制度。贷款调查是信用管理的重要程序和环节，目的在于发现问题、规避风险、降低损失，消除减缓贷款风险。但是，实践中银行贷款调查人员在贷款调查中利用职务便利滥用职权、玩忽职守、徇私舞弊的情况却屡禁不止，对金融安全构成严重威胁，需要运用包括刑法在内的各种法律手段予以综合防治。本文针对银行贷款调查人员渎职行为的刑法规制问题进行分析，希望能对丰富相关刑法理论研究和规范有关司法实务有所裨益。

一、贷款调查渎职行为的主要类型

我国刑法通常将渎职行为分为滥用职权和玩忽职守两大类，银行贷款调查人员的渎职行为也可以相应地分为以下两大类型。

（一）滥用职权型渎职行为

滥用职权型渎职行为有两种具体表现形式：一是不正确行使职权。是指违反规定处理公务或者职务。具体表现为应该这样做而那样做、应该那样做而这样做、不应该做而做、应该做而不做，等等。二是超越职权。是指违法决定、处理其无权决定、处理的事项。① 不正确行使职权与超越职权的区别在于行为人所滥用的权力是否其依法依规所应有的权力。

1. 不正确行使职权。具体包括两个要素：一是行为人依据法律或者职务上的要求具备相应的职权；二是行为人不正确行使职权违背了职权的目的，并且违背了法律的规定。银行贷款调查人员不正确行使职权的行为具体包括以下两个特征：（1）根据职权不应当做而做的某种行为。根据金融的法律法规和贷款调查的职务要求，银行贷款调查人员应当进行如实的调查并将调查结果反馈给银行，如果贷款调查人员未如实告知银行借款人的真实信息，掩饰客户的风险状况、财务状况的具体情况，就构成了不正确行使职权。（2）应当正确行使职权而未正确行使职权。根据《商业银行授信工作尽职指引》第16条的规定，贷款调查人员应当对借款人进行实地调查为主、间接调查为辅，如果银行贷款调查人员未实地调查，怠于行使调查职权，采用间接调查（书面调查）审核借款资料和借款人的实际经营状况，那么就构

---

* 河北省邯郸市中级人民法院法官助理，中国人民公安大学2019级刑法学专业博士研究生。

① 敬大力：《渎职罪》，中国人民公安大学出版社1999年版，第75—77页。2006年7月26日《最高人民检察院关于渎职侵权犯罪案件立案标准的规定》也将滥用职权行为分为超越职权与不正确行使职权两种类型。

成了不正确行使职权。

2. 超越职权。银行贷款调查人员的职务范围包括对借款人的资料进行核实验证。但是如果银行贷款调查人员在职务行为中违反程序,超越职权行使权力,就构成了超越职权行为。比如,银行贷款调查人员利用并无确定借款人授信等级的权力,如果银行贷款调查人员,将亏损的财务报表制作成盈利的财务报表,并欺瞒或者伙同会计师事务所配合制作虚假的财务报表和财务审计报表,为借款人提高授信额度和提高评定等级,将虚假数据录入到银行信用等级评定系统中,那么就构成了超越职权类型的滥用职权。

(二)玩忽职守型渎职行为

玩忽职守型的渎职是指行为人在工作过程中严重不负责任,不履行或者不认真履行职责。不履行职责,一般是指根据职责要求,应该做而不做,或者放弃职守,擅离职守。不认真履行职责,一般是指虽然履行了职责,但不认真,马马虎虎,粗心大意,或者草率从事,敷衍塞责。①

依据《商业银行法》、《银行业监督管理法》、《贷款通则》等法律法规和银行的贷款人员调查行为准者或者调查办法,银行贷款调查人员具有以下调查权限:(1) 根据《商业银行授信工作尽职指引》第5条、第16条规定,在贷款发放前,银行贷款调查人员应当对借款人的经营情况、财产情况、担保情况、还款能力进行详细的调查。(2) 根据《商业银行授信工作尽职指引》第51条规定,在贷款发放后,应当定期检查和授信后检查。如果银行贷款调查人员违背法律或者职务的要求,不认真履行职责,在贷前调查中粗心大意,草率从事,贷前调查未采取严格调查措施,违背银行的贷款调查流程和金融法规的调查办法进行调查,在贷后调查疏于定期检查,那么就构成了玩忽职守的滥用职权渎职行为。如果银行贷款调查人员完全不履行上述职责,就构成了不履行职责玩忽职守。

二、贷款调查渎职行为可能触犯的主要罪名

贷款调查渎职行为可能触犯的罪名主要有以下几项。

(一)骗取贷款罪

骗取贷款罪是《刑法修正案(六)》新增的罪名,是指行为人使用欺骗的手段骗取银行的贷款,并且造成银行遭受重大损失或者具有其他严重情节的行为。骗取贷款罪具有如下构成特征:(1) 犯罪客体是复杂客体。既侵害国家金融信贷资金管理制度,也侵害银行的贷款所有权。(2) 犯罪客观方面具体包括以下四个要素:第一,行为人违反了国家的法律、行政法规。第二,行为人采取了隐瞒真相、虚构事实的方法使银行、金融机构产生错误认识。第三,结果具备了"银行遭受重大损失"(数额较大)或者"其他严重情节"。第四,行为人骗取的对象是银行、金融机构的贷款。(3) 犯罪主体既可以是单位也可以是自然人。(4) 主观方面是故

---

① 敬大力:《渎职罪》,中国人民公安大学出版社1999年版,第96-97页。2006年7月26日《最高人民检察院关于渎职侵权犯罪案件立案标准的规定》也将玩忽职守行为分为不履行职责与不认真履行职责两种类型。

意的。

如果银行贷款调查人员与借款人（自然人或者单位）在贷款调查前或者贷款调查时相互串通，违反《商业银行法》、《信贷资金管理暂行办法》、《贷款通则》、《个人贷款管理暂行办法》和相关的金融规定，采用隐瞒真相、虚构事实的方法，使得借款人达到贷款标准，在贷款调查过程中滥用职权，与借款人相互谋划，最终结果导致银行遭受重大损失的后果或者有其他的严重情节，那么银行贷款调查人员就与借款人共同构成了骗取贷款罪共犯。

还有一种情况，就是银行贷款调查人员在触犯骗取贷款罪时，由于其犯罪的手段和行为同时构成了违法发放贷款罪，牵连犯有两种处罚的原则，第一种是从一重罪论处，如徇私枉法罪和受贿罪的牵连犯就从一重罪处理。第二种是数罪并罚，如妨害公务罪和走私罪应当按照数罪并罚论处。笔者认为，本案的犯罪目的是骗取贷款，并非违法发放贷款，虽然采用的手段是违法发放贷款的手段，但是并不能否认其犯罪的目的，故应当按照牵连犯的处罚标准，择一重罪处理。根据法律规定，骗取贷款罪的量刑幅度为：重大损失或情节严重的判处 3 年以下有期徒刑或者拘役，特别重大损失或者其他严重情节的判处 3 到 7 年有期徒刑。而违法发放构成骗取贷款罪，只要触犯本罪，就是 5 年以下有期徒刑或者拘役，如果数额特别巨大、造成特别重大损失的，处五年以上有期徒刑，因此，根据法定最高刑和量刑幅度来说，应当定为违法发放贷款罪。

（二）贷款诈骗罪

贷款诈骗罪，是指以非法占有为目的，编造引进资金等理由，诈骗银行或者其他金融机构的贷款、数额较大的行为。贷款诈骗罪具有如下构成特征：（1）犯罪客体是复杂客体。既侵害国家金融信贷资金管理制度，也侵害银行的贷款所有权。（2）犯罪客观方面表现为隐瞒事实、虚构真相，使银行、金融机构产生错误的认识，骗取其贷款，数额较大的行为。（3）犯罪主体只能是自然人。（4）主观方面是故意的，而且必须具有非法占有目的。

第一种情况，如果银行贷款调查人员与借款人（只能是自然人）在贷款调查前或者在贷款调查时，相互串通，以非法占有为目的，通过编造需要引进资金等虚假理由，使银行产生了借款人符合银行贷款标准的错误认识，那么银行贷款调查人员就与借款人构成了贷款诈骗罪的共犯。

第二种情况，如果涉及贷款诈骗罪和违法发放贷款罪的牵连犯时，可以依照择一重罪进行处罚的原则，我们应当如何判断哪一个为重罪？我们根据相关的法律法规可知，贷款诈骗金额特别巨大，是指贷款诈骗数额在 20 万元以上的，处 5 年以上 10 年以下有期徒刑；银行或者其他金融机构及其工作人员违反国家规定发放贷款，涉嫌下列情形之一的，应予立案追诉：违法发放贷款，数额在 100 万元以上的；违法发放贷款，造成直接经济损失数额在 20 万元以上的。根据同种数额来计算，贷款诈骗罪判处的起刑点更低，故应当以贷款诈骗罪论处。

（三）违法发放贷款罪

违法发放贷款罪，是指银行或者其他金融机构的工作人员违反国家规定发放贷款，数额巨大或者造成重大损失的行为。违法发放贷款罪具有如下构成特征：（1）犯罪客体是国家的金融管理制度，具体是国家的贷款管理制度。（2）犯罪客观方面表现为滥用职权或者玩忽职守，违反国家规定发放贷款，数额巨大或者造成重大损失的行为。（3）犯罪主体是特殊主体，只能是银行或者其他金融机构的工作人员。（4）主观方面是故意或者过失。

如果银行贷款调查人员，在贷款调查过程中滥用职权或者玩忽职守，违反《商业银行法》、《信贷资金管理暂行办法》、《贷款通则》等对于贷款调查的规定，故意或者过失造成了数额较大的贷款无法回收或者其他重大损失的结果，且这种结果是违背银行贷款调查人员本身意愿的，那么可以认定银行贷款调查人员构成了违法发放贷款罪。

(四) 国有公司、企业人员失职罪或者滥用职权罪

国有公司、企业人员失职罪，是指国有公司、企业的工作人员，由于严重不负责任，造成国有公司、企业破产或者严重损失的行为。国有公司、企业人员滥用职权罪，是指国有公司、企业的工作人员，由于滥用职权，造成国有公司、企业破产或者严重损失，致使国家利益遭受重大损失的行为。如果具有国有公司、企业的工作人员身份的银行贷款调查人员，由于严重不负责任或者滥用职权，造成国有银行破产或者严重损失，致使国家利益遭受重大损失的，可以构成上述两个犯罪。

(五) 受贿罪或者非国家工作人员受贿罪

1. 受贿罪

受贿罪，是指国家工作人员利用职务上的便利，向他人索取财物，或者收受他人财物为他人谋取利益的行为。如果负责贷款调查银行工作人员具有国家工作人员身份，在贷款调查中利用职务便利收受贿赂，可以构成受贿罪。

2. 非国家工作人员受贿罪

非国家工作人员受贿罪，是指公司、企业或者其他单位的不具有国家工作人员身份的工作人员，利用职务上的便利，索取他人财物或者非法收受他人财物，为他人谋取利益，数额较大的行为。因为有些银行贷款调查人员并无国家工作人员的身份，如果其利用职务上的便利索取贿赂或者收受贿赂，可以构成非国家工作人员受贿罪。

三、贷款调查渎职犯罪认定中的疑难问题

(一) 骗取贷款罪、贷款诈骗罪的共同犯罪和违法发放贷款罪界限

主犯决定说，是指如果主犯的罪名是骗取贷款罪、贷款诈骗罪，那么银行贷款调查人员作为从犯，也构成了骗取贷款罪、贷款诈骗罪的共同犯罪。如果双方之间没有意思联络，主犯是违法发放贷款罪，那么银行贷款调查人员就构成了违法发放贷款罪。①

特殊主体决定说，因为违法发放贷款罪的犯罪主体是特殊主体，而贷款诈骗

---

① 单晓华：《金融诈骗罪基本问题研究》，中国法制出版社2007年版，第110页。

罪、骗取贷款罪是一般主体,所以根据主体分别确定,银行贷款调查人员定违法发放贷款罪,借款人定骗取贷款罪、贷款诈骗罪。如果银行贷款调查人员利用他人作为申请贷款的人,那么银行贷款调查人员可能就构成了贷款诈骗罪或者骗取贷款罪。①

笔者认为,可以通过意思沟通联络来确定银行贷款调查人员是否构成贷款诈骗罪、骗取贷款罪,或者是违法发放贷款罪。张明楷曾经对于金融诈骗提出了自己的看法。"对方陷入错误认识—行为人使其保持错误认识"模式。② 因此,可以认为如果借款人采取了虚构事实、隐瞒真相的行为,而银行贷款调查人员基于双方的意思联络,故意使银行的审批部门陷入借款人编织的错误认识中,银行贷款审批部门基于错误认识审批通过贷款,借款人取得贷款后无法偿还贷款,导致银行受到了损失,那么就构成了违法发放贷款罪、骗取贷款罪的共犯。如果银行贷款调查人员没有基于双方之间的意思沟通联络,仅仅是失职,那么就构成了违法发放贷款罪的单独犯罪,借款人单独构成违法发放贷款罪或者骗取贷款罪。

(二) 不作为的渎职行为能否成立骗取贷款罪、贷款诈骗罪的共同犯罪

一种观点认为,不作为的渎职行为不能构成骗取贷款罪、贷款诈骗罪的共同犯罪,原因如下:骗取贷款罪、贷款诈骗罪应当以财物欺骗的手段骗取银行的贷款,而银行贷款调查人员并没有采取欺骗的手段,仅仅疏忽大意、滥用职权并不能构成骗取贷款罪、贷款诈骗罪,不作为渎职犯罪不符合骗取贷款罪、贷款诈骗罪的犯罪构成要件。③

另外一种观点认为,不作为的渎职行为能够成立骗取贷款罪、贷款诈骗罪的共同犯罪。除主动的虚构事实、隐瞒真相使被害人陷入错误的认识当中之外,还有另外一种情况,就是行为人具有保证人的义务,却利用了被害人的错误认知,使被害人持续陷入错误认知当中,同样构成了欺骗的共犯。如果借款人采用虚假的财物报表使银行的贷款审批部门陷入到虚假的认知中,而银行贷款调查人员并没有打破该错误认知,那么就构成了贷款诈骗罪的共犯。④

笔者同意第二种观点。银行的不作为渎职行为能够构成骗取贷款罪、贷款诈骗罪的共同犯罪。具体表现为在贷款调查中发现借款人不符合贷款条件,但是玩忽职守、隐瞒不报,并且给银行造成了"数额较大"损失的行为,具体原因如下。

1. 渎职行为构成"不纯正不作为犯",与作为共同构成共犯

不纯正不犯罪的含义是以不作为的方式去实施作为的犯罪,需要有以下几个构成要件:(1)存在不作为的消极行为。(4)行为人不作为但是具有保证人地位。(2)行为人具有作为的可能性。(3)行为人不作为与产生的危害后果有因果关系。(5)存在故意、过失的主观状态。

根据《商业银行法》、《信贷资金管理暂行办法》、《贷款通则》等法律法规,

---

① 单晓华:《金融诈骗罪基本问题研究》,中国法制出版社 2007 年版,第 110 页。
② 张明楷:《诈骗罪与金融诈骗罪研究》,清华大学出版社 2006 年版,第 5 页。
③ 鲜铁可:《金融犯罪的定罪与量刑》,人民法院出版社 1999 年版,第 158 页。
④ 刘远:《金融诈欺犯罪立法原理与完善》,法律出版社 2010 年版,第 209 页。

如果银行贷款调查人员发现借款人的会计账簿存在虚假记载、重大疏漏、误导性陈述等问题,有向银行报告的义务,如果银行贷款调查人员玩忽职守、知情不报,那么银行贷款调查人员故意或过失,实现对于贷款调查监管的放任,有可能造成贷款无法回收的风险,此时不作为与贷款无法收回具有因果关系,但是贷款调查人员却以消极的不作为方式配合借款人采取隐瞒事实、虚构真相的方式骗取银行的贷款,符合"不纯正不作为犯"的构成要件,在符合其他犯罪构成要件的前提下,银行贷款调查人员构成骗取贷款罪和贷款诈骗罪。

2. 不作为帮助行为的共犯

银行贷款调查人员如果在贷款调查中发现借款人不符合贷款条件,但是玩忽职守、隐瞒不报,并且给银行造成了"数额较大"损失的行为,构成了不作为的帮助犯,构成骗取贷款罪、贷款诈骗罪的共同犯罪。原因如下。

(1) 不作为犯提供了无形帮助。银行贷款调查人员不作为的渎职犯罪构成对于骗取贷款罪、贷款诈骗罪的帮助犯,主要是指强化了骗取贷款罪、贷款诈骗罪的主观犯意,对其产生了心理上的帮助作用,更加坚定了骗取贷款罪、贷款诈骗罪的犯罪决心,故构成共犯。

(2) 不作为犯构成片面共犯。银行贷款调查人员如果故意帮助借款人实行骗取贷款罪、贷款诈骗罪,而借款人并指导银行贷款调查人员为借款人提供了帮助,那么虽然双方不具有主观上的犯意沟通,但是却构成了片面共犯。

(三) 混合所有制银行工作人员是否属于国家工作人员

随着市场经济的发展,混合所有制银行越来越多,混合所有制是现代银行的典型特征,但是在混合所有制银行中如何界定贷款调查人员是否属于国家工作人员,进而在确定银行贷款调查人员的渎职并收受贿赂时,应当定为受贿罪还是非国家工作人员受贿罪。

一种观点认为,目前从我国的混合所有制银行的股权结构而言,混合所有制银行的股权仍然是国有资本占有多数,持股比例一般在51%以上,属于国家控股企业,在混合所有制银行中银行贷款调查人员属于国家工作人员,应当定为受贿罪。[1]

第二种观点认为,我国混合所有制银行虽然在持股比例上大部分属于国家控股,但是并非所有的混合所有制银行都属于国家工作人员,因为毕竟还有很多员工是属于社会招聘或者是合同制员工,对于这类银行贷款调查人员应当属于非国家工作人员。[2]

笔者认为,对于混合所有制员工是否属于国家工作人员可以从两个方面进行认定。先看其是否符合《关于办理国家出资企业中职务犯罪案件具体应用法律若干问题的意见》(以下简称《国资意见》)的第6条规定,然后在进行排除上述主体,就可以认定非国家工作人员的身份。

一方面,构成国家工作人员的情况。根据《国资意见》第6条,在国家进行出

---

[1] 贾济东:《渎职罪构成研究》,知识产权出版社2005年版,第103页。
[2] 黎宏:《不作为犯研究》,武汉大学出版社1997年版,第8页。

资的银行,并非全部符合受贿罪的主体要件,我们根据上述的条款可知,在国家进行出资的企业有两类主体符合国家工作人员的身份。

第一类是经过了"提名"、"推荐"、"任命"、"批准",而且在国家进行出资的企业内"从事公务"的人员。何为从事公务?第一,是如果行为人具有了公务员编制或者具有事业编制等"体制内"的身份的人,那么一定是从事公务的人员。第二,是行为人从事管理等职责的,在管理岗位上的行为人也属于"从事公务"。

第二类是公司本身为国家出资企业,有"管理"、"监督"国有资产职责的组织批准或者研究决定,在该企业内从事监督、组织、管理、领导、经营、工作的人员。

另一方面,构成非国家工作人员的情况。《刑法》第184条规定,银行或者其他金融机构的工作人员在金融业务活动中索取他人财物或者非法收受他人财物,依照本法第163条的规定定罪处罚。同样,《刑法》第163条规定受贿罪的处罚标准,非国家工作人员受贿罪的主体也应该坚持其"身份"和"行为"的统一,① 我们可以得知,受贿罪与非国家工作人员受贿罪的"行为"要件并无区别,真正的区别在于"主体"要件,根据罪刑法定原则的要求,非国家工作人员受贿罪的"主体"应当明确,所以应当排除之前所表述的"从事公务"人员、具有"管理"、"监督"职责的人员、"体制内"的人员。除此之外的金融行业的从业者,利用在银行从事金融业务的职务便利,非法收受他人财物或者是索贿的,构成非国家工作人员受贿罪。

(四)在贷款调查中受贿并有渎职行为的罪数认定

一种观点认为,以一罪处理。根据《最高人民法院、最高人民检察院关于办理贪污贿赂刑事案件适用法律若干问题的解释》(以下简称《贪污贿赂解释》)第17条规定,如果国家工作人员为他人谋取利益,收取财物,并且利用了职务上的便利,并且违反了刑法分则第三章第三节(妨害对公司、企业的管理秩序罪)、第九章规定的渎职犯罪(主要是指滥用职权、玩忽职守犯罪和司法渎职犯罪)的,以渎职罪和受贿罪数罪并罚。但是在《贪污贿赂解释》第17条中并未规定违法发放贷款罪、骗取贷款罪、贷款诈骗罪,根据罪刑法定的原则,对于没有明确规定的以数罪处理的,应当按照一罪处理。另外,在贷款诈骗犯罪中,银行贷款调查人员受贿的财物可能就是贷款诈骗赃款的一部分,那么就不构成收受他人财物的构成要件了,故应当按照贷款诈骗罪共犯进行处理。②

另外一种观点认为,按照数罪并罚的规定处罚。1988年,全国人大常委会发布了《全国人民代表大会常务委员会关于惩治贪污贿赂犯罪的补充规定》(以下简称《贪污贿赂规定》)第5条第3款的规定,因受贿而进行违法活动构成其他罪,依照数罪并罚的规定处罚。如果在贷款调查中受贿并且渎职,应当依照数罪进行处罚。③

---

① 裴广川:《非国家工作人员受贿罪主体资格的认定》,载《中国检察官》2010年第8期。
② 王栋:《骗取贷款罪的司法认定》,载《中国检察官》2013年第12期。
③ 刘远:《金融诈欺犯罪立法原理与完善》,法律出版社2010年版,第109页。

笔者同意第二种观点，在贷款调查中受贿并有渎职行为的应当按照数罪进行处理，无论是《贪污贿赂解释》第 17 条规定，还是《贪污贿赂规定》第 5 条第 3 款规定，其表明的含义都是对于贪污贿赂犯罪和渎职犯罪的双重处罚，因为贪污贿赂犯罪侵犯的法益是国家公务人员的职务廉洁性，而渎职犯罪的侵犯的法益是公务的合法、公正、有效、信赖，两者之间是不同的法益，应当以数罪并罚比较合适。2012 年 11 月 27 日《最高人民法院、最高人民检察院关于办理渎职刑事案件适用法律若干问题的解释（一）》第 3 条也规定："国家机关工作人员实施渎职犯罪并收受贿赂，同时构成受贿罪的，除刑法另有规定外，以渎职犯罪和受贿罪数罪并罚。"

论金融腐败犯罪的司法完善

刘 静[*] 徐剑锋[**]

金融腐败与权力寻租相伴相随,金融领域反腐的成效与国家安全直接相关,正因如此,刑法早已将金融领域的腐败犯罪作为重点打击对象,并形成相对确定的刑事司法政策,希望通过刑罚来稳定国民经济、保障国家安全。一直以来,我国都坚持"宽严相济"的刑事基本政策,但是具体到金融领域的反腐工作,立法规范不断趋严、趋密,而司法实践因案件难度而贯彻力不足。即便从长期来看,我国想改变重刑结构的刑事立法也并非易事,所以只能立足于司法实践。

一、金融腐败犯罪的行为类型

金融腐败是指金融机构及其从业人员在经营管理及其他活动中,为谋取私利,利用掌握的资金资源及其他相关资源,违反国家法律和金融政策、规定,侵害国家、公众及本组织利益的行为和现象。[①] 金融腐败是"金融刑法"和"腐败犯罪"两个犯罪圈的叠加。就金融刑法而言,基本规定在刑法典第三章第四节"破坏金融管理秩序罪"和第五节"金融诈骗罪",即《刑法》第 170 条至 200 条之中(但司法实践并不以此为限,如第 205 条虚开增值税专用发票罪、第 225 条非法经营罪),故金融反腐,"反"的就是金融机构及其从业人员触犯这些罪名。具体而言,存在以下类别。

第一,职业权力寻租型。金融腐败犯罪是一种职业犯罪,"职业犯罪则不仅仅是白领犯罪的概念,而是指其行为往往与正常的金融交易行为混杂,或者以合法的形式掩盖其不法的目的"。[②] 腐败在于权力不受限制,形成权力寻租,"一般而言,某种社会资源越稀缺,设租(或称立法腐败)和寻租(或称官僚腐败)行为就会越多,腐败问题就越严重,产生的社会影响和危害也越严重",[③] 在金融领域,高级管理人员和重要岗位上的从业者可以直接接触大量资金,同时手握准入、禁入和审批等特权,要么容易触犯侵财、挪用类犯罪,如《刑法》第 171 条金融工作人员购买假币、以假币换取货币罪,《刑法》第 183 条职务侵占罪、第 185 条挪用资金罪与挪用公款罪;要么容易导致贿赂类、职业类犯罪,如《刑法》第 184 条非国家工作人员受贿罪、第 186 条违法发放贷款罪、第 187 条吸收客户资金不入账罪、第

---

[*] 华东政法大学法律学院刑法学硕士研究生。
[**] 浙江省下城区人民检察院副检察长,法学博士。
[①] 陈文武:《金融腐败案件的新特点及成因浅析》,载《青海金融》2012 年第 12 期。
[②] 毛玲玲:《近年金融领域刑事司法状态的因果》,载《法学》2011 年第 6 期。
[③] 陈凝、安启雷:《我国金融领域腐败形成的体制原因及治理对策》,载《宏观经济研究》2009 年第 11 期。

188条违规出具金融票证罪和第189条对违法票据承兑、付款、保证罪等。

第二，相互勾结犯罪型。金融腐败既是职业犯罪又是智力犯罪，称为智力犯罪在于该类犯罪手段隐蔽、专业，涉案数额大。金融犯罪不是金融从业人员的专属，但犯罪人员至少对金融业务比较熟悉。金融犯罪花样繁多，金融腐败者对协助他人实施金融犯罪具备专业、身份优势，而司法案例背后牵扯出金融从业人员的金融犯罪也不是少数。在司法案例中，很多犯罪分子落网后，都会供述其采用各种手段，拉拢金融机构从业人员共同实施犯罪或者帮助其实施犯罪的经历。此外，受国有体制改革影响，我国的金融机构带有"国营"色彩，金融从业人员中有相当一部分具备国家工作人员身份，于是金融腐败的犯罪主体也因此走向多元，金融腐败不仅可以是一般身份者与特殊身份者相互勾结，还可以是国内人员与国外人员相互勾结或者自然人和单位相互勾结。具体而言，笔者归纳这类有金融从业人员参与便能够事半功倍的犯罪有：伪造货币罪，出售、购买、运输假币罪，持有、使用假币罪，变造货币罪，擅自设立金融机构罪，高利转贷罪，骗取贷款、票据承兑、金融票证罪，非法吸收公众存款罪，伪造、变造金融票证罪，妨害信用卡管理罪，窃取、收买、非法提供信用卡信息罪，伪造、变造国家有价证券罪，伪造、变造股票、公司、企业债券罪，擅自发行股票、公司、企业债券罪，逃汇罪，洗钱罪等。

第三，工作信息泄露型。信息是在金融市场中获胜的活力素，一个人及时掌握了市场信息，就可以及时投资获益、规避损失。以金融证券市场为例，不管是内幕信息还是其他未公开信息，都有防止"硕鼠偷食"的立法规定。回归刑法典，可能因泄露工作信息而造成的金融腐败犯罪有：第180条内幕交易、泄露内幕信息罪，利用未公开信息交易罪；第181条编造并传播证券、期货交易虚假信息罪；第182条操纵证券、期货市场罪。

第四，欺诈目的型。从上述可知：金融腐败的共同犯罪、单位犯罪发生频次较高，而且上述类别不是绝对确定的，如内幕信息知情人泄露利好信息给自己家属，同样也属于相互勾结犯罪型的金融腐败犯罪。笔者进行分类是出于直观表达上的简便，由于法条将欺诈目的金融犯罪单独设节，故将第五节"金融诈骗罪"的集资诈骗罪、贷款诈骗罪、票据诈骗罪、信用证诈骗罪、信用卡诈骗罪、有价证券诈骗罪以及保险诈骗罪归属于"欺诈目的型"的金融腐败犯罪。欺诈目的型，特指金融机构及其从业人员为了谋取私利，采取虚构事实或隐瞒真相的方式进行的金融腐败犯罪。其实，"金融诈骗罪"也是对金融管理秩序的破坏，此种立法方式"显然不是按照犯罪客体而是按照犯罪手段的不同进行划分的……这种分类方法无疑是对以客体不同作为犯罪分类标准的传统刑法理论的突破，并从根本上颠覆了刑法基本理论的分类标准"。[1]

二、金融腐败犯罪的司法现状

（一）选择：刑事司法政策

刑事政策包括立法、司法和执行三个层面，应当遵循"宽严相济"的思想，金

---

[1] 刘宪权：《我国金融犯罪刑事立法的逻辑与规律》，载《政治与法律》2017年第4期。

融领域的腐败犯罪也不例外。我国刑法在金融腐败的罪名变化上具有明显的时代特点，并且受历史因素影响，我国的金融刑法一直比较严苛，正如学者所言："老一代政治家基于历史使命感和经济犯罪的憎恶感，通过不太民主的立法程序将自己的意志上升为国家意志，工具主义刑法观为此提供了合理依据，而法典主义又对经济犯罪死刑及重刑立法起了推波助澜的作用。"[①] 打击金融腐败犯罪的刑事政策具有从严、从重的倾向，主要体现在有关罪名的司法解释及各种会议纪要、答复等。

（1）积极响应立法，扩大犯罪圈

1982 年，全国人民代表大会常务委员会发布的《关于严惩严重破坏经济的罪犯的决定》中强调"参与、包庇或者纵容这些犯罪活动的国家工作人员"这类主体，可谓是我国金融领域的反腐开端。之后，我国 10 个刑法修正案中有 7 个涉及金融犯罪。历次刑法修改呈现了扩大犯罪圈、刑罚趋重的立法倾向，而在司法上，这种倾向也被执法者沿袭了下来。例如，最高人民法院、最高人民检察院 2008 年《关于办理商业贿赂刑事案件适用法律若干问题的意见》（以下简称《意见》）第 7 条规定："商业贿赂中的财物，既包括金钱和实物，也包括可以用金钱计算数额的财产性利益"，在财产性利益能否成为犯罪对象尚存大量争议时，司法解释已经率先确定金融腐败犯罪可以计算财产性利益，既为实践提供了明确的方法，也表明刑事司法严格追惩任何形式的金融腐败。再如，《意见》第 8 条规定，"收受银行卡的，不论受贿人是否实际取出或者消费，卡内的存款数额一般应全额认定为受贿数额"，足以证明司法对金融领域腐败行为的"零容忍"。

（2）扩大金融腐败的惩罚范围

2010 年最高人民法院颁布实施的《关于审理伪造货币等案件具体应用法律若干问题的解释（二）》第 2 条将采用伪造和变造手段制造真伪拼凑货币的行为认定成伪造货币罪，这无疑是对理论争议的再一次强势"盖棺定论"。当司法实践发生"半真半假"的假币案件时，司法人员对以伪造行为定罪还是以变造行为定罪犹豫不决。实际上，如果按照这种假币并没有"失去货币同一性"的观点，[②] 那么"半真半假"的货币就是变造而非伪造行为。这种将"半真半假"的货币认定为伪造行为的规定，扩大了伪造货币犯罪的成立范围、可能加重对货币犯罪行为的刑罚，也是属于从严刑事政策的体现。

（3）金融腐败的刑罚趋重

从某种方面来说，司法是立法的镜像。我国刑法虽然有拘役、有期徒刑 15 年、10 年、7 年、5 年以及无期徒刑等多个档次选择，但金融腐败犯罪的法定最低刑却偏高，众多金融犯罪的徒刑起步为"5 年以下"而非"3 年以下"，并且存在大量的无期徒刑；除此之外，为了严惩金融腐败，对"国家工作人员"、"银行或其他金融机构的工作人员"特殊身份的人规定了从重处罚情节，其中法理应为"他们身负法定的义务，更应严于律己，遵守职业操守，但他们却违反规定，甚至利用这种

---

① 刘远、赵玮：《金融刑法立法理念的宏观分析——为金融刑法改革进言》，载《河北法学》2006 年第 9 期。

② 刘宪权：《货币犯罪若干司法疑难问题探析》，载《犯罪研究》2008 年第 2 期。

身份更加便利地实施犯罪，所造成的恶劣影响比普通人犯同样的罪行对社会危害性更大，所以要从重处罚"。① 在实践里，刑事司法领域深受立法上的重刑主义影响，如 2001 年最高人民法院颁发的《全国法院审理金融犯罪案件工作座谈会纪要》就明确规定，立法对危害严重的金融犯罪规定了更加严厉的刑罚，"体现了对金融犯罪从严惩处的精神，为人民法院审判各种金融犯罪案件提供了有力的法律依据。各级法院要坚决贯彻立法精神，严格依法惩处破坏金融管理秩序和金融诈骗的犯罪单位和犯罪个人"。在"宽严相济"指导下，立法通过"以严济宽"来表明惩罚金融腐败的决心，然而如果司法也选择"以严济宽"进行量刑，就会出现"双重"的从严处罚局面。

（二）显现：刑事司法实践

十八大以来，因反腐倡廉而落马的"金融虎"不在少数，其中不乏原证监会、银监会主席；党的十九大之后，"金融苍蝇"也要和"金融虎"一起打。然而古语有云：徒法不足以自行，法律的生命力还在于执行。在立法层面，我国金融领域的反腐工作因为涉及"腐败"二字，容易夹杂在党纪和国法中间，不知所从；在司法层面，即便立法投入再多也不能消除适用上的疑难问题，这是法律滞后性所决定的。腐败牵扯"人"、"权"、"钱"等诸多利益，所以打击金融腐败犯罪贯彻到实际操作层面，将与理想层面的规范规定存在不小差异，与"重刑化"的刑事司法政策相比，具体到实践的金融腐败却存在一种矛盾态势：司法执行的宽缓、拖延。

（1）案发率低

"进入司法或诉讼圈的，是法律真实而非客观真实"，② 这个道理在大数据时代尤为明显。由于金融资本的虚拟和抽象特征，导致在此领域发生的犯罪具备很强的隐蔽性，一般难以被监管部门、司法机关甚至是投资者发觉。原株洲市商业银行副行长黄石山等人采用高额贴水、支付银行同期利息，不付利息税的方法，以吸收股金或委托理财等形式向社会非法吸收公众存款，令人咋舌的是，黄石山等人于 1999 年 10 月至 2004 年 8 月期间共敛财 7 亿多元才被绳之以法。③ 根据"公众对金融腐败动态的认识"数据报告，有 72.2% 的认为是过去发生的案件，当前才暴露出来。④ 长期以来，金融腐败因涉案数额动辄上亿元而吸引眼球，殊不知曝光的案件不过是腐败实情的冰山一角，金融腐败因其隐蔽手段，使罪行在较长时间里稳定而又固定，作案时间能持续多年。

（2）刑事指控滞后

"虽然刑事司法立法资源大规模投入，但是司法却呈现出谨小慎微的情况。刑事立法或司法解释中频繁增加金融的新罪名或扩大入罪范围，但司法中适用新罪名

---

① 马国中：《论刑法中的从重处罚》，江西财经大学 2009 年硕士学位论文。
② 毛玲玲：《证券刑法的矛盾样态及反思》，载《中外法学》2014 年第 3 期。
③ 参见刘蕾、羊敏：《黄石山等非法吸收公众存款案一审宣判》，http://hunanfy.chinacourt.gov.cn/article/detail/2005/12/id/1371585.shtml，最后访问时间：2019 年 5 月 7 日。
④ 数据中国：《关于中国金融腐败的十大典型数据（上）》，载《领导决策信息》2005 年第 8 期。

或新罪状追究刑事责任,处于没有或极度稀少的状态。① 这只是刑事指控所面临的第一个问题。除此之外,由于刑法与前置法的衔接尚存缺漏,导致我国对金融腐败的刑事指控还存在缓慢、拖延等问题。

以立案、移送证券犯罪为例,2018年上半年证券稽查系统共启动各类调查307件,新增立案108件,其中证监会向公安机关移送了24起案件,② 也就是说,证券违法行为的刑事指控率约为7.8%,行政执法与刑事司法之间存在明显的数量差异。针对同一证券违法行为,行政与刑事的矛盾还体现在程序衔接上,涉及的案例如2018年6月,证监会对金亚科技2014年度报告虚假陈述给予60万元顶格罚款,对董事长、实际控制人周旭辉合计给予90万元顶格罚款,对多名直接责任人员给予处罚。在案件查办过程中,证监会根据有关线索,还发现金亚科技为了达到发行上市条件,通过虚构客户、虚构业务、伪造合同、虚构回款等方式虚增收入和利润,骗取首次公开发行(IPO)核准,涉嫌欺诈发行股票、伪造金融票证、挪用资金以及违规披露、不披露重要信息等犯罪嫌疑。于是,证监会决定将金亚科技及相关人员涉嫌欺诈发行等犯罪问题移送公安机关依法追究刑事责任。在2018年6月的通报中,证监会明确表示,正在对金亚科技IPO保荐机构、证券服务机构及其从业人员的执业行为进行全面调查,换言之,此案在刑事程序启动后,相关的行政程序仍在继续进行,并未中止或者终止。然而,这只是证监会公布的个例,实践中有更多的证券违法行为进入刑事程序后,随之就开始漫长的"休眠期",如"草原兴发案、高新张铜案、江苏琼花案等9个案件,在移送公安机关后长期处于中止状态"。③ 我们知道,证券犯罪的发现、取证在很大程度上依赖于行政证据,故行政证据的效率、效力对刑事案件进程产生重要影响。

(3) 罚金刑的适用不一

金融腐败犯罪归根结底是一种贪利犯罪,尤其是对金钱利益的贪婪。虽然自由刑是我国惩罚犯罪最主流的刑罚方式,但对于金融腐败这类贪利型犯罪,剥夺财富的处罚更具备针对性。在我国,财产刑可分为罚金与没收财产两种,针对多数情况下的罚金刑,我国司法实践的量刑还需要进一步量化、规范化。金融腐败犯罪的罚金刑一般都表述成"数额较大的……并处二万元以上二十万元以下罚金"、"数额巨大的……并处五万元以上五十万元以下罚金",不过也存有例外,如《刑法》第180条对内幕交易、泄露内幕信息者的处罚是"违法所得一倍以上五倍以下罚金"。对比限额罚金,倍比罚金没有限额,可以根据涉案数额、损失情况量刑,这要求必须统一规范法官的自由裁量能力,否则就会出现同罪异罚、异罪同罚。然而,我国的限额罚金制也不是没有问题,其与个案脱钩常常会导致罪刑不适应的局面,如绝大多数金融腐败犯罪的最高罚金刑是50万元,而当年被称为"泄露内幕信息第一

---

① 毛玲玲:《近年金融领域刑事司法状态的因果》,载《法学》2011年第6期。
② 参见中国证监会:《证监会上半年稽查执法工作情况通报》,载 http://www.csrc.gov.cn/pub/newsite/jcj/gzdt/201808/t20180813_342587.html,最后访问时间:2019年5月7日。
③ 参见"证券行政处罚与刑事制裁衔接问题研究课题组":《证券行政处罚与刑事制裁衔接的问题及解决思路》,载《证券法苑》2013年5月31日。

案"的杭萧钢构案的三名被告则被判处罚金8000万元。

（4）犯罪追赃困难

金融腐败犯罪的涉案数额巨大，然而嫌疑人抓获归案时却又囊橐萧然，这似乎成为司法实践的一种"正常"现状了。从金融腐败犯罪的产生原因来看，无论哪种形式的金融腐败，都无外乎"利益"二字，可是真正能够追回的"利益"只有尚且存在的资产，那些已经被腐败者挥霍而空的财物则很难追回，如根据数据显示，非法集资类案件平均追赃不足一成①，其不仅损害众多投资者的财产权，还给社会群体带来了不稳定因素。从金融腐败犯罪的赃款流向来看，将涉案财物转移境外"洗白"，也已成为流行趋势，其造成大量的国家资产外流。"中国反腐败机构追回的赃款无从统计，但可以肯定的是，与实际发生外逃的资金数额相比较，追回的赃款赃物比例总体不高。"②

对于域外追赃困难，还存在一个现实困难：我国存在死刑制度。自《刑法修正案（九）》废除集资诈骗罪的死刑后，我国开始踏入"金融犯罪无死刑"的轨道，可是对集资诈骗罪死刑的废止，只能表明法律对死刑罪名的紧缩并不代表我国对金融腐败犯罪的放纵。实际上，我国金融腐败工作对外合作经常遭遇瓶颈，就是因为我国"金融腐败犯罪还存有死刑"——拥有国家工作人员身份的金融从业人员，触犯贪污、贿赂罪。

三、金融腐败犯罪的司法完善

金融腐败出现"严而不厉"的二律背反现象，不是立法或司法一方的缺陷。虽然我国目前关于金融腐败的刑事立法深受重刑传统与政治文化的双重影响，但其完善犯罪圈、刑罚趋重也趋轻的大方向却也符合社会发展规律。因此，我们的司法实践必须认识到：当下在立法上加强犯罪打击，不是因为对金融腐败的一律从重，而是认识到过去的立法疏漏而做出的改进。2010年，最高人民法院印发《关于贯彻宽严相济刑事政策的若干意见》的通知，正式确定"宽严相济"作为我国的基本刑事政策，在"宽严相济"基本形势政策下，还包含"以宽济严"和"以严济宽"两种不同侧重点的形式。事实证明，我国的金融腐败犯罪一直不缺少"严"，司法实践的宽缓、拖延是因为此类案件本身就具有一定的执行难度。正风反腐的政治文化是社会发展的必然选择，而且改变重刑结构的立法传统也并非易事。面对我国严厉打击金融腐败犯罪的现状，笔者建议在"宽严相济"基本刑事政策的指导下，司法实践的金融腐败应该"以宽济严"。

（一）坚持前置法优先，防止刑事指控滞后

金融腐败，严管胜于重罚。我国有些金融犯罪的确定，要依赖其前置法的相关规定，如《证券法》为内幕交易、泄露内幕信息罪界定知情人员和内幕信息的范围，再如《商业银行法》为违法发放贷款罪界定了关系人的范围，而且金融腐败犯

---

① 兰州中院：《非法集资类案件平均追赃不足一成》，载《法制日报》2016年7月29日。
② 张士金：《资产追回国际法律合作问题研究》，中国人民公安大学出版社2010年版，第2页。转引自韩利：《论〈北京反腐败宣言〉对中国反腐败境外追赃的影响》，载《政法论坛》2016年第6期。

罪难发现、难取证，决定了其不能过度依赖刑事法律。金融腐败涉及的前置法有《中国人民银行法》、《商业银行法》、《证券法》、《票据法》《保险法》以及《行政处罚法》等，对于某些涉金融的腐败犯罪，应受处罚的类型、造成何种程度的危害才应处罚，前置法的规定粗疏将直接影响刑事指控的效率。而事实上，我国金融腐败刑事司法现状的宽缓与拖延的重要原因就是缺乏有效监督、管理体制不完善。前置法重在救济，刑事法重在遏制，双管齐下才能有效打击金融腐败，只依赖刑事制裁，给刑事执法赋予过多重担，势必会出现与立法相背反的预期效果。

（二）规范法官自由裁量权

法庭辩论不仅包括定罪辩论还包括量刑辩论，但目前量刑辩论在诉讼中的地位远远小于定罪辩论。2017 年，最高人民法院曾颁布《关于实施修订后的〈关于常见犯罪量刑指导意见〉的通知》，该文件细化基准刑的比例，规范了法官的自由裁量权，然而对罚金刑的自由裁量尚且没有进一步的量化、细化。其实，适用罚金刑不可能完全否定司法能动性的存在，但至少我们应追求一定的标准，让法官"戴着镣铐跳舞"，才能满足"罪责刑相适应"的刑法基本原则。首先，笔者认为倍数罚金制跟限额罚金制相比虽有一定优点，但畸高的倍数不仅不具有合理性，而且也会加重社会矛盾，导致司法不公。其次，对于罚金刑的量化工作，最高人民法院应以涉案数额、退赔情节、未遂等法定或酌定的量刑情节为基础，颁布一部能够通行全国的司法文件。最后，很多金融腐败犯罪是由职业身份导致的，因此司法裁判可以通过资格刑罚来震慑犯罪，就目前来看，类似"缓刑考验期内禁止从事证券交易活动"这样的自由裁量还比较少见。

（三）对外合作追回外逃赃款，加强司法灵活性

跨国（境）合作困难，导致实际能够追回的金融赃款少之又少。随着打击金融领域以权谋私等专项活动的开展，我国的金融腐败开始走上国际合作的平台。打击境外的金融腐败，不仅要追回外逃的嫌疑人，还应追回外逃的赃款，但是在追赃方面我国并没有形成有效的体系化流程。根据 2005 年正式生效的《国际反腐败公约》，外逃赃款追回可以通过民事追回机制和刑事追回机制两种手段，前者是以财产法或侵权法起诉赃款流出国，后者则是请求赃款流入国执行我国的刑事没收令。由于国内法的不衔接，利用公约机制追回赃款尚存难度，所以自 2014 年开始，我国对外合作追回外逃赃款开始灵活的践行——赃款追回分享制度，即我们追回了逃犯和赃款，要与帮助国分享一定比例的赃款。实际上，由于我国的外逃腐败犯罪较多，美国、加拿大等国家已经把赃款追回分享制度作为对中国的"特殊待遇"。

（四）更新刑法观念，承诺死刑不引渡

现阶段废除贪污罪、贿赂罪的死刑仍不具备民意基础，因国际反腐合作涉及死刑不引渡的国际法规则，于是死刑制度成为困扰我国追回"金融虎"和"金融苍蝇"的难题。此外，承诺死刑不引渡也会带来问题：相同罪行下，外逃的金融腐败者可能比非外逃的金融腐败者获得更轻的刑罚。死刑存废的争议短期内无法平息，承诺死刑不引渡是刑法的"宽"，却也是我们追击金融腐败"零容忍"的"严"，对此，我们国内的刑事诉讼法应当衔接、协调《国际反腐败公约》中的相关规定。

论洗钱罪的完善

——以腐败犯罪的资金追缴为视角

郭 洁* 李苗瑜**

随着金融国际化的发展,被列为"国际犯罪"的洗钱罪因涉案金额巨大、案情复杂严重、作案手段隐秘多样、社会危害性严重等特点而被广泛关注。根据《中国反洗钱报告》的调查结果显示,每年有高达 2000 亿元人民币以洗钱的形式流到海外,而国家每年因此受到的财税损失竟高达近千亿元。① 洗钱犯罪严重的社会危害性不容忽视,有效预防、打击洗钱犯罪是国际社会共同面临的难题。洗钱罪打击的过程使得贪污腐败犯罪的赃款追缴从理论回到了现实,腐败犯罪中的跨国腐败犯罪,日益演化成为跨国洗钱犯罪,此类案件的调查、取证、追赃、惩处都更为困难,而且在未获得许可的前提下,任何一个国家都无权在其他国家领域内进行司法活动,但面对涉外腐败案件的取证以及对逃往境外的案件当事人和被带往境外资产的追回,显然无法单靠一国力量去完成。党的十九大报告强调"没有哪个国家能够独自应对人类面临的各种挑战,也没有哪个国家能够退回到自我封闭的孤岛"。在这种情况下,涉案人员的归案和资金的追缴等一系列涉及国际合作的问题成为刑事司法界的难题。

一、域外洗钱罪的流变及发展

洗钱一词是从英文"Money laundering"直译过来的,貌似舶来品,其实从洗钱本身所描述的内容"通俗的所说的将赃钱洗干净的行为"来看,中国自古有之。在国外也是历史悠久,早在圣经中就有记载。② 虽然从时间上看,洗钱罪的存在由来已久,从早期概念的诞生到成为现今被各国学者研究的热点,其中也经历了漫长的历程。洗钱犯罪作为经济犯罪的一种衍生行为,它的发展依赖于经济发展的状况,正是近代经济社会的快速发展给予其迅速滋生的沃土。随着各国经济的发展,经济犯罪活动日趋严重,洗钱犯罪以其复杂性、专业性、组织性、国际性的特征日益成为一种猖獗的国际犯罪。因此各国都对此进行了立法上的关注。

美国最初是为了遏制毒品犯罪才在立法中对洗钱行为进行规定,而通常情况下,毒品犯罪分子能通过几笔交易迅速敛聚大量的收益,这种收益也多以现金的形式出现,然而赃款的处理是一个难题,在这种情况下,贩毒集团就通过银行等金融

---

* 西北政法大学教授、刑事法律科学研究中心副主任。
** 西北政法大学刑事法学院研究生。
① 甄贞等:《〈联合国反腐败公约〉与国内法协调机制研究》,法律出版社 2007 年版,第 63 页。
② 应悦:《洗钱罪的上游犯罪问题研究》,载《上海大学学报(社会科学版)》第 6 期。

机构将获得的不法收益进行彻底清洗。人们形象地将其称为"洗钱"。该问题引起了美国政府的重点关注，美国对此的立法态度与所涉领域随着对其危害性的深入认识而发生变化，特别是在"9·11"恐怖事件发生后出台的"2002 年国家反洗钱战略"中第一次明确地提出反恐怖融资的紧迫问题，而后经过发展，美国逐步在银行监管领域，程序领域形成多层次的反洗钱法律，随着洗钱犯罪形势的发展，美国对于洗钱行为的处罚力度有加大的趋势。德国自从在 1989 年和 1991 年分别签署《联合国禁毒公约》和第一个反洗钱指令之后，国内经过数次修订来加强洗钱法律体系的建立和执法力度。根据现行的《德国刑法典》第 261 条第 1 款的规定，对于源自于因第二句所讲违法行为之财物加以隐匿、粉饰来源，或对于此类财物之来源调查、发现、利得没收、没收或保全加以阻碍或危害者视为洗钱行为。此外，依据第 261 条第 2 款的规定，如果行为人对于源于特定违法行为所得之物品，为自己或为第三人而获取，或者在得到该物品时已经知悉其来源，而加以保管、为自己或为第三人而使用的，也视为洗钱罪。日本关于洗钱主要涉及毒品、组织犯罪、恐怖活动犯罪规定在特例法中，包括《毒品特例法》、《组织犯罪处罚法》、《向提供资金的处罚法》等。

二、我国刑法洗钱罪的发展脉络

洗钱罪是上游犯罪的违法犯罪资金流向的下游犯罪，该罪在我国发展过程中也经历了一系列变化：首先是涉及上游犯罪类型上，涉众型犯罪案件和职务犯罪案件不断增多。早期的洗钱活动的上游犯罪主要涉及经济犯罪、毒品犯罪和走私等犯罪领域。然而根据近年来的统计表明，上游犯罪逐渐从经济犯罪、毒品犯罪和走私犯罪领域转变为目前的贪污贿赂犯罪，非法集资、金融诈骗等涉众犯罪，恐怖融资犯罪。立法的发展主要包括以下几个阶段。

（一） 1979 年《刑法》施行期间

与西方各国不同，中国长期受历史因素影响，经济长期发展较为缓慢，早期经济犯罪并不多见，特别是新中国成立后计划经济在一定程度上没有给洗钱等经济衍生犯罪提供发展的沃土。随着改革开放和中国市场经济的迅速发展，同时与国际社会有了更加紧密的经济联系后，一些国际性犯罪活动也渗透进国内，我国的洗钱犯罪行为逐渐增多，特别是在毒品犯罪领域，其危害不容小觑。虽然此时的 79 年刑法并没有对该罪进行具体规定，但是为了抑制经济类衍生犯罪，打击洗钱犯罪，我国在 1990 年颁布了《关于禁毒的决定》，其第 4 条第 1 款对"掩饰、隐瞒毒赃性质来源罪"作了规定，该规定虽未使用"洗钱"一词，而且适用范围具有局限性，但是被认为是具有打击洗钱行为性质的罪名，具有"洗钱罪"性质。通常以此作为最早涉及洗钱行为的法律，具有重要意义的开端，这也为将来洗钱罪的完善奠定了基础。[①] 这一内容也是为了响应 1989 年获得批准的被誉为打击毒品以及洗钱犯罪行为的最早国际法律《联合国禁毒公约》。尽管该决定没有单独定义洗钱犯罪，但是

---

① 高铭暄、马克昌：《中国刑法解释》，中国社会科学出版社 2005 年版，第 1313 页。

对毒品交易资金惩戒的规定可以算得上是对洗钱罪规制的雏形。

(二) 1997年《刑法》的修订

随着经济全球化的发展，不同地域与体制下的经济主体能有效地进行交往合作，这在促进经济发展的同时也极大地加大了洗钱行为发生的频率，对各国的经济秩序造成了破坏，为此联合国就洗钱犯罪制定了多个反洗钱公约，虽然我国作为公约坚定的支持者，于1997年《刑法》中增加了洗钱罪这一罪名，规定为毒品犯罪、黑社会性质的组织犯罪、走私犯罪洗钱的犯罪行为，但是我国相较于西方发达国家而言对洗钱罪的研究起步较晚，目前关注较多的是法律制度层面怎样认识洗钱罪，而在司法实践中却少有成立，使得刑事立法有时形同虚设，大大降低了我国打击洗钱罪的力度。因此，我们需要认清我国洗钱罪的现状，了解其构成，从而思考如何完善立法和配套措施的缺陷，更有效地打击洗钱罪。①

(三) 刑法修正案（三）、（六）对洗钱罪的修改

此后，我国于2000年12月签署了《联合国打击跨国有组织犯罪公约》，该公约在第8条明确要求针对腐败行为的刑事定罪，各缔约国均应采取必要的立法和其他措施。而当时国内贪污贿赂、破坏金融管理秩序等犯罪活动严重损害我国经济，影响社会稳定。为了打击日益膨胀的犯罪和履行国际义务，我国分别在2001年的刑法修正案（三）中增加了为恐怖活动犯罪洗钱的内容，在2006年的刑法修正案（六）中再次扩大了洗钱罪上游犯罪的范围，增加了为贪污贿赂犯罪、破坏金融管理秩序犯罪、金融诈骗犯罪洗钱的内容，即现行的刑法规定的七类上游犯罪，而于2006年通过并于2007年实行的《反洗钱法》则更具标志性的意义。《刑法修正案（六）》生效后，我国洗钱罪的上游犯罪实际上有了明显的扩充，除刑法规定的洗钱罪之外，还有一个兜底性条款，即第312条所规定的赃物犯罪，加上第349条的窝藏、转移、隐瞒毒品、毒赃罪，几乎可以涵盖所有掩饰、隐瞒犯罪所得的行为。采取列举特定几类犯罪为上游犯罪的立法模式，可以将我国刑法中洗钱罪的打击重点始终集中在一些最典型、最严重的犯罪所得的洗钱活动上。②

(四) 刑法修正案（七）、（八）、（九）对洗钱罪关联罪名的修改

2009年《刑法修正案（七）》第10条对第312条的犯罪主体进行了扩展，进一步将单位犯罪纳入掩饰、隐瞒犯罪所得、犯罪所得收益罪的主体范围，从而架构了以洗钱罪为核心，并辅以掩饰、隐瞒犯罪所得、犯罪所得收益罪与窝藏、转移、隐瞒毒品、毒赃罪等罪名为补充之立法格局。在刑法修正案（八）中完善了黑社会性质组织罪的相关内容、在刑法修正案（九）中修改了贪污贿赂犯罪定罪量刑的标准、增加了恐怖活动犯罪的相关罪名并对其法定刑做了修改。

三、腐败犯罪资金追缴的现状及困境

(一) 现状

国际社会对腐败犯罪的资金追缴难的现状给予高度重视，在腐败犯罪人员追回

---

① 刘怡乐：《论我国刑法中的洗钱罪》，载《法制与社会》2016年第7期。
② 黄太云：《立法解读：刑法修正案及刑法立法解释》，人民法院出版社2006年版，第143页。

和预防腐败资产转移目标下,探寻国际合作途径,提高反腐败效果显得尤为重要。2014年《北京反腐败宣言》中强调"跨境追赃将更加便利",专家指出资产返还等相关内容的合作有利于增强各成员国司法部门制度的衔接,提升双边追赃的积极性,增加"人赃并获"的可能。而对于海外追逃没收的资产,与合作国家分享是国际惯例,跨国追捕经济犯罪嫌疑人,不仅要追逃,也要追赃,这是一个基本的共识。该机制一方面有利于各国更好的追赃,另一方面减少观念分歧以及法律体系的差异,降低国际合作的门槛,同更多国家签订引渡协议建立"分享机制"是跨国追捕外逃贪官以及阻断贪官外逃"退路"的一种理性选择。

2019年3月12日,最高人民检察院检察长张军在最高人民检察院工作报告中提到,近一年来,监检衔接配合顺畅,互相制约原则有效落实,依法积极参与许超凡、蒋雷等"百名红通人员"追逃,会同有关部门发布公告,敦促外逃人员投案自首。指导地方检察机关对17件职务犯罪嫌疑人逃匿、死亡案件启动违法所得没收程序,涉案赃款必须追回。①《监察法》第50、51条中也规定了国家监察委员会统筹协调与其他国家、地区、国际组织开展的反腐败国际交流、合作,组织反腐败国际条约实施工作。国家监察委员会组织协调有关方面加强与有关国家、地区、国际组织在反腐败执法、引渡、司法协助、被判刑人的移管、资产追回和信息交流等领域的合作。腐败犯罪作为洗钱罪的上游犯罪,在社会经济发展的过程中,该犯罪现象也在逐渐蔓延。在党的十九大报告中,习近平总书记明确强调:"当前,反腐败斗争形势依然严峻复杂,巩固压倒性态势、夺取压倒性胜利的决心必须坚如磐石……不管腐败分子逃到哪里,都要缉拿归案、绳之以法。"由此可见,当前涉外腐败资金追缴的重要性和艰巨性。

(二)困境

2017年11月6日,《联合国反腐败公约》第七届缔约国大会上中方提出三点建议:一是坚持平等互利,兼顾各方利益,共商反腐败大计。二是强化公约作用,克服制度差异,共建反腐败机制。各国应立足反腐败需要,加强资产追回等公约机制建设和创新。三是深化国际合作,惠及国计民生,共享反腐败成果。② 打击腐败犯罪已经成为世界主要国家的共识,近年来,我国对境外外逃资金的追缴取得了一定的成效,但相对于外逃人员携款总数而言仍处于失衡状态。2017年,全国人民法院一审审结涉嫌洗钱案件5896件,生效判决10382人。其中,以《刑法》第191条"洗钱罪"审结案件32件,生效判决20人;以《刑法》第312条"掩饰、隐瞒犯罪所得、犯罪所得收益罪"审结案件5358件,生效判决10293人;以《刑法》第349条"窝藏、转移、隐瞒毒品、毒赃罪"审结案件26件,生效判决69人。"③以上数据表明,洗钱罪在司法实践中适用的比例并不高,许多犯罪都以《刑法》第312条的掩饰、隐瞒犯罪所得、犯罪所得收益罪审结定罪。在打击腐败犯罪层面,

---

① 参见张军:《最高人民检察院工作报告》,www.china.com.cn,最后访问时间:2019年5月1日。
② 《联合国反腐败公约》,https://baike.so.com/doc/5447555-5685923.html,最后访问时间:2019年5月1日。
③ 《2017年中国反洗钱报告》,www.sohu.com,最后访问时间:2019年5月12日。

司法机关比较注重对贪腐犯罪本身的查处，而对洗钱犯罪资金流向的追查则相对薄弱，加之境外追赃成本过高，有些案件案情复杂或资金转移的线索混乱，信息不畅通等因素的影响，都会对腐败犯罪资金的追缴带来诸多的困难。

此外，我国刑事立法上将洗钱罪的认定限制在七类上游犯罪的框架之下并且将上游犯罪的行为人排除在洗钱罪的犯罪主体之外，这也使得洗钱罪在一定程度上丧失了独立性，很多实质上的洗钱行为被上游犯罪所吸收，按照"不可罚的事后行为"理论，不再按照洗钱罪定罪处罚。何况对洗钱罪上游犯罪的认定也存在异议，一些犯罪行为是否属于这七类犯罪很难界定。在信息技术高速发展的今天，上游犯罪所获得的非法财产更能通过互联网渠道外流，这些现实问题的存在都使得上游犯罪的资金追缴受到制约和影响。

作为腐败犯罪资金外流的主要渠道，洗钱罪在我国无论是理论研究还是司法适用都是相对较新的领域，借鉴其他地区和国家的经验，通过对洗钱罪的完善，提高其在司法实践中的适用比例，加大对洗钱罪的打击力度，有助于腐败犯罪资金追缴的实现。

四、洗钱罪完善之一：上游犯罪的适度扩大

（一）争议的观点

是否对洗钱罪的上游犯罪范围进行扩大，学界存在不同的观点。

第一种观点认为，洗钱罪上游犯罪的范围应扩大，但扩大的范围当以《联合国反腐败公约》所规定的"最小范围"的上游犯罪为依据。① 持该观点的学者认为我国洗钱犯罪的上游犯罪并不足以与国际社会接轨。

第二种观点是主张在扩大的基础上对此进行限制，认为并非将所有犯罪列为洗钱罪的上游犯罪，应该扩展至除了"恐、黑、毒、私"四种犯罪之外还包括贪污贿赂、偷逃税、诈骗、绑架、赌博等犯罪在内的违法所得及其收益巨大的严重犯罪。在有限扩大的观点中，亦有人认为并非将所有犯罪列为洗钱罪的上游犯罪，而应该将其限缩为仅严重犯罪才可作为其上游犯罪。②

第三种观点为有限扩容说，主张引入空白罪状，将洗钱罪的前提表述为"违反洗钱法的规定"。③

上述观点在对于洗钱罪上游犯罪是否应该扩大以及如何扩大方面都各执一词，其主要焦点在于上游犯罪范围的确定，第一种观点赞同效仿《公约》将范围泛化到一切犯罪行为，由于各国法律传统、法律文化以及政治、经济等各个方面存在一定的差异，因而在洗钱罪的刑事立法上存在较大的不同。如果将洗钱的上游犯罪泛化到一切犯罪行为又有滥用刑法之嫌，况且并非规定的罪名越多就越容易应用于实践操作中，故并不可取。第二种观点中认为可将"严重犯罪"作为洗钱罪的上游犯罪

---

① 马克昌：《完善我国关于洗钱罪的刑事立法——以联合国打击跨国有组织犯罪公约为依据》，载赵秉志主编：《联合国公约在刑事法治领域的贯彻实施》，中国人民公安大学出版社2010年版，第731页。
② 贾宇、舒洪水：《洗钱犯罪若干争议问题研究》，载《中国刑事法杂志》2005年第5期。
③ 阴建峰：《论洗钱罪上游犯罪之再扩容》，载《法学》2010年第12期。

的内容,但其操作难度在于对严重犯罪的限缩,具体什么样的犯罪属于严重犯罪也有颇多争议。第三种观点主张引入空白罪状,从保持法律的稳定性和严密刑事法网的角度看有其合理的一面,但"违反洗钱法的规定"的犯罪从范围上依旧不好界定。

(二)方案的选择

从我国关于洗钱罪的立法演进过程看,随着改革开放政策的实施,社会经济快速发展,新型犯罪的洗钱活动不断出现,狭窄的洗钱罪上游范围已不能较好的规制洗钱行为,因此面对社会的发展以及新型犯罪活动的出现,需要通过立法对洗钱罪予以完善。

当前我国刑事立法对于洗钱罪上游犯罪的范围规定集中在毒品犯罪、黑社会性质的组织犯罪、恐怖活动犯罪、走私犯罪、贪污贿赂犯罪、破坏金融管理秩序犯罪、金融诈骗犯罪这七类犯罪中,刑法设立洗钱罪的目的在于,洗钱罪作为经济犯罪的衍生物,涉案财产数额巨大,对国民经济造成严重损害;作为下游犯罪的洗钱罪,通过特殊的手段将原先非法的收益通过复杂的金融操作使其表面上看起来光明正大,犯罪嫌疑人随即将这些赃款集中起来,毫不隐瞒的消费、使用。这一系列的操作为上游犯罪完全、自由地支配犯罪赃款创造了条件,给司法机关的调查和指控犯罪设置了障碍,对各种恶性犯罪起到了推波助澜的作用。因此,洗钱罪的存在就被赋予了双重效果,一方面断绝上游犯罪的资金处理;另一方面,洗钱行为本身就具有严重的社会危害性和应受刑罚处罚性。双重效果决定着洗钱罪范围的综合性:既要满足犯罪的严重程度,又要具有财产性收益,同时要结合立法的稳定性等宏观因素以及防治效果的社会因素来综合界定。特别是在面对腐败犯罪资金追逃难的现状下,有必要对洗钱罪的上游犯罪进行有限制扩大。

为此笔者赞同有限制扩大的主张,但鉴于洗钱罪的现实,主张将此范围限制在经济类犯罪的范围内,具体而言,除明确的七类犯罪外,增加税收类犯罪,并对现有的七类犯罪的范围作出解释,七类犯罪的范围可以是但不局限于刑法分则中的具体章节。例如,恐怖犯罪、贪污贿赂犯罪所涵盖的罪名不应该仅仅是分则第某章或第某节的罪名。以贪污贿赂犯罪为例,除分则第八章的罪名外,还应包括非国家工作人员受贿罪,非法经营同类营业罪,为亲友非法牟利罪,徇私舞弊低价折股、出售国有资产罪,职务侵占罪,挪用资金罪等能够产生违法所得和收益的犯罪。2018年颁布并实施的《监察法》对公职人员的职务违法犯罪活动实行全方位的监督,根据《监察法》第11条第2项的规定,监察委员会的职责包括"对涉嫌贪污贿赂、滥用职权、玩忽职守、权力寻租、利益输送、徇私舞弊以及浪费国家资财等职务违法和职务犯罪进行调查",从监察法的颁布可以看出,贪腐犯罪的范围已经不局限于传统意义上的贪污贿赂犯罪,其范围可以超越典型的以国家工作人员为主体的职务犯罪。事实上,作为腐败犯罪资金外流的主要渠道,洗钱罪也越来越多的由金融机构或非银行金融机构的人员实施,这些人未必拥有国家工作人员的身份,但依然可以利用职务上的便利,通过洗钱的途径掩饰、隐瞒其获取的非法资金的来源和性质。

当然，对现有七类犯罪具体范围的解释，应由最高司法机关根据相关法律规定通过司法解释的途径确定。这种有限制的扩大上游犯罪的做法，一方面立足于我国惩治腐败犯罪的现实需要，另一方面也避免了部分学者所担忧的会令第 312 条掩饰、隐瞒犯罪所得、犯罪所得收益罪虚置情况的出现。

总之，洗钱罪上游犯罪范围的确定，应当结合中国社会经济发展的情况，根据刑事政策的需要，综合立法的稳定性原则、罪行严重程度、产生财产性收益的大小、社会防治效果以及国内外相关规定等对上游犯罪进行适度扩大。

五、洗钱罪完善之二：自洗钱行为应独立成罪

（一）自洗钱行为独立成罪的必要性

洗钱罪具有严重的社会危害性，不仅是对国家金融秩序的破坏，并且也妨碍司法机关查处犯罪的活动。在实践中，腐败犯罪分子通过一系列手段跨境洗钱，不仅对我国的经济秩序造成严重破坏，同时也加大了对上游犯罪惩治的难度，给司法机关侦破案件、追缴资金带来了巨大的困难。

从我国《刑法》第 191 条洗钱罪的规定来看，几处使用了"提供"、"协助"的用语，这说明洗钱行为仅限于事后提供帮助，并不包括"自洗钱"在内；第 191 条中的"明知是毒品犯罪……"中的"明知"也在说明洗钱者并不是上游犯罪人。通常认为，上游犯罪的行为人自行洗钱的行为属于事后不可罚的行为，为上游犯罪所吸收，不需要另行评价。与传统的盗窃罪不同，盗窃行为与之后的自行销赃行为有性质上的关联性，洗钱罪则不然，洗钱罪的上游犯罪多为通过违法犯罪手段获得巨额非法资金，上游犯罪行为与这笔资金的存在都是对国家金融秩序的破坏，因此打击上游犯罪与赃款的追缴有同等重要的作用。

"当缺乏足够的证据证明上游犯罪行为人实施了上游犯罪行为，却有确实充分的证据证明其实施了洗钱活动时，由于自洗钱行为不入罪，将导致行为人既不构成上游犯罪也不构成洗钱罪而最终逃脱罪责。"① 以贪腐犯罪为例，这类犯罪的洗钱行为一类是上游犯罪的行为人自行通过金融机构、非金融机构或地下钱庄等来实施；另一类是行为人在实施了上游犯罪后又参与其中，并借助与其关系密切的人或第三人来进行，这两类行为均应属于自洗钱行为。在绝大多数的洗钱案件中，上游犯罪行为人在实施了上游犯罪之后一般都参与实施了洗钱行为，如果此时对只参与洗钱罪的行为人进行评价，对上游犯罪行为人作为犯意制造者却能逃脱该罪的评价，这显然不符合罪责刑相适应的原则。从加大洗钱犯罪打击力度的角度看，自洗钱行为构成的洗钱罪应与上游犯罪实行数罪并罚。

（二）自洗钱行为独立定罪的可行性

从国际公约来看，《联合国禁止非法贩运麻醉药品和精神药物公约》已将自洗钱行为人纳入了毒赃洗钱犯罪的主体范围。《联合国反腐败公约》中第 23 条认为自洗钱行为应当构成洗钱罪。从各国立法上看，一些国家或地区也开始在其国内法或

---

① 赵晨光：《论我国腐败犯罪境外追赃机制存在的问题及其完善》，载《法学杂志》2009 年第 3 期。

本地区法上承认上游犯罪本犯成立洗钱罪的主体资格。例如，属大陆法系国家的日本将洗钱罪的本犯也作为洗钱罪的主体，德国也于1998年将自洗钱行为人纳入了洗钱罪的主体范围，我国的台湾、澳门地区亦如此。将洗钱罪的主体扩及于上游犯罪的"本犯"成为一种立法潮流和趋势。从刑法理论来看，一方面，将自洗钱行为独立定罪并与上游犯罪并罚，更能准确全面评价和体现上游犯罪行为人的罪责，另一方面自洗钱行为相对于上游犯罪行为具有刑法评价上的独立性。这种独立性充分揭示了自洗钱行为最本质的社会危害性，也是其可以独立定罪的根本原因。此外，自洗钱行为独立成罪，由于洗钱罪的量刑重于第312条的赃物犯罪，两罪的差异会更大，在发挥作用方面会各有侧重，进而共同构筑起打击洗钱犯罪的体系。

六、结语

洗钱罪作为金融领域衍生类犯罪，其与腐败犯罪的发生关系密切，而惩治腐败犯罪，资金的追缴又是一个极其复杂而重要的问题，在洗钱罪的研究与发展中需要完善国内立法，并与国际公约做好转化与衔接工作，对反洗钱工作进行严密的监控，加强国际刑事司法合作的力度，形成一个统一、全面的国际反洗钱阵营。在严厉打击洗钱犯罪的同时，从源头上遏制腐败犯罪的资金外流。

金融领域腐败资产特别没收"刑事独立后果说"之提倡[*]

卫 磊[**]

金融领域腐败现象是现代社会最具破坏性的腐败，是诱发全局性金融风险的重要因素，加强对金融领域腐败问题的刑事规制是有效防范化解金融风险的重要途径。当前金融领域腐败问题仍处于高发态势，既给国家造成严重损失，同时更造成金融领域经济信号严重紊乱，极大增加了发生"灰犀牛"事件的严重风险，引起了党和国家的高度关注。[①] 近年来，我国通过立法修正不断完善对金融领域腐败问题的刑事规制，较好发挥了惩治金融领域腐败犯罪、防范化解金融风险的作用，然而有关立法修正基本集中于对腐败行为人的惩治，却忽视了对腐败行为涉及的物尤其是腐败资产（行为所得）的规制发展。随着2018年年底我国再次修改《刑事诉讼法》后增加了缺席审判制度以及新制定了《国际刑事司法协助法》，程序法倒逼实体法的态势越发明显：程序法中已开始确立相对独立的对物之诉，[②] 开始确立不以定罪为前提的刑事责任追究制度，而刑法却仍固守以定罪为前提的特别没收刑罚或混合制度，不利于刑事法治的统一与权威，不利于惩治与预防腐败尤其是金融领域腐败的有效开展，不利于刑法自身的现代化发展。因此，有必要以金融领域腐败问题为切入，对腐败资产（违法所得）的特别没收开展作为不以定罪为前提的"刑事独立后果"的研究。

一、特别没收的主要观点

根据对象和范畴表达等不同，可以将刑法上的没收分为广义与狭义的不同理解。就对象而言，广义理解包括针对犯罪人合法财产的没收财产刑，或称为一般没收，以及针对供犯罪所用的本人财物（犯罪工具）、法定违禁物、（犯罪）违法所得及其收益等的没收，或称为特别没收；狭义理解指的仅是对（犯罪）违法所得及其收益的特别没收。就范畴表达而言，广义理解指的包括没收、追缴、退赔、追征、追赃、抵偿等，[③] 狭义理解指的仅是没收。居于本文主旨，对特别没收从狭义理解，即针对犯罪所得及其收益的现实没收，不包括针对供犯罪所用的本人财物

---

[*] 本文系国家社科基金项目"未定罪腐败资产的法律性质与追缴制度研究"（项目编号：15BFX042）的阶段性研究成果。

[**] 上海政法学院副教授、法学博士。

① 习近平：《警惕"黑天鹅" 防范"灰犀牛"》，载《人民日报（海外版）》2019年1月22日第1版。

② 参见陈瑞华：《刑事对物之诉的初步研究》，载《中国法学》2019年第1期。

③ 参见林钰雄主编：《没收新制（一）：刑法的百年变革》，台湾元照出版公司2016年版，第15页。

（犯罪工具）、法定违禁物的没收，也不是现行刑法规定的没收财产刑。

综合各国代表性立法和刑法理论来看，大体可以将特别没收的立法定位和理论属性归纳为三种观点：刑罚说、保安处分说、（刑罚与保安处分）混合说。

（一）刑罚说

将特别没收规定为刑罚的立法模式源远流长，我国封建时期各朝代的主流刑律都将没收或称籍没、入官，① 作为犯罪处罚的重要刑罚类型。到了清末变法时期，修订刑律的有关内容更直接将没收规定为刑罚之中的附加刑之一，清末1905年《刑律草案》第15条规定"凡剥夺公权、管束、没收，为附加刑"，开创了"没收属附加刑"学说与制度的根基，有关内容基本原封不动地进入我国台湾地区旧的规定中，② 直到2016年被修改。中华人民共和国成立后，在1979年制定刑法典和1997年修订刑法典中，都将对（犯罪）违法所得及其收益的没收规定在刑法典总则的第四章"刑罚的具体运用"中，③ 确认了特别没收作为刑罚的立法定位。

在刑法理论上，将没收违法所得的财物作为刑罚，基本上已成为日本刑法理论的通说。④ 该通说认为，法律上的制裁是通过剥夺一定的利益，或者施加一定的不利益对违法行为做出否定评价，进而达到抑制违法行为目的的一切措施。因此，没收违法所得是对行为人利益的剥夺，因而是一种制裁，当然属于刑罚。⑤ 并且，有的学者主张尊重法律的规定，对没收违法所得的性质应当以刑法规定为依据，因《日本刑法典》第9条明确规定："……没收为附加刑"。⑥ 然而，刑罚说面临较多理论挑战。有的观点认为：使利益状态比违法行为之前恶化的才是制裁，仅仅使利益状态恢复到违法行为之前状态的就不是制裁。因此，没收违法所得并不是一种制裁，当然不属于刑罚。⑦ 有的观点也认为：如果没收违法所得属于刑罚的话，那么只有当行为人的行为构成犯罪时，才能够适用刑法关于没收违法所得的规定，对于无责任能力人、没有达到责任年龄的人的违法所得就无法没收，这就违背了任何人不得因自身的不法获得利益（Commodum ex injuria sua nemo habere debet）的法谚。⑧ 作为参与刑法修订者的观点也认为："刑法第64条的规定，是对犯罪分子违法所得、供犯罪所用的本人财物以及违禁品的强制处理方法，而不是一种刑罚。"⑨

（二）保安处分说

保安处分是以行为人所具有的社会危险性为基础，在对其进行社会保安的同时

---

① 参见应槚：《大明律释义》（第2册），国家图书馆出版社2013年版，第78页。
② 参见陈子平：《刑法总论》（第4版），台湾元照出版有限公司2017年版，第576页。
③ 参见高铭暄：《中华人民共和国刑法的孕育诞生和发展完善》，北京大学出版社2012年版，第87页。
④ 参见[日]山口厚：《刑法总论》（第3版），中国人民大学出版社2018年版，第253页；[日]佐伯仁志：《制裁论》，北京大学2018年版，第176页。
⑤ 参见金光旭：《日本刑法中的不法收益之剥夺》，载《中外法学》2009年第5期。
⑥ 参见[日]大塚仁：《刑法概说（总论）》（第3版），中国人民大学出版社2002年版，第451页。
⑦ 参见[法]卡斯东·斯特法尼：《法国刑法总论精义》，中国政法大学出版社1998年版，第430页。
⑧ 参见陈家林：《外国刑法理论的思潮与流变》，中国人民公安大学出版社2017年版，第22页。
⑨ 参见胡康生、朗胜：《中华人民共和国刑法释义》，法律出版社2004年版，第57页。

以改善、治疗行为人为目的的国家处分。① 保安处分与刑罚的差异很多，较为重要的有：刑罚以罪责为基础，保安处分以人身危险性为基础；刑罚功能侧重报应，保安处分功能侧重预防。保安处分于20世纪20年代开始进入刑法典，1926年《苏俄刑法典》、1930年《意大利刑法典》、1932年《波兰刑法典》、1933年《德国刑法典》、1937年《瑞士刑法典》等都规定了保安处分制度。这一时期的保安处分主要是对人的保安处分，包括对危险犯罪人的保安拘禁等剥夺自由的预防处分，以及职业禁止、善行保证、行为监督等不剥夺自由的资格处分。到20世纪70年代以后，开始出现对物的保安处分立法，如《奥地利刑法典》第26条第1款规定："根据物的特点，没收有助于避免应受刑罚处罚行为的实施，行为人用于此等行为之物，准备用于此等行为之物，或因应受刑罚处罚的行为所得之物，应予以没收。"我国刑法在1997年修订后，有观点明确将规定特别没收的第64条视为保安处分，② 有的学者则认为：没收违法所得究竟是保安处分、行政措施还是其他措施，需要进一步研究，暂且表述为"保安处分或者行政措施"。③

（三）混合说

持"混合论"者认为：不应将对违法所得的没收单一地归入刑罚或者保安处分，应当根据没收的性质和具体犯罪的内容规定来判断。例如，德国学者耶赛克认为，考虑到没收的目的，应当将其区分为刑法上的没收与安全上的没收两种类型：根据《德国刑法典》第74条第1款第1项的规定，刑法上的没收指的是对故意实施犯罪的行为人或参与人的附加制裁；根据《德国刑法典》第74条第2款第2项的规定，安全上的没收才是保安处分，仅具有保护公民免受不法危害的防卫目的，不具有刑罚特征。④ 日本学者大谷实认为，特别没收兼具刑罚与保安处分的特征。⑤ 我国台湾地区学者林山田也认为，没收虽属从刑的一种刑罚手段，就没收的本质而言，没收在理论上实具刑罚、保安处分与类似刑罚的多面法律性质。⑥

二、特别没收"刑事独立后果说"的法律定位与意义

上述立法例或理论看法都代表了一定立法潮流或理论思潮，符合特定时期惩治与预防犯罪的理念与现实需要，这同时也表明：随着社会发展进入新的时期后，违法犯罪问题必然出现新的变化，没收的理念与制度设计也要做相应的变革。当前，我国正面临着"百年未有之大变局"，必然影响到包括违法犯罪状况在内的社会各方面，新的社会时期里的违法犯罪尤其是腐败型违法犯罪问题，出现了法益多元化、行为复合化、危害拟制化等新变化，原有刑法理念与制度理当做出适应性进

---

① 参见［日］川端博：《刑法总论讲义》（第2版），成文堂2006年版，第714页。
② 参见苗有水：《保安处分与中国刑法的发展》，中国方正出版社2001年版，第169页。
③ 参见张明楷：《论刑法上的没收》，载《法学家》2012年第3期。
④ 参见［德］汉斯·海因里希·耶赛克、［德］托马斯·魏根特：《德国刑法教科书》（总论），中国法制出版社2001年版，第960页。
⑤ 参见［日］大谷实：《刑法总论》，中国人民大学出版社2008年版，第464页。
⑥ 参见林山田：《刑法通论》（增订十版）（下册），北京大学出版社2012版，第321页。

化。从历史演变过程和接受范围看，特别没收呈现出刑法专属效果的趋势，并且对刑事独立后果说的认同越来越多。在新的社会时期，没收违法所得的法律定位既不能是刑罚、保安处分，也不应是兼而有之的混合，应当确定为刑事独立后果。

（一）特别没收作为刑事独立后果有利于刑事法治的统一与权威

统一是法治的基本要求，并在统一的前提下才能存在法治的权威。法治的统一在部门法关系上体现为法秩序的一元或者统一，"所谓法秩序的统一性，是指由宪法、刑法、民法等多个法领域构成的法秩序之间互不矛盾，更为准确地说，在这些个别的法领域之间不应做出相互矛盾、冲突的解释"。① 通常的学术观点较为关注刑法与其他部门法之间的法秩序一元或多元问题，并由此展开法秩序一元或多元化立场下的刑法体系以及刑民交叉、刑行交叉问题的研究。② 然而，近来刑事诉讼法的立法新变化却开始表明：也需要关注同一部门法内的法治统一或法秩序一元的问题，特别是由于刑事诉讼法的修改客观上超越了刑法的理念与制度，实际上造成了刑事部门法内法秩序不统一，并直接影响了刑事法治的统一与权威。上述新变化主要是2012年刑事诉讼法修改增加了"犯罪嫌疑人、被告人逃匿、死亡案件违法所得的没收程序"，以及2018年刑事诉讼法修改增加了"缺席审判程序"，上述修改较为集中凸显了一个重大刑事法问题：行为人死亡后是否可以追究责任、如何追究，一方面立法者对此做出了肯定回答，即在上述法定特定情况下可以追究行为人的刑事责任，但另一方面立法者却没有考虑刑事法治的统一，没有同时对刑事诉讼法或刑法的有关规定作出修改，造成了现有刑事法体系内部出现了法秩序不统一的情况。其一，现行《刑事诉讼法》第16条明确规定："有下列情形之一的，不追究刑事责任，已经追究的，应当撤销案件，或者不起诉，或者终止审理，或者宣告无罪：……（五）犯罪嫌疑人、被告人死亡的。"对此，似乎只能认为上述有关特别程序的规定具有优先适用效力，但仍不能从根本上解决刑事诉讼法内部的法秩序统一问题。其二，上述刑事诉讼法新修改的规定从刑法理念上对没收违法所得的"刑罚说"、"保安处分说"或"混合说"造成了根本冲击。上述三种观点中惩治或预防效果的实现都需要现实的行为人存在，当行为人已经死亡的情况下，无论是惩治或者预防都没有任何意义了。然而根据现有规定，死亡已经不是刑事责任完全消失的根据。行为人即使已经死亡了，却仍可以被追缴违法所得及其他涉案财产，还可以被缺席审判，可以被追究刑事责任。如果不承认特别没收作为刑事独立后果的法律定位，将无法妥当调适刑事法内部法秩序统一的重大问题，并将最终影响到刑事法的权威。

（二）特别没收作为刑事独立后果有利于刑法自身的现代化发展

客观地看，刑事诉讼法的两次修改已经在刑事责任追究的基础、刑事责任承担的人与物的适度分离上采纳了较为现代化的理念或制度设计。反观刑法自身，其一在立法发展方面，从1979年制定刑法典后，历经1997年较大规模的修订和其后在

---

① 参见王骏：《违法性判断必须一元吗？——以刑民实体关系为视角》，载《法学家》2013年第5期。
② 参见吴镝飞：《法秩序统一视域下的刑事违法性判断》，载《法学评论》2019年第3期。

近 20 年内的 11 次修正，却被认为是"象征性立法"并造成对刑法功能的损害，①显然并没有出现各方认可的刑法立法现代化发展；其二在刑法理论方面，40 年来研究者更为关注地是刑法研究的范式转化、刑法知识的教义学化发展，更关注刑法技术层面发展，似较少关注更深层面的刑法现代化发展。相比较而言，民法学界有观点提出："近代民法责任预设的强而智者，向现代民法弱而愚者发生转变，法律制度也随之变迁"，则深刻反映了民法在现代化发展方面的理念贡献。② 可以预见，"在中华文明伟大复兴的征程中，中国刑法学研究不仅应走在刑法学国际学术的前沿，而且必须能够发现、定义和引领刑法学发展的国际潮流"。③ 不仅是中国刑法学研究应走在刑法学国际学术的前沿，中国刑法立法也应走在刑法国际立法的前沿。当中国刑法的立法与理论研究同步走上国际前沿时，则中国刑法的立法与理论研究理当实现了自身的现代化发展。从发挥我国刑法现代化发展的后发优势而言，在立法上与理论研究上将特别没收作为刑事独立后果，是推进我国刑法现代化的重要方面，对刑罚或保安处分进行立法完善已难以发挥推进刑法现代化的重要作用。

（三）特别没收作为刑事独立后果有利于有效惩治与预防金融领域腐败现象

惩治与预防金融领域腐败现象的有效性高度依赖于刑法立法制度，历次刑法修正案不断强化对腐败犯罪的惩治与预防，对包括金融领域在内的贪污贿赂和其他涉及职务的腐败犯罪的主客观要件、罪名体系、监禁方式等做出细致规定，可以说我国对腐败犯罪惩治与预防的立法体系在全部刑法中处于最为先进的位置，为我国取得对腐败犯罪的压倒性胜利做出了重大贡献。在对此做出高度评价的同时，值得关注的是：通过不断细化定罪条件、强化刑罚措施的模式来惩治与预防腐败犯罪的边际效益将可能逐渐衰减，特别是在金融领域将更为明显。因此，需要考虑从定罪量刑以外的其他刑法领域里寻找能够提升惩治与预防腐败现象的有效性的理念或制度措施，完善对违法所得的特别没收制度，并明确属于刑事独立后果的法律定位将能够大幅度提升惩治与预防金融领域腐败现象的有效性，能够从减少腐败存量、压缩腐败增量的双重方面大幅度推进我国反腐败斗争的刑法发展。

三、金融领域腐败资产特别没收"刑事独立后果"的构建思路

金融领域的腐败资产既包括金融领域国家工作人员利用职权便利、实施贪污、贿赂、破坏金融管理秩序犯罪而形成的违法所得，还包括其他领域国家工作人员利用职权便利、实施贪污、贿赂犯罪而形成的金融型违法所得。在现代社会，违法所得尤其是腐败行为获得的违法所得基本上以金融工具形式而存在，或者大多数情况下通过金融途径获得或转移，因此，对金融领域腐败资产适用具有刑事独立后果法律定位的特别没收对惩治和预防腐败而言具有釜底抽薪的重大意义。为最大限度发

---

① 参见刘艳红：《象征性立法对刑法功能的损害：二十年来中国刑事立法总评》，载《政治与法律》2017 年第 3 期。
② 参见 [日] 星野英一：《私法中的人》，中国法制出版社 2004 年版，第 76 页。
③ 参见田宏杰：《中国刑法学研究 40 年的方法论思考——从视野、路径、使命切入》，载《法商研究》2018 年第 6 期。

挥特别没收的现实价值，同时兼顾特别没收与罪刑法定原则、罪责刑相适应原则的均衡，需要从以下思路予以合理构建。

（一）金融领域腐败资产特别没收"刑事独立后果"的承担应不以定罪为前提

金融领域腐败资产特别没收"刑事独立后果"的独立之意，主要是与传统以定罪为前提的刑事责任追究模式予以有效区分，对该后果的承担应不以定罪为前提。"有犯罪才有刑罚、无犯罪则无刑罚"是近代刑法定型以后得到公认的重要法谚，也是罪刑法定主义占领各国刑法典的当然之意，近代刑法体系已经形成以肯定型表达为基础的犯罪—刑罚模式，犯罪与刑罚成为相互依存、不可分离的伴生范畴，很难想象从反向思考否定型表达：在没有犯罪成立的情况下是否可以存在刑罚或者其他法律后果，如果存在将如何阐释其在现代刑法中的位置。然而，进入现代社会后的各国有的开始在刑法中规定作为刑事独立后果的特别没收，如现行《德国刑法典》第73条［刑事违法所得没收］规定："（1）正犯或共犯实行刑事违法行为，因实行该行为或自该行为而有所得的，法院应对其宣告没收。……（2）没收宣告的效力涵盖衍生的利益或孳息。"① 在刑法立法中明确规定了针对刑事违法行为而不是犯罪行为所得进行的没收。有的如我国在刑事诉讼法中规定了专设的违法所得没收程序与行为人死亡后的缺席审判程序，虽然在刑法中并未明确特别没收不以定罪为前提，但在刑事诉讼中的特别没收实际上只能以未定罪为前提，尤其是在行为人已经死亡的情况下。此时的特别没收以未定罪为前提，并没有违反罪刑法定原则，从逻辑上看罪刑法定原则适用于定罪与刑罚，而不一定适用于非刑罚的刑事后果。如果从法秩序统一的角度看，也可以认为罪刑法定原则是适用全部刑法内容的准则，理当适用于特别没收的刑事独立后果。

（二）金融领域腐败资产特别没收"刑事独立后果"的承担应符合现实与比例原则

金融领域腐败资产特别没收"刑事独立后果"的承担应当与同时适用的罚金、没收财产刑等予以适当区分，特别是对同一行为人追究刑事责任时，应当考虑该行为人实施多个腐败违法行为后是否构成犯罪的不同情况。例如，同一行为人实施多个腐败违法行为，有的腐败违法所得已经查清或者得到行为人的认罪认罚、知情同意和具结，有的腐败违法所得尚未查清时行为人已经死亡或者逃匿的，应当对上述情况分别处理，不能认为刑事责任总归是归责于同一行为人而混淆不同刑事后果的适用归属。对于同一行为人的腐败资产全部适用特别没收时，也应当符合现实，即只能针对现实现有的腐败资产实施特别没收，而不能附加超出现有范围的后续无限追缴；应当符合比例原则，即只能针对与腐败违法所得相当的资产进行追缴，不得对腐败违法所得另行产生的超出孳息或通常衍生利益的部分进行没收，如将100万元贪污所得进行证券投资后获得300万元的增值，对此应当没收100万元与100万元的同期银行利息，而不能完全没收400万元资产。

---

① 参见李圣杰等：《德国刑法典》，台湾元照出版有限公司2017年版，第96页。

(三) 金融领域腐败资产特别没收"刑事独立后果"的适用应统筹刑法总则与分则规定

其一，金融领域腐败资产特别没收"刑事独立后果"在刑法总则中予以明确规定，将该内容与其他刑事措施予以区分。我国现行刑法中对"没收"一词的规定使用相当混乱，集中反映在《刑法》第64条的立法规定中。应当明确将对违法所得的特别没收统一规定为"没收"，而不是规定为"追缴"；将对违禁品和供犯罪所用的本人财物的措施规定为"收缴"，而不是"没收"；将对罚金的执行规定为"收到缴纳"，而不是"没收"；废除"没收财产刑"，将其分解到罚金刑或其他刑事后果中。

其二，修改刑法总则有关规定，明确对腐败资产的特别没收可以溯及既往，适用新法。特别没收并不是对腐败行为的惩罚，而是对腐败违法所得状态的不认可，因而可以不适用通常的从旧兼从轻原则，而可以溯及既往，适用新法，甚至可以适用从新兼从重原则。

其三，修改刑法分则有关行为定罪的具体规定，明确对自洗钱行为所得、第三人故意掩饰隐瞒腐败违法所得等可以适用特别没收。我国刑法目前对洗钱罪的认定与处罚经常面临两难境地：一方面，根据我国刑法规定对转移到境外的腐败违法所得只能追究上游行为的责任，并以此为依据与其他国家合作追缴未定罪腐败违法所得，却难以符合"双重犯罪原则"；另一方面，如果对转移到境外的腐败违法所得追究下游行为即洗钱行为的责任，并此为根据与其他国家合作追缴未定罪腐败违法所得，却由于我国没有明确规定自洗钱行为可以构成洗钱罪，导致无法追究该行为，因此迫切需要在刑法中明确对自洗钱违法所得可以适用特别没收。同时，司法实践中经常面临第三人故意掩饰隐瞒腐败违法所得而无法进行追究的情况，因刑法立法和理论上基本认可只能在有效范围内追究故意掩饰隐瞒腐败违法所得的责任，通常是故意掩饰隐瞒腐败违法所得的直接第二人，而不是间接的第三人。对此，应当考虑增设对第三人故意掩饰隐瞒腐败违法所得可以适用特别没收的刑罚制度。

我国对离岸金融市场的法律监管与国际合作问题研究[*]

杨 超[**]

一、基本背景

2017年11月，一份名为"天堂文件"的资料在网络上曝光，随即在欧美及国际社会引发了巨大反响。称为"天堂文件"并不是因这份资料来自遥远的天堂，而是来自于被称为"避税天堂"的加勒比沿岸国家。这些资料曝光众多政要通过离岸中心"空壳公司"的设立，将大量资产转移至离岸金融岛国，从而逃避国内应缴纳的大量税款。文件囊括了欧美国家的众多政要，作为当今国际社会最具影响力的人物之一，英国女皇伊丽莎白二世也位列其中，这些文件所引发的社会公众关注度，不难想象。因此，在资料曝光后，英国首相特雷莎·梅面对点燃的公众舆情，立即发表公开演说，承诺英国政府会对此事进行彻查。事实上，加勒比沿岸国家推行宽松的金融监管政策，加之普遍没有税赋，使得这些小岛国成为全球金融市场不可忽视的一部分，离岸金融中心的存在和作用不可小觑，也正如欧美媒体对"天堂文件"曝光的评论，其所暴露的避税事件可能只是"冰山一角"。

纵观国内，在近几年内落马的官员中，离岸公司成为贪腐资金重要的转移和运作平台。2014年10月，被判死缓的原铁道部运输局局长张曙光，被查明其和女儿在维京群岛成立一家名为East Asia Group Trading的离岸公司，并皆担任公司股东。"百名红通人员"当中，仍在逃的原四川移动公司数据部总经理、无线音乐运营中心总经理李向东通过在香港开设离岸账户进行大额洗钱与资产转移，并逃往加拿大。此外，在2014年1月，一个国际组织发布了关于中资离岸投资者的报告，其中称有2.2万名内地及香港的离岸投资者在维京群岛设立离岸公司。在这些投资者中，有各类知名企业的创始人、老总，还包括数位目前正在狱中服刑的中国政商界人物，如曾经的上海首富周正毅等[①]。有数据显示，全球注册的离岸公司有70多万家企业，其中50多万家在英属维尔京群岛注册。而在这50多万家离岸企业中，有20多万家公司与中国有关[②]。

---

[*] 重庆市社会科学规划项目"严密权利之笼：路径多元背景下反腐合力机制的构建研究"（2014SKZ06）；重庆市教育委员会人文社会科学研究项目"新型城镇化背景下重庆市农村基层腐败生成与应对研究"（16SKGH055）。

[**] 北京师范大学刑事法律科学研究院讲师，G20反腐败追逃追赃研究中心助理研究员。

[①] 方翔：《国家五部门联合打击离岸公司洗钱》，http://finance.huanqiu.com/roll/2015-04/6212080.html，最后访问时间：2017年11月15日。

[②] http://www.bcbay.com/news/2015/04/17/325362.html，最后访问时间：2017年11月15日。

学术界对于离岸金融市场的界定标准分为两类。第一类界定标准强调交易主体的非居民性以及交易货币的离岸性；第二类界定标准突破地域概念，强调金融循环的内部性。20 世纪 80 年代，随着国际银行设施的建立，离岸金融市场的"岸"不再简单地被看做是国境，而是指国内金融循环体系。此时，相对宽松的监管体系、税收制度以及"非居民"成为鉴别离岸市场的关键要素。① 本文的研究正是针对第一类离岸金融市场，即作为"非居民"的贪腐人员，利用宽松金融监管和税收制度进行非法资产转移。离岸金融中心的出现对全球金融社会而言，无疑是一把"双刃剑"，一方面其宽松的金融制度，快速的转移速度，一定程度上为全球金融社会的发展提供了一个助力，但另一方面，离岸金融中心众所周知的隐匿性，以及松懈的金融监管，使得如"了解你的客户"、"可疑交易报告"、"资金流向监控"、"受益人身份调查"等传统洗钱监控手段难以发挥作用，使得离岸金融中心往往与洗钱犯罪紧密联系。无疑，正因为离岸金融中心这些特征，不少贪腐及外逃人员都对离岸金融中心产生了"浓厚兴趣"。贪腐人员利用在离岸金融中心设立账号或"空壳公司"将非法资产转移至境外，再或通过投资移民方式获得外国护照或永久身份，给我国的法律制度和金融安全都造成了极大的负面影响，因此，我国应当完善相关法律制度，加强金融体系的监管力度，并建立好国际合作关系，通过国内法律制约与国际司法合作两个层面，构建好对贪腐人员的围堵防逃体系。

二、国际社会针对离岸金融市场活动的监管与相关公约

（一）国际监管机构对离岸金融市场的监管

国际社会目前针对"避税天堂"的离岸金融市场已经发展建立了不少的监管机构，这些监管机构各司其职，从各自的行业角度出发，对离岸金融市场的监管各有侧重点。

以巴塞尔委员会为代表的国际机构是为保证离岸金融市场的平稳发展，促进离岸金融市场内部能够形成更为完善的法律监管制度，减少利用离岸金融市场所进行的金融犯罪。从实质上而言，这些机构并不是传统意义上的国际组织，而是非传统化的"服务型"国际机构的代表。这些监管机构一方面从专业化角度制定行业标准，规范离岸金融市场活动，另一方面则起到加强离岸金融市场相互合作沟通的作用。尽管这些行业标准的文件大多不具备法律效力，但是通过这些国际机构出台的监管和建议文件，由此形成的行业标准在全球广泛推广适用，同时，其他的国际机构和国家也能够依据此标准对离岸金融市场的运行和监管状况进行评估。

在金融监管方面，巴塞尔委员会作为银行业监管组织，旨在加强各国金融监管当局间的合作，尤其在跨境交易中，强调东道国和母国之间的合作与信息交流，以堵塞国际监管的漏洞。监管方面，其出台了"最低要求"文件，强调通过商业银行信息披露的完善提高透明度，建立有效的市场约束机制。依靠开展金融研究，为金

---

① 蔡伊鸽、陈建、张毅：《上海自贸区离岸金融中心路径选择及风险防范》，载《现代管理科学》2017 年第 2 期。

融机构提供建议以促进发展。随着近些年来离岸金融的快速发展,巴塞尔体系逐渐展现出了监管不足的态势,且因文件不具备法律约束力,在实践中往往缺乏有效的执行力度,因此,巴塞尔委员会出台的行业监管规则更加寄希望于各国政府能够转化为国内法律,与本国法律制度对接并细化执行规则,从而更好地发挥监管作用。

反洗钱方面,金融特别行动工作组可以说是发挥了极为重要的作用,2012年2月金融行动特别工作组在旧的"40项建议"基础上,结合过去数十年间发布的修正建议,形成了"新40项建议"。"新40项建议"建立了反洗钱、反恐融资及扩散融资的总体框架,尤其强调对洗钱的预防措施,对客户身份调查、可疑交易报告、资金流向监控及非金融行业的反洗钱要求和标准,都作出了十分详尽与精确的规定,成为指导各国国内立法的标杆。"新40项建议"规定了银行金融业在对客户身份审查的普适性标准与流程,并希望各国能够将其推广适用。同时,扩大逃税为上游犯罪,强化对政治公共人物的监测和检查标准,加强对确认实益拥有人的标准。"新40项建议"的第25条规定了"各国应注意空壳公司被滥用从事洗钱活动的可能性,并应考虑需否采取额外措施,以防这类公司被非法利用"。由此能看出,"新40项建议"关注到空壳公司可能的作用和影响,鉴于各国不同的银行保密制度与法律制度,对空壳公司的规制留给了各国国内法进行处理,在可能涉及洗钱的情况下,应采取适当的补充措施。

(二) 国际社会反洗钱相关公约

1. 联合国《打击跨国有组织犯罪公约》

《联合国打击跨国有组织犯罪公约》(以下简称《打跨公约》)对反洗钱的具体措施和国际合作进行了全面规定,第6条明确成员国应将洗钱行为规定为刑事犯罪;第7条是关于打击洗钱活动的措施,要求银行和非金融机构都应建立管理和监督制度,这种制度应强调验证客户身份、保持记录和报告可疑的交易等项规定,建立国家级中心的金融情报机构,制定切实可行的措施调查与监督现金和有关流通票据出入本国国境的情况;第8条要求成员国将腐败行为纳入刑事法律规制的范围;同时在第9条规定了反腐败措施,成员国应以立法、行政、预防及其他措施综合构建打击腐败犯罪的国内法律制度;第10条则是有关法人犯罪的责任,将法人实施的洗钱行为、腐败行为以及其他严重犯罪行为都纳入刑罚制裁体系。

可以说《打跨公约》是一份针对跨国有组织犯罪的公约,因此其对有组织犯罪以及所涉及的腐败犯罪作出了充分的界定,并且应对有组织犯罪的特征,对相关腐败犯罪行为也作出了专门处理规定,要求统一纳入刑事制裁犯罪。《打跨公约》推出了十分重要的举措即是对国家监督制度的构建,其中依靠设立国家级别的金融情报中心,通过这一国家级信息平台的建立能够有效整合信息,收集汇总可疑交易信息,有助于鉴别非法资金的性质来源和流动走向,这对于追踪非法资金转移及反洗钱而言,是搭建了非法重要的一个信息平台。

2. 联合国《反腐败公约》

《联合国反腐败公约》(以下简称《反腐败公约》)从术语等总则性内容、定罪执法、国际合作、资产追回、实施机制和最后条款上,共八章对腐败犯罪的方方面面都作了详尽规定,成为国际社会打击腐败犯罪的基础性公约。《反腐败公约》的颁布也彰显国际社会对打击腐败行为的决心和意图。

《反腐败公约》第 52 条对预防和监测腐败犯罪所得的转移,是贪腐分子将非法资产通过离岸市场进行转移的相关规定,这也是一条涉及跨国跨境转移非法资产的专门条款,法条要求各国严密监管金融机构、特定非金融机构以及经营现金或者等值转移正规或非正规业务的自然人或法人,建立必要的制度监测和遏制这些领域内的洗钱活动,尤其针对腐败犯罪,还专门对曾担任重要公职人员及其家庭成员、关系密切人员或代理人的账户应进行强化审查,对客户尽职调查、交易记录保存和可疑交易报告作出明确的规定。这一条款从国际法层面对金融机构和非金融机构的义务进行了详细规定,要求相关金融机构应当履行尽职的调查、保存记录和报告义务,不能为追求经济收益就将反洗钱工作沦为空谈。同时,条款还涉及了公职人员财产公开与外国账户信息沟通的内容,要求各成员国应在国内建立相关的法律,对公职人员进行财产申报,在国外金融机构开设账户应履行报告义务。总体而言,"反腐败公约"对洗钱的监测和预防规划了整体的法律义务框架,但就相关金融和非金融机构的具体反洗钱实施细则,还需要成员国在各国国内承担制定细则与落实的任务。

事实上,除了国际社会已经达成的公约,联合国毒品和犯罪办公室还分别在 2005 年和 2009 年修订出台了针对英美法系和大陆法系国家的"反洗钱与反恐怖融资示范法",这两份示范法抛开了国际公约遵循的国际法准则,从国内法角度出发,给各国国内制定、修订反洗钱与反恐融资法律作出示例。示范法不仅勾勒出了反洗钱与反恐怖融资的法律框架,还涉及了具体的操作细则,如设定了银行及金融机构进行透明交易的标准,对涉及洗钱和恐怖资金的侦查方式,包括上报可疑交易信息、对上报者免除未保守秘密的责任;对客户信息的鉴别程序和内容、对交易的追踪和记录等内容。示范法涉及了金融机构和非金融机构交易的各个流程和各方面内容,联合国毒品与犯罪办公室公布示范法正是希望能推动各国通过法律形式对金融机构和非金融机构的义务划定标准,以法律更好地规范相关机构进行反洗钱工作。

三、我国目前存在的主要问题及建议

通过离岸中心进行洗钱是当前的监管难点,如在灰色的资金汇出方式中,通过离岸公司与国内公司签署虚假贸易合同,从而将资金以贸易款的名义汇往国外,是目前典型的做法。此外,利用国内一些银行的创新金融服务,也能较为方便地将境内资金转移。而不少贪腐人员正是看上了离岸金融市场的便利特征,通过离岸金融市场的账户向外转移非法资产,针对这一问题与当前存在的法律和监管难点,笔者建议从以下四个方面考虑,来完善我国相关的法律与金融监管制度。

(一)刑法与反洗钱法

国内法方面,首先应当发挥好刑法与反洗钱法律之间的良性互动关系。针对离岸金融市场特征,以反洗钱法律为基础,以刑罚为最终保障。具体而言,我国的相关法律修订可考虑以下几点,第一,进一步扩大洗钱的上游犯罪,特别是加强对自洗钱人的打击,如"百名红通人员"李向东通过设立离岸公司进行资产转移和洗钱,因洗钱作为上游犯罪,被其他罪行吸收,无法单独通过洗钱对其控诉,从而限制了国际合作的范围。第二,出台重点监测的"黑名单",对特定国家或地区,如对来自避税型离岸金融市场银行、公司的交易给予特别关注,对这些国家与地区的账户审查和交易实施强化标准。"黑名单"的建设是一项长期性项目,名单中需要予以特别关注的国家和地区可以考虑是以列举式的方式,参考国际组织公布的"不合作名单",经合组织针对避税国家发布了一份不合作国家和地区的名单,但是经合组织并不禁止与这些国家和地区的银行及公司往来,而是要求其提高交易的透明度,并通过交换信息形成紧密的合作关系以降低洗钱等金融犯罪的风险。第三,完善法律实施细则。例如,当前银行制定的针对跨境人民币结算的法规,对于人民币贸易支付结算工具、结算的业务流程等具体环节尚未详细提及,这也造成银行贸易结算支付部分制度上的缺失。① 在 2016 年年底出台文件对个人分拆行为的规定,应进一步明确个人分拆行为的具体表现,如规定中所指"连续多日"的购汇、汇款行为,明确多日的具体时间。第四,扩大承担反洗钱义务的行业,应考虑将珠宝业、艺术品业等经常可能发生大额交易的行业也纳入反洗钱工作体系,进一步扩大且细化反洗钱工作的覆盖范围。

(二) 监管机构与信息共享

2003 年 4 月 25 日,中国银行业监督管理委员会成立,人民银行原有对于商业银行的绝大部分监管权力转移至银监会。而根据《中国人民银行法》规定的职责,中国人民银行"指导、部署金融业反洗钱工作,负责反洗钱的资金监测"。两个机构同时对反洗钱工作进行监管,由于两者的职责和功能存在交叉和重叠,实践中存在"协而不力"的现象。

那么,加强金融机构、非金融机构以及执法机关之间合作力度,实现信息合作是提高监管力度的关键。首先,应打破"信息孤岛",这不仅指避免不同执法部门之间信息无法共享的现状,还包括在金融机构,如银行内部由于制度设置,使得上下级与不同地域之间,导致出现的信息覆盖盲点。其次,银行及金融机构的职责和义务应进一步作出明确,与义务相关的是,赋予相关机构的职能。提高银行审查的义务标准,在对客户身份审查核实中,须严格依靠标准流程。再次,健全异常外汇资金跨境违规流动的监测预警机制,从异常跨境资金的来源、流动方式和流向等各方面进行监控,防范异常资金变相流动风险,限制涉汇主体无真实贸易背景的收付汇行为,最大程度减少异常跨境资金带来的风险。② 最后,由于目前我国监管机构掌握监管信息不对称,无法对国际社会、离岸金融市场的信息与我国境内银行信息进行联系,使得信息的有效性无法得到充分发挥。因此,完善我国金融情报中心建设,加强国际信息沟通与协调,实际上,如美国等反洗钱工作更为健全的国家,都十分重视与国际及区域组织的合作和沟通,通过国际和区域组织平台,能够更为便

---

① 龚黛薇:《防范银行国际业务中的洗钱风险》,载《中国城乡金融报》,2016 年 11 月 29 日第 A03 版。
② 倪素芳、杨捧君、金满涛:《新疆异常和违规外汇资金跨境流动的重要渠道与环节探究》,载《金融发展》2014 年第 3 期。

捷地掌握信息，有效打击利用离岸金融市场进行的洗钱犯罪活动。

（三）国内法与国际公约

涉及离岸金融市场的监管必定需要通过紧密的国际合作进行，这就要求我国国内法律与国际公约保持一致，国内法律的修订与完善应进一步接轨国际公约和相关国际组织的文件，特别是金融行动特别工作的"新40项建议"，通过国际社会的最新立法，有效保证对新型洗钱活动的打击。当然，国内法律也不仅指刑事法律需要作出调整，反洗钱工作本身就是一项综合性的治理工作，需要协调多方资源与力量，在法律转换方面也就需要对反洗钱相关的法律、法规都进行修订和完善。第一，目前我国《金融机构客户身份识别和客户身份资料及交易记录保存管理办法》第18条、19条对高风险人群的资金来源和用途、经济状况等作出了规定，但欠缺涉及离岸金融市场中"空壳公司"的专项规定，现实中"空壳公司"正是贪腐人员进行财产转移的重要渠道。因此，建议根据金融行动特别工作组织"新40项建议"第25条对"空壳公司特别注意"的条款，修订我国相关法律规定，在职能上赋予监管机构相关职责，在技术手段上通过对资金线索的监测与回溯，增加金融机构对离岸金融市场信息的监控和甄别，即甄别空壳公司和空壳银行，有效预防贪腐人员进行非法资产转移。第二，反洗钱法强化对重点人群的监测，如联合国毒品和犯罪办公室针对大陆法系国家2009年修订的示范性立法中，对没有出现的人，具有洗钱高风险以及政治敏感人员进行了专项规定，对于既有客户被认定为是政治敏感人员，应立即向其主管上级报告，或只有获得上级同意后才能与政治敏感人员建立金融服务关系。之后，应当用尽所有方法确认政治敏感人员资金或其他财产的来源，并且还应进一步增加监测，以防洗钱或是其他犯罪行为。我国反洗钱法和相关规定，目前只有外国政要开设账户的规定，对国内公职人员还欠缺相关规定，应考虑加强对公职人员及其近亲属的监测，有效预防贪腐人员进行非法资产转移。第三，联合国《反腐败公约》以及金融行动特别工作"新40项建议"等国际反洗钱法律文献，都一致要求各国采取必要的措施提高私营公司和经营实体的透明度，通过立法的方法形成识别公司实体实际管理和所有权人的制度性措施，对此，我国也应当通过相关法律规定，进一步提高对私营公司和实体的透明度。

（四）国内监管与国际合作

仅有国内法律远不足以实现对贪腐人员通过洗钱将非法资产转移至境外的有效预防和打击，良好和密切的国际合作也是十分重要的一部分。

现阶段，加强国际合作主要考虑从以下这几个方面着手，首先，认识到洗钱与逃税的必然联系，利用CRS系统，CRS是Common Reporting Standard的英文缩写，由"二十国集团"倡议提出，由经合组织批准，于2014年6月15日通过。旨在通过金融机构的信息，进行每年的税收信息交换，资讯交换的基础是税收实务行政互助公约，实质为避免海外逃税的系统。CRS覆盖的海外机构账户，包括银行、信托、券商、律所、会计师事务所，提供各种金融投资产品的投资实体，特定的保险机构等。覆盖的资产信息包括存款账户、托管账户、有现金的基金或者保险合同、年金合约。覆盖的个人信息包括账户、账户余额、姓名、出生日期、年龄、性别、居住地，但不包括海外房产、珠宝、艺术品、贵金属等不属于金融资产的品类。因此，通过 CRS 系统，掌握海外税收信息，不仅有利于国内税收信息的采纳，也能够通过税收网络的建设，实现对目前还没有建立合作关系的国家、地区实现信息覆盖。其次，建立区域平台机制。在反洗钱工作中，信息及时互通是重要的基础，我国应考虑通过国际公约及反洗钱相关国际组织的作用，与邻国或重点反洗钱国家，如加勒比离岸金融特别行动工作组（CFATF），建立并加强信息共享合作，实现反洗钱工作日常信息通报，及时掌握金融有效信息。最后，通过建立紧密的国际刑事司法合作关系，对不同刑事诉讼程序的运用，形成监测、合作的整体体系，实现对被转移非法资产的扣押、冻结与追回。

总之，通过我国与其他国家和地区之间进行密切的合作关系，不仅能有效打击洗钱，打击贪腐人员通过离岸金融市场转移非法资产，而且还能够通过信息平台，建立信息的定期互换，在常态化工作机制中实现对非法资产转移的预防。

套路贷案件民刑衔接中法院裁量权的制约因素

肖 晶* 朱 冬**

一、套路贷刑事案件与民间借贷行为

套路贷主要是指违反国家法律规定和公序良俗原则，以小额贷款为诱饵，引诱被害人逐步陷入远超被害人偿还能力的高额贷款陷阱之中，最终不得不全盘接受借款人的不平等条件，给被害人造成巨大的经济损失和精神损害的行为。①

套路贷行为往往由几个相互衔接的非法手段组合而成，环环相扣，逐步把被害人引入彀中。首先，以快捷放款引诱被害人上钩，利用被害人急于获得贷款或者无法取得正规渠道贷款资格的困境，以简化审核手续、降低担保条件、快速便捷放款为诱饵，诱使被害人借款。在借款合同中设计大量不合理的条款，来为后来的违法犯罪行为创造合法外衣，这些条款包括高额借款利息、不合理的手续费和其他费用、严苛的违约条件和违约惩罚和各种违反法律与公序良俗的保证方法，等等。其次，通过制造违约陷阱迫使被害人陷入不利境地，如到期不提醒、甚至设计阻止被害人还款，迫使被害人陷入违约境地，最终造成被害人不得不承受巨额违约金或利息。最后，通过勾结律师和黑恶势力采取虚假诉讼与暴力催收的手段，来实现自己榨取非法利益的目的，并且给被害人的财产利益和身心健康带来巨大损失。

套路贷虽然披着民间借贷的外衣，本质上却是一种严重侵犯被害人的财产权，破坏金融秩序和社会稳定的犯罪行为。区分套路贷和民间借贷应当紧紧抓住套路贷的几个重要特点。第一，套路贷的贷款人会采取种种手段隐瞒真实的利息或者借贷成本，将贷款包装成借贷利息低廉的贷款来诱骗借款人。而一般的民间借贷的利息和其他贷款成本是比较明确的，即使是高利贷，也应当向借款人明示高额的借款利息。第二，套路贷借款人的意思表示往往不真实，或者受到贷款产品本身设计的误导，或者受到销售人员欺骗没有正确认识贷款合同条款就签订了合同。这种套路贷不能认为是借款人的真实意思表示。但是，民间借贷中借款人的意识表示一般应该是真实的，即使由瑕疵，也不应当是贷款人故意欺骗的结果。②

二、套路贷案件民刑衔接中法院的裁量与抉择

尽管刑事诉讼法规定法院在审理案件的过程中如果发现犯罪线索，应当将犯罪

---

* 湖北师范大学讲师。
** 湖北师范大学学生。
① 董邦俊、侯晓翔：《"套路贷"的刑事规制及其防控研究》，载《湖北社会科学》2018 年第 10 期。
② 陶建平：《高利贷行为刑事规制层次论析》，载《法学》2018 年第 5 期。

线索移交有关机关处理，民事诉讼法也规定了刑事诉讼优先的处理原则。但是，法院在发现疑似犯罪线索之后，仍然有很大的裁量空间和选择自由。① 这种自由裁量在套路贷案件中反映更为明显。法院在民间借贷案件审理过程中发现了疑似套路贷的犯罪线索，可以按照刑事诉讼法的规定，移送侦察机关处理；也可以不移送线索，将案件作为民事法律纠纷继续审理。即使法院作出后一种选择，也很难责备法院失职，因为一个案件到底是民间借贷纠纷还是套路贷案件，很多时候判断起来特别困难，只要法官尽了足够的注意义务，就不能因为事后某一纠纷被定性为套路贷行为，认定法院存在失职行为。

然而，法院选择不移送案件，继续作为民事案件审理，对套路贷案件的走向会有巨大的影响。法院一旦对某个案件按照民事纠纷审理下去，在现有的体制之下，基本上就阻断了案件成为套路贷刑事案件的可能性。尽管理论上借款人还可以通过向公安机关报案和提请检察机关监督的方式来改变案件的性质，但是除非出现套路贷极端事件，或者监督力量介入，否则，上述救济方式在现实中很难发挥作用。因为法院对案件性质的判断会极大的影响公安机关对案件性质的认定。相较当事人的报案请求，公安和检察机关往往更相信法院对案件性质的判断，同时也更尊重法院的立场和态度。这既是出于对法院专业判断能力的信赖，也是由于对同属国家机关法院权威的尊重。②

如此即意味着，若法院将套路贷案件认定为民间借贷纠纷，被害人基本上就丧失了获得更周密的国家权力保护的机会。因为在平等对抗的民事诉讼模式下，被害人难以与套路贷贷款人抗衡。套路贷贷款人在制作合约的时候，就会在合约中设计使被害人陷入法律上不利境地的陷阱，更兼在合约履行、债务追讨过程中利用和法律人士的勾结，在证据搜集和诉讼准备上步步为营。

法院在司法实践过程中作出是否移交案件的决定，不可能完全从被害人利益的角度出发，除非这类决定背后有诸多深层次的法律和政策因素考量。那么影响法院作出相关决策的因素有哪些呢？

三、影响法院裁量与抉择的因素

（一）来自司法伦理的约束

司法中立的职业伦理要求法院在裁判中必须对案件当事人不抱持特定的偏见。这就意味着法院不能将前来打官司的当事人视为无事生非的刁民或者试图利用法院达到非法目的的不法之徒。③ 这种职业伦理的约束决定了法院在套路贷案件中如果没有十分确定的证据，不能轻易将当事人作为套路贷犯罪嫌疑人移交给公安机关。因为如果法院轻率地的作出移交决定，无疑等于向社会宣布，所有试图通过向法院提起诉讼来保护自己债权实现的当事人，都有可能被法院视为套路贷的犯罪嫌疑

---

① 张卫平：《民刑交叉诉讼关系处理的规则与法理》，载《法学研究》2018年第3期。
② 姚辉、王林清：《涉犯罪合同效力问题研究》，载《法学杂志》2017年第3期。
③ 傅蔚蔚、张旭良：《试论当前影响法官审判中立的三个基础性障碍》，载《华东政法学院学报》2000年第6期。

人。这一做法明显违背了任何人不经依法审判不得被认定为有罪的宪法规定，昭示法院对债权人这种特定的当事人存在严重的法律偏见，债权人要获得法院的保护，必须首先洗清自身的套路贷嫌疑。

如果法院总是对民间借贷的债权人报以怀疑的态度，甚至试图在每起民间借贷民事纠纷中去搜寻套路贷的影子，无疑严重违背了司法中立的要求。这种对套路贷捕风捉影的态度，容易造成法官对债务人的偏袒和对债权人的不信任，会极大地影响法官对具体的民间借贷案件的判断，不利于法官公正司法。更会造成当事人失去对法院的信任，从而使公众视到法院打官司为畏途。这与我国强调司法为民，要求法院成为纠纷解决和社会矛盾化解的一道重要防线的司法理念相违背。

因此，出于维护法院中立地位的司法伦理需要，法官往往不愿意深究民间借贷案件与套路贷的区别，不愿意将没有确切证据证明的套路贷案件移送给公安机关处理。

（二）维护交易安全的需要

保护交易安全，重要的是保护交易双方对交易结果稳定性的预期。这种稳定性对维持经济活动主体的交易信心，稳定市场经济秩序，抑制经济活动主体的短期行为，鼓励其进行长期的经济规划与投资，推动经济可持续发展有着不可替代的作用。① 对交易安全和稳定预期的保护，是民商法的重要立法目的，也是民商事审判中法官应当优先保护的重要价值。

在民间借贷案件中，维护交易安全和稳定交易预期就意味着要尽最大可能维护借贷合同的效力，推动合同顺利履行。而一旦债权人的行为被认定为有套路贷的嫌疑，必然影响贷款合同的效力，阻碍合同履行。而且，一旦一起合同纠纷被认定为套路贷，同一债权人的类似借款合同效力和履行都会受到极大的干扰，甚至有可能造成大量合同完全失去效力。无疑对保护交易安全和稳定民间借贷合同当事人的预期是非常不利的。

因此，出于维护交易安全，稳定市场预期的需要，法院也不敢动辄将民间借贷纠纷作为套路贷行为移送公安机关处理。

（三）维护经济道德的需要

"欠债还钱，天经地义"这一朴素的经济道德是维系经济活动正常进行的基础。但是，社会现实却是我国债务履行难、执行难，债权人的合法债权难以得到有力的保护。不仅严重干扰经济活动正常进行，增加交易参与人额外的审核和担保负担。更严重的是，债权法律保护的不利，导致债务履行领域私立救济横行无忌，甚至有涉黑涉恶倾向，严重影响了社会稳定和群众生命财产安全。②

在欠债还钱这一基本经济道德规范得不到普遍遵守的社会环境下，法院作为经济活动的最后一道防线，只能以自己手中的司法权尽力去维护基本的经济道德底线不被突破，尽力减少赖账行为对经济活动正常秩序的破坏。我国法院系统建立失信

---

① 张淞纶：《关于"交易安全理论"：批判、反思与扬弃》，载《法学评论》2014年第4期。
② 谷佳杰：《中国民事执行年度观察报告（2017）》，载《当代法学》2018年第5期。

被执行人信息曝光制度、采取各种执行措施,都是为了解决债务得不到正常履行这一问题。

而轻易将民间借贷债纠纷当作套路贷犯罪来处理,无疑会使欠债不还这一问题更加复杂化,因为法院如此决断,等于给了债务人一种暗示,如果不想还钱或者还不起钱,可以通过控告债务人有套路贷嫌疑的方法给债务履行制造障碍,甚至摆脱还债负担。现实中,随着小额贷款乱象不断恶化,已经出现了债务人为了赖账不还,故意举报小额贷款公司从事套路贷违法行为,希图告倒小贷公司,免去自身还贷义务的现象。

在如此恶劣的债务履行环境下,法院希冀通过司法权正本清源,还社会一个清明的债务履行法治环境,就只能严格判定"套路贷"的尺度,只有证据和法律依据都非常明显的时候,才会认定套路贷犯罪案件嫌疑,并移送给公安机关查处。一次尽可能减少不必要的套路贷犯罪行为认定,确保绝大部分民间借贷合同都能依法正常履行。从而降低债务人希图利用控告套路贷犯罪来阻碍债务履行,逃避自身责任的侥幸预期。改变社会缺乏履行合同义务的意愿的状况。

四、总结

通过上述分析不难发现,法院不肯轻易将在民间借贷案件中发现的套路贷犯罪线索移交公安机关侦查,其背后有复杂的道德、政治和社会政策的考量。这种考量恰恰符合波斯纳法官在其名著《法官如何思考》中指出的,法官在作出司法决定的时候,不得不考量各种超越法教义学的政治、经济和社会需求这一司法的普遍规律。①

法院在决定是否要将套路贷行为移交给公安机关的时候,除了考虑证据和行为法律性质这些法律规定的要素,还会考虑以下因素:首先,移送行为如果过于轻率,会导致当事人认为法院对民间借贷债权人存在偏见,把他们普遍当作套路贷犯罪嫌疑人对待,不利于维护法院的中立地位和司法裁判的公正性。其次,出于维护交易安全的考虑,法院更希望能够尽量维持现有的借贷法律关系的稳定性,而减少导致法律关系发生颠覆性变化的不可控因素,因此不愿意将民间借贷行为作为套路贷犯罪移交公安机关处理。最后,为了维护正常的经济道德,解决债务合同履行难的社会问题,防止债务人将"套路贷"这一法律高压线,当作阻碍债务履行,甚至合法伤害债权人的武器。法院在移送套路贷案件的时候也会慎之又慎。

总之,法院在考虑套路贷案件移送的时候,不会简单的考量背后的法律因素,也不会仅仅照顾被害人(债务人)的利益,而是会选择平衡各种微妙的政治、经济和社会需求的关系。这种平衡的结果,会导致法院在移送套路贷案件的时候采取非常高的证明标准和非常审慎的态度,从而致使被害人(债务人)很难获得所期望的周延保护。

---

① [美]理查德·波斯纳:《法官如何思考》,苏力译,北京大学出版社 2009 年版。

银行信贷人员渎职犯罪中的过失认定
——以注意义务标准判断为视角

田向红* 柴建桢**

我国对于渎职犯罪的处罚由来已久，如《唐律》第92条规定："贡举非其人及应贡举而不贡举者，一人徒一年，二人加一等，罪止徒三年，失者各减二等。"《唐律》第230条规定："诸乏军兴者斩、故、失等。"[①] 如今，贷款诈骗案或骗取贷款案通常伴随着银行信贷人员的渎职犯罪，如国有公司、企业、事业单位人员失职罪或玩忽职守罪。在这两个渎职罪名中，行为人过失心态的认定是重中之重，而注意义务是过失犯罪的核心，对注意义务的认定关系到罪与非罪的界限。

一、注意义务判断标准诸学说梳理

过失犯本质上是注意义务的违反，西田典之教授指出："过失即违反注意义务。"[②] 林山田教授亦指出："任何人从事或参与社会共同生活的各种活动，均应谨慎从事，以避免其行为发生危险，而危及或破坏他人的法益。行为人若违背社会共同生活中所公认的行为准则，而对于客观可预见的构成要件该当结果的发生疏于保持依据客观情状所必要的注意，则其行为即系违背客观的注意义务，具有行为不法。"[③] 因此，注意义务是过失论的核心内容，关系到过失能否成立。注意义务是指"行为人作为时应当注意有无侵害某种法益，不作为时应当注意有无违反某种特定的法律义务的责任"。[④] 在旧过失论时代，过失为有责性要素，过失的认定强调行为人主观心理的认知，注意义务因此被视为结果预见义务。在新过失论时代，过失既是责任要素，也是违法要素，过失的认定不仅要看行为人主观心理的认知，更要看客观行为的反规范性，因此注意义务既包括结果预见义务，也包括结果避免义务。[⑤] 行为人有无注意义务以及注意义务的程度关系到过失的归责，其判断标准主要有以下学说。

（一）客观说

客观说注重发挥刑法的社会保护功能，将注意义务视为一种概括的、普遍的范

---

* 北京市人民检察院第三分院副检察长。
** 北京市人民检察院第三分院检察官助理。
① 张阳主编：《国家工作人员失职犯罪界限与定罪量刑研究》，中国方正出版社2010年版，第2页。
② [日] 西田典之：《刑法总论》（第2版），王昭武、刘明祥译，中国人民大学出版社2013年版，第228页。
③ 林山田：《刑法通论》（下册），北京大学出版社2012年版，第107页。
④ 陈兴良：《刑法哲学》，中国政法大学出版社1997年版，第187页。
⑤ 参见胡鹰主编：《过失犯罪的定罪与量刑》，人民法院出版社2008年版，第74-75页。

畴，认为应以通常人或一般人所具有的注意能力为标准，若行为人未能尽到普通人应具有的谨慎周到的管理能力造成危害后果的，应负过失责任。日本学者牧野英一指出："从保卫社会的需要和教育刑出发，保卫社会当然要求每个人为善良管理者的注意，而且不具有该能力的人，为培养该种能力科以刑罚是必要的。"① 客观说的缺陷是显而易见的，一方面，以一般人所具有的注意能力去衡量所有千差万别的人是不公平的，对于那些由于种种原因而导致的自身注意能力低于常人的人有客观归罪之嫌。"我们需要一种合适的方法，既能克服法律的不确定性，又能对抗确定性本身对法治的悖逆"②，客观说强人所难，本身已违背了正义理念。另一方面，客观说不利于发挥刑法惩治功能。对于本身注意能力高于普通人的行为人而言，按客观说可能会作出罪处理。比较典型的是业务过失犯罪，对于负有特定职责或具有某种业务技能的人而言，在发生损害结果时，虽然行为人尽到了一般人的注意义务，但远远达不到业务上的要求，若不予惩治，将会放纵犯罪，甚至鼓励业务上不负责任的行为，不利于社会生活的正常开展。因此，客观说虽捍卫了法规范的形式平等，但欠缺实质的正义，故不足取。

（二）主观说

主观说认为，应以行为人本人的具体能力、水平以及当时的具体条件来判断，即在当时的客观环境和条件下，根据行为人本人的年龄、健康及发育状况、知识程度、工作经验、业务水平以及所担负的责任等条件来判断其能否预见。③ 雅各布斯认为："刑法的功能并不是去保障全部的人都具备同样的能力，而是保障全部的人给自己忠实于法律而行为的动机。"④ 主观说在某种程度上克服了客观说的僵化与刻板，能够更加灵活地认定注意义务，但也存在不可避免的缺陷。依照主观说，注意义务的认定完全依照各行为人的实际情况而定，这就会出现能力越大者，责任越大，能力越小者，责任越小的窘境。例如，A 与 B 同为某公司职工，A 工作踏实认真，业务水平较高，B 不思进取，业务水平较低，对于同一业务过失，A 有预见及避免的能力，需承担过失责任，而 B 因无法预见而不需承担责任，这等于鼓励或纵容了不学无术、得过且过的风气，明显有违社会常理。埃尔曼指出："至少从亚里士多德开始，如何根据正义的考虑减轻现行法律可能带来的严苛与不公正就已经成为法律理论与实践所面临的一个问题了。"⑤ 如今我们依然面临同样的问题。若采主观说，强制能力更大者肩负更大的责任，要求他们"提供更大的谨慎和更高的付出，是一种威权主义倾向，是一种对个人自治的伤害，是一种多数人的暴政"⑥。

---

① 林亚刚：《犯罪过失研究》，武汉大学出版社 2000 年版，第 88 页。
② ［英］彼得·斯坦、约翰·香德：《西方社会的法律价值》，王宪平译，中国法制出版社 2004 年版，第 133 页。
③ 参见聂立泽、乐丹：《过失犯罪中注意能力的判断标准及业务过失的判断基点》，载《学术研究》2004 年第 10 期。
④ 于佳佳：《过失犯中注意义务的判断标准》，载《国家检察官学院学报》2017 年第 6 期。
⑤ ［美］H. W. 埃尔曼：《比较法律文化》，贺卫方、高鸿钧译，清华大学出版社 2002 年版，第 46 页。
⑥ 高巍：《论注意义务的判断标准》，载《甘肃政法学院学报》2011 年第 3 期。

(三) 综合说

综合说分为主客观统一说与主客观相统一但以主观标准为主说，后者也称为折中说。前者认为应以行为人本人的实际能力为基础，并结合行为时的客观外在环境和条件综合判断行为人的注意义务；后者认为原则上应采主客观统一说，在司法实务中适当考虑客观标准，尽量为司法提供客观可行的尺度，但其中起决定性作用的是主观标准，因为注意义务说到底是对个体能力的考察，个性化较强，每个人的注意能力不同，不能"一刀切"地要求每个人。从某种意义上讲，主客观统一说没有分清主次，将主客观同等看待，实际上是没有标准，缺乏可操作性。例如，A 是一名技术工人，虽工作多年，但技术水平仍略低于普通工人，A 在一次生产过程中因操作失误导致工厂损失。若按照主客观统一说，较难确定 A 是否具有注意能力，主客观相统一但以主观标准为主说可解决这一问题，我们可先用客观标准衡量，勾勒出 A 是否具有注意能力的框架，而后重点考察 A 的个人资质、水平以及当时的客观环境、条件等，若 A 的注意能力明显低于客观标准，则可能存在没有尽到必要的注意义务。主客观相统一但以主观标准为主说既克服了主观说、客观说的片面性，又避免了主客观统一说的模糊与混乱，闪烁着传统中庸哲学与辩证思想的光芒，正如亚里士多德所指出的："得与失彼此对立，好处多或坏处少，便是有所得；坏处更少是得，好吃更少是失。公平的，我们认为正义的正是得与失之间的中庸之道"①。

二、银行信贷审批现状分析

商业银行自出现以来，就一直与风险相伴，从某种意义上说，商业银行是经营风险的金融机构，而信贷风险是商业银行所面临的主要风险之一。在认定银行信贷人员渎职犯罪过程中，要充分考虑市场风险因素，不能唯结果论。1988 年发布的《中国人民银行关于追究银行工作人员玩忽职守责任有关法律问题的复函》中指出：以玩忽职守罪对银行工作人员追究法律责任的问题应客观对待，银行作为经营货币信用业务的特殊企业，贷款本身存在风险。经济体制改革的发展，要求企业更多的面向市场组织生产，这不仅给银行贷款审批提出了更高的要求，也相对增加了贷款风险。在银行贷款目前绝大部分都是信用贷款的情况下，贷款风险乃至贷款损失是不可避免的。

除市场风险的不可抗因素之外，银行信贷尚不健全的审批体系也增添了信贷风险。银行信贷审批主要分为贷款前审查与贷款后管理两个阶段，贷款前审查阶段包括贷款受理与调查、风险评价、贷款审批等环节，贷款后管理阶段包括贷款管理等环节。受理与调查环节是风险控制的第一道关口，信贷人员接到贷款申请后，从借款人及其关系人的情况、项目本身情况、贷款担保情况三个方面着手收集借款人信息，并撰写调查报告提交审批部门，审批部门会对贷前审查报告进行全面风险评价，对借款人情况、还款来源、担保情况进行审查。之后，银行根据"审贷分离、

---

① [古希腊] 亚里士多德：《尼各马科伦理学》，高思谦译，台湾商务印书馆有限公司 2006 年版，第 140-141 页。

分级审批"的原则作出最终决策。在贷款后阶段,银行会加强贷后管理,甄别客户风险度,及时根据行业的不利变化采取应对措施。[①] 信贷审批涉及人数众多,时间跨度较长,相关制度并不健全,这导致了信贷审批环节存在诸多问题:首先,信贷流程欠缺前端风险控制,信贷人员对贷款合同或协议管理的重要性认识不足,未能改变粗放型的贷款经营模式,对借款人实际需求进行合理评估不足。其次,贷款发放与支付管理薄弱。由于在放款环节把关不严,没有根据合约条件及受益人原则实行贷款发放与支付,往往造成信贷资金被挪用甚至违规进入股票市场、房地产市场。再次,岗位制衡、绩效考核和责任追究机制不完备,造成信贷管理"重贷前、轻贷后","重眼前、轻长远"现象普遍存在。最后,信贷管理法规不健全,我国现行贷款管理法规缺乏系统性规定,可操作性不强,且未能跟上金融体制改革的步伐,在某种程度上造成信贷人员无所适从,甚至造成国家财产损失。[②] 除上述机制性缺陷外,信贷业务本身的复杂性、专业性使信贷人员不得不面对庞大复杂企业的财务状况,这对信贷人员要求较高,甚至要达到财务专家、行业专家、企业家与心理学家的程度,对银行信贷人员是重大挑战。

鉴于上述客观情况,我们应慎重认定银行信贷人员的注意义务,综合全面地考虑各种因素,避免使银行信贷人员陷入动辄得咎的窘境。

三、银行信贷人员注意义务的判断路径

(一) 应以折中说为判断基础

折中说秉持从实际出发,实事求是的立场,为我们判断银行信贷人员注意义务提供了指导,该说既"注意到在当时的具体条件下一般具有正常理智的从业人员对这种结果的发生能否预见,初步作出判断,更重要的是根据行为人自己的年龄状况、智力发育、文化知识水平、技术熟练程度等,来具体分析他在当时的具体情况下对这种结果的发生能不能预见"[③],具有科学性。实际上,主客观相统一但以主观标准为主说具有层次性,尽管全面考察、分析了主客观标准,但并不简单拼凑、混沌模糊,而是相互调和,该说尊重注意义务与注意能力的个体化特质,在受到客观标准影响而显失公平时诉诸主观标准。

笔者认为,银行信贷人员注意义务的判断应分三个阶段:首先,我们应当厘清信贷人员个人业务水平与当时的客观标准。信贷人员的个人业务水平通常由执业经历、职务、性格、生活阅历、学习能力、心理状况、文化水平、内心动机所决定,每个人都是独一无二的,我们应当承认并客观分析、梳理个体间的差异。客观标准为一般人的标准,通常由职业规范所决定,对于信贷人员而言,必须遵循依法合规、客观公正、平衡风险与收益、分工独立、过程管理和节点管理相结合等原则,熟知并严格执行《贷款通则》、《商业银行授信工作尽职指引》、《银团贷款业务指引》、《固定资产贷款管理暂行办法》等法律法规。这些原则与规制是控制信贷风

[①] 参见慈亚平主编:《授信审批教程》,安徽大学出版社2012年版,第52-53页。
[②] 杨家才:《信贷管理新论》,中国金融出版社2010年版,第51-52页。
[③] 王作富主编:《中国刑法适用》,中国人民公安大学出版社1987年版,第120页。

险的底线，也是认定信贷过失的客观标准。其次，以客观标准为尺度去衡量信贷人员是否尽到了注意义务。改革开放以来，我国信贷管理制度改革逐步深化，信贷管理制度也日趋完善，明确统一的规范与标准是信贷业务开展的重要保障，也是信贷人员避免风险的重要依靠。在注意义务的判断过程中，片面依赖客观标准是不足取的，客观标准虽不断细化完善，但仍存在制度真空或相互冲突的现象，如信贷业务相关指标体系健全程度较低，计量分析方法也很不完善，甚至仅仅停留在很初级的水平。① 此外，客观标准所固有的缺陷一方面使注意能力较高的人群没有尽到自己的注意义务，出现得过且过的现象，另一方面对注意能力较低的人群过于苛刻，这类人群即便尽最大可能防止出现业务过失，但由于自身水平或其他原因导致国家财产损失，对其归责是有悖刑法谦抑的，也有违期待可能性理论。最后，主观标准能有效缓解面对客观标准所带来的困境。在判断信贷人员是否具有注意能力，尽到注意义务时，不能以通常一般的信贷人员都具有这种能力为由推定行为人也具有这种注意能力，虽然信贷人员都要达到基本的业务水平，学习信贷基础知识，但不同信贷人员的专业水平仍存在高低之分。因此，不同信贷人员在能否认识到自己的行为可能发生危害结果，能否意识到应当及时采取阻止措施等方面是存在很大不同的，对信贷人员注意义务的考察最终要落实到个体情况。

（二）可引入信赖原则

信赖原则源于交通领域，"这个原则在其最一般的形式中表明，那个在交通领域中符合规定行为的人，在不存在对相反认识的具体依据时，就可以相信其他人也会像他一样行为"。"信赖原则能够向其他生活领域进行的扩张有多么广泛，还是不清楚的。原则上，人们承认这个原理可以扩展到由参与工作人员共同作用的案件之中，尤其在医生行为的领域内。"② 同理，在企业内部关系中也有适用信赖原则的可能，由于银行信贷并非简单的审批程序，而是一整套需要分工合作流程，与组织性医疗体系较为接近，所以在判断信贷人员注意义务时，应当通盘考虑，合理判断个体的责任，避免损及罪责自负原则，保障罪责自负原则的利器之一便是信赖原则。

银行信贷人员包括信贷业务申报人、审查人、审批人、放款中心人员、贷后管理人员，不同的人员负责不同的流程，相互配合完成信贷业务。作为信贷业务第一线，要实地调查贷款申请人的资信情况，为后续审批工作提供依据，所以信贷业务申报工作相对重要，很多信贷渎职案件都在这个环节出了问题。例如，西安某食品公司是某国有银行西安支行的优质客户，该公司曾向银行贷款多次并都按时还款，该公司经理李某与银行信贷人员关系也十分不错。2010年6月，李某用价值82.04万元的房产做抵押，向该支行申请一笔40万元的个人商务贷款。申请贷款时，李某称这笔贷款将用于扩大厂房。该支行的信贷人员认为李某所在公司信誉良好，且李某有抵押品作抵押，便爽快地批准了李某的贷款申请。2010年8月，李某的贷款

---

① 杨家才：《信贷管理新论》，中国金融出版社2010年版，第26页。
② ［德］克劳斯·罗克辛：《德国刑法学总论》（第1卷），王世洲译，法律出版社2005年版，第717-718页。

保证人刘某向银行信贷人员透露李某利用假房产证向其他银行申请贷款，银行相关工作人员在房管局调查后，发现李某用于抵押的房产证系伪造。后银行工作人员与李某无法取得联系，李某向该支行贷款共计38万元未还。① 在该案中，由于第一线的信贷人员风险意识淡薄，没有对贷款申请人的资信做仔细检查，没有发现贷款申请人的房产证系伪造，也没有对其抵押物进行价值估算，导致贷款损失发生。在之后的信贷审查环节中，审查人员主要是通过对信贷业务资料的审查进行的，审查人员对于调查、收集并经核实的材料，进行分析、审查、预测和评价，在归纳综合各个单项分析、研究结论的基础上，编写、提交审查报告，根据本行规定的审批权限逐级审批。② 由此可见，信贷业务申报环节之后主要为书面审查，只有在遇到特殊情况，需要再次核实真实性时，审查人员才深入客户和有关政府部门、企业进行调查研究，收集、核实资料，掌握客户和信贷项目的实际情况。笔者认为，在一般情况下，若信贷业务审查人、审批人、放款人对来自上游环节的材料抱有建立在扎实基础与根据之上的充分信任，且本人尽到善良管理人的责任，按照标准流程完成相应任务的，不应为上游环节的失职承担责任，涉及的渎职责任不应该再向下游传导。当然，下游环节信贷人员应负有证明自己无过失的举证责任。西原春夫指出："在社会生活中存在监督人对被监督人的信赖越大，就越无审查地全权委托的实态，并由此形成了分工，实现了高能量效率。此时，从该状况下的一般监督人的立场来看，当能够判断出进行这样的信赖是妥当的，在法律上也许可基于该信赖的委托"；"通过对信赖相当性的判断，来截断无限制地扩大预见可能性是有必要的且有可能的，监督责任的认定具有与道路交通事故中过失认定相似的性质"③。

可以想象，在多环节配合、分工明确的信贷业务中，若没有必要的信赖与全权委托，在贷款损失发生的情况下，每个环节的信贷人员均有入罪的可能，这不仅有悖刑罚公正，也极大地降低了信贷业务效率，甚至导致信贷业务无法开展。所以信赖原则的适用制止了"无限追责"，有利于刑法谦抑与信贷业务的长远发展。当然，信赖原则的适用并非毫无条件，周光权教授认为在以下情况中应限制信赖原则的适用："一是行为人自身违反注意义务的，应当注意采取特别措施避免结果发生，不能适用信赖原则，否则对过失犯的认定会失去平衡；二是在对方由于身心上的原因（如对方是幼童、老人、醉酒者、身体残疾者），容易采取异常行动，而不能信赖时，也不能适用信赖原则"④，笔者深以为然。

因此，在对银行信贷人员过失类渎职犯罪进行责任认定时，首先需要确定的是注意义务的认定标准，以此来确定该信贷人员是否违背了其应有的注意义务，防止过于扩大责任的射程，唯有此方能不偏离过失犯罪认定的核心问题。同时，还需要引入信赖原则，不唯结果论，防止责任传导的范围过于扩大。

---

① 参见阎敏：《银行信贷风险管理案例分析》，清华大学出版社2015年版，第3-4页。
② 徐伟宏主编：《信贷业务标准化管理手册》，中国言实出版社2005年版，第23页。
③ ［日］甲斐克则：《责任原理与过失犯论》，谢佳君译，中国政法大学出版社2016年版，第91页。
④ 陈兴良、周光权：《刑法学的现代展开Ⅰ》（第二版），中国人民大学出版社2015年版，第210页。

浅谈金融犯罪的演变及刑法规制调整

谭 婷[*] 周姿璇[**]

互联网金融作为一项新兴行业，通过"互联网+"的理念，快速与金融结合，形成第三方支付、P2P网络借贷平台、众筹、大数据金融、互联网金融门户等众多互联网金融门类，上述互联网金融种类的优点突出表现为交易成本低、涉及范围广、参与者众多。

近几年来，互联网金融趋于高速发展。比如，阿里巴巴余额宝短短半年时间就吸引5000亿元的资金，P2P网络借贷也是几何倍数的增长，截至2014年年底，P2P网络借贷市场拥有1500家平台，从业人员39万名，惠及中小企业超过200万家，全年累计成交额超过3000亿元。[①] 从互联网金融的功能或者价值来看，其利用互联网与金融深度结合的优势，通过金融形式的创新反逼金融体制改革，尤其是改变传统金融行业垄断的局面，同时，在解决中小企业融资困难和引导民间资本发展上发挥了积极作用，如P2P网络借贷和众筹为小微企业，尤其是创新型企业提供了融资渠道，为企业发展提供了资金来源，同时也激发了社会发展活力。

但是，互联网金融作为一项新生行业在我国还处于发展初期，其过度的不成熟也使该行业出现了一些违法犯罪的活动，一些犯罪行为人利用互联网金融侵犯公司财产，如部分互联网金融从业者利用P2P网络借贷平台和众筹等方式实施诈骗等侵财类犯罪，也有些行为人利用互联网对互联网金融行业实施犯罪。有调查报告显示，利用互联网犯罪已成为侵害金融服务行业犯罪案件中高居第二位的经济犯罪活动，在金融服务行业中经历互联网金融犯罪的比例高达38%。[②] 目前，互联网金融在非法集资方面已经出现多起重大刑事案件，因此充分利用刑法武器扼制互联网金融犯罪已成迫切需求。本文笔者将通过对金融犯罪观念的变迁以及刑法规制互联网金融犯罪的困境分析，对如何完善互联网金融犯罪的刑法立法规制及司法完善作出分析探讨。

一、金融犯罪的观念变迁

我国金融犯罪的观念大体上经历了以下三个阶段。

（一）"银行犯罪"阶段

从20世纪80年代初到90年代初为"银行犯罪"阶段，此为金融犯罪的第一

---

[*] 浙江省湖州市吴兴区人民检察院公诉二部副主任。
[**] 西北政法大学2017级刑法学硕士研究生。
① 《2015中国互联网金融发展趋势研究报告发布》，转引自中国新闻网 http://finance.chinanews.com/fortune/2015/02-09/7048671.shtml，最后访问时间：2019年5月20日。
② 周轩千：《普华永道：互联网犯罪日益威胁金融业》，载《上海金融报》2012年5月12日。

阶段。在 1979 年我国发布的第一部《刑法》中，没有金融犯罪的专门规定，只规定了三种具体罪名，即第 122 条伪造货币罪和贩运假币罪、第 123 条伪造有价证券罪。现行《刑法》规定的八种金融诈骗犯罪的情形，当时并没有独立出来，只是被笼统地包含在 152 条所规定的诈骗罪中。在实践中，对于非法倒买倒卖外汇牟利，或者从事高利贷，或者擅自设立金融机构等严重违反金融法规的行为，依据 1979 年《刑法》第 117、118 条以投机倒把罪论处；对于国有金融机构的工作人员违法发放贷款造成较大损失的，则依据 1979 年《刑法》第 187 条以玩忽职守罪论处。

依此来看，当时的所谓金融犯罪，大体是围绕着怎样保护银行而设立的，因为在当时的计划经济体制下，金融业几乎就是银行的代名词，"现金就是货币，银行代表了金融"，此时的金融犯罪，其范围大致相当于"银行犯罪"。即便从当时来看，这样的金融刑法配置，也已经无法满足惩治愈演愈烈的金融犯罪的现实需要，因此金融犯罪罪名体系建设的任务迫在眉睫。

（二）"行业犯罪"阶段

从 20 世纪 90 年代中后期到 20 世纪末为"行业犯罪"阶段，此为金融犯罪的第二阶段。随着从计划经济向市场经济的转型，在进一步发展银行业的同时，我国全面推动了证券市场与保险市场的发展，于是在 1995 年出台了一部单行金融刑法，即全国人大常委会颁布的《关于惩治破坏金融秩序犯罪的决定》；后来将其吸收、修改、补充到 1997 年颁布的第二部《刑法》中，形成了"破坏金融管理秩序罪"和"金融诈骗罪"两节，构建了我国金融犯罪的基本框架；1998 年，全国人大常委会出台的《关于惩治骗购外汇、逃汇和非法买卖外汇犯罪的决定》，又增设了"骗购外汇罪"。

现行《刑法》中金融犯罪的罪名规定顺序，大致可以将其归纳为三大类别，分别对应三个不同的行业，即以伪造货币罪、非法吸收公众存款罪为代表的银行犯罪，以内幕交易、泄露内幕信息罪、操纵证券、期货市场罪为代表的证券犯罪，以保险诈骗罪为代表的保险犯罪。在 20 世纪 90 年代末期，就当时的金融市场发展状态来说，这种对应金融市场"分业经营、分业监管"状态的分类方法，与"一行三会"（人民银行、银监会、保监会、证监会）的金融监管体制相衔接，可以说基本完成了金融犯罪的立法建设任务，也满足了惩治金融犯罪司法实践的需要。

（三）"金融领域犯罪"阶段

从 21 世纪初期开始至今为"金融领域犯罪"阶段，此为金融犯罪的第三阶段。自 2004 年开始，互联网金融的一系列标志性事件开始涌现，标志着我国金融市场的巨大变革：2004 年 12 月，支付宝正式上线运营；2007 年 8 月，我国首家 P2P 网络借贷网站"拍拍贷"上线；2013 年余额宝的兴起，彻底"点爆"了我国互联网金融，这一年也被很多从业者定义为是我国"互联网金融发展元年"；2014 年 12 月，我国第一家以互联网企业为运营主体的前海微众银行开业；2015 年 7 月，被誉为互联网金融"基本法"的《关于促进互联网金融健康发展的指导意见》出台，从而在国家层面上正式确立了互联网金融的地位。2017 年 11 月，国务院成立了金融稳定发展委员会，统一协调国家的金融稳定和改革发展等重要问题，这固然可以

第四编　金融领域腐败犯罪的惩治与防范

解释为国家试图解决传统金融行业"一行三会"的"事实割据",也意味着国家对于金融有了不同于以往的理解,在金融行业中融入了"互联网+"的全新要素。因此,现阶段对于金融犯罪模式的认识也必须有所调整。①

上述金融创新,不但推动了金融本身的发展,同时也促进了对金融犯罪的重新界定。在1997年刑法典颁布之后,在其后的近二十年间(1997—2015),立法机关又陆续颁布了一部单行刑法、七个《刑法修正案》对金融犯罪进行修正,形成了现今的金融犯罪格局:根据现行《刑法》,除了典型的金融犯罪(破坏金融管理秩序罪以及金融诈骗罪)之外,《刑法》也肯定了金融盗窃罪(196条第3款)、金融贪污、贿赂罪(第183条、184条、185条)的存在。

特别需要提及的是,早在第二阶段,就有学者开始反思前述狭义的金融犯罪概念,提出了广义的金融犯罪概念,认为我国《刑法》中还有两类犯罪也可以归入金融犯罪之列:一是直接侵害金融秩序的犯罪,如走私假币罪,欺诈发行股票、债券罪,骗购外汇犯罪以及非法经营罪等;二是金融机构工作人员在履行职务过程中的贪污、受贿、挪用等渎职犯罪,以及非金融机构工作人员非法从事买卖外汇,非法经营证券、期货或者保险业务等犯罪。因此,对金融犯罪的界定,不再是以行业为标准,而是以金融领域为标准,即金融犯罪是发生在金融领域的犯罪,既包括传统金融领域,也包括互联网金融领域;既可以由传统手段实施,也可以通过互联网来实施。

这样一种开放式的金融犯罪观可能面临的质疑是:《刑法》第183条、184条、185条规定的金融贪污贿赂罪,第196条第3款规定的金融盗窃罪属于金融犯罪吗?对此有"肯定说"、"否定说"两种对立的观点,双方争执的焦点在于:肯定说中最有力的理由是上述刑法条文存在于《刑法》的金融犯罪专节中;而否定说则认为,我国《刑法》第183条、184条、185条对金融领域中的贪污、贿赂犯罪确实作了特别规定。但是,这些条文仅仅只是一种提示性规定,而并非归类性规定。从表面上来看,问题的症结似乎在于如何理解《刑法》中上述条文的规定。

必须承认,上述条文属于法律的注意规定,因为上述行为构成犯罪主要是侵犯了财产权、公务人员的职务廉洁性,原本就构成盗窃罪、贪污贿赂犯罪。那么,也许有人会问:既然它们并不属于金融犯罪,但为什么规定在金融犯罪专节中呢?在笔者看来,这是因为它们发生在金融领域中,在主要客体之外,同时也侵犯了金融管理秩序,具有不同于普通盗窃、贪污贿赂犯罪的特殊性,所以在金融犯罪专节作出特别规定。

从更深层次来说,这涉及双方争执的前提性问题:金融犯罪是仅限于被认定为金融犯罪的罪名,还是包括发生在金融领域的其他犯罪?如果答案是前者,那么上述行为自然不属于金融犯罪,也就无法规定在金融犯罪专节中。而立法者之所以作出如此安排,至少肯定了这些行为都发生在金融领域,上述盗窃、贪污贿赂行为也侵害了传统的金融管理秩序,这是连否定说也承认的客观事实。或者可以说,立法

---

① 王勇:《互联网时代的金融犯罪变迁与刑法规制转向》,载《当代法学》2018年第3期。

者默示放宽了金融犯罪的认定范围,从对金融犯罪的狭义理解——是否属于金融犯罪的类罪名,推进到广义理解的深度,即金融犯罪虽然以狭义理解为主体、典型,但是除此之外,也涵盖发生在金融领域的犯罪,即从广义上来说,金融犯罪是发生在金融领域的犯罪。

对于金融犯罪观念的扩张理解,也符合司法实践中对于金融犯罪的认知。根据统计数据显示,2016年上海市检察机关受理的金融犯罪案件涉及7类共28个罪名,除了传统的金融诈骗类犯罪1137件和破坏金融管理秩序罪504件以外,还包括了非传统的金融从业人员犯罪32件和扰乱市场秩序类犯罪25件。从这份数据中可以看出,在传统的金融犯罪(破坏金融管理秩序罪和金融诈骗罪)之外,司法机关也将扰乱市场秩序类犯罪、金融从业人员犯罪计入金融犯罪之中,这实际上也肯定了实践中金融犯罪的范围在放宽。

例如,非法经营罪、合同诈骗罪等原本属于经济犯罪,贪污罪、受贿罪等原本属于职务犯罪,虽然看似与金融犯罪泾渭分明,但因为发生在金融领域,并且实践中也将其适用于对金融犯罪的审判,因此被纳入广义金融犯罪的视野之中,同时也印证了实践中对于金融犯罪的理解,实际上也是采用金融领域标准说。也就是说,目前我们对金融犯罪的理解,不应仅局限于刑法典的体例安排,而要从维护金融秩序、保障金融安全的角度出发,以发生在金融领域为判断标准,合理地划定金融犯罪的范围。

二、刑法规制互联网金融犯罪的困境

笔者认为,根据现行刑法规定以及当前司法实践,目前刑法在互联网金融犯罪方面存在如下困境。

(一)互联网金融行为冲击刑罚稳定性

互联网金融行为创新的本质是,重塑金融交易对象、交易方式、金融机构、金融市场和金融调控制度。互联网金融行为改变了传统金融行业的发展模式和运行模式,增强了传统金融行业的透明度、参与度和协作性,降低了金融行为的中间成本,提高了金融操作的便利性。互联网金融模式的特点是高透明度、高协作性、灵活、便捷。商业银行间接融资、资本市场直接融资、互联网金融是我国三大金融融资模式。互联网金融行为千变万化,金融创新行为为我国现行刑法框架带来了风险。我国对互联网金融进行刑法规制时,需要避免刑法对互联网金融市场的过度干预。刑法干预程度过高,可能影响金融模式创新和互联网金融发展。刑法的稳定性和互联网金融的创新性在一定程度上是无法共存的。目前,我国尚未建立完备的征信系统,电子信息系统存在技术性缺陷和管理性缺陷。这些缺陷成为不法分子进行违法犯罪行为的动机。刑法的稳定性,要求刑事立法必须经过复杂的立法程序。提高刑法修正案的出台频率,可以保护合法经营的互联网金融业务,惩治互联网金融犯罪,但有可能破坏刑法的稳定性。刑法修正案制定频繁,论证时间不足,增强了刑法规定的随意性、冲动性和过分超前性,又不利于我国构建稳定的刑法规制体系。

（二）强调刑法规制可能为泛刑主义思想营造环境

泛刑主义是一种和罪刑法定对立的刑法倾向。泛刑主义的本质是过度依赖刑法和刑罚，使用刑法调整一切社会关系，使用刑罚限制人们的一切行为，刑法可以直接干预所有的社会生活。泛刑主义思想的表现形式是，频繁修改刑法典，提高对犯罪行为的惩治力度，忽略人的主观罪过和客观罪过，扩张刑法解释，扩大犯罪打击范围。当前，我国很多金融行为游走于合法和违法之间，不断触碰违法犯罪的边缘。P2P 网贷是互联网金融的常见金融行为。P2P 网贷为违法分子提供了非法集资、吸收存款、违法发放贷款的机会。但仅以是否属于非法吸收公众存款罪来判断 P2P 网贷行为的合法性就过于片面。我国法律和司法解释也没有详细规定合法的互联网金融行为。互联网金融对参与者的限制较少。由于互联网强大的传播能力，互联网金融的参与人数越多，出现纠纷的可能性就越大。当出现金融纠纷时，庞大的参与群体可能引发群体性事件，严重破坏社会治安。对互联网金融进行刑法规制，是规范互联网金融行业发展的基本措施。刑法是社会防控的最终防线，界定犯罪本质、区分违法行为和犯罪行为，是使用刑法规制的前提条件。非法集资活动和非法吸收公众存款罪、集资诈骗罪性质不同。盲目使用刑法打击非法集资活动，可能违背刑法的谦抑性和法律解释逻辑，扩大罪刑的惩治范围，阻碍我国构建非法集资活动规制体系，限制民间金融的合法活动空间。另外，不考虑违法行为的犯罪性质而盲目使用刑法的观念，是泛刑主义思想的重要表现形式。经济发展依赖资金流动。金融模式创新推动了金融市场发展。互联网金融对经济发展的作用越发显著。使用非法融资罪名强行制裁互联网金融，可能导致非法吸收公众存款罪、集资诈骗罪等口袋化。

（三）互联网金融架空现有金融监管体系

互联网金融迅速发展的原因是，互联网领域发展潜力巨大和互联网市场发展前景良好。发展互联网金融可以加快实体经济的发展速度，为中小型企业解决融资困难的问题。我国互联网领域对网贷的观点大致有两种：第一种观点认为，网贷是单人借款合同，网络借贷平台是为贷款人提供贷款服务的第三方平台，网络借贷平台从事网贷业务无需金融牌照。网贷行业是金融创新的产物，发展网贷可以扩展正规金融的业务范围，解决中小型企业融资困难的问题。由于网贷是我国金融领域借鉴国外金融创新实践出现的新型互联网金融模式，使用刑事手段干预经济生活是不恰当的行为。第二种观点认为，当网络借贷行业未影响我国金融系统时，使用刑事制裁手段限制网贷行业发展的难度较大。互联网金融的创新性成为人们质疑传统金融监管方式、质疑刑法规制的主要原因。互联网金融参与人数多，资金规模大，金融风险高于传统金融领域。经济法、行政法是管理传统金融领域的基础法规。刑事制裁是约束传统金融领域的最后一道防线。基础性法规的作用是监管金融违规现象和金融违法现象。刑事制裁的作用是制裁严重金融违法现象。由于互联网金融领域的特殊性，基础性法规失去了监管一般金融违规现象的作用，严重金融违法现象成为互联网金融领域的常态。互联网成为各类违法犯罪分子从事非法集资活动的平台。当互联网金融领域出现违法问题时，执法机构跳过基础性法规，直接使用刑事制裁手段,对我国传统金融监管体系产生了不利影响。

(四)审理互联网金融犯罪案件可能削弱司法权威

互联网金融犯罪是网络犯罪,也是金融犯罪。出现这种现象的原因是,互联网金融是网络技术和金融技术相融合的产物。互联网领域复杂多变,很多违法行为难以认定犯罪性质。互联网金融犯罪案件审理难度高的原因是,互联网虚拟度高、网络传播性强、信息可恢复性差、资金流动隐秘性强。由于互联网犯罪错综复杂,执法机关搜集证据的难度较大,案件侦破时间长,很难顺利开展互联网金融犯罪的侦破工作。案件进入刑事程序后,事实查明、证据认定、法律适用、法律管辖等实际困难是阻碍法院审理案件的重要原因。同时,互联网领域和金融领域的专业性强,司法工作人员未掌握足够的专业知识,很难顺利侦破互联网金融犯罪案件。案件认定的准确性直接决定了刑事司法的权威性。当司法认定出现错误时,刑事司法的公信力也会下降。①

三、金融犯罪刑法立法规制的调整及司法完善

根据以上互联网金融犯罪刑法规制的困境,笔者认为,强化和完善互联网犯罪刑法立法及司法应对应重点突出如下几个方面。

(一)调整互联网金融的刑事立法规制

关于互联网金融的刑事立法规制,笔者赞同刘宪权先生的观点,建议互联网金融的刑事立法限缩与司法谨慎。废止非法吸收公众存款罪的规定,在非法吸收公众存款罪废止之前,刑事司法应保持最大限度的克制与节制,即应尽量提高本罪的入罪标准并对入罪之行为科处尽量轻缓的刑罚;限制非法经营罪的适用;限制擅自发行股票、公司、企业债权罪的适用;限制集资诈骗罪的适用。② 具体包括以下几个方面。

1. 顺应时代发展潮流,与时俱进推进刑法修订

根据《刑法》第225条第3款和《刑法修正案(七)》的相关规定,未经国家有关主管部门批准擅自开展资金支付结算业务的行为就可能构成非法经营罪。在互联网金融如火如荼的发展中,很多互联网金融活动不仅涉及资金支付结算,而且还日益深度地渗透到证券、保险、基金等各项金融业务中。按照上述规定,就可将互联网金融业务行为纳入非法经营罪、非法吸收公众存款罪等罪名构成的刑事法律打击范围。③

世界经济已从工业化时代大踏步向互联网时代迈进,非法经营罪作为工业化时代,尤其是工业化时代中计划经济的产物已经远远无法满足当前社会现实对刑事法律的需要。立法当然具有滞后性,但我们不能以此为理由忽视时代的变迁而拒不改变,否则就是法律共同体的集体不作为。其实,我们在某种程度上已经陷入由此造成的尴尬之中。一方面是在现行立法下,以P2P、约车为代表的互联网金融模式是显而易见、无可争议的非法经营行为;另一方面国家默许、认可甚至鼓励、支持互

---

① 杜嘉雯:《互联网金融犯罪的刑法规制》,人民法治网,2018年4月5日。
② 刘宪权:《论互联网金融刑法规制的两面性》,载《法学家》2014年第5期。
③ 李霞:《互联网金融犯罪的刑法应对》,载《陕西社会科学》2016年第9期。

联网金融的蓬勃发展，这其实是令法律人极其尴尬的。因为恶法亦法，无论这种"恶"是由于立法原意造成的，还是由于不适应经济社会发展造成的，在其被废止前即应得到遵守。在此局面下，实质上只有两种选择：要么严格执行现行法律，要么尽快修订现行法律。考虑到我国未来的发展战略、当前的经济状况、互联网金融发展形势及其向经济社会方方面面的深度渗透和与百姓利益的息息相关，后者成为唯一可能的选择，而做法无非有三种：直接取消非法经营罪、保留非法经营罪但需对犯罪构成进行重新设计、对互联网金融进行特别立法。何种做法是最优选择需大胆设想、小心求证。由于当前经济牵一发而动全身的特点，无论采用哪种方式，都要充分考虑多方因素，体系化思考应对策略。

2. 扩大资格刑的适用，构建轻缓但覆盖更广的刑罚体系

资格刑是指剥夺犯罪人行使一定权利资格的刑罚。国外立法中适用于经济犯罪的资格刑主要是公职权、职业权。公职权即将犯罪人在一定期限内担任某一官职或公职的权力加以剥夺，适用的范围主要是具有企业官职的犯罪人利用其职位所带来的便利和权力进行重大经济犯罪。职业权即对犯罪人在一定期限内从事某种职业或进行某种行业上经营的权利予以剥夺，主要适用范围是犯罪人滥用某种职业或行业多次进行重大经济犯罪活动的情形。[1]

我国刑法中的资格刑主要是剥夺政治权利和驱逐出境，但这两种资格刑对经济犯罪，尤其是互联网金融犯罪适用性较差。其实这里不妨大胆进行民刑交叉或者说混合立法技术使用，如引入民商法领域使用较为广泛的从业资格、任职资格等的限制这一做法。从实质上说，互联网犯罪分子更惧怕的是被剥夺从业资格，从而根本影响其生存能力和社会地位，甚至丧失生存能力。同时，为了不削弱刑法对互联网金融犯罪的威慑力，在保留对严重互联网金融犯罪施以自由刑的前提下，可以通过加强监管、扩大监管与刑法体系的接触面等方式给予更多相对轻微的互联网金融犯罪以适度打击，方式可以大量采用资格刑和财产刑。其背后的原理在于：不依赖个别重大案件的严刑峻法，而要最大限度保证互联网金融犯罪违法行为得到惩罚，有效遏制侥幸心理的滋生。

金融天然具有风险性。互联网金融亦是金融，其本质属性经营风险性未曾改变，金融风险的隐蔽性、传染性、广泛性和突发性在其身上依然时刻体现。互联网金融作为新生事物既需要市场的有力其驱动、鼓励其创新，又需要政策积极助力，由此才可促进其蓬勃发展。欲使互联网金融这一新生事物具有旺盛的生命力，尽管需要从政府监管的视域将其纳入刑法规制的领域之中，但对于互联网金融的创新活动很可能带来的一部分问题，也应多几分包容、多几分耐心，不要让法律法规尤其是刑法成为互联网金融创新改革难以逾越的障碍。互联网加快了传统金融业互联网化的速度，传统金融的创新反过来也促进着互联网金融企业的成长，助力其搭建更加广阔的发展平台。互联网与金融两者从来就不是水火不容的敌人，更不应兵戎相见，而应该共同携手助推传统金融与互联网互相融合，让互联网金融沿着正确的轨

---

[1] 李晓明：《P2P网络借贷的刑法控制》，载《法学》2015年第6期。

道向前发展，让每个公民都能在有金融需求时，能以合适的价格，及时地享受便捷的、高质量的金融服务。①

(二) 完善互联网金融的刑事司法

笔者认为，完善互联网金融的刑事司法，主要应从以下几个方面做起。

1. 重视司法的理性克制

高度开放性和创新性是互联网金融的主要特点。刑事司法规制互联网金融犯罪必须遵循理性克制理念，拒绝冲动执法。根据罪刑法定原则，司法机构必须明确犯罪本质，为犯罪行为认定寻找有效的法律依据，划清罪和非罪的界限。不构成犯罪的违法行为使用行政手段处理，构成犯罪的犯罪行为使用刑事手段处理。司法机构必须明确辨识互联网金融行为中的违法行为和犯罪行为，将犯罪行为纳入刑法规制中。很多开展网贷业务的经营机构未获得任何银行批准，擅自开展自融业务，归集社会资金形成资金池。具有经营业务资质的网贷平台公司时常出现非法融资、非法募集社会公众资金的行为。司法机构必须严厉打击互联网金融领域的违法行为，但不能随意变通执法手段，更改入罪标准，扩大犯罪范围。②

2. 提高取证意识和取证能力

侦查人员在查办互联网金融犯罪案件中，需要运用互联网、财会、税务、金融、证券、保险、基金等专门知识，如果缺乏全面的业务素质则难以应对案件中的各种复杂情况。因此，提高侦查人员取证能力势在必行。一方面，要调整侦查队伍的人员结构，充实互联网、会计、税务、金融、证券、审计等方面的专业人才。只有侦查人员成为熟练运用互联网进行金融交易的业务操作、分析、审查的专家，才能发现、总结新时期互联网金融犯罪的规律，掌握犯罪的薄弱环节，从而有效打击互联网金融犯罪；另一方面，要优化现有侦查队伍的知识结构，提高取证意识。即便侦查队伍的力量得到了充实、业务能力得到了的提高，但实际运用时更需要注意与刑事诉讼的要求相结合。如果专业人才仅注重发挥自己的特长，根据各自的理解查证案件，就不能形成打击犯罪的合力，所取得的证据也可能存在瑕疵。所以，必须增强证据意识，着力建构共同的证据体系结构与证据链结构，树立证据意识是诉讼的基础和核心的理念，把证据裁判原则贯彻于取证、审证、认证的各个环节。只有用现代证据思维培养侦查队伍中的多学科人才，才能让其按照同一理念根据刑事诉讼的正当程序来调查取证，充分发挥打击互联网金融犯罪的合力。③

综上所述，打击金融犯罪的关键不在于刑罚有多严厉，而在于刑事惩治是否存在多元的法律救济机制，既可以保持刑罚的威慑力，又能提升市场参与者的自我约束。而且，从更宏大的视野来说，治理金融犯罪是一个复杂的系统工程，需要坚持"自律+监管+法治三线并行"的思路，协调司法、电信、金融等诸多部门的利益与立场，综合运用法律、行政、技术等多种手段，方可实现防控金融风险与鼓励金融创新，打击金融犯罪与保障金融投资者、消费者权益的平衡。

---

① 张明月：《互联网金融犯罪的刑法规制研究》，北方工业大学硕士研究生学位论文，2017 年 5 月。
② 杜嘉雯：《互联网金融犯罪的刑法规制》，载人民法治网，最后访问时间：2018 年 4 月 5 日。
③ 詹先见：《互联网金融犯罪实证研究》，载《行政与法》2019 年 10 月。

新型非法集资类金融犯罪的刑法认定问题研究
——以区块链技术的应用为切入

融 昊*

一、问题的提出

近年来，随着区块链技术的发展与大规模普及，其在金融投资领域的应用价值越发受到大众的青睐。然而，自2017年以来，一系列打着区块链融资名义的非法集资类违法犯罪活动不断浮出水面，如广州的"光锥LCC"案、深圳的"普洱币"案以及西安的"大唐"币案，等等。这些设计区块链融资的非法集资类案件，均具有较大的涉案金额，为我国当前蒸蒸日上的互联网金融事业，造成了一定的负面影响。因此，我们有必要结合区块链技术及其在金融领域的衍生概念，针对当下愈演愈烈的区块链非法集资行为进行刑法认定方面的深入分析。

二、区块链及其相关衍生概念的法律分析

2008年，中本聪①在《比特币：一种点对点电子现金系统》中最早提出了区块链（block chain）概念，将其定义为按照时间顺序将数据区块以顺序相连的方式组合成的一种链式数据结构，以密码学方式保证的不可篡改和不可伪造的分布式账本。

基于区块链技术，数字货币应运而生。关于数字货币，有的国内学者认为包含一切的数字化、电子化货币形态，②将其等同于非实物货币，国外学者早年在讨论"digital money"概念时，也存在将电子支付形式作为其最典型特征③和将其区别于法定货币④两种概念。笔者认为，区分数字货币的概念应注意以下问题：首先，由于数字货币的发行主体不是主权国家，不属于主权货币（主权国家发行的数字货币非本文数字货币的概念）；其次，数字货币在表现形式上虽然与电子货币存在共性，但电子货币不过是主权货币的新兴表现形态，与纸币相对应，所以数字货币也非数字化货币。为避免概念上的歧义，本文所指的数字货币为数字（加密）货币，由非

---

* 北京师范大学刑事法律科学研究院博士研究生。

① 2016年5月2日，来自澳大利亚的企业家Craig StevenWright通过BBC、《经济学人》杂志以及《GQ》杂志对外公开承认自己就是比特币的创始人中本聪。参见陈耕艺：《中本聪和疯狂的比特币》，载《中国信息化》2016第5期。

② 参见焦瑾璞、孙天琦、黄亭亭、汪天都：《数字货币与普惠金融发展——理论框架、国际实践与监管体系》，载《金融监管研究》2015第7期。

③ 参见 Tim Jones. The future of digital money. European Business Review, 1999, 99 (4).

④ 参见 Aleksander Berentsen. Monetary Policy Implications of Digital Money. Kyklos, 1998, 51 (1).

官方金融机构通过网络技术制造、发行，以互联网为媒介实现交易功能，价值取决于货币支配使用者的信任。① 即从规范意义上来讲，以比特币为代表的数字货币并非是一种真正的货币。2013 年 12 月 3 日，中国人民银行等五部委联合发布了《关于防范比特币风险的通知》（以下简称《风险通知》），认定比特币是"特定的虚拟商品，不具有与货币等同的法律地位"，并严格禁止传统金融机构和支付机构开展比特币业务，主要防范比特币在洗钱等方面的风险。另外，据数字货币统计网显示，截至 2018 年 5 月，数字货币数量已达到 1615 种，市值达到 2196 亿元人民币，每 24 小时交易量达到 112 亿元。考虑到数字货币巨大的交易总值、交易监管的缺失与被不法分子利用实施犯罪的可能性，研究针对其刑事风险的刑法规制就显得十分必要。

基于区块链技术而产生的数字货币在我国金融领域的应用，主要是通过 ICO 的方式得以进行。ICO（Initial Coin Offering），中文一般译为"首次代币发行"或"虚拟货币首次公开发售"，是一种为加密数字货币/区块链项目筹措资金的常用方式，早期参与者可以从中获得初始产生的加密数字货币作为回报。由于代币具有市场价值，能够兑换成法定货币，因此可以作为项目的开发成本。ICO 的代币可以基于不同的区块链发行，目前较为常见的是基于以太坊（ETH）和比特股（BTS）区块链的发行，由区块链提供记账服务和价值共识以实现代币的全球发行与流通。究其本质而言，ICO 也是一种公开发行，但与 IPO（股票首次公开发行）不同的是，其将发行的标的物由证券换成了数字加密代币。2017 年 9 月 4 日，中国人民银行、中央网信办、工业和信息化部、工商总局、银监会、证监会、保监会七部门正式发布《关于防范代币发行融资风险的公告》（以下简称《公告》）。公告明确指出，代币发行融资活动本质上是一种未经批准非法公开融资的行为，同时将 ICO 所涉嫌的犯罪种类归为非法集资类犯罪。② 并且，对于发行虚拟货币募集资金，目前国内已有相关判决，同样认定其为"非法吸收公众存款"。例如，2017 年 7 月北京市第二中级人民法院对虚拟货币"华强币"一案作出最终判决（2017 京 02 刑终 349 号），判定被告人张春普等人犯非法吸收公众存款罪。

三、以区块链名义非法集资行为的司法认定

由上述论证可知，无论是根据规范梳理的结果，还是对近年来司法实践的总结，都不难看出，以区块链名义在金融领域所从事的违法犯罪行为，大多可归结于非法集资的类型。换言之，利用区块链进行金融集资活动是具有相当程度的违法犯罪风险的。那么，在区块链金融活动中集资的行为是否违法，又何时构成犯罪，抑或构成何种犯罪？这些问题都需要我们回到集资行为的法律属性，结合具体的法律法规，进行深入探究，从而有助于在实务工作中对其进行准确的司法认定。

（一）罪与非罪

所谓非法集资行为，必是以合法集资或融资行为为参照对比的。而由于我国对

---

① 参见王谦，戴增艳：《网络货币的产生与应对策略研究》，载《经济学家》2015 第 9 期。
② 参见吴一波、王冠：《ICO 融资模式下非法集资问题研究》，在《行政与法》2018 年第 3 期。

于违法与犯罪行为采取"二元论"的立法态度,并且基于刑法较之于民法、行政法等其他部门法在适用方面的谦抑性要求,非法集资行为在我国不一定都是犯罪行为。那么,在分析以区块链名义非法集资行为的法律性质时,就有必要从以下两对关系的辨析方面入手。

1. 区块链金融活动中合法融资行为与非法集资行为的辨析

集资,也称融资,就是集聚资金的行为,根据方法的不同,具体又可以分为直接融资和间接融资。直接融资是指资金需求者直接向多个资金供给者发出要约或者要约邀请,在给定条件下,请求资金供给者提供资金。直接融资的成功依赖于资金供给者对资金需求者的信任。而通过金融中介机构进行融资的方式,被称为间接融资。① 在我国,直接融资行为主要包括符合法律规定的民间借贷行为、经过有关部门批准发行股票和债券的行为以及经法定机关批准发行证券的行为。民间借贷行为是为我国现行法律所允许的非正规金融活动,主要通过1991年7月2日最高人民法院《关于人民法院审理借贷案件的若干意见》(以下简称1991年《高法意见》)、1999年2月9日最高人民法院《关于如何确认公民与企业之间借贷行为效力问题的批复》和《合同法》第196、211条加以规范。发行股票、债券、证券等行为主要通过《公司法》第88、89、135、154条和《证券法》第10、11条加以规范。间接融资行为主要是从银行等金融机构贷款的行为。在我国,根据《商业银行法》第3条,只有商业银行才能从事吸收公众存款、发放短期、中期和长期贷款的业务。依照上述规范的集资行为自然是合法的,易言之,广义上的非法集资行为就是对于上述国家关于集资行为所规定的任一法规范的违反而进行集资或融资行为。

众所周知,无论是数字货币,还是它的发行融资方式ICO,抑或是其技术基础——区块链,本质上都是属于互联网时代中互联网技术运用所带来的高科技产物。它们在金融领域的应用,亦契合了当下国家鼓励互联网金融发展的大潮流。不可否认,合法的区块链金融活动,为社会生活和经济发展带来了诸多积极的影响。它对传统金融领域和金融业态提出了颠覆性的挑战,可以打破长期以来的金融垄断主义的束缚,倒逼传统金融体制改革,以适应不断发展的社会经济。就此而言,正常的、符合上述法规范的区块链金融活动不仅不应成为刑法规制的对象,反而更应得到刑法的加持与保护。②

2. 区块链金融活动中民事或行政非法集资行为与非法集资犯罪的辨析

一方面,需要强调的是,非法集资行为并非都由刑法直接规制。例如,1991年《高法意见》第6条规定:"民间借贷的利率可以适当高于银行的利率,各地人民法院可根据本地区的实际情况具体掌握,但最高不得超过银行同类贷款利率的四倍(包含利率本数)。超出此限度的,超出部分的利息不予保护";《公司法》第210条规定:"未经本法规定的有关主管部门的批准,擅自发行股票或者公司债券的,责令停止发行,退还所募资金及其利息,处以非法所募资金金额百分之一以上百分

---

① 参见彭冰:《非法集资活动规制研究》,载《中国法学》2008年第4期。
② 参见阴建峰、刘雪丹:《互联网股权众筹的刑法规制问题论纲》,载《法律科学》2018年第1期。

之五以下的罚款";《证券法》第 188 条规定:"未经法定机关核准,擅自公开或者变相公开发行证券的,责令停止发行,退还所募资金并加算银行同期存款利息,处以非法所募资金金额 1% 以上 5% 以下的罚款;对擅自公开或者变相公开发行证券设立的公司,由依法履行监督管理职责的机构或者部门会同县级以上地方人民政府予以取缔。对直接负责的主管人员和其他直接责任人员给予警告,并处以三万元以上三十万元以下的罚款。"这也就意味着,构成民商法或行政法意义上的非法经营行为并不一定构成刑事犯罪。

另一方面,我国《刑法》对非法集资行为是通过分则中 4 个具体的法条分别加以规定的:第 160 条的欺诈发行股票、债券罪,第 176 条的非法吸收公众存款罪,第 179 条的擅自发行股票或者公司、企业债券罪,第 192 条的集资诈骗罪。2011 年最高人民法院《关于审理非法集资刑事案件具体应用法律若干问题的解释》(以下简称《非法集资解释》)对非法吸收公众存款、集资诈骗等非法集资犯罪活动做出了详细的规定。该解释认为,非法集资类犯罪行为是指"违反国家金融管理法律规定,向社会公众(包括单位和个人)吸收资金的行为"。并且该活动还应当具有"非法性、公开性、利诱性、社会性"四个特征。具体内容如下:(1)非法性:未经有关部门依法批准或者借用合法经营的形式吸收资金;(2)公开性:通过媒体、推介会、传单、手机短信等途径向社会公开宣传;(3)利诱性:承诺在一定期限内以货币、实物、股权等方式还本付息或者给付回报;(4)社会性:向社会公众,即社会不特定对象吸收资金。

由上述法律法规可知,非法集资类犯罪是典型的以空白罪状在刑法中加以规定的行政犯,其犯罪构成的最终确定有赖于前置性法律规范的相关规定。正如基于法秩序统一理念而衍生出的"二次违法"理论所主张的那样,一种行为构成犯罪,其前提必须是已经超越民法或行政法,而且触碰了刑事法,"前置性法——刑法"这一递进式模式在犯罪,对集资案件这种"行政犯"进行评价时应当是成立的。[①] 然而,在非法集资类犯罪中,其犯罪行为之所以能够成立的定性因素,除了前置法规范中的相关规定以外,还加入了《非法集资解释》中所阐释的"非法性、公开性、利诱性、社会性"这四个特征加以限缩。

另外,除了定性因素方面,前置法意义上的非法集资行为与非法集资类犯罪行为还区别与社会危害性或法益侵害性程度的不同。换言之,非法集资类犯罪的成立还需要一定的定量因素。具体而言,此定量因素主要在于犯罪行为所吸收的钱款数额。[②] 因此,非法集资类犯罪又是典型的数额犯。

[①] 参见王吉春:《"二次违法"理论在网络集资案件中的适用》,载《政法学刊》2017 年第 6 期。
[②] 比如,《非法集资解释》第 3 条规定:"非法吸收或者变相吸收公众存款,具有下列情形之一的,应当依法追究刑事责任:(一)个人非法吸收或者变相吸收公众存款,数额在 20 万元以上的,单位非法吸收或者变相吸收公众存款,数额在 100 万元以上的;(二)个人非法吸收或者变相吸收公众存款对象 30 人以上的,单位非法吸收或者变相吸收公众存款对象 150 人以上的;(三)个人非法吸收或者变相吸收公众存款,给存款人造成直接经济损失数额在 10 万元以上的,单位非法吸收或者变相吸收公众存款,给存款人造成直接经济损失数额在 50 万元以上的……"

具体到以区块链名义非法融资的行为上来，若认定其为非法集资类犯罪，在定量因素方面一般没有争议。而在定性因素方面，则存在广泛的争议。而争议的焦点，就在于数字货币的法律性质方面。根据《风险通知》可知，以比特币为代表的数字货币，不具有货币的属性，只是一种虚拟商品。基于此，有人认为，发行代币并交易（ICO）的行为不过是一种关于虚拟商品的民事交易行为，应归属于《合同法》中的买卖合同关系，不涉及融资或集资问题，就更谈不上非法集资了。哪怕考虑进作为交易对象的数字货币在将来可能增值或贬值的不确定性，交易数字货币也充其量算是平等民商事主体间风险自负的类期货交易，其支付方式并非直接以现金进行，而是采取"以币易币"的方法，其在行为外观上无论如何都无法与我们日常认知中发行股票、买卖债券、吸收储蓄或银行借贷等日常融资方式相联系。然而，代币融资项目募集到的虽然是比特币等虚拟货币，但实质上是筹集了可用法定货币表示的、可迅速兑换为法定货币的资金，因而代币融资模式"吸收资金或存款"的本质是无可争议的。① 并且，根据上述非法集资类犯罪的四个特征来看，以区块链名义非法集资的代币融资行为亦与其相符。(1) 就违法性方面来说，现有代币融资项目几乎都没有得到"一行三会"等相关机构的批准，也缺乏上述有权机构的直接监管，项目发行方有的甚至都没有注册公司，也没有履行任何行政备案程序，往往通过各种虚拟货币交易平台进行相关代币发行，显然符合"尚无资格"这一合法性要件；(2) 从宣传性方面来说，很多代币融资项目往往借助微信群、QQ群、专有网站、明星站台路演等各种手段进行公开宣传推广，甚至利用各类微信公众号发布募资白皮书，这一点与《非法集资解释》中的"通过媒体、推介会、传单等途径向社会公开宣传"相吻合；(3) 从利诱性方面来说，如若代币融资项目发行人真的能做到向投资者不承诺任何回报，那么在这一层面上非法集资类犯罪自然不能成立。然而现实中，很多代币融资项目的发行人即使不在招募说明书里承诺回报，通常也会在私下给投资者作出额外的"积分返现""收益保证"等承诺。"承诺回报"作为非法集资犯罪的典型特征，往往成为定罪的重要依据。(4) 从社会性方面来说，代币融资项目在募集比特币等虚拟货币时，并没有限定在特定对象范围内，在公开宣传的同时其就已经确定了向不特定对象募集资金的意图。由此可知，前述规范性文件将以区块链名义非法集资，即非法的代币融资行为，在涉及刑事处理时，归属于非法集资类犯罪的调整范围内从法逻辑上来考虑无疑是高度自洽的。

（二）此罪与彼罪

对于非法集资类犯罪涉及的犯罪罪名的确切数量，学界目前还没有完全统一，笔者在此以最高人民检察院 2013 年于"处置非法集资部际联席会议——防范打击非法集资法律政策宣传座谈会"上作出的《非法集资类犯罪的罪名及其界限》的报告发言为标准，该发言认为非法集资类犯罪主要涉及非法吸收公众存款罪，擅自发行股票、公司或企业债券罪，集资诈骗罪在内的三个罪名。

然而，《非法集资解释》第 8 条第 4 款却有"明知他人从事欺诈发行股票、债

---

① 参见吴一波、王冠：《ICO 融资模式下非法集资问题研究》，载《行政与法》2018 年第 3 期。

券,非法吸收公众存款,擅自发行股票、债券,集资诈骗或者组织、领导传销活动等集资犯罪活动,为其提供广告等宣传的,以相关犯罪的共犯论处。"的表述,这使得有人据此认为组织、领导传销活动罪也是可以作为集资犯罪圈的一个具体罪名而存在的。但是,从刑事法理和刑法教义学的应然层面剖析来看,无论最高人民法院《关于情节严重的传销或者变相传销行为如何定性问题的批复》还是《刑法》第224条与225条,传销行为虽然存在分别以非法经营罪与组织、领导传销罪定性的区别,其作为一种被刑法禁止的经营方式的本性未曾改变。① 从组织、领导传销罪的叙明罪状来看,该罪的显著特征是"推销商品、提供服务为名+人头数目计利",这与其他几种集资犯罪"从资金当中获利"的特征相差甚远,即使大多数集资犯罪均具有"未经批准"这一特性,集资犯罪的实质或被侵犯的主要客体从来都不是、也不应当是国家对于某一经营资格或条件的管制,而是正常地金融资金流转秩序。如果某一集资行为采取了传销的方式,这也仅是其实现集资的手段,显然应当以目的行为而不是手段行为定罪。并且,由于司法实践中非法集资类犯罪确实往往与传销犯罪存在若干的联系,因此上述《非法集资解释》中的针对传销问题规定,只不过是对于为非法集资犯罪及其相关进行广告宣传而作出的一种注意性阐释,不具有功能改变非法集资类犯罪核心含义的功能。据此,以区块链名义非法集资的行为,基本上不属于组织、领导传销活动犯罪的制裁。

另外,在讨论以区块链名义非法集资,即非法的代币融资是否成立擅自发行股票、公司或企业债券罪时,即使代币融资以投资者获得企业债权为承诺,融资主体约定期限与收益,仍无法认定成立擅自发行股票、公司、企业债券罪,原因在于犯罪对象存在本质差别。股票承载的金融职能要远大于代币,股票作为一种有价证券,与代币具有本质区别,其风险多来自风险投资而非股票自身,代币无法比拟股票证券性能,强行将代币的融资性能解释为发行股票与债券,有类推解释的嫌疑,违反罪刑法定原则。因此,在无相关司法解释出台情况下,代币融资触及非法集资类犯罪,结合目前的司法实践和数量有限的规范性文件可知,择一成立前两个罪名,即非法吸收公众存款罪和集资诈骗罪,则较为妥当。

那么,对于构成犯罪的非法代币集资,何时应该适用非法吸收公众存款罪,又何时应该适用集资诈骗罪呢?搞清楚这个问题,就需要我们结合此两罪的界限与区别来进行具体辨析。而根据学界普遍共识,非法吸收公众存款罪和集资诈骗罪的区别主要体现在以下两个方面。

1. 非法占有目的的认定

较之非法吸收公众存款罪而言,集资诈骗罪最鲜明的特点就在于它是法定的目的犯,即以非法占有为目的。刑法上的占有是指人对财物事实上支配、管理的状态。非法占有是指非法地对财物进行事实上的支配,不仅如此,它还意味着行为人有排除所有权人的意思。马克昌教授指出:"将不法占有理解为不法所有,才是各

---

① 参见袁彬:《传销犯罪独立成罪的合理性及模式——兼评〈刑法修正案(七)〉》,载《中国刑事法杂志》2009年第3期。

种金融诈骗罪中'以不法占有为目的'的真正含义。"① 张明楷教授也认为，非法占有目的，是指排除权利人，将他人的财物作为自己的所有物进行支配，并遵从财物的用途进行利用、处分的意思。非法占有目的由"排除意思"与"利用意思"构成，前者重视的是法的侧面，后者重视的是经济的侧面。② 笔者赞同上述观点，即刑法上的占有对财物的支配程度已经达到了民法上对财物所有的程度，包括我国民法上所说的占有、使用、处分、收益四大权能，因而集资诈骗罪中的"非法占有的目的"就可以理解为：行为人在主观上有将非法募集的资金占为己有的目的。这也就意味着，行为人意图通过实施诈骗行为，使投资者的财产脱离其实际控制，而为其所永久支配。③

至于"非法占有目的"在司法认定中所依据的具体标准，《非法集资解释》亦对此做出了相关规定。④ 就其实质而言，集资诈骗罪成立的 8 种情形往往都集中在无法返还或拒不归还集资款上，因此，对行为人是否主观具有非法占有目的，司法机关一般根据集资款后续使用的方式来认定。对于代币发行项目能否构成集资诈骗罪，我们需要着重查证其项目是否真实存在、项目是否实际正常运营、资金流向等多个方面。对于不能证明发行人将集资款确实用于因生产经营活动所需的正常合理支出的，则不能将该行为排除于犯罪之外；当出现用于生产经营活动与个人占有混同情形时，应当根据其各自所占比例确定是否纳入刑法规制范畴，当用于生产经营活动的比例明显高于个人占有情况时，可不作集资诈骗罪处理。⑤

2. 诈骗行为的认定

根据《刑法》第 192 条的规定，集资诈骗罪是"以非法占有为目的，使用诈骗方法非法集资，数额较大的"行为。相比如何认定非法占有目的，怎么理解第 192 条规定的"诈骗行为"，目前在学界仍是一个争议性很强的问题。而关于这个问题的争议性，并非在于"诈骗方法"的内含，⑥ 而是在于其在认定集资诈骗的过程中是否为必要构成要件要素。换言之，就是其是否是非法吸收公众存款罪和集资诈骗罪的主要区别。有学者认为，是否具有非法占有集资款的目的，是区分两者的唯一

---

① 参见马克昌：《金融诈骗罪若干问题研究》，载《人民检察》2001 年第 6 期。
② 参见张明楷：《刑法分则解释原理》（上），中国人民大学出版社 2012 年版，第 437 页。
③ 参见张明楷：《刑法分则解释原理》（上），中国人民大学出版社 2012 年版，第 439 页。
④ 《非法集资解释》第 4 条规定："以非法占有为目的，使用诈骗方法实施本解释第二条规定所列行为的，应当依照刑法第 192 条的规定，以集资诈骗罪定罪处罚。使用诈骗方法非法集资，具有下列情形之一的，可以认定为'以非法占有为目的'：（一）集资后不用于生产经营活动或者用于生产经营活动与筹集资金规模明显不成比例，致使集资款不能返还的；（二）肆意挥霍集资款，致使集资款不能返还的；（三）携带集资款逃匿的；（四）将集资款用于违法犯罪活动的；（五）抽逃、转移资金、隐匿财产，逃避返还资金的；（六）隐匿、销毁账目，或者搞假破产、假倒闭，逃避返还资金的；（七）拒不交代资金去向，逃避返还资金的；（八）其他可以认定非法占有目的的情形。"
⑤ 参见李勤：《非法吸收公众存款罪与集资诈骗罪区分之问——以"二元双层次"犯罪构成理论为视角》，载《东方法学》2017 年第 2 期。
⑥ "诈骗方法"很容易理解，即行为人采取虚构集资用途、集资单位，利用信息不对称的优势骗取他人财物的行为。

关键要素，诈骗行为的有无不会从实质意义上影响两者的界分。① 笔者认为并非如此，符合《非法集资解释》第1条规定的行为是非法集资行为，该解释第2条、第3条、第4条又分别规定了非法吸收公众存款罪和集资诈骗罪的认定方法。根据《非法集资解释》第4条规定，"以非法占有为目的，使用诈骗方法实施本解释第2条规定所列行为的，应当依照刑法第192条的规定，以集资诈骗罪定罪处罚"，构成集资诈骗罪，不但要求行为人在集资时具有非法占有的目的，也要求行为人使用了诈骗的方法进行集资。根据《非法集资解释》第2条规定的10种情形，其中大多数是需要通过虚构事实、隐瞒真相的方法实施的。② 而对于其他几种情形，如第8项"以投资入股的方式非法吸收资金的"，第9项"以委托理财的方式非法吸收资金的"，第10项"利用民间'会'、'社'等组织非法吸收资金的"，行为人不以诈骗的方式实施吸收资金的情况也有许多，所以仅仅以是否具有非法占有目的区分非法吸收公众存款罪与集资诈骗罪显然是不合理的。因此，倘若集资人没有使用诈骗的方法而是使用胁迫等其他方法实施了《非法集资解释》第2条中第8项、第9项或者第10项的集资行为，即使集资人具有非法占有的目的，并且符合其他构成要件的，也不能对集资人以集资诈骗罪定罪处罚。③ 基于此，集资诈骗罪的成立不等于非法吸收公众存罪与非法占有目的的简单叠加，其还需要使用虚构事实与隐瞒真相的诈骗方法。换言之，非法吸收公众存款不一定必须要求使用诈骗方法，只有使用诈骗方法的非法吸收公众存款的行为采用成立集资诈骗犯罪的可能性。

在以区块链名义非法集资的项目中最常见的诈骗方法莫过于伪造项目，欺诈广大投资者。不同于传统的融资途径，目前代币融资项目更多地依赖于融资团队发布投资招募书，说明要做哪些特长的区块链，解决哪些问题，部分较为专业可靠的项目甚至会提供计算机程序编码。相比较于有关从业人员，很多投资者处于信息弱势地位，往往被各种"造富效应"所迷惑，在虚构的类似于"××应用生态链ICO白皮书"的欺骗下（此类白皮书往往页数寥寥，内容简单粗糙，但是关于收益预测和奖励机制的部分却异常详尽），直接导致财物损失。④

（三）完善司法认定的应然向度

从宏观层面上来看，非法集资类犯罪属于法定犯，对于罪与非罪的界定，应当从社会生活、法律价值层面进行实质判断。刑法上的规范要素，必须以国民观念、社会价值为判断基础，即在评价某一行为是否符合刑法规定的某一罪名的构成要件

---

① 参见高铭暄、马克昌主编：《刑法学》（第8版），高等教育出版社2017年版，第567页。
② 如第1项"不具有房产销售的真实内容或者不以房产销售为主要目的，以返本销售、售后包租、约定回购、销售房产份额等方式非法吸收资金的"，第4项"不具有销售商品、提供服务的真实内容或者不以销售商品、提供服务为主要目的，以商品回购、寄存代售等方式非法吸收资金的"，第5项"不具有发行股票、债券的真实内容，以虚假转让股权、发售虚构债券等方式非法吸收资金的"，第6项"不具有募集基金的真实内容，以假借境外基金、发售虚构基金等方式非法吸收资金的"，第7项"不具有销售保险的真实内容，以假冒保险公司、伪造保险单据等方式非法吸收资金的"。
③ 参见陈家林、薛丰民：《非法集资犯罪若干问题研究——以〈最高人民法院关于审理非法集资刑事案件具体应用法律若干问题的解释〉为切入点》，载《河南财经政法大学学报》2013年第5期。
④ 参见吴一波、王冠：《ICO融资模式下非法集资问题研究》，载《行政与法》2018年第3期。

时，不能仅从纯事实性的描述中寻找答案，而应当从刑法规范的目的出发，判断的基准在于是否有助于刑法实体正义的实现，是否有助于人权保障和法益保护。同时，亦要注重贯彻宽严相济的刑事政策。进言之，从严的方面来讲，对于行为的社会危害性严重或者具有法定、酌定从重处罚情节的，以及主观恶性深、人身危险性大的行为人，要依法严惩。例如，针对某些社会反响强烈、民愤较大的，纯粹以"圈钱跑路"为集资导向的代币发行行为，就应依法严惩，合理回应大众诉求，避免将其与普通的民商事交易相混淆，以期做到社会效果与法律效果的统一，为我国金融事业的健康发展提供更有力的保障。从宽的一方面来讲，正如德国学者耶赛克所言，经济刑法的范围与规模取决于经济状况，① 由于资本有着天然的逐利性，在我国当前股市风险高、楼市泡沫大、行业垄断深的背景下，缺乏逐利去向的游资自然会冲向民间融资市场，这是实施地下金融行为人能够得到"宽恕和同情"的重要外部社会因素。因此，在处理非法集资等刑事案件的司法实务中，应结合外部经济环境和案件的具体情况作出合理的司法判决，② 不能一律按犯罪加以认定。对于一些社会危害不大的，涉案金额较小的非法代币发行案件，应结合具体案情，依法从宽处理。

从具体层面讨论，如前所述，以区块链名义非法集资类的犯罪主要涉及非法吸收公众存款与集资诈骗罪这两个具体罪名。而在具体的司法环节中，最重要的工作就在于区分这两个罪名的适用。那么，在审判机关针对具体的犯罪事实进行法律涵射时，就应重点针对以下三个因素的有无进行辨析，即"非法占有目的"、"诈骗"以及"犯罪数额"。并且，同样重要的是要做好与前置性规范文件的协调工作。应该注意到，集资行为是融资创新的一种体现，因此刑法在介入时必须考虑现有的监管方式是否足以制止不法行为，必须考虑原有的责任方式是否足以保障金融秩序。如果对于金融不法行为一概通过刑事手段予以评价，则会完全抹杀违法与犯罪的界限，抹杀行政监管的存在意义。因此，国家有必要遏制倚重刑法打击非法集资之势，建立民事、行政、刑事等多层次、系统性、重防范的监管机制。在未超出民法或者行政法的可控范围时，对非法代币集资的案件应当适用民法或者行政法予以调整和惩治，而不能让刑法对此类案件进行预防性干预，否则将会突破刑法的谦抑性要求，不合理地限制了公民正常的金融活动，从长远来看并不利于金融行业的发展。与此同时前文也提到了，非法集资类犯罪本身就是依赖于前置性规范法文件而得以确定犯罪构成的行政犯，那么对于以区块链名义而从事的非法集资类犯罪的治理就不仅仅只能依靠刑法发挥作用。我们通常说刑法中罪刑法定原则中的"法"并不仅仅只有刑事法律，也包含有其他的法律规范。例如，民间直接融资行为在民法领域有很多是合法的，那么作为基本法的《民法典》、《合同法》等也理应是合法与否的认定依据。因此，"非法"认定依据应当有位阶性，即《民法典》、《合同法》等基本法律优先于行政法规。这样从民事法律内容的适时性、完备性角度来

---

① 参见王世洲：《德国经济犯罪与经济刑法研究》，北京大学出版社1999年版，第27页。
② 参见廖天虎：《论我国非法集资案件处置的困境及出路——基于刑事政策视角的分析》，载《学习论坛》2017年第2期。

看,也更有利于缩小"非法"的范围。①

事实上,充分尊重金融商业主体意思自治的行业标准与行业标准体系的构建,对于非法代币融资现象的治理,能起到针对性更强的治本之效,监管的目的是行业的安全发展而非将其扼杀于摇篮中,应当为技术发展保留生命力,为技术行业创新发展与互联网金融行业的繁荣留有余地。

---

① 参见陈伟、郑自飞:《非法吸收公众存款罪的三维限缩——基于浙江省2013-2016年397个判决样本的实证分析》,载《昆明理工大学学报(社会科学版)》2017年第6期。

第四编　金融领域腐败犯罪的惩治与防范

企业债券融资中腐败问题研究

赵睿英*

引言

我国1993年颁布实施的《企业债券管理条例》规定："企业债券是指企业按照法定程序发行、约定在一定期限内还本付息的有价证券。"在我国，企业债券一般是由中央政府部门所属机构、国有独资企业或国有控股企业发行，企业债券作为一种低风险、低成本的债券类型，在企业融资过程中的重要作用日益凸显。[①] 但随着多家银行、券商等机构的固定收益部业务骨干被调查、"债券女王"孙某被查处、发改委财金司前任司长张某被调查，企业债券发行中的违法腐败问题也逐渐显现。根据经济数据显示，我国2018年企业债券发行数量为286只，发行量达2418.38亿元，企业债券融资过程中的腐败问题不仅严重危害了市场公平竞争，影响市场和政府对社会资源的配置，也影响到了我国经济的持续、健康稳定发展。

一、企业债券腐败犯罪的概念

习近平总书记多次强调，党风廉政建设和反腐败斗争是我们必须抓好的重大政治任务。腐败归根到底是因为权力的集中。孟德斯鸠指出：有权力的人就会滥用权力，权力不受制约必然走向腐败。[②] 企业债券腐败属于金融腐败的一种，然而理论界对"金融腐败"的界定并未给出一致意见。通说认为金融腐败就是金融从业人员利用掌握的资金资源，违反金融政策和法律，侵害国家、公众和组织的行为，其主要包括金融监管腐败和资金交易腐败。[③] Tanzi（1995）和国际透明度组织（Transparency International 1995）指出，金融腐败是公共部门官员滥用公共权力，从中谋取利益的行为。世界银行提出金融腐败的三种情形：一是权力部门的官员接受或索取贿赂；二是私人或部门为获取竞争优势积极行贿，从而规避公共政策和程序；三是公权力的滥用通过裙带关系、转移国家财政收入而产生的腐败。[④] 本文借用世界银行对于金融腐败的宽泛定义来界定企业债券腐败犯罪，"企业债券腐败犯罪"为在企业债券发行和上市过程中掌握有债券评级权、审批权、销售权的人，利用手中的权力进行寻租或共谋，致使企业、投资人乃至全体公众与国家利益受损，且应受

---

* 北京理工大学2018级博士生。
① 李清秀：《关于债券融资的探讨》，载《中国新技术新产品》2011年第24期。
② [法]孟德斯鸠：《论法的精神（上册）》，孙立坚、孙丕强、樊瑞庆、董晓涛译，陕西人民出版社1999年版，第154页。
③ 梅志罡：《社会转型时期金融行业腐败的新特征》，载《区域金融研究》2007年第4期。
④ 黎晓宏、董宏：《我国金融领域反腐败的理论和实践》，载《经济导刊》2017年第12期。

刑法处罚的行为。

二、企业债券腐败犯罪特点

阿克顿勋爵指出，权力是使人们腐败的最活跃因素。① 权力的过分集中将导致权力的腐败和滥用，也会引起大量的权力犯罪。近年来，查处的企业债券腐败案件中，"一把手"的比例呈上升趋势，企业债券审批制使得政府官员掌握多种权力于一身，加之缺乏必要的权力制约和监督，在面对金融领域巨大利益诱惑的时候就将滥用职权、以权谋私，这也是我国金融腐败一直无法彻底解决的原因。企业债券腐败降低了金融效率，危害了公共利益，阻碍了经济增长，相对于其他腐败犯罪，企业债券腐败犯罪主要呈现以下三个特点。

（一）犯罪多发于债券发行中的评级、审批、销售环节

根据 Kruger（1974）和 Bhagwati（1982）的寻租理论，国家工作人员掌握了市场准入权时，他们必将设租，市场准入越严格、资源配置越集中，经济参与者将越有动力缴纳租金。② 根据《企业债券管理条例》（1993年8月2日国务院颁发）第11条规定：企业债券不得擅自发行，中央企业发行企业债券，由中国人民银行和国家计划委员会进行审批。该条款明确指出了企业债券发行的审批权在中国人民银行和国家发改委手中。但是，从1999年起，中国人民银行除了在确定发行利率上参与意见，其余项目可行性、企业财务状况和评级担保以及债券发行条款均由国家发改委进行全面审查。③ 企业发行债券的程序主要为企业内部做出发行决定并聘请信用评级机构进行信用评级、主承销商制作发行材料、发改委审核，从企业债券发行的整套流程不难看出，决定企业债券发行成功与否的关键环节是权力最为集中的企业信用评级环节和发改委项目审批环节。

关于企业信用评级，在1987年，中国人民银行为规范企业债券的发行，牵头组建了企业信用评级机构，随着企业债券市场的发展，信用评级行业也加速发展，信用评级的作用主要在于弥补评级企业和投资人之间的信息不对等，投资人对于评级企业信息的获得主要依靠评级机构进行事前判断，评级机构的行为直接影响着企业和投资人的利益，正因如此，企业债券信用评级也存在巨大的寻租空间。公司债发行的硬性指标让很多公司丧失了融资的机会，企业迫于融资压力，更容易发生与评级机构的"合谋"行为。2012年，大公国际因为高级别和低级别间信用风险区分有问题，所评部分企业新发行债务融资工具，信用利差较相同主体级别企业的信用利差均值偏离较大，被监管层点名批评；2018年，中诚信证评将康美药业的主体信用级别上调为AAA，半年后，康美药业股债双跌，关联企业法人被抓，多只债券发生债务违约，企业债券信用评级造假高发。

关于审批环节行为腐败，Baumol（1990）发展出的一种著名分析框架，建立了

---

① ［英］阿克顿：《自由与权力》，商务印书馆，1998年版。
② 谢平、陆磊：《金融腐败：非规范融资行为的交易特征和体制动因》，载《经济研究》2003年第6期。
③ 马碧江：《我国企业债券市场融资的研究》，河北工业大学2007年硕士毕业论文。

一个"理性行为"模型，认为如果政府对于市场准入进行干预，经济主体就会更加积极地贿赂国家工作人员，并进行违法市场交易。[1] 在企业债券过程中，掌握审批权的官员或通过拒绝、提高准入门槛，或通过增加不合理要求，滥用审批职权，谋求腐败利益。最为典型的案例就是张某案，其在担任国家发改委财金司司长期间，利用职务之便，为蓝田股份等八家公司在债券审批方面谋取利益，收取上述公司贿赂款1100多万元。检方还指控，张某除了在审核环节谋取利益，在债券的发行环节也变相参与，为华西证券等公司在债券发行中牟利，获取溢价款，累计获利超过3000万元。企业债券在审批后，还要进行发行和上市，但是发行和上市之间产生的15天时间差，促发了"一级半市场"的产生，在这个时间内券商通过个人拿券，没有电子记账，并在上市前卖出申购的债券套利，其寻租空间更大，收益也最高。资料显示，宏源证券陈某为获得5只企业债券的"溢价分销"，向孙某等人转移回扣款7000多万元。企业债发行和上市是违规获利的重点领域，因为涉及利益广、调查难度大，这两个领域的腐败难以根除。

（二）涉案资金大，犯罪专业性强、隐蔽性强

金融体系是一个动态开放的复杂系统，是配置资金资本的核心部门，规模巨大、耦合度高、监督机制缺乏、行业透明度低，腐败行为被发现的概率较低，而其中大多案件往往牵涉人员多，涉案金额巨大，社会危害性大，而且多存在数量庞大的隐案。在企业债券腐败犯罪中，由于其技术性、专业性强，较之普通职务犯罪，查处难度也较大。我国有学者对腐败的隐蔽性从三个方面进行了专门阐释：腐败活动的隐蔽性、腐败主体的隐蔽性、腐败所得的隐蔽性。从腐败活动的隐蔽性上说，主要有受贿、集体腐败、红包腐败和暗箱操作，在企业债券融资过程中，受贿和集体腐败现象尤为突出。2013年10月，国信证券固定收益事业部总裁孙某、副总裁侯某、债券交易部总经理谢某三人因涉嫌向发改委领导巨额行贿而被公安机关调查；从腐败主体的隐蔽性上说，腐败主体一般是国家的公职人员，他们一边腐败，一边进行政治包装和廉洁表演，甚至编织关系网。在企业债券融资中，承销商、评级机构等相互关联，债券女王孙某等人依靠掌握的审批发行链条上的关系进行发行操控，延长了腐败证据链条，使得犯罪行为的因果关系更加难以判定，若不是因一人被调查，此利益链条恐怕难以轻易被揭发；从腐败所得的隐蔽性上说，主要是指腐败主体将腐败所得通过洗钱、分散转移、转移国外等方式进行隐藏。[2] 而且，由于企业债券周期性的独特特征，其中的腐败交易更容易呈现长期性的特征，相关人员在退休或下海后进行"期权"兑换，腐败租金的延迟支付更加隐蔽。

（三）犯罪多发于行贿罪、受贿罪、滥用职权罪三个罪名。

自2013年债市核查以来，前后共有3批涉企业债券案件被揭露，其中包括宏源证券陈某案、发改委财金司张某案、债券女王孙某案，因企业债券发行审批、销售渠道的垄断性，行贿罪、受贿罪、滥用职权罪多发。宏源证券的陈某涉嫌犯行

---

[1] 孙琰妮：《利率管制下的融资腐败研究》，西南财经大学2008年硕士毕业论文。
[2] 刘长江：《论腐败的隐蔽性》，载《理论月刊》2003年第4期。

贿，胡某因涉嫌犯对非国家工作人员行贿罪，叶某涉嫌犯对非国家工作人员行贿罪，孙某、侯某涉嫌犯非国家工作人员受贿罪，被检察院提起公诉；国家发改委就业和收入分配司原司长张某因涉嫌构成受贿罪，被黑龙江检察院提起公诉；中国裁判文书网中"王某犯受贿罪一审刑事判决书"显示债券一姐孙某为顺利承销多家公司债券，向一名国家工作人员行贿人民币450万元；原发改委财政金融司证券处副调研员魏某利用职务之便，为相关发债企业的债券尽快获得核准审批，收受相关人员所送财物34.83万元。①

三、应对我国企业债券腐败犯罪的建议

随着金融体制改革的不断深化，企业债券融资逐渐成为支撑我国企业融资渠道的重要力量，企业债券领域的涉罪风险也逐步提高。刑法作为最后保障的基本法，必须对违反金融管理法规、破坏债券管理秩序的腐败犯罪有所回应。

（一）加强企业债券腐败典型案例指导

如上所述，企业债券融资中的腐败问题主要在于企业债券的发行、审批和销售环节，特别是企业债一级发行市场和银行间债券市场丙类户违规获利两大领域，涉及利益巨大，腐败最为黑暗，必须严厉打击。关于企业债券腐败相关刑法规定主要在我国《企业债券管理条例》中，其中第33条和35条都明确规定：对于违反条例的玩忽职守等违法行为，构成犯罪的将依法追究刑事责任。这些规定是否属于债券附属刑法规范尚有探讨空间，且如上规范并未确定法定刑，没有法定刑的刑法规范缺乏适用性，这种规定更多的是一种宣誓性规定，实难算作债券腐败的刑法规范。虽然许多债市反腐被查者经过公开审判甚至结案，但是针对企业债券中频发的债券受贿的认定以及量刑尚未得到解决。本文认为，在刑法规定不完善的前提下，对于债券的腐败犯罪，应首先建立案例指导制度，建立企业债券腐败犯罪中的具体到具体的裁判指导，在案情类似的腐败案件中进行审判思路上的引导，对指导案例中的裁判文书说理部分可以引用和参考，从而弥补成文法的僵硬和不足。

（二）提高企业债券发行透明度和市场化，限制政府干预经济活动

为降低企业债券融资的风险外溢性，更好的保护投资人利益，我国规定企业债券发行采取审批制，这就在相当程度上使得企业债券的发行具备了垄断性，为寻租提供了可能，使得权力迅速转化为经济利益，违规用权现象屡禁不止。债券女王孙某的强大承销能力的现象根源其实就在于此。如果执行注册制，扫除了这些寻租空间就会极大减少企业债券中的职务犯罪行为，从短融和中票的极低职务犯罪率上就可以看出注册制向对于审批制在反腐败能力上的优势。除此之外，与企业债相比，短融、中票发行更为透明，在商业银行的系统流程中，都需要使用电子记账，每笔发行交易都记录在案。而企业债和公司债的发行，一般是券商通过个人拿券，没有电子记账，而且企业债券发行主体一般都是大型国企，发行量很大，普通承销商一般难以获得承销资格。并且，目前我国企业融资的方式相对单一，主要是债券和股

---

① 浙江省金华市金东区人民法院刑事判决书【（2015）金东刑初字第439号】。

票，无法完全满足企业融资要求，国家应鼓励企业尤其是中小型企业建立多元化融资机制，鼓励企业进行融资实践创新，构建信贷市场、股票市场、债券市场等相关融资平台的均衡发展的金融结构，积极发展多层次和多元化的融资渠道。

(三) 加强企业债券犯罪的刑法解释

目前，对于企业债券等犯罪的规定还是依托于传统的职务犯罪等，但是金融领域涉及巨大经济利益，其因果关系认定错综复杂，腐败后果关系到金融稳定与社会和谐，所以应针对性完善企业债券腐败容易出现问题的灰色地带进行清晰界定，对于债券受贿的客体认定和量刑进一步作出合理解释。关于企业债券融资的犯罪规定直到1997年才开始在刑法典中出现，且仅针对非法发行企业债券，关于企业债券融资过程中的腐败犯罪刑事立法没有实质进展，而针对涉及债券的受贿，现行法律也尚无具体规定。本文认为，在刑事立法未专门规定也无须专门针对企业债券进行详细立法的前提下，为解决企业债券腐败犯罪，应加强刑法解释，充分利用扩大解释和立法解释打击企业债券腐败犯罪。虽然缺乏企业债券的受贿立法，但我国最高人民法院对涉及股票受贿案件的认定做出了明确规定：国家工作人员非法收受股票未支付股本金的，以收受股票的实际价格认定受贿数额；股票上市后支付股本金的，以差额认定受贿数额；上市前购买股票的不认定为受贿罪。国家发改委财金司前司长张某在债券上市交易前，从承销商手中原价购买债券，这种新型的权力与利益的交换形式，在刑法没有具体规定之前，本文认为应参照涉及股票受贿案件的规定进行刑法解释，对于企业债券的一级半市场的"溢价分销"应该参照股票受贿的规定，对于企业债券实际价格与本金价格的差价应该认定为受贿。

四、结论

金融的发展离不开创新和监管，其中反腐是重要的一环。在金融市场发展的新阶段，分析我国刑法在规范企业债券融资过程中存在的腐败犯罪问题，以重点问题为指引，以刑法完善为目标，为刑法规制企业债券犯罪确立合理的指导方法和规制手段，使我国的债券发行刑事规范适应企业债券融资制度的发展，为我国债券市场的健康发展奠定刑法理论基础和保障。

单位犯罪刑事治理的检视与完善

——以刑事合规为视角的反思

邹玉祥[*]

一、我国单位犯罪刑事治理的现状检视

单位犯罪制度自 1997 年被正式写入刑法典以来，已经走过了 22 年。学界对单位犯罪制度的讨论，由最初的单位刑事责任主体资格之争，逐渐过渡到对单位犯罪责任主体的关系及责任分配之争，单位犯罪制度从无到有，从简到繁，不仅体现了社会经济的发展背景，更体现了立法者的政策选择。单位犯罪制度设立之初，就是为了顺应打击企业事业单位实施犯罪行为的现实需求，通过惩罚单位犯罪行为来维护市场经济秩序，预防相关责任人以单位组织体的形式再次实施犯罪行为。我国刑法体系是以个人为中心展开研究的，增设处罚单位组织体的规定，不仅突破了只有自然人才能成为责任主体的限制，也为单位组织体的行为认定带来了不小的困惑，于是就产生了"整体责任论""复合主体论"和"人格化社会系统责任论"等观点争鸣，掀起了理论研究的阵阵浪潮并延续至今。在笔者看来，单位犯罪制度既然是立法者的政策选择，就有必要先对其进行合目的性检验，分析单位犯罪制度是否能够起到约束单位组织体的经营行为，预防和制止单位实施犯罪的作用。通过笔者的观察，本文认为在单位犯罪刑事治理过程中主要存在如下问题，单位犯罪制度正与其立法目的渐行渐远。

（一）刑罚处罚的威慑力不足

针对单位组织体本身的刑罚种类过于单一且缺乏明确的执行标准，我国刑法典对单位犯罪的处罚方式可以分为三种：对单位的罚金刑、对责任人的罚金刑和对责任人的自由刑。罚金刑在我国刑罚体系中属于附加刑，对单位仅适用单处罚金，未规定其他刑罚或者相关的保安处分措施，这与单位犯罪的复杂性和严重性极不适应。在多以营利性为主要目的的单位犯罪中，罚金可能被当做税金或者机会成本。处罚单位的目的在于对单位经营活动或决策过程产生影响，加强单位对其内部成员的行为约束。如此看来，罚金刑的威慑力甚至不及责令停业整顿或吊销营业执照等行政处罚方式。

针对单位直接负责的主管人员或其他直接责任人的处罚明显轻缓。在立法层面，个别罪名存在"以单位罚金刑替代责任人罚金刑的立法漏洞，造成个人利用单位名义逃脱罪责"的问题。在司法层面，由于司法解释将单位犯罪的追诉标准以自

---

[*] 吉林大学法学院刑法学博士研究生。

然人犯罪为基础提高了三到五倍，因此直接导致在特定情况中，个人在单位犯罪制度的保护下被免于追究刑事责任。此外，在实践中单位责任人被判处缓刑的比率较高，主要受到非剥夺自由的刑罚或者短期刑，被判处的罚金与犯罪金额不成比例，整体上呈现出显著轻缓的样态。披上单位的外衣，单位成员就能享受到不同于个人的特殊待遇。

（二）刑法评价的重心偏离

对单位犯罪的认定不当忽视了单位自身的主体性。单位作为犯罪主体，被赋予和自然人等价的主体地位本身就是评价出来的结果。单位既然被刑法评价为独立的犯罪主体，理应从其自身的组织性特征等方面来寻找犯罪成立与否的事实依据。然而，既有的单位刑事责任却是以单位成员为核心，通过将成员个人责任转嫁给单位的方式来实现对单位的归责。在责任认定的过程中，仅注重对某个单位成员的主观心理和客观行为进行评价，一旦其犯罪行为符合"为单位利益""以单位名义"等条件，单位组织体就要为此承担责任。单位刑事责任的认定仅以自然人的特定意志和行为为中介，不考虑单位组织体的管理机制和经营理念在犯罪发生与预防中的作用，忽视了单位的独立人格。

在单位组织结构愈加庞大，单位业务活动愈加复杂的今天，某个犯罪行为背后往往是由许多与结果间接相关的他人行为构成的，最终的单位犯罪行为其实是经过该成员与单位组织体的沟通与互动形成的集合体。忽视行为的组织体性，直接将成员行为在规范层面上升为单位行为是对客观事实的违背，也必然会在单位和单位成员这两个主体之间造成转换上的混乱。

（三）刑事干预的非理性化

《2017 中国企业家刑事风险分析报告》指出，破坏社会主义市场经济秩序罪已经连续两年成为企业家触犯最多的罪种，在市场经济秩序领域呈现出一种"泛刑法化"的治理现状。司法实践将本可以通过民事手段解决的经济纠纷当作刑事案件处理，不当限制了市场主体的自由与活力，压缩了其他社会治理方式发挥作用的空间，也对深化市场经济改革起到了负面作用。以非法吸收公众存款罪为例，大量的中小企业由于融资困难，在未经批准的情况下向社会公开融资并承诺一定的收益，一旦经营不善导致亏损并引发群体性事件，就难免被以非法吸收公众存款罪定罪处罚。借款是否用于生产经营、出资人是否能够接受合理风险等因素仅能成为量刑情节。

此外，在刑事诉讼过程中侦查手段的不当运用，同样会造成严重的外部负效应。有学者通过对刑事案件涉案财物处置状况进行实证调研后发现，实践中为了避免犯罪嫌疑人逃避责任、转移资产，大部分侦查人员会选择查封、扣押犯罪嫌疑人的所有财产，若有足够证据证明财产属于合法财产再予以解除，其直接后果就是企业难以存续。在辽宁孙某案中，孙某因涉嫌合同诈骗罪被拘捕，侦查机关查封了由孙某仅占股10%的中外合资企业，导致该企业无法正常经营，20多亿财物最终以接近零价值被司法拍卖。实践中，由于缺少对审前涉案财物处置的审查监督，加之案款提留制度的影响，即使侦查人员发现被查封之财物与案件无关也很少会主动解除，更有甚者会在罪与非罪不明、终审裁决未定的情况下提前处置涉案财物，最终导致涉案财物无法回转和返还。因此有论者指出，在某种程度上并不是犯罪，而是治理犯罪的过程所引发的不当措施摧毁了企业。

二、单位犯罪责任理论的回顾与反思

上述问题的产生，与我国单位犯罪治理研究中存在的矛盾与偏差不无关系。目前，对单位犯罪的理论研究虽然成果丰富，但无论是实体理论研究还是程序规则设计均存在一定的缺陷，导致单位犯罪的理论研究与司法实践存在一定程度的脱节。因此，及时对单位犯罪理论进行梳理和反思，有助于把握理论研究的问题和方向，为实践提供有价值、有针对性的研究成果。笔者认为，在实体问题上单位犯罪的责任依据过于强调单位与自然人在犯罪机理上的"等价性"，对单位主体性缺少规范上的独立评价；在程序问题上，对单位在刑事诉讼中的权利和义务研究不足，过多地追捧国外的缓起诉制度，缺少对我国本土诉讼制度的关注。下文详述之。

（一）实体层面理论研究的缺陷

单位犯罪的讨论焦点随着立法背景和实践需求的变化而逐渐发展，由最初的犯罪主体资格之争过渡到犯罪主体个数之争，再演变为单位责任的依据之争，其背后始终离不开对单位与单位成员关系问题的探讨。自单位犯罪正式入刑以来，早期的单位犯罪刑事责任理论主要围绕单位犯罪主体个数问题展开讨论，并且多以单位为视角探讨单位成员承担责任的依据及限度。比如，"整体责任论""复合主体论"和"双层次论"，虽然在单位犯罪主体的性质问题上存在分歧，但其相同之处在于均认为单位成员的责任来源于单位整体，作为单位的组成部分，其责任是对单位整体责任的分担。此时在单位与成员的关系问题上，更多的是将两者看作一个有机整体，并没有顾及各自的独立性问题。

随着理论研讨的逐渐深入，学者们逐渐意识到单位与成员的关系问题是实现理论自洽的关键，对单位行为与成员行为进行区分成为了理论探讨的主流。然而，在分析单位行为时却始终无法摆脱成员行为的阴影，陷入类人化的泥潭，对单位行为缺少规范意义上的独立性评价。比如，在"单位与成员责任分离论"当中，论者指出单位必须有能够独立于自然人之外值得处罚的因素，单位犯罪仅指单位自身的犯罪而不包括成员的犯罪，而在论及何谓单位行为时却认为其是成员行为在规范层面的转化，单位犯罪实质上是替代责任。对单位犯罪的理论研究始终自觉或不自觉地侧重于证明单位如何与自然人具有等价的犯罪能力，坚持用自然人的犯罪模式与责任基础生搬硬套，导致在单位主体与自然人主体之间的关系、单位行为与单位意志的判断等问题上纠缠不清，不断面临来自责任自负、禁止重复评价等原则的诘问。这也对单位犯罪认定条件的设定产生了深刻的影响。实践中，单位犯罪的成立往往局限于要求特定成员的行为符合一定特征，其行为必须满足以为单位牟利为目的，经过单位集体研究决定或者由直接负责的主管人员决定等标准。除单位是否依法设立这一条件外，未能对单位在犯罪过程中的作用进行考量，无法系统全面地反映单位犯罪的责任内涵，在面对纷繁复杂的单位犯罪形态时不当限缩了规制范围，无法满足当下打击和预防单位犯罪的现实需要。

（二）程序层面理论研究的不足

在单位犯罪刑事治理过程中，刑事手段的不当介入以及超越必要性的侦查措施已然对企业产权和企业家人身财产安全构成重大威胁。相比自然人犯罪，学界对被告单位诉讼权利保障和诉讼义务履行的关注不足，相关法律依据也不够完善，这导致追诉单位责任的诉讼过程缺少明确标准，不利于保障单位的合法权益。比如，根据司法解释规定，对应当认定为单位犯罪的案件，人民检察院经补充侦查后仍未起诉单位的，人民法院仍要按照单位犯罪的相关规定追究责任人的刑事责任。该条款明显违背了未经审判不得宣告有罪的原则，不当剥夺了单位组织体的诉讼权利。如果未经审判进而直接对单位宣告有罪，或者直接依据单位犯罪对自然人进行处罚，无异于对被告单位进行缺席审判。单位在这种情况下就无法行使法律赋予的诉讼权利，就无法保证诉讼结果的公平、公正。

此外，学者们对涉刑事案件企业权益保护问题多从宏观角度研究行刑交叉问题，强调要充分发挥罪刑法定、疑罪从无、从旧兼从轻等原则的作用，合理划定违法与犯罪的界限。还有学者从完善涉案财产处置的角度主张，在查封、扣押、冻结涉案财物时要坚持比例原则，加强侦查机关以外的司法机关相关监督检察权，赋予相对权益人申请解除权；加强刑事侦查程序与破产程序的衔接，允许在特定条件下的单位进入破产程序，对其进行积极挽救或及时止损。在笔者看来，上述观点都对完善涉单位犯罪刑事侦查规则、消解刑事诉讼程序对单位生产经营问题起到了积极的推动作用，但是仍无法从根源上解决涉罪单位的凋零问题。任何单位，一旦卷入刑事案件都会遇到一定程度的生产经营困难，轻者导致生产停滞、资产贬值；重者可能导致企业倒闭、职工失业、投资人受损，造成严重的外部负效应。既有的观点要么过于宏观，无法指导具体的司法实践，要么仅是在诉讼程序对单位生产经营造成影响后采取的补救措施，竭力避免负面影响进一步扩大，并不是解决问题的最佳方案。

三、刑事合规对我国单位犯罪刑事治理的借鉴意义

为了改善我国单位犯罪的治理现状，基于积极的一般预防理念的刑事合规制度逐渐得到学者们的关注和认可。所谓刑事合规，本质上就是刑事政策对单位行为合规与否的反映对策，旨在加强企业自身对于内部违法犯罪行为的预防和监控，强化单位的社会责任，优化司法资源的合理配置，缓解国家在预防和打击单位犯罪上的负担。刑事合规制度要求单位及其成员的行为要符合社会的行为规范，通过刑罚激励促使其遵守社会规范和维护社会秩序。单位需要将刑法规范内化为自身的行为准则，培养单位及其成员的守法意识，形成对刑法规范的内心认同，这体现了刑法的规范确证机能。刑法的目标不仅仅在与法益保护，更在于捍卫规范的效力，培养国民的守法意识，确保国民在法秩序共同体内有序的生活。在笔者看来，面对不断频发的单位犯罪案件，在单位组织结构的日益复杂化与单位经济活动不断国际化的背景下，新时期单位犯罪的治理需要借鉴刑事合规制度。

从单位的角度来看,刑事合规赋予了单位组织体更高的风险管理义务,并将其作为判断单位是否承担刑事责任的依据。单位承担责任的前提是其未能履行合规义务,未能采取适当的措施去预防和制止犯罪的发生。这种刑事政策上的激励手段,不仅可以加强企业的内部管理,达到实质性的犯罪预防作用,更可以改善实践中对单位责任评价不足、处罚无效的缺陷。在刑事合规制度中,单位承担责任的本质就是未尽到合规义务,评价的对象就是单位本身,其责任的认定不再依赖于自然人行为,实现了对单位自身主体性的具体化、独立化的评价,更契合了法人责任的本质。同时,刑事合规制度不仅要求对单位处以罚金,更旨在通过刑罚手段激励其建立完善的合规制度,实现内部管理体系的改革,从而确保其可以有效地控制内部成员的行为,避免违法犯罪行为的发生。这在一定程度上弥补了罚金刑在预防效果上的缺陷,可大幅改善目前对犯罪单位惩治效力不足的局面。

从国家的角度来看,刑事合规制度可以缓解国家对单位犯罪治理的压力,弥补单一国家法律规制的不足,形成国家和企业二元共治的犯罪预防机制。刑罚是国家打击和预防犯罪的主要手段,但是由于刑罚手段仅能在犯罪行为发生后才能介入,导致对单位犯罪的治理具有一定的滞后性。此外,由于单位组织结构和业务活动日益复杂化,对单位犯罪的认定以及责任的划分造成了较大困难,对刑事侦查的科学性和专业性提出了更高的要求。实践中,往往会出现因单位认定条件过于形式化而导致轻纵犯罪的现象。刑事合规通过将刑法规范转化为合规的内容和要求,将刑法规范的效力提前介入单位的生产经营活动中,实现了对违法犯罪行为的事前预防,也为单位犯罪的认定提供了明确的参考依据,有利于合理地分配司法资源,实现国家治理体系和治理能力的现代化。随着我国"一带一路"经济带建设的稳步推进,我国企业在走出去的过程中将面临较大的刑事合规风险。因为在许多国家的法治实践中,合规计划的设置和执行被认为是企业遵守刑法规范的特征,并在立法上对此进行了规定。如果不了解刑事合规的制度内涵和运作逻辑,企业在生产经营的过程中,一旦出现违规或者犯罪行为,将面临不利的刑事指控,承担不必要的经济损失。尤其是在当前中美贸易局势紧张的大环境下,必须要推动企业犯罪治理同国际接轨,推动我国合规治理制度机制与域外法治实践相协调。

四、刑事合规视域下单位犯罪刑事治理的改造与建构

单位犯罪刑事治理既包括单位责任的承担依据、成立条件等实体性内容,又包括责任的承担过程、诉讼中的权利义务等程序性内容,两者互相协作、有机统一,共同服务于国家治理单位犯罪的现实需要。当治理单位犯罪的刑事政策或责任理念发生改变,必然会推进理论研究的演进或变迁。从立法目的上来看,单位犯罪的设立就是为了给司法机关提供惩罚单位的条件和标准,是希望通过单位来抑制个人犯罪的刑事政策性产物。因此,刑事合规的推行,必将触及我国刑法中单位犯罪的责任内涵等关键性问题,有必要在刑事合规视域下对单位犯罪的相关理论研究进行完善。

(一)单位责任内涵的完善

正如上文所述,传统理论对单位犯罪中单位责任的理解过分拘泥于自然人责任

的框架之中，尽管单位的独立主体意识和组织体的社会责任观念在理论研究中被不断强化，但等价性的思维使得单位需要具有同自然人一样的主客观要素才可构成犯罪。刑事合规正是建立在肯定单位独特的犯罪主体地位，以单位为刑法评价之中心的归责理念之上，强调单位组织体的社会责任，主张将合规制度的有效性作为判断单位是否承担责任的前提标准。根据刑事合规的归责逻辑，单位责任关注的核心将不再是单位内部成员或者单位与成员的关系，而是单位本身的组织状况以及管理模式。单位责任的承担不以填补单位与自然人在存在论上的差异为前提，单位组织体本身并无犯罪意图和犯罪行为可言。在刑事合规视域下，只有当单位组织体存在组织管理缺陷，未能有效制定和执行合规制度，导致其内部成员借此漏洞实施犯罪行为的情况下，单位才需要对犯罪结果承担相应的刑事责任。

至于单位犯罪中的成员责任，笔者认为，将来应在立法上消除成员责任与自然人责任上的差异。目前有观点认为，单位成员的责任是单位责任的分担，是基于单位赋予的特殊身份并在单位意志的支配下而产生的，不宜主张单位成员的犯罪是纯粹的自然人犯罪。在刑事合规理念的指导下，单位责任与成员责任在规范上相互独立，成员责任不再是单位责任中不可分割的一部分。单位成员的特定身份并不会导致在规范意义上免除其作为一般自然人应当履行的守法义务。除身份犯外，基于社会分工导致的身份差异，并不会在规范上受到特殊待遇，不应影响自然人犯罪的责任构造。此外，不能理所当然地认为"为公"的主观恶性就轻于"为私"，"为公"和"为私"其实很难区分，尤其是在成员工资待遇与绩效考核等激励机制相挂钩的情况下，成员行为性质的认定很难得出唯一的结论。因此，在理论上成员责任应当与自然人责任保持一致，否则将不可避免地违反刑法面前人人平等原则。

（二）单位犯罪缓起诉制度的构建

晚近以来，面对国内严峻的单位犯罪态势，刑事政策逐渐寻求从事后追惩向事前预防的转变，域外刑事合规制度在预防和惩治单位犯罪上的优势使其受到我国学者与广大法律工作者的关注和青睐，缓起诉制度作为刑事合规制度中重要的一环，也逐渐受到学者的关注。笔者认为，缓起诉制度可以在诉前对符合一定条件的犯罪单位达成缓起诉协议，若该单位完善了合规制度，填补了管理疏漏，完成了协议规定的义务，则不再对其展开追诉或者酌情从轻减轻处罚。缓起诉制度可最大限度地减轻刑事追诉对单位及其投资人的不良影响，对我国单位犯罪的刑事治理具有重要的借鉴意义。然而，缓起诉制度毕竟是基于国外立法例而型构的制度体系，我国的缓起诉制度仅指未成年人的附条件不起诉制度，其制度逻辑和内容都与单位犯罪缓起诉制度相差较多。因此，在立法论上建构单位的附条件不起诉制度将是一个系统性的工程。限于文章篇幅，本部分将在总结既有观点的基础上，提出单位缓起诉制度在构建过程中应该注意的几点问题。

关于缓起诉制度的适用范围问题，目前学界大致有三种观点：第一种观点认为，缓起诉适用的案件范围应当将所有可能判处缓刑的案件纳入其中，由检察官决定是否存在起诉的必要性；第二种观点认为，缓起诉的适用范围虽然可扩大，但是仍应仅限于轻罪，仅适用于对犯罪嫌疑人可能判处三年以下有期徒刑、管制、拘役的案件。论者认为大部分企业处罚轻微,因此坚持上述标准仍可对大部分单位犯罪案件适用缓起诉;第三种观点认为,缓起诉的适用需要考虑公司的主观因素,故意犯罪的单位,特别是造成严重后果的,不可适用缓起诉制度。笔者认为,缓起诉适用条件的设定应当紧紧围绕单位组织体的组织机构和运行状况来判断单位是否具有挽救的可能性和必要性。上述观点中,后两种观点仍是建立在自然人的人身危险性概念之上,与刑事合规的主旨不符。在单位属于故意犯罪并造成严重后果,单位责任人被判处三年以上有期徒刑的案件中,单位并非绝对不可挽救。比如,当前在实践中多发的单位非法集资案件中,单位都是基于犯罪故意运用非法手段集资,集资款数额普遍巨大,但如果单位能够继续生产经营,通过合规管理改革,弥补被害人的经济损失,就没必要进一步启动刑事追诉程序,避免产生更严重的外部负效应。因此,本文主张单位原则上都可适用缓起诉制度,对单位是否具有不起诉的必要性应当结合单位的具体情况来具体分析,无法"一刀切"地划定单位缓起诉的适用范围。

关于缓起诉程序的监督问题,本文认为立法既然赋予检察机关启动缓起诉的决定权,就要对该权力进行一定的监督和制约。可以考虑引入司法审查机制,使司法机关介入到缓起诉协议的签订过程中,一方面可防止不当地轻纵犯罪,另一方面也可以保障协议的内容不违反宪法法律的相关规定,保障协议的公正性,符合以审判为中心的刑事诉讼制度改革理念。同时,要赋予公安机关和当事人一定的监督权。首先,如果公安机关认为检察机关作出的缓起诉决定不当,可以向同级检察院申请复议。不接受复议决定的,可以向上一级检察院申请复核。其次,对于检察机关决定不予适用缓起诉程序的,应当向犯罪嫌疑人出具相应文书,详细说明具体原因。若对不适用缓起诉决定不服的,犯罪嫌疑人可向上一级检察院申诉,上一级检察院必须进行复查,并将复查结果通知犯罪嫌疑人。[①] 最后,在检察院与犯罪嫌疑人达成缓起诉协议的过程中,应充分听取被害人的意见,保障被害人的合法权益。如果被害人对检察机关作出的缓起诉决定不服,可以向上一级检察院申诉或者向同级法院申请自诉。由于缓起诉协议并不仅是为了保护被害人的合法权益,而是综合考虑了市场经济秩序、单位员工、与单位密切相关的其他市场主体等各方面利益。因此,本文认为在缓起诉协议没有对被害人的利益造成不当侵害的前提下,法院不应推翻缓起诉协议的效力。

---

① 此处的犯罪嫌疑人指的是具有犯罪嫌疑的单位。单位若对适用缓起诉的决定不服,将直接导致无法达成缓起诉协议,进入诉讼程序,因此单位在此情形中不涉及有关监督权的行使问题。

加强跨境反洗钱协作　助力反腐败追逃追赃
——以内地和我国香港地区反洗钱协作为视角

范雪珂*

腐败犯罪是最具危害性的社会毒瘤，其对公共权力威信的损害，对公序良俗的毁损，为人类所共同认知。世界上所有国家和地区均在绞尽脑汁医治这一顽疾，努力应对这一复杂社会问题。随着世界经济全球化迅猛发展，腐败犯罪呈现跨国界、跨地域态势。落实反腐败追逃追赃，需要各国各地区的合作。洗钱犯罪是腐败赃款流出境内的主要方式，加强境内外反洗钱协作是落实反腐败追逃追赃的有力措施。我国香港地区与内地人员、货物往来频繁，金融、贸易密切，两地在立法及实务上具有协作的基础，应当在各个方面加强反洗钱协作。

一、加强反洗钱协作是反腐败追逃追赃的重要措施

党的十八大以来，内地在大力推进依法治国的同时，形成了对腐败犯罪严厉打击的高压态势。至2018年，"天网行动"已在内地落实四年，该行动是中央反腐败协调小组于2015年4月部署开展的针对外逃腐败分子的重要行动，行动的主要内容是通过综合运用警务、检务、外交、金融等手段，集中时间、集中力量抓捕一批腐败分子，清理一批违规证照，打击一批地下钱庄，追缴一批涉案资产，劝返一批外逃人员。"天网"行动启动到今年3月底，我国共从90多个国家和地区追回外逃人员4058人，其中，追回党员和国家工作人员800人，追赃近百亿元人民币。在强大震慑效应下，1300余人主动回国投案自首或被劝返回国。内地在加大反腐败追逃追赃力度的同时，也注重逐步完善追逃追赃国际合作机制，特别是2014年11月在北京举办亚太经合组织会议上通过《北京反腐败宣言》后，成立APEC反腐执法合作网络，加大跨境司法、警务合作力度，携手打击跨境犯罪行为。美国、澳大利亚、菲律宾等多国均表示愿与中方开展相关领域的执法合作，在多方共同努力下，内地在跨境追逃、追赃行动中取得相当大的成效。

在实务中，跨境追逃追赃与反洗钱是紧密联系的。至2017年年底，内地公安部门牵头的"猎狐行动"共从一百多个国家和地区抓获逃犯逾千名，追回涉案赃款数十亿元，其中多数案件涉及洗钱犯罪。内地成立的国际追逃追赃工作办公室八大成员中，中国人民银行是其中重要成员之一，该行负责反洗钱监测、预警和调查工作，反洗钱协作的功能在于确认资金转移链条，切断非法资金的外流管道，明确腐败犯罪与跨境金融犯罪的相关证据。内地在实务操作中，通过人民银行反洗钱监测

---

* 广东外语外贸大学讲师。

分析中心,及时追踪资金的流向,并展开专项行动打击洗钱和地下钱庄。同时,也与新西兰、瑞士等 40 多个国家共同签署了一项税收信息自动交换宣言,同意自动共享与税务相关的海外账户信息。反洗钱与反腐败追逃追赃是两个相互独立的概念,不能将反洗钱与反腐败追赃混为一谈,也不能以反洗钱来替代反腐败追赃,加强反洗钱协作是落实反腐败追赃的重要措施之一。

二、我国香港地区与内地具有进行反洗钱协作,并落实反腐追逃追赃的基础

我国香港地区与内地均十分重视反洗钱工作,这是维护金融安全及经济秩序的必然要求,也是履行国际义务,打击跨境犯罪的需要,在立法及实践上,两地均进行了积极探索,努力完善对洗钱犯罪的刑事立法及配套制度,贪污贿赂类犯罪均被列为洗钱犯罪的上游犯罪,两地之间具备了加强协作的良好基础。

(一)我国香港地区对反洗钱的立法与适用

在立法方面,我国香港地区反洗钱机制建立较早,与国际标准接轨,实务中积极加强国际合作,于 1990 年就成为国际反洗钱金融行动特别工作组的正式成员,重视打击黑社会性质犯罪和有组织犯罪,遏制洗钱犯罪。1994 年香港颁布了《有组织及严重罪行条例》,该条例将所有的可公诉罪行均纳入洗钱犯罪的上游犯罪中,明显扩展了上游犯罪范围。该条例规定的[①]"可公诉罪行"囊括所有被香港法律认定为可以构成犯罪的行为,包括那些其他法域不认为构成犯罪但在香港可以构成犯罪的行为,该条例关于洗钱罪上游犯罪的规定与各相关国际公约的精神是较为一致的,这其中包括了贪污贿赂类犯罪。2000 年 1 月,香港再次修订了《有组织及严重罪行条例》,将反洗钱行动扩展到事前预防阶段,强制要求货币兑换商和汇款代理人承担反洗钱职责,要求他们在交易金额超过两万港元或同等价值时必须核实客户身份。

香港还重视从金融、行政管理等领域遏制洗钱活动,金融管理局于 1993 年 7 月及 1997 年 10 月颁布了《洗钱活动指引》、《防止洗钱活动指引》,后者对前者进行了修改与完善,确立了一系列银行反洗钱制度和原则,包括"了解你的客户"原则、客户身份核实制度、可疑交易报告制度、交易记录保存制度,等等。《指引》要求银行对于任何客户,包括个人、法人团体、非法人团体以及他们的代理人,都要详细核实其身份与相关证明档和资料;一旦发现有任何与可公诉罪行相关的可疑交易都必须报告给金融管理局,并且这样做将不会被视为违反对客户的保密义务,而且交易记录至少应保存 6 年以上。2003 年 3 月,香港金融管理局就《防止洗钱活动指引》又进行了补充规定,第 6 条还要求负责将客户介绍给银行的中介机构必须具备相应资格,并具备充足的银行客户尽职审查经验,银行业的反洗钱体系日益完善。我国香港地区保险、证券等行业也重视建立反洗钱机制,2000 年 11 月,我国香港地区保险业监理处发布了《防止洗钱活动指引》,2003 年 1 月我国香港地区证

---

① 参见香港 1995 年 9 月 1 日实施的《有组织及严重罪行条例》,第 25 条第(1)项。

券及期货事务监察委员会发布了《有关防止洗黑钱和恐怖分子集资的指引》，均要求各行业主体详细核实客户身份，对客户尽职审查，采取有效措施保留交易记录、并报告可疑交易。

（二）内地对反洗钱及反腐追逃追赃的立法及措施

我国内地于2007年成为国际反洗钱金融行动特别工作组的正式成员，《刑法》第191条将贪污贿赂等腐败类犯罪列为洗钱罪的上游犯罪。内地在金融领域还建立反洗钱资金监测制度，对有关洗钱活动的监测和报告已纳入了反洗钱报告制度。2006年，全国人民代表大会常务委员会通过了《反洗钱法》，2007年6月15日，中国人民银行下发了《反洗钱现场检查管理办法（试行）》。金融机构经国务院反洗钱行政主管部门负责人批准，可以采取临时冻结措施，金融机构在采取临时冻结措施后的48小时内，未接到侦查机关继续冻结通知的，应当立即解除冻结。2009年，最高人民法院出台了《关于审理洗钱等刑事案件具体应用法律若干问题的解释》，该解释有助于消除歧义，弥补立法漏洞。中国人民银行对《金融机构大额交易和可疑交易报告管理办法》（中国人民银行令〔2006〕第2号发布）进行了修订，2016年12月9日发布，自2017年7月1日起施行，该办法规定了银行业报告大额交易和可疑交易的18种交易情况。

内地于2012年刑事诉讼法修改时，增加了"违法所得特别没收程序"，在犯罪嫌疑人、被告人死亡、逃匿的情形下，仍可启动该特别没收程序。2018年10月26日，十三届全国人大常委会第六次会议审议通过关于修改刑事诉讼法的决定。其中，新增的缺席审判制度是本次修法的最大亮点之一。根据新增加的缺席审判程序，对于贪污贿赂犯罪案件，犯罪嫌疑人、被告人在境外，监察机关移送起诉，人民检察院认为犯罪事实已经查清，证据确实、充分，依法应当追究刑事责任的，可以向人民法院提起公诉。法院进行审查后，对于起诉书中有明确的指控犯罪事实，符合缺席审判程序适用条件的，应当决定开庭审判。这就意味着，以往外逃的腐败分子只有被遣返或缉拿回国才能对其审判，而如今，他们即使逃到天涯海角，也将受到法律应有的判决。至此，反腐败追逃追赃中的立法空白被进一步填补，对外逃腐败分子的震慑前所未有。

内地高度重视立法工作，发挥立法的引领和推动作用，在反腐败国际合作和追逃追赃方面，一些反腐败国际合作和追逃追赃法律法规相继出台和完善。

2018年3月颁布的《监察法》单设反腐败国际合作专章，对国家监察委员会统筹协调与其他国家、地区、国际组织开展的反腐败交流合作，组织反腐败国际条约实施工作；组织协调有关方面加强与有关国家、地区、国际组织在反腐败执法、引渡、司法协助、被判刑人的移管、资产追回和信息交流等领域的合作；加强对反腐败国际追逃追赃和防逃工作的组织协调，督促有关单位做好相关工作等职责作出明确规定。

2018年10月26日，十三届全国人大常委会第六次会议通过的《国际刑事司法协助法》，从此，案犯即使逃到与中国没有签订引渡条约的国家，也再难躲藏，不能逃避法律的制裁。早在2000年，内地出台了《中华人民共和国引渡法》，而国际刑事司法协助法正是在引渡法的基础上，将刑事司法协助和移管被判刑人等其他与刑事类国际合作有关的内容集合规定，是完善刑事法律体系的重要举措，是加强国际合作、打击跨域犯罪的需要，也是国际合作的需要。截至2018年6月，我国已与61个国家缔结了刑事司法协助条约，与50个国家缔结了引渡条约，基本建成覆盖全球各大洲主要国家的追逃追赃法律保障网络。在联合国等机制框架下，我国积极参与反腐败国际规则制定，进一步凝聚国际社会打击腐败犯罪的共识，强化各国开展合作的意愿。

三、我国香港地区与内地加强协作的途径

（一）努力构建内地与我国香港地区间的区际刑事司法合作机制

我国香港地区与内地至今尚未签署正式的区际刑事司法协助协议，两地之间的刑事司法合作多为个案协查的方式进行。根据《香港特别行政区基本法》，该合作主要通过协商并签署相关档的方式进行，但也不排除依据双方执法机关之间"默契"形成的"个案协查"的模式，以及通过国际刑警管道开展合作等方式开展合作。在当前形势下，内地与我国香港地区之间的刑事协助属于"一国两制"框架下不同法域之间的区际刑事司法协助范畴，区际司法协助固然可以参照和借鉴一些国际司法协助中的成功经验与技术，但不应当适用国际刑事司法协助中一些带有主权关系色彩和国际性质的原则与做法。两区域法律内容、形式以及深层次的法律意识、价值观念上存在诸多的差异甚至尖锐的冲突，在很大程度上阻碍了两地间刑事司法协助关系的正式建立①。《香港特别行政区基本法》第95条规定："香港特别行政区可与全国其他地区的司法机关通过协商依法进行司法方面的联系和相互提供协助"，此条文明确规定了进行协助的方式是"协商"。现状是两区域没有签订全方位区际刑事司法合作协议，司法合作的范围不大，主要集中在司法文书送达，证据的调查等方面，相关档有：1999年《关于内地与香港特别行政区法院相互委托送达民商事司法文书的安排》；2006年《关于内地与香港特别行政区法院相互认可和执行当事人协议管辖的民商事案件判决的安排》。内地与我国香港地区应努力就刑事司法互助协议进行充分协商，以求达成共识，主要内容应涵盖：移交罪犯；助调查取证；涉案财产的查封、冻结、扣押等强制措施；等等。对跨区域多发性的洗钱类犯罪及贪腐类犯罪的追赃追逃问题可协商专门的合作机制。

（二）重视当前网上银行交易中的反洗钱协作

信息技术进步的同时，我国香港地区与内地跨区域网上银行业务的发展迅猛，客户享受便利的同时，洗钱违法犯罪分子找到了新的管道，执法部门识别和发现洗钱活动变得更加困难。实践中，金融产品在不断创新，网上银行新业务为反洗钱工作提出了更高的要求。电话银行等网上银行创新产品发展，其业务量占比不断上升，逐渐成为金融业中间业务收入主要途径和银行结算重要手段。相关部门未及时将这些新型金融电子产品纳入监管对象，因此这些领域往往成为反洗钱工作的漏网

---

① 王玄玮：《内地检察机关与香港的侦查协助研究》，载《云南大学学报》（法学报）2008年第4期。

之地。当前网上银行业务准入条件较低，电子银行业务成为金融机构创收的重要途径，争相降低电子银行业务的准入门槛，客户开通业务也十分简单，个人和单位客户可以在一个或多个银行开通多个网银账户，网银业务操作简便，容易成为不法分子利用网银洗钱的平台。网上银行交易还有一个重要特点，即隐蔽性，在虚拟状态下，不用签名，没有笔迹，客户办理网银业务不需要到柜台办理，交易记录判别困难，当事人身份辨别难。

随着网上银行交易产生的第三方支付交易业务，有大量跨地域内容容易被洗钱违法犯罪分子利用。"所谓第三方支付，是指具备一定实力和信誉保障的第三方独立机构提供的网络交易支持平台。在通过第三方支付平台的交易中，买方选购商品后，使用第三方平台提供的账户进行货款支付，由第三方通知卖家货款到达、进行发货；买方检验物品后，就可以通知付款给卖家，第三方再将款项转至卖家账户①。"第三方支付是利用其门户网站，与银行合作，是电子商务发展的一种业务。第三方支付机构自身应是反洗钱的义务主体，同时也应是受约束与限制的对象，监管部门要适应第三方支付快速发展的形势，对第三方支付机构实行监控，防止反洗钱工作留下盲区。

近年来，我国香港地区与内地网上银行资金交易数据日益庞大，但监控体系不完善，反洗钱监测系统相对滞后，金融机构及反洗钱从业人员素质及反洗钱意识存在差异，反洗钱意识不够强。两地应加强协作与交流，共同重视对网上银行的监管。因为一方资金通过网络交易流通到另一方区域后，靠单方面的监管方式很难达到效果，需要针对网络洗钱的跨区域特点，加强两地反洗钱部的合作。两地金融体系和金融政策在逐步完善的过程中，还必须共同完善网上银行交易监控的技术手段，并借鉴西方发达国家的反网络洗钱协作的经验，共同打击洗钱犯罪。

(三) 两地常规反洗钱工作的协作重点

我国香港地区与内地在经济、贸易、金融等领域的联系不断加强，同时也给洗钱活动留下了更大的生存空间。针对两地洗钱违法犯罪活动的主要手法，两地相关部门在常规反洗钱工作中特别要重视以下两个方面的合作。

第一，加强打击"地下钱庄"洗钱活动的协作。在两地大量资金往来中，"地下钱庄"成为不法分子洗钱的重要途径之一。受两地紧邻、来往便利因素的影响，来往两地的人员多选择现金交易，而"地下钱庄"的交易方式通常是以现金结算，因使"地下钱庄"成为洗钱活动的重要管道。洗钱行为人直接携带或委托"地下钱庄"携带人民币现金出入境，然后通过赌博等形式，把赃钱变成"合法"的收入。两地金融合作机制的滞后，又给"地下钱庄"的生存和发展带来了空间，加大了反洗钱工作的难度。实践表明，地下钱庄和民间非法借贷是内地洗钱的主要形式，通过"地下钱庄"洗钱，既快捷又安全可靠，易于逃避侦查。

第二，加强保险业领域的反洗钱协作。在保险业的发展过程中，我国香港地区与内地跨地区业务发展非常快，容易被不法分子利用从事洗钱活动。近几年来，内

---

① 吴晓光、圆王振：《第三方支付引发的反洗钱问题及应对措施》，载《西南金融》2010年第10期。

地少数地区和个别的保险机构中,有专门从事"地下保单"的所谓全流程服务的洗钱机构,他们向内地的中外资单位和居民销售大额的寿险分红与投资连结型保险产品,在内地签署投保单和收取保险费,然后通过非法途径将保险费转移到我国香港地区及境外其他地区,并由境外的保险机构在当地签发保单,最后通过在境外退保或质押的方式洗钱。两地相关反洗钱部门只有交流信息,共同协作,才能发现此类利用保险业务进行的洗钱活动,同时还必须完善保险制度,规范保险业内机构反洗钱义务。

第三方支付平台的刑事法律风险及其控制

董文辉* 金 嬿** 朱冠琳***

一、第三方支付平台概述

(一) 第三方支付平台的概念

第三方支付,从广义上说是指非金融机构作为支付的中介,为收款人和付款人提供支付服务,这种支付不仅仅停留在网络支付层面,还包括其他支付形式,能够覆盖线上和线下,适用于各种场景。① 央行 2010 年《非金融机构支付服务管理办法》从广义上定义第三方支付,是指非金融机构作为收、付款人的支付中介所提供的网络支付、预付卡、银行卡收单以及中国人民银行确定的其他支付服务。有学者认为,"狭义的第三方支付,是指具备一定实力和信誉保障的非银行机构,借助通信、计算机和信息安全技术,采用与各大银行签约的方式,在用户和银行支付结算系统间建立连接的电子支付模式。之所以叫做第三方,是因为这些平台并不涉及资金的所有权,只是起到中转作用"。② 多数研究者从狭义上定义第三方支付平台,只是具体表述详略不同,如"第三方支付,是指与一些银行签约,并具一定实力和信誉保障的第三方机构提供的交易平台,通过在收付款人之间设置中间过渡账户,使汇转款项实现可控性停顿,直至决定资金去向"。它是在商家和消费者之间建立起的一个公共、可以信任的支付中介,一方面连接银行渠道,处理资金结算、客户服务、差错处理等一系列工作,另一方面连接商户和消费者,使得商户的交易支付能够顺利接入。③ 例如,"第三方支付是指以互联网为基础,通过由非银行的第三方机构经营的网上支付平台,在消费者、商家和银行之间建立链接,起到信用担保和技术保障的作用,实现资金从消费者到商家的转移"。④ 又如,第三方支付机构,是指和各大银行签约,独立于商户和银行,具备一定实力和信誉保障的,为商户和消费者提供支付结算服务的第三方独立机构。⑤ 再如,第三方支付,是指具备一定实力和信誉保障的第三方企业与国内外的各大银行签约,为买方和卖方提供一项旨

---

* 浙江工商大学法学院副教授。
** 浙江蚂蚁小微金融服务集团有限公司安全管理部专家。
*** 浙江省杭州市西湖区人民法院刑事审判庭审判员。
① 参见陈红、沈寓莳:《追梦空间:网络、金融与中国机遇》,上海人民出版社 2016 年版,第 137 页。
② 参见曹红辉、李汉:《中国第三方支付行业发展蓝皮书》,中国金融出版社 2012 年版,第 6 页。
③ 参见付佳、张燕:《互联网金融弄潮儿——第三方支付》,电子工业出版社 2015 年版,第 1 页。
④ 参见黄扬周、刘婷:《刑事法视野下第三方支付问题研究》,在《现代商贸工业》2010 年第 24 期。
⑤ 参见史浩主编:《互联网金融支付》,中国金融出版社 2016 年版,第 65-66 页。

在增强信用的服务。①

以上各种观点揭示了狭义第三方支付的一些共同特征,据此我们认为,简言之,第三方支付平台,是指与银行签约的具备一定实力和信誉的第三方机构,为交易双方提供支付结算服务的交易支持平台。

(二)第三方支付平台发展现状

第三方支付平台具有便捷、安全、经济等特点,自产生以来受到极大欢迎,且发展迅猛。从支付业务许可证也就是第三方支付牌照数量上看,2011年5月中国人民银行下发第一批支付业务许可证,截至2018年9月30日,中国人民银行共计下发过272张支付牌照。此外,还有大量非正规的机构从事此类业务。② 从第三方支付的规模上看,根据比达咨询发布的《2016中国第三方支付市场研究报告》,从2013年起,第三方支付市场的交易规模平均以50%的年均增速增长,2013年的交易额达到17.2万亿元,同比增长38.7%;2014年第三方支付市场达到23.3万亿元的交易规模,同比增长35.5%;2015年达到31.2万亿元的交易规模,同比增长33.9%;据央行数据显示,2016年第三方支付机构累计发生1639亿笔网络支付业务,达到58万亿元的总交易额,同比增长85.6%。2017年上半年,中国支付规模达到41.8万亿元,据中商产业研究院发布的数据显示,在智能手机普及以及二维码支付市场的爆发的发展背景下,预计2017年第三方支付交易规模将超过100万亿笔,达到102万亿元,增长率为74%。③ 从2011年发放支付牌照起,连续6年,第三方支付行业的交易规模高速增长。但到2018年,中国人民银行《关于规范支付创新业务的通知》即281号文件的出台,在短期内对第三方支付行业是利空,监管趋严之下,第三方支付机构闪转腾挪的空间愈加狭小。这一政策可能会对第三方支付行业的发展速度产生减缓影响,但是难以阻止行业的增长趋势。

在发展过程中,中国人民银行也在不断加强对第三方支付的监管力度。2015年8月,浙江易士企业管理服务有限公司因在客户备付金管理和企业经营等方面存在严重违法违规的问题,被中国人民银行注销支付业务许可证,这也是中国人民银行首次注销支付业务许可证,该企业也成为第一家被注销支付业务许可证的第三方支付公司。由此结束了第三方支付牌照只发不撤的历史。从中国人民银行发放第三方支付牌照以来,总共注销了28张支付牌照。其中,仅2017年一年就注销了20张,2018年又注销了4张。④ 当前,第三方支付相关监管政策正日渐完善,监管部门也正在不断加强监管力度,零壹智库调查数据显示,2017年以来,中国人民银行开出的第三方支付罚单已达109张,达到2800万元的罚款总额。而据国家金融与发展

---

① 参见谢瑶华、栾福茂:《我国第三方支付的现状、风险及控制对策》,载《财会月刊》2017年第5期。

② 参见新华网:《第三方支付变脸诈骗"洗钱池"》,http://www.xinhuanet.com/money/2018-01/23/c_1122298525.htm,最后访问时间:2018年7月28日。

③ 参见网易新闻:《第三方支付全业务牌照30亿卖,网络支付最抢手》,http://news.163.com/18/0318/10/DD63I2LN000197V8.html,最后访问时间:2018年7月28日。

④ 参见和讯新闻:《第三方支付牌照再少4张,强监管下行业挤出效应愈加明显》,http://bank.hexun.com/2018-01-08/192190117.html,最后访问时间:2018年7月28日。

实验室支付清算研究中心发布的数据，2018年的第三方支付行业罚单金额达到2017年的近七倍之多。① 近年来，整个支付行业的监管不断升级，在强有力的监管下，如何加强企业内部管理，规范发展、良性发展，健全内部控制制度和强化风险防范制度，是亟待解决的问题。

第三方支付平台在高速发展及给社会带来便利的同时，其自身也隐藏着诸多风险，本研究主要分析第三方支付平台面临的最严重的风险，即刑事法律风险及其防控策略，希冀对其安全运行提供有益思路。

二、第三方支付平台刑事法律风险及类型

（一）第三方支付平台运营中自身的刑事法律风险

1. 违法设立及开展业务产生的刑事法律风险

金融，顾名思义是指货币资金的融通。包括与货币流通和信用有关的经济活动。② 根据第三方支付业务流程，在通过第三方支付平台支付的过程中，消费者的资金进入第三方支付平台在银行的收款账户，然后通过支付请求以及通知划账，第三方支付平台再进行与商户的结算。这一流程中，第三方支付平台介入了商户、消费者和银行之间的支付结算活动，提供的是货币资金转移服务，因此具有了货币流通和信用有关的经济活动性质，属于金融活动。为维护金融活动的安全与稳定，我国对金融行业实行严格的监督管理。

尽管按照中国人民银行2010年出台的《非金融机构支付服务管理办法》，第三方支付平台是被赋予了非金融支付机构的行业地位，但是仍不能否定其活动的金融属性，第三方支付平台是从事带有金融属性业务的非金融机构。因此，中国人民银行也将第三方支付依法纳入了其监督管理范围。根据《非金融机构支付服务管理办法》第3条的规定："非金融机构提供支付服务，应当依据本办法规定取得《支付业务许可证》，成为支付机构。支付机构依法接受中国人民银行的监督管理。未经中国人民银行批准，任何非金融机构和个人不得从事或变相从事支付业务"。由此可见，如未取得合法的经营许可，任何机构不得成为第三方支付平台，如平台在未经经营许可的情况下设立并为他人交易提供资金支付服务，将可能涉嫌我国《刑法》第225条规定的非法经营罪。在2017年3月全国"两会"期间举行的新闻发布会上，央行副行长范一飞表示，市场上除了持证机构，还有大量无证机构从事支付业务。到2017年1月底共清理出239家无证从事支付业务的机构。③ 此外，即使取得《支付业务许可证》，第三方支付平台也必须按照许可规定的营业范围开展业务，无论是未按规定的营业范围还是超出规定的营业范围开展业务，均涉嫌我国《刑法》第225条规定的非法经营罪，面临刑事处罚的风险。例如，兰州银行于

---

① 参见新浪网：《第三方支付告别野蛮生长，2018年罚单额为2017年近七倍》，http://finance.sina.com.cn/chanjing/cyxw/2019-06-03/doc-ihvhiqay3352681.shtml，最后访问时间：2019年4月1日。
② 参见田治存主编：《金融会计师手册》，中国金融出版社1991年版，第124页。
③ 参见澎湃新闻网：《从持证机构入手，央行加码打击无证经营支付业务行为》，https://www.thepaper.cn/newsDetail_forward_1876641，最后访问时间：2018年8月1日。

2017年9月推出"扫码取款"业务,即用微信和支付宝的用户在兰州银行任一ATM机上点击"二维码取款",输入取款金额后,ATM机屏幕上自动生成取款二维码,这时用户打开微信或者支付宝扫描二维码,输入支付密码,ATM机就会自动吐钞。而根据中国人民银行《非银行支付机构网络支付业务管理办法》第9条规定:"支付机构不得经营或者变相经营证券、保险、信贷、融资、理财、担保、信托、货币兑换、现金存取等业务。"另根据《非银行支付机构网络支付业务管理办法》第11条的规定,支付账户只能消费、转账以及购买投资理财等金融类产品,即便是最高级别的Ⅲ类账户也没有取现功能。由此该"扫码取款"业务违反了监管方面的规定,仅上线两天就被有关监管部门紧急叫停。[①] 实践中,第三方支付领域的违规操作较为普通,也往往存在界限不明的情形,是否是合规的衍生业务,还是金融领域的创新,需要结合具体的情形来判断是否违规、是否情节严重等。

2. 资金沉淀产生的刑事法律风险

由于第三方支付业务具有广泛性、阶段性和流转性特征,第三方支付平台账户上往往产生巨额沉淀资金。第一,基于买方和卖方的交易时间差,买方资金存入第三方平台账户,第三方平台账户存管期间产生巨额沉淀资金。第二,买方基于交易方便等原因,在交易前预先存放资金于支付平台,如消费者存在"支付宝"账户中未使用的资金。[②] 第三,交易失败后商户原路退还给消费者的资金。2013年中国人民银行颁布的《支付机构客户备用金存管办法》第2条规定:"本办法所称客户备付金,是指支付机构为办理客户委托的支付业务而实际收到的预收待付货币资金。"由此看来,第三方支付平台沉淀资金包括但不限于客户备付金,但其中最重要或者占比最高的应是客户备付金,客户备付金与其他资金共同构成了沉淀资金。根据《支付机构客户备用金存管办法》第3条、第4条的规定,客户备付金必须全额缴存于支付机构在备付金银行开立的备付金专用存款账户,另外,只能用于办理客户委托的委托业务和该办法规定的情形,任何单位或者个人不得将备付金擅自挪用、占用、借用或者用于为他人提供担保。

尽管大多数第三方支付机构会按照相关规定的要求合规处理沉淀资金,但是由于沉淀资金的数额巨大、有一定的存管周期以及不易监管等方面的因素,基于营利的考虑,部分平台仍可能存在利用沉淀资金进行其他活动的行为,一是未将沉淀资金存于专门存款账户,将该资金直接占有,二是占用、挪用、借用沉淀资金进行风险投融资或者为他人提供担保等。例如,2014年下半年以来,多家支付机构出现挪用客户备用金、资金链断裂的重大问题,2015年伊始,作为2011年就取得支付业务许可证的上海畅购企业服务有限公司因大量挪用客户备付金、伪造财务账册和业务报表等严重违规行为,造成资金风险敞口达7.8亿元,涉及持卡人5.14万人,被央行注销支付业务许可证,该公司负责人亦被追究挪用资金罪的刑事责任。事发后,媒体报道,第三方支付机构挪用备付金来理财或者做其他经营项目已成为业界

---

① 参见凤凰网财经《兰州银行ATM扫二维码取款被叫停》,http://finance.ifeng.com/a/20170908/15660350_0.shtml,最后访问时间:2018年8月1日。
② 参见许晶晶:《网络交易第三方支付风险及防范浅析》,载《金融观察》2013年第1期。

的"明规则"。① 如此将涉嫌侵占罪、挪用资金罪、非法吸收公众存款罪等犯罪。

据中国人民银行数据显示，截至2016年9月，267家支付机构共计吸收了4600亿元的客户备付金。② 该笔资金数额巨大，存放分散，同时风险也极高。为了减少隐患，规范客户备付金的存管，2017年4月17日，中国人民银行发布了《关于实施支付机构客户备付金集中存管有关事项的通知》，该通知要求支付机构应将客户备付金按照一定比例交存至指定机构专用存款账户，首次交存的平均比例为20%左右，该账户资金暂不计付利息。2017年12月31日，中国人民银行下发特急文件《关于调整支付机构客户备付金集中交存比例的通知》，根据该通知要求，2018年起支付机构客户备付金集中交存比例将提高至50%左右，而此前的比例为20%。这是中国人民银行第二次调整支付机构备付金交存比例。2018年6月30日，中国人民银行再次发布特急文件《关于支付机构客户备付金全部集中交存有关事宜的通知》。通知要求，自2018年7月9日起，支付机构客户备付金集中交存比例将按月逐步提高，实现100%集中交存的时间点确定为2019年1月14日。根据中国人民银行2018年9月17日公布的数据显示，截至2018年8月31日，非金融机构存款余额为7638.43亿元，较7月末新增1225.12亿元。③

对于中国人民银行持续调整、增加客户备付金集中交存比例乃至到2019年年初实现全部交存，一方面有利于减少备付金被挪用、占用、借用等风险，另一方面也应看到，这一交存要求对合规平台有规制作用，而对于违规平台的相关行为则难以杜绝，此外，第三方平台仍有其他沉淀资金，因此风险仍然存在，对此应有理性认识。

3. 客户信息产生的刑事法律风险

第三方支付平台是介入买方和卖方之间的具有公信力的第三方，基于第三方支付的交易需要，买卖双方即消费者和经营者，自愿提供账户注册及资金支付中涉及的各项个人信息给第三方支付平台。第三方支付中的客户信息，具体包括两种类型：一是个人基本信息，如姓名、性别、年龄、有效证件号码、婚姻状况、工作单位、文化程度、家庭住址、电子邮箱、电话号码等可以识别个人身份或者涉及公民个人隐私的信息、数据资料；二是支付交易中产生的信息，如登录密码、支付密码、开户行、营业执照编号、银行账号、经营范围、经营场所、支付额度、支付时间、交易对象、支付对象等。这些信息，不仅涉及客户的隐私权利，同时蕴含着经济利益，第三方支付平台负有妥善保管、合理使用、严格保密等确保客户信息不被泄漏、非法使用的义务。

第三方支付平台的客户数量十分庞大，各大平台存储了大量的客户信息，因此

---

① 参见腾讯新闻：《央行注销上海畅购支付牌照 责任人被追究刑责》，http://tech.qq.com/a/20160108/037623.htm，最后访问时间：2018年8月4日。
② 参见网易新闻：《支付机构客户备付金将集中存管》，http://news.163.com/17/0114/03/CANA91JQ000187VI.html，最后访问时间：2018年8月4日。
③ 参见腾讯新闻：《支付机构客户备付金交存规模已超7600亿元，再创新高》，https://finance.qq.com/a/20180917/007408.htm，最后访问时间：2018年9月20日。

存在巨大的泄露及非法使用风险。其一,平台违规运用其获取的第一手客户信息。平台存在自行违规将客户信息用于其所从事的其他金融活动或者其他商业实体活动的可能性,也可能将客户信息非法提供、出售给其他人使用,直接侵犯客户个人信息安全。其二,平台自行收集、分析客户信息并违规运用该第二手信息。第三方支付平台自行收集整理买方或者卖方的信息,并根据业务需要作出分析归类,买方信息如经济能力、消费习惯、兴趣爱好、活动场所等,卖方信息如经营范围、经营特点、客户群体等,平台存在自行违规运用或者将该第二手信息非法提供、出售给其他人使用,而这些深度分析及精准运用将会给客户的生活、工作乃至人身、账户中的财产安全带来严重隐患。无论是上述第一手资料的违规运用还是第二手资料的违规运用,都违背客户当初提供个人信息的初衷,即违背客户自愿性,侵犯客户的个人信息权,严重的将涉嫌侵犯公民个人信息罪。此外,由于技术不到位等原因,第三方支付平台被黑客窃取公民个人信息的风险及后果也极为严重,如 2017 年浙江嘉善警方破获的公安部督办"6·06"侵犯公民个人信息案,26 名犯罪分子通过第三方支付平台窃取 3 亿多条包括姓名、手机号、身份证号、第三方支付平台账号密码等在内的各类公民个人信息。①

4. 衍生产品产生的刑事法律风险

第三方支付平台拥有海量客户资源。在发展进程中,越来越多的平台在谋求由原来单一的支付通道向以支付为主、向其他方向衍生的综合金融服务平台发展,其中尤以向企业和个人提供金融服务或者产品销售为特色。例如,蚂蚁金服依托第三方支付平台将业务拓展至在线理财、在线融资、网络银行、小额贷款等多个衍生领域。以在线理财为例,主要表现为第三方支付平台与理财公司合作,通过第三方支付平台对外发售基金,如余额宝产品,即是由支付宝平台与天弘基金合作推出的,又如理财通产品,即是由财付通平台与华夏基金合作推出的,客户将钱通过支付宝存入余额宝,等于购买天弘基金理财产品,不转出余额宝里金额时,可按天获取收益,客户也能即时动态掌握收益情况,客户使用第三方支付平台购物时,余额宝里的资金可转为支付资金用于支付,余额宝里的资金可灵活支取用于转账或者购物,因此十分便捷。据统计,截至 2018 年 6 月 30 日,天弘余额宝规模达到了 14540 亿元,加上余额宝另外对接的 5 只货币基金,余额宝总规模达到 18602 亿元。而同期中国银行的活期存款额为 17986 亿元,已被余额宝基金额赶超。②

根据《证券投资基金法》《证券投资基金销售管理办法》等相关规定,第三方支付平台没有销售基金的资质,其只能通过与基金公司合作推出,在基金公司销售基金的过程中提供信息系统的辅助服务,不能直接从事基金的宣传推介、开立基金

---

① 参见法制网:《浙江破获部督涉嫌侵犯公民个人信息案》,http://baijiahao.baidu.com/s?id=1586122623337254966&wfr=spider&for=pc,最后访问时间:2018 年 8 月 8 日。
② 腾讯财经网:《首超 1.8 万亿!余额宝"碾压"中行个人活期!》,https://finance.qq.com/a/20180701/016087.htm,最后访问时间:2018 年 8 月 8 日。

交易账户、申购或者赎回基金份额、受理投资咨询以及投诉等基金销售服务。① 如第三方支付平台违规从事基金销售或者变相销售基金，视具体情形可能涉嫌非法经营罪、非法吸收公众存款罪、集资诈骗罪等犯罪。

（二）第三方支付平台运营中被利用的刑事法律风险

1. 第三方支付平台被利用实施侵财犯罪

行为人或利用管理漏洞，或通过技术手段，或利用非法购买、窃取或非法获取公民支付账户密码等信息，直接对客户账户内余额、账户绑定的银行卡内资金、账户所关联的信贷资金、理财产品账户内资金等进行消费、转账、提现等侵犯公民个人财产权的行为，视案件具体情况可成立盗窃罪、信用卡诈骗罪、贷款诈骗罪等。行为人还可能利用从第三方支付平台获取的公民个人信息，进行其他侵犯财产犯罪，如实施诈骗、敲诈勒索犯罪等。

2. 第三方支付平台被利用实施非法资金转移相关犯罪

第三方支付便捷、高效的流程设计以及隐蔽、匿名的运行特点容易给犯罪分子提供可乘之机，极易成为刑事犯罪收款或转移资金的工具。第三方支付平台对具体的交易行为不会进行审核，也不会主动对买卖双方之间的每一笔交易行为的合法性进行研判，一般承担的是"代收代付""信用担保"的角色，行为人可以通过虚构交易、屏蔽资金流向等方式，利用第三方支付平台将非法所得转换成第三方支付平台中的财产，然后再通过支付或者转账的形式将资金转移出平台，甚至是跨境支付。具体而言，在犯罪过程中，行为人利用第三方支付平台收取犯罪所得，促成犯罪完成，使其成为相关犯罪中的一个收款环节，如行为人在第三方支付平台开立账户，用于收取如网络赌博、网络色情、电信诈骗、非法集资、组织卖淫、贩卖毒品等犯罪资金。例如，据北京市公安局发布的数据，北京打击防范电信犯罪领导小组自2015年以来，帮助受害人挽回的损失累计已达十几亿元。据公安机关侦查，被骗的资金70%是通过第三方支付平台提供的支付服务。② 2013年，湖北仙桃警方破获张某等贩卖毒品案，犯罪分子将毒品以淘宝网上开设的茶叶店中的"茶叶"形式销售，毒资则以"茶叶"款的形式进入第三方支付平台。③ 第三方支付平台如明知而提供支付服务，可能成立相关犯罪的共同犯罪，如在犯罪后明知进而提供支付服务的，将涉嫌帮助网络犯罪活动罪等犯罪；也可以在犯罪之后，行为人利用第三方支付平台，转移非法资金，将非法资金"合法化"，掩饰、隐瞒其犯罪所得及其收益，则涉嫌洗钱罪。

3. 第三方支付平台被利用实施套现犯罪

第三方支付平台的出现，在客观上为信用卡套现提供了新的渠道。行为人通过

---

① 参见许磊、王轩之：《刑事法视野下第三方支付平台引发的问题及对策》，载《经济刑法》（第15辑），上海社会科学院出版社2015年版，第404页。
② 参见搜狐网：《警钟应长鸣：第三方支付已成"诈骗金融"重地》，http://www.sohu.com/a/218682761_99907536，最后访问时间：2018年8月10日。
③ 参见荆楚网：《淘宝店主挂卖茶叶实卖毒品》，http://news.cnhubei.com/xw/sh/201305/t2582126.shtml，最后访问时间：2018年8月10日。

虚构交易，以买家身份将交易资金从信用卡账户中转移至第三方支付平台，后或自己以卖家身份用他人账户将资金转出，或与卖家共谋，将资金转至卖家账户后再转至行为人账户，从而实现从信用卡内套现的结果。此外，行为人还可利用第三方支付平台套取其他带有信用贷款性质的资金，如蚂蚁金服推出的"花呗"、京东商城推出的"白条"等，行为人可以通过虚构交易，先将信贷产品资金套取到第三方支付平台，后将该笔资金支付给卖家，或与卖家共谋，在卖家获取资金后转给行为人，或以退货、取消交易形式，将资金从第三方支付平台转移至本人其他银行卡账户，以此达到套取信贷产品资金的目的。根据2009年12月最高人民法院、最高人民检察院发布的《关于办理妨害信用卡管理刑事案件具体应用法律若干问题的解释》第7条的规定："违反国家规定，使用销售点终端机具（POS机）等方法，以虚构交易、虚开价格、现金退货等方式向信用卡持卡人直接支付现金，情节严重的，应当依据刑法第二百二十五条的规定，以非法经营罪定罪处罚。"此外，行为人利用支付平台套现，视情形可能构成信用卡诈骗罪、骗取贷款罪、贷款诈骗罪等罪名。

4. 第三方支付平台被利用实施逃税犯罪

第三方支付相对传统支付方式而言更为便捷，但也更加隐蔽，纳税人可能对通过第三方支付方式取得的营业收入，如餐饮服务行业，不按税收的规定入账，隐瞒经营收入，进行逃税，这样无疑会妨害国家税收征管制度，涉嫌逃税罪。近年来，一方面电子商务迅猛发展，第三方支付交易量不断攀升，而另一方面对于通过第三方支付平台产生的交易而言，纳税主体、纳税对象、纳税管辖等与传统纳税形式相比，都存在一定疑难和障碍，如此一来，利用第三方支付逃避缴纳税款的概率和隐患都大大增加。

三、第三方支付平台刑事法律风险的防范与控制

2010年至2017年，中国人民银行、中国银行业监督管理委员会、公安部、工商总局等单位相继发布的《非金融机构支付服务管理办法》《非金融机构支付服务管理办法实施细则》《非金融机构支付服务业务系统检测认证管理规范》《非金融机构支付业务设施技术认证规范》《支付机构预付卡业务管理办法》《支付机构客户备付金存管办法》《网络交易管理办法》《支付机构反洗钱和反恐怖融资管理办法》《银行卡收单业务管理办法》《非银行支付机构网络支付业务管理办法》等主要规范性文件，初步建立起第三方支付平台的监管体系，同时构建了我国第三方支付平台风险防范的基本体系。我国第三方支付平台刑事法律风险防范与控制，应以此为基础，结合刑事风险的自身特点进行构建。

（一）违法设立及开展业务刑事法律风险防控

在第三方支付平台的市场准入方面，我国实行严格的牌照许可制度，未经中国人民银行批准的第三方支付平台均为非法，而经过批准但是未按照许可范围进行经营的平台也存在非法性，应坚决予以取缔、处置，视情形注销支付业务许可证，依法追究行政责任或者刑事责任。这就要求国家相关监督管理部门加强对第三方支付

行业的管控，利用技术条件或规范相关行业，进行必要的例行检查、跟踪回访，畅通举报渠道，提高监管的针对性和有效性，及时发现、打击非法平台和违规操作平台。当然，互联网金融行业处在高速、动态发展期，对于其中的一些无主观恶性的创新行为应予一定程度的宽宥。中共中央、国务院2017年9月颁布的《关于营造企业家健康成长环境，弘扬优秀企业家精神更好发挥企业家作用的意见》指出：营造鼓励创新、宽容失败的文化和社会氛围，对企业家合法经营中出现的失误失败给予更多理解、宽容、帮助。对国有企业家以增强国有经济活力和竞争力等为目标、在企业发展中大胆探索、锐意改革所出现的失误，只要不属于有令不行、有禁不止、不当谋利、主观故意、独断专行等情形者，要予以容错，为担当者担当、为负责者负责、为干事者撑腰。我们认为，这一文件规定的精神对所有企业都是适用的。对于互联网金融创新中出现的违规问题，处罚应十分慎重。

（二）资金沉淀刑事法律风险防控

近年来，中国人民银行加大了第三方支付平台沉淀资金中最大部分的备付金的监管力度。按照中国人民银行的要求，到2019年将实现支付机构所有客户备付金的交存。这一举措将对备付金依赖程度较高的第三方支付平台造成重大不利影响，甚至影响其生存，另外对大型支付平台而言，同样存在丧失与银行博弈的筹码等消极影响。但是尽管如此，这一要求将使第三方支付平台备付金风险大大降低。当然我们应当看到，备付金只是第三方支付平台沉淀资金的其中一个组成部分，第三方支付平台中还有其他资金，如客户预存资金、商家退款资金等，资金风险问题仍然存在。对此，第三方支付平台应当适应新的监管背景，分门别类处理沉淀资金，一方面严格按照央行要求交存备付金，另一方面严格遵守央行其他管理规定，确保沉淀资金安全，防止其被窃取、侵占、挪用的风险。理论上，有研究提出应允许支付机构在一定前提下对备付金进行投资使用[①]，我们认为，如此难以避免备付金的巨大投资风险，不利于金融秩序的稳定，不具有可行性。

（三）客户信息刑事法律风险防控

国家工商总局2010年《网络商品交易及有关服务行为管理暂行办法》第16条规定，网络服务经营者必须承担安全保管、合理使用、限期持有和妥善销毁消费者信息的义务，同时禁止公开、出租、出售个人信息。全国人大常委会2012年《关于加强网络信息保护的决定》，明文规定包括第三方支付企业在内的网络服务提供者在业务活动中收集的公民个人电子信息必须严格保密，不得泄露、篡改、毁损，不得出售或者非法向他人提供。第三方支付企业应当采取技术措施和其他必要措施，增强反窃取能力和反攻击能力，确保信息安全，防止在业务活动中收集的公民个人信息泄露、毁损、丢失。对于第三方支付平台拒不履行网络安全管理义务致使用户信息泄露，造成严重后果的，或者第三方支付平台非法向他人提供、出售在业务中收集的客户信息，视情况以拒不履行网络安全管理义务罪、侵犯公民个人信息罪论处。但是，第三方支付平台对在业务活动中获取的客户信息自行进行商业运用

---

① 参见谢瑶华、栾福茂：《我国第三方支付的现状、风险及控制对策》，载《财会月刊》2017年第5期。

（非向他人提供或者出售），或者进行进一步的分析、整理，进而自行进行商业运用（非向他人提供或者出售），我们认为这一行为虽然违背客户向第三方支付平台提供个人信息的本意，但是大数据分析运用也是互联网时代电子商务行为的重要内容，如未向他人提供、出售，应视为合法行为。

（四）衍生产品刑事法律风险防控

第三方支付平台只是架设于买卖双方之间的桥梁，以其高效、便捷、安全、经济等特点为市场交易顺利进行提供服务。第三方支付平台中衍生的金融理财产品，本质上不是第三方支付平台的经营范围，是其与其他业务领域合作而产生的服务类型，其仍是提供服务的一方，一方面，第三方支付平台应当严格按照自己的经营范围开展业务活动，不能逾越法律的界限，不得将服务功能演变成投资功能；另一方面，第三方支付平台应当主动进行信息公开，积极引导客户理性认识金融产品的特性、充分认识金融产品自身存在的风险。

（五）被利用实施犯罪刑事法律风险防控

1. 增强防控风险的安全技术

安全是第三方支付平台的生命，而安全又需要技术予以保障。第三方支付平台技术业务系统的技术风险、技术管理由中国人民银行及其分支机构的技术管理部门负责。中国人民银行科技管理部门推动建立了第三方支付业务检测和支付业务设施技术认证体系，引入检测和认证机构的专业力量对第三方支付机构的业务系统和技术设施进行检测和日常审查，实现对第三方支付机构的技术管理。[①] 我们认为，加强第三方支付技术，一是确保第三方支付平台的正常运行安全，二是确保第三方支付平台的资金安全，三是确保第三方支付平台的信息安全，四是技术风险防控机制的完善与否也关系到风险发生时，第三方支付平台与客户法律责任的划定等问题。技术部门应及时发现、堵塞技术漏洞，防止平台被不法分子恶意攻击、窃取资金以及客户信息。当出现安全问题时，及时研判、划定平台与客户的法律责任。

2. 加强对交易的监测与管控

第三方支付平台虽是第三方服务性质的机构，但也应当积极履行对交易双方围绕交易而呈现的基本情况进行一定程度的监测。具体而言，第一，要尽快研究、科学制定第三方支付平台的基本审核义务尽责标准，即第三方支付平台应当对哪些信息进行审核、对哪些情况进行管控视为尽到职责，不需承担他人利用第三方支付平台进行非法资金流转、信用卡套现等行为的法律责任。第二，加强对买卖双方交易检测、管控的具体措施。应建立健全客户身份识别机制，审核买卖双方的基本信息，必要时采取回访、查访，向公安、工商等部门核实等方式进行核查，如实记录买卖双方交易的钱款支付轨迹、交易对象的交付流程等情况，确保全程留痕、有据可查，将反洗钱、反逃税等措施落到实处，如对支付、转账进行限额等，建立可疑交易制度报告制度，对频繁、巨额交易等可疑情况进行重点监测和管控，积极履行洗钱或者预防犯罪的法定报告义务，防范非法资金流转风险。

[①] 参见胡娟：《第三方支付技术与监督》，北京邮电大学出版社2016年版，第14页。